劳动托起中国梦

（上册）

——2020年全国优秀农民工和农民工工作先进集体事迹

中国劳动社会保障出版社

图书在版编目（CIP）数据

劳动托起中国梦：2020年全国优秀农民工和农民工工作先进集体事迹/国务院农民工工作领导小组办公室组织编写. -- 北京：中国劳动社会保障出版社，2021

ISBN 978-7-5167-5239-5

Ⅰ.①劳… Ⅱ.①国… Ⅲ.①民工－先进事迹－中国－现代②民工－工作－先进集体－先进事迹－中国－现代 Ⅳ.① K828.1

中国版本图书馆CIP数据核字（2021）第255674号

中国劳动社会保障出版社出版发行

（北京市惠新东街1号 邮政编码：100029）

*

北京市白帆印务有限公司印刷装订　　新华书店经销
880毫米×1230毫米　16开本　79印张　1700千字
2021年12月第1版　2021年12月第1次印刷
定价：320.00元（上、下册）

读者服务部电话：（010）64929211/84209101/64921644
营销中心电话：（010）64962347
出版社网址：http://www.class.com.cn

版权专有　　侵权必究

如有印装差错，请与本社联系调换：（010）81211666
我社将与版权执法机关配合，大力打击盗印、销售和使用盗版图书活动，敬请广大读者协助举报，经查实将给予举报者奖励。
举报电话：（010）64954652

国务院农民工工作领导小组关于表彰全国优秀农民工和农民工工作先进集体的决定

各省、自治区、直辖市及新疆生产建设兵团农民工工作议事协调机构，国务院农民工工作领导小组各成员单位：

农民工已成为我国产业工人的主体，是推动国家现代化建设的重要力量，为经济社会发展做出了巨大贡献。"十三五"期间，广大农民工积极投身全面建成小康社会、加快推进社会主义现代化的伟大事业，在各行各业涌现出一大批为决战脱贫攻坚、决胜全面建成小康社会做出突出贡献的优秀农民工。各级农民工工作机构和服务单位认真贯彻落实党中央、国务院关于农民工工作的决策部署，在为农民工服务方面，特别是今年在统筹推进新冠肺炎疫情防控和经济社会发展中做了大量卓有成效的工作，涌现出一大批取得显著成绩的先进集体。

为表彰先进，树立榜样，弘扬正气，进一步激励广大农民工和从事农民工工作的同志们积极投身经济社会发展火热实践，营造全社会关心关爱农民工的良好氛围，国务院农民工工作领导小组决定，授予刘润等994人"全国优秀农民工"荣誉称号，授予北京市东城区职业能力建设指导中心等100个单位"全国农民工工作先进集体"荣誉称号。希望受到表彰的优秀农民工和先进集体珍惜荣誉、继续拼搏，在实施乡村振兴和新型城镇化战略、全面建设社会主义现代化国家新征程上更好发挥先进模范作用，再立新功。

广大农民工和从事农民工工作的同志们要以习近平新时代中国特色社会主义思想为指导，全面贯彻党的十九大和十九届二中、三中、四中、五中全会精神，以受到表彰的优秀农民工和农民工工作先进集体为榜样，增强"四个意识"、坚定"四个自信"、做到"两个维护"，更加紧密地团结在以习近平同志为核心的党中央周围，自觉践行社会主义核心价值观，用干劲、闯劲、钻劲，扎实工作，锐意进取，争做新时代的奋斗者，不断开创农民工发展新局面，为全面建设社会主义现代化国家、实现中华民族伟大复兴中国梦做出新的更大贡献！

附件：1. 全国优秀农民工名单（略）
　　　2. 全国农民工工作先进集体名单（略）

国务院农民工工作领导小组

2020 年 12 月 15 日

目　录

第一部分　全国优秀农民工先进事迹

北京 …………………………………………………………………………… 3
天津 …………………………………………………………………………… 38
河北 …………………………………………………………………………… 48
山西 …………………………………………………………………………… 97
内蒙古 ………………………………………………………………………… 114
辽宁 …………………………………………………………………………… 124
吉林 …………………………………………………………………………… 140
黑龙江 ………………………………………………………………………… 147
上海 …………………………………………………………………………… 155
江苏 …………………………………………………………………………… 188
浙江 …………………………………………………………………………… 267
安徽 …………………………………………………………………………… 354
福建 …………………………………………………………………………… 393
江西 …………………………………………………………………………… 433
山东 …………………………………………………………………………… 461
河南 …………………………………………………………………………… 541
湖北 …………………………………………………………………………… 601
湖南 …………………………………………………………………………… 636
广东 …………………………………………………………………………… 673
广西 …………………………………………………………………………… 773
海南 …………………………………………………………………………… 800
重庆 …………………………………………………………………………… 807
四川 …………………………………………………………………………… 828
贵州 …………………………………………………………………………… 879

云南 904

西藏 929

陕西 935

甘肃 960

青海 970

宁夏 975

新疆 981

兵团 991

第二部分　全国农民工工作先进集体事迹

北京市东城区职业能力建设指导中心先进事迹 999

北京三快在线科技有限公司先进事迹 1003

天津市西青区司法局先进事迹 1006

天津市武清区人力资源和社会保障局先进事迹 1008

河北省就业服务中心先进事迹 1011

凯悦汽车大部件制造（张家口）有限公司先进事迹 1014

河北省石家庄市鹿泉区法律援助中心先进事迹 1018

河北省唐山市人力资源和社会保障局先进事迹 1020

山西省劳动人事争议仲裁院先进事迹 1023

山西省运城市人力资源和社会保障局先进事迹 1025

内蒙古自治区法律援助中心先进事迹 1027

内蒙古自治区乌兰察布市劳动和社会保障监察支队先进事迹 1029

辽宁省信访局群众来访接待处先进事迹 1031

辽宁省丹东市人力资源和社会保障局先进事迹 1034

吉林省四平市就业服务局先进事迹 1037

吉林省吉林市法律援助中心先进事迹 1039

黑龙江省黑河市劳动保障监察支队先进事迹 1041

黑龙江省八达路桥建设有限公司先进事迹 1043

上海市职工保障互助中心先进事迹 1046

上海市宝山区就业服务中心先进事迹 1049

江苏省南京市劳动就业服务管理中心先进事迹 1052

江苏省苏州市人力资源和社会保障局先进事迹 1055

江苏省常熟市公安局先进事迹 1058

江苏省扬州市公路建设处先进事迹 …… 1060
江苏省宿迁市人力资源和社会保障局先进事迹 …… 1062
浙江省杭州市江干区人力资源和社会保障局先进事迹 …… 1064
浙江省宁波市北仑区流动人口管理服务中心先进事迹 …… 1066
浙江省嘉兴市桐乡经济开发区（高桥街道）人力资源和社会保障管理所先进事迹 …… 1068
浙江省诸暨市长运集团有限公司先进事迹 …… 1070
浙江省金华市人力资源和社会保障局先进事迹 …… 1071
安徽省人力资源和社会保障厅农民工工作处先进事迹 …… 1073
安徽省扶贫办产业指导处先进事迹 …… 1076
安徽省阜阳市人力资源和社会保障局先进事迹 …… 1079
安徽省宣城市皖嫂家政服务中心先进事迹 …… 1083
福建省劳动就业服务局先进事迹 …… 1085
福建省福州市人力资源和社会保障局先进事迹 …… 1089
厦门科司特电子工业有限公司先进事迹 …… 1092
福建省泉州市教育局先进事迹 …… 1094
江西省宁都县人力资源和社会保障局先进事迹 …… 1096
江西省丰城市人力资源和社会保障局劳动监察局先进事迹 …… 1099
江西省婺源县太白镇人民政府先进事迹 …… 1102
山东省人力资源和社会保障厅劳动监察处先进事迹 …… 1104
山东省财政厅社会保障处先进事迹 …… 1106
山东省住房和城乡建设厅建筑市场监管处先进事迹 …… 1108
山东省菏泽市返乡创业服务中心先进事迹 …… 1110
山东九州通医药有限公司先进事迹 …… 1112
河南省叶县人力资源和社会保障局先进事迹 …… 1114
河南利欣制药股份有限公司先进事迹 …… 1117
河南省新密市财政局先进事迹 …… 1119
河南省信阳市平桥区农民工就业创业服务中心先进事迹 …… 1121
湖北省恩施土家族苗族自治州劳动保障监察局先进事迹 …… 1123
湖北省工业建筑集团有限公司先进事迹 …… 1125
中国一冶集团有限公司钢结构分公司先进事迹 …… 1127
中交第二航务工程局有限公司先进事迹 …… 1129
湖南省住房和城乡建设厅建筑管理处先进事迹 …… 1132
湖南省湘潭市人力资源和社会保障局先进事迹 …… 1135
湖南省宁远县人力资源和社会保障局先进事迹 …… 1138
湖南佳惠百货有限责任公司先进事迹 …… 1140

广东省就业服务管理局先进事迹 …… 1142
广东省公安厅治安管理局户政处流动人口科先进事迹 …… 1145
广州王老吉大健康产业有限公司先进事迹 …… 1148
深圳市欣旺达电子股份有限公司先进事迹 …… 1150
广东省东莞市社会保险基金管理中心先进事迹 …… 1152
潮州市三环（集团）股份有限公司先进事迹 …… 1155
广西壮族自治区人力资源和社会保障厅农民工工作处先进事迹 …… 1158
广西壮族自治区横县人民法院先进事迹 …… 1161
广西壮族自治区贵港市人力资源和社会保障局先进事迹 …… 1163
海南省三亚市人力资源和社会保障局先进事迹 …… 1166
海南槟榔谷黎苗文化旅游发展有限公司先进事迹 …… 1169
重庆市铜梁区人力资源和社会保障局先进事迹 …… 1171
重庆市万州区人力资源和社会保障局先进事迹 …… 1173
四川省剑阁县人力资源和社会保障局先进事迹 …… 1175
四川省南充市嘉陵区农民工服务中心先进事迹 …… 1178
四川省泸县法律援助中心先进事迹 …… 1181
四川省人力资源和社会保障厅农民工工作处先进事迹 …… 1183
贵州省毕节市人力资源和社会保障局先进事迹 …… 1185
贵州省司法厅公共法律服务管理处先进事迹 …… 1187
贵州省贵阳市人力资源和社会保障局先进事迹 …… 1189
云南省曲靖市人力资源和社会保障局先进事迹 …… 1192
云南省司法厅公共法律服务管理处先进事迹 …… 1195
云南省昭通市人力资源和社会保障局先进事迹 …… 1198
西藏自治区日喀则市人力资源和社会保障局先进事迹 …… 1201
隆基绿能科技股份有限公司先进事迹 …… 1203
陕西省洛南县人力资源和社会保障局先进事迹 …… 1206
陕西省渭南市劳动就业服务中心先进事迹 …… 1210
甘肃省临夏回族自治州和政县人力资源和社会保障局先进事迹 …… 1213
甘肃省渭源县劳务服务中心先进事迹 …… 1216
青海省海因州格尔木市人力资源和社会保障局先进事迹 …… 1218
青海民泽龙羊峡生态水殖有限公司先进事迹 …… 1220
宁夏天下金盾保安服务有限公司先进事迹 …… 1222
宁夏回族自治区同心县人力资源和社会保障局先进事迹 …… 1225
新疆维吾尔自治区和田地区人力资源和社会保障局先进事迹 …… 1228
新疆维吾尔自治区喀什地区麦盖提县人力资源和社会保障局先进事迹 …… 1230

新疆生产建设兵团第十师北屯市劳动保障监察支队先进事迹 …………………………… 1232
司法部公共法律服务管理局法律援助工作处先进事迹 …………………………………… 1235
住房和城乡建设部人事司人才工作处先进事迹 ……………………………………………… 1237
交通运输部运输服务司道路客运管理处先进事迹 …………………………………………… 1240
国家卫生健康委人口家庭司监测评估处先进事迹 …………………………………………… 1242
国家统计局住户调查办公室专项调查处先进事迹 …………………………………………… 1243
国务院扶贫办开发指导司人力资源处先进事迹 ……………………………………………… 1245

第一部分

全国优秀农民工先进事迹

刘阔

河北省新乐市承安镇东五楼村人，现就职于北京顺丰速运有限公司

刘阔，1989年2月出生，2017年入职北京顺丰速运有限公司，2019年申请加入中国共产党并成为入党积极分子，现任北京区陶然北岸经营分部收派员。

2017年，刘阔入职北京顺丰速运有限公司，成为一名普通的一线快递小哥。为了弥补自己学历的不足，他勤学上进、刻苦钻研，仅用一个月的时间，就熟悉了公司各项终端设备的操作，掌握了各项业务推广技能。

2019年2月1日中午，习近平总书记结束在北京市前门东区看望慰问乘车返回途中，特意来到大栅栏街道的石头胡同的顺丰快递营业站。当时，刘阔和齐南南等快递小哥们正在整理快件准备出门，突然看到总书记站在面前，十分激动。习近平总书记在看到小哥们春节期间仍旧坚守岗位，感动地说道："我就是来看看你们，你们属于工作最勤的，就像勤劳的小蜜蜂一样跑来跑去，日晒雨淋不容易。通过你们向全国从事快递业的300万人致以新春的祝福。"

同年，作为优秀的基层工作代表，刘阔非常荣幸地参加了2019年10月1日庆祝中华人民共和国成立70周年庆典活动。他参与了"美好生活"方阵，带着小蜜蜂的帽子，作为先进的快递员工代表接受祖国和人民的检阅。在典礼正式开始，国歌响起的那一刻，刘阔热血沸腾。参加此次盛典，不仅是刘阔个人的荣誉，更是代表了全体快递人赢得了光荣和骄傲。作为顺丰人，刘阔深深懂得美好生活是奋斗出来的，顺丰人朝着美好的明天再出发。

刘阔同志的这种不为名利、全心全意为人民服务的观念，耐心细致的工作作风，持之以恒的奉献精神，深受领导和群众的好评。他充分发挥着一名预备共产党员应有的先进模范作用，为自己所从事的事业付出了最大的努力，在自己平凡的岗位上为公司和社会贡献自己的力量，他不仅是40万顺丰人的榜样，更是我们每一个人学习的榜样。

北京

赵小虎

安徽省蚌埠市固镇县刘集镇张凌村人，现就职于北京阳光北亚家政服务有限公司

2000年，22岁的赵小虎独自一人从安徽农村到北京务工，先后在酒店当过服务生，在职介中心做过前台接待。2006年，赵小虎加入北京阳光北亚家政服务有限公司。

14年来，赵小虎从普通职员成长为独当一面的项目负责人，也带出了一支优秀的业务团队，为公司发展立下了汗马功劳。在团队的不懈奋斗下，公司现已发展为拥有5家直营店、在册家政服务人员4万余人的家政服务综合体，累计提供就业岗位12万个。

他先后被中央文明办、北京市人民政府、首都文明办、东城区文明办、北京市工商联授予"中国好人""北京榜样""北京市就业创业先进个人""北京市孝星""感动东城道德模范"以及"北京市非公有制优秀党组织书记"等荣誉称号。他所在的公司也相继获得"北京市就业创业先进集体""东城区对口帮扶劳务实训基地""北京市巾帼家政服务企业""北京市人力资源诚信服务示范单位""北京市四星级家政服务组织单位""北京市敬老爱老示范单位""东城区工商局非公党建示范点""北京家政服务示范门店""首都学雷锋志愿服务站""甘肃省家政服务员培训输转基地""甘肃省'陇原妹'劳务输出示范基地和维权驿站""山西吕梁山护工优秀合作企业""山西天镇保姆北京联络站"和"京津冀技能大赛突出贡献奖"等多项荣誉。

2007年年末，赵小虎了解到在甘肃山区有个特殊的群体"陇原妹"，迫切想靠自己的双手实现脱贫。赵小虎带领团队赴甘肃山区，开展招聘工作。在团队的共同努力下，第一次甘肃之行达到了预期效果。此后，赵小虎带领着业务团队专项帮扶"陇原妹"进京就业。截至2020年，团队累计帮扶12 300余名农村建档立卡贫困户妇女走出家门，开办培训班200余期，实现就业11 000余人。

在多次前往贫困山区扶贫的过程中，他发现那里的孩子个个懂事聪明、成绩优异，许多却因为经济困难放弃学业。他通过与学校负责人沟通，资助7名困难学生，每人每年2 000元，并承诺帮助他们完成所有学业。

赵小虎带领团队组建了一支常态化、规范化的志愿者服务队伍，为社区老人、城市一线环卫工人和保安提供免费的理发、修脚、按摩等服务，并号召将每月的15日定为"阳光北亚爱老日"，为东河沿社区的居民提供义务服务。截至2020年，这支志愿者服务队伍累计走进50余个社区、服务8万余人次。

翟向峰

河北省崇礼县西湾子镇下两间房村人，现就职于北京铭泰嘉信能源科技有限公司

翟向峰，1976年出生，18岁到北京务工，先后做过10年环卫工人、6年小区物业卫生主管，现就职于北京铭泰嘉信能源科技有限公司。她从小家境贫寒，却立志要做"雷锋精神"的传承人。

翟向峰1997年从事环卫工作，她负责的环卫路段是紧邻北京站、人流密集的崇文门大街，这里车辆繁多、商铺林立、垃圾量大，是大家都不愿干的地段。翟向峰毫无怨言、尽心尽力、乐在其中地做好每一天的工作，两个月后，崇文门大街的地段环境得到彻底改善，翟向峰负责的地段被单位评为"样板地段"。

她手执扫帚十年如一日，扫地面积共达1 620万平方米，共扫秃扫帚700多把，义务加班6 000多小时，她8次被单位评为"年度先进个人"。

崇文门新世界新怡家园小区租户多、人员复杂，小区内环境卫生治理也一直得不到改善，投诉率高、物业费收缴率低。物业经理张云多次找到负责小区临街商铺的翟向峰，希望"高薪"请她来物业公司做卫生主管工作。2008年，翟向峰担任了新怡家园小区物业卫生主管。一进物业公司的她每天都穿梭在小区地下室、楼宇的各个角落，结合小区实际情况为公司提出十几条改善小区卫生条件的合理化建议。两个月后，小区的卫生条件得到彻底改善，居民满意度提高，物业费收缴率大幅提高了，她也多次受到公司的表扬和嘉奖。

除管好小区的卫生工作外，翟向峰又发挥起刚来北京干过零工的优势：谁家有老人需要照顾、谁家孩子需要接送等她都会去热心帮助。她还鼓励懂水电、懂家电维修的丈夫进小区为住户免费服务，渐渐地"有事找小翟"这句话在小区里开始流行起来。

每年6月她都发动公司内部开展"关爱环卫工人"爱心活动，她和公司人员走上街头为环卫工人送上爱心粥、水杯、毛巾等物资。2018年6月起，她利用工作之余走访新世界地产临街100多个商家，共创"爱心驿站"，希望临街店铺打开大门，给环卫工人提供一壶热水和一处休息的地方，在她不辞辛苦的游说下已有60多个店主积极响应。

她心里时常挂念那些身边没人陪伴的老人，2017年中秋节的中午她来到长青养老院收拾、聊天；下午她又来到南岗子社区独居老人家打扫、做饭；晚上11点多她拖着疲惫的身体才回到家中。在北京几乎每年的中国传统节日，她都是这样度过的。

郭冬

安徽省无为市十里墩乡镇河行政村郭村人，现就职于北京三色酷餐饮有限公司

郭冬，1985年出生，现就职于北京三色酷餐饮有限公司。

2001年，16岁的郭冬初中毕业，离开老家来到北京，经同乡介绍进入一家餐厅后厨打杂，但仅做了一年他就南下去做建材生意。时隔一年他毅然返京，应聘在中国建筑工业出版社做图书销售，从普通业务员逐步成长为销售经理。2007年，郭冬岳母希望他接管她的自营小餐馆。郭冬经过一番痛苦挣扎，决定接管当时仅有20张桌子的小餐馆。从对管理餐厅毫无经验的"餐饮门外汉"到在商场风云变幻中屹立不倒的"八面手"，郭冬展现出了农民工独有的韧劲和钻劲，从"零"起步学习钻研餐饮运营，坚持以食客为上帝，研菜品、练技能、优服务，一门心思地提升品牌竞争力。在郭冬和团队的共同努力下，餐馆连续三年获得"大众点评必吃榜餐厅"等多项荣誉，为北京市"深夜食堂"特色街区建设做出杰出贡献。

2015年，他看到家乡道路坎坷不平，孩子们上学、乡亲们运输都不方便，他便默默为家乡修路、装路灯；2016年，郭冬代表公司通过中国扶贫基金会捐赠40万元物资到南方洪灾区，还带领公司骨干奔赴抗洪一线慰问；2017年，他偶然了解到自闭症儿童群体，慷慨捐款帮助他们康复，同时在餐厅举办关爱自闭症儿童活动……在郭冬的感染下，公司团队积极参与东城区与其所在街道的扶贫工作，连续三年资助内蒙古阿尔山市贫困学生，向西藏自治区当雄县捐赠10万元帮扶款，到内蒙古化德县产销对接精准扶贫，并定期研制推出一系列扶贫菜肴，为落实国家扶贫政策加油助力。他每次回乡，都会带回一些乡亲们到餐厅务工，同时他主持设立了奖励机制，只要员工能介绍乡亲们到餐厅工作，都会给予一定物质奖励。近20年来，郭冬依托餐厅每年为农民工创造提供就业岗位近1 500个，连续多年聘用、培训农民工达18 000余人次。

当北京市出现新冠肺炎确诊病例时，郭冬迅速着手成立公司疫情防控小组，从防疫物资采购、餐品制作，再到餐具消毒、环境洗消，全方位、全流程守护着每一名食客、每一名员工的安全与健康。后来他根据疫情发展势态，当机立断关停旗下全部门店，明确休业期间把员工的健康放在第一位，保证收入待遇不断线。郭冬带头响应市、区号召捐献款物支持抗疫，第一时间向湖北疫区捐赠价值10万余元的防疫物资，向街道捐赠大量医用防护口罩，并组织带领农民工志愿者深入到社区各个出入口，协助社区做好疫情防控工作。

王敬伟

河南省平舆县万冢镇三桥村人，现为北京市昌平区红栌温泉山庄厨师

王敬伟，18岁到北京打工。刚到北京时，他白天到饭馆帮人干零活，晚上只能露宿街头。有一天，他在一家餐馆卸完一卡车煤后，老板出于同情让他在餐馆当一名勤杂工。但他心里清楚要想在北京"扎下根"，必须要有一技之长。

为了成为厨师，王敬伟经常深夜在厨房用边角余料练习切菜技术。利用业余时间买来各大菜系书籍学习，不懂的地方向师傅请教。"大厨们"被他的虚心吃苦精神感动，开始教他厨艺。他又报名参加厨师培训班，刻苦学习餐饮理论和实操。最终他如愿成为一名掌勺师傅，取得了"中国烹饪大师证书"。他多次参加各类厨艺大赛，在2008年、2010年、2016年获得"红栌温泉山庄厨艺比武一等奖""厨师技能大赛第一名"等荣誉。

在工作中他发现炉灶的热量没有得到充分利用，于是买来专业书籍、请别人加工模具，进行多次试验和改进。他参与的顺昌余热"余热回收灶"项目、京都厨业"节能灶"项目、同得发农产品加工有限公司"土豆切丝机"项目，均获得实用新型国家专利证书，为节能减排及提高工作效率做出了积极贡献，个人也被授予"最佳智慧奖""优秀科研标兵"等称号。

他利用餐饮界人脉广的优势，主动与扶贫干部及北京地区的有关饭店、商超、批发市场、加工厂等联系，到北京对口帮扶的张家口和赤峰等贫困乡村收购农副产品。特别是2020年疫情期间贫困地区的农副产品滞销，他又东奔西跑联系相关企业。

王敬伟利用探亲休假之机，在家里举办技能培训班，教授在家待业的年轻人厨艺，并帮助他们找工作。20多年来，他累计带出徒弟100余人，帮助2 000余人实现就业。他多次被表彰为扶贫工作优秀党员、爱心帮扶、脱贫攻坚特殊贡献、外出务工人员技能培训等先进个人。

王敬伟是一个知恩图报的人。他给敬老院捐款捐物累计已达8万余元。同村村民王富林，母亲70多岁，还有一个智力有问题的弟弟，生活极其困难。王敬伟积极向有关部门反映情况，为其申请低保，并帮其将智力有问题的弟弟送到福利院。他还出资1万余元为王富林家修建了100余平方米的羊圈，购买了种羊，帮助其家庭成功脱贫。

北京 毕仁福

湖南省常德市石门县皂市镇人，现就职于希版图（北京）文化传媒有限公司

毕仁福，1994年到北京务工，打过杂工，当过电工、修理工、音响师。他曾获得北京市文化和旅游局颁发的音响师职业证书、北京市职业技能鉴定管理中心颁发的维修电工（高级）证书。2006年，他和别人合伙成立了希版图（北京）文化传媒有限公司，从事影视作品策划工作。

希版图（北京）文化传媒有限公司刚成立时，由于经验不足，公司筹资拍摄的几部影片几乎是投一部赔一部。他静下心来，努力充实自己，通过自学、参加培训班、虚心拜师学艺，提高自身综合素养，2017年他还参加中国电影家协会与中国传媒大学联合主办的"新文艺群体电影制片人培训班"并取得了结业证书。

经过他周密策划、精心创作，一部反映留守儿童和孤寡老人现状的影片《天边的孩子》于2015年搬上银幕。在第二届全国卫生计生系统优秀影视作品征集活动中荣获中华人民共和国国家卫生健康委员会、中国人口文化中心促进会颁发的优秀作品奖。

毕仁福联络拍摄了影片《云雾笼罩的山峰》。该片于2019年全国公映，并入围华沙国际电影节自由精神竞赛单元，获邀第二届中国银川互联网电影节开幕影片。该片还入围第五届北京青年影展，获"年度电影"和"最佳剧本"提名等奖项。

毕仁福作为联合监制和策划参与了影片《周恩来回延安》，该片曾两次在中共中央党校作为专题党课教育进行放映。"学习强国"学习平台开设的专栏对此片进行了多次宣传报道。该片荣获中共中央宣传部颁发的第十五届精神文明建设"五个一工程"优秀作品奖。

多年来，他曾多次组织参与大型公益活动，组织公司员工、艺人开展慰问敬老院、孤儿院等活动，以自己的方式帮助弱势群体。由中华环保联合会举办的"全国大型低碳环保公益活动"，希版图（北京）文化传媒有限公司获得了"环保爱心单位"的称号，毕仁福也被授予"环保爱心人士"称号。由中华社会福利基金会等单位联合举办的"中华民族传统孝悌文化活动"，毕仁福获得"爱心大使"的称号。2008年，毕仁福与律师团队共同创办了"蓝丝带在飞扬"公益组织。该组织主要致力于残疾人人身伤害事故的法律帮助，多年来已经帮助40多名残疾人垫资300多万元，在诉讼结束后，还帮助他们创业。

2020年新冠肺炎疫情发生后，他为首都师范大学附属实验学校捐赠了价值10万多元的矿泉水和口罩及1 000箱米面。他积极动员并组织，多次向湖北疫区累计捐赠价值高达数千万元的防疫物资，一些媒体对此爱心捐助活动进行了跟踪报道。

何冰冰

达斡尔族，黑龙江省齐齐哈尔市梅里斯达斡尔族区梅里斯乡人，现为北京市政建设集团有限责任公司施工队长

何冰冰，1982年出生，现为北京市政建设集团有限责任公司施工队长。他曾多次获得先进个人、优秀班组长等荣誉称号。

他18岁到北京务工，2012年加入北京市政建设集团有限责任公司。没有实践经验，他便跟在老师傅后面学，遇到不懂的就问。没有理论功底，他就刻苦自学。工地的技术员都成了他的老师，他还先后自学了二级建造师、一级建造师的课程。

多年来，他参与建设的市政建设项目众多，每个项目建设质量均达到了合格以上。

他严格质量管控流程，对于施工用料有着近乎苛刻的要求。在他的字典里没有"偷工减料"，每次主料、主材进场，都是他最为关注的时刻，都要结合设计图纸、施工要求、监理单位共同核对，不能有丝毫差错。广外305号综合治理改造项目由于工期紧张，有的工人在施工中不按照工艺施工，被他发现后，当场砸了砌好的墙面，并对相关工人做了处罚。

他向精细化管理要效益，带领建设团队不断吸收借鉴、大胆创新。他改变了以前农民工团队管理是弱点的通病，通过完善管理制度、转变用人观念、提高人员待遇等方法，发挥技术人才及管理优势，提高了团队的凝聚力和战斗力，成了市政建设工程的一支急先锋，哪里有了急难险重任务，哪里就有他们的身影。

市政建设工程有很多急难险重任务，他从没有退缩过，始终以积极奋进的姿态冲在人前、干在人先。当他得知"北京小汤山医院改造和新病区建设工程"急需建设者时，主动请缨，放弃与家人团聚的时间，争分夺秒忘我地投身到工程建设当中。在"北京小汤山医院改造和新病区建设工程"中，他组织家乡劳务人员80余人，鏖战53个昼夜，保质保量完成工程建设任务。负责整个工程施工管理工作的他，边观察现场、边指导施工，在挖掘机的轰鸣和不时响起的电话铃声中度过几十个不眠之夜。

他在自己致富的同时，时刻不忘乡邻，积极吸纳家乡的村民们从事建筑行业，增加他们的收入，做群众致富的"领头雁"。几年来，靠着能折腾的韧劲和巧劲，他组织村民们外出务工，建筑队伍得到进一步壮大，培养了一大批懂技术、有技能、会管理的新型农民工，带领群众走上奔小康的道路。为了改善群众生产生活条件，他多次与家乡的村委会沟通，寻找适宜本村的发展道路、建设仓储基地。他还特别关心村里孩子们的教育，在村里设立助学基金，资助贫困学生完成学业。截至2020年，他已直接或间接资助贫困学生8人，累计助学捐资达10万余元。

北京 王洪光

辽宁省昌图县前双井子镇四棵村人,现就职于北斗启明(北京)节能科技服务有限公司

王洪光,1978年出生,2002年到北京务工,2011年至今在北斗启明(北京)节能科技服务有限公司任技术员。

他在2017年获得"优秀员工奖"、2018年获得"技术创新奖"、2019年获得"卓越创意奖"、2020年获得"特殊贡献奖"。

2005年,王洪光开始从事石油化工环保装备技术销售工程师的工作。为深入石油化工环保行业,他坚持学习,从销售员转变为技术员并致力于节能减排环保产品的科研开发。

他带领团队研发了"SES-Ⅱ不锈钢双盘浮顶"技术。该技术于2019年8月5日被中国化工学会以曹湘洪、孙丽丽两位院士为代表的专家组评价为"属于国内首创、达到国际先进水平"的科学技术成果;他带领数十人的研发团队通过二年零六个月的研发,成功研发出了高温纳米涂层,并获得发明专利2项;他和团队历经400多个日夜,研发"大型石油储罐主动安全防护系统"。

他和技术团队长期为公司注入科技含量高、环保效益好的新产品,使公司成长为国家高新技术企业和诚信企业,并于2020年获得朝阳区高新技术产业办公室的"支持重大高精尖成果产业化项目"奖励。他和团队研发的产品申请了17项专利,为国家实现了油气减排48 120吨/年、二氧化碳与氮氧化物减排2 300万立方米/年、天然气节省2 500万立方米/年,并为国家超过800万吨原油提供了安全保障,减少了大气污染物的排放,为京津冀地区乃至全国的雾霾治理贡献了巨大力量。直接经济效益超过2.7亿元/年。这些专利每年为公司带来营业收入上亿元,公司共计纳税1 810万元。

2020年新冠肺炎疫情期间,他通过"王洪光爱心基金",从中船重工鹏力(南京)智能装备系统有限公司采购2条日产30万片医用口罩生产线等防疫物资生产设备并将其以公司名义一并捐献给国家,还通过多方渠道购买医用口罩总计6万只捐赠给社会。

多年来,王洪光坚持带动贫困劳动力就业增收回报社会。他所在的企业在全国多地设有环保设备加工基地,每到一地,他都会请当地政府组织失业下岗者和农村贫困人员优先进行面试,没有手艺的他进行技能培训。

近年来,他不计得失,乐于奉献,为贫困地区、灾区、教育、残疾人等公益事业倾心倾力贡献着自己的力量。

孟德杰

河南省新乡市红旗区关堤乡庄岩村人，现就职于中能测（北京）科技发展有限公司

孟德杰，1976年出生。1996年，他到北京从事工地基础搬运工作，逐步成长为水电技工、技术班长，2002年入职上海华魏光纤传感技术有限公司北京分公司，从事技术研发，现为中能测（北京）科技发展有限公司运营部技术研发师、北京电子学会会员、中国数据中心产业发展联盟测评中心理事。他主持和参与的多个北京市重点工程项目，曾获得"北京市优质安防工程""安全文明标准化工地"等奖项。他自学英语及电气、暖通技术，并拿到暖通工程师中级职称。他先后获得"数据中心年度突出贡献人物""数据中心年度优秀创新人物""数据中心年度优秀服务标兵"等荣誉。

1996年2月，孟德杰到北京务工。最初，只能在施工工地做小工，干点杂活儿。为了提升自己，他在工作期间仔细观看、揣摩技术师傅们的操作技巧，利用一切时间向前辈虚心请教，托人找了很多技术方面的书籍潜心学习，逐渐成为工地上的布线能手、看图能手、设计能手，并在节约物料、降低能耗和设计布局上多次创新，成为技术骨干。调整到管理岗位后，他每天奔波于项目工地、业主单位、集成商、设备商之间。随着自身能力不断提升，行业资源逐渐积累，他以技术入股的方式与别人合伙成立了中能测（北京）科技发展公司，专注数据中心技术研发，先后荣获11项专利证书。他主持研发的数据中心云测试，云运维平台处于行业内领先水平。经过不懈努力，该公司入选为中国质量认证中心国内13家特约实验室之一，孟德杰个人也获得很多荣誉。

这些年，他将不少农民兄弟姐妹带到北京，先后为1 000多人提供了工作岗位。多年来，他积极为家乡的引水灌溉建设、农网电改建设、村村通道路建设、村小学旧房改造捐款出力；出资出力协调资源帮助20多个返乡创业的伙伴们搞起养殖业、种植业和其他产业；特别关心留守儿童和留守老人问题，组织北京的志愿者到河北下花园段家堡中心小学、河北河间邢各庄小学、河南省洛阳市栾川县特殊教育学校等地开展公益活动；为安徽灵璧县敬老院捐款修建老人洗浴用房和设备；为北京天云听力言语康复训练中心的失聪孩子捐献助听设备。2020年春节，新冠肺炎疫情暴发，孟德杰主动组织工友，加入志愿者队伍，协助社区进行消杀、体温测量，岗点执勤等工作，为北京复工工地捐献30 000只口罩，孟德杰还多方联系购买了一车消杀用品和防护用具，几经辗转运到了武汉。

北京 李义

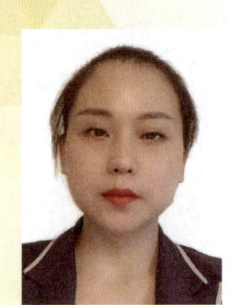

河北省涿州市双塔区人，现就职于北京宏润宇嘉餐饮管理有限公司

李义，中专学历，出生于四川省广汉市，2011年户籍由四川省广汉市迁到河北省涿州市。2004年3月，李义经四川老乡介绍到北京祥龙餐饮有限公司做餐饮销售、服务工作。2011年，李义到北京丹江渔宴餐饮有限公司任前厅部门经理。2019年调任北京宏润宇嘉餐饮管理有限公司安贞店工作至今。在十几年的餐饮服务管理工作中，李义经常参与重大服务接待工作，工作中从无差错，受到顾客的赞扬，多次被公司评为"优秀员工""先进个人"。

餐饮服务无小事，工作中经常遇到有顾客遗落书包、钱包、手机等物品，李义总是原封不动地还给顾客。2007年7月，一位客人进餐时身体出现不适，李义立即拨打120急救电话，将其送到医院，垫付医药费，从下午1点一直陪到晚上9点，之后每天都坚持利用下午休息时间去探望。这位客人出院后送来了感谢信和锦旗，并坚持给李义1万元以表谢意。公司领导和李义只收下了感谢信和锦旗。

2019年6月，李义在媒体上看到上海实行垃圾分类，第一时间向领导汇报了，得到支持后，立即组织所有员工学习。她还拿出自己的提成奖金，奖励给执行垃圾分类政策的优秀员工。当2020年5月1日北京正式实施垃圾分类前期，北京宏润宇嘉餐饮管理有限公司安贞店早已开始实施，走在其他公司前面，受到有关部门的表扬。

李义积极响应"厉行节约、反对浪费"的号召，在安贞店实施北京市餐饮行业协会倡议的"光盘"行动，除了在店内张贴倡议书宣传节约外，还制定了鼓励节约的活动，点小份菜、剩菜打包，给响应光盘行动的客人赠送小礼品和优惠券等。

新冠肺炎疫情来袭时，李义利用个人资源，添加了十几个抗疫爱心群，到处打听医用防护物资情况。2020年1月30日，她筹措N95型口罩500只、医用酒精600公斤捐赠给武汉市中心医院。2月1日，李义接到电话咨询能否从北京调配一部分医用物资支援湖北黄冈。她立即联系了熟悉的北京东区儿童医院有限公司领导，商议由李义本人、北京宏润宇嘉餐饮管理有限公司和北京东区儿童医院有限公司共同捐赠一部分医用物资。但是当时快递还没有通，李义和家人商量，丈夫鼎力支持。2月3日凌晨5点，装满医用物资的救护车出发，下午4点抵达河南信阳鸡公山服务区，最后这批物资送到湖北省黄冈市第一人民医院的工作人员手中。疫情期间，李义个人家庭累计捐款3万余元。

王清春

内蒙古乌兰察布市凉城县麦胡图镇三济庙村人,现为北京美中宜和妇儿医院护士

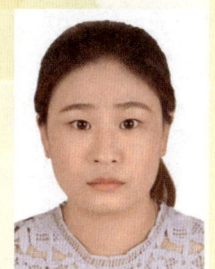

王清春,2012年到北京务工,先后在北京安达医院、北京和美妇儿医院工作,于2018年6月入职北京美中宜和妇儿医院,现为产科门诊护士。她曾连续三年获得"优秀员工"荣誉称号。

作为护士,采血是基本功,而她却做到了100%一次穿刺成功。在这光鲜的背后,是她无数次的自我练习和不断摸索。为了对静脉穿刺抽血有更好的体验,她用自己的胳膊练习,用自己身体来感受痛感、体验各个进针角度的感觉,努力减轻患者进针痛感,把患者痛感降到最低甚至让患者几乎感觉不到疼痛,一年下来,她的身上斑痕点点,令人目不忍睹。从此,面对各种难穿刺的血管,她都能做到快、准、稳,在医院也得到了"一针准"的美名。

2017年,她开始从事妇产方面护理工作,刚入职的她对一切都是既熟悉又陌生,看着同事们熟练的护理操作,她深感自身专业知识的欠缺。在工作之余她虚心向经验丰富的同事学习,查阅资料,积极学习妇产护理知识,不到两个月就可以完成产妇的日常护理,被安排接诊急诊临产孕妇。面对孕产妇对临产的紧张和恐惧,她总能耐心开导,有求必应。某一天,一名初产妇,由于临产时的宫缩疼痛让其难以忍受,她默默抓着产妇的手轻声安慰,直到打上麻药,产妇的疼痛减轻才松开她的手,此时她这才发现,自己的手已被产妇深深地掐出了五个指甲血口,鲜血直流。患者只要有需要,她总是义无反顾地上前服务。

她作为急救组的一员,多次参加全员抢救工作。有一天晚上,医院来了一个二胎破水的孕妇,她冷静地帮助孕妇联系住院等事宜,她发现胎儿的胎心频率突然从140次/分掉到60次/分,她马上向医生汇报,医生内诊发现,胎头下降,脐带掉到了阴道口外。她马上意识到这是脐带脱垂,如果产妇不立刻分娩,七八分钟就可以造成胎儿窒息,甚至宫内死亡,情况紧急,她立刻拉响了急救铃,医生们以最快速度启动生死营救。最终仅用了3分钟,胎儿顺利娩出,母子平安。由于她处理得当,得到了新生儿家庭及医院领导的感谢和表扬。

一次国庆节返乡途中,在检票进站口一位大叔突然倒地、四肢抽搐,她作为医护工作者,挺身而出,说道:"让我来,我是护士,我可以帮他。"

2020年春节,新冠肺炎疫情肆虐之时,她主动放弃春节休假,积极参与到疫情防控中,进行体温监测、接诊隔离未满14天的患者。2020年6月初,北京疫情反复,大规模的核酸检测筛查,需要北京美中宜和妇儿医院的支援。在接到任务通知后,她主动请缨,毅然参加到支援核酸采集的队伍中。

杨茜

湖南省澧县杨家坊乡杨家坊村人，现就职于北京仙商投资管理中心

杨茜，1990年9月出生，2007年6月她进京打工，曾在北京世纪金源酒店餐饮部从事餐饮服务工作，2016年6月应聘到北京仙商投资管理中心，现为数据分析师。她在北京世纪金源酒店工作期间，多次荣获年度"优秀员工"称号，两次获得"金源好人"称号。她在北京仙商投资管理中心工作期间，于2017年、2018年、2019年连续三年荣获"优秀员工"称号，其所在的团队两次获得钻石团队奖（最高奖），2018年获得仙商人才奖。

2020年年初，新冠肺炎疫情发生，杨茜想着要为疫情灾区湖北省的乡亲们做点什么。于是她第一时间和公司领导沟通，咨询个人捐赠事项，随后赶紧利用个人资源开始不断联系各地的医疗物资。1月30日，杨茜通过个人资源出资2万多元从山东购买了1吨医用酒精，因湖北全境已封城，快递不能到达，湖北当地医院急需医用酒精，杨茜果断地决定自己开车去山东取，然后再送到湖北。1月31日下午4点，杨茜和家人们将装满医用酒精的面包车开到河南信阳高速公路服务区，交给前往湖北仙桃人民医院的工作人员。2020年6月，北京因输入型病例引发第二波疫情，杨茜个人向北京市红十字会捐款1 000元。

2014年11月，在一次大型会议宴会接待活动中，一个从事天使投资的客户邀请杨茜到基金公司去工作，为了掌握专业知识，杨茜报了金融培训班、基金从业培训班，参加了成人高考，并自学了大专文化课程，经过两年的专业学习，取得了基金管理人资格证书。2015年年底，因参加北京湖北企业商会的活动，湖北商会的几位投资人成立了北京仙商投资管理中心，需要事业合伙人，邀请杨茜加入这个团队，成为团队基层工作人员。北京湖北企业商会有很多互联网人和知名投资人，能跟他们一起工作学习是一件令人愉悦的事，也让杨茜的事业更上一个台阶。

十多年来，杨茜多次在北京参加志愿者活动。2019年12月，在"守护夕阳—为老服务志愿者荣耀盛典"新闻发布会中，杨茜作为志愿者参与了志愿服务工作，志愿加入为老服务，发扬志愿服务精神。

有一定的经济收入后，力所能及地帮助贫困学生是杨茜最大的心愿。近几年，杨茜联系了中国青少年发展基金会，每年向希望工程捐款，资助3~5名贫困地区家庭经济困难的学生。2008年5月汶川地震、2010年4月玉树地震、2012年7月北京洪涝灾害中，杨茜都积极捐款捐物。一直以来，杨茜积极参与各种公益捐款数十次，累计达3万多元。她在平凡的岗位上展现人生的价值，为社会发展贡献自己的力量。

朱文龙

山东省巨野县独山镇朱程庄行政村朱程庄村人，现就职于德鲁克（北京）人力资源服务有限公司

朱文龙，1992年1月出生，中共党员，2015年到北京工作，现为德鲁克（北京）人力资源服务有限公司派驻马连洼街道宣传部宣传员。他在工作期间，积极协助街道宣传部做好宣传工作，配合完成街道宣传部安排的各项工作，曾先后担任北京市海淀区青联第八届委员会委员，曾荣获"海淀区经济技术创新标兵""北京奥运安保志愿标兵"等荣誉称号。

多年来，朱文龙树立大宣传的工作理念，他深入18个社区组织，使宣传工作成为反映社情民意的高效渠道。他经常主动地深入到社区进行社会调查，走访困难家庭，检查是否有安全隐患。他主动走访和慰问社区困难群众、孤寡老人，力所能及地帮助群众解决实际困难。

疏解非首都功能是基层面临的一项艰巨的政治任务，朱文龙主动加强宣传引导。为做好群众的宣传引导工作，朱文龙依托"互联网+阵地"，广泛宣传功能疏解的政策和重大意义，争取群众对功能疏解涉及的拆迁、腾退等工作的理解和支持。对在功能疏解中涌现出的先进个人、组织、企业，朱文龙笔耕不辍，积极宣传先进人物的典型事迹，为功能疏解营造良好的舆论氛围和实施环境。

朱文龙负责管理和运营马连洼街道办事处的微信公众号，为了提高宣传的传播力、引导力、影响力和公信力，朱文龙不断学习相关的业务技能，摄影、摄像、写作及动漫制作，他长期坚持把自己在社区见到的典型人物和典型事迹制作成"抖音"视频来进行宣传，使自己制作的作品更具感染力，此外他还考取了网络工程师资格证书。

他还每年组织开展群众性的爱国主义主题宣传教育活动，精心编写宣传手册以及"爱国100题抢答"。在祖国成立70周年华诞之际，他组织开展了以"我与祖国共成长"为主题的演讲、诗朗诵、文艺汇演、征文、书画摄影等系列宣传教育活动，让爱国主义、正能量浸润到社区群众心中，受到各级领导的好评。

2020年新冠肺炎疫情期间，朱文龙主动地放弃了春节期间回老家探望老人的计划，积极投入到疫情防治的相关工作中。他在春节期间协助接收、汇报、处理市、区、委办局的文件，在街道辖区中组织张贴宣传疫情防治的宣传材料，陪同领导看望、慰问一线医护人员及疑似患者。

北京

管林

江苏省淮安市金湖县金北乡万庄村人,现就职于北京慧之源信息技术有限公司

管林,1973年出生,大专学历,现就职于北京慧之源信息技术有限公司。

由于家里兄弟多家境贫寒,1994年高考落榜的管林独自一人到了首都北京,开始了"北漂"之路。从1998年开始,他利用打零工空闲时间开始学习。功夫不负有心人,2001年他通过自学考试取得了北京对外经济贸易大学的专科学历。

有了技术和学历,管林在2001年成功应聘到北京国之源软件技术有限公司当基层销售员,这是一家从事中小学教育信息化的公司。农村出身的管林不怕吃苦,公司最累的活儿、最远的出差都主动承担,正是凭借踏实肯干的工作态度,他多次被公司评为"先进个人""销售冠军"等荣誉称号。

2014年,管林与其他人合伙创立了北京慧之源信息技术有限公司,继续从事销售工作,他说他要在工作过程中去帮助那些贫困地区的孩子,为中国教育信息化做出自己的贡献。

2014年,他在云南元阳梯田风景区旅游,职业习惯让他走进了景区附近的两所学校,不堪的校舍、落后的教学条件、巨大的城乡教育差别让他内心无比难受。

当晚他就和随行的红河哈尼族彝族自治州电信公司的朋友找到了红河哈尼族彝族自治州教育局领导,提出免费为红河哈尼族彝族自治州建设一条教育信息化高速公路,随行电信公司朋友也深受感动,表示说公司会在此项目上进行硬件环境免费资助。

回京后管林立即召集相关人员,研讨实施方案,分派任务,经过一年的辛苦努力,2015年红河哈尼族彝族自治州教学资源网开通了。继红河哈尼族彝族自治州之后,他组织公司力量相继在内蒙古自治区、陕西等地的贫困地区免费为当地建设教育信息化高速公路,让那些贫困地区的孩子们能享受到名校教学资源。

因工作的原因,他经常接触贫困地区的孩子们,这些年他以个人名义向山西、云南、内蒙古等地的教育资助中心捐款22次,专用于这些地区贫困学生的在校生活费,并在2016年获得鄂托克前旗教育体育局颁发的"捐资助学先进个人"荣誉称号。他通过个人捐助、帮学生家长就业创业的办法,在河北、贵州、青海、内蒙古等地解决了55名失学儿童就学的问题。2015年,他开始参加"IN爱心接力,生命之泉不再干涸"活动,当年还捐赠3万元给云南省昆明市东川区乌龙乡土城村,帮助村民修建爱心用水管道。

在苏北农村的家乡,他联合在外创业的企业家成立养老基金会,目前已解决了87位农村独居老人的生活问题。

安登锋

甘肃省天水市秦州区华岐乡安集村人，现就职于万国印务（北京）有限公司

2004 年，安登锋从甘肃省天水市到北京务工，16 年来他凭着那份勤于学习、善于钻研、肯于吃苦、敢于担当的精神，从零基础开始钻研，在印刷行业拼搏进取，并服务于北京市人民政府、北京市规划和自然资源委员会、北京市总工会、北京市职工服务中心等政府部门。

安登锋刚到北京时，和其他来京务工人员一样，保洁员、保安员苦活累活啥都干。由于他工作尽职尽责，踏实肯干，深受同事们的喜爱和照顾，后来经同事介绍踏上了印刷行业这条路。

2011 年 3 月，年仅 21 岁的他跟别人合伙创办了万国印务（北京）有限公司，至今一直从事图文印刷工作。安登锋在打工创业成长的道路上，始终以做好事为己任，做善事为至乐，无论是在学生时代，还是在家乡务农或城市打工创业。

为了帮助家乡尽快实现脱贫，安登锋深谙"一人就业，全家脱贫"的道理，先后录用 20 余名家乡贫困户的孩子进入自己公司，妥善安置好这些员工的生活等各类事宜，亲自带徒弟、教技术、授业务。

来自贫困农村的安登锋时刻不忘贫困家庭，积极履行社会责任。2019 年，安登锋所在的公司与新疆墨玉县扎瓦镇缔结为友好帮扶关系，开展商贸展销、农超对接等活动，共计帮助该地区销售核桃、红枣 1 000 公斤，折合人民币约 25 000 元。作为个人，他对接新疆墨玉县扎瓦镇帮扶一对一的三户，连续三年帮扶贫困家庭，每年每户资助 1 000 元，定期电话或视频慰问，尽最大努力帮助贫困地区群众。

从 2020 年 2 月 10 号开展复工复产检查以来，安登锋一手抓疫情防控一手抓企业安全生产，加强对返京复工人员的身体健康检测，加大对工作区与生活区的消杀工作，切实保障疫情防控关键时期的安全稳定。安登锋凭借公司业务能力免费为社区印刷疫情防控宣传单、海报、横幅等，支持社区疫情防控的宣传工作。当得知海淀区花园路街道月季园社区急需一批"疫情防控手册"的时候，他主动请缨提供印刷服务。在公司人员未到齐的情况下，他带领员工日夜奋战，次日便把印刷好的 3 000 本手册交付使用，使疫情防控工作得到了更及时、更有效的宣传。

2020 年 2 月，国家出台政策助力企业复工复产，他积极响应国家号召，开展复工复产。为保证复工员工身体健康，他不计成本组织专车去接同事，全员进行核酸检测，全环节进行封闭式管理。在新冠肺炎疫情期间，有一部分员工因疫情影响未到岗位，他主动给未到岗位的员工发放全薪，他说不能因为疫情影响大家的生活和收入保障，大家是一个集体。

刘明群

四川省泸州市叙永县马岭镇鹤盘村人,现就职于北京市石景山区垃圾清运队

刘明群,出生于1972年5月22日,1998年3月加入石景山环卫局,她是一名普通的环卫工人,也是一名优秀的共产党员。

她几乎把所有的时间都用在钻研业务上,努力将工作吃透、干好。在平凡的岗位上,他兢兢业业地努力工作,让她不断地交出漂亮的答卷,2008年的北京市石景山区奥运工作先进个人称号、2011年的石景山区环境卫生服务中心先进工作者、2016—2017年度石景山环境卫生服务中心优秀共产党员、2017年的石景山区三八红旗手荣誉称号、2017年的北京市石景山区垃圾清运队"百日安全"技能比武大赛第二名、2017—2018年度石景山区环境卫生服务中心优秀共产党员、2018年的北京市三八红旗奖章等,一连串的荣誉,是对她的认可,更是她辛勤付出的印证。

身为垃圾清运队操作员,工作中的刘明群善于学习,勇于创新。石景山区八角街道一小区垃圾楼所用的环卫挤压设备操作难度大、技术要求高。为了掌握设备特性,并能熟练操控,她用心向厂家请教,积累了丰富的操作经验,她不断对设备整体状况进行摸索和研究,总结出了一套特有的操作方法,既提高了工作效率,又减少了设备的故障率。在日常操作过程中,她能根据倒垃圾的手推车大小,灵活掌握挤压次数,从而保证设备不因过力挤压而造成零部件损坏,确保了挤压垃圾后整箱质量不超重,并保障了司机的行车安全。在箱体与设备分离时,她先反复用压缩头挤压几次,之后进行分离并关好闸门,再用剪刀不厌其烦地将门缝积存的垃圾剪掉,保证了箱体的干净整洁。她通过不懈努力所探索出的最佳操作方法,不仅降低了设备的故障率,而且延长了设备的使用寿命。

2020年,一场突如其来的新冠肺炎疫情,在党中央的正确领导下,全国人民万众一心、众志成城,全面投入到抗击疫情的工作中。刘明群作为石景山区垃圾清运队密闭式清洁站操作工,身处接触暴露垃圾的第一线,勇挑重担、无私奉献,展现了新时期共产党员的政治本色和精神风貌。

她在做好日常清扫保洁的基础上,不断加强消毒力度,增加喷洒84消毒液的频率,对所属区域内所有设施、设备的消毒做到百分百覆盖。由于工作量的大幅度增加,刘明群每天早上5点半便将一天所需要的消毒物料以及清洁器具提前准备就绪,确保当日的工作顺利完成。结束一天的工作后,刘明群还利用自己的休息时间与各个小区负责倒垃圾的人员进行沟通,说明此次疫情的严重性,要求他们进入清洁站时做好消毒、戴好口罩等防护措施,遇到不理解的人员,会耐心劝解并对其做思想工作,严格做好疫情的疫情工作。

水百强

河北省唐山市滦县榛子镇南平庄村人,现就职于北京宽源商贸有限公司

水百强,1971年出生,退伍军人。自1995年起,水百强在北京市通州区八里桥农贸市场经营海鲜、冻品、青菜的批发、零售业务。在经营批发、零售业务期间,他还负责为北京中加学校配送副食、青菜、冻品等食品。水百强严把质量关,确保孩子们入口的食品安全。有一天,冷库出现电路故障,提前给学校准备的食品表面解冻了,有可能食物已经不新鲜了。为了保障孩子们的饮食安全,他当机立断,舍弃这批解冻的食品,临时从别人那调货,按时给学校送去。虽然他个人损失了1万余元,但他觉得这样做值得。

2016年,水百强在通州区八里桥景德镇精品陶瓷生活馆当推销员。有一天,一位顾客在参观完陶瓷生活馆后,把手包落在了店里,一直无人认领,在不得已的情况下,他打开一看,恰巧发现了一份有联系方式的合同。他赶紧跟对方联系,对方正因为找不到身份证无法乘坐火车而着急呢,而此时离火车开出仅剩一小时。水百强一边安慰他时间来得及,一边驱车前往火车站,亲自给他送去了遗失的手包。当这位顾客拿到他送来的手包时,离火车开出还有10多分钟,看到气喘吁吁的水百强,顾客满心感激,非要塞给他5 000元,以示感谢。水百强谢绝了,他说这是他应该做的。他的诚信经营感动了农贸市场的领导及群众,2013年、2016年、2019年,先后被八里桥农贸市场评为"优秀诚信经营商户"。

水百强深知就业对贫困家庭脱贫至关重要的作用,于是特地招聘贫困地区的务工人员,几年来,先后解决了20余名贫困人员就业,其中一半来自河北贫困地区的贫困户。他指导其中4人返乡创业,也成立了景德镇精品陶瓷生活馆,以创业带动家乡更多人就业,实现200余人脱贫致富。

水百强所在的社区里,邹昌文和田秋玲是通州区帅府街的两位空巢老人,儿女们不在身边,夫妇俩身体不好,没有什么经济来源,生活很困苦。他得知情况后,主动承担起照顾两位老人的任务,二十年如一日,照顾老人的衣食起居,老人生病住院时他更是全程陪护照料。

新冠肺炎疫情期间,水百强积极参加志愿者活动,承担入户摸排登记、体温测量、物资配送等工作。此外,水百强还采购一批物品捐献给抗疫一线部门。2003年"非典"疫情期间,他向北京通州区民兵武器装备陈列馆和卫戍区警卫三师十三团共捐赠太子牛奶1 100箱;2020年新冠肺炎疫情期间,他捐赠了米、面共400袋和蔬菜两车及猪肉300公斤,为抗击疫情尽到自己微薄的力量。

作为一个扎根于北京市通州区的农民工、一名退伍军人,水百强不忘初心,永远跟党走,在平凡的岗位上做出了不平凡的事迹,为社会传递了人间的温暖,为国家做出了自己的贡献。

北京 韩九恒

安徽省临泉县庙岔镇后韩庄行政村人，现就职于房屋卫士工程技术有限公司

韩九恒，1978年5月出生，民盟盟员。1994年6月，他到北京务工，先后做过油漆工、防水工等工作，现为房屋卫士工程技术有限公司工程师，曾获得15项国家专利，引领企业成为建筑防水行业龙头企业之一。

工作中，韩九恒也是一个爱思考的人。在一次做防水施工时，由于五楼住户洗手间漏水，影响到四楼住户的正常生活，但是五楼房主不配合做防水，找理由拖延施工。韩九恒创新采用通过四楼天花板施工的方法，凭借多年专业经验，认真观察和论证，锁定漏水点位置，对墙体进行局部打孔的"微创"手术，通过液体发泡涂料高压注浆融合，完美地封堵上了漏水点，不仅大幅缩短了工期，而且施工费用也不到原来的三分之一，这次实践不仅使房主对他连连称赞，也为日后申请技术专利奠定了基础。

韩九恒将自己的"微创结构堵漏技术"不断发展完善，并成功申请专利，在多项重大防水工程中发挥了关键作用。特别是在为北京热力集团有限责任公司地下管道进行防水施工的过程中，由于地下空间阴暗潮湿、管网线路复杂，而在施工过程中必须全部采用环保材料，施工难度非常大，经过综合研判，作为总工程师的韩九恒决定采用"微创结构堵漏技术"，直接为该项工程节省工期20天、节省费用约300万元。韩九恒发明的一种冷施工涂料型防水层，集涂料卷材优势于一身，同时解决了各自的缺陷，既有涂料不串水、封闭可靠、黏结牢固等优势，又有卷材的拉力大、抗基体开裂变形能力强等特点，在北京世界园艺博览会、中国石油大学（北京）的综合体育馆、中关村生命科学园等多个重大建设项目中广泛运用。

韩九恒牵头成立了爱恩公益联盟，充分利用身边的资源开展公益活动。2014年以来，他先后向北京市昌平区黑山寨学校、河北省滦平县明德小学、中国政法大学的贫困优秀学生捐赠几十万元；他本人还一对一资助了3名中小学生；在新冠肺炎疫情期间，他还为社区捐赠防疫物资等，至今公益联盟已经累计向社会捐赠物资达80万余元。

垃圾分类政策实施之初，韩九恒认真学习用通俗易懂的方式介绍垃圾分类、垃圾减量知识，通过各种方法潜移默化地让大家自觉进行垃圾分类，真正做到"垃圾分类我先行"。

经历的种种艰辛，造就了韩九恒坚韧不拔、顽强拼搏的性格，让他在逆境中不断自我成长、自我突破；正是经历的贫困，造就了韩九恒一颗善良、感恩之心，让他在今后的道路上不管走多远，取得再大的成绩，心中始终挂念一起奋斗的工友们，防水这个行业成就了他！

陈聪

四川省遂宁市大英县通仙乡顺河村人，现就职于北京金手杖养老有限公司

陈聪，1976年7月出生，现为北京金手杖养老有限公司厨师长，曾多次获评"突出贡献奖""先进工作者""优秀管理者""金手杖服务标兵"等荣誉。

1999年，陈聪到北京发展，他看同事取得厨师技术等级证书内心也渴望进步，于是他购买了书籍和资料，边干活边学习，勤于请教，厨艺日益精进，先后取得了厨师初级、高级烹饪技师、高级营养师、中国烹饪大师等职称，在行业中脱颖而出。

2006年，陈聪安排31名家乡的青年在京打工，学习专业技能，走上技术岗位，他们的工资从最初每月不到500元增长到6 000元左右。陈聪至今带动700余名老乡就业。

2020年新冠肺炎疫情期间，陈聪接到单位召回通知后立马连夜驾车18个小时返回到工作岗位，带头开展疫情防控工作。每天早上4:30开始他就忙碌在后厨一线，带领全体员工做好全面消毒、原材料采购把控、加工烹饪、搭配营养品种等工作。同时，他还每天利用2小时休息时间积极参加社区志愿者活动。疫情期间，他偶然得知老家敬老院孤寡老人缺少防护用品，他省吃俭用为老人捐款10 000元，委托院方购买防护用品分发给在院的80名老人。他身在他乡却时刻惦记家乡孤寡老人默默奉献的事迹，感动了很多人，被授予四川省"大英县蓬莱镇尊老爱幼特别贡献奖"。

陈聪用真心关爱老人，在观察到老人们理发难的问题后，他利用休息时间学习理发技术，七年如一日为公寓老人免费理发500余次，老人们都说陈聪不仅是营养师还是理发师。一分汗水一分收获，由于他工作认真，勇于担当、热心奉献，2019年被评选为四川省"遂宁市优秀农民工"。

2013年10月，北京金手杖养老有限公司老年公寓开业，因专业知识过硬、懂得营养搭配及有爱心，陈聪被任命为行政主厨。陈聪以"责任担当、服务优先"作为工作准则，本着"老吾老以及人之老"的理念，冲锋在前，在食谱搭配、烹饪、开餐、打餐的过程中，尽职尽责坚持一线服务，并潜心研究不同种类的老年营养餐、生日餐、病号餐及特殊餐饮制作。他针对入住公寓的80余名少数民族会员，专门申请组织成立清真食堂。老人们喜笑颜开称赞："他解决了我们少数民族吃饭的大问题，是对我们最大的帮助，他太好了！"他的付出赢得了老人们的"点赞"，陈聪觉得所有的苦与累都值得。

陈聪就是这样一个普通的农民工，一路走来，汗水与泪水、勤奋与坚守，书写着他成长路上的蜕变与奋发向上的精神，勤奋耕耘、敢于担当、甘于奉献使他在平凡的岗位上闪现着耀眼的光芒。

北京 牛三东

河北省石家庄市平山县大吾乡尤家庄村人，现就职于中军军弘保安服务有限公司

牛三东，1975年10月出生，现为中军军弘保安服务有限公司保安队长，先后获得公司嘉奖16次，荣立个人三等功8次、二等功2次，并荣获奥运会安保贡献奖，曾连续三年被评为"北京市优秀团干部""优秀防火先进个人"。他所带领的团队被团中央、公安部等八部委评为全国"五四红旗团委"，在2019年，其作为保安行业优秀代表之一，获得了河北省"最美农民工"的荣誉称号。

牛三东带领队员参加过2008年北京奥运会、2008年北京残奥会、G20金融峰会、"一带一路"国际合作高峰论坛、国庆60周年、党的十九大、新中国成立70周年庆典阅兵等重大活动的安保工作，还连续15年参加了北京国际马拉松赛的线路安保工作，26年间累计参加各类大型勤务安保1 350余次，处置突发事件70余次，多次协助公安机关擒获违法犯罪分子236人，收缴禁书16 000余册，及时发现和扑灭火灾12余起，挽回经济损失1 900多万元。

牛三东利用工作之余，刻苦学习，获得了中央党校函授学院经济管理大专毕业证书，并先后取得企业人力资源管理师一级证书、安全防范设计评估师一级证书、专业技术人才知识更新工程项目经理证书。多年来，他所带领的保安队先后荣立集体三等功6次、二等功3次，被总公司授予"群众满意、客户满意"保安示范岗、"十强保安队"和"企业管理年先进保安班队"等多项荣誉称号。

2006年8月9日傍晚，他在例行巡查中，发现中国科学院动物研究所某重点实验室失火，不顾个人安危，组织保安队员率先冲入火场，第一时间抢救实验器材并迅速转移至安全区域，挽回近800多万元的经济损失。

这些年来，牛三东先后拿出30 000元左右资助了近30名贫困地区失学儿童和患有重疾的儿童以及贫困大学生，积极参与"爱的教育校园行""有爱无疾肿瘤救助""许孩子一个光明未来""博爱助学计划"等各类公益活动达30余个，累计捐款130余次。

杨松江

黑龙江省齐齐哈尔市富裕县友谊乡东极村人，现就职于滨江华康（北京）生物科技有限公司

杨松江，1977年4月出生，黑龙江省齐齐哈尔市富裕县友谊乡东极村人，现为滨江华康（北京）生物科技有限公司技术员，取得5项发明专利、5项实用新型专利、5项外观专利、10余项软件著作权。他曾先后荣获公司技术带头人、先进工作者、优秀员工、员工道德模范、新冠肺炎防疫先锋、北京医药行业协会医疗器械分会行业先锋、北京市健康促进会优秀个人、北京工业大学教育基金会新冠肺炎防疫优秀志愿者等荣誉。

2013年，杨松江加入滨江华康（北京）生物科技有限公司，这家公司主要业务为体外诊断设备和试剂盒的研发与生产。这个平台为他施展才华提供了更广阔的空间，他潜心恶补医疗科技知识，迅速完成了从IT技术男向医疗科技领域的转型和飞跃。

2018年冬天，杨松江在公益活动中遇到一对失学的兄弟，两人刚上到小学五年级和六年级就失学了，父亲在车祸中丧生，母亲患病干不了重活，无力供孩子上学。他来到孩子家中，看到他们家里穷的锅都揭不开，非常心酸。他一边自己捐款，一边号召社会各界进行捐助，努力帮助两个孩子重返校园。

杨松江通过自己的努力去回报社会，报答养育过他的父老乡亲，先后捐款数万元为家乡修建道路、安装路灯，方便父老乡亲晚间出行，并且在扶贫济困、希望工程、抗洪救灾、抗击"非典"、汶川地震、新冠肺炎疫情防控等方面爱心奉献累计20万余元。

2020年新冠肺炎疫情期间，杨松江放弃春节假期和家人相处的时间，迅速返回工作岗位，临危受命进行新冠病毒试剂盒研发，这也是北京市教委新冠肺炎疫情防控应急科研攻关项目。为了尽快攻关，他经常连续24小时不休，实在挺不住了就坐在椅子上打个盹，饿了就吃点面包、方便面。在他不懈努力下，仅半个月时间就做完了项目工程，成功那一刻他因为太累一下子昏倒在办公室。

疫情期间，他看到口罩奇缺，积极想办法，多方筹措，为学校及个人捐献1万余个口罩，让大家出行多了一道保障。

现在的杨松江依然努力前行着，对于未来，他充满信心。杨松江作为一名农民工的杰出代表，20余年如一日扎根基层、历练成长，在拼搏进取中展现出人生的真正价值，在奉献社会中凝聚起磅礴力量，这样的生命旅程将永远丰富精彩、绚烂芬芳。

郑春雨

河北省保定市容城县大河镇北郑村人,现就职于北京市保安服务总公司

郑春雨,37岁,中共党员,河北省保定市容城县大河镇北郑村人。2002年从部队退伍后,到北京从一名普通保安员做起,历任北京市保安服务总公司天安门安检队队长、直属纠察队队长。他曾先后荣获"全国先进保安员""首都治安保卫先进工作者""首都政治中心区防控建设先进个人"等荣誉称号,获得首都保安系统一等功2次,二等功5次。

2005年,经过层层选拔他成为第一代天安门安检员中的一分子,一干就是十年。十年中,他刻苦锤炼安检技术,不仅逐步成长为安检行业的权威专家,更在实践中总结创新提出了《广场大客流安检分流法》等多项工作方法,被推广为天安门广场安检乃至社会大型群众活动安检工作的标准并沿用至今。十年中,他时刻保持一名共产党员的政治使命和退伍军人的担当本色,带领安检队伍坚守天安门广场的最后一道防线,始终以最高标准、最佳状态、最优形象,全力保障广场安全稳定,累计查获违禁品数以十万计、预防和处置突发事件数十起,圆满完成了一系列重大政治活动广场辅警安检任务,天安门安检队伍十年中未发生一起重大安检责任事故,多次受到市公安局、天安门地区管委会的表彰奖励。

2020年6月,北京新发地批发市场突发疫情后,他主动请缨,迎难而上,带头承担起新发地重点区域辅警看护力量的检查和管理工作。时值母亲因患心脏疾病正在治疗,他无暇照顾,只能把看护老人的重担交给家人,连续20余天没能见到母亲。

2013年,经组织培养考核,他光荣地加入了中国共产党。入党后,他始终把服务群众作为践行党员宗旨的重要任务。每年国庆节期间,他们自费采购小国旗免费发放给到天安门广场的游客,得到了游客的交口称赞。2015年,他荣获北京市保安服务总公司"优秀共产党员"称号。

他带头自学并鼓励队员参加成人自考,所带队伍里累计200余人先后通过自考取得本科、大专文凭;他苦练岗位技能,并积极带领队员参加行业技能竞赛,40余人成为首批保安员国家职业资格二、三级证书的获得者,其本人也在北京市第二届保安员职业技能竞赛中获得岗位技能第二名并取得国家职业资格二级证书。

唐于碗

江苏省盐城市阜宁县开发区花园街道人，现就职于五元素建筑装饰北京有限公司

唐于碗，42岁，1996年9月参加工作，先后在江苏新宁集团北京分公司、江苏新菱建设劳务工程有限公司工作，现任五元素建筑装饰北京有限公司施工队长。

自进京务工以来，他带领团队一直奋斗在建筑施工一线，为京津冀协同发展和首都城市建设作出了不懈努力。2018年、2019年连续两年他被江苏省住房和城乡建设厅评为"先进个人"，连续多年被江苏省盐城市住房和城乡建设局评为"优秀企业经理"。他所带领的团队连续多年荣获北京建工集团建工之友协会"信得过外施队"的称号。

唐于碗大力推进标准化、规范化管理，他认真履行"第一责任人"职责，制定完善了一系列项目技术管理制度，大大提高了技术管理制度的规范化和严谨化。唐于碗团队严格管理、诚信施工的优秀业绩也赢得了多家总承包单位的认可，多个知名建筑企业慕名邀请他们参加工程建设的劳务投标。

2020年2月6日，在江苏老家的唐于碗接到北京建工集团援建北京小汤山医院的通知，总承包单位急需一批技术工人前往北京小汤山医院BCDE区改造项目和双桥医院改扩建项目抢工期，要求他所在的公司紧急调拨相关技术施工人员前往。唐于碗接受任务后，立即给所有管理人员及工人打电话沟通，他说："北京小汤山医院建设关系到首都百姓的安危，在这个非常时期，我希望你们千方百计赶回北京，能跟我一起完成任务。" 2月8日，团队所有管理人员回京到位。2月10日，唐于碗带领300多名工人到岗到位，投入战备病房（北区）工程建设。在抓进度、赶工期的同时，唐于碗严抓防疫工作和农民工关心关爱不放松，在疫情防控物资和生活物资严重紧缺的情况下，他千方百计采购了8 000多只口罩和一批消毒水、体温计，还购买了棉被、方便面等生活物资。就这样一手抓疫情防控、一手抓施工生产，唐于碗带领团队经过一个月的昼夜抢工、艰苦奋战，北京小汤山医院BCDE区改造项目和双桥医院改扩建项目双双圆满完成建设任务，交出了一份满意的答卷。

马俊超

回族,河北省邯郸市大名县金滩镇金北村人,现就职于北京优鲜生活社区配送服务有限公司

马俊超,1976年3月6日出生,中共党员,曾荣获"大名县最美乡贤"的荣誉称号。

1998年春节过后,马俊超到北京工作,在海淀区小营批发市场大名香油摊任业务员。马俊超在小营批发市场还先后干过送菜工、送水工、家政服务员等工作。

2001年,马俊超和朋友合开了一家粮店。他长期坚持"诚信服务,品质第一"的经营理念,还长期坚持为社区孤寡老人免费送货上门。2003年"非典"疫情期间,北京粮食市场价格波动大。有人趁机涨价,马俊超坚决不涨价、不囤积,以平价买粮。马俊超的义善经商之举,传到了中国储备粮管理总公司高层的耳中。有一天,中国储备粮管理总公司的董事长、总经理等数人突然来到马俊超的粮店考察,马俊超沉着应对,直言回答,赢得了若干领导的一致称赞。2011年,中国储备粮管理总公司总经理亲自将"国储成品粮配送中心一号店"的牌匾颁赠给了马俊超的粮店。

2015年,马俊超与其他人合伙创办了北京优鲜生活社区配送服务有限公司,并在国家级贫困县河北省大名县帮助建档立卡贫困户建设蔬菜直供基地10多个,解决了贫困人口就业百余人。

长期从事首都菜篮子供应链配送服务工作,马俊超渐渐悟出,社区菜篮子服务品质,关键在于"菜鲜价廉"。但是,北京现有的菜篮子供应链运距过长、损耗大,很难做到"菜鲜价廉"的优质服务。2018年10月,马俊超和朋友一起承包了海淀区东北旺农业基地,实现了从种植基地到社区餐桌的短距化、直通车式的菜篮子配送服务模式。他和朋友投入1 000多万元用于基地的修缮改造,引进北京大学、中国农业大学等专家,联合菜篮子关键节点的"头部"企业,合力打造集"标准化种植示范+技术转移+飞地种植+社区配送"的融合式供应链。

2020年年初,新冠肺炎疫情发生,马俊超带领公司员工投入北京新冠肺炎疫情防控工作领导小组物资保障组,在北京农产品流通协会支持下,成立由他亲任队长的应急保障"点对点"社区菜篮子配送服务青年突击队,先后服务92个社区,圆满完成了北京市新冠肺炎疫情防控工作领导小组物资保障组交给的急难保障任务,得到各社区居民、街道及北京市商务委员会的一致好评。先后有10多个街道办事处、数十个社区居民委员会发来了感谢信,他还收到表彰锦旗7面。马俊超抗疫不忘公益,在疫情最紧张的时候,他亲自组织采购了8万枚鸡蛋无偿赠送给了社区志愿者,向大名县建档立卡贫困户捐赠了口罩等多批防疫物品,受到《新京报》《北京日报》等多家媒体报道赞扬。

靳雪松

河北省景县青兰乡南江江东村人，现就职于北京首发公路养护工程有限公司

从2007年至2020年，靳雪松已经在北京首发公路养护工程有限公司工作13年，现在担任第四养护管理中心四段工段长，负责北京西北六环61公里的高速养护工作。作为一名"80后"，他肯钻研、甘奉献、敢担当、乐助人、倡文明，曾荣获"全国交通技术能手""北京市交通技术能手"以及首发集团"岗位标兵"和"青年岗位能手"等多项荣誉称号，是同事眼中不折不扣的"实力派"。

自参加工作以来，他扎根一线，曾在边远的延庆西拨子工区，一干就是三年，丰富的一线养护工作经验使他练就了一身过硬的养护本领。在节假日和重大活动保障期间，养护工作强度成倍增长，作为一名首都养路人，靳雪松深知自己的责任。他无时无刻不在担心哪里发生意外，影响车辆通行安全，时刻都在准备着抢险救援工作。他统筹规划、细致布置各项任务，安排清扫车提前上路作业，结合人工实际不间断保洁，安排抢险班组在重点路段现场值守，及时处理突发事件，为通行车辆提供了整洁、安全的通行环境。他还主动落实"未诉先办"要求，优化班组配置，将原来的两个大班组调整为三个小班组，重新明确工作任务，增加道路夜间巡视处理频次，连续三个月保持零投诉。在做好服务保障工作的同时，靳雪松主动带领班组人员在高速公路服务区担任"首发青年志愿者"，义务为过往车辆指路，分发事故快速处理单，为过往车户更换轮胎。他热情服务，有难必帮，让每一位司乘人员感受到了"在家千日好，离家也不难"。他曾配合央视网新闻频道拍摄宣传片《高速路上的守护者》，提升了社会公众对养护工作的认知度。

作为工段的"领头雁"，靳雪松作风端正、团结同志、乐于助人，是同事眼中出了名的"热心人"。在工段，哪个同事的情绪低落、不高兴都逃不过他的眼睛。当同事的家里有事，他都会在第一时间站出来，对有困难的同志给予最大的帮助。时间长了，大家都愿意把心事对他说。大家从他那儿总是能找着解决问题的好办法。2020年新冠肺炎疫情来势汹汹，第四养护管理中心积极落实上级疫情防控要求，要求员工"非特别紧急情况不得离京"，这使得工段内常住员工不能回老家和家人团聚。靳雪松一方面积极落实各项疫情防控措施，另一方面注意做好员工的思想疏导工作，组织员工开展各项趣味小游戏，活跃工段气氛。他在网上自学理发知识给员工理发。员工打趣他说："我们段长真是多才多艺，让我们都体会到了家的温暖。"

北京

王改芳

北京市门头沟区雁翅镇青白口村人，现就职于北京槐井石舍文化旅游有限公司

2000年10月至2001年5月，王改芳在京味小厨从事服务员工作。2001年6月至2005年7月，她在北京饺子馆从事后厨工作。由于个人勤劳能干，在工作期间，得到领导和同事的一致好评。2016年至2017年，在北京艺农缘合作社从事厨师兼带班工作，由于她表现突出，经常被合作社安排外出培训、学习。在北京艺农缘合作社工作期间，王改芳同志经过自身不断努力，努力学习岗位技能，2016年荣获首届全国"编织编爱"绒线编织大赛优秀奖。2017年9月至2020年，王改芳在北京槐井石舍文化旅游有限公司担任服务员一职，因工作出色得到领导认可，提拔为民宿管家。

她爱岗敬业、善于钻研，从事民宿管家工作能够结合民宿产业特点，不断学习积累工作经验，守德守纪，每当发现客户遗落财物时，无论金额大小，都能积极主动联系遗落财物的客户，及时将遗落的财物物归原主。多年来，她为客户挽回了多笔经济损失，有客户以随身财物作为答谢，她也婉言谢绝。她拾金不昧的精神，不光为民宿行业发展赢得了口碑，也彰显了个人乐于助人的优秀品质。她饱满的工作热情，敢于担当的责任意识，在平凡岗位上贡献着不平凡力量的精神，不光成为企业员工的模范，更为当地妇女再就业起到了示范带动作用。

魏巍

北京市丰台区天鸿美域南区人,现就职于德润鑫丰(北京)劳务派遣有限公司

  魏巍,1981年出生,曾任清大世纪教育集团客服运营部培训讲师职务,现在德润鑫丰(北京)劳务派遣有限公司培训部工作,负责人力资源开发、就业促进、中小微企业帮扶、失业人员再就业和在职职工线上、线下职业技能培训等工作。她曾先后荣获所在单位"优秀员工""优秀讲师""优质测评师""忠诚奉献奖"等多个奖项。

  2020年,面对新冠肺炎疫情对就业前所未有的冲击和挑战,她积极参加房山区稳就业保就业工作专班,坚持奋战在稳就业保就业、提高农民就业能力培训工作的第一线。

  针对部分山区登记失业人员就业意愿低、就业观念陈旧等突出问题,她积极协同乡街,组织开展精准职业指导培训,面对面为200余名就业困难群众制定"一对一"的职业指导帮扶方案和职业成长规划。

  针对山区交通不便、外出就业难、就近就业载体少的突出问题,她积极创新工作思路,利用自身工作平台,组织召开登记失业人员专场招聘会,与其他企业合作,开展职业技能培训。为提高精准匹配效率,她多次放弃节假日休息时间,通过入户调查、电话随访等方式,摸排调查800余人登记失业人员,开展送岗、送技能入户活动,促进350余人就业困难群众实现了就业。

  为落实好北京市一系列"以训稳岗"补贴政策,她作为项目具体负责人,在线上方面,组织开设管理沟通、消防安全、创新思维、现代礼仪、中华优秀传统文化、传统礼仪6大类课程,组织2 272名员工进行线上培训,考核合格率达到98%,真正通过培训稳住了2 200名员工岗位。在线下方面,对企业员工分批分次地进行企业文化、爱岗敬业、安全意识、消防知识、规章制度等方面的培训,参训人数累计超过5 000余人次,员工满意度达到98%以上。

  2018年,北京市政府出台促进农村地区劳动力到城市公共服务岗位就业政策。她积极抢抓政策窗口期,带领团队与城六区各用人单位加强协调对接。她组织参与开发公交、环卫、园林绿化等公共服务岗位5 000余个,推动792名房山户籍农村地区劳动力在城市公共服务岗位就业。

  新冠肺炎疫情期间,她不畏被感染风险,走进168家企业,及时实地帮助企业解决疫情期间社保、工时、线上培训等问题,开展"抗疫情、助复产、稳劳关、促和谐"中小微企业促进就业政策宣传活动,为中小微企业设置社保"减免缓"政策、疫情期间企业用工相关法律法规、培训补贴等课程内容,共为250余家中小微企业提供政策宣讲、咨询和使用服务。

北京

董玮琨

北京市通州区西集镇郎西村人,现就职于北京通州京环环境服务有限公司

董玮琨,北京市通州区西集镇郎西村人,2018年之前在家中务农,2018年之后入职北京通州京环环境服务有限公司,现为该公司行政办公区环境服务中心人工清扫二班副班长,2019年被北京环卫集团授予"年度时传祥先进个人"荣誉称号。

董玮琨凭着对环卫工作的热爱、务实的工作作风和创新的思维方式,带领班组职工以高标准、严要求的工作态度完成了行政办公区各类环卫保障任务。

面对新冠肺炎疫情的来袭,董玮琨主动放弃个人休息时间,义无反顾地坚守在一线岗位上,每天做好班组职工的体温监测,确保职工健康上岗,带领班组在做好日常环卫保洁工作的同时严格落实防疫工作要求,真正做到生产经营工作和疫情防控工作"两手抓、两不误"。

董玮琨像一个不停旋转的陀螺,没有壮举,也没有惊天动地的业绩,只是平凡的点滴,他凭着对自己钟爱事业的追求,不怕脏和累,默默无闻地奉献,他所带领的班组以任劳任怨、辛勤付出的工作态度和成绩得到了市委行政办公区领导和通州京环公司领导的充分肯定,同时也获得了通州京环公司"红旗班组"的荣誉称号。正是因为有了他们艰辛的付出,才有了城市的靓丽和优美。

王建明

北京市顺义区北小营镇东府村人，现就职于北京顺鑫农业股份有限公司鹏程食品分公司

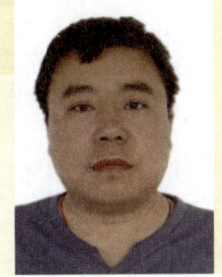

王建明自1997年5月参加工作以来，一直在北京顺鑫农业股份有限公司鹏程食品分公司工作，现任该公司生产主任，曾六次荣获公司及集团"先进个人"称号，2018年荣获公司"抗击非洲猪瘟标兵"称号。

在庆祝中华人民共和国成立70周年大庆活动中，王建明带领生产管理部，从生猪的屠宰到产品的发出，逐一核对规格、数量、取货时间等信息，确保猪肉产品能够按时保量供应；面对2020年全国"两会"期间的猪肉产品供应任务，王建明克服订单多、品类杂、生产周期短等各种困难，提前做好每个批次的屠宰计划、生产安排、存储工作，出色地完成了服务保障工作。

面对非洲猪瘟疫情，他冲锋在前，依照公司制定的防疫规范，严格落实防疫卫生消毒措施，认真核对产品调入产出信息，保障市场供应。

2020年5月21日，举世瞩目的全国"两会"在北京召开，顺鑫鹏程是此次活动的猪肉产品主要供应单位。此次服务保障任务，公司共屠宰生猪23个批次3 656头，发货26 275公斤。每个批次的屠宰计划、生产安排、存储工作等，都需要提前做好各项工作，及时协调各部门按时保质保量完成生产工作。作为公司生产一线的一名管理人员，王建明团结带领生产管理部的全体职工，始终牢记政治使命，坚持严谨的工作作风，牢固树立"一盘棋"思想，克服订单多、品类杂、生产周期短等各种困难，在上级领导的大力支持下，在各相关部门的全力配合下，较为出色地完成了此次活动的相关服务保障工作。

在完成上述服务保障工作的同时，王建明还要每天按时完成北京市食用农产品调度系统和农优站报表的填报工作，为上级主管单位提供实时准确的库存数量、发货情况等相关信息，以便于上级主管单位对公司的服务保障工作进行监督和指导。

作为一名党员，王建明始终努力学习先进人物的事迹，积极履行党员责任。通过上党课、使用"学习强国"学习平台、读党刊书籍等各种形式，认真学习了党史以及进入新时代以来党的理论体系的新发展、新变化，了解了党所经历的苦难和辉煌、曲折和胜利，领会了开天辟地的伟大创举和党在奋斗中形成的伟大精神。在加强理论学习的同时，王建明还努力学习先进的新知识、新技术并运用到实际工作中，较好地做到了学以致用、用以促学、学用相长。

北京 崔维国

北京市昌平区兴寿镇西新城村人，现就职于北京鑫城缘果品专业合作社

崔维国，1967年3月出生，现为北京鑫城缘果品专业合作社负责人。

2002年，崔维国响应政府号召开始种植草莓，2008年他带领村中其他草莓种植户一起成立了北京鑫城缘果品专业合作社。通过不断地探索发展，崔维国所创办和经营的合作社发展成为一家集果品种植、优质草莓种苗繁育、观光采摘、休闲度假、农业科技展示等项目于一体的农民股份制专业合作社。2014年，该合作社被确立为国家级农民专业合作社示范社。

2008年，他派专人参加了相关部门组织的赴西班牙草莓研修团，学习西班牙草莓种植管理技术，回国后及时向社员传授无公害草莓种植技术及理念。他先后创新农业技术11项、推广示范农业生产新技术20余项，带动周边500户农户创新生产。通过多年努力，合作社进一步进行规范化草莓种苗的生产，向专业化、规模化发展，利用春秋大棚进行遮雨式育苗、立架基质育苗，每年为昌平区草莓种植户提供优质种苗300万株。通过创新型企业建设，合作社与高校建立了良好的联系，2012年被确立为甘肃农业职业技术学院教学实践基地，2014年被确立为中国农业大学教学实践基地。

崔维国在农业广播电视学校等单位的支持下成立农民田间学校，后来被评为北京市新型职业农民培育基地，为农民提供自下而上最专业的技术培训服务。自合作社成立以来，每年进行入户指导1 000余次，为农户提供"零距离、零门槛、零费用、零时差"的"四零"服务。自2015年农民田间学校成立以来，每年开办培训20余场，培训新型职业农民2 000余人，服务面积1 000余亩。

崔维国带领社员拓宽销售渠道，2009年通过无公害认证并注册鑫城缘商标。2012年以来，随着北京都市农业嘉年华的举办，合作社带领社员抓住机遇举办采摘活动，大批量地为社员分配采摘游客，带动周边100户农户发展采摘，每亩提高收入2万元。

崔维国以技术为依托，积极开展扶贫工作，2018年合作社与河北省尚义县结对帮扶，为河北省尚义县新型职业农民举办草莓种植技术培训班，将草莓种植技术传授给尚义县的农户。同时，合作社积极参与京蒙帮扶工作，根据实地需求，开展草莓试种，提供草莓种苗并进行种植培训和指导，进行技术扶贫，并在先锋乡新地村盈丰合作社建立了北京市农业广播电视学校昌平区北京鑫城缘果品专业合作社农民田间学校，形成长期帮扶机制。2018年至2020年，将草莓育苗技术传到内蒙古太仆寺旗，带动当地200余户农户发展草莓育苗产业，帮助销售太仆寺旗草莓苗1 000万株。

吴彪

北京市大兴区采育镇辛庄营村人,现就职于北京天恒建设集团有限公司

吴彪,中共党员,1988年4月出生,退伍军人,现任北京天恒建设集团有限公司安全员,对管辖区域内复杂的施工现场进行安全监督检查,保障项目"零事故"。他先后获得公司嘉奖18次,参与建设的项目曾荣获"北京市绿色安全文明工地""全国三A标准化文明工地"等荣誉。

甄别施工现场隐患,他有一双"鹰眼"。他通过对安全隐患的敏锐观察,减少了安全生产事故的发生率,保障了建筑工人的人身安全,实现了施工现场"零死亡"的目标。他每年为工程项目留下3 000余条施工现场完整的安全隐患文字记录及影像资料,作为公司新入职安全员的必备学习资料。

北京新发地市场疫情发生后,吴彪接到对大兴体育中心进行改造并建立核酸检测实验室的应急任务,他迅速响应,短短两个小时,带领近100名施工人员进驻现场开展工作。从地面铺设到试验设备卸货、搬运、组装、电工布线,全天24小时不间断作业,仅用时两天就建成三组九个气膜版"火眼"核酸检测实验室,这是北京首座气膜版核酸检测实验室。该实验室从设备安装到搭建完成,运动场变身为一个可移动、自动化、大通量的核酸检测实验室,日检测能力达3万份。他带领施工人员后续又完成了新增加的七个核酸检测实验室的搭建工作,日检测能力达10万份,为提高核酸检测能力和速度,排查社会人员的感染情况提供了有力保障。

完成隔离房间的建设与维护以及林校路街道的核酸检测等防疫任务后,吴彪又第一时间投身大兴区疫情防控各项工作,一直坚守在自己的岗位上亲力亲为,舍小家为大家,用年轻的肩膀,扛起了疫情防控战斗的重任;用敬业和奉献,诠释了自己的责任和担当。

脚踏实地,默默无闻地工作在第一线,从职工一直做到项目工地安全负责人,其中的艰辛不言而喻,那是他不怕苦累、踏实肯干、做事严谨、面对问题敢于迎难而上的结果。他把他的青春献给了建筑事业,风风雨雨走过多个春秋,依然奋战在建筑施工领域安全管理的第一线,炎炎烈日下有他工作的身影,大雪纷飞中有他沉着的眼神,像他单位的同事说的那样,"有他在,我们都安心"。

北京 邵文静

北京市平谷区大兴庄镇大兴庄村人，现就职于北京乳旺食品有限公司

邵文静，北京市平谷区大兴庄镇大兴庄村人，曾在维达纸业工作2年，2010年4月以来就职于北京乳旺食品有限公司，工作中始终保持严谨认真的工作态度和一丝不苟的工作作风，勤勤恳恳、任劳任怨，曾多次被评为工厂"优秀员工"，并连续数年在区域性、全国性基层技能"比武"中获得单项奖第一名。

在工作中，他刻苦学习，努力钻研技术，把公司当作自己的家。他无私无悔地尽全力帮助其他人，每周给员工进行各种培训，让员工充分了解自己所操作的设备，有效避免了因为设备操作意外所导致的伤害。在发生突发意外时，冲在最前面的身影总有他。除了工作之外，邵文静把同事当作自己的家人，温暖着大家，并经常参加公共组织的街道清理垃圾和慰问敬老院孤寡老人的活动，为孤寡老人带去一份欣慰的温暖。工人伟大，劳动光荣。邵文静同志一如既往地秉承着"艰苦奋斗，奋发向上"的工作理念扎根一线，不断地向着新目标前进。

邵文静来自最普通的农民家庭，生在农村，长在农村，虽然进城务工，但深知农民的所需与不易。在2020年新冠肺炎疫情期间，许多外地同事只能住在厂区宿舍里，长时间不能回家，为了改善大家的伙食，缓解大家思乡心切的心情，他经常在家多做一些饭菜，拿去公司分享，让有家不能回的同事感受到家的温暖。

他自愿参加公司组织的慰问孤寡老人的活动，主动送上衣物，动手修理水管等小问题，还留下电话，等闲下来再去探望老人。

最能说明他这种朴素情感的是这样一件事，有一天大家在车间作业时，机器突然起火，邵文静没有停留片刻，找到专业灭火器，逆着疏散同事的人流，拿着就往起火点方向跑去，及时地将火灭掉，避免了不堪设想的严重后果。

"道虽通不行不至，事虽小不为不成。"邵文静同志，一个普普通通的农民工，既没有多高的文凭，又没有超人的智慧，但他以不甘平庸的钻劲，心系公司和工人的情怀和默默奉献的精神，在平凡的岗位上实现着自己的人生价值。

李然

北京市怀柔区雁栖镇下庄村人，现就职于北京福斯汽车电线有限公司

李然，男，1981年12月出生，现任北京福斯汽车电线有限公司发货员。2018年6月，他在怀柔区总工会举办的第二届"普田杯"叉车司机职业技能大赛上获得二等奖。2019年4月，他荣获2018年度怀柔区"技术能手"称号。2020年9月，他在怀柔区总工会举办的第四届"普田杯"叉车司机职业技能大赛上获得三等奖，并连续两年被公司聘为首席员工。

2015年，他进入北京福斯汽车电线有限公司工作，在做好日常发货管理工作的同时，他还努力学习叉车司机的理论知识，认真练习叉车的实际操作，从刚进厂的一名发货员，到后来可以熟练地操作叉车，并且保质保量地完成公司安排的各项任务。当单位新进员工时，他充分发挥老员工的"传帮带"作用，认真为新员工讲解在平时工作中应注意的安全事项及其他注意事项，若新员工有不懂、不会的地方，他都会细心解答，时刻体现着老员工的模范带头作用。在生活上，李然又是他们的贴心朋友，亦师亦友。

在公司倡导"持续改进、节约成本"的号召下，李然发挥聪明才智，分别在以下几个方面为公司节约了成本、减少了环境污染。在包装方面，通过对成品包装材料进行改进，由原来的塑料缠绕膜改为现在的帆布材料进行包装，仅此一项每年减少使用塑料膜约8 600斤，为公司节约成本约50 000元；在产品运输防护方面，为保证产品在运输过程中完好无损，将所用垫板由原来的木制胶合板改为现在的中空PP板，使得现在所用的中空PP板能够重复利用，结实耐用且环保，仅此一项每年为公司节约成本约110 000元；公司使用的NPS轴包装材料，回收后都要对原有旧标识进行清洁，费时费力，很难清理干净，造成包装材料表面脏污不堪，客户抱怨大，且清理下来的旧标识严重影响工作场所的环境卫生，后来改用热风枪清理，不仅工作效率提高、节约了人力成本而且旧标识清理的特别干净，客户极为满意。

2020年新冠肺炎疫情突发，很多同事无法从外地老家正常返京，他是怀柔本地的农民工，在公司复工第一天，就义不容辞地冲在工作第一线，克服困难，加班加点工作，保质保量完成了领导交给的各项任务，还在自己力所能及的情况下协助其他同事顺利完成工作。工作之余，他还申请参加北京的志愿服务，光荣地成为一名"志愿者"，在自己力所能及的情况下，参加组织的志愿服务工作，为所在的城市贡献一份微小的力量。

北京

张士亮

满族,北京市密云区河南寨镇中庄村人,现就职于北京密水农家农产品产销合作社

张士亮,52岁,北京市密云区河南寨镇中庄村人,2016年4月,入职北京密水农家农产品产销合作社,现任合作社监事长一职,主要工作职责为做好合作社农产品产前、产中、产后提供技术指导服务,带领入社农户科学种植,配合理事长不断改进产品营销模式。张士亮利用自身在农产品种养殖上积累的技术和经验,为合作社发展出谋献策,通过过硬的农产品质量,成功打造以"密水农家"为主的品牌效应;线下店铺主要经营柴鸡蛋、蔬菜、水果、干果等9大类近200种农副产品,线上店铺销售密云特色农副产品,其中包含369个电商品牌识别商品。2018年,他带领合作社荣获"北京市农业信息化龙头企业"称号;2019年,他收购密云山区不老屯鸭梨15 000公斤,2020年"双十一"电商节前,他收购大城子镇张庄子村红肖梨3 000公斤;合作社出产的红薯、玉米等农产品已通过国家无公害产品认证,获得2020年第四届全国农村创新创业项目创意大赛的优胜奖及网络人气奖。

张士亮始终坚守自己的理想和信念,以当代农民工的气节和本色,靠努力学习武装头脑、靠真抓实干兴业、靠改革创新谋发展,造就了合作社和个人的共同发展;他以乐于助人、积极向上的生活态度,毫无保留地向身边同事分享自身所学的技术和经验;以超越自我、不畏挑战的勇气和决心,带领入社农户科学种植、快速致富;以身体力行、率先垂范的实际行动,帮助合作社和农户积极应对新冠肺炎疫情所带来的不利影响,得到合作社领导和广大农户们的一致肯定和好评。

张宁

北京市延庆区千家店镇红石湾村人，现就职于北京家景家园绿地养护有限公司

张宁，2008年3月参加工作，现就职于北京家景家园绿地养护有限公司。该公司主要承接森林消防、绿化养护等生态建设工作，张宁被分派从事森林消防工作。由于业绩突出，他连续4年获得"优秀消防队员"称号，日常工作不忘锤炼技能，多次获得练兵比武第一名。

张宁在工作中默默无闻、无私奉献，不计个人得失，忘我工作。多年的工作，把他磨炼成为一名能吃苦耐劳，技术精湛、作风优良，敢打硬仗的优秀骨干队员，认真完成每一项工作任务。他业务能力突出，在工作中能起到模范带头作用。他生活严谨，严格遵守中队的各项规章制度，在思想上、学习上、工作中不断使自己进步。他用自己的青春保护着国家的森林资源，也守护着家乡的绿水青山。

2020年新冠肺炎疫情的发生，作为区森林消防单位，全体指战员停休，24小时全封闭管理，面对困难和重重考验，他没退缩，主动请缨参加门口值守工作，对确需进出的车辆和人员进行登记、测量体温、是否佩戴口罩等检查，填写基本情况表和体温登记表，每天一站就是8个小时，本来就粗糙的手经常被冻伤，他只是憨憨地一笑说："没事。"张宁还积极协助中队长工作，带头和战友们一起学习疫情防护知识，消除大家的恐慌心理，稳定了所有人的情绪。他还参与了全体人员每天3次体温测量、每天3次对办公场所、宿舍、食堂、卫生间等地进行消毒处理等工作。他时刻提醒战友们养成勤洗手、讲卫生、保安全的良好工作习惯。

2020年3月18日，延庆区永宁镇四司村发生山火，他跟随永宁中队第一个到达现场，火情持续了4个小时，他那小小的身躯背负着十多公斤的灭火机，在林间来回地穿梭，长时间的背负灭火机让他的双肩磨出了血泡，但是面对来势汹汹的火情，他毫不退缩，冲在火线最前沿，出色地完成了扑火任务。

同事们经常问他，你这么小的个子怎么有那么大的力气，他总是回答："我心中有责任，作为一名消防队员，完成灭火任务是我的本职工作。"话很朴实，但他道出了他的人生追求和担当。

天津 李龙腾

安徽省亳州市谯城区魏岗镇谭沟村人，现为天津乾晟源餐饮管理有限公司负责人

李龙腾，16岁到天津打工、学艺，曾在饭店当过厨师，也曾卖过盒饭、卖过菜，2005年与妻子王华丽在天津市河西区开起了"煎饼馃子"小店，也就是后来的"南楼煎饼"。自从经营煎饼小店，常常连坐一会儿的时间都没有，每天需要工作18个小时，可是他从未把执着、坚忍、辛勤这些闪光的词语安放在自己头顶，连营销理念，也是最为朴素的"东西要好""生意好了，质量不能下降"。这些年来，李龙腾"凭着良心"摊好每一套煎饼馃子，采购的大葱、绿豆等原材料，不论市场价格多么高，都采购质量最好的。

李龙腾积极"向雷锋同志学习"，干一行爱一行，把有限的生命投入到无限的为人民服务中去，在平凡的工作中为社会主义、共产主义的事业奉献自己的力量。虽然这个来自农村的小老板不会表达，但是他一直将帮助别人、为社会做贡献的信念牢记在心。在2019年3月5日"学雷锋纪念日"，李龙腾带领团队加班5个小时为静海区的300名小学生制作400套煎饼馃子。

2020年2月，新冠肺炎疫情暴发，他认为回馈社会的时刻到了。2月29日，李龙腾接到去武汉市青山区为天津援鄂医疗队做餐饮服务保障的动员通知，他激动不已，立刻开始准备防疫用品，争取为武汉的群众提供新鲜的食材和较为充足的个人生活用品。而3月5日，因武汉条件有限及其他原因服务团队减员，李龙腾没有去成，虽然感到失望，但他还是申请将准备好的食材带去了武汉，最后由天津市烹饪协会会长孔令涛送至武汉市青山区，在武汉支起了"煎饼摊"，带去了"南楼煎饼"的问候。

经营煎饼小店以来，李龙腾一直学习怎样更好地制作煎饼，并时常翻看传统文化书籍，请教老师傅。当时没有汽车，他就骑电动车走遍天津大街小巷，吃遍所有当地人认为做得好的煎饼摊，边尝边改，自制绿豆面、面酱和辣油，直到2007年年初，顾客才基本认可了他的煎饼馃子，从此"南楼煎饼"成为了有自己配方的传统地道的"天津味儿"。

李龙腾，一个来自农村的普通小伙儿，凭着自己自强不息、吃苦耐劳的干劲，从一个小小的煎饼店，干到了今天的一个品牌——天津乾晟源餐饮管理有限公司，体现了对这个国家的热爱，对这个城市的热爱，对生活的热爱之心。他从来没有忘记初心，谨记凭着良心做好每一套煎饼馃子，无数次代表天津去外地参加传统小吃展览，发扬并传承天津煎饼馃子传统文化，支撑着40多名外地人就业。他，愿意一辈子是农民，愿意一辈子做天津的煎饼馃子，愿意以这个品牌推动天津传统小吃的发展，愿意让煎饼馃子成为天津的一张名片。

高会来

天津市武清区大良镇后沙坨村人,现就职于那美钢(天津)汽配有限公司

高会来现就职于那美钢(天津)汽配有限公司,从事机电维修和设备自动化配套设施的开发、研制工作。他先后获得1999年、2000年、2003年大良镇"优秀共产党员"称号;2013年,获得天津人民广播电台举办的第一届"天津市最美乡村人"的称号;2018年,获得武清区"第四届优秀人才"称号;2018年,被武清区委组织部确定为"高技能领域内区委联系专家";2019年,入选2019年度天津市优秀首席技师评审;2020年7月,被评为"天津市技术能手"。

2005年,一个偶然的机会,高会来在武清区劳动力市场看到了武清区首期电气维修技能培训班的招生简章。"那时候我就想试一下看看,艺不压身,技能多了就好找工作了",抱着这个质朴的想法,他报名参加了培训,正是这次培训,从此改变了他的人生轨迹。

高会来刚进入那美钢(天津)汽配有限公司工作,就遭遇到当头一盆凉水。面对高精度厚钢板冲压件加工方面行业顶级水平的整套生产设备,他感到无所适从。但他没有被吓退,只是暗暗下定了决心,一定要学会自动化技术。接下来,他买了笔记本电脑,从最基础的操作学起,摸索维修技术。每天10个小时的工作强度很大,但是他每天都坚持看书学习,同时还准备维修电工技师和高级技师的考核、鉴定。2009年4月,他获得了机电设备维修技师和高级技师的资格证书,在企业中成为了上下认可的维修专家,也是业内公认的技术能手。

作为武清区机电设备维修高技能领域的突出者,他奉行"敬业、精益、专注、创新"的工匠精神。2014年10月,他首创提出了机电技术人员"四懂、三会、三心、三不伤害"的工作原则。2017年,该原则被集团在全球14家子公司翻译成英语、日语进行了广泛推广。近年来,他率领的工作室为所在企业进行了多次自动化设备技术改造,先后研发了"双手安全操作系统""点焊机智能生产管理系统"以及为多台联动冲压机配套的"自动空箱交换机"等,分别在2016年、2017年、2018年获得了国家专利证书,每年为企业增加效益500万元左右,受到了企业的认可和表彰。

作为老党员,如何为家乡做点事是他琢磨最多的事。2014年,经武清区人力资源和社会保障局推荐,武清区委组织部批准成立了"高会来名师工作室",并延续至今。工作室由1家企业变为辐射6家企业,人员由4名成员发展到现在的12人。截止到2019年,工作室已经为开发区内企业培养、培训维修技能型人才30余人次,他们在各自岗位上为所在的企业发挥着重要的作用。

天津 王锋

山东省苍山县车辋镇北漫溪村人，现就职于中国建筑第八工程局有限公司华北公司

2000年7月，王锋从山东来到北京，先后参加中国建筑第八工程局华北公司国家商务部项目水电安装施工，国家海洋博物馆、北京大兴国际机场停车楼建设工作，周大福金融中心等项目的建设工作，全国北方最大的会展中心——国家会展中心（天津）项目的安全管理工作。他通过农民工夜校，学习掌握了CAD识图、建筑相关专业规范知识及建筑安全管理的相关法律法规，一步步从一个最基层的农民工，成长为一个建筑安装施工及管理的综合性人才。

在国家海洋博物馆项目担任监督组长期间，他提出改革考核制度，为保证各项工作进度按时完成，由各个领域组长制订进度计划表，每周上报，监督各组员按照计划完成任务，以三次周进度为考核标准实施奖惩制度，此考核制度的改革使项目人员积极工作，按时并超额完成计划时间内的工作，用责任心配合完成项目，并获得鲁班奖。

他在北京大兴国际机场停车楼的施工任务中，多次提出创新思路被采纳，并圆满完成该项目，并获得鲁班奖。并在项目中作为领头人安排部署工作，保证项目顺利竣工。除此之外，在他的提议下，该项目也将农民工督察队队员纳入周例会，每周召集农民工督察队商讨施工过程中暴露出的问题，找原因、找隐患、抓落实。队员们参与到项目安全施工方案编制讨论会中，从一线工作人员的角度，结合现场实际提出建设性的意见，帮助安全员完善现场管控方案，使安全管控措施更全面、更合理。凭借着王锋农民工督察队和项目的良好配合，项目没发生一起安全生产事故，各项安全管理工作有序推进。此外，他本人带领的施工团队还多次因施工质量高、安全意识强受到甲方及建筑单位的表彰。

他还参加了周大福金融中心项目的建设工作。周大福金融中心为世界第八高楼，先后获得全球工程建设行业卓越奖、最佳高层建筑杰出大奖、中国BIM认证联盟白金奖、国家级别项目管理成果奖。

国家会展中心（天津）项目工程庞大，被天津市列为重点项目。在国家会展中心（天津）项目建设中，他主动组织项目各工种、各班组优秀的农民工友加入督察队，要求基本掌握各种工种技术，还要经过项目施工队所属区域工长和安全员的推荐、培训考试。队员们依靠日常安全教育培训和聊天谈心等潜移默化的影响，让工友提升安全意识。同时，及时了解工友对安全管理、职业健康的建议和诉求，反馈工友的健康状况和情绪波动，为安全生产管理提供依据。

石永苓

天津市武清区大王古庄镇董家庄村人，现为天津市春蕊蔬菜专业合作社负责人

石永苓原籍是河北省，嫁到天津市后，和爱人张树全携手开始创业致富。从借钱种菜开始，每天天不亮夫妻俩就用三轮车驮着自家蔬菜穿梭于北京的农贸市场；忙碌了一天后，华灯初上时，她仍然奔波在联系销售的路上，终于功夫不负有心人，凭借着乐观豁达、诚实勤奋、能吃苦的精神，她的蔬菜得到北京客户的青睐。然而2000年母亲突然病逝，2002年儿子车祸当场去世，接连撕心裂肺的痛撕扯着她的心，石永苓努力从巨大的悲痛中挣脱出来，将全部精力用于提高种植技术，2006年成立了天津市春蕊蔬菜专业合作社，逐步引进新品种扩大种植规模，几年时间事业就干得蒸蒸日上。

2015年，头脑灵活的石永苓看准了种植食用花的市场前景，亲自到山东、安徽等地考察并引进食用玫瑰、菊花等品种，但由于没有种植经验，当年几万元的种苗全部冻死了，2016年，凭借着一股不服输的韧劲，她改进技术再次试种终于喜获丰收。2019年，她应邀在武清区电视台分享创业经验，同年在"天津市第三届农村创业创新大赛"中获得二等奖，"只要努力过，今生无悔"是她的座右铭，"用食用花产业带动村民致富"是她前进的方向。

"小康路上一个也不能少"，石永苓牢记党和政府的号召，始终不忘积极投身于武清区对口支援河北省围场县的扶贫工作，在妇联、农委等部门的对接下，她同家乡企业深度沟通交流，寻找合作契机。2017年，她在河北省围场县流转土地32亩，培育玫瑰育苗基地，帮助12名建卡立档贫困户提高收入。2018年，她果断出资5万元搭建销售平台"巾帼易购"网站，开设扶贫专区扩大贫困地产品展销渠道。2019年国家扶贫日前夕，在遭遇多名亲属重病、车祸等接连意外的情况下，她强打精神全力参与工青妇扶贫主题宣传活动，大力推动贫困县农产品销售，仅围场土豆就售出2.5万公斤，带动75个贫困户实现增收。

2020年，新冠肺炎疫情发生后，她迅速响应村委和妇联号召，不仅捐款捐物价值2万余元，还成为巾帼志愿者投身到一线疫情防控工作中，做好宣传、引导、体温检测和情绪疏导等各项工作，夫妻两人连续46天每天早出晚归活跃在抗疫一线，村里沿街里巷每个角落都留下了她忙碌的身影。

作为一名巾帼创业者，石永苓不仅带领自己的小家富裕了起来，更为农村妇女创业开拓了新路径，同时也带领贫困户脱贫致富。她的合作社最大限度帮助农村妇女提升种植技能水平，帮助新创企业改善经验管理，吸收全区农村剩余劳动力就业，带动周边镇村159户社员致富，还助推全区320余名妇女实现增收。

薄春霞

天津市西青区精武镇闫庄子村人,现就职于天津市多兴庄园农业科技开发有限公司

薄春霞,天津市多兴庄园农业科技开发有限公司负责人、天津市静海县际丰蔬菜种植专业合作社理事长、天津市大财运淡水鱼养殖专业合作社理事长、天津市百地双丰蔬菜种植专业合作社联合社理事长、天津市农产品电子商务协会副会长、天津市静海区特邀政协委员。

2011年,薄春霞创建了天津市多兴庄园农业科技开发有限公司,是天津市农业产业化市级重点龙头企业,主要从事无公害农产品的种植、加工、销售与配送。为扩大市场规模,公司还专门成立了百地双丰蔬菜种植专业合作社联合社,带动天津周边农户3 000的户,产品附加值平均提高10%~20%。每户农户年增收7 600元。

2013年,多兴庄园开始依托贫困地区,以发展当地有历史、有特色的农产品为基础,通过"一村一品""一乡一品"产业带动模式,帮助当地农民脱贫致富。在多兴庄园建设的15个基地中有12个是建立在贫困地区、贫困乡镇和贫困村。

2014年,多兴庄园在黑龙江省级贫困乡北安市杨家乡成立了杨家乡乡韵谷物种植家庭农场,生产软包装玉米罐头。截至2017年年底,种植面积已达到1 000亩,惠及农户200户,户均增收1.5万元。

2017年年底,多兴庄园在新疆和田地区建设了兰干乡葡萄种植基地、喀尔克乡红枣种植基地和阿日希乡核桃种植基地,带动当地贫困户581户,预计户均增收4 700元。

2017年3月20日,多兴庄园在环京津农业扶贫对接会上与丰宁县政府签署了对口帮扶协议,协议内容主要是多兴庄园以丰宁当地的"黄旗小米"为切入点,在当地建设不低于8 000亩的农产品原材料基地,带动当地农户800户以上,农户年增收8 000元以上。

在2020年年底前,多兴庄园在全国建设完成至少15个新的特色农产品种养殖基地,将多兴庄园的种养殖基地数量扩大到30个。带动农户18 000户以上,直接带动贫困户7 000户,完成7 000户贫困户的脱贫工作。

2020年,新冠肺炎疫情突袭,薄春霞带领公司员工积极为支援湖北的276家医护工作者家庭以及全市6 500人次的医护工作者提供了蔬菜等农产品的配送工作。

岳山刚

河北省邯郸市魏县南双庙乡大李村人，现就职于建科机械（天津）股份有限公司

岳山刚，2010年7月入职建科机械（天津）股份有限公司，在车间做操作工。工作期间，他针对大家使用的装配工具，提出用手摇内六角扳手替代传统的简易内六角扳手，降低了大家的劳动强度；他针对安装减速机速度过慢的问题，创造性地提出天车固定吊装法，大大提高了大家的作业效率和劳动强度。

2011年6月，岳山刚因工作表现优秀，被调入技术部工作，担任部长助理一职。在技术部工作期间，由于他工作表现突出，连续于2012年上半年度和2012下半年度被评为"技术部优秀员工"。

2013年7月，经前期考核后，岳山刚被公司正式任命为技术部负责人。在管理技术部期间，岳山刚打破了技术人员思想界限和设计壁垒、实现了"技术组之间图纸相互借用"的模式，让技术组之间的设计成果可以根据需要随时借调，极大地提高了技术人员的工作效率。

同时，在公司原基础上，他还进一步优化管理，完善了技术人员职级管理制度，让技术人员的上升渠道更加通畅，极大地激发了技术人员的工作斗志。

2017年2月，他又被公司正式任命为质检部负责人，开始兼管质检部。为了提升全员质量意识，他从工件制作根源出发，以公司铆焊部为试点，建立了内部员工质量自检制度，运行一年多以来，效果良好，极大地提升了工件质量。同时，在铆焊部自检制度的基础上，他结合公司质量管理实际情况，创造性地建立了更符合公司实际的"内检卡管理制度"，并通过正式文件进行实施，其间不断结合实际情况进行优化。该制度自2017年年末建立，运行至今，取得较好的效果，极大地提升了全员质量意识。该制度得到ISO 9001质量管理体系认证审核老师的高度认可，已被纳入质量管理体系年审必需项目。

他还连续多年主持公司质量管理体系认证工作，确保公司质量体系平稳运行，并于2018年顺利完成新版ISO 9001质量管理体系的转换，获得"质量管理体系内部审核员资格证书"。

2020年疫情期间，他主动放弃休假，积极参与公司防疫工作。疫情期间，他自行寻找渠道，自费为部门员工捐赠消毒水一桶、口罩300余个。

他很乐于助人，通过水滴筹等捐款渠道为多人进行捐赠，获得水滴筹"爱心领航者"称号。多年来，他积极响应公司为"情系玉树，关爱灾区""关爱成长、奉献爱心助学活动"等的募捐活动，捐献爱心。他还经常参与社区捐赠，为贫困地区捐赠衣物。

天津

马同飞

山东省临沂市郯城县马港口南村人,现为中交一航局第二工程有限公司钢筋班组工长

多年以前,马同飞只身一人来到天津,由于没有任何工作经验,因此他知道底子比别人差一些,就要付出更多的努力。在工作上他一直勤勤恳恳,任劳任怨,现场有什么脏活、累活或别人不愿意干的事情,他都帮着干、帮着解决,用他自己的话说,事情总要有人去做,有问题总要有人去解决,不能因为嫌脏、嫌累、嫌费事就放着不管,就是他的这种精神和干劲慢慢感染到了身边所有人,大家开始注意并认可这个农村来的小伙子。

工作一段时间后,他懂得了科学文化知识的重要性,认识到只有练就过硬的本领才能提升自己。他在认真工作的同时,利用业余时间学习科学文化和专业技术书籍,提高自己的工作水平和文化素养,考取了建筑施工员证书、质量检测员证书。

他还利用晚上的业余时间学习和熟练办公软件、看图纸、计算工程量,经常抱着本图纸找领导请教问题,平常也向项目部的老同志请教施工管理经验,与施工队探讨更加合理的施工方法。"勤奋好学,任劳任怨,不断创新,勇于担当"是他给全体员工留下的印象。

他始终保持严谨认真的工作态度,力求把工程做到最好。他带领的队伍多次在专业技能评比中夺得第一名,他本人也被评为"安全之星""质量之星"。

2020年,受新冠肺炎疫情的影响,部分地区进行了交通管制,很多工人无法按时回到项目工作,这就导致了工期的延误。等到工人们返回时,施工进度已经落下了一个月。为了赶上进度,马同飞和他的班组人员每天早上7点到达施工现场,一干就是一整天,晚上下班时已经接近9点,拖着疲惫的身躯回到住处,有时没脱衣服就在床上睡着了。就这样大家干了一个半月,没有一天休息时间,才把施工进度补上一些。

也许有人在背后笑话他太实在,但他觉得自己要对得起领导的信任,有一种工作的责任感始终压在他的肩头,让他严格要求自己,对工作尽职尽责。

作为一个农民的孩子,马同飞在打工成长的道路上,始终抱着一颗回报社会的心,别人有困难他援助,乡亲们缺钱他资助,同村的孩子上大学他捐助,用感恩之心回报养育过他的乡村和父老乡亲,但他深知"授人以鱼不如授人以渔"的道理,在掌握专业技能以后,他把村里的能工巧匠和身强体壮的乡亲们组织起来手把手培训,组建了一支强有力的专业钢筋班组。

宋海涛

河北省保定市唐县王京镇留九庄村人，现为中国建筑第二工程局有限公司渤海分公司机电经理

宋海涛，现任中国建筑第二工程局有限公司渤海分公司郡德花园项目机电经理，带领一支30人的队伍负责项目的机电安装工作。在天津郡德花园项目建设过程中，他全面主持机电管理工作，制定阶段性管理规划实现对工程项目的总体控制，并与项目沟通优化施工步骤，合理穿插各道工序施工。特别是在地下室综合管线优化后，他组织技术人员优化桥架走向，为项目节约成本30余万元。多年来，他一步一个脚印，带领的施工团队曾参与建设郑州市T2国际航站楼项目、北京市大兴区宜家购物中心项目、天津郡德花园项目等大型项目，多次因施工质量高、安全意识强受到甲方及建筑单位的表彰，本人也曾获得"优秀施工队长""优秀管理人员"等荣誉。

拥有丰富施工经验的他十分清楚施工作业安全的至关重要。在他的建议下，成立了以他为队长的农民工安全督察队，为保障施工安全、提高工程质量起到至关重要的作用。

他组织项目各工种、各班组优秀的农民工友加入督察队，要求基本掌握各种工种技术，还要经过项目施工队所属区域工长和安全员的推荐、培训考试。队员们依靠日常安全教育培训和聊天谈心等潜移默化的影响，让工友提升安全意识。同时，及时了解工友对安全管理、职业健康的建议和诉求，反馈工友的健康状况和情绪波动，为安全生产管理提供依据。

他善于创新工作形式，组织督察队通过早"安"工程和"拍客"行动开展工作。早"安"工程即每天早班会上，宋海涛组织农民工督察队成员进行安全交底，用工友自己的语言开展安全教育培训，让大家将安全知识确实入脑入心。"拍客"行动即督察队成员随时用手机抓拍生产瞬间、违章作业及事故隐患，然后发送到专门的微信群中，由项目安全部进行确认。督察队成员采取竞争上岗和定期考核制，业务水平排名靠后或考核不达标将随时替换。

在他的提议下，项目也将农民工督察队队员纳入周例会，每周召集农民工督察队商讨施工过程中暴露出的问题，找原因、排隐患、抓落实。队员们参与到项目安全施工方案编制讨论会中，从一线工作人员的角度，结合现场实际提出建设性的意见，帮助安全员完善现场管控方案，使安全管控措施更全面、更合理。

凭借着宋海涛农民工安全督察队和项目的良好配合，项目未发生一起安全生产事故，各项安全管理工作有序推进。同时，作为党员，他本人还积极参加农村建设，自费为村里修路以改善村民的生活质量。

吴建伟

辽宁省建昌县龙王庙镇安樟村人，现为天津宏港物流技术服务有限公司现场巡视队队长

1997年，吴建伟从辽宁省到天津务工，成为一名普通的维修工人，现任天津宏港物流技术服务有限公司宏港煤码头管理部现场巡视队队长。在港口生产一线工作20余年，他放弃公休节假日，每年365天全身心投入到生产一线工作中，从一名普通职工逐渐成长为"排头兵""主心骨"。他曾先后七年被评为天津港（集团）有限公司先进生产者，2015年被评为天津市五一劳动奖章获得者。

几年来，吴建伟共组织国家级环保督察迎检任务3起、天津市环保检查8起、滨海新区部委环保督查迎检任务20起，无一差错，多次受到甲方好评。他始终把安全放在首位，几年来共发现重大安全隐患5起，火灾隐患6起，排除设备运行故障100余起，发现皮带恶性杂物12起，避免皮带撕裂12起，为甲方挽回经济损失数百万元。几年来，他共组织人力应急抢险30起，保证2 000余吨煤上船。2019年，随着天津港煤码头有限公司业务不断延伸，60万堆场业务逐渐加大，他放弃了下班后的休息时间与天津港煤码头有限公司共同并肩作战。他组织人员清理杂草杂物60万平方米，在人员紧张的情况下合理调配，全力满足60万堆场新业务投入。他凭着自己的经验向发包方提供安全合理化建议书4篇，安全技术创新2起，协助发包方排除问题20起。他与职工谈心谈话更是不计其数。他的时间、他的精力、他的情感毫无保留地献给了企业、献给了职工、献给了事业。

2020年，新冠肺炎疫情袭来，正值春节长假，他主动放弃休息时间，每天都坚守在工作岗位上忙碌，一直没休过班，为了推进疫情防控工作，他克服种种困难（爱人身体不好），坚持每天早早来到单位，从不计较个人得失。他每天收集疫情防控资料，然后向大家宣传，让更多人知道防控措施。他召集各队负责人，亲自到公司设置的隔离点进行隔离要求的布置，让所有人知道高温员工的隔离流程与上报流程。所有细节他都准备得十分周到，真正关心到每一位员工的身体健康。有时上级布置的工作急，他顾不上下班回家，第一时间把数据资料整理出来，上报给领导，经常很晚回家。次日他早早来到单位，开始布置当天的疫情防控工作，把各类情况汇总表格，及时准确上报给管理部。虽然他早来晚走，但他从来没有抱怨。有时领导晚上布置工作，他在家第一时间打电话进行咨询核对，经常忙到深夜，他负责的团队疫情防控工作无一差错，多次得到上级领导的表扬和广大员工的认可。

地有经纬，人有坐标。这面旗帜时时飘动在大家心中，他的身上凝结着新时期产业工人的品质和精神，成为港口的模范、工人的楷模。

张庆山

河北省黄骅市吕桥镇下堡村人，现就职于天津科林车业有限公司

张庆山，河北省黄骅市吕桥镇下堡村人，现就职于天津科林车业有限公司。该同志在公司焊接部从零起步，工作中潜心钻研，不断试错，短时间就掌握了焊接关键技术。他不断学习先进技术，22年如一日，锲而不舍，精益求精。

1998年7月，16岁的张庆山参加工作，被分配到公司最火热的部门——焊接部，从此，与电焊结下了深深情缘。

2000年7月，公司开始开拓海外市场，产品出口日本，所以焊工必须通过日本焊接专家的审核，由于是第一次接触到SG（safety goods）认证，所有焊口内外成型都十分美观，但是经超声波检测，焊缝局部经常出现气孔。领导们看到这种情况直摇头，眼神流露出一些不信任。这种眼神深深地刺痛了张庆山，他想：只要用手工焊的，外国人能焊好，我就不信焊不好。这时听说四化建焊工正好有外国专家举行的现场考试，张庆山得知消息后，带上护目镜，赶到了考试现场。经过细心观察，发现人家的焊法与自己的焊法有着较大的不同，回来后他就模仿练习，收到非常好的效果。刻苦扎实的练兵，使他掌握了许多焊接要领，张庆山深深地体会到：要想成为一名优秀的电焊工，就要打破常规，要不断地学习、消化和吸收先进的经验，敢于在失败中总结教训，要有锲而不舍的精神，才能不断地提高焊接技术水平。由于他在工作上严谨认真，经外国专家抽检的218道焊口，探伤一次合格率达到100%，并被破例允许成为未经试件考试，就可参加管件焊接的第一人。

张庆山连续15次被集团公司评为先进个人，10次被评为标兵，先后获得集团技术能手、能工巧匠、创新能手等多项荣誉称号。

未来，张庆山将一如既往，向着更高、更远的目标迈进。

河北

韩金宝

河北省易县尉都乡台坛村人,现就职于河北易水石砚台有限公司

韩金宝现为河北易水石砚台有限公司工艺美术师,中国工艺美术协会会员,河北省民间文艺家协会会员,河北省民间工艺美术家,河北省民间工艺美术大师,首届河北省工美行业艺术大师,河北省突出贡献技师,国际注册工艺美术大师,河北省燕赵文化之星,河北省突出贡献技师,省级非物质文化遗产易砚制作技艺传承人,石家庄市桥西区政协委员。

几十年来,他潜心钻研易砚的雕刻技艺,致力于易砚的传承与发展,广收贤徒,桃李满天下,"易砚"文化再次名扬燕赵,蜚声华夏。1999年其作品《金秋时节》被评为"河北省首届民间艺术节一等奖";1999年,他被评为"河北省民间工艺美术家";2000年,其作品《百珠砚》在首届河北民博会艺术评奖中荣获金奖;2012年,他被国际职业规划鉴定中心评为"国际注册工艺美术大师";2012年,被中华民族经济文化发展协会评为"中国砚文化产业十大最具影响力领军人物";2012年,其作品《出水芙蓉》在第三届河北省特色文化产品博览会工艺美术精品大赛中荣获金奖;2012年,其作品《竹林七贤》在中国工艺美术精品博览会"国艺杯"评选大赛中荣获金奖;2015年,他被评为"河北省民间工艺美术大师";2017年,他当选石家庄市桥西区第九届政协委员;2018年,他被评为"河北省突出贡献技师";2018年,他被命名为"第五批易水石古砚制作技艺省级传承人";2018年,他应邀参加第十九届中国工艺美术大师作品暨手工艺术精品博览会,其作品《铭旧于心》荣获国家级工美大奖"百花杯"金奖;2018年,其作品《金玉满堂》在第七届河北省特色文化产品博览交易会上,荣获"河北省文化创意金奖";2018年,他被评为年度"燕赵文化之星";2019年,他荣获"2019深圳·金凤凰工艺品创新设计大赛"金奖;2019年,其作品《金玉满堂》入选"观鱼知乐"故宫博物院宫廷金鱼馆藏文物联展;2019年,他在《当代工艺》杂志2019年第三期发表论文《藏家说砚》;2020年,他在《天工》杂志2020年第一期发表论文《河北省砚雕行业调研报告》;2020年,他被石家庄市桥西区总工会评为"十大工匠";2020年5月27日,经石家庄市民盟委员会捐给湖北省博物馆的韩金宝抗疫砚雕作品顺利到达湖北省博物馆;2020年,他被评为河北省最美农民工。

近年来,他多次被中央电视台、河北电视台、河北日报、燕赵都市报、燕赵晚报、长城网、河北新闻网、腾讯大燕网、雅昌艺术网等权威媒体专题报道,在弘扬中华优秀传统文化,发展经济,传帮带徒、解决就业方面作出了应有的贡献。

马长翟

河南省邓州市高集乡李岗村人，现就职于石家庄市新华区卫生队

河北

2008年，马长翟成了一名普通的环卫工人。在从事这份工作之前，她以为环卫工作无非就是扫扫地、倒倒垃圾，应该很轻松。可在她工作之后才切身体会到，环卫工人不好当，环卫工作更不好干。环卫工作不仅脏而且累，整天与垃圾、污物打交道，许多人都不愿意做这份工作，而马长翟却毅然选择了这个职业。凭着"干一行，爱一行"的热情，她每天披星戴月，早出晚归，春扫土、夏扫雨、秋扫叶、冬扫雪，忙碌在大街小巷，正是因为这样，她保洁的路段总是干干净净的，深受领导和市民的好评。

2009年11月初，刚入冬的一场大雪袭击了石家庄，雪下了有一尺多厚，汽车、自行车都无法正常行驶。无论家距离上班地点有多远，人们上班都靠步行。为了解决大学出行难题，马长翟从清晨开始一直忙到晚上，累得腰酸背痛。为了确保尽快清除积雪，她顾不上吃饭，手冻得无法握紧清扫工具，脸被寒风吹得生疼，但她仍坚持在马路上清雪除冰，终于她所负责的路段积雪在最短时间内被清扫干净，方便了人们的出行。

在石家庄市争创全国文明城市、创建国家卫生城市期间，马长翟带领班组成员们发扬不怕吃苦、勤劳奉献的精神，把保洁工作做得更细、更精，五百米保洁范围内不允许超过三个烟头，更别说有白色垃圾。为了能圆满完成创城任务，马长翟和班组成员们从早上3点开始晨扫一直到晚上八九点，对于每一个烟头、每一张小广告、每一块地砖、每一寸园林、每一个果皮箱都认真清理。水源街花架子特别难清理，需要五个人推开才能把下面的树叶和垃圾清理出来，花架子上的花两三天就得浇一次水，严重污染路面，她用水车冲洗后，再用拖把一遍一遍地擦，她的努力有了收获，道路变得更加干净、整洁了。

在她清扫、保洁道路的过程中，随时可能遇到突发情况。有一次，新华路与水源街交口精良齿科门前水管损坏，地势低的路面全是水，不仅影响了道路卫生，还影响了市民正常出行。马长翟在得知消息后，不顾自己仍然发着烧，第一时间赶到现场。由于抽水装置位置较高，必须要有人进入洼地赶水。马长翟想都没想，就直接冲入水中清理，完全忘记自己的身体状况。片刻工夫，她的鞋袜就已经被污泥浸泡成黑色。清理结束后，她脱下鞋来晾晒，鞋底已是一层污泥。她和班组成员们清扫完后已是深夜，为了第二天能正常工作，她拖着疲倦的身体到附近的环卫作息房休息，这时她才感到头疼，浑身关节酸痛，低烧变成了高烧，简单吃了退烧药，就昏昏沉沉地睡了一会，第二天继续奋战在清扫一线。

河北 马长卫

河北省深州市魏家桥乡马家庙村人,现就职于天俱时工程科技集团有限公司

马长卫,天俱时工程科技集团有限公司仪表调试负责人。十余年来,从高压调试运维员到仪表调试负责人,他专注于工程项目的仪表安装、调试工作。他曾获得"2011年度集团优秀班组长""2013年度集团技术能手"等荣誉称号;2013年参与的伊犁川宁生物技术有限公司项目获"河北省优质工程"称号;2014年主持完成的《天俱时集团设备运行维保工作标准》被评为"十佳标准规范"。他曾获"2017年度天俱时四杰-杰出贡献奖""2019年度天俱时集团技术标兵""2020年度河北省最美农民工"。

2009年,马长卫开始从事电气调试工作,负责现场设备的电气调试、运行。为了能够做好本职工作,他白天在现场忙设备调试,晚上在家自学电工知识,他从一名外行做到了电气调试能手,经他手的电气设备,调试运行全部一次成功。

他突出的工作业绩和工作能力得到了公司的认可,被调整到仪表调试部门担任班长。在仪表调试工作中,他肯动脑、善总结,积极与工艺人员沟通交流,了解仪表设备的相关参数。他利用业余时间学习仪表安装规范等专业书籍,弥补在理论知识上的不足,短短一年时间,他就成为了项目部的技术权威。多年来,他先后参与了冀衡化肥厂、华北制药二期、华北制药三期、伊犁川宁生物一期、伊犁川宁生物二期等工程,为仪表调试形成了一套行之有效的工作标准。

随着集团项目的不断增多,马长卫承担起了更多的责任,成为伊犁川宁生物技术有限公司项目仪表调试负责人。在项目上,他深感个人力量薄弱,需要充分发挥团队优势,于是,他在项目部开展技能竞赛、学习互助组等活动,同时,他深入推进工序流程标准化建设,将精细化落实到每一个环节。在他的带领下,形成了一支"拉得出、冲得上、打得赢"的高效仪表调试队伍,伊犁川宁生物技术有限公司一期项目也被河北省建筑业协会授予"河北省优质工程"称号。

基于前期优异的工作成绩,伊犁川宁生物技术有限公司将硫红霉素生产线、环保生产线一二期交给集团维护,马长卫自告奋勇担任项目维护负责人。由于企业是连续生产,不得马虎大意,他就展开换位思考,确定在生产中的技术关键点和技术难点,凭借日常的工作经验和丰富的理论知识予以解决。连消系统在日常运行中存在掉压问题,他就在系统中采用双冗余PLC、UPS电源、24 V开关电源,保证了系统的平稳运行。8 000 kW离心机组存在供电问题,他采用备用泵两段控制方法,避免机组停机而引起生产事故。

杨丽娜

河北省石家庄市无极县东侯坊乡北侯坊村人,现就职于无极县新视野眼镜店

杨丽娜,现为无极县新视野眼镜店验光师。1993年高中毕业,因家庭贫困,她放弃了上大学,与几个老乡一道,踏上了北京的打工之路,在一家服装公司从事机工工作。由于从小在家吃苦耐劳,车间的师傅们喜欢她勤劳苦干的优秀品格,都愿意传授缝纫技术给她,慢慢地从机工成为车间的领班。白天她努力工作,到了晚上,别的同事都出去逛街,她却买来学习资料学习,因为她心中只有一个念头:拼命学习,充实自己,提高自己的知识水平。凭着努力和执着,她自学了部门管理与市场销售两门专业课程。

在她的不懈努力下,不管从知识还是社会阅历都得到了提升。2015年,她看到了眼镜店的发展前景,便去学习了专业验光和配镜知识,考取了相关专业证书。她倡议在店里成立了爱心基金,每成交一单便投入爱心基金一元,把这些基金全部用于资助面临辍学的贫困学生,5年来共一对一资助学生9名。店里每年还为1 000名贫困学子免费配制爱心眼镜,为全县500名残疾人免费配制眼镜,总资助金额30多万元。

河北电视台曾经报道了她的事迹,新乐市振华留守儿童学校的校长看到报道之后,告知她那里的孩子们急需视力援助,她立刻和2名技师赶往学校,为400名学生检测视力,并为视力出现问题的100多名孩子配制了爱心眼镜。

2019年临近春节时,她代表联合巾帼创业创新指导协会会员前往无极县南流乡彭村幼儿园举行爱心捐赠活动,活动现场为彭村幼儿园的30名学生发放了奶粉、儿童书画、棉袜、文具等物资,并为10名建档立卡儿童量身定制了棉衣。收到礼物的小朋友们很开心,他们共同欢呼,站起来和发放礼物的阿姨们拥抱、主动握手、比画心形。看着孩子们甜美的笑脸,大家也笑了。活动中,她详细了解了孩子们的生活情况和学习情况,并叮嘱幼儿园负责人,在注重教学过程的同时也要加强关注孩子们的心理健康,多给他们一些关爱、照顾,让孩子们有一个快乐、美好的童年。

杨丽娜,用勤劳刻苦、助人为乐、锲而不舍的高尚品德,书写自己的精彩人生。她曾先后被评为"无极县助人为乐道德模范""石家庄市优秀志愿者""河北省榜样母亲""河北省最美农民工"等光荣称号。

卢芹

河北省石家庄市灵寿县寨头乡砂子洞村人，现就职于河北阎潇家政服务有限公司

卢芹，河北省石家庄市灵寿县寨头乡砂子洞村人，是一名家政服务员。

砂子洞村是河北省社会保险事业服务中心结对帮扶的驻点村，在驻村干部的帮助下，卢芹了解到妇女也能够凭借一技之长脱贫致富。驻村干部告诉村民们北京在老人陪护、病患护理和婴幼儿看护上有着很大的市场需求量，他们可以联系专门的培训机构进行免费的技能培训，然后由京津冀平台对接，可以去北京做家政服务员。抱着试试看的态度，卢芹到河北阎潇家政服务有限公司接受了25天的专业培训，学习了专业育婴师等各种技能，并通过严格的考试审核，取得了结业证书。经公司推荐，她去往北京。

她在北京工作已经有4年多了，带过3个孩子，每个孩子的性格各不相同，她对应采取了不同的相处方式。带的第一个孩子为一岁零六个月的男孩，孩子性格偏内向，正处于学说话阶段，卢芹耐心地一个字、一个字地慢慢教，让孩子感受到了爱，孩子有了安全感，相处起来也就容易了，她和孩子及其父母相处的十分融洽。带的第二个孩子为3岁的女孩，在这之前，女孩父母曾为其在一个月之内找了5个保姆，都未能达到满意，但是卢芹去了之后，可能是眼缘，初次见面孩子就比较喜欢她，将自己心爱的玩具拿出来分享，在接下来的相处中，卢芹用爱心、耐心、细心的态度与孩子沟通，原本孩子内向的性格也变得开朗了很多。在卢芹离开时，孩子抱着她说："妈妈，你爱我吗？"当时卢芹就哭了。其实干保姆这行，当离开每一个孩子时，心里都很难过。卢芹带的第三个孩子，是一个从四个多月，刚刚学翻身，到即将上幼儿园的男孩，她陪孩子成长，学翻身、学坐、学爬、学说话、学走路、学吃饭等，每天卢芹都细心地照顾着他，就连孩子的一个眼神、一个动作，她都知道孩子要干啥。这个孩子就像她养的第三个儿子，看着孩子一天天健康长大，一天天懂事，心里感到莫大的安慰。经过带这三个孩子，以及与其家长相处，卢芹认为带孩子最重要的不仅需要有爱心、耐心、细心、责任心，还需要嘴快、手快、脚快，寸步不离。卢芹在工作中感觉到换位思考很重要，只有做到这样，再有一个平衡的心态，才让自己走得更远。几年的努力下来，不仅家庭收入增加了，她个人还先后获得2019年"河北省最美农民工"、2019年"石家庄市灵寿县砂子洞村脱贫攻坚模范"等荣誉称号。

从深山到北京，从无业到有职业，从不挣钱到现在有固定的收入，卢芹不仅可以撑起家里的半边天，还购买了自己心仪的房子。

靳永法

河北省石家庄市元氏县南因镇董堡村人,现就职于河北诚信集团有限公司

靳永法,一个朴实的农民工,2011年到河北诚信集团有限公司工作,连续八年被评为"先进工作者"。

进入河北诚信集团有限公司以来,靳永法刻苦钻研维修技能,从一名不懂业务的维修工成长为同事公认的"维修专家",连续多次获评"优秀车间主任"。在公司焚烧炉项目建设期间,靳永法与同事们一起现场操作,查质量、管设备、调指标、降消耗,使项目顺利建成运行。在此基础上,他主持开展了烟气脱白等一系列焚烧炉改造项目,实现装置持续良好运行,为公司废物无害化处理提供鼎力支持。靳永法的身上,体现了吃苦耐劳、无私奉献的工作精神。每当设备出现故障时,靳永法总是冲在维修一线,带领员工们用最短的时间完成设备抢修。2015年,天津港"8·12"爆炸事故发生后,靳永法主动请缨,冒着生命危险进入爆炸核心区,圆满完成了救援任务,成为员工心目当中的"钢铁英雄"。

沉甸甸的荣誉,不仅代表对靳永法个人,也是对辛勤付出的全体"诚信人"忠诚信实、爱岗敬业、团结奋进精神的认可和鼓励。

多年来,他刻苦钻研车间工艺技术。针对车间原料反应不充分的问题,他不断进行实验与调试,将投料中的溶剂配比进行更改,不仅减少了原料的消耗,降低了生产成本,还使产品的产量提高了50%,为公司创造了1 500万元的经济效益。在2011年4月,河北诚信集团有限公司开展的"钢铁训练营"训练中,他所在的团队荣获冠军。

靳永法现为河北诚信集团有限公司车间主任。八年时间,靳永法从一名普通工人成长为一名优秀的车间主任,过程之艰辛可能普通人无法想象。靳永法所带领的车间先后被河北省总工会授予"河北省工人先锋号"荣誉称号,被中华全国总工会授予"全国模范职工小家""全国工人先锋号"荣誉称号,2019年他被评为"河北省最美农民工"。

作为"最美农民工"的代表之一,靳永法向全县农民工兄弟姐妹发出倡议,要做一个爱岗敬业、精益求精、乐于奉献的人,争做新时代的建设者,争做新时代的文明公民,在平凡的岗位上创造不平凡的成绩,为全县经济发展增砖添瓦,共同绘就新时代美丽元氏的新画卷。

河北

贾志华

河北省邢台市临城县赵庄乡贾庄村人,现就职于河北林博农业科技有限公司

贾志华,1983年出生,高级技师,临城县赵庄乡贾庄村人。他荣获2007年度、2012年度"河北省山区创业三等奖",2018年度河北科技厅农业技术推广先进工作者,邢台市科学技术普及先进工作者,河北科技报优秀通讯员,临城县第七届、第八届、第九届政协委员,2019年第一季度"邢台季度楷模",2019年度"邢台楷模·道德模范"称号,临城县"十佳"优秀科技工作者。他现在担任李保国科技扶贫服务队队长、河南省核桃产业技术创新战略联盟副理事长、河北林博农业科技有限公司技术总监。

贾志华参加完中考后,因家里太穷,无法再继续学业。2000年一个偶然机会,他认识了李保国教授,在李教授的帮助下进入河北林学院进修学习,从而跟随李教授学习果树管理知识。其间,他研发的产品荣获河北省科技成果证书;参与了《绿色优质薄皮核桃生产》的编写,该书于2007年4月在全国正式发行;先后在《中国果树》《河北果树》《山西果树》《烟台果树》《河北科技报》《河北农民报》等报纸、杂志上发表技术性文章60多篇。

由于贾志华的影响,他父亲从1998年开始承包村里的荒山,在李保国教授现场指导下,开沟换土进行土地治理。2014年,他们家年收入已达10多万元,也是村里最早的脱贫户之一。在贾志华的带动下,贾庄村积极发展林果业,2018年该村也依靠这些果树的收入,实现整体脱贫。

近年来,贾志华带领队员先后在河北、河南等13个省市以及300多个县讲技术、解难题,发放果树管理技术资料8 000多份,受益果农近万人。他在河北省临城县贾庄村、河南省鹤壁市山城区、湖北省襄阳市保康县、河南省三门峡卢氏县等地举行大型核桃管理技术培训30多场,为当地培养技术骨干,受训人员多达3 600人。

2019年,为了方便邢台市西部山区果农就近学习果树种植管理技术,贾志华协调全国人大代表郭素萍研究员以及河北农业大学5名教授,公司4名技术员,建立了李保国科技扶贫专家团队工作站。贾志华为了带动更多的人走生态发展之路,成立了公司,还吸引了合作社、家庭农场加入团队,于2020年注册了商标"林博园""贾核园"。多年来,贾志华一直为开展科技扶贫、精准扶贫,尽一份自己的责任。

周弘

河北省承德县刘杖子乡小西营村人,现就职于承德县旭日职业培训学校

周弘,现为承德县旭日职业培训学校校长。她初中毕业后,放弃了学业,和同村的两个小姐妹一起到外地去打工。她在饭店里当过服务员,在服装店当过售货员,在小旅店里当保洁员,但是,她始终都没有放下她挚爱的书本,每天利用自己的休息时间学习和自修课程。2003年7月,周弘应聘到天津的一家旅游服务公司上班,她在工作中勤勤恳恳、兢兢业业,不断努力提高自己的业务水平和工作技能,一干就是十年。十年中,她不但自学了经济管理大专课程,而且从一名小职员成长为部门主管,从部门主管再到分公司经理,并且先后在天津、北京、西安、长春、乌鲁木齐等多个分公司从事管理层工作。

2013年年初,她毅然放弃了高薪的白领生活,回到家乡,创办了承德县舜易月嫂家政服务有限公司,主要从事养老护理、月嫂和家政服务工作,开展家政服务就业技能培训班及解决家政服务人员就业。公司自创办以来,始终坚持"以人为本、以客为尊、卓越服务"的经营理念,把工作"落小、落细、落实",先后培训家政服务人员2800余人,就业率达70%以上,就业地点从最初的县域内,发展到外县、承德市及北京、天津等地。该公司因突出的工作业绩被确定为承德护理职业学院家政服务实习就业基地和承德市家庭服务协会会员单位。

2017年,为了更好地解决农村剩余劳动力就业问题,周弘响应政府号召,多方筹集资金,贷款30余万元申请成立了承德县就业定点培训机构——承德县旭日职业培训学校。她将舜易公司和旭日培训学校有机结合在了一起,不但保质保量完成了培训任务,还解决了农村剩余劳动力就业问题。培训学校自成立以来,2018年,完成天津对口帮扶培训任务201人,培训后就业144人,就业率达72%;完成再就业技能培训任务157人,培训后就业142人,就业率高达90.4%;完成农村劳动力就地就近转移培训工程任务81人,81人全部实现就业。2019年,该学校承担当地人社局培训任务811人,其中贫困劳动力315人,培训后就业745人,就业率92%,取得培训结业证书人数为265人,开展创业培训48人。2020年,该学校完成技能提升培训800余人次,就业率达70%。她通过培训输出就业,为区县内下岗职工、农村剩余劳动力尤其是建档立卡贫困户的再就业增收做出突出贡献。

她曾在河北省家庭服务职业技能大赛中获得家政组一等奖,还获得"河北省技术能手""河北省五一劳动奖章""河北省最美农民工""承德市劳动模范"等荣誉。

王玉学

河北省承德市平泉市卧龙镇人，现就职于承德避暑山庄企业集团股份有限公司

王玉学，现为承德避暑山庄企业集团股份有限公司生产运营中心酿造车间主任、助理工程师、酿造高级技师、白酒高级酿造师。他曾多次荣获"企业技术能手""先进个人""优秀管理者"等称号，还被评为"河北省最美农民工"。

1986年，他到平泉县地方国营酿酒厂的老酒酿造车间工作。1987年，他被提为酿造车间班组长，生产的麸曲酱香型白酒"平泉牌山庄老酒"荣获"中国酿酒协会向消费者推荐优质酱香型白酒产品名单"。1990年，他通过总结浓香地区性酿造生产差异，借鉴南方大曲浓香酿造，顺利完成班组麸曲浓香酿造生产技术改革，并于2014—2016年主持古窖车间开展五粮浓香白酒技术改革，车间班组优质浓香原酒品率达30%，为企业创造了巨大效益。他在原有老山庄麸曲酱香白酒酿造的丰富经验基础上，制定了"六轮次大曲酱香酿造转五轮次大曲麸曲结合碎沙酱香酿造生产"北方以大曲为主发酵剂的优质酱香白酒生产模式。

2009年，王玉学承担芝麻香酿造实践生产技术攻关工作，攻破芝麻香全年动态酿造、芝麻香原酒质量细分等近20余项技术难题，成功实现芝麻香优质酿造生产，总结了芝麻香"全年动态投粮发酵，分段、分层、分窖三分酿造"的生产模式，全年出酒率稳定在34%以上，优质品率稳定在70%以上。同年8—11月，他带领车间员工参加"河北省食品行业酿酒技术能手大赛"，取得同行业一致赞誉。2013年、2014年、2016年，他连续三年被集团评选为"优秀管理者"。2016年，他所指导的酿造一车间芝麻香酿造班组，被评选为"承德避暑山庄企业集团2013年度先进班组"，其个人获得"河北省具有突出贡献技师"提名资格。

2018—2020年，他主持山庄老酒酱香白酒酿造工艺创新项目，研发了北方淡雅酱香白酒酿造新工艺，打破酱香型白酒受地域性因素限制的技术壁垒，实现北方优质酱香型白酒酿造的先河，并于2020年主持起草了《河北省酱香白酒生产工艺技术标准》。2019年，他主持的酿造酱香型白酒荣获中国酒业协会颁发的"2019年度酒类清酌奖"。2018—2020年，在现有酱香型白酒酿造的基础上，他带领团队对影响优质酱香型白酒酿造的关键酿酒微生物进行筛选分离，成功分离出地衣芽孢杆菌、枯草芽孢杆菌等30余株酱香型白酒关键酿酒微生物。

刘百丽

蒙古族，河北省承德市宽城满族自治县宽城镇人，现就职于承德康达物业服务有限公司

刘百丽，2012年7月进入承德康达物业服务有限公司宽城分公司当起了一名清洁工。几年来，她不断地弘扬着"宁愿一人脏，换来万人洁"的行业精神，把美好的年华无私地奉献给环卫事业，用真情实意、言传身教引导了一批批环卫新人，她用五尺扫把绘出一幅无私奉献的画卷，她用善良和真诚谱写出一曲坚定、执着的歌。

加入环卫这一特殊行业，从此便与垃圾、尘土结下了不解之缘，起初亲朋好友都不赞同，有时还得不到市民群众的理解，汗水、苦水、泪水只好往肚子里咽，但是，刘百丽时刻牢记作为一名清洁工的职责。那是2014年冬天，没有护栏车清洗，需要组织人工擦拭护栏，为了不让水结冰，她主动开车运送水，水里需要放盐，护栏擦拭完后她的手也被盐水侵蚀了，她幽默地说："不用买化妆品了，手变白了。"她的活虽然脏、苦、累，但是能把清洁和干净带给大家，就无怨无悔。她在工作中严格要求自己，不怕脏、不怕苦、不怕累，几次岗位调整，都负责在商铺集中、人流量大、工作任务重的地段清洁，她不仅毫无怨言，还在干好本职工作的同时，早来晚走，加班加点，主动承担起清洁垃圾桶等的工作。

清洁工的工作需要起早贪黑，碰上下雨天、下雪天更要加班加点，她说自己算不上一位好妻子、好母亲，因为缺少对家人和孩子的陪伴，自己也算不上一位好女儿，就在老父亲病重时，因为工作原因也没能对他进行细心地照料，遗憾自己尽的孝道太少。面对这些，刘百丽没有放弃，而是起得更早一点，睡得更晚一点，把家里打理得井井有条，赢得了家人们的支持。她的孩子会自豪地说，我妈妈是城市美容师，而她的丈夫，虽不善言辞，却一直以无声的行动支持着她，有时还会陪着刘百丽一起上晚班，让她在感动中体会着这种特殊的幸福感。刘百丽不仅扫净了道路，也扫净了心灵，换得了家人的理解。

清洁工的工作不仅辛苦，其中也饱含了不少委屈和辛酸。前脚刚扫完的地面，后脚有人就扔了一簸箕垃圾，刘百丽没有怨言，为了树立环卫工作的良好形象，她默默地、一遍又一遍地清扫。有一次，刘百丽在工作中捡到一个钱包，多方协调寻找失主返还，这种拾金不昧的精神得到了社会的广泛赞誉。她像大姐一样关爱同事，谁家有困难，她用心帮忙解决，谁生病在家，她就主动承担清扫工作任务。

她先后荣获第二届、第三届河北省环卫行业"最佳城市美容师"称号，宽城电视台曾制作和播放"宽城人——刘百丽：城市美容师的故事"。2020年，她被评为"河北省最美农民工"。

河北

胡磊

河北省张家口市蔚县宋家庄镇石荒村人，现就职于河北不荒田园生态农业开发有限公司

1987年，胡磊出生在蔚县宋庄镇石荒村一个普通的农民家庭。13岁时，一场突如其来的变故彻底打破了他宁静的生活，这个少年不得不辍学，早早扛起了照顾家庭的重任。当时的他是别人眼中年龄最小的北漂，搬过水泥、端过盘子、在歌厅做过驻唱，但现实并没有将他击倒，反而越挫越勇。为了弥补欠缺的知识，他选择半工半读，每天打四份工，下班后再去上学。就这样，四年如一日，最终在2008年，他通过招聘被知名企业录用。他从最初级的销售做起，凭借敏捷的思维、良好的服务在公司里大展拳脚，在短短几年的时间内，他一跃成为该公司核心项目的高级管理人才。就在所有人都对他报以羡慕的眼光时，他却放弃一切，踏上了返乡创业的道路。

2018年10月，胡磊做出了一个大胆的决定，辞职回家，创立河北不荒田园生态农业开发有限公司。他对资源进行整合，通过加盟模式和自营模式快速形成高质量的民宿、农副产品、领养领种、田园旅行等乡村产品，通过短视频、电商平台进行市场推广，让都市人快速体验田园生活。

现在，河北不荒田园生态农业开发有限公司还带动不少乡亲们就业，56岁的醋柳沟村村民李大叔是该公司的厨师，他做的蔚县本地菜让人赞不绝口。像李大叔这样的员工还不少，项目中鸡禽区饲养员、餐厅服务员、田地管理员等工作胡磊都会让村民担任。此外，乡亲们还可以将自家产出的小米、黄米面、土豆等农副产品销售给游客。村子和民宿成为一体，胡磊完成了一次由"输血"到"造血"的精准扶贫，更带给了村子真正意义上的"不荒"。

在回乡考察的过程中，胡磊还遇到了不少返乡创业的年轻人，大家有激情、有干劲，却苦于没有项目。他说："我希望让更多创业者参与到'不荒'中来，倾听每个村子的那段历史、那段文化，帮助他们打造具有'一村一品'的民宿项目，将'西壶·流连川'的成功经验在张家口一直复制下去。"

他回乡创业后，先后举办青年培训班和演讲几十场。紧接着他又成立了"蔚县青年商会"，带着家乡青年一起干，一起贡献青春力量。胡磊说："我会将自己所有资源都对接到'蔚县青年商会'，产生'1+1>2'的指数级爆发式化学反应。我们身在蔚县，但是视野和知识结构要在国际一线。"

刘富琴

河北省张家口市蔚县南岭庄乡北石化村人，现就职于汉庭酒店蔚县店

刘富琴，自幼酷爱文学，但因家庭贫困，高中毕业后不得不放弃学业开始务农。

从 2010 年，她在打工之余开始文学创作。为了到百姓家中体验生活、挖掘素材，她不辞辛劳，多次请假到大南山深处百姓家中去采访，经过五年的摸爬滚打，近 50 万字的《山沟沟里的女娃》创作完成。她借钱筹款，于 2014 年 12 月将她的长篇小说《山沟沟里的女娃》交由燕山出版社出版发行。

2015 年 5 月，她投身公益事业，每卖出一本书，便捐赠 5~10 元给贫困学生和孤寡老人，不到一年的时间捐赠近 2 万元，被马强公益评为"爱心使者"。

2016 年 8 月 11 日，刘富琴参加河北省"梦回家，爱起航"爱心助学活动，在河北省石家庄市图书大厦签名义卖《山沟沟里的女娃》100 册，资助沽源县寒门学子杨晓雪圆了大学梦，被张家口市委宣传部授予"最美张家口人"、2016 年全国"事迹特别感人的百姓学习之星""中国网事·感动河北"2016 年度十大人物、福彩杯"感动河北"2016 年度十大人物等荣誉称号。

刘富琴自 2015 年至 2017 年腊月，连续创办三次"暖春"活动。2017 年 12 月，她义卖 30 本《山沟沟里的女娃》，为八户孤寡老人送去粮油，为蔚县宋家庄精神病院的患者送去点心、水果等爱心物资。

2017 年 5 月 26 日，她参加"中华好妈妈"节目，荣获"中华好妈妈"称号。2017 年 10 月 25 日，她到张家口学院为该校师生讲述社会主义核心价值观等课题，受到该校师生的一致好评，被该校团委聘为"特聘辅导员"。

2017 年 11 月，她的长篇小说《山沟沟里的女娃》荣获河北省第十二届精神文明建设"五个一工程"奖。

2017 年 12 月，她光荣加入中国共产党，受邀到北京梅地亚中心参加"2018 榜样春晚"，获得"2018 榜样春晚全国榜样代表"荣誉证书。2018 年 2 月，她创建"圆梦爱心驿站"，多次组织"志愿者"慰问贫困学生、孤寡老人、自助幸福院等。

2018 年 11 月，与蔚县剪纸大师任志国共同创建了"蔚县阳光工程'农村文化志愿者'下乡服务团队"，并先后到蔚县革命老区西大云疃村、西中堡村等地开展为村民写春联、看病等送文化下乡活动。

河北 王建刚

张家口市桥西区东窑子镇南天门村人,现就职于张家口安旺建筑安装工程有限公司

王建刚,现为张家口安旺建筑安装工程有限公司项目负责人、区人大代表。他曾先后荣获"新农村建设者""张家口市外出务工致富能手""张家口市农村青年致富带头人""河北省最美农民工"等称号。

2000年王建刚高中毕业后,经过不断思索和考察市场,胆大心细的他选定了通过养殖奶牛来走向致富的路子,顶着村民不理解、父母不支持的压力,他开始了第一次创业。刚出校园的毛头小子硬是凭着东借西凑,投入4万元买回了5头荷斯坦奶牛,他白天饲养、送奶,晚上收购鲜奶,一年下来跑遍了左邻右村。功夫不负有心人,通过精心、科学的饲养,当年产犊卖奶还清借款后,还赢利9 000元,他赚到了人生的第一桶金。在他的示范带动下,周边邻村也开始发展养殖业,不到3年工夫带动南天门村奶牛存栏达到600余头,并吸引了蒙牛、伊利乳业到村设站,解决劳动力就业30人。2004年,他果断地搞起电焊、水暖安装、承揽建筑工程,成立了建刚铁艺加工厂,生产、加工铸件冷轧制品。

在养殖业发展形势空前高涨、效益尤为可观时,村里环境卫生差时刻困扰着村民的生活。面对这种现状,他想到利用牛粪种蘑菇、养蚯蚓,既能增加经济效益,又能变废为宝解决污染问题。为此,他带领几名青年到怀来县、尚义县学习"一建三改"循环生态农业的模式,发展起了6家共计2 000平方米建棚种植蘑菇,年底就赢利收回了成本。他以执着、顽强、拼搏的精神再次创业,主动带头联系6名党员兴建口蘑示范基地,种植平菇,结合市区西沟生态涵养区,栽种育苗投资50万余元,建棚5 000平方米。多年的摸爬滚打换来良好的信誉,创业更是带富了一方群众,王建刚致富不忘乡亲,他深知要改变农村面貌"一人富不算富,大家富才是真的富"。他积极带动村民组建了南天门生物科技有限公司,走上了"公司+农户"的产业化模式,由食用菌种植转向生态工程建设,承揽了高速公路绿化工程,很快将苗圃育培松苗、柏树、花草推向市场,运销宣大京张高速公路、安家沟生态旅游区等,使村里的务工人员年收入均在2万元以上。

王建刚的事业越干越红火,思想境界也不断提高。他自从2006年光荣地加入了中国共产党以来,始终用一名共产党员的标准严格要求自己,在前进的道路上始终没有停下脚步。随着时代的不断进步、市场的不断变化,他也不断地拓展致富、创富途径,由原来小区域、小范围的致富发展为将眼光视角投入到更为广阔的领域,从搞养殖、搞种植到建厂子、揽工程,从养牛、卖奶到联系宣大京张高速公路承揽公路施工绿化工程。几年来,在他的带领下,村里实现就地转移就业120人,人均年收入增长3万余元,让村民切实得到实惠,真正摆脱了贫困面貌。

李东明

河北省张家口市崇礼区红旗营乡元房子村人，现就职于张家口崇礼区为民职业服务有限公司

李东明，现为张家口市党代表、崇礼区党代表、崇礼区第二届政协委员、崇礼张垣之心公益促进会会长。

1997年，李东明参军入伍到内蒙古边防一线部队，服役期间，荣获个人三等功一次，带领警卫排荣获集体三等功一次。2001年12月，因部队兵役制度改革，预留士官名额超出指标，他带头作表率，自觉服从领导安排转业到地方。

2011年，他成立了张家口崇礼区为民职业服务有限公司，坚持"重质量、守信誉"的宗旨，全心全意为客户提供贴心服务、满意服务、专业服务，得到了客户的一致认可，该公司慢慢打开了市场，有了收益，走入正规化。公司的业务范围也由原来单一的家政服务变成了涂料粉刷、物业托管、便民维修、保安保洁、劳务派遣等多元化的职业服务。

他在创业的同时，也不忘投身于公益事业，他成立的张垣之心公益促进会崇礼分会志愿者达到100多名。他经常带领爱心志愿者看望慰问贫困户，为贫困户送去日用品、书籍、药品和衣物等生活物资，送去党和社会各界的关怀和温暖。通过职业技能培训，他先后安排190名下岗失业人员和农村剩余劳动力再就业，人均年增收达到18 000多元，帮助他们走上了脱贫致富的道路。

李东明常怀一颗感恩的心，主动承担社会责任，他通过张恒之心公益促进会为崇礼发展尽一份微薄之力。他传递"正能量"，大力弘扬传承雷锋精神，经常带领志愿者们走进"空心"村、偏远村，为村民们免费拍照、理发，增加他们的幸福感。他多次带领志愿者们开展"缅怀先烈"活动，走进崇礼烈士陵园，学习先烈的英雄事迹，向英雄敬献花篮、捡拾垃圾、打扫庭院，以此表达对先烈的缅怀之情！争做"志愿者"，连续三年崇礼区一直在创建省级文明城区，李东明和他的志愿者们都积极主动参加创建活动，争做文明使者。他们先后发起了"爱城创城"清水河护栏清洗、汉白玉桥清洗等活动，特别是2017年他和11名文明交通志愿者不畏严寒酷暑，一直坚持参加"青春斑马线，文明劝导安全出行"主题活动。

2015年7月31日，北京携手张家口获得2022年冬奥会的主办权，他和他的志愿者们热情澎湃、士气高涨，积极投身到了筹办冬奥会的各项社会服务当中，先后参加了"做合格东道主""红细胞在行动""助力冬奥、绿色出行"等冬奥主题活动，还参与服务了"崇礼区2017年半程马拉松比赛"和"奥林匹克会旗巡展之旅"等活动，为助力冬奥会贡献了自己的力量。

河北

李伟

河北省秦皇岛市山海关区孟姜镇回马寨村人,现就职于秦皇岛市山海关区忠伟蔬菜专业合作社

李伟,1973年出生,中共党员,现任秦皇岛市山海关区忠伟蔬菜专业合作社理事长。2010年,李伟成立了忠伟蔬菜专业合作社,带领村民一起发展蔬菜产业,成为秦皇岛市及其周边乃至东三省一带远近闻名的蔬菜能人。在她的努力下,合作社不断壮大,自有基地1 000亩,签约带动基地2万亩,年营业收入4 136万元,吸收带动农户8 000多户,平均每户社员年收入10万元以上,带动村民共同致富。

回马寨村是远近闻名的蔬菜专业村,种的韭菜以其特有的品质,深受人们的欢迎。1986年,山海关韭菜面积过大,本地韭菜销量有限,回马寨村韭菜积压严重。李伟家里也种有韭菜,她深知村民急切的心情。之后,李伟创建了配菜站,收购了村民积压的韭菜。为拓展外地销路,李伟夫妇冒着寒冬远赴东北推销韭菜。靠着优质的产品加上夫妇二人的执着和真诚,她们一起把积压的韭菜全部卖了出去,同时也结交了东北的经销商,打开了山海关韭菜在东北的销路。

通过经营配菜站,李伟体会到,只有将广大菜农联合起来,才能共同闯市场,实现共同富裕。为此,她在2010年谋划成立了忠伟蔬菜专业合作社。合作社和农户共同种植、共创市场、共担风险、共同富裕。

为提升蔬菜质量促增收,李伟对合作社实行"五统一"的生产管理(即统一生产经营主体、统一种苗、统一技术标准、统一供应农资和统一销售)。通过"五统一"管理,确保了销售产品从品种、品质、规格、品相、质量安全等方面的集中统一,在各大销售市场拥有了免检通关的优先权。

作为一名中共党员和政协委员,李伟时刻不忘自己的社会责任。李伟竭尽全力扶持菜农建造温室,积极帮助贫困户发展生产,增长增收。2010年至2020年,合作社为资金有困难的农户垫付建造蔬菜大棚的钢筋骨架资金460万元。2017年,李伟成立了农业生产托管服务队,解决了近100人的就业问题。李伟每逢过年过节时,都要去敬老院慰问孤寡老人,给老人送去蔬菜和慰问品,奉献爱心。

李伟的合作社跻身全国农民合作社百强示范社,获得"国家农民合作社示范社""省级示范社""农民专业合作社市级示范社""市级龙头企业"等近20余项荣誉,她本人先后获得"中国金牌蔬菜批发商""中国明星合作社理事长""河北省农村青年拔尖人才""河北省城乡妇女岗位建功先进个人""河北省30强农产品经纪人""河北省最美农民工""秦皇岛市级劳动模范"等十余项荣誉称号。

瞿国红

满族,河北省秦皇岛市青龙满族自治县木头凳镇木头凳村人,现就职于秦皇岛市海港区金管家高级家政职业培训学校

瞿国红,从廊坊市乡镇干部管理学院毕业后,决心通过创业改变自己的命运,为改变家乡的贫困面貌探索新路。在天津打拼的十几年,她始终不忘家乡人的嘱托,坚持诚信经营,遵守国家法律、法规,在自谋职业、远离家乡创业的路上,不断施展年轻女性的才华。她和爱人所承担的几十家装饰工程,讲求精益求精,恪守品质至上,从投标定价、施工方案确定、装饰材料选购、施工环节检查等多方面,她不辞辛苦,亲力亲为,严把质量关口,以女性特有的细心与专心,展现出"信誉第一"的优秀品质,赢得了业内的广泛赞誉。

她性情奔放,志向远大。2013 年,她怀揣报效家乡的意愿,选择家政服务这一阳光产业,续写新的辉煌。经过艰苦努力,她创办了秦皇岛市海港区金管家高级家政职业培训学校、秦皇岛市尚诚家庭服务公司。为了帮助更多的下岗女工、农村进城务工劳动力顺利实现就业愿望,她秉持"品牌服务帮您掌握一技之长,品牌服务助您解除后顾之忧"的理念,依托政府扶持政策,面向市场需求设置培训专业,不断扩大培训规模。为使求职人员上岗后能够获得更多报酬,她亲赴北京、天津等地,联系用工单位,搜集岗位信息,自掏腰包组织乡镇干部、妇女代表赴京考察、看望外出务工人员。她成功承办了首届秦皇岛家政服务京津对接会,推介 300 多名学员与用人单位达成了上岗意向。

她坚持以促进就业为导向、以客户满意为宗旨,事业越做越大,学校和公司先后成为河北省发展家政服务业示范基地、家政类就业创业实训输出定点服务机构、优秀家政服务企业,曾获得"巾帼就业创业帮扶机构"等多项荣誉称号。多年来,她累计向社会、家庭培养和输送了 2 万多名家政服务从业人员,其中百余名优秀学员参加省、市家政服务技能比赛获奖。

她热心社会公益活动,多次率领教职工去社会福利院协助护理人员看护残障儿童,送去物品、送去关爱。她的足迹遍布海港区大街小巷,与社区干部一道谋划帮扶失业女工就业门路,向各类求职人员介绍政府帮扶政策,在她的动员引导下,一批有就业意向的女工选择了就近创业项目。她朴实的作风,亲善的举止,深深感染着被她帮助过的每一位人员,"妇女同志的贴心人",她当之无愧!2020 年面对新冠肺炎疫情的冲击,瞿国红从稳定就业局面着想,带领团队在做好疫情防控的同时,她还组织发挥业务优势,录制培训课件,组织了 40 余家家政企业参与线上培训,积极推动企业复工复产。同时,她还组织编制家政服务标准,为广大学员和客户提供专业化、精准化的服务。

河北 张军

河北省秦皇岛市卢龙县刘田各庄镇张田各庄村人,现就职于秦皇岛正朴农业开发有限公司

张军,现为秦皇岛正朴农业开发有限公司农技师。他从技校毕业后,到市里的厂子工作,干活务实,不怕苦、不怕累,刻苦学习钻研,很快他就独当一面,成了行家里手。但不安分的他,始终在寻觅商机,想开创属于自己的事业。

2014年,一次偶然的机会,张军听朋友说种植辽宁丹东的软枣猕猴桃效益高,感觉是一个致富的良机。于是,他说服家人以每亩1 000元的价格从村里流转了10亩土地作为种植软枣猕猴桃的试验田,并以每株100元的价格购买了1 000株软枣猕猴桃树苗。

虽然将品种引育来了,技术也都学了,张军心里还是没有底,生怕一疏忽,所有的付出就白费了。栽苗、搭棚、授粉、施肥,张军就在果棚旁边建了一个简易小屋,吃住都在那里,便于每天观察记录。树藤喜阴但要保持干燥,叶片又喜阳光雨露,株距2米左右最合适……张军看着树苗成长,也研究总结着软枣猕猴桃树苗的特点和喜好。

2017年,秦皇岛市林业局选取张军的软枣猕猴桃产品参加了"红石沟杯"京津冀果王争霸赛,最终以金奖的成绩获得了河北省林业厅颁发的证书和奖杯。2018年,在河北首届软枣猕猴桃品尝观摩大会上,参与品尝的各界人士对张军的软枣猕猴桃给予了充分的肯定。张军的软枣猕猴桃种植和育苗面积已经从最初的不到10亩发展为现在的50亩,其生活条件也有了翻天覆地的变化。

在经营过程中,张军始终坚持诚信为本。2018年春节前后,承德有个农户跟他们订了秧苗,由于当地气温低没法种植,农户迟迟没有取苗,而育好的秧苗由于在储苗冷库中放置时间过长而死掉了。虽然秧苗表面完好,张军还是坚持把所有死苗全部拔掉,宁可赔钱也不能砸招牌,这一次让他损失了10万余元。像这样的"吃亏"事,张军没少做,却依然乐此不疲。

1亩软枣猕猴桃的收益远超过10亩玉米的收益,张军看到软枣猕猴桃带来的稳定效益后,就想带动周边群众一起发展这个产业,一起致富。如今,刘田各庄镇、燕河营镇、卢龙镇、下寨乡等乡镇的很多村都从张军那儿购买软枣猕猴桃树苗,开始了大面积种植。卖苗后,张军免费对农户进行技术指导,小问题就从微信视频上进行解释说明,涉及果树修剪或病虫害防治等技术问题,他就开车去农户家里,哪怕是再不好走的地方,他也会赶过去,并且不收任何费用。为了方便群众销售,他就把前来收购的客户介绍给农户。截至2020年,已有周边50余家农户种植200余亩软枣猕猴桃,带动就业100余人,每亩可创收7万~8万元。

苏永秀

内蒙古自治区清水河县窑沟乡苏家阳坡前村人，现就职于中国二十二冶集团有限公司

苏永秀，现为中国二十二冶集团有限公司测量负责人，始终坚持在测绘生产第一线，曾先后参与数字化地形图测绘、区域控制测量、工业与民用建筑施工测量、建筑变形监测、园林项目的土地整理及土地确权测量等工作。

作为公司的测量骨干，他曾多次代表公司参加行业内的各类竞赛活动。2012年，他在中冶集团第四届职业技能竞赛"中国二十二冶杯"工程测量工决赛中，获得个人第三名和一等奖，同年获得"全国技术能手"和"中国二十二冶集团先进生产（工作）者"的荣誉称号；2013年获得第四届"河北省能工巧匠"称号；2016年被评为中国二十二冶集团有限公司"能工巧匠"；2019年获得由中共河北省委人才工作领导小组办公室颁发的"燕赵英才服务卡"；2020年被评为"河北省最美农民工"。

作为一名测量人员，在实际工作中会遇到诸多难题，面对问题他总是想方设法加以解决。在山东省聊城市冠县土地确权项目中，由于当地老百姓自身认知及历史遗留的问题，导致土地确权进展缓慢，苏永秀认真研究了国家土地确权的规范，积极与当地百姓及农业局沟通，最终使工程得以顺利进行。工作期间，他积极学习测量知识，取得了高级技师的职业技能证书。

苏永秀在认真工作的同时充分发挥创新精神，结合工作内容，不断创新工作方法，不仅提高了工作效率，也为后续工作的开展提供了重要保障。在唐山市基础测绘工程丰润区控制测量及1∶500比例尺数字化地形图工程中，苏永秀为进一步提高测绘速度和精准度，他根据现场实际总结编制了一套全站仪地物编码，通过采用编码省去了外业绘制草图工作，大大地提高了外业的采集速度，在规定的时间内完成了基础测绘的测图任务，并通过了省质监站的检查，该工程也成功荣获"河北省优秀测绘地理信息工程"。

2019年8月，他参加了呼和浩特市留置场所项目。该项目是一个政治意义比较特殊的工程，工程紧、任务重，由于2020年年初赶上新冠肺炎疫情，更是增加了施工困难，苏永秀同志在疫情期间积极配合项目部工作，正确落实了内蒙古自治区下达的疫情防控要求，做好了工人疫情防控的登记工作，进而保证了施工工程的进度要求，圆满地完成了任务。

陈井营

河北省唐山市玉田县窝洛沽镇东大街村人,现就职于唐山富联服饰有限公司

河北省唐山市玉田县窝洛沽镇东大街村的陈井营,是当地知名的服装加工能手。

她从一个家庭作坊式的"景营成衣铺"开始,艰苦奋斗30年,冲破重重阻力,克服种种困难,创新服装设计、制作、教学、销售模式,为帮助当地的妇女姐妹脱贫致富作出了积极贡献。

她先后举办服装裁剪技能培训班200余期,培训贫困妇女4 000余人,带动创业36人,帮助农村劳动力转移就业200余人。在巾帼脱贫攻坚行动中,她创建了"基地+农户"的运作模式,逐步形成具有辐射带动作用的产业链,为当地70余名贫困妇女创造了居家就业机会,使其年人均工资收入超万元。她先后为50余名大学生提供了实习机会。她带领妇女姐妹们逐步实现稳步增收、脱贫致富。

面对突如其来的新冠肺炎疫情,陈井营先后为所在镇、村筹集捐赠价值3万余元的抗疫物资;疫情期间创新培训形式,利用网络平台,为困在家中的姐妹们办实事,举办服装裁剪技能培训班,共举办培训班5期,培训贫困妇女660余人;关爱驰援武汉医护人员家属,送吃送喝,随叫随到;自费5 000元购买A4纸,免费为全镇学生打印健康信息卡。她展现了优秀农民工在大疫面前的大爱与担当。

心系家乡的陈井营在服装裁剪培训班上,对建档立卡和相对贫困妇女免费教学、免费提供裁剪实习布料,让学历不高、不能外出打工的贫困姐妹熟练掌握服装裁剪技能,学成之后在家为公司做订单加工,逐步实现脱贫致富。她依托妇联乒乓球俱乐部,免费赠送给贫困孩子训练服、训练器材,并为其免费培训。六一儿童节、春节等节日期间,她累计慰问贫困妇女、儿童200余名,慰问物资达30万余元,累计为贫困中小学生捐赠校服1万余套,为各中小学校的少年儿童发放价值18万余元的节日礼物和优秀学生奖品。

陈景营多次被评为县、市、省和全国的"双学双比"能手,其家庭被评为"河北省抗疫最美家庭""河北省文明家庭""全国五好家庭"。2007年,陈景营被选为玉田县十四届人大代表。2019年,她被评为"河北省最美农民工"。

艾晨光

河北省唐山市玉田县杨家板桥镇南马家铺村人，现就职于河北建支铸造集团有限公司

艾晨光，河北建支铸造集团有限公司车间主任、省工会十三大代表、中国铸造行业专家库入库专家、河北省"三三三人才工程"第三层次人才（唐山市青年拔尖人才）、玉田县英才。曾荣获"全国卓越铸造工程师""河北省劳动模范""河北省最美农民工""冀青之星""河北诚信建设先进工作者""唐山市技术创新先进工作者""唐山市劳动模范""唐山市最美青年""玉田县青年岗位能手"等多项国家、省、市、县荣誉称号。

他在工作中不断创新，获授权发明专利 2 项、实用新型专利 15 项、外观专利 3 项、软件著作权 6 项。他作为第一起草人制定企业标准 2 项，先后在《山东工业技术》《科技经济导刊》《内燃机与配件》等核心期刊发表论文 4 篇。2020 年 6 月，河北省总工会和河北省科学技术厅联合公布了 2019 年度（第六批）河北省劳动模范和工匠人才创新工作室入围名单，以"艾晨光"命名的职工创新工作室，再次被评为"省级创新工作室"。

他刻苦钻研岗位技术，积极探索先进生产工艺，凭着精益求精、开拓创新的精神，为建支集团持续发展壮大做出了突出贡献。2015 年 10 月，他带领技术中心创新团队开始研发一种新型的节能环保管件，研发过程涉及了铸造、退火、机加工等多道工序。经过整个团队 1 年半的不懈努力，新型可锻铸铁管件终于于 2017 年 3 月研制成功，经河北省工业和信息化厅组织相关专家对该产品进行了鉴定后，与会专家一致认为：该产品具有力学性能优良、螺纹精度高、密封性能好等特点，并具有"城市矿产""循环经济""节能减排""优质低耗"等诸多优点，达到国内领先标准，一致通过并鉴定为"河北省工业新产品"。该产品实现销售收入 122 527 万元、利税 11 434 万元，创外汇 6 500 多万美元，消耗废铁、废钢约 20 万吨，取得了显著的经济效益和社会效益。

他严于律己，不断要求进步，工作之余还认真钻研铸造工艺标准，并深入铸造生产一线对照学习，修改完善各项工艺参数，曾多次参与铸造行业国家标准和团体标准修订研讨会，并先后被全国螺纹标准化技术委员会、河北省企业家协会信息技术专业委员会聘任为委员，被全国管路附件标准化技术委员会聘任为观察员。他曾先后参与了《沟槽式管路连接件技术要求》《钢管脚手架建筑扣件》《铸铁楔压强度试验方法》《铸造行业绿色工厂评价》《消防及燃气用螺纹式球墨铸铁管件》等多项国家、行业标准的制定和修订工作。

李志勇

河北省唐山市乐亭县三李庄村人，现就职于唐山圣大农业科技有限公司

李志勇，现为唐山圣大农业科技有限公司生产经理，乐亭县政协第九届委员、第十届常委，乐亭县工商业联合会第十一次代表大会执委，乐亭企业家商会理事、乐亭县供销农民专业合作社联合社理事，河北省工笔画协会理事，李大钊书画院理事。他曾多次获得"乐亭县优秀政协委员"、岗位建功"十佳"委员等荣誉称号。2014年，他被乐亭县政府评为"建设沿海强县功勋企业家"。

作为一名政协委员，他始终不忘肩负的社会责任，热衷于公益事业，2012年夏天，乐亭县发生洪涝灾害，他第一时间为受灾地区捐款；先后为全县少年儿童演出等公益活动赞助上万余元，并且号召企业自行组织了义务为全县环卫工人送餐等活动；为乐亭县特殊教育学校捐书500余册，为贫困学生资助数万元；2017年7月，先后为全县三家敬老院的老人捐助10万余元的物资；2018年建军节，为驻乐部队捐物资3万余元；2020年年初，为抗击受新冠肺炎疫情，为县红十字会捐赠价值10万元的物资。

李志勇从一名普通工人做起，工作尽职尽责、任劳任怨，凭借自己的努力和出色的成绩，得到了领导的认可、员工的拥护，使公司的效益翻了一番。李志勇同志致富心系家乡人，他以企业为平台，培训员工1 000余人，带动周边乡村农民工创业40余人，带动农民工就业150余人，年人均增加收入2.6万余元，实现了"基地+农户""加工+销售"的一条龙运作模式，辐射带动周边群众逐步走上了致富的道路。

李志勇由于受自幼贫苦的生活环境影响，他一直把公司的发展和参与公益事业作为践行"奋斗、担当、共享"企业文化的主要责任。通过参与公益事业，能够提高企业员工的社会责任感、主动积极性和创造性，并且能够为企业创造更加广阔的发展环境。他身为政协委员，坚守社会责任，秉持仁爱之心，以无私奉献赢得社会信任。在经营企业时，他把员工的利益放在首位，把员工的冷暖放在心上，关心员工生活，情系员工利益，为员工过生日，为全公司员工做体检，帮助员工解决住宿问题等。他以企业为家，爱岗敬业，忘我劳动，积极奉献，不断发挥生产积极性，给企业注入了无穷的发展动力。

2020年年初，由于受新冠肺炎疫情的影响，公司的经营步履维艰，尽管公司的发展面临着诸多的考验，他依然坚持不懈，在政府的支持下积极复产复工，为乐亭县的抗疫工作做出了积极的贡献。

苑英芳

河北省唐山市乐亭县王滩镇南苑庄村人,现就职于乐亭县英芳商贸有限公司

苑英芳,现为乐亭县英芳商贸有限公司手工艺师、乐亭县政协委员、唐山市女企业家协会副会长、唐山市家庭手工艺服务中心特聘讲师。她曾连续几年被省、市、县妇联评为"三八"红旗手、"巾帼建功"明星,获得河北省文明办主办的"寻找今日织女星"活动银奖和"河北省中小企业发展女明星""河北省最美农民工"等荣誉称号。

1998年,苑英芳在帮朋友选购窗帘和床上用品时发现,朋友因不满意县城的款式决定去100多里外的市区去定做。她从中发现了商机,便和丈夫一起筹资6 000元,租了一间35平方米的房子,制作窗帘。因为她做的窗帘款式新颖、质量一流、收费合理,赢得了顾客的信任和满意。在打开县内市场的同时,她并没有满足现有的收益,不断给自己充电,经常到北京、上海、深圳等地学习布艺加工技术。她还报考了清华大学创业培训班,参观学习海尔集团的管理模式,连年赴广州参加国际家纺布艺展览会,通过积极争取取得了华福集团的产品代理权。

苑英芳凭着自己的胆识、敏锐的市场洞察力,将产品由简单的窗帘加工发展到现在的床上用品、酒店、写字楼、办公室、展厅、生产车间、汽车装具、纯棉布、沙发布等一系列产品,适应不同消费群体的需求,与周边县区大部分星级宾馆都签订了长期供货协议,年创经济效益1 000多万元。

经营效益好了,苑英芳首先想到的是员工。每位员工的生日她都记得一清二楚,员工生日当天就能收到她送的生日蛋糕。员工无论是婚、丧、嫁、娶,她都主动张罗,到场帮忙。她每年还组织一次外出旅游,逢年过节为员工准备好过节的礼物,并举办联欢会、歌唱大赛。她还经常组织员工轮流到外地培训学习,熟练掌握整套布艺加工技术,达到"一人多能"。

经营窗帘布艺19年来,苑英芳始终不忘肩负的社会责任,不忘关注社会的中弱势群体,不断努力回报着社会。吸纳下岗职工、贫困妇女、大学生就业56人;扶贫帮困、捐资助学累计捐款20万元。2020年春节期间,新冠肺炎疫情在中国大地扩散,苑英芳实地慰问路口执勤一线人员,送去防护手套5 000副和相关防疫物资。

近期,苑英芳正积极运用手工旅游大平台数据,采取"互联网+",将布艺设计、加工、包装、销售融为一体,形成客户来单加工、自主创新设计、前店、后厂生产、售后反馈跟进的销售模式,形成以电商为重要渠道的特色布艺产销产业链,把"小布艺"做成"大产业"。

河北 蒋风山

河北省唐山市滦南县倴城镇东张士坎村人,现就职于蒙牛乳业(滦南)有限责任公司

蒋风山,自2004年至2020年就职于蒙牛乳业(滦南)有限责任公司,从事安全生产工作,16年来年年被评为"优秀员工",现为中国民间文艺家协会剪纸艺术委员会会员、中华文化促进会剪纸艺术专业委员会会员、河北省民间一级工艺美术家、唐山市民间工艺美术大师、唐山市第二批市级非物质文化遗产代表性传承人。他曾先后被评为"燕赵文化之星""唐山文学艺术界拔尖人才""最美公益人物""河北省最美农民工"。2019年12月7日《河北工人报》作为"河北大工匠"专版刊登其先进事迹。2020年8月,他被唐山市网信办评为"唐山好网民"称号。

蒋风山还利用他的特长宣传安全文化。他的剪纸作品《平安使者》被《河北安全生产》杂志刊发,《安全文化进校园》获河北省安全文化最高奖——金盔奖。《儿行千里》《老有所养》《文明城市连心打造》等7幅作品,获由河北省文明办、《河北日报》举办的第一届、第二届、第三届"善行河北"公益广告平面设计大赛优秀奖。《放下手机到大千世界之中去》获教育部社区文化研究中心全国剪纸大赛一等奖。

2020年的春天,一场突如其来的新冠肺炎疫情肆虐全国。蒋风山全身心投入到疫情防控和复工复产的战斗中,从物资发放、车间消毒到体温检测、记录追踪,到处都有他的身影。他还幽默地说"白衣天使和解放军在前方和病毒作战,我的剪刀和刻刀也是和病毒作战的武器",一幅幅抗击疫情的剪纸作品不断出炉。在他的剪纸作品中,既有忧国忧民的钟南山先生,又有各行各业的普通坚守者;既有工作岗位的奉献付出,又有儿孙绕膝的舐犊情深。《中国加油》《坚定信心》《精准施策》《抗疫情组图》等作品极大地缓解了公司员工的心理焦虑情绪,振奋了精神,鼓舞了士气。唐山市劳动日报书画院、唐山市民间文艺家协会、河北省非物质文化遗产保护中心、中华文化促进会剪纸艺术委员会、《河北科技报》《中国应急管理报》等多家网站媒体相继发表其剪纸作品。

蒋风山热心公益,为了把剪纸这一家乡文化传承下去,利用业余时间到学校辅导教授剪纸,把剪纸文化带入了校园,还举办了"中国梦我的梦"校园剪纸展。为了丰富乡亲们的业余文化生活,他开办了剪纸夜校,免费教大家剪纸。2018年5月1日,蒋风山又举办了"扎根沃土、恋乡音"剪纸展。

陈爱双

河北省唐山市丰润区西杨家营村人,现就职于金隅冀东水泥(唐山)有限责任公司唐山分公司

陈爱双,现为金隅冀东水泥(唐山)有限责任公司唐山分公司水泥工序长,30多年的工作经历让他走出了一条从普通农民工到国企技术精英的不平凡之路。2018年11月,他被评为"河北省最美农民工";2019年4月又获得"河北省劳动模范"荣誉称号,以自己的实际行动彰显出新时代农民工的动人风采。

1987年7月,陈爱双成为县水泥厂的一名学徒工,从此成了一名"水泥人"。2016年,金隅集团与冀东水泥重组后,他成为金隅冀东大家庭里的一员。工作之余,他利用3年多时间通过自学考试,圆了自己的大学梦。

自2018年至2020年6月,他主导的水泥系统就实施技改创新项目12项,其中他本人获得了3项"实用新型专利",为企业创效达2 000多万元。

2017年,他主持的水泥磨改矿粉磨项目开创了国内辊压机+管磨生产水泥兼容生产矿渣粉的先河,该项目荣获了金隅集团2017年度"科学技术进步奖"。2018年,陈爱双带领团队成功将水泥窑余热引入烘干窑替代燃煤热源,年节约燃煤1.9万吨。该项目是国内首创技术成果,年创效1 700多万元,减排二氧化碳约4万吨,为公司环保治理和降本增效探索出了一条新路。为了降低生产成本,他与质检人员积极尝试新型可替代原材料,经过反复试验和设备技术改造,通过使用"干粉煤灰替代矿粉"这一项举措就使得公司每吨水泥降低成本1.5元,为公司年创效达1 300多万元。

2020年新冠肺炎疫情期间,为配合政府战胜疫情,涉疫物资"城市污泥"必须通过焚烧进行无害化处理,阻断新冠病毒通过粪便传播的渠道。唐山分公司二厂主动承担了此项工作,最终决定熟料在最严格的环保措施情况下落地存储。重担再次落到陈爱双的肩上,他担任总指挥,面对地方严峻的环保形势、疫情防控的关键时刻、人员的短缺,30万吨熟料存储谈何容易,他协调各方,2天制订出存储方案,5天制订出环保发运方案及设备图纸,15天一座200平方米的"抑尘落地熟料发运技改项目"完工。在他的精心组织和指挥下,从2月13号开始,历经160天30万吨熟料从存储到发运圆满结束,为抗击疫情作出了自己的贡献。

已经54岁的陈爱双依旧奋战在生产一线。他不止一次说过:"我是一个普普通通的农民工,能有今天的成就,全是党和企业的精心培养,作为一名共产党员,我一定会在今后的工作中心怀感恩,不忘初心,牢记使命,积极践行金隅'干事文化',为企业绿色转型发展贡献出自己的全部力量。"

河北 范广义

内蒙古赤峰市林西县五十家子镇大马金村人，现就职于香河县环境卫生管理局

范广义，现为香河县环卫局的一名环卫工。无论在工作中还是生活上，他始终严格要求自己，在平凡的岗位上书写着不平凡的人生业绩。

作为一名新时代的中国共产党员，范广义同志坚守初心，牢记党的宗旨，致力于传播正能量。他多次参加省、市举办的各类宣讲比赛，在"河北省365百姓故事汇"中，他以个人经历作为蓝本，宣传了"爱岗敬业、永不言弃"的新环卫精神；在廊坊市"中国梦·赶考行"百姓故事汇宣讲活动中，他传播了"乐于助人、敬业奉献"的精神；在"廊坊好故事"中他传播了"孝亲敬老"的优良传统。他充满激情的演讲和感人肺腑的实际经历感染了不计其数的群众。他积极参与党建宣传活动，作为香河县"两学一做"学习教育活动宣讲员，他多次到环卫队伍、乡镇中进行党建知识理论宣讲，进一步激励了广大群众和身边的党员同志，将"爱岗敬业、乐于奉献"的精神落到实处。

2012年，在最初推行垃圾上门收集试点时，很多商铺门店并不支持，上门收集垃圾工作难度非常大，很多环卫工人叫苦不迭。范广义挨家挨户与商铺苦口婆心地做工作，一天下来嗓子都哑了。有些商户不备垃圾桶，他就自己掏钱买桶给商户放到门口，告诉他们把垃圾放到桶里就行了；面对不配合定时上门收垃圾的商户，他每天有时间就到其门口等着，直到把垃圾装到车上。这样坚持了2个多月，他用自己的行动、自己的实干精神和过硬的工作作风感动了所有商户，他们说："没见过这么负责任、这么认真收垃圾的，我们服了。"他是个收垃圾的环卫工人，但是他更是一名负责任的基层劳动者，他用自己坚韧的工作态度，影响身边的人支持环卫工作，将爱护环境卫生为己任宣传到实处。

范广义以他令人敬佩的"耕耘"态度，收获了沉甸甸的工作成果。多年来，他主动上门、微笑服务、定时定点垃圾入车、巡回收集风雨无阻；他每天提早上岗，一天的工作时间总比别人多出几个小时，从不抱怨、不后悔；他负责收集的路段从来都是免检路段，是"卫生标杆路段"。有付出就有回报，几年来他用自己对工作的满腔激情与无私奉献的精神，受到了社会各界的一致好评，还收到了多面锦旗与数封感谢信、表扬信，连续五年荣获香河县环卫局"环卫上门收集优秀奖"、香河县"爱岗敬业道德模范身边好人"、最美廊坊人、河北省环卫行业"最佳城市美容师"、河北省"最美农民工"等多项荣誉称号。

缴艳霞

河北省廊坊市大城县臧屯镇九间房村人，现就职于大城县九间房聚葫轩葫芦工艺加工厂

缴艳霞，1975年出生于廊坊市大城县的农村。1998年，她嫁到葫芦种植基地九间房村，2007年因家庭的经济状况不好，老少四代人的生活只靠她丈夫一个人有限的工资来维持。为了减轻爱人的负担，柔柔弱弱的她最终选择在村里打工，边工作边照顾老人和孩子。

在辛苦漫长的打工期间，她无意发现老板在外地买来的烙画葫芦，自幼酷爱美术、手工的她，萌生了做烙画葫芦的想法。2008年11月，她辞去了工作，正式以烙画葫芦为业。为了实现自己的梦想，她师承于河北烙画传承人艾秀琪学习烙画和美术技法。经过多年的钻研与努力，她获得了"河北省民间工艺美术大师"（烙画类）的荣誉称号，其作品还入选中国邮政纪念改革开放40周年发行的《启航新时代、逐梦新征程》限量版珍藏邮册和纪念改革开放40周年《世界上的中国文化》限量版珍藏邮册。

因为烙画葫芦在当地没有，有人提出让她开办学习班，带动更多的农民靠手艺赚钱致富。她听从了建议，在QQ、微信、快手、抖音等平台培训了全国各地上千名美术爱好者，吸引了很多附近村里心灵手巧的姐妹们学习烙画。这些兄弟姐妹们不但靠自己的双手增加了收入，还能欣赏到自己的创作成果。不仅这些，还有让她最感动难忘的一件事，就是在2017年的夏天，某一天下午她去乡里办点事，家里孩子来电话说有人找，半个小时后回到家让她惊呆了，那么热的天，一位拄着拐杖的残疾老哥坐在家门前等了半个多小时。他的第一句话就是："缴老师，教我学烙画吧，我想学点手艺来养活自己。"缴艳霞回答道："你先不要着急，先喝点水，不管你有没有美术基础，也不管你能不能学成，我都会尽力地免费教你学烙画。"后来得知他无儿无女，孤身一人，为了求学，三伏天骑自行车两个小时来学习。这件事坚定了缴艳霞带动更多人靠手艺致富的信心。

缴艳霞的葫芦作品不断创新，不但得到了葫芦爱好者的喜爱，还得到了有关部门的支持。她不但获得了"河北省最美农民工""廊坊市巾帼建功标兵""创业带头人""大城县农村乡土拔尖人才"等荣誉称号，还被推选为大城县人大代表、葫芦艺术委员会秘书长，她在为乡亲们的美好生活无私地奉献着。

河北

穆祥勇

回族,河北省廊坊市大厂回族自治县霍各庄村人,现就职于大厂回族自治县呈祥金漆镶嵌有限公司

穆祥勇,现为大厂县呈祥金漆镶嵌有限公司产品设计制作师,河北省民间工艺美术大师(金漆镶嵌类)、河北省级非物质文化遗产项目代表性传承人,河北省突出贡献技师、2018年度燕赵文化之星、大厂县委的优秀创业青年。

20世纪70年代末北京金漆镶嵌厂在大厂县创建了木器厂,主要生产外贸出口的金漆镶嵌艺术品。1995年,该木器厂宣布破产,穆祥勇的师傅戴成祥召集原木器厂工人,自筹资金创建了大厂县呈祥古典家具厂。

1998年至2020年,穆祥勇在完成学业后进入大厂县呈祥古典家具厂师从戴成祥,学习木工、漆工、雕填、描金等金漆镶嵌技艺,并向北京一些金漆镶嵌的老工匠学习漆艺。他精通各种漆艺,尤其在金漆镶嵌中镶嵌类漆器更为专长,创作了大量的金漆镶嵌艺术精品,得到了收藏界的认可。

通过近30年的学习和实践,穆祥勇深入于设计与制作,并与时代审美观相结合将金漆镶嵌和玉石镶嵌融入榆木家具中,成为当代漆器髹饰技艺中的佼佼者,制作出了很多精美的金漆镶嵌艺术品。其作品《精雕博古屏风》《精雕梅兰竹菊挂屏》在第二十九届中国国际礼品、工艺品、钟表及家庭用品展览会上荣获工艺美术金奖;作品《玉石镶嵌半圆玄关柜》《玉石镶嵌博古屏风》在第四十九届全国工艺品、旅游纪念品暨家居用品交易会上分别获得2014"金凤凰"创意产品设计大奖赛银奖和铜奖;作品《金漆镶嵌百鸟朝凤屏风》在第五十届全国工艺品交易会上获得2015"金凤凰"创意产品设计大奖赛优秀奖;作品《玉石镶嵌四门玉石柜》在第十五届中国工艺美术大师作品暨国际艺术精品博览会上获得"中国原创百花杯"中国工艺美术精品奖和优秀奖;作品《博古屏风》荣获首届河北省文化创意设计大奖赛银奖、第三届河北省特色文化产业博览交易会工艺美术精品大奖赛金奖。穆祥勇等几位传承人所生产的金漆镶嵌产品,层次清晰、雕刻细腻、拼嵌严谨、神形兼备、光彩照人。他们的工艺品品种繁多,题材广泛,有历史典故、文学名著、宗教神话、民间传说、山水人物、龙凤花鸟、名人字画、民俗民风等,几乎涵盖了各个文化领域。

经过历代传承人的努力,金漆镶嵌在河北大地依旧焕发出光彩,靠的就是像穆祥勇这样孜孜以求的漆艺传承人,他们秉承着中国传统的漆艺,使得金漆镶嵌成为河北省优秀非物质文化遗产项目的代表之一。

宋军贤

甘肃省武山县嘴头乡宋坡村人，现就职于大厂首钢机电有限公司

河北

宋军贤，现为大厂首钢机电有限公司数控车工。他曾先后在2012年第三届职业技能大赛数控车工比赛中获得第一名，被授予"北京市技术能手"称号；在2012年第五届全国数控技能大赛数控车工比赛中获得第十六名；获得2018年北京市"职工技协杯"职业技能竞赛加工中心操作工（四轴应用技术）第九名以及"河北省最美农民工"称号。

他爱岗敬业，工作严谨，勤奋好学，技能高超，在技术革新、技术改造和技术攻关等方面成绩突出。（1）无人机薄壁长轴的车削加工：经过他多次试验技术改造，改善了薄壁工件车削的震纹，也解决了细长轴因加工引起弯曲的技术难题。（2）石油机阀体夹具设计及加工的技术改造：阀体是以贯穿孔为主要特征，以车代镗、以车代磨的加工方法，他提高加工效率达到65%，每年可节约资金约20万元。（3）50万吨海水淡化支撑板工装、程序的优化，他提高加工效率达到70%，合格率由原来的80%提高到99%。（4）无进退刀槽圆弧螺纹滚筒宏程序的编制：他在程序上实现了数控车床连续螺纹加工的先例。（5）西马克相交梁修复的刀具设计与加工：他提高加工效率达到75%。（6）半体类零件中心快速定位装置和薄壁轴承座孔加工定位装置，偏心套工装的设计与加工：以车代铣的加工方式提高效率达到70%以上，合格率由原来的65%提高到99%。（7）异形件铜螺母的多头内螺纹宏程序编制与加工：他在技术上解决大导程的退刀问题，程序上优化对深槽螺纹的分层加工。（8）管片模具加工项目的技术改造：节省资金约150万元，他将产品合格率由原来的71%提高到99%，由原来每年的60套提高到110套，提高劳动效率55%。

他工作时不仅注重在专业领域方面的创新，在团队建设及人才培养方面也取得了突出的业绩。在工作中，他采取生产、学习、研发相结合的模式，发扬"产学结合，人才培养"的作风，曾先后参与北京市机电一体化教学工作，累计授课1100多学时，培养出数控车工高级工260人、技师12人，数控铣工高级工130人、技师5人，加工中心操作工（高级工）180人。在他所带的实习生中，参加北京市比赛也荣获很多奖项。

河北 张新齐

河北省保定市满城区神星镇大楼村人,现就职于河北京车轨道交通车辆装备有限公司

张新齐,现为河北京车轨道交通车辆装备有限公司机修钳工、一级技师,国家职业技能鉴定(河北省)考评员。他曾获"河北好人""河北省突出贡献技师""河北省最美农民工""中国电力行业技术能手""保定好人""保定高新区青年创新标兵""保定市青年科技工作者""科环集团首席钳工"等荣誉称号。

立足岗位学习,不断进取奉献。作为一名新时代的工人,他坚持在"工作中学习,在学习中工作",于2008年取得数控设备应用与维护专业的大专学历,获得"小发明、小改造"一、二、三等奖等十余项和多项国家专利,他的论文被国家级重点学术期刊、中文科技期刊数据库等机构收录。

弘扬扶危济困,崇德向善。多年来,张新齐积极参与爱心敬老、精准扶贫·爱心助学、资助在校大学生、慰问贫困孤寡老人等公益活动,积极参加"创城365百姓故事会"道德模范宣讲活动,为传播文明、共建和谐社会奉献着自己的力量。新冠肺炎疫情期间,当公司工会成立战"疫"志愿军时,张新齐第一时间踊跃报名。他自驾为返岗复工同事接站,并陪同同事健康体检至深夜;为隔离期同事购买必需的生活用品和食物,然后将物品分门别类进行分装,逐一送达,若碰上没有电梯的小区,便爬楼梯逐一送至家门口,保障了他们的生活不受影响。

技术革新先行,攻克技术难题。多年来,他积极对设备进行合理化技术改造,刻苦钻研技术,献计献策,解决生产中遇到的技术难题,一步一个脚印,脚踏实地去工作,为排除重大事故、提高工作效率、降低生产成本等作出了积极贡献。

带徒授技,毫无保留传承技术。他作为国家职业技能鉴定(河北)省考评员,利用丰富的操作经验和扎实的理论功底,在周末业余时间为发展技能人才进行集中授课和技能鉴定,培养出技师、高级技师百余人,为河北发展技能人才作出了积极贡献。他还结合液压设备及零部件,编写液压知识培训教材,制作了以原理图、剖面图、动画图相结合的450个幻灯片教材,使其通俗易懂,定期对员工进行培训和现场课题讲演,耐心细致地进行"传、帮、带",将专业知识和实践经验毫无保留地传授给他们,用自己的亲身经历来引导新员工成为企业的人才。他所带的青年员工在2017年分别获得一等奖、三等奖、优胜奖等,2018生产服务创新及改进成果三等奖。

苟利国家生死以,岂因福祸避趋之。张新齐用自己的实际行动阐释着社会主义核心价值观的真谛,奉献着自己应尽的责任。

刘博

河北省保定市定兴县贤寓镇陈村人,现就职于保定市博雅金属制品制造有限公司

在武汉新冠肺炎疫情防控形势严峻时期,为集中收治新冠肺炎患者,武汉市决定建设火神山医院。武汉火神山医院发出援建"英雄帖"后,众多建设者不顾风险,欣然接帖,参与建设,刘博便是其中的一员。他舍弃春节与家人团聚的机会,火速赶往武汉,为早日战胜疫情贡献力量。

刘博,作为中建三局合作公司的一名员工,一名最美援鄂逆行者,有6年从事集装箱板房安装的经验,2020年1月22号(腊月二十八),刘博所在单位组织工人去武汉援建火神山医院,已经放假回家的他主动请缨参战。

大年初五,刘博办好相关证明后,火速开车奔向武汉,自驾一夜后,大年初六早上7点到达。他来不及休息,马上加入建设队伍,开始了集装箱板房的安装。他不怕苦、不怕累,不顾被感染的危险,只为早日建成火神山医院让更多的患者及时得到救治。刘博说,天天都在加班,很紧张,吃完早饭就开始分配任务,然后就是开始干,分配的任务干完了,再分配你干别的,有的时候上午休息半天,下午要做一下午,晚上要做一个通宵,一直就是这样。

连续7天每天19个小时的鏖战,刘博同其他7 000名建设者与疫情竞速,用"中国速度"创建了"中国奇迹",完成了武汉火神山医院的所有建设任务,让全世界看到了中国战胜疫情的力量。

2020年2月6日早上8点,武汉火神山医院建设现场指挥部给返乡建设者发放了通行证,刘博考虑到自己是武汉返乡人员,为保证家乡人民的安全,他第一时间给陈村党支部书记王东林打电话,汇报了自己的情况,要求对自己进行隔离,村里及时将情况上报。2月10日上午,在县防控办的安排下,刘博自驾至定兴高速路口后由救护车送往医院进行定点隔离。

在建设任务完成后,刘博领取了2 000元补贴准备返乡,在离开前,他向火神山医院捐款1 000元,除去返乡途中的开销,把仅剩的500元捐给陈村检查站用于购买防疫物资。疫情猛于虎,偏向虎山行。有人问刘博,难道不怕苦、不怕累、不怕危险吗?刘博感慨说:"真苦、真累呀,但看着医护人员连命都舍得出去,我这点儿苦累算什么,他们都不害怕,我怕什么,武汉有难,祖国有难,我们哪能袖手旁观?!"时时刻刻用党员标准要求自己的刘博,有着坚定的意愿加入中国共产党,在隔离期间,他写好了入党申请书,解除隔离后亲手交到陈村党支部。

在这场没有硝烟的战争中,有无数像刘博一样的战士们,他们无畏逆行、无悔付出,他们用自己的满腔热血,凝聚成疫情防控中最坚实的力量!

崔艳霞

河北省保定市涞水县永阳镇东洛平村人,现就职于保定市莲池区康寿元老年公寓

2002年,崔艳霞入职康寿元老年公寓,成为一名养老护理员。作为一名养老护理员,心理承受能力是第一步,不能因为他们不再美丽的五官而害怕,不能因为他们口角眼鼻的分泌物而反感,不能因为他们无法自控的大小便而嫌弃,不能因为他们失控的情绪而焦虑。就是这样的环境,这样一个她从来没有接触过的新世界,她留了下来,每天照顾老人的生活起居、情绪安抚等。

2011年,由于护理人员紧缺,崔艳霞的爱人也来到康寿元老年公寓工作,他们在养老院边工作边带孩子。"六一"儿童节,康寿元老年公寓举办了一场特殊的文艺活动,最让人潸然泪下的一个节目就是几个孩子一起朗诵《养老院里长大的孩子们》。这几个特殊的孩子中就有崔艳霞的一儿一女,当孩子深情地朗诵时,崔艳霞忍不住流下热泪,内心有种酸楚,更有种对孩子的亏欠,然而,她认为更大的一种亏欠则是对自己父亲的歉疚。

2012年,由于工作的原因,崔艳霞半年没有回家看望父母,就在农历六月十一的晚上,她突然接到了父亲溺水身亡的消息,那种心痛、那种突然、那种再也无法弥补的孝敬是她一生的痛,也让她真正体会到"树欲静而风不止,子欲养而亲不待"的真正含义。处理完父亲的丧事后,夫妻两人又回到了工作岗位。有一位老人拉着她的手说:"小崔,不要太伤心难过,一个人能够为自己的父母尽孝是人,能够为别人的父母尽孝是神。"老人的一番话让她深有感触,孝是忘不了的情,孝是无法重演的幸福。可怜天下父母心,他们经不起等待。

就这样,崔艳霞夫妻在康寿元老年公寓护理过的老人有上百人,护理范围从自理到半护、到全护、到气切。她还先后取得了中级护理职称和高级护理职称,于2016年首次京津冀养老服务职业大赛中获得一等奖。2018年,她在河北省巾帼家政服务职业大赛中获得养老护理员技能比赛第一名,获得"河北省巾帼建功标兵""河北省福嫂"称号。2018年,她在河北省家庭服务职业技能大赛中获得养老护理员技能比赛第一名,被授予河北省五一劳动奖章。2018年,她被评为"河北省最美农民工";2019年被授予"河北省大爱母亲"称号;2019年被授予"全国最美家政人"称号。

李红旗

河北省定兴县固城镇国兴村人，现就职于保定市定兴县固城镇毛衣加工点

1997年，出于收藏的目的，李红旗在河北保定旧货市场上花了原本打算用于结婚的2 500元购买了五张1951年签发的烈属证。这五位烈士最大34岁、最小22岁，和他当时年龄相仿，但为了祖国的解放事业，全部牺牲在抗美援朝的战场上。他下定决心，要把这些烈属证归还给他们的主人，为烈士找家人。

他从河北籍烈士陈玉山开始寻找，经过漫长的十年走访，终于在2007年联系到了烈士的家属陈玉清老人。第一份烈属证的回归让李红旗深刻感受到这件事对于烈士家属的意义，不仅是出于父亲的嘱托，更是出于对年纪轻轻就为国捐躯的烈士的正名，以及这是对毫不知情的烈士家属最大的安抚与慰藉。

由于成功找到第一位河北籍烈士的亲人，引起了《河北日报》、河北卫视的关注，《北京青年报》刊登了寻找北京籍烈士吕金才家属的文章。在媒体、有关部门和社会各界的帮助下，李红旗于2008年在北京找到了第二位烈士家属。2008年12月，他又找到了天津籍烈士李金柱的家属李金树老人。

在李红旗寻找第四位四川籍烈士家属时也经历了一番波折。他找到了一位同在三十八军参加过抗美援朝的同名老兵周明发，老人仍记得当时战争的残酷与艰难。五位烈士同属的三十八军是第一批赴朝参战的部队，1950年冬天，朝鲜少有的极度严寒，因为出征仓促，在零下40 ℃的环境下，志愿军没有棉被，穿着单薄的衣服睡在冰天雪地里，面对敌我力量的悬殊，志愿军能采用的战略只有发挥人数优势，用身体固守阵地，真是三十万人拿命去拼。这些事像是一记记重锤砸在李红旗心上，久久不能平复。

2009年，他找到了四川籍烈士周明星的家属周明发。遗憾的是，目前仍有一位牺牲于584高地战斗中的广东籍烈士陈武昌的家属陈王氏未联系到。

李红旗寻找烈属的事迹受到了多家媒体的采访、报道和关注，央视2010年为此拍摄了纪实电影《回家》。2011年年底，他以"寻亲壮士"之名被列为《中国网事·感动2010》年度网络人物候选人。

送英魂回家的经历让他萌生了尽自己所能帮助身边人的想法，当看到村里一些贫困家庭生活拮据时，就寻找能帮助他们脱贫的方法，回家看到妻子在为儿子织毛衣，于是他在2010年投资3万元成立了一个毛衣缝制加工点，共吸纳周边20余名留守妇女参与手工缝制。从找原材料到一针一线地培训员工缝制毛衣，经过不断地发展和完善，现在年产10万件毛衣成品，现在产量提高了，产品也不愁出路，每位员工年均收入15 000元左右，极大地改善了员工家庭的生活条件。

河北 梁凯

河北省保定市望都县赵庄乡赵庄村人,现就职于国电联合动力技术(保定)有限公司

梁凯,现为国电联合动力技术(保定)有限公司风电整机电气安装调试班班长。自参加工作以来,他在风机调试工作岗位上不断地创新,提高风机调试工作效率,先后获得2012年度、2014年度、2015年度"五小"发明成果奖励。2019年,他获得国电联合动力技术有限公司"青年岗位能手"荣誉称号,取得维修电工高级技师职业资格。2020年他取得由国家版权局授权的《机电工程风力发电效率检测系统》《机电工程风力发电反馈异步系统》计算机软件著作权登记证书以及由国家知识产权局授权的《一种电气用断路检测装置》实用新型专利证书。2020年,他被评为"河北省最美农民工"。

梁凯从技校毕业走上工作岗位后,通过业余时间学习取得河北工业大学本科毕业证书。工作中,他虚心向有经验的师傅请教,不忙的时候他就拿着风机电气原理图在一人多高的机舱柜面前写写画画。2017年,他在中国机械工业联合会主办的《进出口经理人》期刊上发表论文一篇,通过不断地学习专业技能,积累经验,一步一步成长为高级技师。

2014年8月,像往常一样,他带领三个同事晚上加班调试风机,一台1.5MW-UP97型主机台位试验时突发"发电机绕组温度超过3 000 ℃"故障,他根据以往经验更换温度传感器PT100,仍无法排除故障。胆大心细的他果断将测量对象转为机座和发电机PT100之间,万用表显示电压690 V。他当机立断,紧急断电,进一步用兆欧表检测后发现该发电机内部定子绕组线圈绝缘不良。由于他对突发状况处置果断,避免了一场主控系统烧毁的严重质量事故和可能引起人员触电伤亡的重大安全隐患,避免了直接经济损失30万元。凭借着他过硬的技术和对工作高度负责的态度,2015年被提拔为电气安装调试班班长。

为了提升自己,业余时间他又买书学习了安全和管理方面的知识,并考取了安全评价师及企业人力资源管理师。2019年10月,他成为一名中共预备党员。

2020年新冠肺炎疫情得到有效控制后,公司于3月份开始复工复产。为保证同事的安全,他又主动申请加入测温小组,为抗击疫情尽职尽责。他带领的班组成员个个技术一流,并能及时掌握、学习各类主流风机的故障排除专业知识。他一直在生产岗位上恪尽职守,坚持质量第一,为风机出厂前做最后的调试质量把关。

方士英

河北省沧州市吴桥县桑园镇张粗腿村人,现就职于吴桥县方士英石影雕艺术有限责任公司

方士英,1987年开始从事石影雕艺术,现被评为"河北省工艺美术大师""省级非物质文化遗产石影雕技艺传承人""沧州十大能人""河北省最美农民工"。

方士英从小酷爱美术,具有一定的绘画基础,在不断钻研雕刻的过程中,把作品融入艺术灵魂,作品由"形似"到"神似",自成一家,创作了堪称一绝的石影雕艺术。作为河北省石影雕技艺传承人,近20年来,有不少全国各地年轻学员慕名而来向她学习石影雕,而在他们之中,有些学员仍在坚持刻苦钻研石影雕的创作过程,有些学员已经拥有了自己的门店,吸引了更多的人来关注石影雕。

方士英带着数年来精雕细琢的100余件作品,参加国内外各种文化展会,不遗余力地展示石影雕风采。自2014年以来,她先后参加中国深圳国际文化产业博览会、北京国际文创产品交易会、中国国际版权交易博览会、中国西部文化产业博览会、中国农民丰收节、中华优秀传统文化与课程融合研讨会、海峡两岸文化艺术节、河北省民俗文化节,每次都成为领导关注、观众赞叹、媒体报道的亮点之一。

方士英的石影雕艺术作品多次获奖,获得了国内外的好评和赞扬。2009年,她的作品《周恩来》《温家宝》分别在"第七届全国工艺品、旅游品、礼品博览会"上荣获金奖和银奖。2010年,她赴加拿大参加文化艺术交流,其作品《哈伯》被加拿大总理本人收藏。2010年,方士英石影雕在首届中国农民艺术节上被评为"优秀农业非物质文化遗产项目"。2011年,方士英当选第三届"沧州十大能人"。2010年,其作品《观音》在"第三届中华民族艺术珍品文化节"上被评选为"中华民族艺术珍品"。2012年,其作品《毛泽东开国大典》在"首届中国非物质文化遗产技艺大展"中荣获金奖。2015年11月,方士英制作的"大理石影雕－石影雕艺术"在"第十六届中国工艺美术大师作品暨国际艺术精品博览会"上获得2015"百花杯"中国工艺美术精品奖银奖。2016年,方士英被评为"燕赵之星"。2016年,其作品《习近平》在"第六届中国国际版权博览会"活动中荣获最佳创意奖。2017年9月,方士英被评为"美丽河北·最美文化能人"。2017年12月,她被评为"河北省工艺美术大师"。2020年2月,新冠肺炎疫情期间,她用近一个月时间创作出了钟南山院士作品肖像,捐赠给河北省非遗保护中心。

河北 邱景霞

河北省沧州市吴桥县沟店铺乡东徐庄村人,现就职于鸿鑫英手工坊

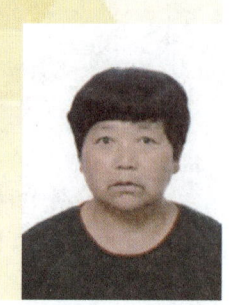

邱景霞,一位仅有初中文化的农村妇女,凭着一股顽强的毅力坚持自学手工工艺、电子商务,在短时间内熟悉了电脑打字、网络销售,带动周边乡村近500名农村剩余劳动力和上百名城镇残疾人、失业女工从事手工编织,增收致富。

她在看电视时意外了解到网络销售渠道,便带领农村妇女开启了脱贫致富之路。当时她很震惊,一个网络还能干这么大的事吗?如果真的可以,那是不是就能成为未来一个销售渠道,是不是可以通过网络把她的东西卖出去呢?为了弄懂那个东西,她让弟弟帮忙买了一台电脑,开始学习电脑和网络使用,为了能上网她花了1 500元在家里安装了一部电话,连上了网。

她向弟弟介绍了做电子商务的想法,得到了弟弟的支持,从那以后,她白天编织样品,晚上学习电脑打字,每天她对照着拼音字母表一点一点地练习。从最开始的一分钟只打3~4个字,到现在的一分钟打近百个字。

村里人不理解,每次看到她打字,就说:"天天敲那个东西也不知道能干点啥,这玩意会敲了能顶饭吃吗?"这时,她就笑笑。电脑的基本操作学会后,她就在阿里巴巴网站上注册了网店。对之前钩织的样品进行拍照、上传,在网店上标价格,她一点点跟着教程去学着做。

电商销售促乡亲就业,为更多人手工编织了创业梦。那时候村里人都不知道啥叫QQ,当时刚做电商的时候,村里的人都说她不干正事。当她听到那种话的时候,心里挺难受的。大家都不能理解,她还真的就得干出点啥来,让大家都明白,她干这个是正事,而且是能挣钱的。她的网店上线后,第一次接到网上的订单是3个手工编织的帽子,而且随着时间的推移,订单的速度都以10倍的速度增长。

她带领同乡把手艺传向国外,打造不一样的城市名片!现在除了内贸外,通过网络,她还把姐妹们的各类手工编织品销售到了国外,她有100多个客户分布在世界各地。邱景霞骄傲地说:"我把生意做到了国外去了!"

胡兵

河北省泊头市营子镇袁村人，现就职于泊头市园农种植专业合作社

胡兵，1984年出生，现任泊头市园农种植专业合作社理事长，一名看似普通且憨厚的农村青年，骨子里却蕴藏着一个当代青年人永争一流、锐意进取的优秀品质。在党的富民政策鼓舞下，他立足当地实际，在增收致富的道路上带头发展绿色果蔬种植，并致富不忘左邻右舍，他思想进步，刻苦钻研实用技术和学习科技文化知识，在当地是一名远近闻名的优秀新型农民。

2013年为响应国家号召，加快土地流转，减少土地闲置浪费的情况，胡兵先是考察市场，然后看准时机，开始尝试大棚蔬菜种植。万事开头难，由于蔬菜行情的不稳定，对蔬菜种植技术的不了解，胡兵的合作社在刚开始经营的一年内亏损严重。但不服输的胡兵并不气馁，辗转各大超市洽谈购销业务，加入电商培训班，努力学习电子商务，积极去中国农业大学、河北农业大学学习种植技术，并与中国农业大学建立基地指导帮扶关系，从此合作社走上了"合作社+农户+基地+超市"的发展道路，实行规模化种植、标准化生产、商品化处理、品牌化销售、产业化经营，以过硬的质量，打造从田间到餐桌"无公害－绿色－健康"的放心蔬菜品牌。合作社年产各类绿色果蔬2 000吨，年经营收入600万元。2019年合作社为带动"泊头桑椹"产业发展，投资建设标准化桑椹加工厂，每年生产桑椹干400吨，年加工鲜桑椹2 400吨，带动更多老乡种桑椹、增收入。

作为一名年轻党员，他的心里一直牵挂着没有摆脱贫困的农民们，时刻关心着这些贫困户的生产生活情况。70多岁的张大爷儿子瘫痪了，儿媳改嫁了，两位耄耋老人抚养着一个5岁的孩子，生活非常困难。村子里还有一位李姓女士，因为意外而丧失左手，她的丈夫患有严重的腰椎间盘突出症，还要供孩子上大学，经济负担比较重。胡兵看在眼里急在心里，他便将类似的贫困户吸纳到合作社中，让他们加入了合作社的农家乐，做一些力所能及的事情，打扫卫生，喂喂鸡、喂喂鹅，让他们挣到了钱，摆脱了贫困。自合作社建立以来累计吸纳216人就业，培训农业种植技术622人次，累计帮扶建档立卡贫困人口562人，辐射带动周边种植人员达628人。

多年的努力和奋斗，合作社先后获得了"国家级农民示范社""河北省省级示范社""河北省省级合作示范组织""沧州市农业产业化龙头企业"等各种荣誉称号，胡兵个人也先后获得"河北省最美农民工""沧州市优秀农村实用人才""沧州市狮城好青年"等各种荣誉。

河北 刘振礼

河北省沧州市沧县纸房头乡吊庄村人，现就职于大元建业集团股份有限公司

刘振礼，现为大元建业集团股份有限公司第四分公司钢筋工班组长。他于2005年参加工作，在施工一线奋斗了15年。在日常的学习和工作中，他虚心学习、团结同志、工作勤恳、任劳任怨，曾先后连续3年被评为"先进个人"，在集团组织的工匠技能大赛中获得一等奖，于2017年获得河北省建设行业职业技能竞赛决赛一等奖和"河北省建设行业技术能手""河北省青年岗位能手"，于2018年获得"河北省最美农民工"和"沧州市2018年度榜样"等荣誉。

他长期工作在施工现场的第一线，自2014年献县信誉楼项目开工以来，他坚持每天早上六点半就去工地上班，晚上加班更是家常便饭，有时候为了编制技术交底或施工方案更是加班到深夜。他是项目部的技术标兵，工作求真务实、真抓实干，严格要求每一项的技术指标，为献县信誉楼项目获得"省级优质工程奖""省文明工地奖"作出了很大的贡献。在大城红木家具城项目的施工过程中，遇到了许多新问题、新难题，刘振礼同志抽出大量休息时间学习有关施工的技术规范，解决了许多技术难点，为项目部的钢筋施工进度和质量提供了有力的技术保障。他制定完善了项目办工作制度，坚持做好多工种交底工作，将每一个细节做到完美，收到了良好的效果，不但保障了施工总进度，而且施工质量也得到了项目部、业主以及监理单位的肯定和好评，该项目荣获"市级优质项目"，刘振礼功不可没。

他不只在自己任职的项目上尽职尽责，还组织了技工专家小组，将木工、钢筋工等相关配合工种高技术人员组织起来，为单位其他项目的施工改进攻坚出谋划策，并到场研究示范，他参与建设的滨河龙韵项目和塞纳左岸项目荣获"省级优质工程"称号，府东新区项目获得"省级文明工地"荣誉，世纪金苑项目、盐山市第六中学项目荣获"结构优质工程"称号，都离不开刘振礼为项目质量做出的贡献。

他还兼职技术操作培训讲师，针对一些新工人对技术不熟悉的实际情况，利用自己多年积累的技术经验和施工方法，言传身教、加大培养其实践力度，通过培训，使新工人很快成长起来，充实到各个作业点，其中一名钢筋工在半年时间内就成为技术能手，能够独当一面，他们负责的工程质量全部达到施工要求，此举为公司长足发展提供了充足的技术力量。

"用热忱从事技术工作才能创造出无尽的乐趣，用奉献谱写出人生的乐章。"这就是刘振礼同志的座右铭。在远大理想的召唤下，他无怨无悔，甘当铺路石，为建设经济强省、美丽河北奉献着青春和力量。

张志旺

河北省衡水市冀州区码头李镇王明庄村人，现就职于衡水市冀州区士心培训学校

　　张志旺，现为衡水市冀州区士心职业培训学校培训讲师。他曾先后荣获"河北好人""中国好人""河北省最美退役军人""河北省第七届道德模范""第七届全国道德模范提名奖""全国十大诚信之星""全国首届感动中华孝德典范""河北省最美农民工"等荣誉。

　　勤学苦练，百炼成钢，他是优秀军人。1972年，张志旺出生于码头李镇王明庄村的一个红色革命家庭。1989年3月，他到兰州军区某部队服役，立志做一名忠诚于党、造福于民的合格军人。部队生活锻炼了他强健的体魄，锤炼了他坚强的意志，陶冶了他高尚的情操，升华了他崇高的思想境界，他光荣加入了中国共产党，曾被评为"优秀士兵""优秀班长"。他曾连续五年获得"全师特种兵比赛第一名"，多次执行抢险救灾等急难险重任务。当兵7年，他荣立两次三等功。

　　诚信为本，艰苦奋斗，他是创业培训的典范。20年来，他共培养和安置了各类技能人才3万人，先后资助学员1 000余人，帮助1 000名战友就业，资助20万余元为战友创业。张志旺获得2019年度全国十大"诚信之星"。

　　勇于担当，甘于奉献，他是中国好人。2003年，冀州公安局接到群众举报，一名安徽籍杀人犯在石家庄市晋州一带活动。刑侦部门经过细致摸排，最终锁定了犯罪嫌疑人潜藏在晋州市一家砖厂内，随即决定实施抓捕，得知张志旺是特种兵，有一身擒拿格斗的好本领，刑侦部门找到他协助配合实施抓捕。张志旺乔装成外地客商到晋州那家砖厂"洽谈生意"，利用犯罪嫌疑人吃午饭放松警惕的机会，趁其不备突然出击，三拳两脚把犯罪嫌疑人制服，与随行的公安人员一道将其押解回冀州。冀州公安局将一面写有"助公安擒凶，展士心风流"的锦旗送给他，并决定给予物质嘉奖和公开表彰，却被他本人谢绝了。

　　2020年春节期间，一场突如其来的新冠肺炎疫情给村民的生产生活带来了困扰，几位种粮大户因为卖粮难犯了愁。张志旺马不停蹄地帮助跑办手续，在政府部门的帮助下，一条卖粮通道很快打通了，几天时间就为乡亲们卖出去50万公斤玉米。"有志旺在，我们心里踏实！"乡亲们露出了笑容。

　　2020年是决战脱贫攻坚之年。为打赢这场脱贫攻坚战，5月28日，张志旺带头组织成立了"冀州区脱贫攻坚张志旺战队"，开展一对一结对帮扶贫困户，为未脱贫贫困户发放慈善救助金、提供就业帮扶服务，帮助这些贫困群众早日脱贫致富。

　　张志旺坚持农民工本色，不忘初心、牢记使命，以实际行动诠释新时代农民工的风采。

河北 仇振春

河北省衡水市枣强县王均乡仇家庄村人,现就职于河北华强科技开发有限公司

仇振春,现为河北华强科技开发有限公司业务经理,从事销售工作已近13年,工作中曾先后多次被公司评为"优秀员工",2015被评为"河北省优秀农民工",2018年被评为"河北省最美农民工"。从一名销售新兵历练成今日能独当一面的市场销售精英,这与他的勤奋刻苦是分不开的。

公司安排他到西北地区开拓市场,他没有怨言,背起包就奔向了乌鲁木齐。他首先有步骤地对市场进行认真分析,做到心中有数。他还坚持亲自到访每一位准客户,与客户谈心、介绍产品、增进友情。赶上一个客户有技术问题的时候,他主动帮助人家解决,更是耐心反复地给工人讲解操作规程,直到工人会为止。仇振春以诚心和诚信打动他们,直至他们对公司产品感兴趣,后来有些甚至发展成了重点客户。滴滴汗水,换来业务水平的提高;浓浓亲情,赢得客户的信赖,年销售业绩4 500多万元。他赢得了公司广大干部职工的好评。

他顾全大局,舍小家为大家。仇振春常年在外跑市场,双亲需要赡养,又有一个孩子正在上学,但是作为一名普通的业务人员,他只能把这些撂给了妻子,工作上他一天都没有耽误。销售工作必须是每时抓、每日抓、每旬抓、每月抓,是许多工作中的重中之重。万事以事业为重,只有敬业爱岗,增强自己的事业心、责任感,对企业忠诚,对工作尽心,才可能不影响自己的工作进度和产品销售。

记得有一次,他家老人得了病,住进医院,家人打电话想让他回去看看。可当时正赶上屋顶通气器验收,他还是把心一横,给妻子打个电话,让她多费心照顾。他每每说起这些,总会流下愧疚的眼泪。

几年来,仇振春同志就是这样一个在自己平凡的工作岗位上勤勤恳恳、默默付出的人,他从不向困难低头,几年来,在他所负责的西北市场,各项任务指标都走在销售部前列。他用自己的实际行动,为企业的发展作出了自己最大的奉献,赢得了广大客户和公司上下的普遍赞誉。他真正做到了维护企业利益和客户利益,用真情谱写了一首和谐进行曲。

李建梅

河北省邢台市宁晋县凤凰镇八里庄村人，现就职于河北盛吉顺食用菌种植合作社

李建梅，现为河北盛吉顺食用菌种植合作社理事长、宁晋县人大代表，曾先后获得"全国农产品女经纪人""全国食用菌生产工"等国家级荣誉和"河北省农村青年拔尖人才""河北省最美农民工""河北省30强农产品经纪人""河北省食用菌优秀组织奖""河北省食用菌创意设计奖"等省级荣誉，曾荣获"邢台市劳动模范""邢台市十大杰出创业女企业家""邢台市三八红旗手""邢台市双学双比女能手""邢台市最受关注科技工作者"等市级荣誉。

2009年，李建梅把大家联合起来，成立了河北盛吉顺食用菌种植合作社，注册商标"盛吉顺"。该合作社生产的产品通过国家绿色食品认证和HACCP和ISO 22000两项国际体系认证，"宁晋县羊肚菌"区域公用品牌，产品质量达到国内同行业先进水平。2011年，她成功创建河北省"出口食用菌标准化示范县"生产基地。该合作社2014年被评为"国家级示范社"，2018年被评为河北省"十佳合作社""河北省现代农业创新示范基地""盛吉顺食用菌产业园科普基地"，2019年被评为"河北省省级扶贫龙头企业"，2020年被认定为"河北省农业创新驿站"。

李建梅积极响应国家精准扶贫号召，助力乡村脱贫。2018年，她承接了食用菌产业扶贫项目，建设了食用菌菌包生产线，流转了39户贫困户土地，按照每亩每年1 200元支付流转费用；项目资金以分红的形式覆盖8个乡镇的815户贫困户，共计1 590人，贫困户每人每年收入400余元；设立扶贫专岗，吸收有劳动能力的贫困群众到园区就业，带动贫困户稳定增收。李建梅的合作社企业现有贫困员工10余人，每人每年平均收入15 000元左右；为了让贫困户放心种植，对贫困户种植的菌类产品全部进行回收，确保贫困户无后顾之忧，带领周边近500户贫困户成功脱贫。

2020年新冠肺炎疫情期间，交通受阻，市场停滞，广大菇农生产的食用菌无法外运销售，然而食用菌的保鲜期只有2~3天，为此，李建梅要求合作社不仅收购社员的食用菌，对当地其他菇农的食用菌也全部按市场价格敞开收购，让自己公司的生产线全线开工，将食用菌速冻储藏。此项措施不仅解了菇农的燃眉之急，还保障了后期"菜篮子"的市场供应。

河北 郝海成

河北省邢台市邢台县城计头乡谢沟村人，现就职于河北尚粮农业科技有限公司

郝海成，1965年出生，1982年参军，1996年6月退役后选择自主创业，2018年年初成立河北尚粮农业科技有限公司。他曾先后获得"临城县优秀退役军人""临城县十佳优秀科技工作者""邢台市最美退役军人""邢台楷模道德模范""2019年度河北省最美农民工"等荣誉。

郝海成二十多年如一日潜心研究富硒鸡养殖，独创一套独特的养鸡模式——"三无"养鸡场：无臭味、无蚊蝇、无断喙，实行地窖式养鸡，自然通风，阳光消毒，实现了配料、上料、上水、除粪流程自动化。他设计出新型环保半地下式富硒养鸡场，还独创出含56种原料的营养鸡饲料，从配料到鸡粪处理都实现了全自动化，发明了多项专利。河北尚粮农业科技有限公司被河北省环保厅、邢台市环保局评为环保型养殖产业的模范典型带头企业。

良好的经济效益和生态效益，坚定了郝海成推广科学养鸡技术、带动大家共同致富的信心。他把自己总结的半地下式养鸡、全自动化管理等养鸡新经验和新技术，无条件传授和推广，帮助乡亲们建造养鸡场，将发明的养殖新模式推广到了邢台、承德、石家庄、廊坊乃至山西等地。他在招收工人时首选退役军人和农村贫困户，收购村民的玉米一直比市场价高，尽自己所能帮助周边的村民脱贫。

郝海成的富硒养鸡场存栏6万余只，日产蛋5.8万余枚，年产值2 000万余元，帮助周边贫困群众建起了70余个养鸡场，养鸡场内聘用退役军人及贫困户58人，带动230余名贫困群众脱贫增收，成了名副其实的扶贫企业。

2020年新冠肺炎疫情期间，郝海成曾先后向河北省退役军人总医院、邢台市第二医院、临城县人民医院、临城镇政府、邢台县医院单位捐赠了930箱富硒鸡蛋，累计22万余元。

随着疫情形势的逐渐好转，郝海成的河北尚粮农业科技有限公司率先复工复产。郝海成养鸡场生产的"富硒蛋"通过了北京市营养源研究所的富硒营养合格监测，远销厦门、广州等地，供不应求。

"永做好人、多行善事"是郝海成的人生座右铭。几十年来，他始终不忘初心，每年坚持慰问抗美援朝老兵，为白血病患者捐款，救济贫困农民，继续保持和发扬着人民军队的光荣传统和优良作风。

白茹云

河北省邢台市南和区郝桥镇侯西村人，灵活就业人员

白茹云，河北省邢台市南和区郝桥镇侯西村人。2020年，她被评为"河北省最美农民工"。结婚后，她和爱人发现当地板材市场兴旺，于是借钱买台电锯，把大块木头分成薄板条进行销售。后来因为污染环境，当地的板材退出市场，爱人出去打工，她在家照顾孩子。她开始批发和销售袜子、饰品等小商品。初战不利，卖了几个月还剩一堆袜子，穿了十年才穿完。此后，她在当地建筑工地做钢筋工，站在高高的楼顶上，不顾严寒和酷暑。

2011年，白茹云遇到了最严峻的考验。那年正月，她被确诊为非霍奇金淋巴瘤，也就是淋巴癌。从此，她无法再外出工作了。但为了赚钱还治病欠下的债，她养过羊，也做过手工插花。

山穷水尽的时候，吃饭都要没钱了。她不敢给孩子买一件新衣服，三年时间里孩子都是穿人家的旧衣服，每次出院回家都是赶紧手工做鞋子给孩子。为了怕孩子自卑，她自己读书背诗，也教孩子读书背诗。诗词伴着她慢慢地走过了漫长的住院岁月，做完全部治疗。

治疗完毕，她看到河北卫视的《中华好诗词》节目，她想："也去参加一次吧，不管成败与否，都能给孩子做一个坚强的好榜样，如果有什么意外，起码能给孩子留一份纪念、一个念想。"她顺利地通过面试，登上了《中华好诗词》的舞台，让很多人热泪盈眶，也让她的孩子更加自信，让他们因为有一个勇敢的妈妈而骄傲。

2017年，中央电视台第二季诗词大会海选，有朋友邀请她一起去。她的孩子正面临高考，经常打电话哭诉高考压力大。她想给孩子一个鼓励，她说："我和你一起参加高考，我能考上诗词大会，你也能考上大学，我们一起努力。"同时，她也想："如果我能以一个农民的身份，一个癌症患者的身份站到诗词大会的舞台上，那么就可以让大家看到我们农民也有自己的风采，看到癌症患者也可以涅槃重生，也许会带给大家一些鼓励、一些自信。"

她很庆幸自己从百人团突围而出，站到了万众瞩目的耀眼舞台。她在台上淡定地答完所有的题目，为万千人带来感动和自信。

她后来被评为2017年中国书博会"十大读书人物"，"中国网事·感动2017"年度网络感动人物等很多荣誉。但她觉得，人活着最重要的是如何劳动生活、如何好好活着。她根据自己的身体程度，选择一些劳动强度低、自由度高的插花、缝纫等工作，她常常一边插花一边背诗学习。在这种工作之余，她还建立自己的公众号，写一写热爱生活的文章，给大家一些鼓励。

河北 陈世君

河北省邢台市宁晋县侯口乡城北村人,现就职于宁晋县源远种植专业合作社

陈世君,现任邢台市新型职业农民联合会秘书长、宁晋县源远种植专业合作社理事长。2013年,她从北京返乡创办合作社,团结带领乡亲们找项目、闯市场、提效益,在广袤的黄土地上描绘了一幅创新创业、拼搏实干、共同致富的幸福画卷。

她先后被农业农村部授予"农村实用人才带头人"称号,2017年入选"风鹏行动·新型职业农民"百名资助人之一;2018年获得"邢台市优秀青年"、河北省"科技助力精准扶贫先进个人"荣誉称号;2019年被评为"河北省最美农民工",同年被团市委评为"创业致富好青年";2020年3月被团市委评为"向上向善好青年"。她创办的合作社先后被评为"省级农民合作社规范化建设试点"和"省级农民合作社示范社"。

2013,陈世君在老家城北村注册成立了源远种植专业合作社,现已流转土地1 200余亩,农户入社耕地1.2万亩,现有社员360余户,服务农户耕地近5万亩。几年来,陈世君带领广大社员以市场为导向、以效益为目标、以品牌为抓手,大力推广优质专用小麦和高效作物种植,并进行产品初加工,提高附加值,主要产品彩色麦仁、石磨面粉、天然小米等畅销京津冀市场,走出了一条"合作社+基地+农户+科技"的产业化经营模式,年均带动农户增收3 600万余元。

2018年1月,陈世君联合其他5名优秀职业农民,自发成立了河北省首家市级新型职业农民联合组织——邢台市新型职业农民联合会,创办了河北省首家集全市新型职业农民名优特农产品的展销中心,并成功注册了全国首个新型职业农民公共品牌"职农优品",多次组织会员产品参展北京农业嘉年华、中国(廊坊)国际农产品交易会、上海国际食博会等大型展会,为全市新型职业农民共赢发展搭建了平台,探索了路子。

2020年新冠肺炎疫情期间,陈世君同志严格消杀,自费购置消毒药品和消毒器械,义务为全村主要街道消杀灭毒。为解决村民生活物资供应困难,她还在村内设置了"抗击疫情保障民生粮蔬供应点",平价供应蔬菜给广大村民。把抗击疫情作为义不容辞的政治责任和社会责任,主动把自己全省最美农民工的奖金1万元全部捐了出来,为疫情防控奉献爱心。她作为邢台市新型职业农民联合会秘书长,组织开展"伸援手、献爱心"募捐活动,购置5吨新鲜蔬菜连夜运抵武汉市,交由东西湖区新型职业农民协会转交给当地的抗疫医疗机构,支援当地抗击疫情工作。

殷玲玲

河北省邯郸市磁县大营村人，现就职于磁县艺林文化传播有限公司

殷玲玲，河北省邯郸市磁县大营村人，大专学历。她现为中国民间文艺家协会会员、河北省民间文艺家协会会员、邯郸市剪纸协会会员、邯郸市手工协会会员、磁县剪纸协会会员、磁县剪纸技艺传承人。

殷玲玲同志9岁开始跟着奶奶学习磁县剪纸技艺，从此踏上了"没有最好，只有更好""精益求精"的工匠之路。她于2019年6月在天津美术学院参加中国非物质文化遗产传承人群剪纸高研班，完成全部课程并结业。2020年7月，她参加"中国民协新入会网络专题班"考核成绩合格并结业。她广泛学习借鉴各种剪纸流派的艺术技巧和风格，并对本地传统剪纸进行革新，从选题到创作，从创作到实际操作，使其更加契合新时代的主题、更加契合人们的审美观、更加契合市场的需求，走出了一条独具特色的剪纸之路。2018年7月，她的剪纸作品《有福新时代》获全国第二届"中华杯"民俗文化艺术作品展特别金奖；2018年12月，其剪纸作品《农家和睦六个好》入选第七届中国剪纸艺术节暨全国剪纸优秀作品展，获选为"三级收藏作品"，并在庆祝中华人民共和国成立70周年"天下明州杯"全国剪纸艺术展览活动中荣获优秀奖。

2019年2月，河北卫视和长城网《新春走基层》栏目对磁县红火剪纸迎新春活动进行了报道。同年3月，她参加由邯郸市妇联举办的巾帼手工展演暨"关爱女性健康"活动，《民生大视野》栏目现场直播她的剪纸作品。2019年8月，新华网宣传报道了河北磁县"学剪纸过暑假殷玲玲免费教授剪纸"的事迹。2019年9月，她带着传统文化非遗剪纸走进邯郸市丛台区实验小学。2019年10月，她参加磁县巾帼志愿者扮靓"美丽庭院"活动。2019年10月，她参与邯郸市妇女联合会举办的"我爱我家"——幸福的家摄影剪纸作品展。2019年11月，她参加文化和旅游部非物质文化遗产司、山东省文化和旅游厅组织的"新年画·新生活"——2020年画传承发展大会。2019年11月，她参加邯郸市电视台、磁县妇联、磁县爱心人士关爱留守孤困儿童"暖冬行动"活动。2020年7月，她所就职的公司还在磁县妇联的倡导下，开展关爱"孕妈妈剪纸技能培训活动"走进磁县人民医院；同月，该公司又开展了"关爱儿童，守护成长"暑期剪纸活动走进小屯洼村，免费开展手工剪纸培训。

殷玲玲同志无论是在剪纸事业方面还是在社会公益事业方面都作出了积极贡献。2018年至2020年，她连续三年被磁县妇联评为"磁县最美女性""磁县三八红旗手"；2019年6月，被磁县县委组织部评为"最美回乡创业人"；2019年被评为"河北省最美农民工"；2020年8月，被评为"邯郸市首批农村青年拔尖人才"。

河北

贾杜鹏

河北省邯郸市馆陶县南徐村乡前李八寨村人，现就职于邯郸市村村帮电子商务有限公司

贾杜鹏，汉族，出生于1978年11月，河北省邯郸市馆陶县南徐村乡前李八寨村人，2015年8月他就职于邯郸市村村帮电子商务有限公司。该公司秉承"多元、开放、创新、合作、诚信"的企业精神，促进村级电子商务服务站更好地为全县老百姓服务，让全县的父老乡亲更好地享受到快捷便利、省时省心的高品质生活。

2016年，村村帮公司承接馆陶县电子商务全覆盖项目，经过两个月努力，馆陶县269个行政村完成电子商务全覆盖，建成一个馆陶县电子商务公共服务中心，269个电子商务服务站，达到全县电子商务全覆盖，为各村电子商务村级服务站免费提供电脑一台、电脑桌一张、电视一台、门头展板一套等硬件设施。

2017年，该公司签署石家庄市新华区新农人电子商务职业培训学校战略合作培训协议，积极推进农村电子商务扶贫活动，深入辖区乡镇、村宣传电子商务进农村的好处，累计培训创业青年800余人次，发展新淘宝店铺80余家，累计服务建档立卡贫困户4 246人次，带动建档立卡贫困户人均增收260元，带动50名建档立卡贫困人员成功创业。

全县61个贫困村全部建设村级服务站，针对各贫困村进行贫困户的建档立卡工作并同时开展贫困户的电子商务培训工作。其中，有50个村级服务站在运营，通过县电子商务公共服务中心的统一安排和集中培训，提高了各服务站站长在日常经营、服务村民、农村创业、业务提高等方面的意识和技能，在为本村居民提供代买代卖、快递收发、便民服务、缴费支付服务等方面发挥了越来越重要的作用，普遍得到了村民的认可。

贾杜鹏2016年当选邯郸市第十五届人大代表；2017年被评为邯郸市"十佳农民工返乡创业标兵"；2018年被评为河北省"最美农民工"；2019年荣获河北省脱贫攻坚奖"创新奖"；2019年被邯郸市电子商务协会聘请为专家委员会专家。

张振华

河北省邯郸市永年区东杨庄乡东陈甫村人，现就职于邯郸市邯三建筑工程有限公司

张振华，2002年进入邯郸市邯三建筑工程有限公司，一直从事抹灰专业工作，现任该公司邯郸市新媒体产业园项目抹灰班班长。

对于一个刚踏入工作岗位、没有任何经验的农村娃来说，想要成为一名合格的建筑工人，他深感自己专业技能的欠缺。于是，他在认真工作的同时利用业余时间学习，提高自己的技能和文化素质。经过他自己的艰苦奋斗，终于掌握了过硬的抹灰技术。勤奋、踏实肯干、积极上进，他在同事中树立了很好的口碑。由于工作成绩突出，他被公司推选为项目部抹灰班班长。

由于他工作认真、技术过硬，2017年在中国船舶重工集团第七一八研究所（邯郸）办公楼施工时，负责办公楼抹灰施工作业带班。因为该工程工期紧、质量要求高、管理严，在项目负责人的指导下，他带领30多名抹灰作业人员，不分昼夜加班加点，按期完成了任务。在工作中，他还带领大家发扬"不怕苦、不怕累、能打胜仗"的精神，规范抹灰作业，保证质量，像爱护生命一样爱护公司和班组的声誉，在公司的规范管理下，为中船重工邯郸第718研究所办公楼工程项目建设作出了积极贡献。

张振华工作积极认真，细心负责，精益求精，善于在工作中发现问题、提出问题，有较强的解决问题能力和积极进取的学习素养。他通过自己的努力，用短短几年时间，成长为公司的技术骨干、高级技工、技师、高级技师，成为公司的技术人才，为新时代产业工人树立了良好的榜样。

他在2018年邯郸市第二届建设行业职业技能竞赛中荣获抹灰工比赛三等奖，被授予"邯郸市建设行业技术能手"荣誉称号，为公司代表队获得了2018年邯郸市第二届建设行业职业技能竞赛"优秀组织奖"。同年，他在中国技能大赛河北省建设行业"邯郸建工杯"职业技能竞赛中荣获抹灰工一等奖、"河北省建设行业技术能手"等荣誉称号。

他在2019年邯郸市第三届建设行业职业技能竞赛中获抹灰工比赛一等奖，被授予"邯郸市建设行业技术能手"荣誉称号。同年11月，他被评为"2019年河北省最美农民工"。2020年，他获得住房和城乡建设行业技能人员职业培训合格证书。

通过比赛，张振华展示了扎实的理论功底和丰富的实干经验，发挥了高技能人才在技术工人培养中的引领示范作用，为公司建设一支知识型、技能型的高素质技能人才队伍，促进公司文化和品牌建设，营造一种崇尚知识、崇尚技能、尊重人才的氛围，作出了积极贡献。

河北 李运强

河北省定州市塔宣村人,现就职于保定长安客车制造有限公司

李运强,河北省定州市塔宣村人,现为保定长安客车制造有限公司一名钳焊工、"李运强创新工作室"带头人。

李运强出身于一个农村家庭,2006年他被保定长安客车制造有限公司录用,在焊接车间当了一名钳焊工。

踏进车间的那一天,面对复杂的机器设备、标准化的操作流程,还有一大堆数据资料,李运强头脑一片空白,但他对自己有股狠劲儿,"明知山有虎,偏向虎山行"。那段时间,他一边跟着师傅摸索流程,一边思考如何从理论上充实自己。他买了大量汽车制造方面的书籍,利用工休息时间,争分夺秒地加强理论学习。在工作中,他发现不明白的地方或疑难故障就及时记下来,经过自己仔细研究或请教别人解决,他还认真加以总结和归纳,发现常见问题产生的原因并积极防范,在"诊断记录"本上写出自己认知和解决方法。经过坚持不懈地努力和摸索,他从汽车制造完全不懂的"门外汉"成为公司的技术骨干。

他提出的CPS解决方案案例荣获保定长安客车制造有限公司一等奖2次、二等奖3次、三等奖2次,2010年荣获公司"青工成才奖"荣誉称号。他在2012年8月焊装工技术达人比赛中荣获"金领达人"称号,2014年7月技术技能竞赛总部选拔赛——电焊工项目荣获"技术能手"称号。2018年,保定长安客车制造有限公司成立以李运强命名的"李运强创新工作室"。2020年1月,他所在部室被河北省国防工会评为"李运强创新工作室"。2020年,他被评为"河北省最美农民工"。

2020年2月16日,李运强接到分管领导的电话,被告知公司即将复工生产。召唤就要上岗,上岗就要战斗,他闻令而动。复工后,他几乎每天都工作到凌晨,带领工作室成员根据总装车间的具体情况和具体需要,制定出一系列防疫措施;出台《防疫复工必知》,录制成语音并循环滚动播报;建立机动消毒小队,全副武装,不间断对车间3个区域全覆盖消毒;组织开展防疫控疫漫画展览活动,用图文并茂的方式向员工讲解相关知识;开设防护用品实操课堂,拍摄视频,以实操教授、指导员工使用防护用品,全天候循环播放;将所有办公区域增加防护隔离纸板50余处,办公场所人员切实做到疫情防控;落实公司制定的用餐机制,带领30余名管理人员变身食堂的"服务员"。在复工和防疫双拳出击的大背景下,他带领所有创新工作室成员以积极、昂扬和必胜的心态,科学防疫,誓师亮剑,未雨绸缪,防患于未然。

孙瑞

河北省雄安新区容城县晾马台乡人，现就职于容城县仁创人力资源服务有限公司

孙瑞，现为容城县仁创人力资源服务有限公司就业创业导师。几年来，她立足岗位，艰苦奋斗，无私奉献，严格要求自己，打造以爱为底色的人力资源服务，为解决雄安新区就业难问题做了大量工作。她曾获2017年河北省"百姓学习之星"、2018年河北省"三八"红旗手等荣誉。2019年，她被北京市人社局聘为"北京市创业导师"。2020年，她被评为"河北省最美农民工"。

2000年刚从学校毕业的孙瑞就选择了创一职业培训学校。2018年至2019年，她为雄安新区培训各类职业技术人才共计12 500余人，其中申请职业技能鉴定证书652人，取得各类职业工种证书共计649人，为当地老百姓解决了再就业难的问题。

2017年4月，她认识到雄安新区未来的发展，传统的劳动密集型企业已无法适应新区的发展需要，关闭和搬迁是必然趋势，本地人员将面临就业难的问题。为了抢抓机遇，她倡议组建容城县仁创人力资源服务有限公司，服务新区群众就业。公司服务央企10余家，为企事业单位输送人才2 500余人次。该公司与雄安双创联盟等十余家众创空间达成了长期的合作关系，为全区教育培训、技能提升、就业创业、便民服务、文化发展等提供了一个更好的环境，推动了县域政治经济的发展。

她运用网络与现场相结合的方式，收集了大量招聘信息，整合高端人才数据库3 000余人，组织岗前培训，定岗、定位推荐用人单位，快捷、有效地解决企业用工难等问题。两年多的时间里，她帮助雄安新区近4 000名失业人员解决了就业问题，解决高端人才就业800余人。

根据失地农民就业难、技术欠缺等现状，她牵头组织了近20 000余人的农民工进行各项专业技能培训，培训后就业率高达70%。对于企业转型公司，她也给予相应的政策指导，组织开展专项培训。

几年来，她利用自身优势，培训引导各类失业人员，充分利用相关政策，开办服务类、制造类、餐饮类等各种企业，吸纳就业近千人。

2020年，容城县仁创人力资源服务有限公司与容城县各乡镇政府签订了长期的劳务用工战略合作协议，为容城县劳动就业局招聘专项岗和辅助岗1 800人提供免费服务。孙瑞始终保持最初的目标，积极争做就业创业培训领路人，帮助更多的劳动者实现就业创业，为雄安新区的建设默默地奉献自己的力量。

管双兰

河北省雄安新区安新县大王镇北六村人，现就职于安新县芙瑞家政服务有限公司

管双兰，汉族，51岁，雄安新区安新县大王镇北六村人，现任安新县芙瑞家政服务有限公司家政培训讲师。

雄安新区设立前，她经营一家服装加工厂，雄安新区设立后，传统低效能行业受到了巨大冲击，面对服装加工厂停产停业的挫折和迷茫，她没有停下追寻的脚步。适逢县人社局举办失业人员免费技能培训活动，她抓住了这个难得的学习机遇，第一个报了名，积极主动参加育婴师培训。

在参加育婴师培训的过程中，她勤勉刻苦学习，学到了很多有关科学育儿的专业知识，并取得了优异成绩。后来，培训学校校长的一堂新市民课程，更是转变了她的思想认识，不仅学到了育婴知识，还接触到了新区建设发展的新政策、新理念，开阔了视野，开拓了创业思路，明确了方向。

学成之后，她留在培训学校做助教，一边工作一边学习新知识、新技能，不断充实、提升自己，仅用两年时间，就从一个农村妇女变为河北省家庭服务业协会首届育婴师资优秀学员，并获得2018年河北省"最美农民工"等荣誉。她在担任助教期间，用心服务每个学员，将自己的专业知识倾囊相授，结业时她们都收获满满。当助教老师满一年时，学员就已超过500余人。很多学员在她的鼓励指导下已经顺利地走上了就业岗位，有的还在北京或者新区工作。

通过沟通交流，很多学员想和她一起创业，这更让她感觉到了肩上的责任。在压力和责任面前，只有不断提升自我。为此，她跟随培训学校一起到河北省家庭服务业协会进行提升培训，到张家口市家政公司参观考察学习。为了增加就业创业资源，她还参加了新区组织的到北京、天津的考察活动，对接了北京的中医药适宜技术、天津的中天人力等单位。2018年4月，她和9名姐妹共同学习互联网、企业管理、家政培训等知识。2018年6月，她圆满完成了人社部调研活动，践行"撸起袖子建雄安、妇女撑起半边天"。她组织人员进行专业的技能指导和上户经验、形象礼仪等培训，并帮助学员联系就业岗位，带动400余人就业，获得2018年"河北省家协明星服务员"等荣誉。

2019年，她参加县妇联组织的巾帼志愿讲师团，为全县各乡镇的姐妹们讲解保洁技巧、育婴知识、家庭教育经验等内容，鼓励大家积极奋斗，帮助她们就业创业，找到并实现自己的人生价值，带动更多的雄安姐妹们积极创新、创业、创造，做新时代的巾帼奋斗者，共同创造发展梦，展示了新时代雄安新区新女性的巾帼风采。

李佳

河北省保定市唐县高昌镇庄头村人,现就职于山西安泰和建筑劳务有限公司

李佳,来自河北省保定市唐县高昌镇庄头村一个普通的农民家庭,2004年来到太原从事市政工作,带领家乡3 000名农民工来太原打工致富,参与并亲身经历了新太原市政城市建设上百个工程项目,目睹着太原的城市变迁,成为太原城市建设工程项目的见证者,是参与市政建设数以万计农民工中的优秀一员。

他通过工作实践、学用结合,在市政重点建设工程项目施工中,发明改进20多条施工工艺和先进施工方法,提高效率,节省投资,绩效突出,为市政建设做出很大贡献,被省建设厅流动基层党组织批准吸纳加入中国共产党。

他父母先天残疾,哥哥抑郁走失,面临家庭压力,他主动担负起赡养父母的责任,每月给家里打1 000元钱供父母生活所用。他们夫妻孝敬呵护父母的事迹,感动周围的父老乡亲,他的家庭被唐县评为"道德模范"和"十佳道德模范户"。

2020年新冠肺炎疫情时期,他临危受命,2月3日从家乡返回太原,赴小店汾东污水处理厂项目,组织家乡200多名农民工"点对点"来到工地,严格遵守疫情期间施工要求,周密组织,日夜奋战,按工程进度和质量标准,圆满完成建设任务,受到领导高度赞扬。

面临创城期间16条小街小巷街面道路需要修建的紧急任务,按照创城办要求,他的团队奔波于所负责的万福路、纬三路、多福路、市委后院、桃园四巷等多个路段,加班加点抢工期,攻坚克难保创城。同时,他带领"农民工创城志愿服务队"上街擦栏杆、捡烟头、摆放单车,为太原创城做出应有的贡献,他的先进事迹被2020年9月15日《太原晚报》报道,被9月17日太原电视新闻报道。

他的团队参与建设了50多项太原市级、省级重点工程项目,特别是"八河治理"建设项目,一年工期以保质保量、争先创优、发奋工作、共创佳绩的工作作风,影响和带动了一大批市政农民工,赢得了城建市政行业多个部门、多位领导的一致好评,赢得了农民工兄弟的赞扬。他曾多次获得上级部门表彰奖励,曾获得"协力队伍优秀个人""先进工作者""优秀农民工""先进个人""文明标兵""爱岗敬业先进个人"等荣誉称号。

山西

杨霖

贵州省榕江县寨蒿镇便裳村人，现就职于太原市第一建筑工程集团有限公司

杨霖，49岁，中共党员，来自贵州省榕江县的贫困山区，是一名从事建筑施工作业的农民工。自2000年起，他担任太原市第一建筑工程集团有限公司劳务公司劳务作业队队长，带领家乡建筑农民工1 200人脱贫致富。他曾荣获企业优秀农民工、山西省劳动模范、山西省五一劳动奖章等荣誉。2016年3月到2020年1月，他赴中华全国总工会中国劳动关系学院劳模本科班研修。

杨霖勤奋好学，努力上进，他的队伍从起初的40余名农民工发展到后来的1 200余名。他团队里的农民工在不断地学习理论知识、练习实操能力，考取职业技能证书。

杨霖曾是一位军人，在部队里表现出色，从军第二年就担任了文书和班长，加入了中国共产党。1995年复员后，他只身来到太原，起初作为一名钢筋工，施工现场的脏活累活他抢着干，迅速成长为一名钢筋组长；之后他带领家乡榕江山村里的亲人和乡亲，脱贫致富。在他的带领下，家乡农民工500人脱贫，90%的家庭盖起了新房，还有许多人住进了县城的商品房，为家乡整体脱贫作出了贡献。

面对2020年新冠肺炎疫情，他主动请战，逆行工作，按要求做到"点对点服务"，及时组织200人，采取租用大巴、集体包车的方式，有序返岗作业，保障了复工生产。他坚持"两手抓""两不误"，一手严格落实防疫措施，做到人员健康安全；一手抓复工生产，落实工程项目进度，受到了建设方和住建部门的好评。

杨霖把质量安全放在首位，高质量地完成了山西省综改区建设、"二青会"汾河公园三期建设、滨河体育中心地下车库建设、太原市成成中学新校区建设等"百院兴医""百校兴学"省、市重点工程项目，得到了各方面的一致认可，为建设锦绣太原城作出了贡献。杨霖团队参建的数十项工程先后荣获"国家优质工程奖""省市级优良工程""建筑安全标准化工地"等称号。

杨霖作为一名农民工党员，关心家乡发展，他用30余万元积蓄资助建设家乡小学、乡间道路和困难家庭子女上学。2008年四川汶川发生地震，他积极报名参加赴川援建工作。2014年镇远县发生火灾，他与工友带着8万余元物资前往现场为受灾群众送去棉被。2016年，他为凯里市雷山县贫困山区捐献200余套课桌椅和学习书籍。同年，他资助少数民族孤儿刘文州从中学考到了大学。2019年1月，他为黎平县一贫困户赠送山羊20余只，帮助其成功脱贫致富。2015年至2020年，他连续五年赞助黎平县"黔霖杯"篮球赛，被评为"榕江县双拥模范"，是镇里连续多年的优秀共产党员。

韩晓冬

山西省天镇县米薪关镇米薪关村人,现就职于大同泰瑞集团建设有限公司

韩晓冬,1977年11月出生于山西省大同市天镇县米薪关镇米薪关村,是一名来自建档立卡贫困户家庭的农民工。十几年前,他为了改变在山沟里靠天吃饭、三代人日子越过越穷的贫困面貌,毅然决然地选择走出山门,来到大同泰瑞集团建筑工地当起了一名农民钢筋工。由于缺技术、少经验,他仅凭蛮力,即使干活再肯出力流汗,也不能保质保量完成任务。为了改变现状,他在泰瑞集团的技术培训基地,不怕吃苦,顶烈日、冒着风雨苦练技能。平时他白天在工地和师傅边工作边练习实际操作,晚上在工棚看图识图。十年如一日,手上的老茧起了又脱,胳膊上的皮晒掉一层又一层,他常常说"可以没有文凭,但决不可以没有知识和技能",干着体力活的他同时也没有忘记提升自己的专业技能。

不仅如此,从小热心肠的韩晓冬每次回到村里,都会把村里的能工巧匠和身强体壮的青年人带动起来,从开始单纯地想带领大家脱贫致富,到后来慢慢地组建了一支专业性很强的建筑农民工队伍。就在2020年7月初,韩晓冬凭借优秀的表现,过硬的技术,被公司推选为参加全国首届扶贫职业技能大赛的选手,代表山西省参赛。在全国首届扶贫职业技能大赛中,他凭借过硬的技术、熟练的技能、精准的操作,在240分钟内从识图计算、钢筋弯钩、弯曲下料到固筋间距、精准绑扎,每个步骤都做到准确、规范、省时、一步到位,圆满完成比赛项目,荣获大赛钢筋工组比赛第一名,为山西省争得了荣誉。他得奖不忘工友,在工地和广大工友共同学习专业本领,把大赛前后学到的精湛技艺传授给身边的农民工工友,使他们靠技能就业增收、靠技术脱贫致富,实现一技在身、一证在手,致富路在脚下铺就。

他在工地和家乡广泛宣传党的扶贫政策,号召工友和乡亲要积极响应党和政府号召,学知识、学技能,靠党的好政策和自身不懈努力,彻底改变贫穷面貌。在他的精神鼓舞下,大同泰瑞集团掀起了"人人学技能、个个争先进"的高潮,使全体农民工响应"人人持证,技能社会"的号召,积极参加技能培训。

韩晓冬的积极表现不仅改变了自己家庭的贫困状况,用过硬的技术助力脱贫,成为家乡小康路上的带头"能人",也给当地贫困农民蹚出了一条靠技能脱贫致富之路。他常说,党和政府为我们建档立卡贫困户做了大量看得见、摸得着的好事实事,但是我们贫困户要想真正脱贫致富,不能单纯地依靠着政府,我们自己要积极响应党和政府号召,学知识、学技能,不懈努力,不怕苦、不怕累才能彻底改变贫困面貌。

史秀军

山西省阳泉市郊区荫营镇西垴村人，现就职于阳泉启辰创客科技有限公司

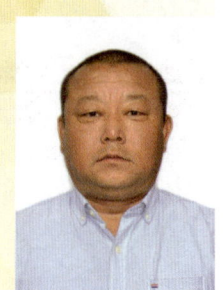

史秀军，男，汉族，1973年出生，初中学历，山西省阳泉市郊区荫营镇西垴村人，现任阳泉启辰创客科技有限公司负责人。

多年前史秀军怀揣梦想来到阳泉市找工作，像所有的进城务工者一样，历经艰辛才一步步从打工到创业，如今有了自己的一份事业。2016年之前他一直从事耐火材料和物流行业工作，2016年他响应政府号召"转型发展"，开始从事人力资源服务行业，然而解决就业问题其实并不是想象的那么简单，人力资源服务行业的经营发展也受到地方经济发展水平的影响。为了解决更多大中专院校毕业生的就业问题，2017年史秀军进驻山西工程技术学院，与阳泉市唯一一所大学展开了校企深度合作，先后帮助2 000余名高校毕业生和社会人员解决了就业问题。

2017年中偶然的一次和朋友聊天，发现他们进入了无人机行业，这让一向对新鲜事物感兴趣的史秀军动了心。雷厉风行的他说干就干，辗转北京、上海、深圳等地的多个厂家进行考察学习。同时，性格豪爽的史秀军也结识了很多无人机技术人员和无人机发烧友，他们也给了他很大的帮助与支持。经过三个月的考察调研，史秀军最终决定转行进入高科技朝阳行业——无人机行业。他把前期积累的300万余元全部投入到无人机事业上，高新聘请技术专家进入企业传帮带。同时，只有初中学历的他，利用业余时间学习无人机知识，三年时间里史秀军已经成为一名不折不扣的无人机专家。

史秀军深知无人机是高科技行业，必须有人才的储备，于是他与前期合作密切的山西工程技术学院又建立深度的校企合作关系，从共建无人机实验室，到和学院教授共同设立研究课题，再到为毕业生提供实习、研学基地。同时，史秀军的无人机事业也走上了快车道。2017年11月，他的企业为阳泉市207、307改线工程提供航拍工作；2018年森林高火险期，他的企业为狮脑山火场提供无人机影像监测服务；2018年7月，他的企业为市经济技术开发区提供陆空环境监测服务；2018年7月，他参加了"创客中国"阳泉赛区，并荣获二等奖；2018年10月，他的企业与郊区团委、郊区教育局、郊区科技局合作开展无人机进校园活动；2019年3月至2020年5月，他的企业多次协助阳泉市郊区林业局、应急局扑救森林火灾，为其提供空中影像支持；2020年9月，他的企业与郊区三勘院合作，共同进行农村房屋调查工作。

史秀军作为一名进城务工的新时代新型农民工代表，凭着坚韧的毅力积极进取，在实现自我价值的同时，也为阳泉市的城市建设和转型发展做出了积极的贡献。

陈瑞

山西省长治市屯留区余吾镇墙则村人,现就职于长治市华森职业培训学校

陈瑞,男,1995年1月出生,汉族,山西省长治市屯留县余吾镇墙则村人,现任长治市华森职业培训学校挖掘机驾驶专业教练员。

2012年,陈瑞凑了4 900元学费,学习了三个月的挖掘机驾驶。之后,他一直在不同的建筑工地和道路施工工地打工。凭着刻苦学习的心态,结合自己的兴趣和技能特长,陈瑞工作之余,继续在工地自学挖掘机驾驶技术。多年来经过他不断刻苦学习,挖掘机驾驶技术水平有了极大的提升。2019年,他踊跃报名参加了由长治市举办的"第二届长治技能大赛挖掘机驾驶项目"比赛,展示了自己的挖掘机驾驶技术水平,在众多挖掘机参赛选手中取得了第一名的好成绩,获得了"太行技术状元"的荣誉称号。同年,他凭借自身努力获得了长治市颁发的"五一劳动奖章"。

优秀的荣誉并没有改变他刻苦学习的心态。他凭借自己熟练的挖掘机驾驶技术,被长治市华森职业培训学校聘请为挖掘机驾驶专业教练员。他在工作中虚心学习,刻苦钻研挖掘机教学工作,向同事交流挖掘机的驾驶工作经验,向学生传递高超的驾驶技能。2020年7月,他在学校举办的"教职工授课技能评比竞赛"中获得了"优秀教职工"的荣誉称号。

挖掘机驾驶既是他谋生的手段,也是回报社会的一种方式。在工作中,陈瑞以高度的社会责任感、良好的职业道德、和蔼的态度和灵活的教学方法,凭借着自己年轻人灵活的头脑,接受能力强、虚心好学、用心钻研,不断总结,从教学过程中积累了丰富的经验。在教学过程中,他凭借自身的一技之长,借助学校的平台和政府提供的利民惠民行动,为长治市培养了一批又一批优秀的挖掘机驾驶员。自2018年以来,在长治市全民技能提升培训工作任务中,经陈瑞培训的学员共有1 600余人顺利毕业,取得了挖掘机操作证,并走上了各自的工作岗位,在社会的各个岗位上发光发热。

2020年年初,春节的欢乐氛围被突发的新冠肺炎疫情冲散,近半年的社会运转近乎停止。也就是这场冲击,让社会上的人们更深刻地理解了就业才是最大的民生。仅2020年,经他培训的已有360名挖掘机驾驶员毕业,这些学员学到技能,走上工作岗位成为熟练工后,每月将会有近万元的收入。陈瑞为促进当地经济发展,解决民生问题做出了属于自己的贡献。在以后的工作过程中,他依旧会继续坚持初心,砥砺前行。

山西

张海元

山西省山阴县西环北路芳园人，现就职于山西鑫霏农业开发有限公司

张海元，出生于1981年，是一名典型的"80后"青年。高中毕业后，因为没有专业知识只能干体力活养活自己，身无分文的他置身于建筑工地打工，跟着建筑"砖工"师傅学手艺。他经常跟随包工头在外面跑，手脚满是化脓的血泡，每天早上6点就开始干活，晚上8点多才下班，有时候工程工期紧还要加班加点工作。每当夜幕来临的时候，他深感自身技能的欠缺，懂得了科学文化的重要性，只有通过知识才能改变命运、改变现状。于是在工作之余，他通过不断地学习，信心足了、眼光远了、决心大了。偶然的一次回乡探亲，他看到家乡的父老乡亲依然贫困，想到自己在建筑公司打工与学习期间受到了科技与文化的熏陶，能为家乡出一份力是他的梦想。于是2003年他毅然放弃工作，回到山阴县开始致力于农业知识的学习，2013年，他取得了朔州农业农校的大专学历。2014年，他又取得了中央广播电视大学大专学历，同年12月，自修通过了高级绿色建筑工程师考核。在不断的学习过程中，他没有忘记将理论与实践相结合，早在2009年他就注册了山阴县浩海农牧专业合作社，带动当地200多户农民脱贫致富。

2015年2月，他成立了山西鑫霏农业开发有限公司，公司主要致力于在互联网上销售农副产品，成为朔州地区第一家电子商务公司。另外，在2015年7月，他还创立了山阴县电子商务众创空间，积极整合有利资源，向创业者提供入驻创业的优惠政策、技术支持和便利条件，并成立了山阴县电子商务协会，为更多的创业者提供了机会。

作为企业家，张海元同志致富不忘回报社会、奉献爱心。近几年来，无论企业效益好坏，他参加社会公益事业的热情一直不减，只要有需要，他总要去尽一份心、出一份力、奉献一片爱心。2015年，张海元为山阴县足球协会捐赠价值5 000元的体育建材。他还资助贫困大学生金星，为她提供在校期间全部的学习和生活费用（40 000元）。同年寒冬，张海元组织公司所有员工为环卫工人送早餐、献爱心，呼吁全社会关爱清洁工，保护环境。2016年9月，他组织举办百汇农珍"爱心羽翼"关爱助学活动，为山阴县二小、三小、六小捐赠价值15 000元的学习用品。同年7月，他赞助"七一工行杯"乒乓球比赛，捐资捐物折合8 000元。2020年在抗击新冠肺炎疫情期间，他捐赠20 000元给朔州市红十字会，为抗击疫情做出积极的贡献。

刘建斌

山西省原平市南白乡沟北村人,现就职于山西天宝集团有限公司

　　刘建斌,男,汉族,1971年出生,现为山西天宝集团有限公司电力车间主任。1988年他初中毕业,由于自身原因致使中考落榜,无奈选择了进城打工。1988年9月,他经亲戚介绍在定襄建安公司水电队工作,边打工边努力学习楼房管道、电气安装知识,经过一年的努力在1989年9月出师。1989年至1994年,他一直在定襄建安公司工作。2003年他在农网改造的同时代表原平供电支公司参加山西省农电工技术比武大赛,荣获个人单项奖和团体第三名的好成绩。2007年原平供电支公司进行体制改革,他与原平供电支公司解除了劳动合同。为了生活,他于2008年5月9日在山西天宝集团有限公司(原天宝风电法兰有限公司)应聘专职电工,于2008年5月11日正式入职。

　　2010年8月某施工队在安装高空排风扇时不慎发生电气火灾,当时他正好路过施工现场,二话没说就果断断开线路开关,随手拿起车间门口干粉灭火器,迅速沿着爬梯爬上距地9米高的轨道梁,用灭火器对准浓烟中的点点火星喷去,将一场即将发生的火灾控制在零状态。同年,他首次获得山西天宝集团有限公司"安全卫士"荣誉。2011年,除车间正常维修维护外,他利用一切可用的时间想办法维修机床更换下来的开关、接触器、利废利旧电气配件。由于工作严谨出色,山西天宝集团有限公司于2012年将他提拔为电力车间主任,连续多年他所在的电力车间被评为"安全无事故车间"。

　　刘建斌于2012年5月就山西天宝集团有限公司电机变频器节能技术、避峰就谷用电技术做了可行性研究报告,于同月经集团公司审核、上报山西省电力需求侧管理平台,并参加有关专家研讨会。

　　2016年为了解决天宝小区居民集中供暖问题,他主动找供热公司商谈、确定方案,后经山西天宝集团有限公司与供热公司确定施工方案后,他亲自带队与居民协调、与供热公司施工,经过1个半月的紧张工作,于同年10月30日及时送暖,获得山西天宝集团有限公司、供热公司以及天宝物业的一致好评。

　　类似这样的事迹他还有很多,正是因为有了刘建斌这些"舍小家、顾大家"的优秀工人,爱岗敬业、勤奋工作、奋发进取,公司的正常生产才能得到保障。

山西

强奶莲

山西省柳林县康家沟村一区人，现就职于吕梁贝亲好家政服务有限公司

强奶莲，1960年出生，山西吕梁柳林县康家沟村人，高中学历，现任吕梁贝亲好家政服务公司负责人、吕梁贝亲职业培训学校负责人、吕梁市家政协会副会长、离石区妇联兼职副主席。

1986年，强奶莲带着5岁的女儿开始了她的创业生涯。她是柳林县第一个卖凉皮的人，由于凉皮口感好、调料香，每天不到两个小时，做的凉皮都会被抢购一空。她有了事业的"第一桶金"，随后她又前往兰州学习拉面，有了自己的"面铺"。劳累的生活让她对孩子的学习和生活照顾少之又少，她又萌生了利用自己曾经的教育经验开办私立幼儿园的想法，她用耐心和爱心，成就在柳林县开办最具影响力、教育质量最好的幼儿园的教育事业梦想。

在年过半百之际，强奶莲又将目光投向了家政服务，经过多方面市场考察，她发现我国社会家庭小型化、人口老龄化、生活现代化和服务社会化等因素都直接促使人们产生对家政服务的需求，专业化的家政服务在全国各地悄然兴起，而吕梁市尚未出现。敏锐果敢的强奶莲作出了一个大胆的决定，转让她在柳林县经营多年的幼儿园和早教中心，开办专业化的家政服务公司。2012年，吕梁贝亲好家政服务有限公司注册成立，成为吕梁市第一家专业家政服务机构，她还于2016年创办了吕梁贝亲职业培训学校，之后积极响应市委扶贫攻坚的号召，开展了以护工护理为抓手的脱贫行动，助力脱贫攻坚。

在"人人持证，技能社会"这个大浪潮中，她积极响应政府号召，为解决进城务工、失业人员、贫困妇女等培训就业问题，以"吕梁山护工培训""全民技能提升培训""农民工下岗职工再就业培训""乡村e站负责人能力提升培训""SYB培训""贫困妇女再就业培训"为抓手，共开办培训班210期，总计15 948余人，培训合格率达98%。

在创业的这些年里，强奶莲受到各界的一致好评，2014年被评为"山西省家政服务先进个人"；2015年被离石区工会评为"最佳女职工"，被离石区劳动竞赛委员会颁发"五一劳动奖章"；2016年被吕梁市妇女联合会评为"三八"红旗手；2017年被山西省家政协会评为年度"家政服务先进个人"；2018年，她所创立的贝亲好家政服务有限公司被评为"三晋巾帼家政服务示范基地""吕梁市三八红旗集体""大众创业优秀企业"；2019年荣获"全国巾帼家政脱贫示范基地""吕梁市职工模范之家"等荣誉称号。

郭俊雍

山西省榆社县云竹镇崇串村人,现于古建行业灵活就业

16岁,一个充满梦想的年龄、一个本该上学的年龄,而郭俊雍却不得不在初中毕业后就帮着父亲挑起了家庭重担,带着自己心爱的画笔走上了古建彩画之路。16岁的他暗下决心,一定要用自己的努力奋斗出一条属于自己的古建之路,一定要在古建行业闯出一番名堂。1997年,他入职省古建公司后,跟着古建队到大大小小的工地上去历练。他是个有梦想的人,对他而言,挣钱不是第一位的,能学到技术才是目的,所以,当别人还在休息的时候,他就已经上架作画了。2002年在嵩山少林寺做彩绘工程时,他就做到了项目经理。

但他并不满足于仅仅做个能挣钱的彩画工,而是坚定地梦想着成为一名古建工程师。因此,自2005年至2009年,他自费在太原理工大学半工半读完成函授本科学历。半工半读期间,一方面他抓紧学习古建基础知识,另一方面又创新发展技术,奔走于各个大小工程,寻找实现梦想的机会,他在这些在别人看来不起眼又不挣大钱的小工程中,逐渐掌握着古建工程每个环节要领,在古建工程这所社会大学里摸爬滚打中悄然成长为大古建工程师,古建之门终于被他叩响了。

经过十余年的成长历练,郭俊雍的实力已经足以支撑起他的雄心壮志。30岁可以说是他人生的第一个转折点,2011年他在乔家大院、山西饭店主持并圆满完成了古建筑工程,取得古建行业的人生第一桶金。从此,他带着榆社古建工程队走南闯北,一路向前,成为榆社县一代实力派古建人,人气大涨。

2018年3月,为响应县委、县政府的号召,在县人社局的指导和引导下,郭俊雍参与了"榆社农民工古建彩绘技艺培训"活动,希望用他们的所长培养更多的建档立卡贫困户拥有一技之长,以培训促就业,尽快帮其实现脱贫致富。2018年度彩绘培训学员实现全员上岗,木工上岗率达90%以上。2019年他众望所归,任榆社县古建商会会长。多年在古建行业的摸爬滚打,使他深深地认识到,一定要把"榆社古建"打造成为榆社劳务输出的一大品牌,把"榆社古建"这个金字招牌做强做大做响亮!相信在像郭俊雍这样有抱负、有理想的古建寻航者的带领下,榆社古建的明天将会更美好!

山西

李毓丰

山西省汾西县佃坪乡圪台头村人,现就职于山西毓雁红建筑工程有限责任公司

　　李毓丰,山西省汾西县佃坪乡圪台头村人,从小在农村这片广阔的天地里自由成长,使他爱上这片土地和这片土地上可爱的乡亲们。中专毕业后,他深感自己专业技能的欠缺,懂得了科学文化知识的重要性,认识到只有练出过硬的本领才能提升自己能力,帮扶父老乡亲,于是他认真工作的同时利用业余时间学习,饱读文化和专业技术方面的书籍,提高自己的技能和文化素养。待学业有所提升后,他放弃在城市的优越生活回到家乡,把村里的能工巧匠和身强体壮有文化的青年组织起来,组建了一支专业性非常强的施工队伍来到了县城。在施工中,他把学习积累的识图、施工、核算、管理等一套技术知识全部用到施工建设上来。他首先抓住工程质量不放松,把质量放在第一位,在施工中严格要求,严格把关,创建高质量的优质工程。同时,他处处以身作则,以一个施工队长的带头模范行为带好一班人,后来队伍规模逐渐扩大,成立了山西毓雁红建筑工程有限责任公司。即使成为负责人的他也没有领导人的姿态,依旧严格管理,精心施工,与工人们同吃同坐同劳动,经过几年的艰苦奋斗,公司终于在县城创下了好的口碑。

　　"饮水思源""致富不忘身边人",他一刻也没有忘记生他养他的这片红土地,时刻关注家乡的发展变化,抓工程质量的同时也不忘父老乡亲,看见他们仍然挣扎在贫困线上,生活质量得不到提高,他心里很不是滋味,经常救济这个、帮助那个,但毕竟远水解不了近渴,还是不能解决根本问题。于是他就开展免费培训,优先吸收本地工人到公司就业,让乡亲们在家门口就可以找到称心如意、收入不菲的工作。

　　改变家乡从基础设施建设开始。他于2017年至2020年累计硬化道路15 000余米;2018年修田间公路1 800余米,解决村民的生产生活问题;改善村民卫生条件,修建了村公共浴室服务中心70余平方米;为70岁以上老人实行免费午餐;为方便村民看病,修建改造卫生所60余平方米;改变村容村貌,修建了村门楼和人民舞台。

　　2020年年初,新冠肺炎疫情打乱了全世界人民的生活节奏,尤其靠力气吃饭的农村人更是被疫情弄得措手不及,不能出去打工,生活就没了着落,李毓丰看在眼里急在心上。他果断拿出自己的积蓄为村民捐助医疗口罩6 000只,泡面、鸡蛋、面包、梨数百余件,为乡亲们解了燃眉之急。

申青林

山西省洪洞县明姜镇沙窑村人，现就职于临汾市鑫锐机械设备有限公司

申青林，48岁，中共党员，机械工程师，洪洞县明姜镇沙窑村人，现任临汾市鑫锐机械设备有限公司和山西青林机械制造有限公司负责人，主要负责设备研发和技术培训。

他是一个地地道道的农民创业者——纯朴热情，他是一个不服输的汉子——坚韧挺拔。他从一个面朝黄土背朝天的庄稼汉到一个拥有百位农民工的企业负责人，他从一个农村娃到成长为拥有24项国家专利的发明能人，集"山西省特级劳动模范"、山西省"三晋英才"支持计划拔尖骨干人才、临汾市首届"拔尖人才"、首届"平阳工匠"等荣誉称号于一身的创新型、智慧型、技能型的业界精英，他用那份工匠精神诠释出一段白手起家的创业传奇，在他身上体现了农民工苦干实干、艰苦奋斗、拼搏奉献的高尚品德，富而思源、不忘乡梓，奏响了扎根乡土创新、技能扶贫致富的时代凯歌。

申青林初中毕业后，就在自家院里开了一家小电焊铺。凭借聪明能干和钻研精神，他总能捕捉到发明灵感和创新亮点。20多年前他制造出既能采暖又能烧水还可以烤食品的新式火炉，给附近的乡亲们带来了实惠，一举成名，自己也赚到了人生中的第一桶金，进而开始了他创新发明的技术路线。紧接着他发明了玉米脱粒机、铡草机、鼓风机、小四轮装载机等众多精巧实用的农机具，深受乡亲们的好评，甚至有农机公司上门主动为其销售。创新发明使他及其家庭脱贫致富，他的技术也越来越专、越来越精。

2013年，他发明的"三转子高效锤式破碎机"获得了国家专利，且在制粉领域填补了国内空白。2015年，他发明的"制砂洗砂一体机"落地即可生产，环保节能，不仅走出临汾辐射山西而且远销全国20余省，在建筑垃圾循环再利用方面做出了积极的贡献。2018年，他应陕西梁家河人民邀请而发明的一款便民、健康磨面设备——可调速鼎型石磨机，获得了山西省"五小"竞赛优秀成果三等奖。2020年，他发明了"污水浓缩压滤一体机"，为行业绿色环保、可持续发展提供了创新成果。

匠心铸就强大，创新成就未来。申青林立志扎根家乡，用智慧和创新造福家乡，以时代的工匠精神，放眼未来，迎接明天的旭日东升。

山西

焦武斌

山西省运城市盐湖区南城办义同村人,现就职于山西天茂房地产开发有限公司

1974年2月,焦武斌出生于山西省运城市盐湖区南城办义同村,他自幼家境贫寒,在家是老二,有一个姐姐,两个妹妹。一家六口全靠父亲养活。为了减轻父亲身上的重担,初中毕业后,他便辍学外出打工,帮家里挣钱。刚出学校由于什么也不懂,经父亲托关系,他来到了村南砂石厂工作,从此开始了历经艰难却无怨无悔的农民工生涯。

时间来到了2010年,这一年是改变焦武斌人生轨迹的一年。2010年,经其父亲引荐,他来到了山西天茂房地产开发有限公司,当时集团公司正在建设运城示范学校一号教学楼项目,他第一次作为杂工班组长,开始了自己的探索之路。杂工在别人看来便是打杂的,但对于他而言,这却是份神圣的使命。在施工作业中他坚持走在前头,干在实处。他带头施工,每一道工序他都仔细揣摩、严格把关,吃住在工地,不分昼夜奋战在第一线,保证了各个分项都按质按量地完成。由于他所带的农民工队伍做工细致,认真负责,渐渐在公司打出了名声。

2011年,山西天茂房地产开发有限公司在运城开发建设的西建·天茂城项目开始动工,他带着自己的农民工队伍成员来到了项目工地开始施工建设。从小区域砖体砌设到主体高标准植筋工艺,从园区绿植种植到上砂上料,他严把施工流程关、施工技术关、工程质量关,用自己严于律己、恪尽职守的职业操守,带领自己的队伍在各个分部建设上打造出了自己的技术品牌,得到了各级领导的一致好评。

焦武斌爱岗敬业、无私奉献、抢抓机遇、敢于创新,把自己的青春年华、聪明才智无私地奉献给了自己热爱的事业。在山西天茂房地产开发有限公司工作的10余年时间里,带领同村及周边贫困村民37人到城里务工,带动农村劳动力转移就业,带领贫困群众脱贫致富。由于集团公司福利待遇好,工资发放及时,他给手下工人工资兑现也及时,跟着他干的村民越来越多,带动了部分贫困村民发家致富。

在工作当中,焦武斌热衷于探索学习。为了提高工作效率,让农民工兄弟在同等时间内收益最大化,他积极探索学习,研究出车库快速片区打磨机、自制便捷上料机等创新型便捷操作机械,方便农民工兄弟。

在2020年新冠肺炎疫情防控期间,他积极捐款捐物,在公司组织的捐款活动中慷慨解囊。在同村对外防控期间,他积极站岗,冲锋在防控前线,保障村民安全。不仅如此,在公司组织的慰问留守儿童、为贫困区捐款捐物活动中,他从不缺席。

袁娟

山西省古县石必乡三合村人,现就职于太原市贝亲好家政服务有限公司

袁娟,1983年9月出生,山西省古县石必乡三合村人。她于2011年8月参加工作,现任太原市贝亲好家政服务有限公司培训部讲师。

她曾参加2015年"晋嫂"家政服务技能选拔赛并获得"优秀家政服务员""五好家政服务员"称号;代表山西省晋嫂参加2016年"全国巾帼家政服务职业大赛"获得优秀团队奖;荣获2017年太原市家政行业"五比一争"技能大赛母婴护理组二等奖、山西第二届"晋嫂"技能服务大赛金奖、2017年山西省家政服务技能决赛育婴个人赛第一名、2017年山西省五一劳动奖章、"三晋技术能手"称号等荣誉。2019年,她担任山西省第五届"晋嫂"家政服务技能大赛指导老师、荣获2020年太原市"最美家政人"。2020年,她担任全国扶贫职业技能大赛家政组指导老师,所带选手获"优胜奖"。

袁娟凭着娴熟的技能和真诚的服务得到了客户的称赞和社会的认可,成为客户圈里的金牌月嫂,拥有母婴、养老"双料""二级技师"证书。自2013年起,她开始担任公司的培训讲师,凭着她对家政行业的独特见解,总结出了一套行之有效的教学方法。在培训期间,一些学员文化程度不高,甚至有一些不识字的,她根据学员的实际情况,把课件做得简单明了、通俗易懂,使学员更容易接受,得到了广大学员的好评。她还经常帮学员解决在上户期间和生活中遇到的问题,把这些学员真心当作姐妹,不遗余力地帮助姐妹们解决学习、生活、就业期间的各种问题。

为了更好地满足人民群众对家政服务的更高要求,不断提高家政服务从业人员的整体素质,使家政服务业向标准化、规范化迈进,她依托太原市贝亲好家政服务有限公司成立了袁娟职工(劳模)创新工作室,对家政服务中母婴护理、老年护理、保洁等几大模块进行创新性研究,取得了重大成果。

几年来,袁娟致力于家政服务从业人员的培训工作,公司先后培训、安排就业1.8万余人。学员培训合格率达100%,推荐就业率达65%,稳定就业率达40%,客户满意率达85%。经过培训的学员人均年收入达4万元以上,实现了"一人就业,全家脱贫"的扶贫目标。公司还开展吕梁山护工实训、全民技能提升工程培训、各类家政扶贫培训以及在岗家政服务员回炉提升培训1.2万余人次。其中:2018年开办家政服务类专业30余种、70余期培训班,培训、实操实训人员达6 000余人,其中建档立卡贫困户750余人。她安置城乡下岗失业失地妇女、闲置富余劳动力4 700余人上岗就业,为公司培养了180余名高级家政服务员。

周婕

山西省太原市万柏林区小井峪乡大井峪村人,现就职于红马甲集团股份有限公司

周婕,汉族,中共党员,1991年7月出生,山西太原人,2012年3月参加工作,现为红马甲集团股份有限公司副董事长兼保洁部主管。几年来,她和所在团队积极发挥家政服务业在精准扶贫工作中的重要作用,紧紧围绕"百城万村"家政扶贫和"全民技能提升工程"做工作,面向革命老区、贫困地区、弱势群体,走出了"职业培训、技能提升、劳务派遣、就业指导"一条龙服务的新路子,举办各类培训班300余期,受训人员达3.2万余人,涉及全省60个县区、280个乡镇、1.2万个村庄,有1.4万人通过他们的帮助走上了就业岗位,取得了良好的社会效益和经济效益。

周婕在红马甲集团股份有限公司还兼任保洁培训老师,她始终以"服从领导、团结同志、认真学习、扎实工作"为准则,坚持把学习放在重要位置,努力提高自身综合素质。她坚定从事家政服务事业,在家政这个平凡的舞台上砥砺前行,继续以优质的业绩惠及更多的人民群众,为人民群众的美好生活做出自己的贡献。

吕梁市为实现精准扶贫打造出了"吕梁山护工"品牌,并首选"红马甲"作为吕梁山护工实训基地和联络部,通过职业培训和劳务派遣,拓展就业渠道,几年来为吕梁培训护工26期,共计3 000余人。实实在在的技能、实实在在的收益,周婕和"红马甲"服务模式赢得了下岗职工和农村剩余劳动力的热烈欢迎,被全国妇联评为"巾帼文明岗"。

为了响应国家推进"百城万村"家政扶贫工作,周婕带领团队认真分析研究,积极宣传"红马甲"家政服务优势,争取地方政府支持,带着教师队伍和教材、教具沉下去走村入户,不辞辛苦、不怕麻烦,与学员同吃、同住、同学习,需要什么教什么,缺什么补什么,有求必应。

多年来,她的客户满意率始终保持在百分之百,得到了各级领导及服务对象的充分认可和高度好评。她被太原市妇联授予"巾帼建功标兵"称号,被山西省总工会授予"五一劳动奖章"荣誉,被山西省人社厅、山西省妇联授予"三八红旗手"称号,被山西省委、省政府授予"山西省劳动模范"称号。

席树茂

山西省介休市连福镇东湖龙村人，现就职于山西二建集团有限公司

　　席树茂，1988年出生，2016年入职山西二建集团有限公司担任项目部电工。他擅长施工现场高压配电、低压施工用电配电、设备机具的安全维修保养，在用电配电及设备安装维护方面有较高的技术和丰富的经验。

　　初中毕业后，16岁的他到了工厂做起了电工维修的工作，利用工作之余，努力学习供电系统知识、线路装置知识、变压器的运行和维护等有关知识，来提高自己的技能水平。后来因为家庭变故，不甘于平凡生活的他，开始了进城务工的历程。

　　席树茂作为山西二建集团公司的一名优秀电工，目前在竞杰项目任职。每天背着工具包在工地巡检是席树茂的职责，检测仪、开刀、老虎钳、扳手、万用表是他的日常工具，哪有故障，哪就有他的身影。他始终以高昂的工作热情和积极的工作态度，全身心地投入到自己热爱的电工事业中，为集团公司的发展倾注了满腔热血，曾多次被评为"文明先进""优秀员工"等荣誉称号。

　　默默无闻、任劳任怨、工作讲求实效是他的一贯作风，在技术上一线之差就可能造成几十万乃至无法估量的损失。所以，他始终在安全的前提下，把提高经济效益放在首位，并勇于创新、大胆改革。在不断的技术学习过程中，他结合公司打造"两型三化"的要求，不断总结创新，做到学以致用，改造和设计了项目中很多不合理或不安全的设备。

　　"求真务实，做一个锐意进取的实干家。"他常用这句话勉励自己。他在工作中思维活跃、爱好广泛，接受新事物较快，朝气蓬勃、精力旺盛，工作热情高、干劲足，开拓意识强。也因为精湛的技能和高度的责任心，他被举荐参加职业技能选拔大赛。

　　职业技能竞赛为优秀建筑农民工展示技能、切磋技艺提供了重要平台。在2020年6月山西建投集团首届职工职业劳动保护技能竞赛中，他严于律己、积极备战，除了参加特训，还制订更符合自己特点的培训计划，将自己的优势发挥到极致。经过激烈的角逐，依靠过硬的技能，席树茂一举荣获电工组第二名的优异成绩。这份成绩的取得，为公司产业化进程的推进交了一份满意的答卷，更加坚定了公司发展产业工人的决心。

山西

张洪

四川省犍为县龙孔镇新开村人,现就职于山西四建集团有限公司

张洪,汉族,1975年7月出生在四川省犍为县的一个小山村,初中毕业后便因家境贫困辍学在家务农,后跟随同乡外出从事钢筋工工作,一干就是24年。2016年,他在全国住房城乡建设行业"陕建杯"职业技能竞赛中取得了第二名的好成绩,并荣获"全国技术能手"荣誉称号,光荣入职山西四建集团有限公司,成为山西四建集团有限公司的一名钢筋技师,现在太原海尔国际广场班组化项目任钢筋班组长。

2018年3月,为了弘扬"工匠精神",解决"工人老龄化严重,技术工人短缺"的社会问题,友成劳务公司着手培养一批钢筋工,张洪同志担起了这项重任。他和其他同事一起奔走于五台、繁峙、代县、原平等200多个村镇进行招工,以自己从事钢筋行业多年的经历和获奖项目光荣入职山西四建集团为例进行宣传,起到了良好的效果。

2018年9月,全国住房城乡建设行业"浙建杯"职业技能竞赛山西赛区选拔赛在太原望府广场项目拉开帷幕,张洪率领自有钢筋班组团队参加了比赛。经过激烈的角逐,其中一人荣获一等奖,两人荣获二等奖,两人荣获三等奖。这份成绩的取得,为公司培养产业化工人交出了一份满意的答卷,坚定了继续发展产业工人的决心。

在选拔赛上取得优异成绩后,张洪继续备战"国赛",他以自己参加比赛的经验,对取得预选资格的工人进行了特训。在训练过程中,针对每个工人的特点,制订出完善的培训计划,使每一位工人的优势得到最大程度的发挥。2018年11月1日,他所指导的工人在全国住房城乡建设行业"浙建杯"职业技能竞赛全国决赛中,分别取得第五名和第十四名的好成绩。

2019年10月,在山西省首届全省职业技能大赛中,张洪指导的工人分别取得第二、第四、第五、第六名的好成绩,其中一名荣获"三晋技术能手"荣誉称号。

2020年春节,新冠肺炎疫情肆虐中华大地,给各行各业都造成了巨大的损失。因要提前隔离14天,张洪同志在2月底便离开家乡返回山西,一路带水带饭,累了只能在服务区休息一下,尽量避免下车和人接触,一路艰辛来到工地。隔离期一结束,便马上投入紧张的工作中。正值怀仁陶瓷学院工程紧张复工时期,组织工人成为一大难题,张洪同志担起了联系家乡工人的重任,并专程开车返回四川"点对点"接送工人到工地,助力了工程顺利复工。

杜仕美

四川省苍溪县歧坪镇盐井村人，现就职于山西六建集团有限公司

  杜仕美同志，1967年9月26日出生，现任山西六建集团有限公司木工班组长。他一直秉承山西六建集团有限公司"精益求精、众志成'诚'"的企业精神，践行企业文化，弘扬工匠精神。他本人及班组先后荣获"2011年度最佳劳务伙伴"奖项及荣誉证书。2016年、2017年、2018年、2019年他所在班组先后被山西六建集团有限公司评为"先进班组"，他被誉为"最优秀班组长"。十几年来他积极响应企业号召，带领工人搞好班组建设，提高现场管理水平，为公司发展做出卓越贡献。

  "一个人可以没有文凭，但决不可以没有知识。"在外打工时他深感自己专业技能欠缺，于是在认真工作的同时考取了建筑施工员证书、质检员证书，又把村里的能工巧匠和身强力壮、有文化的青年组织起来，组建了一支专业性非常强的队伍到了县城。工作中，他把多年学习积累的识图、施工、核算、管理等一套技术知识全部用到施工上来。

  在河北石家庄中国铁建花语城项目中，公司赶抓工期，他就带领班组日夜坚守在工地，抓质量、抓进度，生怕出一点纰漏。公司看到他们的努力及实力，赞赏有加，称这就是"中国速度"，授予他们"优秀劳务"荣誉称号，还特此为他颁发了"先进个人奖"。

  杜仕美始终以帮助他人、做好事为己任，以做善事为至乐，不论是学生时代，还是在家乡务农、在城市打工创业时，他都时刻不忘父亲的教诲："为孝之道，有家有德；渴时一滴如甘露，醉后添杯不如无"，坚定要用自己的实际行动带给别人幸福、安全和快乐的信念，一如既往地继续着他的义举。他自幼年起，就怀着一颗感恩的心想去报答家乡的父老乡亲，通过自己的努力来回报社会，报答养育过他的父老乡亲，先后捐款数万元为家乡修建道路，现在又筹备为家乡安装路灯，方便父老乡亲的晚间出行。2020年新冠肺炎疫情期间，公司复工复产困难重重，他所在的榆次王湖城中村改造安置区项目紧张复工，工地缺人手更是大问题。他在自己隔离期一结束，就开始动员家乡和班组工人抛开顾虑、积极复工。他帮助工人进行核酸检测、严格把控工地安全文明生产及疫情防控措施。他每日亲自外出帮助工友采购生活用品，解除后顾之忧。他每天上工都监督工友佩戴口罩、严格进行消毒。工作之余，他还带领工友认真学习疫情防控知识，并积极参加项目的应急演练，最大限度降低扩散风险。"晴天一身灰，雨天一身泥。"他带领班组的农民工兄弟们用勤劳的双手奠定了幸福生活的基石，真正诠释了"幸福是奋斗出来的"的人生真谛！

内蒙古

吕国强

呼和浩特市清水河县城关镇边墙壕村人，现就职于内蒙古阜丰生物科技有限公司

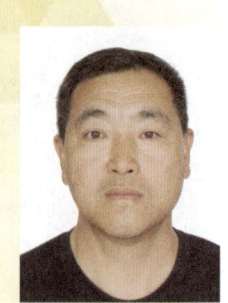

吕国强，从一名普普通通的电工成长为现在的电工班长，全面负责公司水电资源的调配及后勤生活区电器设备的维修。其中付出的努力和艰辛有目共睹，加班加点更是家常事，但他从没有任何怨言，听到最多的是："公司对我们很好了，我们得知恩图报，让公司变得更好！""干一行、爱一行、专一行、精一行"是他身上最耀眼的光芒。

创新，是一个公司进步的源泉，是一个企业兴旺发达的不竭动力。作为一名一直奋斗在生产一线的技术人员，吕国强深知车间技术改造只有与现场实际紧密结合起来，才能更好地解决生产中的瓶颈问题，并切实发挥出"科学技术是第一生产力"的巨大潜能。他能冲破传统观念的束缚，敢于创新、善于创新，推动车间的生产工作不断迈上新台阶。在全厂水资源的调配过程中，吕国强发现使用检测多项数据，不仅投入人力较大，而且大费周折。于是他下决心要扭转这一局面。经过多次反复实验，立足公司的实际情况，他研制出"液位控制技术"，广泛应用于各车间的生产中，提高了数据的精确性，节约了资金，调动了车间人员的积极性和主动性。"液位控制技术"的改革举措受到了上级的充分肯定。2015年9月，公司要求改造全部水网管道，停止使用地下水，改用黄河水，改造工程任务很重，限期在10月31日前改造务必全部完成。不到两个月的时间，吕国强带领队伍每天工作17个小时左右，终于在10月24日提前完成了任务。

在工作中，吕国强总是一副硬汉的形象，对工作质量、工作效率有严格的要求，从不弄虚作假，他严谨的工作作风、认真的工作态度也影响着身边的年轻同事。吕国强自律性很强，他常常说，公司车间定好什么制度，咱们就得好好遵守。一次，他因为加班很晚第二天上班迟到了，大家都觉得他迟到情有可原，领导也说这个事就过去了，下次注意就好了，但吕国强以身作则，主动交了罚款。

吕国强在很多同事心目中是个热心肠的老大哥，无论在工作中还是生活中，只要有困难，他总会为同事出谋划策，只要有他在，同事们就会感到很踏实。在2014年冬天的一个晚上，同事小张的旧疾复发，急需住院，小张的家比较远，他的家人无法及时赶到。这时，吕国强得知消息后，他及时送小张到医院就诊，并为他垫付医药费，一直忙到第二天凌晨1点多。

吕国强喜欢钻研新技术、汲取新知识，而且总是与年轻员工分享他的知识与经验。言传身教，率先垂范，不断营造良好的技术氛围，他经常组织大家学习知识和操作技能，他自己更是带头学、带头钻。

石卫东

包头市九原区哈业胡同镇永丰村人，现就职于包头市卫东南瓜农民合作社

石卫东，男，汉族，1975年6月出生。1996年3月，他独自一人远赴山东省寿光市某蔬菜种植基地打工，一边打工一边学习种植经验。2001年12月，他辞职了，先后赴河北、河南、江苏、浙江等省区在多个行业打工，积累了丰富的经营经验和10多万资金。2009年12月，石卫东与4位村民一起注册成立了包头市卫东南瓜农民合作社，他被推选为理事长。合作社成立后，建设了300亩的南瓜试验田，用于新技术、新品种的引进试种，成功后再推广给农户种植，形成了以"改良2号""墨宝石""甜栗""哈克""贝贝"为主的南瓜品种系列。2014年，石卫东又成立了内蒙古包头市馨阳农业有限公司，建成了全国性的南瓜统一交易场所，成为内蒙古最大的南瓜生产、存储、加工基地。他还创立了"卫东南瓜"品牌，使"卫东南瓜"远销全国各地。

2017年，合作社与353户成员签订种植合同，种植面积达4 600亩，带动周边农户种植南瓜6 500亩；与101户建档立卡贫困户签订种植协议，实行保底价收购。为贫困户免费发放南瓜优质种子、富钾有机肥和地膜，当年种植南瓜农户平均亩产南瓜2 500公斤，合作社以每公斤2元的价格全部收购，收购南瓜1 170多万公斤，销售额达2 750万元，亩均增收1 500元，贫困户平均增收8 600多元。

2018年，合作社继续扩大生产规模，提供优质南瓜种子，明确南瓜收购质量标准，提高南瓜收购价格，在市场降价、合作社收购不降价的情况下，让利于农户，使原有的贫困户年均增收达到16 000多元，全部脱贫致富。

2020年，合作社新建了玉米深加工项目，使当地富余劳动力有了新的就业渠道。

近年来，合作社聘请包头市农科院、农业技术推广中心和农业广播电视学校的专家为农民授课，累计进行农户技术培训4 964人次，使农户成了"懂技术、善经营、会管理"的新型农民。

包头市卫东南瓜农民合作社2013年被评为"包头市示范合作社""包头市扶贫龙头专业合作社"；2014年被评为"内蒙古自治区示范社""国家级示范社"。石卫东2015年被评为"全国科普惠农兴村带头人"；2015年被包头市人民政府评为"包头市鹿城英才"；2017年被评为"包头市优秀科技工作者"。2017年包头市九原区哈业胡同镇被农业部评为"全国一村一品示范村镇"。2017年，石卫东当选包头市九原区政协委员。2018年，石卫东被评为"内蒙古自治区科技工作者""全国农村杰出实用人才"。2020年，他被评为"内蒙古自治区劳动模范"。

内蒙古

玉宏

蒙古族，呼伦贝尔市鄂温克旗伊敏苏木阿贵图嘎查人，现就职于狼图腾民族文化工作室

玉宏，蒙古族，1977年11月出生。玉宏受母亲熏陶，自小热爱民族文化，从小就跟着母亲学习制作民族手工艺品、缝纫民族服饰。为了实现把民族手工艺品做大、做强的梦想，她做过4年"北漂"，做过乳品厂工人，做过手工艺人，积累了大量的技术和经验。2018年，玉宏加入"狼图腾民族文化工作室"，开始了她的圆梦之路。

加入工作室后，她不满足于自己现有的技术水平，业余时间通过参加培训班、网络等媒介不断钻研、学习、实践，随着自身技艺的不断提高，她也萌生出新的创意，"云卷图"手工毡包应运而生。为了设计出完美的"云卷图"作品，她废寝忘食，经过近半个月的精心雕琢，终于制作出了满意的成品，加上她良好的口碑和制作技艺，她的收入不断提高。虽然有了原创作品，但是如何推向市场、实现经济价值成了难题，没有销售渠道和资金，玉宏笨鸟先飞，先从身边的牧民同胞开始宣传推广，利用就业局技能培训班，先后在14个嘎查开办了免费的手工艺培训班。2019年至2020年，共培训学员200余人，学员中不仅有牧区牧民还有贫困户，在教学中，她不厌其烦、手把手地为学员传授技术，热情的服务、诚恳的态度、精湛的技艺赢得了学员们的一致好评，也在当地慢慢打开了市场，学员中有20余名通过培训实现就业。随着市场的发展，她开发出许多做工精湛、具有浓厚的民族特色的原创作品，通过宣传推广，慢慢拓宽了销售渠道，北京、上海等地的订单也纷纷而至。

玉宏的事业有了发展，但她始终没有忘记回报社会。2019年11月，玉宏与鄂温克旗辉苏木完工托海嘎查签订了合作协议，成立了"完工托海嘎查就业扶贫协作工作室"，为完工托海嘎查的牧民妇女进行培训。截至目前，玉宏的工作室先后带动牧民就业30余人。2020年新冠肺炎疫情期间，玉宏得知防护口罩紧缺，立即自制了600余个口罩免费支援疫情防控工作，为防疫工作人员送去了关怀和温暖。辛勤的耕耘总会有收获，玉宏先后获得了呼伦贝尔市中俄蒙文化创意设计大赛优秀奖、呼伦贝尔市中俄蒙文化创意设计大赛鄂温克选拔赛优秀作品奖、鄂温克旗首届手工艺品大赛"创业杯"第三名等荣誉。玉宏，作为一名民族手工艺人，不仅传承和弘扬了民族文化，也为自己开辟了致富之路。

赵玉凤

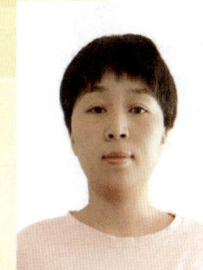

蒙古族，通辽市科尔沁区丰田镇胡家园子村人，现就职于通辽市天娇家政服务有限责任公司

赵玉凤，1989年12月出生。三年前，不甘心于一直走在田埂上的赵玉凤，第一次外出务工，她说："书虽然念得少，但是我很有梦想，我要让我的人生绽放光彩，因为我还年轻。"

走进天娇家政育婴师培训课堂，赵玉凤第一次感受到原来看小孩要这样科学的护理。带着一分好奇和懵懂，赵玉凤一头扎进育婴师的培训项目里，培训期间，她对自己严格要求，主动学习，积极进取。学习过后，她非常期待自己的第一份育儿工作，然而在这份工作中，她遇到了一个这样的家庭，宝奶奶身体不适不能拿重物，只能做一些简单的事情，宝爸长期在外工作，家中还有一个大宝在上学，小宝出生后身体不适，需要精心喂养。每天在照顾好小宝之余，还要照顾大宝的生活起居，还要陪她一起玩耍，生活上还要帮助奶奶做好一日三餐，这样的生活过了半年的时间，她想过放弃，太累了，但是看到孩子那可爱的脸，开口叫"姨"的时候，她的心就融化了。为了宝贝能够健康、快乐地成长，她就坚持了下来，一做就是一年的时间，正是她的坚持，对孩子的爱，也让她收获了客户对她的高度认可，也让她更加地热爱自己的职业。

经过三年多的艰苦奋斗，她终于找到了自己的前进方向，实现了自己的梦想。赵玉凤用自己的行动告诉大家，出身环境不是阻碍梦想实现的原因，只有抛开那些老观念、旧思想，为自己的人生做主、走自己的路的人，人生才会更精彩。

内蒙古

任宇

蒙古族，赤峰市林西县统部镇统部村人，现就职于内蒙古赤峰市林西县双赢合作社

任宇，1981年1月出生，1999年加入中国共产党，曾被评为赤峰市优秀共产党员、赤峰市优秀党务工作者、赤峰市五一劳动模范、赤峰市优秀青年创业人才、赤峰市十佳科普人物、脱贫致富先锋、脱贫攻坚致富带头人。2016年7月，他被选为中国科学技术协会第九次全国代表大会代表。

1998年高考落榜的任宇，远赴他乡外出打工，先后到过沈阳、哈尔滨、呼和浩特、北京等地，从事过建筑、制造、流通等行业及工种，积累了一定的资金和经商经验。2008年1月他返回家乡，7月10日注册成立内蒙古赤峰市林西县双赢合作社。经过多年的努力和发展，社员达到320户1 065人，合作社带动周边农户800户2 966人、镇内建档立卡户326户887人就业，辐射带动周边4个乡镇、13个行政村，跨旗县作业面积达到1.5万亩，"田保姆"作业面积6万亩，流转土地1.4万亩。合作社累计吸纳和带动就业达7 800余人，发放工资200万元，人均年纯收入由4 000元提高到21 000元。

他健全、创新管理机制，先后成立了林西县双赢合作社工会委员会、农机维修中心、科普驿站、农民田间学校、新品种示范基地、林西县电商平台（双赢电子商务中心）、冷链物流服务中心、林西县统部镇为农服务中心、双赢合作社电子结算中心、双赢合作社法务室。合作社建立起产业发展保障机制，在保障种植成功的同时，合作社实行订单保护+种植收购、以技术保证为每个基地村派驻一名技术员。

任宇不断加强农业技术的学习与研究，紧跟时代发展步伐，形成以农机作业服务为主，以技术推广、技能培训、机具维修、配件供应、信息服务等为支撑，功能较为完善的农机社会化服务体系。2020年，合作社以育苗工厂为中心，在全县发放蔬菜种苗660万株，通过结合物联网和自动控制技术，实现蔬菜育苗精细化管理、智能远程监测和控制，建立全程育苗生产管理档案，对育苗的各项工作进行统一管理，提高了管理效率。同时，任宇以基地为基础，创建社员田间学校，为周边14个行政村1 109户农户提供科技学习应用场地。他还以新品种示范基地为中心，向周边村社辐射，在周边乡镇的4 000亩地进行新品种实验，同时提供农产品种植的新技术及销售帮助。

刘海山

赤峰市宁城县忙农镇东洼子村人，现就职于内蒙古长明机械股份有限公司

刘海山，1975 年 8 月出生，初中学历。1998 年，他经人介绍到河北省徐水县洪光来汽修厂做学徒，学习喷涂、电气焊技术。他在认真向师傅学习技术的同时，利用业余时间学习文化知识，历经三年，终于掌握了过硬的喷涂、电气焊技术。

2002 年，他入职内蒙古长明机械股份有限公司。最初，他在包装车间从事产品打磨、喷涂工作。刚到车间不久，他通过加细对产品底面的处理，细心喷涂、调涂，规范喷涂工艺，提高了公司产品的外观质量。半年后他从包装车间调入组装车间，进行产品组装工作。那时没有吊车、叉车等现代化电动设备，发货急时甚至需要 24 小时连续工作，他在熟练掌握产品组装技能之后，成功自主改装电动组装工具，极大地提高了组装速度，也减轻了组装工人的劳动强度。2007 年他被调入下料区，开始从事各种机型的板材下料工作。因为手工气割下料，不易掌握其稳定性和精准性。他开始进行整改，制作手工气割磁力靠尺、气割割枪滑轮车、排版标尺等下料工具，成品生产加工合格率在原来的基础上提升了 5%，材料浪费率由原来的 8% 降低至 3%。

2012 年他递交了入党申请书，一年后加入了中国共产党。入党后，他一直认真履行党员的职责，处处起到模范带头作用，毫不吝啬地将自己的知识传授给别人。

2012 年，他参与的 1MC-90-160 旋灭机护罩制作项目极大地降低了公司的生产成本，提升了生产效率，减轻了员工的劳动强度。2013 年，他负责的 1MC-90-160 旋灭机护罩二次改进项目，在一次改进项目的基础上，进一步降低了生产成本，且机具外观质量得到明显改善。2013 年，由他带领的技术创新小组，在 1MC-90-160 旋灭机护罩改进项目中荣获特殊贡献奖。2014 年，他将生产进度任务落实到班组和个人头上，采用计划倒推模式，明显提高了生产效率；指导编制下料方案，提高了材料的利用率；主动指导改变焊接件工艺，焊接件表面质量有明显提升；在秋季为新产品双轴、高箱旋灭机小批量顺利成功投产贡献突出；车间下料焊接区 6S 管理成效显著，被评为"2014 年度先进工作者"。刘海山多次获得宁城县经济开发区和长明机械股份公司的"先进工作者"荣誉。他于 2016 年被评选为宁城县委"优秀共产党员"，2018 年获得赤峰市"五一劳动奖章"，2019 年获得赤峰市"劳动模范"光荣称号。

李胜利

内蒙古乌兰察布市四子王旗供济堂乡人，现为乌兰察布市外出务工人员服务中心党支部书记

1998年，23岁的李胜利技校毕业后到呼和浩特市务工，在内蒙古电视台维修站从事电器设备维修工作。2005年，李胜利在内蒙古电力满都拉宾馆工程部担任主管。2008年，李胜利辞职创业，注册成立了呼和浩特市邦丰电器设备销售有限公司，从事电器设备的销售和售后维修工作。几年来，他带领外出务工的乡亲们创业就业、共同致富，提供就业岗位300多个，稳定就业50多人，使大伙的收入极大提高。步入创业正轨的李胜利并没有就此满足，他抱着为家乡人做实事、做好事的想法，积极参与公益活动，扶贫助困。2012年，四子王旗在呼和浩特市务工的牛满贵一家三口遭遇车祸，生命垂危，供济堂镇政府号召乡亲们帮助牛满贵渡过难关。李胜利积极联系在呼和浩特市的企业家、爱心人士、新闻媒体，共筹集资金40多万元，保障了牛满贵一家的手术费和后期治疗费用。2017年，李胜利在走访贫困户时，遇到因车祸高位截瘫的段永彪。段永彪车祸后一直没有拿到法院判决的赔偿款，生活极其困难。了解情况后，李胜利把段永彪作为重点帮扶对象，在生活上给予他全力救助的同时，还为他申请了法律援助。经过多方努力，段永彪终于拿到了车祸赔偿款。

2013年，李胜利被推荐到乌兰察布市外出务工人员服务中心工作。工作中，李胜利依旧任劳任怨、踏实勤勉、实干沉稳，全心全意服务广大务工农牧民工，服务基层老百姓。七年间，他挨家挨户走访乌兰察布籍在呼和浩特市务工群众，分门别类、登记造册，积极宣传各项惠民政策，想方设法为老百姓排忧解难，化解各种矛盾纠纷，在就业维权等关乎农牧民工切身利益的问题上做了大量工作。在走访慰问中，遇到生活特别困难的群众，他经常自掏腰包，几年来先后救助在呼和浩特市务工的大病患者5人，通过各种渠道为他们筹集医疗费用累计50多万元。2017年，他被推选为乌兰察布市四子王旗人大代表，积极发挥了人大代表的监督、桥梁纽带作用，先后提交与农牧民工工作相关的建议议案4次。

赵海霞

鄂尔多斯市伊金霍洛旗纳林陶亥镇布尔洞塔村人,现就职于阿勒腾席热镇新北社区手缝工工作室

赵海霞,汉族,1972年1月出生。2013年作为转移农牧民进城以来,"闲不下来"的她一直在思索创业就业之路,短短几年时间,她认真学习、刻苦钻研、兢兢业业、勤勤恳恳,从一名"家庭主妇"摇身成为妇女创业就业"领头人"、手缝工工作室"带头人"。

手缝工工作室成立3年多以来,面对转移农牧民进城创业就业困难的现实情况,赵海霞以其自身的不懈努力和艰苦奋斗同政府一道共同为300余人开展创业就业手缝技能专场培训,带动200余名家庭妇女有活干、有钱赚,同时带领30余人实现了"自己动手,丰衣足食"的就业梦。作为转移农牧民妇女就业创业的典型代表,她多次接受自治区、市、旗各级媒体的采访,先后获得"美好家庭"建设之创业就业手缝工"优秀组长""手缝能手""好媳妇""最美巾帼创业者"等荣誉称号。赵海霞和她的队伍总结形成了"一拆一埋一袖"快速缝衣制边技术,不仅保证了质量,而且带来了产量的提升,同时拓宽了产品多元化销售渠道。他们不仅在羊绒制品方面持续精细化缝制,还将进一步对摆件组装、小工艺制作进行挖掘和拓展。时光不语,静待花开,从刚开始每天5~6件手缝制衣订单,到后来的每天40~50件大量订单,赵海霞用细致认真的工作态度,严谨规范的质量把控,精益求精、细致打磨每件产品,出自她手的产品受到了制衣厂家的一致认可和高度赞扬,成为多个厂家的免检产品。他们缝制的羊绒制品通过制衣厂家远销海外,每年出口6万~7万件,截至目前共缝制13万件羊绒制品,实现增收36万元。

郭智

巴彦淖尔市临河区干召庙镇胜丰村人，现就职于蒙牛乳业（磴口巴彦高勒）有限责任公司

郭智，男，汉族，1983年10月出生，函授本科毕业。2003年加入蒙牛团队成为"蒙牛人"，从最基层的机修工到如今工厂内不可或缺的技术骨干，17年来他低调做人，高调做事，将"蓝领"技术传授给全员，将创新改善坚持到底，为公司业绩做出了突出贡献；多年来他始终坚持在一线，严格要求自己，立足本职、艰苦奋斗、无私奉献，本着一个工人应有的精神，谱写了属于自己的时代风采。

作为一名设备维护人员，车间每一台设备都是他的"孩子"，他真诚以待，精心呵护，多年以来他都将自己定位为工厂的"服务者"。他始终不忘初心、真诚服务、全面维护、创新改善，为工厂的设备运行保驾护航。17年来，他和他的团队在保障工厂正常生产运营的同时，从提升员工工作效率、改善员工工作环境、降低员工工作强度、保障员工人身安全方面不断改善，创新突破，实现了从手动到全自动的重大飞跃，在创新的道路上写下了一页页辉煌的篇章！

"干一行就要爱一行，爱一行就要谋一行，谋一行就要钻一行"，努力工作，本身就是一种幸福。郭智引领的机修团队，以核心技术为立足之本，以优质服务为核心竞争力，以创新变革为设备管理优势，带领自己的设备团队持续聚焦设备管理专业化和服务体系的提升，"形成了比、学、赶、帮、超"的氛围，为蒙牛巴彦淖尔市工厂提供低成本、高效率、优质量的专业服务。在他的带领下，一大批一线技能人才典型事迹竞相涌现，包括工厂级、大区级、系统级优秀员工，还有市、县级爱岗敬业模范。郭智用实际行动感化着团队里的每一个人，团队伙伴勇于钻研和坚持拼搏的精神同样也激励着他，让他感觉到家的温暖和力量！

面对公司日新月异的发展，为了让"设备跟上产品"，他深知创新才是设备运行的灵魂。每一次设备的大修和维护，车间自动化的不断改造，产品品项的更换和升级，都是对设备运行的最大考验。多年来，创新已经成为了郭智的一种工作习惯，他凭着那股"丹心未泯创新愿，白发犹残求是辉"的钻劲，17年来共计完成创新项目300余项、重大改善项目90余项，解决了多项生产瓶颈问题，练就了许多绝技绝活，创造了巨大的经济效益。每每谈到这些，他的脸上就写满了幸福感，他经常和周围的人说，对待手中的工作，要精雕细琢，只有敬业、专业、创新、坚持才能对得起公司对我们的信任，对得起消费者对蒙牛产品的信任。

李伟

蒙古族，通辽市扎鲁特旗香山镇五段地村人，现为乌海市包钢万腾钢铁有限责任公司天车工

李伟，1987年1月出生，2006年参加工作，2007年7月加入中国共产党。李伟出生在通辽市一个普通的农村家庭里，从小父母就教育他要为人友善，要对得起每一个帮助自己的人。工作10余年来，他在平凡的岗位上兢兢业业、任劳任怨，始终严格要求自己，本着干一行爱一行的精神，以实际行动带头发挥共产党员的先锋模范作用，为公司生产和社会服务尽力竭心。

为了提高自身素质，能够胜任本职工作，李伟努力学习业务知识，取他人之长补己之短，终于使自己成为一名合格的"炼钢人"。在担任炼钢厂天车车间班工长期间，他对待工作认真负责，始终冲在工作最前面。在寒冬里他坚守在检修现场，根据生产需要改进设备，在备件有限的情况下想尽办法恢复设备运行，保证了炼钢厂生产的顺利运行。公司整合后在担任炼钢厂运行作业区作业长期间，他认真学习梳理各项规章制度及安全生产事故应急预案，并组织作业区员工进行培训学习，让员工始终坚持着"安全第一、预防为主"的原则，让每一位员工从点滴做起，保证安全生产。在炼钢厂技术工程改造期间，他主持安装天车7台及设备技术改造6项，安全隐患整改100项以上。2020年新冠肺炎疫情期间，他响应党组织的号召，主动参与公司疫情防控工作，积极参与社区疫情防控工作，为社区服务志愿者送水、送饭。随着公司不断地发展壮大，有更多的农民工兄弟成了他的同事，也有很多大学生加入到这个有着多种危险的重工业里，本性忠厚热情的他主动帮助新来的大学生们了解熟悉工作环境，热心帮助有困难的同事，经常自掏腰包去帮助身边有困难的人。

他始终不忘初心、真诚服务、全面维护、创新改善，为工厂的设备运行保驾护航。17年来，他和他的团队在保障工厂正常运营生产的同时，从提升员工工作效率、改善员工工作环境、降低员工工作强度、保障员工人身安全方面不断改善，创新突破，实现了从手动到全自动的重大飞跃，在创新的道路上，写下了一页页辉煌的篇章！

李岩

辽宁

辽宁省沈阳市法库县依牛堡子镇依牛堡子村人，现就职于法库县东润泽玉米种植家庭农场

李岩，51岁，虽然他只有初中文化，但做起事来干劲十足。2013年12月，他在法库县工商部门注册成立了法库县东润泽玉米种植家庭农场。几年时间里，通过土地流转等方式，该家庭农场现有耕地2000多亩，粮食产量超过1500吨，年利润100万元以上。该家庭农场现有办公场所占地面积300平方米，房舍9间，冷库4间，常年雇工12人，季节性雇工150多人。

2014年，该家庭农场的玉米获得农业部东北四省区"雨养农业玉米王"称号。该农场2014年获得"沈阳市示范家庭农场"荣誉称号；2015年获得"辽宁省级示范家庭农场"荣誉称号。李岩2016年被评为"农民创业带头人""沈阳市劳动模范"称号；2018年被评为"辽宁省新型职业农民创新创业带头人典型"称号。

2013年至2019年，李岩大力实行家庭农场种植品种优质化、生产规模化、经营市场化，打造出一条发展玉米、西兰花生产和销售的新路子。自2015年起，李岩开展出口创汇产业，通过与韩国泰和公司签订西兰花的出口订单，使种植的西兰花顺利出口到韩国、泰国等国家和地区。近几年，家庭农场的西兰花种植面积逐年增加，从原来的950亩增长到现在的1100亩，每亩地增加经济效益1000元，西兰花种植亩产值达到了9000元，纯利润达到了3000元。

在法库县东润泽玉米种植家庭农场的率先示范带动下，周边的玉米种植农户种植了优良的玉米新品种20000多亩，并且全部实行了玉米"大垄双行"的种植新模式，周边农户的玉米种植每亩增加产量100公斤左右、亩增加收入180元，增加经济效益360万元。

近年来，每当春播时节遇到贫困农户来他经营的农资商店购买农资时，该同志总是签一张白条就让贫困农户取走优质高产的种子、化肥、农药等农用物资，先用后结。同时，他还先后帮助100多人解决了因生产资金不足造成自主创业难的问题，带领他们走上独立生产、共同创业致富的道路。

金巨鹏

满族,辽宁省北票市上园镇朝阳寺村人,现为沈阳市大东区新金鑫达汽车配件商店店长

金巨鹏,1979年7月17日出生,是一个土生土长的农村孩子。1999年,他进入沈阳的一家汽车维修学校,经过6个月的上课学习,被分配到一家汽车维修厂工作。经过几年的学习实践和技术积累,2010年,他创办了新金鑫达汽配件商店。该商店现有常年雇工约15人,均为农村孩子,在他的带领下走上了创业致富的道路。2019年,他曾获得"辽宁省物业协会先进个人"称号。2020年,他荣获"沈阳市五一劳动奖章"。

在事业上取得一定成绩的同时,金巨鹏同志不忘回馈社会,为公益事业添砖加瓦。在康平县张强镇傲宝村村民张宏伟家中发生严重火灾时,他组织村民献爱心,助其渡过难关。同时,他热心公益环保事业,在很多方面都贡献自己应尽的力量。

2020年春节期间,面对突发的新冠肺炎疫情,他第一时间申请加入盛京义勇志愿者团队,积极组织多渠道捐款并统一购买防疫物资捐献到战疫一线工作单位,为奋战在一线的工作人员送慰问、送物资。他利用休息时间,积极协助派出所社区民警协调盛京义勇工作站其他五组人员做好巡逻、防控、摸排等工作,排查异地车辆,登记返沈人员,宣传疫情防控知识。他面对疫情,敢于冲锋,勇于奉献。

辽宁 李明

辽宁省大连市金州区石河满族镇高房身村人,现就职于大连万方化工有限公司

李明,1981年5月出生,现任大连万方化工有限公司电气车间运维二班班长。

从2013年参与工厂建设和调试开始,他就一心扑在电气设备运维上,对全厂500余台电机、400余面高低压开关柜、2 000余条控制回路,做到知根知底、如数家珍。在试生产阶段,由于66 kV变电所没有正式投运入运行,供电电源由六路10 kV临时电源提供,面对"电气人"最头疼的问题,他凭借自身积累的电气工作经验,会同监理单位、施工单位共同研究确定了四条较大容量的临时电源为生产装置供电、其余电源保施工用电的分配方案。同时,由于临时线路较多,使得供电复杂性、用电安全风险增加。他通过合理调配人员、做好应急演练,保证了在66 kV变电所正式投入运行前的过渡时期安全生产。他每天都一丝不苟地对每条线路和每个设备做好巡检,合理规划最佳巡检路线,使巡检时间缩短40分钟。近7年的时间里,当现场电气设备出现故障时,第一个赶到现场的都是李明。

石化电气设备数量较多、工艺复杂、常年运转,必须始终做到运维细心精心,抢修快速高效,李明始终坚持冲在一线做好排危抢险工作。2015年,公司发生锅炉鼓引风机变频器频率突然丢失并导致停炉问题,他立即赶到现场查找原因,与变频器厂家、通讯厂家紧急交流,提出抗干扰改造方案,不仅第一时间排除了故障,而且改造后的设备再也没有出现过类似的问题,事故的处理过程也被作为典型案例编入公司事故应急救援预案。李明注意从苗头中发现隐患,在他负责电气设备运维的近7年时间里,没有发生过一起影响企业生产和安全的电气事故。

李明不仅个人技术过硬,所带领的班组也是一流的。每当班组新人第一次上岗熟悉设备和流程时,都是他亲自带教,"手把手"地逐个环节示范,引领新人过好"第一关"。每当遇到重难点问题时,也是他亲自带领同事共同攻关,帮助大家在实践中提高技术水平。在近7年的工作实践中,他积累了6万余字的教学体会,先后有10余项工作案例纳入公司生产培训体系。在他的带领和感召下,班组建设始终走在全厂前列,在2014年、2019年两次获评"优秀班组",他本人也在2014年和2015年连续两年被评为"优秀员工"。

在2020年突发新冠肺炎疫情时,他带领班组严格执行疫情防控要求,从春节开始,连续3个多月坚守在岗位一线,以身作则地带领组员与企业共渡难关。

刘洪亮

辽宁省瓦房店市复州湾镇郭屯村人，现就职于大连锦源石油化工有限公司

刘洪亮，1988年3月出生，现任大连锦源石油化工有限公司设备检修部设备员。该同志从2014年入职以来，爱企爱岗，勤奋敬业，苦研技术，经过近6年的不懈努力，从一名普普通通的农民工逐步成长为石化设备领域的技术型专家。

刘洪亮同志于2014年成为精制车间制氢岗位副操作工，针对自身学历不高、经验不足的实际，注重从基础知识学起，从基本操作练起，虚心好问，勤于实践。他每天上班都尽早来到车间，熟悉车间设备和工艺流程，从设备基础制作、设备制作、设备安装到管线配置、阀门打压、管线打压，现场的每个细节都要看到、学到，有不懂的问题都第一时间向技术骨干请教，积累了数万字的学习笔记。

刘洪亮同志始终认为作为业务骨干就要平时看得出来，关键时候顶得上去。厂区位于海边开阔地带，风吹日晒，没有遮挡，无论是严寒酷暑还是刮风下雨，他都坚持每天一丝不苟地做好设备巡查，不放过任何一个细节，累计发现和消除问题隐患近百起。2018年，大连地区出现持续高温天气，最高温度突破了大连市有气象记录以来的历史极值。在这样极端的天气下，刘洪亮负责精制车间停车大检修中所有的施工项目，在时间紧、任务重的情况下，他带头冲在一线，每天都汗流浃背，浑身乌黑，与一线员工摸爬滚打在一起，成为大家眼中的"拼命三郎"。

刘洪亮同志爱技术、肯钻研，针对石化设备安全要求高的实际，他亲自落实各项安全措施，在精制车间PSA吸附塔本体缺陷维修期间，为确保检修安全，他对施工队的安全措施都亲自去抓，尤其是动火作业，从票证的办理到置换，再到各项防护措施的安排，都做到心中有数，忙而不乱，圆满完成检修工作。针对工厂组建时间短、设备资料管理需要完善的实际，他对精制车间、轻烃改制现有的设备一台一档进行查漏补缺，细致地查看档案室里的每本档案，对缺少资料的第一时间进行整改，逐步建立较为完备的设备档案管理体系。对现场车间上报的设备维修申报，他都要细致掌握工艺流程、工程特点，对施工异议部分都要认真研究，确保万无一失。特别是2019年精制车间承担了增加一组原料油过滤器的项目，该项目在专业技术方面高标准、严要求，他精打细算，多次与厂家进行协商，现场测量基础尺寸，保证设备快速到厂安装调试，减少了大量氮气、蒸汽以及油品和能量的浪费，为企业节省成本近百万元。在年底的技改评优中，该项目获得了全厂技改项目第三名的好成绩。

近年来，刘洪亮同志因工作突出，业务能力强，逐渐成为设备方面的技术专家。今后他将继续在石化设备领域不断学习和提升，用技术和汗水铸就未来发展之路。

辽宁

魏克强

辽宁省海城市腾鳌镇东四方台管理区东四方台村人,现就职于辽宁衡业集团有限公司

魏克强,曾任东四方台村水管员。2002年,他在东四方台村的东关地大河里,英勇救出了一名落水群众。2008年,村里为一对孤儿兄弟上大学组织捐款活动,魏克强率先捐出3 000元,带动了全村人的热心,共筹集了爱心款1.2万元。

近十多年来,他一直在轧钢企业打工,从事一线生产工作,通过自己的实际操作和不断地学习总结,很快从一名普通操作工变为轧钢技术调试岗位技术工。2016年,魏克强应聘到辽宁衡业集团有限公司,任轧钢车间代班工长。近四年时间,他凭借多年的轧钢工经验,对轧钢生产线进行多次技术革新,其中,利用现有轧辊内套转换,将原350轴瓦轧机改为树脂瓦轧机,使生产效率提高了30%,产品质量稳步提升;在初轧机组,他独自设计、制作制动翻钢系统,彻底解决了手动翻钢操作带来的较大劳动强度问题,不仅有效地降低了操作者的劳动强度,使产品产量也大幅提高。为满足客户供货需求,2018年辽宁衡业集团有限公司决定增加生产线,由两班生产增加到四班生产,同时再新上一条履带板生产线,一时间生产操作岗位空缺近80人。在招工困难的情况下,魏克强第一时间想到了自己村和周边村的村民,他通过多方联系与沟通,当年召入农民工60多人,保证了生产计划的顺利进行,提高了公司的生产能力。在这些农民工中,有两人是魏克强的帮扶对象,他们在当地是出了名的困难户,家中都有长期卧床的病人和正在上学的孩子,日常开销只靠家里的几亩地和村里的补助来支撑,魏克强每年都会带着慰问金和生活必需品去看望他们。自从这两名困难职工到公司工作,有了固定收入,保障了他们家里的日常开销,生活才有了改善。魏克强为企业的稳步发展和农民工就业、脱贫做出了卓越贡献。

在新冠肺炎疫情期间,应国家疫情防控工作的要求,公司停产近一个月,他保证每天与车间的每名工人通一次话,逐一落实没外出、聚集及消毒防护等事项,保障复工生产时人员及时到岗,确保订单按时交付完成。

四年时间,通过他的努力工作,车间的生产环境、工人的工作效率都有了很大变化,各项改革及技术革新为公司年降本增效300多万元,也曾两次被评为集团"先进个人",从一名普通的农民工成长为优秀的车间主任。

刘玉波

辽宁省抚顺市顺城区会元乡马金村人，现就职于抚顺市德恒矿山机械有限公司

刘玉波，1981年6月出生于沂蒙山革命老区，是一名土生土长的农民，2000年到抚顺市开始从事"回收废旧物品"等工作，经过拼搏努力和不懈奋斗，2010年创办了抚顺市德恒矿山机械有限公司，并落户辽宁省抚顺市顺城区会元乡马金村八组。他曾被评为"致富带头人""创业标兵"，带动附近农民工、下岗职工和待业青年就业达210人，推动了当地的经济发展和创业创新。

回首一路创业走来，刘玉波洒下了辛勤的汗水，也印下了不懈跋涉的坚强身影。他说："是沂蒙山革命老区的'红嫂精神'和抚顺的'雷锋精神'带给他创业创新不竭的力量。"创业初始，他从社会上认为最低端的"收破烂"做起，穿梭于旧货市场和街巷间，无论冬夏骑着一辆"倒骑驴"，日夜兼程践行他的"创业行动"。那段时间，身边的人说他"白天扛着太阳东奔西走，晚上背着月亮南北忙碌。破烂儿照收、杂活照干，还开过废品收购站，包过跑线小客车，买过'半截子'运货，还给人搬过砖，挖过泥"。

到了2010年，功夫不负苦心人，刘玉波通过不懈的创业拼搏，经与家人研究，最终选定在"雷锋精神"的发祥地抚顺农村干一番"大事业"——创办了抚顺市德恒矿山机械有限公司，圆了创业梦想，引领农民工兄弟走上了致富之路。

刘玉波同志在农民工群体中知名度很高，曾多年被评为优秀共产党员、学雷锋先进个人、创业标兵、创业带头人，还被推选为抚顺市中小企业联合会副会长、抚顺市山东商会副会长等。源于沂蒙山革命老区的红色基因，还有"雷锋城"良好风尚的熏陶，刘玉波带出了一支立志向上的农民工团队，创办的企业重合同、守信誉，被授予"中国合作零风险单位"等荣誉。

他在大学生和农民工创业报告会上介绍创业体会时说："一是创业要树立执着精神，看准了方向和目标，就要义无反顾地走下去；二是创业要勇于攀登高峰，在前进的道路上，无论遇到多大困难，都要挺起腰板过难关，冲过去了就是胜利者！"

刘玉波事业成功，家庭也美满幸福。他爱人陈纪云是一名年轻的共产党员，上进积极，与他携手创业，同甘共苦，面对爱人的坚决支持，刘玉波真诚地说："我们家是两个共同创业的农民工，'军功章'各有一半。"同时，刘玉波表示，立志带领身边的农民工兄弟，把家乡抚顺建设得更加有"福"又"顺"！

辽宁

武建波

辽宁省桓仁满族自治县雅河乡南边石哈达村人，现就职于辽宁雅河建筑安装有限公司

武建波，现任辽宁雅河建筑安装有限公司项目部工程队队长，具有工程师职称。勤奋好学的习惯培养了他敏锐的反应能力，施工现场的摸爬滚打为他积累了丰富的管理经验，主管施工生产的实践经验提高了他驾驭全局的能力。

武建波曾在农村任生产队长多年，有着很强的组织和领导能力，在当地的群众心目中有着较高的信誉和威望。改革开放以后，他认为只有抓住时机，带领农民兄弟走出祖祖辈辈的田间地头，才能尽快地富起来。在他的组织和带领下，他与本村的80余名能工巧匠一起到桓仁县和通化市内搞建筑。1987年，他组织各种工程技术人员105余人，协助总经理成立了"桓仁县雅河建筑工程队"，正式有了自己的招牌。

武建波坚持"百年大计、质量第一"的企业经营观念，着重从以下几个方面增强员工的质量意识。一是用"质量是企业的生命"的观念统一员工思想，树立"造房人想住房人"的职业道德。做到"干一项工程，树一块品牌，争一片信誉，争一方市场"。二是把员工素质教育放在突出位置。公司每年制订和实施员工培训计划，对从事质量管理、验证、操作人员进行专业培训，从源头上控制了施工工艺，为提高工程质量提供了保证。三是广泛组织群众性质量管理小组活动和小改小革合理化建议活动，发挥员工参与企业质量活动的积极作用。2000年年初，他所在公司不仅承建了二中教学楼、隆兴国际大酒店等重点工程项目，还开发并承建了华泰3号楼等工程。最近几年，公司又先后承建了丽水蓝湾A区和B区住宅小区、华韵水岸一期住宅小区、华韵水岸二期住宅小区、华韵水岸三期住宅小区、华韵水岸四期住宅小区，施工面积已经达到了460 000平方米，其中2016年承建的丽水蓝湾B区项目更获得了"省优质主体工程""省世纪杯优质工程"称号。

武建波原本文化水平不高，但他勇于克服困难、勤奋学习，不断积累知识和经验。在他的周围也有着一群刻苦学习、不断提高自己业务能力和管理水平的施工队伍，从而保证了承担工程的质量、提高了企业信誉，使得辽宁雅河建筑安装有限公司这个民营企业能不断完善壮大，在桓仁县建筑市场立足稳固。

武建波热心社会公益事业，积极回报社会，年年都有扶贫项目，积极捐款捐物。对一些公益事业性工程，无利润他也给予承建，如雅河教学楼及附属工程。武建波认为，一个企业协助政府做好社会工作，积极参与社会公益活动，本身就是一个负责任的企业应有的作为。

贾政文

辽宁省东港市土房南村人，现就职于东港市洁诚卫生环境工程有限公司

"与苦、脏、累为伍，与假日无缘"，这是城市环卫工人的真实写照。

贾政文，自2003年成为一名环卫工人开始，全市的26座公厕就成了他的人生重心。受老环卫工人父亲的影响和熏陶，他心里早就对环卫工作有所了解。自参加工作以来，在单位领导和党组织的关怀和教育下，更加坚定了干好环卫工作的信心和决心，他把自己的理想和目标定格在为人民群众创造更加清洁、优美、舒适的城市环境卫生上。17年来，他兢兢业业，任劳任怨，为市容环境默默奉献，以敬业忠诚、苦干实干，诠释了"80后"的卓然风采。

随着公厕的改造升级和先进设备的引进，一方面让广大群众感受到生活水平的提升和科技带来的改变，另一方面也要求环卫工人重新学习新的技能才能适应科技带来的改变。他主动报名学习驾驶，从此，既是吸粪车司机，又是淘粪工人。每天，他开着吸粪车来到公厕，再拽出吸粪管，一个公厕一个公厕地清理。学校、老旧小区附近的公厕清运是所有清运工作中的重中之重，不能有丝毫马虎。

每年雨季，贾政文会增加学校周边公厕和老旧小区旱厕的检查频率。由于人手不足，贾政文每天下班后还要坚持对重点旱厕进行反复检查，发现有冒溢迹象就要立即组织清运。在夏季和冬季，粪便清运工作更是有着常人难以想象的困难，每每遇到管道堵塞等突发紧急情况，贾政文总是带头冲在前头，顶着高温或严寒，将粪便和污水清理干净，以最快的速度恢复公厕的运行，保障了人民群众的正常使用。

2013年，丹东金矿发生重金属污染，造成当地养鱼池水污染，丹东市政府紧急调用东港等地环卫吸粪车进行污水处理，在这场与时间赛跑的战斗中，贾政文全力以赴，不顾个人安危，干的最快，拉的最多，不但为公司争取了荣誉，更是及时保护了人民群众生命财产的安全。

2018年春节前夕的一个傍晚，像往常一样巡检的贾政文经过批发市场附近的公厕时，发现那里的排污管掉进了化粪池，急需维修。在吸污车将化粪池的污水抽干后，池底露出了一尺多厚的淤粪，浓浓的氨气味令人窒息。当大家不知所措的时候，贾政文不顾自己的安危，穿上雨鞋、戴上手套率先跳进了化粪池清淤，在这种环境中持续工作了一个多小时才把公厕修好。

由于常年从事粪便清运工作，粪便溅到脸上、身上是常有的事。贾政文常常自嘲地说："家人说我身上总有股洗也洗不掉的大粪味。"其实，家人都理解贾政文工作的辛苦与不易，都很支持他的工作。

陈宝林

满族，辽宁省凌海市人，现就职于辽宁三盟建筑安装有限公司

陈宝林，男，1969年5月出生，现在辽宁三盟建筑安装有限公司工作，担任抹灰班副班长。

陈宝林于1997年进城务工，先是打短工，主要以家庭装修方面的抹灰、镶贴为主。2001年初春，他经人介绍到辽宁三盟建筑安装有限公司工作。他在认真工作的同时，利用业余时间学习，提高自己的业务能力和文化素质，更加能胜任工装镶贴、抹灰这项工作，做一名合格的建筑抹灰工。

他购买抹灰、陶瓷镶贴等方面的书籍，领导看到他刻苦钻研业务，也为他提供了抹灰、镶贴施工工艺标准等各类书籍。他利用业余时间把这些书籍中的要点摘录下来，在实际工作中反复揣摩，总结要点，施工技术突飞猛进。

在公司近20年的时间，他先后参与了十几项工程建设，其参建的工程中获得"省优质工程"近十项，获得"鲁班奖"工程三项。在2005年辽宁工学院综合教学实验楼工程中，他向时任班长的周世秋请命，周世秋在征得公司同意后，现场委任他为室内镶贴攻坚组组长。他亲自现场测量并手绘图纸，然后用计算机进行预排，绘图近百张，做到了排列合理、镶嵌正确。

通过一次创优后，他优化集成了抹灰、镶贴创优手册，其中地漏附近坡度不小于5%，正常切割镶贴既不美观也不牢固，他提出了用整块石材加工出地漏专用板块，很好地解决了这一问题；厕浴间他整理出"六对齐""四居中"镶贴创优亮点策划。

他还和周世秋一起研制抹灰专用工具，如阴角刮平器、线盒找正器、阳角抹子等，都是他亲自做样、试用，再进行推广。同时，对于一些先进工具他也比较关注，2010年辽宁工业大学图书信息楼工程中，他主张使用激光平面墨线仪进行抹灰镶贴辅助放线和检查工作，在当时是较早把激光平面墨线仪应用到抹灰领域的人。

2008年，公司委任他为抹灰班副班长，协助开展质量管理工作，他多年的经验积累发挥了作用，在抹灰工艺和施工组织方面都表现得很出色。2009年，公司承接了中石化60万吨石油储备库工程，在施工中，他亲自抄平、放线、做控制点，1.5米梅花形布置控制点，在水泥砂浆初凝后、综凝前，用自制加重刮杠尺，以控制点为圆心，做扇形扩散状刮研，保证了表面平整度达到精度要求，该工程获得石化行业"三等功"。2017年，公司承建的万得科技广场工程，应用了加气砼砌块薄抹灰系统，他总结出"七步"施工法，并亲自操作激光平面墨线仪对每面墙进行放线，保证了新工艺的施工质量一次成优。

初洪宇

辽宁省盖州市徐屯镇初堡村人,现就职于盖州市九仓建筑工程有限公司

近年来,初洪宇工作上踏实肯干,业务上刻苦钻研,不断地学习和创新工作方法,以出色的工作业绩,赢得了领导和员工的一致好评。

初洪宇于2015年4月入职盖州市九仓建筑工程有限公司,作为一名普通的工人,他白天和领导跑现场,认真学习业务;晚上在宿舍做好记录,把每天现场存在的问题用心记好,以便寻求更好的解决办法。通过他的不懈努力,于2016年7月担任维修队队长,负责外网维修工作。2017年,在公司经理的支持与帮助下,在技术部门的指导下,他不畏艰难,带领维修队员完成了公司下达的10个换热站的维修保养工作。在刚开始供热的时候,热源的大量流失给公司造成了损失,浪费了资源。为解决这一问题,他带领队员们一户一阀进行改造,特别是中海四期小区,累计更换锁闭阀2 824个,在时间紧、任务重、压力大的情况下,他们提前20天完成了所有工作,换下的旧阀如数入库。在供暖期间,由于中海四期小区是政府接手的弃管小区,在外网上存在很多弊端,造成了二次网丢水严重的现象,他耐心细致地带领着维修队员对小区的每个管道井、下水井逐个认真排查,终于在2号楼进户管道井地沟中找到了漏点,解决了每天丢水严重的现象,得到盖州市中海四期小区热用户的一致好评。

2020年1月初,由于他表现优异,工作业绩突出,被任命为担任盖州市九仓建筑工程有限公司施工的盖州市集中供热迁建项目班长。2020年1月3日,一场突如其来的新冠肺炎疫情席卷中国大地,接到防疫命令后,他主动配合盖州市繁荣村开展封村工作,调用两台车辆,组织10名工人,利用1天时间,共计完成28块板封巷口24个,采用水钻钻眼快速完成工作,配合村委会圆满完成封村任务。

2020年4月,公司开始新建热源厂,作为队长的他被调到新热源厂负责迁建工作。由于现场多工种同时作业,他根据施工进度,不断调整施工方案。在确保安全生产的前提下,为保质、保量、保进度,他带领工人们起早贪黑,吃住在施工工地,钻研新的施工工艺,总结研发了一套切实可行的先进循环流床锅炉的施工方案,从吊装到运输,从安装到焊接,每一道工序都形成规程,并准备好预案,做到了各工艺科学合理,各工序紧密衔接,使安装速度提高了30%以上,得到了领导的认可和一致好评。多年来,初洪宇同志以公司为家,刻苦钻研,虚心求教,进取心强,一直默默无闻、全心全意地为公司奉献着,始终如一地为千家万户送去温暖。

辽宁

王立楠

辽宁省阜新蒙古族自治县大巴镇半截塔村人，现为阜新昌达建筑工程队队长

王立楠，作为一名30岁的普通农民工始终牢记党的宗旨，以充满热情、积极向上的精神，务实地办实事。在工作当中，他处处发挥模范带头作用，积极主动带领村民增收致富，受到了广大村民的一致好评。

王立楠始终把带领村民发家致富作为自己的奋斗目标，他坚信要想带领村民致富必须自己先富，成为带领村民发家致富的带头人。2018年，利用高铁建设途径本镇的机会，他与村里有土建手艺的村民合伙成立了建筑队，并在中铁十二局沈阳至北京高铁工程打工，当年创收170万元，为自己致富和带领村民致富奠定了基础。2019年，他带领建筑队在中铁十二局新疆地区继续承揽高铁建设工程，创收200万余元。经过多年的努力拼搏和不断学习探索，他的建筑队规模不断扩大，现有人员90余人，并陆续购置了铲车、挖掘机等工程车辆。

王立楠积极响应国家的号召，以充分利用农村富余劳动力为切入点，实现农村富余劳动力转移就业致富。2018年在承揽中铁十二局沈阳至北京高铁工程期间，他带动42名农民工转移就业，工作11个月，每人每年收入6万~7万元，创造务工效益250万余元。2019年在中铁十二局新疆地区承揽高铁工程期间，带动60名农民工转移就业，工作11个月，每人每年收入6万~7万元，创造务工效益400万余元。2020年在福建南平市松溪县中铁十四局承揽高铁工程，受新冠肺炎疫情影响，他积极配合国家疫情防疫工作未出门。在疫情缓解后，经阜新市疫情指挥部批准和协调，在县劳动部门点对点服务帮助下，他带领首批36人从县里统一出发赶赴福建，后续又带去了62人，共转移就业农民工98人，预计2020年创造务工效益600万余元。近年来，他带领农民工实现就业244人，创造务工效益1 250万余元。

他作为组织者，在疫情期间有组织外出转移就业之时，积极做好阜新市疫情指挥部所要求的各项注意事项，保证务工人员的人身安全，不仅实现带领大家打工致富的梦想，更加带动全阜新人民复产复工、全面夺取疫情防控战役胜利的决心和信心。

刘娜

满族,辽宁省辽阳市辽阳县甜水满族乡李家村人,现为辽阳市辽阳县谢家农场负责人

刘娜是辽宁省妇女代表,曾先后荣获辽阳市"农业技术能手"、全国"抗疫"最美家庭的称号。她经营的谢家农场先后被评为"辽宁省巾帼科技培训示范基地""辽宁省最美庭院""辽宁省示范家庭农场"。2019年,在同行业评比中,谢家农场生产的"修仙岭"牌灵芝孢子粉被辽宁省商务局评为"辽宁礼物",并由王一兵市长为产品代言。2020年6月,谢家农场被评为"辽阳市重点龙头企业"。2020年7月9日,在第四届"中国创翼"创业创新大赛中,谢家农场获得扶贫专项组第一名的好成绩。

刘娜现年51岁,和丈夫谢忠伟都是土生土长的李家村人。李家村深藏在辽阳县摩天岭脚下,地域偏僻,山地多、耕地少。2000年至2009年,夫妻二人从培植食用菌开始,承包老宅后山,种榛子、养柞蚕。2014年11月,在各级政府和妇联的支持帮助下,刘娜夫妇成立了辽阳县甜水满族乡谢家大榛子种植家庭农场。

2016年,刘娜夫妇利用家乡得天独厚的自然优势,看准灵芝种植这一产业,成为当地"第一个吃螃蟹的人"。说起灵芝,刘娜心里有一个愿望。39岁时,她做了一次大手术。出院后,丈夫四处寻医问药,了解到灵芝是"抗癌之王"。灵芝孢子粉中有两大抗癌因子,一是灵芝多糖,二是灵芝三萜,这两种因子都能迅速提高人体的机体免疫力。她喝了两年灵芝孢子粉,感到身体机能有了很大改善,免疫力明显增强。为了自己和他人的健康,刘娜萌生了种灵芝的念头。

病痛让刘娜与灵芝结缘,梦想让刘娜与灵芝续缘。摩天岭脚下的李家村远离城市的喧嚣,空气纯净、泉水清澈、土壤无污染,得天独厚的自然环境非常适合灵芝生长。他们夫妇二人东拼西凑筹集资金近百万元,建起了7栋灵芝大棚,经过悉心照料,当年就收获孢子粉300公斤,产值达120万元。如今,灵芝种植已成为谢家农场的主导产业。现在,谢家农场总面积达800余亩,除灵芝大棚外,还有平欧杂交大果榛子300余亩、柞蚕场400余亩、木耳10余亩,实现年净利润百万元以上。

刘娜致富不忘回报社会,不忘扶持贫困乡亲。截至目前,她带动周边农户200余户栽植山珍,为3 500人提供就业,农民增加务工收入超过4 000元。为90户建档立卡贫困户无偿提供价值9.17万元的榛子苗11 470棵、价值3 000余元的山核桃苗600余棵,并免费提供技术指导。在她的带动扶持下,贫困户甩掉了大半辈子的困苦,迎来了幸福生活的曙光。

辽宁

杨富安

辽宁省铁岭县李千户镇花豹冲村人,现为铁岭县深山里榛子专业合作社负责人

杨富安,1980年出生,中共党员。他高中毕业后,放弃了在沈阳安稳的工作和出国赚大钱的机会,决心扎根农村,凭借家乡特有的大山,帮助家乡摆脱因山多地少而生活贫困的局面,利用现有的荒山、荒沟、荒坡开发榛子产业。他率先承包荒山并引导和说服同学及亲友参与承包,掀起了承包荒山的"承包潮"。在开发榛子产业过程中,他认识到仅有热情而没有知识和专业技术不行,于是他购买了有关榛子栽培、管理等方面的书籍,边学边干,遇到不懂的问题便上门向院校和科研专家请教。他经常参加省内外和当地各级政府举办的培训,做到了"学中用"和"用中学",逐渐掌握了榛子栽培、生产管理、加工工艺等方面的知识和技术,成为了远近闻名的懂技术、会管理、善经营的能手。他不仅能把自己掌握的技术讲解给榛农,还主动登门帮助榛农解决在生产中遇到的难题。

由于他的勤奋努力,他所承包的榛园,现已拓展成8 000亩的标准化榛园,直接带动500户以上榛农就业,仅榛子业可实现年销售收入800万元以上,老百姓富了,他本人的腰包也鼓了。为了做大榛子产品,提升榛子产品的附加值,需建设一处规模化的榛子产品深加工基地。为了筹措资金,他放弃了在沈阳购买住房,先后投入近百万元,租用原李千户镇供销社的闲置场地,建设了加工厂房并购置了生产设备和包装设备等设施,建成了榛子产品深加工的流水线,现生产的两种榛子深加工产品已投入消费市场,深受消费者的青睐,比原初加工的炒货价格增加了25%,提高了榛子产品的附加值,构建了国内最大的也是最先进的榛子深加工基地,成为榛子产业的领军人。他为了做大榛子产业和做强榛子品牌,积极倡导组建榛子协会、榛子专业合作社联合社,实行统一栽培技术、统一管理、统一收购、统一加工、统一包装、统一储存、统一销售的"七统一",引导榛子产业向规模化、标准化、有机绿色健康的方向发展。他生产的榛子荣获了"三品一标"的认证,"铁岭榛子"已被农业农村部列入了特色农产品优势区。

2020年年初,在我国遭受新冠肺炎疫情的严峻时期,他积极响应政府号召,想尽一切办法,克服困难,恢复生产,又打通了各大商超和网销等多种销售渠道,解决了榛子产品加工、滞销等问题,为企业和榛农挽回了经济损失。他还主动为贫困户送去口罩、消毒液等防疫物资,同时还主动帮扶2户建档立卡贫困户脱贫。他曾先后被铁岭县授予"十大杰出青年""优秀共产党员""县市劳动模范"等称号。

姜宏军

辽宁省朝阳市朝阳县胜利镇大嘎海图村人，现为朝阳县大嘎图土地股份专业合作社负责人

姜宏军，曾荣获2016年朝阳县劳动模范、2018年朝阳市脱贫攻坚先进个人、2020年朝阳市劳动模范等荣誉。他曾被选为朝阳县第十五届党代表。他带头发展当地杂粮产业，是全县村级组织带动村民致富的典范。

姜宏军自1990年至2007年在沈阳、本溪等地打工，从事建筑和煤矿行业相关工作。他于2007年返乡创业，从事杂粮种植，创办了朝阳县大嘎图土地股份专业合作社和朝阳县宏图米业有限公司，现有入社社员137户、入股土地1 030亩。土地入股是推进土地集约化经营的有效手段，是乡村振兴的发展方向。朝阳县大嘎图土地股份合作社成立以来，以种植绿色无公害谷子为主，实行统一种植、统一管理、统一加工与销售，2019年入股土地保低价300元，年末分红200元。合作社引进"张杂13""毛毛谷"等谷子新品种，推广新品种植面积1 000亩；架设新滴灌设施，推广谷子覆膜种植技术400亩，比裸地谷子亩增产150~150公斤，谷子每亩收入1 000元以上，比种植玉米高出近500元。合作社通过农业共营制发展杂粮生产，带动贫困户精准脱贫，全村人均增收1 070元。朝阳县大嘎图土地股份专业合作社被辽宁省绿色经济发展研究会评为"绿色产业示范基地"。

姜宏军带领村民，在原有产业发展的基础上，挖掘"大嘎图"小米的历史与潜力，做大、做强谷子产业。朝阳县胜利镇大嘎海图村位于胜利镇东北部，村域面积12 000亩，有8个村民组、380户、1 400口人、耕地6 000亩。姜宏军把谷子确定为该村的优势主导产业，辐射基地发展到3 000亩，购置了生产加工设备，获得了食品生产许可证（SC认证），实现了谷子生产加工销售一条龙。如今，大嘎海图村是胜利镇重点特色产业村，是朝阳市"一村一品"杂粮专业村，是"一园一基地"辐射村。2014年5月，该村小米成功注册"大嘎图"商标，2018年9月，"大嘎图"小米获得绿色认证，实现了产品可追溯。大嘎海图村的杂粮主导产业占全村种植业比重达到50%以上，极大地推动了种植结构调整。"大嘎图，贡米产地，朝阳品牌，绿色认证，原汁原味"这是大嘎图小米的定位，2019年年末在朝阳体育馆的农展会上，"大嘎图"小米被争相抢购。

作为一名党代表，姜宏军不仅是一名脱贫致富的带头人，更是一个有正能量、有爱心、有情怀的典范。

辽宁 丁秀霞

辽宁省大洼县新兴镇两棵树村人,现为盘锦好姐妹家政服务有限公司催乳师

丁秀霞,1968年出生。她从事家政服务业12年以来,干一行、钻一行,成为月嫂行业各项技能的"领头人"。近两年来,丁秀霞已连续为300余位产妇解除哺乳方面的痛苦与烦恼。丁秀霞在平凡的岗位上不断探索,乐于奉献,将自身所学技艺传授给他人,培养了一大批优秀的家政服务人员。

丁秀霞特别注重学习,主动报名参加了人社部门举办的家政服务培训班,学习家政服务方面的理论知识,为入行打下了坚实的基础。在入户上门进行家政服务中,她把学到的理论知识应用到实践中,在实践中不断打磨技能和提升自己的本领。入行几年后,虽然客户不断地增长,但她不止步于当前的技能水平,又南下杭州学习家政服务最前沿的技能,那次学习让她大开眼界,服务理念和技能水平得到更新和提高。利用闲暇时间,丁秀霞还自学中医理论知识和小儿推拿技术,成为盘锦好姐妹家政月嫂催乳师方面的技术担当。

在公司里,丁秀霞是当之无愧的催乳师技术能手。提起催乳技能,这跟中医按摩是分不开的。看到产妇有哺乳方面的烦恼时,丁秀霞能在第一时间找到相应的痛点,并熟练运用中医按摩手法缓解产妇的痛苦,达到顺利通乳。受到客户的一致认可后,客户之间口碑相传,介绍更多的客户给她,丁秀霞感受到了深深的职业满足感。

在给产妇按摩的同时,丁秀霞还通过温情的心理疏导帮助产妇保持心情愉悦。一般产妇都是在刚刚经历分娩之痛后,身心疲惫是最需要关爱的时候,丁秀霞会耐心地一边按摩一边与产妇交流,一是让产妇了解一些相关专业知识,二是让产妇的家人从生理角度来多多理解产妇,给予其耐心与关爱。

因为技能过硬,丁秀霞在好姐妹家政中迅速脱颖而出,并成长为公司的培训师,为身边同事姐妹答疑解惑。丁秀霞在全公司组织培训,主要内容包括院内产程护理、院内注意事项,如何跟医生、护士配合等方面。每个月对新入职人员进行培训,入职以来她累计培训200人左右。

入行催乳师以来,不仅技能越来越精湛,而且由于善解人意和乐于助人的品格,她越来越受到产妇们的喜爱和好评。

在工作过程中,丁秀霞不仅受到了客户的认可,而且还与她们成为生活中的好朋友。看到产妇家里人手少,丁秀霞就主动帮忙抱孩子、喂水、拍嗝、换尿布等。她还利用空闲时间主动为客户代劳,为他们记新生儿日记,记录孩子每天的成长变化,令产妇们感动不已。

齐华

辽宁省葫芦岛市南票区高桥镇高丰村人，现为葫芦岛市兴岛蔬菜加工有限公司法定代表人

齐华，1967年出生，中共党员。青年时期起，聪慧的齐华，就充分利用当地农产品丰富、交通便利的优势，做起了蔬菜经纪人，并将业务从当地拓展到外地，后来还从事国际蔬菜贸易，一干就长达十年之久。自己的日子过得很殷实，从小被家庭淳朴的家风所感染，乐于助人的他，看到周边的村民日子过得很清贫，他的内心总是有一种伤感，思考着如何做才能让家乡的村民一起富起来。一个偶然的机会，他在与日本商户进行洽谈时，发现圆葱种植与深加工的商机。当地土质好、深加工技术难度小、国际市场需求量大，特别是日本市场销售空间广，利润可观，他经过多方考察和调研，觉得对圆葱进行深加工这个项目可行。不久他就决定返乡与日本商户合资成立葫芦岛市兴岛蔬菜加工有限公司，带动周边百姓致富并为家乡经济发展做出应有的贡献。企业成立之初，他就确立了"为农服务、带农致富、促农增收"的发展战略方针，按照风险共担、利益共享的分配原则，与农民联手求发展。经过他多年苦心经营，建立了以高桥镇为中心的圆葱种植与销售基地，占地面积达1.5万亩。公司年产圆葱1.5万吨，成品1 950吨，年销售额达2 925万元，带动了周边多个村庄百姓种植圆葱，并对产品进行回购，切实保障了百姓的利益。

当公司走入正轨后，他没有忘记自己当初办企业的初心。身为党员的他，主动参与到脱贫攻坚的工作中来，助力百姓脱贫致富。他的企业为南票区建档立卡贫困户提供适合的岗位，极力帮助建档立卡贫困户实现就业。近年来，该公司吸纳建档立卡贫困户实现就业达50余人，平均每人每月工资达2 000元左右，真正帮助当地建档立卡贫困户实现有效脱贫增收。多年来，该公司共带动5 000余户农民实现增收，常年用工达100余人。

如今，齐华的企业效益蒸蒸日上，每年为南票区创收外汇达300万美元。多年来，在当地相关部门的帮助和大力支持下，齐华充分发挥企业助力脱贫攻坚的带头作用和企业的龙头作用，引导当地村民积极参与到蔬菜种植中来，特别是圆葱种植，无论是种植面积还是种植品质，都在当地产生了强大的影响力，为地区经济发展做出了突出的贡献，齐华也成为带领村民致富奔小康的"领路人"。

齐华的所作所为也得到了社会的赞誉，2005年被评为"优秀农产品销售经纪人"，2006年被评为"葫芦岛市十大杰出青年"，2009年被评为"优秀共产党员"。葫芦岛市兴岛蔬菜加工有限公司于2019年被评为"南票区就业扶贫车间"，齐华被选为葫芦岛市质量技术监督协会理事。

杨子亮

吉林省白山市抚松县北岗镇蒲春河村人,现为抚松县浦春河村福苑生态家庭农场负责人

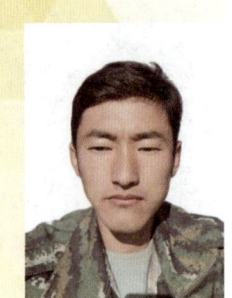

杨子亮初中毕业后辍学务农,与土地朝夕相伴,日出而作,日落而息。他的父母因身患多种疾病,丧失劳动能力,每年仅医药费就需要3万多元。为了生活,杨子亮曾选择到附近城里的工厂打工。但是生病的父母需要照顾,杨子亮只好又回到村里,夫妻二人以种地为生,家中生活拮据,种地收入难以维持日常生活,自结婚起夫妻二人为了给父母治病便四处举债。尽管辗转各地多家大医院治疗,花费了巨额的医药费,他父母的病情只是有所好转,但并没有痊愈。

在这个家庭屋漏偏遭连夜雨之时,党的精准扶贫好政策惠及了这个家庭,他于2015年被精准识别确定为建档立卡贫困户,精准扶贫好政策的落实帮他解决了基本生活的保障问题。

"纳入建档立卡贫困户之后,我家的生活是改善了很多,但'等靠要'可以富裕起来吗?"杨子亮在心里不断地反问自己。很快他坚定了一个信念:仅仅靠着政府的补贴政策只能解决眼前的困难,根本不是长远之计,要想摆脱当前的困境唯有通过自身的勤劳与努力。于是他开始为自主脱贫进行艰苦创业。

万事开头难,由于刚开始不懂技术、资金有限,种植规模小、成本高,一年下来的收入仍入不敷出。他想着如果能扩大生产规模就好了,资金问题成了最大的难题。这时候,镇包村领导知道了杨子亮的困难后,镇、村两级积极沟通与协调,帮忙申请办理扶贫贷款,为其积极争取协调资金。解决了资金问题,杨子亮看见了脱贫致富的希望。

杨子亮深知吃水不忘挖井人的道理,他说:"村里像他一样的贫困户还有不少,而且大多数都是因病因残才导致贫困的,如果能够动员他们一起发展木耳产业,或者来自己的木耳发展基地务工,自己支付一定报酬。这样的事情于人于己都是双赢的,何乐而又不为呢?"通过努力,村里种植木耳的村民逐渐多了起来,他把自家的接菌室、灭菌锅无偿借给有需要的村民。遇到不懂配料的村民,他就全程跟踪指导,无偿传授经验。遇到不懂接菌的村民,他就把自家的接菌交给妻子,自己则是谁家需要指导帮助便随叫随到,一忙就忙到下半夜。在木耳收获的季节,他优先雇佣村里的贫困户采摘木耳,带领他们增收致富。

回首自己的脱贫之路,他深知党组织对自己的帮助和关怀是自己脱贫致富的关键性因素,为此他积极向党组织靠拢,在向党组织提交的入党申请书中言辞恳切地写道:"一个人富不算富,我要带动更多的村民共同致富,早日奔上小康之路!"

李林森

吉林省舒兰市天德乡三梁村人,现就职于舒兰市三稻梁农作物种植专业合作社

  李林森,中共党员,省级乡土专家,1974年3月12日出生于吉林省舒兰市天德乡三梁村二社。他于2003年返乡创业,以发展产业带动农户脱贫致富为己任,利用当地地理环境,在三梁村带领村民发展养殖、有机绿色种植、乡村旅游、食品加工等创业致富产业,使三梁村贫困户全部脱贫,三梁村由省级贫困村一跃成为省级美丽乡村示范村。几年来,他通过种养+"三产融合"创业共直接带动80户农户共计150人就业,直接增长经济效益1 235万元;间接带动周边四个屯、200多户农户就业,间接增长经济效益1 440万元。

  2014年,李林森凭借自己多年的养殖经验成立六合源牧业有限公司。为了赢得村民的信任,他承诺村民只要入股,三年后如果企业不盈利,连本带利由他本人退还村民的入股资金。在李林森的鼓励带动下,22户农户及28户贫困户集资入股350万元,经过多年的经营,六合源牧业有限公司取得了可观的经济效益。2020年5月,当时入股的农户及贫困户分红252万元。目前,公司资产达到1 000万元,年出栏3 000~5 000头。

  作为村里人,李林森始终扎根在这片土地上,用实际行动诠释着自己的情怀和梦想,回馈着养育自己的这片土地。现在的三梁村摘掉了省级贫困村的帽子,被评为省级美丽乡村示范村;全村农户免费安装自来水,免费用水;为了解决村民看病就医问题,李林森的企业又为全体村民统一缴纳农村合作医疗费用;他又给村里建设了办公室、便民卫生所、休闲娱乐小广场、观赏荷花池、观光栈道、塑胶篮球场、村民议事中心等服务设施。用村民的一句话来说:"现在的三梁村看哪哪好,都是多亏有了李林森!"

  他2010年被吉林省评为"东北区名人名企";2013年被吉林市评为"农村实用型专家";2014年获得吉林市"劳动模范";2015年获得吉林省"乡土专家";2018年获得"吉林好人·脱贫攻坚先锋";2019年获得吉林市"优秀创业明星";2019年获得吉林省农业厅农村创新创业总决赛三等奖;2019年获得吉林省"道德模范";2019年获得吉林省"劳动模范"。

邓芳园

甘肃省合水县蒿咀铺乡蒿咀铺行政村南沟自然村人，现就职于和龙双昊高新技术有限公司

邓芳园，1988年出生在甘肃省合水县的一个小山村，由于家庭贫困，2006年高中毕业后因负担不起高额的学费，不得不放弃上大学的机会。

2007年3月，邓芳园应聘到天津双昊车用空调有限公司做一名普通学徒工人，他不满足于当一个普通工人，于是下定决心要让自己成为一个有技术专长、有能力的人。他先后购买了《数字控制的基本原理》《数字控制的实际应用与操作》等书籍进行学习，弥补了这方面的知识。从原理到实际操控，都得到了提升，也为他今后的不断探索打下了良好的理论基础。

2017年，公司购进了一批工业机器人，准备进行自动化改造。邓芳园喜欢探索和研究，他就提前做功课，先对工业机器人与自动化有关方面的知识进行学习，为下一步自动化改造做准备。公司成立了精加工车间负责中心配套机器人项目，他被分配到此项目中，负责机器人的调试和加工中心的配套作业。为了使加工中心与机器人完美结合，他和团队一起不分昼夜地工作。经过一个月的努力，他们完成了第一台机器人控制加工中心作业。

2018年，在企业面临汽车市场向新能源汽车发展的情况下，邓芳园积极参与了汽车气液分离器的研发工作，取得了重大成果，于12月获得了一项汽车空调气液分离器的专利证书。

2020年年初，一场新冠肺炎疫情突如其来，大量的医护人员奔赴前线抗击疫情。为了给奔赴前线的医护人员及防疫人员提供可靠的防疫物资，公司临时组建项目小组，对医用隔离眼罩进行专项研发。邓芳园进入项目研发小组，负责模具的加工及模具的工艺排布。因为时间紧迫，他们每天加班到12点，在一周时间里完成了第一套模具。经过多轮的讨论和再次优化，第二套模具在5天的时间里就加工完成并试模合格。

通过十几年的努力打拼，邓芳园于2006年12月取得数控车床工初级（五级）职业资格证书，2007年5月取得加工中心操作工中级（四级）职业资格证书，2019年11月取得车工中级（四级）职业资格证书。他在2016年被中共和龙市委、和龙市人民政府评为"先进工作者"；在2017年岗位练兵竞赛中，被和龙总工会评为"岗位技术能手"。他在2018年吉林省评选万名青年技术能手振兴吉林发展行动计划活动中，获得"吉林省青年技术能手"称号。他于2018年获得实用新型专利证书；2019年被评为"吉林省优秀农民工"。

周艳文

吉林省长春市榆树市大岭镇林家村人，现为榆树市巾帼草编专业合作社创建人

周艳文，中共党员，1984年出生在榆树市大岭镇林家村。她曾经是一个普通的农村家庭妇女，由于草编的力量，让她快速成长为一个草编带头人，成为榆树市巾帼草编专业合作社理事长、长春市草编协会副会长。她先后获得"全国三八红旗手"、吉林省"巾帼致富带头人"、长春市第二十三届"劳动模范""长春好人"等多项荣誉称号。

周艳文高中毕业之后，开始外出打工，在外务工的经历使她开阔了视野、增长了见识，但她始终觉得自己"根在榆树、情在榆树"。2003年，她立志回报家乡，返乡创业，创办了家庭农场。

2016年，在长春市妇联组织的草编培训班，周艳文第一次接触到草编，才知道在农村遍地都是的苞米叶子竟然能变成钱。她认识到了草编工艺品的美，也发现了草编工艺品的价值，她自己琢磨，"草编的原材料不仅简单而且环保，如果将草编当成一项事业来做，让家乡的人都来做草编，不仅能让姐妹们赚到钱，同时也能为家乡环保做出点贡献"。自此，她就下定决心当一名"草民"。在当地妇联的帮助下，当年她就成立了榆树市巾帼草编专业合作社。她一边免费为身边姐妹们培训草编技术，一边远赴义乌、广州等地开拓市场，足迹遍布5省21市。随着生产规模的扩大，周艳文带领榆树其他草编合作社成立了联合社，实现抱团发展。2017年在长春市妇联的鼓励支持下，她与朝阳、农安等地的草编带头人共同发起成立了长春市妇女草编协会，并担任副会长。

2020年，面对新冠肺炎疫情，周艳文为了帮助农村妇女实现居家隔离和草编挣钱"两不误"，组织6个草编讲师在抖音平台开直播课，现在直播课和草编教学视频的访问量已经超过300多万次了，3万多人次跟着讲师在网上学草编技术，真正做到了居家隔离和草编挣钱"两不误"。周艳文两次参加省妇联组织的直播带货活动，有效带动了草编的线上销售，通过电商直播实现了复工复产。

从普普通通的一名农村妇女，到现在的诸多光环加身，周艳文并未因此而停止不前，她说，未来她还将继续做一名"草民"，带着身边的姐妹们不断寻求、创造、突破，努力实现致富梦、幸福梦。

吉林 徐广伟

吉林省长岭县永久镇柳蒿村人，现为长岭县永久镇红圣大鹅养殖农民专业合作社创建人

徐广伟出生在美丽的柳蒿村，从小看着父母过着辛苦的生活，下决心一定要成就一番事业。1993年，年仅18岁的徐广伟带着一股子韧劲儿，骑着自行车走村串户做起了收大鹅的生意，第一笔生意赚了40元，徐广伟兴奋得睡不着觉，更加坚定了用自己的双手创业致富的信念。2003年，徐广伟不顾家人的反对，告别了妻儿老小，来到农安县的一家孵化场打工，一边打工一边学习孵化技术和管理知识，历经了三年的磨炼，他积累了足够的经验和知识，无论是对孵化器的安装、操作，还是对经营管理上的流程、注意事项，他都满怀自信。

2006年，徐广伟和爱人用东拼西凑四处借来的两万元买了三间瓦房，凭借着打工学来的经验和手艺，建立起了自己的小孵化场。夫妻俩艰苦努力，第一批2 000个鹅蛋孵化成功，一家人悬着的心终于落了地。可是，天有不测风云，成功之路更是崎岖难行，第二批价值两万元的4 000枚鹅蛋由于温度过高导致大部分胎死蛋中，这给徐广伟接下来的创业之路增加了巨大的压力，资金成了他的首要难题。但是，失败并没有击垮倔强的徐广伟，反而越挫越勇，他重整旗鼓，始终坚持着自己的创业梦想。

功夫不负有心人，徐广伟凭着大胆坚毅、思路开阔、吃苦耐劳的创业精神，再次调整孵化方式，总结失败的经验。对他来说，这一次是挫折，同时也是转折。这时正赶上新农村建设，村里的道路、电力等基础设施逐渐完善，也为徐广伟的创业之路提供了便利。

孵化事业蒸蒸日上的徐广伟怀揣一颗感恩之心，并没有因自己的获益而满足，而是想着更进一步地带动村民加入合作社，带领更多的村民共同致富，和他一同摆脱贫困，过上小康生活。2020年新冠肺炎疫情期间，鹅种蛋市场价格持续走低，养户的积极性也随之跌到谷底，徐广伟不断地坚持给养户做思想工作，鼓励大家咬紧牙关，共渡难关；为养户囤积必要的饲料做充足的准备，第一时间传达疫情情况及市场相关信息，挨家挨户告诫养户少出门、少走动，做好消毒工作，切不可掉以轻心。与此同时，徐广伟仍旧不忘奉献爱心，为本村疫情防控工作点提供了一定数量的物资，为疫情防控工作贡献了自己最大的力量。

张红霞

吉林省通化市辉南县石道河镇大场园村人，现就职于吉林省源田居土特产有限公司

张红霞，吉林省辉南县石道河镇大场园村人，现为吉林省源田居土特产有限公司负责人。她所在的大场园村曾被评为"省级电商村"，她所带的团队曾被评为"全国巾帼文明岗"。她本人曾被评为吉林省"优秀返乡创业带头人"、第七批"拔尖创新人才"（第三层次）、吉林省"劳动模范"。

张红霞于2009年7月返乡创业，注册了淘宝网店，从草根起步，咬定青山，坚韧不拔。2014年，当农村电商正兴起时，她开始在淘宝平台上经营自己的土特产品，卖的都是家乡产的蘑菇、木耳和核桃仁，一个月能卖到五六十单，年总营业额能达到5万余元。她靠诚信、绿色、滚雪球式的发展，得到了全国各地买家的认可。

2016年，张红霞离开了仅有11个月的孩子，去西安参加电商培训。学习使她真正领悟了电商理念，开阔了视野。学习归来后，她就相继注册了辉南县源田居农特产销售中心和"拔尖儿"品牌商标，开拓出"一手种植、一手养殖、一手生产、一手加工、一手销售"为一体的"五个一"的电商之路。截至2020年，她已发展全国各地代理商1 000余家，带领电商从业者和基地供货农民5 000余人，带动就业万人以上。其7大系列产品与全国多家企业达成了供货关系，产品已跨出国门销往亚洲、非洲、澳洲等国家和地区。2017年吉林省源田居土特产有限公司被省商务厅确定为电子商务村级服务站，2018年她参加南京双创博览会，被授予"全国信息入户工程绿领奖"，2019年她被评为通化市"青年工匠"。

她把绿色无公害和手工制作作为自己的发展品牌，2018年3月她在全县143村建立了"吉青家园–共享驿站"，6月成立了吉林省拔尖儿手工艺品合作社，针对家乡盛产稻草、柳条、藤条、苞米叶的基础优势和山区不乏民间编织艺人的人才优势，她遍访编织高手请教，多年潜心研究民间技艺技法，并把编织设计、色泽搭配、款式风格、销售定位有机地结合起来，经过几年艰辛探索、磨砺付出，渐渐地使她成为现代编织土专家。她聘请民间编织传人、名人、巧匠，对村民开展手工编、织、雕培训，仅2019年就举办草编培训班8期，培训学员1 200余人次。她把先进的营销理念、经营模式、包装特色、宣传策略相融合，打造了自己的电商品牌，突出产品绿色质地、手编包装的特点，使销售的每件土特产品既是一种日用品又是一件艺术品，既提升了土特产的价值还推进了当地非物质文化遗产的传承和发展，实现了"变草成金"。2019年在天猫通化人参节上，她的草编人参和五谷字画草雕作品获得吉林省草编大赛优秀奖。

贾俊刚

吉林省吉林市蛟河市黄松甸镇南顶子村人,现就职于吉林金芝楼生物科技有限公司

贾俊刚,出生于1986年3月,现为吉林金芝楼生物科技有限公司负责人。在蛟河市黄松甸镇南顶子村,只要提起贾俊刚,村里的老老少少无一不竖起大拇指。乡亲们说,他的成功创业与他坚毅的性格、执着的态度、厚道的为人密不可分。

他的家庭条件并不好,中学毕业后就不得不辍学回家务农,贫穷的逼迫,促使他不得不外出打工。种过树、下过工地、收过废品,繁重的体力劳动既满足不了一个家庭的正常开销,更撑不起一个年轻人蓬勃的雄心。

2002年,贾俊刚到银行办理了小额贷款,第一次拿出自家的土地种植木耳,并尝试种了两棚灵芝。在资金并不充裕的情况下,大部分工时需要自己和家人昼夜完成,他像照顾自己孩子一样精心料理着木耳和灵芝。功夫不负有心人,第一年的辛劳在采收期得到了满意的回报,看着丰收的果实和消瘦的自己,贾俊刚开始了真正的创业之路。

2012年,由于技术和管理出现瑕疵,他种植的灵芝感染病害,二十棚全军覆没,连成本都没收回来。这是一次沉重的打击,但贾俊刚没有就此消沉,而是复盘整个种植过程。他认识到,粗放的经营管理理念是这次挫折的罪魁祸首,他下决心提升规范化和科学化的生产管理能力。通过多方联系,他与吉林省生物研究所、沈阳农业大学建立了合作关系,由科研院所提供灵芝新品种和技术指导,他负责种植基地的管理和维护。

机会总是垂青有准备的人,正是在政府的支持和专家们的悉心指导下,贾俊刚抓住每一次学习机会,自己的技术实力和管理能力得到逐步提升。2016年,贾俊刚在蛟河市举办的创业创新大赛中获得三等奖,同年7月,在吉林省"摆渡杯"青年创业创新大赛中获得第二名的好成绩。在之后的几年里,他又先后获得了吉林省"优秀返乡创业带头人"、省级"优秀农技工"等称号。

2018年,贾俊刚承包经营新站镇的整镇扶贫产业灵芝种植项目,三年来累计种植灵芝大棚近50万段,为新站镇435户建档立卡贫困户提供了脱贫产业保障,在灵芝产业的帮扶下,新站镇435户建档立卡贫困户中已实现脱贫的有398户,入股的8个行政村每年实现村集体增收8万元左右。

贾俊刚在开展项目经营的同时,还将新站镇灵芝基地打造成当地的党建活动基地。近几年,在他的技术扶持和带动下,有80多人实现创业,2 000多人次实现就业,他在脱贫攻坚工作上的付出也得到了省委、市委主要领导的认可。

何志海

黑龙江省绥化市兰西县康荣乡荣兴村人，现就职于黑龙江省建工集团有限责任公司

何志海，34岁，高中学历，黑龙江省建工集团有限责任公司尚志市东浦小学PPP项目部维护电工，是进城务工的一名普通农民工。何志海于2002年离开家乡进城务工，在电工这个平凡的工作岗位上，兢兢业业、踏踏实实、任劳任怨、尽职尽责，严格遵守电路技术规程和安全操作流程，日常电力设备安装维护无返工、质量高、合格率100%，处于同行领先水平，多次受到项目部的奖励，为提高工程效率，保质保量地完成施工任务做出突出贡献，成为行业参标学习的楷模。他走进了优秀技工的行列，获得了各项荣誉，成长为电工行业的技术骨干，他的每一次进步都渗透着自己艰辛的汗水，更凝结着公司领导的关怀和厚爱。

"工欲善其事，必先利其器。"何志海刻苦钻研业务，努力学习专业知识，虚心向老师傅学习，向有经验的同志请教，不断提高自己的专业技能，苦练设备的操作使用。他先后自学了《电工材料应用》《实用电工技术》《电工安全操作规程》等专业技术课程，把这些知识应用到工作中去，通过实践操作和经验积累，不断掌握各种电气设备的安装、修理、保养技术，深刻理解电力施工规范规定，严格执行安全规程和防护措施，并在施工中积极推广和应用新技术、新工艺和新设备。他把各类故障排除方法全部熟记于心，只要设备出现故障，何志海就能迅速在脑海中梳理、判断，迅速找到症结所在，并精准排除。凭着过硬的技术、踏实的作风，何志海迅速脱颖而出，成为技术能手和行家里手。

何志海是项目部的技术中坚力量。他常常说，是企业培养了我，我所掌握的技术，不仅属于我个人，更属于企业，我要回报企业的就是释放自己全部的能量，带出更加出色的电工，让更多的人成为技术能手。为了尽快为企业注入新鲜的血液，他将刻苦钻研多年的技术工作经验和学习心得毫无保留地传授给新进厂的年轻电工，重点培养他们的观察能力，积极培养他们的动手操作能力，向他们传授技能，提高学员的业务知识和专业知识，帮助其解决施工中遇到的技术难题，让他们在生产中注重操作方法与技术，用理论指导实践。他在生产中与学员相互切磋技艺，总结交流施工中的经验教训，使新入职的劳务人员快速掌握操作技巧，具备操作应变能力。他带出的徒弟个个技术过硬，均成为生产技术的中坚力量。

一份耕耘，一份收获。何志海认真履行职责，恪尽职守、以身作则、勤奋奉献，干一行专一行，发挥了工匠人才示范引领作用，在电工这个平凡的岗位上，做出不平凡的成绩，用强烈的事业心、责任感和良好的主人翁精神，展现了新时代建工员工的良好风采。

李宏艳

黑龙江省七台河市茄子河区中心河乡更生村人，现就职于七台河市宏伟家政服务有限责任公司

李宏艳，1978年12月出生，中共党员，现为七台河市宏伟家政服务公司驻市人民医院患者服务中心主任。

2006年，不满30岁的李宏艳便怀揣着梦想，从七台河市中心河乡的一个小山村走了出来，开启了新的人生之路。她先后种过庄稼、当过洗煤厂和建材厂的化验员、开过粉坊和烧烤店、做过家政保洁员，2018年被七台河市宏伟家政服务有限责任公司委派到市人民医院担任患者服务中心主任。李宏艳有着坚韧的性格和永不服输的精神，无论是做什么，都立志要在平凡的岗位上创造出属于自己的价值，虽然她年纪不大，但丰富的经历和各种磨砺让这位涉世不深的农村女子逐步成长为对社会有用的新时代农民工。2019年，她作为唯一一名农民工代表参加了全市职工创业创新大会并代表全体农民工发言，她连年获得七台河市宏伟家政服务有限责任公司"优秀员工"称号。2019年，她被评为全市劳动模范，还光荣地加入了中国共产党。

市人民医院患者服务中心是七台河市宏伟家政服务有限责任公司新成立的派驻机构，拥有员工70多人，承担着市医院所有的病患护理、母婴照料、医疗超市、洗衣消杀、医院浴池、导诊送药以及各种报告单打印等多项任务。由于业务构成复杂、工作量大、管理有难度，一直没人愿意担任这个领导岗位，当公司领导找到李宏艳时，她二话不说，直接走马上任。她接手这个岗位之初，患者服务中心正处在因管理不善、严重亏损、员工人心涣散的困境之中，面对这个烂摊子，她却说："困难再多也多不过办法、压力再大也大不过信心，一切都从头学、从头干、从头开始。"两年来，她从一无所知到尽熟于心，克服了很多困难，解决了很多难题。比如，她上任后发现患者服务中心的租赁经营管理方式有很大的漏洞，针对医疗康复设备租赁时，有的病患家属使用后不及时归还、有的病患家属使用时没有而干着急的实际，她一改租赁交押金无时间节点就能使用，为计时使用的租赁方式。这一改革，大大地改善了设备的使用效率，增加了患者服务中心的收入，加上与院方的友好合作，患者服务中心的经营收入与日俱增。这都源于她勇于创新的思维、对事业的不懈追求和对压力的不畏惧。

王保胜

黑龙江省宝清县朝阳乡合兴村人,现为宝清县海之坊农产品有限责任公司负责人

　　王保胜,男,1977年出生,现为宝清县海之坊农产品有限责任公司负责人。当年,他怀揣几百元开着一辆三轮车下乡收农产品;如今,经过多年的不懈努力和艰苦创业,他有了自己的企业。创业成功后,他又热衷于慈善、扶危助困,用爱心回报社会,在拼搏与付出中演绎自己的精彩人生。

　　1994年,王保胜因为家境贫困,只完成了初中学业就被迫回家务农。原本以为靠着勤劳能改变生活现状,可这个美好的想法被现实打破了。因为雨水大,家里的几亩地半数被淹,庄稼腐烂后几乎没有收成,这对于一个靠天吃饭的贫困家庭无疑是雪上加霜。看着愁容满面的父母,王保胜想,自己年轻又有力气何不出去闯一闯。1995年,听说收农产品挣钱多,王保胜便向亲戚、朋友借了几百元,带着对美好生活的向往开始走村串巷收农产品卖给收购站,挖掘了人生的第一桶金。创业的喜悦还未退去,2008年王保胜遭遇了创业路上的一个挫折,受白瓜子市场波动的影响,当年赔了30余万元,这无疑给了他一个沉重的打击。面对困难王保胜没有消沉,而是鼓起勇气从头再来。为了摆脱困境,他冷静地分析市场需求并拓展新的领域。这一次他瞄准了另一个宝清县的地理标志产品——"宝清红"红小豆,靠着自己积累的农产品收购经验和客户资源,很快就联系到了优质货源,实现了成功转型。靠着诚信经营,王保胜获得了客户的认可。2019年,他的企业增加了农产品进出口贸易项目,申请了生产许可证并注册了企业商标"冉跃"和"兜斗豆"。海之坊的"宝清红"红小豆也因为品质上乘而深受日韩客商的青睐,旗下两个品牌的杂粮系列产品更是深受百姓喜爱。王保胜对市场的敏锐观察和应变能力,使海之坊获得了一次又一次成功。

　　王保胜在发展企业的同时,坚持牢记自己的社会责任。2019年,宝清县遭遇建县103年以来的特大洪水,全县人民投入到抗击洪水的保卫战中,王保胜第一时间筹措了价值两万元的救生衣、编织袋等物资送到抗洪一线,并带领企业员工投入到抗洪抢险的战斗中,以实际行动为防汛抗洪奉献自己的一份力量。2020年,在全面防控新冠肺炎疫情的关键时期,王保胜夫妻俩为坚守在疫情防控一线的工作人员送去了方便面、矿泉水、口罩、酒精等价值近1万元的物资,展现了新时代企业的社会担当。

沈宗凯

黑龙江省牡丹江市温春镇大莫村人，现就职于牡丹江桦林佳通轮胎有限公司

沈宗凯是桦林佳通轮胎有限公司半钢制造部一名普通的操作工，农村出身的他，吃苦耐劳、踏实钻研，参加工作6年，其中4年被评为"A档员工"，荣获"2019年度桦林佳通轮胎有限公司年度优秀员工"。一位普通的操作工、一位平凡的农民工，用自己"精益求精、追求卓越"的信念，在生产一线岗位上谱写出铿锵有力的乐曲，激励着身边更多的普通劳动者在平凡的岗位上追求"大国工匠"的荣光。

沈宗凯性情纯朴、勤奋好学，在别人看来平平无奇的操作规程，他却总爱多问几个为什么。当今劳动力市场竞争日益激烈，到处爆发"抢人大战"，像沈宗凯这样的"成手"更是成为同行眼中的香饽饽。沈宗凯是个有心人，他看到了公司招工的困难处境，也感念当地政府在技能提升和融入城市生活等多方面给予的帮助，虽然身边许多人选择了外出打工，但他没有动摇过，他说"不管干什么都不要好高骛远，干一行就要坚持干好"，朴实的话语之外，他用实际行动践行了自己的坚定信念和对岗位的热爱。

沈宗凯在生产中，对原材料的要求非常高，每生产一种规格的轮胎，他都要认真核对施工标准，将所有材料的尺寸、代码先熟悉一遍，等到生产时再一一核对。

沈宗凯岳父母家在甘肃省天水市，2020年春节前他请年假陪爱人和孩子回老家过年。谁料新冠肺炎疫情突如其来，桦林佳通轮胎有限公司成为运输抗疫物资的配套企业，经市政府批准，在大年初六启动生产。沈宗凯接到复工生产消息后马上订票返程，而岳父母和爱人坚决反对，从甘肃到牡丹江3 000多公里，即使乘坐高铁，也需要17个小时左右，感染病毒风险大，家人都说太危险。他耐心地劝说岳父母和妻子，疫情就是命令，公司生产的轮胎是防疫车辆的配套产品，生产不能耽搁。

沈宗凯默默无闻的付出、严格规范的操作，像浓缩的墨汁一样溶在水里，缓缓散开，慢慢地影响着身边一个又一个同事，正是这些无私奉献的员工，确保了公司抢险救灾车辆轮胎的配套供应，也正是因为大家的防范意识和共同努力，保障了全体员工的健康与安全。桦林佳通轮胎有限公司在疫情期间无一人感染新冠病毒，充足和高质量的产品供应为国家抗击疫情做出重要贡献，被市政府评为"牡丹江市五一劳动奖状获得者"。

徐洪刚

黑龙江省绥化市安达市昌德镇腰围子村人，现就职于大庆建筑安装集团有限公司

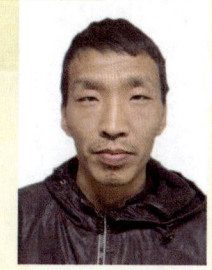

在城市的每个角落都有这么一群人，他们不是伟大的科学家，也不是拥趸无数的明星，却是这个社会不能缺少的"最美之人"。他们衣着普通、朴实厚道、兢兢业业、默默奋斗在平凡的工作岗位上，用辛勤的汗水让一座座高楼拔地而起，用实践弘扬着"工匠精神"，为城市建设"添砖加瓦"。徐洪刚，就是他们中的一员，30刚出头的他在大庆建筑安装集团仍算年轻人，但却已是有着13年工龄并熟练掌握铆工、电工、电焊工等多项专业技能的"老工匠"。从业13年以来，徐洪刚始终如一日，扎根在建设一线，坚持苦干、实干、巧干，他所参与施工的工程多次被评为省、市"优质工程"，从未发生过质量问题和安全责任事故。他带领的班组也被誉为"技术过硬、敢打硬仗、打赢硬仗"的优秀作业班组。

新冠肺炎疫情初期，全国停工、停产、停学，徐洪刚所在的大庆建筑安装集团虽进入了停工模式，但仍需大量人员值班值守，处理公司的日常工作，完成特定的工程任务。然而彼时因为春节假期刚过，很多人员或被阻隔在外地，或刚刚归来正在隔离中，公司人手严重不足。危困之际，原本不在值班值守名单之列的徐洪刚挺身而出，不但主动加入到值班值守队伍中，还为了体谅值班困难的同事，自愿要求多排班。此外，徐洪刚还积极参加社区志愿者活动，帮助居家隔离人员购买了米、面、油、菜等生活必需品，解决了隔离人员的生活之忧，安抚了他们的焦虑情绪，得到了小区居民的一致好评。

在新一代天气雷达项目复工后，徐洪刚积极响应市防疫部门的号召，想方设法筹措到各类防疫物资，在项目现场增设防疫加查员、巡察员，设置专门的隔离间、扫码牌和防疫公示告知牌，严格监督工人佩戴口罩，有序组织工人登记、扫码、测温和每日早午两次消毒，利用广播、围档、条幅开展防疫宣传，并组织开展防疫演习活动。

没有豪言壮语，但他做的每一件事都实实在在。自强不息、勇于开拓，徐洪刚就是这样始终坚守在建设一线，默默践行着做好城市建设者的初心与使命，立志打好每一道桩、焊好每一根管、做优每一项工程。他将继续用自己勤劳的双手、智慧的头脑、无悔的青春，为幸福生活筑家圆梦，为城市建设添砖加瓦，为社会发展增光添色。

许凤坤

黑龙江省依安县新兴乡爱民村人，现就职于大庆百湖家庭服务有限公司

8年前，因为家庭生活困难，许凤坤迫不得已只身一人从齐齐哈尔市来到大庆市打工。跟很多打工族一样，她也遭遇过黑中介，遭受过很多波折，然而，靠着一股肯吃苦、不服输的精神，她练就了一身"绝活"，她的微笑让人如沐春风，备受雇主好评。通过产妇们的口口相传，一年到头，她的订单总是排得满满的。靠着自己的双手，她不仅养活了一家人，让全家脱了贫，在大庆买了楼房，还把自己的儿子供上了大学。2020年她代表大庆家政选手参加黑龙江省家政技能大赛，经过激烈的角逐，她的专业技能与经验使其在大赛中脱颖而出，获得冠军。同年，她代表黑龙江省家政人参加全国家政技能大赛，彰显了龙江妹子的职业风采。

许凤坤没有很高的文化水平，但有一颗奋进学习的心，百湖的高级月嫂培训班出了名的严格，没有点毅力的人想从零基础学到全科通透，要付出的辛劳难以想象。参加培训以来，她每天早上6点钟就要起床锻炼，上午学习母婴护理的理论知识，下午进行5个小时的实操训练，晚饭后开始考核，晚上10点以后还得抱着教材背要点。虽然那段时间的培训非常艰苦，但她至今仍然感谢当年王老师的严格要求，才成就了今天的自己。

许凤坤最让客户称道的就是她过硬的技术水平和出色的应变能力。许凤坤的第一个客户是一个早产儿的家庭，她发现孩子吃奶的时候怏怏的，好像根本使不上劲，"是不是长了鹅口疮？"许凤坤把自己的想法告诉了宝宝的爸爸。宝宝的爸爸很重视，马上带着她们去了医院，找了儿科主任来看。儿科主任很肯定地说："这是奶瓣，不是鹅口疮。"听医生这么说，许凤坤也放心些了，但她还是感到很疑惑——如果只是奶瓣的话，吃奶不会是这个样子啊？过了两三天，孩子的情况非但没有好转，反而更加严重，满口都是白色的溃疡，许凤坤再次说出自己的猜测。于是，家里人带着孩子去了北京儿童医院，果然，孩子被确诊为鹅口疮。听说是家里的月嫂先发现孩子得了这个病，医生一个劲儿地夸赞她。

当年，许凤坤背井离乡外出打工，可谓是家徒四壁。现在，她做到了"金牌月嫂"，月收入过万元，凭她一个人的收入，就让全家脱了贫，"当然是很累的，特别特别累，但是这份工作付出多、工资也高，我可以靠自己的双手养活家人，把儿子培养成人。我感谢这份工作，只要身体状况没问题，就会一直做下去。"许凤坤说。

许开强

黑龙江省双城区兰陵镇广益村人，现就职于龙建路桥股份有限公司

向下扎根，向上生长。脚踏实地，步履生花。在京哈高速拉林河（吉黑省界）至哈尔滨段改扩建工程A2标段施工现场，预制好的钢筋混凝土梁整齐地码着等待运输安装。许开强正是梁厂智能钢筋加工车间钢筋班组的工长，主要负责钢筋加工、区域管理、在数控操作面板前核对数据后编入程序等的工作。如今46岁的许开强可以说见证了行业从手提肩扛到智能化操作的变迁。1993年初中毕业的他，为了养家在工地找了一份搅拌工的工作。从学徒做起，每天工作也很辛苦，第一年每个月能赚180块钱。做了几年搅拌工就转到了钢筋工，并且一直干到现在。

2019年5月京哈项目开建以来，许开强就在钢筋加工车间工作。该车间属于智能化车间，所以只有包括许开强在内的16名工人。他挑起了大梁，担任钢筋班组的工长。在工作中，他追求精益求精，加工的钢筋构件尺寸精准，绑扎焊接到位，细节完美，在上级领导的多次检查中获得好评。他是一个对企业具有高度责任感的职工，经常反复研读图纸，精确计算配料，为避免浪费，他将钢筋的下脚料、废钢筋捋直并焊接，应用在桥梁盖梁基座垫石里，几乎没有废料，做到了工完料尽，在职工中树立了勤俭节约的好榜样。由他指导加工的赶钢筋产品线型美观、尺寸精准，得到了业主的高度赞扬，他凭借自己的双手为企业赢得了多项荣誉。许开强常说"钢筋是路桥的脊背，马虎不得"。由于常年的劳累，他的身体早已出现了问题，但他仍坚守在工作岗位上，许开强同志忘我的工作精神同样也深深地感动着周围的所有职工。他的妻子也和他一样常年坚守在施工一线，作为路桥人，他付出的太多太多，他用自己的行动诠释着路桥人的平凡之美。

复工复产后，许开强牺牲了大量的个人休息时间，全力奋战在施工生产的第一线，尽全力保障钢筋加工车间各项工作的顺利开展，为前方道路桥梁的建设提供了充足的后方保障。他有着坚定的理想信念作为支撑，始终保持优良作风，锤炼实干本领，在危难之际，能够勇往直前，不怕困难。自复工复产以来，他带领钢筋加工车间的职工以任劳任怨、尽心竭力、只争朝夕的精神和尽职尽责的担当，全身心地投入到这场疫情防控的阻击战中，赶闯敢拼，默默奉献，顺利保证了年度生产任务，取得了疫情防控及施工生产的双胜利。

杨晓梅

黑龙江省齐齐哈尔市拜泉县新生乡新生村人，现就职于鹤岗市龙妹齐家家政服务有限公司

　　杨晓梅是鹤岗市龙妹齐家家政服务有限公司的一名高级月嫂。从事月嫂10年来，从一个低落无助的农村妇女成长为一名自信阳光的公司骨干，月嫂工作让她体会到了太多的艰辛与欢乐，也让她懂得了感恩和回报，她始终坚持着积极向上、努力前行的人生信条，用自己的微薄之力回报社会。

　　2010年，她来到鹤岗市龙妹齐家家政有限公司，学会了产妇生活护理、婴儿洗澡抚触、新生儿疾病观察等母婴护理和育婴知识，并以优异成绩结业，成为公司的一名正式员工。公司里的领导和姐妹们热心地帮助她，在这里她感受到家的温暖，也预见了美好的未来。

　　农历庚子，生肖之首，本以为新的开端会带来惊喜，但没想到2020年的出场方式如此特别。之前最容易做到的到医院陪产护理，在严峻的新冠肺炎疫情冲击下，入院之前必须要去进行核酸检测、验血和做肺部CT的检测。由于月嫂工作是期限性的，每26天就要换下一个家庭，所以每次换家庭时杨晓梅都要重新再去做一遍检测。检查的次数多了，连护士都心疼地告诉她这样对身体危害很大，不要太勉强自己。可是，面对着产妇和宝宝们的期盼与信任，面对着自己的职责，她告诉自己："作为一名月嫂，肩负着守护母婴健康的职责，越是到危险的时候越不能退缩，对每一位产妇负责、给每一个宝宝带来平安是她的使命。"于是，她毅然决然地坚持了下来。

　　正是这种坚定的职业操守，让她在疫情期间不忘帮助公司里的其他姐妹。公司为学员做线上培训时，她都会准时地打开手机，利用钉钉平台进行直播，将自己的经验和所学知识传授给其他学员，把月子餐的菜品做法通过录制小视频的方式教给学员，并教会了大家做家庭版的戚风蛋糕。

　　月嫂行业让杨晓梅付出了所有的热情和爱，同时也收获了累累的硕果。她在2014年鹤岗市群英杯技能大赛中获得第二名；在2018年全省首次考评员培训中取得了考评员资格证；在2018年全市技术能手比赛中获得育婴组第一名；在2019年获得鹤岗市技能大赛育婴组金奖；在2019年全省金牌家政服务技能大赛中获得育婴组金奖。现在的杨晓梅对未来的工作和生活充满了信心和期望，时常感叹当初走出农村，走进鹤岗市龙妹齐家家政服务有限公司学习真是她人生最正确的一件事，她拥有了美好的生活和广阔的发展空间，今后她将继续努力学习，提高技能，回报社会！

王开学

布依族,贵州省长顺县云盘乡扁街三组人,现就职于中国人民解放军四八〇五工厂上海船厂

王开学,布依族,1972年3月出生,中共党员。1994年,他以黔南州农民工身份派遣进入到中国人民解放军四八〇五工厂上海船厂机加工车间工作,现在是一名中级铣床技术工人。

王开学在领导和同事的帮助下,不断总结创新、改进加工工艺和操作方法,成功运用到生产和技术革新中,取得了良好的军事和经济效益。

1998年至2002年,他参与工厂研发制造的××高压空气压缩机的安装制造任务。他作为攻关小组的成员之一,全心投入、反复摸索,攻克了部分核心零部件的制造难题。最终该产品作为核心辅机成功应用于国内多种型号的舰船上,填补了当时国内的空白,2002年他被中国人民解放军总装备部授予"军队科技进步二等奖"荣誉称号。

2014年,他和铣床小组参与引进××艇柴油机关键备件的加工任务。在他的带领下,小组圆满完成了国产化研制任务的技术改进和加工制造任务,得到了工厂和军方的高度肯定。

2017年,他多次参与了××艇的抢修工程,独立完成了垂直轴与止动器传动轴装置的研发和加工任务。2018年,工厂承接了多艘浦江清扫船的建造任务,他和铣床小组不断攻克技术难关,确保了建造周期,以实际行动为中国国际进口博览会贡献了力量。2020年,围绕工厂提出的"消灭脱期、缩短修期"年度总目标,他在工作中率先垂范、主动作为,积极投入多艘海军主战装备急、难备品备件的制作和攻关,并高质量完成了各项任务,为主战装备后续修理创造了条件。

20多年来,他荣获了多项荣誉称号:2008年被评为贵州省黔南州"优秀农民工";2010年作为优秀农民工被聘为上海桥头堡负责人;2011年4月获得上海市合作交流委"五四"爱岗敬业劳动奖章;2011年8月荣获由上海船舶工业公司举办的"铁人杯"工会知识竞赛二等奖;2013年5月当选上海市总工会第十三届代表大会代表;2018年1月当选上海市第十五届人民代表大会代表;2019年12月被评为2018—2019年度上海市"优秀农民工"。

曹超

安徽省安庆市望江县华阳镇司阁村人，现就职于上海华虹宏力半导体制造有限公司

曹超，1991年8月出生，现任上海华虹宏力半导体制造有限公司二厂制造部班长（二级）一职，主要负责光刻班组的生产管理工作。自2014年4月正式加入公司以来，曹超同志始终以饱满的工作热情、认真的工作态度投身于工作中；把业务知识学习放在重要位置，并结合实践努力提高自身的业务水平。基于良好的工作表现，曹超同志于2019年荣获"上海市农民工先进个人"称号，2019年荣获华虹宏力第一季度Fab2"质量之星"称号，2017年被评为华虹宏力"优秀共青团员"。

光刻班组在使用光罩的过程中存在放反、放错的情况，可能导致现场产品出现重做、报废的风险，造成企业效益损失和成本增加。为此，曹超同志提出了光罩移栽机改造项目，全程参与并积极推动该项目进程，于2019年5月完成，彻底消除了光罩放错、放反的隐患。

为提升作业效率，降低管理成本，曹超同志积极推进光罩Online化管理系统项目，解决了光罩保管总量大、保管区域分散、无法精确定位等问题，将现场6 176块光罩做到精确Online化管理，将17 674块光罩做到集中管理和系统定位管理，相比于未改善前效率提升了33%，人力成本节约了19%。

不同种类的光刻胶容易出现更换错误或材料过期等问题，针对这一情况，曹超同志勇于创新、大胆实践，提出了一套合理有效的光刻胶系统管理方法，并在技术部门和部门主管的帮助下开发出配套的系统软件，有效规避了光刻胶更换错误的风险。

新冠肺炎疫情发生以来，曹超同志及时关注疫情的发展，迅速落实公司下达的各项任务，保证生产线的平稳运行。曹超同志主动放弃休假，加班加点投入到复工复产中，积极应对生产线的突发事件。曹超同志牵头对班组的测试硅片、光刻胶等关键物资进行盘点确认，了解库存量和到货日期，计算生产现场使用期限，保证特殊时期内物资的正常供给。

作为一名年轻的班组长，曹超同志严于律己，坚持学习业务知识，熟悉和掌握各项工作流程和操作要求，先后通过了光刻机台、MCD、OVL、AIT、ADI等主机台考核；同时，他积极参加公司组织的各项培训，包括《高级工职业技能培训》《精益化管理专修班》《一线班组骨干培训》等课程的学习，并以优异的成绩毕业，提高了自己的业务技能和理论知识水平。

作为芯片制造一线工作人员，曹超同志将在未来的工作中不断学习和实践，努力奋进，实现自我价值，为打造中国"芯"贡献自己的力量。

谢梅枝

安徽省芜湖市无为县开城镇平行政村人,现就职于上海建工集团股份有限公司

谢梅枝,1981年7月出生。在工作中,谢梅枝吃苦耐劳,努力工作,与同事互敬互爱、和睦相处。她利用业余时间忘我地学习和工作,取得了施工员、资料员等多个岗位证书。2018年她取得了钢筋工(高级)的技能证书,2019年获得了上海建工集团股份有限公司总承包部"先进班组长"称号。

她常常奔走在施工现场,及时了解工程施工的具体情况,掌握第一手资料,及时解决技术和质量问题,保证工程顺利进行。她积极投入工作的作风赢得了项目同事的一致肯定。在紧张的工期下,她严格管理,狠抓进度,保质保量完成施工计划,得到业主的一致好评。

在2011年静安区105号地块就近安置配套商品房项目建设中,谢梅枝肩负现场钢筋指导员等工作,有几十次晚上加班加到凌晨。她编制技术方案,合理安排劳动力,精心编制施工组织设计,严格把好质量关,加班加点,比原计划提前了12天完成了"不可能完成的任务",项目部这种苦干的精神受到了安置居民的好评和肯定。

在2012年七宝生态商务区17-02地块世纪出版园新建项目中,现场高峰期40台灌注桩、15台高压旋喷桩同时在施工,谢梅枝精心组织行车路线,以小时为单位排出运输车辆的进出场时间,避免了因车辆拥堵而引起的工期延误,同时狠抓安全和文明施工,做好现场维护。施工期间遇到了百年不遇的高温天气和五十年不遇的特大暴雨,为了不影响工期又要保障工人的人身安全,谢梅枝在征得项目经理同意后调整了作业时间,给办公室和会议室装上空调让工人住宿和休息,现场配备了大量防暑降温药品,现场降温茶水24小时专门有人供应。在特大暴雨来临时,她立即启动应急预案,带领工作人员连夜排水,24小时内让基坑内能够正常施工,受到了市政府和市重大办领导及集团公司的高度表扬。

在生活中,谢梅枝乐于奉献,获得闵行区梅陇镇永联村吴介巷长者照顾之家的爱心证书和蔷薇新村第二居民区总支部委员会的善行者捐赠证书,并被评为2018—2019年度"上海市农民工先进个人"。

新冠肺炎疫情期间,开城社区居委会向志愿者发出号召,设立卡点并安排志愿者值守。谢梅枝在了解到相关信息后,主动找到开城社区居委会报名参加志愿者工作。为了保障自己和其他志愿者的安全,谢梅枝主动把家中留存的口罩发放给其他值守人员。谢梅枝积极参加志愿者工作,起到了很好的模范带头作用。她每天都在卡点值守,负责宣传相关防疫政策和登记往返人员信息,并劝阻居民出行,做好居家隔离。

上海 马天

陕西省西安市周至县司竹乡油坊头村人，现就职于上海浩丰果蔬专业合作社

马天，1985年4月出生，中共党员。2007年，马天来到了金山区廊下农业园，对周边环境进行了实地考察，开始了上海浩丰果蔬专业合社的第一个260亩蔬菜种植基地建设工作。整个基地都按照GAP（全球良好农业规范）来建设。2008年浩丰金山基地正式开始投入生产，球生菜亩产量达2 000公斤以上。通过三年的实地种植，从2010年开始，马天带领公司开始对基地进行升级扩张，从260亩扩大到目前的3 200亩，年生产蔬菜5 500吨。基地主打球生菜产业化生产经营，按照GLOBALGAP标准化作业，先后通过无公害产品认证、绿色认证、GAP认证（全球良好农业操作认证），带动周边农户就业300余人，带动当地合作社销售20余家。马天先后获得2018年金山区农业委员会"十佳新型职业农民"、2019年上海市金山区总工会"鑫工巧匠"、2019年上海市金山区委员会第七届"金山十大杰出青年"提名奖、2018—2019年度"上海市农民工先进个人"、2019—2020年度金山区基层农技推广体系改革与建设项目社会专家、2019年度上海青联履职"优秀委员"等荣誉称号。

马天带领团队打造的蔬菜全程机械化种植基地得到区农委和市农委的肯定，曾举办过金山区蔬菜机械现场会、上海市蔬菜机械化现场会，曾被评为上海市都市现代农业机械化项目"承建示范点"、科技兴农项目"球生菜全程机械化项目"等，目前作为上海金山区蔬菜全程机械化的重点示范运营单位。

马天认为光靠自己种植的面积很难形成规模化和影响力，因此他采取"抱团取暖"的方式，把生菜种植技术交给基地周边农户和合作社，他来负责回收和销售。全作生产规模从260亩扩大到3 200亩，带动农户和合作社种植面积2 000余亩。

2020年新冠肺炎疫情防控期间，马天自觉承担社会责任，用实际行动，战疫情、保供应，守护百姓的"菜篮子"。为落实上海市绿叶菜保供应任务，上海浩丰果蔬专业合作社新增绿叶菜种植700亩（占全金山区新增面积的70%），基地把水稻田等所有能种菜的地方都用上了，抢收、抢种绿叶菜。为鼓励工人们一起共克时艰，马天主动给工人们增加了1倍的工资，但蔬菜坚持不涨价，让市民们能吃上放心菜、平价菜。上海浩丰果蔬专业合作社和马天在危难时期勇于承担社会责任，勇于奉献的事迹也受到媒体的广泛关注与采访报道。

作为一名新时代的农民工，马天吃苦耐劳，知难而进，在平凡的岗位上以自己的实际行动，为金山区的蔬菜种植和销售做出了应有的贡献，他也在自己热爱的事业中奉献着自己的青春年华和聪明才智。

郝英雷

河南省登封市颍阳镇于爻村人,现就职于上海机械施工集团第二工程公司

郝英雷,1991年5月出生,现任上海机械施工集团第二工程公司南干线改造工程NGX1.2标项目施工主管一职。2019年,郝英雷获得"上海市农民工先进个人"以及上海机械施工集团第二工程公司"优秀员工"和"岗位先锋"等荣誉。

2014年5月至11月,郝英雷在前滩企业天地项目担任电工。由于他工作态度认真、能力突出,2019年11月在新开工程南干线改造工程NGX1.2标项目中被任命为项目施工主管。工作之余,郝英雷不忘学习,认真工作的同时取得了二级建造师证书。

台风期间,在防汛防台抢险工作中,郝英雷始终奋战在一线,冒雨安排人员撤离。在大巴运送效率较低的情况下,他亲自开车一波一波地接送工人撤离。一直到凌晨3点,确保不遗漏一名工人。同时在应急撤离中,他主动承担起值班工作,并且提前安排放置好水泵等防汛设备,对大临的各个顶棚做好防风拉索。在工作井漏水的抢险工作中,他身先士卒,第一时间跳到井下,安排抽水工作,连续几天通宵盯着工作井的抽水作业,直到情况得到控制,才肯回去休息。

泰和污水处理厂工程是上海市最大的全地下式污水处理厂,涉及的难点众多,各专业条线交叉施工相互牵制,对工期、质量和安全而言都是极其严峻的挑战。郝英雷带领项目小青年不仅保质保量地完成了这1 681根一柱一桩的任务,并且将项目关于一柱一桩的垂直度作为课题进行研究,相关的质量控制成果也获得了上海市质量协会的一等奖和市政协会的二等奖。他还负责近197万方土开挖及运输工作的协调开展,在高峰期有2万方土开挖运输的作业量,历时大半年,完成了如此艰巨的任务。在结合逆作法施工中,他边做边学,严格管控着项目结构施工的质量和进度,终于在2018年年末,完成结构封洞的主要节点。因此,该项目获得上海城投水务项目管理有限公司2018年度"立功竞赛质量杯"荣誉。

郝英雷拥有着不屈不挠的精神,在生活和工作中,每一个困难都能力争克服,每一点曲折都当成磨炼。无论是学习知识还是培养专业技能,他总能在困境中发现属于自己的光明,他有着助人为乐的精神、着锲而不舍的状态,他懂得谦虚好学,也懂得感恩奉献。他坚信幸福是要靠自己奋斗出来的,勤恳和努力是自己的,汗水和收获也是自己的。或许他的起点不够高,但是他从没有放弃过什么,他始终没有缺失的就是斗志,他一直在为自己的未来做规划,为自己的规划而学习,在学习中刻苦努力、不断钻研、不断进步。

上海 韩凯

山东省蒙阴县垛庄镇红日村人，现就职于上海国际机场股份有限公司安检护卫保障部飞机监护科

韩凯，1990年9月出生，现任上海国际机场股份有限公司安检护卫保障部飞机监护科班组长兼团支部委员。入职之前，韩凯在武警江西总队服役，驻守南昌昌北国际机场。韩凯工作认真负责，获得了各级领导与同事们的认可，曾获"上海市农民工先进个人"及上海机场集团"青年岗位能手""优秀共青团员""十佳班组长""十佳带教员""优秀劳务派遣员工"等各种荣誉。

多年来，韩凯数次参与各类重大保障任务，曾圆满保障连续两届进博会、"一带一路"峰会、C919浦东机场首飞及金砖国家峰会等。在首届进博会保障期间，他与同事们奋斗在最一线，累计监护各类出港航班10 818架次，其中保障外国元首专机及重要警保、要客航班达211架次。每逢重要节假日，机场都会迎来运输高峰，航班起降达1 500架次/天，航班多、任务重，韩凯从未在队伍最缺人手的时候离开，始终坚守岗位，一心扑在工作上。他始终坚持严查细验的严谨工作态度，曾在一天内查获6起证件违规事件。

2020年年初，新冠肺炎疫情突如其来，在收到上级发出的防疫命令后，他立即投入到防疫攻坚战中。上班前，他为100多名队员发口罩、量体温、宣传疫情防控知识；工作时，他利用休息时间到每个休息室消毒，给队员送去新口罩和暖宝宝；在宿舍时，他每天3次对各个宿舍进行全覆盖消毒，测量、记录每位队员的体温，实时掌握他们的动向。在上海"外防输入、联防联控"口岸全闭环防疫保卫战中，韩凯组织监护队员们成立"浦东安检重点航班监护青年突击队"，并担任青年突击队队长，带领队员连续完成重点航班的监护任务，为织密上海疫情防控网发挥青年的力量。

韩凯作为专项培训的负责人，细心带教，并通过分享自己的工作、成长经历，帮助新员工更好地适应新环境，尽快融入集体，积极投入到新工作中。此外，韩凯还充分通过带教新员工的过程，不断精进自身的业务能力，通过手绘各类机型的示意图、汇总整理各航司的标志，帮助新员工尽快熟练掌握相关业务知识，更好服务飞机监护工作。

作为一名到沪务工青年，韩凯已经把上海机场当作自己的第二个"家"，始终希望能为机场的建设发展贡献自己的绵薄之力，也真切希望能为上海添一块砖、加一片瓦，用青春为这座所热爱的城市发光发热。

白浩

河南省唐河县昝岗乡刘马店村人，现就职于上海倍护婴童用品有限公司

白浩，1981年1月出生，中共党员，目前在公司担任高级产品开发工程师，运动品牌开发项目组组长，主要负责公司运动品牌的市场规划、新品开发工作。

在他担任公司船类和SUP等主要产品开发项目组负责人期间，为公司开发了多款不同结构的户外运动类产品，并成功通过了国际ISO 6185-1/-2/-3认证、德国GS认证、TUV认证、CE认证、美国NMMA认证。他曾获得发明专利7项，实用新型专利19项，外观专利31项。

2016年6月，白浩担任公司高级开发工程师并成立了"白浩创新工作室"，于2020年1月获得浦东新区人力资源和社会保障局资助成立了"技能大师工作室"，为公司培养了多名工艺工程师、高级工艺工程师和产品设计师。

白浩同志在2014年被评为"2013年度川沙新镇优秀青年"；2015被评为"川沙新镇黄楼社区2014年度优秀青年"；2017年11月被评为2016—2017年度"上海市农民工先进个人"；2018年10月被评为"上海市浦东新区青年联合会第八届委员会委员"；2019年1月被评为"浦东新区首席技师"；2020年9月被上海市浦东新区川沙新镇总工会评为2018—2019年度"川沙工匠"。

2020年1月23日，武汉发布封城消息，全国拉响抗击新冠肺炎疫情防控警报，全国人民上下一心、众志成城，作为一名共产党员，他义无反顾地成为一名户籍地人员管控的宣导员，并在1月28日通过上海市青少年发展基金会为奋战在一线的医护工作者捐赠价值1 000元的急需物资。

上海 单青艳

江苏省连云港市赣榆区黑林镇北康邑村人,现就职于安靠封装测试(上海)有限公司

单青艳,1984年11月出生,2003年从农村到上海打工,2004年加入安靠封装测试(上海)有限公司。工作至今,单青艳凭借出色的工作表现,从一名生产线的普通员工成长为独立带领近百名员工的生产线主管,2017年她又凭借优异的技术能力,从生产线主管变为测试技术专业人员。她是领导眼里的优秀员工,是同事们心里的好伙伴、好领导,她朴质、踏实、吃苦耐劳,她的成绩有目共睹,每年的考核不是杰出就是优秀,名列前茅,并多次获得公司月度的考核奖励,为创造公司业绩和打造客户满意度付出了不小的努力。她还将她的先生也带入了公司,为公司的建设添砖加瓦。

单青艳在最初进公司的时候,只是一名从农村来到大城市的基层员工,但是她非常热爱自己的工作,热爱自己所在的岗位,热爱公司,至今她已在公司服务满16年之久!她带领着这个班组、这个团队、这批姑娘,生产质量考核一直名列前茅。

2020年的新冠肺炎疫情影响了各行各业,公司也受到了影响,春节期间回老家过年的员工不能及时回来复工,生产线上的任务紧,出货不能延迟,人员不足的问题严重影响了生产进度,她带领着仅剩下的、为数不多的员工奋战在生产线上,鼓励他们劳逸结合,克服一切困难完成出货,为了准时完成出货她每天下班都是最后一个离开车间的。

宗青春

山东省桓台县邢家镇东营村人，现就职于上海浦东新区公路建设发展有限公司

宗青春，1972年5月出生，中共党员，现任上海浦东新区公路建设发展有限公司桥梁维修中心项目经理。15年来他扎根本职工作，敬业勤业，为公司的发展壮大贡献了自己的力量，成为一名优秀的共产党员和出色的公路养护带头人。

宗青春无论是任职养护工人，还是担任养护班长，他都时时刻刻冲在最前面，本着"在最艰苦的岗位上，做最优秀的养护工人"的信念，应急抢险时拉得出、打得响。他带领的市政养护班组多次被评为浦东新区"先进集体"和"文明班组"。至今为公司连续六届获评"上海市文明单位"、连续六年获评"上海市优秀养护公司"做出了突出贡献。

宗青春认为，爱岗的前提是敬业、乐业，同时还必须勤业、精业，只有精通技艺、提高本领，才能真正在岗位上起到作用，而提高本领的重要途径一是学习，二是实践。他利用业余时间埋头苦读，先后考取了桥梁养护工程师、高级绿化工、高级养护工、潜水员等含金量极高的资格证书。

仅仅在2016年，公司桩基团队就一共实施了检测项目超过100个，完成产值约1 500万元。宗青春不仅为公司取得了较大的经济效益，还为公司培养了一支打得响、拉得出、站得住的桩基检测专业队伍。

他先后成功申请多项计算机软件著作权和多项发明专利，为公司的预养护和专业养护贡献了多项实用、有效的专利和专业技术，为2015年和2018年公司两次成功获得"高新技术企业"证书做出了突出贡献。

他从养护工人、市政班长、施工员、项目经理一路走来，始终看到他对事业挥洒一个"爱"字，对业务追求一个"精"字，对工作坚持一个"实"字，对学习秉承一个"勤"字。

上海 许晓华

安徽省黟县洪星乡长春村人，现就职于上海清美绿色食品（集团）有限公司

许晓华，1985年4月出生，2004年毕业于黄山旅游职业学校烹饪专业，先后在酒店、专业化食品集团任职。2016年3月，许晓华加入清美，现任上海清美绿色食品（集团）有限公司技术工程师。

许晓华技术精湛、专业知识扎实。他提出的"增设面皮二次合压装置"工艺改进，每年为公司带来800多万的经济效益，曾获得2018年宣桥镇总工会"十大金点子"称号。2017年，因工作表现突出，许晓华被评为工程师（中级）。2018年他获得"浦东科技创新英才"称号，于2019年4月被上海市浦东新区总工会授予"浦东新区五一劳动奖章"荣誉称号。2019年12月，许晓华荣获2018—2019年度"上海市农民工先进个人"称号。

许晓华能吃苦、爱奉献，他积极参与"上海浦东—云南大理"劳务协作及人才开发工作，帮助云南大理贫困人口就业，让更多云南同胞在上海实现异地工作。2020年新冠肺炎疫情蔓延，许晓华勇挑重担，放弃自己的休息时间，积极投身集团防疫保供任务，配合落实最严格的内部防疫措施，保证最安全的食品质量，增人手、稳产能，支持口罩生产，确保清美打赢新冠肺炎疫情阻击战。

刘鹏鹏

河北省邯郸市涉县偏店乡赵峪村人,现就职于沪东中华造船(集团)有限公司

　　刘鹏鹏,1988年8月出生,中共党员,现为沪东中华造船(集团)有限公司总装一部搭载作业区六组电焊工,从事船台大合拢电焊作业10余年,先后参与了多型舰船、散货轮、油轮、重吊船、渔政船等新型舰船的建造,在公司、部门各级组织的关心指导下,他通过自身不断刻苦钻研,一方面提高自身学识,取得了大专文凭;另一方面在焊接技术方面得到了长足的进步。他在公司、中船集团公司、上海市乃至全国范围内,先后荣获了多项荣誉:2008—2011年连续三届获得公司"青年岗位能手"称号;2009年荣获公司职工技术焊接比赛第一名;同年被授予上海船舶工业"新长征突击手"称号;2010年荣获公司船舶电焊比赛第二名;2013年荣获技行天下电视大赛"最佳船舶电焊工"奖;2016年、2017年连续两年荣获公司"先进生产(工作)者"称号;2016年荣获上海市职业焊接技能大赛个人金奖,第十三届全国工程建设系统技能竞赛个人银奖,并获得"全国工程建设系统技术能手"称号;2017年获得上海市"五一劳动奖章"、第十九届浦东新区"十大杰出青年"、第十届"上海市技术能手"称号;2018年荣获中船集团公司"技术能手"称号;2018年获得上海市经济和信息化系统职业技能焊工竞赛第一名;荣获2018—2019年度"上海市优秀农民工"称号。2020年,他被聘为公司技能骨干(电焊)。

　　自进入公司以来,始终兢兢业业、师承全国劳模张翼飞的刘鹏鹏,作为种子选手率先通过了双相不锈钢焊接取证,之后作为教练指导90余名焊工顺利取证。2018年,他第一次担任总装一部焊接比赛教练,便培养出一人获得公司焊接技术比赛第三名的好成绩。

　　2020年春节期间,突如其来的新冠肺炎疫情打乱了全国人民的生活节奏。疫情就是命令,防控就是责任,在这场没有硝烟的战役中,刘鹏鹏同志用敢于担当的态度、冲锋在前的勇气、舍小家顾大家的行动,履行了一名共产党人的责任和使命。在春节休假期间,他积极参加村里的防疫工作,在村口测量出入人员的体温并进行登记,对外村人员进行劝导返程,虽然只有短短几日,但他认真做好每件小事,毫不懈怠,为家乡疫情防控献上了一份绵薄之力。

杨海

江苏省沭阳县沭城镇人,现就职于上海星成餐饮有限公司

杨海,1985年10月出生,在工作中刻苦务实,在经营中也有自己独到的思维。2015年加入上海星成餐饮有限公司(和记小菜金玉兰店),任职门店总经理兼行政总厨。杨海在到岗两个月后对门店进行大胆改革,研发并推出小海鲜及多道特色菜品,经过半年左右的调整,门店营业额从200万元左右直接提升到300万元以上,2018年起再次调整门店菜品及经营方案,推出上海早午茶和线上外卖,将门店营业额一下子提升到400万元左右,足见其独到的经营眼光。由杨海负责的多家和记小菜门店技师工作室被评为政府资助项目。

杨海勤奋好学,2014年通过培训获得由中国就业培训技术指导中心颁发的行政总厨(厨政岗位)证书;2015年被中国烹饪协会授予年度"中华金厨奖";2018年取得大专学历;2019年通过考核获得人社部门颁发的国家高级技师证书;2020年通过考核获得国家级技能竞赛裁判员证书。

杨海积极承担社会责任,2015年起参与组织策划厨艺大赛超过20场,为上海餐饮技能人才的培养做出了贡献。2019年上海中华职业学校成立"中华职业学校杨海大师工作室",并聘请杨海参与学校中餐烹饪与营养膳食专业的教学工作。他在2020年8月、9月还分别参与策划组织了世界技能大赛西餐挑战赛、中华杯长三角总厨中式烹饪大赛,为职业院校师生提供了良好的交流提升平台。

曼菊侠

安徽省阜南县三塔镇葛庙村人，现就职于上海新镇江酒家经营总公司

曼菊侠，1970年5月出生，中共党员，现任上海新镇江酒家经营总公司富春小笼馆点心部主管。自2003年以来，曼菊侠同志踏实肯干、积极上进，一直在点心部从事制作小笼包的工作。

她勤奋进取，孜孜不倦钻研技术，取得了中式面点师（高级）的资格证；她经过多次的改良与调整，带领她的点心部同事，将点心出品技术确立下来。她利用休息时间，开设"侠姐进修班"，以老带新，毫无保留地把自己的手艺传授给所带的徒弟，日复一日年复一年，为富春小笼馆点心部输送了一批批基本功扎实的新鲜血液。她"疫"往无前，立足岗位，勇于担当，在疫情暴发期间，放弃回家过年，选择留在上海，通过微信群、短信、电话等方式尽可能地联系到更多的员工，第一时间安抚员工，稳定员工情绪。她组织在沪过节的点心班组成员，加班赶制点心，向日夜工作在战役一线的白衣天使和警察同志表达敬意，在新冠肺炎疫情爆发期间发挥了积极作用。

凭借着"择一事，终一生""终一生、专一事"的耐心和韧劲，曼菊侠以不甘平庸的钻劲，在小小的点心间实现着自己的人生价值，以她的实际行动诠释了新时代农民工的不懈追求。

曼菊侠多次荣获新镇江总公司"先进工作者"、富春小笼馆"先进个人"称号，还获得开开集团2018年度劳动竞赛"新星奖"。她于2019年获得2018—2019年度"上海市农民工先进个人"称号。

程流风

湖北省黄梅县黄梅镇人，现就职于上海徐房房屋维急修中心

程流风，1983年11月出生，中共党员，现为上海徐房房屋维急修中心零陵分中心水电维修队队长，具有水电工（高级）、智能楼宇（中级）执业资格和技术等级。他曾相继获得"上海市五一劳动奖章""上海市优秀农民工"、上海市物业管理行业"最美物业人"、上海市物业管理行业"优秀服务能手"等称号。

在2020年新冠肺炎战疫期间，他的队里9名维修工有4人回外省农村老家过年。在人手紧缺、任务繁重、父母急需他回家照顾的考验面前，作为一名共产党员的程流风处处发挥党员先锋模范作用，挺身而出，勇挑重担，舍自我小家，想百姓大家，从腊月二十八开始就连续几个月加班加点接单，坚守维修工作岗位不动摇。程流风冲锋陷阵在防疫最前沿，为湖南、天平、斜土、枫林、徐家汇等5个街道数十万居民提供24小时全天候物业应急维修服务。

程流风为人诚信朴实、内心充满正能量。多年来，他热心参加社会公益事业，成为徐房应急"宅维修"橙色联盟志愿者服务队的主力队员。

上海有一所公益性康复中心，天热的时候房间里没有电扇与空调，老师和小朋友夏天很是难熬。程流风得知后，主动带领团队利用两天时间，为康复中心装上了10多部吊扇。他致力于为社区残疾人士家庭提供上门服务，对使用不便的设施进行改造，尽自己的能力为弱势群体创造生活上的便利，赢得了居委会干部、社区居民的一致好评，测评满意率达100%。他与队友为徐家汇社区450户独居老人家庭检查水电煤气获得称赞，良好的口碑让程流风和他的团队与社区建立了长期的服务合作关系。徐汇区80%的老干部家庭日常维修都在程流风所管辖的区域。在推进该区"燃气报警器进老干部家庭"办老实事工程中，程流风团队将实事工程打造成为放心工程、安全工程和幸福工程，受到329户老同志的充分肯定。而他参与的徐房应急"宅维修"橙色联盟志愿服务项目，被市委宣传部授予"群众喜爱的培育和践行社会主义核心价值观项目"。他所在农民工党小组也被评为"上海市物业管理行业建设先锋示范窗口"。

伟大出自平凡，英雄来自人民。10多年来，程流风弘扬劳动精神，传承房修技艺，为实现"服务百姓安居梦"而不断奋发有为，不断逐梦前行。用幸福奋斗的青春韶华和无私奉献的职业情操，为改善市民居住环境、创造百姓美好生活而不断创造新的工作业绩，不断书写新的人生篇章。

赵威

江苏省泗阳县众兴镇人，现就职于上海万宏印刷有限公司

赵威，1984年5月出生，中共党员，现任上海万宏印刷有限公司副总经理，2019年被评为"上海市农民工先进个人"。

赵威于2005年进入上海万宏印刷有限公司工作，担任晒版工。短短几年，他在业务生产领域的技术和管理水平不断提高，开始接手并主管技术和质量两个部门。

为了开拓公司业务，他对现有的技术进行革新。公司成立了以赵威为首的技术攻关小组，参与到新产品的开发中。赵威不分节假日，不断对设备进行调试及摸索，突破了薄克重复膜纸无法机械制袋的技术瓶颈，获得了日本大客户伊藤忠物流快递袋的跨国订单。在热敏纸产品设备流水线的自主研发上，赵威通过将包装机设备进行技术升级，打败国内同类设备并领先制造商，媲美日本、欧美产品，成为业界一流的加工流水线，得到泰国同行的认可并出口了该套设备。书包面产品的开发烦琐复杂，接到产品样本后，赵威再次带头组织技术骨干，排除万难，接下这个产品。通过他不断突破，不断革新，公司的多项研发产品及技术攻关最终获得了成功，公司的产品有了进一步升级和再创新。2012年，赵威担任上海万宏印刷有限公司副总经理，他在各部门、车间推进ISO执行标准，加强了企业产品的市场竞争力、工艺先进性，从而提高了企业的品牌影响力。

为了生产出能与国际知名品牌竞争的气泡信封袋，赵威又率领全厂技术骨干，先后对设备、工艺进行了20多项技术升级，最终成功击败了全球软包装巨头美国希悦尔。近年来，赵威先后为公司获得了15项专利，万宏印刷有限公司还被评为"高新技术企业"。在以赵威为代表的全体职工共同努力下，企业经营业绩连续稳定快速增长，主营业务从2015年的3 846万元到2019年的9 100万元，同比增长了近240%。

新冠肺炎疫情期间，赵威发挥了一名党员领导干部的带头任用，始终坚守一线，迅速响应中央、市委、区委和集团党委的疫情防控管理机制，通过微信群将疫情防控信息渗透到每一个班组。同时，他还实时追踪既定的出货计划，急客户所急，不停地与货代公司及海关保持联系，主动带头提前完成出货安排，截至2020年2月8日已完成13个40尺高柜的出货量。

15年的青春，对一个人来说是珍贵的。15年的坚守，对于一个在制造行业的人来说是艰苦的，也是最为充实的，因为只有付出才会有所收获。15年的奋斗，对于一个不忘初心、牢记使命的人来说是艰辛的，也是最为甜美的，因为只有坚持并且不懈努力才会有希望。

刘少帅

山东省德州市平原县大陈庄村人,现就职于上海消防技术工程有限公司

刘少帅,1986年5月出生,自2006年7月参加工作以来一直就职于上海消防技术工程有限公司,曾荣获2018年"上海市五一劳动奖章"、2019年"上海市农民工先进个人"等荣誉称号,并作为上海市农民工代表参加了2018年中华全国总工会第十七次全国代表大会。工作期间他通过不断努力,取得了公安部颁发的高级爆破工程技术人员证书,多次参与上海市爆破和拆除行业技术规程、预算定额的编制工作,并在国家级行业期刊《中国爆破新技术》上发表论文十余篇。他在水下沉船爆破和地铁盾构机清障爆破两个领域掌握先进技术,处于国内领先水平,在实际工作中结合实践获得了2项计算机软件著作权和3项实用新型专利。2019年,他主编的《上海市房屋拆除安全管理手册》《拆除工程技术规程、装备、工艺的研究和推广》为行业标准化、统一化、样本化管理提供了依据。

2012年,他的论文《冷却塔爆破拆除切口定向窗形状选择的探讨》获第十届全国爆破学术会议"优秀论文奖"。2016年,他的论文《爆炸切割结合沉管技术在盾构穿越障碍的应用》在中国爆破协会学术交流会议上被宣讲,提高了上海爆破行业和该公司在中国爆破界的声誉。

陈琳

江西省宜春市奉新县干洲镇三溪村人,现就职于上海悦华物业管理有限公司

陈琳,1980年9月出生,中共党员,现为上海悦华物业管理有限公司水电修理工、虹口区江湾镇街道虹馨志愿者工作室负责人。他曾获"全国首届优秀敬老志愿者""上海市农民工先进个人""上海市优秀志愿者"等称号。

2015年,陈琳光荣地加入中国共产党,他发起成立虹馨志愿者服务队,组织江湾镇70多人加入志愿者队伍。据江湾镇街道党群服务中心统计数据显示,自虹馨志愿者服务队成立以来,共开展志愿服务352场次,受益者达31 900余人次。他带领这支队伍为创建文明社区、美丽家园、幸福江湾付出了巨大的努力。

自2011年至今,陈琳定期在江湾镇街道敬老院做义工,院内所有门窗、纱窗、雨棚全由他负责免费保养维修。他常去看望老人,主动安装护手架,保障老人的安全。他自发购买防褥疮气垫床,送给长期卧床不起的孤寡老人,并想方设法为敬老院送去保温餐车,解决老人冬季食物保温难的问题。陈琳的善举和爱心,感动了敬老院所有的老人,大家都纷纷赞扬陈琳是新时代的好青年。

2015年,陈琳与上海市皮肤病医院麻风病致残者病区的麻风病致残老人结下不解之缘。那年春天,朋友请陈琳帮忙一起到上海市皮肤病医院为麻风病老人理发。陈琳二话没说就跟着去了,但现场场景着实让他吓了一跳,满屋子都是麻风病致残老人,让人心生恐惧,但他心中毅然决定要一辈子为这些患麻风病致残老人做好义工服务。为麻风病致残老人理发,一直是医院的一大难题,前后更换了数人,但陈琳一做就是五年。

新冠肺炎疫情防控期间,陈琳带领着他的团队更是一直奋战在疫情防控的一线,不分白昼和街道干部一起,检查小区安保工作,守住小区最后一道防线。疫情期间,对于居民的突发事情,如换水龙头、清洗空调、为高龄老人送菜上门等,他都积极参与。

更令人感动的是,他不但自己投入抗疫工作,还发动了家人。陈琳一家一直以来也是志愿者家庭的典型代表,多年来积极参与社区、学校的志愿者活动。这次陈琳全家又加入抗击新冠病毒防疫阻击战行列中,执勤、捐款,始终冲在前列。

多年来,陈琳积极发挥党员先锋模范作用,积极开展志愿服务,开拓公益资源整合平台,创新志愿服务管理模式,让志愿服务组织专业化运作。他付出了很多,得到大家的肯定,在他身上,志愿服务精神一直在闪闪发光,并将不断延续与发展。

上海 杨永前

江苏省如东县兵房镇徐征村人，现就职于上海南迅电梯有限公司

杨永前，1972年11月出生，现在上海南迅电梯有限公司电梯维修保养部工作。

1992年杨永前怀揣梦想，离开故乡来到上海。刚入公司接触电梯时，他深感自己专业知识缺乏，为能够出色地完成公司的各项工作，他刻苦钻研电梯安装维修知识，不断提升自身的专业水平。他在认真工作的同时，从电梯安装维修初级工开始，通过一级一级考试从中级工、高级工、技师和高级技师，成长为一名资深的专业技术人员。他经过公司实施的技能人才轮岗培养、技术培训、师带徒等培养机制，也由于自身的勤勉、精艺、敬业、担当、努力而逐渐成为公司首席技师。

1996年接到保养上海图书馆新馆任务时，他才刚从安装部调到维修保养部，那时他日夜奋战在一线，努力刻苦钻研先进的维修技术，不断提升自身的技术水平。在一次次繁复的接待保驾中，电梯均处于正常状态，未出现过任何故障，使公司良好的形象得以树立。2001年至今，在维保上海市市政府建设重点项目——上海艺海剧院时，他带领维保人员根据剧院演出的需要、会场安排、各剧团工作排练等不同要求，与用户单位制订方案，对演出、会议等涉及场所的电梯进行前期维保检查，提供会议期间的现场保驾护航工作，为剧院电梯的使用提供了安全可靠的保障。

2009年世博会期间，在公司维保部带领下，由他参与负责的电梯维保"绿色通道班组"主动发起号召，为迎接世博会顺利召开，创建电梯维护绿色通道，确保广大用户上下通达、进出安全，真正把"为用户提供全方位的优质服务，以用户满意为目标"的服务理念落到了实处，为创造和谐社会、塑造上海良好城市形象、确保世博会期间电梯的安全保障做出贡献。2010年4月，该"绿色通道班组"荣获了"2009年上海市用户满意服务明星班组"称号。

对于新人的扶持，他会毫无保留地将积累多年的电梯维修技术传授给后辈。2018年1月，公司聘请他为电梯安装维修首席技师，聘期5年，并成立了首席技师工作室，同年9月获得杨浦区2018年首席技师工作资助。在公司首席技师制度的保障下，他带教了一批又一批的维保一线工人，他不仅对徒弟们进行传、帮、带，还主动组织培训和分享经验，并辅以理论辅导、实操演练、技术比武等形式穿插开展，使徒弟们的技能得到实质提升。多名一线工人从零基础开始学习，先后取得了电梯维修保养初级工、中级工、高级工、技师和高级技师的证书，成为公司电梯维保队伍的骨干和中坚力量。

周安叶

南京市浦口区桥林镇双垅村人,现就职于中冶宝钢技术服务有限公司

周安叶自2000年进入中冶宝钢技术服务有限公司以来,从一名普通的检修工人做起,在岗位上工作认真踏实、勤勉学习、积极向上。他不仅在各阶段的岗位工作中出色地完成各项工作任务,还不断利用工作之余努力学习各项生产技能和管理知识,完成了从一名普通的检修员工到重要生产岗位管理人员的蜕变。

周安叶带领的"设备管理作业区"团队在2014—2016年连续三年获得了第三分公司双文明建设"优秀作业区";2014—2015年连续两年获得中冶宝钢技术服务有限公司年度标准化作业推进"示范作业区";2014年获得宝钢股份有限公司运输部颁发的先进集体"周辉奖";2015年获得宝钢股份有限公司"银牛作业区";2016年获得宝钢股份有限公司"金牛作业区"荣誉称号。

周安叶2014年荣获中冶宝钢技术服务有限公司"管理创新奖";拥有"带式输送机自动张紧区域皮带保护机构"等三项专利;"一种钢丝内衬输送带翻身装置及翻身方法"项目在第八届国际发明展览上获得"发明创业奖·项目奖"铜奖;"降低二程船靠离泊风险系数基数及方法"项目获得第二十八届上海市优秀发明选拔赛优秀发明银奖。

20年来,周安叶坚持不懈、脚踏实地,用实干证明自己,也获得了各级组织的肯定。他于2015年、2016年连续两年荣获"优秀作业长",2016年第三分公司"先进个人",2016—2017年度"上海市优秀农民工",2018年中冶宝钢双文明建设"先进个人"等荣誉称号。

段建灵

云南省大理白族自治州巍山彝族回族自治县大仓镇人，现就职于上海电气上重碾磨特装设备有限公司

段建灵，1984年5月出生，现为上海电气上重碾磨特装设备有限公司特装车间装配工，主要从事成套设备的装配调试、现场安装调试和技术服务工作，擅长超大型设备的装配调试。他于2016年荣获上重碾磨特装设备有限公司"青年岗位能手"称号，2017年荣获上重碾磨特装设备有限公司劳动竞赛"先进个人"，2019年荣获2018—2019年度"上海市农民工先进个人"，2019年荣获上重碾磨特装设备有限公司年度劳动竞赛模范。

为了更多地掌握装配钳工领域丰富的经验与知识，段建灵曾多次积极要求参与很多产品的装配攻关工作，其诚恳的工作态度和出色的工作能力多次得到领导和身边同事的认可。第一个被他突破的"技能"就是当时公司四类重点产品之一的"压机装配"。在短短的几年时间里，他完成了一系列不同型号、规格的压机装配任务，有辽宁忠旺的12 000吨、7 500吨油压机，山东山星的12 000吨双动油压机，重庆中远萨帕的12 000吨油压机，无锡的7 500吨油压机。其中，辽宁忠旺、重庆中远萨帕等产品都是在厂内完成装配调试后再到现场指导安装，全过程他都参与其中，甚至主导完成。2012年，他通过培训取得了钳工三级证书。

2016年10月，新日铁轧机项目在车间36米跨全面铺开，装配节点一再告急，日方用户每天有近20人的团队在公司现场进行检测验收，目标直指集港节点。公司领导多次深入车间，动员一线员工并要求以段建灵为骨干的装配班组务必确保质量且准时发运。段建灵迎难而上，主动担当，作为作业组领头人，完美地完成了世界上第一台可移动式牌坊的轧机装配。2018年10月，段建灵和团队成功克服技术难点，先后完成了产品的装配和现场安装任务，得到了用户专家组的高度评价。段建灵用实际行动再次证明了自己的综合实力，用实际行动回报了企业对自己的培养。

2020年新冠肺炎疫情期间，段建灵积极要求加入志愿者行列，每天坚持把工段的几个更衣室、办公室进行早晚两次消毒，早上和中午负责提醒相关工作人员进行体温测量并登记。

复工复产后，在车间的及时安排下，段建灵带队再次完成了2PC-2022双转子破碎机的总装与调试。通过几个月的努力，装配工作任务的总体产出已经后来居上，满足了产出时间节点要求。

段建灵工作上踏实肯干，技术上精益求精，思想上积极进取，是公司当之无愧的优秀一线员工。

刘伟才

江西省赣州市于都县禾丰镇园岭村人，现就职于上海亿力电器有限公司

17年来，刘伟才立足岗位刻苦学习、钻研技术，从一名普通技术员成长为一名技术经理，曾先后获得多项发明专利（包括PCT国外专利），为公司成为国际一流高压清洗机供应商做出了优异的成绩，在行业中发挥排头兵作用。

刘伟才于2003年到公司的时候是一位普通的技术员，最开始从事过研发实验室的测试工作。在测试期间，刘伟才努力学习岗位技能、测试标准。在做测试的过程中，刘伟才对高压清洗机的难点和问题有着最直接、最及时的感受和发现，而且也深知破解这些难点和问题的过程恰恰蕴含着很多的创新机会，于是刘伟才在做测试的同时挤出大量的时间来琢磨高压清洗的工作原理、结构、失效模式与改进方法。2005年，刘伟才被调入技术科从事高压泵开发工作，成为了一名设计工程师。

在做设计开发期间，为了使工程师的设计工作更加高效，他设计了"EXCEL高压清洗机设计计算模版""高压清洗机压力－流量－孔径曲线与参数对照表"。以上电子计算模板与数学模型的建立，是他立足本职工作刻苦钻研、理论联系实际的成果。

刘伟才先后参加了公司安排的技术、管理方面的课程培训，如《研发管理实务》《APQP先期产品质量策划》《项目管理》《知识产权基础》《创新基础知识》《TRIZ创新设计》等课程。他于2019年取得了专利管理工程师（中级）证书。

刘伟才刻苦钻研、勇于创新，2005年至今，为公司开发了众多的核心技术，其核心技术目前一共获得5项发明专利、10项以上实用新型专利。相关专利分别荣获2017年度"上海市高新技术成果转化项目"、2015年度"闵行区科协群众性科学试验及技术革新成果三等奖"、2010年度"闵行区科技成果三等奖"等荣誉。

在2011—2013年期间，刘伟才资助了一位因自幼失去父亲而家境贫寒的孩子上大学，目前该同学已经大学毕业，也投入到了建设美丽上海的工作中来。

2020年新冠肺炎疫情发生后，刘伟才针对疫情对本部门工作的影响，积极主动联系公司领导商讨对策。通过网络与家中的个人电脑，组织研发人员开启"家庭办公，远程讨论"的工作模式。为了使这种分布式远程办公能够有更好的工作效果，他们进行了分组工作模式，其中刘伟才领导的小组开展了新一代泵的策划与部分设计工作，开始进行公司目前产品的问题点收集汇总以及相应的对策讨论，最后形成总体的技术方案。

上海 杨梅

辽宁省鞍山市立山区沙河镇羊草庄村人,现就职于上海丹森科技有限公司

杨梅,1976年10月出生,于2014年加入上海丹森科技有限公司,担任售后服务经理职务,先后在上海虹桥机场1号、2号航站楼、上海浦东国际机场1号航站楼、国家会展中心(上海)和上海中心大厦项目中全面负责弱电通信的运营维保工作。在杨梅的带领下,丹森科技开创了"123售后服务"准则,引领了整个行业的创新发展。

由于杨梅在工作上不懈地努力和创新,她获得了2016—2017年度"上海市农民工先进个人"的荣誉。获得此奖项后,她不忘初心,砥砺前行,比以往更加积极和努力了,之后她所带领的团队又相继获得了2017年上海虹桥机场设备设施零缺陷管理项目"优胜奖"、2017年上海机场集团"团队协作奖"、2018年上海消防行业协会消防气动窗系统技术改进"一等奖"、2018年上海虹桥机场"优秀委外管理奖"、2019年虹桥机场年度"优秀委外管理奖"、2019年虹桥航站楼"安全生产先进单位"。2018年,杨梅获得BOMA(国际建筑业主与管理者协会)高级管理资格证书、2020年企业员工"防疫先进工作者"等荣誉。

2020年年初,面对突如其来的新冠肺炎疫情,杨梅同志作为一线运维服务团队的"领头雁",身先士卒,与团队同事一道投入到上海虹桥机场、虹桥火车站这两大上海"防疫前关"的第一线工作中。

邹丰恒

福建省上杭县才溪镇荣石村人,现就职于龙工(上海)机械制造有限公司

邹丰恒,1976年10月出生,2000年8月从龙工(福建)调至龙工(上海)工作,2015年4月加入中国共产党。他现任龙工(上海)机械制造有限公司总调室主任,负责龙工装载机产品国内国际制造、品质管控、成本控制、环境提升等相关工作。邹丰恒表现突出,2004年他所在的部门荣获"上海市人民政府奖",被评为2001—2003年度"上海劳模集体"。他于2017年荣获2016—2017年度"上海市农民工先进个人",2019年荣获2018—2019年度"上海市优秀农民工"。

邹丰恒积极参与VOCs(挥发性有机物)治理工作,敢于打破常规,对公司开展VOCs治理开出良方决策,提出了重要的意见,如用喷塑工艺代替喷漆工艺的源头治理和代表目前国际比较先进的转轮吸附加蓄热式燃烧(简称RC+RTO)两个方法。并在上海市首家也是全国工程机械行业首家,配备了在线实时监测系统与上海市环保局联网监控,确保了达标排放。该项目通过了市、区两级环保局及相关部门的验收,为公司单台整机产生270元的效益。

通过改造生产流程,他于2019年对挡泥板焊接岗位、工序进行合并与调整,将原来的混合无序生产模式,通过自制自动辊轴流水线实现了一个流生产。使该岗位从原来的7人减至5人,工作时间由原来的10小时/人/天降至9小时,整体生产效率提高了35.7%。

邹丰恒通过开展KGT活动提高了公司的自动化、智能化和信息化程度。通过实时扫描,收集分析处理数据,对整个车间制造过程进行优化,减少了依靠人员录入报表的工作。工序间通过二维码扫描,自动提醒需求至配料员,配料员根据提示进行物料的供给,物料信息的采集、记录、追踪、整理、分析和共享等均在员工的手机上可以查询,使员工以及生产管理的工作效率和工作质量大大提高。

新冠肺炎疫情防控期间,为了做好公司近千人的正常复工复产工作,邹丰恒发挥党员及部门负责人的模范带头作用,担负起了宣传、排查、人员返厂信息核对等工作。他组织安排每天对员工宿舍、生产车间、办公区、会议室、卫生间等进行两次以上的消毒,对出入生产区的人员进行每天两次的体温测量,并制作通过式消毒间对每一名员工进行消毒管理,实行了最严格的员工个人防护防控和各种消毒防疫措施,为企业顺利复工复产做出了重大贡献。

上海 程晓华

浙江省温州市龙湾区人，现就职于飞雕电器集团有限公司

程晓华，1980年12月出生，现任飞雕电器集团有限公司财务部财务主管。自1999年7月进入公司以来，她多次被公司评为"先进个人""优秀员工"，曾先后获得"上海市农民工先进个人""上海市五一劳动奖章"，2018—2019年度"上海市优秀农民工"等多项荣誉称号。2019年，公司财务部在她的带领下荣获了"上海市三八红旗集体"称号。

在飞雕电器集团有限公司的二十余年里，她从生产装配工人起步，历任检验员、出纳、会计、财务主管等岗位。在工作中，她勤奋好学、踏实肯干，为了突破自我，利用业余时间不断学习充电，提升综合素质和自我修养，以更好地适应未来人才的需要。

为了财务工作精益求精，程晓华始终刻苦钻研业务，主持修订和完善了《出纳岗位工作责任制细则》等多项公司内部财务制度；她向公司提出使用NC软件进行信息化工程建设，通过这一软件的实施运用，实现了由财务部门来负责核算全公司的所有业务，公司的财务、仓储、销售、物流、生产及制造成本实现了统一管理，很好地完成了资金结算工作，实现了效益最大化，为公司节省了近百万元的费用。在公司的招商引资以及重大项目建设中，她积极与金融部门进行沟通，为公司缓解了资金供需矛盾，确保了公司重大项目的开工建设，为公司的不断发展奠定了坚实的基础。2020年程晓华带领团队积极响应《松江区关于加快G60科创走廊产业发展的若干政策规定》，申报了区级技术改造专项资金项目——飞雕产品智能制造技术改造，该项目达产后预计实现销售收入3 700多万元。

新冠肺炎疫情期间，为了响应公司复工复产的号召，程晓华带领财务团队的同事自愿加入公司组成的临时抗疫小组，上班前在公司大门口给每位员工测量体温并免费发放口罩；下班后组织人员对公寓楼、车间、职工餐厅、办公区域、马路等进行消毒。她和公司人力资源部一起做好员工心理安抚、消除恐慌情绪的工作，加强员工思想教育，严格要求员工以官方网站发布的信息为准，不造谣、不信谣、不传谣，同时进行各类疫情防控知识宣传。程晓华组织财务部第一时间给武汉捐赠开关等产品，支援火神山医院建设；同时购买紧缺的防护及消毒用品，免费发放给公司的合作伙伴及代理商，助力合作伙伴及代理商做好疫情防控工作，与他们共渡难关，携手打赢疫情防控阻击战。

康宁

黑龙江省庆安县欢胜乡永升村人，现就职于上海形状记忆合金材料有限公司

康宁，1992年5月出生，2011年7月毕业于哈尔滨劳动技术学院数控加工专业。同月入职上海形状记忆合金材料有限公司，现任生产部输送组组长，他曾多次被授予"优秀员工"称号，工作期间还获得"上海市岗位青年能手""上海市农民工先进个人"和"松江科技城园区工匠"等荣誉。

自2011年7月至2020年，他从最初的输送装置员工成长为输送组组长。在公司生产任务非常繁重的情况下，经过他精心的安排、细致的部署，员工加班加点保证了生产任务的顺利完成，保证了生产进度。同时，若在生产过程中出现各种问题，他会在第一时间赶到现场，将问题及时处理并归纳总结，并在改进实施中不断提升产品生产效率。他出色地完成了本职工作，通过对生产流程的改进，同时配合公司领导完善绩效激励制度，提升公司输送系统产品的生产效率约20%；在输送系统产品改进项目中，通过量化细化管控和生产过程中的返工操作，有效地降低了成本约10%；在生产质量稳定项目中，检查落实产品标准化生产作业，提升了产品质量稳定性，使合格率稳定在100%；扎实推进质量管理意识的落实工作，通过不断的内部培训，努力提升组内员工的质量意识。

在输送系统热处理定型生产过程中，原有的工艺是一个模具一个槽子。康宁将模具重新设计并与研发部共同验证，将原有的一个模具一个槽子改成一个模具五个槽子，使生产效率提高了五倍，同时简化了生产流程，提升了热处理定型炉等生产设备的使用效率，有效地提高了热处理定型工艺的生产效率。

公司原有的输送系统衬板有三种，管理混乱。康宁通过改进衬板设计，将三种衬板合并成一种，从而降低了物料管理难度，节约了原材料成本，提升了产品利用率。

公司产品裁切一直采用手工操作，进行尺寸控制。康宁通过认真观察和多次实验，将产品裁切工艺改为机器操作，极大地提高了生产效率，同时提高了产品裁切面的平整度。

作为输送组组长，康宁积极地带领员工学习公司的各项制度、工艺流程，手把手地指导新员工，使其快速成长。康宁培养出一批合格的操作员工，当别的班组需要人才的时候，康宁组给予大力支持，把组中骨干调过去，让其他班组的生产工作能够正常运行。

除提升自我能力外，康宁也带领团队共同成长，他的团队攻克了一个又一个难关，他们已经成为优秀的工匠，随着公司的不断发展，为公司、为社会做出更大的贡献。

上海 韩小弟

江苏省东台市东台镇普新村人,现就职于安亭镇社区工作者事务所

韩小弟,1983年1月出生,高中毕业后,出于对影视广告行业的热忱追求,他从零基础开始,通过自学及参加课程培训,不断地学习钻研影视制作相关专业的知识与技能。他先后在广告公司和影视公司就职,边工作、边学习,不断摸索,逐步积累知识和实践技能。2012年9月,他在安亭镇社区工作者事务所工作。2013年3月至2020年,他被派遣至安亭镇文化体育服务中心从事新闻采编工作,目前担任新闻部门负责人,负责安亭网、安亭官方微信公众号、安亭官方抖音账号、《安亭》季刊、"安亭掌上文体地图"信息发布、维护以及带领新媒体团队向嘉定区融媒体中心投稿等业务工作。多年来,由于其个人工作成绩突出,多次被表彰记功。由韩小弟编剧和导演的多部公益微电影屡次在国家级、市级、区级比赛中获奖。2019年,他荣获2018—2019年度"上海市农民工先进个人"称号。

作为一名新闻工作者,韩小弟既注重用知识来武装自己的大脑,又注重不断提高自己各方面的素养。他每天登陆"学习强国"学习平台,不断提高思想政治素质,汲取理论营养,为今后的工作打下坚实的理论基础。韩小弟立志继续踏实工作,不忘初心,创新工作思路,不断提升服务群众的能力和水平。

张友军

江苏省扬州市宝应县黄塍镇小垛村人，现就职于上海庆良电子有限公司

张友军，1978年9月出生。自从业以来，他长期就职于上海庆良电子有限公司，从刚进公司时的一名小学徒成长为一名优秀的管理人员，在2016年和2017年分别成功设计出两项专利产品，降低生产风险的同时也提高了效率。

张友军勇挑重担，以创新意识化解企业难题。新冠肺炎疫情开始以来，他召集公司干部返岗工作，合理调度人员，充分发挥企业优势，并且严格按照政策法规建立了一支由公司各部门小组长组成的疫情防控队伍。作为组长的他立刻布置分工，同组员制定了《上海庆良电子有限公司疫情预防工作方案》《紧急疫情通知》《疫情防控期间生产管理规定》等应急处置方案，做好人员防控、办公区域消毒、应急值守、安全生产等各方面的工作。在保洁人员不足的情况下，他带头组织值班员工对公司厂区、食堂、办公楼、宿舍等人员密集场所进行全面消杀；为全面了解员工的健康信息，他坚持每日协调各部门对公司200多名员工的行程动态、身体状况等数据进行统计更新，核对上报外冈镇疫情防控部门，确保防疫工作不漏一人；随着员工陆续返厂，外地员工返岗需要居家隔离14天，为解决住宿问题，统一安置外地员工，他带领相关部门在厂外租了几套房屋，作为隔离宿舍进行清扫消毒，并安排专人统一管理，最大限度降低了员工的安全风险。

工作之余，他常常巡检车间一线。张友军发现在注塑吸料环节中存在潜在风险和效率低下的问题，同现场工人反复商讨，最终成功设计出自动吸料装置系统，为生产制程提供了稳定的基础，大大提高了生产效率；为保证企业有序复工复产，按时交货，公司计划投入一条自动组装线，由于外来人员不能入厂，他亲自研究，一手抓防疫、一手抓生产，在短短3个月内，将这条线顺利开启，为公司创造了年产值800万的经济效益。在他的带领下，公司业绩不仅没有下滑反而增长23%。

张友军主动参与外冈扶贫慈善基金捐赠、关爱老人等公益性活动，为社会献爱心，贡献着自己的一份力量。奉献源于责任，作为来自担当。这些年他总是以高度的责任感投入到工作中，务实肯干、无私奉献，严于律己的同时也宽以待人，心系集体和农民工兄弟，乐意听从基层员工意见，无论是在工作当中还是工作之余，都有着很强的亲和力和感召力，是一名令人敬佩的企业基层领导。张友军在平凡的工作岗位上实现着自己的人生价值，同时也以自己的实际行动诠释了新时代普通农民工将"小我"融于"大我"的高尚情怀。

上海 李治刚

安徽省肥东县撮镇镇仙临村人,现就职于上海连成(集团)有限公司

李治刚,1979年8月出生,中共党员。他于2003年4月加入连成集团,凭着多年的工作经验与实践相结合,获得了多项发明专利。2018年,李治刚荣获了国家知识产权局颁发的实用新型"一种隔油提升装置滤渣箱"专利证书。该专利项目是通过增加隔油提升装置的过滤控制系统,提升隔油设备的净化过滤功能,进而提高设备的工作效率,并通过过滤设备达到清洁环保的效果,大大提升了设备的使用寿命与环保功能。该项专利获得了市场的肯定,创造了良好的市场占有率与经济效益。

2018年8月,他组织研究的"MDS1100-86*2"煤矿用耐磨离心泵获得上海市高新技术成果转化项目,为减少资源消耗、改善环境、提升自主创新能力做出了贡献。

2019年3月,李治刚发明的"一种潜污泵用电缆二次进线连接密封结构"获得国家知识产权局颁发的实用新型专利证书,大幅度提升了该泵型产品的性能与使用寿命,节约了社会资源。

李治刚在工作中十分重视团队建设与人才梯队培养,在他的带领下,公司多次获得上海市"安康杯"优秀班组、"上海市青年文明号"、上海市"两新"组织党建工作示范基地、上海市优秀"两新"组织等荣誉,涌现出一大批青年技术人才与管理人才,先后推荐12名青年加入党组织,引导8名大学生获得中级工程师职称,培养4名员工成长为中基层管理干部。李治刚为公司人才梯队建设打下了良好的基础,为保障公司可持续良性发展做出了努力,创造了良好的社会效益。

李治刚也多次获得"江桥镇十佳青年""镇优秀团干部""区团代表""上海市青年岗位能手""上海市先进农民工"等荣誉称号。

李治刚勤于学习、刻苦钻研,善于学习、引用先进技术与应用。他主导引进铜排先进加工机床,设计与编写了"铜排制作工艺流程",将低压成套电控柜的产能从每月10台套提升到每月100台套,大幅降低了公司人力成本,提高了产品附加值,为公司年创造效益200多万元。他主持组建标准化喷涂车间,使产能提升200%,并全部达到国家标准,做到无污染、零排放,为公司环保建设与地方环境保护做出贡献。

李治刚是首席技师工作室组长,为企业整体提升职工技能水平,培养人才,形成合力的人才结构、梯队发展,开创了新局面,有效提高了企业的创新能力和市场竞争力,他本人荣获"嘉定区工人发明家""上海市青年岗位能手"等多项荣誉称号。他还荣获多项发明专利,在技术上攻坚克难,为公司高速可持续发展做出了突出贡献,并为地方的经济建设与社会建设做出了贡献。

郑小江

福建省惠安县东园镇凤铺村人，现就职于上海克比模塑科技有限公司

郑小江，1979年3月出生，现任上海克比模塑科技有限公司运营总监，曾从事模具制造、模具设计、编程、生产管理、模具钳工技术指导、注塑成型工艺参数制定及模具项目开发等关键岗位工作。

郑小江同志有着较强的政治敏锐性和鉴别力，注重理论联系实际。他在实际工作中能较好地贯彻执行党的方针、路线和政策，解决工作中遇到的困难和问题。在业务上，他勤于钻研，不断提高模具相关的专业技术水平和业务素质，并用以指导模具生产。他用所学知识和公司技术同志积极探索、研究和推广模具生产适用技术。从2008年以来，他先后组织、参与了多项发明专利且获得实用新型发明专利证书。

郑小江同志忠于职守，爱岗敬业，不畏艰难，脚踏实地，甘于奉献，时刻不忘全心全意为人民服务。在他工作的十多年里，都能兢兢业业，勤勤恳恳，任劳任怨，不计名利得失，服从安排，顾全大局，并出色地完成公司交办的各项任务。他曾多次被模具行业协会评为"优秀设计师"，所在企业于2018年被中国模具工业协会评为"中国重点骨干模具企业"、2019年10月被青浦区认定为"企业技术中心"，2019年12月被上海市模具行业协会第六届理事会评为"理事单位"，2019年12月被上海市模具行业协会第五届理事会评为"先进集体"。

2020年，面对新冠肺炎疫情的迅速蔓延，全国上下迅速打响了一场疫情防控的总体战、阻击战。在新冠肺炎疫情日趋严峻的情势下，口罩成为大众防护疫情的第一道防线，与口罩生产的相关产品高端熔喷布模具等开始变得供不应求。郑小江立即组织公司技术骨干，第一时间成立项目研发小组，加班加点研究"口罩熔喷布模具"项目，为口罩制造企业解决生产产能提供技术支持。在抗击疫情期间，短短半年的时间，他就做了4个实用新型专利项目立项（通讯光缆转接器安装通产品、口罩熔喷布模具、特斯拉汽车后视镜产品、BOSCH E-BIKE 软胶封产品模具），均已申报国家专利及立项，为抗击疫情做出了杰出贡献。

郑小江同志作风优良，为人正直，遵纪守法，有着高尚的品质和良好的精神风貌。在2008年至2019年的集团年度考核中，有10次被评为"优秀"。他于2019年被上海市评为2018—2019年度"上海市农民工先进个人"，2020年7月被集团评为"抗疫先进个人"。

余志华

江西省抚州市黎川县樟溪乡上源村人,现就职于上海英煌管业科技有限公司

余志华,1983年5月出生,现任上海上塑控股(集团)有限公司下属公司上海英煌管业科技有限公司负责人。作为一名退伍军人,他继承了部队吃苦耐劳、勇于创新、积极奉献的优良作风,团结带领公司员工不断开拓创新,为市政建设做出贡献。

在工作上他勇挑重担,开拓创新。引进德国最新的非开挖修复技术和市政管道的先进理念与技术,致力于建设排水管道领域的创新,在他的带领下公司共申请发明专利7项、实用新型发明专利25项、计算机软件著作权15项。

在学习上他自我加压,积极进取。尽管工作繁忙,他依然自学了建筑工程管理,取得了大专文凭。他积极参加技能培训,获得了管理道工(中级)职业资格证书,考取了"有毒有害有限空间作业"证书。

在生活中他团结同事,乐于助人。他用自己的智慧和经验积极帮助公司外地职工解决子女教育等生活问题。2013年至2020年,已帮助公司困难职工24余人次。

2020年春节期间,公司多名湖北籍员工被困家乡,他带领公司积极组织帮困,解决员工安全返岗问题,做到不裁员、不减工资,给员工吃下"定心丸"。

未来,他将继续团结公司员工,总结经验,不断创新,以更加实用的方法与技术,为建成"地下综合管廊"、建设"海绵城市"贡献自己的智慧与力量。

郑平

四川省大竹县童家乡天星寨村人，现就职于上海起帆电缆股份有限公司

郑平，1974年2月出生，中共党员，现任上海起帆电缆股份有限公司动力设备科机修工，曾获"上海市五一劳动奖章""2018—2019年度上海市农民工先进个人""金山区优秀共产党员"等荣誉。

十多年来，郑平一直保持勤勤恳恳、任劳任怨的工作作风，被公司全体员工誉为"老黄牛"。

随着公司产品种类的不断增加，部分采购设备的性能无法满足实际生产需要，郑平开始探索设备改造，他凭借顽强的毅力，坚持利用业余时间自学掌握了CAD制图技能。经过长期的实践与钻研，他的经验日益丰富，技艺日趋成熟，每逢公司在生产中对设备传动、结构、模具、工装等提出特殊需求，他都能快速提出解决方案。2019年9月，公司接到一笔1 200平方超高压电缆生产订单，电缆表面出现了密集的斑点，导致客户投诉并要求退货退款，公司面临巨大的经济损失。公司联系德国设备厂家，也无法解决该问题，后来公司在行业内进行调查，发现该类现象在各个公司均无法得到解决。郑平经过仔细研究后发现问题，创造性地研究出三级过滤装置，及时解决了该问题，为企业赢得了客户好评，解决了行业通病。该技术还应用到了中压系列设备，并在《电线电缆报》2020年第3期刊登，为行业分享了宝贵经验。郑平参与研发的两项实用新型专利已顺利通过审核并实现成果转化，直接为企业增加产能约5 000万元。

作为一名共产党员，郑平积极参加党支部组织的各类活动，认真学习"四史"，"学习强国"App积分稳居前位。每当同事生病遇到困难时，他总是伸出援手，不等人家开口，主动关心同事生活。近年来，他为受灾、生病的同事捐款30多次。在新冠肺炎疫情期间，党支部发起捐款时，他毫不犹豫地捐款500元，并且表示如有需要，他还会继续捐款。那时，口罩资源紧张，价格飙升，设备科很多同事已经出现一个口罩戴了好几天的情况，郑平紧急将家中女儿年前囤积的口罩贡献出来，和设备科人员一起共渡难关。到了中午，他又穿上防护服和其他党员一起给在宿舍隔离的人员送饭，认真登记隔离人员的体温；晚上下班，他站在门口值班。疫情期间，公司刚复工复产时，订单暴增，人手紧缺，他整整一个月没有休息，始终冲在生产一线。

郑平感慨地说，党和政府给予他这么好的平台和这么多的荣誉，他更加坚定了做好本职工作、为社会主义建设添砖加瓦的信心和决心，今后要用优秀共产党员的标准严格要求自己，时刻牢记全心全意为人民服务的宗旨，做到干一行、爱一行，以积极的心态面对生活，尽职尽责，回报社会。

上海 钟敬升

畲族，福建省浦城县人，现就职于上海龙乡度假村股份有限公司

钟敬升，畲族，1984年12月出生，中共党员，现任上海龙乡度假村股份有限公司负责人。参加工作以来，钟敬升同志多次被单位评选为"优秀员工""优秀部门经理""优秀共产党员"，同时在2019年被评选为2018—2019年度的"上海市农民工先进个人"。

钟敬升同志在担任公司前厅经理期间，向公司提出创新服务理念，并从自己所在的前厅部门开始改进。每到一家酒店，小到客房卫生间里的一次性坐便器垫，大到酒店的主体设计，他必定一一拍摄和记录下来，回来后再认真揣摩，并在会议上向总经理进行建议，努力让宾馆建设赶上现代化标准、超出同行标准。正是这种一丝不苟、认真负责的工作精神，在单位创建"上海市旅游饭店"期间，由他带领的团队完成了酒店"绿色饭店"的评定工作，以过硬的综合素质和全面的管理水平，创造性地提出了"以创绿色金叶为目标，并以此提升管理"的发展思路。他带领工程部员工确定节能重点及改造项目，将空调、照明灯等进行技术改造，节能效果显著提升，单位于2016年通过了上海市崇明区旅游饭店星级评定委员会的评定审核，得到了"银叶级"绿色旅游饭店称号，为崇明区的旅游饭店增添了宝贵的"一片绿叶"。

新冠肺炎疫情期间，上海龙乡度假村股份有限公司被政府部门确定为集中隔离点，钟敬升充分发挥"领头羊"和"主心骨"的作用，团结带领单位全体干部职工冲锋在前，和当地政府工作人员并肩战斗，恪尽职守，连续奋战在疫情防控第一线两个多月，用热血和汗水谱写出一曲扣人心弦的壮丽诗篇。由于疫情突发在春节期间，单位129间客房全部订满，面对隔离任务，钟敬升耐心做思想工作，劝导、安抚早先预订房间的客人全部退出，全力配合政府的疫情防控措施。在集中隔离期间，他既当指挥员，又当战斗员，与单位工作人员一起给隔离人员送餐、打扫消毒、测量体温及24小时监护。他舍小家、顾大家，始终坚守在一线。在钟敬升坚持不懈地努力下，隔离人员逐渐缓解了急躁情绪，都能够积极配合观察点做好隔离工作，不少人还向集中隔离点投递了感谢信，向照顾他们的工作人员表示真心的感谢，称赞钟敬升等人为疫情防控的"守护人"。

在单位里，平时身边哪位同事碰到困难，第一时间提出帮助的就是钟敬升。2018年，长江中下游遭受暴雨洪涝灾害，钟敬升通过红十字会一次性捐款3万元，荣获时任上海市副市长翁铁慧颁发的荣誉证书。2017年，钟敬升被主管部门推选为崇明区第一届政协委员，他积极参加政协的各项活动，积极提交政协提案，为全区的社会发展建言献策，尽心尽力。

张跃芝

江苏省淮安市淮安区淮城镇人，现就职于上海海砌建材有限公司

张跃芝，1971年9月出生，2002年5月至2020年，工作于上海海砌建材有限公司，现为公司负责人。张跃芝于2010年3月至2020年担任中国混凝土砌块协会常务理事，2011年至2020年担任上海市建筑材料行业协会新型墙体和建筑节能材料分会副会长，2015年至2020年担任上海市建筑材料行业协会副会长。

张跃芝多年以来一直从事建筑业相关工作，自2002年以来，开展科研项目10余项，参与制定国家标准2项、"四技服务"2项，发表研究论文5篇。他的科研成果曾获得中国建筑学会科技进步奖一等奖、上海市科技进步奖二等奖。由张跃芝带领的科研团体多次获得由中国砖瓦工业协会、国家建筑材料工业墙体屋面材料质量监督检验测试中心授予的"优等达标企业""质量信誉模范企业""行业质量优胜企业"等荣誉称号，参与的上海市科学技术委员会"混凝土砌块在零零线以下的应用研究"项目，被认定为上海科学技术成果，企业连续11年获得上海市建筑材料行业协会评选的"在沪墙体材料质量诚信十佳企业"称号。

在专业研究领域，张跃芝坚持开展墙体材料、建筑砂浆等新技术的研发与应用，多年来坚持与上海市建筑科学研究院在"固体废弃物资源化"方面开展课题研究，依托科技攻关平台"上海工业固体废弃物资源化利用技术工程中心""上海固体废弃物资源化利用产业技术创新战略联盟"，坚持以创新为指导思想，以节能减排、循环利用、绿色化为目标，不断探索建材科技的新方向，主要包括工业固体废弃物在大宗材料（该企业以墙体材料和建筑砂浆生产为主）中的资源化利用、墙材革新与建筑节能的技术与应用。

近三年来，张跃芝以独立作者发表论文2篇，主要内容聚焦于预拌砂浆、新型墙体材料和固体废弃物综合利用等，对于行业新型材料、新技术的推广应用起到一定的促进作用。他于2019年9月完成了《高强无收缩灌浆料粘结力测试系统》软件著作，2019年11月完成了《混凝土砌块生产流程监测系统》软件著作，2020年1月完成了《混凝土砌块质量管控系统》软件著作，2020年5月完成了《高强无收缩灌浆料原料配比检测系统》软件著作，参与撰写了《新型墙体材料生产与应用》市级内部培训材料。张跃芝积极参与中国建筑砌块协会、中国散装水泥推广发展协会、中国建筑材料联合会预拌分会等协会组织的活动，以高度的责任感和事业心为鞭策，不断提高专业技术水平，为建筑业的发展做出了一定的贡献。

江苏 张兴泰

江苏省建湖县恒济镇九里村人，现就职于南京大地建设集团有限责任公司

张兴泰，1975年9月出生，现在南京大地建设集团有限责任公司安全环境部从事项目安全管理工作。2016年，他被江苏省农民工工作领导小组评为"全省优秀农民工"。

2008年年底，他得知公司接到四川汶川地震援建任务，第一时间报名，援川期间所主抓的临时用电和机械设备安全管理工作，被援川指挥部评为示范项目，成为援川所有施工单位的观摩样板，其个人也受到援川指挥部的表扬。

2010年至2015年，他先后在担任丁家庄保障房汇杰02号、03号、06号地块以及圩村拆迁安置保障房工程等项目安全员时，主抓项目临时用电和机械设备使用安全。为了更好地完成项目安全文明管理目标，张兴泰不计个人得失，三四个月才回家一次，一直坚持吃住在现场，全身心地投入到工作上，所主抓的临时用电和机械设备多年来没有发生过任何一起安全事故，得到了政府主管部门的一致认可和肯定，他本人也连续多年被单位评为"先进个人"，其所负责安全工作的项目全部获得省、市级"文明工地"称号。

2016年年初，张兴泰担任"南京城市职业学院溧水新校区建设工程SG4标项目"的安全主管，自担任该职位以来，积极参与各项施工方案的编制，认真细致地检查方案在实施过程中的执行和落实情况。在日常安全巡查中，绝不错过和遗漏任何一个薄弱环节，对查出的安全隐患及时整改并且从不拖延。他主管的安全工作多次受到溧水安监站的表扬，同时项目部也被评为溧水区2016年度安全文明"十佳项目部"。张兴泰一直坚持贯彻"安全第一、预防为主、综合治理"的管理方针，把施工人员的安全放在首位，经常对施工人员进行安全教育。

张兴泰把安全意识深深植根于施工现场每个人的脑海中，增强全体人员的安全意识，最大限度地减少意外伤害，为公司减小不必要的损失，给施工人员建设安全的工作环境，最终达到生产安全的目标。他分管的浦口新城棚户区改造保障房05号、09号地块配套市政工程、南京教工中学二期（商业学校三期）工程基坑支护工程、溧水区中山东路（琴音大道——经一路）一期工程等多个项目先后分别获得了"江苏省建筑施工标准化星级工地"称号，为公司发展取得了良好的社会效益，其本人也被评为2018年度"江苏省建筑业企业安全生产先进个人"。

张兴泰为了提升自己的管理能力，在工作之余通过自学取得了非全日制大专学历。他时刻严格要求自己，认真学习安全管理方面的新技术、新规范，提高自身业务管理知识和业务能力。

李锋

陕西省丹凤县武关镇南坪村人，现就职于南京苏陕企业管理咨询服务有限公司

李锋，中共党员，1979年2月出生，现任南京苏陕企业管理咨询服务有限公司运营经理。

李锋在15岁时背井离乡进城务工，投靠在南京开面馆的同乡，当时他白天学做拉面，收碗送餐，晚上打地铺。几年时光，李锋不仅学会了拉面技术，还累积了一定的资金，大胆走向了创业之路。创业期间，他总是惦记着那些老乡们，带动了一批丹凤务工人员到南京就业。

在国家精准扶贫工作启动后，劳务扶贫协作转移就业成为了一项重要的工作。李锋心系家乡，投入到南京苏陕企业管理咨询服务有限公司的工作中，为"东西部劳务协作"贡献自己的力量。他虚心地向同行们认真学习人力资源、劳务派遣等业务知识，全面提升自己的文化水平和专业素养，使自己能够更好地从事人力资源工作。苦干的同时，他积极开动脑筋，为家乡民工到南京务工搭建就业择业平台，主动对接江苏省南京市雨花台区和陕西省商洛市丹凤县就业劳动力市场，参与打造了"丹凤县南京拉面"劳务品牌，响应"苏陕东西部劳务协作"精准脱贫政策，积极落实"带动一人就业，解决一家脱贫"方针，通过发挥"传帮带"的作用，帮助来自贫困地区的民工进电子厂、星级酒店等单位就业。通过他的努力，目前在南京就业打工的陕西商洛人就有近千人，为脱贫攻坚工作贡献了自己的一份力量！李锋时时刻刻不忘家乡情，他努力促成商洛驻南京办事机构、丹凤在宁工作站、丹凤南京劳务协会的成立，热心地为在宁创业及经商务工的同乡解决矛盾，并参与维权、援助、帮扶等活动。他的先进事迹也多次被丹凤电视台、商洛电视台、陕西广播电台等媒体报道。

李锋不但光荣加入了中国共产党，还积极促成了企业内部成立党组织，在一线充分发挥党员的模范带头作用。他先后捐资修路建桥，援助家乡贫困老人和失学少年。2010年，当家乡遭遇水灾时，他号召在外务工的老乡伸出援手，带头捐款为家乡灾后重建贡献了力量。2020年新冠肺炎疫情期间，他捐资捐物，与雨花台区人民政府和丹凤县人民政府共同协作，组织农民工"点对点返岗"千余人，帮助他们尽快复工复产，恢复生活。在南京防汛防洪工作中，李锋作为党员积极参与"党员先锋岗"，自掏腰包购买一批慰问品前往慰问防汛防洪一线的干部群众，用实际行动践行党员的初心和使命。

从最初辛苦学习的异乡学徒，到带动万人就业的人力资源行家，李锋见证了外来务工者在南京的打拼历程。如今，在人力资源岗位上继续拼搏奋斗的李锋，对于未来又有了新的设想，他希望通过各方努力，带动南京和丹凤更多的民间合作，让在两地的丹凤人都过上好日子。

江苏 张立柱

江苏省南京市浦口区桥林街道百合村人，现就职于南京市公安局浦口分局

张立柱，1989年11月出生，2014年7月参加公安辅助工作，现为南京市公安局浦口分局经侦大队勤务辅警。张立柱出生在南京浦口农村，参加工作以来，曾荣获浦口分局"十佳辅警"称号2次、"优秀辅警"称号2次，2017年、2018年分别荣获市局辅警个人嘉奖，2019年因工作表现突出被江苏省公安厅授予辅警个人特等功，2018年、2019年年度考核结果均为优秀等次。

张立柱把辅警工作视为人生最大荣耀和目标追求，为了缩小文化差距，提高自身能力素质，2018年报名参加成人大专班自学考试；他严格要求自己，经常加班，六年来累计加班达4600余个小时；他先后30余次参加"南马安保""秦淮灯会""国家公祭日"等重大安保活动，出色地完成了任务；他热爱群众，20余次收到群众送来的锦旗和感谢信，凭着对辅警事业的执着和矢志不渝的信念，赢得社会各界好评。

张立柱注重知识积累，不放过任何一次向民警学习求教的机会，在工作岗位上练就各种克敌制胜的本领，多次协助民警侦破大要案件，先后协助侦破"11·1"假冒注册商标案、"9·17"组织领导传销案等130余起有影响的刑事案件，协助抓获各类犯罪嫌疑人280余人。2019年5月，在侦办公安部督办的"2·27"特大骗取出口退税案中，和民警并肩作战，在连续半年多艰苦的暗访中，配合专案组摸清了该团伙人员关系脉络、公司经营架构，以及该公司在海外注册公司的运管、财务等基本情况。在收网当日，针对现场情况复杂、民警无法实施抓捕的情况，他通过化妆进入该公司，成功打掉以姚某某为首的骗取出口退税款犯罪团伙，抓获犯罪嫌疑人多名，并配合查获涉案白银6500余公斤、铂金178公斤、铼板37.5公斤。

2020年1月，新冠肺炎疫情来袭，张立柱主动放弃春节休假，克服孩子年幼无人照顾的实际困难，主动报名参加分局疫情防控先锋队。他冒着可能被感染的风险，积极配合民警开展路面执勤查控、社区排查登记，强化社会面管控。工作中，他不畏严寒，克服疲劳带来的身体不适，每天坚持工作14个小时以上，在疫情防控执勤点认真登记，仔细核查，做到不漏过一人，先后核查外来宁人员430余人，车辆210余辆，消除各类隐患50余个，排查化解矛盾纠纷6起，为人民群众的生命安全筑起一道坚固的"长城"。2020年3月的一天，2名老者在农业银行办理业务，因没有"宁归来"健康码不被允许进，与工作人员发生争吵，正在执勤的张立柱主动为老者申请了"宁归来"，顺利办理了银行业务，赢得群众和银行工作人员的称赞。

张思洋

江苏省南京市浦口区江浦街道河滨路人,现为南京市浦口区尹广红家庭农场合伙人

张思洋,1975年1月出生,南京市浦口区尹广红家庭农场合伙人,浦口区第四届人大代表。

2014年,张思洋回到家乡,和尹广红家庭农场的负责人尹广红一拍即合,决定利用家乡原生态的环境,带领乡亲们一起,养殖全南京人民都喜爱的小龙虾。

永宁一直就有养小龙虾的传统,但是相比较湖北、盱眙那种规模化的养殖,永宁的小龙虾养殖只有几口零星的虾塘。包括当时的尹广红家庭农场在内,小龙虾的养殖方式都是粗放而且随意的,挖几口虾塘,放养一些虾苗,随意喂些豆粕之类的饲料,有时候不喂也可以。这样养殖出来的小龙虾品质一般,大多都在当地自产自销。但是张思洋在外多年,他深知小龙虾的市场有多大,也深知面对庞大的小龙虾市场,只有另辟蹊径走"精品路线"才会有出路。于是他说服了尹广红和其他合伙人,拿出多年积蓄,开始死磕小龙虾品质。一方面,他多方走访,请教了很多水产专家和养殖户,寻求最科学的养殖方式;另一方面,他事必躬亲,从种植底层水草、投放螺蛳、培育水质做起,每一个细节都不肯放过。

念念不忘,必有回响。2015年5月、6月,尹广红家庭农场来了前所未有的大丰收。每斤高出市场价七八元的溢价和每亩高达上万元的收入,也让多年贫困的乡亲们看到了新的曙光。在张思洋和尹广红家庭农场的带动和帮扶下,周边涌现出大量的家庭农场和小龙虾养殖户,其中永宁周边就有4 000亩,整个浦口区12 000亩,掀起了一股小龙虾养殖的热潮。

与时俱进,砥砺前行。在不断指导、帮扶农户们养殖小龙虾,推进周边小龙虾养殖产业整合,带领更多人致富的同时,张思洋一直没忘了为精品小龙虾们寻找更多、更好的出路。

2016年,尹广红家庭农场和南京固城湖电子商务有限公司达成了战略合作协议,投资150万元,建设完成了小龙虾深加工生产线,将小龙虾销售由粗放式的"养殖——销售"模式升级为"养殖——深加工——销售"模式。2019年,张思洋主持搭建的农村电商系统——"简诺新零售"全新上线,当年就实现了销售额520万元;2020年由于新冠肺炎疫情影响,线下全线遇冷,"简诺新零售"逆势上扬,目前已实现销售额2 000余万元,预计到2020年年底,有望突破3 000万元。

从外出打工,到游子归乡,再到年销售额几千万的农村电商公司合伙人,张思洋在实现自己个人价值的同时,也一定程度上改变了当地的农业产业结构,成为村民们的引路人、美丽乡村的推动者。他用实际行动,实现了从"一人富"到"家家兴"的创业梦想!

江苏 陈玲

江苏省洪泽县岔河镇岔河村人，现就职于江苏省好苏嫂家庭服务有限责任公司

陈玲，1966年8月出生，江苏淮安人，是一名普通的进城务工农民，一次偶然的机会让她接触到家政行业，如今从业已近20年。为了减轻生活压力、补贴家用，她背井离乡务工。每当抱起客户的孩子，她就会想到自己可爱的孙女，因为工作的原因，不能天天陪伴孙女，她就把客户的小孩当成自己的孩子。她的妈妈曾经教导她："把别人的孩子当心肝，自己的孩子才能保平安"，所以她用心呵护每一个宝宝。陈玲服务过150多家客户，类似的经历太多太多。不管雇主如何变化，每一家她都用爱心和耐心，无微不至地服务产妇和宝宝，陈玲坚信平凡的岗位也能活得精彩，就这样，她收获了客户数不清的认可和好评，而她也找到能绽放自身价值的舞台。

在多年的工作中，陈玲认识到，家政服务员不仅要有良好的职业道德，还要有丰富的专业知识和操作技能。一次突发情况给她留下了深刻印象，那天陈玲赶到客户家已经是晚上10点，宝妈见到她后焦急万分地说："宝宝哭得厉害，也不吃奶。"陈玲凭借多年的从业经验，仔细观察后发现宝宝很不正常，吃着奶就抽搐，而且抽搐得很频繁，似有癫痫的症状，陈玲立即告诉宝妈和她的家人，并第一时间赶往医院给宝宝做检查，到儿童医院经确诊是癫痫并住了院。宝宝家人说多亏陈玲阿姨的及时发现和提醒，挽救了一家的幸福和安宁。眼看着宝宝一天天康复，陈玲的内心也无比高兴和满足！

工作之余，陈玲也不断学习，积极提升自己的专业技能。在公司的支持下，她先后参加家政服务员中级、高级技能培训并获得证书。在公司的鼓励下，她踊跃参加各类技能比赛，2013年在南京市第三届"宁工杯"家政服务员技能竞赛中，荣获婴儿护理项目和家庭烹饪各一等奖、家政服务员技能竞赛三等奖，还荣获南京市"巾帼岗位明星"；2014年在南京市职工职业技能大赛家政服务员技能竞赛中成绩优异，被授予"南京市五一创新能手"；2016年被评为"南京市优秀家政服务员"；2009—2019年连续10年被江苏省妇联就业服务中心评为"优秀家政服务员"；2019年被江苏省妇联就业服务中心评为"十年突出贡献奖"。

陈玲从一个平凡普通的农家女成长为专业的家政服务员，离不开党和国家对家政行业的政策帮扶和引导，她也十分感激党和国家对一线家政从业人员的照顾和关心。每年回到家乡，陈玲都会号召更多的姐妹们加入家政行业，享受"朝阳企业"的温暖和幸福。近20年的时间里从事家政工作，陈玲取得了可观的成绩，今后，陈玲立志把荣誉当成激励自己前进的动力，以更高的标准严格要求自己，真诚做人、踏实做事、服务社会。

滕宏美

江苏省南京市浦口区桥林镇七联村人,现就职于南京快易洁家政服务有限公司

滕宏美,1973年2月出生,南京快易洁家政服务有限公司保洁员兼工会委员。她曾先后被江苏省总工会授予"江苏省十佳文明职工""江苏省五一劳动奖章""江苏省家政服务行业最美家政师"等荣誉,她所在的班组被评为"南京市工人先锋号"和"江苏省工人先锋号"。江苏卫视教育频道《职工故事》专栏报道《滕宏美——抗疫一线勇敢逆行的最美保洁员》。

2020年5月14日,江苏省总工会党组成员、副主席井良强亲自莅临南京快易洁家政服务有限公司办公室颁发"江苏省工人先锋号"铜牌,授予滕宏美"江苏省十佳文明职工""江苏省五一劳动奖章"称号。2020年5月28日,江苏省总工会主办"劳模工匠进校园、思政教师进企业"暨第十一届"江苏省职工读书月"活动启动仪式,江苏省人大常委会副主任、省总工会主席魏国强亲切接见了滕宏美等江苏省十佳文明职工代表。江苏省总工会副主席马永青为滕宏美等江苏省劳模颁发了"劳模工匠进校园、思政教师进企业"讲师团聘书。2020年9月24日至10月8日,全国总工会权益保障部、中国财贸轻纺烟草工会、中华全国总工会女职工部联合开展"最美家政人"推树活动,滕宏美是江苏省总工会推树的候选人。

2018年1月25日至28日,南京连续几天突降暴雪,为保障道路通畅,以及过往行人的出行安全,滕宏美主动食宿在保洁单位三天三夜扫雪除冰。2019年2月27日中午,滕宏美发现大厦有间办公室起火,她带领保洁员和保安员扑灭火苗,指挥得当,保护了大楼里人员的人身财产安全,得到了业主单位的通报嘉奖。

2020年春节假期,新冠肺炎疫情来袭,外地保洁员大部分都回乡过年了,春节期间无法返回南京复工上班,人手严重不足。大年初一上午,滕宏美接到公司的紧急防疫通知,放弃与家人团聚过春节的机会,立马赶到南京市邮政速递物流大厦上岗。春节期间,滕宏美每天背着10多公斤的喷雾器,穿梭在2万多平方米的大楼中。长时间背着消毒药水,每次回家后,她都肩膀酸痛,且消毒液味道刺鼻,经常让她食欲不振。2020年2月底,外地保洁员陆续返岗,滕宏美轻松了一些。可她并没有闲着,她动员458名快易洁家政服务员、保洁员、养老护理员为疫情捐款25 000余元。她发动家政服务员和志愿者参与街道社区疫情排查点的志愿执勤活动,为乡村路口疫情查控点志愿者送去爱心午餐3 309份。

江苏 丁冉

安徽省宣城市水阳镇长沟村人，现为南京苏程人力资源服务有限公司负责人

丁冉，1988年10月生，中共党员。2011年年底，丁冉从部队退伍后，第一时间来到了他心仪已久的城市——南京，从此便以"新南京人"的身份与江宁结下了不解之缘。幸福是奋斗出来的，走出军营，不等不靠，农民出身的丁冉积极投身劳动力市场，通过职业中介机构顺利谋得第一份"有单位"的工作——南京威尔德汽车零部件有限公司操作工，负责焊接汽车翼子板，成为一名光荣的农民工。工作之余，他利用休息时间勤奋学习，钻研技术，并承担起职责范围以外的机器设备维护和车间打扫等任务，高度的责任心和较强的学习力让他入职一周后就当上了车间的副班长。在此后短短的一年里，丁冉就从一名新手成长为车间标兵，并带出好几个徒弟，成为身边工友信服的榜样。

不断挑战自己，是深藏在丁冉骨子里的人生格言。在精通流水线作业后，他毅然选择辞职，希望有新的工作能够更好地提升自己的人际交往能力。于是，他再次找到职业中介机构，表达了自己入行的想法。"帮助求职者早日工作是自己的责任"，正是有着这样一种动力，让丁冉入职后第一个月就打破了公司的单月业务记录，帮助100多名农民工实现就业。

"如果自己开一家公司，就能以自己的经营理念帮助农民工实现更高质量就业。"想到这里，丁冉在职业中介机构工作4个月后决定创业，于2013年8月创办了南京苏程人力资源服务有限公司。人力资源服务机构的立足与发展以建立与稳固业务关系为基础，而创业之初，公司"缺兵短粮"，不易取得客户与求职者的信任。为了节约成本，他自己购买装修材料自己动手当起装修工人；为了让门店看起来"上档次"些，公司购置多台电脑、皮沙发等办公设备设施；同时，丁冉一直奔波在拜访潜在业务伙伴的路上，哪怕多数时候都会吃闭门羹。

丁冉没有忘记曾给过自己帮助的人，创业以来，共帮助2 000多名安徽老乡到南京实现就业。当遇到不知何处安身者时，他会自掏腰包帮助他们解决入职前短暂的住宿难题；当遇到衣衫褴褛的中年人时，他不但免收他们的中介费，还积极帮助他们向用工单位争取更多的报酬。2000年新冠肺炎疫情期间，丁冉通过电话、微信等方式始终与无法外出的农民工保持着联系，主动与公司员工所在的村委会协调外出务工事宜，累计为200多人开具就业证明，帮助他们顺利返岗复工；同时，在抗疫与防汛中，丁冉多次向宣城老家进行捐款，并积极投身志愿值守工作，始终以自己的最大力量，为奋力夺取"双胜利"做出贡献。

邓法年

江苏省扬州市江都区双沟镇邓院村人，现就职于南京钢铁股份有限公司第二炼钢厂

邓法年，1968 年出生，1988 年参加工作，现任南京钢铁股份有限公司第二炼钢厂维修工，30 多年在一线岗位上兢兢业业，收获的是公司和分厂不计其数的表彰，以及多项专利、先进操作法等。

坚信机会靠自己创造的邓法年，只要有空，他就会看各种转炉设备的相关书籍，了解转炉炼钢工艺和设备，学习设备维护的相关知识。有时边看边抄，技术水平也是突飞猛进。单位领导见他如此刻苦，设法为他提供便利条件，创造学习机会，只要有技术交流和设备验收等，均安排他一起同去，实践经验的丰富让年纪轻轻的他很快成为了优秀的技工。转眼已经过去 30 多年，南钢已经成为千万吨级的钢铁集团，而他也已经成为转炉设备专家。

2000 年后，南钢迎来"提质增效转型发展期"，南钢建设了 120 吨大转炉。大转炉对设备维护的要求更高，邓法年同志此时已是现场负责人，依旧勇挑重担，积极进取，成为大转炉攻坚克难的"急先锋"，哪里有难题，哪里就有他的身影。为了彻底解决炉体金属软管漏水问题，他多次爬到几百摄氏度的炉壳上，研究漏水原因，思考改进措施，终于想到"膨胀弯管"的办法，既有效解决了炉壳与托圈的水路连接易漏水的难题，又大大减轻了维修工人的劳动强度。为了解决废钢称重易损坏和称重不准的问题，一个铆工出身的农民工，自学称重传感器原理，研究传感器稳定因素，结合现场工况，通过将柱式传感器改为"枕式"结构，有效解决了入炉废钢称重问题，同时还获得了"一种新式废钢称重车"专利授权。还有转炉一次除尘管道清灰高危险作业的难题，他自行研究了"清灰艇"，可以不用进入管道，快速清理管道内部积灰，大大降低了安全风险，提高了作业效率。他还在现代化智能创新上下功夫，独创了"铁包自动加废钢装置"，并且实现智能人机交互，一键启动，为单位降本增效工作做出了巨大贡献。

在南钢第二炼钢厂，如果提到邓法年无人不竖起大拇指，他的技艺，无论是焊工还是车工、铆工，都炉火纯青，只要有他参加的技能比武，必定斩获第一。因为优秀和大家的认可，他参加工作三年后就当上了班长，他不仅自己学，还带动身边的同事一起学，还将自己掌握的技巧毫不保留地传授给同事，使同事们跟他一起成长，他所在的公司员工整体业务水平也得到了极大的提高，受到了南钢的肯定。

虽然他不是南钢的正式职工，但是他凭借自己的高超技术和人格魅力，成为南钢第二炼钢厂不可或缺的一名技术骨干，在质量、安全、生产等各方面都做出了重要贡献。

江苏 袁振

江苏省江阴市长江村人，现就职于江阴市长达钢铁有限公司

袁振，中共党员，1982年4月出生，现任江阴市长达钢铁有限公司电气班长，负责公司的电气自动化维护、保养、检修工作。

在工作的17年里，袁振连续多年被新长江集团评为"优秀科技创新工作者""劳动模范""长江工匠"等，并先后被评为夏港街道"职工技术创新标兵"、江阴市临港经济开发区"青年岗位能手""江阴市十大金牌工人"。

袁振于2003年10月加入长达钢铁，兢兢业业，逐步成长为一名优秀的电工技术人员。2009年，公司逐步淘汰落后生产线，把螺纹钢生产线由原来的半连轧改为现在的全连轧，公司当时委派了多名优秀电工共同出去培训。在培训中，袁振凭着他一贯的韧劲，很快从培训人员中脱颖而出。

2011年，公司轧钢车间由于控制柜内核心控制单元西门子6RA70调速器已停产淘汰，出现故障后备件难找，在系统兼容问题上存在很大的问题。袁振同志利用空余时间在改装技术方面下手，增加了电控系统对使用新旧控制单元的兼容性，基本可以实现一小时替换新控制单元，不仅增加了电控系统的稳定性、替换性、兼容性，而且为生产赢得了时间。

2013年，袁振全面负责整个公司的电气自动化系统，并且负责棒线复合线的电气设计、安装以及电气自动化的调试任务。同年，因公司进出口业务发展需要，产品由原来的纯人工打包替换成目前的全自动打包系统，现有五套收集打包控制软件由袁振同志自主开发编程并已正常投入使用，但仍有两台森德斯进口棒材打包机因故障而长年搁置无法使用。袁振同志通宵达旦修改控制程序，在两天内使打包机正常投入使用，为公司节约了时间，以及维修成本20余万元，并显著提升了生产线的自动化生产水平。

2017年，因螺纹钢尾部出现开花开裂现象，公司只能在轧制过程中对坯料进行切头切尾，对开花开裂的螺纹钢也一律切除。2017年6月份，经过多次探讨试验后，袁振成功修改了自动化程序，改进了轧制工艺，有效地解决了问题，该技术推广后每年为公司产生经济效益数百万元。

作为一名党员，袁振牢记党的宗旨，团结带领广大电气员工，认真积极开展培训教育工作。同时，为加强日常保养，减少电气故障，袁振联合设备部制定了电气设备作业指导书、保养规程、设备运转、巡查维修章程等，从而减少了故障停机时间。

孙耀生

江苏省宜兴市西渚镇筱里村人，现就职于江苏国信协联能源有限公司

孙耀生，1964年12月出生，现为江苏国信协联能源公司一名普通的检修工。他在平时工作中爱钻研、爱动脑，短短几年时间，6S提案数量全公司第一，共获得A级提案2个、B级提案2个、C级提案20余个，在设备改良工艺改进方面有突出贡献。

孙耀生的勤奋好学、勇于改良在国信协联是人尽皆知的，于他而言，干活时动脑子是一件快活的事，通过动脑子解决工作中的问题，那是更快活的事。在孙耀生工作的地方，好多系统设备都留有他的小发明、小改进。比如，在离心机下料斗的料仓气锤座上加pp衬套，固定轴的运动范围，防止敲击轴的偏心情况，大大减少了气锤导向环和O型圈的故障率；在B楼罐区出料泵前安装一个过滤器，解决了出料泵经常堵塞的问题；给发酵液放料管道焊搭"支架"，解决了管道放料时因晃动剧烈而造成开裂、断裂的隐患。

孙耀生的许多创新与改良都源于他是一个有心人，平时上班，他总是奔波在那么多的设备系统中，对于一些稍有故障苗头的设备总是能在第一时间发现，并且第一时间给予解决，而且解决的办法总是力求尽善尽美。当然，短短的几年，就提出了那么多的6S提案并不是靠"运气"，完全是与他平时的努力与刻苦分不开的，虽然他已经是50多岁的人了，但他的好学上进一点都不输给那些新来的年轻大学生们，厂里那些设备检修培训课，他都积极参加，课上他的笔记记得最多，提的问题也是最多，这些丰富了孙耀生的知识储备，联轴找中心、带滤机、板框、水泵检修等专业知识学习，他样样成绩优异。

在2020年第七届高技能人才评聘中，孙耀生竞聘模范技师的论文是"色谱MVR离心风机的检修工艺改进"，这篇论文的由来是在2017年11月18日，900MVR离心风机发生了超速事故，历时3分钟左右才跳停。在汽轮机超速过程中造成风机震动偏大，风机轴承温度传感器脱出，轴承润滑油大量泄漏，离心风机的叶轮出现裂纹，严重影响了正常运行，必须对此进行加工处理。为解决这一棘手的问题，孙耀生经过反复思考认证，编写了专用工具的设计方案，经过共同探讨研究，制成了自己的拆装专用工具，完善了检修工艺。这个色谱MVR离心风机的检修工艺改进也在众多的6S提案中脱颖而出，获得A级提案。

如鱼得水游得欢，勤奋的孙耀生收获满满，在国信协联三年一次的高技能人才评聘中，他一次一个台阶，从优秀技师到卓越技师，再到如今竞聘模范技师，无论是工作实践还是论文准备，他都显得游刃有余。

江苏 杜荣明

江西省九江县马回岭镇杨柳村人,现就职于无锡华洋滚动轴承有限公司

杜荣明,1971年10月出生,中共党员,现担任无锡华洋滚动轴承有限公司汽车轴承事业部磨加工车间主任一职。29年来他在平凡的岗位做出了不平凡的业绩。

汽车轴承事业部磨加工车间成立于2010年4月,现有员工74名,共计7个班组,车间主要从事高精度汽车轴承、家用电器轴承的加工。车间自成立以来,坚持以"做好、做精"为基础,"高产、高效"为动力,"高质、高量"为目标,成立10年来各项指标均走在了全公司的前列。而作为车间主任的杜荣明同志,兢兢业业,尽心尽力,把勤奋工作当作自己最大的追求。从安全运行"零"起点到现在安全运行数十年,从一个新生的车间成长为现在连续两届"先进模范车间"获得者以及"无锡市工人先锋号""江苏省工人先锋号"等荣誉称号,后来又陆续被评为无锡市梁溪区员工"创新、创业、创优"星级示范岗、无锡市梁溪区员工"创新、创业、创优"五星级示范岗,成功和荣誉的背后凝聚着他辛勤的汗水和无私的奉献。

面对生产、设备的种种问题,他都毫不退缩,带领车间广大员工齐心协力,使车间在生产以及各项管理工作上均迈向了一个新的台阶。作为车间主任的他,有着扎实的理论知识和丰富的实践经验,能有条不紊地安排好各个工序的衔接和配合,不断地提高产品质量,确保产品质量的合格率。正所谓"生产是我家,发展靠大家",杜荣明同志把车间当作自己的家,把每一位员工都当作自己的家人,充分调动了员工们的生产积极性。

汽车轴承事业部磨加工车间作为全公司的标兵模范车间,平时有很多外界各级领导、国内外重要客户、行业领导等来参观,然而如何解决设备漏油漏水,地面无污无油成为了他的一大难题。面对这一难题,杜荣明同志并没有气馁,经过几日的加班加点,冥思苦想,他想到,通过在地面铺上塑料薄膜来解决地面有油的问题,而这一做法无疑给公司带来了巨大的帮助。同时,为了实现6S管理,他要求各班组加强对设备"巡、点、检和无泄漏"的检查和维护工作。通过他的努力,车间的面貌焕然一新,虽然车间是磨削加工的生产车间,但是走进车间,地面干净整洁,设备一尘不染,定置区域管理井井有条,赢得了国内外客户和各界领导的一致好评。设备完好率更是达到了99%以上,为正常生产提供了有效的保障。

杜荣明同志严格要求自己,始终以公司利益为重,严格执行公司的各项规章制度和公司领导布置的各项工作任务,勇于奉献出个人时间,积极主动投入到生产现场中,团结员工进行安全生产。

汤俊飞

江苏省无锡市锡山区东港镇人,现就职于红豆集团江苏红豆实业股份有限公司

汤俊飞,1979年5月出生,中共党员,2002年4月加入红豆西服厂成为一名普通员工,从销售后勤做起,由于工作表现突出,2004年通过公司竞争上岗走向销售一线、生产一线班组长等岗位。

2020年年初,面对突如其来的新冠肺炎疫情,红豆股份党委在危急时刻挺身而出,汤俊飞作为红豆西服厂党支部的一名党员,积极响应党和政府号召,奋勇当先,发挥党员的模范带头作用,正月初六第一时间回到工作岗位,投入防护服的生产筹备工作中。从实地查看车间、调试机器设备、协调面料采购,到严格按照规定组织员工有序复工,汤俊飞从早上七点忙到夜里十二点,仅用两天时间就把准备工作做到位,正式开启防护服的生产。

战"疫"时刻,时间就是生命!迅速改造西服生产流水线并组织员工紧急生产防护物资,对于汤俊飞是一个全新的工作,也是一次历练和挑战。汤俊飞深知,早一点生产出防护服,早一点保护更多的生命,要在最短的时间内摸索出安全高效的生产模式。紧急生产任务带来的困难和压力很大,但她内心始终充满坚定的信念!在工作中,她关心的不只是生产,在保障产量的背后,还有很多琐碎的工作需要处理,例如职工用餐、车间卫生、生产打包,甚至是将生产的物资扛到仓库,汤俊飞都事无巨细、亲力亲为。

2020年2月10日晚,生产一线传来令人振奋的消息,一般防护服日产超过3万件。从首件下线到日产3万件,不断被打破的产量记录也让汤俊飞备受鼓舞,也更加坚定了她迎难而上的信心。为了向战"疫"一线的医务工作者提供防护装备,公司第一时间协调厂房,将制药工厂"技改"成医用防护服车间,快速落实各项准备工作。生产医用防护服又与普通防护服完全不同,不仅对生产环境标准要求严格,需要按照无菌环境建设,对员工的要求也是很严格的,不得带手机、不得佩戴手表或饰品,进入洁净车间每次进出都要换鞋、换衣服、洗手、手消毒等。从自身做起,汤俊飞带领全体员工进出洁净车间严格按要求操作。在确保生产环境、作业人员按要求操作的同时,医用防护服的生产对面料、工艺方面也有更高的要求,从面料、辅料的采购、打样到调试机器、缝纫,每一项流程都严格按照国家标准确定,逐个攻破技术难关,使生产进入加速阶段。

"疫情史无前例,虽然我们做不了医护人员那样的逆行者,但只要做好本职工作,也是对防疫的一份贡献",汤俊飞说。疫情期间,她承担重任,接受挑战、不断学习,充分发挥共产党员的先锋模范作用,助力防护服生产,支援疫情需要的地方,切实践行共产党员的初心和使命。

江苏 曹小娟

江苏省宿迁市宿城区罗圩乡古路村人，现就职于江苏苏嘉集团有限公司

曹小娟，1983年10月出生，2003年高中毕业后便只身到无锡就业，初到无锡便从事餐饮行业，在香樟花园做服务员的工作。服务员需要有积极向上的服务态度，优秀的沟通能力，还要有相关的专业知识。为了能更好、更快地适应这份工作，她积极学习，向同事和领导请教，每天早上到的最早，晚上到11点多才下班，脚上经常会磨出水泡。她认真负责的工作态度和专业的服务能力得到了领导的认可，被晋升为主管。在香樟花园工作期间，她曾多次获得"优秀服务员""优秀主管"等荣誉称号。

2007年，为了在餐饮行业更好地发展，她入职金海华餐饮管理有限公司。金海华属于高端餐饮，虽然之前有了一定的工作经验，为了能够更好地学习不同层次餐饮企业服务的差异，她还是选择从基层做起，每天起早贪黑，争取比别人多学习一些，进步快一些。她在金海华做了3个月的服务员后便被晋升为主管。

2011年她入职江苏苏嘉集团有限公司。苏嘉是一个多元化发展的集团公司，自入职起做过酒店经理、房产销售、行政人事管理工作，每次职位的调动都是跨行业的一个挑战，但对于她来说更是一次学习的机会。在不断努力中，不断地提升自我，2020年她获得董事长的认可，被任命为餐饮管理中心办公室主任。人们常说学无止境，虽然她只是一个文化程度不太高的农民工就业者，但是在餐饮管理方面，她参加了沟通服务、成本、财务报表、员工管理等多项专业培训，积累了大量的专业知识；在人事管理方面，她参加了用工风险、社保公积金、员工调解等各项专业培训，还取得了调解员证。她对人事的六大模块也有了基本的了解和知识的积累，还曾赴欧洲进行了为期三个月的老年及社区服务培训，目前正在提升自己的学历。20多年的工作经验让她知道，各行各业都需要不断地学习并扩充自己的专业知识和技能，才能更好地开展工作，为企业创造更大的价值。

2020年年初，突如其来的新冠肺炎疫情打破了大家正常的生活和工作。作为办公室主任，曹小娟在疫情期间一直没有休息，进行物资准备、召开紧急会议，做好一系列的防疫工作。在疫情期间，她与办公室的同事一起，共制定各种应急预案6个，多方沟通准备各种防疫物资，做好员工身体健康情况统计、心理健康辅导及返锡的各项工作，并被公司评为"疫情防控先进个人"。

她一直坚信"没有最好，只有更好"，所以不断学习，不断发现问题并完善自己，为员工做好榜样作用，为公司、为社会做出力所能及的贡献，也为了更好的自己不断前行。

赵成旺

江苏省建湖县近湖街道办事处塘东村人，现就职于无锡恒业电热电器有限公司

赵成旺，1981年出生，2002年进入无锡恒业电热电器有限公司从事基础焊接工作。对于一个刚踏入工作岗位且没有丰富经验的农村娃来说，他知道必须付出比常人更多的努力。工作中他深感专业技能的欠缺和科学文化知识的重要性，认识到只有练出过硬的本领，才能提升自己，只有通过学习专业的焊接知识，才能做好本职工作，报效祖国，回馈社会。于是，他决心在认真工作的同时，利用业余时间，提高自己的业务能力和文化素质，使自己更能胜任专业的焊接工作，做一个合格的务工者。正值公司大力培养人才之际，凭借自己的努力，加上公司的支持，他获得了机械专业大专学历并取得了相关的技能证书。在以后的工作中，他更是任劳任怨，只要领导交办的事情都全部完成，从来不说一个"不"字，对他来说做事就是他学习技能的教科书。不到一年时间，他就成为了杰出的焊接工作者。由于勤奋、踏实肯干、积极上进，他在同事中树立了良好的口碑。因工作成绩突出，后来他被推选为工区负责人。任职期间，他兢兢业业，勤勤恳恳，工区的各方面工作有了质的飞跃，提高了产量的同时又保证了应有的质量，获得了领导的一致好评。于是，公司领导便提拔他为生产部部长，统管整个生产部的工作。虽然任职于管理工作，但在技术方面他仍然没有掉以轻心，利用自己的业余时间学习并钻研CAD制图、SolidWorks三维制图及流体仿真分析等软件，使自己在技术上不掉队。后来公司产品研发遇到了瓶颈，他自告奋勇地加入到研发队伍。当时遇到的困难很多，但困难再多、再大也难不倒他勇攀高峰的坚强决心。迎难而上、知难而进，凭借专业的产品知识和过硬的技术水平，他带领员工认真钻研，攻坚克难，攻克了一个个技术难关，所研发的产品得到了众多研究院的认可，并获得了30多项专利。其中，为航空航天"风洞"试验项目提供的设备结构均为国内外首制，刷新了原有的性能指标。一心钻研技术的他一步一个脚印，用自己的汗水和才能拼出了一片天空，现已成为公司的技术总监兼研发部部长。

事业有成的赵成旺工作更加勤奋，在工作中坚持走在前头，严把技术关，勤于思考，勇于创新，努力做技术创新的领头人，带领团队尽心尽力，为公司发展加油助力。在每次公司组织的捐款捐物活动中，他都能主动表率，奉献自己的微薄力量。新冠肺炎疫情期间，他也主动捐款，奉献爱心。

作为贫苦农民的儿子，他靠自己的勤劳与刻苦，学习文化知识的信念，助人为乐、锲而不舍的奋斗精神，书写着自己的璀璨人生。

江苏

陈爱兵

江苏省盐城市大丰区白驹镇狮子口三组人，现就职于无锡锡洲电磁线有限公司

陈爱兵，中共党员，1985年5月出生。2008年进入无锡锡洲电磁线有限公司，历任技术员、工程师等职务，先后荣获江苏省科学技术奖三等奖、无锡市科学技术进步奖一等奖、2017年江苏省职工十大先进操作法、江苏省五一劳动奖章、无锡市企业首席技师、江苏省企业首席技师、无锡市先进制造技能领军人才等荣誉，主要从事电磁线产品、工艺、技术、质量等管理及研发工作，现任无锡锡洲电磁线有限公司技术中心研发工程师。作为研发技术人员，他具有严谨、细致、求实的工作作风，具有强烈的事业心和刻苦钻研的拼搏精神，成为公司重要的技术骨干。

在思想品德方面，他自我要求严格，积极参加公司各项政治活动，自觉学习政治理论，努力提高自己的政治理论修养，在思想上行动上同党中央保持一致。他具有很强的大局意识和组织观念，工作上以事业为重，不计个人得失，始终不忘吃苦在前、享乐在后，时刻牢记党的宗旨，时刻不忘自己是一名党员。他积极参与社会公益事业和文明生态城市建设，为创建和谐社会发挥了积极作用。他还参加锡洲志愿者服务队，积极履行社会责任。2020年春节面对突如其来的新冠肺炎疫情，为保障企业复工复产，他始终冲锋在前，加入测温和防疫工作的先锋队。其间，他积极主动承担起每日到岗员工进出厂门测温、防疫物资采购等工作。

在工作业务技能方面，他熟悉绕组线生产制造、产品质量控制和绕组线试验方法、产品标准，以及原材料产品特性，有着较强的实践操作能力，能够用科学的方法来研究和分析、解决工作中的实际问题。他参与的超高压及特高压变压器用新型特种换位导线的研发及产业化获得江苏省科学技术奖三等奖、无锡市科学技术进步奖一等奖。他完成了"一种新型的漆包线涂漆模具"的工艺改进攻关项目，提高了生产效率，有效降低了裸铜线的报废率，降低了生产成本，每年可节约模具费用50万元。该项目被评为2015年无锡新区职工优秀金点子金奖。他参加的"导线半硬装置"操作法，该操作法荣获2016年新吴区职工先进操作法一等奖，无锡市第九届十大先进操作法，江苏省职工创新十大先进操作法。结合市场情况，他积极创新，善于实践，并将实践转化为成果，近几年来共申请国家专利25项，已获得授权专利22项，其中发明专利9项，实用新型专利13项，大部分已转化为成果，并取得收益。其中"新型局部加强绝缘型换位导线"产品的开发，其性能满足了变压器用换位导线局部加强绝缘的要求，同时不影响换位导线的散热效果，保证了绕组线圈的抗突发短路能力，进而保证了电力变压器的安全，为公司带来了很好的产品销售利润。

李响

江苏省徐州市铜山区沿湖农场前郭楼村人，现就职于徐州市环境卫生管理处雁群生活垃圾填埋场

李响，1983年出生，是雁群生活垃圾填埋场一名普通的机械操作员。他自2004年至2020年一直奋战在垃圾填埋作业的第一线，他的真诚付出和努力工作得到了大家的认可和肯定。他于2014年被评为"徐州市最美环卫工人"，2016年被徐州市政府授予"徐州市劳动模范"荣誉称号，2017年被中国城市环境卫生协会评为"优秀一线工作者"，2018年被评为"徐州市优秀农民工"，2019年被江苏省总工会授予"江苏省五一劳动奖章"。

李响本人患有心肌炎，但上的最多的却是凌晨4点的早班和夜里6点的晚班，春节、中秋假期的值班表上也永远都有他的名字。记得2015年7月他孩子得了急性肠炎在医院做手术，他在第二天下了早班后才向领导请假，到医院的时候身上的工作服都没来得及换。

多年来他和同事们顶酷暑、冒严寒奋战在作业第一线，严格按照规范进行科学填埋作业，完成垃圾填埋任务的同时为填埋场的安全运行打下了坚实的基础。在他和同事们长期的努力下，作业现场标准化的作业流程和后现场垃圾堆体的整体效果受到了领导和专家的一致肯定，为雁群生活垃圾填埋场顺利通过住建部组织的无害化处理Ⅰ级场评审做出了贡献。

作为一名合格的机械操作员不仅要会操作，更要会保养维修。库区作业的机械缝隙里都会裹着一层厚厚的垃圾，保养维修前都要先清理干净，细节的地方甚至需要用手去扒拉，李响每次都是带头清理，用行动感染和带动同事，以最快的速度将故障排除掉，恢复设备正常运行。李响在平日机械操作、维修过程中，虚心学习，认真分析，结合专业知识和自己的操作经验总结出一套适应垃圾场作业机械保养的"李氏规范"。

2020年新冠肺炎疫情初始，由于场区接收的垃圾来自于全市辖区，垃圾存在含病毒的风险，大家对现场密切接触垃圾的工作环境充满了担忧和畏惧。这个时候李响又是第一个带头放弃春节假期休息的人，依据自己的作业经验，做到了垃圾车辆进出场区全程消毒，倾倒垃圾入坑覆盖全方位不间断消毒，效果良好。在工友们对病毒谈之色变、畏惧不前的时候，他苦口婆心地做思想工作，文化水平不高的他更是默默地套上了防护装备，第一个走进了库区，用自身行动化解了恐惧，感动和鼓舞了身边的同事，最终保障了疫情期间进场垃圾的全量无害化处理。

作为垃圾场资格最老，技术最好的机械操作员，他对同事平易近人，对新人耐心指导，对工作严格要求，毫不保留地向他们传授自己的技术和经验，鼓励他们超越自己。

张丽颖

江苏省邳州市车夫山镇梁河村人,现就职于徐州黎明食品有限公司

张丽颖,1984年7月出生,中共党员,自2012年9月加入徐州黎明食品有限公司以来,长期从事一线工作,从最初的操作工到仓库管理员再到技术员最后到车间管理员。她曾连续多年荣获企业"先进工作者"称号,2014年荣获"邳州市十佳最美文明职工"称号,2019年荣获"徐州市劳动模范"称号,2020年荣获"江苏省五一劳动奖章"。

张丽颖初入职徐州黎明食品有限公司之时,黑蒜作为新型绿色健康食品,生产车间只是粗具规模,并没有成熟稳定的生产工艺,也没有组建专业的生产团队,工作压力相当大,她一边适应环境一边努力学习工作所要掌握的技能。在研发初期的小试阶段,产品发酵需要定期观察,发酵间里散发出一些大蒜的辛辣味,导致她眼睛又红又肿,到了室外,一见风就泪流不止;有时候对着强光,眼睛会睁不开。但她强忍着疼痛,到医院挂完水后,又跑到生产车间,观察黑蒜在各阶段的温湿度数据,及时抽样检查产品内在品质、外观色泽变化等情况。她几乎把工作当成了生活的全部,当时为了更快、更深入地了解一线生产技术,吃住都在公司。

只有高中学历的张丽颖,却有着一颗热衷于钻研学习的心。为了搞明白黑蒜的生产工艺,2013年,她前往天津科技大学,跟着吴教授学习工艺技术,再结合实际情况带着问题进行比较、推敲、总结、实践。从一无所知、无从下手到渐渐有了思路、有了自己的工作方法,得到了领导的高度认可。她参与制定黑蒜企业标准;在高校产学研合作的基础上,摸索出一套独特的黑蒜生产工艺、加工流程和操作标准;参与各项黑蒜相关的体系认证工作,先后通过了HACCP、ISO 9001、MUI-halal、BRC、IFS、KOF-K、GMP评价等认证;对生产线技改提出合理化建议并被采纳,保障了产品质量,节约了能源消耗,降低了生产成本;建立并规范了黑蒜生产车间的各种管理制度,其中包括人员管理制度、卫生管理制度、工作现场管理制度、产品质量管理制度等,并制定加工工序流程、加工作业指导书及生产过程质量关键点控制,将各种制度贯穿于实践的过程中,不断研究和改进工作方法,让黑蒜车间的工作更科学、更规范,在公司黑蒜产品的高质量发展方面做出了突出贡献。

2020年年初,公司获准复工后,她作为一名共产党员,舍小家为大家,及时投身到复工复产行列中,保障企业稳订单、稳出口。作为车间主任,她一手抓疫情防控,一手抓安全生产,复工复产有条不紊地进行着。她始终坚守在一线生产岗位,在复工复产后的一个半月时间里,将春节前的出口订单和内销大订单一并准时交付。她多年来表现出的工匠精神正在影响和带动着周边的同事。

宋文蛟

江苏省徐州市睢宁县沙集镇朱庙村人,现为徐州汉唐公益发展中心创始人

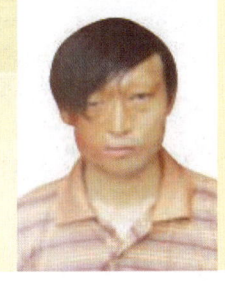

  宋文蛟,1980年5月出生,中共党员,肢体二级残疾,现为徐州汉唐公益发展中心创始人。作为80后农民工中的一员,他身残志坚,自立自强,实现了自己的人生价值,带领帮助身边的残障人士等弱势群体,让他们更加自尊、自信,实现人生追求。宋文蛟于2015年被共青团江苏省委、江苏省志愿者协会评为"江苏省十佳志愿者";2015年被江苏省人民政府残疾人工作委员会评为"江苏省扶残助残先进个人";2018年被江苏省人民政府评为第四届"江苏慈善奖"中国青年志愿者优秀个人最具爱心慈善行为楷模;2016年被共青团中央评为"第十一届全国优秀青年志愿者",被原全国老龄工作委员会评为"全国敬老爱老助老模范";2019年被共青团中央、人力资源和社会保障部评为第十届"中国青年创业奖""促进就业特别奖";2020年被徐州市委市政府授予徐州市"劳动模范"荣誉称号。

  在宋文蛟一岁时,由于邻居家小孩调皮,引起一场意外火灾,使他面部重度烧伤并且失去了双手,落下终身残疾。

  当他满怀激情踏入社会,在求职过程中经历一次次的失落,才发现因为自己的残疾,丰满的理想与骨感的现实之间存在着巨大的差别,才意识到残疾人的工作是如此艰辛。功夫不负有心人,凭着自己过硬的知识与技术,他在2004年7月进入浙江一家残疾人福利企业——富阳金鼎有色金属材料有限公司,通过努力,从一名普通车间工人做起,历任仓库主管、财务助理员、ERP系统工程师、生产部助理、总经理助理。

  2010年8月,宋文蛟辞去当时收入不错的工作,回到自己的家乡江苏徐州,希望通过自己的经验来帮助更多的当地残疾朋友实现就业。2013年9月,以宋文蛟为代表的几位身残志坚的残疾人发起成立徐州汉唐公益发展中心,始终坚持把助残就业放在首要位置。2014年,该中心开始为徐州地区残疾人提供电子商务、手工艺制作、西点面点等技能培训。截至2020年10月,该中心先后累计培训400多人,并推荐26名残障人士通过电商技能进入企业从事网络客服、微商等工作。该中心还扶持30多位残疾人居家从事电商代购、开微店、网络广告兼职服务工作,使很多农民工以及农村贫困残疾人朋友实现了就业,生活水平有了明显提升。

  对于一个残疾人来说,一路走来,每一步都要比常人艰辛百倍,风雨和泥泞是必然的。宋文蛟凭着不懈的努力和执着的追求,使自己坚强地站立起来,还搀扶着更多的残疾兄弟勇往直前,让他们无惧前路,心向光明。

江苏 郑尚坤

江苏省徐州市铜山区黄集镇黄桥村人，现就职于徐州市顺丰速运有限公司

郑尚坤，1980年12月出生，是徐州市顺丰速运有限公司一名一线员工。自2009年至2020年，他入职公司已有11年的时间。这期间，他由一名不起眼的新员工到名声在外的优秀员工，曾先后获得2010年"全网优秀收派员"、2011年"全网优秀员工"、2013年"全网最佳收派员"、2014年"全网最佳收派员""优秀工会代表"、2015年"全网优秀工会代表"、2016年"全网最佳收派员""全网优秀工会代表""重疾险小绿板设计大赛推广达人"、2017年"全网优秀工会代表"、2018年"地区优秀工会代表"、2019年"地区优秀收派员"等称号。

11年间，离家单程30公里的距离没有被当作是借口，他早上总是第一个到达快递点部参与卸车、分拣，从未间断过。简单的做法看似普通，却需要对自己进行严格要求并且持之以恒，正是这样的觉悟使他能够认真对待公司的各项工作，不拖延、不误事、不敷衍。他也能利用休息和业余时间主动学习，目的只是想拓宽自己的知识面以更好地服务客户。

对待新员工，他有良好的心理素质，耐心、热心是他对待新员工的态度，他用自己的素养和扎实的业务功底，总是能够给予新员工满意的指导和言传身教，从而他在点部有"郑师傅""郑哥"这么一个称呼。11年间，他通过自己的努力获得了在职员工出类拔萃的荣誉，如点部师傅、点部工会代表、片区工会主席、劳动模范等。共计带的徒弟多达51人，徒弟中有的已经做了公司的管理层，如点部主管、分部经理等，而他仍谦虚地做着自己的一线岗位工作。他创作的小绿板多达百余幅，每一幅都是花费两个小时以上的时间去创作，每一幅都堪称精品，有部分作品已经被顺丰工会组织纳入工会发展史中。他曾多次获得公司地区、公司总部以及全网优秀称号，多次代表地区前往总部参加年度表彰大会，并与公司总裁以及总部工会主席合影留念。

2020年年初，新冠肺炎疫情突发，点部到件增长过多，派件压力很大，他从春节值班到疫情管控期间一直坚守工作岗位，每天早上第一个到岗、晚上最后一个离岗，超负荷工作。他家住农村，因封村封路，车进不了家，每天要骑行加步行几十公里回家，克服种种困难坚持返岗上班。在做好本职工作的同时，他心系点部工作及关怀他人。疫情期间餐饮停业，为了让外出送件的兄弟们能吃上热乎饭，他从老家田地带自产的农产品给兄弟们做饭，解决兄弟们吃饭难的问题。

为了更好地提升自己，他于建党70周年之际，主动向组织递交了入党申请书，他用更高的觉悟来要求自己，为的就是更好地服务客户，证明了平凡的岗位上也会有不平凡的事迹的真理。

闫秋菊

江苏省铜山县张集镇店东村人，现为徐州宝宝粮仓生物科技有限公司创建人

　　闫秋菊，1981年9月28日出生，现为徐州宝宝粮仓生物科技有限公司创始人、培训师。该公司自主研发产品400余款、荣获7项国家发明专利，先后获得了"江苏省诚信经营荣誉单位""江苏省质量诚信五星级企业"等多项荣誉称号及资质。闫秋菊也被徐州市人力资源和社会保障局、徐州市发展家庭服务业联席会议办公室授予"优秀经理人"等荣誉。

　　2000年11月，经过市场调查后，她与张敏、朱冬梅一起创办了聪明宝贝母婴护理中心。2004年，她们又成立了徐州宝宝粮仓生物科技有限公司。为了提高服务水平，她们始终秉承"一切让顾客满意"的宗旨，精心照顾好每一位顾客。经过她们的不懈努力，敲开了致富之门，各项工作如火如荼开展，门庭若市。

　　为了提高企业的服务品质，闫秋菊带领团队对培训和服务的流程与内容进行了认真梳理和研究分析。把哺乳期临床症状进行系统归纳，科学地分为九大类，并根据每类人群的体质和症状，提出针对性的施治方案。2005年，她带领团队编成了《无痛催乳回乳辨证辨病施治》教材，既方便教学，也有利于指导服务，形成了企业培训和服务的理论宝典。她带领研发团队，按照"古方治今病"的思维理念，成功研制出药食同源的宝宝粮仓催乳汤、通乳汤、拘乳汤、回乳汤等系列产品，在治疗乳房硬结、乳腺炎红肿脓肿等症状方面取得了良好的效果，做到了标本兼治。2010年，公司成功申请并制定了部分产品的行业标准，其产品荣获了国家发明专利，并批量生产销往全国各地。

　　为了帮助姐妹们勤劳致富，她带领团队投入了大量人力和物力，组建了宝宝粮仓、孕博士、养儿堂品牌智慧学院，聘请高级讲师，免费为前来的门店店主、店员、家政人员开展技能培训，毫无保留地把催乳临床技术传授给全国各地的代理商和催乳师学员。公司成立以来，经过宝宝粮仓培训的再就业女性达10万余名。她还带领帮扶团队远赴新疆等地区，为广大少数民族同胞传授具有宝宝粮仓特色的孕婴调养技术和知识。面对突如其来的新冠肺炎疫情，她们面向全国开启了"全民母婴护理线上学习模式"，将各类培训课程免费提供给全国各地的姐妹们，真正做到"疫情无情，人有情"。到目前为止，公司在全国拥有加盟店达1 000余家，初步实现了让勤劳致富的"幸福之花"遍地开放的梦想。在帮助姐妹们实现致富愿望的同时，闫秋菊也把"宝宝粮仓"的爱心送进了千家万户。

江苏 陆振阔

江苏省邳州市炮车镇圩北村人,现为邳州市问玉——海龙玉雕工作室玉雕技师

陆振阔,1986年3月出生,2002年初中毕业后跟随老家亲戚到苏州市打工。由于当时的他年纪小、文化水平低,只能从一名水果店的搬运工做起,每日过得很累、很辛苦。在打工闲暇时,他总感觉不能就这样一辈子替别人装货卸货,要是自己能掌握一门技术,那就能靠手艺吃饭,不看别人脸色了。为了有更好的发展方向,并且受邳州市"玉雕之乡"氛围的影响,2003年他返回家乡,在邳州玉器城学习玉石雕刻。十几年来,他不断地学习钻研、总结经验和教训,从一个玉雕的"门外汉",成长为专业技艺能手。2015年,他的作品《力争上游》荣获中国首届金丝玉玉雕、珠宝、文玩设计大赛优秀奖。2016年,他的作品《带子上朝》荣获中国珠宝百花奖优秀奖。2019年,他在中国江苏乡土人才大赛中获得玉石雕刻项目三等奖,获得"江苏省技术能手""江苏省五一创新能手"等荣誉称号。

只有具备扎实的基本功和过硬的雕刻技能,才能更好地做好各种工作,他严于律己、宽以待人,十几年时刻不忘学习,不断完善和充实玉石雕刻知识结构,努力提高自己的技艺和专业素质,为玉石雕刻行业建设贡献力量。除本职工作外,他还积极学习相关技能,2003年到苏州相王弄跟随玉雕大师黄铭学习玉器雕刻,2007年到上海玉雕大师范佰城处学习深造,2010年拜海派花鸟知名画家吴健先生为师,学习国画等相关知识,以此更好地提升自己在玉石雕刻布局、线条构造、美感等方面的技术。2010年,他开设个人工作室,作品深受顾客好评,设计制作的玉石作品被许多玉雕喜爱者收藏。

陆振阔时刻铭记自己是一名农家子弟,自己的事业小有成绩后,他热心公益,用自己的力量积极回馈社会。2016年10月份,他骑车路过邳州市辽河路沙沟湖,恰巧看到一位60岁左右的妇女落水,他毫不犹豫立刻扔下车子跳入湖中,及时将其拖救到岸上安全地带,等其家人到来确定没有危险后才离开。新冠肺炎疫情防控期间,他主动为村疫情防控指挥部捐款捐物,平时会在水滴筹等公益平台上捐款,奉献着作为一名农民玉雕人的爱心。

时代在发展,社会在进步,玉石雕刻岗位工作也需要与时俱进,需要不断学习新知识、新技艺、新方法,以提高雕刻岗位的服务水平和服务效率。陆振阔深刻懂得习近平总书记指出的"乡村振兴,人才是关键"的重要意义,他说:"作为一名玉雕匠人,我会不断地提高自身技艺水平和业务技能,以中国工匠的标准严格要求自己,为玉石雕刻行业添砖加瓦,贡献自己的一份力量。"

吴计果

江苏省徐州市铜山区刘集镇西梁庄村人，现就职于江苏集慧建设集团有限公司

　　吴计果，1968年6月出生，中共党员。由于家境贫困，他高中毕业后就辍学了，为了减轻家庭负担，便进入了现在所在的江苏集慧建设集团有限公司，开始了自己专注于砌墙的建筑工人生涯。吴计果在建筑工地施工已达30余年，一直在生产一线工作，2015年被评为江苏省住房和城乡建设系统重点工程劳动竞赛有功个人，2016年被中共徐州市委市政府授予"徐州市劳动模范"荣誉称号。吴计果参加施工的代表工程有：铜山区嘉源大厦获得了国家优质工程奖；铜山区农村教师培训中心、铜山科技创业大厦会议中心、徐州市中和大厦、徐州市公安局四所合一工程、中和南院等工程项目曾获得了江苏省"扬子杯"优质工程奖、徐州市"古彭杯"优质工程奖、江苏省和徐州市建筑施工文明示范标准化工地荣誉称号。

　　公司于2001年4月成立瓦工砌筑班组，吴计果开始担任班组长，从大大小小的工程中成长为一代"匠人"，也忠诚地陪伴着公司的成长壮大，现任江苏集慧建设集团有限公司项目部砌砖抹灰班组长。由于工作勤奋，任劳任怨，吴计果于2002年9月正式成为一名光荣的共产党员。他的班组不管是几个人还是几十个人，他都能够带领班组人员团结协作，严格遵守安全生产规章制度，做到责利对等，并且积极参加班组QC（质量控制）活动并多次获得QC（质量控制）成果奖。近20年来，他所带领的班组从未出现上访讨薪事件。

　　在新冠肺炎疫情期间，吴计果所在公司正承担着铜山区棠张镇一所小学新校址的建设任务，公司获准复工后，尚有大批工人因疫情无法及时到岗，工地严重缺工，为了能让镇上的孩子们暑假过后能如期搬入新学堂，吴计果在关键时刻挺身而出，他吃住在工地，为了确保正常施工，经常连续半个多月不回家。2020年5月13日上午，已经在工地连续奋战20天的吴计果刚踏进家门，手机铃声却响起了，他被告知工地发生一起设备故障，他作为班组长，必须尽快回到工地现场。望着贤惠的妻子，他内心感到愧疚，却也得到了妻子的理解和支持。就这样，刚刚回到家不到一刻钟的时间，他又返回到岗位上，最终新校址如期交付。

　　吴计果在岗位上兢兢业业地工作，无法顾及家庭，他每天不知疲倦的身影深深印刻在大家的脑海中。正是千千万万像吴计果这样以建筑工地为家的员工，用汗水和脊梁撑起了城市里的一座座高楼大厦。

江苏 史欣兵

山东省济宁市任城区安居街道办事处宫白庄村人，现就职于江苏恒立液压科技有限公司

史欣兵，中共党员，1985年6月出生，数控车高级技师，从事高端液压元件机械工艺设计、生产、研发工作。

史欣兵秉持"严格、踏实、上进、创新"的工作精神，始终坚持点滴改进，以工匠精神带领团队不断从事技术革新、工艺难题攻关工作，突出的工作业绩先后荣获"中国液气密行业协会科学进步三等奖""山东省科学进步一等奖""济宁市科学进步一等奖""济宁市数控技能比武第一名""武进区企业首席技师""常州市技能大师工作室领办人""常州市突出贡献人才"、江苏省"双创计划"高技能类创新人才（2017年常州市唯一获得此殊荣的个人）、改革开放40年"中国机械工业百名工匠"等多项荣誉。从一名普通操作工人逐步成长为新时期技能型、创新型、知识型的高技能领军人才。

多年来，史欣兵默默辛勤付出，为公司奉献青春、燃烧激情，积极传播正能量，具有很好的团队合作精神，无私地将自身积累的丰富经验传授给团队成员。他注重言传身教，充分发挥模范带头作用，培养新人不留余力。他积极主动培养新人，并借助"史欣兵技能大师工作室"这一平台实现"传""帮""带"机制，无私传授技能200余人，专业技术授课300余课时，将自己在液压行业积累下来的丰富工作经验传递给新进员工，为企业发展和新产品开发做出了巨大贡献，为公司培养出了一批批技术骨干力量。

史欣兵被江苏恒立液压科技有限公司作为高技能人才引进后，针对多路阀及高压柱塞泵行业技术难点进行技术攻关。他带领团队参与的2014年工信部强基工程项目"HVS系列流量共享多路控制阀""HP3V系列斜盘式轴向柱塞变量泵"，在高精密阀体铸造技术的研究上实现了重大突破，掌握了多执行机构符合操作流量分配技术、基于虚拟仿真技术的液压元件开发技术、溢流阀的噪音与震动控制技术、片式多路阀阀孔珩磨技术、挖掘机整机系统匹配技术等核心技术，已申请国家专利5项，其中4项为发明专利。他完善生产现场工艺路线，编制各类工艺文件2 000余份，杜绝加工过程的随意性。在恒立液压工作以来，他完成刀具创新、工艺革新20余项，降低了近10%的制造成本，产品良品率达到98%以上，加工效率提升了15%。2017年，他与团队攻关革新的"液压多路换向阀关键技术及应用"获得"中国液气密协会行业技术进步一等奖""中国机械工业联合会科学技术一等奖"，突破了中国液压行业挖掘机用高压柱塞泵和多路阀技术"卡脖子"问题，提升了中国高端液压元件整体制造水平，打破国外垄断，实现进口替代，降低了客户的采购成本，缩短了交货周期。

李波

江苏省溧阳市别桥镇人，现就职于江苏上上电缆集团有限公司

李波，1977年5月出生，中共党员，1996年进入江苏上上电缆集团有限公司。从事电线电缆制造护套挤塑工序24余年，他在新产品试制、工艺改进、质量攻关方面，技艺精湛，在公司内部职称评定中成为首批拥有技师、首席技师职称的员工。他在电缆护套模头工的岗位上完美实现了自我价值的最大化，摸索出了一套适合新型材料的"李氏护套松管挤塑法"，成为了企业新的技术亮点。他于2006年、2007年、2015年，被江苏上上电缆集团评为岗位能手；2008年，荣获溧阳市青年岗位能手称号；2017年，被授予江苏上上电缆集团50周年功勋人物；2018年，被评为天目英才榜——行业优秀人才，常州市企业首席技师。

1996年，他进厂后就被分派到护套工序从事排线和辅助工作，在短短的半年时间里，他便掌握了所有的岗位技能和技术要点，顺利成为了一名模头工。随着时间的推移，管理结构的变更，产品类别的丰富，他辗转于船缆、控缆、特缆等不同车间，也不断学习新的材料特性，掌握不同产品的结构尺寸、不同设备的操作规程，了解不同客户的技术需求，一点一滴的积累让他的技术变得越来越全面。

从最早的PVC（聚氯乙烯）原材料开始，到后来主打的高新、船用、核电等特种材料的生产，李波都能信手拈来，说出它们之间的不同特性。在日积月累的实践中，他突破书本的教条，不断指出原有电缆技术书籍的错误。他发现公司原有的配模公式陈旧，员工操作死搬硬套，很多新型的材料生产总会出现这样或那样的问题。他开动脑筋想办法，结合自己在工作中解决问题的方法，不断实践，最终摸索出了一套适合新型材料的"李氏护套松管挤塑法"。这套方法在公司推广以后，成为企业新的技术亮点。用这种挤塑方式生产的电缆外观圆整光滑，内部结合紧密，外部美观顺滑，并且在材料使用上还有不小的节约，既得到了企业的肯定，又得到了用户的青睐，很多用户的技术要求都指定要采用这样的挤塑方式。

"有困难，找李波；有李波，没困难"，这样的顺口溜，至今还流传在车间员工的口中。在他的带领和培养下，他的众多徒弟都成为了公司各个条线的中流砥柱。正是有了李波这样的标杆，公司挤塑工序的模头工队伍多年来不断壮大。

多年来的工作经验，使他深深地体会到质量的重要性。他身体力行，用自己的产品说话，用产品的数据说话。每一根电缆的生产都是一次新的开始，坚持和认真是他永远的信念。

江苏 蔡干忠

江苏省镇江市丹徒区姚桥镇人，现就职于常州华利达服装集团有限公司

蔡干忠，1982年7月出生，常州华利达服装集团有限公司制版师。至2020年已做服装21年，他先后荣获常州市第九届职工技能竞赛样板师大赛三等奖、常州市服装行业技术能手称号、常州市第十五届职工技能竞赛"服装制作"技能比赛第一名、长三角四省市纺织行业职工技能竞赛江苏省选拔赛"服装制作"第一名、江苏省纺织行业优秀职工称号、长三角四省市纺织行业职工技能竞赛"服装制作"一等奖、长三角地区纺织行业技术能手称号等荣誉。

蔡干忠刚进公司时，没有接触过电脑CAD制版，凭着一股子不服输的劲头，不到一个月就熟练地掌握了电脑CAD制版。他每一次努力突破，都给同事们留下深刻的印象。

2010年，公司和优衣库合作开发轻量羽绒服，蔡干忠获得了制版任务。接到任务后，按照传统思路，他先将原先做过的款式重新按照设计图稿打出纸样，试做成衣后发现这个和设计师的要求相差甚远。他干脆自己动手，打版、裁剪、缝制，自己亲自操作每一道工序，最终开发成功。优衣库轻量羽绒服迅速打开市场，成为公司的拳头产品，也是华利达产品创新史上的里程碑。

THEORY是美国一个高端的服装品牌，出于对华利达提案能力和开发能力的信任，THEORY尝试与华利达一起开发时尚款压胶西服，这在国际上是前所未有的新产品。蔡干忠一次次地跑样间、试样衣、改造型，和激光师傅、压胶师傅一起探讨研究生产过程中的各种问题，一次次测试，一次次改善。蔡干忠的努力获得了客户的赞许，他收到了国外客户巴黎企划技术研讨会的邀约。

2015年，华利达和常州纺织服装职业技术学院合作，开展"常纺－华利达"现代学徒制培养项目。一方面，蔡干忠是老师，他让学生们不拘泥于固定的公式和数据，领会设计师的思路后，大胆而不违背常规地进行制版；另一方面，蔡干忠也是学生，纺校学生虽然专业制版技术有待提高，但计算机和软件的操作能力超过了蔡干忠，蔡干忠虚心向自己的学生学习，一起共同进步。

2019年5月，蔡干忠作为公司的种子选手参加长三角四省市纺织行业职工技能竞赛。比赛内容大多是他不太擅长的女式衬衫，他没有退缩，针对弱项，下班查找资料，对女式衬衫工艺流程进行反复研究、试做，上班抽空请教缝纫技巧，学习外部典范，学习从未接触过的设备调试技巧。他凭借扎实的基础和稳定的发挥，取得了制版和制作总分第一的好成绩。

面向未来，蔡干忠不忘初心，服装制版的世界很大，仍有许多值得探索，"立裁"将是他今后需要重点磨砺的方向，他希望今后能在中国服装"立裁"的奥斯卡"全国十佳制版师大赛"中捧得奖杯。

陈德虎

江苏省连云港市赣榆区赣马镇顾庄村人,现就职于江苏龙城洪力液压设备有限公司

陈德虎,1986年8月出生,江苏省连云港市赣榆区赣马镇顾庄村人。他于2007年进入江苏龙城洪力液压设备有限公司,从事系统安装调试工作,现任装配车间系统班班长。2013年,他荣获"江苏省武进区优秀农民工"称号。2013年以来,他连续7年被公司评为优秀员工。2020年3月,他光荣地成为一名预备共产党员。

陈德虎于2007年开始在洪力液压设备有限公司工作,刚踏入工作岗位,没有任何经验,他深感自己专业技能欠缺,于是白天跟随师傅和同事努力工作,晚上利用业余时间努力学习。几年下来,他便从一个一无所知的新人成长为一名人人称赞的老师傅。在他看来,在工作中学习是进步最快的方式。在工作中积极主动向同事请教,不懂就问,经过几年的艰苦奋斗,他掌握了过硬的安装调试技术。由于工作表现突出,2011年陈德虎被公司推选为系统班班长,共有组员8名。

由于其工作认真,技术过硬,公司将新研发的液压冷拔机项目的安装调试工作全部托付给他的班组。作为该项目的主要负责人,陈德虎倍感压力,因为此项目价值数千万元,容不得半点马虎。他深知自己的责任重大,但是他没有退缩,将压力化作动力,更加努力钻研,积极向技术人员学习相关知识,加班加点,率领班组成员,按期完成了任务。2011年公司下达任务,要求陈德虎在3个月内完成300吨、500吨的液压冷拔机项目和1 000吨、1 600吨的油压机项目主体安装调试工作。在接到任务后,他首先召开了班组动员大会,为组员们加油打气。他勇挑重担,身先士卒,始终工作在最前线。安装调试期间正是盛夏酷暑,车间工作温度超过38℃,他主动向公司申请将作息时间进行调整,将原早上8:00的上班时间调整为7:00,每天保证8小时工作时间外,还要坚持加班到晚上21:00。在3个月的安调试装期间,他们每天工作时间达到14个小时以上,连续3个月没有休息。功夫不负有心人,在大家的共同努力下,提前完成了安装调试任务。陈德虎及其班组成员获得了公司的荣誉证书和奖金。

陈德虎在打工的道路上,始终以行善为己任,不论是在学生时代,还是在工作中,见谁有干不完的活他都会主动去帮,别人有困难就会伸出援手。公司多次组织捐款活动,2008年南方雪灾、汶川地震等,他都主动带头奉献自己的力量。几年中他多次向同事伸出援助之手,用自己的实际行动带给别人幸福、安全和温暖。因为他认为自己的成长离不开公司的培养和同事的帮助,所以他始终抱着一颗感恩的心,来回报公司、回报社会。他这种无私奉献和乐于助人的精神深得同事和领导的赞扬和好评。

江苏 马金丽

黑龙江省集贤县丰乐镇太华村人,现就职于江苏皓月涂料有限公司

马金丽,1978年10月出生。在常州市工作的13年里,她付出了常人无法想象的努力,从一名学徒工变成了一个调色中级技能人才。

刚入门时,马金丽虚心向师傅请教技术,手握喷枪一遍又一遍地进行练习。一个英文字母都不认识的她,却要学习使用印有无数英文字母的色差仪。靠着做笔记、查字典、向人请教,马金丽终于掌握了这门技术,还取得了中级职业资格证书。如今的她,手下带着好几个大学生,这个"小学生"师傅受到了大家的尊敬。在她的带领下,调色组工作越来越出色。

马金丽身上不仅有着刻苦学习的优秀品质,更有着助人为乐、团结同事的宝贵精神。除了会调色之外,她对公司的砂磨机、包装机等设备都会熟练操作。当其他同事临时不在岗位或被公司安排加班时,她都会主动顶岗,被大家尊称为"马大姐"。多年来,马金丽都是公司的优秀员工,困难面前都有她的身影。当公司发生水灾时,马金丽带着生产部的女同事冲锋在一线,装沙袋、转移物料,处处都有她。在一次由于卸货槽罐存在违规操作导致着火的事件中,她又展现出英勇的一面,在最危险的原料库里手持灭火器灭火。现场另一名男同事一直催促她撤退,可她始终不肯离去,她说:"多一个我就多一份力量,就多一分扑救的可能,我们一起并肩作战。"当时情况紧急,大家都没戴防毒面具,关键时刻她灵机一动,将潮湿的工作服撕成了两片,防止了吸入烟雾,保护了自己和同事。正由于她的机智勇敢,为公司赢得了时间,鼓舞着更多的人参与灭火,避免了火情,没有酿成更大的事故。

马金丽虽然文化程度不高,却有着丰富的艺术细胞和灵巧的双手,每年公司的文艺晚会都有她的身影,很多道具服装都是她带领表演者自制的。她还利用废旧物改装表演了公司的时装秀,连续数年获得了一等奖,她带领大家跳的扇子舞、现代舞展示着由内到外的美,成为了公司一道靓丽的风景线。

马金丽在公司工作了10多年,刻苦钻研,苦练基本功,和同事打成一片。正由于她的积极上进、敢为人先的精神,2016年,她被评为"江苏省优秀农民工",常州市仅有8人获得该项荣誉。2017年,她获得了"江苏省五一劳动奖章""常州好人"等称号。

获得不凡荣誉的她,不仅要求自身做到最好,更是用自己的行动引领着公司的每一位员工,将团结的力量作为企业发展的动力。

蒋彩琴

江苏省泰兴市新街镇野肖村人，现就职于中天钢铁集团有限公司

蒋彩琴，1986年12月出生，2009年加入中天钢铁集团有限公司，成为一名炼钢厂连铸工段的天车工，在这个平凡的岗位上度过了自己的青春年华。

初进厂时她被分在成品区负责吊运红坯，生产节奏快，需要不停地吊运。那一年夏天又特别炎热，空调根本不起作用，"热浪"炙的驾驶室四周都不能碰，天天就跟蒸桑拿一样，虽然环境恶劣，但是她想既然到了那个岗位，就要认真工作，很快就得到了工段长的赏识，将她调到高18米、起重量65吨的主跨行车上。起初她对这个高度有些恐慌，行车也不熟悉，尽管离开了炎热的环境，但面临更多的是一种全新的挑战。主跨行车每天的主要工作就是需要配合地面工作人员吊运换下来的中包、溢流槽、辅料以及更换、修理结晶器，她的工作比以前更繁忙，责任也比以前更重大。

她知道有条不紊地做好每一项工作，能保障每一个人的人身安全，生命大于天，只有做好安全工作，生产才能够平稳，所以每每看到工段里创下生产记录一次又一次突破，感到由衷地开心。

由于连铸工段属于成品区，所以生产比较忙，天车工更是责任重大。一方面，为了保证高效、安全，圆满地完成车间的生产任务，她总是随叫随到。另一方面，她也时刻不忘学习和自我提升，在集团内部组织的等级培训中取得了天车高级工的技能等级。在天车工岗位上工作多年来，她时刻讲究工作方法，严以律己，宽以待人，豁达大度，不推诿责任。为保证安全生产，不影响生产进度，她根据自己的工作经历，撰写了厂部的天车安全操作规程，并制订了详细的点检计划，严格遵照实行，避免了很多安全事故的发生。

2019年，她被集团选拔成为一名天车内训师，开始拥有了一个全新的角色，负责带教培训新进的天车工，至今已经培训了上百名新工人。

她的努力和付出得到了周围同事及领导的肯定，2013年荣获武进区"中天杯"天车比赛第二名，"常州市技术能手"称号，天车竞赛三等奖，还被评为"中天钢铁岗位能手"；2013年荣获武进区妇联"美丽女性"；2014—2015年度荣获常州市五一巾帼标兵；2015年荣获中天钢铁集团天车比赛第一名；2015年荣获中天钢铁集团公司标兵，"沙钢杯"江苏省钢铁行业女天车工职业技能竞赛优秀选手奖；2015—2016年度荣获"美丽中天人"荣誉称号；2016年荣获武进区巾帼标兵，并被评为"强技能好青年"之星。

江苏 曹斌

江苏省常州市金坛区指前镇社头村人，现就职于江苏城东建设工程有限公司

曹斌，1988年6月出生于江苏省常州市金坛区指前镇社头村委周家棚62号，高中毕业后，进入建筑工地从事一线测量放线工作，现为江苏城东建设工程有限公司06项目部测量放线工。

他自参加工作以来，爱岗敬业，认真钻研，先后自学了《工程测量学》《高级放线工》，以扎实的理论知识武装自己。在测量岗位上，他始终将学习作为一种信仰，从不放松对知识的强烈渴求，他相信一个人的能力才是"金饭碗"，始终把"知识改变命运，奋斗才有价值"作为人生信条。

在多年的测量工作中，他不但注重理论知识的学习，还注重从工作实践中获取宝贵经验，提出了不少解决测量工作难题的见解和方法。他曾提出测量资料应用"四有"，即"有来源、有计算、有检查、有结果"，在工作实际中得到了很好的应用和贯彻，资料的最初应用很关键，是谁提供的，可用不可用，对资料的出处要寻根问底，再就是对资料要进行计算，并且要有其他人员的检查签字，最后形成结果，是否可用，这样就保证了资料应用的准确性，为后续工作提供了第一手可靠资料。在工程管理中，他提出的"跟踪服务，动态管理"八字原则，即"放样给点要跟踪服务，工程质量要动态管理"，也在实际工作中取得了很好的效果。

测量人员岗位性质特殊，要做到随叫随到，而且要不断地和施工队伍取得联系，及时沟通，关注工程进度和工程质量，管理上既要依章办事，又要随机应变，不死板教条，根据施工进展情况，适时调整工作方法，以保证施工的顺利进行。曹斌制定了工程质量整改表和重点工作记录台账，以测量工序保证施工工序，针对工程质量，适时制定了测量工程质量整改表，具体和细化了整改内容，落实和明确了责任人，以月初检查、月中监督、月底验收的方法，促进了工程质量的大幅提高。通过建立重点工作台账，加强了测量人员的责任心，多年来，没有发生过任何一起较大的测量事故。

在测量工作岗位上，曹斌始终严格要求自己，业务上"向先进看齐"，求真务实，严谨细致，精益求精。他先后取得了测量员证书、施工员证书，多次被评为公司先进个人，参与施工的工程项目其中3项获得江苏省"扬子杯"优质工程、常州市"金龙杯"优质工程，3项获得江苏省文明施工标准化工地。

肖军

江苏省常熟市支塘镇项桥村人,现就职于中交天和机械设备制造有限公司

肖军,中共党员,江苏省常熟市支塘镇项桥村村民,现为中交天和机械设备制造有限公司机械设计员。自1997年参加工作以来,肖军同志一直奋战在工程机械装备的研发设计一线。他潜心钻研,勇于创新,科学管理,乐于奉献,为所在单位的科技创新和技术进步做出了较大贡献。他于2013年参与南京纬三路过江隧道工程,被评为"南京纬三路项目优秀员工";2014年荣获2014年度中国机械工业科学技术奖一等奖、国家知识产权局授权发明专利3项、实用新型专利1项;2016年1月荣获"常熟市工人先锋号创新能手奖""中国交建2016年度科学技术进步一等奖""2016年度中国施工企业管理协会科学技术奖科技创新成果一等奖""苏州市五一劳动奖章";2017年荣获"常熟市劳动模范"称号;2018年4月荣获"苏州市劳动模范"称号。

潜心钻研,成果显著。自入职中交天和机械设备制造有限公司以来,肖军主要从事盾构机总体方案设计、刀盘设计和刀盘主驱动的自主研发工作,使公司掌握了盾构机核心关键技术,先后负责或参与了100余台套盾构机的开发和设计,拥有了丰富的盾构机设计和研发经验。他先后参与了公司主持的江苏省重大科技成果转化项目"大型隧道掘进机的研发及产业化"和江苏省交通运输厅科研项目"超高水压复合地层盾构隧道建设关键技术研究及示范应用"等多项省部级重点科研项目,以及交通运输部西部交通建设科技项目"复杂地质条件下水下大断面盾构隧道建设关键技术研究"并担任重要技术负责人,为我国打破国外超大型全断面隧道掘进机的垄断做出了积极贡献,并因此荣获2014年度中国机械工业科学技术奖一等奖。

言传身教,甘为人梯。他为企业可持续发展培养了一支过硬的技术梯队。为了保持公司的持续创新能力,作为公司技术人员,肖军在自己刻苦钻研的同时,十分注重对专业人才的培养。

淡泊名利,乐于奉献。他以厂为家的敬业风范广受好评,在工作中不计劳苦,率先垂范。在与同事相处时,他总能以"与人为善"的心态对待每一个人,把党组织的温暖通过自己传输给每位同事。

作为农民的孩子,他没有惊心动魄的故事,也没有色彩斑斓的传奇,他靠着自己的勤劳与刻苦,做事公道,有诺必应,成为行业的优质服务标兵,用自己的善良、爱心同广大客户架起了一座友谊之桥,服务于客户,奉献于社会,书写着自己的人生。

舒新生

江苏省新沂市王庄镇小蒋村人,现就职于金德精密配件(苏州)有限公司

舒新生,42岁,江苏省新沂市王庄镇小蒋村人。读中专时他选择了学习电子应用技术专业。2003年3月,他入职金德精密配件(苏州)有限公司,在行政部维修电工岗位任职。

勤于学习、善于思考。在舒新生刚进公司不到1个月时,生产现场的一台多头攻牙机把操作者的手指压伤了。舒新生利用自己的专业知识,很快就找出了解决方法,他为该类设备设计安装了电气安全同步装置,彻底避免了由于操作的不同步而造成人员受伤的问题。公司的点焊设备由于使用的水循环冷却系统效果不好,导致在生产的过程中产品在品质方面很不稳定,经常接到客户投诉。舒新生设计制作出了点焊机专用冷水机,并成功申请了实用新型专利和外观专利。

勤勉研究、精益求精。由于要在同一个零件上打上几十个螺钉或螺母,因此漏钉现象非常严重。尽管公司安排专人进行逐个检查,问题仍然频频发生。公司不断接到客户的投诉,给公司的声誉造成很大的影响。舒新生设计制作出了打钉机专用的生产过程监控计数装置,经过3个月的现场测试,未发生一例漏钉事件,实验证明此监控计数装置可以用于所有的二次加工设备,公司为该装置申请了发明专利。舒新生也因此获得了当年度公司"优秀员工"奖和公司第一个总经理特别大奖"特殊贡献奖"。

提升自我、带动团队。他利用工作之余给自己充电,他一面研修技术,一面提升学历,经过刻苦学习,顺利通过了专业技能等级鉴定考试,将维修电工的技术等级从中级提高到了技师水平,并通过自学先后取得了江苏大学的专科文凭及南京大学的本科文凭。

为了表彰舒新生的业绩,鼓励其发挥更大的潜力,公司设立了电气实验室,特别命名为"舒新生工作室"。

硕果累累、回报社会。获得荣誉的舒新生并没有因此骄傲,2017年舒新生再次获得总经理特别大奖"优异进步奖",他的能力再一次得到公司高层领导的认可。此外,舒新生及其团队也获得了系列荣誉,2012年姑苏高技能重点人才、2013年苏州市非公企业百名青年岗位能手、2013年江苏省优秀农民工、2017年江苏省五一劳动奖章、2018年苏州市劳动模范、2019年苏州市高新区高技能领军人才和"2017年舒新生劳模创新工作室"等。

姜新

河南省信阳市罗山县彭新镇红堂村人，现就职于苏州市姑苏区城市清洁服务公司

姜新，中共党员，1992年加入环卫队伍，20多年以来，他多次获得"市容环卫杯"争先创优劳动竞赛"环卫标兵""先进工人""优秀工人""优秀保洁员"等荣誉称号。

20多年前，乡村教师姜新孤身一人到苏州打拼，开始从事苦、脏、累的垃圾清运工作。这期间，他每天凌晨天不亮就要起床，赶在人们出门前把垃圾运走。那时候由于没有机器，垃圾都要用铁铲一铲一铲运出来，铁铲的声音往往会惊扰到睡梦中的群众，尤其是一些老年人。为了保证群众的睡眠，他每天铲垃圾时铁铲都是轻拿轻放，工作效率变慢了很多，为此他每天要提前近一个小时出门才能把工作做完。

姜新对待工作无怨无悔，20多年以来，姜新以单位为家，对待家庭却充满了太多歉疚。2008年，连续下大雪导致交通困难，道路必须马上疏通，时间紧、任务重，他以身作则，冲在扫雪第一线。他老家却传来了噩耗，老父亲等不及儿子回家，就已经撒手西去，姜新当场几乎昏厥过去，他原本打算完成这次扫雪任务就回家看望父亲，没想到还是晚了一步。没看到老父亲最后一眼，这成了姜新内心深处永远的伤痛。

在"寒山寺听钟声"、石路"轧神仙""西园寺烧头香"等重大活动卫生保障工作中，姜新制定严密的保洁方案，合理安排保洁人员，亲自现场指挥，为各项活动的开展创造了良好的卫生环境。在"百日行动""两小行动"中，他统筹车辆、人员安排，制定行动期间中转站垃圾运输突发事件处置措施等，确保两次行动顺利开展。在新冠肺炎疫情防控期间，他严格执行公司的防疫要求，做好中转站，宿舍，充电间，二、三类厕所，办公室等场所消杀并做好记录，严格监督把关职工每日两次的体温测量工作，做到不漏测、不瞒报，坚持发现问题及时上报的工作原则。在对金阊片区居家隔离人员的垃圾收运时，他积极协调防护用品，保障一线垃圾收运人员防护安全，编制上门收集垃圾的工作要领"先消杀、后收集、单独运、定点清"，确保疫情期间垃圾收运顺利开展，金阊站无一人被感染。

姜新在思想上积极要求进步，积极参加党支部组织的各项活动，他时时刻刻以党员的标准严格要求自己、爱学习、讲奉献。

江苏 程元富

山东省菏泽市单县龙王庙镇高庄行政村程窑村人，现就职于苏州中恒通路桥股份有限公司

25岁的青年，或许刚刚走出"象牙塔"，或许还在继续求学或求职的路上奔波，但25岁的程元富，已经在他的"领域"成为"能手"、专家，并用自己的努力和汗水，书写绚丽青春。

2015年4月，20岁不到的程元富，进入苏州中恒通路桥股份有限公司，从事装载机作业。第一次接触建筑行业的他，对于生产现场的一些知识技能还是懵懂的，对于从事工作的辛苦更是未知的，因为沥青混凝土生产需要根据项目进度需要而生产的特殊性，所以工作时间十分不固定，很多时候项目需要供料，哪怕半夜一两点钟，也要马上开机生产，十分辛苦。老师傅们都在猜想白白净净的小伙子，是否能坚持下来。但出乎意料的是，程元富不但坚持下来，一干就是五年，而且从陌生到熟悉，从单纯的装载机操作到所有沥青生产设备的操作全部掌握。

五年来，当需要加班时，他冲在第一个；当有人请假时，补位的他也是第一个，他是公司内场部出名的"拼命小三郎"，也是老师傅们最喜欢的"小橙子"。他于2017年获得公司第二季度"明星员工"荣誉称号，2018年获得年度"优秀员工"荣誉称号。

阴雨天气没有生产任务的时候，他就跟在检修师傅身后，学习设备的原理，并且自己找相关机械设备的书籍进行学习，在最短的时间内学会了所有沥青混凝土设备的操作，并且成为公司仅有的"全能工"。尤其在装载机操作技术方面，他有着深入的研究，是行业内出了名的操作高手。在2019年市住建系统"红色工匠"场内装载机操作技能比赛中，程元富理论和实操双双获得第一名的好成绩，被评为"苏州市技术能手"。他于2020年获得苏州市总工会颁发的"五一劳动奖章"，还获得2020年苏州市"最美劳动者"荣誉称号。

在专业技术能力不断提高的同时，他主动向党组织递交了入党申请书，通过组织培养、考察，目前已经成为一名光荣的共产党员，还多次获得双塔街道"学习强国"达标竞赛先进个人，用自己最朴实的行动，书写一名共产党员的忠诚。

25岁的青春还有无限的未来，红色工匠的情怀定将绽放绚丽的华彩，相信程元富定将以更加努力的姿态，奋斗无悔的青春！

王进

江苏省盐城市亭湖区大洋村人，现就职于三一重机有限公司

王进，1989年1月出生，中共党员，2008年3月入职三一重机有限公司。入职后他一直在小挖组装车间工作，通过个人努力，从一名普通的装配钳工，成长为小挖组装组组长。他在工作中为了提升自己，分别于2009年从成人大专毕业、2019年通过成人本科考试，2015年获得国家二级技师资格认证，2014年和2017年分别获评"昆山市高技能重点人才"和"昆山市高技能优秀人才"，2020年获评"昆山劳动模范"。

提高生产效率。他主导了"挑战300S""由熟至精，夯实技能"等多项改善活动，大幅提升作业效率，2016年，实现了从月产1 600台到2 500台的飞跃。2020年，他积极学习现代化生产管理知识，提升员工效率，使产线实现了月产6 545台的历史性突破。

注重质量改善。为降低产品故障率，他组织开展了质量专项培训，积极开展绩差员工面谈、重点故障专项质量讨论会、早期故障专题会等各种全方位质量改善工作，产品故障率同比明显下降，客户满意度提升。他还开展了"外观质量评审""油漆质量提升""组装周质量会"等多项工作，使小挖产品的精细化程度更高。

抢占国际市场。为将三一微挖打造成为世界一流，在他的带领下，如今小挖组装组已坐拥多款国际化微挖产品，已达到日产40台的能力，为公司抢占市场提供了强有力的保障。

优化车间管理。他组织开展了6S现场管理评比活动，提高了员工的6S意识，小挖组装组在最新的集团6S评比中名列前茅。在人员管理上，王进结合丰富的现场管理经验，总结出一套人员优化评估方案，系统提升了人员管理效率。他在优秀有潜力员工多样化培养、问题员工积极培训强化管理、两极员工座谈会等多个维度上，推陈出新，效果显著。

推进工业4.0。为推动流程信息化的进一步发展，三一重机协同IBM（国际商业机器公司）开发了SCM系统，他全程参与项目的信息收集、问题分析和对策制定等工作，最后作为关键用户，对员工进行了培训。

江苏 高军会

西安市鄠邑区石井镇栗峪口村人,现就职于江苏皇冠新材料科技有限公司

高军会,西安市鄠邑区石井镇栗峪口村人,中共党员,作为贫困农民家庭出身的他,1998年毕业后,便一个人外出南下开始了务工生涯。通过在民企中20多年的摸爬滚打,他让自己逐渐从一个名不见经传的一线工人,成长为如今的工会主席,一名知识型的农民工。

爱岗敬业,不断自我学习与提升。为了弥补学历上的劣势,20多年来,他参加过上百次培训,通过自学,还拿到了国家一级人力资源管理师、国家助理信用管理师等职业资格,并通过了高级人力资源管理师职称评定及江苏省高级职业经理人认定。

重视并推动企业党建与企业人才双发展。近几年,他为企业引入并培育党员人才10余人,其中具研究生以上学历的党员人才7人。他还通过创建并利用劳模创新工作室、书记项目工作室等,带动和促进企业人才的培育与发展,并先后培育各类企业技术人才40余人,开发创新产品上百种,申报专利60余项,部分新项目还被评为"江苏省创新突破项目",并取得很好的市场价值。

不断创新与突破,实现文化党建相结合。2019年皇冠党群服务中心被评为太仓市三星级基层党建示范基地,他个人还被授予"太仓市优秀共产党员"及命名为"苏州市优秀非公企业党组织带头人"的称号。

身体力行,发挥先锋带头作用。在2020年新冠肺炎疫情期间,面对复产重任及交期压力,他连夜驱车1 400余公里赶回公司,加班加点开始复工复产准备工作,近四天时间内仅吃了两餐饭,睡了不到10个小时,正是他的努力,使企业成为镇区第一家复工的企业,企业2020的产值也一直优于往年同期。

作为市政协委员,他还积极为地区的经济发展及社会民生等积极献言献策,他通过走访调研撰写的诸多提案及社情民意得到了市委领导的认可。

贴心服务、热心公益,与公益同行。工作之余,他还广泛参与社会公益活动、帮扶老弱病残。近几年,他根据企业生产用工的特点,让20多个家庭有了稳定的收入,摆脱了贫穷的困扰,过上了幸福的生活。2020年新冠肺炎疫情期间,他更是既忙于企业复工复产,又忙于帮扶工作,除了帮助诸多企业解决了防疫物资的问题,他个人还向慈善机构捐赠3 000余元及数千元的物资。他的事迹也多次出现在太仓统战、党建、政协、工会、文明双凤等媒体的头条,受到了更多的社会认可。

孙勤良

江苏省苏州市吴江区七都镇吴越村人，现就职于通鼎互联信息股份有限公司

　　孙勤良，1973年9月出生，中共党员，现任通鼎互联信息股份有限公司设备部总工程师。他是享受国务院政府特殊津贴专家，曾获评全国技术能手、江苏大工匠、江苏省五一劳动奖章、江苏省有突出贡献中青年专家、江苏省有突出贡献技师、江苏省企业首席技师、苏州市劳模、苏州市高技能突出人才、苏州时代工匠、吴江区时代工匠、吴江区先进工作者、吴江优秀人才奖等荣誉，获得国际发明展银奖和铜奖各1项、国家专利37项（其中发明专利9项）。他曾领办国家级技能大师工作室、江苏省技能大师工作室、吴江区劳模创新工作室，入选第四期、第五期江苏省"333工程"第三层次培养对象。

　　技术的创新能引领行业发展是孙勤良的追求。他紧跟《中国制造2025》的战略目标，大胆推动智能制造的技术创新，解决了大量技术难题。他自主研制了一套类似机器人的智能机械手臂，用于光缆护套排线。该机械手臂完全取代了人的手臂，可在不规则的盘具上自动精密排线，解决了行业内长期未能解决的重大技术难题，完全实现了机器替代人工。孙勤良还使用工业现场总线和以太网技术，将生产设备接入互联网，设计开发了一套高效的网络化、信息化集群控制平台。该平台的应用颠覆了传统的生产模式，将多台生产线虚拟为一台，极大地发挥了企业的规模效应，可节约大量的人工成本，成了光电缆制造业内的首创。

　　孙勤良凭借勤学苦练的干劲和勇于创新的激情，从一名普通电工成长为全国线缆制造业中的专家型高技能人才。他在生产一线岗位解决了行业内多项关键技术难题，为企业和社会做出了突出的贡献。

江苏 干旻旭

江苏省苏州市吴江区黎里镇莘塔社区龙泾村人，现就职于康力电梯股份有限公司

干旻旭，电梯安装维修高级技师、电工高级技师，从事电梯维保工作20年。

作为一名长期工作在电梯维保工作一线的老员工，他始终保持着端正的工作态度，扎实肯干的工作作风，在工作中勇挑重担。同时并不满足于仅仅做好一名电梯维保工人，他凭借丰富的工作经验，进行一些技术、工艺、工作方法上的改革。他多次提交合理化建议，累计为公司节支降本金额近百万元，曾在省级杂志上公开发表论文三篇。他累计为公司"智慧管理－电梯物联网"系统安装信号采集设备2 000余台，为公司物联网系统接入苏州96333电梯应急救援平台做出了一定的贡献。

2014—2017年，他先后获得康力电梯三星级、四星级、五星级优秀员工。他曾获评2017年吴江区优秀技师，于2018年入选苏州市总工会"红色工匠"培育三年行动计划，于2019年被人力资源和社会保障部授予"全国技术能手"称号，获评2019年"首届吴江时代工匠"荣誉称号、2019年苏州市工会第十六次代表大会代表、2020年吴江区劳动模范。公司曾多次派他参加区级、协会甚至国家级的技能比赛，他不负众望，以骄人的成绩展示了公司"质量为先、品质为王"的工匠精神，曾获区职工职业技能竞赛电梯工一等奖、2016年全国第二届电梯维修工职业技能竞赛总决赛个人优胜一等奖、2017年中国技能大赛"鲁班杯"全国电梯安装维修工职业技能竞赛电梯维修组个人优胜一等奖和报请中华全国总工会推荐参加"全国五一劳动奖章"评选的荣誉。他出色完成2019"一带一路"暨金砖国家技能发展与技术创新大赛——首届电梯工程技术赛、2019年浙江省电梯维修工职业技能竞赛、2020年第八届"吴江技能状元大赛"电梯安装维修工竞赛的裁判工作，客观公正严格执裁，充分展示了"康力人"优秀的职业素养和高超的技能水平。

随着现代高层建筑的迅速发展，电梯已成为人们生活中必不可少的垂直交通工具。为更好地普及乘梯安全知识，规范人们正确使用电梯，干旻旭和同事们带着乘坐电梯时需要注意哪些行为，遇到紧急情况时又该如何应对等一系列安全乘梯的问题，自2017年起与小区物业、特种设备检验院合作，每年举行多场康力电梯安全乘梯知识普及公益活动。他主持制定预案并在小区定期开展电梯故障应急演练，得到了广大市民和物业的认可和好评。

肖庆敏

江苏省苏州市吴中区胥口镇香泾新村人，现就职于高岭电子（苏州）有限公司

肖庆敏是一名普通的农民工，于2006年进入高岭电子（苏州）有限公司工作至今。她兢兢业业在平凡的工作岗位上干出了不平凡的业绩，在公司的培养教导下，从一名一线职工一步步地成长为公司制造部系长，管理着员工70余人。

肖庆敏积极主动向党组织靠拢，坚决维护中国共产党的领导，思想上得到很大的进步，能积极主动地学习党的各项方针政策，对党的基本理论知识有了全面的认识，2019年12月被公司党支部吸收为正式党员，2020年新冠肺炎疫情期间她还以党员身份带头捐款，贡献自己的一份心意。

从2006年工作至今，十几年如一日，她热爱工作、勤奋学习、踏实肯干、认真负责、任劳任怨，从一名最底层的职工做起，在职工中具有良好的群众基础。她在这份平凡的工作岗位上，奉献了她的青春，倾注了她的满腔热情和心血，始终全身心地投入到工作岗位上。在工作上，她把公司当成自己的家，虽然年纪不大，但在她的领导下，群众团结了，效率提高了，产品品质得到了保障，工作业绩在公司名列前茅。在关心职工方面，她把同事当成自己的家人。职工发生工伤事故，她第一时间驾车送其去医院救治，恢复期间时常慰问，让职工感受到了温暖。因公司女职工较多，为了更好地照顾女职工的生活，为她们排忧解难，公司工会评她为女职工主任，来了解女职工的困难，化解她们的忧虑。她还特别对三期女职工的保护提出了实质性举措，解决了三期女职工的各类问题，在公司工会的支持下，2019年8月，公司建立了"妈妈驿站"来保障三期女职工的权益。她的做法在公司上下得到了领导及同事的认可。2016年被评为"胥口镇文明职工"，2018年被评为苏州市第九届"百佳文明职工"，2020年获评"江苏省五一劳动奖章"。

肖庆敏从农村中来，深知生活的不易，在日常生活中经常主动伸出援手帮助他人，她无偿献血、时常捐款、积极参加社会公益活动来回馈社会。她的事迹得到了群众的认可，2016年被评为"胥口好青年"，2017年被评为胥口镇第三届"胥口好人"。

肖庆敏同志积极向上的思想认识，严肃认真的工作态度以及勇于担当的社会责任感在公司里影响了一大批员工。她在平凡的岗位上和生活中绽放了自己，活出了自信，走出了自己的道路。

江苏 程书荣

河南省信阳市商城县双椿铺镇鲍店村人,现就职于苏州金管家家政服务有限公司

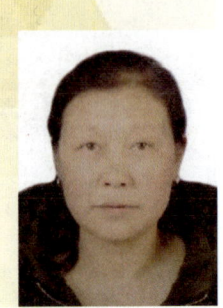

程书荣,河南省信阳市商城县人,受家庭环境熏陶,从小就踏实、本分、懂事。2015年6月里的一天,丈夫突如其来的一场大病,家里的经济直接被掏空,打破了程书荣原本宁静平凡的生活!天生要强的程书荣,为了赚钱给丈夫治病,为了供养三个孩子读书,下定决心去大城市打工。

辗转各地,她到了苏州。50岁的她,本该到了安心养老的年纪,但是程书荣偏偏选择了不甘于平凡,不甘于向命运屈服。源于强烈的责任心和好强心,她课上认真做笔记,课外虚心求教,用了200多天的时间,一口气考了四本资格证书,掌握了多种中、高级家政技能。

她保质保量、出色地完成本职工作。对自己高标准、高要求,就是对客户负责。通过细致入微的服务,反复确认动作标准无误后,她得到了客户们的一致称赞和好评。程书荣凭借出色的表现,荣获了"2016年度金管家学习标兵""2016年度辛勤小蜜蜂"等称号,由于她在岗位上兢兢业业,不仅保质保量完成了工作,而且还超出了客户的期望,客户相继送来了多面锦旗。

她钻研技术、精通业务、勇于创新。在家务保姆的服务过程中,程书荣迎来了人生的转折点,有了新的创新和突破。由于其长年累月标准化作业和雷厉风行的做事风格,积累了丰富的经验,她成为了金管家的内部讲师团成员,把自己的入户经验和操作标准,传授给金管家家政管理学院里更多的阿姨。2017—2018年,程书荣荣获了"2017年度最佳创新奖""2018年度金管家最美丽的人",成为了公司的榜样。在其位而谋其职,程书荣凭借对自身技能的提高以及综合能力的提升,入选了"中国77个农民工典型图书案例人物",在更高的平台被社会所认可。

她勇担责任、助人为乐,热心公益送温暖。2020年1月,作为金管家工会的一员,程书荣在金管家疫情防控指挥小组的带领下,积极参与防控口罩赠送活动,为援鄂护士家庭送去居家保洁服务。2020年6月18日,她踊跃报名参加了"铜仁扶贫协作招聘会暨铜仁市高校毕业生专场招聘会",在碧江区正光安置点招聘会现场,耐心地为应聘人员讲解岗位需求、岗位职责等,助力对口地区劳动力。

周毅海

湖北省竹溪县中峰镇鹰咀石村人，现就职于江苏永钢集团有限公司

周毅海，出生于1976年6月，来自湖北省竹溪县的一个山区农村，由于家里兄弟姐妹多，小时候家庭经济困难，他上到高二就辍学了，随后去了建筑工地打零工。1999年5月，经老乡介绍，他到了江苏永钢集团有限公司的六轧分厂上班。

他工作细心严谨，技术水平高，在工作中不断提高自身实践操作水平。2009年，线材三厂精轧机频繁爆辊环，严重影响了车间生产，给产品质量也带来隐患。在他与分厂的技术人员共同努力下，终于找到了爆辊环的原因——碳化钨辊环冷却不充分，热应力过大。于是他在现有冷却水管的基础上加了一个"小尾巴"，使辊环最热的地方得到了及时充分的冷却，从而避免了爆辊环，每年为公司节约成本约80万元。

他积极向分厂条线提供合理化建议，参与各项技术改进工作，减少待整品的量，降低了生产误时，提高了产品的成材率；在节支降本方面，他通过与生产准备班组交流，合理利废利旧，针对粗轧平轧机进口导轮都是平导辊的情况，建议高的1架轧机先使用，报废返修结束后再在导辊辊径较小的3架进口上使用。增加导轮使用轮次，降低导轮耗用，仅在粗轧导辊上每年为公司节约成本约18.4万元；在环保方面，他针对轧机上有氧化铁扬尘，建议在机架过桥处加装喷雾喷头，从而有效去除了氧化铁扬尘，减少了大气污染。

他勤于钻研轧钢专业技能，并发扬"传、帮、带"精神，在扎实做好本职工作的同时，不忘与同事共同进步，自从事调整工以来，一直亲自带徒，为分厂培养了多名成品调整工，为分厂成品质量的提高做出了重大贡献。周毅海于2016年在"鞍钢杯"第八届全国钢铁行业职业技能竞赛中荣获"全国钢铁行业技术能手"称号；2018年在"行行出状元"张家港市第六届职业技能大赛中荣获职工组轧钢工（线材）项目二等奖，被授予"张家港市职业技术能手"荣誉称号；2019年获得分厂技术比武第一名及公司劳动奖一等奖，并取得国家轧钢工中级职业资格证书；2020年获得张家港市"五一劳动奖章"。

江苏 梅建华

江苏省东台市头灶镇黄尖村人,现就职于中亿丰建设集团股份有限公司

18岁跟着老师傅学习泥瓦工手艺,成为一名"匠人",梅建华在这一行一干就是20多年。

在公司,梅建华开始接受比较系统的砌筑工种职业技能培训。他深知经过这么多年的实践和积累,自己提高了实操能力并积累了经验,但在理论知识上始终是个短板。他白天在工地干活,工余时间就在宿舍内"啃"书本、练习看图纸。遇到立面、剖面识图和排砖等方面的难题,他就抓住机会向培训老师和技术专家请教,工间空闲时,他就在那里模拟放线、排砖。功夫不负有心人,经过几年的历练,他渐渐掌握了砌筑工种的理论知识和操作要点。

2012年,首届江苏省技能大赛举行,经过理论考试和实操考试的层层选拔,他顺利从一轮轮选拔赛中脱颖而出,最终获得了省级竞赛第一名的好成绩,荣获江苏省技能大赛状元,被授予"江苏省技术能手"称号,享受省级劳动模范待遇。此后,他又代表江苏省队参加了全国建设行业职业技能竞赛暨第四十二届世界技能大赛选拔赛,获得了全国前十的好成绩。

身为公司技术工人中的骨干,梅建华在工作中不断丰富自己的理论知识,提升自己的实操能力,同时在思想观念上紧跟时代的潮流,在技术上加强学习,重视知识的积累和更新,充分利用一切机会加强业务知识和管理知识的学习。他经常主动琢磨新型材料的参数、施工工艺等要求,不断加以探索,掌握了各类砌筑材料的特性和施工工艺,并将其运用到施工过程中,保证了施工质量和效率。

近年来,他带领班组参与主体施工的一系列项目获得省、市"优质工程""文明工地"等称号。2016年以来,梅建华担负起了公司在太仓市完成的所有工程的售后维保服务工作。他分析各类质量瑕疵、质量通病及其形成的原因,结合自己的施工经验,探索治理方法和路径,以便更好地做好服务工作,并在今后的施工中努力避免类似问题的产生。他所负责的安置房小区业主听说是一位省级技能状元、省级劳模在为他们服务,纷纷表示住在这样的房子里放心、安心。

喻勇

江苏省南通市东社镇严灶村人，现就职于通州建总集团有限公司

喻勇，1989年在南通市唐洪建筑公司从事瓦工工作，1997年9月，在通州建总集团有限公司金沙分公司项目部担任技术负责人，2009年9月至今，一直在通州建总集团有限公司技能培训基地担任技能培训实训指导员，负责提高学员的实践技能。

刻苦钻研，不断提高自身的文化素质和技术水平。喻勇出生于农民家庭，一开始只有高中文凭，但他一直在严格要求自己，不断取得进步。后来，他利用空余时间进行自修学习并拿到工业与民用建筑专业的中专文凭。

要使自己指导的选手在比赛中取得优异成绩，除了过硬的技术、良好的心理素质外，对竞赛规则的掌握必不可少，喻勇不断钻研各级各类比赛的竞赛规则，并担任了第44届、第45届、第46届世界技能大赛全国选拔赛、江苏省选拔赛、第四届江苏省技能状元大赛、第八届中国技能大赛、中华人民共和国第一届职业技能大赛江苏省选拔赛等各级各类技能比赛砌筑项目的裁判员工作。

积极进取，不断提高自身的业务能力和技能水平。喻勇参加工作30年来，一直在致力于提高自己的技术水平和业务能力，并在全国、省、市大赛中多次获奖。2010年，他在南通市职业学校技能大赛中，荣获了建筑类建筑装饰技术教师组二等奖；2011年，他在南通市职业学校技能大赛中，荣获建筑类砌筑与装饰、建筑测量放线技术教师组三等奖；2011年，他在江苏省职业学校技能大赛中，荣获"天煌"杯建筑类砌筑与装饰技术项目教师组一等奖。

2012年6月，参加第一届江苏省技能状元大赛，喻勇荣获砌筑职业（工种）企业职工组三等奖。同年，他在全国建设行业技术竞赛暨第42届世界技能大赛选拔赛中，获得全国第四名的好成绩。他还曾被江苏省总工会授予"五一创新能手"荣誉称号，被江苏省人力资源和社会保障厅授予"江苏省技术能手"荣誉称号，被破格晋升为砌筑工高级技师。

他的工作室被南通市人力资源和社会保障局命名为"喻勇技能大师工作室"，他先后被授予"南通市劳模""通州区铁军工匠标兵""江苏省企业首席技师""江苏省优秀农民工"等荣誉称号。

江苏 戴祝泉

南通市通州区二甲镇宝云山村人,现就职于龙信建设集团有限公司

戴祝泉,1991年7月参加工作,1994年2月入职龙信建设集团有限公司从事木工工作,现为龙信集团建筑产业预制装配式混凝土结构关键技术课题组现场施工组成员,从事预制装配式结构工程施工工作。

2010年,他被公司选派赴日本鹿岛株式会社学习预制装配式结构吊装施工技术。他十分珍惜学习机会,每天上午到鹿岛总部学习理论知识,下午去施工现场学习实际操作,晚上整理资料。利用短短三个月的时间,参观了鹿岛两大实验室(减震实验楼、风动实验室),观摩了在建十几个项目,能拍照的尽量拍照留下影像资料,不允许拍照的都用眼睛看、用脑记。他回国后就投入到PC工厂的建设工作中,2012年参加了沈阳第十二届全国运动会安全保卫指挥中心工程国内第一栋预制装配式混凝土框架结构的施工。由于这项绿色环保的构件制作和施工方法在国内才刚起步,吊装工具国内没有成品出售,他就自己动手研制。施工工法没有,他就自己琢磨编写,先后取得江苏省级预制装配式框架结构高强度浆料连接施工工法、预制装配式框架结构PC构件吊装施工工法,并申报了两项实用新型专利获批(一种水平调节器、一种柱子主筋精确施工定位模具)。他在施工过程中不断总结创新,2013年、2014年又取得二项QC成果,PC结构梁柱莲藕节点灌浆质量控制、PC吊装精度质量控制双双获得南通市三等奖。随着施工经验的丰富,他不断探索刻苦钻研,2016年以来与团队精诚团结合作,获得一项发明专利(预制装配式框架结构构件吊装施工工法)、四项实用新型专利(预制墙体灌浆套筒条状密排外露钢筋精确定位模具、预制结构外立面安全平网装置、一种预制混凝土构件安装特殊吊具、装配式结构叠合板串吊施工专用吊具)、三项江苏省级工法(装配式结构叠合板串吊施工工法、预制装配式绿化花池吊装施工工法、预制装配式混凝土构件秤砣式吊装施工工法)。他于2017年又获一项发明专利:预制墙体灌浆套筒条状密排外露钢筋精确定位模具。2019年年底,他负责的悬空梁优化预制工法获企业三等奖。

由戴祝泉担任和参与施工的沈阳第十二届全国运动会安全保卫指挥中心工程荣获2012年度沈阳市施工现场管理"新貌杯"、2013年度沈阳市建设工程"玫瑰杯"、辽宁省优质主体结构,2014年度辽宁省建设工程"世纪杯"等荣誉,2015年中国建筑施工优秀工程奖;2018年南通政务中心停车综合楼获得"国家优质工程奖"。

朱海伟

江苏省如东县掘港镇小河村人,现就职于亚振家居股份有限公司

朱海伟现任亚振家居股份有限公司包饰工,2017年被聘为亚振家居高级技师。

他是一个不善言辞、踏踏实实、勤勤恳恳工作的人,入职以来每天坚持第一个上班,最后一个下班,开关电气设备,保证员工岗前工作准备充分、岗后断电断气节约成本,成为"车间义务安全员"。2015年8月23日,凌晨三点突降暴雨,强烈的责任心驱使他立即起床骑着电动车冒着暴风雨从家中赶至车间,发现仓库积水,避免了公司的巨额财产损失。

他注重探索、创新工艺流程,解决技术难题。常常与本工序乃至其他工厂、工序工人一起探讨工艺流程问题,想方设法提高生产效率、降低成本。自2013年起,经由朱海伟参与的改善提案达到近百条,为公司降低直接成本40余万元。

他注重学习创新,善于发现问题。在原来的批量生产中,产品经常出现质量问题,经过朱海伟的提议增加产前试做流程,提前发现问题并进行整改,有效杜绝产品的质量问题,保证公司保质保量生产;2013年年初,他专注于亚振几类沙发产品的研发和制作,经评估他成为六厂内部包饰工序过程检验专家,负责严格把关成品形成过程中的质量问题。

他注重传业解惑,是亚振家居的带徒专家。沙发车间每年都会有实习大学生、包饰新员工入职,培养他们的工作重任自2013年起就落在了朱海伟身上。新员工说起师傅,他们的形容是这样的"师傅不爱说话、教学很严厉、有耐心、认真,师傅笑起来好可爱,师傅是我们犯错误时候的救星等"。2016年起,作为包饰岗位的指导老师,在四年时间内便培养了20余名包饰新员工独立开展工作,其中七名现已成为沙发车间包饰的中流砥柱。

作为一名年轻的"老员工",朱海伟在包饰这个平凡的工作岗位上默默耕耘、奉献,用自己的实际行动去践行心中的那份责任感与敬业观,在别人眼里,也许他"太傻",但他对自己所做的也只是轻描淡写地微微一笑:"这是我该做的。"他给了企业人"态度决定结果,责任大于泰山"最好的诠释。他于2014年获得"亚振家居中级技师"荣誉称号;2017年获得"亚振家居高级技师"荣誉称号;2017年获得"上海轻工工匠"荣誉称号;2018年获得如东县"最美一线职工"荣誉称号。

江苏 张博

江苏省徐州市铜山区何桥镇杨庄村人，现就职于启东中远海运海洋工程有限公司

张博，起重装卸机械操作工技师，起重工（高级），现任启东中远海运海洋工程有限公司搭载工区工程车辆操作员，进入启东中远海工务工已有13年时间。2007年4月，进厂以来就一直立志于工程车辆的操作，他以身作则，苦练内功，是该岗位的佼佼者，多次代表公司参加各类比赛，多次获得荣誉，受到各级管理层和一线工人的一致认可！

2014年，张博在公司第十届职工技能竞赛叉车操作项目中被授予"技术标兵"称号。2017年，他在启东市首届叉车司机（起重装卸机械操作工）职业技能大赛中荣获三等奖。2018年，因在工作中成绩突出，他被公司评为"五一劳动标兵"，在2018年第二届"中远海运杯"职业技能竞赛叉车大赛中荣获优胜奖。2019年，他在车辆自检及驾驶竞技比赛中荣获一等奖，获得职业资格二级技师证。2020年，在启东市第十六届"为劳动者喝彩"叉车技能大赛中荣获二等奖，由于他在专业领域的丰富经验，被聘为启动市第十六届"为劳动者喝彩"叉车技能大赛培训师。目前，他受聘为启东中远海运海工培训中心起重装卸机械专业内培师。

平日里他秉持"团结、规范、安全"的工作理念，发扬吃苦耐劳的工作作风，以诚实的工作态度和细致入微的真情投入到厂区的物流工作中，身处外地的他把启东厂区当作他的第二个家。他全心全意扎根到工作中，在每次的节点工程都能看到张博的身影。装卸工作非常累，工作环境也十分艰苦，夏天热、冬天冷，碰到任务重、时间紧的关口，他总是开车到半夜，又累又脏。启东厂区是台风经常登陆的港口，每次抢险任务时都要面对极大的个人人身安全风险，和时间搏斗在艰难的工作条件下咬牙完成卸货和维修任务，但是碰到这种情况，张博却是第一个自告奋勇的人，主动要求领导派遣自己去完成任务，在保证自身和同事安全的情况下，每次都能万无一失地完成抢险防台的工作。工程车辆的操作岗位流动性较大，像张博身处外地一干就是12年的更是少之又少，他用坚定的信念练就了一身本领。

在新冠肺炎疫情防控期间，张博以身作则，在做好自身疫情防控工作的同时，平日利用下班时间去帮助做测量体温的工作，在班组里建立了健康台账，每天督促同事做好体温监测工作，同时在思想上也不松懈，时刻做好复产复工的准备。

白世文

陕西省略阳县两河口镇李家坝村人，现就职于江苏铭利达科技有限公司

白世文是 2018 年度"海安市与对口帮扶协作陕西略阳县脱贫攻坚任务"入职江苏铭利达科技有限公司的第一批员工，现任江苏铭利达科技有限公司安防零部件生产车间机加操作员。

白世文同志业务能力突出，熟练掌握数控车床的编程调试工作和异常处理能力，善于五金模具加工及工艺改进，善于数控外圆磨床特殊形状冲头的加工、数控内圆磨床下冲模、不同圆心 R 角的一次加工和手工加工工艺改进。同时，他利用个人技能及掌握的工艺技术，在企业降本增效和产品质量提升等方面做出重要贡献。白世文同志参与研发的新能源汽车轻量化精密结构件"左纵后梁"产品在第十三届中国国际压铸工业博览会上获得金奖；参与《压铸机能效限定值及能效等级》（计划编号：20181936-T-604）国家标准已经进入实审审查阶段。

工作中，他严于律己、兢兢业业、任劳任怨，以高度的工作责任心积极完成各项生产任务，在平凡的岗位上无私奉献、忘我工作，同时发挥个人技能优势传授技能和经验，为企业培养了一批技能人才，为公司创造了价值。在公司引进新产品生产过程中，面对重重困难，他丝毫没有退缩，而是把压力变为动力，全身心扑在工作上，积极与同事交流工作技术经验，充分发挥自身先锋模范带头作用。由于业绩突出，部门已将其提名为 2020 年度优秀员工。

新冠肺炎疫情期间，为积极配合公司对重点疫区尤其是武汉地区应急防控物资的交付任务，他放弃了春节和家人团聚的时间，与同事们坚守在生产第一线，加班加点完成应急物资"额温枪"的生产交付任务，保障了疫情防控设备的稳定供应，用亲身经历阐述了农民工也有着五彩缤纷的内心世界和远大的理想，谱写着新时代农民工之歌。

江苏 王聪明

南通市如东县苴镇刘埠村人,现就职于科德宝宝翎衬布(南通)有限公司

在王聪明的眼里,不同材质的机械物理性能、抗热抗冲击性能、抗腐蚀性能,他早已烂熟于心。每一条曲线、每一个触点、每一条直线,在他手里,就像一台精密仪器,来不得半点误差。

为全面打造世界级衬布生产工厂,近年来企业进行整改的项目较多,需要冷作、焊接配合及独自完成的任务也较多。王聪明同志经常利用节假日时间,加班加点对企业改造、升级中的全厂水、气管道逐一进行细致检查,发现保温破损及滴漏之处及时排除隐患,任劳任怨、保质保量地完成了公司下达的各项任务。

"我们是七八年的工作伙伴了,王聪明既吃得苦又爱钻技术,别人焊一个多小时的活儿,他四十多分钟就能搞定,并且他焊的铁板都是呈鱼鳞状,均匀铺开,像是机器做的一样。"检修班一名老师傅对他如是评价。

他通过多年的学习和经验的积累,掌握了一手过硬的焊接技术。他装置工艺配管,补焊消漏,事事认真,所焊接的焊缝质量合格率达到98%以上,焊接质量返修率几乎为零,创造了整个集团最好的纪录。当遇到紧急情况时,王聪明展现出精湛的技术和沉着冷静的心态令大家信服。在一个夏天的中午两点,有一反应器的气相管穿孔,为了不影响装置的生产,要求在线消漏,王聪明接到任务后,赶制卡箍消漏。当时七月流火,钢管、地板摸着都会烫手,人刚走进装置,就有点喘不过气,汗珠顺着脸颊不住地往下落。当时反应器管线温度在300 ℃左右,王聪明穿戴齐全防护用品,刚作业了几分钟,全身火辣辣的,好像要燃烧起来似的。焊接还要继续,但作业温度太高,王聪明二话不说,喝足了水,又用水将全身上下浇了个遍。可是浇水的衣服和裤子不到6分钟就被热气烤干了,需要停下来重新打湿。那次焊接用了一个多小时,而他的衣裤也被打湿了十余次。

他,工作中爱岗敬业,一丝不苟,还成立了王聪明技能创新工作室,连年被单位评为"先进个人",多次获得区总工会评选的技术创新奖。他于2014年荣获"崇川区五一劳动奖章";2015年经推选荣获"南通市五一劳动奖章"。

袁立雨

江苏省灌云县南岗乡袁姚村人,现就职于连云港三新供电服务有限公司灌云分公司

袁立雨,中共党员,灌云县连云港三新供电服务公司运维采集工,曾荣登2018年"中国好人榜",荣获"国家电网公司优秀共产党员""江苏省第二届百佳孝星"等称号,以他的事迹创作的《407道画痕》荣获国资委首届"中央企业品牌故事大赛"文学类总分第一名。"中国好人"袁立雨结对"时代楷模"王继才的新闻多次登上《人民日报》和《新华日报》,中央电视台《新闻直播间》对袁立雨及其团队进行了专访,其服务张浩烈士家属的新闻也多次被地方主流媒体报道。

6 kW绿色电,照亮时代楷模32年守岛情。2018年,袁立雨带领团队实现了新时代的传承,与坚守海防32年的开山岛夫妻哨建立结对关系,定期对海岛微电网进行检查和维护。

24位功臣,指引8 395天拥军路。江苏省连云港市灌云县陡沟乡(现合并为南岗乡)作为革命老区,在这里曾生活着24位参加过抗日战争、解放战争和抗美援朝的老军人。袁立雨带领团队成员与南岗乡老军人建立了帮扶关系,不定期组织党员服务队成员上门看望这些老革命、老功臣,为老人们清扫卫生,检查用电线路,解决生活上的难题,累计服务次数超过138次。如今,这群老人只有3个人健在,最大年纪已将近90岁高龄,但袁立雨团队对这群"特殊老人"的服务却一直没有中断过。

407道画痕,勾勒出3 650天无言大爱。自2003年以来,袁立雨坚持照顾聋哑老人钱玉兰。而对于袁立雨这些年来的无私帮助,老人尽管不能用语言描述,但从她的笑容中我们看到了"幸福"二字。

26块光伏板,给新时代英雄家属带去温暖阳光。自2017年4月开始,袁立雨带领团队成员定期到县烈士陵园祭奠张浩烈士(张浩烈士于2017年1月在一次夜间训练中不幸遇难),定期赴烈士家中走访,帮助检查、维护烈士家中的线路,实地了解并帮助解决他们的难处,并对公司捐助的5.4千瓦装机容量光伏发电设备进行安装维护,解决烈士家属用电的同时,还能为他们带来一定收益。

任劳任怨,数十年全心为民在路上。袁立雨的为民服务一直在路上,他带领团队成员广泛开展关爱功臣、电力快修、社区经理、服务站点、电力宣传、无偿献血、希望工程等志愿服务活动700余次,受到群众的赞誉和社会的关注。

江苏 王其芳

江苏省连云港市赣榆区海头镇北朱皋村人,现就职于连云港富安紫菜机械有限公司

王其芳,1982年6月出生,中共党员,现任连云港富安紫菜机械有限公司机械操作工。他自2005年起连续获评连云港富安紫菜机械有限公司年度"先进个人",被评为2012年赣榆县海洋经济开发区优秀党员,2015年被授予"连云港市劳动模范"称号,2016年荣获"江苏省优秀农民工"称号,2017年当选连云港市第十四届人大代表,2017年当选连云港市第十一届青年联合会委员,2018年当选江苏省第十三届人大代表,2018年获得"江苏省五一劳动奖章",2018年被评为连云港市第四届最美职工并同时获得市五一劳动奖章,2019年获评"江苏省文明职工",2020年获得"赣榆区优秀党务工作者"称号。

王其芳同志始终奋战在企业生产一线,参与研制的两个紫菜初加工机组获得40多项国家专利,并获得多项荣誉。在王其芳的带领和影响下,特别是在公司各部门的通力协作下,各部门参与紫菜机械生产技术研究的积极性不断提高。王其芳更是积极参与并承担产品核心关键部件的研发制作,及时为公司新产品研制提供了优质加工件,配合公司圆满完成"2008年度财政部第二批产业技术成果转化项目""2009年度江苏省第四批省级科技创新与成果转化项目""2014年度江苏省科技计划项目""2014年度江苏省专利实施计划项目"等省级财政资金项目。公司被省经信委认定为江苏省科技小巨人企业,荣获江苏省科技进步三等奖和连云港市科技进步一等奖。公司试制FAY20型紫菜原生饼加工机组期间,王其芳机加工班组承担零部件的机加工任务。这种机组可以彻底解决紫菜原藻原生态加工技术难题,使占我国紫菜总产量60%以上的坛紫菜可以用卫生安全、优质高效的机械化生产来代替原始古老的手工作业。该产品于2011年被列入"国家火炬计划项目",累计获国家授权发明专利12件、实用新型专利11件。2012年获得省专精特新产品认定、2012年度省优秀新产品奖;2013年获得省高品认定、市科技进步三等奖;2014年产品应用的发明专利被评为江苏省百件优质发明,并获得省专利实施计划项目资金资助;2015年获得省首台(套)重大装备示范推广应用项目资金资助,同年产品应用专利获得第九届省专利优秀奖;2016年获得第九届国际发明展览会金奖。

刘敏捷

江苏省连云港市灌云县小伊乡伊北村人,现就职于灌云民发甘薯专业合作社

刘敏捷,中共党员,1968年7月3日出生在江苏省灌云县小伊乡伊北村大刘庄,曾先后在县城的几家企业打工,之后返乡创业,长期在农村一线,发展甘薯产业,带领乡亲们脱贫致富。他于2017年被江苏省委组织部评为带动群众致富典型,2018荣获省农业丰收一等奖、省科学技术进步二等奖,2019年被连云港市委评为市优秀共产党员、获评市带动群众致富能人、被县委县政府评为县突出贡献人才奖,2020年被江苏省委组织部评为带动群众致富三带名人。

多年来,刘敏捷为贫困户免费送30多个新品种、发放5 000多公斤种薯、10万多株甘薯苗和10多万公斤肥料,免费培训农民10万人次以上,有效地促进了3万多户农民增收致富,直接带动农民增收2 000万元以上。2019年全国甘薯产业扶贫工作经验交流大会在刘敏捷的甘薯示范基地举行。山东省农科院邀请他现场技术交流,"学习强国"学习平台两次报道他帮扶事迹。他还获得了全国科普惠农兴村带头人等多项荣誉称号。

江苏 霍正广

江苏省东海县牛山街道东蔡村人，现就职于东海县第三建筑安装工程有限公司

霍正广，中共党员，1963年2月出生，江苏省东海县牛山街道东蔡村人。1980年7月，他高中毕业后就到县建筑站做小工，陆续考取了施工员、质检员、技术员及项目经理等证书，并把学习到的建筑知识用到实际施工中去，在东海县建筑行业具有良好的口碑。

2008年汶川地震发生后，他带头捐款几万元，并带领几十名农民工亲赴重灾区参加安置房援建工作，每天在工地工作十几个小时，时而测量放线，时而搬运材料、砌筑墙体，不怕苦、不怕累，经过两个月的苦干，高质量地按时完成了任务。2020年2月，他带头为武汉抗疫捐款，并积极参加社区抗疫防疫工作。多年来他先后捐助家乡建设、特困学子、困难农民工家庭、患病员工等困难群体20多万元。

40年来，他始终坚持"百年大计，质量第一"的宗旨，积极推进科技进步，自己与技术人员积极开展QC小组活动，建立现代化管理制度和网络，建立了完备的安全管理体系和质量保证体系，以高品质的优质服务和优良工程赢得了较高的信誉和广泛的市场。他担任项目经理时，天天坚持在现场严把材料进场关，严把分部分项每道工序关，不合格坚决不准下道工序施工，严格管理，精心施工，与工人们同吃、同住、同劳动。加强农民工技术培训，他作为农民工代表在连云港市住建局组织的建筑施工技术比赛中获奖。他参与承建的工程合格率100%，优良率90%，并创建了数十栋省优、市优工程。他带领100多名农民工承建了东海县大型重点工程中国东海水晶城、教师进修学校教学楼、保险公司综合楼、高级中学教学楼、东海县华都大厦、东海县建设工程交易中心、润坤东海龙郡、碧溪玫瑰园三区一标段（1号、7号、8号楼）、万锦城A区保障性住房一期、印象江南住宅小区（一期、二期、三期）、东海县总工会职工学校用房等精品工程。

在农民工管理上，他积极为农民工建立良好的工作环境和生活学习条件，在项目部成立农民工之家，定期开展农民工技术培训，解决农民工家庭困难，使农民工感到温暖。

倪苗苗

江苏省淮安市涟水县义兴镇西元村人，现就职于淮安源通制帽有限公司

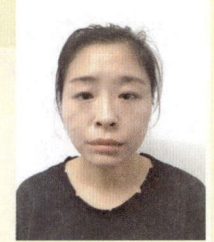

倪苗苗，江苏省淮安市涟水县人，现年29岁，毕业于义兴中学。2009年，她进入淮安源通制帽有限公司从事一线缝制工作，现任公司样品部VDS厂职员。

她在工作中任劳任怨，只要领导交办的事情就全部完成，从来不说一个"不"字，对她来说，做事就是她学习技能的教科书。在工作中她主动向同事请教，不懂就问，不到一个月的时间就能独立操作。经过她自己的艰苦奋斗，终于掌握了过硬的车缝技术。勤奋、踏实肯干、积极上进，她在同事中树立了很好的口碑。由于工作突出，在2019年被公司推选为优秀员工，2020年在公司集团举办的职工技能大赛中荣获一等奖。

她工作认真，技术过硬，善于创新，2020年协助经理针对特殊面料起皱问题，提出自己独特的见解与方案，最终使该问题得到改善解决，并运用于全公司。2018年，公司接到急单出货，要求工厂在一周内完成大批量订单。在接到任务后，她配合领导安排，主动向公司申请加班，放弃中午午休时间带领大家一起工作，功夫不负有心人，在大家的共同努力下，提前完成了订单生产，由此组员也分别获得了不同奖励。

作为一个农民的孩子，不论是在学生时代，还是在家乡务农、在城市打工创业，在成长的道路上始终以帮助他人做好事为己任，做善事为至乐谁有干不完的活她都主动去帮，别人有困难她都上前援助，天灾旱情她争先捐助，一个在不断做好事中成长起来的人，救人于水火，雪中送炭，用自己的实际行动给别人带去幸福安全和快乐。

特别是在每次公司组织的捐款活动中，她都能主动表率，奉献自己的微薄力量，仅2019年就三次向职工伸出援助之手。因为她知道，作为一名农民工能够在公司学到技术，少不了同事的帮助，公司领导的信任，感受到社会大家庭的温暖。因此，她抱着一颗回报社会的心，争做一名优秀的农民工。

江苏 鞠业磊

江苏省淮安市淮阴区渔沟镇渔沟村人，现就职于江苏省八杯水电器有限公司

鞠业磊，32岁，江苏淮安人，现为江苏省八杯水电器有限公司的一名售后服务技师。

新冠肺炎疫情期间，鞠业磊同志为了淮安市千家万户的用水健康，毅然决然地奔波于各个小区、物业、居民户之间，为业主和用户做好净水机的维修维护工作。疫情过后，中南一个用户特地亲自到工厂找到鞠业磊表示诚挚的感谢。当时疫情期间，中南也是淮安市疫情重症地段，该用户家中有一个刚出生的宝宝仍在襁褓之中，为了宝宝饮食健康，客户多次请求售后人员上门维修机器，当时小区封闭不得任何人进出，鞠业磊为了客户，跑了多次居委会和物业再三恳请，总算是拿到了通行证，很轻的一张纸，拿在手中却是沉甸甸的。

疫情隔离期间，工厂停工停产，仅有一位值班保安大爷，其他员工要么在外地无法返回，要么所在的小区乡镇封闭无法外出，厂区内各类琐事无人过问。鞠业磊因占据离公司最近"地理优势"，每天厂区内的事务大家第一时间都是想到他。他也任劳任怨，不管多晚，事情多杂，只要同事找，他都欣然答应，白天维护客户，晚上回公司加班，为同事完成工作。为了能尽早复工复产，他又欣然承担起行政工作，每天帮忙准备复工材料，奔波于各个政府单位，为公司解决各种复工防疫物资。

唯其艰难方显勇毅，唯其笃行方显珍贵。鞠业磊是千千万万个售后服务工作者的缩影，在这个平凡的岗位上，他默默奉献、任劳任怨、辛勤耕耘、艰苦奋斗。虽然他没有豪言壮语，没有惊天动地的业绩，但是，正是像他一样的"他们"坚守岗位，以积极的工作态度、饱满的工作热情、奉献的工作精神，在疫情面前，毫不退缩、勇担职责、践行使命，保障了一方百姓的用水健康与安全。

蒋正兰

江苏省洪泽区仁和镇超群村人，现就职于江苏悦丰晶瓷科技有限公司

2011年7月，蒋正兰入职江苏悦丰晶瓷科技有限公司，至今已经有九个年头，从一名普通的贴花人员成长为管理200人的贴花车间主任。

贴花生产在整个餐具行业中是一个密集型的手工活。无论是陶瓷餐具，还是玻璃餐具，贴花人员都是紧缺工种，一个是熟练度的提高需要时间，一个是人员需要耐心和作业技巧。为了留住员工并提高技能，蒋正兰每天琢磨作业技巧和工艺提升，她基本上天天手机拍摄熟练工的手法技巧，对那些绩效很低的员工进行指导，一个一个过关，一个一个训导，要么手把手教导，要么耐心示范，讲解每一个动作的差异和作业时间。经过她近一年的努力，贴花工的整体效率获得20%的提升，其中一个组30个人，效率提升到30%。她一边强调习惯，一边强调技巧，强调只有好的方法，才能带来好的效率、好的收益。

在工艺上，她不停向公司建言，希望多到外面的工厂看看和学习。2018年12月，她曾去潮州学习，探索贴花之不同花型的操作技巧。回来后她进行改进，用海绵开孔，产品当模具嵌入，并反复试用不同的海绵，最后取得成功。整体花的效率，从原来的四分三十秒一只，到现在的一分二十秒一只，效率提升了近3倍。执着、爱学习，是她给公司所有人留下的标签！

在管理上，她特别注重员工的心理疏导，关心生活、关爱工作。严格中带有谦和，原则中带有妥协，奖罚公明，公正严谨。2018年酷暑期间，那一段时间，中暑的人特别多，无论员工在公司，还是在路上，只要接到电话，她都会第一时间赶到现场，陪送到医院，直至最后员工回到家中。

在管理流程上，她注重实际操作，注重效果跟进。从计划下达，到白坯领用，到现场200人的物料发放，到数据的采集，每一环节都一丝不苟，都有人负责，都有人承担后果。八九年来，这个流程的严谨性，她一直都在坚守。

在公司先进评选中，她分别于2013年、2015年、2017年、2019年获得公司"优秀员工"称号，贴花车间班组于2014年、2016年、2018年、2019年分别获得公司优秀团队奖和优秀班组奖。

江苏 陈勇进

江苏省淮安市淮安区钦工镇紫徐村人,现就职于江苏特尔新材料科技有限公司

陈勇进,中共党员,1985年出生于苏北农村的一个普通农民家庭,全家共4口人,父母都是老实巴交的庄稼人,面朝黄土背朝天,家境十分贫寒。2001年,刚满16岁的他因家庭实在困难,读完高二就不得不辍学外出打工,后入职江苏省无锡市大昌汽车配件有限公司,从事普通生产线工作。

2004年8月,由于家庭的特殊缘故,面对母亲"必须学习一门手艺"的严厉要求,他不得不离开工作了3年的大昌汽车配件有限公司。同年9月,他来到叔叔所在的印刷设备厂,学起了车床。

重启自己的创业生涯。不甘心浑浑噩噩过一辈子的他,2007年5月再次重返无锡,来到一家专门生产脱水机设备的私营企业从头开始打工生涯,天不遂人愿,在生产过程中出现了一个小事故,造成他左手小指骨折。在休养的三个月期间,他经过深思熟虑决定改行不做车床了。

2008年秋天,经朋友介绍,他认识了人生中的贵人——常州市联科玻璃钢制品有限公司的管总。当时管总手上有一个项目是上海浦东中环线通往世博会场馆的市政护栏急需要生产安装,管总的公司也是第一次做这样的护栏,找了几批工程队都是以失败而告终。当他第一次站在管总面前时,从态度上就可以看出管总对他也没抱什么大的希望,因为正眼都没给一个,其实他也知道管总是怎么想的,一个20多岁的毛头小伙怎么可能把这么大的工程做好。当时他就从老家找了60余人来到了常州,一个星期后成品就做出来了,均达标合格。紧接着上海、常州、四川其他所有地方以及管总公司的所有工程类项目全部由他个人承包,同时,管总还特聘他担任常州市联科玻璃钢制品有限公司生产厂长一职。

反哺家乡促振兴。从2016年开始,包括常州在内的苏南地区出现了招工难问题。他的脑海中突然闪过一个念头,能否请管总到他的家乡淮安投资办厂。2018年6月,在他的引荐下,管总一行来到淮安市钦工镇考察,经过双方协商,投资了6 000万元建设了江苏特尔新材料科技有限公司,陈勇进任公司总经理,解决当地就业160余人,年销售4 000万余元。

张月坤

江苏省金湖县金北镇洪圩村人,现就职于江苏利文机械有限公司

张月坤,1966年出生,江苏省金湖县金北镇洪圩村人,江苏利文机械有限公司装配部一班班长。2011年2月,他应聘到江苏利文机械有限公司装配车间,从事石油装备装配、试验工作。

石油装配是一项枯燥、烦琐、需要耐心细致的工作,"苦、脏、累"是它的主要特点,人员的流动性也非常大,工作和生活的条件十分艰苦,许多工友往往对这项工作都感到吃不消。他粗中有细,兢兢业业,任劳任怨,在这项单调的工作岗位上坚持了10年之久。

他虽然是老员工,技术熟练,操作到位,但他并没有骄傲自满,反而一直积极进取,精益求精。不求最好,只求更好。他反应快,做事麻利、灵便,在装配试验这一特殊岗位上,不断地学习和虚心地请教。通过具体操作,对本岗位所出现的产品质量问题他能及时地判断和处理。在与其他员工的密切配合下,他取得了顾客满意率非常高的好成绩。

"学如逆水行舟,不进则退",他要求自己必须每天学习一点点、进步一点点、改变一点点,否则就会倒退,就会被淘汰。他主动学习工作技能,每一种新产品的装配试验都有他的身影。一套新装配的产生,除了技术部门的辛苦研究外,还有他起早贪黑地不断"装、拆、试"。试验过程中他不厌其烦,不会得过且过地放过每一个细节,以确保每一台新的石油装配产品的质量和性能。

在带领新人方面,他也做得非常到位,对他们耐心地辅导,把自己所学的和遇到的情况都一一传授给了他们,使他们在操作技能和岗位安全方面不断地熟练并且迅速地成长起来。他经常对新来的员工做详细的言传身教,让他们更快更好地学好技术,并时刻提醒他们注意安全。10年来,他为公司培养了不少优秀人才。他低调、谨慎,认真细致地在装配车间扮演着良师益友的角色。

在业余生活中,他也积极地参加公司组织的团体活动。他有着良好的工作态度和工作作风,能和同事和谐相处,齐心协力,让每个同事都意识到他们的最终目标都是每台石油装配产品能合格发货,并安全地投入使用!10年来,他共荣获8次"优秀员工"的称号。他以高超的岗位技能和谦虚、勤劳的工作态度,赢得了公司领导和员工的一致赞许。

江苏 王小超

河南省武陟县谢旗营镇冯李村人，现就职于江苏金科森电子科技有限公司

王小超，1988年出生，初中学历，河南省武陟县谢旗营镇冯李村人。目前，他在江苏金科森电子科技有限公司任高级经理，近两年来，连续被公司评为"优秀干部"。

自2004年参加工作以来，16年栉风沐雨，16年勤恳朴实，王小超一步步脚踏实地从农村走向城市，从基础作业到技术研发，再到团队管理。16年期间他累计接手了上千种3C类产品项目，服务于苹果、华为、华硕等10多个世界500强客户，负责产品的研发与量产。他热爱公司，始终以公司利益为第一导向，切实完成一线生产经营任务，持续推进公司稳步发展，实现主要生产目标和经营效益同步增长。

2004年，年仅17岁的王小超只身一人离开农村老家，以实习生的身份加入了台资企业可成科技股份有限公司。农民出身的他，文化水平不高，经验不足。但这并没有成为他的阻碍，反而让他更加发奋努力，抓住一切可以提升自己能力、改善自身条件的机会。转眼10年后，他已成长为一名可成集团集技术与管理于一身的优秀课长。

2014年，他选择加入昆山首家上市的民营企业江苏金科森电子科技有限公司作为新的职业发展起点，以一名工程师入职科森科技，主要负责项目开发、量产维护及成本降低等工作。随着公司规模的扩大，他于2014年9月3日被公司委派至无锡新工厂，全面负责无锡工厂生产管理事务。短短两个月内，他将团队从5人扩张到1 500人，每月销售额达到8 000万元。

2016年5月1日，受公司委派，他调职到东台新工厂，全面负责东台工厂机加工事业部。在短短4年内，CNC加工中心从200台扩展至5 000台，帮助公司在东台工厂建立冲压、抛光、清洗、喷砂、阳极、焊接、组装等新制程。他积极开展工作，发挥主导作用，以身作则深入第一线。

在2020年新冠肺炎疫情期间，他作为东台工厂制造部负责人，及时完善疫情防控应对举措，有序推进复工复产，第一时间为公司创造安全生产的条件，支持更多贫困劳动力稳定就业。

正是每年不断的业绩突破和团队持续培养的成果，他从工程师逐年升至高级经理。即便任职高位，他依然严以律己，始终履行"勇于创新、诚信敬业、团队合作、客户导向、使命必达"的科森价值观。一如既往地勤恳工作，热爱岗位，努力钻研，培养团队。科森集团不断发展壮大，未来会有更多的农民工兄弟加入科森，他将以自身为范，切实鼓舞每一个像他一样来自农村的优秀工作者，努力工作，向上拼搏，发光发热。

董开成

江苏省盐城市大丰区白驹镇洋心村人,现就职于江苏董大水生蔬菜科技有限公司

董开成是土生土长的农村人,20岁从学校毕业后到常熟打工,因家境贫寒,一心想通过自己的努力改变家庭境况。10多年后,怀着美好的憧憬返乡打拼,初次创业选择生猪饲养,因缺少创业经验,坚持了5年时间后亏得一无所有,还欠下近10万元的债务。但他没有向命运低头,在还清欠债后,以1万元积蓄起家,借贷10多万元,一次性承包100亩河塘,签订10年合同,走上水生蔬菜种植创业之路,当年还清所有借贷,又扩大100亩种植面积,还购置一辆5吨卡车。2016年12月,他在盐城市盐都区秦南镇泾口成立董大蔬菜专业合作社。2018年11月,他创办江苏董大水生蔬菜科技有限公司,经营范围涵盖大棚菱角、菱米等产品开发、生产和深加工全产业链。虽然水生蔬菜属于传统农业养殖项目,但董开成一直注重先进技术的创新,与扬州大学、常熟理工学院、盐城工学院等高校开展产学研合作,公司成为两所高校的大学生实习基地。目前公司已经申请1个发明专利,获得2个实用新型专利。董开成的大棚种植技术实现了2项突破,产量由传统的露天种植亩产500~1 000公斤上升到大棚种植亩产2 500公斤;在菱角采摘期上,由传统的1~2个月的时间,延长到6个月(5月上旬至11月中旬)。2019年,他又成立海南省陵水种养殖基地,利用其热带气候特性,将菱角的采摘期又延长6个月(11月中旬至次年8月),弥补传统的6个月空档期,实现全年每天都有新鲜菱角采摘。当日采摘的新鲜菱角,可以发送到全国每一个有民用航班的地方。目前,菱塘种植面积达1 200亩,他注册了"秦南老菱""董开成"两个商标,菱角、菱米获批绿色产品证书,正在研发菱角罐头、菱米休闲食品。菱角采摘以农带农,菱角加工以工促农,直接带动当地300多人就业。董开成的菱角种养植技术得到业内同行的充分认可,并被多家媒体宣传报道。在2019年江苏省农民培训优秀教学资源评比中,他的大棚菱角种植技术获得视频类一等奖,省内及全国各地的视频收看者纷纷慕名电话咨询或来访,学习他的先进技术。董开成毫不保留,倾心传授,免费提供技术、低价供应种苗,自费到种植户家中去指导,已经扶持全国10多个省份100多名创业者走上致富之路,间接带动2 000多名农村劳动力就近就地实现就业。

江苏 陈祖兵

江苏省响水县六套社区湾港村人，现就职于江苏祖泰建筑劳务有限公司

1983年，陈祖兵同志面对家境贫寒的现状，先后到苏州、上海等地打短工。1986年，他到浙江找企业上班，由于没有技术找不到高收入工作，其间，交了50元押金进一家包装厂做操作工，不料3个多月后老板跑了，没领到一分钱工资。不久，他又进了一家五金厂做焊工，厂里一个月发一双手套不到两天就被铁皮划得稀烂，手上到处是伤口。1983年，陈祖兵毅然来到一家建筑工地打工，虽然在工地干活又重又累，冬冷夏热，风吹日晒，但他为了让家人过上好日子，无论严寒酷暑始终和工友们坚持在工地上干活。

2010年，该同志被当时建筑公司负责人调整到技术班组，主要在工地负责日常监督管理和一些简易技术工作，白天不定时检查工地施工、安全生产情况，同时，初步涉及建筑工程内部资料。由于业务性、技术性要求相对较高，他必须迅速转换角色，熟悉业务知识。为尽快成为业务上的行家里手，该同志坚持充分利用晚上业余时间刻苦学习CAD、Word等办公软件操作技术，对工程项目图纸、工程量、施工图纸不断探索，认真分析，积极向专业技术人员请教图纸与实际施工等主要问题，向项目部的工程师求教施工及其工程管理经验，主动请教工程监理如何制定更加合理的施工方法，虚心学习、求真务实、踏实干事的精神得到了项目部主管负责人的充分肯定。

陈祖兵深知打工者的不易，因此，他非常愿意跟大家一起分享创业的成果。为此，他成立了集学习、娱乐、救助为一体的"家人俱乐部"。为了让员工有更多的发展舞台，他制订了"无风险创业"计划，允许员工参与公司投资，如果在半年内不赚钱，员工可以全额退股，不承担任何风险。该同志把员工的利益举过头顶的广阔胸襟，为他汇聚了一大批合作者，也吸引了大量有梦想的青年加入到他的创业团队。该同志视工友为家人，带领大家共圆"致富梦"。从建筑工地技术骨干到组建公司，他坚持带领农民工队伍由最初的20多人发展到后来的300多人，为农民工工友人均年获得工资性收入5万元。其中，有建档立卡低收入户家庭成员22人，人均年工资性收入超过4万元。

据不完全统计，至今他已资助的贫困学生有6人，参与社会捐助5万多元。村里改善农田基础设施条件，该同志得知情况后，捐款3万元。每年中秋节、重阳节和春节期间，该同志始终把五保老人放在心上，为集中供养的敬老院和分散供养的孤寡老人送上过节的食品和棉衣、棉被，累计达8万元。该同志积极向湾港村和周边群众宣传国家就业政策，从未拖欠过农民工一分钱的工资。

薛永

江苏省建湖县钟庄镇钟东居委会人,现就职于盐城市崇达石化机械有限公司

薛永,江苏省建湖县人,中专文化,2017年就职于盐城市崇达石化机械有限公司金工车间智能加工班组,从事一线管理工作。

班组是企业的细胞,是企业安全生产的前沿阵地,班组各项工作的好坏直接关系到企业的生存与发展。智能加工班组于2017年成立,现有员工8人,始终坚持"质量、安全、现场、培训"四结合的管理体系。几年来,在薛永班长的带领下,顺利完成了各项生产任务,以优良的工作作风赢得了公司领导的一致称赞。薛永同志坚持从我做起,从细节入手,树立零违规操作理念,坚持教育与惩处相结合,落实职责,夯实基础,以个人控制差错为切入点,避免质量与安全事故的发生,把职责细化到每一个操作者,增强了全班组质量、安全、成本、诚信意识,调动了班组成员参与管理的创造性,逐步构成了自觉、自发抓班组管理的大好局面。

坚持"创新求优质、诚信铸品牌"的质量方针,狠抓产品质量,把产品质量作为车间工作的重中之重。一是抓好过程管理,从影响产品质量的各个因素入手,不仅仅要让职工掌握产品工艺,更要让职工理解产品工艺。坚持开展帮带活动,对新员工进行重点帮扶,做到带一个成熟一个。二是注重质量信息的反馈,加强与后道工序的联系。三是严明奖惩制度,对于学习用心、工作认真的员工及时向车间和公司领导汇报并予以奖励,使员工之间相互激励、相互促进。多年来,智能加工班组员工技术水平得到长足的进步,产品质量稳步上升。四是攻克技术难题、保证质量、降低成本。随着用户对产品性能的要求越来越高,如何满足客户现场使用的需求,在薛永同志的带领下,全班组进行了多次讨论,不断研究改进加工工具,成功制造出高于客户要求性能的合格产品。

薛永同志首先要求班组全体人员在班时必须正确穿戴劳动防护用品,其次定期检查模具及机器设备的运行状态,及时发现问题,及时调整解决。结合安全生产标准,做好隐患排查及整改,提高员工安全第一的意识,将安全防范工作落到实处。班组自成立以来,无任何安全生产事故的发生。

面对2020年来势汹汹的新冠肺炎疫情,薛永同志带领班组人员义无反顾地冲在了疫情的最前沿,大力宣传新型冠状病毒肺炎的防护知识,提高自我防护意识,通过公司职工微信群,阻止各类网络谣言;积极做好入厂测体温、防护消毒等工作,协助公司领导做好封锁病毒输入工作。

多年来,在薛永同志的带领下,智能加工班组连年获得公司"优秀班组"荣誉称号,薛永同志也连年被评为公司"优秀工作者"。

江苏 李增明

江苏省盐城经济技术开发区新城街道蔡墩村人，现就职于盐城经济技术开发区平民家庭农场

李增明，1967年1月出生，高中文化，盐城经济技术开发区新城街道蔡墩村4组44号村民。为响应国家号召，走致富道路，2010年，李增明向亲朋好友借了40多万元，开始养殖山羊，因不懂规模养殖技术，2年亏掉了一半的本钱。眼看周边农户有的搞起了鱼类养殖、蔬菜种植、自主农家乐等一批家庭农场，李增明看在眼里，急在心里，不服输的他盘算着做起了"老本行"搞农业生产，生产粮食。2015年，他再次向左邻右舍借了20多万元，卖掉剩余的山羊，筹集40多万元搞规模化农业生产。当年10月份创办家庭小农场，前后经过2个月时间走访、洽谈相关土地租用手续和租用事宜，最终从本村农民户手中流转出近290亩土地进行自家家庭小农场的规划种植，主要生产粮食，以水稻、小麦为主体经营，购买优良种子，聘用有种植经验的老农户5人，全程采用机械化作业，辅以人工指引，使承包的土地利用率达到最大化，总投资60多万元，当年为国家生产40多万公斤粮食，收入达到30多万元。

为带动周边老百姓共同致富，从2017年起，李增明着手走生态农业多元化发展的路子，进一步提升生态农产品的附加值。他主动收购农民手中的玉米，并以高出市场价的10%购来，作为饲料养鸡2万只，每年为本地老百姓消化1万公斤的玉米。这样既解决了农民卖粮难的问题，又解决了自己饲料不足的问题。

李增明靠勤劳的汗水，百折不挠的精神，聪明能干的智慧，发展山羊养殖、粮食生产和经营农资门市等，为国家粮食生产和粮食安全做出了积极贡献。他在增加个人收入的同时，消化本地劳动力，给广大老百姓带了好头，在农业生产方面走多元化的生态农业路子，发挥了示范性效应。李增明在收获成果的同时，也收获了荣誉，2017年，他被江苏省委组织部、省发改委、省经信委、省教育厅、省人社厅、省住建厅、省农委、省文化厅联合表彰为"江苏省乡土人才三带新秀"。为进一步提高就业、创业技能，他于2019年参加了全区创业精英研修班学习，不断铆足干劲为国家农业生产做出自己应有的贡献。

颜展红

江苏省扬州市江都区武坚镇新楼村人,现就职于江都农村商业银行

颜展红,1963年出生于扬州市江都区武坚镇新楼村,是一名地地道道的普通农民,自幼家境贫寒,1992年,他带着妻子、女儿从老家农村到江都城区谋生,由于文化程度不高,进城后的他踏过三轮车,当过搬运工、钣金工、水电维修工,最后在扬州市江都农村商业银行做了一名后勤维修工。

进城工作后,虽然他工作繁重、收入不高,但是颜展红执着地坚守着知识改变命运的信念,始终支持女儿的求学之路。由于交不起女儿进城上学的借读费,他找到学校反映情况,学校负责人了解后破例收下了他的女儿,看着女儿重新走进校园,颜展红暗暗许下了资助贫困生上学的心愿。

刚开始,他资助3个孩子每人每月30元,由于资助的学费越来越多,为了能多挣些钱,颜展红同时打了3份工,白天在单位维修水电管道,下班后挨家挨户送煤气瓶,晚上还要到证券公司看门值班。在他的影响下,江都农村商业银行的7位职工每月悄悄把工资零头存进他的银行户头,帮他资助更多的学生。银行会计还专门为他做了一个账本,封面上写着"展红爱心基金"。在他感人事迹的影响下,江都城区很多人都自发加入资助贫困生的行列,如今"展红爱心基金"资助的学生目前已增加到100多人。很多受资助的学生都想当面感谢颜展红,但都被他回绝了。

2019年,在扬州市江都区浦江路上,有一家名为"颜展红爱心助学便利店"的小店,和一般便利店不同的是,这是一家无人值守的小店,卖的东西也很单一,除了鸡蛋还是鸡蛋,只有散装和有包装的区别而已。在店门外的桌子上,整整齐齐码放着一盒盒鸡蛋,紧挨着鸡蛋的是一只透明塑料箱,里面放着钞票,这是一只"不设防"的钱箱子,任何人都可以轻易把箱子打开,如有来买鸡蛋的顾客,把账算好,投钱入箱即可完成自助交易。如手头没有零钱也不要紧,打开钱箱,自己动手找零即可。旁边的小白板上用黑笔歪歪扭扭写着:"无人守店,自己找零。"

他感人的事迹被国家、省、市各类媒体争先报道,先后获得中国扶贫基金会"消除贫困奖"、中央电视台"温暖中国十大好人"、中宣部"扶贫攻坚典型人物"、江苏省道德模范、江苏省"慈善之星"、江苏省劳模等称号。

江苏 杨斌

江苏省邗江区槐泗镇运河村人,现就职于扬州市扬子钣金制造有限公司

杨斌,1977年出生于江苏省邗江区槐泗镇运河村。2016年,39岁的杨斌加入了扬子钣金这个大家庭。四年来,他也通过自己的不断努力从一名普通的驾驶员做到了物流车队负责人。每当提起他,领导们对他的评价都是那句话,这是一个可遇不可求的人。

他为人称道的有三点:一是工作敬业。对待工作从不马虎,兢兢业业、严于律己,坚守平凡岗位辛勤工作,始终如一。并始终以自身特有的"坚韧不拔"精神感染着身边的每一位同事,树立榜样。二是守责以恒。作为一名驾驶员,饭碗是"车",安全是"本",信誉是"魂"。自从该同志担任驾驶员以来,从未出现一起安全事故,也从未出现送货迟到的失信情况。"功夫在诗外",关键就在于平时注重车辆保养以及各种预案的精心准备。三是勤于学习。"干一行,爱一行,学一行,专一行",该同志平时最大的爱好就是学习,一有时间就抱着专业书本、文化书籍"啃",津津有味、乐此不疲,专业技能、文化内涵得到了有效"充电",成为全公司学习的榜样,也使他自身从一个平凡岗位上的普通工人实现凤凰涅槃,完成了质的飞跃。

记得2018年8月的一天,天空突降暴雨,杨斌车上装载的是一批大型的机顶罩,由于装载和安全的需要,必须罩口向上。突如其来的大暴雨将车子的机顶罩内灌满了雨水,形成了一个一个不规则的"大水箱"。雨水的重量超过了机顶罩本身的重量,造成了车辆随时可能出现超载的情况,而且雨水在罩体内摇摇晃晃,十分危险。此时,为了不耽误送达的时间,杨斌果断地将车辆靠边安全停好,冒着瓢泼大雨,将随车携带的水泵连接好,将机罩后背的扣背一个个打开,使雨水快速地流出车体。最终,他将货物准时地送到目的地,赢得了客户的一致称赞。对于自己的工作,他一直保持着百分之百的热情,在工作中表现出了非常强的主动性和积极性,遇到困难的工作总是主动承担,从不推诿、从不拒绝、从不退缩;他始终以兢兢业业的态度对待自己的工作任务。

2020年,由于新冠肺炎疫情的影响,一线生产人员复工人数不足,异地员工无法及时到岗,人员紧张,为了抢时间、抓进度,他不畏困难,在公司带头加班加点,一个人轮流驾驶两辆货车周转货物,按时保障物流及时地周转到每一个厂区岗位,为生产进度赢得了宝贵的时间。他踏踏实实工作,勤勤恳恳做人,全心全意工作,把做好本职工作作为自己最重的职责和最高的使命,在平凡的工作岗位上默默奉献,树立了良好的形象。

孔维祥

江苏省扬州市广陵区头桥镇国玉村人，现就职于江苏翠京元有机农业有限公司

孔维祥，1968年7月出生在广陵区头桥镇国玉村一个普通的农民家庭，1990年从江苏邮电技术学校毕业后，在头桥邮电所、江苏西贝集团等多个单位就业创业。2014年，创业成功的孔维祥回到农村，创办了江苏翠京元有机农业有限公司，创建"翠京元"绿色鸭稻米、"翠京元"有机鸭稻米等系列产品。该系列产品获评"江苏好大米"金奖，使得"翠京元"品牌成功录入2018年江苏农产品品牌目录名单，公司年销售额达1 200万元。

1990年，孔维祥在头桥邮电所担任电工，他不满足于刻板的生活，决定扔下"铁饭碗"，自己跑码头、跑市场，专门为头桥镇电器企业跑供销，先后担任江苏西贝集团销售员、销售总监，创办了沈阳文强网络工程有限公司、沈阳盛京云数据网络技术股份有限公司。

孔维祥于2014年决定创办江苏翠京元有机农业有限公司，并一次性投入3 000万元。公司主要从事绿色、有机稻米的种植与销售，为了生产出符合要求的有机稻米，最大的难题是克服土壤污染和水污染。公司从土壤改良做起，孔维祥通过向专家请教、反复试验，找到了一种能够促进有机稻米生长的微生物菌剂，后来被命名为"翠京元微生物菌剂""翠京元有机－无机复混肥"等。为改善灌溉水质，公司投资建设了全新的灌溉系统，水源取自南水北调主入水口——三江营，水质稳定在国家二类水。甘甜的清流滋润着庄稼，使稻米品质明显优于污染水源灌溉的。为减少农药等污染源，公司尝试并成功使用了"稻鸭共作模式"：一方面，利用鸭子觅食害虫，活水松土，同时，鸭粪肥田；另一方面，水稻灌溉期间也为鸭群提供了理想的嬉戏空间。

通过自身摸索获得成功后，孔维祥无偿向当地农户和合作社提供技术培训和技术推广服务，让农户以及合作社在水稻种植上实实在在看到通过综合种养模式带来的经济效益，拉动更多水稻种植户以及合作社实行稻田综合种养模式。通过"公司＋农户"的模式，以订单农业的形式高于市场价收购，促进200多个水稻种植户亩均增收300多元。值得一提的是，虽然集中收购给资金带来了巨大的压力，但孔维祥宁可把房产抵押给银行贷款，也绝不给农民打白条。所以，许多农民说："跟孔老板打交道，一万个放心。"

江苏 陈安俊

江苏省高邮市菱塘回族乡龚家村人，现就职于扬州曙光电缆股份有限公司

陈安俊，2005年7月份高中毕业，当年参加完高考后，原本可以上一个大专，但由于家境贫困，放弃了继续上学的机会，直接去扬州打工。时隔近4年，为了照顾家庭，他又回到了家乡农村，于2009年6月进入扬州曙光电缆股份有限公司，至今已有10多年时间，目前他牵头负责管理公司的两处制氮房、泵房、去气房、辐照中心等多处工作。陈安俊吃苦耐劳、做事主动、工作认真、善于学习、精于管理、乐于奉献，这是公司领导和与他共事的员工对陈安俊的一致评价。2020年9月14日，《江苏工人报》在头版刊载的《扬州曙光电缆：让职工沐浴产改的幸福"曙光"》文章，向全省推介了陈安俊。

刚进公司，陈安俊被安排到氮气房和泵房工作，那时的他几乎是个"愣头青"，生涩茫然，毕竟是一个地道的农村孩子，许多事情不知道如何下手。但是他不甘于人后，抱着"干一行、精一行"的决心，虚心地向老同志们学习请教，对工作中的盲点总是一钻到底，直至搞懂、搞会为止，明白其所以然。正是凭借这种谦虚好学的求知欲，如今的陈安俊对自己所从事的每一样工作，可以说是信手拈来、驾轻就熟。他还利用工作之余的时间，积极参加自学，于2020年7月取得了大专学历。

面对这次突如其来的新冠肺炎疫情，在春节后，由于他的岳父家在泰兴，小孩闹着要去给外公、外婆拜年，陈安俊晓之以理，告知小孩只有人人都自觉、主动地做好疫情防控，才是防控最有力的武器，我们每个小家要安分守己，不能为国家这个大家添乱。复工以后，他负责管理的近10名职工，在他的检查、督促和提醒下，个个自觉戴好口罩，上下班进出公司西门主动接受体温测量，用他的话说："戴口罩、测体温又不是难事，这是公司为大家做的好事！"

陈安俊精业、敬业和奉献的精神，得到了公司上下充分认可：他在2015年11月曙光公司举行的30周年厂庆中，获得二等奖；他是公司年度先进个人的"专业户"；从2018年开始至2020年，曙光公司在全体干部、党员和职工队伍中，开展宣传先进、学习先进、追赶先进活动，在公司宣传画廊开设了"身边的榜样"，陈安俊被确定为公司首批"身边的榜样"人员，公司仅仅只有3个人；2019年6月，他被乡党委表彰为2019年度"全乡优秀共产党员"；2020年4月，他被乡总工会表彰为菱塘回族乡第二届"最美职工"；2020年8月，他获得了高邮市2020年"最美劳动者"提名奖。

刘增康

江苏省扬州市经济技术开发区施桥镇施桥村人,现就职于扬州经济技术开发区乐客生活超市

刘增康,扬州市经济技术开发区施桥镇施桥村人。他从一名普通的建筑工人干起,20多年来,凭借着能吃苦、敢吃苦、守信用的精神,将个人事业一步步发展至今天。

1991年,刘增康在施桥建安公司工作,凭着吃苦耐劳、勤奋好学的优秀品质,很快就成为公司的业务骨干,在工作的同时不断加强学习、参加培训,逐渐从简直工程施工管理转为项目施工承包,实现了原始资金积累。10年前的刘增康,事业刚刚取得一些成功,就想到困扰乡亲们多年"雨天出门一身泥"的问题,二话不说就自筹10余万元帮姚汪组、王庄组的群众把300米的土路改建成了水泥路。2013年,刘增康投入三产服务业,夫妻二人共同创办了扬州经济技术开发区乐客生活超市,并带领村民共同致富,累计带动就业130余人。为了丰富乡亲们的文化生活,他还自己出资组建社区文艺队伍,免费提供服装、设备等,并多次举办公益演出活动。

每年端午、中秋、重阳等传统节日,都能在敬老院看到他的身影,看着他把一件件慰问品送到老人们的手上。春节期间,刘增康也会前往镇内部分困难户家中,给予其慰问和帮助。暑假期间,刘增康了解到部分高中毕业生家庭经济困难,他会深入到相关家庭中,提供助学补助,并鼓励孩子们在进入大学后好好学习,将来成为对社会有用的人才。2017年夏天,施桥镇永顺村江堤发生一处管涌险情,全镇干部群众奋战在防洪抢险一线,刘增康得知这一情况后,第一时间组织人手义务增员,并带着矿泉水、方便面、八宝粥等物品前往一线慰问。2019年,他在"三个文明"建设中成绩突出,被施桥镇人民政府评为"先进个人",予以鼓励。

2020年,突如其来的新冠肺炎疫情给经济社会发展带来了不小的影响,人们的生活节奏也因此受到了影响。刘增康通过自身的各类社会资源,采购消毒水、酒精、口罩、体温表等紧缺物资,无偿捐赠给镇政府和辖区内村居;当他得知施桥镇沿运河的船民因疫情防控要求无法上岸、居家隔离居民无法出门这一情况时,他冒着可能被感染的风险,主动请缨,提供物资统一配送服务,并在人手不足的时候亲自送物资上门;疫情防控期间,他只要看到镇村干部、卡口志愿者,都会上前主动询问物资够不够,是否需要帮助。正是因为他始终秉持"饮水思源"的理念,常怀感恩之心,才能一直坚持不懈地做公益、行善举,竭尽所能地反哺社会,在帮助他人的同时,也提升了自己的修养、实现了自身的价值。

江苏 郑德明

江苏省镇江市润州区七里甸人,现就职于镇江市润州区环境卫生管理所

今年51岁的郑德明,现任镇江市润州区环境卫生管理所清洁二队队长。郑德明同志20多年如一日,无论是数九隆冬,还是炎炎夏日,一直战斗在环卫工作的第一线,时刻以工作大局为重,践行着"宁愿一人脏,换来万户洁"的行业精神,以把城市打扮得更加洁净美丽为己任,勤勤恳恳、任劳任怨地为第二故乡镇江的市容整洁卫生做出了自己的贡献。他把单位领导给予的信任,转化为日常工作中的动力,每到一个新的工作岗位都尽快熟悉情况,对作业情况做到心中有数并积极开展各项工作,不断加强对生产业务的检查和督促,确保作业质量稳固提高,积极倡导"以有情的领导带领人,以刚性的制度约束人,以科学的管理激发人"的管理模式,虚心听取队员的意见,采纳他们的合理化建议,依靠大家共同做好全队工作。工作中不怕"苦、脏、累",勇挑重担。他既当指挥员又当战斗员,身先士卒,手把手地将操作技能教给新来的职工;当他发现队员作业不符合标准时,总是亲身示范,不厌其烦,直到符合作业标准为止;遇到创卫检查及市容整治等特殊任务,他更是放弃休息时间,每年加班达40余次;中转站地槽堵塞,他不顾沟内的污水又臭又脏,自己下到池内清理;工人有困难,他主动关心,帮助生病职工送医治疗,并垫付医疗费用。他在干好本职工作的同时,带领全队参加环卫所开展的劳动和技能竞赛活动。"人民群众的满意度是衡量我们工作成绩的标杆",他是这么说的,也是这么干的。多年来,他一直克己奉公,勤勉工作,甘于奉献,始终牢记并努力实践为人民服务的宗旨,把群众的要求作为工作的第一要务,对群众反映强烈、要求最迫切的问题,倾尽全力,抓紧抓好,切实抓出成效,做到无愧于心,取信于民。尽管岗位数次调整,他始终能保持一名环卫工人爱岗敬业、无私奉献的本色,奉行着"要么不干,要干就要干好"的工作信念,得到了服务片区市民的欢迎和好评。他在极其平凡的环卫工作岗位上忘我工作,无私奉献,用自身的实际行动展示了环卫工人顾全大局、无怨无悔的奉献精神和吃苦耐劳的敬业精神,努力为全市人民营造整洁、优美的市容环境。

近年来因工作突出,郑德明同志于2011年荣获镇江市城管局"保洁标兵"称号,2012年荣获镇江市润州区"五一劳动奖章",2015年被评为"镇江市劳动模范",2018年荣获"江苏省五一劳动奖章"。

笪庆华

江苏省句容市白兔镇茅庄自然村人，现就职于江苏润祥建设集团有限公司

笪庆华，江苏省句容市人，现年49岁，出生于农民家庭，现任江苏润祥建设集团有限公司瓦工班长。20多年来一直在建筑施工企业从事瓦工工作，工作上勤勤恳恳，善于钻研，俗话说"干一行，爱一行，七十二行，行行出状元"，在本职岗位上展现了自己的才华。

在工作中，他主动向同事请教，不懂就问。经过他自己的艰苦奋斗，终于掌握了过硬的瓦工技术。他工作勤奋、踏实肯干、积极上进，在同事中树立了良好的口碑。

2011年5月，镇江市居民保障房新城市花园二期2号地块1~6号楼开工建设，他到该项目部工作，在工作上严格要求自己，按照施工规范进行操作，凡是由笪庆华负责施工的砌筑、抹灰等瓦工工作，无论在进度上、质量上、安全文明施工上都得到了项目部经理的认可。2012年7月，镇江市组织了江苏省第一届"江苏省技能状元"大赛镇江市建筑砌筑工职业技能竞赛，首先公司内部进行了预选赛，他在众多选手中脱颖而出，代表公司参加了镇江市建筑砌筑工职业技能竞赛，最终凭个人实力获得比赛第一名的佳绩。他通过这20多年长期坚持不懈地追求和努力，终于实现了人生的价值。

2017年，他负责镇江市九华山南路拓宽改造工程。该工程时间紧、任务重、质量要求高，在他的努力下该工程获评2017年度江苏省扬子杯优质工程奖。

2018年，他负责南徐新城商务A2、A5楼装饰工程施工。该工程为创国优工程，质量要求高，在他的努力下，该工程获评2018—2019年度国家优质工程奖。

该同志20多年来一直在建筑施工企业从事瓦工工作，平时积极上进，工作勤奋，踏实肯干，任劳任怨，坚持不懂的就主动向同事虚心请教，只要领导交办的事情就全部认真完成，从来不说一个"不"字。他对自身要求严格，所负责的各项施工项目均能按照规范进行操作，无论在进度上、质量上、安全文明施工上都得到了各方的认可。

江苏 张奎峰

江苏省句容市下蜀镇新桥村人,现就职于江苏省句容市白兔镇致富果业专业合作社

从一名普通的群众到成为共产党员,从一名普通的葡萄种植家庭农场主到成为果品专业合作社社长,从年度创业明星到成为示范带动句容周边与远近多地的葡萄产业升级带头人,2019年张奎峰当选为白兔镇倪塘村葡萄种植示范党支部书记。

张奎峰中学毕业后学会驾驶技术,开始在城里开出租车,他一次次目睹许多农民工背井离乡,一方面家中农田荒芜,另一方面在城市找不到工作的艰难处境,于是他下定决心回乡创业。创业之初,他选择了靠山吃山的沙石批发行业,自己当了采石场的老板,招收了本村20多个返乡的农民工,但在政府生态环境整治时,采石场不得不关闭。张奎峰走访了句容市发展高效农业致富的典型,在村委会的支持下,参加句容市人社局就业再培训,坚定了从事葡萄生产创业项目走向致富的想法。他租赁了30多亩土地种植葡萄,虽然头三年都是亏本,但他善于学习,发现了不少种植葡萄的"诀窍",全身心投入到葡萄园管理中,一心钻研如何让葡萄不生病,怎样改良口感,从露天栽培改为避雨设施栽培、进行土壤调理。他种植的葡萄亩效益3万多元,比当地周边效益高出50%以上,年销售2万多箱,实现利润100多万元,10多次获得全国、地方行业评比金奖或银奖。

他牵头组建了致富果业专业合作社,引进了阳光玫瑰、白罗莎里奥等6个适宜当地丘陵栽培的葡萄品种;创立了生态改土强根技术、生物产品绿色防控技术等5项葡萄生产关键技术,申报了3项国家发明专利。他在镇江农科所专家的指导下,搞起"控药减肥"的绿色防控机制,利用市农委扶持下创建的农药残留自检平台,使每一箱葡萄都有质量追溯的标示,购买者放心消费可查证,创立了葡萄绿色安全标准化技术体系。合作社的葡萄顺利通过了国家绿色食品认证,先后被评为国家现代农业产业(葡萄)技术示范基地、江苏省级追溯管理示范基地、镇江市级"创牌立信"示范单位、江苏农林职业技术学院实训示范基地、扬州职业大学高素质农民培训基地、江苏省农科院葡萄"小而特"学科示范基地、镇江市农科院葡萄全程绿色防控示范点。他带领合作社165户群众及周边135户葡萄种植户转变理念、转变方式,提升技术,规模销售,亩均增加效益3 000多元,带动就业577人。

陈培培

安徽省蚌埠市固镇县城关镇河东村人,现就职于江苏东方瑞吉能源装备有限公司

陈培培,安徽蚌埠人,1985年出生于农民家庭,现任江苏东方瑞吉能源装备有限公司制作工段六班班长,10多年来一直从事焊工、铆工工作,工作踏实稳重,不断钻研,在这个辛苦与技能要求非常高的岗位上,精益求精,不断进取,并带领团队攻克了一个又一个技术难关,为个人的进步、团队的协作、企业的发展做出了突出的贡献,在平凡的岗位上做出了突出的成绩。

自2001年参加工作以来,他一直从事国内紧缺的焊工、铆工工作,作为农村出来的孩子,没有经验、没有阅历,但有着努力学习、不辞辛苦、积极向上的心态和工作欲望,经过他自己的艰苦奋斗,终于掌握了过硬的焊工与铆工技术。他勤奋、踏实肯干、积极上进的工作态度,在同事与业界中树立了很好的口碑,于2004年获得浙江诸暨信雅达焊工技能大比武第一名,2012年担任珠海十字门展览馆上海宝冶现场制作负责人,2013年担任拉萨展览馆现场制作负责人,2014年担任广东湛江宝钢基地、十三冶原料项目制作负责人,成为了行业技能带头人;2017年、2018年、2019年获得公司年度"优秀员工"称号;2018年获评公司焊工比武第一名;2020年获评安全质量100天优秀个人第一名。

2016年进入江苏东方瑞吉能源装备有限公司,面对年轻、新崛起的、具有高科技含量的产品,他获得了更大的舞台,但也面临了更多的挑战,作为压力容器,每一个部件、每一个步操作都来不得半点马虎,误差范围都以毫米为单位,每一步操作都有严格的工艺要求,每一个产品都没有重复可以复制的制作方法。他认真学习专业知识,以书本为老师,阅读各方面的相关书籍;以实践为老师,加深对知识的理解与领会;以初中学历为基础,磨砺出具有高级CAD水平的技师;作为班组长,他充分认识到,一花独放不如百花齐放,带领所有班组成员学技术、共成长,使班组所有焊工、铆工都变成了能独当一面的技能高手,承接公司大部分"难、新、尖"端产品的制作任务。

陈培培同志淡泊名利,乐于奉献,虽然每年都被评为公司"优秀员工",但一直在一线的工作岗位上默默地付出,踏踏实实地提高自己,带领自己的团队克服一个又一个的困难,解决一个又一个的难题,用他自己的话说,"我就是一个简单的、文化水平不高的农村孩子,每一步的成长都是大家支持的,我只有更加勤勤恳恳,才能对得起公司和所有的人"。

江苏 王玉宝

安徽省太和县关集镇未庄村人，现就职于江苏万新光学有限公司

王玉宝，安徽省太和县人，44岁，出生于农民家庭，现任江苏万新光学有限公司生产三部分离班长。他于2014年2月加入公司，在公司工作已有6年多。他从一名普通员工做起，在工作中吃苦耐劳、刻苦钻研，通过自己的努力做到一名班长。

他刚加入公司时只是一名普通的剥离工，通过自己的努力，成为了一名多能工，他的各项技能及工作表现被车间及部门领导所认可。因为他是掌握多项技能的多能工，所以经常会被安排到各个岗位去帮忙，无论他被安排到哪个岗位，他都始终将该岗位的工作做到最好，从来不会因为只是去帮忙而降低自己的要求。当车间每次有新员工入职时，他都会主动地帮带指导。正是因为他的突出表现，在一年后他就被提拔为班长。

他作为一名普通的一线班长，对各工序技能要点都能抓住重点，在生产现场发现员工操作不规范的现象时，能及时提出并指导纠正。他与检验车间保持紧密沟通，对检验车间提出的病疵率高的问题，进行深入分析，将解决方案及注意事项第一时间传达到生产线，对每位员工进行培训讲解，使班组的合格率稳中有升。

他在任分离班长时，因为分离车间温度较高，有很多新员工不适应，有些人产生过敏现象，经常有很多员工请假，他耐心地给他们做工作，同时自己也顶岗生产。他每天开晨会时都会给员工开展安全防护知识培训并普及操作过程中的注意事项，最小化地减少过敏现象。他每天下班后也会主动关心易过敏体质员工的身体状况。他的这些举动深深感动了员工，请假的人数也减少了，每天的人员到岗率都在98%以上。

他在工作中善于思考，肯钻研、肯动脑，积极创新。2018年上半年，他在工作过程中发现正在使用的国外囊式滤芯有采购周期长、价格高的问题存在，于是提出"更换国内囊式滤芯"精益项目，通过测试改善，在保证产品质量的情况下，实现了年节约材料成本50万元左右。2018年下半年，他又提出了精益项目，车间原来用2台集成机拖6台切边机切边，通过设备改造，将原集成机上增加2个孔来实现1台集成机拖6台切边机。通过该项目，只需运行1台集成机，实现了年节约电耗3万元左右。车间原来用1台制冷机拖5台一次固化炉，2020年4月他提出精益项目，将8台制冷机改造成3台串联后增加冷水箱，可节约5台制冷机，实现年节约用电24万元左右，节约的设备可转移到其他需求部门使用，可减少固定资产投入50万元。

蒋志刚

江苏省扬州市江都区真武镇人，现就职于江苏新扬子造船有限公司

蒋志刚，1980年7月22日出生，初中文化，原扬州市江都区真武镇农民，2008年就职于江苏新扬子造船有限公司，担任管舾集配车间电焊工一职。能够进入公司工作，学习船舶焊接，他深感自己专业技能欠缺，于是在认真工作的同时利用业余时间学习，不断提高自己的焊接技能和文化素质，努力做一名合格的焊接从业人员。他在2017—2019年船舶行业电焊工技能大赛集团选拔赛中连续两届获得第一名，并多次代表集团参加江阴市焊工技能大赛。他还获得2014年江阴市电焊工技能大赛第二名、2016年江阴市电焊工技能大赛三等奖、2019年江阴市澄江街道职工技能大赛焊工项目二等奖。

船厂工作的危险性和艰苦程度是常人无法想象的，脏、累、苦。船厂作业有"三多"：露天作业多、高空交叉作业多、易爆易燃闷仓作业多。夏天，在外场场地铁板上、船台上、船上、甲板上、机舱里的温度高达五六十度，即使穿着劳保皮鞋，脚底也被烫得灼热；舱内空间小、蹲着、半蹲着弯头屈体的活一干就是半天，双腿麻木；出舱透透气，帆布的工作服都是被四溅焊火花烧出的点点小孔，一绞就拧出水来，要用碱水泡、开水煮，才能洗去油腻污垢。冬天，长江边的寒风刺骨，滴水成冰，就是戴着手套，双手也常常被冻得动弹不得，但是交船期不能因为这些理由而延长，中饭、晚餐不下船，这便是他工作、突击、加班的一个写照。

一个人的技术再精湛，也不敌一个团队的力量。蒋志刚同志主动担当，义务成为公司培训中心的兼职焊接技术方面的老师，在繁重的日常工作外，更花费了大量的精力传道授业。在船厂从事焊接工作的人员，大部分学历、资历都不高，面对沟通困难，他没有退缩，言传身教，手把手地教新员工握焊枪、传授操作技巧，将自己积累的技术经验倾囊相授，每年带领大批新焊工取得技艺上的进步，取得CCS、ABS、DNV、GL等各类认证焊接证书。

"成绩只能说明过去！我们应该特别注意今天的任务而不是昨天的成绩，少说一些漂亮话，多做些日常、平凡的事情。"这就是这个朴实的一线工人常挂在嘴边的话，他一如既往地扎根一线，攻坚克难，为造船事业做一颗最坚实的螺丝钉。

经过多年工作经验和比赛经验的积累，他时刻严格要求自己，做一行爱一行，以积极的心态帮助车间每一位同事与新进人员提升他们的焊接技能，只要有百分之一的希望就要尽百分之百的努力，做好最平凡、最简单的事情，为集团添砖加瓦，做出更大贡献！

江苏 徐磊

江苏省兴化市戴南镇永丰村人,现就职于江苏兴达钢帘线股份有限公司生产中心物流储运部

徐磊,1974年11月22日出生于安徽省淮南市田家庵区三和镇徐洼村三组,1992年7月初中毕业于安徽省长丰县三河中学,后在家务农近四年。1996年8月,他经亲戚介绍入赘到江苏省兴化市戴南镇戴五村一组,因村组合并,现户籍住址为江苏省兴化市戴南镇永丰村五组35号,中共党员,现在江苏兴达钢帘线股份有限公司生产中心物流储运部工作。

他于1998年8月进入兴达修理部工作,负责拆迁老电厂设备与焊接762和1150工装设备;1999年1月1日被调入兴达公司储运中心任物流组长。随着公司日益发展壮大和公司大发展的迫切需要,2003年5月他被调入新建五厂的安装部任组长,负责设备运输安装工作。根据公司发展需要,2005年6月组建了物流管理组,2016年9月组建了车辆维修组,徐磊任物流与维修主管,负责全司物流管理与车辆维修工作。首先他承担兴达二厂、五厂、六厂的技改扩建任务和37条氰化电镀线的拆迁任务,按公司制定的时间表完成。在时间紧、人手少、任务重的情况下,在兴达精神的鼓舞下,他不怕吃苦,任劳任怨,积极配合公司相关部门按时完成了二厂、五厂、六厂的电镀技改任务。随着兴达新建八厂配套设施的相继完善,根据公司大生产规划,原五厂A区的机床需整体搬迁至八厂生产。他又一次承担了搬迁之重任,保质保量按时完成了搬迁任务。随着市场的不断扩展,九厂新建厂房设施的不断完善,也随之承担了九厂物流运输及安装的挑战性任务。在九厂安装初期,可谓困难重重,相关设备又急需落实安装,在克服了人员短缺的情况下,他加班加点地干。在没有路的情况下,他就用逢山开路、遇水架桥的办法把一件件的安装设备运进了现场。在公司领导的正确带领下,徐磊又一次带领人员出色地完成了看似常人不可能完成的重任。同时,他也得到了公司领导及各分厂的一致好评和肯定。2016年10月在公司扁平化改革竞聘中,他被公司任命为生产中心物流储运部长。生产中心物流部在他的带领下,特种设备安装准确率100%,安全运输率100%,人员持证上岗率100%,特种作业人员的理论知识和技能水平都在不断提升,2016年获得公司技能大赛团体三等奖;2018年获得泰州市技能大赛团体三等奖;2019年度获得公司"安全生产先进单位"称号;并先后荣获泰州市"五一"文明班组、泰州"0523安全示范班组"等光荣称号。徐磊本人也先后在2000年度、2002年度获得公司"先进个人"称号;在2012年度、2015年度、2020年度获得公司"优秀共产党员"等称号。

丁国荣

江苏省泰州市海陵区华港镇李庄村人，现就职于泰州飞彩园艺科技有限公司

他叫丁国荣，40岁，现为泰州飞彩园艺科技有限公司负责人。

十几年前，他还是一名返乡农民工，那个年代，在鼓励发展第三产业、繁荣市场经济大潮的推动下，他从事过齿轮制造加工等多个职业，十几年的工作磨炼。十几年的不懈奋斗，让他积累了一些经济管理经验，捕捉到了不少商业信息。

2017年1月份，通过在外地的考察学习，他发现农民种植收益差距非常大，山东高效蔬菜种植、高档花卉（比如大花卉兰）培育的效益是普通种植方式的几倍甚至十几倍。他综合分析市区出台的支持发展高效农业的措施，把事业发展的目标投向了高效农业，瞄准巨大的农村市场，加入了飞彩园艺的团队。在上级部门以及专家教授的指导与帮助下，他与公司同事一起夜以继日地工作，2017年11月，海陵区首家以智能温室花卉培育为主的泰州飞彩园艺科技有限公司注册成立。2018年，他们完成了基本生产建设，总投资5 000万元，打造出了50 000平方米的高效智能农业产区，引入了国际先进的荷兰普瑞瓦环控、温控、水净化系统和自动配肥施肥机，配置以色列五层太阳膜、园林研发、智能化种植、保温物流车等新型设备，打造成国内首屈一指的智能化温室花卉生产基地，开创专业化、标准化、规模化的智能温室花卉生产新模式。他挑选了红掌、凤梨等四种对生长环境要求较高的品种，目前未成熟就被国内一些花卉市场订购一空，供不应求。面向个人消费者，公司开发了一个小程序，整合上游产业资源，去掉中间环节，直接将绿植花卉配送到消费者家中。2019年，公司实现销售收入1 200多万元，净利润250多万元。

为帮助贫困户脱贫，他给当地建档立卡贫困户安排了合适的岗位和工种，其中罡门村村民钱有洪患有重度精神残疾，近几年接受药物治疗后已好转，但还是没有企业愿意聘用她。他了解到情况后给钱有洪提供了免费的苗木花卉修剪培训，让她有了一技之长，并聘用了她，让她拥有了一份相对稳定的工作，开启了新的生活。这是一件小事，但他热衷做这些事。

在抗击新冠肺炎疫情期间，他力所能及地为基层政府捐款，持续给罡杨政府各个防疫卡口提供饼干、牛奶、洗手液、雨衣等防疫物资，一种感恩社会、回馈社会的情怀让他在这条路上越走越远。

江苏 朱爱红

江苏省姜堰市白米镇昌桥村人，现就职于泰州市禾雅生态农业开发有限公司

"百舸争流千帆竞，勇立潮头敢为先。"在深入推进乡村振兴、改善民生、顺应农民对美好生活向往的浪潮中，朱爱红在家乡的土地上洒下汗水，带领村民在田间创业致富，先后获得姜堰区双创大赛第一名、泰州市双创大赛创业标兵、泰州市妇联双创大赛第二名、泰州市家庭示范农场等荣誉。

1995年毕业于姜堰中专外贸专业的朱爱红，成为江苏百新集团驻外办事处的一名销售员。2000年，她萌生了自己创业的想法，辞职后初始创业的她，在菜市场上摆过摊、做过批发。2008年，她与丈夫开办了一家机械加工厂，从当初的一台车床到后来的数百万元固定资产。"当初创业办机械厂，我每天都在与时间赛跑、与困难较劲，为了技术更新和按时交货，不知道多少个日夜在车床边度过。"朱爱红每每回忆起那段时光嘴角总是上扬着。

在"双创"大潮的涌动下，2016年朱爱红在自己的家乡流转了1 000多亩土地，办起了家庭农场，2017年她又流转1 000多亩土地组建了水稻合作社，先后投入300多万元购置先进的农机具，同时建立起农场电子化办公室远程监控系统，为现代家庭农场的生产经营和产品质量控制追溯提供了保证。"名称不在大小，关键是要做好"，小农场同样有大作为。朱爱红带头亲自做，机械育秧、插秧机插秧、无人机操控，样样不落。为打造美丽田园乡村，她和项目团队制定了稻田、果林绿色种养的生态平衡性设计等五个研发课题，先后与扬州大学、江苏农牧科技学院、扬州农科院等建立了紧密型"产学研"合作关系，聘请高精尖人才共同研发。她利用"互联网+"快捷发达的物流网络，做到线上线下同时销售，2019年农场实现年产值500多万元、利润50多万元。

2018年白米镇组织成立家庭农场服务联盟，朱爱红被大家一致推选为负责人。该联盟坚持从农产品的种养技术、品种、农机匹配、农产品加工、市场销售等各环节进行信息资源共享。富起来的朱爱红积极参与献爱心活动，带头捐款为村里修桥、铺路、装路灯，免费提供农业机械，帮村里收割耕种。朱爱红家庭农场的所在村为经济薄弱村，为帮助贫困户脱贫，她主动联合其他企业主，精心选择适宜的种养项目，免费提供送种苗、送饲料、送技术、帮销售一条龙服务。为村里八名建档立卡贫困户安排了合适的岗位和工种，每年帮助村里安排100多人实现就业。在抗击新冠肺炎疫情期间，朱爱红组织企业主动为姜堰区赴鄂医护人员家庭、封闭社区弱势群体配送绿色农产品，被评为"姜堰区最美抗疫巾帼人物"。

陈业全

江苏省宿迁市宿城区屠园乡张稿村人，现就职于中国邮政集团有限公司宿迁市分公司洋河支局

陈业全，45岁，现为中国邮政集团有限公司宿迁市分公司洋河支局的一名投递员。作为一名共产党员，陈业全扎根风雨邮路28年，他用一颗对邮政事业热情不改的初心，让更多的群众感受到邮政普遍服务的诚信和温暖，在泥泞的乡邮路上不停地播撒着爱与幸福。

1992年，17岁的陈业全从父亲手中接过了一辆锈迹斑斑的绿色自行车和两个发白的邮包，成为了一名投递员。他负责洋河支局180多个投递点报刊的投送工作，日程达100公里，日均投递900份。工作以来，他自创了"三清三查看"工作法，有效杜绝了投递报刊邮件环节中丢点、甩片等现象。在日复一日的邮路上，他向邮路上的百姓宣传税收风险管理及风险防范知识、普及金融防诈骗知识、《老年人权益保障法》等，营造懂法、尊法、守法、尊老、敬老、爱老的和谐氛围，得到了当地政府、单位和居民的一致好评，被地方政府、客户赠送锦旗多次。

作为洋河党小组的组长，陈业全组织支局所有投递人员，利用三轮车喇叭走村串户宣传新冠肺炎疫情防控知识。当看到长期坚守在监测卡点的镇村干部们持续奋战、守护一方的情况后，他被深深地打动，于是他向洋河新区防控指挥部捐赠方便面100箱。工作中陈业全每天带着班组成员做好"两戴一测一消"工作，其间，发放口罩6 000只、消毒液62瓶、免洗消毒液24瓶、喷雾器1个、红外线体温计1个、一次性手套4 000副给一线员工，全力做好员工的疫情防控工作。为满足群众居家生活的"刚需"，让群众居家吃上平价菜、放心菜，陈业全主动上门服务，帮助群众解决难题，协助配送蔬菜500余单，菜品5 000多公斤，切实解决了市民的后顾之忧。

28年间，陈业全始终满怀一腔"奉献社会"的爱心，将爱心邮路延伸到洋河新区的每个角落，对乡邮路上的孤寡老人和留守儿童默默奉献。从2014年起，连续6年对王宁家进行资助，每年资助4 000元，逢年过节送些柴米油盐到王宁家。2017年，他主动找洋河新区社会事业局以及洋河镇有关领导帮助王宁家解决低收入户问题，使王宁高中的学费问题基本得到解决。2019年，在得知王宁家借住的亲戚家猪场拆迁，一家人又回到原来的危房居住的情况后，他主动找到洋河新区社会事业局刘伟科长反映情况，经多方协调帮助王宁家危房重建。

近年来，陈业全先后获得"全国邮政系统先进个人""宿迁市群众身边好党员""宿迁市十佳爱心个人""宿迁市最美家庭""江苏省五好家庭"等荣誉称号。他的先进事迹先后被《宿迁日报》《宿迁晚报》速新闻等媒体先后报道。

江苏 高井义

河北省承德市平泉县台头山乡于杖子村人,现就职于江苏京宿环境服务有限公司

高井义,生于1978年4月,中共党员,中专学历,河北承德人,现就职于江苏京宿环境服务有限公司,担任作业与安全部部长,先后荣获京宿环境"先进个人"、京环奖章等荣誉。

2016年4月,高井义同志离开故乡,跟随北京环卫集团孵化团队来到远离家乡的城市——宿迁,转眼已经在宿迁工作了4年半之久,他已从一名普通员工成长为公司的一线管理人员。初来宿迁,他对当地道路尚不熟悉,白天他就拿着地图和同事用脚步一步一步"丈量"着宿迁的大街小巷,晚上回到宿舍的他就根据道路情况、车辆作业性能一个路段一个路段地进行车辆排班。作为一名普通员工时,高井义同志在认真完成各项道路清扫任务的同时能够积极利用业余时间学习环卫专业知识,不断提高自己的业务能力和文化素养;作为一名管理人员时,他更是毫不懈怠,全身心地投入到环卫工作中。就这样,在日常工作中他刻苦钻研、任劳任怨,得到了公司领导和同事的一致认可。

全年无休正是环卫行业的特点之一,在雨雪天气下环卫工人更加忙碌。高井义同志更是这样,无论是夏季防汛助排还是冬季融雪铲冰,他总是冲锋在前,从车辆、人员的调度安排到深入一线进行现场作业指导再到对作业人员的安全教育,每个环节、每个角落总是能看见他的身影。环卫应急工作结束后,他仍然会拖着疲惫的身躯在办公桌前总结此次工作中的不足以及需要改进的方向,并及时将发现的问题与相关部门、人员进行探讨,为下一阶段的工作打好坚实的基础。

2020年除夕,是高井义同志来到宿迁后第一次回家过春节,可是随着新冠肺炎疫情的爆发,在家休假的他待不住了,因为疫情期间环卫工人不仅仅要做好自身防护还要对城区的公交站台、公共厕所、垃圾桶、果壳箱等公共设施进行消毒消杀。由于受疫情影响,部分公共交通停运,他在确保个人防护的前提下费尽力气辗转多个车站,终于在正月初三回到了工作地,回来后他立即投入到工作之中。高井义同志在做好自身防护的同时,积极深入一线为员工普及疫情防控个人防护知识,引导员工正确使用口罩、手套、防护服等,还积极协调防护物资的采购工作。为了全面做好疫情防控工作,他根据工作经验及各级政府部门的防控指导手册,配合市城管局制定了《宿迁市环卫系统新冠病毒疫情防控期间工作导则》,为全市广大一线环卫工人在疫情期间的工作提供了可操作性的指导,为宿迁市取得全市环卫系统无一人感染的成绩做出了突出的贡献。

钱广建

江苏省宿迁市宿城区埠子镇大西村人，现就职于宿迁市华益混凝土有限公司

钱广建同志，生于1971年，2008年之前外出务工10余年，在工作具有一定经验之后，毅然决然地选择回乡寻找就业机会，2008年3月进入宿迁市华益混凝土有限公司生产部工作，一直是一名基层产线泵工。他在泵工工作岗位上，始终秉着"在岗一分钟，尽职六十秒"的态度，努力做好本职工作并时刻严格要求自己，摆正自己的位置和态度，不管在多么艰难恶劣的工作条件下始终能圆满地完成工作任务。自进入公司以来，他以"工作零失误"的优异表现得到了公司领导及同事们的认可，曾多次受到公司及部门的表彰，多次荣获公司"服务之星"和"优秀员工"称号。他于2019年荣获宿迁市五一劳动模范奖章，2020年荣获江苏省五一劳动模范奖章。

2017年10月，由于宿迁某地产工地着急赶工期，要求泵工师傅违规操作生产，钱广建同志意识到违规操作会给公司带来严重的不良后果，也会给生产带来安全隐患，当即拒绝施工，坚持自己的原则并严格按照施工标准化操作规范执行，同时向公司负责人汇报此事，耐心与工地负责人进行沟通，说明事情的严重性，最后说服了工地负责人按照规范施工，最终避免了一起安全事故的发生。此次事件的处理被公司领导公开表扬，并且在施工工地及公司内部产生了很大的影响，鼓舞了很多明明知道违规或者不安全的施工行为，还一味只知道服从妥协的一线工人，让他们知道不符合安全标准规范操作的事可以拒绝实施，避免了很多安全事故的发生。

2019年10月，因宿迁新城某某工地，由于在高压电线下操作，再加上夜间作业安全防护措施也未到位，钱广建同志检查完施工现场后拒绝进行施工，工地负责人以不施工就解除合约进行恐吓，要求他进行施工，在巨大的压力胁迫下，他再三权衡了利害关系，最后还是没有妥协，并且找到工地项目负责人进行耐心地沟通，也得到了工地项目领导的一致认同，最终听取他的意见，暂停施工，并且进行安全隐患防护处理。生命是宝贵的，是不可替代的，避免一次事故的发生远比一单合同重要得多。

从一件件小事中能体现出一个人的大智慧，他把安全看得比什么都重要，他经常挂在嘴边的一句话就是"如果安全做不好，那就什么都没有了"。确实如此，安全问题就是生命问题。一个平凡岗位上的普通员工就这样在做着不平凡的事。

江苏 张新利

江苏省宿迁市宿豫区顺河镇人,现就职于江苏秀强玻璃工艺股份有限公司

张新利进入秀强公司以来,认真学习,刻苦钻研,与同行一起积极探讨玻璃深加工技术以及如何对食品安全及健康标准进行提升。他根据近几年的经验对现有基础行业进行深耕,把现有行业信息化产品更新换代提升至更高的档次,特别在玻璃深加工研发方面进行各种抑菌、抗病毒产品研究。现在大家都对食品安全比较关心,特别对抑菌、抗病毒的产品感兴趣,所以张新利就对一些抗病毒、抗菌材料进行研究。他所研究的产品和市面上现有的各类产品有较大的区别和优势,而且在一个平台上进一步地优化与完善,将产品的覆盖面拓宽。目前研究团队仅有31人,团队成员全部拥有大专以上学历,并拥有多年玻璃及各种材料的深加工经验。

经过缜密的市场调研和对未来趋势的分析,他通过走访各行各业的客户,将客户信息进行收集、消化、整合,得出一些数据,把它以表格的形式展现出来,让人看了一目了然,总结出一套应用方式,并且在未来三年内拟采取的如下研发与创新计划:新增不少于80名高素质研发人员,计划到2021年将研发团队扩大至50人左右,更好地稳定研发团队,为团队创新创造更好的条件。从单个平台向多个平台拓宽,研发转换一类专利研发成果。

新冠肺炎疫情暴发后,他感触颇深,感到民众的安全大于天,没有民众就没有创造,就没有幸福的安居生活,想要为抗击新冠肺炎疫情尽个人的绵薄之力。经过近两年多的研究,得出一款专利产品,可以起到抗菌杀菌、抗病毒的作用,在玻璃上的性能检测高于现在国内和国外的要求。

王光丽

安徽省宣城市广德县誓节镇苏村人,现就职于杭州知味观总店

王光丽,1988年10月出生。她于2008年3月参加工作,2010年3月到杭工作并入职知味观,现任杭州知味观总店味舫副经理。工作期间她获奖颇多,她曾获得2011年度杭州饮食服务集团有限公司"优秀员工"。2012年,她被授予杭州市财贸旅游系统"特色品牌服务员"。2013年,她荣获杭州饮食服务集团有限公司"我在成长"职业技能大赛餐厅服务个人赛青年组优胜奖。2014年,她荣获杭州市商贸旅游集团有限公司餐饮服务技能比武大赛二等奖。2015年,她获得杭州市财贸旅游系统"职业技能带头人"称号。2016年,她获得第六届全国饭店业职业技能大赛总决赛金奖、第三名、全国十佳服务师、中国服务大师等荣誉;被杭州市职工经济技术创新活动领导小组办公室授予"杭州市职工经济技术创新能手"称号;被杭州市"青年文明号"青年岗位能手活动指导委员会办公室授予杭州市"优秀青年岗位能手"荣誉称号;被杭州市财贸旅游工会及杭州饮食服务集团有限公司评为"服务G20,饮服在行动"集团餐厅服务员技能竞赛二等奖。2017年,她被人力资源和社会保障部授予"全国技术能手"荣誉称号;被杭州市总工会授予杭州市"五一"劳动奖章称号。

工作这十年间,她苦练技艺,累计培养餐厅服务技能人才300余名。她是企业餐厅服务高级讲师,年培训职工40余批次,共计1 600余人。

从G20前期接待到世泳赛会场服务,从味舫日常工作到知味亚洲美食节,她精益求精、力求极致。2020年6月起,为响应杭州市商贸旅游集团有限公司、杭州饮食服务集团有限公司服务专项提质行动号召,她主动请缨担任讲师,累计培训16场,共计1 000余人。

从2020年年初开始,面对新冠肺炎疫情的肆虐,她坚守亮码、测温、疫情防控一线,坚守岗位6个多月,与同事筑起一道疫情防控的坚固堡垒。在疫情影响、餐饮行业遭遇重创的情况下,她带领所属职工每日操练技艺:服务礼仪、餐厅服务六大技能、名菜名品典故,确保所有服务岗职工做到举止文雅、谈吐有礼。在她和同事的努力下,知味观的服务品质有了进一步提升,得到市领导的肯定和顾客的好评。

她十年如一日苦练技艺,终成全国技术能手。她职高毕业就业,仍坚持学习,现已在职大专毕业。她爱岗敬业、任劳任怨,出色完成了重大接待任务。她服务群众、热情周到,获得众多好评。她立足岗位,助力杭州"重要窗口"建设。

浙江 王素梅

江苏省泗阳县裴圩镇营顶村人，现就职于杭州市上城区湖滨市容环境卫生管理所

王素梅，中共党员，1974年5月出生，现为杭州市上城区湖滨市容环境卫生管理所道路清扫工。她曾当选杭州市第十二次党代会代表、杭州市第十五次妇代会代表，并先后获得"杭州市三八红旗手""杭州市优秀城市美容师""上城区劳动模范""上城区十大美丽女性""上城区城市管理局优秀党员""上城区城市管理局'最美战疫先锋'"等荣誉称号。

2017年12月1日，王素梅在杭州市第十三届人大二次会议上当选为浙江省第十三届人大代表。她认真履行代表职责，积极参加上级组织的各项视察活动等；提高思想觉悟，强化"人民代表为人民"的意识，充分体现出"想民、为民、利民"的宗旨。她提出的《关于尽快全面实施〈浙江省城镇生活垃圾分类管理办法〉的建议》，一举荣获"浙江省2018年度省人大代表优秀建议。"

2010年，王素梅便入职了湖滨市容环境卫生管理所。身为班组长，王素梅面对新进的工人，她都坚持手把手教。经她培训后的新工人都是作业能手，为兄弟班组输送的优秀员工也数不胜数。当时正处于"后峰会、前亚运"的重要时期，她始终用工匠精神守护着这条最核心、任务最重的西湖大道。她带领班组成员认真清扫环境，掸蜘蛛网、擦洗城市家具、铲除口香糖残渣、冲洗道路、祛除扬尘、清除高架桥下盲流垃圾等，不放过任何一处问题。

除夕伊始，王素梅就开始奔波在新冠肺炎疫情防控环卫保障工作的第一线，带领着班组成员严格按照相关部署和要求，严格落实疫情防控和应急处置工作，建立每日疫情排查报告制度。在疫情发展的前期，及时加强卫生防疫知识教育，向在一线战斗的环卫工人们派发口罩、手套、消毒液、含氯消毒片等防疫物资装备，每日对一线工作人员进行体温检测。严格规范垃圾收集房和公共厕所管理，安排消杀员定时开展清洗、消杀、除臭工作。口罩用量激增后，她还设置了废弃口罩专用垃圾桶，配备废弃口罩收运专用车辆，实行专车专运，避免废弃口罩造成二次污染等问题。疫情稳定后，她还配合指导辖区企业和学校的疫情防控工作，对复工、复产、复学中存在的垃圾清运和卫生保洁等困难提供帮助。

为确保将湖滨、清波辖区道路清扫、公厕清洁、牛皮癣清理、数字城管案卷处理、垃圾分类等日常监管做到全覆盖、无盲区，王素梅将日常巡查监管责任划小网格落实到专人，对网格内做到全覆盖、无盲点地巡查监管，进一步拉高了市场化作业道路的标杆。面对新的工作角色，王素梅选择冲锋在前，迎难而上，兑现了一名最一线、编外合同制的女共产党员"随时准备为党和人民奉献一切"的光荣承诺。

叶小挺

浙江省杭州市临安区玲珑街道姚家村人，现就职于浙江万马股份有限公司

叶小挺，1975年12月出生，就职于浙江万马股份有限公司，从事设备维修和管理工作。参加工作至今，他获得以下荣誉：2006年获得"临安市创新技术能手"称号，2013年获得"浙江省维修电工技能竞赛第三名""浙江省技术能手""临安市技术能手"等称号，2015年获得"杭州市首席技师""临安市30佳技能人才"称号，2016年获得"临安市青年英才""杭州市劳动模范""浙江省首席技师"称号，2019年获得临安区"天目工匠"称号和"杭州市叶小挺维修电工技能大师工作室"授牌，2020年获得"杭州工匠"称号。

从入厂至今，叶小挺提出并实行技术创新和改造的项目有近百项，仅2015年到2020年间，已提出45项，为企业创造直接经济效益300余万元。他也因此在2013年、2016年、2017年被评为万马"创新之星"。

铠装线生产中因大小节，易将电缆拉断或表面拉破，造成质量问题，叶小挺设计了铠装机防拉断报警装置，通过自动测量线径与设定线径对比，超差时自动停机，从而避免电缆破损或拉断，提高产品合格率，并获得了国家专利。

2015年1月，7号进口诺基亚交联线主控无法启动，初判为工控机主板故障，从国外订货需要2个月，严重影响生产且费用近8万元，叶小挺通过查询资料和咨询专家，将引起故障的功能模块修复，使生产迅速恢复正常，受到公司表彰奖励！

挤塑机在日常生产分色线过程中，某色短米会造成严重的质量事故和经济损失，对此，他设计了一套挤塑分色报警系统及相应的操作法，使分色导致质量不合格线从近20%降低到1%。该套装置获得市先进操作法。

叶小挺注重技术传承，目前带徒20人，为企业培养高级技师2人、技师8人、高级工8人，不少已成为公司的业务尖子，其中汪长春荣获浙江省维修电工比武第八名。同时他也受邀成为区总工会"三送"专家团成员和临安市职业技工学校外聘教师。

2016年成立杭州市叶小挺维修电工技师工作站，2019年该工作站升级为杭州市叶小挺维修电工技能大师工作室。在临安区人社局和总工会的支持下，2019年成立临安区电工职业技能实训基地，他成为基地负责人，开展临安区及本公司电工的技能实操培训，并承办2019年临安区企业维修电工技能大比武、2020年锦北街道电工技术比武和参与临安区电工高级班的培训与考核工作。

许建茹

浙江省杭州市建德市莲花镇齐平村人，现就职于杭州九仙生物科技有限公司

许建茹，中共党员，1967年12月出生，现为杭州九仙生物科技有限公司负责人，曾获得"全国乡村振兴领军人物""2014浙江省巾帼建功标兵""2016年全国事迹最感人的百姓学习之星""2018全国杰出创业女性""浙江省林业乡土专家""杭州市乡村技能产业大师""杭州市人大代表""杭州市劳动模范"等荣誉。

从养鸡、种植薄壳山核桃、种植铁皮石斛到深加工农产品、开设乡村特色旅游等，她不断地尝试着走多元化发展的种养业转型之路。20多年来，她涉及新兴的农业产业，都付出了许多汗水和智慧。

20世纪80年代，许建茹与父亲义无反顾地做起了莲花镇养鸡第一人。她率先在鸡舍中安装"湿帘"水空调，创设适于蛋鸡生长的环境，提高了产蛋率。她主动进行技术扶持，无私帮助养殖户，毫无保留传授经验。随着资金的充裕、技术的提高，她的养鸡规模也在不断地扩大，从1986年养殖的500多羽发展到2013年的3万多羽，并带动莲花镇的100多户农户发展了180多万羽鸡，实现户均年增收10多万元。

2002年，她率先引进美国薄壳山核桃。面对困难，许建茹不认输。她先期投资30多万元，组织村民上山造路，搭建电线，接通水管，经过不懈地努力，终于将荒芜山地改造成种植基地，种上2 000多株薄壳山核桃，在齐平村建立了全省最大的美国薄壳山核桃嫁接苗种植基地，也是全省薄壳山核桃嫁接苗生长得最好的基地。

2009年，许建茹成立杭州九仙生物科技有限公司，通过"公司+基地+农户"的生产模式，规范铁皮石斛的种植等生产管理。基地实行"五统一"生产模式，严格按照国家有机农产品的生产标准生产、销售、管理。通过花园式的种植基地环境，将基地打造成旅游景点，吸引周边游客游玩，拉动铁皮石斛及衍生产品的销售。她联合旅行社，开辟一条特色旅游线路——"铁皮石斛养生吃购游"，将当地的特色景点及酒店民宿相融合，给当地的农家乐和民宿产业带来了人气和收益，增加了周边农民的收入，同时解决了当地40多名农村剩余劳动力就业及外来务工人员就业，实现人均增收4万元。据统计，已超20多万游客通过基地的组织到建德旅游，为建德的休闲旅游及住宿产业带来的产值效益至少1亿元以上。如今，她的铁皮石斛种植基地已经被评为"全国巾帼现代农业科技示范基地""全国近野生铁皮石斛示范基地""国家有机食品生产示范基地"。

沈国

浙江省杭州市萧山区戴村镇青山村人,现就职于浙江中南建设集团钢结构有限公司

沈国,1976年12月出生,现就职于浙江中南建设集团钢结构有限公司。沈国本着爱岗敬业的信念,在工作中任劳任怨,经过多年磨炼,练就了一身过硬的技术本领,运用业余时间努力学习,高标准地严格要求自己。

工作中碰到电器故障,他就自学专业知识,认真钻研,仔细记录。沈国不仅掌握了电工的专业技术,而且还从一名一窍不通的学徒成长为技师,为保证设备正常运行筑起了一道坚实的"屏障"。在工作的进程中,当面临着种种困难时,沈国能够在公司领导的指导下,在同志们的帮助下,逐一加以解决。在修理岗位上,他本着"公司是我家,节约靠大家"的工作原则,通过技术革新为公司降低生产成本,创造了一定的经济效益。

2001年2月,杭州华东钢结构制造有限公司因进口设备出现焊接电流、电压不稳定的问题,使产品严重地不合格,经诊断为AC100V接触器损坏,而采购该款规格型号需进口,订货期为3个月。沈国通过查阅资料,请教老师傅后改变控制线路,用国产的产品替代,成功地解决了问题,保证了企业2 000多万订单及时合格地完成。

2004年3月,沈国在杭州华东钢结构制造有限公司车间里发现因剪板机剪切钢板时会弯曲变形,需要人工去矫平的形象,他经过观察钢铁弯曲度和总结平时修理中的经验,发现可以用上下压辊输送原理进行机械矫正,经过实验发现机械矫正速度和质量比人工提高50倍以上,为企业每年节约人工费30万元以上,该设备还获得发明制造奖。

2016年5月,沈国经朋友介绍为杭州华循科技有限公司提供解决方案,在制造浸塑产品时需要用人工进行产品的浸塑,按每天8小时计算只能出产量约450个。他经过实地观察,查阅各种浸塑方面的资料、询问现场操作员工等,为杭州华循科技有限公司制造了一条全自动浸塑流水线。流水线包含数控、温控、液压、机械等,提高了人工效率10倍以上,直接为企业创造300多万元的经济效益。

2018年,他加入钢结构有限公司,参与公司筹建厂房工艺布置、设备技术评定、线路布置等,当检查设备基础发现问题时及时跟土建施工联系,共同协作解决问题。2020年年初,他积极参与公司政府部门的疫情防控工作,协助完成安装调试任务,保证生产设备的正常使用,并通过特种设备安全局的验收和市场监督管理局的认可。他在自身学习中,还不忘"传、帮、带",对自己的技术从不保留。他从点滴小事做起,用自己的行动履行维修工的职责。

李振涛

河南省淮滨县王家岗乡小圩村人,现就职于浙江新盛建设集团有限公司

李振涛,1975年12月出生,现为浙江新盛建设集团有限公司项目钢筋工班组长,钢筋工二级技师。

李振涛18岁走进工地,通过多个项目经验的累积,从一名钢筋小工变成了"钢筋专家",成长为项目部的标杆型班组长。

钢筋作为建筑业用量大、价格高的原材料,能否合理利用、节省材料就尤为重要。李振涛通过长期实践,总结了一套有效的作业方法,将耗损控制在0.5%~1%之间,远低于定额的3%,有效节约了钢筋用量和成本支出。

"一名好的钢筋工不能只埋头干活,要能看懂图纸,分析工程难点,计算工程钢筋用量。"从识图、放样,到摘料、穿筋,李振涛对钢筋加工绑扎各项技能都能信手拈来,是工友眼中的"全能手"。他还多次参加公司QC管理申报活动,作为小组成员获得了2019年度杭州市建筑工程QC小组优秀成果三等奖(全拆式钢筋加工棚组装方法创新)、优秀成果奖(提高现场圆盘钢筋堆放稳定性)等多项奖项。

多年来,凭借过硬的技术和质量把控,李振涛屡获项目部、公司的表扬,成为名副其实的"金牌技术能手",参与的工程也获得了多项华东杯、钱江杯和西湖杯奖项;公司近年来承建的运河中央公园、华东师范大学附属杭州学校、运河亚运公园等省、市民生重点工程都有他的身影。

除了在本职岗位上深耕细作,李振涛还积极参加专业技工大赛,获得2017年杭州市建筑业职业(钢筋工)技能大赛第一名,并被杭州市人力资源和社会保障局、杭州市总工会授予"杭州市技术能手"称号。

2018年,李振涛作为核心成员的"朋要兵技能大师工作室",成功入选"杭州市技能大师工作室""产业导师工作室"。他充分利用工作室平台开展师徒结对,带动了班组更多人员刻苦钻研技术,为提升企业技能人才队伍建设起到了引领示范作用。2018年5月,他被杭州市总工会授予"杭州市五一劳动奖章"。

多年来,李振涛时刻以项目一线技术骨干的标准严格要求自己,爱岗敬业,踏实工作,起到了优秀的表率作用,是工友们眼中的专业技术标杆,是建筑工匠的代表。

邹新华

湖南省醴陵市茶山镇筱溪村人，现就职于杭州市建工集团有限责任公司

邹新华，1982年9月出生，自2004年参加工作以来，至今已扎根防水工作16载，获得2020年"杭州市技术能手"、杭州市"五一劳动奖章"和"杭州建设工匠"等荣誉称号。

作为工地上一名普通的防水工人，他为人正直、踏实肯干，多年来严格要求自己。他参与了杭州市多项工程的建设，本着当代技术工人应有的精神，谱写了属于自己的时代风采。

虽然已是单位的业务骨干，邹新华却从未满足。他认为，作为一名当代防水工人，要不断学习，多掌握新知识、新技能才能发挥自己的能力为企业做贡献。所以他主动地向工地上有经验的老师傅请教学习，掌握建筑防水处理相关的理论知识，不断利用业余时间刻苦钻研，并用学到的理论指导生产。就是凭着这股子不怕困难、勇于吃苦的韧劲，他迅速成长为农民工中的技术骨干，2019年10月28日、10月29日，他参加2019年杭州市防水工职业技能竞赛，获得一等奖的好成绩，并荣获"杭州市技术能手"称号，为公司争得了荣誉，赢得了同事们和领导的交口称赞。他用自己的实际行动证明了拥有更多理论知识的技术型能手是新时代工人应当具备的时代特色和本质风采。在以后的工作中他一定会更加努力学习，超越自我。

"老黄牛"的称号，也许在现在看来有点老土，它常常被现代年轻人用来和"傻""笨"联系在一起。可邹新华同志却不怕"傻"、不怕"笨"，他认为现代年轻人就应该发扬老一辈不怕苦、不怕累的精神，他就是要向老一辈们学习，做一个善于吃苦的"老黄牛"。在日常工作中，他脏活累活抢着干，"急、难、险"当仁不让，处处身先士卒、率先垂范。在工作中积极创新，通过学习和实践，在施工中大胆使用新技术、新材料，大大提高了施工作业中防水作业的质量，降低了维修频次，为项目部节约了成本和时间，保证后续工作的正常运行，为施工质量和工艺稳定提供了保障。

在日常工作中，他严格要求自己，严格遵章守纪，不迟到、不早退，不违反操作规程；熟记操作规程，在自律的情况下，坚持督促工友的安全行为，及时发现、及时制止，杜绝不安全行为的发生，不断使自己和班组的安全工作都争取登上一个新的台阶。

平淡的生活里蕴含不凡的理想，普通的职责里满是辛勤的付出，虽然邹新华同志只是千千万万平凡的劳动者之一，只是建设杭州的农民工群体中一颗小小的螺丝钉，但我们需要邹新华同志这种在平凡岗位上不断钻研，刻苦努力，把普通的工作做到极致的"匠心精神"，也希望这种精神能够一直传承下去，感染更多的人。

浙江 林忠

浙江省温州市龙湾区永中街道东林村人，现就职于杭州巾帼西丽市政园林建设集团有限公司

林忠，中共党员，1981年10月出生，现为杭州巾帼西丽市政园林建设集团有限公司环卫清扫保洁服务技术员，是杭州市环卫行业专家库专家。他获得以下荣誉称号："优秀共产党员""最美劳动者""杭州市优秀城市美容师""城管系统十佳百优先进个人""杭州市五一劳动奖章""浙江建设工匠""浙江省优秀城市美容师"等。

参加工作以来，他很少休息，把精力都用在了工作上。2016年，在服务保障G20峰会的100多个日日夜夜里，他每天下午不到五点开着清洗车辆上路巡查，边巡查、边处理问题，一直到次日凌晨五点，做到第一时间发现问题、处理问题，为峰会的顺利召开做出了积极贡献，公司也因此被评为"G20保障工作先进集体"，林忠个人被授予"杭州市优秀城市美容师"称号。新冠肺炎疫情期间，在工作量陡增的情况下，林忠主动放弃休假的机会，带头冲在一线，保障最危险的区域，对路面各大卫生死角进行全面消杀，自愿加班加点保证各项任务的圆满完成，积极参与疫情防控。

他干一行、爱一行、钻一行，近年来为单位在车辆修理费用上节约了不少开支。并在实践中逐步总结出"收、拾、淋、扫、冲、磨、清、运、巡"九道关口的清扫核心技术，首创了道路保洁"X+1"机械化的高效作业模式，解决了作业车辆有时清扫不干净的问题，达到了又快又好的目的。这套工作法在公司及环卫行业中被全面推广，2018年被杭州市总工会、杭州市城市管理委员会命名为"杭州市城管系统职工先进工作法"，并被收录为"杭州市道路清洗作业规范"。

时代在快速发展，技术在不断更新，他深知不能吃老本，决心在认真工作的同时，利用闲暇时间学习，积极参加各类技能培训，成功取得"高级清洁管理师""高级垃圾处理工程师""高级城市环卫工程师""建筑工程师"等资格证书，大力提升了自己的业务能力和工作水平。他喜欢钻研技术，经过多年的经验积累和精心研究，发明了一种基于物联网的道路清扫转刷调节装置，并于2019年成功申请了专利。这种清扫装置的发明，大大加快了道路清扫的工作效率，为公司节约近10万元的成本。

他在努力实现自身成长的同时，时常告诫自己，要做一个对社会有用的人。平常工作中，同事遇到困难，他总是第一时间挺身而出，毫无保留地将自己学到的知识教给他们，帮助同事一起进步。他心怀大爱、热心公益，2013年，同事余书英的儿子重病需要肝移植，他第一时间捐出1 000元，他的爱心也感染了其他同事，大家纷纷伸出援手帮助渡过难关。新冠肺炎疫情期间，他更是迎难而上，主动报名协助社区做好隔离点的消毒、消杀工作。

王胜祥

浙江省淳安县安阳乡红山岙村人，现就职于浙江省淳安县博爱制冷元件有限公司

王胜祥，中共党员，1972年2月出生，现就职于浙江省淳安县博爱制冷元件有限公司，是一名荣获多项技改创新的带头人，也是员工心目中亲切的老大哥，还是疫情面前最美的逆行尊者！

王胜祥是一名有着20年党龄的老党员，一直用高标准严格要求自己，他不仅注重自身综合素质的提高，还事事时时用自己的一言一行来影响、引导周边人做正事，传递正能量，弘扬正风气。在每年支部开展的困难职工帮扶活动中，每每都有他的身影，帮财帮物，不计得失，用自己的爱心让员工感受到党的温暖，让"党员"这一个光荣的称号在自己身上散发光芒。

科技兴企，向技改要效益。以他为首的技改小组，多次进行技术攻关，在设备、工艺、管理等方面下功夫，降本增效、节能降耗，佳绩不断：在公司转型期间，以钢代铜，第一条钢管连续退火线改造投产；西门子工艺技改成功，成功打开西门子市场；八管热镀锌设备改造成功，新生产线投产；对原光亮生产线进行设备、工艺改造，节能降耗，绿色环保；对设备能耗较高的加热部分进行特殊装置处理，降本增效。在不断技改创新的道路上，他多次参加9项专利的研发、申报工作，参与行业和企业标准起草，稳扎稳打，为企业永续发展奉献一份心力。由他主导的发明专利"一种复合镀锌管及其加工方法"成功研发；"节能减排"荣获2012年县级职工创新三等奖；"氢氧乳化油膜分离技术项目"荣获2016年度优秀创新项目；"微径钢管高效节能创新技术的研究开发"荣获浙江省科学技术进步奖三等奖。

"员工做的开心，有奔头，这就是我们的奋斗目标。"这句话，是王胜祥的座右铭。他与人为善，乐善好施，扶贫济困，在员工面前，他是亲切的老大哥，一些掏心窝的话大家伙总是乐意向他倾诉，因为在他那儿，总能感受到一股莫名的亲切感与安全感。少点斥责与怀疑，多点鼓励与赞美，让员工在实现自我价值的同时，找到"家"的感觉，他是这样想的，也是这样做的。入职公司多年，他对公司的深情无法用语言比拟，对他来说，这就是他的第二个"家"，员工就是他的亲朋好友。一往情深，唯有倾力奉献，方能不留遗憾。

俞群华

浙江省杭州市富阳区里山镇金星村人，现就职于杭州市江干区三义美发设计室

俞群华，1979年1月出生，1993年进入美发行业，经过20多年的学习和努力，逐渐从一个普通农民成长为业界精英，并多次获得以下行业荣誉：2008年荣获台湾、杭州两地城市美容美发职工技艺邀请大赛美发组冠军，2018年被评为"百千万"高技能领军人才，2019年获得"工人先锋号"，2010年被授予"杭州市技术能手"称号等。

2018年，俞群华美发技能大师工作室正式成立，这是她在美容美发事业上的一次重大突破，更是她人生道路上的里程碑。

俞群华一直致力于提高员工的职业素质和专业能力，着力打造德才兼备、业务精通的创新性人才队伍。尤其在推行"师傅+徒弟"传帮带模式后，大大激发了员工的干劲，成功营造出"干一行爱一行""爱一行行一行"的工作氛围，在杭州市级以上的职业技能竞赛中更是捷报频传：2010年荣获杭州市美容美发职业技能大赛团体银奖；2015年在"新视觉杯"杭州市美容美发职业技能比武中，徐钱兵、张王华等人分别获得各自比赛组冠军；2018年许云松被评为2018年度杭州市美发业"十佳标兵"。

"众人拾柴火焰高"，正是全体员工奋发向上、团结一致，工作室团队才能一步步走到今天，事业才会在未来攀上更高的山巅。在实际工作中，她将每一位员工都视作自己的家人，在技术上悉心指导，在日常生活中嘘寒问暖，努力让所有人感受到家的温暖，排解他们的忧虑，尤其是一些年轻人，刚参加工作难免有些心浮气躁，在她不断地努力和教导下，每天练习技能，在几个月的时间里成长非常快，得到客户的一致好评。目前团队已经有6名二级技师以及20余名高级美容师、美发师。

在美容美发事业之外，她也非常重视社会公益，并将公益服务纳入每年的工作计划当中。每年都主动对接江干区红十字会、杭州市美容美发协会等组织，积极开展公益活动，如走进江干区的老人公寓免费为老人理发，在建德助养了五名特困互助学生，积极参与"凝聚微动力，服务G20"志愿活动等。尤其是2020年以来，受新冠肺炎疫情影响，举国上下万众一心、合力抗疫，大年初六凌晨，带着全体员工和爱心人士的心意，工作室向江干区红十字会账户转入了14 000余元捐款。2月10日开始，工作室开始为邵逸夫医院、省中医院、省儿保、凯旋街道、双菱社区等医护人员及一线工作者提供义剪服务，共计服务1 000余人。

面对未来，面对挑战，俞群华一如既往地保持高昂的斗志，不断提高自身业务能力和职业技术水平，不断带领团队披荆斩棘、砥砺前行，不断用服务让群众满意、让社会满意。

徐长明

浙江省杭州市淳安县威坪镇贤茂村人，现就职于杭州东华链条集团有限公司

徐长明，1977年10月出生，是杭州东华链条集团有限公司的一名高级技师。他所获得的荣誉有："杭州市五一劳动奖章"、余杭区第二届"余杭工匠""美丽余杭人"等称号，并且在2015年、2017年被聘为"余杭区第五批百名职业技能带头人""余杭区第六批百名职业技能带头人"，另外，2016年在全国链传动学术研讨会上发表《链条自动化装配技术及数据采集系统应用》论文，并获优秀论文一等奖。

自加入杭州东华链条集团有限公司成为装配车间的一名装配机操作工后，他勤奋好学、刻苦钻研，在工作中一方面虚心地向老师傅请教，学习技能，钻研技术，努力将自己的工作吃透干好；另一方面通过业余时间学习机械制图和PLC电气自动化编程，一直把"自身所学联系实际，充分运用到科技创新中去"作为自己的工作目标。在人员培养方面，言传身教，发挥带头作用，通过"师带徒"，传、帮、带，率先垂范，为一线装配操作工讲授课程，并进行现场实操。加强岗位操作人员的基本技能讲解，故障排除分析，提高岗位操作能力和操作人员的技能水平，并虚心传授、培养200余名技能人员和多名技术骨干。20多年来，他一直战斗在生产一线，先后考取了钳工高级技师证书和PLC智能工程师证书，从一名"门外汉"到技能大师工作室"领头人"，他带领的钳工技能大师工作室被余杭区评选为"劳模创新工作室"。

他在《机械传动》第40卷2016年第11期刊登发表了论文《链条自动化装配技术及数据采集系统应用》，并被多次下载参考。他还设计开发自动液压铆头机和全自动装配机，还获得"一种链条铰孔机的装""一种链条装配模具""一种输送链的新型装配机"三项专利。

他研发制造的摊铺机链条单节液压全自动装配机成功投入生产，之前摊铺机链条采用传统人工方式压装，存在压装效率低、能耗大、产品框架质量不稳定等缺点。为提高效率，降低成本，徐长明经过半年多的努力，成功研发制造了摊铺机链条全自动液压销片装配机和全自动液压单节装配机，并顺利并入摊铺机链条装检流水线体内。自动装配改变了以往的手工压装模式，生产效率比以前提高3倍以上，产品质量也有明显保障。摊铺机链条单节液压装配机的投入使用，完成了手工装配向自动化和智能化的转变，为今后研发、推广同类产品的自动化装备积累了宝贵的经验。

20多年来，他创新成果丰富，在公司每年负责20多项技术改造、技能攻关项目，用创新精神和勤劳的双手兢兢业业地干好每一项工作，诠释了新时代的"工匠精神"。

浙江 潘正义

侗族，贵州省从江县高增乡托里村人，现就职于爱克斯精密钢球（杭州）有限公司

潘正义，侗族，中共党员，1983年10月出生，他现在不仅是黔东南州从江县驻杭州市萧山区劳务联络工作分站党工委委员、兼职副站长，也是爱克斯精密钢球（杭州）有限公司制造部PA工程带班员。他靠着刻苦学习、甘于奉献，在党的好政策下，用自己的努力赢得了荣誉和公司的认可，通过就业实现了自我脱贫。

刚踏上工作岗位的他，面对周围的新兴事物，没有任何经验，深感自己文化和专业技能欠缺，意识到科学文化知识的重要性，认识到只有练出过硬的本领才能在公司站稳脚跟。于是，他在认真工作的同时，利用业余时间学习文化和专业技术知识，提高自己的技能和文化素质，努力在这个行业中立足，争做一个合格的务工者。他在工作中任劳任怨，领导交办的任务，从来不说一个"不"字，认真对待，全力完成。对他来说，做事就是学习技能的教科书。因工作成绩突出，他于2014年被公司授予ACB"2013年度优秀员工"荣誉称号，2017年被公司授予ACB"连续5年工作奖"荣誉称号，2018年被公司授予ACB"2017年度优秀员工"荣誉称号。

作为一名农民工党员，他始终不忘共产党员的初心和使命，因此在工作中他坚持精益求精，严格要求自己，同时也积极为在杭州务工的老乡提供就业协作服务。

逢年过节，潘正义不仅为亲戚朋友带回了礼物，更为大家带回了外面世界的精彩。每次回老家，他都会和亲戚朋友分享在外务工的事情，鼓励大家走出大山，努力去脱贫致富。2018年11月，黔东南州从江县驻杭州市萧山区劳务联络工作站正式成立，潘正义也想贡献一份自己的力量，主动联系了劳务联络站负责人，表达了自己想加入其中的想法并积极承担劳务联络站工作。在日常工作之余，潘正义积极给家乡的贫困户提供劳务联络站掌握的就业信息，带动老乡一起脱贫致富。2020年年初，兰明闻等三位老乡在潘正义的介绍下来到位于萧山的松岗机电（中国）有限公司就业，他们三人现在每个月到手的收入有5 000元左右。因受新冠肺炎疫情的影响，许多贫困户存在外出务工出行困难等问题，潘正义与劳务联络站联系后，在萧山区就业部门的帮助下，帮助兰老珍等多户贫困户报名乘坐复工专列到杭就业。这些第一次踏出大山的贫困户对此心怀感激，他们既感谢潘正义的热情帮助，也感谢政府的帮扶政策，让他们免去了路费开销，能让他们安心到杭务工。

方伟华

浙江省龙游县塔石镇傅仓村方村人，现就职于浙江恒威集团

方伟华，中共党员，1981年1月出生，现为浙江恒威集团下属宁波盛正机电有限公司生产副总经理。他有效地攻克了多个技术难题，优化提升了工艺流程，积极营造良好的生产生活环境，为公司发展壮大奠定了坚实的基础，荣获"浙江省百佳农民工""宁波市首席工人""宁波市优秀外来务工人员"等称号。

他坚持学习新知识、新技术，积极参加省委党校等单位组织的企业管理专业学习，并把所知所学应用于实践，有效地攻克了多个技术难题，目前公司生产的加工中心、线切割中走丝机床已位居中高端市场前列，可为客户定制全自动的流水线。当公司决定研发新的电火花成型机时，他主动请缨，带领团队奋战400多个日夜，成功研发的产品受到市场一致好评。在浙江恒威集团就职的23年以来，他一步一个脚印从一名普通工人成长到生产班长、产品主管、总经理助理，再到现在的公司生产副总经理，不仅实现了人生的华丽转变，也提升了自身的核心竞争力。

他坚持流程再造、提高产能，面对从未接触过的数控加工业务和管理人数的3倍增长，在公司全面推行6S现场管理法，优化提升生产方式和制造流程，对卧式加工中心、龙门等附加值高的产品，采取自主加工生产；对立式加工中心类技术要求低、批量大的产品，通过购买成品零件方式，解决零配件成套问题，既保证了加工件的质量，又缩短了生产周期，使成品机床生产效率翻了一倍，公司的管理水平实现质的飞跃，经营收入在2012年的基础上增长了近6倍。

他坚持全方位、无盲点地关心呵护员工，在新冠肺炎疫情期间，他帮助员工订购机票，积极申领各类补助，鼓励有车员工带回顺路员工等，公司复工复产的速度和效率走在海曙区前列，2020年3月上旬公司复工，产能达85%以上，2020年3月底公司全面恢复正常产能。同时，他经常下车间对新进员工进行手把手地技术指导，发动公司全体人员为有困难的员工捐款捐物，组织"陪聊团"纾解员工心理压力，员工的归属感进一步增长，工作合力进一步提升。

浙江 刘良

江西省南昌市新建区南矶乡矶山红石厂北边自然村人，现就职于赛克思液压科技股份有限公司

刘良，1979年12月出生，自2004年从江西的一个小村庄进入宁波市赛克思液压科技股份有限公司，从一名学徒工做起，经过十几年的努力钻研和不懈奋斗，成长为公司最出色的数控车工和"名师"，为公司发展壮大做出了重要贡献，荣获宁波市"甬江工匠""港城工匠"等荣誉称号。

善于钻研，成绩突出。他只有高中文凭，科学文化水平有限，但是他坚持"干一行、爱一行、精一行"的理想信念，努力钻研科学技术，不断总结工作经验，全力攻克业务难题。针对普通镗孔刀加工柱塞深孔底部的球窝易出现排削不顺、冷却不到位、刀尖干涉等问题，他探索创新工艺，不但解决了上述问题，还提高了产品加工效率20%以上。他不断完善公司数控车床操作流程，建立了行业领先的数控车床操作标准。十几年来，他累计攻克了200多项工艺革新项目难题，提高数控班整体工作效率30%以上，为公司创造了极好的经济效益。

刻苦学习，岗位成才。他以努力学习、善于学习开启成才之路。他坚持利用业余时间自学，考取了数控高级证书。他在日常工作中抱着"多问几个为什么"的秘诀，以能者为师，不耻下问，博采众长。他作为班组长，对公司遇到的疑难杂症，总会召集技术人员和工人师傅，召开生产现场会议研究讨论，集中群众智慧，研究出新工艺、新流程。2014年，公司来了一位外籍的技术总监，刘良克服语言上的沟通障碍，主动学习外方技术，认真提出建设性意见，对原有加工工艺、工装设计等进行了修改完善，形成了新的整套加工工艺、工装设计，参与设计、制造了上百种工装夹具，不但保证了公司产品的精度，还使工作效率提高了30%。

薪火相传，培育人才。他不仅凭借过硬的技术在工作中独当一面，还着眼于公司不断发展壮大而技术过硬的数控车工紧缺的困境，主动向公司提出每年带3~5名徒弟，把自己宝贵的操作经验、"独家秘方"无私地传授给徒弟们，至今已为公司培养合格数控车工10多名。他高超的技能和无私的"传、帮、带"行为使他产生独特的人格魅力，他带领和培养的数控车工团队凝聚力强，整体操作水平高，多次荣获公司"先锋团队"称号。

王有江

四川省合江县车辋镇五明村人,现就职于宁波市镇海区招宝山街道涨鑑碶社区

王有江,中共党员,1963年5月出生,是宁波市镇海区招宝山街道涨鑑碶社区的一名外来人员专管员。他尽心尽责做好外来人员服务管理工作,热心社会公益事业,以他为骨干的"老王帮帮团"长期帮扶弱势群体,传递社会正能量,在当地引起强烈反响,荣获"宁波好人""宁波市优秀外来务工人员"、镇海区"金牌调解老娘舅""最美治水人""社区文明城市宣传志愿者""最美战疫人"等荣誉称号。

热爱本职,用心干事。作为一名外来人员专管员,进入社区以来,他一直把社区当成自己的家,把在社区发生的事当成自己的事用心去做。他尽心尽力为包括3 600余名外来人员的社区群众办好事、办实事,以"一把钥匙开一把锁"针对性极强的工作方法,妥善地解决了许多疑难问题,赢得了大家的信任,被大家誉为"外来人员的贴心人"。2010年2月18日,一辆汽车与一辆电动车在镇海蛟川街道新老周村的十字路口发生激烈碰撞,造成骑电动车的四川籍民工受伤严重,发生重大赔偿纠纷,他先后8次赴现场协调,最终使双方在赔偿纠纷问题上达成协议。

热心公益,服务社会。作为一名热心公益的志愿者,他怀着对党、对人民无比热爱的赤诚之心,热心社会公益事业。2013年,招宝山街道牵头成立得名于社区"老娘舅"老王(王有江)的"老王帮帮团"。"老王帮帮团"成立以来,着眼于传播社会正能量,无偿服务困难、弱势群体,开展各类社会公益活动,至今组织无偿献血200余人次,调解流动人口纠纷728起,开展普法宣传56场,配合司法部门进行农民工专项维权行动10余起,帮忙办理法律援助案件30余件。"老王帮帮团"多次荣获镇海区"十佳公益创投项目团队""十佳社区社会组织"等称号。

热血抗疫,守护健康。作为一名抗击新冠肺炎疫情的先锋员,他冲在抗疫最前线,正月初一便飞回宁波,加入抗击疫情队伍,每天协助社区起早贪黑开展消毒灭杀和巡逻值守,逐户清查176名重点地区户籍人员,劝阻600余名计划返甬人员,为社区构筑起抗击疫情的"防护墙"。疫情期间,受疫情影响,义务献血的人群大幅减少,镇海区血库告急,他带领30余名异乡人挽起衣袖无偿献血,为爱逆行,用热血守护患者生命健康,体现了一名异乡人在危情时刻的担当。

朱贤长

浙江省龙泉市龙南乡横川村人,现就职于宁波继峰汽车零部件股份有限公司

朱贤长,中共党员,1984年6月出生,是宁波继峰汽车零部件股份有限公司流水线线长,也是北仑区大碶街道灵峰社区农民工融合性社会组织骨干。"做好点滴事,散发光和热"是他的人生信条,他用实际行动诠释了辛勤付出与无私奉献,他用脚步丈量疫情"防线",展现了一名基层农民工党员的先锋力量。

以厂为家,兢兢业业。进入公司11年来,他从一个懵懂的山里"楞头青"成长为了缝纫技术过硬、带教有道的"老师傅",而"踏踏实实,勤勤恳恳"这朴实无华的八个字是对他职业生涯最好的写照。对待身边员工,他更像家人一样嘘寒问暖,他甚至清楚地记得线上每一位员工的生日,每月组织一场集体生日会帮他们庆祝,俨然是那个大家庭的兄长。

热心公益,点滴付出。他每天下班后不是回家,而是穿上鲜艳的红马甲继续"服务",作为农民工融合性社会组织骨干,他承担起园区夜巡的重任,每天下午5点至晚上9点总能看到他穿梭在园区的身影,看到路障及时移除,发现不文明行为及时劝阻,察觉可疑对象踪迹及时跟进等。一年365天,他和他的夜巡队风雨无阻地为脚下这片2.6平方公里的工业园区当好守护者。

"战疫"时刻,披荆斩棘。面对突如其来的新冠肺炎疫情,他主动结束春节长假赶赴社区报到,工作事无巨细抢着干,返甬人员登记排查,疫区及去过疫区人员重点排查,疫情防控海报发放,企业困难信息收集,园区宿舍楼消毒等。在所在企业的复工初期,他作为一名基层党员,更是冲锋在前,早上7点提早到达公司,对员工进行测温、登记,发放口罩,宣传疫情防控的重要性。公司很多员工未能及时返岗,他便主动承担联络员的角色,实时掌握员工动态。对即将返岗的员工,他提前安排好食宿以及各种生活物资。正是在一批像朱贤长这样全力以赴、默默奉献的优秀党员干部的群策群力下,朱贤长所在的灵峰社区获得了"全国抗疫先进集体"荣誉称号。

以身示教,榜样引领。他无私奉献、带头防疫的精神影响了身边人,特别是其所在公司的"90后"年轻员工,2020年3—4月份公司共有15名员工提交了入党申请书,所在公司干部职工始终保持昂扬的斗志和较好的精神面貌。他的优秀事迹受到了宁波市、区有关部门的充分肯定。

史柳军

浙江省宁波市东钱湖绿野村人，现就职于宁波马骑顿智慧信息科技有限公司

史柳军，中共党员，1980年9月出生，现为宁波马骑顿智慧信息科技有限公司制版师、宁波市服装协会第一届制版师专业委员会副秘书长。他自2001年从武警部队退役后，至今从事服装业19年。19年来，他刻苦钻研服装制作工艺，狠抓产品质量，积极传授专业技能，为公司的发展壮大做出了贡献。他曾荣获2009年浙江省首届职业技能大赛时装技术项目第一名、2009年宁波市服装设计与制作技能大赛第一名、2019年"全国邀请赛"服装设计与制作技能大赛第一名，被评为2019年度"宁波市首席工人""宁波市技能之星"。

弘扬工匠精神，提升产品质量。在服装企业任职制版师期间，他反复改进产品的质量，经常为解决"一毫米"的误差耗到半夜，最终把产品的品质合格率从99%提高到99.9%，再提升到99.99%，给企业创造了巨大的价值。他还不断地完善公司的技术标准，解决企业和客户之间存在的技术分歧问题。为了把衣服的质量做得更好、更完美，他利用立体裁剪的技能制定了欧洲女装体型的基础样板，大大提升了款式的确认率，节省了生产成本，将订单的生产周期缩短了近30天。

传授专业技能，培养服装人才。2017年6月，他担任服装技能大赛的培训师，给参加浙江省残疾人服装工匠大赛的宁波选手进行了为期一个月的赛前培训，参赛的五名选手最终都进入前七名，既帮助参赛选手提高了职业技能，又给宁波残疾人事业增光添彩。2017年至2020年，他通过"传帮带"培养学生100余人，很多学生都到企业的重要技术岗位任职。他还被浙江省纺织服装职业技术学院时装学院聘请为客座讲师。

履行党员义务，热心公益事业。在2020年新冠肺炎疫情期间，他积极响应政府号召，主动报名参加鄞州区技能人才助力企业复工行动，与鄞州区五乡镇的服装企业对接，分享自己的成长经历和工作技能，并给五乡镇的服装企业献计献策，帮助他们攻克技术难关，为企业的复工复产贡献力量。他还经常在宁波市五一培训学校开展"服装工匠技能提升公益讲座"活动，促进了宁波服装产业工人队伍建设和技能素质的不断提升，为培养宁波新时代的服装工匠、名匠贡献力量。

蒋立忠

浙江省宁波市鄞州区云龙镇双桥村人,现就职于宁波永灵航空科技有限公司

蒋立忠,中共党员,1970年5月出生,是宁波永灵航空科技有限公司的一名高级技师、技术员。工作30多年来,他攻坚克难,在机械加工制造、机械零件的冷加工工艺等领域,形成了独特的加工经验,创造了良好的经济效益和社会效益,获得"浙江省劳动模范""浙江省经济技术创新能手""宁波市劳动模范""宁波市优秀高技能人才奖"等荣誉称号。

坚持技改创新,提升生产效率。在鄞县石油机械厂工作期间,他改良薄壁管钻孔工艺,使用其设计制造的专用薄壁管钻孔使产品生产效率攀升近五倍。在宁波华瑞电器有限公司工作期间,他为公司改良铣槽机刀轴加工工艺,使其主导产品迅速占领日本、韩国及欧美市场,并成为韩国三星、日本住友等国际知名企业配套厂商。他主导开发成功半自动压模技术,使日单班产量提高了五倍,同时模具使用寿命也大大提高。2007年,他主导开发高速冲料设备,冲料速度由原来的每分钟180次提高到每分钟700次以上,效率提高近五倍。

破解生产难题,提高产品质量。2011年,他进入宁波永灵航空科技有限公司,从事生产技术研发工作。其间通过对工装夹具的改正,对加工工序的再造,使车间生产的几款产品的成品率都有显著提高,特别是一款供应瑞典康斯博格的产品,成品率从原来的不到80%提高到了95%以上。2013年,他成立了"蒋立忠技能大师工作室",带领团队为公司解决了多个生产技术难题。2013年中秋节后,公司被一家外贸客户投诉产品有质量问题。为此,公司成立了由他担任组长的外贸产品质量攻关小组。通过近一年的努力,解决了产品质量的根本问题,至今该产品每年生产约100多万件,再未出现过客户对质量问题的投诉。

组织技术攻关,填补国内空白。2016年8月,公司成立涡卷试制小组,他任副组长,组织协调各部门的生产技术问题,为配套公司涡旋压缩机的生产起到了决定性的作用。同年,公司与中航集团航发公司开始合作,作为研发C919大飞机发动机零部件的项目负责人,他带领项目组人员生产研发的部分零件填补了国内的空白。

宋小赞

浙江省宁波市奉化区尚田镇冷西村人，现为宁波市奉化区乐源果蔬专业合作社创办人

宋小赞，中共党员，1981年1月出生，是宁波市奉化区尚田镇冷西村人。她响应号召返乡创业，开设农村淘宝服务站推动电商走进家乡，创办果蔬专业合作社带领乡亲致富，当选人大代表积极为乡村振兴建言献策，为当地的经济社会发展作出了贡献，先后获评奉化区电商能人、乡村振兴先进个人、宁波市"三八"红旗手、"五一"巾帼标兵、人大代表活动积极分子、优秀共产党员，其家庭获评"浙江最美家庭"。

乡创谋发展，争做返乡创客"模范生"。她出生于普通的农民家庭，在外打工之余先后在浙江大学、宁波大学自修专科及本科。搭乘返乡创业政策"东风"，积极投身"互联网+"返乡创业浪潮，利用阿里巴巴农村淘宝项目招引人才契机，以合伙人身份返乡开设一家淘宝服务站，推动电商走进家乡。通过服务站这个纽带，将乡民的需求搭上网络快车反馈到广阔的市场，利用便捷的物流使丰富的商品走进寻常百姓家，现每年双"十一"帮乡民采购价廉物美的商品达30多万元。服务站每月10多万元的业绩，在合伙人中遥遥领先。

先富带后富，争做乡亲致富"领头雁"。服务站走上正轨后，她致力于把家乡特色资源转化为特色产品、把特色产品转化成特色产业、把特色产业着力转化成经济效益，带领乡亲们走上致富之路。她创办乐源果蔬专业合作社，注册推广"冷西"品牌，为具有当地特色的尚田草莓、奉化水蜜桃、芋艿头等农副产品设计包装，进行统一营销，赋予产品更多文化价值，利用线上线下做大销售。做好农旅结合文章，联合餐饮、民宿推出春季草莓采摘游等，通过社区微信群等互联网渠道广揽游客，打响冷西好口碑，形成具有当地特色的"三产"融合模式。现合作社每年农产品销售额达500多万元，春季采摘游突破5 000多人次，带动乡民种植收入增加1/3。

倾力为乡民，争做建言献策"好代表"。2017年，她当选为宁波市人大代表，成为当地乡创联盟党支部书记。她围绕乡村创业、农村电商发展等课题积极调研并建言献策，推动青年返乡创业扶持、本土新农人扶持培育、农村通信网络完善等政策制定落地，从资金扶持、创业培训、平台提供等方面助推农创团队潜能释放。"人民代表为人民"，她坚持金融赋能"三农"发展理念，联合宁波银行为莓农等开通银行体系的移动支付二维码，对接农商行为农创客授权贷款金额2 000万元。坚持青农党建引领乡村振兴，带领联合当地农创客及农产品经纪人积极推动奉化农产品走出去。她所创办的淘宝服务站成为宁波市人大联络站，有关活动和做法多次被媒体报道肯定。

罗高昇

浙江省遂昌县高坪乡湖连村人，现就职于宁波长振铜业有限公司

罗高昇，中共党员，1985年3月出生，是宁波长振铜业有限公司的技术员，长期坚持认真学习，刻苦钻研业务，已成为公司不可或缺的业务骨干，利用自己的知识技能助推公司设备提质增效，多年来为公司创造效益1 500余万元，参与成功申报发明专利12项，实用新型专利22项，为公司的成长壮大做出了重要贡献，曾荣获"浙江省五一劳动奖章""宁波市五一劳动奖章""宁波市拔尖人才""余姚市工人革新大师"等荣誉称号，入选2019年度浙江省"百千万"高技能领军人才培养工程。

坚持学习，谱写农民工知识改变命运新篇章。他自2004年5月进入公司以来，充分认识到自身学历、工作技能等各方面的不足，怀抱"活到老、学到老"的信念，利用业余时间刻苦学习，工作上虚心向老师傅请教。经过多年的努力，他完成了学业上从一名职高生到一名大专生再到一名高级技师、中级电气工程师的转变，个人学业上的成功也促成了他在工作岗位上从一名普通电工成长为企业的业务骨干。

术业专攻，实现农民工创新创业人生梦想。他用知识和岗位技能为公司发展默默助力，加强技术攻关，改造现有设备，推进公司整体效益提升。三年内完成熔炉二次升级改造，使公司日产能从原有的30吨提升至现有的60吨。加强新设备研发升级，有效降低了劳动强度。近年来，他牵头实施设备新制项目20余项，通过对16MN挤压机电气控制系统的新制改造，使挤压工序减少人工成本3人；通过对棒材自动生产机列流水线的设计、制作、安装、调试，实现了铜棒生产多工序同步作业；引进八台套设备设施，结合公司实际生产需要进行改造，有效解决了内部生产瓶颈问题；推动内部物流加快运转，提升防护产品表面质量。

传帮带教，发挥共产党员的先锋模范作用。他在实现自己人生价值的同时竭尽所能帮带周边同事，近年来通过以师傅带徒、项目攻关、技能比武等多种形式共带徒12名，培养技师2名。他在边学、边做、边提升的过程中，不忘总结经验，为公司提出合理化建议，多次获得余姚市"金点子"合理化建议奖。他还热心公益，乐于奉献，积极主动参加志愿者服务，曾被评为"余姚市优秀外来务工人员""余姚市好师傅""泗门镇优秀党员志愿者"。

朱国兴

浙江省宁海县梅林街道五松村人，现就职于宁波喜尔美厨房用品有限公司

朱国兴，中共党员，1974年4月出生，现就职于宁波喜尔美厨房用品有限公司生产技术部，是一名从事锅具行业模具开发的"老师傅"。朱国兴是"周国荣劳模创新工作室"的主要成员，多年来一直在生产一线辛勤工作，研究开发外形专利、实用新型专利、发明专利共计120余个，为公司发展壮大作出了重要贡献，荣获"宁波市首席工人""宁波市五一劳动奖章"等荣誉称号。

推动技术创新，取得显著效益。他不仅自学PROE、CAD、UG等制图软件，还积极参观优秀工厂模具开发流程，参加外部技能培训，逐渐从一名普通的模具师傅成长为一名技师，从一名普通工人成长为技术骨干。在模具设计开发过程中，他创造性地改进了模具应力问题和走料方式，有效提高了产品质量，降低了报废率，报废率从原先的5%下降到1%以下；对快速模和激进模的研发，减少了人力资源的投入，同时把原先高风险岗位的工伤事故降低为零；薄铝板仿压铸问题的改善，大大地减少了原材料的边角料，节约了成本，节约的材料可为公司创造经济效益1 000余万元。公司也因为技术过硬、产品开发多样性、产品品质一流性，从2014年起，公司年年以10%的生产产值增长，截止到2019年年底，公司产值已达10亿，已经是全国不粘锅出口排名第一。

做好技艺传承，提升团队合力。一枝独秀不是春，万紫千红春满园。他一直都认为自己的进步不叫进步，团队的整体提升才是真正的提高。为此，他开展"师带徒"培训工作，编写技能培训教材，以自己的不懈努力带动身边人员不断提升技术水平，为公司培养了4名二级钳工，3名三级钳工，使公司模具开发能力与同行业接轨。2016年，自董事长劳模创新工作室成立以来，他带动同事共同提出创新课题10余件，创新成果产生经济效益达2 000余万元。

注重奉献担当，彰显党员本色。2016年，朱国兴在公司正式加入中国共产党，并一直以一名优秀共产党员的高标准严格要求自己。他积极组织周边同事参与"五水共治""一方困难、八方相助""'安康杯'安全技能培训"等公益活动；从2018年起，他结对当地多户困难群众；2020年年初，新冠肺炎疫情暴发时，他自掏腰包购买500个口罩捐给公司，同时主动要求参与公司防疫工作；疫情期间，他更是带头奔赴生产一线。他的一举一动都是"扎根岗位、辐射周边"，目前朱国兴带领的模具车间，又有两人被推荐为入党积极分子。

浙江 徐旭辉

浙江省宁海县深甽镇岭徐村人，现就职于宁波大云建设有限公司

徐旭辉，1977年8月出生，现为宁波大云建设有限公司承接的温泉文化艺术村项目部一线工人。自1993年参加工作以来，他在本职岗位上勤奋学习，钻研技术，精通业务，勇于创新，取得优异的业绩，在公司起到表率和模范带头作用，被同事们称为"泥水大师"。他曾荣获"宁海县首批缑城名匠""宁海县首席工人""2016—2018年度宁波市劳动模范""宁波市五一劳动奖章"等多项荣誉。

弘扬工匠精神，提升技术技能。他在泥匠岗位工作中勤奋学习，钻研技术，练就一身过硬本领，并在工作之余努力学习施工规范和验收规范，将施工质量控制中的一大堆数据铭记在心。在施工中，他严格按规范操作，并结合多年的操作经验，勇于创新，特别是对墙体砌筑中涉及到的如组砌方式、垂直度、平整度、灰缝厚度、砂浆饱满度等，更是严格控制，经他砌筑的墙体，各项验收指标均超过国家验收标准，是工地的"样板墙"。在市结构优质奖考核中，他负责砌筑的砌体工程获得了高分，但他并不知足，坚持"干一行就要钻一行"，成为公司的"全才"。2015年，他代表公司参加浙江省第三届农村建筑工匠技能比武，获得了个人全能一等奖。

传授专业技能，培养建筑人才。从小工做起，一步步走来的他很能理解工友们的艰辛和不易，也明白一人的技能再高也代替不了团队的作用。他在公司一直起到表率和模范带头作用，在多个工程项目施工中，他长期担任砌筑班班长，主动辅导农民工兄弟，手把手教技术要领，绝不藏着掖着，几年下来，先后培养了10多名技术骨干，帮助他们取得了职业资格证书，从而提高了农民工兄弟的收入，帮助他们脱贫致富。

热爱本行，丰富人生价值。"干一行，爱一行，干好一行，在泥匠岗位工作中丰富自己的人生价值"，是他的理想信念。他不满足已取得的成绩，致力于提升自己施工的精细化水平，希望经过他的手的作品都是无可挑剔的精品、名品，为此他专门赴杭州、宁波实地考察市优、省优、国优工程，学习研究这些优质工程的细部处理和节点优化处理，并逐渐形成自己的施工规范，为日后打造更多精品工程和名品工程打下良好的基础。他作为一名农民工的杰出代表，时刻激励着更多的工友们争做新时代优秀农民工。

吴喜海

河南省项城市官会镇常营村人,现就职于宁波骏嘉重型机械制造有限公司

吴喜海,中共党员,1972年10月出生,自2008年2月进入公司以来,从一名普通的电焊工人成长为公司最敢啃"硬骨头"的技术能手,他凭着勤奋钻研、精益求精的"工匠精神",生动诠释了"技能改变命运,劳动成就梦想"之路。他曾荣获"浙江省劳动模范""宁波市劳动模范""宁波市五一劳动奖章""宁波市优秀外来务工人员""宁波市首席工人""宁波市港城工匠""象山县半岛工匠"等荣誉称号。

专注工艺,破解难题创效益。他从当焊工学徒开始,就下定决心,干就要干出个名堂来,白天虚心向师傅请教焊接要领,空闲时在废钢板上勤练琢磨,晚上回到宿舍翻阅相关书籍。经过多年的努力,他不仅练就了一身精湛的焊接技术,还掌握了扎实的理论知识,先后拿到CAT机械制图、特种起吊设备、焊工技师等证书。在工作中,他秉承着"产品就是人品,技术提升质量"的理念,潜心钻研工艺、大胆技术创新、屡破技术难题,带领团队成功修补高精度阀体,有效解决较大工件扭曲变形等问题,优质高效地完成了各项生产任务,为公司创造了较好的经济效益。

传承匠心,传帮带教助提升。他在不断提升自己的同时,也充分发挥自己的技术特长,全力做好技能"传帮带",鼓励车间员工学习安全生产知识、组织开展焊接技能培训。在他的带领下,公司21名员工通过焊工职业技能四级鉴定,8名员工通过焊工职业技能三级鉴定,以他名字命名的技能大师工作室成立6年来,已经成长为一支较成熟的技能团队。2020年,他被聘为"象山县技工学校成长导师",传授自己的焊接技术,分享自己的成长经历,引导学生们学真本领、悟真匠心。

坚守初心,乐于奉献显担当。作为技术能手,他不仅在工作上对新员工进行耐心指导,还在生活中给予关爱和照顾,让他们在和谐、温暖的团队里找到归属感。作为一名共产党员,他始终用行动践行着自己的责任与担当,在被表彰为"宁波市优秀外来务工人员"后,主动向党支部提出要帮扶困难党员,并将奖金捐出。在抗击新冠肺炎疫情期间,他虽在河南老家,但仍心系象山,第一时间向宁波市慈善总会、象山红十字捐款。作为象山县总工会兼职副主席,他充分发挥职工"娘家人"的桥梁纽带作用,积极协助做好农民工服务、"半岛工匠"培育等工作。

陈刚满

浙江省宁波市宁海县一市镇前岙村人,现为宁海县海山丰水产专业合作社负责人

陈刚满,中共党员,1970年9月出生,现为宁海县海山丰水产专业合作社负责人,从2005年开始从事青蟹等海产品的养殖销售工作,是浙江省青蟹工厂化养殖领域第一人,也是青蟹网络销售第一人。在他的带领下,合作社架起了市场与农户的桥梁,实现了农产品的网销奇迹,带动了农户增收致富。他曾获"浙江省劳动模范""宁波市十佳农产品经纪人""新经济新业态创业优秀创新人才"等荣誉称号。

"守正出奇",电商之路闯出新天地。在互联网电商刚起步的时候,他以独特的眼光看到了未来的商机,把青蟹等特色农海产品通过全国销售搬上全国人民的餐桌成为了他的梦想。他于2008年成立海山丰水产专业合作社,研发青蟹独立包装"安居房";2010年成立独立运营网站"一市青蟹网";2013年成立宁波点对点电子商务有限公司,注册品牌"蟹大人";2015年"蟹公寓"投入生产并实现工厂化养殖;2017年荣获淘宝巾帼电商创业品牌、浙江省第十批省级农村科技示范户;2019年仅"双十一"一天的网络销售额达100万元,全年累计销售额上千万元,一年能卖出30万只青蟹。

"共建共享",模式形成新格局。电商之路越走越宽,销售广度、深度不断拓展,急需形成规模化、标准化的产销一体供应链模式。他带动周边农户共同加入他的合作社,参与农产品一体化销售。在他的带领下,他们一起建立了从种养殖到销售的供应体系,实现了农海产品规模化、标准化养殖、市场化销售,实现链接农户100余户,联合养殖基地面积3 000余亩。线上加线下,合作社通过多渠道、多层次网点布局,以统一品牌供销一市白枇杷、青蟹等特色农海产品,突破销售瓶颈,带动周边农户年销售额累计达8 000余万元。

"校企合作",科技创新助力新发展。面对不断变化的市场需求,他积极求变,与宁波大学海洋学院、宁波市海洋与渔业研究院等高校科研院所开展深度合作,共同推进种苗、围塘生态化养殖和农海产品精深加工研究,成功开发"软壳蟹""不卤不去"卤味海鲜,成功解决了蟹苗成活率不高、青蟹规模养殖污染和销售周期短、农海产品附加值不高等问题,为进一步推动实现科学精细化养殖,农海产品深度精深加工开发做出了积极有益的探索,同时他凭借丰富的养殖经验和较强的实践能力被聘为"宁波大学海洋学院校外合作导师"。

邵则长

浙江省永嘉县碧莲镇石湖村人，现为温州邵则涨无障碍工程有限公司负责人

邵则长，1976年11月出生，永嘉县碧莲镇石湖村人，三岁患上小儿麻痹症。2006年，他在北京创办了服饰公司，2008年，邵则长的加盟店从最初的东北三省拓展至华东地区。汶川地震后，邵则长要求各店每家拿出销售额的10%捐给红十字会。

十几年的经历让他更能理解弱势群体的不易。所以，他萌生了做公益的想法，尽可能地去帮助残疾人。他设置公司招聘岗位"残疾人优先"制度。此外，他还积极参与社会公益活动。

邵则长在京事业稳定后，他怀着"帮扶第一、盈利第二"的经营理念，2014年，他把视线投回到了家乡温州永嘉。他回到家乡带领残疾兄弟们开始创业，联合成立了瓯美农业公司，开启线上线下销售家乡农副产品的模式，同时也建了专门的农业养殖场、酿酒基地和水稻种植基地。他用实际行动为当地残疾人提供了就业岗位，并辐射50多户农村残疾人家庭增收。

在帮助当地（农村）残疾人员创业的同时，邵则长萌生出一个想法，"让每一位残疾人'走'出来、让他们'走'上致富的康庄大道"。于是2016年4月，邵则长投入300多万元资金，成立温州邵则涨无障碍工程有限公司。公司主要从事新媒体电商平台开发、职业技能培训学校、残疾人创业孵化园、残疾人之家、无障碍辅器器材研发、组织大型公益活动等业务。

邵则长创办了残疾人创业孵化园，提供心理关怀（引导）、技能培训、创业指导等一站式服务；开设了电商培训班，手把手免费教会农村的家庭主妇和残障人士如何做短视频直播带货。电商培训班从2018年6月份创办以来，共培训3 200多人次，帮助30多名农村劳动力走上就业创业的道路，间接带动500多人就业。公司通过创业咨询、创业培训、就业指导让1 000多名残疾人真正"站"起来，累计带动残疾人增收1 500多万元。

在新冠肺炎疫情期间，他奔波在最前线，积极为永嘉抗击疫情的环卫工人、弱势群体筹集各类医疗物资，并陆续向社区隔离点、防疫一线人员捐赠防疫物资和生活物资。同时，他还提醒一线工作人员要做好自身防范，增强自身保护意识。

邵则长说，他想用自己的行动做个榜样，他的公益情怀和励志故事感动了无数人。永嘉电视台以他的故事为蓝本拍摄了励志公益广告，浙江卫视也以"坐着也能奔跑"为题报道他的事迹，引发强烈反响。

浙江 郑祥武

浙江省温州市洞头区鹿西乡鹿西村人，现就职于黄鱼岛海洋渔业集团有限公司

郑祥武，中共党员，1977年6月出生，浙江省农民创富大赛唯一金奖获得者、温州市农民经济组织联合会监事委员、温州市优秀农村实用人才、洞头区农民技术员。

近年来，随着渔业资源的不断枯竭，传统渔业模式亟需转型，鹿西当地大量渔民失业，这些渔民多是"60后"，且都是长期从事渔业的劳作人员，待业期间就业机会非常有限，长期在家没有稳定的收入来源，村两委和乡政府为这些人的再就业也是绞尽脑汁，郑祥武看在眼里急在心里。2015年，他与温商回归的石福明合伙创办了黄鱼岛海洋渔业集团有限公司。公司从育苗、养殖、加工到运输、销售等环节，需要大量的专业工人，郑祥武决定优先吸收这些"老"渔民，使当地70多位转产转业的渔民实现了"家门口就业"，帮助扎不断村集体脱贫。

郑祥武坚持科技兴渔、科技兴企。作为企业生产一线的带头人，他每天起早贪黑，向老渔民、老养民请教，对周边海域进行反复观测，准确掌握复杂海区环境情况，最终成功开发"大黄鱼智慧渔城"项目。"大黄鱼智慧渔城"项目作为2020年省农民创富大赛的唯一金奖项目，凭借其独特的养殖方式和高新技术，向全省人民展现了"海岛智慧"。该项目通过智能化水产养殖等专利技术，实现远达几十公里的网箱数据传输和智能监控，扩大了养殖范围，解决了鱼苗因养殖区域淤积层增厚等难题。智能生态养殖模式下，大黄鱼条形健美规范、色泽金黄、口感鲜美，拥有了优良的"野生"品质，给大黄鱼养殖产业带来了良好的技术和经济效益。郑祥武的坚持和创新，为洞头区内转产转业的渔民探索出一条发家致富的门路，也有力助推洞头海洋养殖产业从传统的人工养殖向标准化、生态化、数字化发展，同时也为国内水深不足2米地区的围网养殖起到示范作用。

郑祥武心系家乡父老，每年挨家挨户走访，工作再忙也要挤出时间，和村里的孤寡老人拉拉家常、嘘寒问暖，为他们提供帮助，尽心竭力为他们排忧解难。新冠肺炎疫情期间，郑祥武同样冲锋在前，积极参加卡口排查、海陆巡逻等疫情防控工作，守护鹿岛平安。同时，他还聚集合力调配资源，为区内运送冰鲜海产品等物资，为抗疫之战提供了强大的后援力量。

郑祥武大胆创新，充分利用网络资源，做好宣传推介。在他的带领下，公司在全国各地设立22家产品直营店，在京东、淘宝、抖音等多家线上平台取得了良好社会效益和经济效益。中央、省、市、区新闻媒体纷纷走进黄鱼岛公司，中央电视台财经频道《生财有道》《消费主张》以及浙江卫视、北京卫视等对其进行了专题报道。

薛孝西

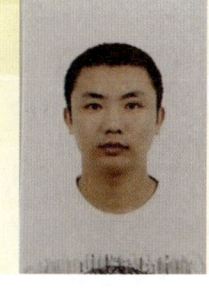

浙江省瑞安市安阳镇上望街道东沿村人,现就职于浙江华峰氨纶股份有限公司

薛孝西,1987年10月出生,高级钳工、温州市青年岗位能手、瑞安市金牌工人,现为浙江华峰氨纶股份有限公司纺丝车间纺丝工序设备维护员。2008年至2020年,他一直从事设备检修工作,负责纺丝车间3 000多台套设备的维保。他在华峰氨纶中树立了"新时代农民工"的典型形象,同时也是公司"优秀专业技术人员"的典型代表。

12年来,他不惧脏累、刻苦钻研、勇于创新,收获了公司和外部各类重要荣誉:获得公司级别"千禧工匠"称号;三次荣获"优秀员工"称号;获得公司颁发的"精益生产项目优秀奖";2014年,在瑞安市技能钳工大赛中获得三等奖;2016年,在温州市"瑞明杯"机修钳工技能比赛中获得三等奖,并荣获年度"温州市青年岗位能手"称号;2017年,在温州市装配钳工大赛中获得二等奖;2019年,在瑞安市第六届职业技能大赛中荣获第一名,被授予瑞安市"金牌工人"称号和"优秀技能人才"称号。

2017年至2018年,公司对1 000多个位的上甬过滤网进行全面技改升级,他启动了新方法,使公司每年产生经济效益50万元。薛孝西将该方法进行再次总结提炼后,公司的设备维保团队已将薛孝西的方法非常形象地称为"薛孝西甬道滤网拆装法"。

公司除了大量国产化设备外,少部分高精尖设备为进口设备,对维修工作有很高的要求。2018年,公司生产车间500多台进口卷绕机频繁出现"摩擦棍轴承卡死、皮带跳齿"的故障,由于卷绕机是日本进口设备,厂家不允许改动。他勇担重任,不断尝试改善对策,最终提出"取消张力轮、皮带松紧控制移位"的创新性方法,合理地运用现有的空间与设备,提升卷绕机运行的稳定性,每年为公司创造效益接近50万元。该项目获得了公司年度生产技术改造最高奖项——"精益生产项目优秀奖"。

2014年8月,公司停产检修,他主动承接了上甬道技改项目。该项目要求员工在温度高达四五十度的环境中,对甬道滤网进行拆卸和安装,工作难度十分大,他主动请缨做好示范。他找寻根源,制定改善步骤,成功研究改进出了一套安全的拆卸方法和工具,大大提高了效率,此套工具被所在检修团队形象地称为"薛孝西高效拆装套件"。

他总是响应部门和公司号召,积极参加比赛,不怕丢面子,在比拼中提升自我。在公司,他通过比拼,获得公司"千禧工匠""优秀员工"等称号,另外,他也积极参加外部活动,频频获得技能比拼荣誉。

浙江 刘波

江西省上饶市鄱阳县四十里街镇华林下屋村人，现就职于温州市爱好笔业有限公司

刘波，1986年4月出生，自2009年8月入职温州市爱好笔业有限公司以来，勤勤恳恳工作12个年头，从一名普通员工成长为公司核心技术部门技术骨干，目前任班组长一职。

刘波在刚入职公司时，正好是公司成立笔尖车间之际。笔尖车间是公司技术要求最高的车间之一，他深感自己知识技术有一定的欠缺，知道技术岗位精益求精的重要性，于是，他决心在认真工作的同时，利用业余时间学习书写笔笔尖制造知识，成为一名技术过硬的务工者，后又被调入弹簧车间，成为一名优秀的带头人。

刘波深知生产制造不仅仅看谁的力气大、干劲足，更要看如何通过提高生产技能提高产品质量。因此，只要有业余时间，他就从网上购买相关书籍，也到书店、图书馆里查阅，就像"饥饿的人扑在面包上"。公司领导了解到他对知识的渴望，就为他提供便利条件，创造学习机会，他需要什么样的书就为他购买，他先后研读了40余本书籍，将理论与实践相结合，在入职不到半年的时间里就可以独立操作了。

2018年10月，他担任弹簧组组长。弹簧组共有7名员工，要想管理好该团队，首先是"打铁先要自身硬"，他要先掌握设备的工作原理，先进的技术性能，产品质量的高标准。他一边阅读相关业务书籍，提高理论知识，一边在实际操作中向老师傅请教，自己反复摸索，掌握做弹簧的关键技术，通过自己在技术上的领先，有了管理好该团队的底气和自信。其次，他在分析弹簧组存在的问题时认为，公司在弹簧设备上投入这么大，为什么弹簧的产能这么低，还要外购。他召开班组会，号召大家找原因、提建议，结合大家的建议，改进了以前那种老套的管理模式，改进了工艺，充分调动大家的工作积极性，明确每位员工的工作责任，把设备全开起来，对故障设备进行及时维修，对人员进行合理调配，白班、夜班安排到位，在他的努力下，弹簧的产量由原来的每天35万只，提升到现在的每天170万只，为公司创出了良好的经济效益。

他分析过去产品合格率不达标的具体原因，要求大家要把好三关：一要把好原材料采购关，不买劣质的原材料；二要把好生产关，不用次品的刀具，机器有故障不凑合生产，严格按照工艺流程操作；三要把好检验关，不能以次充好。在他的严格要求和大家的共同努力下，产品质量合格率由过去的95%，提升到现在99%的好业绩。

陈岩业

浙江省泰顺县罗阳镇碑排桥头垟村人,现为温州随和酒业有限公司负责人

陈岩业,1961年10月出生。2009年,他开始研发猕猴桃深加工技术,解决了果农贩卖猕猴桃困难的问题。2020年3月,他研发的"好层果"牌猕猴桃酿造酒获得"浙江制造"质量标准,为果农解决了销售难问题。

2009年深秋,陈岩业家乡的猕猴桃喜获丰收,却因品种单一、销售渠道不畅,卖不出去,成批的猕猴桃烂在地里。陈岩业对于猕猴桃销售遇到的困难,想到了产品多元化深加工,提升产品附加值,从而拓展市场。果酒、果脯等相继进入他的视线。通过翻阅资料和市场调研,陈岩业看上了"易保存、有市场"的果脯产业,在他人的帮助下,一同研发猕猴桃果脯,可头年就亏了本,无法坚持下去。虽然果脯研发失败,但泰顺猕猴桃的质量却得到大家认可。2010年,陈岩业开始尝试用猕猴桃作原料酿酒,当起了泰顺乃至浙江猕猴桃酒研发的"第一人"。

十几年前,县里的猕猴桃产业还是空白,懂酿造猕猴桃酒技术的人少之又少。陈岩业只能自己对着一罐罐发酵的猕猴桃酒,记数据、做对比,十几次的尝试和失败后,终于在2015年得到了当地有关部门对猕猴桃果酒的肯定,并列入试产研究项目。2016年,他取得生产许可证,还成立了"温州随和酒业有限公司",所研发的产品也顺利通过浙江省、市、县三级权威机构的检测"大考",各项指标均符合猕猴桃发酵酒的质量标准。2020年3月,还获得"浙江制造"质量标准,能获得该殊荣标准认证的酒类产品,温州仅此一家。

陈岩业研发的猕猴桃酒,2016年12月推向市场销售,不但是当地元宵节、畲族风情节的常用酒,还是杭州、上海、广东等地顾客网约指定的购买酒。现公司有猕猴桃种植基地200多亩,还联结猕猴桃基地1 050多亩。公司以保护价订单收购农户猕猴桃鲜果,每年有300多户猕猴桃种植大户签订合同,并安排就业人员14人,季节性临时就业2 000人(每日平均25人),年增加果农收入420多万元,户均增收入1.4万元,受到果农的一致好评,也得到了政府和有关部门的肯定。他本人还获得"泰顺工匠""泰顺县优秀农村乡土人才"等荣誉称号。

此外,陈岩业分别在2003年"非典"、2008年汶川"大地震"、2020年"新冠肺炎"等重大非常时期,不计报酬带领同仁、职工到一线进行防疫宣传,分发宣传资料,走村入户或医疗点,捐赠农村医疗专用药品216批次,并带头筹款14 500多元送至灾区;2020年年初,疫情暴发期间,他带头组织400多人,测体温或走村入户,分送防疫宣传资料,尽职尽责做好疫情防疫工作。

浙江 董文学

浙江省平阳县鳌江镇塘川社区塘北村人,现就职于温州益坤电气股份有限公司

董文学,中共党员,1978年2月出生,1992年2月在浙江省冷作机械厂金工车间当一名学徒,1994年进入温州益坤电气股份有限公司分厂机加工车间担任班组长,1998年担任公司金工车间主任。

董文学在职期间不断学习,加强自身的专业技术能力和管理能力。他依靠线上教育将自身学历提升到大专;完成高绩效管理技能的培训,获得职业经理人资格证书;通过高级民营企业经营管理专项职业能力的考核,得到专业技术职称证书;2013年考取焊接与热切割操作证。他从最初的模具钳工师傅凭借自己不断学习和多年的工作经验,于1998年被提升为公司的金工车间主任,2010年被评为"平阳县劳动模范",2012年获得浙江省"五一"劳动奖章,2012年被选为温州市第十四次工会代表、温州市第十三届人大大代表。

在担任金工车间主任期间,他对技术刻苦钻研,对业务工作积极主动。在任职期间,金工车间未发生任何一起安全生产事故,且他本人每年被评为公司"先进个人""优秀党员",所带领的团队也多次获得"先进集体"荣誉称号。2020年,他率领车间员工,按照公司领导给出的绩效考核目标"安全生产事故为0,交货期达成率100%,产品合格率100%",完成车间日常工作,起到先锋模范带头作用。

董文学负责的车间,通过对绝缘子、避雷器、熔断器、电阻片等产品工装及模具的改装和研发,对各类起模螺栓的制造及模具定位的改进等,解决操作难题和工艺难题,减少人员操作,提升了产品质量及生产效率,同时起到降本增效的效果;另将各种不良品零部件及报废品通过机加工方式变废为宝,让公司保质保量地完成生产任务的同时也得以降本增效。

他还协同公司于2018年创办"董文学劳模工作室",做一些专业性较强的培训资料,通过定期对新旧员工进行培训的方式,做好部门内部的培训工作。

他主动联系群众,在政府有关部门的支持下,让群众诉求和久拖不决的问题得到解决(如对鳌江镇望雁街坑坑洼洼、有安全隐患路面的修复工程)。他积极参加工人群体活动,通过亲自调查,把多数工人诉求和迫切需要解决的事撰写成建议在代表大会上提出(包括《鼓励实体经济部分转型创办养老健康产业》《关于落实劳模待遇,发挥其模范作用》等)。在新冠肺炎疫情期间,他参与一线疫情防控,助力企业复工复产,个人多次捐款捐物共计6 000多元,交抗击疫情特殊党费千元以上。并于2020年5月加入平阳劳模工匠志愿者服务队分队,董文学任加工技术服务队队长。

林友青

浙江文成县樟台乡东降村人,现就职于文成县阳光假日大酒店有限公司

林友青,1977年5月出生,1995年毕业后进入龙港酒店学习厨艺,学徒期间便对厨师充满了热爱,正是这种热爱,将他引领上了职业化的道路。他于2016年被福鼎职业中专聘为"现代学徒制专业师傅";2017年被聘为闽浙边界烹饪职业教育集团专家组成员;2018年获得"文成工匠"称号;2019年获得"2017—2018年度劳动模范荣誉称号"、浙江省"百千万"高技能领军人才培养工程"优秀技能人才"、首届浙南瓯菜烹调大赛银奖,被聘为"文成县就业创业导师",成立林友青技能大师工作室,该工作室被评为"温州市高技能人才(劳模)创新工作室"。

他于1997年担任金乡飘雪大酒店厨师长;2001年担任苍南大酒店厨师长,其间曾接待过时任浙江省省委书记习近平同志,获得了省领导的一致好评。

林友青担任文成县阳光假日大酒店有限公司餐饮总监以来,每年为酒店创造营业收入超过1 500多万元。近三年来,为带动山城农户经济创收,他研发了山药凤尾虾、山药脆皮酥、菊花山药等特色菜品,每年为酒店创收利润超100万元。2019年为推广文成糯米山药,林友青参加了在温州举办的创博会,现场制作并为参观者提供免费试吃,深得食客们的喜欢,现场售出糯米山药5 000多公斤,签订海内外山药订单达1万多公斤,为文成糯米山药打开了海内外市场。

《伯温家宴》经过他适当地改良与研发,2019年在"诗画浙江、百县千碗"中获得展览金奖,同时在温州禅街举办的"舌尖上的相遇"活动中,获得中国旅游院院长戴斌的高度评价;2020年温州夜间文旅消费季"诗画浙江 百县千碗",受到省、市领导的一致好评。2018年,他研发的两道具有文成特色的"双味玉带草""牛奶藤炖三宝"被收编进《舌尖上的闽瓯》成为烹饪职业教材,从教期间,他所教的学生,目前有100多人,已成为省内外各大酒店厨房部的管理人员及中坚骨干。2020年,林友青技能大师工作室成功协办了文成县中式烹调师职业技能大赛以及温州市中式烹调师职业技能大赛,获得市、县领导的一致好评。

2020年新冠肺炎疫情期间,酒店作为隔离人员集中点,隔离人员的三餐安排成了首要任务,林友青负责起本酒店的隔离餐以及其他两处隔离点的工作餐。供应高峰期,由于交通不便、食材不好采购,为确保一线供应,他把酒店内储备食材贡献出来给隔离人员、一线工作人员提供餐食,确保他们营养均衡和体力充足。正月十五,他带着同事,深夜为高速路口执勤人员以及各个社区志愿者送去汤圆,他用自己的实际行动,为疫情防控贡献出微薄的力量。

浙江 张强

安徽省涡阳县花沟镇杨园行政村人，现就职于天正集团有限公司

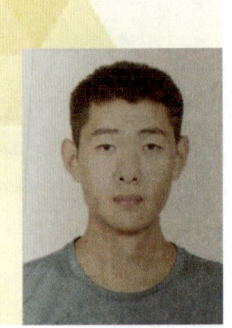

张强，中共党员，1985年8月出生，曾于2003年至2005年服役于武警安徽省总队省委警卫连，退役后于2006年7月加入天正集团有限公司，任职经济护卫队队员，负责公司的安保工作。在平凡的岗位上，他能够吃苦耐劳始终以高度的责任感、全心全意投入到工作当中，克服各种困难，出色地完成了公司交代的各项安保工作任务。

在他的带领下，天正集团经济护卫队连续七年取得"温州市公安局优秀经济护卫队"称号，他本人也先后被评为"乐清市优秀经济护卫队员""柳市镇金牌员工""天正集团党委优秀共产党员"。

在工作之余，他也不断努力学习，加强自身文化素养及专业技能的提升，先后取得初级建构筑物消防员、中级保安员和高级劳动关系协调员资格证书，并在2020年报读了安徽省国防科技职业学院。

在立足本职岗位，做好公司安保工作的同时也积极投身国防工作，作为一名退伍军人，退伍不褪色，时刻保持着一名军人应有的军人本色，自从2006年到乐清市柳市镇的10多年以来，张强积极参加乐清市的预备役及民兵队伍建设，分别参加了浙江省预备役转服现役誓师大会、乐清市"两跨"民兵应急演习，柳市镇民兵训练等一系列的演习拉练。在做好自身工作的同时，也积极带领天正的民兵队伍参与乐清市及柳市镇的国防及经济建设中，每年的清明节前后，由于大量人员上山祭奠，容易造成突发的山火，张强每年都带领天正的民兵队伍主动到柳市镇人武部报到，上山值守，劝阻上山扫墓祭奠的人们进行文明祭扫，避免发生山火。2019年8月，台风"利奇马"登陆温岭，乐清市大荆镇受灾严重，张强带领天正的民兵队伍积极地参与到大荆镇的抗台救灾中。

2020年新冠肺炎疫情暴发，浙江温州的疫情仅次于湖北武汉，疫情防控工作不容乐观，在春节期间张强放弃了与家人团聚，选择留守公司，带领天正的民兵队伍积极地参与柳市镇的疫情防控工作，连续12个昼夜在柳市镇七里港马道头村设卡执勤。在疫情防控工作取得成效的时候，他又积极协助公司复工复产工作，部署公司复工复产前的疫情防控工作，严格把关，确保了公司在疫情期间复工后的安全工作。新冠肺炎疫情期间，他还主动到温州市中心血站无偿献血400毫升合格血液。

唐荣华

四川省资中县双河镇长堰塘村人，现就职于合兴集团有限公司

唐荣华，中共党员，1972年1月出生，现为浙江省乐清市合兴集团有限公司副总经理、工会副主席，担任乐清市总工会委员会委员。他于2004年获得"温州市百名进城务工优秀青年"荣誉称号，2007年光荣加入中国共产党，2008年、2009年先后被虹桥镇授予"优秀共产党员"称号，2010年获选浙江省"百佳农民工"，2011年度荣获省创先争优"闪光言行"月度之星、"温州市十大时代先锋""乐清市先进工作者"和"温州市优秀共产党员"，2014年被评为年度虹桥镇两新组织"优秀党组书记"及乐清"最美劳动者"，2015年获得乐清市"职工职业道德标兵"、2015年度温州市"优秀工会积极分子"荣誉称号。

他推动合兴集团MES管理系统的实施工作，实现机联网、制造数据的实时采集及大数据分析，实现数据透明化、异常可视化，为公司管理提供真实数据，为企业持续发展和智能制造打下基础。2015年，他带领集团技术团队推动机器换人工作后，车间自动化覆盖面已达95%。通过自动工装投入，实现一人多机，减员150人，提高人均生产率，车间单位小时生产产值提升35%，改善了工作环境。

2020年新冠肺炎疫情期间，他为了让公司能够正常开工，大年初二便回到公司，为恢复开工做准备。在抗击疫情期间，他一直在抗疫一线工作，每天早晨他将政府最新指示及疫情注意事项发给员工，半夜仍关注各地区疫情最新进展和各地区员工的身体情况。为保障开工后员工健康，他每天亲自带领全体党员做好公司消毒工作，坚守做好员工上下班体温检测等事宜，在疫情得到有效控制前从未松懈。在2020年整体经济环境低迷的情况下，合兴集团公司整体业绩仍稳步提升。

作为合兴集团工会副主席，他经常与员工谈心，考虑员工隐私，每部门设立员工意见箱，让工会人员负责整理意见，了解员工关心的热点、难点。2020年通过收集意见，合兴集团党工组成的困难帮扶小组在唐荣华的领导下完成：精准困难帮扶10人，关心员工调解员工纠纷4次，职工技术授课200余人次。同时根据生产部门提出的困难，他带领员工于2020年完成生产瓶颈类改善106项，给公司带来直接效益300余万元。

在工作的同时，他每年组织工会成员或党员到当地敬老院看望老人，为当地"四边三化""五水共治"等工作服务，组织教师节慰问学校老师等公益活动，他带领着组织，坚持不懈，风雨无阻地为社会做贡献。

浙江 毛瑞走

浙江省温州市文成县珊溪镇平溪村人，现就职于温州交通技术学校

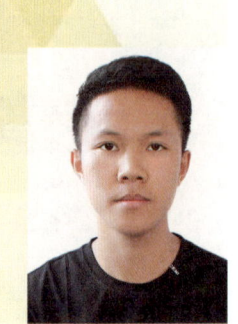

　　毛瑞走，1992年4月出生，浙江省温州市文成县平溪村人，现为温州交通技术学校汽车专业教师、温州市交通技术学校毛瑞走工作室负责人；具有汽车维修高级技师资格证书、国家职业技能鉴定考评员资格；被授予"全国机械职业院校实践能手""温州市工匠之星""温州市技术能手""温州市汽车维修首席技师""温州市职业技能带头人""温州市青年岗位能手""温州市机动车维修行业技术拔尖人才""温州市优秀共青团员""温州市技工院校优秀教师"等称号，并于2018年作为高级人才参加浙江省人社厅组织的赴台湾"金蓝领"培训，他负责的工作室被温州市总工会授予"温州市高技能人才创新工作室"。

　　2011年，他以优异的成绩留校成为温州交通技术学校的一名实训指导老师，主要承担汽车美容和装潢、汽车发动机构造、自动变速器、汽车空调、汽车维修等专业课程的教学工作，专攻技能教学创新，以赛促学，是一名技能型教师。自2012年至2019年，毛瑞走连续七年承担了省、市级汽车维修技能大赛学生辅导工作。在他的指导下，学生共计获得温州市汽车维修技能大赛汽车二级维护及四轮定位项目二等奖3个、三等奖6个，汽车维修项目二等奖8个、三等奖16个的奖项。2013年，他指导学生参加了浙江省技工院校汽车维修技能大赛，取得高级工组三等奖1个、中级工组三等奖2个的好成绩。他本人也在2015年全国职业院校机电类专业教师教学能力全国大赛中获得个人第三名的佳绩并获得"全国机械职业院校实践教学能手"称号。同时，他在2015年温州市职业学校教师组技能比赛中获得第二名的佳绩，在2019年温州市汽车维修技能大赛中获得第二名的佳绩。

　　他利用业余时间提升自己的专业水平，取得了汽车美容四级职业资格、汽车修理一级职业资格（高级技师）、国家职业技能鉴定考评员资格，在2018年成立温州市毛瑞走高技能人才创新工作室。2014年，他作为骨干老师被学校选派到浙江交通职业技术学院参加现代汽车维修新技术的深造。2015年7月，他又被选派到绍兴市参加浙江省技工院校班主任团队研修班培训，提升班主任管理能力。2016年8月，他再次被选派到宁波参加全国中职汽修专业骨干教师培训。在日常教学之余，他积极参与社会汽车维修工技能等级鉴定考评工作，承担社会人员职业技能提升培训工作，分别为检验员、高级维修工、维修技师和驾驶技师等人员进行技能教学工作；承担学校教学设备和实训车辆的维护和修理工作。

肖云飞

湖北省宣恩县沙道沟镇咸池村人，现就职于诚德科技股份有限公司

肖云飞，中共党员，1976年11月出生于湖北省宣恩县一个偏僻小山村农民家庭，中专毕业后在老家法律服务所工作三年，随着成家及小孩的出生，家庭经济压力增大，决定走出大山进城打工。2003年，肖云飞随舅舅到温州龙港打工，凭借农村人淳朴、吃苦耐劳、好学上进、本分的性格，被当地诚德科技股份有限公司（原温州诚德包装有限公司）面试选中并吸收录用，从此在该公司扎下了深深的根。

诚德科技股份有限公司，现为国家高新技术企业，主要生产中高档食品、药品、日化等行业塑料包装膜（袋），现有员工500多人。公司于2020年1~8月累计完成工业总产值5.58亿元，其中，出口创汇1.13亿元，税收7 861万元。公司曾获"中国包装百强企业""中国塑料包装三十强企业""浙江省专利示范企业""省级企业研究院"等称号。

肖云飞从进入公司那一天起，爱岗敬业，以公司为家，以事业为重，立足本职岗位，艰苦奋斗，在平凡的岗位上默默耕耘。他从生产车间一线做起，从事过生产统计、生产计划、生产质量管理等多项工作，现为公司生产质量管理员。他多次外出学习、培训、深造，不断用专业知识与管理理论来武装自己，在实践中探索总结了一套针对不同岗位、不同员工的管理办法。通过多年的努力，他慢慢将自己培养成为一名既懂技术又懂管理的复合型人才，于2015年取得包装工程师职称。在这18年里，肖云飞参与了公司各种体系审核认证、资质申报审核与获取，做出一定贡献，通过团队和自身的努力，将公司产品质量提升，他多次获得"先进工作者""最佳奉献奖"等荣誉。

2020年，新冠肺炎疫情期间，公司决定通过自主改造制袋设备生产口罩，在技术、设备、人员不足的情况下，他顶着巨大压力，在团队不懈努力下，终于攻克设备改造技术难关，实现"从无到有"，改造出了第一台折叠式口罩机，历时30天，改造了13台机器。肖云飞参与公司生产的"中健乐"口罩，成功获得美国EVA-FDA和中国商务部出口医疗物资生产企业白名单、欧盟CE证书、国家医疗器械（二类）注册和生产许可证并通过ISO 13485体系认证，为抗疫做出了积极贡献。

浙江 王林

云南省红河哈尼自治州弥勒市朋普镇青来村大王弼村人,现就职于华祥(中国)高纤有限公司

王林,1983年9月出生,是云南红河哈尼自治州弥勒市朋普镇青来村的一位农民工,2015年与妻子一起来到距离家乡2 500公里的华祥(中国)高纤有限公司打工。现已工作5年多了,他凭借不断地学习,勤奋地工作,2019年被评为公司年度三十佳优秀员工,在2020年5月被晋升为卷绕组长。

王林刚到公司时,什么都不懂,公司生产的涤纶长丝产品没见过,对生产设备的操作手法更是一窍不通。但王林的学习意识很强,学习很刻苦,肯学肯干,他的学习态度成为大家学习的榜样。他把班组长、师傅的传授牢牢记在心头,不明白的记在本子上,去请教班组长、师傅,甚至是车间工程师。王林在实际操作中能做到多看多问,不仅善于观察其他工友的操作手法,还不断地对自己的工作进行总结,去与其他同行厂家的前同事进行操作交流,很快成长为班组的操作能手和骨干,并且改进了操作中的一些小细节。王林通过学习,操作能力提升很快,在公司举办的操作技能比赛中多次获奖。

王林在工作中严格按照公司、部门、车间班组的规章管理制度,时刻以"质量和安全第一"规范操作,尽职尽责,从来没有出过现质量安全事故。他在巡检丝路、油路时,多次发现异常,和技术人员及时排除,保障了产品的质量和设备的安全运转。同时,他结合工作实际情况,多次提出了合理化建议,均被公司采纳使用。比如,设备在切换过程中容易造成夹结,影响产品质量,他建议在设备中增加一个辅助零件,有效地改善了这一问题,由原来的每条线每班10个降等减少至2个左右;发现周期工作清洗的水容易烧坏设备断丝感应器,他建议周期工作时用盖板挡住设备,这一小举措大大减少了机台故障率,设备完好率由原来的98.5%提升至现在的99.5%。

王林在工作岗位上任劳任怨,并且以严格的标准要求自己把工作做好,做一名合格的工人。同时,他也把自己的操作经验无私地传授给新进的工友,让他们很快地掌握操作技巧。一般新进的员工培养成为一名合格的熟练员工,需要2~3个月时间,按照他的方法和经验,最快不到1个月就能成为操作熟练工,为公司降低了培训成本。王林所在的小组经常班前、班后会约定时间一起讨论在操作时遇到的新问题,在他的带领下每个人都会无私地分享各自解决问题的经验,使大家的操作技能越来越熟练,配合越来越默契,优等品率由原来的97%上升到现在的99%左右。

谢莹荣

浙江省湖州市吴兴区织里镇许溇村人，现为湖州南浔世荣湖羊养殖家庭农场创办人

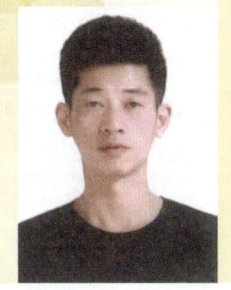

谢莹荣，1983年12月出生，高中毕业后步入市场做绢纺生意，2012年年底回乡创业，创办湖州南浔世荣湖羊养殖家庭农场，用七年时间成为湖州市湖羊产业的领跑者。他被评为湖州市"农村科普带头人"、湖州市"创业之星"等荣誉称号。农场被评为"浙江省示范性家庭农场""浙江省美丽牧场""浙江省一级湖羊种畜场""浙江省高品质绿色科技示范基地"等称号。"世荣牌红烧柴火羊肉"连续两年被评为浙江省农博会优质农产品金奖，同时获得湖州市著名商标和农产品质量奖。

农场与浙江大学长期签订校企合作协议，在湖羊饲料科学配比和生物菌保鲜技术上取得了突破性的进展，提高了湖羊肉的品质，解决了冷冻羊肉网上销售的难题。农场先后拥有两项实用新型专利，分别是青储圆捆包膜机和羊圈冷风机，解决了养殖过程中青料储存以及羊圈温度过高的难题。冷冻羊肉采用生物保鲜剂技术，打破了网络销售的时空界线，节省了运输成本，提高了经济效益。

农场发展以绿色健康产业为核心，本着养殖科学化、羊肉品质化、销售品牌化的经营模式，全力打造"双林世荣红烧柴火羊肉"的绿色品牌和湖羊产品系列开发。农场与浙江工业大学合作研发湖羊羊油护肤等系列产品已经问世，逐步推向市场。

谢莹荣凭借锐意的眼光，盯上了农旅融合发展生长点。农场以美丽牧场湖羊养殖为主题，拓展果蔬种植农业载体，发挥农业观光与劳作体验的优势，在开心农场内喂养动物、认领菜园、烧烤餐饮、垂钓娱乐等农作体验应有尽有，从而促进农业产业多样化发展，为农村种养大户起到示范、引领、推动作用。

两年多来，谢莹荣带头组织练市、双林、善琏等养羊大户，积极实施湖羊入川、入疆工程，初步形成了"公司＋基地＋农户"的湖羊产业化推广模式，帮助西部的贫困百姓尽快脱贫致富。农场为西部地区提供优质湖羊3 000多头。

如今，在农场已基本建立起育种、饲养、屠宰、加工、餐饮及休闲观光的全产业链，逐步形成了产销融合、旅游观光的湖羊产业新业态，他是一名"80后"成功回乡创业的羊倌，更是一位带领农民致富的"领头羊"。

浙江

金建良

浙江省湖州市南浔区千金镇石桥村人,现就职于湖州新兴汽车部件有限公司

金建良,中共党员,1987年9月出生,退役军人,现就职于湖州新兴汽车部件有限公司,曾荣获南京军区73681部队优秀士兵5次(2008—2012年)、南京军区73681部队个人三等功1次(2013年)、湖州市开发区总工会优秀工会干部(2017年)、湖州市优秀退役军人(2019年)、湖州市中级红领党务工作者(2019年)等荣誉。

2005年12月,金建良应征入伍到南京军区73681部队服现役,2009年6月入党。他在部队期间,努力学习、苦练本领、甘于奉献、乐于助人,凭借过硬的素质和出色的表现,很快得到组织认可和领导赞赏,开始从一名普通战士成长为"兵王"。2013年12月,他告别8年的军旅生涯光荣退伍。退伍后,加入湖州新兴汽车部件有限公司,开启了新的干事创业之路。

金建良始终严格要求自己,无论从事何种行业,都未能忘记对军队光荣传统的传承和发扬。他深知,要有所作为,必须务实勤勉,撸起袖子,拼搏进取。于是他在回到地方工作的近7年中,将一腔热血一心一意地扑在了办公室负责的工作中。不懂就问、就学、就探索、就总结,他还报读了哈尔滨工业大学本科工商管理专业,并于2020年1月取得本科毕业证书。每年年初,他结合公司实际情况,围绕生产经营中心工作,一边持续夯实党建基础工作,一边又发扬创新精神,在"规定动作"完成的基础上,不断通过调研、学习和借鉴来提升公司党建工作质量,力促党的各项方针政策及路线,在民营企业同样得到良好的贯彻落实。同时,他又力推"党建+"工作模式,将党建工作充分融入公司生产经营活动中,助推企业高质量发展。

8年军旅生涯培育出了金建良的担当奉献精神,并将其当作自己干事创业的灵魂之源。在他负责的项目申报工作中,克服种种困难,牺牲放弃无数个节假日和休息时间,全心全意跟公司技术团队一道攻坚克难,几年来参与企业专利申报11项,并成功取得授权。其中,7项为实用新型专利、4项为发明专利。2020年在申报湖州市科技计划项目中,他与技术部的同志一起围绕企业新产品做好省级工业新产品的申报工作。在《中国科技期刊数据库工业A》期刊发表论文2篇、在计算机软件著作权登记2篇,2018年6月获得机械专业中级工程师职称。

金建良用自己的努力给单位交了份成绩不错的答卷,他却这样说:"员工在单位,最大的价值就是把个人价值发挥出来。工作虽艰辛,但我得到了成长,让我懂得了责任与担当,让我学会了感恩与分享。我将继续以饱满的热情、创新的激情投入到公司的发展中,积极做出更大、更多的贡献。"

郑书剑

浙江省湖州市长兴县林城镇阳光山村人,现就职于浙江中德自控科技股份有限公司

　　郑书剑,中共党员,1989年8月出生,浙江省湖州市长兴县林城镇人,2006年毕业于长兴县职教中心数控专业,毕业后到上海一家公司打工,2013年到浙江中德自控科技股份有限公司工作,现为金工车间主任,机械工程师、数控加工中心技师、钳工技师,先后获得多项荣誉:2015年获得"长兴县最美工人"荣誉称号;2017年获得长兴县职工数控技能比赛第一名;2017年获得湖州市职工数控技能比武大赛数控加工中心比赛第一名;2017年获得"湖州市技术能手"荣誉称号;2018年获得浙江省职工数控技能大赛加工中心4轴比赛三等奖;2018年获得"长兴工匠"荣誉称号;2019年获得九城市G60科技走廊职工数控技能大赛三等奖;2019年获得"长兴大匠"荣誉称号;2019年获得浙江省"百千万"优秀技能人才荣誉称号;2019年获得湖州市技能大师工作室荣誉;2019年入选湖州市高技能人才创新工作室荣誉;2019年入选湖州市职业技能带头人;2019年入选浙江省"金蓝领"高技能人才赴德国培训学习;2019年获得"湖州工匠"荣誉称号;2020年获评长兴县太湖街道优秀共产党员。

　　郑书剑在工作期间潜心钻研技术,练就了一身过硬的技术本领,成长为湖州市数控加工行业技能型人才的领军人物,先后被评为"长兴大匠""湖州工匠"。郑书剑所带领的团队在工艺改进、关键加工技术突破等方面成绩显著,为公司产品进军国内高端市场领域、加快国产化进程和完成进口替代等方面发挥了至关重要的作用。截至目前,他带领团队发明制作的工装夹具多达40余种,在新设备、新工艺、新刀具应用上提出了多达50余种方案及建议,被公司成功采纳的合理化建议有30余条;累计获得7项发明专利、8项实用新型专利,每年为公司节省成本超300万元,年均多创造的经济效益超500万元。郑书剑发明的先进操作方法被评为2019年湖州市"十佳先进操作法"。

　　鉴于郑书剑工作期间的优异表现,公司对他委以带徒传艺的重任,多年来培养技能人才达70余人,其中,高级工50余人、技师22人,经他培养的徒弟在品质中心、技术中心、制造中心担任重要岗位,有的已成为车间主任和公司技术骨干。

　　郑书剑在工作之余,热心公益,利用节假日和星期天积极参与各类公益活动。他于2018年光荣地加入了中国共产党,成为一名在新时代感召下的有为青年。

沈蒋荣

浙江省德清县莫干山镇仙潭村人，现为德清莫干山莫梵度假酒店有限公司负责人

沈蒋荣，中共党员，1971年11月出生于浙江省湖州市德清县莫干山镇仙潭村，因家庭条件不好，14岁辍学后先后干过毛竹加工厂小工、开过理发店、经营过早餐店和小旅馆。他于2015年创办德清莫干山莫梵度假酒店有限公司。

2015年沈蒋荣回乡创业，创办了民宿"莫梵"，当他的民宿经营成功后，他毫无保留地把成功经验分享给大家，在他的带动下，村里出现了返乡创业的潮流。仅用2年时间，返乡创业村民先后创办150家民宿、5家餐厅、2家咖啡馆、1家奶茶店、3家茶厂和2家农场，乡村旅游业态不断丰富。集群效应也使服务品质不断提升，从70元包吃包住的农家乐到均价600~800元的高档民宿。

2016年年底，他联合村里26家民宿业主策划"百寿宴"活动，大家一起出资，邀请村里78位80周岁以上的老人一起吃年夜饭，安排越剧团和舞龙队表演，发放红围巾和红包，始终想着发扬敬老爱老的传统美德，促进民宿经营与老百姓的融合，活动轰动了整个仙潭村，连续4年上了央视。他致富不忘乡邻，在还有70万元贷款的情况下，说服妻子拿出10万元成立了莫梵民宿公益基金，目的就是帮助那些需要帮助的人。2018年，沈蒋荣在国家医师节设立时，拿出了6 000元设立了啄木鸟村医奖，目的就是让更多的人关心长期扎根在乡村的医生。他还每年过年给村里所有困难户送上温暖。除此以外，他还去大凉山木里县对接帮扶3次，组织民宿销售木里县的农副产品，为对口扶贫做贡献。

随着民宿产业不断发展，他们村成立了全国第一个返乡创业协会，由沈蒋荣担任协会会长。同时，他还担任莫干山民宿行业协会副会长、乡贤会副会长、莫干山民宿行业党支部书记、市乡村旅游协会副会长等。为了让大家抱团发展，沈蒋荣策划了民宿客人串门活动，联合13家民宿挖掘各自特色，让客人体验不同特色民宿，建立民宿共享资源群，在旅游旺季帮助客人寻找房间，营造了资源共享、互帮互助的氛围。为宣传本村旅游产业，利用传统节日做好旅游与民宿产业的结合，他策划了百家民宿闹元宵活动，组建了仙潭村舞龙队、舞狮队、锣鼓队、舞蹈队、快板队，并邀请老师进行指导培训，建立该村文化宣传队。

新冠肺炎疫情的爆发让民宿产业进入了寒冬，可是没能停止回馈社会的真情。沈蒋荣联合民宿协会第一个发起致敬白衣天使活动，在这些英雄凯旋归来时邀请她们来莫干山给她们补过一个春节，得到全国各地的响应。他主动去卡点做志愿者，私人出资1.9万元购买口罩和帐篷捐献给社会。在疫情好转莫干山进入复工复产期时，沈蒋荣发动民宿协会成员走进莫干山各片区民宿去宣传相关政策和了解需求。

赵瑞祥

吉林省靖宇县那尔轰镇黄酒馆村人,现就职于安吉县中源家居股份有限公司

赵瑞祥,1971年12月出生,来自吉林省靖宇县那尔轰镇黄酒馆村。来到安吉以前,赵瑞祥在当地县城建筑工地从事开车、挖沙、运沙等工作。2019年3月,安吉县企业前往当地开展就业扶贫劳务协作活动,赵瑞祥夫妻二人来到了安吉县中源家居股份有限公司就业。经过公司和部门的培训后,赵瑞祥选择在公司的品质中心当一名质检员,通过业务学习,逐步掌握了产品检验步骤、每款沙发的检验要求。赵瑞祥在工作中严格把控自己检验过的每一套沙发的质量,对检验中发现的产品问题及时要求纠正,因此获得了公司多次发文表扬。

相较该部门其他的检验员,赵瑞祥不是工龄最长的一位,但对公司产品的检验程序却相当熟悉,质量要求也相当高。一丝不苟的工作态度慢慢感染了身边的同事,潜移默化中,大家的工作态度、工作能力都在逐步提升。每当部门有新同事加入,公司领导也很放心地把教带新员工的工作给他,部门的很多"新人"都是他的"小徒弟",现在他已然是大家心目中的"老大哥"了。

赵瑞祥在拿到一款新产品的检验要求后,总是不急于工作,而是先推敲、分解检验的具体要求,罗列出可能出现的问题、易混淆的材料等,之后再和部门负责人确认无误后再开干。有了前面的铺垫,后面的检验工作也相对更加容易开展。这种做法也是他在工作中慢慢总结出来的,并推广给其他检验人员,因此避免了很多的产品问题,经常受到公司的表彰。

赵瑞祥是靖宇县的"就业典型",当他受邀回到靖宇县做就业分享时,他将自己的工作经历告诉靖宇县的老乡,并带动了30多名靖宇县老乡到公司就业。一年多的工作时间,赵瑞祥夫妻的工作收入明显提高很多,让原本贫困的家庭有了很大的起色。同时,2020通过公司和当地政府的协调,赵瑞祥的女儿也在安吉报名上学了,一家三口,其乐融融。

赵瑞祥面对领导和同事的认可,表示将继续做好一名检验员的本职工作,脚踏实地,不断提高自身的工作能力和技能水平,用自己的双手创造美好的生活。

浙江 周明良

浙江省嘉兴市南湖区凤桥镇庄史村人，现就职于中法控股集团有限公司

周明良，中共党员，1964年7月出生，1980年10月参加工作，大专学历，经济师，现任中法控股集团有限公司工会主席。

高中毕业步入职场后，他认识到自己文化素质、业务素质不高，工作上有诸多困难。他主动参加各类学习班、专业技术人员能力提升培训班，参加浙江省技术经纪人培训班、浙江大学高级工商管理总裁研修班进行学习。

2010年3月，自周明良担任公司工会主席以来，以"建家就是建企业，就是发展企业"为理念，带领全体职工立足岗位，创先争优，打造"建功、和谐、民主、温暖、学习"五家于一体的职工之家，并不断完善、优化。

2019年6月，中华全国总工会党组书记、副主席、书记处第一书记李玉赋带队的调研组一行来到公司工会职工之家调研。李玉赋对公司工会的"五家"理念表示赞同，希望公司要以荣誉为激励，在做强做优企业的同时，进一步建设好职工之家，服务社会、服务职工，进一步叫响"职工之家"。

周明良个人获得了浙江省总工会授予的"省级优秀工会工作者"荣誉称号，南湖区总工会授予的南湖区工会"一体化"建设十佳主席标兵、南湖区"优秀基层工会工作者"等多项荣誉。

2020年春节前后，一场突如其来的新冠肺炎疫情牵动着企业干部职工，公司在春节假期就着手组织做好防疫工作。周明良全力协助总裁做好公司疫情防控工作，负责搭建防控组织架构，落实公司布置的疫情防控和复工复产工作，还分管中法天线公司和行政各部门。

他带领人员编制防控措施、进厂须知、疫情防控预案，制作横幅、KT板等分发到各子公司进行悬挂、张贴。按上级要求把员工情况全部统计到位，对春节回老家的农民工进行电话联系，远程辅导他们按要求填好表，在家等待公司通知才能返岗。开展村企工会联防联控，携手织密复工复产"防控网"。

他指导集团各子公司开展复工复产申请材料的编制。他分管的中法天线公司，复工复产申请材料都亲自审阅把关、亲自报送。他带领公司积极参加南湖区"双促进、双维护"企业复工复产立功竞赛活动，在南湖区"双促进、双维护"企业复工复产立功竞赛中荣获"先进集体"。

周明良以高度的主人翁精神和良好的职业道德投身于工作当中，勇于创新，为中法控股集团有限公司发展起到表率和模范带头作用。

车建国

土家族,贵州省沿河县客田镇客田村人,现就职于嘉兴市秀洲区洪合镇横泾桥社区

车建国,中共党员,1976年7月出生,土家族。他于1995年参军,在部队服役的8年里,连续6年获得"优秀士兵",获得"优秀士官"1次、"三等功"荣誉1次。2005年8月,他到洪合镇生活工作,成为洪合派出所辅警。在洪合工作期间,连续2年被洪合镇评为"十佳新居民",荣获2010—2011年度浙江省无偿献血奉献奖,荣获2014—2015年度全国无偿献血奉献奖铜奖,荣获2019年度嘉兴市少数民族"和谐融入之星"、秀洲区"十佳好党员",荣获2020年度嘉兴市"战'疫'红船先锋共产党员"、嘉兴市"最美微网格长"、秀洲区首届"最美退役军人"。他现为洪合镇横泾桥社区党总支委员。

2019年大年三十那天,车建国看到秀洲区发出"党员十个带头"的号召,于是在大年初一晚上值完班后,他冒雨赶到火车站办理退票手续。

"国家有难,有人出人、有力出力、有钱出钱,我拿5 000元来交党费,请组织收下。"1月30日,车建国向党组织提交该申请书。随后,他将申请书和5 000元现金送到洪合镇政府。

自大年初三起,车建国就主动参与一线卡点执勤和社区网格排摸。初始,卡点物资匮乏,雨夜执勤寒冷,他就穿一件单薄的雨衣在卡点站一夜岗,次日回家稍作休整,晚上又匆忙投入战役。平日里,他带动所在的支部党员和未返乡贵州新居民,对社区进行走访,全面排查,询问基本信息并做好登记。

随着新冠肺炎疫情的发展,车建国每天关注时事新闻,学习疫情防控手册,积极在社区群、网格群等网络群中发送官方疫情动态、防疫知识及保护措施。在复工复产的不断推进中,返洪新居民逐渐增多,车建国又投身到对返洪新居民的排查登记工作中,协助做好返洪新居民复工复岗。

2019年的台风"利奇马"和2020年的新冠肺炎疫情期间,车建国通过"以新联新"的方式,组织网格内的新居民一起参与抗台抢险工作和疫情防控工作。为进一步加强流动党组织与流动党员、新居民之间的沟通,在镇党委政府的组织筹备下,车建国召集力量排摸、走访,先后成立了中共贵州省(嘉兴秀洲)流动支部委员会、共青团贵州省(嘉兴秀洲)流动支部委员会、洪合镇民族团结促进会,车建国担任贵州省(嘉兴秀洲)流动党支部书记、洪合镇民族团结促进会会长。2020年,洪合镇作为嘉兴市村社换届试点单位,推选新居民党员进班子,车建国高票当选横泾桥社区新一届党总支委员。新居民进班子是洪合镇创新社会治理工作的有效举措,同时也开启了车建国职业生涯的新征程,他继续发挥自己新居民的"特殊身份""以新联新",继续发动和引导新居民群众一起参与社区管理,不断提高新居民的参与度,把第二故乡洪合当成自己的家来爱护。

浙江 赵孔进

瑶族，湖南省资兴市回龙山瑶族乡回龙村人，现就职于嘉善赵氏服装辅料有限公司

赵孔进，中共党员，瑶族，1978年10月出生，全日制中专，自考本科，大学学历。他现为嘉善赵氏服装辅料有限公司法定代表人，担任嘉善新居民和谐促进会西塘常务副会长、嘉善县青年企业家委员会委员、湖南省资兴市政协委员。他曾荣获"十佳新居民""十佳新居民党员""慈善公益爱心人士""爱心助学先进个人"等荣誉。

他凭着对工作的热忱和事业的执着，一步一个脚印，在他乡取得了不俗的业绩。同时，他坚持在工作中自学，考取了湖南大学经济法学专业本科文凭。2019年，湖南省资兴市政协联合资兴市电视台《资兴儿女》栏目对他的人生历程作了专题报道。

2010年，嘉善赵氏服装辅料有限公司成立，他响应党委号召，引入国际先进设备和环保工艺，取得了良好的经济效益和社会效益。赵孔进在做好传统产品的同时还对传统服装辅料大胆创新，率先将纽扣、拉链、标牌等传统服饰配件与互联网技术相结合，开创了服装辅料"物联网"的新纪元。

2020年春，新冠肺炎疫情暴发，医疗防控物资告急。资兴市第一人民医院急需防疫物资（没有防护服、没有口罩），了解到这一情况后，赵孔进立马组织全球采购，分别从日本、法国、意大利、韩国、俄罗斯等国家了邮回了大量的医用手套、防护服、口罩，全部无偿捐给社区和医院。在疫情期间，他积极组织和协助复工复产，助力当地党委和政府打赢经济社会发展和疫情防控两场战役。截至2020年5月30日，已向湖南省资兴市、浙江省温州市、浙江省嘉兴市累计捐助价值约16.7万元急需防疫物资，由于对疫情防控做了大量工作，得到当地党委和政府的表彰。

在赵孔进的办公室里，有一个记录低保户、贫困户同事的本子，在他的帮助下，累计12位贫困同事走上公司重要岗位，收入显著提高，彻底摘掉了贫困户的帽子。

从资助宜章县莽山乡五保户周乐武、结对资助四川古阆县单亲的刘艳姐弟上学、对嘉善县下甸庙因病致贫的蒋国峰送去救急金、为东江湖敬老院送去过冬物资、给回龙山瑶族乡少数民族学生送去助学资金，到为东江湖库区移民滞销的柑橘对接销路等，到处都有赵孔进忙碌的身影，他先后被红十字会和慈善总会授予"慈善公益爱心人士""爱心助学先进个人"等荣誉。目前，赵孔进已累计向社会困难人群和公益组织捐助30余万元。

赵孔进在担任新居民和谐促进会西塘常务副会长期间，积极开展调研，了解农民工的困难，帮助他们解决子女入学、社会保障、困难救助、化解矛盾、司法协助等方面的问题。

叶树林

四川省九寨沟县陵江乡羌活村人,现就职于嘉兴邦芒人才市场服务有限公司平湖分公司

浙江

叶树林,中共党员,1998年12月出生,四川省九寨沟县陵江乡羌活村人,现为嘉兴邦芒人才市场服务有限公司平湖分公司员工。作为大山里长大的一个孩子,在15岁那年,由于父亲常年多病,他无奈辍学,孤身一人踏上了打工的道路,先后在四川九寨沟、浙江嘉善和浙江平湖等多地工作,工作优异,踏实肯干。叶树林抗震救灾、舍身救火的事迹先后被《人民日报》《央视新闻在线》《浙江在线》等多家中央、省级媒体关注并报道。

在2017年九寨沟县7.0级地震救援中,他用自己的行动诠释了自己的信念。"能救一个是一个,多帮一个算一个。"他的爱感动着每一个人。2017年8月8日21点19分,叶树林像往常一样在酒店上班,但就在他传菜的时候,突然感到地面在颤抖,手中的餐盘碎了一地,房顶上的灯、门口的玻璃门发出异样响声,曾经经历过2008年汶川"5·12"地震的叶树林意识到地震了,他立即大喊:"地震了!赶快到空地上去!"在这次救援中,叶树林和同事前前后后冲进去6次,一共救出来10余人。灾情就是命令,时间就是生命,保障大家生命安全刻不容缓,地震发生后,叶树林一直忙碌着,两天两夜没有合眼。

2020年,叶树林到了嘉兴邦芒人才市场服务有限公司平湖分公司工作。为了增加收入,每天晚上9点下班以后,他还出来兼职送外卖。在送外卖途中,他发现一家已打烊的小饭店着火,附近的居民都知道店里有煤气罐,但他们报了火警却不敢上前救火,危急时刻叶树林抄起一个小型灭火器砸开卷闸门,冲进店里他发现墙上、天花板、柜台等都已起火,里面有3个煤气罐幸好没有着火。叶树林拿起灭火器一阵"扫射",在他的带动下,周围的商户也纷纷从店里拿来灭火器支援,成功控制住火势,保护了人民群众生命财产安全,叶树林全身多处受伤,瘫坐在地上。

叶树林是穷苦农民的儿子,在打工生涯中,他靠自己的勤劳与刻苦、见义勇为的精神,书写着自己的平凡人生。

浙江 谭国平

重庆市奉节县永乐镇酒溜村人，现就职于嘉兴晟田工艺品有限公司

谭国平，中共党员，1972年1月出生，1991年12月参军入伍，1994年3月加入中国共产党，现任嘉兴晟田工艺品有限公司人事专员。他于2007年来到海盐，把海盐视为第二故乡，始终以党员的标准严格要求自己，努力在做好本职工作的同时去帮助他人奉献爱心，见义勇为弘扬正气，传播社会正能量。他荣获了多项荣誉，却始终保持谦虚的作风、助人为乐的品德，深受公司及当地政府各级领导的好评。

2013年4月24日早上，他发现一名受伤女村民，在他人纠结救与不救时，他丝毫没有犹豫地选择救人，号召围观群众让出通道，组织伤者家属及好心人将伤者抬上自己的车，并叫上两位家属陪同，在保障交通安全的情况下，他急速地把伤者送到海盐县人民医院，与医院对接清楚后，自己悄悄赶回公司上班。后来伤者家属通过派出所的监控找到了他，并多次打电话邀请他吃饭并想赠予现金，以表谢意，他都予以婉拒，后来还去伤者家中探望伤者。

2015年6月9日下午，他驾车路过秦山大道，看见路边躺着一个人，旁边还站了一位老人，他也是主动上前了解情况后，先安抚了老人，并拨打"120"电话，再联系其家属，他等到救护车将受伤老人接走后才离开现场。

近年来，他也关注身边的大小事，走到哪里就关注到哪里，发现有问题或可改善的地方，就上报至海盐12345热线、海盐智慧城管等平台，他的热心也受到平台及相关部门的高度认可及表扬，在2018年7月18日12345热线平台17岁生日时，"海盐发布"还专门报道了他。2019年10月21日"读嘉·海盐"报道了他成为"垃圾分类达人"的"秘籍"和故事。2020年防疫抗疫期间，他通过手机主动向海盐慈善总会捐款；看到派出所及疫情防控人员坚守岗位的辛苦付出，向于城和澉浦派出所捐赠家乡脐橙；正月十五传统节日，委托超市为澉浦派出所及澉浦六里村委送汤圆；在家创作防疫抗疫有关的绘画和视频作品，在"爱海盐"等平台进行发布；在2020年海盐宣传部和海盐传媒中心举办的海盐短视频大赛第一季《我的战"疫"时刻》中，获得了优秀奖。

在他到盐务工的这些年中，他连续8年获得澉浦镇年度优秀共产党员，还陆续获得了"海盐县优秀新居民""海盐县最美新居民""海盐县优秀工会工作者""海盐县十大杰出职工""海盐县十佳新居民""嘉兴市优秀新居民""嘉兴市优秀职工""嘉兴市安全生产标兵"等称号。

于广雷

江苏省盐城市滨海县天场镇秦桥村人,现就职于海宁正泰新能源科技有限公司

浙江

于广雷,1988年3月出生,大专在读,现为海宁正泰新能源科技有限公司安全管理员。他工作中严格要求自己,以"安全第一、预防为主、综合治理"的方针展开工作。

他以"关爱生命、关注安全"为己任,面对工作的新形式、新要求,有强烈的事业心和工作责任感,将安全工作放在首位。他不断丰富、累积新时期安全生产法律法规知识,做到学有所获、学有所思、学有所用,并获得接插件高级技能工、高级钳工、安全管理员等证书。

将学到的知识化为实用,在岗期间他负责的部门安全事故0起,员工安全教育培训率100%,安全专项培训1 262人次,新员工入职安全教育培训584人;安全隐患巡查40次,安全隐患整改率100%。

他主动配合公司EHS部门完成安全化标准工作,使自己从一名安全生产中的热心人,转变成为用专业知识武装起来的重要管理人员,在他不懈地努力下,所在部门更是获得了集团"优秀安全集体"荣誉称号。

2020年新冠肺炎疫情暴发,于广雷严格履行工作职责,圆满完成疫情期间的工作任务。面对疫情,他没有丝毫犹豫,第一时间申请参与公司防疫一线工作,放弃了春节休假,放弃了与家人难得的团聚。配合尖山新区政府网格化管控举措,对所在部门200余人的健康状况进行普查登记,完成口罩、手套等防疫物资的配发工作、厂区车间的消毒工作。身为安全管理员,他要求各班组随时观察员工在工作中的健康情况。同时对员工做好疫情宣传工作,正确认识新冠肺炎疫情,不要过度恐慌,时刻提醒员工"戴口罩、勤洗手、少出门"。一天下来,重复的话语说了几百次,嗓子又干又哑,但看见疫情防控工作顺利开展,他觉得一切都是值得的。

根据公司防疫工作要求,于广雷对春节返乡人员进行电话慰问,摸排返乡人员的健康情况并传达公司对他们的关心及防疫要求——"减少外出,做好自己及家人的防护工作,公司等着你们回来"。他关心他们的生活,安抚他们的情绪"不要过度恐慌,做好自我隔离,发现有异常及时报告、就医"。

随着春天的到来,疫情得到了有效控制,公司老员工陆续返岗。这时,于广雷又冲在了返岗检查接待工作前面,消毒、测温、登记、隔离区域安排,每天12个小时坚守,没有丝毫懈怠。

作为海宁尖山新区的新居民,他积极参与海宁尖山新区组织的各项工作及志愿者活动,积极参加公司组织的献爱心捐款活动,为新家乡的腾飞发展尽自己的一份力。

浙江 梁松华

浙江省桐乡市洲泉镇众安村人，现就职于桐乡市新凤鸣集团股份有限公司

梁松华，中共党员，1974年4月出生，长期从事聚酯工艺技术研究，在创新研发、技术应用、人才培养方面取得了瞩目的成就，为企业带来了巨大的经济效益，其创新成果对行业发展产生了深远的影响。

他于2013年获得"洲泉镇金牌职工""新凤鸣首届劳模"，2015年获得"桐乡市职业技能带头人""桐乡市首届工人发明家"，2016年获得"嘉兴工人发明家"，2017年获得"桐乡市首届优秀科技工作者"，2018年获得"嘉兴工匠"和新凤鸣集团"最美新凤鸣人"，2019年获得"桐乡好人""最美嘉兴人·最美职工""中国纺织工业联合会科技进步奖一等奖"等荣誉称号。

他带领团队完成"酯化废水倒流装置""酯化加压反应"等多个重大项目改造，先后获得"EG加热装置""热媒泵的冷却装置"等10多项实用新型专利和"聚酯溶体黏度控制系统及其控制方法"1项发明专利，使公司聚酯能耗指标较5年前降低30%，达到行业领先水平，为企业带来巨大的经济效益。全面深入掌握各套聚合装置性能和工艺参数，带领团队试验季戊四醇和环保催化剂等改性添加剂，季戊四醇的使用可以提高至50~100米/分的卷绕速度，并显著改善纤维染色性能。环保催化剂的使用可以有效降低聚酯纤维中锑含量，减少染整中重金属的析出，降低染整废水的污染。

他带领团队获得的专利技术不仅提高了聚酯装置的生产稳定性，更为企业带来经济效益，这些专利已经为新凤鸣集团累计节约成本达上亿元。在技术改造方面，他主持了EG喷淋管组件的技术升级，实现了喷嘴在线清洗的稳定性，且极大降低了装置运行成本，在行业内获得广泛认可。在余热利用方面，他主持的EG加热装置、酯化余热回收利用等项目，最直观的产品每吨耗用煤量，直接就下降达30千克每吨产品，同比吨用煤下降达25%以上，不仅降低了企业成本，而且还提高了员工对节能降耗的技术攻关热情。

梁松华推动聚酯管理由粗放型向精细化转变，重视人才培养，加强创新管理，实现以科技创新为驱动，以精益生产为基础的创新型、精细化聚酯管理模式，营造良好的企业管理氛围，也为周边同行带来示范效应，促进了桐乡乃至全国整个化纤产业的升级，产生较为深远的影响。

新冠肺炎疫情暴发后，他第一时间向公司请缨，来到防疫一线，在洲泉高速出口处协调相关探亲返程员工、原辅料运输车司机等各种防疫及相关证明工作，保障企业正常运转。

汪德荣

浙江省绍兴市柯桥区齐贤街道兴浦村人，现就职于浙江宝厦建设有限公司

汪德荣，1971年11月出生，浙江省绍兴市柯桥区齐贤街道兴浦村村民。他生在农村，长在农民家庭，乘着改革的春风，在16岁那年，进入了绍兴县工业学校建筑专业就读，经过3年学习，进入了绍兴当地一家建筑施工队，从此与建筑工程结下了不解之缘。

20世纪80年代末，绍兴的建筑公司如雨后春笋般地增加，由于学校不包分配，几经周折，汪德荣来到了越城区水利建筑工程公司，直到进入浙江宝厦建设有限公司，一直工作在建筑工地的一线岗位。

刚刚参加工作时，无依无靠的他凭着一股农村孩子诚实、勤奋、吃得起苦、又不怕脏不怕累的劲头，与别人抢着干累活重活，终于从一名普通的建筑工人成长为工地技术骨干，并逐渐掌握了建筑工程实际的施工经验和工作方法。同时，他在工作之余，努力学习新知识，积极参加各种函授学习和专业培训，如今还考取了装配式建筑吊装工和灌浆工的上岗证书。

成为技术骨干后，他始终把自己掌握的理论知识和实践经验运用到实际工作中，和工地其他员工一起攻坚克难、争创精品。在多个项目上组织并实施了多项QC（质量控制）攻关，其中浙江大学紫金港校区文科组团二标段项目、绍兴迪荡新城文化创意园项目等的QC小组获得了浙江省二等奖，也为其他项目的创优夺杯夯实了基础。

在自身收获成绩和荣誉时，他始终牢记自己是农民的儿子。他考虑到工地上的工人大部分是来自农民工的现实，在项目上积极争取并创办农民工学校，成为农民工兄弟姐妹学习法律、安全知识的园地，提高了工人的自身素质和法律意识。同时，他与公司和项目部对接，坚决支持和执行国家关于农民工工资支付的有关规定，积极落实有关工地考勤政策，为农民工工资及时、足额发放创造了条件，从而建立了公司、项目、农民工之间的和谐关系。

在工作上取得了一些成绩，他也不忘助人为乐、热心公益事业。尤其是2020年春节，由于新冠肺炎疫情的影响，他不但坚决支持国家关于疫情的防控政策，还积极投身社区志愿者工作，参加社区封闭管理工作。他在工地上，宣传国家关于疫情的防控政策，协助项目部做好做实关于复工复产的准备。

在思想上，他热爱祖国，坚决拥护中国共产党的领导和社会主义制度，遵纪守法。在行动上，他积极向党组织靠拢，并向公司党支部提交了入党申请书，在2019年被党组织吸收为入党积极分子。这既是一份荣誉，也是对他工作的认可。

程彬

四川省隆昌县界市镇天宝村人，现就职于浙江梅轮电梯股份有限公司

程彬，1973年11月出生，是四川省隆昌县人。他从一名电梯安装工作的学徒，经过自身不懈努力，成长为浙江省"百千万"高技能领军人才培养工程"优秀技能人才"。电梯行业是一项活到老学到老的技术行业，从踏入这一行开始，他始终爱岗敬业，踏踏实实，刻苦钻研，真抓实干，积极向行业内前辈、师傅们认真学习，虚心请教。十几年来，他的业务水平不断稳步提高，并出色地完成各级领导交办的各项工作任务，为电梯行业和单位做出了应有的贡献，得到了各级相关领导的好评。

在从事电梯行业的半年后，他就通过学习和考核，取得了特种设备行业机构所颁发的从业资格证书。在行内朋友的推荐下，他在2014年加入了绍兴地区的龙头企业——浙江梅轮电梯股份有限公司，继续从事电梯维修保养工作至今。自从加入梅轮电梯这个大家庭的那一刻，他时刻把自己的前途和发展与公司和行业的兴衰紧密地联系在一起。在工作中，他坚决服从领导安排，总是把全局利益、集体利益放在首位，一丝不苟地完成各项工作任务，服务好广大电梯用户。

电梯行业是一项特殊的行业，特别是维修保养的工作，肩负着电梯的使用安全和舒适度的使命，容不得半点马虎。他从事工作以来，没有半分懈怠，始终坚持十二分的警醒。他从业十几年来没有发生过一起安全事故，所维修保养的电梯在检测机构每年的检验当中也是100%合格，获得了客户的一致好评。在从业的十几年中，他不断地刻苦学习，努力提高业务技能，积极参与业内的培训及考试、技能比赛。2017年，他在绍兴市"梅轮杯"电梯安装维修工职业技能竞赛中荣获"绍兴市技术能手"荣誉称号，并获得2017年绍兴市"梅轮杯"电梯安装维修工职业技能竞赛一等奖。2019年，他被浙江省"百千万"高技能领军人才培养工程评选为"优秀技能人才"。

宣董娥

浙江省绍兴市柯桥区湖塘街道宾舍幸来村人，现就职于绍兴市中心医院（保洁公司）

宣董娥，1969年1月出生，1998年参加工作以来一直在绍兴市中心医院（保洁公司）从事后勤工作。

在抗击新冠肺炎疫情期间，她主动请缨参与医院隔离病区和发热门诊的工作，12小时轮班制，穿着厚重、密不透风的隔离服引导病人做检查，运送病人的核酸检查标本，护目镜上的雾气已经快要模糊了她的双眼。一天工作下来，常常是两腿浮肿，精疲力尽。已经是50多岁的人了，面对这样高强度的工作，面对被传染的危险，她总是笑着说："疫情当前，作为一名后勤人员可以像你们医务人员一样冲在一线，为人民服务是无限的光荣。"

从农村出来，经过短期培训，宣董娥就成了绍兴市中心医院（保洁公司）配送组的一员。但在文化方面的欠缺，使她深感自己的不足，懂得了文化的重要性。于是，她决心在认真工作的同时，利用业余时间学习，提高自己的学习能力和文化素质，更好胜任配送这项工作，做一名合格的务工者。因此，只要有空，她就会学习一些管理知识，买不起书，就在手机上看，有时边看边抄，就像"饥饿的人扑在面包上"。部门领导见她如此刻苦，设法为她提供便利条件，创造学习机会，并且让她下班后在电脑上看，就这样将理论与实践相结合，不到一年时间，她基本上可以独当一面了。因为学习刻苦，工作认真，她被部门任命为配送组长。配送是一个大班组，工作比较繁复，但她都会热心地帮助同事们，和他们一起成长。在她言传身教的过程中，配送组大大提高了服务水平。

后勤是一个服务行业，她深深地懂得服务就是对他人的帮助和关心，于是她尽最大努力让每个病人满意，事事处处以"病人至上，临床第一"为宗旨，高质量完成每天的任务。她耐心细致地教导新员工，遇到问题不厌其烦地讲解，教会他们正确的工作流程，始终坚持以实事求是的态度对待工作。

她一直都是一位热心肠的人。在同事的眼中是一位热心助人的老大姐，不管是谁有事请她帮忙，她总是力所能及地去帮助身边的每一个人。在护士、医生的眼里，她是一位做事靠得住的得力助手，不管是医生还是护士交代给她的任务，总是任劳任怨、不折不扣地出色完成。她还热心公益事业，在身体条件还允许的时候献血量已经达到2 000多毫升了。

宣董娥同志个子很高，年轻时候的样子应该很美。现在的她虽然背有些弯了，走路有些慢了，但不论什么时候她的脸上永远洋溢着灿烂的笑容，朴实无华的她感动着我们每一个人！

浙江

陈添鑫

浙江省绍兴市上虞区道墟镇中联村人,现就职于绍兴市上虞区锦绣金禾果蔬专业合作社

陈添鑫,中共党员,1974年12出生,1992年12月入伍,1995年12月退伍,现为绍兴市上虞区锦绣金禾果蔬专业合作社销售经理、上虞区政协委员,获得的荣誉包括"军歌嘹亮、上虞骄傲"典型先进人物、上虞区"十大优秀退役军人"及浙江省"模范退役军人"。

1995年,他从部队退伍返乡后,摆过摊、开过店、做过临时工,忙的时候一天兼职打3份工。生活艰辛,但他从不怨天尤人,一心扑在工作中找方法,在生活中找机会。

在不断取得成绩的同时,陈添鑫积极参与社会公益事业,造福乡梓、帮助周围群众。他吸纳并积极带动周边农业合作社和蔬菜种植大户700多名农民发展,为他们提供市场信息。利用公司农产品配送的渠道帮助他们解决销售大难题,真正做到发展自身、带动一方、共同致富、精准扶农。在公益的道路上,他也是一路前行,他非常注重关心关爱周边返乡的退伍军人,帮助他们在周边熟悉的企业介绍安置工作。同时他每年出资1万元,选定10户参战、伤残、困难退役军人进行慰问,并再共同出资成立关爱退役军人协会,为村文化礼堂落成捐款,他还乐当红娘,热心地帮大龄退役军人架起鹊桥。

特别是在这次抗击新冠肺炎疫情的战斗中,大年初一早上,他便将10万元爱心款专程送到区红十字会工作人员的手中,定向捐助武汉抗击新型冠状病毒感染的肺炎疫情。同时又带头向所在村委捐助1万元用于村级防疫工作,交特殊党费1万元,并调动各方资源及时向区内学校捐口罩10 000个、喷雾器100台,解他们的燃眉之急。

疫情期间,他还带领合作社成立了"霹雳战神"购菜群,推出线上服务、线下配送、商品全部实行平价供应,且勇于担当、冲锋在前,积极保障疑似隔离点人员及武汉返乡居民的生活配送,做到哪里有需要就往哪里送,哪里有危险就往哪里冲,受到了市民的广泛赞誉和一致肯定。绍兴市委书记马卫光、浙江省副省长彭佳学先后到他所在的单位调研,对这位退伍老兵积极抗疫的担当精神给予充分肯定和高度评价。

赵维岳

浙江省诸暨市大唐街道草塔社区下三房村人,现就职于浙江吉峰农业科技服务有限公司

赵维岳,1985年1月出生,现在浙江吉峰农业科技服务有限公司就职。2008年获评诸暨市十佳"职业农民"称号、2014年获评"浙江省农机维修技术标兵"称号、2015年获得中国技能大赛-"中联重科杯"全国农业职业技能竞赛一等奖、2016年获得"浙江省五一劳动奖章"、2017年获评"全国技术能手"称号、2018年获评"绍兴市突出贡献高技能人才"称号、2019年获评"诸暨市农机修理技能大师工作室领办人"称号和"诸暨工匠"称号。

赵维岳自2004年参加农业生产工作以来,对农机操作和农机维修特别感兴趣,一直勤勤恳恳、扎扎实实地工作。2009年,赵维岳同志在原草塔农机专业合作社的基础上开办了草塔镇维岳农机维修经营部,专业为周边地区的收割机、插秧机等关键环节机器提供维修、保养及零件供应,很好地解决了周边地区不少农户和农机手在农忙季节的实际问题,反响良好。

如今,作为浙江吉峰农业科技服务有限公司的一名农机维修工,赵维岳服务范围扩大到了大半个浙江省。从普通农民变为公司的劳动模范,从自家农械研究到全国一线品牌最新型机具的维修、保养、升级等的专业服务,赵维岳肩上的责任越来越重,却从未放松对自身的要求。他对客户的要求有求必应,应必求精,再晚再远的求助都会在第一时间赶到为用户排忧解难。赵维岳在农忙季节经常加班加点到午夜才收工,一天工作十五六个小时,从早到晚接的请求服务电话更是有几百个之多。更多时候是上午在诸暨山下湖田头,下午便出现在衢州市,晚上在富阳区挑灯夜修,一天的服务区域跨越三四个城市。

农忙季节的某天晚上11点多,赵维岳接到诸暨市山下湖镇农机手王才夫的电话,说自己的洋马半喂入收割机一不小心侧翻到沟里了,损坏比较严重。根据气象预报只有明天一天是晴天,希望能尽快修复进行机械生产。根据正常流程,接到这种报修都是第二天上班后再进行处理,但是作为农机手出身的赵维岳非常理解这种请求。农忙季节抢时间对农户来说非常重要,他二话不说整理好工具立马驱车到达现场,一直维修到凌晨三点多才收工,让机器能够继续作业,王才夫更是万分感谢。

赵维岳同志参加工作以来,没有多高的文化,没有超群的智慧,一个普普通通的农机维修工,凭借对农机的热爱和对群众的责任,在平凡的岗位上实现着自己的人生价值。十六载如一日,兢兢业业,最大程度地降低了周边百姓农业机器的维修成本,延长了机器的使用寿命,提高了机器的使用效率,实实在在地增加了农户的经济收入。

陈德园

浙江省嵊州市雅璜乡戴溪村人，现就职于嵊州市城乡公共交通有限公司

陈德园，中共党员，1968年3月出生，是土生土长的雅璜乡戴溪村人。他1996年开始从事"农四轮"个体运营，2001年承包嵊州至雅璜的客运车辆，2018年嵊州市城乡公交一体化改造使他成为浙江省嵊州市长运集团有限公司下属城乡公共交通有限公司的一名城乡公交驾驶员。陈德园从事农村道路客运服务工作近25年，累计安全行驶114万公里，从未发生有责投诉和有责事故，自2015年起，连续三年被原嵊州市道路运输管理局（现为嵊州市交通运输综合行政执法队）评为"最美农村客运驾驶员"，2018年被绍兴市文明办推选为第四季度"绍兴好人"，2020年他所驾驶的公交车被公司评为"共产党员先锋车"。

对于雅璜乡戴溪村一带的山区农民来说，陈德园架起了他们与外界沟通的桥梁。每天早晨6点，陈德园驾驶浙DF9610营运客车，从戴溪村上枝自然村出发，全程50多公里，途经70个公交站点。

他始终铭记自己是农民的儿子，能为农村老百姓出行便利出力是最光荣、最自豪的事，考虑到村里的5位小朋友去乡里上幼儿园不方便，陈德园把这活揽过来，当成分内事。有的乘客忘记带钱，陈德园主动帮他们垫付；老年人去石璜镇上看医生，陈德园一踩油门，直接送到医院门口。有一次，在驶往市区途中，突然车上有乘客喊"有人晕倒了"，陈德园立即靠边停车，打开车窗，凭着公司组织培训获得的急救知识对乘客进行急救，大约5分钟后，该乘客慢慢苏醒过来，恢复了知觉。

山区公路山高路险不好开，但是坐在陈德园的车上，村民都很放心。当遇到雨雪天气，湿滑的山路、倒伏的树枝杂物会带来很大的行车安全隐患。每逢这样的情况，陈德园会提前去查看路面，清理倒伏在路上的竹子、树枝杂物等，确保行车安全。

陈德园每次经过石璜镇三溪村附近，都会不由自主地张望，因为他心中有一份挂念。戴溪村有一位70多岁患老年痴呆症的老人，常常会独自走往嫁在崇仁镇的女儿家，总会迷路。陈师傅每次看到熟悉的身影，就会立即靠边停车，将老人搀扶上车，并安全地送到戴溪村女儿家。减少了家人寻找老人的麻烦，也让老人免去流浪之苦。

在做好本职工作的同时，陈德园还积极参加公益活动。当知道身边的人遇到困难，他都会主动帮忙。2020年春节，由于新冠肺炎疫情的影响，他踊跃支持国家疫情防控政策，还积极投身志愿工作，参加嵊州市疫情防控车辆保障队，随时参加接送任务。为广大乘客服务，劝导乘客戴好口罩、安全乘车，为助力企业复工复产、方便集镇群众出行贡献自己的力量。

章卓林

浙江省新昌县大市聚沃洲村岭头等村人，现就职于浙江医药股份有限公司新昌制药厂

章卓林，中共党员，1971年1月出生，1990年离开家乡，进入新昌制药厂工作，现任厂动力部电工车间副主任。在单位领导和同事的帮助下，他通过自己不断地努力，2014年电力工程及其自动化专业本科毕业，已成长为企业电气工作者的技术骨干。

他刚进厂时是一名临时维修电工，从农村步入新昌县数一数二的大企业工作，虽然有点电工基础，但在实际工作中马上体会到专业知识的不足。在努力工作的同时，他利用业余时间充电学习，努力提高自己的业务能力和文化素养，先后取得了大专学历、本科学历。在师傅和同事的帮助下，通过自己的不断努力下，进步很快。1992年，被调到新厂区从事电气施工工作，从维修电工转变为项目施工员，又一次面临新的挑战，从杂草丛生的土地到新厂房拔地而起，安装、调试、生产，在工作中付出了很大努力，取得了一定成绩，2001年至2003年连续三年被评为厂先进生产工作者，2018年10月入选绍兴市工匠人才库。

社会在进步，设备在更新。想要自己提高新的台阶，必须提升文化水平和业务能力，从中级维修电工到高级维修电工，他不断地提高个人技能水平。并用一技之长，认真做好"传、帮、带"工作，近年来章卓林已带出五个徒弟，他们都已成为电工技能人才，目前均在公司下属企业重要岗位工作。

一位管理者和一个团队，如何做好自己的角色定位，要有不断的创新精神，制定很好的目标，做到和想做是两个概念。他在工作中兢兢业业，任劳任怨，积极团结带领团队人员做好节能减排、变频器改造工程及功率因数提升等大量工作，为企业创造了一定的经济效益。

作为一名共产党员，他时刻牢记全心全意为人民服务的宗旨，严格以党员的标准要求自己，并做好模范带头作用，以积极的心态面对生活、帮助别人、回报企业，2019年被评为厂优秀共产党员。

浙江 汤协祯

浙江省金华市金东区岭下镇后溪村人,现就职于金华市公交集团有限公司

汤协祯,1979年4月出生,浙江金华人,高中学历,2008年进入金华市公交集团有限公司营运一公司担任20路公交车驾驶员。12年来,他先后荣获"全国公交驾驶员节能技术大赛节能明星奖""浙江省技术能手""浙江省技能大赛公交客车驾驶员项目个人第二名""公交集团驾驶员技能比武大赛第一名",并连续多次获评集团"先进工作者""春运先进个人"等称号,2019年因精湛的业务被工会"劳模人才创新室"聘为客座讲师。

汤协祯所在的20路是"省级巾帼文明示范岗"和"省文明窗口示范点"线路。从事公交驾驶员12年以来,他有着高度的职业道德和团队意识,2013年因表现优异被选为"公交20路精品线驾驶员"。汤协祯刻苦钻研驾驶技能和服务水平,给广大群众提供安全、优质的服务。为给乘客创造优良的乘车环境,他不断自我加压,探索各种清洁方式,车厢卫生不留一处死角。

12年来,他一直苦练驾驶技术,从不规则S弯路、单边桥、限宽门、S库正进倒出(限时3分钟)、应急处置(灭火)限宽门、桥型库正进倒出、一进一倒公路调头、港湾式停车、八字库正进倒出、定点停车等每一项内容他都反复琢磨,反复训练。正是凭着这股钻劲、韧劲,他的驾驶技艺超群、游刃有余,成为行业中的佼佼者。

2018年,在公交集团"百日安全生产竞赛活动"驾驶员技能比武大赛中,他从1 000多名驾驶员中脱颖而出,轻松获得技能比武第一名。2019年第五届"宇通杯"全国公交驾驶员节能技术大赛在安徽合肥拉开序幕,赛前汤协祯日夜集训,在新能源车辆技术革新的时代,不断研究和摸索新能源车辆的性能,虚心向专业人员请教,很快掌握新技术的理论和应用特点,获得全国大赛第一名的好成绩,受到业内人士的广泛关注。接着他一鼓作气,在2020年8月刚结束的浙江省技能大赛公交客车驾驶员项目中荣获第二名的好成绩,并获得"浙江省技术能手"称号。

2019年,汤协祯被工会"劳模人才创新工作室"聘为客座讲师,他把自己的技能毫无保留地分享给大家,带动更多的人爱岗立功。他结合实际工作梳理了伤客事故发生的原因及避免车内伤客事故8个方面的操作方法,被安全部门誉为"教科书版本"。他总结了新能源客车主仪表指示灯的含义及故障灯处理方法,制作成指南折页,简单易懂,方便广大新能源车辆驾驶员查询学习,真正发挥技术带头作用。

钱玉军

浙江省金华市婺城区竹马乡联民村人，现就职于金华市玉军花木盆景专业合作社

钱玉军，中共党员，1972年9月出生，现为金华市玉军花木盆景专业合作社销售和技术负责人，2019年"浙江省劳动模范"，国际茶花协会理事，金华市星火计划带头人，金华市花卉协会常务理事，金华市十大乡土人才，竹马乡商会副会长。

10多年来，他始终奋战在农业第一线，扎根大地，辛勤耕耘，有一分耕耘就有一分收获。如今的他终于奔上了绿色农业致富之路，创办了金华市玉军花木盆景专业合作社，为当地农民树立了刻苦创业、勤劳致富的好榜样。合作社先后获得"花卉苗木科技带头示范户""浙江省高质量守诚信花木单位""全国科技示范户"等荣誉称号。

金华市玉军苗木盆景专业合作社以五针松盆景制作基地为基础，从最初的种植面积30亩发展到如今的2 000多亩，年产生经济效益达7 300多万元。基地遍布浙江省周边村庄，为政府提倡土地流转做出了贡献，为当地富余劳动力解决了就业问题，增加了大部分农民的经济效益。为解决苗木盆景销售问题，他建立了苗木互联网销售的专业服务平台，可将产品销往全球，解决了周边农民的销售困难，深得周边村民的尊敬和信任。基地的不断发展全靠党的好政策，也得到了省、市、区三级领导的高度重视和肯定，近几年来多次获奖，是浙江省花卉花木盆景龙头基地，浙江省规模最大的苗木产业。金华市玉军花木盆景专业合作社为2019年中国北京世界园艺博览会提供苗木价值达800多万元，所提供的苗木深受各界专业人士的认可，吸引大批国际友人和游园民众驻足观赏。从最初的苗木场发展到现在的浙江省龙头苗木基地，打响了浙江省苗木产业的金名片，也为美丽乡村建设提供了丰富的资源，多次得到国外友人、各界人士和各方同仁的赞美和光临，吸引许多专业爱好人士慕名前来。

盆景基地的前景好，规模也变大了，但是钱玉军并没有止步，继续帮助苗农和村民发展苗木经济，带动集体致富。他始终树立发展以富民为先的观念，富民以创业为先的内力，凭着自己学到的知识和执着的精神，带动周边农户加入合作社（现加入合作社已有260户），在他的感召下，当地相当一部分农户都已走上了小康之路。他多次到省农科院学习、参加生产技术研讨会，请教花卉栽培管理的先进经验，丰富自己的科学知识。他还把平时学到的经验和技术及时带回，主动上门传经，把自己多年积累的技术和经验毫无保留地传授给苗农，还经常自己掏钱复印资料送给专业户，在他的带动下，全村85%的农户都种上了花卉苗木。

浙江 盛庆萍

浙江省金华市婺城区琅琊镇上盛村人，现就职于金华市亚虎工具有限公司

盛庆萍，中共党员，1978年7月出生，浙江金华人，现任金华市亚虎工具有限公司财务总监，主持公司财务管理与信息统计工作，拥有中国总会计师协会管理会计师证、剑桥大学职业领导人财务总监（CFO）资格考核认证，曾获得"金华市地税纳税服务志愿者""金华市非公经济优秀财务总监"等荣誉称号。

盛庆萍刚入职时只有中专文凭，凭着一股韧劲在2006年通过成人自考考取了大专文凭，又在2012年通过专升本获得了本科文凭。她在工作中碰到难题时，会不断地查阅资料、请教他人，或者报名参加培训，直到把问题彻底解决为止。2010年，盛庆萍担任知识产权部部长后，带领部门员工认真学习有关政策法规知识，提出并制定了公司"研发项目管理制度""研发经费核算制度""研发人员绩效考核奖励制度""知识产权管理制度"等多项制度，促进公司研发组织和知识产权的管理更加科学化、规范化和体系化，为公司2011年被评为"浙江省专利示范企业"，2012年被评为"国家高新技术企业"，2016年获得国家知识产权优势企业认证及贯标做出了突出贡献。

作为公司统计负责人，盛庆萍建立统计工作体系、严格统计审批程序、认真做好统计分析，同时开展考核评比，形成激励机制，持续提高统计数据质量，帮助公司评为"金华市统计诚信示范单位"。作为公司财务负责人，盛庆萍主持制定公司的财务管理、会计核算和会计监督等规章制度和工作程序，建立公司的风险关联机制，识别经营风险、市场风险、信贷风险并提出相应的建议和计划，建立财务预警系统、出口企业风控体系，每年为公司节约成本100多万元，帮助公司成为"百家守银行重信用单位""浙江省AAA级守合同重信用单位""浙江省信用管理示范单位""浙江省A级纳税单位"。2017年，她为企业取得的四合一多功能木工据台的研制及产业化项目研发成果统筹财务事项，帮助项目取得省级工业新产品验收证书，并获得"浙江制造"认证。

盛庆萍在公司团结友善，对身边有困难的同事尽可能地提供帮助，当同事家人遭遇交通事故时第一时间前往探望，献上爱心。她也非常热心公益事业，常利用自己的休息时间，去敬老院关心关爱孤寡老人。金华创建文明城市以来，她积极参与宣传创文知识、规劝不文明停车、引导垃圾分类等社区志愿活动，为创造大美金华贡献自己的一份力量。

何惠娟

浙江省兰溪市赤溪街道山背岗村人，现就职于浙江祥嘉纺织有限公司

何惠娟，中共党员，1983年10月出生于浙江兰溪，高中学历。2003年至2013年，她在浙江立马云山纺织公司做穿经工。2013年至2020年，她在浙江祥嘉纺织有限公司继续做穿经工。在纺织企业上班的十多年里，她工作勤勤恳恳，获得了相应的荣誉。2014年，她在浙江省鑫浪杯穿经工职业技能竞赛中，力克群雄，荣获全省全能冠军。这些年来，她先后获得"浙江省五一劳动奖章""金华市劳动模范""全国穿经工职业技术能手"等荣誉称号。2017年，她还当选为金华市第七届人大代表。

刚走上工作岗位时，她动作不是很快，是一位老师傅传授给她经验，让她大有感悟，快速成长。当然，最主要的是内因，是她自己刻苦钻研，是她自己志存高远。她自己跟自己较真较劲，要成为最优秀的穿经工，要成为企业技术能手，要争做岗位标兵！别人一下班就急急忙忙回家，她却主动留下来加班加点，连续干十个小时，是家常便饭。她认定一个道理：熟能生巧，干得多了，终究能干好、终究能干得漂亮、终究能出类拔萃。

有的工友动作慢，完不成月度任务，何惠娟助上一臂之力。有的工友家里有急事，她接上活儿代替做，不计报酬。有的工友抱怨工作太辛苦，她劝导她们调整好心态，继续好好在本企业干下去。所在的企业准备建立分厂，要为车间生产做好铺垫，基础工作做好了，车间生产才能正常运行。何惠娟在工友中有威望，说句话非常灵。她引导工友同心同德，协助分厂班子把事情做好干实，推动车间与全公司产销两旺。

何惠娟整天在企业忙忙碌碌，很少有空闲的时间照顾家里。她是劳动模范，必须要在企业里多劳动，多做贡献。孩子和事业都重要，作为企业劳动模范，她只能以事业为重。儿子才九岁，读小学三年级；女儿十二岁，读小学五年级；一对儿女都需要母爱，都需要格外照顾，她在企业忙得不可开交，家里的事情只能拜托丈夫。

在2017年金华市第七届人民代表大会上，她提出的"多措并举缓解用工荒"议案，被评为优秀建议。2018年兰溪政府工作报告中提到大抓实体经济，高质量发展，做精做大做强。她思考兰溪是纺织大市，做精做大做强的关键在人才。她建议开展纺织产业人才队伍建设，助推实体经济高质量发展，受到了市领导和全体人大代表的充分赞赏。

何惠娟表示，她是来自农村的普通人，是党和国家给了她那么高的荣誉。作为党员和劳动模范，她不能停滞不前，而是要在自己的岗位上，继续发光发热。

浙江 高志发

湖北省武汉市蔡甸区张湾街禾稼村人,现就职于浙江四达工具有限公司

高志发,1980年11月出生,湖北武汉人,2001年10月入职浙江四达工具有限公司工作至今,先后从事企业五金车间操作员、磨床车间检验技术员、企业技术研究开发员等工作。他现为公司高级工程师,从事生产一线新产品的开发、新项目的关键技术攻关工作,组织员工进行新技术、新技能的培训学习和应用。

浙江四达工具有限公司是一家生产套筒组合工具的企业,以前生产工艺太落后,很多关键技术上不去,致使公司生产不出高品质的产品。在这样的情况下,高志发作为主要的技术骨干组织和参与到企业的新产品开发和技术项目的升级改造中去。经过一段时间的市场调查和长时间的技术攻关,企业先后研发出了10多款省、市级高新技术产品,17款国家发明专利、新型产品专利等高新技术产品;2019年主导制定了套筒手动扳手"浙江制造"的研发标准并通过审核认证。他研究开发的"108件套组合工具"获得"金华市科技进步二等奖","多功能传感接头"获得"金华市技术创新优秀成果"等荣誉。企业受到了上级主管部门的表彰和奖励,并且被评为"金华市高新技术企业"。与此同时,企业的技术改造项目也取得了重大成功,顺利通过了相关部门的验收。

数款新产品的成功研发和技术改造项目的成功实施,为企业带来了良好的经济效益和社会效益。经过公司的测算:由于新产品大量投入市场使企业产品的附加值增加了120%以上,直接销售收入增加了40%以上,2019年新产品的销售给企业增加了约8 000万元的销售额以及1 200多万元的利润。同时企业的部分产品也完全取代了进口产品,填补了国内一些产品的空白,让很多客户受惠,企业在行业中赢得了较好的口碑并且扩大了企业的知名度。

高志发也因在工作中的突出表现,荣获"浙江省优秀农民工""义乌市最美职工""义乌市十佳外来建设者""创建学习型企业教育先进工作者""义乌市经济技术创新能手""义乌市勇克时艰优秀职工","义乌市苏溪首届十佳金牌职工",义乌市工会第十六次、第十八次代表,义乌市共青团第十六次代表等荣誉。

他积极走访客户,了解市场需求,进行大范围的市场调查,为新产品的设计研发打下了基础,为企业成为行业内的领军者做出了巨大的贡献。公司也成为国内最大的"套筒生产基地",在同行业中享有较高的知名度,产品远销100多个国家和地区。在这一系列的技术研究创新等工作中高志发同志表现突出,为企业的跨越式发展做出了贡献,他自己也已成长为企业的核心技术骨干。

吴飞虹

浙江省浦江县仙华街道河山村人，现就职于浦江凯瑞生物科技股份有限公司

吴飞虹，中共党员，1972年12月出生，浙江省浦江县仙华街道河山村人。多年来，为提高企业经济效益和社会效益，吴飞虹常常加班至深夜，以创新优化作为着力点，帮助企业攻克技术难关，提升核心竞争力。作为项目负责人，与名校联合完成省重大科技专项"酶－膜耦合技术制备肝素钠"项目的研发。该项目进入产业化实施以来，已实现酶－膜耦合技术替代传统工艺，彻底解决了传统工艺中存在的能耗高、废气废水排放量大、环境污染严重等问题，提高了产品收益率的同时，又提升了产品质量，为企业创造了巨大的经济效益。

"科技创新源于对职业的敬畏与热爱。"吴飞虹全身心投入到事业中，为企业谋福利。她在岗位上不断实践学习，帮助企业在激烈的市场竞争中持续保持优势，以科技创新为企业创造价值。

目前，肝素钠粗品尚无公认的和共同遵守的质量标准及生产规范，为提升企业在行业中的竞争地位和话语权，作为企业标准的制订人，吴飞虹积极参与到"肝素钠粗品质量标准"团体标准起草名录工作中，力争为促进我国肝素钠粗品行业的规范化、标准化进程，为提高质量和生产可追溯性提供技术支持。

自参加工作以来，吴飞虹怀揣着对职业的敬畏与热爱，工作一直兢兢业业，努力创新，在原药厂任职期间，吴飞虹曾与公司技术团队共同完成国家一类新药注射用盐酸丁卡因、三类新药注射用克林霉素磷酸酯等多个新产品的研制、注册工作，用一次又一次的突破，为企业发展带来可持续发展的动力。她勤于学习，锐意进取，对自身严格要求，不断完善、提升自己各方面的能力水平。她积极参加成人高等教育，通过不懈努力取得了浙江大学药学专科文凭，为更好地胜任本职工作，还取得了制药工程工程师任职资格等资质。在她的勤奋、努力下，历年来，她获得过"金华市知识型职工标兵""金华市科学技术进步奖二等奖""一种利用固定化酶提取肝素钠的方法"专利发明人等多项殊荣。2020年4月，吴飞虹被金华市总工会授予"金华市五一劳动奖章"。

虽然众多的荣誉加身，但吴飞虹仍不忘初心、砥砺前行，继续坚守在工作岗位上，用科技为企业赋能、用自己的汗水为企业谋发展。

浙江 高文兴

浙江省武义县王宅镇岩宅村人,现为浙江省兴森科技有限公司负责人

高文兴,中共党员,1967年12月出生,从事食用菌生产经营与试验研究36年,在香菇、秀珍菇、灵芝等食药用菌菌种制作及栽培方面积累了经验。他现为浙江省兴森科技有限公司负责人,具体负责研发与销售管理,兼任浙江省食用菌协会副会长,被聘为武义县委党校兼职教师、武义县红领新青年联合会创业导师等,曾获得全国农村青年创业致富带头人、全省百名突出贡献农村经纪人、浙江省新农村建设带头人"金牛奖"提名奖、金华市劳动模范等荣誉,当选为金华市第六届、第七届人大代表。2019年,高文兴获评高级农艺师。

高文兴以创办创新型企业为抓手,累计投资3 800多万元,建成集研发、示范、推广、销售为一体的食用菌科技示范园区,促进企业发展、带动农民增收。浙江省兴森科技有限公司获得"浙江省农业科技企业""金华市农业龙头企业"等称号,创建的"食用菌精品园"被授予园艺所食药用菌科技示范基地、金华市农村科普示范基地等,并被确定为全省首批"特色菌园"省级示范基地。

以浙江省农科院食用菌团队为主要技术依托,高文兴主持承担省重大科技专项1项、市县科技计划项目5项,组织开展秀珍菇设施化栽培、香菇周年高效栽培等10多项技术的试验研究,探索建立了全省首家采用联栋钢架菇棚生产示范基地,通过引进、创新,研发建立了灵耳工厂化栽培模式。在全县率先示范推广香菇开放式接种等多项先进实用技术,其中"菌菇人工培养恒温装置"获国家实用新型专利授权。该专利成果采用地热间接加温技术,改变传统直接加温方式,降低成本,创造适宜的生长环境,满足食用菌菌丝生长、子实体分化时期的温度要求,破解了食用菌反季节生产技术难题。

高文兴针对秀珍菇生产成本高、病虫危害、产品储运易劣变等问题,以承担实施浙江省重大科技专项"秀珍菇安全高效栽培关键技术研究与应用"为抓手,通过院企协同创新,开展了轻简化栽培工艺、生态高效配方、病虫害安全防控和鲜菇酸化劣变防控等技术研究,研发出"秀珍菇移动式制冷催蕾装置""新型可控式秀珍菇菇房"两项成果,均获国家实用新型专利授权。集成移动式制冷催蕾、高效喷雾增湿、水冷降温等关键技术,总结出秀珍菇安全高效栽培模式,建成省内一流、国内先进的秀珍菇设施化、智能化、集约化栽培示范基地,年栽培秀珍菇180万袋,年产值突破1 000万元。项目技术成果荣获2019年度浙江省农业丰收奖一等奖。

近年来,高文兴利用研发的科技成果,在省内外指导建成秀珍菇栽培示范区14个,年增产值8 600多万元、利润2 800多万元,累计辐射推广1.4亿袋,促进菇农新增收益6 200万元以上。

施彩凤

浙江省金华市磐安县方前镇陈香村人,现为磐安县乌石村施彩凤小吃店店长

施彩凤,1980年5月出生,从小热爱祖国,拥护中国共产党,对中国传统小吃情有独钟。自从她开了磐安县首家磐安小吃管头示范店后,生意十分红火,得到全国各地游客的一致好评,每年接纳游客量达10多万人次。在她的影响带动下,磐安小吃门店已达40多家,遍及金华、仪陇等多地。作为磐安小吃和磐安药膳小吃的带头人,她积极参与推广小吃、改良产品和制定标准,其中经过改良后的养生卷饼筒,在2019年5月浙江省第二季民间美食巧女秀中荣获巧手美食奖,此外,她制作的玉米粉糊啦哒、甜酒酿荣获省级金奖,黄精猪蹄和择子豆腐荣获浙江省首届药膳创作大赛个人三等奖,红薯粉扁食荣获兰溪市金奖,共荣获省、市个人奖项10多个。她还先后获评"金华市巾帼创业创新导师""磐安县草根人才""磐安县十大文旅女掌柜""最美方前人"等荣誉称号。

2019年5月23日,央视《走遍中国》栏目对她制作的传统特色小吃进行重点采访报道,同月浙江卫视《美食兄弟连》也对她制作的甜酒酿"合合心酿"进行专门报道。《浙江日报》也对她制作的黄精猪蹄等4道富有地方特色的药膳进行采访报道。

作为经营小吃带头人,她积极参与各种小吃的帮扶培训,积极传授小吃技艺。2019年7月,她作为导师,为磐安县结对帮扶的四川省仪陇县60位贫困户培训小吃制作技能,其中有1人培训后还在当地开办了磐安小吃门店,实现脱贫致富。此外,她还为13个发展中国家女官员现场教学清明果制作。

2020年初,她积极参与新冠肺炎疫情防控捐款,主动参与县里组织的磐安小吃网络线上授课,培训学员500多人,平台点击率上万。8月份,她先后为新渥街道、大盘镇等多地的200多名贫困户开展帮扶就业培训3期。

她的磐安小吃管头示范店还得到省、市领导的一致好评,多位领导曾先后到她店里视察,给予充分肯定,并鼓励她把新业态小吃健康产业和培训帮扶就业做好。受到领导的鼓励,她动力满满、干劲十足,决心做一名积极创新创业的农民工,为更多的农民工就业付出努力。

浙江 钱克俭

浙江省金华市金东区澧浦镇上湖村人，现就职于新世纪建设集团有限公司

钱克俭，1969年3月出生，国家一级注册建造师，工程师，现任新世纪建设集团有限公司项目经理。他从一名普通的农民工成长为全国优秀项目经理，成为浙江省金华市建筑业具有一定影响的行业专家和企业科技创新的带头人。

他是公司唯一一批校企合作、由企业自主招生培养的人才，1987年2月，他毕业后到金华市建筑公司（新世纪建设集团有限公司前身）工作，被分配到建筑工地生产一线，之后多数学员因环境艰苦、待遇不高等原因相继离开了企业，留下来的屈指可数。钱克俭怀着对建筑事业的热爱和对企业的赤胆忠心，一直无怨无悔地坚守，从泥工学徒做起，先后干过材料员、施工员、项目技术负责人、项目经理。

自参加工作以来，钱克俭把业余时间用在刻苦钻研业务上。2004年9月至2006年6月，他在西南科技大学工业与民用建筑专业修完全部课程，取得大专学历。与此同时，通过行业组织的专业技术培训和自学，不断提高自身的知识储备，用孜孜以求的学风，认真学习新知识，研究建筑业新工艺，学以致用，把扎实的业务基本功转化为解决生产技术难题、提升管理水平的能力。他负责承建的金华市金东区房地产管理所办公大楼，荣获2014年浙江省"钱江杯"优质工程。2017年3月，新世纪建设集团有限公司中标承建金华市婺城区安居工程城中村改造项目（勤俭一期），由钱克俭担任项目负责人。这项工程不仅是金华市委、市政府的重点民生工程，而且是金华市区第一个采用装配式新技术的项目。为了不辜负党和政府的殷切期望，建好让人民群众满意的安居工程，钱克俭带领大家日夜坚守在项目工地，协同作战，创新攻关，解决了一个又一个难题，使工程质量达到了精品的品质，荣获浙江省建筑业文明施工标准化工地。

近几年，新世纪建设集团有限公司响应政府"走出去"发展的号召，在立足金华本地的同时，积极向外拓展业务，扩大经营规模。为了工程建设的需要，钱克俭足迹遍布安徽、宁夏、陕西等省市和金华各县市，他全身心投入，成为新世纪建设集团有限公司驻外人员的榜样，被评为"浙江省优秀建造师"和"全国优秀项目经理"。钱克俭"扎"在基层，狠抓工程质量安全，营造争先创优氛围，带领QC小组研制完成创新成果，不仅使建设进度明显加快，施工成本节省，而且在省、市建筑业QC成果发布会上获奖，受到专家学者的高度赞赏。他深入施工现场进行技术指导，经过他的努力，项目部人员的业务素质明显提高，不少青年员工脱颖而出，成为企业管理和施工技术的优秀人才。

黄雪梅

浙江省龙游县溪口镇步坑源村人，现就职于浙江德辉食品有限公司

黄雪梅，中共党员，1975年12月出生，在职大专，浙江龙游人，曾先后荣获中式糕点技师、中式面点技师、食品工程工程师，龙游县第三届、第四届首席技师，衢州市非遗传承人，衢州市技能大师，浙江省农村青年致富带头人等荣誉。

作为一位食品技术骨干，她深知食品安全管理和产品品质的重要性。在平时的工作中，不断学习食品安全法等法律法规，把食品安全始终放在第一位。

她带头设立了德辉食品研发中心，并组建技术研发团队，先后开发德辉酥饼、善蒸坊龙游发糕系列产品及中式糕点类的其他产品。在产品包装技术上，由于前期产品包装技术上的问题，造成产品在保质期内产生了霉变，经过多方市场调研，发现大品牌产品在产品的保鲜方面做得更好，于是她在研发中心利用包装膜硬塑材料，通过多次的实验、留样，在无菌室利用"真空充氮"，解决了霉变问题。通过此次技术改进，企业产生了300多万元的赢利。

酥饼是一个传统手工产品，她到金华、衢州、绍兴等地走访，发现很多消费者对传统酥饼喜爱度不是很高的原因是由于酥饼的表面太硬、太厚，馅料没有混合均匀，在和一些消费者交流后，她与团队讨论，开发了一个独特的"薄"酥饼。酥饼的内馅不再是传统的干菜油肉，而是有了香、甜、辣多种口味、多种肉馅的酥饼，同时创新发明了"一口酥"小酥饼和软酥饼，产品投放市场后，大受消费者喜爱，研发出的"薄"酥饼，是当时国内首创，并获得了发明专利。

在研发工艺不断创新的同时，她在公司全面开展"以师带徒"行动，发动老员工点对点、手把手地教新员工，并对员工的管理能力、技术能力进行系统性培训，不定期开展技术探讨与交流。因此，她取得了龙游县第三届、第四届"首席技师"的称号。

2017年，由她带领的团队成立了黄雪梅技能大师工作室，2019年通过验收取得了衢州市黄雪梅技能大师工作室，对公司高技能人才的培养体系进行了再完善，通过多年的培养，企业现有高级工112人、技师9人、高级技师2人、工程师2人、经济师1人。

在产品科研上，她主动与省、市多家食品加工研究所、江南大学等多所高等院校开展院企、校企合作，牵头建立了产品研发科室，产品研发能力得到了增强，目前她个人获得国家发明专利2项，实用新型专利6项，外观设计专利91项。

浙江 江理勇

四川省达州市达州区双堰塘村人，现就职于仙鹤股份有限公司

江理勇，1984年7月出生，四川省达州人，大专学历，化工总控工技师、自动化工程师，并获得"衢州市优秀技能人才""知识型职工标兵""中国自动化产业链智库专家"等荣誉称号。2001年5月，他进入仙鹤股份有限公司工作，现任仙鹤股份ERP项目经理。

在造纸行业工作的20年里，他刻苦学习、奋发钻研，积累了丰富的实践经验，通过对自动化新技术的不断学习、研究，在行业里获得较高声望，被特聘为中国自动化产业链智库专家。

他主持公司"特种纸智能制造工业互联网平台"和"两化融合"项目的建设，在自我创新方面不断研发，开创新的技术，其中"用于造纸的碎浆机""造纸输出辊的激光对标装置"已获得国家实用新型专利，并在公司范围内广泛应用；"一种用于白水循环的锥形除渣器""一种高强低静电CTP版衬纸的制备方法""一种贴片电容器纸的制备方法"技术也在技改中投入使用，正在申报国家发明专利。针对公司原材料纸筒芯抗压强度无法检测的问题，他自主设计并研发了相应的抗压强度检验仪器，成功为公司在原材料采购及检验方面提供坚实的数据化保障。

"技术精湛、业绩辉煌"是公司同事对他的广泛评价，他先后获得公司2016年度"技术创新"、2019年度"优秀管理者"荣誉称号。

他不断学习、探索、研究，将自身过硬的技术知识、勤奋的工作态度和坚韧不拔的精神投入项目建设，负责公司新项目自动化设计、采购、安装、调试、运行等一系列工作。每条生产线不断优化再创新，到目前累计共建设26条先进的特种纸生产线，帮助公司从一个传统的特种纸企业逐步成长为拥有智能制造先进装备系统的高性能纸基功能新材料企业。

在生产成本方面，他对公司生产线排出的高热值冷凝水通过再次蒸汽系统进行节能改造，每年为公司节省能源费用367万元。运用机器换人，把辅料系统进行技改，每条生产线上工作人员从6人减少为3人，既保证了工艺配方的稳定性，又降低了人工成本。

2017年，他负责公司ERP信息化建设工作，完成基础信息编码统一化、标准化、规范化，为企业打造"工业4.0"、迈向中国制造2025奠定了信息工程基础。

在仙鹤股份有限公司工作的20年期间，他兢兢业业，将自身技术经验毫无保留地传授给他人，通过传帮带方式先后培养出10名技师、30名高级工程师、27名中高层管理干部以及若干名技术骨干。

王俊勇

浙江省衢州市柯城区黄家乡东山村人,现就职于衢州元立金属制品有限公司

王俊勇,1988年9月出生,浙江省衢州市柯城区黄家乡东山村人,2006年9月进入衢州市技师学院数控技术应用专业高级工班学习(系本地技工学校,2009年7月毕业),同年10月参加成人高考,被浙江工业大学函授班录取,2010年1月取得数控技术大专学历。2009年12月招工进入衢州元立金属制品有限公司,现任公司机械修造厂普车车工。

机械修造厂金工班,负责全公司所有生产厂的金加工维修工作。他始终立足岗位、兢兢业业,用自己的实际行动争创一流成绩。在工作中,经常会遇到生产单位检修需要临时加工部件的紧急情况,无论何时,只要接到电话,他便立即赶往车间协助完成工作任务,确保各分厂的正常生产。

他完成了高压电机YRKK转子轴的维修,为企业此类电机维修奠定了基础,他加工的多头蜗杆替代了国外配件,为企业节约了成本。

他积极探索设计能改善工作环境和工作效率的工装夹具,比如:针对车床的三爪卡盘经常容易被铁屑卡住爪,设计了一种可以自动伸缩的遮挡铁屑的夹具,减少了三爪的拆卸时间和磨损;针对轧辊车间的硬质合金顶尖进行技改,改变了原有顶尖易断的危险,提高了加工时的安全系数。

为了提高技术水平,他还积极参加公司内外的数控车、CAD制图、加工中心、材料热处理等各类理论培训。为了检测自己的技能水平,他更是积极参加各级技术比武,在公司举办的车工技能比武中,基本都名列前茅,2016年荣获"衢州市竞赛车工组第四名"的佳绩以及"浙江省青年岗位技术能手"称号。由于他表现突出,2016年被公司评选为"先进个人",2017年被公司评为"优秀团员",2020年荣获"衢州市首届职工技能运动会车工项目二等奖"。

2018年,因成绩突出,他加入"浙江省叶土良技能大师工作室",承担着分厂新招车工和技艺薄弱员工的教学任务。两年多来,他在班组、工作室的培训教学时间已达60多课时。他常常以自己的成就来激励年轻一代学徒们不要心浮气躁,急于求成,要不怕苦、不怕脏,在国家日益支持基础产业工人的政策下,拥有一技之长肯定有所成就。他虽然才30多岁,但已经是4个徒弟的师傅,其中2个徒弟已达到高级工水平,并多次在公司技能比赛中获得荣誉。

他不仅对本职工作充满热情,还热心公益事业。2020年新冠肺炎疫情期间,由于公司正常生产,他在上班空闲之余协助分厂做测量体温、消毒休息室等工作,一做就是4个多月。通过努力付出,他为同事们筑牢了疫情防控的坚强堡垒。他还经常参加义务献血,为公益事业做出贡献!

浙江 郑红军

浙江省衢州市柯城区航埠镇金万村人，现就职于浙江开山能源装备公司

郑红军，1978年6月出生，浙江开山能源装备公司受聘技师，高级技师，获得2014年衢州市绿色产业集聚区焊工比武第一名，国防某新型舰艇配套装备指定焊工，现为印尼SMGP公司焊接技术骨干。

郑红军自1998年3月进入电焊行业，从平焊到仰焊，从手弧焊到氩弧焊再到数字化双脉冲气保焊，他刻苦钻研既具备生产效率又能够完美焊接的技术。他积极参加各级专业比武大赛，获得"衢州市首席技师""衢州市百优工匠""省级优秀技能人才"等荣誉称号。作为集团技术骨干，先后被派往至匈牙利、美国、印尼等项目现场安装地热电站，成功从一名普通焊工成长为国家高级技师。为响应国务院2025年实现制造业强国规划，2016年10月，他获得省人社厅公派前往德国学习的机会。在开山容器公司引进两条六轴机器人焊接自动化流水生产线项目中，他参与前期工艺制定、实际参数优化论证及工装改进工作，实现每年为公司节约成本50万元的目标。

2015年，他主持的"衢州市郑红军技能大师"项目挂牌成立，专攻生产技术瓶颈。如："美意"产品小直径筒体小于350 mm埋弧自动焊工装设计开发应用，有效地解决了困扰车间多年产能低、质量不稳定的难题，车间生产效率提高2倍。

2019年6月，由他焊接的当地最大壁厚（100 mm）、最高设计压力（49 MPa）低温高压容器通过检测验收合格，发往俄罗斯，填补了衢州地区此类高端产品制造业空白。

多年来，他以干电焊"没有最好，只有更好"的口号引领同事，为公司培养出大批优秀年轻员工。凭借大师工作室的有利资源，先后为本公司及其他单位培训出技师12名、高级工30余名，营造了"学技术、学本领"的良好氛围。他授业解惑，经常帮助当地中小企业及个人解决在焊接领域所遇到的技术难题，在当地树立了良好的口碑。

2019年10月，他被派往印尼北苏门答腊岛工作，春节期间坚守在岗位一线，为实现公司2020年年底45 MW地热发目标保驾护航。2020年，公司在印尼投资的"一带一路"基建项目，因受新冠肺炎疫情影响，"如何确保SMGP现场中国员工与印尼本土员工不被病毒感染"成为项目工程的重中之重。由于员工众多、印尼本土员工防护意识较弱，他将中国防疫成功的"保持足够社交距离、勤洗手多消毒"的秘诀传递给当地员工，尽心尽责，让员工明白病毒的传播机理及危害，最终获得项目全体员工的理解并积极配合做好各项防疫工作。

王笔仙

浙江省舟山定海小沙街道庙桥村人,现就职于浙江金鹰股份有限公司

　　王笔仙,1976年5月出生,已在一线织布操作岗位上工作了20多年。她脚踏实地、诚实肯干、爱岗敬业、团结员工、刻苦钻研操作技术,是公司众多外来员工中的佼佼者。工作之初,她在师傅的教导下努力学习织布操作技术,钻研操作要领,在不到三个月的时间里就成为了一名能够独立操作的熟练挡车工,深受车间领导和班组干部的赞赏。

　　织布操作是一道技术性很强的岗位,操作得好坏直接影响到布匹的产品质量,这不仅要求操作工要严格按照操作规程进行操作,而且要眼快、手快,不停地跑巡回。王笔仙在不到半年的时间里就可以一个人独立管理三台织布机的操作,这即使是一名工作五年以上的老操作工也只能勉强做到如此。她工作一丝不苟、精益求精,操作技术不断提升,使车间里许多本地和外来的织布工都刮目相看。当时一位已经工作十多年的车间教练员曾说:"像王笔仙这样的外来员工能在短短不到半年时间就成为操作能手,这是我执教十年来的第一个。"在1996年公司举行的"金秋十月"技术大比武中,王笔仙犹如一匹黑马,在100多名织布操作参赛选手中技压群芳,以优异成绩夺得了第一名。她技术过硬,在以后的多次技能比武中成绩都名列前茅,2018年又获得了第一名。

　　她不仅做好本职工作,还在以师带徒方面做出了显著成绩。公司随着生产规模的不断扩大,陆续在安徽、河南等地招收了大量女员工。她积极主动要求带新员工,把自己的技术毫无保留地传授给了她们,同时还跟她们交流自己的操作心得、经验。并且,她为了让新来员工能安心工作,处处以自己为例,耐心地做她们的思想工作,将她们视为朋友、姐妹来谈心,在她的积极带领和热情关怀下,一些新员工掌握了操作技术,并在公司安心工作。至今王笔仙带出的徒弟已有50多名,她本人在"名师带徒"活动中受到公司和政府部门的表彰和奖励。由于她的事迹突出,2016年被评为"全国纺织工业劳动模范",2018年被选为中华全国总工会第十七次代表大会代表,并于2018年10月出席了大会。

浙江 刘文富

河北省承德县三家镇志云村人，现就职于舟山中远海运重工有限公司

  刘文富，1979年7月出生，现就职于舟山中远海运重工有限公司。他曾获得"公司职业技能比武二等奖""公司学川崎质量比赛三等奖""公司学川崎质量比赛二等奖""公司优秀外来务工者""公司最佳自主安全管理班组长""公司十佳规范班组""公司十佳作业基准班组""公司质量免检班组""舟山市优秀班组长""公司脱硫项目改装十佳优秀班组长"等荣誉称号。

  2006年，26岁的他加入舟山中远海运重工有限公司，慢慢从一位普通的工人成长为班组长，还研究出自己的一套装配方法，并在班组内推广、传承。

  2008年，公司船舶改装项目逐渐增多，他都亲自带领工人从熟悉图纸，到现场改装施工，并且都精心策划。为了减少人工浪费，他对每条改装船都做了详细的施工总结，为后续积累了宝贵经验。

  2008年金融危机后，船舶行业进行重组、洗牌。为了适应市场，公司提出了"短、平、快"的修理要求，他管理的班组在工区众多班组中脱颖而出。由于管理方法独特，在来厂修理的"菲律宾"轮和"泰国"轮上得到了典型验证，船舶首部系泊改装近20吨的工程需要短短的3天时间完成材料的预制和配送，其难度可想而知。他亲自带队花费成倍的努力，去摸清整体舱室施工步骤和材料的准备情况，以便更好地组织人员配比和施工顺序。对于整体施工，采取了先配送安装系泊设备，再拼制反面加强，避免浪费时间，紧扣时间节点。反面加强拼制时，由于加工的线型有偏差，他接过工人的割刀，现场为他们演示省力有效的施工手法。在他的努力下，工人干劲十足，施工进度得到成倍地增长，提前完成材料配送，为单船施工创造了有利保证。他对工作兢兢业业，总是最后离开内场，值夜班人员走后，他还在现场坚守。

  对于大型海损船的修理他总结了自己的一套做法，既节省人工又能提高效率，在"英普罗斯"轮大型海损船上得到了广泛推广。该船有20多年船龄，进厂时船舶的状况非常差，且不说全船近千点的常规修理施工，光是海损区域修理就足够让人头疼。该船艏尖舱海损区域过半，涉及换新区域近400吨，而且工程分布于整个船首。为了避免交叉，更安全、更有效率地完成整体工程，他采取平台区域交错施工，材料分批拼制配送的方法，对于难以取样的外板，采用制作样箱，既保证了精度，又解决了施工中的难题，为抢抓施工进度赢得了宝贵时间。

  2019年，他所带领的班组完成钢结构1.5万余吨材料的拼制配送，班组全年无安全、质量事故发生。2020年上半年，已完成脱硫改装项目下料50余条，常规修理70余条。

林波

浙江岱山县江南村人,现为岱山县凌波干水产品经营部创办人

林波,1975年7月出生,岱山县凌波干水产品经营部创办人,也是江南渔嫂协会会长。她曾获"舟山市百名优秀志愿者""舟山市社会组织领军人物""浙江省三八红旗手"等荣誉称号。

2018年,在林波的带领下,江南渔嫂们搭乘"互联网+"的浪潮,开始探索"渔嫂·家"微商品牌,初探微商领域。"渔嫂·家"海鲜制品是出自大海的味道,货品新鲜、安全、便宜,自运行以来,订单源源不断,还有些海鲜制品远销广西、湖南、福建等地。2019年,为使致富道路走得更加扎实,林波注册成立了岱山县凌波干水产品经营部,开始成规模地线上线下同步经营水产生意。

从最初将自家渔船或者相熟的船上收集的海鲜产品跳过中间渠道直接送到客户手中,到现在制作海鲜干货,做自己的品牌。林波带领着渔嫂们积极参与新技术、新产业、新业态的发展,在更广阔的电商舞台上实现客户共建、资源共享、相互扶持。林波说:"以往船老大都把鱼货批发给鱼贩子,现在我们渔嫂通过微信直接卖给客户,利润也提升了不少。"

在江南村,提起林波,男女老少个个竖起大拇指。因丈夫常年出海捕鱼,林波和村里的渔嫂们一样,一人挑起了教育子女、赡养公婆、和睦邻里的重任。2017年,在民政、妇联等各级部门领导的重视下,江南渔嫂协会成立。由于林波乐于奉献、勇于担当,大家推选林波当会长,带领江南渔嫂们撑起渔区的"半边天"。"村里的渔民们出海前,我们都会再三叮嘱他们安全第一,要遵守政策规定……"林波说。

江南村的渔嫂们劲吹"渔业安全生产、禁毒防艾、海上人民防线、反邪反诈、环境保护、亲睦融洽"这六个安全枕边风;她们组成治安巡逻队,上码头巡逻,保卫海岛的平安;她们还协助开展创城、禁毒、环境整治、维稳等工作,帮扶村里弱势老人、献爱心,广获赞誉。

在给渔区、社会带来正能量的同时,林波不忘提升着自身与姐妹们的素质。她抓住县妇联实施的"高素质渔嫂"成长计划、"乡村振兴·巾帼行动"之2019年"东海渔嫂"产品营销电商培训等机会,积极组织渔嫂们参加茶艺师、面点师等各类培训,成效显著。

通过林波的努力,如今的江南渔嫂协会由最初的60余人发展到现在的123人,也为更多人所认识和认可。《浙江日报》刊文《舟山渔嫂担起平安治理半边天》便是以林波带领的江南渔嫂协会为例,展现了新时代东海渔嫂参与渔区社会治理的新模式。

浙江 刘运红

安徽省安庆市怀宁县清河乡金桥村人,现为舟山市新城运宏包子店创办人

刘运红,中共党员,1983年3月出生。她先后被评为"最美舟山人——第四届舟山市道德模范""舟山市首届十佳新舟山人""舟山市首届最美助残人"、浙江舟山群岛新区首批"向上向善好青年""2017年度新居民义工队个人优秀志愿者"等荣誉称号,她的事迹先后被舟山广电总台、《舟山日报》《舟山晚报》《浙江日报》《浙江在线》《安徽日报》等媒体报道。

17年前,刘运红初到舟山,她摆过地摊、卖过化妆品、也在西式快餐店打过工。她想:"中国人喜欢在一顿热乎可口的早餐里拉开一天的序幕,而中式包子营养丰富,贴近老百姓的口味,只要诚信经营,一定会更受欢迎!"为了让包子口味更出众,她去包子店苦学做包子的技术,起早贪黑地把店里的脏活累活一概包下,并成功开张了第一家"运宏包子店"。渐渐地,一些居住在高档住宅小区的人也慕名而来,很快包子店就经营得有声有色,如今她已经开了三家包子店。

她说:"刚到舟山时,人生地不熟,日子过得挺苦的,但是很多舟山人都对阿拉好足嘞,一起帮我解决困难。"因为对舟山人一直怀着感恩之心,生意越来越好后,她就想着去帮助周围的人。

刘运红当初的包子店开在临城东荡田,附近有一个贫困家庭的残疾儿童很喜欢吃她的包子。当运红听说孩子家的困难后,买了大米、油等生活用品,还给他家送去了500元钱。"只要孩子喜欢吃,随来随吃,分文不收。"她说。当她获悉当地残联组织发起"手拉手、温暖你和我"的爱心大篷车活动后,便先后投入30多万元,资助了400多户困难家庭和老人。每年的节假日,不论外来务工者还是本地的残疾人、困难家庭的人、新城的环卫工人、敬老院的老人、民工子弟学校的孩子们等都是刘运红免费派送包子的对象。2017年腊八节,她和舟山市安徽商会的老乡一起,开着车,从凌晨5点开始,把包子、腊八粥等送到正在道路作业的每个环卫工人手中。2019年重阳节,刘运红干脆把工作间搬到敬老院,亲自教老人们做好吃的包子。10多年来,刘运红一家已经送出去20多万个包子、1 000多公斤大米、600多公斤菜油、500公斤猪肉。

在创业过程中,刘运红也不忘帮助那些从家乡过来投靠她的乡亲父老,安置了一批投靠她的安徽老乡,为他们安排住处,打听就业途径,联系就业单位,对于一时找不到去处的老乡先安排到店里帮忙,并发放工资,努力使那些投靠她的人在舟山能够安居乐业。

徐江

浙江省台州市椒江区洪家街道大板桥村人，现就职于浙江海正药业股份有限公司

徐江，中共党员，1990年2月出生。2012年3月，他入职浙江海正药业股份有限公司，现为制剂台州工厂302车间生产管理员。几年来，他始终以高标准严格要求自己，从一名普通的农民工成长为一名优秀的生产管理员。

2009年10月他应征入伍，成为一名解放军战士。2011年11月退伍，2012年3月入职公司，成为制剂301车间的一名操作工，在无菌分装岗位，他从最基础的事情做起，仅用一年多就成为一名熟练的操作工。

2014年，他被分配到制剂302车间压片岗位，他用一个多月时间就成为压片岗位的熟练工。由于他掌握操作技术全面，2015年年底，他成为一名真正的操作业务骨干，当上了压片岗位的班组长。

当了班组长之后，他更加努力地学习业务知识，在生产中，他把自己的技术毫无保留地传授给其他员工，为302车间完成各项任务做出了积极的贡献。也正因为他的突出表现，2019年9月，他被任命为车间生产管理员。

2020年春节期间，新冠肺炎疫情暴发。2月7日，他接到车间主任电话，车间的法维拉韦片要在2月9日至2月12日接受药监部门现场检查的通知，而此时，正是疫情处于全国最严重的时期，而他母亲身体正是需要照料的时候。

他一边通知所属员工在做好防控的同时要求2月8日全部上班，一边安抚母亲。2月16日至2月18日，他一边安排生产，一边陪检查官，为使产品在生产过程不出问题，每天只睡3个小时，为法维拉韦片的顺利获批和生产做出了重要贡献。

法维拉韦片生产后，为提高产能，需要放大扩批，他又按照扩批的要求，并配合其他部门进行安装、调试、验证，仅用15天就完成了。

近年来，徐江积极配合协助车间领导，积极工作。2015年，他所在的压片班组荣获浙江省"班组安全管理成果活动"三等奖。2017年，他所在的车间获公司"优秀管理团队"。2019年，在公司组织的"两度三挂钩"质量竞赛活动中，302车间因综合成绩突出，被公司授予"质量管理优胜团队"称号；2020年，又被公司评为"工人先锋队"，这些荣誉的背后，是302车间全体员工努力的结果，但徐江同志兢兢业业所作的贡献功不可没。

尹学长

浙江省台州市临海市涌泉镇外山村人，现就职于浙江华海药业股份有限公司

尹学长，中共党员，1971年8月出生，现任浙江华海药业股份有限公司原料药汛桥分厂副厂长。

尹学长1993年3月进入公司，从一线操作工做起，逐渐成长为车间副主任、车间主任、技术经理、安环经理、副厂长等。此外，他还兼任公司党委委员、华海药业汛桥分厂三支部书记、台州市环境应急专家、浙江省安全生产科学技术学会会员等职务。

在公司工作时，他深感自己专业技术欠缺，懂得科学文化知识的重要性，于是在工作的同时，进修了大专文凭，考取了安全管理员负责人证书、职业健康证书等，并自学化工、制药等相关专业技术知识，积极参加各项培训和交流。他凭借着自身努力，带领团队先后攻克了多项难关：2003年独立完成帕罗西汀生产线的扩产（从设计、安装、调试到规模化生产的全面管理）；2004年参与盐酸帕罗西汀及其片剂的研究，获得上海市人民政府表彰的"上海市科学技术进步三等奖"，通过对回收工艺的研究、分析、优化，将拆分剂的回收率从70%提高到85%；2008年负责策划公司SHE体系建设，完成公司"环境与职业健康管理手册"和程序文件的编制，并通过第三方认证；2010年独立完成废水处理系统新型消泡技术研究与开发，每年为公司节约运行成本50多万元；2017年独立主持完成二氯甲烷回收率提升项目，回收率提高11%。

1998年，公司并购的子公司新征了一块地，需要有一个专业的团队去打头阵，他二话不说主动请缨带领6位精英骨干，参与子公司的筹建工作，完成了新产品生产线的扩产设计、安装、调试等工作。1999年至2007年，他先后在帕罗西汀车间、综合二车间、生产技术部担任管理职务，带领团队攻克技术难关，完成帕罗西汀、西酞普兰、盐酸舍曲林等产品的扩产技改；推动工厂能源体系建设，开展节能减排项目、优化提升溶剂回收项目等。2008年2月，他又再次"轻装上阵"，支援公司的另一个分子公司（川南公司），完成四氢呋喃新型回收工艺装置，产品投产后，2009年新增产值470多万元，年平均回收率94.18%，每年节约四氢呋喃241.8吨。

2020年新冠肺炎疫情期间，从大年初三开始他就每天往返在公司与家之间，安排部署疫情防控及检查。在接到公司全面复工复产的通知后，他也是第一批赶回公司投入疫情防控的成员之一，期间他多次修改疫情防控方案，反复确认每道防控措施，仔细检查，为公司疫情防控和全面复工复产发挥了重要作用，公司成为临海第一个全面复工复产的企业。

费少标

江苏省南通市姜灶镇民平村人,现就职于浙江豪情汽车制造有限公司

费少标,1968年出生于江苏省南通市,国家高级技师、浙江省百佳农民工。他获得的国家级荣誉有:2009年—2012年全国汽车产业调整和振兴规划立功竞赛十佳优胜个人;他获得的省级荣誉有:浙江省"百佳"农民工称号、浙江省杰出职工"银锤奖""浙江省职业技能带头人""浙江省劳动模范"称号;他获得的市级荣誉有:"台州市首届金锤奖杰出职工""台州市合理化建议一等奖""台州市职业技能带头人""十佳临海新人""台州杰出工匠""临海杰出工匠"等称号。

1999年,他加入吉利控股集团下属企业浙江豪情汽车制造有限公司,积极参加各种改善项目,解决各种疑难问题。2009年,LC-1车型试装初期,线上出现了四门内饰漏雨隐患,需要四门内饰厂家更改模具。但是更改模具需要一个多月的时间,且库存的四门内饰只能全部报废,一个多月的模具更改,公司就得面临停产。根据存在的问题,他日夜趴在生产线上,利用自身的钣金绝活,最终研制出了解决此问题的样件,解决了这一难题,并为公司创造了300多万元的经济效益。

2020年4月,由于工艺的改进,发动机运输存在大量的行走浪费与设备损耗浪费。为减轻员工负担,降低质量风险的产生,提高生产效率,费少标带领工作室成员利用休息时间进行输送线改造,为公司节省了共计320多万的资源损耗。

面临产能的提升,原有发动机分装线跟不上生产节拍、无法满足多型号发动机分装。为了改进这一状况,他冒着40 ℃左右的高温四处调研,设计了可以实现多型号发动机分装及紧跟生产节拍的分装线。这一成果的实现,每年可以为公司创造约300万元的经济效益。

2020年6月,因员工搬运座椅劳动强度过大,费少标积极开展了座椅上件机械手改善项目,用以降低人力浪费,并降低因赶线提高的生产停线率。本次改善项目不仅大幅度提高了员工满意度,更减少了每年40万元的浪费。

费少标凭借深厚的技术底蕴,21年风雨兼程,兢兢业业。他于2007年荣获"集团质量标兵",2011年荣获吉利控股集团"忠诚奖"称号,2017年被授予吉利控股集团最高荣誉"书福奖",2018年荣获吉利控股集团首届"十大工匠"荣誉称号,获得集团级及公司级奖项高达25项。2018年,他正式成立技能大师工作室,多次攻坚克难,为企业节省了数百万的资源。

作为新时代的新型工匠,费少标用自己扎实的技术和精益求精的态度,通过自主研发、技能创新,其个人所获专利已多达8项。

徐南亮

安徽省绩溪县临溪镇洪塘村汪村人,现就职于浙江双环传动机械股份有限公司

徐南亮,中共党员,1983年9月出生,2005年12月从中国人民解放军65663部队退伍,2006年5月带着满腔热血加入浙江双环传动机械股份有限公司,现为分公司品质管理员。

他获得以下荣誉:2008年、2015年被浙江双环传动机械股份有限公司党支部评为"优秀共产党员"、2018年被浙江省台州市玉环县评为"玉环县优秀党员"。

2015年,他被公司选派进入台湾健峰管理技术研修中心学习,并以优秀的成绩获得健峰"ADR品质技术师资格证书""内部稽查员证书""企业管理师证书"。2017年,他通过网络教育自学获得西南科技大学工商企业管理专业大专文凭。2020年,他再次被公司选派进入台湾健峰管理技术研修中心学习,获得健峰"菁英特训班结业证书",同年他又一次参加退伍军人全日制大专学历的学习,现为双环公司内部高级讲师。

2020年新冠肺炎疫情期间,他作为第五支部疫情防控小组组长,安排外省人员包车返回公司,每天十几个小时蹲守在检测点,测量体温、登记厂区进出人员和车辆、喷消毒液、为居家隔离人员代买物品,忙忙碌碌从不停歇,协助公司于2月20日全面顺利复工,累计接外省员工近2 000人顺利返回公司。

在开拓创新方面,他每年都会在品质、技术创新方面有所成就,改善创新"齿轮花键套不进干喷技术",采用废旧设备进行改造,节约设备投入费用和人工成本。原花键套不仅需要3人并使用特殊工艺,成本高、效率低,创新后只需要1人,大大提高生产效率,每年可为公司增加20万元的经济效益。

在品质管理方面,他制定"分公司质量管理办法",对后续的质量管理起到重要指导作用,于2019年带领团队超额完成各项质量指标,节省质量报废损失近百万元。

他对于人才培养学习很是看重,并策划实施"品质生产技能活动提升方案",组织内外部技能大比武活动,提升公司人员技能水平,仅2019年通过阶段培养,就输出基层干部8名,到公司的各个岗位。

贾德存

河南省南阳市唐河县源潭镇张楼村人，现就职于杰克缝纫机股份有限公司

贾德存，1985年出生，河南省南阳市唐河县源潭镇张楼村人，现为杰克缝纫机股份有限公司装配工。作为一名农民工，贾德存身上的质朴造就了他踏实肯干、勤奋好学的良好品德，更成就了他拼搏的璀璨人生。

2007年7月，贾德存踏上台州这片土地，来到杰克缝纫机股份有限公司希望拼出一番事业。但没有学历的优势，不懂技术的他只能在一线做最基础的工作。重复机械式的操作很快将贾德存仅存的新鲜感消磨殆尽，不甘于此的他踏上了自我提升之路。白天他兢兢业业，认真对待每一台机器，下班之后，他总是简单填饱肚子就回到车间，请教前辈和班组长，主动学习其他工序。日复一日，他披星戴月；年复一年，他未曾停歇。勤能补拙成为贾德存最真实的写照，在基层四年如一日地坚守中，他锤炼意志；在勤勤恳恳的工作中，他获得了提升。机会总是给有准备的人，贾德存主动学习、深入了解各班组与产品，在不同岗位上积累了宝贵经验，在任劳任怨的实干中，成为"多能工"。

在职期间，深知责任重大，贾德存严格把控班组产品质量，做到勤检查、严监督、多整改，绝不让任何质量问题流入下一道工序。贾德存所在的班组在生产中成绩斐然，但他不满足于此，开始研究攻克整机的疑难杂症，在不断地钻研过程中，他收获了众多创新成果。在2013年公司组织的创新比拼活动中，贾德存获得了"创新先锋奖"；在公司组织的第22期QCC改善活动中，他荣获第一名；由于带线期间班组质量提升快，因此在2014年他被评为"质量标兵"。

2020年年初，新冠肺炎疫情的爆发令人猝不及防，身在家乡的贾德存因不能第一时间赶回公司复工而心急如焚。前期，他居家办公，24小时待命，随时处理各项事务；解封后，他立刻赶回公司，摸排人员复工、健康情况，统筹安排产线恢复生产；白天他一边开展防疫工作，一边巡视产线，测量体温、分发防疫物资、协调隔离事宜，确保员工健康、有序复产；深夜他守在电脑前核实、上报各类排产数据，保证数据的精确性，加快恢复生产的步伐。

多年的实操与管理经验告诉他：学无止境。贾德存经常进行跨部门沟通，但在与研发人员的交流中，他深刻意识到自己的不足，专业术语的理解与运用远比他想象的更难。从那时起，贾德存便暗下决心，要通过各种途径，提升学历、提升自我。于是，他报考了成人大专，努力提升自己的学历，并主动参加公司组织的各类专业知识培训，在专业技能方面不断精进。

浙江 叶军

浙江省台州市三门县海游街道下坑村人,现就职于浙江三维橡胶制品股份有限公司

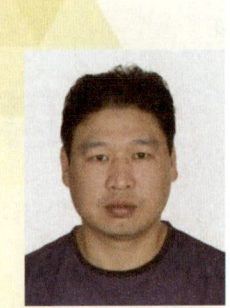

叶军,中共党员,1975年1月出生于浙江省台州市三门县海游街道下坑村,大专学历。1999年5月他加入浙江三维橡胶制品股份有限公司,从事橡胶胶带生产工作,在生产一线工作多年,积累了丰富的橡胶专业知识和工作经验。

叶军同志善于学习钻研、勤于实践创新。在橡胶生产设备工艺改造优化等方面,他总结工作经验,分析橡胶制品加工工艺问题,多次打破行业陈规,大胆开展自动化工艺设计和改造,为浙江三维橡胶制品股份有限公司的生产自动化做出了突出贡献,累计获得14项技术专利授权,其中发明专利6项,实用新型专利8项。

作为传统的橡胶制品产业,工艺标准虽然成熟,但自动化程度偏低,产品质量受人为因素影响较大。为了提高生产效率,保障产品质量的稳定性,2015年叶军带领相关设备工程人员,总结实践经验,分析解决方法,掀起了一波工艺改造创新潮。他针对产品工艺突出问题,共订立了11项改造目标,其中包括橡胶输送带工艺改造8项,橡胶传动V带工艺改造2项。这些项目分别为:带坯辊定位夹持装置、输送带生产线夹持机构、带坯导开纠偏装置、输送带生产线的对中机构、输送带生产用防损伤型牵引机、输送带生产用防滑型牵引机、输送带生产用压力可调的牵引机、自动调校的对中机构、压缩空气加热式V带圆模硫化装置、节能型V带圆模硫化装置、一种带坯导开装置。在技改期间,叶军在生产一线早出晚归,与工程人员一起不断摸索实践,优化工艺改造方案。经过近一年的努力,于2016年完成了工艺改造目标。这些项目在提高生产效率、降低产品次品率、节约人工和材料成本方面,成效显著,每年可为公司创造1 000多万元的经济效益。而这11项成果,先后都获得了专利授权,其中发明专利3项,实用新型专利7项。

此后,厚积薄发的叶军,发扬连续作战精神,将工艺创新工作视为日常工作任务,在他的引领下,公司工艺创新层出不穷,在合理降低生产成本的同时,有效地提高了产品质量口碑,获得了客户肯定和社会认同。公司先后荣获输送带全国十强企业、传动V带全国十强企业、浙江省知名商号、浙江省出口名牌、浙江省名牌产品等荣誉。

卢彪

安徽省蚌埠市五河县大新镇张圩村人，现就职于浙江绿意物业管理服务有限公司

卢彪，中共党员，1980年2月出生。2000年3月，他从安徽省五河县来到浙江台州，20年如一日扎根服务行业，从一名普通的搬运工、保洁员、保安员做起，兢兢业业，逐步成长为班组长、部门领导，直至现在担任拥有3 000多名员工队伍的民企工会主席。

20岁的卢彪一开始干的是搬运工作。正巧赶上公司承接移动基站建设的搬运业务，他干劲十足。在他的影响下，整个团队硬是为"绿意搬家"打开了一片市场，也为公司的发展壮大奠定了基础。他也多次被评为"先进个人""技术能手""优秀共产党员""公司十大劳模"等荣誉称号。

随着公司的发展，卢彪同志很快从一线员工成长为管理干部，他谦虚好学、积极上进，花了五年时间自修大专、本科文凭。随着业务的拓展，他积极参加各类培训班，拿到了石材保养师、保安管理师的技术职称。成功地身份转换，在公司物业、保安、保洁服务上，他是服务行业"专家型"的代表，经常手把手地培训新员工，严格要求、标准服务，树立公司的服务品牌。卢彪非常注重诚信服务、标准化服务流程和规范化管理的建设，使公司逐步迈入引领台州市服务企业的民营龙头企业行列。公司被开发区连续评为"十强服务业企业""浙江省服务业重点企业"。

卢彪是公司的工会主席，热心于工会建设，尽心尽力地服务于全公司的3 000多名员工。公司20多年来，从未发生过劳动纠纷，他积极组织工会参加上级工会的劳动竞赛和各项工会集体活动，组织召开运动会和文艺晚会，为队伍的稳定、公司和谐大家庭的构建付出了不懈的努力。公司工会被台州市和浙江省评为"工人先锋号"。

卢彪同志自入职20多年来，没有休息天和节假日的概念。在G20峰会、十九大召开、共和国70周年和抗击新冠肺炎病毒疫情等重大事件中，他一心扑在事业上。作为公司带头人之一，他没日没夜地工作。父亲患病，长年卧床在家，他也是长途跋涉匆忙开车回家看一眼，稍稍安顿好就马上返回工作岗位。母亲病故，急急忙忙完后事，擦把眼泪立即忙于工作。他爱憎特别分明，作为从农民工成长起来的管理干部，十分珍惜公司的声誉和影响，看到有损害公司形象的现象，不留半点情面地进行批评和纠正。卢彪作为一名共产党员，时刻与党中央保持一致，在公司党建引领和文化建设上做出了自己的贡献。

金林凤

浙江省丽水市松阳县西屏镇项弄村麻寮村人,现为丽水市巧手家庭服务有限公司负责人

金林凤,1974年4月出生,现为丽水市巧手家庭服务有限公司负责人、浙江省家庭服务行业副会长、省巾帼联盟副理事长、丽水市家庭服务业联合会会长。

当时丽水家政市场几乎是一片空白状态,金林凤注意到了这一机会,决定开始创业。2005年9月,她成立了丽水市巧手家庭服务有限公司。经过15年的努力,她将不足20平方米的社区店发展为如今1 000多平方米的办公场地。公司长期固定在岗家政服务人员1 000多人,拥有3家直营店、12家加盟店。目前,该公司旗下产业包括家政、物业、人力资源服务、产康服务、高端清洗服务、"家政+互联网服务"、职业培训学校等。

随着公司不断地发展,连续两年被授予全国家庭服务业"千户"企业,多年来一直被丽水市莲都区96345市民服务中心评为"优秀加盟企业"和"最美服务团队"。

在创业过程中,金林凤立下行业"规矩":对所有前来巧手公司应聘的服务人员免收中介费。公司成立以来,累计安置了近5万人的下岗失业人员、农村剩余劳动力及外来务工人员,大量人员通过巧手公司的介绍走上了家庭服务业。

自2008年起,她先后考取了高级育婴师证书、SYB创业培训师资证书;自2012年起,他连续3年参加了浙江省人力资源和社会保障厅举办的浙江省高端家政技能研修班,与浙江省内行业同仁一起学习。

在当地政府的扶持下,2008年巧手公司先后被人力资源和社会保障部门设为"培训定点机构""高校毕业生见习基地"。2015年成立了丽水市唯一一家以家政专业为主的家政职业技能培训学校,为市场输送了优质服务人员,树立了品牌形象,也为公司发展奠定了基础。

2019年,金林凤牵头成立了丽水市家政服务行业协会筹备组,在丽水市人力资源和社会保障局的大力支持和指导下,丽水市家庭服务业联合会成立大会暨丽水市家庭服务业"六个一"品牌工程大会顺利召开,并与保险公司等市场机构开展对接合作,已达成团体保险、金融等合作协议,在降低会员单位运营成本和风险、规范发展等方面发挥积极作用。

为加强规范家政服务行业的发展,金林凤参与制定了丽水市地方标准《家政服务机构运营管理规范》(DB3311/T 150—2020)、《家政服务员岗位通用要求》(DB3311/T 149—2020),该标准的出台弥补了丽水市家政服务行业地方标准的空白,对促进丽水市家政服务行业的发展有重要作用。

柏友周

安徽省舒城县干汊河镇新陶村人,现就职于浙江晨龙锯床股份有限公司

柏友周,1985年9月出生于安徽省舒城县,2010年来到浙江晨龙锯床股份有限公司打工。他从机加工车间数控操作工干起,通过努力学习和刻苦钻研技术,逐渐成长为公司的技术骨干和技术能手,为锯切行业及公司的发展做出了巨大贡献。他先后获得浙江省技术能手、浙江省青年岗位技术能手、浙江省"金蓝领"、浙江省"万人计划"高技能领军人才、浙江省省级技能大师工作室领班人、丽水市"百千万人才工程"领军人才、缙云"首席技师"、晨龙"拔尖人才"、晨龙"先进员工"等荣誉称号,2016年参加浙江省职工职业技能大赛获得数控铣工第三名,入选2017年"浙江省金蓝领赴英国培训团"交流学习名单,入选缙云县"高级人才联合会"委员。

柏友周勤勤恳恳,为国内高速圆锯床、高速带锯床的研发与生产提供了精密的关键零部件及加工工艺编制,以及零部件的检测、装配标准制定做出了重要贡献。

柏友周从未止步于眼前的成绩,而是不断提升自我,精修技能。他凭着过硬的专业技术、认真负责的态度、强烈的团队精神和较强的组织能力,参加完成各类科研、技改项目10余项,参与发明专利产品研发2项,参与实用新型专利产品研发12项。他于2019年主导公司工艺革新,完成带锯床导向臂加工由普通机器向四轴的数控加工,为公司节省生产成本200万元以上;成功攻克了公司圆锯机HY-65NC机型精密齿轮箱减速机部件的重大技术难题,产品质量赶超国外同类水平,年度实现销售额3 600余万元;主导高速圆锯机在汽车门铰链切割下料行业的应用技术开发,得到业内的广泛认可和一致好评,累计销售额达800余万元;在国内首台套全自动、智能化型材下料生产线的研发项目中,负责整体项目管理及技术研发和装配调试、关键零部件的生产以及其他部件的技术指导,该生产线项目价值2 000余万元。

柏友周深知靠一个人的力量不能解决所有问题,一支技术过硬的团队,才是企业的核心竞争力。他在专业技术及工作经验分享上从不保留,经常鼓励并组织车间工人,利用业余时间一起探讨学习,把遇到的技术难题及解决方法与大家一起交流分享,耐心地和每一位同事讲解,真正做到了"传""帮""带"。如今不仅他自己成为专业领域中的佼佼者,还是企业内一大批数控三轴、四轴编程人员的"好师傅",团队整体技术水平得到极大提升。公司被授予"高技能人才培养单位"的荣誉称号,这和柏友周为公司人才团队建设所做出的努力是分不开的。

周春芳

浙江省丽水市遂昌县大柘镇住龙村人，现就职于遂昌县亲农谷休闲旅游有限公司

周春芳，1963年2月出生，中共党员。2011年，借助全城旅游的春风，怀着"农业生态化、生态产业化、产业旅游化、旅游富民化"的远大目标，依托原乡林场的设施，周春芳将其投资改造成亲农谷山庄，并成立了遂昌县亲农谷休闲旅游有限公司。"亲农谷"创办伊始，他引进丽水市农科院院长金爱武教授合作团队，精心推出第一个基地，200多亩"一竹三笋"示范基地。何为"一竹三笋"？即通过科学管理，科学施肥，一年四季出笋。每年的10月到次年的5月，出产冬笋、春笋，6月到9月，出产马鞭笋。通过"亲农谷"一竹三笋示范基地的带动，使当地162户、2 000余亩茶叶及冬笋通过无公害产品认证，从而使原亩产1 000多元的竹园上升到平均亩产6 000多元，成为全国有名的"一竹三笋"示范基地，大大提高了当地农民的经济收入，吸引了全国各地毛竹产区的领导及竹农组团前来参观取经。同时，通过基地的实践，培养了一批竹笋生产专业技术人员，从而取得了企业效益和社会效益的双丰收。2013年，《舌尖上的中国》第一季第一集里的遂昌冬笋咸肉，就是在"亲农谷"摄制的。同年11月14日，《舌尖上的中国》总顾问沈宏非先生来到"亲农谷"调查拍摄取景。该片在央视首播后，坑口村的竹笋一夜间火了。

亲农谷园区总面积1 200亩，其中有竹林180亩、茶园80亩、稻鱼共生基地100亩，一期建有民宿930平方米，改建大餐厅300平方米，同时配备大型会议室、观光亭和停车场，并设立了野外拓展基地，可谓设施齐全，配备完美。如今遂昌亲农谷休闲有限公司以"公司+合作社+农场"的经营模式，以美丽新农村建设总体规划为依据，科学合理规划了居住生活区、休闲文体娱乐区、农田基本保护区、公益村保护区、竹笋园区、百果园区、茶叶园区。2014年5月，央视《走遍中国·丽水篇》报道了"亲农谷"活竹酒，这种将竹文化与酒文化完美融合的产品，霎时声名鹊起。现在，在周春芳的示范辐射下，整个坑口村已发展活竹酒竹园面积1 200多亩。

2017年，遂昌亲农谷休闲旅游有限公司休闲农业和乡村旅游项目收入1 500多万元，荣获国家级"全国乡村旅游金牌农家乐"、省级"示范家庭农场"、丽水市农业龙头企业、丽水市休闲家庭综合农场十佳、市级"林业观光园"和"林业体验园"。同时周春芳荣获了省级"农村科技示范带头人"的称号，并获得表彰。

季加贵

浙江省庆元县隆宫乡桃园村人，现就职于浙江三箭工贸有限公司

季加贵，1976年7月出生，中共预备党员，1993年到庆元县老车站修理厂当钣金工，1995年在庆元县汽车维修中心从事技术（机械、电工、钳工、焊工）工作。1997年3月起，他在庆元县成立飞达汽车修理厂工作。2005年4月，他在福建等地主营竹制品生产，现为浙江三箭工贸有限公司负责人。

二十多年来，从汽车修理工到高级技工，再到创办工艺品、竹制品生产企业，季加贵脚踏实地、刻苦钻研技术，一直坚持以科技为支撑，以创新为引领，于2015年9月被评为"庆元县（创新）菇乡精英"；2018年至2019年，被庆元县委县政府连续两年评为"庆元县制造业优秀企业家"，获得"庆元工匠"等称号。

长期以来，季加贵积极组织创新团队，建立"企业技术中心"创新平台，并与多家科研院所合作，主导实施创新，研发生产竹自动化高端装备及竹制新产品、竹材弯曲（异型）设备及生产工艺、竹材改性、竹材跨界融合等创新项目。加强横向高端"产、学、研"合作，敢于创新，并坚持不断地持续创新。

季加贵坚持走特色创新之路的发展理念，多年从事竹制品弯曲工艺提升及精品研发工作，在短短几年时间里，创新研制技术设备90多台，创新产品300多个，获得专利技术100多项，其中发明专利15项。公司创新了竹弯曲异型系列差异化产品100多个品种，同步发明了竹制弯曲异型产品机械化生产设备及工艺技术的竹布艺收纳产品、竹框玻璃镜、竹LED灯系列产品。进一步促进了庆元县竹产业发展，提高了竹产品的附加值，同时也促进了山区农民就业增收。

目前，浙江三箭工贸有限公司总资产近5 000万元，年产值5 200多万元，年上缴税收180多万元，新产品产值达75%以上，解决社会就业212人，促进竹农每年增收1 000多万元。公司已获得"国家高新技术企业""浙江小微企业成长之星""浙江科技示范企业""2018年中国创新大赛丽水市唯一进入决赛的企业"等荣誉称号。公司为浙江省庆元县竹产业技术提升发展，发挥"转型升级"的核心示范作用。

季加贵带领公司将竹制弯曲异型的生产设备和生产工艺及竹材料三者同步创新，成功地实现了机械化（智能化）生产，在大幅度提高产能的同时提高了产品质量的稳定性，并且开展了多元化的跨界融合创新。公司在竹制弯曲异型产品细分领域的产能和生产技术水平位居国内第一，在细分市场中竞争力领先，已经成为名副其实的隐形冠军。

浙江 熊金喜

安徽省宣城市宣州区杨柳镇三长村人，现就职于浙江省建工集团有限责任公司

熊金喜，1978年5月出生，木工高级技师，现任浙江省建工集团程泰德木工协会工作室技术管理负责人、浙江省建工集团有限责任公司省之江文化中心项目木工技术管理组组长。2010年11月，他在首届"双十佳"浙江青年创业奖评选中，被评为"浙江省优秀新生代农民工"，事迹被刊登在《浙江工人日报》上。近几年，他参与建设的杭州泛海国际大酒店、浙江音乐学院、杭州北山路84号国宾馆等浙江省重点重大项目，均获得了"鲁班奖"等荣誉。

1997年，熊金喜高中毕业，在家人的介绍下跟着一位老木匠学习手工木工，至此与木工这个行业结下了不解之缘。为了真正掌握一门真本事，他跟着老乡走南闯北，在干中学、在学中干，在20多个项目中不断地磨炼，建筑木工技能得到了很大的提升。

项目部有一个职工书屋，夜里，总能在这里看到熊金喜的身影。白天、晴天上班的时候，熊金喜在工地现场实干中钻研提升技术能力，晚上、雨天休息的时候，他就在民工学校学习理论知识，还报考了重庆大学的土木工程工业与民用建筑专业，进行系统学习。

通过理论知识和实操技能的不断碰撞，他在木工领域中实践了很多自己的想法。在湘湖三期安置房项目中，他大胆改进用模板通过人工锯成成型圆弧板的传统方式，通过电脑制图，采用4毫米钢块通过激光切割成所需要的弧形，弧形钢板上设有3毫米钉孔便于钢木通过元钉的连接，这样的改进有利于翻层重复使用且误差率小，与项目传统方式相比节约成本将近20万元。在丽水安置房项目中，他对预制叠合板与现浇梁的结合梁加固方式做出了改进，研制出新型的梁夹具，相比传统加固方式具有节约材料、提高效率、成型效果更好、能够重复使用等优点，得到了公司的肯定和表扬，并获得了国家实用新型专利。

在自身建筑木工技术水平不断得到提升后，熊金喜不忘传承，从2003年起收第一个徒弟到现在，已收徒12人。特别是有位工友在现场施工时不慎摔伤，脚部骨折，熊金喜考虑到他以后不能再从事繁重的体力劳动，他主动提出要收他为徒，教他木工图纸翻样、材料上报和木工工程量计算等方面的技能，从而解除了那位工友的后顾之忧。

坚定的梦想，再加上一步一个脚印的努力，使他先后获得2010年浙江建工"建设之星"、杭州市建设工地民工学校优秀学员，首届"双十佳"浙江省优秀新生代农民工，2011年浙建集团"优秀农民工"，2013年浙江建工泛海大酒店项目"优秀农民工"，2018年浙建集团"浙建匠师"等荣誉。

周国锋

湖北省安陆市洑水镇双路村人，现就职于浙江交工路桥建设有限公司

周国锋，1979年9月出生，中共党员。2017年10月，他加入浙江交通投资集团有限公司下属浙江交工路桥建设有限公司砺剑班组，担任班组技术组长。

在火箭军服役期间，周国锋不仅熟练掌握凿岩装备机械性能，而且对施工规划、坑道石质、爆破技术等情况了然于胸，具有丰富的国防施工经验，是所在部队第一位熟练掌握爆破、凿岩装备操作和维修的多面手。因为表现优秀，他曾荣立三等功两次，多次获得"优秀士兵"称号。退伍后，他加入砺剑班组，几乎每天钻研机械设备10小时以上，精益求精提升施工技术。经过大量实践和摸索，他创新了超欠挖"别钻杆"长短眼钻孔法，将以往隧道钻孔较难的超欠挖由15厘米提升到了8厘米，可节省大量施工成本。

2019年11月初，周国锋参加首届全国安百拓凿岩大师赛，斩获了总冠军。2020年9月，他作为领队带队参加集团起重装卸操作工职业技能竞赛，收获团体金奖和个人二等奖两项、三等奖一项。

在周国锋的带领下，砺剑班组形成了以技术钻研为荣、以机械操作为荣的新风尚，带领班组成员努力提升机械化操作水平，充分掌握三臂凿岩台车计算机自动控制功能，不仅使锚杆打设角度合格率达到100%，而且将施工人数由原来的18人锐减至3人，极大地提高了施工效率，每座隧道至少可节约施工成本70万元。

在3个月里，砺剑班组掘进杭州西复线1合同奇坑隧道长度540米，相当于完成了以往4个月的工程量，树立了高效的施工典范。在集团甚至浙江公路隧道施工行业内均树立起新标杆，成为响当当的"金牌班组"。

2018年年初，杭州突降大雪，接到公司抗雪抢险救灾通知后，周国锋第一个报名参加。周国锋驾驶着装载机与部队官兵、群众志愿者一起对市区的主干道进行扫雪除冰。冰天雪地里，他连续奋战27个小时，换来杭城早高峰时的车流、人流秩序井然。

2018年5月，周国锋加入浙江省首支施工班组应急救援队伍——"砺剑"救援队。2019年8月27日，甬台温高速猫狸岭隧道杭州往临海方向发生事故，休假的周国锋第一时间从广州飞回杭州，在他的带领下，凿岩团队星夜驰援，连续工作30多个小时成功完成隧道结构加固任务，为后续抢险提供了安全保障。2020年6月22日，杭州桐庐县208省道田坞段发生大规模塌方，在附近施工的周国锋又紧急率队支援，帮助地方抢通道路，收获一致好评。

浙江 付世淋

河南省商城县双椿铺镇陈寨村人，现就职于浙江省一建建设集团有限公司

付世淋，1977年8月出生，浙江省一建建设集团砌筑工、泥工班班长、浙建匠才。从业24年以来，他在砌筑岗位上苦干、实干，从一名普通的进城务工人员成长为浙江省"金蓝领"，用自己的双手砌筑出一条属于自己的工匠之路。

在工期紧、墙体高、任务重的西溪八方城项目，为抢工期，项目部要求5天必须砌筑一层，而夹层公寓不比普通住房，单层高就达4米多，内部结构也更复杂些，单层砌筑量就将近500方，相当于一天要砌3 000多块砖。在不增加劳动力的情况下，付世淋就想办法挖潜能，他将班组人员分为三个小组，三个工作面齐头并进，硬是把工地变成擂台，用面对面当场比的方式鼓足了干劲。在现场，他常说，自己不经手干，是不会知道工友们的辛苦，也没法管控进度。于是他总是带头抢着干，夏季高温，他工作服上泛白的汗渍一块挨着一块、一层叠着一层，就这样啃下了硬骨头，还提前了半个多月完成。

遇到问题勤于思考是付世淋的一大特点，他说会想办法才能干更重、更多的工作。2004年在义乌体育馆项目，他遇到了当时省内最大面积的弧形墙体结构，没法用仪器测量墙面平整度，该怎么做好呢？光凭手艺经验没办法保证大伙在一个水平线上，于是他带着工友一头扎进现场，一头在电脑上反复模拟砌筑，最后提出采用模板套模技术，推出套模砌筑工艺，一下子就解决了难题。最后，该项目获得了浙江省建设工程"钱江杯"奖（优质工程）。

40出头的付世淋初中毕业，放下书本和砖块、与泥桶相伴已二十多年，再难、再苦的活，只要有这把砖刀在手，他都能从容不迫，但面对技术比武，他却是大姑娘上花轿头一次，这不仅要有过硬的手艺，还要有扎实的理论功底，而这恰恰是他的软肋。向来不服输的他，再次捧起专业书本，通宵达旦恶补理论知识，凭着这股韧劲，他一次次在技术比武的擂台上创造佳绩。2018年7月，付世淋勇夺浙建集团砌筑工技能比武一等奖，同年又获得浙江省建筑业职工职业技能大赛砌筑工比赛二等奖，浙江省金蓝领、浙建匠才、浙江一建优秀工匠等荣誉，这些荣誉记录了他的付出。2020年，在首届浙江省技能大赛上，为挑战自己，他不惧失败再次披挂上阵，面对一群初生牛犊不怕虎的年轻人，他一气呵成砌筑了一面造型别致的"东方明珠塔"艺术墙，夺得砌筑组全省第四名，获评为"浙江省技术能手"。

艾尼瓦尔江·肉孜

维吾尔族，新疆维吾尔自治区阿克苏市拜什吐格曼乡尤喀克栏杆村人，现就职于杭州日月电器股份有限公司

艾尼瓦尔江·肉孜，1993年5月出生，维吾尔族，2017年10月，在阿克苏市和杭州市两地党委、政府的统一组织下，与其他51名年轻维吾尔族农民工，一起来到杭州日月电器股份有限公司科宝分公司工作，现主要在该公司从事电子产品装配工作。

该同志政治思想觉悟高，坚决做到在政治上、思想上、行动上始终与党中央和上级党委保持高度一致，不折不扣贯彻执行党的路线方针政策，自觉遵纪守法，坚决维护民族团结和国家统一。政治立场坚定，政治方向明确，政治鉴别力强，敢于同各种错误思想和不良倾向作斗争，在大是大非面前能够保持头脑清醒。三观端正，能严格遵守公司各项管理规章和宿舍区生活纪律等方面的要求，主动与汉族和其他少数民族同事搞好民族团结，服从带队老师和车间领导的管理要求和工作安排。在工作和生活当中一直秉承尊敬师长、恪尽职守、吃苦耐劳、踏实肯干的精神，各方面的表现得到了公司领导和同事们的好评，多次被车间评为"优秀员工"。

2017年刚来公司工作的时候，艾尼瓦尔江·肉孜第一个月的工资为3 672元，由于踏实肯干、吃苦耐劳，当年10月份他的月工资就达到了5 000元以上，是车间同期员工当中工资比较高的员工之一。车间订单量多，安排员工加班的时候，他总是第一个找到车间班组长主动要求加班，月工资最高的时候达到6 100元左右。生活当中勤俭节约，从来不乱花钱，将自己的工资存下来，年底一次性寄给父母，帮家里偿还了银行贷款，购买了2头牛和3只羊，委托父母养殖致富，全家人都特别开心。今后，除了挣更多的钱、让家人过上好日子之外，他想让自己在精神上有个更大的提升，学习新理念、新技术、新知识，为以后的人生奠定良好的基石。他还打算和妻子继续留在这里长期工作，计划把留在家乡的女儿也带到富阳来上幼儿园，一起在富阳安家落户。同时也带动更多的家乡父老来杭州就业，帮助更多的家庭脱贫致富。

朱升五

安徽省肥东县陈集镇稻香民族村人，现就职于合肥建工集团有限公司

朱升五于2010年加入合肥建工集团有限公司，从一名普通木工成长为木工班组长。他自学通过了安全员C证考试，能熟练掌握BIM算量技术及CAD工作软件，成为农民工中的知识型、技能型人才。

在长年的打工生涯中，朱升五明白了一个道理，不吃苦中苦，难为人上人。朱升五下定决心苦学木工技术，白天干活，晚上看图纸，一边学习，一边实践。为了改变传统木支撑加铁丝和木方加固方式，他大胆创新，内架采用钢管扣件，大大提高了工程质量和工作效率。

从做学徒开始，师傅就教他，作为一个木匠，必须不断学习，把手艺活做好，不能辜负别人对你的信任。朱升五带领班组人员用工匠之心守护初心，大胆革新铝膜工艺，摒弃了传统的铝膜加固方式，采用拉片与自制配件相结合，缩短了工期，提高了效率。由他负责的木工作业的多项工程获得省、市级安全示范工地，2011年参与建设的合肥建工的定远大润发项目荣获"黄山杯"奖，2016年参与建设的合肥祥源城项目被评为市"标准化"工地，2019年参与建设的濮阳壹号城邦3期工程荣获"中州杯"奖。此外，为了弥补未接受高等教育的遗憾，他自学专业知识，并通过了安全员C证考试，熟练掌握了BIM算量技术及CAD工作软件。

朱升五是一位懂得珍惜、懂得尊重、懂得付出、懂得知恩图报的人。2020年新年伊始，一场突如其来的新冠肺炎疫情席卷全国，疫情防控形势日趋严峻。随着疫情的逐渐好转，工程项目陆续复工，公司将疫情防控的重点放在施工现场。朱升五同志挺身而出，积极配合项目部做好疫情防控宣传工作，配合项目实行班组一对一分工帮扶制，对所有返岗工人摸排，保证人员防控到位。由于不得随意外出，工友缺少生活物资，他知道后总是第一时间帮忙解决，从不计较个人得失。朱升五同志还勇于担当，公司其他项目因工期紧张要求增加人员抢工期，他总是在自己所在班组内部抽调"精兵强将"，错峰施工、优化作业流程，积极为公司和项目部排忧解难。2020年夏天，面对合肥市及周边地市严峻的防汛形势，合肥建工闻"汛"出击，保卫家园，朱升五同志更是主动请缨，亲自带领工友加入抢险救灾第一线，先后组织近百人参加汞站、防汛点抢险工作，全力保障防区内安全，为公司争取了荣誉，同时也展现出了高尚的个人品质和社会责任担当。与此同时，他积极申请加入党组织，已填写完成入党申请书，在工作和生活中也按照一名党员的标准严格要求自己。

麻宗明

安徽省当涂县乌溪镇一心村人，现就职于安徽青松食品有限公司

麻宗明，1986年12月出生，安徽省当涂县乌溪镇一心村人。2000年他只身一人到江苏打拼，辗转一年后，2001年来到合肥从事餐饮行业，经过三年的摸爬滚打，于2004年加入安徽青松食品有限公司。麻宗明因工作出色，不久就被提拔为车间班长。参加工作15年来，他以自己的实际行动时刻践行做一名优秀"民生事业发展的耕耘者和守护者"的誓言，在平凡的岗位上做出了不平凡的贡献。他勤奋学习、精通业务、勇于创新，荣获"合肥高新区五一劳动奖章"称号。

面对突如其来的新冠肺炎疫情，麻宗明自发在自己制作的"疫情防控 主食保供"请战书上按下了鲜红的手印，在生产车间人员严重不足的艰难情况下，一人多用，充分发挥车间人员不怕苦、不怕累的实干精神，圆满完成日产主食馒头50万个的艰巨任务，全力保障了市场主食的稳定供应；并主动加入物流运输配送一线，每天凌晨四点深入合肥市各大超市专柜支援，充分保障了合肥市民的主食购买需求。

麻宗明自入职公司以来，大力推进科技赋能等工作。他先后参与"中小学生午餐工程""居家养老社区助餐工程"等多个重大民生服务项目，获得政府部门和社会各界的一致好评；主导2019年世界制造业大会6号馆的青松食品展各项工作，出色完成了大会各项任务，受到主办方和广大参观者的称赞。

麻宗明始终把员工的安全时刻放在心上，秉持"不安全 不生产"的原则，车间率先在公司推行安全标准化作业，落实各级人员主体责任，正因为此，中式面点车间连续多年实现安全事故为"零"的目标，将安全管理推向了一个新高度。同时，他所推进的安全标准化作业模式也为省内同类企业提供了学习借鉴。

一直以来，麻宗明积极投身社会公益，2014年至2019年连续六年参与环巢湖毅行大会全程食品保障补给。2018年大会前夜逢大暴雨，他带领团队连夜沿巢湖站点看护十几辆装载食品的厢式货车，清晨下货，保障了大会当天几万人的食品补给。在2018年暴雪极端天气下开展"10万份腊八粥，温暖城市守护人"公益活动，为交警、环卫工、户外执勤人员送去暖心粥，被省、市十多家主流媒体广泛报道。为完成公司党群服务馆的建设工作，他勇挑重担，全面负责，精心策划，用心落实，反复修改，精心推敲，积极组建"党员志愿者团队"，每年坚持带领他们在合肥市开展食品安全、爱粮节粮、安全生产、环境保护等主题活动，以及"微心愿送温暖"、中高考送爱心营养早餐等近百起社会公益活动。

韩圣红

安徽省合肥市肥东县古城镇孙湾村人,现就职于肥东博宏照明电器有限公司

韩圣红从一名农民工成长为掌握先进技术和现代管理经验的民营企业带头人,展现了新时代农民工奋进向上的精神面貌。他情系家乡,返乡成功创业后奉献与感恩交融,热心公益,承担社会责任,在精准脱贫和助残济弱中铸就大爱仁心。

由于家庭贫困,韩圣红于2000年南下上海打工,成为亿万农民工中平凡的一员。没有高等教育经历和专业背景,他就自己买来书籍,利用业余时间一点点自学,学习大学物理知识和电子应用技术,两年后他就成为电子光电方面的技术骨干,被公司领导多次提拔重用,历任品质QC工程师、PE工程师、计划主管、光源生产课长、节能灯生产物控经理。随着职务提升和工作需要,他又努力钻研现代管理知识,实现由技术骨干向管理人才的转变。

通过勤奋拼搏,韩圣红在大城市站稳了脚跟,但是心中萦绕不忘的还是家乡并不富裕的村民和那片生他养他的土地。2010年,他毅然回乡创业,注册了肥东博宏照明电器有限公司,主要生产节能灯、LED、驱动电源,经营灯具研发和销售。为了响应党和国家脱贫攻坚的号召,他积极投身家乡扶贫事业,2019年申请并成功认定为扶贫车间,成为古城镇第一家就业扶贫车间,为12名无法外出务工就业的贫困户提供了就近就地就业岗位,每月收入约3 000元。为了保证员工的收入,公司内部实行岗位工资,由于生产产品有一定技术含量,附加值较高,在扶贫车间就业的建档立卡贫困劳动者的工资水平远高于当地同类行业水平,为精准脱贫贡献力量。

韩圣红热心扶残助弱,创建了肥东博宏照明残疾人辅助性就业机构,已吸纳农民工就业近60人,其中残疾人23人。为了规范残疾人管理,丰富残疾人的生活,改善残疾人的康复环境,公司配备管理人员2名、康复员1名。厂区内部设置了男女无障碍卫生间、娱乐活动康复区,各功能区都制定了相应的规章制度,张贴了关于鼓励和激励残疾人健康成长、努力工作以及党和政府对残疾人关怀的标语。"博宏照明"生产的是灯具,也照亮了残障人员人生的希望。

肥东博宏照明电器有限公司于2012年和2015年两次荣获由肥东工商局、肥东文明办、肥东个体私营企业协会颁发的"文明诚信私营企业"称号;韩圣红于2018年被评选为市残工委"先进个人";公司于2019年被肥东县消费者权益保护委员会评为"肥东县放心消费示范单位"。韩圣红一直以公司及机构的名义,为古城镇当地敬老院、贫困户、低保户提供多次经济方面的帮助,扶危济困,尽好企业的社会责任。

张利利

安徽省濉溪县五沟镇槽坊村人,现就职于淮北市惠平家政保洁服务中心

张利利,2015年进城务工成为淮北市惠平家政保洁服务中心员工。从事家政服务员工作6年来,爱岗敬业,服务热情周到,先后参与护理残疾人、孤寡老人300余人,累计服务时长达1.8万余小时,优质的服务、良好的口碑,获评"淮北好人"。

2015年,濉溪县妇联为广大下岗、失业、待业女性和留守妇女姐妹们提供月嫂、保洁、病人护理、居家养老服务等家政技能培训,并提供相应的就业岗位。当时,张利利闲在家里,专门管理几亩农田,给孩子做饭,从来没有外出务工过,也没有什么收入。当知道公司要安排工作时,她心里泛起了波澜,既想去参加工作又怕被世俗的观念所束缚。

张利利抱着干几天体验生活的想法就报了名,没有想到一干就上了瘾。她说,看着那些需要帮助的人,能为他们做一些好事和实事,帮了别人的大忙,心里有一种乐善好施的感觉,从内心感到幸福,也体会到"送人玫瑰、手留余香"的感受。

刚刚踏入家政这个行业,张利利感到很高兴。当时她认为,只要会做饭就行,但是,经过一周的培训后,才真正了解到作为一名家政服务员,不仅仅是要做饭,而且要懂得饭菜的营养、饮食的搭配,时令菜对一些常见病治疗的方法,还要学会家居的保洁,衣服的洗涤与熨烫,更要懂得家庭礼仪。另外就是和用户如何相处,给用户买东西怎么记账等,都是一门学问。

5年来,张利利认真阅读《家政服务员必读》《老年保健顾问》等书籍,很快掌握了服务要领。为了让老人吃好,她总是变着花样做些小饺子、小包子,熬各种各样老人喜欢喝的粥,她还根据季节的变化,选择不同食品、蔬菜为老人提供科学合理的膳食。在照顾老人生活起居的时候更是周到,她坚持为老人勤擦洗、勤翻身。有时老人大便解不出来,她就用手帮助抠出来。老人犯病时不能睡觉,她就整宿地坐在床上,紧紧地抱着老人让她入睡。多年来,张利利坚持诚信服务,"将用户的家当作自己的家,待用户视为自己的亲人",用自己专业化服务赢得客户点赞,在平凡的岗位上展现淮北家政人的风采。

安徽 孙传连

涡阳县石弓镇耿楼行政村人，现为涡阳县石弓镇孙传连果树种植专业合作社负责人

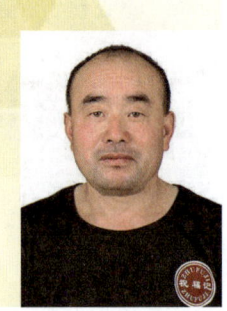

孙传连，2017年被涡阳县人民政府授予"先进劳动者"；2017年在安徽省第五届优质瓜果展评活动中荣获"优秀奖"；2018年在亳州市第一届瓜果展评中荣获"优秀奖"；2019年度实施乡村振兴战略中被评为"优秀个人"；2020年荣获涡阳县第一届乡村振兴领军人才"十佳种植能手"荣誉称号。

孙传连于1996年离开家乡，到上海开始摆地摊卖水果，后来开始从事水果采购批发，足迹遍布陕西、山东、甘肃等水果产地，销售市场遍布北京、上海、南京等各大城市。看到全国各地的果农一天天富起来，孙传连突然萌发了一个念头，回到自己的家乡种植果树，带动周边群众种植果树，形成水果基地。为了响应亳州市"发展特色农业，建设美好乡村"的号召，2013年他带领两名大学生辞职回乡创建自己的果树基地。

2013年9月成立合作社，合作社主要种植的果树有桃子、葡萄、杏、冬枣、苹果等20余个品种，各类水果年产量2 400吨，产值600万元，生产资料统一购买、产品统一管理、统一销售。合作社产品全部按照国家绿色食品标准生产，由于产品质量好，得到社会很高的评价，并注册了"石弓"牌商标。

目前，合作社已与周边30余户困难群众签订结对帮扶协议，并带动12户困难群众实现了稳定脱贫。为困难群众量身定制帮扶清单每户可承包2~5亩果园，年收入2 000元到4 000元，合作社针对周边村里的困难群众，提供长期务工机会，务工者日收入在70元至100元，4个月的务工收入就能带动部分困难群众实现当年脱贫。

在党和政府的关怀下，合作社以"诚信做人、踏实做事、扎根农业、共谋发展"为管理理念，以"绿我家园、美我家园、富我家园"为宗旨。孙传连说："我要跟着党走，我的发展目标是不断扩大种植规模，发展各类特色果树种植，把基地建成集销售、加工、观光、采摘、休闲于一体的世外桃源！"

刘锋

安徽省利辛县胡集镇长营村人，现为利辛荣溢鞋业有限公司（扶贫车间）负责人

刘锋，1996年到福建晋江制鞋基地务工，经过多年的资金及技术积累，于2017年8月，响应胡集镇党委号召，返乡创业，成立了利辛荣溢鞋业有限公司。

刘锋开始创业的几个月，面对家乡人员一窍不通，没有气馁，仔细耐心地手把手教，终于培训出二十几个技术尖子。他说干就干个样子，制定出一套带人助人的公司制度，针对员工带小孩多的情况，缩短工作时间，上午八点到十一点半，下午一点到六点，每天只干八小时，星期天作为公休天，方便带小孩的员工处理好家务。针对家乡人事情多、爱请假的情况，制定出满勤奖制度，凡每月工作26天者，给予奖励200元。针对员工上下班浪费时间问题，制定免费工作餐制度，凡本厂正式员工，工厂开设食堂，中午免费两菜一汤。

2019年8月，利辛荣溢鞋业有限公司被认定为就业扶贫车间，带动就业80多人，其中贫困人员30人，带动贫困人口脱贫13人。

2020年新冠肺炎疫情期间，刘锋主动捐款捐物，申请担任异地搬迁区的值守，帮助搬迁区内的企业联系业务订单，帮助贫困户代买生活物品，协助镇里共渡难关。面对疫情他沉着冷静，积极准备，联系更多客户，响应国家号召，配齐检疫防疫设备，于2月26日正常如期开工，为无法外出的乡亲开辟就业岗位50个，多次获得镇党委、政府的表扬。

厂内贫困户张春均，上有八十几岁的老父亲，下有三个上学的孩子，妻子又是精神病患者，生活不能自理，家庭极其贫困。针对这一情况，刘锋把家里的衣物拿给他们，工作上尽量给予方便，目前张春均每月都可以拿到6 000多元的工资，被省委立为脱贫典型，刘锋获评"利辛县最美个人"称号。

员工朱苗苗也是贫困户，本人中度残疾，走路摇摇晃晃，一只手不能拿东西，听说鞋厂助人脱贫事件后，找到刘锋，表明想靠自己打工赚钱，为家脱贫。但她这样的身体，其他工厂都不要，找不到工作。刘锋反复思虑，终于下定决心，到福建晋江采购全自动电脑一体机车，用四万多元买回一台适合她的机器，现在朱苗苗每月工资可以拿到2 000多元，逢人就夸老板真是好人。

刘锋的好人好事太多，中央电视台十三套新闻制作组专门对他进行了采访，他说还会继续帮助下去，坚决做新时代的好农民工。

邵芳

安徽省蒙城县篱笆镇陶庄村人，现就职于蒙城县征途职业培训学校

邵芳，安徽蒙城县篱笆镇陶庄村建档立卡贫困户，2015年丈夫不幸去世，独自照顾两个年幼的孩子。她积极参加职业技能培训，获得人社部门政府补贴培训的育婴员国家职业资格。2020年以来，邵芳共参与技能脱贫培训教学5期，为148名贫困劳动者传授了育婴员知识，其中一名学员在培训后参加了2020年蒙城县家政服务技能大赛，荣获三等奖。2020年8月11日，全国扶贫职业技能大赛在山西大同举办，邵芳作为安徽省的一名参赛队员参加了家政服务员项目比赛，获得荣誉奖。

2019年，在当地人社部门、扶贫部门的帮助下她参加育婴员培训，经过一个月的认真学习，邵芳通过考核，成功获得育婴员国家职业资格证书。之后不断学习，在跟随老师教学中学习新的知识，掌握新的技能，同时前往北京深造，使得她的育婴员技能水平得到不断提高，很快走上了育婴培训讲师岗位。2019年年底，她的家庭人均收入超过14 000元，靠就业技能脱贫致富。

邵芳平时和颜悦色，平易近人，也特别有耐心，学员们由于自身原因，有些时候接受知识比较困难。为了让贫困户真正掌握育婴员的技能，她总是不厌其烦，不断地讲解、演示，帮助学员做好每一个动作。邵芳现身说法，鼓励大家努力学习技能，让所有学员坚定了通过自己的双手勤劳脱贫的信心，帮助更多贫困户脱贫致富。邵芳除了做好日常授课外，还十分注重教学技术和教学方法的更新，在业余时间，她积极参加各类培训，全方位地提高自己的教学能力。她在教学中充分发挥参训学员的主体地位，积极调动学员参与分析、讨论以及实践，实现知识的有效内化，让每一个学员都能在有限的培训时间里更快地掌握技能知识，使原本精彩纷呈的课堂就更加生动高效。有技走遍天下，无技寸步难行，邵芳不仅"授人以渔"帮助贫困户提高技能，同时激发其以"技"取胜的志气，她的事迹促进了更多贫困户自主脱贫。

康峰

安徽省宿州市埇桥区大营镇镇南村人,现就职于宿州市小康工业丝瓜发展有限公司

康峰,现为宿州市小康工业丝瓜发展有限公司法定代表人。在传统的种植基础上,他大胆探索,自主对丝瓜络进行深加工,大大提升了产品的附加值。康峰始终在农业科技战线上默默工作,在丝瓜种植技术上不断创新,成立研发小组,带领小组研发并培育出适合皖北种植的丝瓜新品种"小康一号",研发成果显著,目前公司现有的种植技术以及产业发展规模在全省居于领先地位,是宿州市唯一的工业丝瓜种植基地。公司先后获得"2019年大别山等革命老区乡村产业创新团队"、区级"龙头企业""中国质量信用AAA级企业"等荣誉称号。他在带动农民脱贫致富和当地群众就业方面起到很好的表率及带头作用,并被多家媒体机构宣传报道。

康峰在浙江华丽机械公司从事钳工五年,随着年龄的增长,进入了上有老、下有小的阶段,长期在外务工上不能孝敬老人、下不能教育孩子,就有了回乡就业的想法。在一次偶然的机会,他有幸结识了浙江省慈溪市丝瓜协会会长,参观了南园丝瓜络合作社,发现了种植工业丝瓜不同于一般的蔬菜类产品,生产出来的丝瓜络便于存放,即使存放多年都不影响质量,国外市场前景广阔,又健康环保,符合绿色发展的理念等。于是康峰下定决心回乡,与同乡联合成立公司,他负责业务和技术指导,公司共有员工50余名,地理条件优越,交通便利。另外,公司还带动零散种植工业丝瓜20余户。工业丝瓜亩产干丝瓜络150~200公斤,亩纯收入达6 000~8 000元,年产值约300万元。连片种植、产值高,用工量大,能带动当地富余劳动力,特别是不能外出的妇女和无劳动技能的贫困户,使他们不出家门就能务工,有利当地的经济发展,为脱贫攻坚增加一份保障,实现全面脱贫。

新冠肺炎疫情发生以来,镇南村党组织和广大党员干部坚守在战斗一线,带头做好组织、宣传和服务群众工作。由于疫情工作的严峻,值守点的同志们要24小时站岗,虽然值守点已经搭了帐篷,但还是顶挡不住冬日寒夜的寒冷,上级也给他们配了大衣,但还是达不到一人一件。康峰等人在得知这一消息后,对镇南村疫情防控点捐赠价值近万元的大衣20件、棉被20套、方便面等防疫物资,保障了他们在严寒中继续坚守岗位时不再被寒风扰袭。他们也一直对公司员工和家人宣传防疫知识,帮助村里更好地完成防疫任务。

安徽 王开玉

安徽省蚌埠市固镇县仲兴乡余王村人，现为宿州市技师学院外聘老师

王开玉，2013年在宿州市职业技能大赛中，荣获工具钳工比赛二等奖；2018年参加首届安徽省技工院校"新工科"信息化直播教学大赛，荣获机械基础组三等奖；2019年10月参加安徽省农民工职业技能大赛决赛，荣获钳工项目二等奖。

王开玉就读于宿州技工学校，他好学上进，认真研读《钳工》《机械原理》《机械制图》《模具设计》《夹具设计》等理论知识。参加工作后，遇到技术难点，他能认真查找资料，深入钻研，反复描图、操作、修改，攻克了许多技术难题，熟练地掌握了钳、车、铣、刨、焊、磨等技术，成为同龄人中的佼佼者。为不断提高自己的专业技能，他积极参加各类竞赛活动，练就了一身过硬的本领，成为该专业优秀人才。

由于钳工理论知识扎实，工艺精湛，王开玉被宿州市技师学院聘为教师。作为一名职业学校教师，最主要的职责就是凭借扎实过硬的教学本领把知识和技能传授给自己的学生。从当上老师的第一天起，这个信条始终指引着王开玉的行动。由于学校专业教师少，他每周的授课工作量在20学时以上，且是多门课程，每次他都主动承担理论课程和实习课程教学。为不断提高自己的专业理论水平及教学水平，在教室里和实习车间，都留下他刻苦学习、苦练基本功的身影。经过艰苦的训练，他的操作技能得到了较大的提高，通过了高级技师的职业资格鉴定，成为一名名副其实的"双师型"教师。

王开玉注重从每个学生的实际出发，因材施教，使每位学生都能学有所长。他坚持把教育与教学工作紧密结合，培植友爱和互帮互学的精神，不让一个同学掉队。真正实践了"每一天努力一点点，健康成长每一天"的班级理念；引导学生努力学习，不断完善自我。在教育教学中，他努力投身教改，大力推进"自主－创新一体化"的课堂教学模式实施。他勤于探索，努力实践"一切为了学生，为了学生的一切，为了一切学生"的教育理念，在教学中走出自我的路子，大胆尝试"自主探究、合作互动、愉悦交流、实践创新"的个性化课堂教学和实训教学模式。多年来，王开玉曾多次获得宿州市技师学院"优秀班主任""先进工作者"等称号。他所带的班级也曾多次被学校评为"优秀班集体"。在教育教学的过程中，培养了一批又一批优秀学生。其中韩君朋、苏为、夏开标荣获宿州市技能大赛钳工一等奖，安徽省技能大赛钳工二等奖、三等奖等荣誉。

吴崇友

江苏省盐城市射阳县长荡镇三中村人，现就职于中铁二十四局安徽工程有限公司

吴崇友，中共党员，退役士兵，从事钢筋制作与绑扎工作。他曾参加多个国家级重大项目的施工，如吉林鹤大高速、海南文昌市环海公路、内蒙古赤峰市城南立交工程、内蒙古赤峰市火花路大桥、合肥市绕城高速公路集贤互通立交、宿州市淮河路上跨立交桥。

1996年12月，年仅22岁的吴崇友因服役期间眼睛受伤，被迫结束了自己的戎马之旅，退伍回到了农村。在农村，他一边恢复眼伤一边坚持务农，照顾两个孩子和年过七旬的母亲，维持着一家老小的生活。2002年10月，迫于家庭压力，仅仅只靠务农难以解决家庭的经济需求，他决定奔赴城市，在城市中发挥自己的价值，拼出个海阔天空。在山东淄博的一个房建项目，他首次以一名钢筋工的身份开启了至今18年的农民工生涯。

从部队到地方，从田地到工地，他为了能适应角色转变，在工作中抓住一切机会向老工长请教学习，在工作之余抓紧时间自学，翻阅各种相关规范和书籍，边工作边学习，每天工作十几个小时以上，尤其是工程主体施工期间，连续数月未休息，和工友们一起按照施工节点出色地完成了施工任务。通过他本人的努力，专业知识和业务水平有了很大提高，得到了领导和同事们的一致好评。

在2019年年底进驻宿州市银河一路上跨京沪铁路立交工程工地后，他在此工程中担任钢筋工班组长一职，全面负责预制梁场的钢筋事务。作为钢筋工班组长的他，与项目部、安监部协商，主动与项目部签订安全包保责任书。这一行为得到了公司领导的认可，并在公司内得到了推广，所有的班组均与公司签订了安全包保责任书。这一包保考核办法使工人得到物质刺激，增强了员工的安全意识，主动参与到了项目安全管理工作中。2020年上半年中项目部未发生一起安全事故，被评为"安全零事故项目部"，吴崇友带领的钢筋班组被评为"优秀作业班组"。

在2020年的新冠肺炎疫情期间，他主动要求担任项目部的"疫情监督值班员"，积极参与项目部的疫情防控工作。每日值守在项目部疫情防控点，为工友测量体温，做好来访人员登记工作，并积极向工友宣传疫情防控安全知识。在每次项目部组织的捐款活动中，他都能主动表率，奉献自己的微薄力量。

吴崇友同志退伍不褪色，他就是这样一个不满足于做好本职工作而将自身与社会紧密联系并投身到社会公益事业中的人。

安徽 黄河

安徽省宿州市杨庄乡伊桥村人，现就职于宿州三杰电梯销售服务有限公司

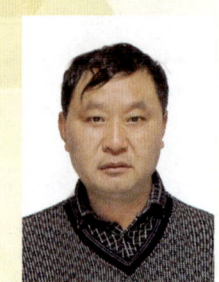

黄河，2010年从老家来到宿州市，只有初中学历的他，到电梯公司从学徒开始，一步一步跟着维保师傅从学电气随机线路图、门机电机等简易原理知识，到电梯的控制系统和驱动系统，从辅助师傅作业到自己独当一面。10年来，他立足本职岗位，好学上进，很快成为单位的技术骨干。电梯维保行业属于特种行业，既要懂技术，更要坚守岗位，特别是医院，时间就是生命，电梯通道就是生命通道，黄河同志诠释了在平凡的岗位上不平凡地坚守职业追求。

黄河负责宿州市第一人民医院全院电梯的维护、维修、保养工作，手机24小时待命，为了确保全院电梯安全正常运行，连续十几个小时的维修作业，从不埋怨苦与累。2019年住院部的一台手术梯因下雨机房进水，造成电梯临时停电，无法使用，黄河在接到报修电话后及时赶到现场，排查线路，更换损坏的零部件，确保病人及时使用电梯并得到救助。

"一个人可以没有文凭，但决不可以没有知识"，黄河几乎把所有的业余时间都用在了技术钻研上。8小时内外一个样，吃饭、睡觉经常被急促的电话铃声惊醒。凌晨2点接到物业报修电话，单元楼层水管爆裂，水流入电梯井开始结冰，他二话不说立即赶到现场协同物业人员对涉水电梯进行处理直到第二天上午，这种情况不计其数，但总能做到使命必达。因此，每个小区的物业管理者对他都很尊重，亲切地叫他"黄师傅"。

中高考期间对有考生入住的酒店安排专人值守，防止因为电梯损坏而耽误考试。考试前期，对电梯进行认真地排查检修。考试期间，他夜以继日地守护在有考生入住的酒店内，直到考试结束，他才露出欣慰的笑容，为了莘莘学子能考出好成绩尽了自己一份微薄的力。

无论电梯设备检修还是故障维修，黄河首先考虑到业主和物业的切身利益，本着节约光荣、浪费可耻的做人宗旨，为电梯使用者带来便利和实惠。每次电梯检修，他总是一丝不苟。发生在他身上的是很小的事，小的不会让人有更多的注意，他总是默默无闻，为每户业主服务着。在这种精神力的影响下，维修班所有人员有了更加积极的工作精神面貌，更加圆满地完成每次检修任务，为公司、为业主做出自己应有的贡献。

电梯维保行业属于特种行业，危险辛苦，黄河师傅说："电梯维保工作要有责任心，电梯靠修，更靠养；平凡的岗位就要有不平凡的坚持。"

黄卫

安徽省蚌埠市五河县小圩镇下黄村人,现为五河县欢乐生态种养殖合作社负责人

黄卫,2003年获得中级烹调师资格证书,先后在多家星级酒店担任厨师,2014年10月响应县委、县政府"凤还巢"号召回乡创业,2015年1月创办五河县欢乐生态种养殖合作社,2016年以来先后获得蚌埠市"创业之星"、蚌埠市"青年创业大赛优秀奖"、蚌埠市第三届"新乡贤""五河好人"、五河县第二届"劳动模范"等。

黄卫长在农村、服务农民,他边实践边学习,主动与省农科院加强合作,着重引进新品种、新技术,致力发展生态循环养殖,努力推动农村经济产业融合发展。他带领合作社在稻虾稻蟹综合养殖上不断探索、不断创新,较为成功地解决了龙虾育养分离问题,为五河乃至安徽稻虾养殖新模式推广起到至关重要的作用。黄卫时刻注重党员身份,在关键时刻及急难险重时期,发挥党员先锋模范作用,主动站出来接受组织挑选,特别是在2020年新冠肺炎疫情防控期间,积极参加镇村组织的一线防控工作,昼夜值班,从不叫苦叫累、计较得失。在夏季淮河、怀洪新河特大洪水期间,他主动参加上堤值班巡堤。2016年8月在小圩镇党委指导下,合作社成立了非公党支部,黄卫任非公党支部书记,党建工作抓得有声有色。

他积极参与到社会公益活动中,主动关注、关心、关爱五河特困群体,每年都拿出资金开展扶贫帮扶济困活动,同时也积极响应国家"精准扶贫、精准脱贫"倡议,合作社日常用工以贫困户为主,其中贫困户人数在12人左右,每天收入在100元左右。2018年,他主动参与脱贫攻坚战,为贫困户提供更多的工作岗位,有14户贫困户参与入股分红。2019年以来,他对村级大病救助、镇敬老院进行慰问捐助。近年来,黄卫本着"个人富裕不算富、回报社会才幸福"的理念,积极主动践行企业社会责任,赢得了"政府满意、群众赞誉、社会好评"的良好口碑和信誉度。

安徽

卢辉

安徽省阜阳市颍东区袁寨镇临颍村人，现任阜阳创溢鞋业有限公司车间主任

卢辉，1996年初中毕业后外出打工，逐步成长为技术和管理骨干，现在阜阳创溢鞋业有限公司担任裁加车间主任一职。

2012年2月到阜阳创溢鞋业有限公司从一线职工干起，他在工作中吃苦耐劳，锐意进取，熟练掌握本岗位所需的基本技能和业务内容。在工作中他建言献策，提出"关于因地制宜结合阜阳本地情况调整生产及管理模式"的建议书，阐明了公司前期的管理及生产困局，并提出了解决方案，被公司多个相关岗位和部门吸收和采纳。其突出的工作业绩和强烈的工作责任心，得到了领导和同事们的认可，一路从组长晋升为车间主任。

作为一名车间主管，他平时处处以身作则，严于律己，关心工人。不只是在工作中常常为工人解决难题。在生活上，他也是常常为员工考虑福利问题，多次建议和要求策划很多集体活动，缓解员工的压力，加强员工的凝聚力。得知有位员工的孩子得了白血病，他就倡议全厂员工进行爱心捐款活动，解决了困难员工的燃眉之急。这些无微不至的关心，让员工感觉到了温暖，在工人中创下了口碑。对于新员工，他派出技术骨干进行一对一地指导，切实做好"传、帮、带"，从而使他们尽快融入裁加车间这个大家庭。裁加车间在他的带领下从最初的30多人发展到现在的100多人，在职3年以上的老员工占50%以上，中级以上职称的技术工人占30%以上。他自己更是多次被公司评为"优秀员工""优秀管理人员"。

作为裁加车间的主管，他深刻地意识到，除了自己业务水平过硬外，还必须具备一定的管理经验。在工作之余，他不断地通过观看线上讲座、购买《如何做好班组长》等管理书籍学习先进的业务管理知识，也积极参加公司聘请讲师开展的培训活动。在领导和同事们的帮助下，他不断成长，业务水平和管理水平都得到大幅提高，真正做到了在业务水平上是"能人"，在车间管理上是"强人"。2016年，公司引进了新设备"制版机"，为了让设备早日投入使用，他主动向厂家技术人员学习相关知识，带领车间成员，迅速掌握了相关技术。

卢辉同志在打工生涯中，靠自己的勤劳与刻苦，追求着自己的人生价值。

毕杭

安徽省阜阳市颍东区老庙镇王海村人，现为阜阳颍东区杭伟种植专业合作社负责人

毕杭，2014年创建了阜阳颍东区杭伟种植专业合作社，从事葡萄以及梨等经济果木林种植。几年来，他先后带动帮扶73户贫困户，技术帮扶带动贫困群众119人，就业脱贫带动贫困户19人，发挥了良好的典型示范带头作用。

毕杭作为合作社负责人，是当地的种植创业发展带头人。2014年在村里流转了几百亩地，通过考察，他选准了方向——种葡萄。缺技术，就找农技员，人手紧，就雇请周边群众务工。创业的辛酸时刻提醒着他不断加强学习，向技术人员学习葡萄管理实用技术，向老农民学习农家肥施用技术，向管理人员学习管理经验。几年来，他一方面请教专家学者，实地考察大型果园，学习他们的先进技术和经验；另一方面采用先进技术建园，培育优秀品种规模化经营创效益，合作社发展一年比一年好。现如今他的果园已有800亩，种植的全部是当前最优的品种，出产的成品果个大、色艳、味好，成为当地畅销产品，也给毕杭带来了丰厚的回报。

如今在毕杭的专业合作社里，每天有50多人干活，按月按时发放工资，全年工资发放可达120万元。几年下来，务工的乡亲不仅致了富，而且还学会了果树栽培技术。

"合作社+农户"的模式能否帮助贫困群众早日脱贫？这是毕杭经常思考的问题。他利用合作社这一产业载体，一方面积极引导贫困群众学习果树栽培技术，开展"传、帮、带"辐射周边群众；另一方面先后开办果树栽培就业脱贫培训班，培训葡萄、梨、桃日常种植管理技术的贫困群众达119人，提供就业岗位119个。从开班的计划、授课、实践操作他都全程跟班，手把手地实地指导贫困群众实践，切实发挥了"教会一人，脱贫一户"的积极作用。技能脱贫培训有力地推动了脱贫攻坚，推动了贫困户务工增收，合作社也因此被评为"居家就业扶贫基地"，为颍东区实现脱贫摘帽作出应有的贡献。

2019年6月27日，中安在线、中安新闻客户端·"产业扶贫"以"又到葡萄飘香时、果树合作富农家"为主题，重点推荐毕杭充分发挥的带动脱贫作用，"在基地干活的贫困户几乎每天都有活干，加上土地流转租金，收入也不差，大家脱贫致富的劲头越来越足了"。

2020年6月24日，毕杭的事迹又登上了中央媒体，《人民日报》以"项目进村送农户、能人回乡传技术""葡萄架下脱贫"为主题，重点推荐了毕杭合作社的产业脱贫带动作用。

安徽

王明侠

安徽省颍上县黄桥镇赵吴村人,现为颍上县杰阳服饰有限公司(就业扶贫车间)车间主任

王明侠,2003年在浙江温州打工,2016年返乡在当地政府的支持下创办了颍上县杰阳服饰有限公司,2019年8月被认定为"就业扶贫车间"。她帮助贫困人口实现家门口就业,让贫困人口通过自己劳动脱贫,带动农民工就近就业近100人(其中贫困户40人),月均增收3 000元。

2016年公司因订单少、技术工人缺乏等因素影响,面临倒闭的凄惨境地。为了使企业能够生存和发展,王明侠用真诚打动客户和员工,她四处寻找合作伙伴,跑遍了南方各地市的服装加工企业,经过近一年的努力,公司终于起死回生,并与南方多家服装厂建立长期合作关系,精心挑选有发展潜力的年轻工人到南方合作服装厂去实习深造,并不断地提高工人的技术水平,使自己企业的知名度在服装加工行业内不断提高。

2017年颍上县的服装厂越来越多,工人越来越少,但公司的员工却非常稳定,而且每年还以20%的速度增加熟练工。她真心为员工着想,公司成立以来,她定期提高员工的工资和福利待遇,其公司工资的发放及时率和福利待遇的发放水平,高于同行业其他企业。2018年她开始为全体员工购买保险,每年春节都组织一批老员工到南方旅游。正是由于她积极关心员工生活,努力改善员工工作环境,尽力提高员工福利待遇,彻底解决员工的后顾之忧,为企业培养造就了一支素质良好的员工队伍,使公司得以稳定发展。此外,她积极投身社会公益事业,老家黄桥镇王焦村没有路灯,她出资修建。王明侠每年都拿出相当大的资金捐助失学儿童,扶持贫困家庭,为脱贫攻坚捐款捐物,为黄桥镇的经济发展作出了应有的贡献。

齐斌

湖南省湘潭县中路铺镇天螺村上车村人,现为中建七局界首市东旭路安置区项目电工

安徽

齐斌,自 2009 年起外出打工,先后在广东、湖南、江苏等地从事钳工、水电工工作,现为中建七局界首市东旭路安置区项目电工。在界首安置房项目中,他带领团队成功规划出用材最少、耗时最短、最具安全保障的临时用电用水方案,获得建设方、监理方及项目部的一致赞扬与认可。

2018 年 10 月,齐斌随队伍来到界首。当时的建筑工地还只是个框架,面对工期紧、工作条件艰苦、工作量大,尤其是项目施工前期无水无电的情况,自界首安置房项目开工之初,他就参与到整个施工现场临时用电用水的方案设计中,每天都能看到他拿着方案到施工现场与实际情况一一比对的身影,并且在现场一待就是一整天,比别人先到,比别人晚走,就是他的真实写照。功夫不负有心人,最终在规定时间内,他带领团队成功规划出用材最少、耗时最短、最具安全保障的临时用电用水方案,获得建设方、监理方及项目部的一致赞扬与认可。

面对新型电气设备的自动化程度高、技术精度高的要求,他坚持学中干、干中学,遇到不懂的问题,凭着一股子打破砂锅问到底的韧劲,他刻苦钻研、持之以恒,最终将新型电气设备这个难题啃了下来。

齐斌的本职工作是水电工,主要负责的是项目管线的敷设、有关设备的安装和使用。一次,他遇到机械设备损坏,造成项目施工进度延误,为防止项目设备损坏和工期延误给项目造成的损失,他又钻研起了如何维修设备,并主动承担起设备维修这项工作。

他在维修设备的过程中,优先把能修复的设备尽量修复,不能修复的设备拆了当配件使用,做到了修旧利废、节材降耗。在项目开工的这一年时间里,齐斌利用自己学到的电子技术专长,修复了许多被认为报废的电子线路板、开关电子插件、各类开关综合保护装置等,仅此一项就给项目节约了数万元的资金。

在工作中,他精力旺盛,工作热情高、干劲足、开拓意识强。"认真,认真,再认真。"这是每次工作的时候,他都会对自己说的话。水电工的工作关乎项目上千人生活、工作中的用水用电安全,一个细节上的疏忽都可能导致安全事故的发生,造成重大的人员和财产损失。身上担着责任,自然要行得安稳,在他的努力下,从开工始起,项目上还未发生过任何一起水电安全事故。

刘玲

安徽省临泉县谢集乡前周大队人,现就职于临泉县康悦电子科技有限公司

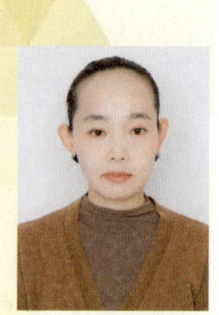

2003年至2005年,刘玲在浙江省海宁皮革厂上班,从普工干起,工作中踏实、爱动脑,在厂质量控制小组工作时,帮助工厂减少了大量的不良品,在她的建议下,工厂的产品质量和合格率大幅提升,她本人也受到厂里的通报表彰,并被提升为品检副组长。

刘玲注重学习,于2006年9月报名当地夜校,一边工作一边学习,学习电脑办公、大专课程,经过两年的努力取得优异的成绩并顺利毕业。2008年在她回老家时,发现因父母外出打工,造成留守儿童特别多,留守孩子的性格内向自闭,她看后心里很不好受。2008年她随爱人一同返乡,从深圳买来机器在家乡办厂生产电子配件,在临泉县政府领导的支持帮助下,以最优惠的价格租下工业厂房,刘玲担任生产车间主任,她爱人负责业务和技术指导,凭着技术和市场优势,很快工厂在几年里跳跃式发展,带动周边300人的就业岗位。

2008年村里修路,她和爱人先后捐款4.18万元,从2009年开始每次过节都会给周边的孤寡老人发千元红包,对于贫困户她就安排在工厂干活,员工家里有困难时刘玲都带头捐款,让员工感受到大家庭的温暖。2019年公司要发展壮大又购买了大量的全自动设备,工厂的生产能力再创新高。2020年在新冠肺炎疫情期间,刘玲捐了价值8 000元的消毒液,以及5 000元的食物送给一线抗疫人员。不忘初心,砥砺前行。回顾走过的路,不变的是初心,开心的是付出,收获的是喜悦,刘玲在奋斗中不断实现自我价值。

赵峰

安徽省阜阳市临泉县长官镇阎庄行政村人,现就职于安徽永生堂药业有限责任公司

赵峰,毕业后到浙江栋梁铝业集团打工,通过自身的不断学习和工作经验的积累,逐渐从一名熟练的操作工成长为企业的技术骨干,担任生产班组长一职。在工作中,他服从组织安排,兢兢业业、勤勤恳恳,都能出色地完成领导安排的任务。

2009年,他回家过春节,在阜阳火车站出站口看到家乡许多的企业在招工,于是就看了一些企业的招聘简章。对比之后,发现家乡的工资待遇与外地的工资待遇差别并不是太大,企业还给员工缴纳社会保险。他就希望能在家乡的企业工作,第一可以为家乡的经济发展贡献自己的一份绵薄之力,第二可以照顾子女的学习,还可以经常回到临泉看望父母。于是春节后赵峰就进入安徽永生堂药业有限责任公司工作。

赵峰在工作中诚信待人,严于律己,不断加强个人修养,利用业余时间学习专业知识,工作中常常虚心请教同事,不断提升自己的能力。在工作中,赵峰发现在原料药车间尿素的生产中,尿素的收率低,于是便想方设法对尿素的生产工艺进行改进:减少纯化水的用水量,来增加尿素溶液的浓度;结晶时,先用冷却水降温,再用冰盐水降温,并通过控制阀门的大小,来减少降温的速度,这样一来大大提高了尿素的收率。同时赵峰毫无保留地将这一技术传授给其他员工,经过那一段时间的生产,车间员工都能掌握甘草黄酮的生产工艺及其操作注意事项,得到领导的好评。

在企业管理方面,他主动协助领导拓宽和疏通民主渠道,遇事和大家商量,努力创造宽松、和谐、愉快的工作环境。赵峰还经常帮助同事,同事有什么困难都能力所能及地为同事解决。他为困难同事、抗击疫情和抗洪抢险捐款共计千余元,被称为大家的知心朋友。

王成

安徽省阜南县地城镇高郢村人,现就职于阜南县义昌隆工艺品有限公司

王成,现在阜南县地城镇高郢村扶贫车间——阜南县义昌隆工艺品有限公司工作。2018年,王成荣获"阜南县最美创客"荣誉称号,获得高郢村致富带头人、优秀青年等荣誉。

王成从一家箱包厂的仓库搬运工干起,经过几年的努力,他熟悉了箱包生产的每一道工序,为他日后创业打下了基础,同时他还利用业余时间在网上学习、查阅相关行业资料,拜老员工为师,读懂弄通箱包加工、销售、采购、贸易等相关知识,成为行家里手。2016年响应政府号召返乡创业,他带着家人、资金、技术回乡创业,当年就培养了33名技术工人,其中贫困户12人,带动贫困户人均年增收3 000多元。随着生产规模的不断发展壮大,到2020年王成的公司共计带动132人就业。新冠肺炎疫情期间,为响应政府促进就业的号召,他进一步开发就业岗位20个,为所在村打赢脱贫攻坚战贡献了自己的一份力量。

作为新时代农民工党员,王成积极协助镇村招商引资,吸引更多成功人士返乡创业,为发展"宜居、宜产、宜业"的美丽乡村建设吸引更多人才。他还热心公益事业,慰问贫困户、学生、残疾人、孤寡老人和军烈属400多人次,赠送书包300多个。新冠肺炎疫情期间,他多次参加志愿者活动,用自己的行动践行共产党员为人民服务的宗旨,发挥先锋模范作用。

崔正金

安徽省太和县倪邱镇崔寨村人，现就职于安徽富泰发饰文化股份有限公司

崔正金出生在一个普通的农民家庭，高中毕业后就到安徽富泰发饰文化股份有限公司漂染车间当了一名工人。在漂染车间工作是个手工劳作多的综合苦活，生产任务重，时间要求紧。虽然工作环境简陋，条件艰苦，但崔正金从不叫苦，一直踏踏实实，任劳任怨，积极努力。工作之余，他经常研读漂染方面的知识，并很快熟悉了工作流程。由于他刻苦好学，对工作认真负责，到公司一年半后，他就当上了漂染车间的班长。

为了提高工作效率，崔正金随时注意观察，把日常遇到的问题记录下来，下班后或询问技术人员，或自己看书后在生产过程中寻找答案。崔正金严把质量关，努力减少次废品的产生，尽量使产品返染率降到最低，公司有一种产品——直发613#，此种产品在以前的生产中返染率达到100%。作为班长的他深知责任重大，每当生产直发613#时他都仔细地观察记录，反复地实验，在调色的比例及辅助原料上详细地做着记录，经过不断地改进染色技术，反复地实验，在他的努力下，直发613#的染色技术终于得到了改进。现在直发613#只需要漂染一次，就能达到客户的要求，从此直发613#再也不必返染了，这不仅为公司大大降低了成本，也在染色技术上取得了很大的进步。

由于表现突出，对工作认真负责，通过自己不懈地努力，崔正金一步一个脚印地从一名普通农民工成长为一名技术骨干。作为车间主任，在工作中他十分较真。有人不理解，说他多管闲事，他却说："产品的质量代表着公司的形象，漂染环节不过关，不但影响产品的质量，更给社会造成损害！"

漂染车间在新研发的产品投入生产时，崔正金总是仔细观察记录，把可能出现的质量问题及时消灭在萌芽中。为提高技术指标，他积极配合相关部门改进工艺，成立5个QA小组，开展QA活动，围绕产品质量、节能降耗，开展质量、工艺攻关活动，每年车间都有几个革新项目获得有关部门的奖励。

为了提高自己的管理技能，崔正金在工作之余积极参加公司组织的管理知识讲座。他除了仔细记录了"打造高绩效团队"和"有效沟通"等讲座的重要章节外，还积极响应公司在开展"创先争优活动"中发出的"做推动企业促增长，服务员工促和谐的建设者"的倡议，带领全车间工人，积极出主意、想办法。

孙多梅

安徽省淮南市凤台县尚塘镇郭王村人,现就职于凤台县咏梅农牧有限公司

孙多梅,1991年到江苏牧羊集团打工,一年后回乡创办凤台县咏梅农牧有限公司,现为凤台县第十七届人大代表。她靠聪颖和勤劳致富后没有忘记乡里乡亲,主动肩负起带动全县253户贫困户脱贫的重担,暖心事迹感动十里八乡。

创业之初,孙多梅从亲戚朋友家借钱建猪圈,买回20头仔猪精心饲养。她不怕吃苦,勤劳钻研,经过多年发展,养猪规模不断扩大,效益不断提高,成为远近闻名的创业致富女能手。1997年,孙多梅开始创办了一个集饲料生产、销售与饲养于一体的产业实体。2013年6月,孙多梅创办的凤台县咏梅农牧有限公司,被授予"全国巾帼现代化农业科技示范基地"称号。2014年,公司被中央电视台和中国农科院教授、博导顾宪红选定为福利化养猪科教片拍摄基地,并摄制科教纪录片《开心小猪——小猪的福利养殖》在全国播出推广。2015年9月,"咏梅农牧"在安徽省股权交易中心成功挂牌。2016年2月,孙多梅通过银行贷款和自筹资金1 200万元建成了现代化、标准化新型养猪基地,猪舍顶棚光伏发电上网,猪粪污水综合处理加工液肥,生态循环综合利用年收益大大提高。2019年,公司先后被科技部授予第三批"星创天地""高新技术企业"。

她依托引进的新品种、研发的新技术,带动乡邻开启了"合作社+农户+基地"的农村产业化发展新模式,带动乡邻走上了共同致富的道路。20多年来,孙多梅每年都从省、市、县畜牧部门和大型养猪场自费请专家、教授到尚塘乡举办5至7期养猪新技术培训班,累计办班达70余期,受训人员15 000余人次,印发养殖技术材料30 000余份。孙多梅还捐资帮助兴建敬老院,为缺少体育器材的尚塘中心学校捐助乒乓球桌、篮球等体育用品,为当地留守儿童捐助、购买棉衣等。几年来,孙多梅累计捐助爱心善款达30余万元。

在孙多梅的心中,扶贫是一项爱心事业。2020年5月中旬,母子俩将自家孵化的优质大白鹅送到崔海村10户贫困户家中,同时送去价值4 000余元的家禽饲料,手把手传授养鹅技术,增加贫困户的脱贫"造血"功能。

2020年春节期间,新冠肺炎疫情突然来袭。孙多梅发动家人共同抗"疫",上演了"全家总动员"。孙多梅和家人带着煮好的热气腾腾的元宵、手工水饺和40件价值4 000元的冲锋衣,前往S426省道淮南、亳州市际交界处凤台县尚塘疫情防控监测点,为节日值守在这里的交通、公安、卫生等单位联合执法人员送去温暖。前不久,孙多梅的家庭还被评为"安徽省抗疫最美家庭"称号。

成学武

安徽省天长市铜城镇余庄村人,现就职于安徽天康(集团)股份有限公司

成学武,现为安徽天康(集团)股份有限公司光电缆制造部的一名普通一线员工。车间主任说他:"在家里是生活困难多,在厂里是工作业绩多,在社会上是爱心奉献多。"从此以后,同事们都不叫他成学武,都喜欢亲切地叫他"成三多"。

1991年,17岁的成学武初中毕业后因为家庭困难且父亲长期生病,便辍学承担起家庭的重任。刚开始在家务农,农闲时在铜城镇附近打零工,1997年得知安徽电缆厂招工,在熟人的介绍下来到安徽电缆厂当了一名电缆工,一干就是5年,他一边上班,一边帮助母亲种地。"屋漏偏逢连夜雨",和他刚结婚没几年的妻子又身患绝症。为了给妻子看病,他到处求医问药,花光了所有积蓄。2004年,他来到安徽天康(集团)股份有限公司应聘电缆工这个熟悉的岗位。生活刚刚有些起色不久,妻子终因病重去世,留下一个8岁的儿子和沉重的债务,母亲也日渐年老,父亲经常卧床,家庭的重担全都落到他一个人身上。多年来,他全心照顾和赡养父母的同时,认真抚育儿子。

自2004年进入安徽天康(集团)股份有限公司光电制造部后,成学武在成缆工序上一待就是十几年。他一直勤于工作,乐于钻研,主动加强自检和巡检,时刻关注质量异常,有效控制产品质量,产品合格率连续多年位居全制造部最高。2012年,他被班组推选成为成缆组的领班班长,不仅经常获得集团创新技改的表彰,还多次获得集团"先进工作者"的光荣称号。在荣誉面前,他从来没有沾沾自喜,骄傲自满,在工作岗位上,更加努力,取得一项又一项的成绩和专利。

成学武乐于助人,甘于奉献,主动帮助村里的空巢老人。有些邻居长期在外,都很信任他,家里有个什么紧急的事情,第一时间总想起他,把电话打到他这里,请他帮忙。他积极参与社会志愿服务活动,2020年年初,在突如其来的新冠肺炎疫情期间,他的父亲不幸去世,他强忍着悲痛送走老父亲后,就作为志愿者加入新冠肺炎疫情的斗争中。白天作为志愿者在社区加强疫情防控宣传和值班,晚上又为小区封闭的邻居购物送温暖。

学有所长,传承技艺。在单位,他不仅助人为乐,对于自己多年的生产技术和工作经验,从来不藏着掖着,总是主动教会别人。十几年来,他已经带出很多徒弟,也成长为技术精湛的生产能手,为企业的发展起到很大的作用。

安徽

王忠

安徽省滁州市南谯区大柳镇曲亭村人，现就职于滁州市南谯区大柳镇良农金梨专业合作社

王忠，滁州市劳动模范，滁州好人。2012年他回乡创业，注册了滁州市南谯区大柳镇良农金梨专业合作社，建立了"黄金果园""千亩梨园"，是该镇目前最大的一处黄金梨基地，也是全市现有规模最大的一处黄金梨果蔬引种栽培基地，带动了当地群众脱贫致富，推动了大柳镇现代农业示范区成功创建，促进岭区百里特色产业带的升级发展。

王忠是一名地地道道的农民，但是不甘于面朝黄土背朝天的生活，高中毕业后他离开家乡来到昆山打工。2006年，他投身建筑行业，由此掘到人生的第一桶金。怀着创业致富的梦想，2012年王忠回到了家乡，在镇村领导的关心鼓励和家人的大力支持下，他拿出自己的全部积蓄，加上家里亲友的资金支持，注册了滁州市南谯区大柳镇良农金梨专业合作社。目前共种植苗木500多亩，包括美国红枫、日本紫薇等多种苗木，果树1 500多亩，黄金果园的黄金梨亩产量可达7 500公斤。同时，他开展林间种植、林下养殖项目，办起了良农金梨农家乐，并获评"安徽省三星级农家乐"。

2012年，王忠刚开始种植苗木的时候只是租地、请村民来为自己干活，后来发现这种做法无法带动更多的村民，就起了与村民合作的念头，采用"我出苗、你出力"的方式，一户一户上门与所租地的村民说明情况、确认责任、签订合同，提供技术支持和管理指导，种植美国红枫等多种苗木。2015年年初，在大柳镇政府及曲亭村干部的积极帮扶下，王忠在大柳镇曲亭街道东端成片农田种植金果梨，建立"黄金果园"，依托全新打造的曲亭美好乡村街道和皇甫山黄金旅游线路的地理位置优势，选择种植金果梨项目，在果树行间套种滁菊、西瓜等作物，果树旁边开辟空地种植玉米。到目前为止，流转土地2 000多亩，带动附近的300多户村民投入劳作，平均每人每年增加2万多元的收入。

"黄金果园"作为江淮分水岭综合治理开发项目、大柳镇黄金果园农业示范基地发挥了模范引领作用，与正大集团携手打造种养结合、绿色循环、生态休闲农业。2018年，黄金梨被认定为安徽省2018年第一批无公害农产品。同年，他启动"月亮湾"田园综合体开发项目，旨在打造吃得好、留得下，集吃、住、游、购、娱于一体的乡村旅游新格局。

经过数年的打拼，现在的合作社是一个集种植养殖、生产销售、经营加工、休闲娱乐（赏花、采摘、垂钓、餐饮）、现代农业旅游观光为一体的田园综合体，成为南谯区万亩森林增长工程和现代农业示范工程的重点项目，切实推进农业绿色化、优质化、特色化、品牌化。

王明明

安徽省六安市金安区三十铺镇三十铺村人，现就职于六安江淮永达机械制造有限公司

王明明，2003年外出打工，先后在浙江杭州、安徽六安从事机械、纺织工作，2010年在六安江淮永达机械制造有限公司担任数控车工技师。2018年10月，他代表安徽省参加第八届全国数控技能大赛，荣获第八届全国数控技能大赛数控车职工组二等奖，为该项目安徽省最高奖项。2019年，他获选六安市人社局"名师带高徒"项目名师，同年荣获六安市"五四青年奖章"提名奖，2020年9月荣获六安市首届"皖西杰出工匠"称号。

王明明进入公司至今，一直在一线从事数控加工工作。他以出色的工作潜力和无私奉献的精神，赢得了公司领导、同事的交口称赞。一个人可以没有文凭，但绝不能没有知识。他利用下班的时间向老师傅们请教在工作中遇到的难题，回到家也不忘看书学习数控加工方面的知识。通过自己不断的努力和学习，他的技能得到了大大的提高。他现在从事公司新品试制研发及军品任务的生产工作，每年完成新品试制及军品加工200多种，为公司以后获得批量订单打下了坚实的基础。

王明明非常注重提高自身的技能水平，对待工作精益求精，他时刻不忘为公司创造利益和价值，利用自己所学的技术，做了很多大胆的创新，为公司解决了很多难以攻关的项目。王明明利用工作之余的时间进行学习和研究，改制刀具，优化程序。在数控车床上成功地加工了小模数蜗杆，生产效率提高到了原有技术的好几倍，为公司创造了很大的收益。

2016年，他申请加入中国共产党，严格遵守单位的各项规定和纪律要求，提高自身的政治思想觉悟。他于2017年被党支部列为入党积极分子进行培养考察，2019年被党支部列入党员发展对象，2020年成为中共预备党员。

2017年，公司申报"名师带高徒"项目，确定王明明为全国技术能手詹求锋的徒弟。他谦虚好学，刻苦勤奋，在名师的一步步指导下，积极充实理论知识，提高技能水平。2018年10月他代表安徽省参加第八届全国数控技能大赛，来参加比赛的都是来自全国各地区的数控行业顶尖人才，他不负众望，取得决赛数控车项目个人二等奖。这份荣誉来之不易，与他多年的努力是分不开的。

2018年年底，王明明被六安市人社局评选为2019年度"名师带高徒"名师。他教导年轻的同事们树立优良的职业道德，培养精益求精的工匠精神，带领徒弟开展技术创新、项目公关，并帮助他们解决学习与工作中的疑惑。他所带的两位徒弟在六安市开发区2020年举办的职工劳动和技能竞赛中分别获得一等奖和二等奖。

安徽 杨庆兵

安徽省六安市裕安区丁集镇墩堰村人,现就职于六安凯迪斯顿婚纱礼服有限公司

杨庆兵,1998年外出务工,先后在苏州的服装厂、婚纱厂打工,2010年回乡从事汽车贸易、与人合伙开办服装厂,2016年引进投资基金,成立六安凯迪斯顿婚纱礼服有限公司,带动婚纱产业在家乡落地生根,带动农民就地就近就业。

杨庆兵先后到苏州波司登羽绒厂、"梦娜丽莎"婚纱有限公司打工。他深感自己文化知识和专业技能的欠缺,"要改变自己的命运,必须要勤奋学习、努力工作"。于是在紧张的工作之余,他如饥似渴地学习文化知识和婚纱专业技术。通过几年艰苦的打拼,杨庆兵很快地掌握了婚纱制作行业的生产规律和主要核心技术,同时积累了丰富的生产和管理经验,赢得了公司领导和同事们的高度赞赏,并很快成为苏州婚纱领域的后起之秀和行业的佼佼者。

2016年,苏州婚纱产业整治专项行动全面开启,由于婚纱产业存在安全隐患,苏州市政府明确规定,城区内所有婚纱产业必须在限期内搬离苏州城区或者关停并转。许多婚纱企业由于不能及时搬离面临关停,大量农民工面临失业。杨庆兵萌生了到家乡创业的想法,凭着多年练就的技术和积累的管理经验,在当地政府部门的支持下,他在家乡租赁了近4 000平方米的厂房,注册了六安凯迪斯顿婚纱礼服有限公司,把苏州婚纱产业转移到六安,帮助婚纱企业和失去工作岗位的农民工解决了当前困境。

为顺应苏州产业结构的调整,承接苏州婚纱产业的转移,杨庆兵通过在苏州婚纱领域拥有的深厚人脉资源与诸多六安籍在苏州婚纱成功人士的联动,分赴婚纱产业链每个端口(生产、电商、物流、面辅料供应)进行实地调研,并多次前往北京等地引进康桥基金,在裕安区平桥工业园建设六安康桥特色婚纱小镇,作为婚纱礼服生产、加工、销售一体的专业化市场,为六安承接婚纱产业转移提供平台基地。经过他的不懈努力,2017年六安康桥特色婚纱小镇一期胜利完工。目前,六安康桥特色婚纱小镇入驻返乡婚纱企业230多家,吸纳2 000多人在此就业,其中带动贫困群众100多人脱贫致富。

杨庆兵在几十年的打工生涯中,靠自己的勤劳与刻苦以及锲而不舍的奋斗精神,在苏州书写着自己打工生涯的美丽篇章;如今,随着苏州婚纱产业转移步伐的加快,他审时度势、乘势而为,回到了自己的家乡六安,继续书写着自己的美丽人生。

熊守龙

安徽省霍山县诸佛庵镇小堰口村人,现就职于安徽迎驾集团彩印分公司

熊守龙,1997年到安徽迎驾集团打工,现任安徽迎驾集团彩印分公司技术员。与一般农民工不同的是,他凭借"干一行、爱一行"的精神,不怕苦、不怕累,通过自己的不懈努力,从一名普通的工人,一步一步成长为行业专家。

出身于农民家庭的熊守龙,二十多年如一日,全身心地投入到公司的彩印行业,从普通工人走上技术岗位,怀着满腔的热情和坚定的信念,刻苦钻研、勤奋学习,在工作实践中充分运用自己的专业知识,创造了一项又一项骄人的成绩,多次被公司通报表彰,成为企业上下学习的楷模。2017年,熊守龙参与起草了一项国家行业标准——粘箱机(JB/T 13148-2017),并在机械参数、性能要求和试验、外观质量等标准制定的重要方面给予了专业的建议和权威的解释,博得了标准制定组织方的充分肯定。2018年以来,熊守龙带领团队完成丝印机自动上墨系统改造,降低了劳动强度,提高了生产效率5%。

熊守龙时刻关注社会公益。2008年5月,他给汶川地震灾区捐款2 000元;2010年至2017年,他给残联爱心捐助5 500元;2013年,他给雅安地震灾区捐款5 000元。同一年,作为迎驾人的熊守龙随安徽迎驾集团参加"慈善一日捐"活动,捐款1万元。2014年11月,迎驾慈善基金会成立,熊守龙每年向基金会捐款2万元。熊守龙持续不断地开展捐资助学,截至2020年9月共计捐款15万元。他本人也先后获得"印刷工程师""六安市劳动模范""迎驾集团优秀管理干部"等荣誉。

田老大

安徽省马鞍山市当涂县太白镇鑫龙村人,现就职于安徽长江钢铁股份有限公司

田老大,39岁,中共党员,2015年大专毕业,2006年进入安徽长江钢铁股份有限公司工作,现为马鞍山市市级技能大师工作室"田老大技能大师工作室"领衔人。

田老大自小由于父亲生病造成家庭困难,1997年初中毕业后为减少家庭负担,他放弃了进入高中学习的机会,扛起了家庭的重担。经过几年辛苦打工的经历,使他感受到了生活的艰辛和不易,但也磨炼了他坚韧的性格和追求美好生活的向往。

2006年坐落于工业重镇太白镇的安徽长江钢铁股份有限公司(现为中国宝武马钢集团控股公司)招聘工作人员,他凭着丰富的工作经验顺利地应聘进入到这家优秀的企业。为了提升业务水平和追求卓越,他先后报考并完成了安徽工业大学"机电一体化"函授专业学习。凭着在工作中努力钻研、兢兢业业,他不断提升自身技能水平,从最基层的操作工一步步成长为车间技术主管,并主动为公司的高质量发展和智慧制造贡献力量。

作为公司的技术骨干和中坚力量,田老大同志先后主导完成了公司2013年提高烟煤混喷率技改、2014年老3号高炉配料系统技改、2013—2014年风机房防喘振阀改造、2017年喷煤系统氧分析仪技改、2017年1号炉炉缸外层温度实时监控报警系统、喷煤主排风机风门技改、2018—2019年煤气流量计改造等项目,并参与了公司多项大型技改和大中修项目,创造了优秀的业绩,为公司安全生产和节能减排等方面作出了突出贡献。

作为一名优秀的年轻员工,他通过自身良好的品行和扎实的业务技能,得到了公司和同事们的一致好评。2013年,他代表公司参加马钢第六届职业技能竞赛,在竞赛中荣获"热工仪表修理工"二等奖,并被授予马鞍山市"岗位技术能手"称号。2014年,他被晋升为热工仪表修理工技师。2015年,他完成"热风炉热电偶技改降本增效保障高炉顺行"的QC成果发布,并获得公司QC发布三等奖。2016年,他代表公司参加"鞍钢杯"第八届全国钢铁行业职业技能竞赛,在竞赛中荣获"设备点检员"第十六名,并被授予"全国钢铁行业技术能手"称号。

2019年,在当涂县"长钢杯"职业技能竞赛中,他带领的班组成员取得了冠军和其中3人进入前五名的骄人成绩。2020年4月,由田老大作为领衔人的"田老大技能大师工作室"获批为马鞍山市市级技能大师工作室并挂牌。

彭家媛

安徽省芜湖市三山区天桥村人，现就职于万良物业三山比华利项目家政服务部

彭家媛，虽然是一名普通的农民工，但她在家庭突遭不幸时坚强面对、勇挑重担，在生活中乐于助人、无私奉献，在工作中勤于学习、奋发有为，多次在省、市各级比赛中获得优异成绩，在平凡的岗位上做出了不平凡的业绩，赢得了村民和各级领导的好评。

原本她有个幸福的家庭，爱人在外跑运输，她在家带两个孩子操持家务，一家四口其乐融融。2013年8月，彭家媛爱人突遇车祸离世。为了孩子她强忍悲痛，先后在当地镇上的两个服装厂打工，因两个孩子尚小，全日制工作时间特别是上夜班根本没办法照顾孩子，她只能辞职回家，生活也没有了着落。当地人社局得知消息后，针对她的实际情况，以"量身"推荐的方式，引导她参加家政服务员等技能培训班。她做起了家政服务员，第二年又先后报名参加了育婴员培训班和育婴员技能提升班，不断提升就业技能。她积极向上的精神和一丝不苟的工作态度得到大家的交口称赞。

看到村里有些妇女没技能无所事事，彭家媛便主动上门动员她们参加就业技能培训班，劝她们趁着年轻赶紧学技能，很好地引导和帮助贫困人员上岗就业。

彭家媛同志进步很快，先后获得2018年芜湖市家庭服务业技能竞赛、安徽省首届家庭服务业职业技能竞赛"家政服务员"项目一等奖、二等奖，荣获2019年G60科创走廊九城市2019年首届家政服务职业技能大赛"家政服务员"项目二等奖。因多次获奖且实操能力很强，人社部门、培训学校也主动找她，邀请她当家政授课老师，自此她成了一名家政服务业兼职老师，进入课堂登上讲台，为乡邻们宣讲理论知识和传授实操经验。全区各个乡村经常出现她的身影，每当她站在姐妹们中间总是感慨万千，她暗下决心要带领姐妹们在就业创业的道路上奔跑！

2020年年初，在新冠疫情暴发肆虐之初，她积极听从政府号召居家隔离，并第一个报名参加志愿者，积极投身疫情防控。疫情期间坚持志愿岗位不畏惧、不退缩，家中孩子们也很支持她，自己在家学着做饭，自我管理学习和生活。在她勇于奉献自我的感召下，周边很多村民乡邻也逐渐自愿加入疫情防控中。2020年夏天，几十年一遇的洪水肆虐，她又是作为一名基层志愿者，义无反顾地投入到抗洪抢险的战斗中，为抗洪人员运送生活必需品，给他们加油打气，并组织带领理发师为许久未回家的"最可爱的人"理发等。

安徽

高志华

安徽省绩溪县凤灵社区洪川村人，现就职于安徽省小小科技股份有限公司

高志华，1968年3月出生，高中学历，现在安徽省小小科技股份有限公司从事技术研发工作。他在工作期间，通过公司培训培养，被破格评选为工程师，参与了公司多项重要技术研发工作，并自学了机械设计与制造、机械制图、CAD制图软件应用及Pro/E三维画图等一系列机械技术应用方面的知识。

1996年，公司开始开发链条卷制生产工艺，由于是在试制阶段，公司技术人才比较紧缺，他参加了模具的制造和调试工作，套筒卷制工艺终于获得了成功，该工艺技术填补了国内在此领域的一项空白。套筒卷制模具投入生产后，由于模具化设计受当时制造条件的限制，给操作工在自动化生产中带来很多的不便。2003年后，他对模具进行了一系列的技术改造，把模具由封闭式改为敞开式，使得工件在级进模中的每一个步骤都一目了然，能够及时发现问题，使得废品率大大地降低，提高了工作效率。从2005年开始，公司在链条配件产品生产的整个流程中，进行了一系列的自动化改造，他承担了机械部分的制造、调试及试机工作，获得成功。

2005年，公司抓住国内汽车制造业蓬勃发展的机遇，开发汽车同步器齿套数控精密碾锻成型技术，他承担了机械部分的研发工作，并参加了零部件的生产及总装调试。在设备有限、条件落后的情况下，克服各种困难，成功地开发了此项技术，当年就完成了7条生产线的制造工作，该项目成功地填补了国内汽车制造业在该领域的空白。由于采用了数控精密碾锻成型技术，使产品一次性精密成型，达到不车削或少车削、节约原材料和能源、降低生产成本的目的。该工艺技术于2006年6月通过了省科技厅的考核，成为高新技术产品，他也获得了省科技厅颁发的"省科技进步奖三等奖"。他在数控精密碾锻成型技术的基础上，陆续又研发了数控精密热滚挤一次成型汽车动力输出空心齿轮轴、变速器自动换挡执行器的热锻、冷拉伸复合工艺技术及干、湿式双离合变速器主传动毂总成等工艺技术，这些都获得了省级科技成果奖，他本人也获得了省科技厅颁发的证书。

他参与了公司专利的申请编写，有7项专利获得授权，其中2项发明专利、5项实用新型专利。通过对这些研发工作的直接参与，使他对机械制造行业从零到有一个比较全面的了解和提高，从一名农民工成长为工程师，成为公司的技术骨干。

江书成

安徽省宣城市宣州区沈村镇双塘村人，现就职于博瑞特热能设备股份有限公司

江书成，安徽省宣城市博瑞特热能设备股份有限公司一名普通的电焊工。2019年8月荣获宣州区首届农民工职业技能大赛焊工项目一等奖，2019年9月荣获宣城市农民工职业技能大赛一等奖、"宣城市五一劳动奖章"，2019年9月荣获"宣城市青年岗位能手""宣城市技术能手"荣誉称号，2019年10月荣获安徽省农民工职业技能竞赛焊工项目二等奖，2011年6月在安徽海螺川崎节能装备公司组织的第三届焊接技术比武中获得三等奖。2020年5月，获得"安徽省青年技术能手""安徽省青年岗位能手"荣誉称号。

他熟悉焊接主要设备的原理及故障处理方法、焊接材料的使用管理，熟悉焊接时的安全措施，为公司组建宣城市特种设备焊接考试委员会、焊接技能大师工作室做出了贡献，为公司在焊接质量保证上做出了巨大的贡献，减少了公司焊接质量事故、安全生产等不必要的损失，大大推动了公司品牌的发展。

江书成同志在从事焊接工作中，善于观察、勤于动脑，对存在缺陷的焊接工艺问题积极思考并进行技术革新。2013年，公司生产的大型散装锅炉里的下降管、上升管及集箱直径大部分为325 mm、273 mm和219 mm，壁厚为25~35 mm，以前管管对接为手工焊接，工作量大，用工时间长，在没有任何借鉴的情况下，在现有工装设备条件下，他在不到20天的时间里，克服一道道技术难题，完成了用埋弧焊替代手工电弧焊这一技术革新，达到业内领先水平。

他从事焊接工作20多年，在工作过程中不仅能够继续虚心学习一些新的技术和经验，还热心培养青年工人，自己在工作实践中总结出好的经验，都无私地教授给他的徒弟们，自始至终按"严师出高徒""虚心施教"的教学方针，把培养新人、技术能手视为己任，毫无保留地将自己掌握的焊接技术、技巧传授出去，培养一批又一批的锅炉压力容器合格焊工，为公司和社会输送大批焊接技术人才，在焊接工作中发挥了应有的作用。

2013年，海螺集团下属水东分公司一台PC1250正铲机在使用过程中动臂串销座的一件轴孔突然发生断裂。由于该设备为日本进口，若更换设备则维修时间长、价格昂贵。他带领团队经过仔细研究，查阅资料，决定选择采用焊接修复。该串销座属于超厚度钢件，针对串销座的损坏情况，本次维修焊接动臂串销座，经过周密制定方案，精心施工圆满完成修复任务。维修焊接后的PC1250正铲机动臂串销座投入作业至今，焊接部位完好。

安徽

阮海兵

安徽省铜陵县东联镇复兴村人，现就职于铜陵市旋力特殊钢有限公司

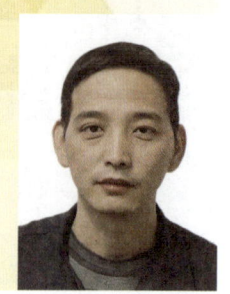

阮海兵自幼家境贫困，中技毕业后，先后辗转到温州、无锡等地打工。在异乡谋生的日子里，他凭着勤奋踏实，不断进取，逐步熟练掌握了连铸铸造技术，成为厂里的技术骨干。

2013年，阮海兵听说铜陵市旋力特殊钢有限公司缺少技工，他毅然决然地放弃现有的丰厚岗位待遇，一心回乡支持家乡建设发展。自进入公司后，他一直奋战在连铸铸台和转炉炉台上，他刻苦钻研连铸工艺和转炉冶炼技术，得到公司领导和工友们的一致肯定，2019年被评为公司标兵。

公司是单炉配单机组产模式，由于过去上游高炉铁水不能稳定供应，等铁水吹炼时有发生，没有钢水供应就会造成连铸机断浇，而一旦断浇就会损失一套中包，生产成本急剧上升，后面铁水来了也无法生产。熟悉连铸工艺的他和工友们采取连铸堵流操作法延长等待时间，保证了铁水不足时的连续作业，提高了工作效率和产量，节省消耗。进入2020年后，公司炼铁水平大幅度提高，他带领班组共同研究对策，通过加废钢行车与兑铁行车提前就位有效衔接，每炉钢节约20秒时间。通过转炉不倒钢出钢法每炉钢节约30秒，最后转炉冶炼周期缩短到22分钟，从而大大加快生产节奏。他自始至终亲临生产一线，围着炉子连轴转，做到身在现场、心不离钢，对各环节、各工序都进行严格管控，对生产过程中出现不可避免的小问题、小故障，提前发现，妥当处置，快速排除，保持生产平稳运行。他所带领的丙班于2020年1月12日班产达到34炉，10月份月产达到48 931吨，这两项纪录至今无班组打破。

他着力从工艺和操作两方面入手，结合转炉的特点，推广先进的溅渣护炉技术，延长炉龄寿命，杜绝事故的发生。他加强炉前操作工们的理论学习和实际融会贯通，坚决贯彻转炉冶炼的标准化操作，并且做到严格考核，确保了转炉的正常运行。他所负责的转炉炉龄达到19 520炉，创下国内同类型炉龄最高纪录，由此节约的效益仅耐火材料费一项就高达200多万元，所产生的效益更是十分巨大。他严格执行转炉操枪技术规范，按照标准化作业程序进行操作。实施每天测炉底、量枪位，每炉使用刮渣器刮渣，使氧枪寿命由过去的平均不到60炉，上升到现在平均寿命200炉以上。

在工作中，他为人谦虚谨慎，对自己严格要求，对工作高度负责，他带领丙班连续三年取得大班生产的优异成绩，他个人先后多次被评为先进个人和技术能手。

周龙贵

安徽省青阳县木镇镇河北村人,现就职于安徽九工电子设备有限公司

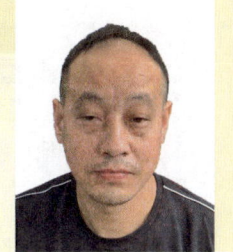

周龙贵,农村建档立卡贫困户。该同志从事机械加工以来,时时刻刻严格要求自己,做事任劳任怨,他以出色的工作能力、无私奉献的精神,赢得了公司领导、同事和社会的广泛称赞,多次被评为公司的先进工作者。

周龙贵父亲因重大疾病亡故,母亲身体又不好,导致他一家因病返贫,成了村里的建档立卡贫困户。为了使家庭生活好些,他2004年外出务工,在苏州市联佳精密机械有限公司先后学习加工中心的操作、编程和设计工作,由于刻苦钻研,他的技术进步很快,深得公司老员工的赞许和领导的认可。他通过学技术,实现就业脱贫,用不到三年的时间偿还了所有的债务,成功摘下了贫困户的帽子,成为青阳县自强自立的典范人物。

由于技术出色,加上青阳县光大铸造有限公司的诚意相邀,他于2013年年底入职该公司从事端子机业务的生产设计工作,这对他来说是一个全新的领域。他不畏艰辛,迎难而上,出色完成公司端子机项目的任务。2017年由于业务发展需要,该公司决定成立子公司安徽九工电子设备有限公司,周龙贵被安排到子公司工作。他与公司技术研发团队精诚合作,多次攻克技术难关,在他们的努力下,子公司安徽九工电子设备有限公司于2020年通过国家高新技术企业认定。

在青阳县光大铸造有限公司和安徽九工电子设备有限公司工作期间,周龙贵作为公司主要的研发人员,先后取得八项专利,其中作为第一发明人的专利有:带理线机构的端子机、高精度夹持的端子机、驱动桥轮毂浇注循环冷却系统、一种内胆可更换式中间包。作为主要参与者的专利有:多芯线压端子机方法及端子机、带剥线机构的端子机、轻质强度汽车转向节用铝合金材料、载重汽车底盘平衡支架浇筑保温装置。

苏树苗

安徽省桐城市金神镇金神村人,现为安庆汇通汽车部件股份有限公司车间主任

苏树苗,1986年7月初中毕业后,本来可以升入高中的他,为了父母和兄弟姐妹,毅然步入桐城市金光集团学起了车工。由于他吃苦耐劳、勤学好问、刻苦钻研,不到一年时间凭借过硬的技能、良好的品德,当上班组长,后又转为质检员,最后成为车间主任。期间作为后备人才被金光集团推荐到高校学习深造。他曾多次荣获金光集团、金神镇、桐城市级"先进工作者"称号。

1994年1月至2013年2月,他在桐城县金龙机械有限公司工作,历任车间主任、技术副总经理,2009年11月加入中国共产党,连续多年获得金龙公司、范岗镇、桐城市级各项表彰。

2013年3月他入职安庆汇通汽车部件股份有限公司,担任生产部工装模具组主管,主要负责工装、夹具、模具的改造升级、制作、维修管理工作。工作中,他发现装配车间3人一组的手工直推组装线单班只有400~500件的产量,工人劳动强度大、效率低,产品质量不稳定。他带领工装模具组成员经过长时间的切身操作、演示摸索,并经过多次改造和试用,设计并研发了直推组装工装工艺,2人一组单班的产量高达800~1 000件,他被选进公司科技创新和新品研发组。自进入公司以来,他的多项技术改进和创新发明获得了省级专利,被公认为公司科技创新和新品研发组骨干成员之一。

他的技改项目覆盖生产所有领域。针对涂胶车间员工手工涂胶厚薄不均、外观不佳、黏度不好的状况,他设计制作了球铰护圈专用的电动涂胶机,此项技术彻底改变了手工涂胶的缺陷,使得公司涂胶质量得到了有效的保证;针对设备自动开关存在的安全隐患,通过在设备起落处安装限位块进行高度管控,大大降低了安全事故发生频率。

苏树苗为人厚道、待人诚恳,对他的下属要求很严,但传艺从不保守。他在精心传道、授业、解惑的同时,告诫他们不要好高骛远,要脚踏实地,每天把复杂的事简单地做,把简单的事重复地做,把重复的事认真地做。在他身先士卒的熏陶和感染下,所带出的徒弟个个都是行家里手。

2015年,他在安庆市职工技能大赛中获得安庆市前5名,并直接拿到了高级车工证书。2020年,又顺利拿到二级技师证书。他历年来都被公司授予"先进工作者""先进个人"称号,2016年和2018年两度被桐城市经开区管委会授予"先进工作者"称号,2017年被桐城市经开区党工委授予"优秀党员"等多项殊荣。

陈良

安徽省安庆市宜秀区大龙山镇中心村人,现就职于安徽盈创石化维修安装有限责任公司

陈良,2007年在机缘巧合下参加了安徽盈创石化维修安装有限责任公司的招聘,成为一名机修钳工学员,经过一年的定向委培后走上钳工岗位。

钻研成为陈良的日常工作状态,如饥似渴地学习钻研和师傅们毫无保留地言传身教,让陈良的检修技能取得了质的飞跃。在入行的第三年,陈良就能够独自带领检修小组到兄弟单位参加石油石化装置的汽轮机组检修工作,并细心发现了汽轮机轴承座上一处细微的裂纹,及时避免了一起极大可能发生的飞车事故,受到安庆石化作业部的通报嘉奖。

在2019年安庆石化全厂装置停工大修改造中,陈良带领的检修组承接了炼油新区催化重整K202一拖二汽轮机组和3台80Y离心泵检修项目,所修的机组、机泵均一次性运行正常,而他还被光荣地评为大修改造"质量之星"。在机组检修中,陈良还购买了一批收纳盒用来装零件,不仅摆放整齐美观,更为后期查找零件提供了方便,这一做法很快成为现场的亮点并在全组推广。

在入行的第六年,陈良成为一名钳工副班长。班组在他的带动下开展学习创新型班组创建活动和"一人一方案"精准培训,针对检修中的问题定期召开学习研讨会。

陈良积极帮助身边的青年朋友,积极参加公司举办的各种公益活动,组织团员青年开展了青年钳工趣味比赛,带动班组整体技能水平的提升。2017年,陈良被评为安庆市大观区年度"优秀共青团干部"称号,同时还被推选为安庆市青年委员代表。

2020年的新冠肺炎疫情牵动着每个人的心,陈良作为青年志愿者第一时间随同公司团委走进社区防疫站,与社区防疫工作者一同参加防疫工作。疫情结束后,他获得区志愿者协会防疫工作"优秀志愿者"称号,获得2020年"安徽省向上向善好青年"称号。

"既然选择了钳工岗位,就要去热爱、去坚守。"陈良在2014年、2016年安庆市职业技能大赛中获得第二名,被评为安庆市"青年岗位能手";2019年7月参加安庆市农民工职业技能大赛,获得"工具钳工"组第一名;2019年9月参加石油石化建安检维修专业协会第三届炼化检维修青年员工技能大赛,获得"钳工专业组"二等奖;2019年10月参加全省农民工技能竞赛,获得"工具钳工"组第一名,被授予"安徽省技术能手"称号;2020年被授予安徽省"五一劳动奖章"。

安徽

汪莉萍

安徽省安庆市岳西县天堂镇东山村人,现就职于安徽岳西皖嫂职业培训学校

汪莉萍,勤奋好学,热情真诚,服务细微,一步步成为当地家喻户晓的"金牌"月嫂,2020年参加安庆市家政技能大赛获得母婴工种二等奖。她在担任月嫂期间,护理了38个宝宝,客户都非常满意。

汪莉萍自小家庭贫困,父亲疾病缠身,五年级就被迫辍学,13岁就开始打工生涯。1995年背井离乡去合肥打工挣钱,给别人带孩子、做家务、洗碗;2005年结婚后有两个女儿,婚后丈夫腰椎间盘脱出严重瘫痪;2007年带着丈夫在县城开了一间早餐店,起早贪黑地工作;2016年年底丈夫病情再次复发,一个人无法经营早餐店,被迫转让;2017年10月,汪莉萍报名参加了岳西皖嫂家政技能母婴护理培训班,培训后由岳西皖嫂职业培训学校推荐到宁波月子会所继续学习深造,她认真细致,不断摸索总结经验,服务技能有明显提升。

汪莉萍吃苦耐劳,尽心尽力为每个客户提供优质的服务,很快就成为学校的业务骨干。她在培训学校,对身边的姐妹们总是毫无保留地分享自己上户的经验,帮助想做月嫂的新手姐妹们,还经常免费服务遇到困难的产妇,只要有时间她都尽自己的能力替别人解决问题。比如,没有请月嫂的产妇,饮食不科学造成堵奶;需要疏通乳腺管;还有宝宝哭闹吵夜,家人找不出原因,都会请教她。正是她的乐于助人,爱岗敬业,无私奉献赢得了良好的口碑,在她服务过的宝妈群里,大家都无不称赞。汪莉萍经常收到客户的锦旗和赞誉,客户送来的一面面锦旗既为学校赢得了荣誉,又为她个人带来了良好的口碑,被誉为"金牌贴心好月嫂,工作负责胜家人"的好月嫂,工资也从起初的每月6 000元涨至现在的每月10 000元以上。2019年,她还获得"岳西皖嫂优秀员工代表"称号。

吴冬青

安徽省安庆市太湖县江塘乡五星村人,现就职于申洲针织(安徽)有限公司

吴冬青,2008年6月到广东打工,先后在鞋厂、服装厂当工人。2009年2月申洲针织(安徽)有限公司落户望江后,她经亲戚推荐同年7月进入该公司,先后担任服装工人、班组长、车间副主任。她勤奋好学,爱岗敬业,踏实工作,默默奉献,争创一流。由于她工作勤奋努力,先后多次被评为公司"先进生产工作者""安全先进个人",2015年获得"安庆市三八红旗手"、望江县"巾帼建功标兵",2017年被评为"安徽省三八红旗手"。她多次在安庆市技能大赛中斩获奖项,从一名普通的农民工转变成典型的基层模范代表。

生产服装的质量很重要,吴冬青时刻严把质量关。每天一到车间,她就立即严格检查每一道工序的生产情况,一旦发现不合格的产品、半成品坚决否决,及时迅速地配合相关部门予以解决纠正。她发动大家积极参与,制定了质量学习制度,分批分期开展质量培训,每月把质量意识灌输到每一名员工心中。她还及时把员工在实际工作中出现的问题记录下来,分类整理,在每周会议上讨论,集思广益,拿出可行的解决办法。他始终注重对车间工人的培训,根据工艺特点,讲授质量管理知识和生产管理知识,提高全员的管理意识。

车间经常接到刚研发出来的新产品的生产任务,在新产品投入生产时,吴冬青总是一跟到底,仔细观察和记录,反映情况,把可能出现的质量问题及时消灭在萌芽中。有时在新产品生产中,要随时持续地改进工作,为提高技术指标,需要对生产工艺进行改革,吴冬青积极配合并改进工艺,围绕提高产品质量,开展质量攻关活动,鼓励员工勇于提出改进建议,发挥大家的热情和创造性,结合自己多方面的实践知识,尽可能地把每一道工序都进行合理的安排,成功解决了现场诸多实际问题。

她心地善良、可亲可敬,是大家的"贴心姐姐",工作以外的事情总是愿意找她帮助解决。她善于观察,如果发现有的员工情绪有波动的迹象,她就及时做好思想疏通工作,哪怕是很小的事情,她也乐此不疲、不厌其烦地去处理。她乐于助人,哪个员工手头紧缺,或是家里有困难,她总是慷慨解囊。通过多年来自身的努力,凭着一股用不完的干劲,在这个平凡、艰苦的岗位上兢兢业业、勤奋好学,不断地加强自身修养,顽强拼搏,忠于职守,爱岗敬业,踏实工作,默默奉献,争创一流,展示了新时代农民工的勃勃生机和崭新面貌。

吴先干

安徽省宿松县凉亭镇三德村人，现就职于安徽亿达建设工程有限公司

安徽省安庆市宿松县凉亭镇三德村是一个典型的贫困村，吴先干因家境贫寒，小学未毕业就不得已辍学，1990年赴山东青岛、浙江舟山等地打工，从事砌筑工工作。2008年，为照顾家庭回到家乡，在安徽亿达建设工程有限公司继续从事砌筑工工作。

早年由于家境贫寒，吴先干同志上完小学四年级便辍学在家，但他对知识的渴求却从来都没有放弃。1990年，他年满16周岁外出务工后，一边坚持自学文化基础知识，一边结合自身所从事的砌筑工工作，潜心研究技术要领，刻苦学习新知识、新技术，密切关注本专业的新动向。由于文化底子薄，学习起来比一般人更加吃力，但他孜孜不倦，在干中学、在学中干，空余时间经常到职工书屋读书学习，遇到不懂的问题虚心向老工人请教，努力促进了自身文化技能水平的提升。2013年，他取得了建筑类助理工程师证书。2014年，他顺利通过住建部门的安全员考试并取得资格证书。2017年，他在安徽省"建工杯"农民工职业技能大赛中夺得砌筑工个人三等奖。2018年，他在宿松县首届建筑业职业技能大赛中获得一等奖并荣获"宿松县技术能手"称号。

吴先干同志始终是"干"字当头，干在人先。他始终恪尽职守，任劳任怨。他虽是班组长，但始终干在一线，充分发挥模范带头作用，带领班组以高度的责任感全心全意完成公司交付的工作任务，所负责的工程项目从未发生过安全事故。他认真把好质量关，2014年，他负责的宿松县二郎初中教学楼工程被评为安徽省安全质量标准化示范工地。2017年，他负责的宿松县亿达世纪城砌筑工程被评为宿松县安全质量标准化示范基地，并被授予宿松县"升华杯"质量奖。

吴先干是班组乃至整个公司的顶梁柱，他经常帮助和指导同事提高工作技能水平，攻克技术难关。工友们每每遇到困难第一时间总是想到他，而他也始终能够充分发挥排头兵作用，一次次地将急、难、险的工程难题逐一克服解决。

作为农村走出来的农民工代表，吴先干同志在自身勤劳致富奔小康的同时，始终不忘帮助身边的农民工朋友，帮助他们学技术、揽业务、传经验，带领大家一起勤劳增收。他先后帮助指导11名农民工朋友成为建筑技术工人，最多时一次性带领30多人组成专业分包队伍承揽工程。吴先干多次被公司评为"十佳员工"，所在班组多次被公司评为"优秀施工班组"，也得到了社会各界的充分肯定。2019年，他荣获了"安庆市五一劳动奖章"称号。

汪杏梅

安徽省安庆市怀宁县三桥镇双塘村人，现就职于怀宁县鑫悦服装厂

汪杏梅，现在怀宁县鑫悦服装厂扶贫车间工作。她时时刻刻严格要求自己，做事不声张，勤勉工作，出色地完成了车间的各项工作，赢得了大家的交口称赞。

2014年，汪杏梅由于其父母双方患病，需长期服药治疗，导致家庭生活十分窘迫，被认定为贫困户。但她坚信只要勤劳肯干，就一定能甩掉"贫困帽"。为了改变生活现状，让家人过上好日子，她到江苏苏州、常熟一带从事服装加工工作。经过两年艰苦打拼，生活变得越来越好，用自己的双手创造出属于自己的幸福，2016年她一家光荣脱贫。

汪杏梅考虑到家里的父母年龄大了，小孩也要上初中，都需要人照顾，决定利用在外务工期间学到的制衣经验回乡就业。2018年3月，她在家门口的怀宁县鑫悦服装厂务工，做一名普通的制衣工。一开始，这家企业并不大，就两间小门面，不到10台机子，随着订单的增多，汪杏梅建议企业扩大规模，提高产能。后来企业购置了十几台电动缝纫机，将厂子的面积扩大了一些。2020年年初，受新冠肺炎疫情的影响，镇上几家做外贸订单的服装厂都停业了，一些工人就选择到怀宁县鑫悦服装厂扶贫车间务工，车间工人不减反增，现在扶贫车间里有19名职工，其中贫困户有6人。她们中大多数是在家中照顾老人、小孩的留守妇女，一边照料家庭，一边在服装厂上班，家庭和务工都能兼顾到。现在在车间里上班的工人，一些熟练工每个月能拿到5 000元的工资，少的也能拿到2 000多元，较好地解决了家门口就业脱贫问题。

汪杏梅最大的特点就是喜欢与服装厂的工人打交道。谁遇到技术问题，她总是毫无怨言，随叫随到，满腔热情地投入工作。扶贫车间的工作特点是订单越多、活越多。有时企业为了赶进度，加班加点对她来说是常态化。她在多年的制衣工作中，总是以高度的责任感投入到工作中，很少想哪些是自己的本职工作，哪些是别人的，踏实工作，主动为企业分忧。汪杏梅同志，一位普普通通的制衣工人，既没有多高的文化，也没有超人的智慧，但她以不甘平庸的钻劲，不负企业重托，在平凡的工作岗位上实现着自己的人生价值。与此同时，她以实际行动诠释了新时代一名普通制衣工人的高尚情怀。

汪笃义

安徽省歙县溪头镇汪满田村人，现就职于黄山明明德集团有限公司

汪笃义，因父亲患腰椎间盘突出多年，不能从事体力劳动，母亲患类风湿疾病，本人无法外出打工赚钱养家糊口，被认定为建档立卡贫困户。

汪笃义 17 岁时经人介绍到浙江杭州人本集团打工，在杭州干了 10 年，一年干到头，年收入 3 万多元，没有积蓄，生活很拮据。2016 年年初，汪笃义进入黄山明明德集团有限公司后，公司的企业文化、人文关怀、文体活动和技能培训逐步吸引着他，他在浙江工作的技能水平也逐渐得到展现和发挥。半年之后，汪笃义就开始带新学员，把自己的手艺毫无保留地传授给新学员。凭借个人技能的出色发挥，汪笃义成为生产骨干。

汪笃义在公司好学上进，得到企业的培养和关心，被送到台湾健峰学院培训，2017 年晋升为 8AT 团队的技术主管，积极参加技能提升培训，考取磨工技师证书。汪笃义把学到的技术向员工传授，利用每天早会 15 分钟进行讲解，平时观察员工操作、现场指导。3 年来，公司聘请他为轴承机床操作与设备维护保养授课讲师，在人社局组织的磨工班岗前培训技能提升培训班上，给学员讲授书本知识和实践操作技能。近三年来，经过他培训的初级工有 30 人、中级工 57 人、高级工 30 人。

汪笃义是洪学江劳模创新工作室团队的技术骨干，积极参与生产工艺、设备改造和产品研发工作。汪笃义负责的 8AT 团队研发生产的 8AT032703055 双列角接触轴承成功替代进口产品，荣获"安徽省重点新产品证书"。2016 年，8AT 团队荣获"国家科技进步一等奖"，成为新中国成立以来汽车零部件行业获得的唯一一个国家一等奖。6AT 团队荣获盛瑞颁发的"管理创新奖"和唯一一家内资企业"最佳质量奖"。汪笃义还参与开发了新产品 6808YA、6909YA、3008YA 盛瑞汽车变速箱轴承，随着盛瑞汽车变速箱的升级又开发了 TM61804、TM61805、TM61907 四点接触轴承。黄山明明德集团与合工大产学研项目"混合动力变速箱专用轴承关键技术研究与应用"已列入 2020 年安徽省重点研究与开发计划项目。在核电站堆顶风机专用电机轴承关键技术研发与产业化应用项目上，汪笃义为磨加工工艺和成品试验提出很多创新方法，为该项目荣获安徽省政府科学技术二等奖做出了贡献。只有不断开发新产品公司才能有更好的发展，2020 年他陆续开发汽车轮毂轴承 DAC30600337、农用机偏心轴承等新产品，市场前景好，订单不断增加。

禄刚

甘肃省定西市渭源县锹峪乡锹峪村人,福建盛辉物流集团有限公司仓储部装车组搬运工

　　禄刚是福建盛辉物流集团有限公司仓储部装车组搬运工。他于2017年5月入职,所在的工作岗位是单位发货窗口的装车岗,每天负责与仓管员协同配合将入库的货物安全、合理地装配上车,确保货物能准确地到达客户手中。自入职以来,他积极参加公司组织的各种装卸技能培训班,虚心向同事请教,认真研究装卸技巧,从一个门外汉逐渐转变成一名能力突出的一线人员。他将看似平凡的搬运工作当成了自己的一份事业,凭着踏实认真、吃苦耐劳、刻苦钻研的态度,他不断提高装卸效率,以更加合理的车辆利用率,为单位创造出更多的价值。在生活中,他与同事相处友好,乐于助人,对新员工也能起到很好的"传帮带"作用。

　　他始终坚信在平凡的工作岗位上也能干出不平凡的成绩,正是凭借着这份热情,他在搬运工这个单调的工作岗位上日复一日地坚守。通过他辛勤的努力,他的工资不断地提高,由入职最初的每月2 700元增至目前的每月7 300元。他的劳动汗水换来了一家人安稳的生活,他的家人生活得到了改善,住房有了保障,孩子学费和妻子看病医药费得到了解决,日子一天天越过越好。

　　由于他的优异表现得到了众多部门的肯定,2019年年初,他被评为2018年度"福州·定西扶贫劳务协作百名定西籍优秀员工"。2020年9月下旬,他还作为晋安区中西部劳务对接务工人员代表参加2020年福州市人社局举办的中秋座谈会,会上他再一次得到了市、区级表彰。

罗秋平

湖北省监利县盐镇兰花村人,现为福建省福州市鼓楼区五凤街道龙泉社区垃圾分类卫生工

罗秋平,没有惊天动地的壮举,也没有十分耀眼的光环,但他凭着一颗炽热的心,为居民服务,在平凡的工作岗位上默默无闻、无私奉献地干着不平凡的事情。罗秋平负责龙泉社区无物业小区的保洁工作和辖区大件废弃物品的搬运工作,他把社区的事,当成自己家的事来做。

他在工作中服从社区领导的工作安排,踏踏实实地对待工作,一直以"宁愿一人脏,换来万家净"为信条在工作中不怕吃苦,遇到艰难工作不怕脏、不怕累。他到龙泉社区工作七年的日子里,按领导的要求切实地做好本职工作。他每天早上5点半左右开着三轮车拉着清水和干净的拖把等清扫工具来到负责的辖区内,首先清扫居民楼四周的卫生,等居民起床了,他已经把每个院子打扫得干干净净,等居民上班了,他又开始扫楼梯、拖楼梯。

在默默无闻的七年工作时间里,他总是把工作放在首位。他所负责的保洁路段,人流量、车流量大,垃圾、树叶多,有时大风刮的方便袋、废纸漫天飞舞,他都不畏辛苦地追逐捡拾。一年365天,一天工作十几个小时。工作以来最愧对的是家人,因为每天晚上10点完成当天工作后他才能回家。垃圾分类工作开始,垃圾分类分拣员招聘困难,他就自愿兼职做垃圾分类分拣员,每天早上6点不到就上班,有居民将生活垃圾投放到垃圾分拣屋,他就先整理出来,再一个个进行分拣。

他七年如一日,任劳任怨,默默奉献,不计个人得失。近几年,文明城市创建工作正在如火如荼地开展,由于龙泉社区属于老旧小区,无物业小区居多,在创建期间,小区卫生清洁每天都要清理好几车的垃圾和大件废弃物,一天下来累得腰膝酸软,但他从没有怨言,心甘情愿地做搬运人员。有一次搬运一件大沙发,他不小心把腰扭伤了,他没和任何人提起,一直坚持把沙发运走,第二天因为太疼起不了床才和社区请假,为了不影响文明城市的测评工作顺利开展,他只休息了一天,第二天又加入卫生整改工作中。

辖区的农房宿舍地势较低,每年汛期都是易涝点,2020年6月中旬的一场特大暴雨,农房宿舍居民家中进水,积水到膝盖高,他帮助社区工作人员用三轮车装沙袋,在居民家门口、店面旁边的空地里堆放沙袋筑起一道堤坝。大雨停后居民进出小区的必经之路被积水堵住,他帮助社区一起抬来抽水泵抽水,一直抽了十几个小时才将水抽干,在抽水时他一直守在旁边,午饭就是一碗泡面。

汪小毛

湖北省浠水县清泉镇戏台村人，现为福建经纬集团有限公司一纺车间细纱教练

福建

汪小毛，国家纺纱工高级考评员、国家纺织科技专家成员、福建省纺织服装工匠、细纱车间首席质量官；2008年她被授予"长乐市优秀外来务工人员"荣誉称号；2013年被授予"福建省优秀进城务工人员"荣誉称号；2016年5月被福州市总工会授予"市优秀工会工作者"荣誉称号；2019年被授予"福州市三八红旗手"荣誉称号。

汪小毛同志从事纺织行业工作已有20年，一直奋战在生产一线，从细纱挡车工、落纱队长、轮班长、细纱操作管理员到车间技术服务员。自从2001年3月进入福建经纬集团细纱车间担任挡车工以来，她从一名普通挡车工逐步成长为生产组长、班长、教练员。她参与了国家纺纱职业技能标准评审工作以及新型纺纱技术应用和产品推广，为我国的新型纺纱技术做出了突出的贡献。

20年来她一直在生产一线，凭着勤学苦练的精神，练就了一流的操作技能，每次车间操作测定成绩都被评为优级。她先后多次获得"优秀操作员""优秀操作能手""福建经纬优秀员工""福州市巾帼建功示范岗"标兵等荣誉称号。她还参与了公司在低支弱捻接大头改进、改进包卷粗纱、赛络紧密纺段彩纱质量攻关等多个攻关项目。除了精进个人业务技能外，她还做好新工人的"传帮带"工作，把自己的操作技术和技能毫无保留地传授给徒弟们。自2001年至2019年担任车间细纱教练员期间，她共培养了60多名操作能手，培训出800多名新工人。2019年，她所在团队荣获"福州市先进职工之家"荣誉称号；2018年，她所在团队荣获"福州市先进职工小家"荣誉称号；2018年，她带领团队荣获福建省纺织职业细纱技能竞赛"团队一等奖""个人二等奖"荣誉。2015年，她带领团队崭获长乐市第七届职工棉纺技能大赛"团队一等奖""个人二等奖"好成绩。2014年，她带领团队荣获长乐市"金源杯"职工棉纺细纱操作技能大赛"团队优秀奖""个人三等奖"。2013年，她带领团队荣获长乐市"金源杯"职工棉纺细纱操作技能大赛"个人一等奖"。2011年，她带领团队荣获长乐市"金鑫杯"职工棉纺细纱操作技能大赛"团队二等奖""个人一等奖"。2008年，他带领团队荣获长乐市"华亚杯"职工棉纺细纱操作技能大赛"团队一等奖"。2006年，她带领团队荣获长乐市"金沙港杯"细纱操作技能大赛"团队二等奖"。2020年，被授予"福州市抗疫先锋"荣誉称号。

陈满库

宁夏固原市原州区开城镇寇庄村人，现就职于飞毛腿（福建）电子有限公司

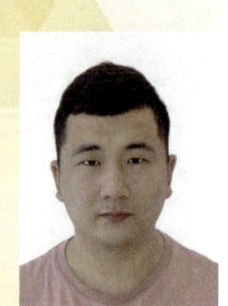

陈满库出生在一个普通的农民家庭，是家中的老小。由于家庭条件贫困，满库初中没毕业便辍学在家，已是家里的最高学历。13岁那年，稚嫩的他随父亲在公园挖树坑；16岁那年，又去了北京工地刮腻子，后来又到银川的餐馆、河南的大学食堂打工，但都没攒下什么钱，曾试过自己开饭馆，却因没有经验负了债。

待业在家的陈满库听到村里宣传闽宁劳务协作招工的消息，抱着试一试的态度，2018年11月10日，他与100多个老乡坐上绿皮火车，来到2000公里外的飞毛腿（福建）电子有限公司。

初到公司时，他从一线车间的贴胶作业员干起。他刚到岗位的那段时间，难以完成岗位的目标。只要有空，他就钻进流水线，默默学习各个岗位的操作流程和规范，还经常帮助其他同事解决生产问题。车间领导张良中见他刻苦，设法为他提供便利条件，创造学习机会，并且与班组长打招呼，让他不懂的问题都可以直接寻求帮助。这样，不到三个月的时间，他就被晋升为机动工。2019年2月，他被公司授予"优秀员工"称号。

陈满库经常加班加点完成生产目标，每月工作天数几乎是最多的，但他从不喊累，遇到困难和挑战总是迎难而上。他深知，努力是通往成功的唯一途径。他抓住公司每一个学习提升的机会，积极报名参与岗位技能相关培训，如：生产管理、品质管理、产能绩效提升和班组长管理等系列课程。

如今，陈满库已是一名生产组长，负责两条产线的运作，管理着50多名员工。车间里，总是可以看到他忙碌的身影，确认设备和物料、组织班组早会、安排任务、不间断巡线、处理异常等。他说："作为班组长，我首先要以身作则，并挖掘员工的潜能，有时候遇到一些困难点，员工觉得完不成、做不了，我就亲自示范给他看，他们看到我都可以做，也就服气了，便也会努力去做到。"此外，赏罚分明也是他工作的法宝。每个月评比优秀员工，给予物质奖励和精神鼓励，让员工们更有干劲。偶尔遇到不愿意配合的员工，他都会耐心地进行沟通，虚心听取员工的意见和建议。这样的方法，让员工们对满库不仅服气，还产生了归属感。2020年1月，他荣获"优秀班组长"称号，他带领的团队也获得了"车间十佳班组"的荣誉。

陈满库还从老家带乡亲出来共同就业，帮助他们脱贫致富。每次回家时，还经常向村民宣传脱贫攻坚政策，引导村民积极参与闽宁协作。"我用双手辟出一方天地"，这句话在陈满库的身上得到了最好的诠释。

班华彬

河南省上蔡县班闫村人，现为捷星显示科技（福建）有限公司仓储部基座组叉车教练

班华彬，1981年6月出生，于2011年3月进入捷星显示科技（福建）有限公司，先后任职资材处仓储部基座组仓库管料员及叉车教练，一直服务至今。

他刚到福清时，经人介绍进入捷星显示科技（福建）有限公司，从事仓储物流管理。他深感自己知识的欠缺，在认真工作的同时，利用业余时间学习，提高自己的业务能力和文化素质。只要有空，他就主动请教资深员工和阅读书籍，深入学习仓储物流相关知识，在学习时他将听到或看到的记录下来，很快就能胜任仓储物流这项工作。

公司在2012年扩大生产规模，需要现场管理人员，他被推荐担任领班一职。自此，他对自己的工作要求更加严格，始终起着模范带头作用。由于他工作表现出色分别在2015年、2019年获得公司"优秀员工"荣誉称号。

2012年他参加叉车技能培训，并取得"特种设备操作证书"。公司每年都需要培养几批新的叉车司机，他就主动担任叉车教练。在这段时间里，他每天除了加快速度把自己的本职工作完成外，还要负责对新培养的叉车司机进行理论知识和实地操作的培训和教导。他还主动负责公司的车辆保养和日常维护工作。为了让每位叉车司机都能做到、做好车辆的日常保养，对每辆车实行责任制，他做了一份车辆点检稽核表，每天对每辆叉车都要稽核保养状况。为了提高叉车司机操作的警觉性，他自编安全警示语："叉车操作要牢记，行驶之中多注意，鸣笛警示要及时，安全第一最重要，务必铭记在心里，技术高超很重要，规范操作是前提！"

2015年，他取得危险化学品存储安全管理证书，将所学到的知识传授给公司从事危险化学品的操作人员，每年授课6场以上。他与公司安全部门协商，建议化学品管理组与公司签订协议，得到了领导的认可，这一办法使员工得到物质刺激，大大增强员工的安全意识。

2020年春节，因新冠肺炎疫情，他放弃了回家过年的计划，积极投身公司的疫情防控工作。开工第一天，他拿出自己好不容易买到的口罩站在大门口，为没买到口罩的同事免费送口罩。为了有效应对和疫情防控，每项工作都很细，默默地守护着员工的安全。公司复工后，他协助员工办理返乡的手续，员工抵达后每天关注员工的身心状况。

他先后捐款数万元为家乡修建道路。他来到公司之后，又从家乡带来了一批又一批的同乡来公司上班，帮助他们走上脱贫致富之路。

福建

谢用福

福建省永泰县赤锡乡石竹村人,现就职于福建省永泰县石竹兔业农民专业合作社

谢用福于2010年8月返乡在合作社工作,发展当地兔子产业,经过10余年的努力与发展,从6个成员发展至今,直接参与饲养或参与经营的人员已经多达120余人,间接涉及行业人员300余人。

他跑遍大江南北寻找兔肉美食,收集兔肉烹饪技术,并结合当地口味,打造出自主品牌"赤锡烤兔"系列产品,先后在福建电视台《舌尖之福》栏目、CCTV-7《美丽中国乡村行》栏目播出。2014年,他成立的首家兔肉美食体验馆"石竹草兔馆",现已成为永泰的知名美食餐饮特色店,目前该店在美团、百度、大众点评等各大美食平台上的排名与好评率均位列前茅。

2016年至2020年,他多次配合当地政府、科协等相关部门参与产业精准扶贫,为96户贫困户免费送出种兔480只,并举办6期培训班,用现身说法,指导养殖户科学喂养,引导养殖户学习新技术、掌握新本领,提高了养殖户的科技文化素质和养殖水平,增强了养殖户的科技致富能力,促进了兔子产业化经营。

谢用福于2015年被授予省级"农村科普带头人"称号,2016年入选福建省第二批百人计划"优秀农村实用人才",合作社于2016年被授予福建省青年农民合作社"优秀示范社"称号,同年被授予省级示范社称号。谢用福于2017年当选福州市人大代表;2018年入选永泰县"永阳英才",并担任村务工作者;2019年4月当选福州市科协委员;2019年6月被中共福州市委评为"优秀党务工作者"。

陈友辉

湖南省衡南县泉溪镇木菟村人,现就职于福建永荣锦江股份有限公司

福建

陈友辉于 2010 年 6 月进入福建永荣锦江股份有限公司工作,在担任公司锦纺丝二部组件班长一职时,对用于纺纱组件的砂杯工艺进行了改善,延长了组件的使用周期,使得溶体流量由小变大,解决了产品的毛丝、断头等问题,提升了产品的内在品质以及染色性能;对组件中的喷丝板进行扩孔,解决了组件漏浆等问题,使得毛丝的降等率由原来的 10% 减少到 0.001%。

在新冠肺炎疫情期间,他坚守岗位,主动提出担任代理班长一职,协助无法按时返岗的车间领导完成每日生产任务及相关工作安排;时刻关心车间员工的身体状况,定时定点测量体温并做好记录,本着"生命重于泰山、疫情就是命令、防控就是责任"的防控理念,做好防疫防控工作,为打好这场防疫攻坚战献上一份绵薄之力。

福建

陈瑞

河南省潢川县白店乡桂陈村人，现就职于福建飞毛腿动力科技有限公司

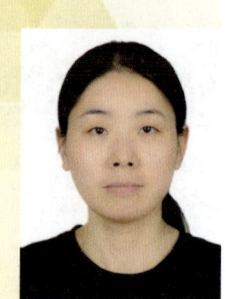

陈瑞，1990年6月出生，2013年6月参加工作，大专学历，2014年3月入职福建飞毛腿动力科技有限公司，现任公司制造中心制造部车间管理课管理组培训专员，主要从事员工培训组织工作。

陈瑞入职后从生产线品管员做起，在工作岗位上勤恳工作。2014年，公司为培养车间优秀储干，开办了"储干班"。陈瑞因个人能力突出、工作态度积极，2014年10月她从"储干班"顺利结业并获得了"优秀储干"荣誉称号。

陈瑞在品管工作岗位上，历经了2年的培训和锤炼，她刻苦钻研业务、勇挑工作重担、贴心服务员工，脚踏实地做好每一项工作。2016年，她被晋升为文员，同年报名参加了公司组织的学历提升，努力使自己的专业理论知识不断得到提高。她在工作过程中，认真负责，谦虚谨慎，刻苦钻研，善于总结，结合工作特点制定不同的应对方法，力求提高工作效率。在做好本职工作的同时，主动承担上级部门和领导安排的临时工作，不断提高业务技能和综合素养，2017年年底，被公司评选为"年度优秀员工"。

2018年，公司考勤打卡制度全面改革，制造体系人员庞杂，人数占全公司的70%左右，钉钉打卡推行面临巨大困难。陈瑞负责在制造中心推行员工进行钉钉打卡，在推行的过程中遇到的各种难题都是她自己解决的，并不断地思考和变更方式方法，为推行钉钉打卡制度奉献自己巨大的力量。2019年12月，陈瑞获得了制造中心"优秀员工代表"荣誉称号。

陈瑞作为文员，还主动地去帮助部门同事解决困难。2020年7月，制造中心培训专员岗位空缺，陈瑞将培训工作承担起来。2020年8月，她被晋升为培训专员，全面负责制造中心培训组织工作。将员工的安全教育放在首位，她每月给全体员工组织安全知识培训，对员工进行全面的安全教育。在她接手培训工作以来，制造体系没有发生任何安全事故，这与她的教育与领导的重视是分不开的。不仅如此，车间关键岗位的培训工作纷繁复杂，但又至关重要，她为了做好此项工作，每日加班加点重新做制造体系所有关键岗位的摸底盘点，把各个环节该优化的进行优化，重新调整各项表格数据，重新优化各项考核标准，确保其合理性。

蔡月英

福建省厦门市海沧区钟山村人，现为福建省厦门市海沧市政建设管理中心嵩屿管理站环卫组长

自 2004 年走上环卫岗位以来，蔡月英已经扫了 16 年的马路。16 年来，她从一名环卫工人成长为环卫组长，从一名普通群众成长为中共党员。她曾多次被评为厦门市、海沧区"十佳城市美容师""优秀环卫职工"，并于 2010 年荣获福建省"技术标兵""二十佳城市美容师"称号；2011 年被评为区"巾帼建功"先进个人、市"行业技术能手"；2012 年被评为市群众性精神文明创建活动积极分子；2013 年被评为"职业道德建设十佳标兵"并获得市"五一劳动奖章"等；2014 年被评为厦门市"巾帼建功标兵"；2016 年被评为厦门市防抗"莫兰蒂"台风及灾后恢复重建工作先进个人；2017 年被评为福建省"三八红旗手"和"2014—2016 年度厦门市劳动模范"；2018 年荣获"福建省劳动模范"称号。

蔡月英所在的嵩屿管理站负责着海沧 60 多条道路的清扫保洁工作，总面积约 137 平方公里。走上环卫岗位 16 年来，蔡月英每天至少需要徒步六七公里进行清扫，碰上雨天，树叶都黏在马路上，半天就要用掉一把扫帚。16 年来，蔡月英负责的路段，从来没被扣分。正是有一支像蔡月英这样在环卫战线努力提升城市"颜值"的队伍，海沧区成功实现全市市容考评"六连冠"。

2016 年，台风"莫兰蒂"凌晨 3 点正面登陆厦门，凌晨 4 点蔡月英已经带领着工友们站在了街面上。到处都是倒伏的大树、广告牌，狂风中垃圾漫天飞舞。连续十几天，每天连续作业近 18 个小时，蔡月英毫无怨言，因此被评为厦门市防抗"莫兰蒂"台风及灾后恢复重建工作先进个人。2020 年春节，新冠肺炎疫情来势汹汹，蔡月英毅然放弃假期，一心扑在了岗位上。

目前，蔡月英带领的环卫组有 118 名员工。作为组长，蔡月英总是主动地关心、爱护、帮助工友们，是大家信得过的"大家长"。在工作上，她带着大家一起干，特别是遇到急难险重的任务时，总是第一个冲在最前面。蔡月英还注重和工友们一起总结工作经验，创新工作方法，摸索出用高压水枪冲洗街道彩砖上青苔、淤泥等"牛皮癣"的方法，还教新员工扎扫帚窍门和安全打扫马路小妙招。在生活中，蔡月英也很热心肠地主动把大家的事当成自家的事，能做的尽量去做，能帮的尽力去帮。闲暇之余，蔡月英和组里的兄弟姐妹们经常在一起学跳广场舞，在每年环卫工人节庆祝活动上，登上舞台载歌载舞，展示出新时代环卫工人的精神风貌。

福建

张志峰

河南省商水县平店乡半河桥村人,现就职于福建省厦门蒙发利电子有限公司

张志峰,初中学历,2011年3月入职福建省厦门蒙发利电子有限公司总装一厂至今,他一直工作在第一线,并于2012年被任命为班组长。

张志峰同志在工作上积极勤奋,认真负责。作为一名老员工,他技术熟练,工作细致到位,在紧急的工期面前能够扛得起重任。他也很乐意与新员工分享自己的经验,为公司培养了许多优秀的人才。工作10年期间,他曾6次被评为公司年度"优秀员工",3次被评为集团"优秀员工"。

张志峰同志精于管理,乐于助人。每天除工作时间外,他至少花2~3个小时在工厂加班处理工作,身体力行把精益生产的理念传递给下属员工。任何业绩的质变,都来自于量变的积累,日复一日地辛勤工作,他所管理的班组一年至少6次被评为"6S"月度先进班组第一名。他关心员工,当厂部的员工遇到困难时,都会主动去帮助他们,得到大家的一致好评。

张志峰同志勇于奉献,积极抗灾。2016年台风"莫兰蒂"登陆厦门,他主动留守在公司值班,为公司和部门安全奋战整夜未曾休息。2020年新冠肺炎疫情期间,他自愿成为防疫专员,因表现突出,集团授予其"最美逆行者"荣誉称号。

戴海琴

江西省上饶市玉山县冰溪镇文成村人,现就职于安费诺电子装配(厦门)公司

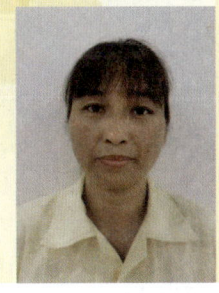

戴海琴于 2003 年 10 月加入安费诺电子装配(厦门)公司,从一线质检员做起,目前担任质检部 C 栋质检组长,负责 C 栋车间产线制程的品质管控工作。在自己平凡的岗位上,她勤勤恳恳地守好自己的工作,这一守就是 17 年!

戴海琴虽仅有初中文凭,但她深知知识和学习能给人带来无穷无尽的力量,所以她从来没有放弃过对知识的渴望与追求。"知识改变命运,学习开创未来",这是 17 年来她一直坚持的信念。

忙碌的工作和生活并没有阻挡戴海琴学习的步伐,一有时间,她就尽可能地去学习。担任质检组长岗位以来,她深感自己在专业技能方面还存在欠缺,也懂得专业知识对于提升个人工作能力十分重要。别人谈天说地的时候,她就看学习资料;别人休息的时候,她就去向质量工程师请教,就这样,她先后自学并掌握了质检检查七大手法,能够熟练使用 IPC-620、QCC、SPC 等质量管理核心工具,不仅大大提升了工作和产线的效率,也让同事和领导对这个上进的女生刮目相看。

作为一名质检人员,她牢牢抓住"质量"二字毫不松懈,坚决贯彻安费诺"质量在我心中"的口号,把质量放在首位。为保证产品品质,她坚持按图纸要求生产,按作业指导书规程办事,决不允许一丝含糊。64 次首件不良拦截,37 次批量不良发现,是她在担任过程检验的 13 年期间在岗位上的赫赫战功!此外,她在 QCC 项目中与组长组成质检小组,成功将产线的不良率从 15% 降低到 2%,大大地提升了公司的效益,成为质检组的佳话!

作为带领团队的质检组长,她乐于分享,不仅把自己的所学所能共享给组员,而且先后开发了一系列的培训课程,将多年学习积累的识图、检验、管理等经验形成了系统的理论课程,团队中形成了共同学习的氛围,组员们的学习热情高涨,组员们的专业技能也获得了提升,产线效率更是让人欣喜。作为组长和老师,她以身作则,在她的身上,无不折射出模范组长和榜样人物应有的尽职、尽责、尽心的优秀品质!

戴海琴的优秀事迹在公司和同事中有口皆碑,获得了领导和同事的一致好评,在职期间,她曾 3 次被评为"年度优秀干部"。公司、领导和同事的信任和支持,给了她更坚定的决心和信心,她说:"我会在坚守 17 年的岗位上,继续踏踏实实、勤勉自律,继续发光、发热,贡献自己应有的才能。我相信,我一定能和公司、同事一起,走得更远,飞得更高!"

福建

陈银镇

福建省厦门市翔安区马巷镇人,现为福建省厦门市唐铭农业科技有限公司负责人

陈银镇出身于农民家庭,历经辛苦的童年时代。1997年,他退伍后在求职和创业的道路上屡屡碰壁。1999年一个偶然的机会,他从科技杂志上得知有一种农业高科技栽培方式——"无土栽培"。经过深思熟虑后,他满怀希望与信心地踏上了学习的旅程。2001年,他开始经营种植水培花卉及蔬菜,当时反响很大,也颇得顾客青睐。2003年,他开始筹备资金准备成立水培生产基地。2007年7月,他成立了福建省厦门市唐铭农业科技有限公司,并建立一个20亩的现代农业科技生产基地。

由于技术还不稳定,第二批1 000多盆木本造型盆景只成活五分之一,直接损失25万元。作为公司技术班组的种植专员,陈银镇暗下决心一定要攻克技术难关。为了收集多种木本植物的水培催根数据,陈银镇每天9点开始18点结束,每间隔20分钟进大棚采集记录各项指标,连续13天陈银镇终于总结出可行性的生产方案。公司的系列水培木本盆景越来越多,并成功研发陆生植物的水培新技术,拥有两项新型专利,产品荣获中国海峡两岸花博会"银奖""铜奖"。自2010年以来,陈银镇多次走入田间指导当地合作社农户花卉种植技术,让公司与农户紧密联合、共同发展。公司成为厦门市农业龙头品牌,成为带动农村劳动力转移就业、带领贫困群众脱贫致富的旗帜。

2020年新冠肺炎疫情期间,陈银镇与公司员工积极参与疫情防控,捐赠口罩等防疫物资。平时陈银镇热心公益事业,积极参加爱心帮扶、奖学助学等志愿活动。

谈及下一步发展,陈银镇的第二期项目正在建设中,整体规划用地200亩,拟投资1 000万元,力争将"唐铭"发展成集科技、生态、休闲为一体的唐铭水培农业文化生产基地,并打造成国内知名品牌。

陈银镇的企业荣获"中国果菜百佳明星企业""福建省著名商标企业""厦门市创建创业型城市孵化基地""厦门市著名商标企业""厦门市民营科技企业""厦门市复退军人创业就业示范点""厦门市创业先进集体"等称号。陈银镇则荣获"第四届福建省青年创业奖""厦门市首批青年创新创业人才""厦门市创业先进个人""厦门市创业先进典型""厦门市青年创业之星""翔安区首届拔尖人才""翔安区新区建设青年突击手""翔安区农村青年致富带头人""翔安区创业之星""翔安区双十佳创业者""翔安区农村实用人才"等称号。

王艺民

福建省厦门市集美区人，现就职于福建省厦门市建安集团有限公司

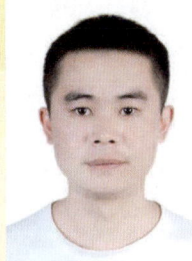

王艺民，高中毕业后成为一名光荣的士兵，五年的军旅生涯培养了他吃苦耐劳、自制力和责任感强的精神。2012年从军队退役后，他从最基层的项目工地做起，在建筑岗位上尽职尽责，发光发热。

从踏进工地大门开始，他就明白，这将是他一生要追求的事业，他将参与到鹭岛的建设中。"吃得苦中苦，方为人上人"是他的座右铭，一直鞭策自己不断进步。

自工作以来，他通过自己的刻苦努力和勤奋工作，逐步成长，受到公司领导和同事的一致好评。他勤于学习，由于吃住在项目部，每天除了正常的工地巡视外，还要负责内页资料的整理，就只有利用晚上业余时间进行学习。他不但在专业上努力钻研，并考取了安全员证，还不断充实自己，为考取本科学历努力。

建筑工程常常因为赶进度需要加班加点，他保持良好的精神状态投身于工作中，一直奉行着"安全质量是企业核心竞争力"的原则，时刻提醒大家安全文明施工，为建设"精品工程"努力。他管理的工地，获得"市级建筑施工安全生产标准化优良项目""厦门市结构优质工程""无欠薪项目"等荣誉。

2020年年初新冠肺炎疫情暴发，他放弃与家人共度春节的机会，毫不犹疑地报名参加疫情防控第一线工作。在公司的统一组织下，深入黄厝社区，支援联防联控工作。

为保证项目的顺利复工复产，他积极参与项目部复工方案、复工防疫指南的编制。他发挥表率作用，首先安排自己值班，对进场人员进行严格摸排，建立员工健康档案；在物资极度困难的情况下，积极奔走，多种渠道采购防疫物资，并安排好人员每日对办公区、宿舍、食堂、卫生间、垃圾放置点等公共区域进行防疫消杀，总不忘提醒大家戴口罩、少出工地、勤洗手，注意个人防护。

对建筑行业逐渐深入地了解之后，他发现建筑行业门槛不高，通过努力可以有很好的发展前景，心里想着家乡很多村民在农闲时没有事情做，没有额外的收入，便带领乡民们一起进入这个行业，大大解决了村民就业问题。

"工程人"一年到头也就过年回家与亲人聚一聚。在日常工作中，他毫无保留地把自己的工作经验分享给同事，用自己在工作上的热情与执着感染着同事，并在职权范围内尽量帮助他们。他也成为工地上的"知心人"。

当得知公司同事生病住院，需要大笔治疗费用时，他率先捐出自己的一份心意，并召集现场同事一起奉献爱心，他的号召纷纷得到响应，都自愿奉上一份爱心，帮助同事渡过难关。

朱根才

河南省南召县小店乡凌小庄村人,现就职于厦门市孔雀河保洁服务有限公司

18年前,初到厦门的朱根才巧遇孔厦门市孔雀河保洁服务有限公司招工,进入了家政行业,从最初的搬运工开始干起。搬运工作看着简单,而在实际操作中,大件货物上高楼困难,贵重物品须规范打包,专业性、技术性缺一不可,碰到孤寡老人和要求较高的客户,朱根才总是不厌其烦地整理搬运。遇上台风天气,客户家里水电故障、马桶堵塞、小区地下管道需要疏通,朱根才不顾个人安危冲锋在先,很多客户点名就要他上门服务。

家政工作是一项既琐碎又需要强体力的工作,印象最深的是2019年夏天空调故障多,一天干下来朱根材累得腰膝酸软,一整天顾不上吃饭的朱根才一头栽在地板上,被120救护车送到医院,医生确诊其为长期营养不良。这个节衣缩食、赚的每一分钱都寄回家的淳朴农村汉子,对于工作从来没有一句怨言,从进入公司的那一天起,他便发自内心地去喜欢那份工作,积极配合公司安排的工作,每次最远的、最难的、最累的都是他,从来不推诿。

朱根才的勤奋远近闻名,他利用工作之余一遍遍练习高空作业搬运和叉车、吊车技能。他虚心向领导、同事以及有经验的老员工请教,不断提高自己的业务技术水平,已先后掌握各类家电维修、消杀、除甲醛、空调清洗、家电清洗、自来水清洗、管道疏通等全套家政技术,是公司技术最全面的行家里手。

朱根才自己富足起来以后,一心想着让更多人也能脱贫致富。每次回老家,朱根才宣传厦门那个城市,宣传家政行业,鼓励没有文化的家乡农民勇敢走出来。

朱根才邻居马元明,没有多少积蓄,2020年年初的一场新冠肺炎疫情,使夫妻俩打工的外贸进出口厂倒闭。朱根才介绍马元明到公司上班,学习空调维修、清洗等技术,目前马元明一个月工资8 000多元,其妻子也在公司当家政钟点工,收入比原来翻了一倍多!

46岁的郭春妹,2016年的一场车祸夺走了她丈夫的生命,孩子上初中,两边家里四个老人。她托人四处打听想学一门手艺。朱根才回乡听说后,鼓励郭春妹到厦门学月嫂,现在郭春妹已经是高级月嫂。

朱根才用一个人的力量,带动了一方热土的家政热潮,在他的劝说下,山区里的农民在公司都找到了自己的定位。目前他们村附近的老乡们跟着朱根才的脚步来到了厦门,陆续学到了本领,在公司成为稳定的技术型工人,在厦门那个大城市脱贫致富,扎下了根。

杨美福

福建省漳州市长泰县兴泰开发区积山村人，现就职于福建元吉体育用品有限公司

杨美福自1995年入职福建元吉体育用品有限公司至今，工龄达25余年，从一名普通的作业员慢慢成长为生产部课长。他于2012年加入中国共产党，努力践行"两学一做"，发扬诚信友善、乐于奉献的精神。

作为一名普通的农民工，他在工作中，坚持爱岗敬业，勇于创新，孜孜不倦地学习，并与实践相结合，追求精益求精。他在机台设备上想方设法加以改进提升效率，如对平板加硫机进行改进，提升机台稼动率，在不多耗人力、电力的情况下，产能多了1倍，该项目被评为"2013年漳州市职工五小创新优秀奖"。杨美福还在工作之余努力钻研橡胶知识。他发明了烫金纸转印至胶球的胶料配方，该项目也被评为"2013年漳州市职工五小创新优秀奖"，杨美福获评"漳州市2013年度五小创新能手"称号。

杨美福发明了"去除烫金纸黄膜胶料"，能回收循环利用，既使烫金商标的胶球批量生产又减少原材料的投入，降低公司的生产成本，每年完成数十万颗的烫金胶球订单。2016年，客户要求对篮球产品进行升级改良，杨美福对现有的压延机和撒粉切片机进行技术改造，让机台能生产双层胶料，满足了客户的要求，该项目荣获"福建百万职工五小创新二等奖"。

2019年，在公司接到国际客户WILSON比赛用球的生产碰到难题时，杨美福提出的"充气球内胎平衡块不脱落方案"解决了该难题，使内胎平衡块脱落率由88.5%变为永不脱落，保证WILSON的比赛用球顺利生产。

公司之前购进一台价值29.5万元的设备压延机，经机台生产厂商不断维修乃至过了保修期都不能正常使用，杨美福对此不断研究，终于在2019年6月提出"压延机胶轮力臂支点改造"项目，对压延机胶轮力臂支点进行改造，一举获得成功。

2010—2013年，杨美福担任公司工会主席，他全方位、多角度、深层次地创建"和谐、爱心、创新、以企为家"的企业文化，积极协调劳资关系，创建和谐企业，对困难职工送爱心、送温暖。

杨美福于2013年被长泰县人民政府授予"文化创建先进个人"称号；2016年荣获"长泰县十佳工匠"称号；2017年10月20日长泰县组织部也对其先进事迹做了个人专访在长泰新闻频道《我为党旗添光彩——长泰县基层党员风采系列》中播出；2017年获得兴泰开发区"优秀共产党员"荣誉称号；2018年获得"漳州市劳动模范"荣誉称号。

福建

周建喜

福建省漳州市云霄县东厦镇荷西村人，现为福建漳州天骏茗风生态农业发展有限公司负责人

周建喜，生于1980年9月，中共党员，青年茶王、中国制茶大师、国家一级评茶师、国家高级农业指导员、高级园林园艺师、高级林业生物防治员、高级农林规划师、红福工夫创始人，担任中国茶业发展研究院副院长、中国茶叶流通协会理事、全国名茶专业委员会委员、全国茶旅委员会委员、全国茶馆委员会委员、中国健康产业大会副秘书长等职务。

2016年年初，周建喜回乡创业，成立福建漳州天骏茗风生态农业发展有限公司。他作为一名中共党员，不仅发展好梁山茶产业，还积极扶持其他贫困茶农。

2020年3月初，公司逐步恢复生产。面对新冠肺炎疫情，他积极协调组织附近村镇因疫情滞留在家的贫困户及务工人员到公司就业，通过系列技能培训后，安排专车接送员工至基地工作，扎实有序推进茶园春耕生产，巩固提升脱贫成效，帮助农户脱贫增收。一个月，累计用工7 200人次。

开展"公司+党员+合作社+村集体认养"帮扶模式，即公司先垫资负责林地平整与茶苗种植，村委会集体土地和贫困户林地入股与贫困户帮扶资金入股。前三年由公司统一管理茶园，之后集体认养茶园。收益的80%用于具体贫困户帮扶，一是根据贫困户所占股权分红，二是按照贫困户具体贫困情况及特别困难户再进行第二次分配；收益的20%用于村集体公共设施建设等。在贫困户得到帮扶的同时，村级经济也得到壮大，既实现"人脱贫"又实现"村脱贫"。该模式有序推进乡村振兴、产业兴旺，将梁山打造成为云霄县最大的茶叶生产基地，加快全县茶产业的发展进度，并通过与农业科技、茶文化、休闲旅游业互相整合，为贫困户脱贫奔小康、乡村振兴打下扎实的基础。

2017—2019年，公司参加由江西省赣州市工商联牵头组织"一企帮一村"开展结对帮扶活动。与丰山乡福村、琴江镇长天村、小松镇丹溪村、小松镇桐江村四个贫困村的20多户贫困户签订茶叶产销合作协议，为他们提供茶苗、技术、有机肥以及3万元的免息贷款。与五峰益农茶叶专业合作社签订了扶贫采购协议，将间接帮扶到五峰土家族自治县的几百户茶农，其中包含50多户贫困户。

周建喜荣获2013年"中国茶产业领军人物"、2014年"中国经济杰出贡献人物"、2016年"中国茶叶行业十大年度人物"、2016年中国茶叶事业"觉农贡献奖"、2020年"全国学雷锋先进个人"等称号。

曾淑英

福建省漳浦县霞美镇人，现为福建省同舟建设有限公司工程部资料员

虽然出生在农村，但曾淑英从不放弃学习。2012年在大连理工大学通过非全日制学习取得水电建筑工程专业大专学历后，她于2019年继续学习并报考本科学历。本着"干一行、爱一行"的想法，曾淑英在本职岗位上认真学习专业知识，从基层做起，每天到现场工地，悉心向操作工人请教。在公司任职期间，她先后考取了建筑施工企业专职安全生产管理人员、水利施工员、质量员、资料员等资格证书；2014—2016年，经漳州市职称改革领导小组办公室评审，她又先后获得"电气工程师""电力系统及自动化工程师"和"水利水电工程师"的任职资格。

随着业务水平的不断提高，使曾淑英逐渐成长为公司技术过硬的"一把好手"。2015年刚获得电力系统及自动化工程师资格时，公司设备运行状况不是很好，设备故障率比较高，她暗暗为自己定了目标，将设备故障率降到最低。她虚心向操作工人学习每一个生产细节，向维修工了解设备运行状态，亲身参与到设备保养中去。经过她一年的努力，设备月故障率降低到48.8%。2020年3月，经国家知识产权局评审，曾淑英参与研发的一种散热防潮功能的智能高压柜获得实用新型专利证书。

在自身能力不断提升的同时，曾淑英也不忘乡亲们。她回到村里把能工巧匠和身强体壮有文化的青年组织起来，组成一支建筑专业性非常强的队伍来到了县城。她把多年学习积累的识图预算、管理等一套技术知识全部用到这支队伍所参与的施工项目上来，首先把质量放在第一位，按图纸要求、工程规程办事，在施工中严格把关，保证工程高质量，创建高质量的优秀工程。由于她的努力，这支由同乡们组成的建筑队伍在每一个工程项目中，都获得业主的交口称赞。在公司任职期间，她认真学习农民工培训的相关文件，依照文件精神，带头组织企业内部的农民工职业技能培训活动。

在日常生活中，曾淑英也时刻牢记"为孝之道，有家有德，渴时一滴如甘露，醉后添杯不如无"。紧张而繁忙的工作之余，她积极加入社区服务志愿者队伍，关爱老人、捐资助学、捐建道路、疫情防控等公益活动都少不了她的身影。

"我们只有热爱自己的工作，才能在平凡的岗位上做出不俗的成绩，只有努力付出才能得到回报。"曾淑英一直在自己的工作岗位上默默付出，努力且踏实地工作，也给其他职工树立了榜样。

刘福聚

山东省菏泽市定陶区杜堂镇戚姬寺村人,现就职于福建漳州中集集装箱有限公司

刘福聚,出生在一个农民家庭,中专文凭。他作为一名生产一线员工,2007年与班集体一起荣获"福建省五一劳动奖""先进班组";他作为班长,先后带领打砂班获评"漳州市先进职工小家""福建省模范职工小家""全国模范职工小家"。

2004年4月,他从山东菏泽来到沿海之滨的漳州开发区,进入福建漳州中集集装箱有限公司工作。工作上,他虚心请教,吃苦耐劳,乐于助人;学习上,更是不放弃,多次代表班组、工段参加各种知识、安全、法律比赛,并取得了各种好成绩。他从一名一线工人成长为打砂班班长、工段主管,并于2015年向公司党支部递交了入党申请书,2019年9月26日被接收为中共预备党员。

在担任打砂班班长时,他主要负责集装箱制造中整箱焊道的手工喷砂及焊接清理。打砂工序对于集装箱生产非常重要,看似简单,却要求快速度、高质量。打砂时,工人要穿着厚重的"盔甲",窝在箱内,举起喷枪,一遍遍把焊道用钢砂打喷得均匀干净,确保油漆的附着度。他带领着平均年龄25岁的小伙子组成的班组,在这样特殊且看似简单的岗位上,践行着工作的本分和对中集事业的坚守。各箱厂对公司打砂班过硬的打砂质量也是赞不绝口,纷纷将打砂班质量作为例子讲给其他箱厂听。

受新冠肺炎疫情下全国各地区政策及交通的影响,许多复工人员无法正常到岗,复工第一天,完工工段人员到岗率仅32%,三个班组只有打砂班长到位,作为最长线的完工班实际到岗仅12人,作为工段主管的他,既承担着整体工段的协调职责,又要时刻关注着油漆和完工班的具体管理。他面对员工短缺的情况快速做出反应,立即对到厂人员的岗位进行大幅度调整,利用手中现有资源对各岗位进行打乱重组。由于岗位的临时调动,很多员工对于各台位的操作并不熟悉,他一边向无法到岗的班组长了解班组人员信息,一边对分配在各岗位不熟悉的员工进行培训教学。一人多岗的他每天在各台位进行巡检,员工不会的或有更高效的操作方法他直接下线示范。

阙孝财

福建省霞浦县牙城镇前楼村人，现就职于福建三宝钢铁有限公司

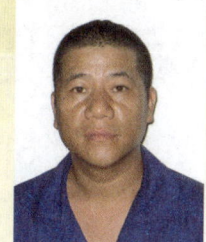

阙孝财，初中学历，2010年6月4日进入公司工作。他工作以来兢兢业业，恪尽职守，脚踏实地，逐步成长为拥有过硬的综合素质、扎实的专业技能以及先进的管理理念的工段长，现主管安全环保工作。

阙孝财入职两年后，公司喷煤一期磨机因厂家设计缺陷而故障频发，亟待全面技改升级。面对生产成本、设备调试等各方面存在的问题。阙孝财为了实现降本增效，不仅在白天深入现场进行调研，发挥喷煤副工段长的实干先锋作用，还在黑夜里"如饥饿的人扑在面包上"不断汲取烟煤混喷技术与管理知识，归整出合理化建议。2012年，他成功实现喷煤一期磨机技改升级，将煤粉生产速度由7吨/小时提高到10吨/小时，并着力整改了喷煤工段的现场环境。为此，他荣获当年度"总经理特别奖"。

2014年，为了理顺生产，他用工作以外时间抄书学习的方式提升自我，并积极建言献策，配合分厂领导科学组织、严格管理，使其所在工段工作位居炼铁厂前列。此外，他还主动作为，克服设备、原料等不利因素，合理作业，为公司创造了效益，从而第二次荣获了"总经理特别奖"。

安全是生产的前提。自2015年起，他任公辅车间工段长，开始主管厂内安全环保工作。他为了让员工认识到安全的重要性，通过细致摸查各岗位的具体要求，制定了"精确到人"的岗位安全操作规程。他定期开展安全与技能培训，不断巩固员工对安全知识的掌握，切实做到"三不违"，营造出员工人人讲安全的好风气。从他任职至今，实现所辖范围重大安全事故为"零"。

早在公司推行绿色生态发展之路的指导思路前，阙孝财已经意识到环保先行的重要性，比起"末端治理"，他更加重视污染预防，提出了诸如预防为主、全过程控制管理的思想，配合直管领导完成PM2.5和PM10的检测点设备的安装工作，监测厂区内部排放值，整改不符合环保标准的地方，实现了厂区内空气质量水平达到国家规定的优等水平。2019年7月份，国家环保督察组进驻漳州后，他每天以厂为家，不论早晚地巡检着，发现异常情况及时落实整改。

2017年，他荣获公司基层劳模奖及安全环保形象大使；2018年10月，阙孝财兼管分厂的安全环保工作，使分厂被评为2019年上半年"安全生产标兵"。在2019年公司20周年庆典时，他也因此被公司授予"最美三宝人"称号。

苏福生

福建省南安市康美镇梅元村人，现就职于福建省泉州市新福汽车服务有限公司

苏福生，1978年7月出生，现为福建省泉州市新福汽车服务有限公司喷漆技师。

他中专毕业后，到汽车维修厂学习外观喷漆技术，从一名基础的学徒做起，并从此对汽车喷漆技术产生了浓厚的兴趣，作为一名初入行的学徒，他虚心学习，善于思考，以严谨的态度对待每一项任务，获得了师傅和客户们的好评。

同时，为了弥补自己在理论知识方面的不足，在完成日常师傅和厂里交给自己的任务之外，他自掏腰包，积极主动地参加各种培训和学习，用优异的成绩换取一本本技术等级证书，并逐渐成长为一名汽车喷漆技术的专家。

随着近几年汽车的不断普及，汽车维修喷漆需求大大增加，但是常规的汽车喷漆技艺已无法满足不断提升的汽车质量和客户需求，对此他潜心研究新技术，对一些技术难题，他大胆地打破常规思维和操作，从材料和技艺上大胆创新，工作效率和喷漆质量有了显著提高。就这样，本着不怕苦不怕累的精神，他的技术在短期内突飞猛进，很快就从一名普通的汽车喷漆学徒工成长为一名汽车喷漆技术能手，先后于2007年、2008年在由交通部主办的全国"奔腾杯"汽车维修钣金、涂漆技能大赛中获得福建省赛区第一名、全国第五名的好成绩，并被交通部授予"全国交通技术能手"称号。他于2008年1月获得福建省劳动和社会保障厅授予的"福建省技术能手"称号，2012年4月获得福建省委组织部、省人力资源和社会保障厅、省公务员局、省人力资源开发办公室联合授予的"福建省优秀高技能人才"称号，2017年3月获得泉州市政府颁发的"泉州技能大师"称号，2018年4月获得泉州市工会颁发的"泉州工匠""泉州五一劳动奖章"称号，2019年被评为"泉州市第三层次人才"。在2009年至2019年期间，他每年都担任福建省职业院校技能大赛（中职组）车身涂漆赛项技能竞赛评判专家。他于2019年担任第46届世界技能大赛福建省选拔赛区钣喷项目裁判。

温文溪

福建省安溪县金谷镇景坑村人，现就职于福建省泉州市安溪县中顿茶叶专业合作社

温文溪，中共党员，安溪县中顿茶叶专业合作社负责人、中国制茶大师、安溪铁观音制茶工艺大师、福建省首届制茶高级工程师、国家高级评茶师、国家高级茶叶加工技师、国家高级考评员、福建省技能大师工作室领衔人、泉州市第三层次人才、安溪县第十二届政协委员。

他先后获评"泉州市优秀共产党员""泉州市劳动模范""福建省优秀农村实用人才""泉州市科普惠农兴村带头人""第五届安溪县道德模范"等荣誉称号。2020年9月，他荣获第四届"中国创翼"创业创新大赛福建赛区省级选拔赛创业扶贫专项赛第一名。

温文溪高中毕业后，投笔从戎，复员后，承包了10多亩山地，开辟出一个茶园。随后他开始潜心研究制茶技术，自学成才，在各级茶叶赛事中屡获殊荣。2007年，他参加安溪第四届乌龙茶审评、拼配、烘焙大赛就取得大赛第一名的佳绩。他还获得安溪茶都第五届评茶师培训班评茶技能竞赛第一名、第十届中国海西铁观音茶王赛金奖茶王等十几个奖项。2012年10月，他在县委县政府举办的安溪铁观音制茶工艺大师选拔大赛中荣获"安溪铁观音制茶工艺大师"荣誉称号。他于2013年被确定为泉州市特色专业领军人才培养对象；2014年被确认为福建省首届制茶高级工程师；2010年带领广大茶农成立安溪县中顿茶叶专业合作社，发展乡村经济。

温文溪先后发明了"一种烘焙茶叶快速散热机""一种自动做青机及其控制方法"和"一种半发酵蒸青茶的加工方法"等多项专利，荣获福建省百万职工"五小"创新大赛一等奖。温文溪主持的"乌龙茶热化反应的关键技术与品质特征形成的关联性研究"科技计划项目，荣获了第四届海峡茶叶品牌发展交流会茶叶烘焙技术科技创新成果奖。2015年12月，他编著的《茶叶基础与茶文化》，作为国家中职示范校建设课程改革创新教材，在茶乡以及全国各地进一步普及推广茶叶知识。2018年，他主持的省级课题"安溪县农民讲师团在助力乡村振兴战略中作用研究"，助推乡村振兴。2020年，他荣获福建省首届退役军人创业创新大赛优秀项目奖。

温文溪兼任福建农林大学安溪茶学院制茶工艺导师、安溪华侨职业中专学校茶叶专业教师。他还是安溪农民讲师团宣传委员和安溪铁观音制茶专家副团长。2016年，他被确认为乌龙茶（铁观音）制作技艺非遗传承人。

2017年12月，他被中共安溪县委组织部、中共安溪县委党校评为"组团扶贫、抱团发展"优秀指导老师。

福建

庄森彬

福建省南安市丰州镇旭山村人,现就职于福建群峰机械有限公司

庄森彬,1997年毕业于厦门市机械技工学校维修电工专业,1999年入职福建群峰机械有限公司,从基层技术人员逐步成为研发设计负责人。为了提升技术水平,他虚心向老师傅求教,工作之余,不断学习专业理论知识,学历从中专提升到本科,技术技能水平由普通电工提升到电工高级技师,并通过机电工程师的考评。

庄森彬带出了一批批优秀的学徒,让他们成长为公司生产一线上的技术骨干。因"传帮带"成效显著,2019年11月中共南安市委人才工作领导小组授予"南安市(庄森彬)电工技能大师工作室"荣誉称号。

他个人或团队共有73项专利获得授权,主要有:"一种感应断电的热水器插座板及技术应用"获得2017年德国纽伦堡国际展览会银奖;"一种节能发动机"获得2017年德国纽伦堡国际展览会铜奖;"一种感应断电的热水器插座板及技术应用"获得2017年第22届全国发明展览会暨第二届世界发明创新论坛"发明创新奖项目奖"银奖;"可调节压力的挂钩"在2017年福建百万职工"五小"创新大赛上荣获二等奖;"可调节压力的挂钩"获得2020年第14届北京发明创新大赛入围奖;"热水器主动断电保护装置"获得2018年南安市泛家居产业创新创业大赛(创意组)银奖;"手机断电保护装置"获得2018年南安市泛家居产业创新创业大赛中荣获(创意组)铜奖;"垃圾容置装置"获得2019年中国(上海)国际发明创新展览会银奖;"垃圾容置装置"获得2020年第14届北京发明创新大赛入围奖;"压力光敏双结合充磁螺丝刀"获得2019年福建省百万职工"五小"创新大赛银奖;"压力光敏双结合充磁螺丝刀"获得2020年第14届北京发明创新大赛入围奖;"垃圾容置装置"获得2020年福建省百万职工"五小"创新大赛银奖;"一种智能仓储用搬运设备"获得2020年福建省百万职工"五小"创新大赛三等奖。

庄森彬还积极参与社会公益活动,为福建省泉州市第五中学高二学生开展关于知识产权(专利)方面的公益讲座,参与南安市世界艾滋病日宣传活动等。

庄森彬先后获评泉州工匠、泉州市五一劳动奖章、南安工匠、南安市五一劳动奖章、南安市技术能手、南安市技能大师、南安市金牌工人等荣誉称号,被认定为泉州市高层次人才、南安市高层次人等。

何龙

贵州省桐梓县花秋镇李坪村人，现就职于泉州市大自然商务酒店

福建

何龙来自贵州遵义的大山沟，父母兄姐弟一家6口生活艰难，初中毕业后跟随亲戚外出打工，几经周转，来到了泉州这片热土，十年如一日扎根在保健按摩行业，通过同事的帮带和自己的努力，在专业比赛中脱颖而出，受到了肯定和表彰。

何龙从2010年3月份开始选择了足浴行业，学做按摩师。在老师前辈的悉心指导下，很快掌握了按摩的基本手法。他干一行、爱一行、专一行，工作之余利用时间不断提升自己，钻研专业技能。同时，为了进一步提升技能水平，他每年抽出时间自费报名参加技术培训，较为系统地掌握了保健按摩、康复理疗等综合技能。经过他多年坚持不懈地努力，辛勤的汗水浇灌出了丰硕的成果：2013年获评泉州市足疗协会技术能手；2014年荣获泉州石狮市百康堂健康协会个人优秀按摩师奖；2017年荣获第二届全国保健按摩师职业技能竞赛总决赛第三名；2018年荣获全国保健按摩师职业技能总决赛大师级荣誉证书；2019年荣获"全国技术能手"荣誉奖章，以及"全国十佳保健按摩师"称号。

作为按摩师，何龙坚持参加公益活动，每年坚持参加大大小小的公益活动几十起。一次次的公益活动，得到社会及政府的认可和支持，也让他坚信一路向前的力量。一次在磁灶敬老院，一位92岁的老兵只能坐轮椅，带着尿骚味和厚厚的灰指甲，何龙打水给他泡脚并按摩失去知觉的双腿，按摩十多分钟后给他修脚，差不多一厘米厚的双脚指甲整整修了快一个小时，后面擦洗身子，修手指甲，他累得满头大汗，胸部和背部湿透一片。老人看何龙这么认真，居然哭了。临别之际，老人依依不舍地向何龙道谢，并且拿出他一生收藏的几枚奖章和何龙单独合影。

2020年以来，面对突如其来的新冠肺炎疫情，何龙带领技师团队加强培训和预防疫情的工作宣传，主动要求冲在服务行业最危险的岗位。在疫情前期，严格遵守政府关于服务业暂缓开业的指导原则，严防严控。在有序开业后，严格按照有关部门的开业导则，坚持凡进必检的管控措施，每日坚持对进出人员进行体温测量、登记，守好第一防线，抓好复工复产。在疫情防控常态化对防疫工作提出了更高要求后，为全面了解员工健康信息，他按照领导指示要求，每日协调各部门对部属员工的行程动态、身体状况等进行统计更新、核对上报，确保防疫工作不漏一人。

福建

岩龙

佤族，云南省普洱市孟连傣族拉祜族佤族自治县芒信镇芒卡村人，现就职于福建省泉州市乔丹体育股份有限公司

岩龙，2012年走出云南外出打工，现为福建省泉州市乔丹体育股份有限公司成型组长。他于2014年获得公司"优秀员工"荣誉称号，2019年获得公司"优秀管理"荣誉称号。

将近10年的外出打工经历，岩龙不仅开阔了眼界，增加了经济收入，还成为当地首批实现脱贫的对象。同时，岩龙跟亲戚朋友分享自己在晋江的发展情况，宣传和动员村民一起来晋务工，帮助村民共同实现脱贫致富。在岩龙的影响下，至今已有将近250名云南省各民族同胞加入乔丹体育股份有限公司。他们共同以厂为家，相互团结，使公司民族团结的凝聚力更加强大！

岩龙入职乔丹体育股份有限公司时只是一名成型普工，他每天提前到车间，做好6S工作，在最短的时间内掌握操作技巧。由于踏实肯干、勤奋好学，渐渐得到了领导的肯定，并开始安排他在成型技术岗位工作。岩龙更加专心钻研技术，经常下了班仍然留在车间，一招一式细心揣摩。凭着这股不服输的劲头，岩龙快速精通成型合底、检修等重要技术。

岩龙的努力得到了同事和领导的肯定，2016年1月被晋升为成型组长。岩龙处处以身作则，"我先上"这是他在遇到脏活、累活、技能难题时经常说的一句话。

2019年国庆节，公司全体放假，岩龙接到厂长的电话，一批鞋底材料紧急到货，一共3 000多双，要求第二天交货。这是平时一条流水线的日产量。接到任务后，岩龙立即联系车间员工，凑到了40人的流水线（满编48人）。他们马不停蹄，饭没时间吃，厕所没工夫上，精神高度集中避免质量问题，保证产品一次性合格准时交货。这样整整工作了20个小时，终于完成了任务。

在担任组长期间，岩龙在技术上倾囊相授，每天不仅监督员工生产产品的品质，同时对新员工手把手教学，对技术差的员工加强指导，鼓励他们钻研和提高技术。为提升自己的管理水平，岩龙向老组长、课长、主任等学习管理经验，细心观察每位员工的性格特点，实行人性化管理。岩龙所管理的成型线人员稳定，经常保持产量高、品质好的效益。

公司实行"降本增效"的精益化管理。2019年1月，岩龙在成型线工作中发现，推行美码需要在楦底上加的中底定位色钉现在因为鞋面中底没有冲孔基本没用到，因此提出取消中底定位色钉，取消后每年可节省将近10万元！2019年电商"双11"活动结束后，岩龙发现电商订单是不需要手提纸袋的，但订单还是有采购手提袋，于是再次提出提案，取消电商手提纸袋，每年节省近15万元！

廖伟清

福建省莆田市城厢区常太镇利车村人,现就职于福建省莆田市凤翔市政工程有限公司

廖伟清,中共党员,2013年8月进入福建省莆田市凤翔市政工程有限公司工作,成为一名环卫工作者,现任公司项目经理。几年里,他从底层环卫驾驶员,做到环卫车队队长,再到公司环卫项目经理。

"关键时能冲得出来,危难时能豁得出来。"这是廖伟清同志的真实写照。凤凰山街道作为城厢区的老旧街道,由于规划等原因,环卫工作上面临的问题很多,协商事宜很难。2015年莆田市创建全国文明城市以来,廖伟清同志将辖区内每条道路、每个小区当成"战场",与环卫工人同进同出,一直奋战在环卫清扫保洁一线,城市管理部门的工作人员、公司环卫工人没有人不认识他、熟悉他,为此,他还收获了"马路经理"的雅号。每逢台风暴雨,由于凤凰山街道地势低洼,道路便会积水积淤,他带头示范,与一线环卫工人一道连续奋战,还道路干净整洁,保障市民安全出行。莆田市成功入选全国文明城市的好消息就是对环卫工作的最好肯定!也是对近2 000名环卫工作者辛勤付出的最高礼遇。

2020年新冠肺炎疫情期间,城厢区环卫处向辖区环卫国有公司全体员工发出倡议,筹备组建环卫突击队,强化新冠肺炎疫情环卫保障,收集涉疫生活垃圾,并直运处置场进行无害化处理。倡议一经发出,50多名环卫工作者踊跃报名,廖伟清同志就是其中一个。

在细节上,他能细心领悟上级的文件精神指示,率先示范,手把手对团队内的保洁员讲解防护、消毒注意事项和工作要求,遇到保洁员有疑问需要解答时,他总是主动热情、认真倾听、积极解决。在平时工作中,他每天清晨6点就开始上路督查,一直坚持到夜间11点,奔波于督促清扫夜市摊点卫生清理上。

作为一名共产党员,廖伟清同志不仅是公司环卫工作中的多面手,也是城市文明建设的好帮手,在平凡的岗位上努力践行着"全心全意为人民服务"的理念,履行着莆田市"让城市每天都干净"的承诺。廖伟清同志作为一名环卫项目经理,也是一名严肃的考官,他坚持原则、严格标准、规范运作,他敢于正视差距、勇于担当作为,针对辖区实际,每日都亲自巡查,只要涉及环卫问题,一经发现,立即组织整改;只要是职责内的工作,立行立改,包你满意;每周组织1~2次环卫工作考核,针对道路、社区、市场等不同区域,分门别类列出评分细则,考评过程坚持公开透明原则,考评结果始终上墙进行公示,逐渐树立了公司良性竞争的好风气,辖区内环境面貌得到进一步提升。

福建

刘永峰

福建省莆田市秀屿区南日镇山初人,现为福建佳通轮胎有限公司半钢制造部高级经理

爱岗敬业,勇于创新,刘永峰始终坚持以党员的要求来鞭策自己,不断在公司制造现场推行人本科学管理,所带的团队曾于 2012 年、2014 年被莆田市总工会授予"先进职工小家"称号。他自己也于 2013 年被公司总支部评为"优秀共产党员",2014 年被评为"秀屿区劳动模范",2017 年被评为"莆田市劳动模范",2018 年被评为"福建省劳动模范"。他在工作期间,不断进行技术项目研究及设备、工艺流程的改善,取得了较为突出的成果。

技术项目研究方面:他独创制定的轮胎 RFV 波形图分析 SOP、轮胎矢量定点硫化等轮胎均匀性对策项目,对于现场研究及提升轮胎均匀性有较大的贡献。并针对高扁平率的锥向力变异问题进行对策改善,使单项的合格率提升了约 20%,配套轮胎的 OE 率提升了约 8%、得到了在公司内推广的机会。

设备改善方面:推动实施的 TUC 宽度在线自动调整、SQG 宽度同步调整、预备各收取岗位的恒张力推进、押出实现一键启动的一致性项目、成型缠绕张力改善及硫化机械手精度提升等,有效提升现场设备及材料的精度,提升产品的质量。在针对设备改善方面,他共提交 170 多件提案改善得以现场实施,并组织开展 20 多个品管 QC 活动圈。

工艺流程改善方面:针对现场的生产工艺流程进行精益分析,共产生成型扣圈时间优化、各材料接头定点优化、硫化机械手动作时间优化等 11 项现场执行 SOP,有效提升了生产效率,降低了现场生产人员的劳动强度。

智能化项目推进方面:在公司响应国家号召,推进"中国制造 2025"的工业智能化背景下,他按照公司领导指示负责整个智能化车间的布局规划及设备调试、人员培训及试生产的新工作。在短短的 16 个月内,完成了第三批新智能设备调试、生产及部分设备的升级改造工作。目前,新扩建的半钢智能化生产车间已经达到日产 21 000 条的产能,实现了设备产能提升约 40%、人工节省 50% 等考核指标,为后续的公司生产技术智能升级成功地迈出了坚实的第一步。

倪庆芳

福建省莆田市城厢区华亭镇油潭村人,现就职于福建泰盛实业有限公司

倪庆芳于 2018 年 3 月加入福建泰盛实业有限公司,任辅助工一职,协助机长及操作工生产卫生纸巾,经过一年的历练,被晋升为操作工,主要负责纸品机台主机、包装机段位的工作,2020 年 5 月被晋升为机长,曾被评为 2019 年度"优秀员工"。2019 年 3 月,他带领的班组成员共 5 人,耗时 2 个月,利用业余时间,查阅资料、走访集团其他分公司,深入了解设备功能、性能、目前行业普遍存在的不足,完成了珍宝纸机台的技改。通过研发压扁装置,彻底解决了珍宝纸裁切之后端面不平、自动化独立包装的缺陷,荣获集团科技创新奖,也为公司节省了 1~2 名人力,每年可节约成本 55 000 元,同时提升了客户的满意度。他用自己踏实、勤奋、乐于助人的工作作风诠释着自己对工作的热爱与珍惜。

在生活中,他也是一个细心负责的丈夫、父亲,他对自己严格要求,无不良嗜好,洁身自律,团结邻里,是村里获得大家一致好评的村民。不仅如此,他培育的儿女学习成绩优秀,一个已经上大学,一个上中专,儿女性格健全,思想积极,他始终相信"爱和肯定"能赋予他极大的能量,也一定能在平凡的岗位及角色上谱写自己的人生篇章!

刘玉镇

福建

福建省莆田市仙游县社硎乡卓林村人,现就职于新万鑫(福建)精密薄板有限公司

刘玉镇同志在工作中以良好的主人翁精神和职业道德,投身于民营企业的建设和发展之中,他爱岗敬业,踏实工作,积极发挥模范带头作用,带领一班人奋发进取,出色完成生产任务。

刘玉镇同志在本职岗位上勤奋学习,善于学习,积极钻研技术,取得了优异的业绩,成为精通轧钢工艺的技术尖子和标杆。刘玉镇同志带领的轧机乙班在2019年实现全年一轧成材率99.16%,同比2018年的97.91%提升1.25个百分点,节约原材料70吨,为轧制成材率的提升做出了贡献,得到了中国电工钢学会有关专家的好评。

刘玉镇同志作为一名共产党员,用实际行动把党的优良作风带到工作当中,带到群众之中。他品德优秀,助人为乐,善于与群众打成一片。他做事兢兢业业,待人亲和友善,受到同事们的一致称赞。

谢君

福建省三明市将乐县光明镇光明村人，现为福建省三明市将乐县宝台山中蜂养殖农民专业合作社负责人

谢君创办的福建省三明市将乐县宝台山中蜂养殖农民专业合作社，截至2020年吸纳养殖社员35人、蜂农1 000余户，养殖蜂场13个，总蜂群1 500箱，年产土蜂蜜1.6万公斤，产值达280万元。近年来，他在光明、南口、黄潭、万全、大源等乡镇启动寄养项目促脱贫，共带动精准扶贫320户、800余人增收，实现年度人均纯收入增加1 800元。2019年，他进一步扩大帮扶力度和层面，与省级贫困村崇善村建立扶贫蜂场，投资发展蜂场2个，蜜蜂240箱，年增加村财收入7万余元。同时，在光明、古镛、黄潭现场开培训课，累计300余名建档立卡贫困户参加，通过技术培训和现场入户指导现已帮助18户贫困户着手养殖蜜蜂，预计每户年收入可达万元以上，让贫困户在拿到合作社分红的同时学到一项低成本、低劳动力的技术，真正通过蜜蜂养殖实现脱贫。

2020年新冠肺炎疫情期间，谢君在光明镇交通卡口志愿参与值守10多个班次，同时积极动员合作社的养殖户和部队战友捐款捐物，支援疫情防控工作，先后向全县7个一线单位和40余处人员密集场所输送物资，累计捐款12 000元、捐赠医用口罩3 100个。

他个人获得的荣誉有：2002年获得省公安厅嘉奖，2005年抗洪抢险个人三等功，2017年将乐县致富带头人，2018年团省委创青春三等奖，2018年将乐创新创业二等奖，2020年福建省退役军人创新创业项目优秀奖等荣誉。

福建 黄庆师

福建省宁化县曹坊村人，现就职于福建一建集团有限公司

黄庆师为人憨厚、朴实，做事不声张，勤勉工作，对工作有着满腔的热情，在短短一年时间里已成为班组的业务骨干，得到了公司领导和同志们的高度评价。他参加工作至今，在公司领导和同事的帮助下，从一名普通的钢管架工人迅速成长为一名优秀的钢管架班组长。在政治上黄庆师坚持中国共产党的领导，爱党爱国，并以身作则，影响着身边的同事。

1986 年 8 月至 1988 年 12 月，他在顺昌水泥厂项目担任架子班班长，对班组严格管理，较好地完成项目部安排的各项任务，1986 年、1987 年连续两年被评为公司"先进个人"，被项目部及组员称为"铁班长""严师傅"。

2001 年至 2002 年，在公司承建的三明三钢单身公寓（三钢群英新村 45 幢）项目中承担架体施工任务，在 2002 年部级文明工地检查中，该项目被评选为"部级文明工地"。

2010 年至 2015 年，在三明市图艺两馆建设中，他主要承担项目支模架、悬挑架、项目所有临边防护，该项目于 2015 年先后荣获"三明市安全文明标准化优良项目""省级安全文明标准化标化优良项目"。

2013 年至 2014 年，他参与三明白沙廉租房项目建设，该项目于 2015 年荣获"三明市安全文明标准化优良项目""省级安全文明标准化优良项目"。

目前，公司在沙县的几个重点项目如三明生态新城康养城建设项目一期、三明市第一医院生态新城分院项目，都活跃着黄庆师同志的身影。

赖张龙

福建省三明市清流县嵩口镇邱寨村人,现为福建省三明市清龙生态兰花有限公司负责人

赖张龙,2000年至2008年,在成都经营兰花生意,2008年回乡创业,2010年创办福建省三明市清龙生态兰花有限公司。他于2010年被评为"三明市劳动模范"称号,2012年与清流县林业局种苗站江斌合作的春兰"花叶双艺"被审定为兰属优良品种,2013年至2015年与福建省林业科技实验中心江瑞荣、陈孝丑等人合作研发的三个兰花品种被福建林木评审委员会认定为优良品种,2015年获得福建省人社厅开展的福建省互联网经济优秀人才创业启动计划项目支持,2020年被评为福建省林业乡土专家。

赖张龙创办的公司现已建设兰花生产基地温控大棚100亩,种苗繁育中心3 000平方米,兰花展示中心2 000平方米,年生产新品兰花种苗120万盆、商品兰花60万盆。公司培育的兰花多次在全国花展、世界园艺博览会上获得多个特等奖、金奖;连续两届荣获"福建花王"称号;连续三届被评为"三明市重点龙头企业";2015年被评为"福建省十佳花木种植企业";2016年获得"福建省科技型企业"证书,入选福建科技小巨人领军企业;2017年被评为福建省林业产业化龙头企业;2018年荣获福建省科技进步二等奖;2019年被评为福建省农业产业化重点龙头企业。公司在兰花种植与新品种研发方面有独特优势,2013年取得福建省第一个国兰优良品种证书。公司先后承担和完成了国家林业草原局科技推广兰属杂交种"花叶双艺"快速繁育与推广运用项目,福建省科技厅对外合作重点项目"兰花杂交育种与优良株系快速繁育技术产业化",福建省科技厅星火项目"观赏用石斛兰新品种'红香妃'快速繁育及花期调控技术示范",福建省林业科技试验中心承担的第二轮、第三轮"主要商品兰花种业创新"项目协作任务。

赖张龙采取"公司+合作社+农户"模式发展兰花种植,2013年成立了仙野兰花专业合作社。近几年,公司还开发了铁皮石斛,运用原生态种植的方法把驯化好的铁皮石斛苗种回原生地。

赖张龙于2018年6月引进了福建省科技特派员樊荣辉、江斌,在公司成立了"仙野石斛兰花星创天地"平台。2019年,他又引进了福建省农科院专家黄敏玲、钟淮钦等专家,在公司成立了专家工作站。

毛昌丰

浙江泰顺县筱村镇培坑村山对坑自然村人,现为福建省顺昌县升升木业有限公司成品车间主任兼研发部项目组组长

毛昌丰,1985年2月出生,高中文化。他于2013年荣获"顺昌县劳动模范"称号,2015年荣获"南平市劳动模范"称号,2018年荣获"福建省劳动模范"称号。

多年来,他坚持科技创新,不断钻研生产技术,积极参与公司成功申报的2项发明专利和60项实用新型和外观设计专利,并把这些专利应用到出口产品生产中去,取得了良好的经济效益和社会效益。他所在的车间是公司最重要和最大的车间,在这里他带领车间全体员工,不断优化、改进生产工艺,对生产线进行技术改造。在他的主持下,项目组先后完成了板材表面拉丝工艺生产线、成品静电喷涂生产线、板材碳化装饰生产线以及造型工段的技术改造,经过技术改造,取得了良好的效益,连续四年保质保量超额完成公司下达的生产任务,为公司的发展做出了重大的贡献。2019年,公司的"森竹"商标荣获全国驰名商标,企业荣获"全国林业产业化龙头企业"称号。2019年,经中国林业产业联合会认定,公司生产规模、管理水平、技术设备均居国内行业领先地位,主营产品儿童滑梯、木凉亭的国际市场占有率、销售率、品牌知名度居国内同行业首位。2019年,公司实现产值7.48亿元,实现销售收入5.6亿元,出口创汇7 450万美元,上缴税收800万元,各项经济指标位居当地同行业首位,出口创汇居南平市同行业首位。

他主动对接了公司附近村庄的两户贫困户,每月资助400元。毛昌丰同志对于有劳动能力的贫困家庭,更注重帮助他们增强自力更生的能力,通过将贫困户家庭的劳动力和公司工作岗位匹配,鼓励他们到公司上班,同时,安排车间技术骨干对他们进行"传、帮、带",让他们尽快掌握操作技能。这批工人在自身不断努力的基础上,已成为熟练的操作工,有三位还担任了公司车间的班组负责人。

在新冠肺炎疫情面前,毛昌丰同志身为南平市人大代表,迎难而上,第一时间冲向"前线",舍"小"家为"大"家,积极投身于疫情防控工作第一线。公司厂区地处农村,生活环境差,毛昌丰的老家在浙江,他本来可以回家与父母团聚过春节,但他考虑到疫情防控的需要,主动留下,在公司厂区值班。他每天亲自背着喷雾器对公司厂区进行喷洒消毒,坚持对留岗值班人员进行体温检测。毛昌丰还通过微信、电话及时通知在家待工的员工做好疫情防控工作。在他的努力下,公司防控工作得到了社区的肯定。

胡顺有

福建省邵武市吴家塘镇杨家墟村人，现就职于福建杜氏木业有限公司

胡顺有，1969年出生于农村，初中毕业后他就迷恋木制品的制作，开始学习木工技术，一心想把宝贵的木材资源通过木匠的智慧、现代化的设备转化成绿色、高品质的家居用品，现任1 300余名员工的福建杜氏木业有限公司技术部部长。

胡顺有于1995年3月入职30余人的邵武市工艺美术公司（福建杜氏木业有限公司前身）。他从一名学徒工开始，在师傅的教导下，通过自己的不断学习，努力钻研，1997年就能够独立完成联邦椅等一些普通家具的设计和制作。

2000年年初，公司外贸业务扩展，他被调入样品组，从事样品的开发打样工作。外贸产品的制作必须严格按照图纸执行，面对陌生的图纸，他遇到不懂的就请教同事，拿实物对照，利用休息的时间识图，就这样学会了看图。通过样品组全员的努力，开发了很多新产品。出自胡顺有手上的样品很多，圆木桶加工难度较大、规格多，大小有七、八种，制作过程中需要制作很多不同的模具，调试不同的角度，胡顺有按时完成了任务。他也从一名普通的操作工，成为公司内评的木工工程师。

因技术能力强，公司提升胡顺有到工厂精加组任师傅。他在工作中始终以生产效率、产品质量为核心，通过整合生产流程、改进设备来提高生产效率。

2006年，公司规模发展壮大，胡顺有又投入到新工厂橱柜门板生产线的筹备工作中，负责实木门生产线的规划设计、生产技术指导和加工技术人才的培养，从开始的门板生产到O10客户整体橱柜的生产，在产品质量和交付方面得到客户的高度肯定。同年年底，他被公司评为"福建杜氏木业有限公司首届劳模"。

2012年，公司接到美国客户圆木椅的第一个订单，胡顺有带领相关技术人员自主研发圆木椅加工设备10余台，改进圆木砂光设备3台、圆木成型设备4台，并成功申报国家专利，至今圆木椅每年的产值仍然保持在3 000万元以上。

2015年5月，公司承接"清华大学苏世民学者书院"实木内饰家装项目，胡顺有带领公司技术骨干主导研究木作工程设计图节点的深化，结构研究设计，生产技术的指导和安装技术的指导。在该项目中约90%以上的木作产品，都采用自主研发的配件安装。

2011年，胡顺有获评"南平市优秀工会会员"，2016年，获评"邵武市劳动模范"。他的"实木墙板快速连接安装技术的研究"获得福建省百万职工"五小创新"三等奖。

朱正辉

福建省南平市延平区塔前镇西洋村人，现为福建省南平市跃农绿色蔬菜基地有限公司负责人

朱正辉同志现为福建省南平市跃农绿色蔬菜基地有限公司负责人，他平时热心公益事业，热心帮助贫困群众，为了群众的增收致富，从自身开始解放思想，带头创新干，全心全意带领群众走发家致富的小康之路，在创新增收致富的道路上越走越宽。

2016年，他曾担任"2016年南平市延平区雨露计划培训"项目负责人，培训精准贫困人口946人及在西洋村与精准贫困户（15户）结对帮扶蔬菜种植。在生产经营中，他意识到公司要发展，需要培养一批有知识、懂技术、会经营、善管理的新型农民，随即聘请省农科院、区农业局的技术人员深入田间地头，指导农民生产，帮助他们解决生产中遇到的难题，并采取"走出去、请进来"的方式，带领他们参加各种农超对接会、博览会、洽谈会，学习省内、外企业在生产、经营、管理上的先进经验，让他们学成后加以推广应用，指导农户生产。几年来，他围绕当地发展蔬菜产业，积极开展经营服务，带动了当地蔬菜产业的较快发展，促进了农民增收致富，赢得了当地农民的赞扬。

创业多年，他兢兢业业，不计名利得失，服从安排，顾全大局，并出色地完成组织交给的各项任务。在新冠肺炎疫情期间，确保疫情防控的前提下，他多次与政府部门、乡镇和村沟通协调当地农民工112人到公司上班，确保每天可为市场提供30~32吨新鲜蔬菜供应南平和福州市场；为确保蔬菜质量，公司严格按照疫情防控的要求对员工进行培训，加强对所有上市蔬菜的质量检测，保证市民吃得安全、营养、健康。由于严格的产品质量把控，该公司获得福建省、南平市疫情防控重点保障企业。

他于2011年被福建海西青年创业基金会评为"2010年度福建青年创业之星——绿色创业奖"；2013年获得"南平青年五四奖章"；2014年被评为中级蔬菜园艺工；2015年被福建农业职业技术学院授予"优秀毕业生"奖；2016年被中共延平区委及南平市延平区人民政府授予"2013—2015年度延平区劳动模范"称号；2016年被共青团福建省委及福建省农业厅授予"福建省农村青年致富带头人"称号；2017年获评"南平市2017年度优秀农村实用人才"；2018年5月获得"南平市五一劳动奖章"；2019年任福建省海峡品牌经济发展研究院乡村振兴委员会"荣誉理事长"；2019年当选延平区政协委员；2020年当选延平区政协委员。

刘春生

福建省长汀县古城镇马头山村人,现就职于福建省龙岩市长汀县南站幸福小区扶贫车间

刘春生,43岁,2004年患上糖尿病,因不够重视治疗,导致2013年左小腿截肢,安装上假肢。他的小儿子刘海文小时候听力残疾,2015年,举债20万元,安装耳蜗。经过那两次的折腾,因病致贫,全家5口人,被认定为贫困户。

2016年11月,刘春生一家被安置到离县城不远的麻陂扶贫搬迁集中安置区。该安置区在工业开发区隔壁,可就近就业。

2018年,刘春生易地搬迁到幸福小区不久,小区管委会了解到他家人多收入少的状况,安排给刘春生一个保洁员的公益性岗位,每天负责打扫小区办公室及1号、2号、3号楼的卫生保洁工作。在清扫中,刘春生发现小区贫困户劳动力除了一部分上班外,还有不少妇女,因家庭、小孩拖累,不能上班就业。他将情况向主任赖进礼汇报,两人合计,能不能引进一家企业把车间搬到小区内,吸引不能外出就业的贫困妇女,就近就地就业。

赖进礼了解到工业园的台慧公司生产棒垒球,可以在家灵活就业,就叫刘春生前去沟通,双方顺利谈妥。县人社局、策武镇政府知道后大力支持,由策武镇政府出资免费提供13号楼101室作为车间,县人社局给予送岗位、送技术、送政策等服务。2019年,省人力资源和社会保障厅领导前来实地考察调研,拍板决定为车间就业的贫困户劳动力每人提供1 000元的培训经费。台慧公司不但负责统一培训、统一销售,而且同意员工灵活安排作业时间。2018年11月28日,台慧公司棒垒球扶贫车间隆重开业,22位贫困户劳动力在家门口上班就业,月增加收入2 000元左右,刘春生担任车间管理员。

2020年春节,受到新冠肺炎疫情的影响,棒垒球扶贫车间停产关闭。刘春生四处寻找商机,一天,他听说腾飞工业区的盛邦新业电子有限公司,有外包生产连接线的业务,便前去洽谈。盛邦新业电子有限公司的老板黄腾子看到刘春生身残不忘带领姐妹们脱贫致富,十分感动,当场答应在幸福小区开办连接线扶贫车间。经过一番紧张有序的筹备,4月15日,幸福小区连接线扶贫车间开业了。这次应聘的贫困妇女更多了,达到35人,在剥线、涂锡、焊接、包装四道工序上忙碌着。

刘春生脱贫不忘众乡亲,他发挥养蜂的技术,利用老家马头山村山好、水好、空气好的环境,带动乡亲们,特别是贫困户,实施激励性养蜂扶贫项目。

幸福小区扶贫车间办得好,吸引了上级领导和兄弟乡村纷纷前来学习取经,刘春生毫无保留地介绍相关经验。如今,在刘春生的示范带动下,闽西长汀红土地上的扶贫车间如雨后春笋般涌现。

福建 赖先标

福建省龙岩市永定区岐岭乡新村人,现为福建省龙岩市永定区祥亿电子有限公司负责人

赖先标,1968年1月出生。他于2017年1月被评为"2016年度龙岩市十名优秀工业经济贡献人物";2019年被评为"龙岩市劳动模范""龙岩市优秀共产党员"。

高中毕业后,赖先标满怀改变家庭命运的期盼、改变家乡贫穷落后的执着,毅然踏上南下求职的列车。他先后在深圳多家五金电子企业学习机械制造、企业管理等方面的基础知识,积累了丰富的理论知识和先进的管理经验,办起了自己的企业并得到快速发展。

2005年,他决定将公司由深圳搬迁回家乡闽西永定岐岭乡。公司由家庭作坊式生产逐步扩大为企业模块式,成立祥亿电子有限公司,员工也由起步的30余人增加至70余人。2010年,赖先标又把公司搬迁到城区,扩大经营范围,由制造半固定式可调电位器发展为生产电源、电位器、节能灯的综合电子制造企业。

2016年11月,赖先标又把公司搬进了永定工业园区,招聘本地员工300人,并对员工的岗位技术、品质意识、劳动纪律等方面进行全方位的培训,不断把企业发展壮大。

创业中,赖先标以新一代节能环保、新能源等战略性新兴产业领域为重点,组织生产精密微调电阻、电位器、功率继电器、电子节能灯等。公司刚搬到工业园区时,存在厂房装修、设备安装、机器调试、业务咨询等诸多问题,赖先标总是给员工一遍又一遍地做详细的解释,并在不断总结中制定出完善的流程。面对同事在业务发展过程中的困惑,他结合企业政策一次一次的解释说服工作。正是他的那种工作态度,使他所在的企业充满凝聚力,有了较强的创新能力、良好的发展潜力和广阔的市场前景,主要综合电子制造技术经济指标在市内同类型企业中处于领先水平。此外,赖先标注重半固定式可调电位器技术创新和科技研发,成为永定行业内有代表性和示范带头作用的科技型中小企业。2018年,公司被评为"龙岩市科技小巨人领军企业""福建省科技小巨人领军企业"。

赖先标不仅解决了300多人的就业问题,而且让每位员工月收入至少有3 000元。同时,公司由小规模纳税人发展为一般纳税人,纳税总额年年递进。公司2016年纳税总额达到500万元,2017年纳税总额增长到650万元,2018年纳税总额持续上升到800万元。此外,赖先标热心社会公益事业,捐资10余万元积极参与永定老年体育、兴教助学等公益活动。

张良

苗族，贵州省威宁彝族回族苗族自治县黑土河乡爱华村人，现为协为（漳平）工艺有限公司车间修补组组长

张良，2008年2月进入协为（漳平）工艺有限公司工作，被分配到白坯车间修补组，从最基层的修补工做起。面对新的工作、生产环境，他坚持不怕苦、不怕累的精神，面对问题敢于迎难而上，工作上脚踏实地、兢兢业业，不懂的就问老员工，不会的就向车间领导、技术人员学习，努力提升职业技能和职业水平。

正是因为他有着这么一股子的蛮劲，经过不断地学习，硬是从一个啥都不会做，啥都不懂的普通工人，成长为现在的修补组组长。在修补组组长这个工作岗位上，他严格要求自己，严格遵守公司的各项规章制度和规定，积极工作，与同事之间关系融洽，当同事们遇到困难时，总是竭尽所能地帮助解决各种问题和困难，充分发挥模范标杆作用，努力为公司业绩创新高贡献自己最大的力量。

作为一名远在他乡实现自身人生价值的游子，他时刻不忘家乡的亲人，立志一定要帮助家乡的亲人提高收入、改善生活。张良的家乡条件非常艰苦，村民们的经济收入非常低，温饱都难以解决，住的是土坯房，经常断电，孩子上学很不方便。每每想到家乡的亲人还过着贫困的生活，他心里就无比沉重，每年回家过年的时候，总是积极向老乡、亲戚朋友推荐漳平市的就业、生活环境和公司的优惠待遇：孩子教育由漳平市政府和公司全权安排在城区学校就读，工业园区管委会、教育局等部门还安排了子女午托，提供免费午餐，让园区的工人可以没有后顾之忧，全身心投入工作等。在他的介绍和推荐下，自2019年以来，张良一共带领36名同村的老乡和亲戚来到漳平工作，进入公司上班。为此，漳平市当地的媒体对他进行了专题报道。如今，跟他一起到公司上班的老乡们都回家盖了新房，还买了小汽车，日子过得一天比一天红火，张良也实现了他想带领乡亲们一起脱贫致富奔小康的目标。

福建

张军辉

河南省平顶山市鲁山县马楼乡马塘村人，现就职于福建省宁德新能源科技有限公司

张军辉从部队退伍后外出务工，加入福建省宁德新能源科技有限公司保安队，12年来，从一名普通保安员成长为一线保安主管。

他认真履行工作职责，确保公司财产、消防、保密安全全年零事故，园区内外治安、交通和谐稳定。一是确保上下班道路畅通。组织保安义务执勤点，每天安排10余名保安在早晚高峰协助交警维持道路秩序；通过分析雇员上下班数据，向政府提案改善道路条件，增加高峰时段公共交通；监督雇员错峰上班执行情况，保障上下班安全。二是配合做好警企共建，配合企业所在辖区派出所与警务室，推动网络犯罪打击和防范宣传、园区"黄赌毒"防范。三是热心工作。在公司停车位不足的情况下，设法找空闲地方自己动手建造了130个停车位，解决员工停车难问题。四是关心关爱同事。做好标杆表率，起到模范带头作用；每月组织班级团建活动及家庭日，保安部门流失率全公司最低。五是遵守职业道德。职业道德操守零违规，拾金不昧80人次，收到表扬信和锦旗33份，受到公司表彰奖励15人次。六是积极开展安全演练。消防突击模拟训练500余次，根据"保安队培训大纲"开展物品放行培训、院前急救、在职多岗位等培训，合格率达99%。

新冠肺炎疫情发生后，他积极响应公司号召，在多方受阻的情况下克服困难，从河南老家徒步数十公里按时抵达公司，投入到一线疫情防控工作中。他担任疫情现场执行对接人，按照公司防疫指挥部部署，时常不分昼夜深入一线检查疫情防控执行落实情况，跟进处理突发状况及异常人员处置。认真做好园区防疫管控、各门岗现场管理与执行标准制定及岗位疫情防控消杀；协助指挥部完成公司外围防疫宣传及雇员政策解读；完成各门岗口罩发放及体温检查配置规划等，对体温异常人员隔离做好服务；配合指挥部完成外省返岗人员接待服务及疫情防控工作；协助人力资源部招聘及报到后隔离14天管控；配合公安交警在高速路口防疫检测核对放行，确保公司复工复产顺利进行。

他每年对生病员工送医医治、交通事故进行及时救助帮扶，降低事态风险；对员工感情纠纷、生活矛盾等进行沟通开导，化解、调解各类异常事件每年60余起，提升员工幸福感。他全年醉酒帮扶460余人次，一般疾病帮扶580余次，其中重症帮扶15人次，交通事件帮扶40余人次，其他帮扶180余人次，收获多面致谢锦旗，弘扬了保安正能量。同时，他还热心公益，加入福建善德爱心公益联盟，成为一名爱心志愿者。

余海燕

福建省古田县鹤塘镇程际村人,现就职于福建省宁德市古田县鹤塘明艳茶叶专业合作社

余海燕出生于一户贫穷农家,初二时余父旧病复发,为此辍学回家务农。

2001年年底,余父创办家庭作坊式茶叶初制厂。2008年遭逢金融危机,茶叶严重滞销。余海燕毅然只身挑着茶叶到县城、到省城,沿街挨家挨户去推销。她的坚持不懈,博得了越来越多客户的信任和喜爱,茶叶销路渐渐打开。她偶遇结识了一位茶商并与之达成茶青长期收购协议,从此迈上了发展快车道。

余海燕,2005年9月,加入中国共产党;2006年,考入省委党校,三年苦读取得大专学历;2017年,完成福建农业职业技术学院园艺专业全部函授课程,获得成人高等教育毕业证书。

2012年8月,余海燕参与"古田县鹤塘明艳茶叶专业合作社"建设管理,注册了"闽之艳"茶叶、食用菌等系列商标7个并形成系列包装,建立线上线下一体运作的销售网络,形成了茶叶、茶栽食用菌、茶菌豆等集优质高效生产、加工、研发及销售于一体的产业化发展新格局。由此该合作社先后被评为宁德市、福建省巾帼示范基地,福建省农科院科技示范基地和福建省省级专家服务基地。

自2013年起,她与省农科院多个团队开展技术合作。项目(茶－食用菌优质高效生产关键技术研发及产业化)先后获得2017年第二届中国(福建)女大学生创新创业大赛实战组第一名、2017年第四届"创青春"福建青年创新创业大赛现代农业成长组第四名和2018年第三届"中国创翼"创业创新大赛福建省选拔赛主体赛创业组三等奖。2020年,她的"茶菌融合技术助力乡村振兴"被福建农林大学推荐为国家级与省级大学生创新创业训练计划项目。

"闽之艳"茶叶产品先后获得了宁德市第六届、第七届金奖,第十三届"闽茶杯"绿茶状元、红茶金奖,第十二届"中茶杯"全国名优茶评比一等奖,第五届"国饮杯"全国茶叶评比一等奖、中国茶叶博览会全国红绿茶斗茶大赛红茶类茶王奖和第十三届中国西安茶业国际博览会特别金奖。

余海燕先后被评为2016年福建省农村青年致富带头人、2017年第十届"全国农村青年致富带头人"、2018年全国乡村优秀致富带头人、2017年林文镜慈善基金会首届十个大地之子、2019年福建省三八红旗手、2019年第十六届福建青年五四奖章标兵、2019年宁德市首届优秀农村实用人才。同时,她还被推荐担任第三届、第四届宁德市青联常委,第十一届、第十二届福建省青联常委和第十三届全国青联常委。

余海燕致富不忘乡亲,以茶为媒,多业联动,积极带动乡亲发展生产,助力乡村扶贫脱困。

福建

王菊弟

福建省宁德市寿宁县下党乡下党村人，现为福建省宁德市寿宁县滴水缘农业专业合作社负责人

作为下党村群众致富的带头人，王菊弟首创"定制茶园"，成立了寿宁县福山水聚茶园农业专业合作社、寿宁县梦之乡农业综合开发有限公司、寿宁县滴水缘农业专业合作社，创办了下党乡第一家民宿"八五民宿"，打造了"下乡的味道"品牌，促进村财收入增长、村民增收，引领群众唱好"山歌"奔向"小康路"。

从1995年开始，王菊弟接手家族的茶叶小作坊，开始手工制作生态茶叶。1998年，他与朋友创办下屏峰旗峰茶厂，生产红茶、绿茶并销往全国各地。

2014年，王菊弟当选下党村村民主任，在省委下派驻村干部的指导下，因地制宜，提出"一心二业三推动"的强村富民工作思路。

2015年，王菊弟采取村集体占股20%、管理人员占股60%、村民占股20%的形式，注册成立了寿宁县梦之乡农业综合开发有限公司，筹资180万元，建成一个1 800多平方米的标准化厂房，策划实施可视化扶贫定制茶园"下乡的味道"项目，注册"下乡的味道"品牌，在品牌中植入"消费扶贫"的理念，在茶厂和茶山上架设探头，开发可视化预订系统和农产品可追溯系统。2015年，王菊弟创办了下党乡第一家民宿"八五民宿"。

2016年，下党村村财收入约22万元，实现了零的突破。2019年，定制茶园首创千万元大单，农民人均收入从2014年的6 400多元增加到2019年的14 777元，27户建档立卡贫困户全部脱贫。"只租茶园不卖茶"的扶贫定制新模式被国务院扶贫办列为全国12则精准扶贫典型案例之一；2018年荣获国务院扶贫办开发领导小组"全国脱贫攻坚组织创新奖"。如今，"下乡的味道"成了全县的农业品牌，产品每年在互联网线上销售额达2 000多万元。

2020年1月，王菊弟引导下党乡10个建制村的茶叶合作社联合出资成立了寿宁县滴水缘农业专业合作社，以"合作社+基地+农户+订单"的形式，为社员提供产、供、销一条龙服务。2020年，全乡有609户社员获得61.6万元补助。

王菊弟先后担任下党村农业技术员、制茶技术员、寿宁县滴水缘农业专业合作社负责人，2017年被选为寿宁县茶叶协会第三届理事会副会长，2018年被下党乡政府评为"脱贫攻坚致富带头人"。

舒龙岗

江西省进贤县张公镇铜岭村委会舒家村人,现就职于江西省腾越生态科技有限公司

　　舒龙岗虽出身贫寒,历尽磨难,但靠着顽强的意志和永不放弃的精神闯出了属于自己的一片天地;他致富不忘本,回乡创业带领村民脱贫致富;他关爱农村生态宜居环境,致力于污染防治,建设美丽乡村;他热心公益,扶贫济困,为村民捐资修路,架设路灯,亮化乡村。他是父母心中的好儿子,妻子心中的好丈夫,儿子心中的好爸爸,村民心中的好干部,更是第一届"进贤好人",第三届"进贤县十大杰出青年"。他解决了进贤县畜禽养殖特别是生猪养殖所带来的面源污染问题,还带领全村百姓致富。舒龙岗个人也荣获了"进贤县洪城创业故事汇优秀奖""进贤县创业榜样人物""南昌市感动大使"等荣誉称号。他说:"我的想法很简单,秉承感恩之心,尽一己之力带动身边的人一起做好事、做善事,回馈社会。"

江西 李小乐

江西省南昌市新建区溪霞镇乔岭村岗上自然村人，现为江西省南昌市新建区兴乐种植专业合作社合伙人

1995年，年仅20岁的李小乐独自背着行囊外出务工。他在求职过程中，被一位浙江萧山种植草皮、苗木的老板看中，聘用了他。就这样，李小乐在该公司工作了5年，这5年中，他凭借着忠诚老实的品格和吃苦耐劳的干劲赢得了老板的器重，老板更是将草皮、苗木种植技术倾囊相授，李小乐也不负所望，在这5年间悉数掌握了草皮、苗木种植技术。

2000年，学成后的李小乐回到了家乡，利用自有的9亩责任田种上了马尼拉草皮，并且号召同村村民一同加入进来，手把手地教技术，与村民交流经验。在种植过程中，他始终把质量放在第一位，严格把关，同时，处处以身作则，以自身良好的品行引领乡亲，吃在田里、住在田边，黄天不负有心人，经过几年的艰苦奋斗，家乡的苗木、草皮种植初见效益。

从起初创业至今，历经18年的风风雨雨，从起初的9亩地，发展成为现在的"兴乐种植专业合作社"，合作社将附近的荒山荒地都租来种上草皮、苗木，目前种植面积已达5 000多亩，合作社的业务范围扩大到苗木、花卉、草皮生产、销售和园林景观施工等。功成不忘家乡，回馈桑梓赤子心，作为农民的孩子，不论是少年时代在城市打工，还是学成后回乡带领乡亲共同创业，李小乐始终以帮助他人为己任，以做善事为至乐。

合作社不断发展与壮大后，李小乐首先反哺家乡，不忘初心，勇于担当。他为周边260多名乡亲提供就业岗位，让更多的农民在自己的家乡就近就地就业，现在回乡就业的青壮年多了，外出务工的年轻人少了，桥岭村焕发出新活力。合作社还专门建立了扶贫车间，帮助熊斯柏等8户建档立卡贫困户成功脱贫。

牢记初心使命，热心回馈社会，打工创业道路上成长起来的李小乐，时刻不忘自己的初心使命："为孝之道，有家有德，渴时一滴如甘露，醉后添杯不如无"，始终一如既往地继续着他的义举。2020年是不平凡的一年，为抗击新冠肺炎疫情，李小乐及其合作社于2020年1月31日向南昌市溪霞镇人民政府捐款人民币1万元；2020年7月为支持抗洪抢险，向新建区联圩、昌邑抗洪救灾一线捐赠救灾物资共计3.24万元。

李小乐多次被授予"优秀共产党员""先进个人"光荣称号；荣获了"新建区2018年度优秀种养大户""2018年新建区创业故事汇感动大使"称号。

罗伟

江西省南昌市南昌县莲塘镇小蓝村人,现就职于中航物业管理有限公司南昌分公司

2015年4月,罗伟到澄碧湖大厦项目从事工程部弱电维修工作,先后两次被公司评为"先进工作者"。2017年7月,他升任物业工程部工程主管一职。

他在工作管理上,清晰自己的工作思路,严格要求自己;在平时工作中,起到模范带头的作用。他在平时工作中既要向公司反映基层员工的想法及状态,又要关心员工平时的工作状态以及身体状态,不断维持基层员工对公司的归属感以及凝聚力;在不断规范基层员工操作的同时提升员工的专业技能,为客户提供更加优质高效的物业服务。并发动员工了解企业文化,了解企业生存之道,极大地提高了员工的归属感以及凝聚力。

他还热心公益,积极参加公益事业。在新冠肺炎疫情防控工作中,他切实提高政治站位,坚决贯彻落实县防疫指挥部工作要求,以更实的举措、更高的标准、更严的监管落实工作。主动请战不休息,放弃了春节休假时间,战斗在行政中心疫情防控的第一线。

江西 邓新建

江西省南昌市南昌县向塘镇黄堂村委会邓家村人，现为南昌海螺水泥有限责任公司南昌海螺保全副工段长

在2003年至2007年期间，邓新建是一名水电安装学徒工。他于2007年进入南昌海螺水泥有限责任公司工作，自2020年8月起担任南昌海螺水泥有限责任公司保全副工段长。邓新建始终围绕"淡季抓维护、旺季保运行"的总体思路开展工作，通过实行电气设备责任制和首席负责制进行管理，营造了设备有人管、人人管设备的良好氛围，克服电气维修人员少、新人多等困难，积极参与淡季检修，对所有低压电机进行解体保养，圆满完成电机保养维护工作。他利用休息时间加强电气知识学习，在工作中理论结合实践进行操作，技术水平提升较快，在江西区域组织的技能比武中获得电气组第二名，在南昌、赣江两家公司组织的技能比武中获得电气组第一名。他通过对低压电机的维护保养，从根本上解决了由于轴承散热问题造成的电机损坏，延长了电机使用寿命，减少了设备故障率。

王泉梅

江西省吉安市遂川县枚江乡莲溪村人，现为江西倍邦家庭服务有限公司副总兼校长

　　王泉梅现任江西倍邦家庭服务有限公司副总经理，并兼任公司旗下南昌市倍邦职业培训学校校长一职。自2012年进入公司以来，她始终爱岗敬业、刻苦钻研、真抓实干，精通公司业务，办事坚持原则，讲究效率、求新务实。多年来，她均能出色地完成公司董事会交办的各项工作，为公司发展做出了巨大贡献。

　　家政服务业（培训）是一项极具挑战性的事业，需要有过硬的专业知识和技能。为了提升自己，王泉梅通过学习获得了高级育婴员职业资格证、国家职业技能鉴定高级考评员、江西省职业技能竞赛"健康与社会照护"裁判员资格、江西省职业技能鉴定专家委员会"家庭服务类"专业委员会专家、江西省家庭服务行业协会"母婴护理""母乳喂养指导"和"养老护理"讲师资格。

　　受2020年新冠肺炎疫情影响，学校的培训项目一直搁置，无法正常开展。为了满足市场培训需求、维持学校正常运营，王泉梅首次在公司提出要开展线上培训。仅用一个半月时间就完成课程录制、后期剪辑，4月8日线上培训课程正式上线，目前已有7 200人次顺利完成线上培训课程。

　　培训学校自2012年成立以来，她带领一个起初仅有10人的团队，发展成拥有10多个管理人员、20多个医学背景人员、30多个业务人员的精干团队，并与江西省妇幼保健院、南昌大学第一附属医院签订"母婴护理"职业技能培训实操实训基地协议。近年来，她带领公司团队先后获得中华全国妇女联合会、中国商业联合会授予的全国商业服务业巾帼建功"巾帼文明岗"称号，获得由南昌市人力资源和社会保障局授予的"母婴护理"优等专业、江西省家庭服务业"品牌企业"、南昌市"洪城杯"优秀组织奖等荣誉。学校发展至今，教学场地扩展到1 100多平方米，拥有多个多媒体理论培训教室、7间实操间，培训人次也从开始的每年300多人次提高到现在的7 000多人次；多年来共培育出25 000多名技能人才，其中90%以上人员通过考核取得了相应职业资格证书和专项职业能力证书并提供就业安排和创业指导。学校为50 000多个家庭提供母婴护理专业服务，为广大女性职工提供更广阔的创业、再就业平台，真正做到"为母婴提供专业服务、为女性创建就业平台"！

江西 肖文斌

江西省九江市德安县磨溪乡人，现为德安县磨溪乡快递代理点快递员

2003年，年仅18岁的肖文斌独自一人赴上海打工。2014年，在德安县委、县政府鼓励"回乡创业"政策的感召下，他毅然决定返乡创业，2016年获得德安县十大青年提名奖。

肖文斌返乡之后，经与多家快递公司协商，在磨溪乡街道设立了申通、圆通、韵达、顺丰等快递服务点。之后几年，其他快递服务点也都陆续进入磨溪乡，他现已代理10余家快递业务。快递服务点的设立给百姓的网购带来了极大的便利，磨溪的乡间小道上有了他送快递的身影。

借由送快递的契机，他了解到乡亲们有许多的农副产品不能及时投向市场，出现了滞销难的问题。于是他又尝试新的销售模式——创建电商平台。为此，他自己学着注册网店，和妻子开了一家署名为"乡村夫妻"的网店。

过去，由于磨溪乡地处偏远山区，农民的农产品每次都要经历一番折腾才能到县城，在本地销售又不能保证销售量，网店正好能解决这些问题，还能有效地进行资源整合，帮助农民彻底解决产品销售最后一公里落地难的问题。

现在网民们纷纷夸赞"乡村夫妻"网店的产品新鲜可靠、货真价实。肖文斌创建的网店被评为"皇冠"信誉网店。他的乡村快递代理点和"乡村夫妻"网店平台的建立，实现了互补互促、相得益彰、良性循环，既为磨溪全乡百姓的生产生活带来很大的便利，使原本封闭的山乡与外界互联互通，又缓解了农民生产的农产品滞销难的问题，同时丰富了外界市场，还提高了当地农民收入。

2020年受新冠肺炎疫情影响，居家隔离的村民外出采购困难，他主动对接城乡超市，把需要采购的生活用品放在快递代理点，采取"自提"手段保障村民需求和健康安全，有效控制了人员聚集。与此同时，他和乡政府一道义务发放口罩，把自家快递店变为外出务工人员口罩发放代售点，累计为外出人员代售口罩5万个，都是原价出售。面对来势汹汹的疫情无人能做到镇定自若，说不害怕是假的，但肖文斌的信念是，在灾难面前必须要有逆行者！他是这样想的，也是这样做的，坚持不懈地冒着被感染的风险，一次次送快件上门，一次次发放口罩，磨溪的乡亲交口称赞。

疫情期间，肖文斌以自己的行动诠释了一个青年共产党员的义务和责任，彰显了共产党员的模范带头作用。他也先后获得"磨溪乡先进个人""优秀共产党员"荣誉称号，真正成了村民心中共同赞颂的好人。

蔡灿平

江西省九江市瑞昌市高丰镇永丰村人,现为瑞昌市盈瑞箱包有限公司厂长

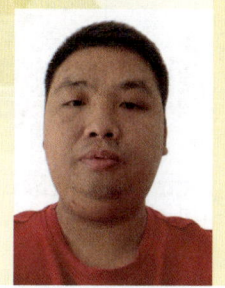

蔡灿平,出生在瑞昌市高丰镇永丰村,自小家境贫寒,2004年初中毕业后,远赴福建泉州打工。一点一滴地积累着加工的技术和管理经验,从打样部到设计部到车间主管再到企业副总,随着经验的日渐成熟,他终于在这个行业内数一数二的国企——得泉箱包干出了成绩。

执着的蔡灿平当即带着技术和多年打工的积蓄回到老家,由于看好蔡灿平的带动性,村里和镇里的干部对蔡灿平的企业选点、购置设备、招工、协调贷款等方面进行帮扶,让蔡灿平对创业产生了更充足的信心。

蔡灿平致富不忘乡邻,积极回报社会,除了主动吸纳贫困户到扶贫车间就业,对家庭困难的工人多多照顾,逢年过节还为村里的贫困家庭发放慰问品,如果贫困人员突发情况有特殊困难,他总会第一时间提供帮助,及时送上爱心,给他们带来温暖,他默默付出的同时也获得了社会的好评。

江西 赵小梅

江西省九江市德安县林泉乡林泉村人,现就职于巨石集团九江钙业有限公司

2010年,巨石集团九江钙业有限公司落户德安县林泉乡小溪山村,赵小梅应聘成为公司的首批驻地员工。在工作中,赵小梅不怕苦不怕累,秉承巨石公司"品行、创新、责任、学习、激情"的十字方针来对待工作、对待人。

除了完成本职工作外,她从2011开始,数年来先后培养了6名合格的化验员。

2012年,公司聘任她为工艺技术员,具体指导公司生产和质量管理工作。她通过不断创新,使得公司生石灰吨粉煤耗大幅降低,给公司创造了良好的经济效益,获得了公司的认可和奖励。

2015年,她光荣地成了一名共产党员。一分耕耘一分收获,赵小梅先后获得巨石集团"先进工作者"、德安县"优秀工会工作者"、德安县安监局"安全生产先进个人"、德安县"农民工岗位技能标兵"、中共德安县非公党工委"优秀共产党员"、九江市"五一巾帼标兵"、九江市"劳动模范"、"江西省五一劳动奖章"等荣誉和奖项。

徐治

江西省景德镇市浮梁县蛟潭镇洪村人，现为江西牧森自动化设备有限公司技术负责人

2000年，由于家境贫寒，只有高中学历的徐治只身来到上海打拼，成为一名制造行业的学徒工，白天工作，晚上钻研学习，查阅大量的专业书籍并请教相关专家，逐渐掌握了一定的装备制造生产技术与研发能力。

2003年，公司承接了波导手机产品自动化生产线订单，产品精密度高、工作任务重，按照生产周期，最快也需要半年，可是交付时间只有2个月。徐治没有退缩，立即投入到设计研发中，但他突发中风，出现面瘫的症状，"轻伤不下火线"，继续坚守岗位，吃饭、刷牙都没办法完成的时候才到医院进行紧急治疗，治疗期间仍放不下手上的工作，终于仅用12天就完成了第一条生产线的制造，产品质量不仅达到客户的要求，甚至部分细节上超出了客户的预想。随后各手机厂商纷纷采购同一生产线，复制达20条。产品完美交付，徐治的面部却无法恢复如初，留下了难以治愈的后遗症，但他从未后悔。

2008年，公司接到国内天花板制造商欧华玛的龙骨全自动生产装备订单，龙骨装备的生产难点主要集中在生产效率和铆接工艺上。徐治与技术团队通过不断调试和改进，终于从之前的一分钟生产15根提高到后来的一分钟生产90根，同时解决了高速生产与铆接工艺的技术融合难点。产品参加专家评审时，一位德国评审专家惊叹："目前德国工艺也只是一分钟生产60根，而且强度增加了30%，防火技术更成熟，中国的生产工艺令人敬畏。"装备上线后，为企业累计节省约1亿元的生产成本，徐治也因此更加坚定了"技术为本"的信念，让创新走在产品的前面。

2017年一次偶然的机会，徐治的朋友说有个客户的圆珠笔滚珠智能生产专机开发项目，几批人去做，都无功而返。徐治听后颇感兴趣，随后，他来到上海贺利氏工业技术材料有限公司现场，经过查看、沟通、调研，徐治与技术团队重新梳理思路，经过大概一个月的构思设计，基本原型机初步形成，他采用伺服牵引，反作用力分段切段，定位后精准推送排序的逆向思维。圆珠笔滚珠智能生产专机研发成功，当即荣获国内发明专利。

新能源汽车的高速发展是缩短我国汽车工业与世界先进国家差距的最好途径。2018年，公司在徐治的主理下，创新研发了30多个机型的配套新能源电池，且全部获得了实用新型专利。

通过自己的努力与拼搏，徐治成为一名新时代技术型农民工，用实实在在的科技创新诠释着新时代的工匠精神。如今，徐治与他的技术团队紧跟时代前沿，与时俱进，不断创新，努力抓住中国经济稳健发展的契机，用自己的执着走出具有牧森特色的创新科技之路，让"牧森创造"装备未来。

江西 刘骁亮

江西省萍乡市莲花县闪石乡太源村人,现就职于莲花县东篱清泉有机农业专业合作社

2016 年,刘骁亮参加了江西省青年农场主培训和就业创业培训,2018 年到江西农业大学参加种养殖专业培训,2020 年成为江西省农技推广服务特聘农技员。

刘骁亮牵头成立了"莲花县乡村大学生创新创业协会",为会员提供农业技术指导,该协会带动了 116 名大学生、50 名贫困人员、30 名下岗职工共计 196 人创业,解决了 800 多人就业问题,其中 360 人属于建档立卡贫困户,使得贫困户年均增收约 10 000 元。该协会先后被评为"莲花县第一届五四青年奖章集体"、江西省"一村一名大学生工程创新创业组织示范单位",他个人被评为"江西省十佳创业先锋"。

2020 年,莲花县东篱清泉有机农业专业合作社被供销社系统评为省级示范合作社,农业系统市级示范合作社。刘骁亮作为江西省供销社 10 名代表之一参加了两届全国农业论坛,并作为基层社代表在北京人民大会堂参加中华全国供销总社第七次代表大会。

李建华

江西省分宜县分宜镇新村村人,现为分宜县鸿启实业有限公司创业人员

李建华于 1976 年 10 月 26 日出生于分宜县分宜镇新村村一个农民家庭,因患高烧无钱医治落下了小儿麻痹症,后被鉴定为三级肢体残疾。

1997 年 8 月,在家庭的资助和有关部门的帮助下,他在县城电影院旁边开设了一个经营儿童玩具的小店,由于种种原因,生意没有成功。随后,他很快把目光转向经营光盘光碟生意,并走南闯北采购新产品,苦心经营三年,效益连年增长。他第一次尝到靠自己的勤奋、汗水、诚信创造财富的滋味,使自己端上了有滋有味的饭碗,过上了和健康人同样的生活,也积累了经营管理的经验。

2002 年,他筹措资金租赁店面,在分宜电机厂旁开了一家饲料经销店。开始经营规模较小,为了节省开支,他便亲自进货、亲自装卸车,昼夜营业、薄利销售,赢得了成效及周边养殖户的信赖,营业额连年提升。随着饲料生意越做越大,他又与分宜火车站有关部门联系,将自己购进的各种饲料运销到省内外养殖业大户,每年经销饲料近 4 万吨。2009 年,他又在分宜火车站租赁仓库 2 000 平方米,并租赁土地新建仓库 1 000 多平方米,组建成立分宜县鸿祥饲料贸易有限公司,从而实现了饲料营销规模。

2013 年,他又一次性投资 200 多万元,在深圳创办了唯美丝特服饰有限公司。李建华坚持"质量是血、管理是本、市场是命、信誉是魂"的经营理念,在他的带领和员工们的共同努力下,企业实现逐年盈利,为国家和社会做出了客观的贡献。

步入二十一世纪,李建华思虑再三,毅然决然地作出一个大胆的决定,返乡创业。他通过融资相继组建成立了分宜县鸿启实业有限公司、江西省鸿启米业有限公司、江西海容川农牧发展有限公司三家大型实业企业。

他积极适应市场需求,投资 4 300 多万元进行技术改造,引进国内最先进的粮食加工生产配套设备,完成了江西钟氏农林开发有限公司的重组与改造工作。目前,该企业固定资产总额达 7 000 多万元,成为分宜县加工生产大米功能最强的企业。

李建华关爱社会,回报社会。一是情系孤寡老人。对全县福利院和农村"颐养之家"的老人,每逢过年过节,李建华都会去走访慰问并送上节日的礼物。二是情系贫困农户。2016 年至 2019 年,李建华每年资助 5 000 元帮助贫困户开发产业,使其家庭生活由此逐年改善。三是情系贫困学生。每年高考结束后,他自发到县城中学寻找被录取的贫困高中毕业生资助其上大学,直至大学毕业。目前,李建华爱心助学的贫困学生不少于 5 人,得到了社会的普遍赞誉。

江西 吴朝辉

江西省鹰潭市余江县画桥镇葛家店村人,现为鹰潭博昊箱包有限公司车间主任

江西省鹰潭市余江县画桥镇葛家店村农民工吴朝辉,今年已经 56 岁了,他具有多重身份,既是农村农民又是建档立卡贫困户,还是企业工人兼车间主任。他亲手创立了鹰潭博昊箱包有限公司(扶贫车间)。吴朝辉既是车间主任又是工人,打包、裁料、装车,车间里 30 余台电动缝纫机列队摆开,"哒哒哒"响个不停,各种事情忙个不停,一件件织布箱包从工人手中渐渐成型。他的车间平均每天能加工生产 1 000 余个布包,由货车以最快的速度发给客户。

温小珍

江西省赣州市宁都县田头镇渡头村人,现就职于江西金力永磁科技股份有限公司

温小珍,生于1985年9月,江西省赣州市宁都县田头镇渡头村人,现就职于江西金力永磁科技股份有限公司,担任坯料工序手动成型操作员。

温小珍立场坚定,始终以遵守国家法律法规以及公司的各项规章制度为前提,结合新时代的各项方针政策,为人正直,宽厚友爱,兼备传统农民淳朴正派、诚信勤俭的品质和现代农民工锐意进取、开拓创新的开放思想。在工作中,她认真照顾新入职员工,毫无抱怨地手把手"传帮带"新员工,带领员工共同进步。从小山村到大城市,立足根源,不忘初心,她通过自己的多年努力,摘下了贫困的帽子,在作为全家唯一劳动力情况下,还需要照顾先天性瘫痪多年的小叔子,作为新时代的劳动人民,还带领号召家乡人员进城务工创业。从她身上可以清晰地看到一个农民工的成长轨迹,也可以欣慰地看到农民工由弱势群体转变为现代产业工人,她不但带领家乡人员进城务工,提高他们的收入,还改变家乡贫困面貌,促进家乡新农村建设,更重要的是她以身作则,是第一个敢吃螃蟹的人。

诚信务实的她于2009年进城务工,多年的打工经验,让她练就了过硬的本领,勇挑重担,不断地积累工作经验。十几年来对工作兢兢业业,领导指到哪里,她就工作到哪里,对于异常难的生产,别人不愿意去操作的设备,她往往都是主动请缨。她对工作尽职尽力,乐于奉献,任劳任怨,从没有因自己的私事耽误工作,经常是创造性地超额完成工段的产量任务,对质量异常、设备异常都会有自己的思考以及排查方法,使得这些异常在萌芽阶段便被消灭。她坚持"以质量为基石"的生产理念,生产数以万批产品,无一批质量异常,被公司部门树立为生产模范的标杆。创新是社会发展的必然,是人类进步的力量。温小珍始终把压制操作岗位基本操作创新作为学习的动力,潜心探索,精益求精。她不断探索基层车间操作的新方式,做到人机结合,提升了毛坯的生产质量,杜绝了生产制造成本的浪费。

她将工作岗位同"不忘初心、牢记使命"主题教育结合起来,时不我待、只争朝夕,以求真务实、埋头苦干的精神,锐意进取,为建设幸福美好的社会做出新的更大贡献。

熊益飞

江西省宁都县东韶乡田营村人,现就职于虔东稀土集团股份有限公司

熊益飞,2011年作为核心成员参与环保核查工作,通过了稀土行业的环保核查;2012年参与公司安全生产标准化建设,通过了江西省安监局安全生产标准化评审;2014年获集团优秀宣传员称号;2015被评为优秀安全员;2017年被评为集团优秀员工。

1999年3月,熊益飞从边远农村融入赣州稀土金属冶炼厂(虔东稀土集团股份有限公司前身)。二十多年来他不离不弃,吃苦耐劳、积极进取,与企业同甘苦、共患难,从一线电解操作工逐步成长为库管员、质检员,到如今已是公司的安全管理人员,这充分体现了农民工的价值。

熔盐电解属于高温作业,出炉很困难,时常把手指烘烤得起泡,一个班下来累得筋疲力尽、汗流浃背。上班头几个月,天天忙得团团转,月底到手才几百元,自己花销后所剩无几。但他并不气馁,休息的时候进车间向老师傅虚心请教,上班期间多看、多问、多想、多动手。功夫不负有心人,他终于掌握了熔盐电解的基本技能。在仓库管理和质量检测岗位上,他虚心向同行请教,熟悉仓库管理的相关流程和质量检测的技能,严把原料、材料的入库关,严把产品质量关,有效降低了客户投诉率。在从事安全管理工作中,他积极参加各种安全管理培训,主动学习各类安全管理知识和安全技能,指导、协助和监督各车间做好安全管理工作。在日常工作中,做好员工的安全教育培训,抓好风险分级管控和隐患排查工作,提出改进安全生产管理的建议,查处员工的"三违"行为,制止和纠正违章指挥、强令冒险作业、违反操作规程的行为,督促落实重大危险源的安全管理措施,组织并参加各种应急救援演练。近几年来,生产安全事故得到有效遏制。

新冠肺炎疫情暴发期间,虔东集团在岗员工实行封闭管理。熊益飞执行公司领导安排,挺身而出,跟生产员工一起吃住在公司,做好了以下工作:处理生产、安全、环保中存在的问题;协调和解决在岗生产员工的住宿、伙食和日常生活问题;负责员工疫情防控物资和福利的申领和发放;负责各作业场所和宿舍每日一次的消毒工作;负责对每位员工上、下午的测温工作;负责监督员工严格执行防疫期间公司制定的相关制度、规定和规范;做好员工情绪的安抚工作,解决员工提出的困难,劝阻员工离厂外出;做好安全和环保的巡查工作和夜间值班工作。

杨勇生

江西省赣州市宁都县安福乡社溪村人,创办安福乡高岭油茶合作社

杨勇生是一名普通村民,通过他的努力却为家乡带来了翻天覆地的变化。他带领全组村民发展生态开发,使上横自然村成为宁都生态样板村。他个人也先后获得"赣州市五一劳动奖章"、江西省"新时代赣鄱先锋"、赣州市农村致富带头人、江西省"群众身边满意共产党员"等荣誉。

2002年,务工8年的杨勇生带着积累的5万多元资金回安福乡上横村种植了100余亩脐橙,成为宁都第一批职业果农。2013年他召集全组88户(其中贫困户21户)村民召开村民大会,通过资金、土地流转入股等方式创办"安福乡高岭油茶合作社"。2019年油茶、脐橙种植基地吸收当地120多个劳动力,其中贫困人员30余人,人均日工资60~80元。村民们在种好自家责任田的同时,加上在基地干活儿的工资和合作社的分红,2019年合作社成员家庭人均年收入达15 000元。

江西 李祥平

江西省赣州市赣县区江口镇蕉林村人，现就职于江西青峰药业有限公司

2016年6月29日，李祥平入职江西青峰药业有限公司，任设备工程部机修钳工一职，负责公司口服液体制剂车间区域内设备维保工作。在任职期间，李祥平严格遵守公司各项规章制度，任劳任怨，积极主动做好设备维护保养、维修和设备改造工作，提高设备生产效率，立志做一名优秀的设备维护工匠。李祥平是公司2018年度"优秀员工"及"工匠奖"等荣誉获得者，2019年获得"赣州市优秀职工"等荣誉。

在日常工作中，李祥平按时对设备进行巡查，及时发现设备运行潜在问题并加以解决；不定期地到设备岗位上对设备进行生产前的检查测试，保证设备生产的正常运行；团结同事，能主动热心地协助其他同事完成设备维修工作。其中，解决了口服液制剂车间洗瓶机传动万向节异常磨损、灌轧机针架错位及轧盖机构平面轴承维修、装盒机吸盒机构传动轮装配异常等重大维修工作。

李祥平根据公司设备维护保养计划，并依据自身巡检中发现的设备问题，完成年度主要设备保养及检查工作，确保了设备稳定的运行状况和良好工作性能，口服液灌装联动线设备批故障时间较往年同比降低56.5%。

生产维修时，李祥平能积极发现设备、零部件等存在的缺陷和问题，开动脑筋解决。近年来主要完成的设备和备件改造主要有：口服液制剂车间物料软管制作晾干托架消除软管残水、口服液制剂车间组合式空调机组排水不畅漏水故障改造、口服液灌装联动线网带连接倒瓶故障改造、制作口服液装盒机开盒挡板提高开盒成功率、制作口服液三维裹包机推料气缸滑动导杆、加工制作转轮除湿机电机驱动轴等，大大降低了公司设备维修成本及备件采购成本，秉承精益求精的创新精神，持续不断地提高设备的稳定率和生产效率。

2020年年初，正值全国新冠肺炎疫情严重期间，李祥平响应公司防疫药品生产需求，积极投入到岗位工作中，对每台设备进行细致检查和维护，为防疫药品生产工作提供良好的后勤保障。

李祥平曾说过，设备有许多螺丝钉的连接和固定，才能组成一个坚实的整体。螺丝钉虽小但作用不可估量，李祥平以身作则，在平凡岗位上脚踏实地地工作，成为公司"一个闪闪发光永不生锈的螺丝钉"。

黄振华

江西省靖安县水口乡桃源村人，创办了靖安县七彩桃源农业专业合作社

　　黄振华，靖安县七彩桃源农业专业合作社主要创始人之一。20多年前，伴随着改革开放的大潮，他到外面求职谋生，当过搬运工，做过油漆匠，搞过铝合金加工，凭着自己的勤劳、诚信、能干，在上海南桥打拼多年，创办了自己的企业。

　　2009年，黄振华担任水口乡驻南桥支部第一任书记，自创建靖安县驻沪流动党支部以来，党员由最初的3名发展到现在的52名。驻南桥支部立足上海，服务本地务工就业人员，帮助其解决工作生活中遇到的困难，驻南桥支部多次被评为市、县先进基层党支部；黄振华也多次获得优秀志愿者等荣誉。

　　虽然在外小有成就，但回乡创业，带领村民发展致富的想法一直萦绕在他的心头。2015年，经与几个股东沟通，他回乡共同创建了七彩桃源鲜花种植合作社，总投资600余万元，2018年花圃面积即达236余亩，带动当地农民就业60余人。近年来，为响应国家扶贫号召，与合作社股东共同将合作社打造成县级产业扶贫基地，直接培养带动全村10余户贫困户成为鲜花种植能手，每年享受产业收益的贫困户有429户，并采取"合作社＋基地""合作社＋农户"的经营方式，解决了当地上百户农民就业问题，产生了良好的经济效益和社会效益，为当地脱贫攻坚、振兴乡村做出了应有的贡献。

　　为了扩大产业面积，在黄振华的建议下，合作社采取"合作社＋基地""合作社＋农户"的经营方式来带动更多贫困村民致富，采取"五包"，即包供花苗、包种植成本、包技术指导、包回收成品、包保护价收购。同时，对精准贫困户实行重点帮扶，与之签订长期帮扶合同，对技术不过关的种植户，还专门请来专家为其授课，并发放致富手册。

　　为推动产业进一步发展，走创新探索之路，在黄振华的推动下，合作社又通过与上海星辉种苗有限公司董静团队等共同联合相关花卉项目创新研发，先后投入80余万元，陆续尝试了许仙百合、尤加利等名贵花卉在当地的种植，推动靖安县七彩桃源农业科技创新联盟项目高点起步、高效运转。

　　近年来，在事业不断发展壮大的同时，他不仅仅收获了财富，也频频收获荣誉，先后获得靖安县优秀党务工作者、全乡党员致富带头人、优秀政协委员和劳动模范等荣誉称号。2018年和2019年还被中共江西省委、省人民政府授予全省农业种养大户。2020年10月还被推选为江西省劳动模范。

曾建华

江西省樟树市观上镇邓坊村人，现就职于江西金虎保险设备集团有限公司

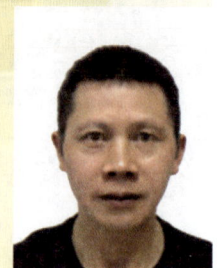

2003年2月，曾建华入职江西金虎保险设备集团有限公司。17年来，他一直在冲压工作岗位上刻苦钻研技术，兢兢业业奉献，经过十多年的磨炼，现任金虎集团车间冲压班班长，成为公司生产线上的重要技术骨干和优秀的基层管理干部。

2011年2月，公司正值发展关键时刻，曾建华的母亲被查出患有晚期肺癌，需住院治疗，但他仍然坚守岗位，下班后才赶去医院照看母亲，直至6月底母亲病逝时，才请假简单办理了丧事，随后就立刻回到了工作岗位。17年来，他没有节假日，每逢生产任务繁忙时，每天工作14个小时以上，白天带领全班职工搞生产、抓进度、抓质量，晚上与技术、检验人员一起研制投标样品。在他的影响下，全班人员艰苦奋战、团结一心，克服重重困难，取得了优异成绩，每年为完成公司总目标做出巨大贡献。在工作中他积极参加新产品的研发和试制，积极建言献策，提出合理化建议60多条；在公司数字化车间的建设中，他通过刻苦钻研，掌握了各种先进设备的编程、操作和维护保养知识，协助公司技术部门解决了冲压返工率居高不下的问题，使产品一次交验合格率提高到100%，工作效率提高30%。

他不仅关爱员工的成长和进步，还时刻关注员工家庭的生活状况，对困难员工家庭进行帮扶。他热衷慈善事业，在疫情防控期间，向市红十字会捐款200元；在公司员工家庭遇到困难时，他积极慷慨解囊，近几年来，向公司困难员工及家属捐款2 000余元。

他还十分关心家乡的建设和发展，经常为家乡的发展出谋献策，为家乡修桥、修路捐款1 000元；为解决家乡农民的就业问题，先后从家乡带出6名青年农民到公司工作，既解决了农民家庭的生活困难，也解决了公司用工难的问题。

在疫情防控期间，他积极报名参加公司疫情防控小组，站在疫情防控前线，每天工作10多个小时为进出公司的人员量体温、做登记等。2月22日开始，他又组织员工有序复工复产，到3月底，全班员工全部到岗复工，确保了公司生产经营很快恢复到疫情前的水平。

在他的带领下，冲压班连续多年被评为集团公司先进班组；其本人也连续多年被评为集团公司优秀班长，2017年被评为优秀共产党员，2019年被授予"突出贡献奖"荣誉，在樟树市行业职工技能比武大赛"模具组装"项目中，也多次获奖，为公司赢得了荣誉，2013年被授予"樟树市劳动模范"称号，2016年被授予"宜春市劳动模范"称号，2020年被授予"江西省劳动模范"称号。

吴文清

江西省宜春市宜丰县双峰林场夏家坊村人,现就职于中国邮政集团有限公司宜丰县分公司

他头顶没有耀眼的光环,也没有惊天动地之事,他有一颗对邮政事业充满热情的初心,有一颗对待村民就像对待亲人一样的炽热爱心……27年来,他不畏酷暑严冬,每天奔波在崎岖的乡村邮路上,把一份份党报、党刊送到村组,把一封封信件、一个个包裹送到客户手里,把一件件代购和捎带的生产、生活物品送到村民家中。提起他的名字,当地人大都知晓。他就是江西省宜春市宜丰县邮政局双峰邮电所乡邮递员吴文清。

吴文清于1993年3月进入了双峰邮政所工作,工作近三十年如一日,真正履行着人民邮政为人民的服务宗旨。

小槽村年近70岁的张月娥,儿女长年在外,老人平时用的生活用品全部都是由吴文清代购、捎带。双木村80多岁的陈腾芳生活所需用品也都是由吴文清代购。做一件好事并不难,难的是一辈子坚持做好事。吴文清这一做就是20多年,从来没有间断过。为了更好地开展邮政业务工作,2016年,吴文清购买了一辆面包车,从此,该车成了工作车又是"爱心车"。家长给在校子女捎带的衣服,孤寡老人过冬取暖用的木炭,饲养鸡、鸭的稻谷,乃至小卖部的货物等,都成了吴文清"爱心车"上的"常客",几十年来他从未收过一分钱费用。如今,吴文清的名字在双峰早已家喻户晓。

2020年疫情期间,吴文清也仍然坚守在岗,从大年三十开始,他一直坚守岗位,事事干在先、冲在前,不仅立足本职当好投递员,还主动请缨当起物资采购员,用持续努力付出,守护山区群众的后勤供应网。

全县实行封闭式管理期间,车辆禁行,吴文清就每天自己开车到20里远的金家湾卡口处接收邮件。疫情给投递造成很大影响,他就与乡政府和各村委联系,在值勤点设立代投点。他手机24小时开机,什么时候邮件到了,什么时候就开始投递,到2月底,他累计投送了3 000多个包裹和报刊,没有一件积压,这其中有不少是村民在网上采购的防疫物资。

人民有呼唤,服务不间断。吴文清始终坚持"客户至上、优质服务"为己任,28年的投递工作,从没发生过一起错投、漏投邮件,也没有收到一次用户申告,尽管夏日里汗湿衣襟、冬天里身披冰霜,但他一直用实际行动践行初心和使命,打通投递最后一公里!

江西 张燕红

江西省上饶市玉山县四股桥乡车头村人，现就职于玉山县三清故事农业科技有限公司

张燕红高中毕业后便只身来到深圳打工，先后干过药店店员，开过餐馆，做过服装生意。2011年，张燕红回到家乡，和丈夫一起创办农业公司，开办"香格里拉葡萄庄园"，做生态立体种植。

当初，张燕红和很多人一样，吃过葡萄，没种过葡萄。而葡萄从种下去到丰产期，需要三年时间，要耐得住性子。选种育苗、大棚种植、科学管理、市场销售等产销环节，都得主动学习实践。这八年，张燕红大多时间泡在葡萄园，任凭风吹日晒不动摇。

2013年夏季，一场台风夹着暴雨，掀翻了园中的大部分塑料大棚，但是，张燕红并没有被台风吹倒摧垮，台风刚过，她就连夜组织劳力清沟排水，扶正葡萄架，加固大棚，抢收可吃可卖的葡萄，把损失减到了最低程度。

正是由于张燕红的执着、果敢、坚毅，她在台风灾害面前挺过来了。2014、2015两年，张燕红进一步完善了排灌设施，增强了抗旱排涝能力。葡萄平均亩产达到1 500公斤，年收入突破百万元。

2013年，张燕红组建七里香果业专业合作社，专业种植水果，目前种植面积已达1 500亩。果业专业合作社成立后，张燕红把引导农民改变种植观念和传统生产模式作为合作社的工作重点来抓，并确立了"推行立体式种养，建示范家庭农场"的发展思路。七里香果业专业合作社由此迈开了种养结合、良性循环、综合利用的生态农业发展步伐。

2015年秋，张燕红跨进了江西生物科技职业学院，参加全省现代青年农场培训班。张燕红带头学习，七里香果业专业合作社的学习氛围也空前高涨。各种技术培训活动，在田间地头、教室里此起彼伏开展。同时，合作社还推广葡萄管理新技术，提高葡萄品质和档次，保证产品绿色环保无污染的优良品质。

在加强农民技术培训、运用推广新技术的同时，张燕红还着力改善生产条件。合作社全面采用全滴网管覆盖，推广滴灌技术。2013年，七里香果业专业合作社荣获全国农技推广示范基地；2014年，合作社又成了全国新型职业农民培训实训基地。

正是因为张燕红的踏实肯干，才能带着扶贫户一起共奔小康路。张燕红负责的公司先后荣获"全国农技推广示范基地"、"全国巾帼脱贫示范基地"、"全国消费扶贫优秀典型案例"、国家级"星创天地"等荣誉。张燕红也先后荣获江西省"女创业带头人"、上饶市"三八红旗手"、上饶市"优秀女企业家"等个人荣誉。

欧建平

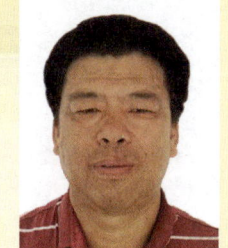

江西省上饶市铅山县葛仙山镇长岭村人,创办了铅山县葛仙山镇巨龙双畈葡萄种植专业合作社

铅山县葛仙山镇长岭村农民欧建平从小长在穷苦人家,20世纪90年代,和无数往发达省市追求梦想的年轻人一样,随几个同乡人一同前往福建的一家种植企业务工。由于自身老实本分、吃苦耐劳,很快得到了老板的肯定和支持。老板对他毫不保留地教导和帮助,使其掌握了种植和嫁接技术等。2008年,外出务工的欧建平选择回到家乡照顾父母,在照顾父母之余,还种植了几亩水稻。其间,欧建平发现村里有许多农田荒废没人种植,他便将村里闲置的土地承包下来,扩大了水稻种植规模。2015年成立了巨龙双畈葡萄种植专业合作社,靠勤劳苦干和乐于助人,不但实现自己年均纯收入逾10万元,还带动了当地202名贫困人员成功脱贫。他也因此获得2019年江西省脱贫攻坚奖(奋进奖),2020年被评为江西省劳动模范。

江西 柯诗标

江西省上饶市广信区尊桥乡岛山村人，现为上饶市耀英实业有限公司技术负责人

柯诗标是上饶市耀英实业有限公司技术负责人，他是2012年在该企业刚成立时加入的。当时，他已经是浙江温州一家小有名气企业的销售总监了，保底年薪30万元，可是他还是毅然选择了留在家乡。柯诗标想凭借自己掌握的纺纱机维修技术助力企业发展，从而带动乡亲就业、改变家乡贫穷落后的面貌。

虽说是技术负责人，柯诗标却几乎包揽了厂子里的大小事务。为了节约成本，他一人既负责生产又负责销售还要到外地采购原材料，熬夜出差是常事。好在上天总是垂青努力付出的人。凭借优质的产品和较低的定价，企业生产的头灯带逐渐打开了国内市场，企业也走上了正轨。如今，耀英实业厂房里的设备已由原先的3台发展到现在的40多台，产值也早已突破千万元大关。

LED矿灯带生产企业属于劳动密集型行业，需要大量的工人，而当地很多劳动力因为各种原因只能赋闲在家，来不了工厂上班。于是，柯诗标找到企业负责人，说出了自己的想法：将部分产品以来料加工的形式发放到周边乡镇农户家中，一方面满足企业扩大生产的需要，另一方面也可以带动更多的劳动力实现就业。

事实证明，他的这个决定是正确的。来料加工、分发到户的做法不仅增加了企业的业务量，也在一定程度上扭转了当地的一些不良风气。截至目前，公司已带动周边近400名农村劳动力实现就业，其中贫困劳动力60余人（直接带动13人，间接带动50余人），平均月工资1500元以上，年发放人工工资总额近400万元。

柯诗标还针对企业生产经营和贫困劳动力的实际情况，专门制定帮助贫困劳动就业的制度，只要是贫困户，愿意来公司上班的，保证全部安排上岗且待遇从优。

工作之余，柯诗标还积极投身公益事业。逢年过节走访困难群众、修桥修路捐资筹款、乡村振兴出谋划策等都有他的身影。2019年，他一次性捐赠2万元用于当地秀美乡村建设；给孤寡老人、贫困群众送去价值3000余元的米面粮油等。疫情期间，他捐款1.5万元和部分物资用于疫情防控；连续多天参与值班值守并递交入党申请书，以实际行动践行自己在入党申请书中"只要党有需要，我可以奉献一切"的誓言。

"并负垂天翼，俱乘破浪风。"在追求梦想的道路上，柯诗标一定会如他厂房里飞梭的织机一般，来回之间，织就更精彩的明天。

邱旭东

江西省吉安市峡江县金坪民族乡移山村人，创办了峡江县金坪绿丰果业专业合作社

1986年，邱旭东高中毕业后跟随父亲邱富兴从事果树苗木繁育研究开发。

1995年，邱旭东协助父亲邱富兴创办了"江西峡江县金坪富兴果业良种示范场"，被江西农业大学列为果树培训、实习基地。

1997年，邱旭东承包300多亩陶达果园，进行了新品种引进，在2001年全国早熟梨的评比会上获得优质产品的一等奖，连续三年在全省的早熟梨评比会上获得金奖，连续五年共生产优质早熟梨苗木300多万株。与峡江县金坪美国薄壳山核桃研究所共同研究、开发、选优的美国薄壳山核桃，被列为国家科技星火计划项目，"美国薄壳山核桃品种选优及优质丰产技术研究"项目被吉安市科技局授予科学技术进步二等奖、峡江科学技术进步一等奖，被江西省农业厅授予农业技术改进三等奖。

邱旭东通过多年来艰辛、执着创业，创下了一份殷实的家业。但他总是认为，一人致富不算富，带领广大果农共同富才对路。他把自己一手创办的果业良种示范基地作为果树新技术、新品种推广的"辐射点"，对于前来观摩学习的群众面对面地给他们介绍果业发展前景，手把手传授他们果树栽培技术。当果农遇到技术难题时，他总能热情地帮助解决。随着技术的不断提高，邱旭东种植规模不断扩大，效益也逐年显现。如今，他拥有各品种果树示范园1 500亩，连片苗圃地300亩，年产各类果品2 000吨以上，出圃各类苗木200多万株。

2008年7月，邱旭东发起成立了峡江金坪绿丰果业专业合作社，把周边的果农们紧紧联结成利益共同体，先后吸纳了158户社员，种植果树面积达1.2万多亩。同时为帮助社员大力发展特色果业，他又建立了果苗繁育基地120余亩，为社员提供包括果苗供应、技术指导、果品销售的"一条龙"服务，使果农们从此走上了规范、持续发展特色果业的"康庄大道"。通过邱旭东精心培育建成的"专业合作社＋基地＋农户"的经营模式，带动了近600户果农从事果业生产。2009年，其合作社被授予"江西省优秀农民专业合作社""省级示范社"称号，其本人被评为峡江县首届"十大优秀人才"。2010年，邱旭东被省农业厅授予"江西省百名农业创业明星"称号，2020年9月被评为江西省劳动模范。其合作社2012年被农业部评为"全国优秀农民专业合作社、部级示范社"。

2010年，邱旭东带领峡江县金坪绿丰果业专业合作社成员凭自己的生产管理技术承接了全市"井冈蜜柚"苗木繁育工程的80%。连续6年共生产优质井冈蜜柚苗木400余万株，带动全市"井冈蜜柚"产业近20万亩，为吉安市"井冈蜜柚"产业打下了坚实基础。

江西 彭学诠

江西省吉安市遂川县雩田镇雩田村人，现为遂川县雩田镇上新手提袋加工厂厂长

2001年，为改变家庭贫穷的面貌，彭学诠远赴广东打工。他在广东惠州一家日资企业（惠州新流工业有限公司）找到了一份打包员的工作，从最基层做起。几年下来，他以厂为家，业绩突出，技术精湛，到2006年，他通过自己的努力成了公司总经理助理，成为一名名副其实的高级打工者。

2007年，女儿面临高考无人陪伴，多年在外愧对家里的老人和小孩，彭学诠萌生了返乡创业的想法。凭借在广东务工积累的技术和经验，彭学诠把创业项目瞄准了原来广东惠州务工的老本行——手提袋加工。但万事开头难，办厂的想法定下来后，用地、办证、资金等一系列问题都接踵而来。彭学诠多方奔走，历经一年多的准备，于2008年8月创办了遂川县雩田镇上新手提袋加工厂。雩田村很多劳动力因要照顾老人小孩而无法外出打工，本地就业资源有限，导致他们的经济收入较低。加工厂开办之后，很快吸引了当地村民积极加入，解决了近百人的就业问题，增加了他们的经济收入，同时也带动了当地经济的发展，得到了当地政府和群众的充分肯定，社会反响良好，在2016年遂川县开展的首届创业典型评选中，彭学诠被评为遂川县"十佳返乡创业之星"，同时被人社部门聘为全县首批创业指导专家服务团成员。此外，彭学诠还热心公益和慈善事业，在创业成功之后，捐助了学校，帮助残疾的村民，赞助了修桥、造路等，共计数万元。他说，自己取得了一些成绩，不能忘了党和政府，要懂得感恩、回馈社会，尽自己力量提供一些就业岗位，为社会做出一些贡献。

遂川县曾是国家级贫困县，贫困人员8万多人，脱贫摘帽是当地政府的政治任务和第一要务。作为返乡创业典型，彭学诠时刻不忘带动当地贫困群众脱贫致富。在人力资源和社会保障部门的扶持下，上新手提袋加工厂以"帮扶贫困人员及农村富余劳动力就近就地转移就业"为宗旨，大力吸纳周边农村扶贫对象及富余劳动力就业。工厂现有员工119人，其中建档立卡贫困人员20人、残疾人员5人、单亲家庭人员3人。上新手提袋加工厂为很多贫困人员提供了家门口脱贫致富的平台，是遂川县带贫效果明显的"扶贫车间"。2016年工厂被评为省人社厅"扶贫示范点"，连续多年被评为县级"扶贫车间示范点"，近年来迎接多次省市就业扶贫工作组检查获高度评价。作为上新手提袋加工厂创办人，因带动周边群众致富成效明显，彭学诠被评为2020年度"创业致富带头人"。彭学诠表示，今后将继续扩大工厂规模，进一步带动贫困人员和农村富余劳动力就业致富，与贫困群众一同步入全面小康社会。

杨钢柱

陕西省咸阳市三原县独李镇蒋杨村人,现为木林森(江西)电子有限公司支架注塑一部现场技术员

  杨钢柱2014年6月进入木林森(中山)电子有限公司任现场技术员,2019年2月响应公司号召调入吉安木林森公司,现任公司支架注塑一部现场技术员。

  勤奋、耐劳、善于学习是大家对杨钢柱的一致称赞。2016年,木林森公司引进生产一批新技术产品,但由于生产技术工艺存在缺陷,试产中发现不良率严重,众多技术人员一筹莫展。技术总监把这个难题交给了当时刚做技术不久的杨钢柱。查资料、向行业知名专家请教、与班组负责人讨论成了他的日常。连续2个多月,他不怕脏,不顾外表形象,把机器拆了又装、装了又拆,经常躺在机器下调试,一待就是半天。他说,技术无止境,他很享受这个研究和挑战的过程,衣服脏了可以再洗,人心却不能。经过无数次拆装、调试,30台机器试产合格率全部达到要求。

  2017年,因木林森公司吉安基地投产,从中山木林森公司调走了大量的技术员。在中山公司技术员锐减还需要维持原有机台正常运转的情况下,作为骨干技术人员留在中山的杨钢柱感觉压力前所未有的大。但是经过短暂的挣扎后,杨钢柱迅速地整合资源,与剩下的技术人员一起从车间抽调踏实肯干的员工做代理技术员。代理技术员们没有什么技术基础,平时遇到问题杨钢柱就和组长现场手把手教,一有时间就给他们理论培训,传授一些能快速处理问题的方法和经验。几个月后,一批技术新生力量诞生,代理技术员独当一面,这才让杨钢柱松了一口气,同时也让杨钢柱意识到培养储备力量的重要性。接下来的几年里,无论调任哪个岗位他身边总会带上两个徒弟,如今的杨钢柱在木林森公司已是桃李满天下。

  古往今来,殊途同归,成功者的方法永远都是相似的。杨钢柱成功的方法就在于:能吃苦,做事积极主动,充满激情,善于突破,勇于承担责任,从无怨言。2018年是公司开发新产品最多的一年,各种型号的新产品都是在这个时期开发上市的。杨钢柱被调入了模具中心负责调试新模具工作。由于新产品量产任务艰巨,注塑技术遇到了瓶颈,模具不稳定,错位、偏心值等问题频繁出现。作为不服输的技术人,杨钢柱连续几周主动要求加班,经过不断摸索、调试,众多新产品生产线顺利运行投产。

  为人淳朴、肯钻研、能吃苦、技术好是同事们对杨钢柱的一致评价。来自农村的他虽然只有初中学历,但他通过自身的不断努力,克服先天不足,已经成长为木林森集团公司的主要技术骨干。

江西 陈忠清

江西省抚州市金溪县秀谷镇丰收村人,创建了江西家尚嘉商超供应链信息管理公司

18岁的陈忠清辍学后踏上了打工的道路,曾在武汉、南昌从事食品销售工作。2004年,陈忠清回抚州创业,2010年入驻抚州高新区中小企业创业孵化基地(国家级)进行创业孵化,并得到人社部门两次创业贷款共计20万元的创业扶持,成功创建家尚嘉商超供应链信息管理公司。目前,家尚嘉商超供应链平台带动创业30多人,吸纳就业300多人。新冠肺炎疫情期间,他发动家尚嘉全体员工一线抗疫,并积极联合各大商行、乡镇供应商和农户为居民提供"线上采购,线下无接触配送"服务,确保疫情期间社区居民正常蔬菜水果和日常用品供应,为社区居民送去了企业的温暖。

邱婷婷

江西省抚州市乐安县万崇镇桐山村人，现就职于江西掌护医疗科技有限公司

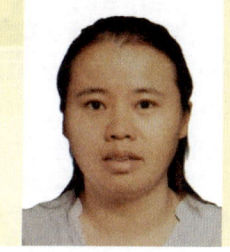

邱婷婷2019年2月入职江西掌护医疗科技有限公司任品质主管一职，因能力突出，被公司委以重任，兼管车间生产现场管理工作。在工作中，她遵章守纪、团结同事、乐观上进，始终保持严谨认真的工作态度和一丝不苟的工作作风，勤勤恳恳，任劳任怨。生活中的她始终保持艰苦朴素、勤俭耐劳、乐于助人的优良传统，老老实实做人，勤勤恳恳做事，处处严格要求自己，在任何时候都能起到模范带头作用，为企业带出了一支规范化严要求的生产及品质控制团队。

2020年年初暴发新冠肺炎疫情，在疫情形势最严峻的时候，江西掌护医疗科技有限公司为响应国家号召，紧急转产额温枪、口罩等防疫物资。

防疫物资生产之初，在专业人员急缺的情况下邱婷婷主动承担了品质、生产管理文件的编制工作，协助公司顺利拿下了产品注册证。因前期公司没有生产过额温枪，员工都是刚入职的新手，造成成品不良率提高，她没有丝毫退缩，"办法总比困难多，必须保证产品保质保量完成！"她把家中照顾两个孩子的任务都交给了丈夫和婆婆，马上投入生产工作中。经过对每个工位组装细节蹲点跟进、细心分析及优化，对作业员耐心培训讲解，产品合格率从93%上升到98%。为确保产品能够满足复工复产市场需求，保质保量生产，她连续半年几乎住在办公室，额温枪产能从开始每条线每天2 500台提升到每天4 000台，提高了37.5%，总体产能每天提高了15 000台。为疫情防控和复工复产做出了突出贡献。

在国内外防疫物资急缺的情况下，额温枪生产线不断扩大，生产及品质团队规模也随之增长。在此期间，她不仅任劳任怨，将自身工作落到实处，更不计个人得失，在部门员工急需生产工具的情况下自掏腰包，解了燃眉之急。当生产员工从最初60多人增加至400人时，面对部分员工对生产设备操作知识的缺乏，她第一时间针对员工开展现场培训，确保新员工顺利上岗保质保量完成生产任务。不记得有多少个夜晚工作到凌晨一两点钟、多少个夜晚累了就住在办公室。这种不怕劳累、积极向上的精神不仅让员工快速掌握技能，高效完成生产任务，还在全体员工中产生了极大影响和带动作用，也成为我们全体管理人员学习的榜样！

邱婷婷就是这样一个人，怀着坚定、强烈的事业心和责任感，用自己的实际行动履行职责，为打赢疫情防控总体战、阻击战贡献着自己的一分力量。

江西 熊小荣

江西省抚州市金溪县秀谷镇人，现就职于江西省金邦智能科技有限公司

熊小荣，从一个打工仔逐步跻身货架行业弄潮人，他的经历似乎不甚丰富，打工厦门，学艺上海，返乡金溪，但每一步都走得坚实，一步一个脚印，每一步都渗透了他无数汗水和辛劳，每一步他都堪称佼佼者、弄潮儿。其间，他还光荣地加入了中国共产党，完成了从一个普通农民到先进积极分子的蜕变。

2000年，熊小荣来到厦门一家汽配企业打工，由于他精明能干，仅2个月后，该企业就调他到上海营销点专司售后服务。在上海期间，他从接触货架到摸熟货架市场，仅用了8个月，之后便与人合伙创办货架公司。熊小荣的创业之路也是荆棘丛生，创业之初他既是工人，也是销售员，更是送货员……高负荷运转，超强度劳作，通宵达旦，加班加点，更是加常便饭。成功总是青睐于不轻言放弃的人，受益于互联网的兴起，他的企业取得了巨大成功。后期他到德国汉诺威学习，详细了解了"德国工业4.0"相关情况。德国之行让他大开眼界，更加坚定了他走数据化、智慧化、信息化之路的信心，增强了他创办企业的信心和勇气。

2018年响应县委、县政府"三请三回"政策号召，不但自己积极主动返乡，还先后动员了100多家货架企业组团到金溪投资创业，推动规划了金溪县货架产业园，并组建了货架协会，被推举为首届协会会长，在积极做好协会及产业园发展工作的同时，熊小荣不忘把自身发展壮大，在返乡之初，为使企业能迅速投入生产，他采取先租后建的方式，在园区租赁闲置厂房5 000平方米，迅速购置设备，仅用了不到3个月便使企业投入了生产，并一次性解决了160人的就业问题。目前，熊小荣在政府及银行部门的大力支持下，已在园区购地80亩，建设现代化的货架企业，如今，工地上已是日夜机器轰鸣，建设正如火如荼地推进着。不久的将来，一座崭新的智能化的企业将拔地而起，熊小荣也将再次弄潮起舞，实现他建设家乡、回报家乡、带动众乡亲共同致富的美好心愿。

张海燕

山东省临清市康庄镇张庄村人,现就职于济南超意兴餐饮有限公司

张海燕,1989年4月出生,中共党员,自2011年5月18日参加工作以来踏实认真、积极进取,于2012年4月担任分店店长。2013年11月27日,在济南农民工服务中心党建窗口咨询外来农民工入党问题时张海燕有幸遇见习近平总书记视察工作,总书记对农民工入党问题很关心,并说:"首先要在思想上搞清楚为什么要入党,入党要有入党的政治觉悟"。这对她有非常大的鼓舞,回到公司后她积极向党组织靠拢,于2016年正式加入中国共产党。在此期间她始终牢记一名共产党员的使命,工作中吃苦在前,积极面对工作中的困难,2014年至2016年在泰安打开新市场,带领员工在一年半的时间内取得了扭亏为盈的胜利。2017年7月在仓储物流工作,在工作中认真贯彻习近平新时代中国特色社会主义思想,发挥党员的先锋模范带头作用,带领党员不断创新、积极工作,使仓库工作更加高效严谨地运转,在此期间将仓库盘点的盈亏控制在了万分之一以内,在降低员工工作劳动强度的同时提高了工作的准确率。在思想上不断提升自己的政治觉悟,积极参加党建活动,学习红色精神,并将红色精神贯彻到工作中,2018年荣获"非公党建工作先进个人",2019年获"济南市五一劳动奖章"和"市中区优秀共产党员"。

山东

贾宝坤

山东省济南市济阳区新市镇大庄村人,创办了济南铭威生物科技有限公司

贾宝坤,1988年1月出生,2016年10月创办济南铭威生物科技有限公司(以下简称铭威生物)。现任济南铭威生物科技有限公司总经理,多次被评为济南市先进工作者、青春扶贫先进个人、青年技术创新能手、安全生产标兵、济南市优秀农民工,2018年被评为济南市泉城产业领军人才。

贾宝坤带领铭威生物,通过把玉米芯、玉米秸秆等农田废弃物变废为宝,加工成橡胶助剂、饲料载体、医药载体、宠物垫料等用途广泛的各类高附加值产品,深受市场欢迎,部分产品填补了国内空白。铭威生物先后被授予国家高新技术企业、山东省重点扶贫龙头企业、济南市农业产业化龙头企业、济南市脱贫攻坚先进民营企业、济南市青年文明号、济阳县五四红旗团支部等荣誉,连续五年被新市镇政府评为经济工作先进单位。

铭威生物与周边3 800户玉米种植大户签订玉米秸秆和玉米芯收购协议,覆盖玉米种植面积10万余亩,并且还在商河、章丘等县区及20余个乡镇设立玉米秸秆、玉米芯收购点,惠及周边农民朋友2万余户,累计帮扶420余名建档立卡贫困户脱贫,为群众创造了新的经济收入来源。改变了农民朋友过去对玉米芯及秸秆进行焚烧、腐烂积肥的做法,使其变废为宝,既响应了国家的环保政策,又提高了农民朋友的额外收入,还带动了当地经济的良性发展。

近年来,铭威生物认真贯彻党委政府部署要求,充分发挥农业科技企业的优势,围绕就地、就近、就业促进贫困人口脱贫这个目标,公司采取"企业+农户"型的产业化经营模式。提供就业岗位,让农户"拿工资",优先吸纳公司附近的农户进厂务工,优先为附近农户提供短期务工岗位。坚持高价收购,为建档立卡贫困户开放绿色通道,让贫困户"得实惠"。做好公益慈善,让贫困户"有保障",2017年为省扶贫工作重点村付家村捐助4万元修建生产路,以改善基础条件,为村民生产生活提供便利。

2020年年初,新冠肺炎疫情牵动着所有人的心,一时间全国处于高度紧张状态。贾宝坤积极投身到疫情防控工作中,为疫情防控工作贡献青春力量!在各种物资匮乏,超市、商场严重缺货的情况下,贾宝坤紧急协调,将10万余元的慰问物资送至济阳区各高速下口和国省道边界以及街道社区防疫一线的工作人员手中,共筑健康防线。承担起奉献社会的责任,用行动践行着一名青年面对疫情的担当。贾宝坤以不甘平庸的钻劲,心系群众的情怀和默默奉献的精神,在平凡的岗位上实现着自己的人生价值。

林剑峰

福建省平潭县平原乡上攀村人,现就职于济南市城建集团有限公司

林剑峰,1973年4月出生。17岁那年,稚嫩的林剑峰随哥哥出门打工,几经波折,最后他来到了山东省济南市务工。初到济南,无依无靠的他凭着一股农村娃的诚实、勤奋、吃苦耐劳的精神,别人不愿干的苦活,他抢着干,别人不愿干的脏活,他也是抢着干。靠着这股劲头,终于用汗水和才干打拼出了属于自己的一片天空。在2013年石房峪山隧道的施工作业中,林剑峰带领着一班兄弟,坚持走在前头干在实处。他严把施工流程关、严把施工技术关、严把工程质量关,带头施工,不分昼夜奋战在第一线,保证了该工程按质按量地完成。2018年年底,林剑峰又带领着一班兄弟紧张地投入济南市市中区望月隧道的施工中,为保证工程质量安全,他吃住在工地,克服了工期短、难度大的困难,仅用了14个月的时间就圆满完成了施工任务,得到各级领导的一致好评。

山东 张召厚

山东省平阴县玫瑰镇夏沟村人,现就职于山东得象电器科技有限公司

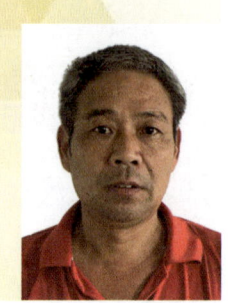

张召厚,1968年10月出生。张召厚是一个平凡的农民工,但他有着不平凡的人生理想。从2008年进入山东得象电器科技有限公司的第一天起就抱着"有志者事竟成"的信念,刻苦努力学习,勤勉履行职责。十多年来从一名刚入厂时什么都不懂的"庄稼人"逐步成长为厂里各个车间各项工作都熟悉的"老师傅"。

从自己成长到带领车间数百位工人共同创造优秀业绩,这一切既有张召厚自己脚踏实地、埋头苦干的付出,也离不开身边优秀领导、同事的耐心指导。张召厚作为一线岗位的工人,用更多的付出来保证车间工作的有序运转。2018年秋,车间生产任务繁重,秋收季节,车间的工人朋友还有家里的庄稼要收割,生产进度迟迟不前,客户对如期交货已经不抱希望了,看着公司领导为此事着急,张召厚亲自带领在公司住宿的工人们主动加班生产,连续奋战十多天,如期完成生产任务,赢得了用户的满意。更为重要的是,从此以后,全公司从未出现过生产超期的现象。工人们在遇到生产困难时都说:"繁重的生产任务算个啥,大伙咬咬牙,不就过去了嘛。"看到工人们团结向上积极进取的工作热情,张召厚是打心里高兴。

从新厂搬迁至莱芜,到东西部协作扶贫助力湘西精准脱贫,再到帮助武汉疫情后复工复产,企业的每一步发展,张召厚都参与其中,在这横跨一千多公里的三地三厂区留下了张召厚奋斗拼搏的身影。在工作中既脚踏实地,也不忘仰望星空,让自己成为"又专又博"的优秀员工。

在生活上,张召厚时刻与同事保持良好的关系,和同事们和睦相处,不但热心主动地帮助有困难的工人兄弟,而且要求自己朴素、节俭,发扬革命优良传统。

在集体活动方面,张召厚积极参与公司、部门的各项活动,尽量发挥自己的特长,兼顾公司、部门的利益,真正起到一个老工人的先锋模范作用。

胡正亮

山东省桓台县唐山镇八里村人,现就职于山东智邦文物保护科技有限公司

　　胡正亮,1968年4月25日出生,中共党员。1986年胡正亮从桓台三中高中毕业,同年11月入伍参军,1990年退伍;参军期间荣立三等功一次;现为山东智邦文物保护科技有限公司法定代表人。从业20年以来,脚踏实地、爱岗敬业、追求进步、无私奉献,得到公司同事的一致好评。

　　文物建筑都有悠久的历史,在长时间的使用过程中,需要多次修缮,而每次的修缮都间隔时间较久,瓦件尺寸的变化也随不同生产厂商或者规格的变化而变化,而文物保护的原则要求尽量使用原建筑的构件。这就要求工人了解每块瓦件测量尺寸并进行分类,该项工作耗时、耗力、耗工。为解决这一问题,胡正亮制作了"瓦梳",为此项工作找到了捷径。由于使用"瓦梳",某项工程节省了大约15万元的成本,并提前一周竣工。古建筑大多为木结构,表面带有油饰,容易燃烧,历史中,很多古建筑都毁于火灾。在文物保护施工过程中火灾的重要隐患就是照明,过去为保证采光效果,往往采用大功率照明设备,为避免火灾,需要安排专人巡视,浪费人力、电力。胡正亮经过多次研究考察,提出采用冷光源取代大功率照明设备的办法,既解除了安全隐患,又降低了人力、电力成本,得到了大家的一致认可。

　　胡正亮还热衷于公益事业,2019年无偿向历城区博物馆捐赠民间收集的"民俗物件"77件,历城区博物馆给他颁发了荣誉证书。2014年,济南市经四路基督教堂启动保护修缮工程,基督教堂地下一层居住的都是孤寡老人,冬天取暖条件极差,胡正亮了解到此情况后,主动捐资购买电取暖设备,为老人温暖过冬提供了保障,得到了济南市两教协会的高度赞扬。历年来每逢春节前夕,胡正亮都会自发购买米、面、油对港沟村重度残疾人、失独家庭、贫困户进行走访慰问。每年春节回家,他都会购买米、面、油等物资对家乡的贫困户以及孤寡老人进行走访慰问。同时,他还对公司贫困职工每年都进行资助,帮助困难同事解决工作、生活上的困难等,获得了大家的高度好评和认可。

山东 莫瑞亮

山东省济南市莱芜区口镇王家楼村人，现就职于山东淏瑞幕墙装饰工程有限公司

莫瑞亮，1971年9月出生，中共党员，现为山东淏瑞幕墙装饰工程有限公司技术骨干。2017年至2019年连续三年被公司评为先进个人、优秀工程技术人员、业务标兵等，2019年和2020年连续两年被评为优秀共产党员。

1987年，莫瑞亮因家境贫寒辍学，进入当地建筑队打小工。进入建筑队后，莫瑞亮不怕出力，拼命干活，很快赢得了领导和工友们的认可和喜爱。第二年，莫瑞亮被任命为施工班组长。在工作的同时，他用心学习专业知识，虚心请教专业人士，很快掌握了识图、施工、核算、管理等技术知识。他带领班组严把工程质量，坚持按图施工，严抓安全生产，发挥模范带头作用，与工人们同吃同住同劳动，他所在班组得到广泛认可和良好的口碑。

在自身发展的同时，他没有忘记家乡贫苦的父老乡亲，更不想再有人因为交不起学费而辍学。为此，莫瑞亮萌生了带领父老乡亲进城打工挣钱的念头。他通过自己在外打工认识的人，寻找活源。活源找到了，但大家离城几十公里，来回不方便，更不安全，他便拿出自己多年的积蓄购买一辆面包车，免费接送大家。因大家都是普通农民，没有施工经验和技术，莫瑞亮便手把手地教，在他的努力下，乡亲们慢慢变成了会专业技术的建筑工人。多年间，他先后带动和培养了100多名农民变成了拥有专业技术的建筑工人，从根本上改变了他们的经济结构，使他们的生活有了极大的改观，日子过得越来越幸福。

自身的成长忘不了回馈社会的责任，2008年汶川地震举世震惊，举国悲痛，莫瑞亮决定赴震区参加灾后援建。第二天他便组织人员为赴川救灾做准备。当时灾区余震不断，环境恶劣，有些人不愿前往，他便苦口婆心做其本人和家属的思想工作，很快组织起二十余人的援建队伍奔赴灾区。在对口援建的北川县，他们先后参加了开萍乡卫生院、开萍乡学校、北川新县城卫生院、北川新县城计生站、北川县职业中专、北川县羌族步行街、北川县红旗片区安置房等援建项目，为灾后重建做出了贡献。

致富不忘社会和乡亲，莫瑞亮以帮扶他人为己任，以做好事、善事为至乐，积极帮扶家乡外出的创业人员。他时刻关注家乡发展变化，主动向集体捐款捐物，连续多年为敬老院送肉、菜、电视机等，为学校在校生购买校服。在新冠肺炎疫情期间，为丰富老年人饮食生活，先后送去水果、蔬菜等物品。

面对现在的成绩和荣誉，莫瑞亮没有终止对社会、对家乡的回报，更没有停止刻苦学习、勇攀高峰的脚步，又开始了新的征程，以自己的实际行动诠释着人生的价值。

怀善春

山东省济南市天桥区桑梓店街道怀庄村人,现就职于山东莱钢永锋钢铁有限公司炼钢厂

怀善春,1970年6月出生,中共党员。自2003年11月入厂以来,他凭借勤奋踏实的工作作风与突出的业绩,多次荣获公司劳动模范和安全生产先进个人等荣誉称号,并于2019年获得全国钢铁工业劳动模范荣誉称号。

初入山东莱钢永峰钢铁有限公司炼钢厂的怀善春,亲身经历了建厂初期的艰苦岁月,在转炉各个角落留下了足迹与汗水,他于2004年3月15日炼出了公司历史上的第一炉钢水,之后他精心操作,创下了所炼钢水合格率百分之百的惊人业绩,这段经历至今让他感到自豪。2006年怀善春被任命为石灰窑车间主任。他带领团队攻坚克难,使石灰CaO含量从80%提升到93%以上,为炼钢转炉生产提供了可靠保障,也为今后的石灰窑稳定高质量生产打下了坚实的基础。随着4号转炉和4号连铸机的联动试车,2011年10月他出任生产技术科科长,负责炼钢厂生产技术管理工作。当时炼钢生产压力很大,他面临种种困难,经过持续摸索和数天的现场观察与精心计算,给厂领导交了"4号炉4#机一次热试成功"的满意答卷。

2013年,为了使污泥球生产线早日投入生产,怀善春每天推着小车拿着铁锹反复配料,试验最佳配比,一忙就是一天,保证了污泥球生产线达产达效。2013年8月,钢铁市场一路下滑,所有生产成本指标以上半年最好月份指标下达计划,为完成生产目标,炼钢厂决定1号、2号转炉暂时停炉,新炼钢满负荷生产。怀善春作为生产组织的主要负责人,面临重大压力。为完成生产任务,怀善春没休一天假,全身心扑在组织生产上,使得公司铁水一滴未铸,全部用于炼钢生产。

2020年新冠肺炎疫情暴发,他根据公司要求,及时调整生产组织,以降本增效为主,制定各项措施,抓好落实。面对严峻的疫情和组织的需要,他主动承担厂内外委承包方人员的防疫工作,并组织9个外委单位300多人分批次学习疫情防控,带领人员每天2次到岗位检查外委人员疫情防护的落实情况,做到了所辖人员无一人感染。

当生产被动或遇到突发事故,怀善春就会第一时间赶到现场,对生产情况进行分析、判断故障原因,并以最短的时间做出最恰当的生产安排。他推行的设备检修周期定修模式,极大降低了设备故障率。由于超长时间工作,他的左膝盖患上了严重的骨关节炎,但他还是坚持每天早晨5点准时到厂了解生产情况,晚上7点拖着疲惫的身躯回家,这种工作强度他坚持了10年。他的心中时刻装着生产大局,尽职尽责地投身于生产组织协调工作,为公司发展默默奉献着自己的力量。

刘伟明

山东省济南市钢城区艾山办事处高峪村人，现就职于莱钢泰东公司

刘伟明，1989年9月出生。刘伟明2008年6月参加工作，为钢城区天瑞人力资源有限公司派往莱钢泰东公司的劳务工。在思想上，他热爱祖国，坚决拥护中国共产党的领导和社会主义制度，拥护党和国家的路线、方针、政策，模范遵守党纪国法。在工作上，他爱岗敬业，勤奋好学，精通业务，积极努力，学会了电焊，并取得了技术等级证和上岗证。2018年在山东省第十四届青年职业技能大赛中，刘伟明取得了焊工比赛第三名的优异成绩，由于本人在工作中成绩突出于2018年11月转为莱钢泰东公司正式员工。刘伟明从一个啥也不会的农民，发展为莱钢泰东公司的技术能手和业务骨干，与自己的努力和党的领导分不开。

卜雷

山东省东平县东平办事处后路口村人,现就职于广西安泰特保保安服务有限公司济南分公司

卜雷,1983年7月出生。自2017年5月加入广西安泰特保保安服务有限公司济南分公司以来,先后在小区、售楼处、写字楼宇等岗位工作,在各岗位均有突出的表现。2017年5月入职,2017年5月至2018年5月在中建锦绣城1期的南门岗、西门岗、巡逻岗工作。2017年5月,在南门岗入职的第4天,他捡到一张身份证并交到物业前台,前台通过业主信息迅速找到失主,此时,失主要出差,在火车站正在着急找身份证,前台告知卜雷这个情况,为了不耽误失主的时间,卜雷去前台拿到身份证刻不容缓地骑上电动车,将身份证送到失主手里,失主非常感动并当即拿出500元现金塞到卜雷手中,卜雷回绝了失主的好意只说了一句"你先赶火车,这是我应该做的"。

2018年5月,中建锦绣广场(写字楼)交房,卜雷主动向领导申请去中建锦绣广场巡逻岗就职,大楼刚交房所有业主都在装修,最辛苦的只有巡逻岗,卜雷每天每隔1.5小时就要巡逻大楼一次,巡逻的内容包括:装修户是否去物业办理了装修承诺书;是否破坏承重墙;装修垃圾是否乱堆乱放。有时候巡逻完一次连一杯水都喝不完就要接着下次巡逻,这些工作领导都看在眼里,2019年1月,卜雷担任中建锦绣广场组长。

2020年1月,公司根据卜雷的优秀表现,将他调至中建文化广场任秩序班长。2020年2月,新冠肺炎疫情暴发,在这个特别的春节,卜雷放弃与家人团聚的机会,坚守一线岗位,尽职尽责,任劳任怨,不惧感染的危险,冲在防范疫情的最前线,对所有进入区域内的人员、车辆进行实名登记、测温及维护现场的秩序,并积极配合其他部门员工并肩同行、齐心协力共同抗击疫情。

卜雷是领导眼中的好员工,但在妻子的眼里,卜雷算不上一位非常称职的好丈夫,因为他一忙起来有时连家都不回。在孩子心中,卜雷称不上是一名合格的父亲,因为他根本没多少时间陪自己的儿女逛公园或是外出游玩。然而,在每一位接触过他的领导看来,卜雷是一位脚踏实地、从不计较个人得失、勤奋负责的好下属,也是一个能够以诚相待、以心相交的知心朋友。其睿智的思维方式、勤奋敬业的工作风格、和善平实的为人态度,时刻影响着身边的每一个人,使他成为同事心中的楷模。

贾正中

山东省汶上县刘楼镇侯村人,现就职于中青建安建设集团有限公司

贾正中,1976年1月出生。全国技术能手、国务院特殊津贴获得者吴林大师一直是贾正中学习的榜样和工作奋斗的引路人。通过自己的努力和职业技术水平获得荣誉,得到认可,实现人生价值,是贾正中工作二十年来的梦想。

贾正中从搬砖小工做起,那时工作十分辛苦,手被砖磨烂了,往外渗血,但是贾正中心里有股不服输的劲,再苦再累也要干下去。贾正中跟师傅学习砌筑技术,白天干活,晚上学习砌筑方面的理论知识和操作要领及砌筑流程。有了理论的支持,手艺突飞猛进,不到一年的时间,各种砌筑法,各种墙体、边角、垛的砌筑都熟练掌握。在工地的一年里,贾正中吃了很多的苦,但是也历练了他的心性,那段激情燃烧的岁月让贾正中永生难忘!

2002年贾中正被公司任命为砌筑工队的队长,他不畏困难,自觉加压,白天在工地工作,晚上学习砌筑和建筑方面的知识,经过不懈努力,他的工作水平不断提高,成为一名优秀的砌筑工队长、技术总负责人。

自2015年进入中青建安建设集团有限公司,贾正中多次被评为先进工作者、先进标兵。2018年获得山东省第六届职工职业技能大赛全省第三名,山东省富民兴鲁劳动奖章荣誉称号,全国职工职业技能大赛砌筑工决赛第二名。2018年度成为山东省城建学院金蓝领培训班实做老师,讲授砌筑工实做砌筑要领细则演示,培训班四十余名学员取得高级技师职业资格。2019年被授予全国技术能手荣誉称号,2020年被青岛市总工会评为青岛大工匠。同时,他先后参与了流亭机场政务贵宾接待中心改造工程,胶东国际机场信息中心,机场办公楼,青岛地铁2号、3号、11号线运营控制中心,世园会植物馆等主场馆工程,国家深海基地,国家通信产业园,国家海洋渔业生物种质资源库,世界休体大会体育馆,青岛国际院士港,海水稻中心,山东大学博物馆等众多代表工程,所建工程多次荣获鲁班奖、国家优质工程奖、詹天佑奖、中国建筑工程装饰奖等国家最高工程质量奖项。

贾正中在成为一名合格砌筑工长后,不忘先富带动后富,带领老乡们外出务工,脱离贫困。在贾正中的带领下走出了大批技能工人,徒弟王全东在山东省第六届职工职业技能大赛中获得全省第二名,所在的团队荣获山东省第六届职工职业技能大赛团体第一名。

贾正中在工作中作风硬、措施实,不断发明、改良新技术,申报多项专利技术。他所散发的正能量,传递给大家未来的信心和希望。

李启士

山东省菏泽市鄄城县董口镇后园行政村西李庄村人,现就职于中车青岛四方机车车辆股份有限公司

李启士,1990年9月出生,中共党员。现为中车青岛四方机车车辆股份有限公司加工中心操作工、高级技师,中国中车资深技能专家。先后获得青岛市技术能手、中国中车技术标兵、中国中车劳动奖章、中央企业技术能手、中央企业青年岗位能手、全国技术能手等荣誉称号。

李启士初中毕业后,考入山东省轻工工程学校,2007年代表学校参加青岛市中等职业学校技能大赛数控比赛获二等奖。2008年代表青岛市参加第一届全国职业技能大赛数控比赛获二等奖。2009年李启士进入中车青岛四方机车车辆股份有限公司,在高速动车组转向架加工中心操作岗位工作,并快速成长为行业知名的技能专家。曾多次代表公司参加省市、国家、国际级技能大赛,并取得优异成绩。入职期间,李启士先后四次代表公司参加青岛市职业技能大赛,均获得大赛前五名的好成绩,被评为青岛市技术能手和青岛市工人先锋;2013年赴美国费城参加中美国际数控机床技能大赛,获得团体金牌,个人获得中央企业技术能手和中央企业青年岗位能手荣誉称号;2017年参加中国中车第二届职业技能竞赛,获得中国中车青年岗位能手、全国技术能手荣誉称号。

入职中车青岛四方机车车辆股份有限公司后,李启士为了实现从农民到专家型技能人才的蜕变,他勤奋好学、吃苦耐劳,仅用4个月时间就掌握了构架加工整个工序的生产工艺流程,经考核提前2个月由副岗转为主岗,快速成长为一名公司青年骨干。成为骨干后,李启士利用空余时间不断学习理论知识,先后取得青岛农业大学专科学历及青岛理工大学本科学历,并将理论与实践结合,先后解决了北京新机场动车闸瓦托加工难题、斯里兰卡正装空簧面加工难题等21项技术难题,先后独创"标准动车组齿轮箱吊座加工先进操作法""城际车构架踏面清扫器座加工先进操作法"等9项先进操作法,完成"北京新机场构架动车闸瓦托工装改造攻关"等6项创新攻关课题,直接为公司节约创效340多万元。李启士担任班长以后,在400公里变轨距动车组生产中,带领班组夜以继日,攻坚克难,为中国高速动车组系列化产业转型升级做出了突出贡献。

李启士身上不仅体现出工匠精神,更体现了新一代产业工人所具有的优良品质。"大学渊源不易穷,古人立志自童蒙。"他告诫年轻一代人学无止境,要努力学习文化知识,树立远大理想,既要脚踏实地,又要甘于奉献,激励广大青年学生走技能成才、技能报国之路。

山东 左付尧

山东省平度市麻兰镇大埠村人，现就职于青岛荣泰玻璃制品有限公司

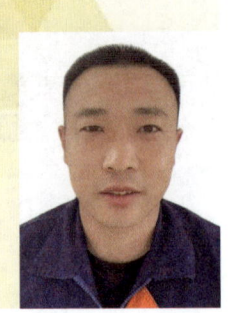

左付尧，1980年8月出生。左付尧1997年8月参加工作，作为一名刚从农村走出来的年轻人，他没有浮躁，而是扎根于基层，努力钻研专业知识，刻苦学习，工作上兢兢业业，成长为岗位的工作能手。工作期间，左付尧坚持学习党的先进思想，由于他高度的思想觉悟和突出的业务能力，很快便被提升为平度市北海玻璃厂一车间检瓶包装班长。

2002年9月，左付尧被调到青岛广源发集团公司新建设的炼油厂，负责炼油厂的全面筹建工作。2003年至2006年，他先后担任了青岛广源发集团平度炼油厂生产厂长、青岛广源发集团平度玻璃有限公司一车间车间主任等职务。其间，左付尧全面负责一车间的工作，对玻璃瓶生产流程非常熟悉，工作期间业绩显著，其负责筹建的炼油厂创造了行业内从筹建到投入生产最快的建设速度，其负责的玻璃厂一车间产品合格率由刚接手时的不到90%迅速提高到94%。

2006年9月，左付尧入职荣泰玻璃厂，负责洗玻璃车间的全面建设工作。他先后负责筹建并完善了公司的洗玻璃车间、包装车间，负责整个公司的"心脏"——原熔部整体工作。

经过14年的摸爬滚打、艰苦奋斗，左付尧成长为日用玻璃行业的领军人才，他用所学知识，和同事认真研究、探索和推广日用玻璃技术，先后参与了公司"玻璃瓶生产推瓶机的研发""玻璃瓶防护装置的研发"等多项大型的研发活动，以及各项发明专利和实用新型专利的研究。他带领团队成功地将荣泰公司窑炉融化率由2左右提升到3上下，每座窑炉的出料量日增近30吨，为企业年可增收5 000多万元，并创造性地改造了窑炉的炉体结构以及加料机加料方式，将公司吨玻璃液耗标准煤降低到了150公斤，为公司的生产发展做出了突出贡献。同时他带领他的团队还申报成功发明专利3项、实用新型专利11项。左付尧惯于认真学习党的思想精神，贯彻落实和深入实践科学发展，工作期间爱岗敬业，坚决拥护党的路线、方针。他坚持用中国特色社会主义理论武装自己，坚持用马克思主义的基本立场、观点和方法分析问题和解决问题，在政治和实践中始终和党保持高度一致，坚持贯彻落实习近平总书记系列重要讲话精神，讲原则、重品行、廉洁自律、以人为本、乐于奉献，时刻牢记一名党员就是一面旗帜，服从组织安排，服从工作需要，勤奋努力，以强烈的事业心和高度的责任感，积极发挥先锋模范带头作用，工作中对下属严格要求、认真指导，对同事团结协作，先后被荣泰公司和上级单位授予先进个人荣誉称号。2020年，左付尧被评选为"平度市五一劳动奖章"获得者。

王阳阳

山东省邹城市香城镇官庄村人，现就职于青岛海尔（胶州）空调器有限公司

王阳阳，1989年10月出生，中共党员。2008年王阳阳进入青岛海尔空调器有限总公司，入职一年在海尔集团工人技能大赛上夺冠，成为海尔集团最年轻的冠军班长。

王阳阳在4分23秒内凭双手组装一台空调器室内机组，100次的差错率为零。不借助任何工具，仅凭"眼看、耳听、手摸"，王阳阳10秒内就可以准确判断出运转的空调室外机空调器故障。凭借着熟练的操作技术和扎实的专业技能，王阳阳分别获得青岛市第十三届、十四届、十五届职业技能大赛冠亚军。

王阳阳有17项重大创新发明先后被采纳推广，为公司创造经济效益1 352余万元。工作中，王阳阳发扬工匠精神，带领班组2014—2019年荣获全国质量信得过班组、中国电子信息行业六西格玛一等奖、ICQCC国际质量管理小组一等奖等荣誉称号；2016—2020年，王阳阳先后获得青岛市技术能手、青岛市首席技师、青岛市五一劳动奖章、青岛大工匠、山东省突出贡献技师、山东省轻工纺织五一劳动奖章、山东省道德模范提名奖、山东省齐鲁首席技师、中国家电协会工匠之光匠星人物奖、APQO亚太质量组织"刘源张一线工人质量贡献奖"等20余项国家、省、市级荣誉称号。

为响应公司要求，王阳阳主动加入知识型员工培育，参与到疑难项目攻关课题中，并获得海尔年度技师的"创新成果、课题发布"项目一等奖，被评为"海尔集团智能工匠"。

2015年，王阳阳加入海尔空调胶州互联工厂，启动集团样板规划实施项目，与国外一流专家共同完成77个数字化质量控制点升级，实现了传统工厂向空调数字化质控技术的升级转变。

为了解决焊漏造成的冷媒外泄这个难题，王阳阳每天工作十几个小时，成功研发出专利静置检漏技术。此项目被APQO亚太质量组织授予"刘源张一线工人质量贡献奖"荣誉，王阳阳也成为中国唯一获此殊荣的一线工人。

工作期间，王阳阳参与主创空调自动智能静置检漏项目，创新基于物联网海尔智能工厂生产线质量信息化防呆、防错项目，参与研发噪声检测项目，不断创新，为企业经济效益提升做出贡献。同时他参与创建产线首个S-CENTER创客技能培训中心，并带领团队建立焊接解剖分析实验室、3D打印建模实验室，深入研究焊接不良问题，培养高技能人才70余名，制作线体提效精益改善工装110多件，为生产线提供了强有力的人才保障和技术保障。王阳阳被聘任为海尔S-CENTER技能培训工作室首席讲师，培养出5名技师，2名技能专家，累计带徒176名。王阳阳结合工作经验，编写了空调操作检测指导手册和标准化指导书，为更好地培训和指导线体一线员工打下了坚实的基础。

张文凤

山东省沂水县高桥镇阎家宅村人，创办了青岛文凤家政有限公司

张文凤，1973年11月出生。2001年，张文凤离开家乡来到青岛，开始在青岛爱心大姐服务社从事家政服务工作，她注重学习，平时工作日在客户家里从事服务工作，节假日在青岛爱心大姐服务社参加培训学习，先后取得高级家政服务员、高级月嫂、高级育婴师、培训师等证书。从事家政服务10多年，她先后被评为高级月嫂、高级育婴师，在青岛爱心大姐服务社获得"优秀家政服务员"称号，受到多个客户的好评和单位表彰。由于她平时工作努力，善于学习，客户口碑好，2012年3月，被三替家政服务公司聘为培训老师和业务主管。2013年3月，在青岛民政局下属单位——12349便民服务中心做过家政主管。

经过多年积累的经验，张文凤萌生了创业的念头，于2014年7月，在青岛市北区注册成立青岛文凤家政有限公司。2017年10月，为带动家乡妇女增收，她又在山东省沂水县县城成立青岛文凤家政沂水分公司。2018年6月，在沂水县高桥镇，成立青岛文凤家政高桥分公司，每个分公司主要是安置培训下岗职工和农民工，特别是女性农民工。

青岛文凤家政有限公司为外来务工的姐妹提供免费住宿、免费登记、免费交保险，免费办健康证等福利。多年来，青岛文凤家政有限公司培训农民工和下岗职工600余人。经过培训，她们取得了上岗证书，能学有所长、学以致用，公司共安置农民工和下岗职工4800多人次，使她们在岛城有一份满意的家政工作，也为千家万户安排了合格的家政服务员。

青岛文凤家政有限公司，运营至今，在北京，被评为全国家政诚信联盟单位。在青岛家庭服务业促进会，被评为家促会优秀理事单位。在青岛家政协会，被评为青岛家政协会优秀理事单位。在青岛养老协会，被评为青岛照护协会优秀会员单位等。多次被报纸、电视台、广播台报道，做客电视台颐养青岛和乐享家生活栏目。张文凤多次被授予家政行业突出贡献者、优秀职业经理人、优秀培训师、最美家政人等称号。

她热衷公益事业，每周都带领文凤家政公益团队，在青岛市北区走访慰问孤寡老人、低保户，免费为他们打扫卫生，干力所能及的事。

从事家政行业多年来，她想员工所想，急用户所急，秉承"诚信第一、服务至上"的服务理念，严格的管理制度，热心的服务态度，积累了固定的客户和家政服务员。公司秉承"先服务后收费，不满意不收费"的服务宗旨！用心为每一位客户服务，使公司的每个人成为一名优秀的家政人！

张治友

山东省沂水县富管庄乡抬头尧村人，现就职于青岛威奥轨道股份有限公司

张治友，1984年12月出生。张治友负责焊接现场监督指导以及焊工理论与实践培训工作。作为一名焊接技师，他始终保持严谨、细致、专注、负责的工作态度和精雕细琢、精益求精的工作理念，对职业有着高度的认同感、责任感、荣誉感和使命感。多年如一日，他一直对焊接技术刻苦钻研，精益求精。

凭借劳模精神和工匠精神，张治友逐渐从一个中学毕业懵懂无知的青年成长为一名技术精湛、勤劳肯干的焊接技师。张治友通过自己的努力获得了山东省五一劳动奖章、青岛市劳动模范、城阳区劳动模范、城阳区青年岗位能手、城阳区工人先锋荣誉称号，获得了城阳区电焊工职业技能比赛第二名、城阳区青特杯技能大赛电焊工第一名，荣获首届城阳区首席技师称号。

一系列的荣誉和赞美没有让张治友感到自满，相反，通过在各种活动中与其他技师的交流与学习，他更加深刻地认识到了自己的不足，并使之成为鞭策自己继续进步的不竭动力。榜样的力量是无穷的，一个劳模和工匠的价值，不只在于他自己的产出，更在于他对周围人的激励和带动作用。

张治友积极帮助身边同事，先后为公司培养了200多名取得国际焊工资质的工人，为公司解决了焊接技工紧缺的难题。针对不同焊工的特长，将产品焊缝分类，一件产品可能由多个焊工生产，规定每人的焊缝数量及焊接顺序，降低焊缝质量缺陷。他所监督指导的车间经过4个月整顿培训，焊缝一次合格率提升2.7%。焊工每半年进行一次技能及理论考评，他所在车间焊工技能考试成绩普遍提高10%。他所在车间一年内新型工装制作16套，旧工装改造9套。他所在车间工人熟知焊接管理流程及重要焊接要素。工人积极性明显提高，平均每月都有一人因生产工艺改进或产能提升获得奖励。张治友乐于助人、积极奉献的品质使他在职工群体中有很高的声望。2014年，他被评为公司的焊接专家，这充分体现了公司领导及同事们对他的肯定。

张治友从一个农村青年成长为一名优秀技师，离不开党和国家的支持。他时刻告诫自己，自己的成功很大程度上是因为自己出生在了一个伟大的国家，是这个国家给他提供了施展才华的舞台。今后，他必将继续怀着感恩之心，精于工、匠于心、品于行，以高标准严格要求自己，以求无愧于劳模和工匠之名，在自己岗位上积极进取，为伟大中国梦的实现贡献自己的绵薄之力。

山东 杜勇

山东省平邑县流峪镇迎春坡村,现就职于青岛前湾西港联合码头有限责任公司

杜勇,1986年4月出生。现为青岛前湾西港联合码头有限责任公司工程技术部固机队丙班班长、"一专多能"机械司机,高级技师,拥有吊车、门机、叉车、正面吊等多类机械的上岗证。杜勇多次参加省、市、集团级技能竞赛,获得山东省港航系统第六届劳动技能竞赛轮胎式起重机项目竞赛第六名;第一届全国港口青年职业技能竞赛吊车项目第二名;2012—2013年度全国港口"青年岗位能手";多次获得青岛港技术大比武吊车项目第一名,被授予"技术安全大比武状元"称号;获得山东省港航系统第十二届劳动技能竞赛第一名,被授予"十佳"荣誉称号;2019年参加山东港口首届技术安全大比武,荣获吊车项目第一名,被授予山东港口"技能工匠"、山东港口"青年岗位技术能手"荣誉称号。同时荣获了全国交通技术能手、山东省富民兴鲁劳动奖章、齐鲁首席技师、山东省技术能手、青岛工匠等称号。

2004年,杜勇高中毕业后就来到青岛前湾西港联合码头有限责任公司工作,业余时间苦练技能,练就了高超的吊车操作技巧,提炼出吊车取货和颠货"一步到位"及钩头运行"稳、精、准"技巧、纸浆"123"码垛法等,推广后综合效率提高了30%,并创出了吊车纸浆码垛单班单机纸浆卸车码垛2 234吨的集团纪录。杜勇多次获得技术比武吊车项目第一名,并被青岛港集团评为"杜勇吊运"绝活品牌。

杜勇练就过硬技能,将门机集装箱作业小时效率提高到22自然箱,为公司打造集装箱作业标准提供了重要依据。杜勇将安全质量、设备保养、节支降耗等工作有机结合,发明了节油操作法,在提高作业效率的同时,实现了清洁生产,做到了他所驾驶的机械连续10年零故障、综合能源单耗连续8年最低。

杜勇创新防风拉索的拆装,一举改变了20多年来依靠的作业模式,为整个改造项目节省资金7万余元。他创新"吊车更换钢丝绳自动集成器",有效避免了人机配合所产生的本质安全,并提高了工作效率。在公司U5泊位纸浆船大会战中,杜勇在保证安全的基础上,一次性操作到位,创出了吊车单班单车2 086吨的新高效,为公司突船疏港做出了积极贡献。

在提高自身操作技能的同时,杜勇把自己练就的本领毫无保留地传授给工友,带出了5名徒弟,其中2人取得技师资格,3人取得高级工资格。杜勇所在班组创出了效率服务品牌7个,总结提炼出操作法12个,同时,还创出了门机、船机、吊车纸浆单机作业效率的全国第一。

平凡岗位铸匠心,杜勇把青春融入了自己热爱的港口装卸机械司机岗位,利用港口提供的良好平台,加强学习和实践,不断增强素质、提高本领,用汗水和行动践行责任与担当。

赵理超

山东省胶州市马店镇马店中村人，现就职于青岛啤酒厂

赵理超，1988年11月出生。现为青岛啤酒股份有限公司青岛啤酒厂包装车间3号智能生产线主机机台长，工厂技术骨干。

赵理超爱岗敬业，技能突出，获得诸多荣誉。多次获得青岛啤酒厂厂级先进工作者称号，2014年获得优秀文化员称号，并于2015年入选青岛啤酒厂精英人才培养"百人计划"。2016年获得青岛市第十四届技能大赛啤酒装酒工冠军，同年被山东省技师评审委员会鉴定为啤酒酿造工二级/技师。先后被授予青岛啤酒厂质量标兵、生产能手、设备尖兵、消耗专家等荣誉称号。

2006年，赵理超成为青岛啤酒厂的一名劳务派遣工，多年来，赵理超利用自身所学，参与或主持了多项技术革新项目。640毫升瓶型包箱机在原有基础上增加了3个品种；使640毫升瓶型包箱机具备了生产多瓶型产品的能力，满足了市场需求。

他还参与了9号生产线全包机的安装和调试，解决了包箱不周正、露帽檐、侧耳起鼓等技术难题。为了提高换型速度，他提出了优化品种转换步骤和部件一致性的方案，使换型时间由2小时缩短到20多分钟，提高了生产效能。

2020年，工厂启动智能化生产线改造，在安装调试过程中，赵理超率领团队解决了伺服控制器零点问题，完成了装箱机模块顺耳组件优化、装箱框架自动收缩、精密尺寸固化等一系列攻关，提高了设备适应性，缩短了调试周期，累计节约设备费用30余万元；在智能线试生产期间，又攻关解决了包箱机一机多能改造、包箱不周正、露帽檐、侧耳起鼓、纸箱胶带粘连等十多项技术难题，提高生产效率10%。

赵理超技术全面，做好本职工作的同时，通过"传帮带"，带出了一批优秀的青年操作骨干，已经有5名员工成长为机台操作能手。他编写了全包机操作SOP一书，详细介绍了设备操作要领和方法，使操作正规化和合理化，提高了智能生产线操作人员的全员技能水平，满足了市场供应。自智能线投入生产以来，赵理超团队累计创造利润2 940余万元。

赵理超在工作学习中一直秉承不怕吃苦、敢于挑战的朴实精神，通过不断提高的业务素质和较高的文明素养，使个人得到了成长，为同事树立了榜样，为工厂做出了贡献。

刘广齐

山东省阳谷县高庙王乡秦楼村,现就职于海信(山东)冰箱有限公司

刘广齐,1977年8月出生,中共党员。现为海信(山东)冰箱有限公司平度冰冷工厂维修班组长、高级技师,获海信集团50周年卓越贡献奖。

刘广齐2006年进入海信(南京)电器有限公司,从操作工做起,工作期间勤奋好学,短短半年时间就掌握了门钣金工序的生产流程和生产工艺全过程,入职7个月就升为班长。升为班长之后,他钻研技术,学习理论知识,短短几年时间,凭借精湛的钳工技能,由一名普通农民工成长为公司高级蓝领,获得了多项省市技能大奖和荣誉称号。2007年参加南京新港开发区钳工技能竞赛获得钳工第二名;2018年获得海信冰箱公司维修技能比武竞赛第一名;2019年获得山东省金蓝领高级技师称号;2020年入选"青岛工匠"人才库提名。

刘广齐进入公司后,踏实干好本职工作,很快握住了岗位的流程和操作方法,并且利用空闲时间查看工艺流程图,揣摩原理,有效提升了自己的业务能力,成为班组的技术骨干。

除认真和拼劲外,刘广齐还特别擅长钻研创新,2017年5月,平度工厂30工位门体开启使用,平稳运行后设备运行节拍为21秒/套;刘广齐观察发现,目前的速度无法满足生产需求,他决定对30工位门体发泡设备进行提效提速。通过与工程师沟通学习,不断试错,不到1个月就完成对提升机、取门机械手等运行速度的优化提升,最终将整体运行节拍提升至20.1秒/套。2016年冰箱平度工厂引进玻璃门自动打胶设备,刘广齐虚心向老师傅们请教,刻苦学习机械设计和制造知识,通过2个月的钻研,成功完成对设备的改造,增加龙门取门机械手,实现自动取门放门,完成减员4人。

工作之余,他一头扎进了维修的学习实践中,一方面积极向老师傅虚心请教,另一方面进行实践验证。通过不断学习,掌握了两门"绝技"——液压及气动技术和发泡湿机设备维修,不仅能够迅速完成液压与气动控制系统的组装及故障排除,而且能够进行液压、气动系统和电气控制系统的设计。在技术攻关方面,刘广齐带领团队于2018年进行了液压站变频节能改造,节能25%;箱发加热风机变频节能改造,节能33%。

除此之外,刘广齐还特别注重技能传承,从业15年,带徒30余名,其中包括高级技师1名,技师3名,高级技工7名。他还不定期组织技能培训,每年培训达1 000人次。

刘立杰

山东省青岛市黄岛区红石崖街道办事处雷家店子村人，现就职于青岛双星轮胎工业有限公司

刘立杰，1986年10月出生，中共预备党员。现为青岛双星轮胎工业有限公司炼胶经营单元一车间主任，助理工程师。

2003年刘立杰进入青岛双星轮胎工业有限公司。工作中，他踏实肯干、敢于吃苦、认真学习，用较短的时间掌握开炼、配药、摆片等多个岗位的操作技能，并自学掌握炼胶各种技术工艺技能，在岗位技能比武中获得多项冠军，成为公司一名不可多得的岗位多面手。他自学完成中国地质大学的课程取得大专学历，2018年又参加成人高考，目前正就读于渤海大学的化学专业，通过努力，提高了自身知识水平。几年内，刘立杰从一名普通的岗位操作工人成长为公司骨干，先后多次荣获集团"创新能手"荣誉称号，2019年，他带领团队荣获"山东省工人先锋号"荣誉称号。

刚到公司时，刘立杰被安排到炼胶工序开炼岗位。他深感自己知识的欠缺，于是，他决心在做好本职工作的同时，利用业余时间学习理论知识。他放弃休息时间，主动向岗位上有操作经验的老师傅请教，将理论与实践相结合，创造了当时岗位上最短时间上岗操作的纪录。

为了能够全面彻底地掌握智能化炼胶设备的工艺技术，刘立杰经常上网查阅相关资料，很快就掌握了串联式密炼机的设备工艺技术，为后续生产的顺利运行做好了保障。凭借突出的表现和优异的工作成绩，刘立杰得到了公司领导的认可和高度评价，被提拔为炼胶经营单元的车间主任，在新的岗位上继续实现价值。

成为车间主任后，刘立杰不忘初心、勇担使命，通过设备"四包两带"、"1+4家庭式"、质量"四个一"、安全"高压8条"等先进管理方法，提高了车间管理水平，提升了产品的质效，使母胶合格率提高3.09%，设备利用率提升2%，计划执行率达到100%。

刘立杰深知炼胶是轮胎生产的源头，为了提升效率，他一次次地进行数据摸排，一次次地进行资料查阅，一次次地进行模拟实验，一次次地进行综合分析，最终确定了5#270自动混炼工艺项目，实施后转速提高3转，混炼时间缩短到5~15秒，单机台生产效率提高了2%。

他善于创新突破，挑战不可能，先后参与完成了1#400、3#400主电机国产替代进口改造项目。这一创新改造，不仅节省了配件维修费用，而且保障了炼胶经营单元的正常生产。

刘立杰为自己是双星的一员感到骄傲和自豪。他决心在岗位上担当奉献、忘我拼搏，积极投身到"三次创业"的进程中，为双星创世界一流企业贡献自己的全部力量。

毕于民

山东省淄博市周村区王村镇万家村人,现就职于山东鲁王建工有限责任公司

毕于民,1970年8月出生,现任山东鲁王建工有限责任公司木工班班组长、技师。他参加工作以来,2013年荣获淄博市"十佳名师高徒",2014年荣获"振兴淄博"劳动奖章,2015年被评为淄博市行业岗位能手,2020年5月被评为淄博市"金牌工匠"。

毕于民作为一名木工班班组长,在平时的工作中,时时刻刻用公司的标准严格衡量、约束言行,严格遵守公司的纪律,不断提高综合素质,维护班组团结统一,积极完成公司的各项任务。无论是工作还是生活中都力求率先垂范,发挥着技师应有的先锋模范作用。

在本职岗位上,他认真学习、虚心求教,积极钻研模板施工技术。由其施工的图文信息中心工程柱模板加固使用柱箍,解决了跑模漏浆问题,观感质量达到清水混凝土标准,同时该工程2020年还获得山东省优质结构奖;由其施工的富瑞特城市广场项目,单层面积大,层高高,模板支撑成为工程重点,毕于民带领木工班组通过前期策划,勇于创新,该工程2015年获得山东省省级优质结构奖。

在面对疫情时,毕于民一回村,就积极参与村里疫情防控,向村干部了解、商讨疫情防控工作后,立即投身到防控新冠肺炎工作第一线,防疫宣传、入户排查、值班设卡、环境消杀等一系列防控工作规范严谨地铺展开来,为村里疫情防控发挥了积极作用。

于昌江

山东省桓台县新城镇祝家村人，成立了桓台县泓基农业专业合作社

于昌江，1976年8月出生，中共党员。1993年6月，于昌江在新城建工成为一名电焊工学徒，他勤奋好学，通过自己的努力优化改良"横焊"技术并担任新城建工施工队队长的职务。

1997年，于昌江放弃别人眼中的"铁饭碗"，下定决心自己创业，于是找到一家当地有名的饭店去当学徒，一个新的工作和从没接触过的领域给于昌江带来巨大的烦恼，于昌江咬紧牙关，不断磨炼自己的刀工与技艺，终于荣升为厨师长。

2002年，为了更好地照顾家庭，于昌江来到山东金德化工股份有限公司做车间工人，一边学习前辈的经验，一边从网上查询资料，同年优化生产模式，将所在车间产值翻了一番。2003年7月他被山东金德化工股份有限公司任命为车间主任。在休息时间，于昌江学习他人的经验，融合自己的知识改良生产的模式。2012年12月，于昌江自愿加入中国共产党，成为一名合格的共产党员。2013年1月被山东金德化工股份有限公司提升为生产部长。

随着国家对化工产业的整治，于昌江凭借超前的目光瞄准了曾经生他养他的农村，2015年8月，于昌江成立桓台县泓基农业专业合作社，担任桓台县泓基农业专业合作社理事长，他专心钻研农业技能，虚心向技术人员请教，打造都市农业、观光农业，服务于城乡居民，促进农民就业增收和生态文明，打造现代化基地，带动贫困户共同致富。

正值国家大力发展乡村振兴项目，于昌江响应国家乡村振兴战略转型泓基农业，一方面以每亩地1800元远高于市场价格流转崔楼村土地，同时招聘村内农户到泓基农业专业合作社就业，聘请专业农业技术人员手把手培训种植养殖技术，增强农户的技能素质。与村内的贫困户和残疾人签订帮扶协议，让其或其家庭成员来泓基就业，带动他们的收入。于昌江每年定期对崔楼村的贫困户进行帮扶走访和慰问。在收到合作社初步效益后，于昌江拨出专款给当地村农户发放福利，主动捐助见义勇为基金，尽可能为老百姓多做公益事业。近年来，于昌江主动与周边村庄联系解决农民工就业近四十人，扶贫助残十户，带动他们脱贫，共同致富。

杜锋宇

山东省枣庄市滕州市滨湖镇徐楼村人,现就职于山东威达重工股份有限公司

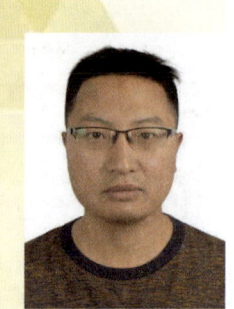

杜锋宇,1989年1月出生。2009年进入山东威达重工股份有限公司,一直在数控机加车间从事数控车工工作,目前任分厂数控车床班班长,先后被公司授予"优秀员工""技术能手""技术标兵"等光荣称号。杜锋宇踏实工作,刻苦钻研,苦练技能,努力提高创新创造的本领,通过自学宏程序解决了用数控车高速车削蜗杆的难题,为企业节省开支20余万元。在龙门铣床床身磨削过程中,通过设计工装解决了V形导轨的对接难题,提高了生产效率,打破了公司这一项技术瓶颈,为公司节省开支30余万元。杜锋宇通过查阅资料,细心钻研,总结出一套完整的加工参数,为公司生产重型机床提供了一套完备的资料与依据,填补了公司的一项技术空白。2011年,杜锋宇代表公司参加"滕州市职工职业技能大赛"数控车床比赛,获得数控车床组比赛第二名,被授予"滕州市技术能手"称号;2015年代表公司参加"全省机械行业职业技能竞赛",获得数控车床组二等奖;2018年获得"滕州市首席技师"称号;2020年在滕州市第15届职工职业技能大赛中获得数控车组第一名。

刘新民

山东省滕州市东沙河千庄村人，现就职于滕州建工建设集团有限公司

刘新民，1984年2月出生。2007年9月进入滕州建工建设集团有限公司（原滕州市建筑安装工程集团公司）担任学徒工，从最初做学徒工，到精通钢筋等多项专业工种技能，成为公司"作风过硬、技术过硬"的优秀作业班组长。十三年如一日，扎根施工一线，所参与施工的工程获得过泰山杯奖等，从未发生过质量、安全责任事故。为提高工人们的操作技能，刘新民还"传帮带"一些技术工人去参加各种类型的岗位资格培训，让他们在技能上更进一步，更好地为公司的工程建设服务。

刘新民工作十几年来，兢兢业业、无怨无悔，以实际行动证明：农民工，也能创造不平凡的人生！刘新民获得的荣誉有2012年滕州市职工技能大赛第一名、2012年获滕州市五一劳动奖章等。

山东 孙瑜

山东省枣庄市薛城区陶庄镇后西仓村人,创办了枣庄德信人力资源服务有限公司

孙瑜,1977年7月出生,中共党员。现为枣庄德信人力资源服务有限公司负责人,创办了枣庄阳光劳务派遣有限公司、枣庄德信人力资源服务有限公司、枣庄育华职业培训学校。

2004年,为了改变生活现状,孙瑜怀揣仅有的200元钱,南下打工,经朋友介绍进入安徽芜湖美的集团,在车间当一线工人。为了尽快适应工作,她每天都是第一个到达车间,检查机器设备。当时企业招工难,她自告奋勇向公司领导申请,回家帮公司招聘工人,解决企业用工困难问题。

随着外出的人越来越多,联系的用工企业也越来越多,考虑到农民工的权益,孙瑜于2014年成立了第一家人力资源公司——枣庄阳光劳务派遣有限公司。至今,该公司已先后输出务工人员累计10万余人,解决农村富余劳动力就业4万余人,失业人员再就业及大中专毕业生6万余人。加强与省外大型知名企业的用工联系合作,实现山东省富余劳动力在全国范围内派遣就业。

随着业务的不断扩大,为更好地服务于本地企业,孙瑜又成立了枣庄德信人力资源服务有限公司。考虑到农民工无技术、工作稳定性差特点,她创办了枣庄育华职业培训学校,专门为农民工进行就业技能培训。截至目前,枣庄育华职业培训学校已经培训了1 800余名农民工,并联系用工单位安排工作,不仅提高了农民工的就业率,也提高了农民工的工资水平。

孙瑜积极践行社会责任,彰显企业担当,每年为儿童福利院举行爱心捐赠活动,关注儿童的健康成长,并在每年春节为空巢老人送去节日礼品。

2020年疫情期间,孙瑜为枣庄高新区防疫一线人员送去酒精、84消毒液、口罩等防疫物资及牛奶、火腿肠等生活用品,助力打赢疫情攻坚战。为帮助企业复工复产,她积极响应薛城区人社局的号召,鼓励员工复工,承包大巴车,作为点对点"务工返岗"专车,自费把3 300余名返岗员工安全送到工作岗位,为各大企业的复工复产带来稳定的一线生产人员。

与此同时,孙瑜带领招聘的69名网格员参与到疫情防控工作第一线,负责40余个防疫卡点,覆盖了40个村(社区),通过地毯式巡查走访,做到了村不漏户、户不漏人;排查发现重点地区返回山东的重点人员800余人;协助村(社区)开展消杀等防疫措施2.2万余次;开展疫情宣传约9万余人次,受到了街道、区、市领导充分肯定。

孙瑜不忘初心,担当奉献,积极响应双招双引战略,主动为枣庄高新区和芜湖人力资本产业园牵线搭桥,助力乡村振兴,带领当地农民工朋友发财致富,极大提高了当地农民的生活水平和幸福指数。

成美玉

山东省东营市广饶县广饶街道颜二村人，成立了东营市嘉洲现代农业开发有限公司

成美玉，1976年8月出生。现为东营市嘉洲现代农业开发有限公司负责人。2008年，面对全国乳品事件的冲击，成美玉转变思路，率先开辟了"鲜奶吧"的终端销售模式，数万人参与到鲜奶制作零售行业当中，原农业部常务副部长刘成果亲自接见了成美玉，肯定了她为全国奶农开拓销售生鲜乳的新模式。成美玉同期又构建起了融合饲料种植、生鲜乳生产、粪污再利用等产业于一体的有机循环产业链，既降低了成本，又提高了生鲜乳的品质，还避免了环境污染和资源浪费。成美玉在本市行业内率先通过环保验收，生鲜乳产品在省内第一家通过有机认证。她先后获得山东省齐鲁乡村之星、山东省优秀奶业工作者、东营市乡村之星、东营市三八红旗手、东营市巾帼建功标兵等荣誉称号，2018年获评东营市首批职业农民中级职称。

成美玉借助东营市人社局的扶持政策，创建了东营市青年人才创新创业及农业新技术示范基地。加大人才培育力度，发挥自身带动作用，建设实训教室1座、培训教室1座，给新型职业农民培训和妇女创业培训提供了良好的学习条件，2019年培训新型职业农民和妇女160人次。成美玉抓牢科技创新，申请并获批7项专利，入围了省科技厅举办的中小微企业创新竞技行动（现代农业组）复赛，获评山东省科技型中小企业、东营市科技型企业。

2020年1月，成美玉获评第一批职业农民高级职称，她依托智慧养殖系统平台，引进物联网、互联网和大数据信息化技术，实现从草料采购、配、育、喂、疾病、售到原奶销售产业链信息化控制；探索观光生态循环新模式，打造种养加一体化的乳品生产基地。项目建成后年可生产A2-β酪蛋白牛奶5 000吨，年销售收入增加7 500万元。同时，还能为周边群众提供100余个就业岗位，加速农民向产业工人转变；辐射带动周边群众转变种植模式，通过种植青贮玉米、苜蓿等饲料作物，每户可增收4 000元。

2019年，成美玉着力打造了8个农产品有机认证、1个地理标志，重振了"凯银"这一曾经的农产品标杆品牌。疫情期间，成美玉和公司未停工未停产，探索设计了"凯银"品牌生鲜乳产品，带动50多家奶吧加盟店停业但不停销，以网络团购的形式让居民在家就可以自己动手加工巴氏牛奶。在新时代的发展浪潮中，成美玉和嘉洲农业将不断增强自身核心竞争力，结合自身优势，努力让嘉洲的发展方式适应时代的发展要求，实现可持续健康发展。

山东 李利

山东省肥城市石横镇石横一村人，现就职于山东泰立化工设备有限公司

李利，1988年5月出生，从事焊接工作十多年来，他始终怀揣着"干一行，爱一行，活到老，学到老"的信念和理想。他努力践行工匠精神，凭借扎实的基本功和精湛的技术，荣获东营市2016年青年安全生产标兵、东营市2016年创新能手、河口区第三届金牌员工、东营市2017年五一劳动奖章、2017年东营市技术能手、东营市2018年最美职工、河口区第八届劳动模范、2019年山东省总工会"富民兴鲁"劳动奖章、2020年山东省总工会"齐鲁工匠"等荣誉。在2017年中德"山东·巴伐利亚"产业工人焊接技能大赛中获得银奖，并于2018年担任河口区职业中等专业学校兼职教师。

2008年，李利来到山东泰立化工设备有限公司，成了管束班的一名焊工，开始学习压力容器焊接技术。在工作的同时，李利自学理论知识，在师傅的指导和帮助下，技术水平不断提高，成长为公司的技术骨干。

李利擅长钻研焊接技术，并且不遗余力将经验传授给大家，班组形成了非常好的氛围，焊接合格率始终保持在98%~100%之间。

在公司里，李利完成工作以后，喜欢"泡"在车间里，研究一切新的焊接技巧，搞一些小的发明创造，在他的影响下，车间很多同事都对技术革新产生了浓厚的兴趣。李利改进了"管束防锈处理工艺"，减少了安全事故的发生；为节约用水，给浪费严重的钻孔机上加装了"水循环系统"。李利参与了公司实用新型专利"U形管弯管装置"和"U形换热器管束防震装置"的设计工作。

2017年6月，公司接到了河口区总工会关于参加中德"山东·巴伐利亚"产业工人焊接技能大赛选拔赛的通知，公司领导派李利参加比赛。李利将压力转为动力，下班后晚上通常都学到十一二点。功夫不负有心人，在东营赛区选拔赛中，李利获得了第二名。参加全省选拔赛，李利以第七名的成绩入围出国决赛选手名单，也是东营市唯一入围的选手，最终在决赛中以第二名的成绩夺得银牌。

"作为企业的中坚力量，我们不仅要靠扎实的技能做一个好'工匠'，更要有严谨、细致、专注、负责的'工匠精神'，还要有对职业的认同感、责任感、荣誉感和使命感。"这就是李利对合格劳动者的理解，并一直朝着这个方向努力下去。

许木顺

山东省德州市临邑县恒源街道办事处张油官村人，现就职于山东海科化工有限公司

　　许木顺，1987年5月出生，负责公司动设备的维护、维修工作。在岗期间努力学习各类动设备的维修、维护知识，熟练掌握各类设备的检修、维修作业规程。在公司推行的杜邦安全改善项目中，许木顺结合实际现场工作经验编写完成标准维修作业程序18项，涵盖现场所有重点维修工作；编制部门预防性维修管理规定，规范了部门预防性维修工作，为部门安全改善项目推行提供保障。

　　2010年9月获得海科集团第四届职工技能大赛二等奖；2011年度和2012年度荣获海科集团"优秀员工"称号；2013年度荣获海科集团"优秀共青团员"称号；2013年7月获得海科集团第五届技能大赛第一名，荣获"首席技师"称号；2013年9月获得东营市第八届职工技能竞赛三等奖；2013年11月获得第三届黄河口职业技能竞赛三等奖；2016年7月荣获"安全管理改善项目标兵"称号；2016年9月获得山东省第二届"技能兴鲁"职业技能大赛三等奖等。

　　许木顺做好本职工作的同时，先后经历了7次装置检修工作，负责完成了3次装置的大检修任务、20余台压缩机组，高效完成了近千台机泵检修作业任务。在2014年柴油改质和甲醇制氢装置的建设过程中，他积极配合动设备的现场安装工作，加班加点完成任务，确保装置一次性开车成功。

　　许木顺在负责部门内智能巡检推行工作时，现场核对24条巡检线路、1 000余台设备，通过不断核对修正确保了设备信息的准确无误，保证了智能巡检的有序推行。

　　许木顺针对焦化装置富气压缩机活塞环使用寿命短的问题进行讨论研究，对压缩机的气缸和填料加注润滑油，以降低活塞环与气缸的摩擦环境，从而提高活塞环的使用寿命，降低设备的维修成本。

　　2016年气分机泵改造后出现机封频繁泄漏问题，通过现场分析，许木顺判断机封的冲洗存在问题，通过对机封冲洗孔进行调整改造，确保了机封的正常使用。同时学习振动分析原理，分析判断处理装置振动异常设备50余台。

　　为响应公司号召，做好"传帮带"，许木顺完成公司级授课2次，涉及人数200余人次，主动认领公司设备模块课件开发工作，完成公司级课件开发6篇、部门级专业课件10篇，组织完成部门内部精密点检仪和激光对中仪的培训，共计培训40人次。负责部门实训室的建设工作，组织建立机修实训室，为员工提供良好的培训场所，实训室自建立以来共计完成员工培训140余人次，举行部门级技术竞赛3次。目前完成卓越运营立项实施项目1项，已通过讨论项目1项，年节约成本15万元。参与实施卓越运营项目1项，年节约成本20万元。参与部门绿带项目，预计降低设备配件消耗费用72万元。

山东 滕传军

山东省烟台市福山区福新街道办事处黄家村人，现就职于上汽通用东岳汽车有限公司

滕传军，1978年7月出生，中共党员。上汽通用东岳汽车北厂车身车间生产班组长。他2002年进入公司，恰逢上汽通用各基地跨基地带教，在师傅的言传身教下，他快速地掌握了钣金返工技能并独立承担工作任务，并在同年举行的"第一届东岳基地钣金比武大赛"中荣获冠军。随后，凭借不断的钻研和精湛的技艺，他先后获得了2005年第19届上海市创造发明三等奖、2013年上汽通用"岗位大师"杯车身表调技术比武一等奖、2013年第一届上汽集团钣金比武大赛一等奖、2013年烟台市青年岗位能手暨新长征突击手、2013年上汽通用公司级优秀个人、2014年上汽集团先进生产（工作）者、2016年烟台开发区突出贡献技师、2017年上汽集团比武——车身修复技术竞赛一等奖、2018年全国首届机动车检验工职业技能竞赛优秀奖等诸多奖项。

在创新攻关方面，2020年滕传军通过利用压缩空气流动制作"专用冷却工具"对钨极氩弧焊接时产生的热量进行冷却，解决了表面焊接因受热造成的钣金变形，避免了零件报废，取得了基地创新合理化三等奖。

滕传军在师徒带教方面也取得了优异的成绩。目前上汽东岳基地约80%的钣金返工人才都是他直接带教的，其中9人目前已达到高技能返工水平。2017年，他带领徒弟于伟参加"上汽集团比武车身修复技术竞赛"时，双双荣获一等奖的好成绩。

张兵建

山东省招远市毕郭镇河西村人，现就职于烟台交运集团有限责任公司

张兵建，1969年9月出生，是烟台交运集团有限责任公司所属金都运输有限公司集约化车队的大客车驾驶员。2008年4月开始，他加入了从招远至济南班线的营运任务，这一开就是12年，2019年加入集约化车队招远—烟台专线。2012年被授予"一百万千米安全行车标兵"荣誉称号，2018年被授予"二百万千米安全行车标兵"荣誉称号。2008—2013年多次获得金都公司驾驶员岗位标兵和节油能手的荣誉称号。

作为一名客车驾驶员关键是安全行车，张兵建在开车过程中严格做到"四不"，即不开英雄车、不开斗气车、不酒后驾驶、不强行超车，遵守客运规定，他总是说："几十条生命掌握在手里，我要对人民群众的生命财产负责，责任重于泰山啊！"

日常工作中张兵建从小事做起，从大事着眼，任劳任怨，扎实工作，积极帮助同事。在与服务对象的工作往来中能主动做好协调配合。以求统一认识，步调一致，形成合力，围绕中心工作做好服务。

张兵建认真履行岗位职责，努力提高服务水平。为了圆满完成各项工作，他一直自我施压，在刻苦学习业务的同时，虚心向领导和同事们请教。本着"干一行、爱一行，钻一行、精一行"原则，能出色地完成每一项工作任务。多年来，为驾驶行业付出了艰辛的努力，也得到了公司领导和同事的认可。

作为驾驶员，经常会遇到粗心的乘客。每当捡到乘客丢失的钱包、手机、文件及箱包货物等贵重物品，张兵建都会第一时间交到车队，通过车队管理人员将失物及时归还失主，另外在服务过程中积极帮助乘客答疑解惑，把乘客当亲人对待，先后收到旅客表扬信3封，锦旗2面。

张兵建每天早晨都会提前一个小时到岗，检查车辆卫生，并把车内外的螺丝、各油路等仔细检查一遍，确认无误后便投入到新一天的工作中去。由于车辆保养得好，他驾驶的车辆从来没有抛过锚，也从没有发生过一起事故，可他从不骄傲自大，总是主动把经验分享给其他驾驶员。

他就是这样一位严于律己、对待乘客满腔热情、对工作认真负责的优秀驾驶员，支撑他内心世界的是一个老驾驶员的思想、信念、精神、毅力，他用自己的一言一行赢得了广大乘客的依赖和喜爱。但他并不以此作为炫耀的资本，他依旧平凡而忙碌，车开到哪里，服务到哪里，用真诚和爱心树立了交通文明服务的新形象。

潘书建

山东省莱州市沙河镇匡郑潘家村人,创办了莱州市暄展电子商务有限公司

潘书建,1971年6月出生,中共党员,莱州市暄展电子商务有限公司法定代表人,莱州民营企业协会副会长,曾获得烟台市第三届创业大赛二等奖,莱州市第四届企业年度影响力人物等荣誉称号。他创建的莱丰良品(山东)商业发展有限公司解决了270人就业难题,合作的50多个直采基地带动1 000多户农户就业。

30多年前,一个来自莱州沙河镇的十七岁农村少年,辍学踏入社会开始做小买卖,用一辆小农用三轮车贩水果,那时他就一个信念:只要能赚钱,多累多苦都不怕!靠着这股子精神拼搏了几年,成立了潘氏果业,将"卖好产品,讲诚信,实实在在做事"定为经营理念,十几年下来,潘氏果业成为莱州当地最专业的水果批发中心。

2014年5月,潘书建注册了莱州第一家电子商务有限公司——莱州市暄展电子商务有限公司,随之使用了电商品牌"莱丰网",采用"O2O+B2C"模式,线上通过商城平台将商品信息、网站活动等展现给消费者,线下实现覆盖性配送业务,实现网络社会到现实社会的真正交易。

创业初期步履维艰,投入巨大,仅2014年一年,潘书建便花光了多年积蓄300多万元,还举债70多万元。这让一同创业的妻子难以接受,多次争吵砸烂家具逼他收手,但都没能阻挡潘书建的创业决心。不管严寒酷暑、摆摊、地推、挨家挨户宣传、发传单、线上推广……用尽一切方法途径,让人们认识接受莱丰网。功夫不负有心人,凭借良好的理念宣传配合网站质优价廉的水果推送,以及物流高效实时的送货上门服务,莱丰网线上拥有了6万粉丝,这为开辟实体店打下了坚实的人脉基础。

2015年10月,莱丰网第一个线下实体店教育路店落成。为提高客流量和营业额,潘书建带领团队加大宣传,定期分片发放传单,举办试吃活动,增加莱丰网的认知度,建立了130家自提点,和社区超市合作,客户定的货可就近自提,切实提供了方便。定期开展节假日大促销活动,刺激消费。潘书建常说:"食品行业,要用良心做事;不忘初心,方得始终。为老百姓做一件事,为他们的健康保驾护航,这将是我一生为之奋斗的方向。"

张新春

山东省阳信县雷家乡前赵村人,现就职于烟台爱丽思中宠食品股份有限公司

张新春,1979年12月出生,自2006年2月加入烟台爱丽思中宠食品股份有限公司,除中间短暂地离开公司外,至今在公司工作14年,一直在一线兢兢业业陪伴公司成长。2018年被莱山经济开发区管委总工会授予"最美一线工人"荣誉称号。

2006年春节刚过,他就从山东西部的一个小村庄来到了东部的沿海城市——烟台。转眼已过14个年头,在公司的领导和同事的热心帮助下,使他从一个只有小学文化的农村娃成长为公司一线的技改能手,为公司的设备维保工作做出突出贡献。是公司的培养,使他赢得了一系列的荣誉;是政府的好政策,使他在美丽的海滨城市有了自己的家。

"一个人可以没有文凭,但绝不可以没有知识",刚到中宠的时候,他深感自己专业技能的欠缺,懂得科学文化知识的重要性,于是在认真工作的同时学习机械维修相关的知识。说实在的,从农村出来的他,在老家虽然对机械维修略懂一二,但在中宠就需要有更高的要求、更专业的知识来解决工作中遇到的难题。

通过自己的努力学习,将理论与实践相结合,不到一年基本上可以独立操作了。因为学习刻苦、工作认真,他被公司领导推荐到设备维保岗位,这对他来说是个机遇,更是个挑战。

在维保岗位上一干就是十多年,他所在车间设备故障率在全集团最低。无论酷暑还是严寒,他总是第一个出现在岗位上,为设备的保全做好自己的工作。

经过自己的艰苦奋斗,他终于掌握了过硬的维修技术。在工作岗位上不断地钻研新技术,2010年通过观察和思考对切片机进行了改进,实现了机械一次性切割出合格的产品,结束了人工切片的历史,公司特命名该刀为"新春刀"。该项改进每年为公司节省了几十万元的成本。

2011年,针对车间挤条设备清洗困难的实际情况,他通过细心观察,研究设计了一个可轻巧完成该设备的拆卸工具,结束了多人合力拆卸的历史,大大缩短了拆卸时间。为鼓励创新,公司特命名该工具为"新春顶"。该工具每年为公司节省约2 000个工时。

多年的持续改善项目使他从2011年开始持续多年获得公司"技术改善能手""优秀员工"称号。他是公司一线员工学习的榜样,为中宠的发展献出了自己的一分力量。

丛修忠

山东省招远市张星镇丛家村人，现就职于山东德信建设集团股份有限公司

丛修忠，1965年10月出生。1986年春节刚过，丛修忠满怀憧憬和理想，离开招远老家，来到烟台务工，先后在山东德信建设集团股份有限公司担任瓦工、瓦工班长、施工员、施工班组长、项目经理等职位，转眼已过30多个年头，如今他已经从一个普通的瓦工，成长为一名优秀的项目负责人，现在山东德信建设集团股份有限公司中海长安云锦工地从事项目负责工作。

思想上，他热爱祖国，坚决拥护中国共产党的领导和社会主义制度，拥护党和国家的路线、方针、政策，模范遵守党纪国法，以高度的主人翁精神和良好的职业道德投身于改革开放和社会主义现代化建设。

工作上，他爱岗敬业，勤奋工作，奋发进取，出色地完成了生产工作任务，在本职岗位上勤奋学习、钻研技术、精通业务、勇于创新，参与施工的工程，荣获了多项山东省优质工程和安全文明工地奖，在工作中起到了模范带头作用，多次被公司授予劳动模范称号。

生活上，他乐于助人，团结同事，作为一个从普通农村娃成长起来的项目骨干，他始终不忘初心，把自己在实践中学到的技术和工作经验毫无保留地传授给身边的年轻同事，先后培养了业务骨干16名，对于生活有困难的同事，他经常倾囊相助，为他们捐款捐物，同事们都很喜欢和爱戴他。

他常说："是党的好政策，使我逐步脱贫致富，从农村走向城市；是组织的培养，使我不断成长和进步；作为一名建筑人，我将以自己的勤劳和汗水，为祖国建设添砖加瓦。"

吕成

山东省烟台市莱山区三十里堡村人，现就职于烟台胜地汽车零部件制造有限公司

吕成，1977年2月出生。1997年，吕成加入烟台胜地汽车零部件制造有限公司，从事车床、数控车一线操作3年。2000年走上了基层管理岗位，先后在品质部、技术部、生产车间等，从班长到计划员经历6个不同的岗位工作。他在经历每个岗位时都会发现自己的不足与差距，遇到的问题越多，学到的知识越多。

2005年，他被提拔为车间副主任，2011年至今担任精工二部经理一职，按照公司理念，勤奋进取、扎根一线现场，通过创新管理，带领团队获得以下事迹：

2007年做"防锈包装持续改进项目"，通过精益及流程改进，编制《产品干净度作业标准》，取得20项成果，并且在全公司进行推广。

2010年公司推行精益生产，他带领部门获得二等奖，并于2016年被评为公司功勋员工。

2016—2020年带领部门提交优秀合理化建议15项，创造效益691万元，按照精益思想、少人化、标准化进行持续改进。在降低成本方面，将水性无铬涂液单片成本从1.07元降至0.64元，降幅40.2%，全年节省136万元。建立《全喷换型操作标准》，按照产品尺寸，在精准的点位开枪、关枪，减少空喷涂液浪费；改进喷枪供漆系统，消除涂液絮凝、堵塞，同时建立《全喷线操作标准》，返修率由1.32%降至0.017%以下。

对生产线进行改进，通过培训、修订《员工工资考核制度》、配置搬运工搬运半成品和成品、取消人工避木板的操作和在线平衡，调整动平衡、铣床的作业位置等措施，将1条生产线由配置3.3人改为2.3人，减少技术岗位人员54人，减少管理成本共计216万元。

山东 王淑苹

山东省潍坊市坊子区坊安街道前曹村人，现就职于潍坊万泰福通土产杂品有限公司

王淑苹，1975年12月出生。1992年王淑苹中考失败后选择外出打工，结婚后回到前曹村。扫帚加工在前曹村有着百年的历史传承，中华人民共和国成立后一直是前曹村的支柱产业，联产承包责任制后发展成为家庭式手工作坊，质量开始出现参差不齐的情况，很难找到大的订单，产业开始萧条。

国家致力改善人居环境，推进城乡环卫一体化进程，扫帚作为易损品，扫帚加工迎来机遇。

2014年王淑苹鼓励、帮助丈夫率先注册了"潍坊市坊子区法诚扫帚加工厂"，王淑苹严把质量关，积极报名参加上级部门组织的新型职业农民培训、"互联网+"电商培训、创业人才培训等多个学习班，通过微商等平台很快与周边县市区的环卫部门建立了良好的合作关系，产品出现供不应求的局面。王淑苹信心倍增，为了把前曹村这一产业做大做强，王淑苹鼓励加工户联合起来生产，通过多方面的努力，前曹村于2016年2月成立了潍坊市坊子区前曹村扫帚加工专业合作社，由王淑苹担任销售人员，王淑苹发动社员群策群力，不断改进生产设备，降低劳动成本，并多次寻求上级有关部门帮助，通过电商、物联网拓展线上线下的营销策略延伸了销售渠道。先后引进了潍坊城投董事长秘书刘洪吉、潍坊金伦经贸法人代表刘法军、潍坊日报记者宋国栋等人才，担任合作社财务总监、营销策划、宣传等重要岗位。

2018年3月，王淑苹与全国知名环卫单位"满国康洁环卫集团"达成了年供100万把扫帚的意向合约，仅此一项年产值突破1 500万元。为了更好地与这些大单位合作，2019年5月，由村支书挂帅，注册了"潍坊万泰福通土产杂品有限公司"，王淑苹任公司销售人员。2019年6月，在区人社局组织的助推乡村振兴新型职业农民大赛中，公司荣获二等奖，经区人社局推荐，在市大赛中，参赛选手荣获"十大返乡创业农民工奖"，2019年年底合作社实现了产值6 000万元的新突破，户均收入突破20万元。

为了更好地实施乡村振兴战略，吸引农民工返乡创业，打赢2020年全面脱贫攻坚战，公司着手致力于现代工业园区建设，通过土地流转，充分利用百年传承手工，营造地方特色的竹制品加工产业+品牌展会+北方系传统竹制品加工孵化基地等一二三产业联动的三农服务运营体系建设目标。

突如其来的疫情，对扫帚的产业虽有一定的影响，但公司全面投产运营后，将集产品研发、日用杂品批发、现代物流于一身，为客户营造"一站式"购物平台，预计年产值将突破8 000万元，综合收入达到3 500万元，再增就业岗位300余个，能更好地增加农民收入及周边地区的经济效益。

张宗信

山东省潍坊市寒亭区固堤街道河东官庄村人,现就职于潍坊市寒亭区青泉果蔬种植专业合作社

张宗信,1982年2月出生,是寒亭区青泉果蔬种植专业合作社的员工,是一名地地道道的农民技术员。张宗信在合作社工作以来,严格要求自己,认真钻研技术,任劳任怨、勤勤恳恳,赢得了领导、同事和社员群众的交口称赞。张宗信连续多年被评为合作社的优秀员工。

2014年,张宗信进入寒亭区青泉果蔬种植专业合作社,工作中他勤奋好学,精心钻研果蔬种植技术。他一方面积极向老同志虚心请教,另一方面利用休息时间通过网络、书籍等方式进行自学,始终将自己的满腔热情完全投入到了忘我的工作之中。合作社的西瓜苗需要购进才能种植,带来了很大成本。于是合作社派张宗信到外地参加西瓜种植育苗培训。学习回来后,他一个人钻进种植大棚,一次次地反复实验实践。在张宗信的努力下,西瓜育苗成功率从70%提高到80%以上,成了合作社的支柱技术。

张宗信以合作社为家,时时刻刻心系合作社。作为一名技术员,他总是毫无怨言,随叫随到,满腔热情地投入工作。2018年冬,当地遇到了几十年一遇的寒潮和大雪天气。他担心刚刚培育的西瓜苗被冻坏,顶风冒雪清理大棚积雪,彻夜守在大棚,查看温度和成长情况,一个一个不眠夜晚,看着西瓜育苗渐渐长大,他也开心地笑了。

张宗信,一个普普通通的育苗技术员,既没有多高的文化,又没有超人的智慧,但他以不甘平庸的钻劲和默默奉献的精神,在平凡的岗位上实现着自己的人生价值。

山东 王翠芬

山东省高密市姜庄镇山丰村人，创办了高密市华翠庄园农机专业合作社

王翠芬，1969年出生。2013年9月创建了华翠庄园农机专业合作社，合作社创办7年多来，年生产粮食已达3 000多吨，销售额达到600多万元；年出口各类蔬菜已达8 000多吨，销售额达到1 000多万元。合作社现为省级合作社，国家级小麦高产创建田示范区、省级示范家庭农场、乡村振兴战略示范站，并承担了国家农业综合开发高标准农田试点项目。王翠芬个人被授予全国种粮大户、齐鲁乡村之星、高密市三八红旗手、巾帼十佳创业之星、最美奋斗者、潍坊最美家庭、潍坊十佳种田能手、最美女创客、种粮能手、乡村振兴示范站站长等荣誉称号。

1995年，王翠芬辞职借款承包了100多亩土地，面对创业初期的艰辛挑战，王翠芬并没有退缩和放弃，她在实践中学习和思考，选择发展订单农业。经过洽谈，基地最终与高密瑞丰食品有限公司、山东望乡食品有限公司达成了长期订单合作关系。

近年来，王翠芬不断加大科技投入，累计筹资100多万元购进自动化设备，耕种收综合机械化水平达到100%，智能水肥一体化达到2 100亩。同时，全程执行欧美标准，坚持每批蔬菜在采收前进行190多项指标检测，实现安全无死角。

从2019年开始，农场与本市种子公司合作，进行小麦良种繁育，2017—2019年连续三年被认定为"国家级小麦高产创建田示范区"，2018年被省农广校确定为"乡村振兴战略示范站"，2019年获得潍坊市示范家庭农场荣誉称号。

近几年，王翠芬盯紧品牌发展，先后注册了"原野初心""白菜王""万亩粮田"等商标，并在本市城区设了放心蔬菜直供店，实行专车配送，日销售额达6 000余元。

在王翠芬的带动下，周边13个村庄1 300多户共计4 000多人直接参与蔬菜种植，户年均增收3万元。为拓展服务之路，王翠芬投资30多万元在地头建起了260平方米的"田间课堂"，紧跟时代需求，培养新型职业农民。2020年麦收时节，王翠芬组织举办了高密市首届小麦文化节，让更多的人从麦子的角度深度了解高密文化。

2020年以来，王翠芬以高于市场的价格优先流转18户建档立卡贫困户土地40多亩，引导流转土地的劳动力到农场务工。"长风破浪会有时，直挂云帆济沧海。"扎根在农场广袤无垠的土地上，朴实厚道的王翠芬坚守初心，信念如山，用最平凡、最真挚的情感，实现着人生价值，谱写着奉献之歌。

苏小梅

山东省昌邑市围子街道仓街村人，成立了昌邑市广源蔬菜种植专业合作社

苏小梅，1973年7月出生。2000年，苏小梅离开家乡来到青岛市进行蔬菜零售及批发业务，随着业务范围的不断扩大，她于2010年回到家乡——山东省昌邑市成立昌邑市广源蔬菜种植专业合作社，辐射带动周边标准化种植昌邑大姜、萝卜、土豆、大葱等蔬菜达8万亩。

为了给昌邑大姜的标准化种植和深加工寻找出路，苏小梅多方考察、如饥似渴地拜师、学习、实践，一切从零开始的她，很快便成为行家里手。从"单打独斗"到"抱团发展"，目前合作社已发展到种植面积500亩，社员147户，成功申请了大姜、萝卜、土豆、大葱等5个品种的有机蔬菜认证，注册了"喜甘农"商标，产品畅销青岛、济南等一线大型城市，并与昌邑市当地知名蔬菜深加工企业潍坊丸和食品有限公司合作，进行大姜、萝卜等农作物的深加工开发与利用。以生产和出口日式、韩式调理蔬菜为主，产品主要销往日本、美国、欧盟、澳大利亚、韩国、加拿大等国家和地区。2018年实现产值4 000万美元，创汇3 700多万美元。

按照不同作物的物候期，她定期聘请专家教授举办技术培训班，无偿向周边农户提供技术支持，免费进行土壤检测和肥料配方服务，把农户的事当作自己的事，共同富裕。为周边群众提供就业岗位200余个，解决了周边农村40岁至60岁中年妇女的就业难问题。

为响应国家号召，苏小梅多年来一直致力于精准扶贫，2019年她联合潍坊丸和食品有限公司与当地镇政府签订了扶贫农产品加工合作项目协议，使潍坊丸和食品有限公司在当地成了一家扶贫型企业，惠及当地村民595户，1 015人。

山东 高成德

山东省潍坊市昌乐县营丘镇马宋村人,现就职于昌乐县卧虎庄园生态农业专业合作社

高成德,1965年5月出生。现为昌乐县卧虎庄园生态农业专业合作社技术指导员,中级肥料配方师,取得新型实用专利两项。从事农业30年来,高成德致力于服务三农事业,为昌乐县农业技术推广、农民增收、现代农业发展做出了积极贡献,被授予2013年度经济人物、全国优秀合作人物、山东省十大返乡农民工等荣誉称号,并被推选为昌乐县第十六届人大代表。

远古火山的喷发为昌乐县带来了肥沃的火山土壤,高成德充分利用昌乐县的火山资源优势,大力推进火山农业的发展,为了昌乐县农业的发展进步,高成德拓展思路,实施了"科技兴农、品牌强农"策略。在科技兴农方面,高成德先后引进了"戴安娜""火山西瓜""阳光玫瑰"等36个农业新品种,以及"设施蔬菜连作障碍""超声波杀虫技术"等20余项先进技术,并在合作社及当地农户中推广,惠及全县15 000多户农民。在品牌强农方面,高成德大力指导培育当地的合作社、家庭农场注册商标,建立品牌,并与技术专家、销售专家,探讨了多途径的线上线下的销售方式,特别是与网红直播专家建立合作关系,在当地开展了网红直播培训20多期,培养了农民直播能人50多名。借此打造了"火山农业谷""火山农八鲜""黄金籽西红柿"等特色火山农业品牌28个,形成了火山小米、火山西瓜、火山南瓜、火山西红柿等15个农产品系列,极大地增加了当地农产品的附加值,提高了农民的收入。高成德还指导、组织合作社开展了土地耕种、农资供应、技术指导、测土配方施肥、秸秆回收等农业社会化服务,托管服务土地10万亩。

通过一系列的技术服务,高成德领悟到,一个人的能力再大,对现代农业的发展也是有限的。于是他组织开展了新型职业农民技术培训、创业培训、合作社高峰论坛等一系列的农民培训活动,培育了新型职业农民10 000多人,为农业的发展提供了继续前进的力量,相信高成德将矢志不渝地为农业发展做出更大的贡献。

田爱霞

山东省潍坊市昌乐县宝都街道张家埠头村人，现就职于昌乐乐都瓜菜专业合作社

　　田爱霞，1978年8月出生，是昌乐乐都瓜菜专业合作社的一名普通员工，同时也是合作社同事们的技术指导员。她于2010年加入昌乐乐都瓜菜专业合作社，一开始总感觉力不从心，工作不见起色。可是她有一股不服输不怕苦的韧劲，凭着这股韧劲，她潜心学习研究技术，成功研究出一套成熟的农业技术操作规程，创新性把滴灌、水肥一体化、自动防风设备等高科技技术引进并应用到合作社的种植生产当中，有效提高了合作社产品的产量和品质，使合作社的种植技术达到了全国先进水平，并在全国大范围推广。

　　在做好合作社工作的同时，她看到周围群众还有因不懂技术而影响收入的情况，非常着急，坚定了要帮助大家致富的信念。每年，她义务培训10余名种植户，向她们传授先进的农业种植管理技术，目前已累计帮扶全国各地100多户农民发展现代农业，辐射面积3 000余亩，每亩每年增收5 000元以上，极大地促进了增收，带动成效显著，取得了良好的社会经济效益。

　　在她的付出下，昌乐乐都瓜菜专业合作社于2016年被评为省级合作社示范社，2018年被评为国家级合作社示范社；合作社旗下山东伟圣现代农业有限公司被评为山东省首批扶贫龙头企业。

孙庆义

山东省济宁市曲阜市陵城镇陵西村人，现就职于山东良友工贸集团股份有限公司

孙庆义，1971年4月出生，中共党员，现就职于山东良友工贸集团股份有限公司。孙庆义时刻以党提出的新思想、新战略、新目标为指导思想，结合公司发展现状，通过新旧动能转换，做中国健康食用油行业引导者，所在公司被评为山东省农业产业化重点龙头企业，连年进入"全国玉米油加工企业10强"，是中国粮食行业协会"放心粮油示范企业"。

孙庆义2000年回乡创业，创建了曲阜市金箔塑料制品有限公司。他从小企业起步，埋头苦干，不畏艰辛，在塑料制品行业，打出了一片属于自己的天地。2007年孙庆义在充分调研的基础上，瞄准时机，投资三千余万元，建成了年加工5万吨的玉米胚芽生产线，公司名称变更为曲阜市良友工贸有限公司。2012年企业扩产，发展成一家集食用油脂研发、加工、灌装于一体的食用油现代化加工企业，具有年加工15万吨玉米胚芽和日灌装300吨成品油的生产能力。

孙庆义充分发挥企业党支部和党员的战斗堡垒作用，大力实施龙头企业"带一连三"工程，促进农村一二三产业深度融合发展，2019年公司带动7.3万农户近30万粮农，增收额达600多万元。企业加工的部分副产品玉米胚芽粕2.6万吨，直接供应养殖基地的400多个养殖大户，带动增收额达800万元。他以自己的实际行动和扎实的工作业绩，为实现农业增效、农民增收、农村繁荣，做出了突出贡献。

孙庆义致富不忘本，感恩社会，回报社会。他积极为返乡农民工和下岗职工提供就业岗位，帮助他们渡过难关，吸纳近千人就业，为社会排忧解难。多年来他逢年过节为贫困户送油、送面、送温暖。积极助力精准扶贫，多次帮助附近村庄修葺道路，改善村民的生产、生活条件。2020年2月3日，值全国新冠肺炎疫情暴发期间，在这场没有硝烟的"战役"中，孙庆义以个人名义捐助100 000元，并且带领公司在"战役"期间做好物资储备应急保障要求，为防疫工作尽上自己的一份力。特殊时期、危难之际，孙庆义以实际行动践行共产党员不忘初心的使命，用担当和行动给党旗增光添彩，持续发挥好党员的先锋作用。他的热心公益、无私奉献得到了上级部门和社会各界的广泛认可。2009年被济宁市共青团委、济宁劳动和社会保障局、济宁日报社、济宁广播电视局授予"济宁市首届'百优'创业青年"称号；2011年被曲阜市共青团委授予"青春创业带领人"称号，是曲阜市第十三届政协委员和第十八届人大代表；2015年被曲阜市人民政府授予"创业明星"称号；2018年被授予"省劳动模范"称号；2020年被省政府办公厅评为"齐鲁乡村之星"等。

李敬海

山东省济宁市梁山县拳铺镇拳南村人,现就职于梁山中集东岳车辆有限公司

李敬海,1983年2月出生,是梁山中集东岳车辆有限公司制造部骨架线工段长,济宁市首席技师。2005年入职以来,一直在该公司工作,他始终保持严谨认真的工作态度和一丝不苟的工作作风,处处严格要求自己在任何时候都要起到模范带头作用,得到全体员工的一致好评。

他爱岗敬业,开拓进取,刻苦钻研。2018年年底设计制作了一套骨架车车架拼装平台,与以往对比拼装速度提高了15%,并保证了车价精准度,提高了公司利润及员工的收入。

他时刻保持一丝不苟、精益求精的工匠精神。2019年12月,在每台焊机气管与气包之间各加一个气体流量计,并把流量计控制在15帕以下,这一改善经过几个月的平均测试,气体节约费用合计143 260元,单台节约30.16元/台,受到公司领导的高度赞扬。

他创新思路,业绩突出。2018年至今,担任焊接组讲师,他刻苦钻研焊接理论知识和操作技能水平,一丝不苟、精益求精,练就了一手"心手合一""稳、准、灵、快"的焊接技能。熟练掌握了多种材料的焊接技术。采取理实一体化、工作过程导向、梯队培养焊接教学模式,培养的焊接专业技能人才技能扎实,焊接技术水平与职业道德良好。多年来他爱岗敬业、刻苦钻研、执着专注、勇于创新、追求卓越,手把手传授技能,一对一教学,每一次培训,都使公司的整体焊接水平收到立竿见影的效果,2018年先后组织参加大小型培训30余次,为公司培养焊接员工100余人,其中30余人取得了高级焊接证书,被安置在了公司的重要岗位上。2020年9月,他率队参加梁山县人社局举办的第四届"水泊焊割杯"技能比武大赛,获得了团体赛第三名的好成绩。

李敬海是一个普普通通的焊接实操教练,他没有超人的智慧,但他以不甘平庸的韧劲、心系培训学员和默默奉献的精神,在平凡的岗位上实现着自己的人生价值,传承着焊接技艺,同时也以实际行动诠释了新时期一名工匠应有的时代担当。

山东

胡令贻

山东省济宁市汶上县次邱镇白马河村人，现就职于山东华准机械有限公司

胡令贻，1980年5月出生，是山东华准机械有限公司一线职工，父母都是朴实本分的农民，从小耳濡目染深知老老实实做事、踏踏实实做人的道理，始终坚持对人感恩、对事尽心的人生态度。

早年参加工作，从懵懵懂懂的状态一路走来，逐渐成长为公司的技术骨干实属不易。从车间一线操作工干起，从不会操作到熟练操作，从一知半解到精通熟练，他曾经不知熬过多少个日日夜夜，为把一个产品做优做精，废寝忘食。

进入公司以后，他工作努力，爱岗敬业，技术精湛，善于钻研，工作严谨，更是承担了多个产品的研发试制及推广工作，在项目推行过程中总是冲在第一线，从设计、进度、规范、试制到验证等每个环节都事必躬亲，对产品设计的每个细节都要求精益求精，对工艺细节做到尽善尽美，公司的同事深受感染，以他为榜样，都尽心尽责，齐心协力，提前完成项目工作，他在公司起到了良好的表率作用。

10年来，他潜心研究滚珠丝杠专用轴承座，为数控机床行业的滚珠丝杠的支撑提供了切实可行的解决方案，通过他带领的技术团队的不断努力，使华准机械生产的"HZMotion"轴承座成为高档数控机床与基础制造装备国家科技重大专项《数控机床功能部件优化设计选型应用手册》唯一入选的轴承座产品，为高档数控机床行业的发展提供了有力的支撑。在产品工艺创新方面他也取得了骄人的成绩，通过他带领的团队连续奋战，发扬能吃苦、不怕累的铁人精神，经过精心计算及反复验证，不断创新工艺，将轴承座产品的生产效率提升了45%，极大改善了公司的产能不足问题，为公司创造了良好的经济效益，同时也为数控机床行业的发展提供了有力的技术支持和产品支撑。

同时他还积极参与社会活动，在2016年山东省装备制造业三维设计大赛中取得优异成绩，被授予"山东省机械行业优秀科技工作者"称号；同年，他还被汶上县人民政府评为"汶上县人才和科技工作先进个人"。因在公司的杰出表现和技术带动企业发展的示范作用，2017年被汶上县人民政府评为"汶上县有突出贡献中青年专家"。

王长寿

山东省邹城市张庄镇大律村人，现就职于山东奔腾漆业股份有限公司

王长寿，1989年6月出生，2013年进入山东奔腾漆业股份有限公司制漆车间工作。在岗位上，兢兢业业，从一名普通的操作工成长为班组的领头人。他带领班组6人，连续3年蝉联车间产量排名冠军，一年生产产品1 800批次，产量增比较往年提高64%，2020年8月更是突破了单位产量900吨的历史大关，而且他带领班组成员还在向着1 000吨的目标迈进。

王长寿深感自己专业技能的欠缺，在工作之余积极参加公司组织的各类培训班，研读一些与涂料相关的书籍，不断提高自身的业务技术水平和职业修养。

工作中他紧抓产品质量不放松，把质量放在第一位，涂料生产品种多、花色多，如何用有限的设备生产出保质保量的产品成为王长寿在工作中探索的关键，结合生产方式，他提出"联机研磨"及"三步循环冲洗设备法"，既能提高产品生产效率，避免了产品串色的风险，又能控制生产过程中废物的产生，改变了原冲洗设备的难处理局面，本项改进工作直接节约物料消耗100万元/年，他提出的循环水冷却改造技术每年减少水量1 000余吨。在生产过程中拉缸盖盖不严的问题一直比较棘手，他积极实验，首选对分散机进行了技术改造，增加可升降拉缸盖，替代了原本较为落后的铁制拉缸盖，这样既能减少无组织挥发情况的出现，又能改变铁制拉缸盖频繁更换的浪费情况，仅此一项就节省资金30余万元。

工作中王长寿悉心向他人传授工作经验，特别是生产中的细节问题，对待新员工，更是用十足的耐心帮助其尽快成长，精益生产也是在其班组逐步向公司其他班组与部门推广。工作中他除了带领班组成员严格按照操作工艺规程的要求执行外，还积极就工艺与实际操作有偏差的地方与技术部门工程师沟通交流，确保了工艺规程的指导精准性，协助工程师完成了多种水性产品、高固含产品、高闪点产品等新型环保产品的研发试产工作，取得一致好评。

在工作中王长寿严格要求，坚决执行安全环保的要求，处处以身作则，与工人同心协力，保质保量地完成生产任务，最终成为一名典型的模范班组长，多次在公司年度表彰大会上被授予厂内"先进工作者"及"优秀班级管理干部"的称号。

王长寿是农民的儿子，生活中他是个好儿子，还是个好父亲，不但一如既往地照顾生病的父母，而且在孩子的培养上也做到了尽心尽责。在工作中，他靠自己的勤劳与刻苦、学习文化知识的信念以及助人为乐、锲而不舍的奋斗精神，换来了累累的硕果，书写着自己的感恩人生。

山东 王长信

山东省泰安市宁阳县鹤山镇山后村人，成立了泰安市金麦香面粉制品厂

王长信，1964年2月出生，中共党员。1980年年底，年仅16岁的王长信怀着对军营的美好憧憬应征入伍，在军营中不仅练就了一副好身板，也造就了王长信不服输、不低头的坚强意志。

1983年转业返乡，退伍后的他一直思考着如何响应国家号召，走上致富道路，思来想去他决定还是在粮食上做尝试。摸着"粮食收购"这块石头开始过河，起早摸黑、走村串户，一斤一两地将收购来的粮食送往当地的面粉厂，开始了艰辛的创业历程。创业路上并非一帆风顺。开始，粮食收购没有经验，走了不少弯路，赔了不少钱，几次想放弃，但在部队磨炼的不服输的精神始终鼓励着他。粮食收购虽然艰苦，但十里八村的百姓让他坚持下来了。做生意靠的是诚信，即使不赚钱也不能坑骗农民。在他心里，最准的秤莫过于人心。王长信做的一件件实诚事被口口相传，越来越多的人愿意跟他做生意，生意随着名声远播而蒸蒸日上。2005年他和大哥王长义（信义兄弟）筹集12万元资金，注册成立了泰安市金麦香面粉制品厂。

凭借多年诚信招牌，送粮群众越来越多，信义兄弟琢磨出了"粮食代存"的门道，即"粮食银行"，老百姓把麦子存到面粉厂，可凭单据随时提取现金、提面粉。信义兄弟承诺，把粮食存到面粉厂，不用考虑粮食损耗，而且保证价格随行就市。有了"粮食银行"，面粉厂的发展具备了条件，2012年，新上日产500吨面粉生产线一条，新生产线由计算机控制，操作全自动，既节能又环保，面粉质量不断提高，"信义兄弟"牌面粉销往全国各地。

王长信把企业做强做大的同时，也为社会做出了很大贡献。在扶贫攻坚战役中，帮助宁阳县鹤山镇九村九十多户贫困户实现脱贫，连续五年共扶持资金100余万元，解决了贫困户的孩子上学、生活急需等方面的经济困难问题。企业每年向当地教育部门捐款5万余元，解决困难学生的学习、生活问题。每年春节前，为本村70岁以上的老人赠送面粉和食用油，这一举动，使当地形成了尊老爱老的好风气。近十几年来，累计拿出了100多万元资金，帮助当地修路、建桥、建学校。特别是2020年新冠肺炎疫情期间为当地政府捐钱捐物。企业先后荣获国家绿色食品、山东省放心粮油、泰安市消费者满意单位、泰安市龙头企业、捐资助学先进单位等荣誉称号。信义兄弟也先后被评为宁阳县十大好人、泰安最美退役军人、感动泰安人物、山东省十大好人、第五届山东省道德模范、全国道德模范提名奖、全国首届文明家庭、全国十大诚信之星。

韩树刚

山东省莒南县大店镇峰山后村人，现就职于威海怡和专用车有限公司

韩树刚，1973年12月出生，威海怡和专用车有限公司组焊二班班长，焊工高级工。工作17年来，韩树刚一直从事零部件的焊接工作。工作中勤学苦练、善于钻研、勇于实践，练就了一手高超的技艺绝活，积累了丰富的工作经验，逐渐成长为公司一线的生产骨干，多次出色地完成了公司安排的攻关任务，为铸造怡和精品做出了自己的贡献。

韩树刚于2007年度获得环翠区第四届职工技能运动会"技术能手"称号；2016年获得威海市总工会"威海市优秀职工"称号；2016年获得威海市职工合理化建议"金点子"二等奖；2017年获得威海市首届"威海工匠"称号；2019年获得威海市最美职工称号；2019年获得山东省富民兴鲁劳动奖章。

工作中不怕困难、迎难而上，主动攻克了很多焊接及其他工作方面的难关。做出了二十多项改进，大幅提高了工作效率、改进了产品质量，其中多项改进得到了公司领导的嘉奖。积极参与公司"五小"活动，例如，维和部队使用的装甲运输半挂车大梁的组焊作业，要求上下翼板与腹板之间间隙均匀，防止组装、焊接的热变形，经过多次试验，反复研究，最后韩树刚设计制作了"快速大力夹具"，用该夹具夹紧后再操作，能有效地保证焊接质量，且可将工作效率提高至3倍，并确保批量产品生产质量的稳定性、一致性和通用性。目前，该夹具的设计理念已广泛运用到其他类产品类似结构的部件生产中，节约人工成本5万余元。

专用车制造过程中，对焊接的工艺水平要求相当高，韩树刚苦练基本功，精通手把焊、二氧化碳保护焊、氩弧焊、埋弧焊等各种焊接技术，尤其擅长焊接后的校正。

由一名普通焊工成长为焊工高级工并担任班长后，韩树刚在技术的传承上，摸索了一套行之有效的方法，把自己钻研和掌握的技术传授给徒弟，并利用班组会和业余时间把自己摸索的技术毫无保留地传授给其他同事，在日常工作中积极指导新员工和其他班组成员，手把手教他们如何操作，如何注意生产安全，教会他们如何提高生产技术，不懂的地方反复讲解，并且不断地纠正他们。十几年来，他先后培养了近百名徒弟，他们大多数已成为生产的骨干力量，分别在怡和的各个厂区发挥着光和热。

山东 于海游

山东省威海市文登区大水泊镇大台村人,现就职于文登奥文电机有限公司

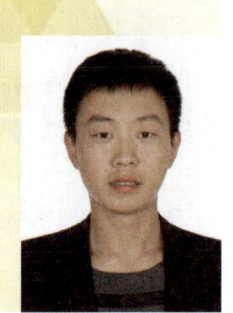

于海游,1990年12月出生。2009年进入文登奥文电机有限公司工作,在公司工作期间,遵纪守法、爱岗敬业,树立了正确的世界观、人生观、价值观和拼搏进取的思想品格,有较强的素质和文化修养;在工作上,踏实肯干,诚实、守信、敬业,有极强的事业心和责任感;在生活上,团结友爱、乐于助人;在学习上,孜孜不倦、有进取心,努力学习各种工艺流程和操作规程。对技术精益求精,对工作一丝不苟,对自己高标准、严要求,多次受到公司及车间的奖励,连续多年在公司被评为优秀员工和先进工作者。

于海游锐意进取,探求新知,积极参与技术交流和科技创新活动,善于发现新问题,想出新点子;在日常工作中创新技术、刻苦钻研,边观察、边分析,拥有实用新型专利2项,对各种工艺改造提出合理化建议十多项,均受到公司的高度重视;他利用PLC编程器对设备进行升级改造,有效降低了设备故障发生率,极大降低了设备维修成本、提高了生产效率,使公司的设备正常运转率达到98%以上,先后为企业节约资金500多万元;为单位带出十多名优秀的员工,赢得了领导和同事的广泛好评。2013年研发了自动绕线机,利用三菱PLC编程器和触摸屏进行了内部程序的设计,增加了自动监视画面,提高了设备运行的强度和稳定度,同时,也提高了生产效率,降低了维修成本,并申请了专利,专利号为ZL201320263971.6。于海游凭借勤奋踏实,获得多项荣誉,先后获得2010年"文登市技术能手"荣誉称号;2016年"威海市职业技能大比武"维修电工职工组决赛一等奖;2016年"威海市技术能手"荣誉称号;2016年"威海市金牌职工"荣誉称号;2016年"威海市优秀青年岗位能手"荣誉称号;2017年"山东省突出贡献技师"荣誉称号;2018年"威海市首席技师"荣誉称号;2018年"文登工匠"称号;2020年"山东省五一劳动奖章"荣誉称号;2020年"山东省齐鲁首席技师"荣誉称号。2017年为公司的湿式砂光机设计了自动下料装置,使设备实现了下料自动化,减少了操作人员,提高了工作效率,降低了劳动强度。于海游不断创新,拥有多项发明,2017年研发制作8台多轴自动钻床专机;2018年发明制作1台自动测试单相电机离心开关断开转速试验台,并申请了专利;2019年根据公司需要发明制作一台转子断条测试仪;2019年发明制作一台电子离心开关自动测试仪。

于海游始终坚信:"一根火柴再亮,也只是豆大的光芒,但倘若用一根火柴去点燃一堆火柴,则会熊熊燃烧。"他用亮丽的青春,去点燃周围每个人的激情,感召着同事们一起为共同的梦想奉献、进取、立功、建业。

李纪明

山东省日照市东港区南湖镇东马陵前村人,现就职于山东港湾建设集团有限公司

  李纪明,1976年1月出生。从工地上的砌筑"小工"到砌筑工二级的技术工人,20余年来,李纪明在辛苦单调的工作中不断改进技术、提高工作效率,成为砌筑领域的行家里手。他获得"2011年度山东省技术能手"称号和日照市五一劳动奖章,他凭借"一把准"的绝活儿,连续三届获日照市建筑业职业技能大赛砌筑项目第一名。

  17岁的李纪明就跟着小姑父学砌筑。"砌墙,看起来简单,把墙整齐地砌起来就行了,但砌筑这一行要做好很难。刚开始学的时候下了不少功夫,那时候常常偷看老师傅干活儿,然后边练习边琢磨方法。"李纪明介绍。由于李纪明勤奋好学,20多天就可以独立干活儿了。一般来说,手艺功夫学起来并不难,难的是学深学透。取砖、抹灰、摆墙、扶正这些看似简单的动作,技术含量却很高。李纪明在施工中踏实干、用心学,通过不断尝试,总结出了自己的经验。

  "想要把活儿干得又快又好,平时工作中要自己研究'小窍门儿'。我的'小窍门儿'就是把大拇指当作'量尺',在砌筑时为保证每块砖的前后砖缝宽度一样,用拇指顶住前一块砖,一指肚的距离放下一块砖,一顶一放,活儿就能干得又快又好。"李纪明介绍。他用"小窍门儿"练就了"一把准"的功夫,从业20余年,没有一次返工。

  李纪明对自己要求特别严,他砌的墙,砖面清爽,不沾泥带水,同时他凭借"一把准"的功夫能把砌筑砖块间缝的误差范围降至毫米级别。山东港湾城建工程公司技术质量主管卢峰说:"李师傅就是质量的保证,严格对照砌筑规范和技术交底要求施工,他施工的墙砖灰缝宽度一致,墙面平整光洁,技艺水平在日照砌筑行业内遥遥领先。同时,他参与的砌筑工程施工,如日照港国贸中心工程、北苗家村安置区、威海路社区、城南安置区等分别获得市优质结构工程、山东省优质结构工程等多项荣誉。"

  20余年来,李纪明用砖块和小泥刀练就精巧的技艺,成长为砌筑领域的行家里手,不论是精准度、水平垂直度还是外观美观程度,他都拿捏得恰到好处,同时,他凭借兢兢业业的工作态度和高超的技艺,得到了社会广泛认可。李纪明荣获2011年度山东省技术能手、日照市砌筑一等奖、第四次山东省建筑业技能大赛个人铜奖、日照市技术能手、日照市五一劳动奖章、日照市"锦华杯"建筑业职业技能大赛一等奖、砌筑工一等奖、第四届日照市"技能之星",且2014—2018年连续五年荣获山东港湾建设集团砌筑项目比赛一等奖……在这些成绩和荣誉的背后是李纪明夜以继日的勤学苦练和永不言弃的执着坚守,更是李纪明几十年如一日对工作的精益求精。

刘春杰

山东省安丘市郚山镇陈家沟村人,现就职于日照市园林环卫集团有限公司环境卫生发展分公司

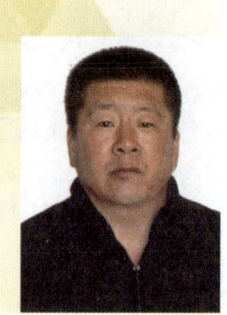

刘春杰,1973年4月出生,主要从事环卫行业的城市道路护栏清洗车驾驶工作。2018年被评为"山东省城市美容师"称号。从2011年起,他开始在日照市从事环卫工作,先后驾驶过扫路车、洒水车、清洗车,自2013年起专门驾驶护栏清洗车,成为日照环卫行业市区180公里城市道路护栏清洗守护者。

2013年4月,刘春杰成为刚刚引进的护栏清洗车的专职驾驶员。刚开始的那段日子,眼睛疼、脖子疼、腰疼,后来才慢慢习惯过来。倒车、停靠、分开转轴、落轴、调整作业角度及视觉高度、夹紧护栏,然后开始清洗。这个操作过程一步步来,半点也马虎不得。刘春杰需要有条不紊地操控着车辆,眼睛一直紧盯着正在作业的转轴。

刘春杰自学维修本领,爱车犹如爱家人,对于车辆检查,刘春杰有一套自己的方法:"一看、二听、三试"。一看,就是检查表盘、指示灯等有无异常显示;二听,就是检查发动机等有无异常声音;三试,就是检查刹车、油门、轮胎气压是否正常。出车前的例行检查,不仅因为这是单位的铁规,更是出于对生命安全的尊重。遇到维修难题时,他与修理厂的师傅们共同学习、共同研究、共同破解,慢慢摸透了护栏车的机械结构、性能特性,7年多来,他做到了行程4万余公里,无安全事故发生。

在近几年的创建迎查工作中,护栏清洗车工作时间和频率明显加大,有时突击加班,刘春杰全然顾不上家里,唯一的一次请假,是父亲病逝,他回老家安丘料理后事,但是一个星期后就匆匆赶了回来。

2020年新冠肺炎疫情期间,由于各村居、小区实行封闭管理,一些驾驶员无法出村,造成了生活垃圾清运车辆驾驶员缺口增大,此时,刘春杰就主动申请去驾驶清运车辆,清运生活垃圾。刘春杰主要奔波在日东高速和同三高速两处路口及火车站等地进行废弃口罩的收集和消杀病毒作业,承担着垃圾清运的工作。到达清洁现场后,刘春杰首先对垃圾桶及周边进行全方位消毒,紧接着用扎线把垃圾桶里面的垃圾袋口扎死,将垃圾收集装车,消杀清运车……这一系列工作结束后,他还要再次对垃圾桶进行全面消毒,并换上专用垃圾袋再消毒,确保做好垃圾的收集和运输。

在领导的眼里,他认真负责,爱岗敬业;在同事的眼里,他憨厚朴实,乐于助人;在家人的眼里,他的心思更多地放在工作上,先大家,后小家,但是他也非常顾家、爱家。没有豪言壮语,没有突出事迹,只是怀揣一腔热情,尽心尽力地清洁着我们的家园,刘春杰用夏汗冬霜诠释着对环卫事业的笃诚。

刘建国

山东省沂水县四十里堡镇三十里堡村人，现就职于沂水大众劳务有限公司

刘建国，1976年2月出生，中共党员，焊接主任技师，公司施工技术专家组/特殊材料焊接组成员、十建公司焊工考试委员会指导老师。刘建国勤奋好学、锐意进取，先后荣获2009年中国石油化工集团职业技能竞赛焊工银奖、2009年全国工程建设系统第九届焊工职业技能竞赛团体第三名、2009年全国工程建设系统第九届焊工职业技能竞赛个人总分第十名等，并获得齐鲁石化公司建功立业劳动奖章、临沂市十佳金牌工人、山东省有突出贡献的技师等荣誉称号。

刘建国掌握着管道固定口机动焊、管道埋弧自动焊、手工下向焊等10余种先进操作技能和钛材、铝镁合金、镍基合金等有色金属的前沿材料焊接工艺，10余项革新技术得到推广应用，为公司降本增效200余万元；在大口径及厚壁铝镁合金焊接施工中，由于焊接效率低，焊接缺陷容易超标，他经过现场分析，对材料的化学成分、物理性能、焊接特性进行了分析，制定了加强焊枪角度的调整、控制焊接参数、注意起弧和收弧质量等焊接工艺，镁合金管道焊接节省氩气40%以上，焊接效率提高2成，仅此一项，为项目降低氩气成本20余万元。为一线工程施工提供了坚实的技术支持。

刘建国利用所学，成功改进创新了镍基合金N08825管道固定口全位置机动实芯焊丝焊接工艺，获得国家发明专利，多年来为公司项目解决焊接难题20余项，挽回经济损失800余万元。他还广泛收集焊接技术信息和资料，为施工现场提供焊接技术咨询服务和支持。2011年他在重庆川渝工程项目中解决了"铝镁合金冷箱潮湿环境施工焊接缺陷"，2013年他到福建联合石化工程项目部进行了"裂解炉改造中新旧炉管裂纹修复"。他平均每年为施工项目提供技术支持60余项次，解决施工难题20余项，有时他还亲自到现场进行焊接指导和培训，为十建公司在国家重点建设项目上打得赢、叫得响提供了坚实的技术支持。刘建国先后获得7项公司技术改进成果奖，并获得国家实用新型专利1项，已申报受理国家实用新型专利1项，国家发明专利4项，共发表论文12篇。

作为公司焊接主任技师，刘建国积极响应公司管道模块化预制和多项焊接新技术开发要求，并积极开展"传帮带"。刘建国平均每年培训焊工390余人次，他培养的焊工中1人获得"集团公司技术能手"、1人获得"山东省技术能手"，有16人获得技师资格、3人获得高级技师资格，多人成为施工骨干；其徒弟张之万在2017年6月上海举行的"一带一路"暨金砖国家技能发展与技术创新大赛中，夺得熔化极气保焊单项第三名。

贺可云

山东省临沂市沂南县铜井镇两泉坡村人,创办了沂南县博云家庭农场

贺可云,1989年5月出生。现任沂南县博云家庭农场法人,中国农村青年致富带头人协会会员,临沂市职业农民果树产业发展联盟秘书长,临沂市葡萄产业联盟副秘书长,沂南县青年创客创新创业成员。

贺可云创办的葡萄园项目被评定为全国杰出农村实用人才资助项目,省级家庭农场示范场,省级新型职业农民乡村振兴示范站,山东农业大学新农村发展研究院综合服务示范基地、分布式服务站、特色产业基地,沂蒙大姐居家创业就业示范基地,临沂市葡萄产业发展创新团队试验示范基地,新型农民培训"田间课堂",承担了5 000多人次的现场培训。

贺可云先后荣获农业部和中国农学会"全国杰出农村实用人才",首届山东省"十大返乡创业农民工"荣誉称号,山东省最美乡村女致富带头人,"齐鲁银行杯"第五届山东省创业大赛复赛返乡入乡创业组第11名,临沂市三八红旗手,沂蒙乡村创业富民"好青年",振兴沂蒙劳动奖章,临沂市十佳新型职业农民和新型职业农民中级农民农艺师,临沂市第五届创业大赛返乡入乡创业组一等奖,沂南县劳动模范,"沂南好人"。

贺可云高中毕业后外出谋生,2014年,她回到家乡,力排众议,为了贫困群众的幸福生活,走上回乡创业扶贫的艰辛征程,经过多次论证,她决定走"乡村旅游+电商平台"的新路子,建设博云家庭农场。

贺可云与多家旅游公司合作,建立电商销售平台,扩展客源发展订单农业,并与中小学科普教学建立密切合作,实现葡萄种植、加工酿造、休闲采摘旅游一二三产业融合。现在,农场一年接待游客4万人次左右,营业额800万元。不断摸索创新农场发展模式,增加农场的创新点,提升农场的吸引力,推进家庭农场向农文旅一体化方向发展。

贺可云虽然事业初成,但她一直不忘带动父老乡亲致富,回报社会,将周边村有劳动能力、年龄较大、无法外出的村民聘用到农场务工,让贫困户在家门口就业,实现脱贫增收。对贫困弱势群体,给予免费服务并拿出一定资金给予慰问。她还通过与农业局、银行等单位合作开展扶贫项目,帮助与农业局相关联的贫困户50户,每户每年扶持3 700元;帮助与银行相关联的贫困户40户,每户每年发放1 600元的补助;给20户与农场有帮扶关系的贫困人口,每年现金帮扶3 509多元。

柏建喜

山东省临沂市沂南县青驼镇双冶村人,现就职于天元建设集团有限公司

柏建喜,1986年7月出生,2005年参加工作,长期扎根施工一线,现为天元建设集团有限公司瓦工班班长,擅长砌筑技艺,他从砌砖工人一步步成长为熟稔砌砖技艺的高技能工人。21岁成为班里首屈一指的砌筑技术能手,24岁成为参与工程施工的瓦工班班长。从事瓦工砌筑工作15年来,他多次参加市县工人技术比武和劳动技能竞赛,2018年9月代表集团参加全市砌筑工比赛获得第一名,并代表临沂市参加山东省砌筑工比赛荣获了团体第二名,并先后荣获"临沂市振兴沂蒙劳动奖章""河东工匠"等荣誉称号,是一名成长在基层、奉献在基层的新时期建筑业高技能农民工代表。他先后参与施工了临沂高新区软件产业园等20多个国家、省、市级重点工程,荣获1项"鲁班奖"、1项"国家优质工程奖"、4项"泰山杯"、1项省级"质量诚信用户满意工程"、7项省市级安全文明工地,所在QC小组荣获"全国工程建设优秀质量管理小组"。施工的20余项砌筑工程,优良率均达到100%,得到了领导的一致肯定。

陆金山

山东省临沂市罗庄区罗西办事处满沟屯村人,现就职于临沂市光明电力服务有限责任公司

陆金山,1969年2月出生,系临沂市光明电力服务有限责任公司农电员工,2014年被评为高级技师,先后被授予技术能手、优秀讲师、优秀专业化班长、农网改造先进个人、美丽彩虹服务之星、个人十佳、安全卫士、抗台(达维台风)抢险保供电功臣个人、国网临沂供电公司成立五十周年突出贡献个人等荣誉称号,连续15年被国网山东省电力公司、国网临沂供电公司评为优秀农电工,为振兴沂蒙老区做出了突出贡献。

陆金山研发的"防松动带电作业线夹"获得国家知识产权局实用新型专利、"一种新型自乘式通信电缆"获得"山东电力科学技术专利奖"二等奖、"基于流水线作业的装表接电流程管理"荣获"山东省企业管理现代化创新成果"三等奖、"低压台区相互备用投切装置"荣获临沂供电公司"群众性创新成果"一等奖。

他主笔编写的《低压施工工艺标准》《低压施工安全规范》《新建住宅小区供配电设施施工、验收要点》等,在省内推广应用,先后获得技术革新奖等奖项10余项。

陆金山积极开展导师带徒活动,先后培养了多位技术能手,多次作为临沂市"劳动之星"竞赛主教练和裁判,同时被临沂市组织部、人力资源和社会保障局、临沂市总工会授予"最佳裁判员"称号。作为国网山东省电力公司专项比武教练,在国家电网公司物资专业技能竞赛、首届配电自动化技能竞赛中夺魁,荣获"卓越贡献"奖。

为确保春节不停电,陆金山在2个月内组织完成了46个项目的改造施工、验收工作,共计立杆232基,架设导线47 200米。在抗击"达维台风"抢险中,他带领团队奔波100多公里,在第一时间到达临港线路抢险现场,经过奋战,提前完成了检修送电任务。在临沂三河口隧道线路施工中,加班加点完成了施工任务,为隧道按时通车提供了电力保障。在国家土地增减挂项目试点工程施工中,陆金山仅用15天时间就完成了14台/8 780千伏安变压器安装和高低压电缆25 300米的敷设工作。新冠肺炎疫情初期,他带领队伍主动请缨,积极为兰山区"新冠疫情后备医院"进行线路改造和变压器增容等工作,为该医院早日投运提供了电力保障。

陆金山30年来,累计参与新装增容公用变压器1 214台,容量38.24万千伏安,新建和改造中低压线路1.32万公里;完成业扩送电变压器1.68万台,容量460万千伏安;完成居配工程32个,容量77.48万千伏安。在树立了良好供电服务品牌的同时,为振兴农村经济发展做出了卓越贡献。

徐芝法

山东省临沂市兰陵县卞庄镇龙沂庄村人，现就职于山东临工工程机械有限公司

徐芝法，1988年10月出生，中共党员。由于个人表现突出，先后被省、市评为山东省有突出贡献技师、山东省技术能手、齐鲁首席技师、山东省创新能手、沂蒙首席技师、临沂市技术能手、临沂市创新能手、临沂市模范班组长、临沂市先进班组长等，被公司多次评为"优秀员工""技能标兵""创新标兵"，连续6年被推选为"职工代表"，参加职工代表大会，为公司发展和员工权益献言献策。其先后获得山东临工高级技师、山东临工岗位技能大赛装配钳工组一等奖、临沂市第十一届劳动之星职业技能竞赛装配钳工组第一名、全国第三届机械维修工职业技能竞赛个人优秀奖、全国第四届机械维修工职业技能竞赛装载机组第二名等。

徐芝法积极推进五大员工专职管理，班组员工全员参与班组管理的理念。积极运用LPS各种先进工具在班组管理上，发现问题能准确及时确定好责任人，解决问题能实现闭环管理。在各种先进工具和班组员工齐心协力的配合下，班组各项指标名列车间、事业部前列。

自2014年至2019年上半年共获得37项技改项目奖励，共获得技改奖励10万余元。其中"徐芝法传动轴装配机械手"在公司技改成果评比中获得第一名。个人主导完成的技改项目如"油水分离器制动气室智能搬运机械臂""压缩机自动伸缩部装台""铰接销顶撞机机械臂""后桥自动运输小车"等10余项技改项目在公司技改评比中获得多项奖励。徐芝法编写了《装配钳工培训教材》《山东临工设备维修保养手册》等多部培训教材册，促进了经验与技术传承分享。

依托技师工作站，徐芝法积极开展"以赛促教、以赛促学"，积累实战经验，将传统导师带徒与技改项目相融合，为校企合作开创新型人才培养模式。徐芝法所在班组被评为"临沂市模范班组""临沂市先进班组"。他被聘为公司中级培训师，累计培训400余课时，培训学员800人，成功培养出多能工30余人，并被公司评为"装载机事业部能工巧匠"，被聘为临沂职业学院兼职教师，还为在校学生传授技能，为公司、学校储备了坚实的后备人才梯队。

企业的发展，离不开一个个像徐芝法这样刻苦钻研、无私奉献的员工。他支持的多项技术改造项目为公司节约了大量成本，创造了良好的经济效益，培养了大批技能骨干，是山东临工技能工人的杰出代表。

山东 王九力

山东省临沂市沂南县大庄镇王家新兴村人,现就职于临沂市政集团有限公司

王九力,1963年2月出生,中共党员。入职以来,王九立先后参与建设了沂蒙路祊河大桥、蒙山大道祊河大桥、临工大桥、西安路祊河大桥、北京东路综合改造等一大批重点工程,参建工程多次荣获中国市政金杯示范工程、泰山杯、山东省市政金杯示范工程、山东省建筑工程优质结构奖、临沂市优质结构工程奖、沂蒙杯等荣誉。

原材料进场时,王九力严格把关,细致铺装,负责施工西安路祊河大桥的2万余米路缘石,1万余米栏杆,从高空俯瞰,该桥两个半圆线型完美流畅,创造了路缘石外观质量的最高水平。

王九力善于钻研,在北京东路改造工程使用风钻时扬尘较大,无法按照传统方法用土工布加水围挡,他买来爆破螺杆钻机集尘器,改装到钻机上,把吸尘罩加大,电机功率加大,经过反复改装试验,大获成功。他改造的新型降尘器在北京东路成功应用后,在临沂市区其他工地迅速推广,甚至山东省内、省外都陆续开始推广应用,取得了显著效果。

北京东路栏杆安装时,为解决施工难题,王九力反复研究现场作业空间,画图琢磨,研制了一个小型移动起吊架。起吊架可以骑在栏杆上,用电机控制来回移动,调节钢管垂直和水平位置,在人员现场操作下,顺利把重重的钢管安装到了钻孔中。

近年来,由他参与的"流沙/岩石复合地质泥水平衡式顶管""单元多项变位梳形板桥梁伸缩缝施工技术""一种管道安装施工平台""现浇连续箱梁桥面沥青砂防水调平层施工工法""旋钻机与冲击钻机石灰岩地层联合快速成孔"等QC、工法、技术创新成果,先后荣获中国市政工程科学技术奖、全国优秀QC成果、山东省省级工程建设工法、临沂市科技进步奖、临沂市优秀技术创新成果等奖项。

2020年春节,蒙山大道祊河大桥改造工程要求春节期间通车。王九力和工人们一直工作到除夕晚上,直到把路口的人行道铺装完后,才赶回了沂南老家。第二天他又和几位工人赶回了工地。

疫情期间,王九力不顾家人反对,毅然坐上了回临沂工地的专车,从2月中旬,一直工作到5月,为了不耽误工程进度,整整三个月没有回家!

这就是王九力,一个朴实的沂蒙山汉子。没有豪言壮语,没有惊天动地,有的只是四十年如一日的坚守和平凡。用精湛的技术、过硬的本领,为八百里沂蒙建设更宽阔的道路、更雄伟的大桥,是他这个普通农民工毕生的信念和追求!

李金芳

回族，山东省临沂市罗庄区盛庄办事处花埠圈村人，成立了临沂香满城清真食品有限公司

李金芳，回族，1987年12月出生。现任临沂香满城清真食品有限公司法人，罗庄区盛庄街道妇联执委，先后被授予新时代沂蒙红嫂、罗庄好人、临沂市抗击疫情优秀志愿者荣誉称号。2020年，李金芳家庭被评为"临沂市最美家庭"。

2015年，李金芳将传统年糕配料和制作方法改进创新，生产黏豆包，并且申请了黏豆包专利，产品供不应求，其后陆续增加香辣牛肉、彩豆香糕、粽子、汤圆、月饼等产品，2016年注册成立李金芳食品商行，2018年，在抗日民族英雄马本斋之子马国超将军指导下，成立临沂香满城清真食品有限公司。目前，公司形成了集研发、生产于一体的产业链，产品以网络销售为主，全国设300多个代销点。

2018年企业及品牌注册成功后，李金芳不忘初心，勇于承担社会责任，做给农民看、带着农民干、帮着农民赚，有效吸纳本村闲散劳动力就业创业、增收，带动和帮助贫困妇女和家庭脱贫增收，为广大村民增加了经济收益，村民们纷纷为这位年轻的女企业家竖起大拇指。

从事纯手工清真食品行业以来，李金芳带领妇女员工创业致富，在工作期间为员工健康查体，每年给她们过生日，带她们春游。每个节日发放优质的福利，每个年会做出表彰奖励，激励员工激情满怀，从工作中寻找人生目标，为每一位员工创造舒适的生活环境，从工作中寻找成就感、幸福感。随着公司的日益发展，李金芳不忘初心，将公益事业作为企业回报社会的常态化行为。自2015年以来，每年中秋节、元宵节、开斋节，先后为村五保户及郯城马头镇、花埠圈清真寺等捐赠食物。每年策划安排关爱老年人，关爱困难儿童等公益活动，成为村里的尊老爱幼楷模。

2019年9月27日，李金芳到费县朱田小学看望留守儿童，11月给罗庄敬老院、兰山、临沭儿童福利院孤儿送去生活用品。"老吾老以及人之老，幼吾幼以及人之幼。"是李金芳家庭的家风，李金芳率先垂范，为孩子们做好榜样，家庭和睦，其乐融融，邻里友好，守望相助。李金芳家庭也同时被评为"临沂市最美家庭"。2019年8月，李金芳为村环境整治捐款一万元，2020年3月复工后第一批产品，全部捐赠并走访慰问罗庄区矿务局医院、罗庄区人民医院、罗庄镇医院，罗庄区八个街道，34个村居防疫一线人员。李金芳被中共临沂市委宣传部、临沂市民政局授予"临沂市抗击疫情优秀志愿者"称号。

吕庆英

山东省日照市莒县闫庄镇爱国村人，现就职于临沂市鲁蒙食品有限公司

吕庆英，1975年10月出生。为了让残疾工人尽快掌握要求，提高劳动技能，她将工序要求和操作步骤制作成漫画手册，使员工快速掌握要领。吕庆英专门设立了"心灵小屋"为残疾职工做心理疏导；组建"志愿服务队"，利用周末为行动困难的残疾职工清洗衣物、清扫宿舍；每逢残疾日，吕庆英都会组织带领残疾员工省内一日游活动；主动策划职工春节晚会，为残疾职工提供展示自我的舞台，增强他们对生活的信心；定期免费为贫困人员提供医疗健康检查。每年为小义堂村军烈属、困难户及60岁以上老人送去米面粮油等节日物资，同时协助公司为小义堂3 000名村民免费提供节日福利，至今累计付出300余万元。

为了提高香辛料产品的口感，吕庆英率先提出引进"液氮低温破碎和电热蒸汽杀菌工艺技术"用于香辛料的精深加工，成立新工艺加工车间，经技术改造后的香辛料产品品质达到了国际标准，年产量一万吨，并与国际知名企业"李锦记"集团达成了战略合作伙伴关系，为公司打开国际市场提供了有力的技术保障和产能支持。为了更好地服务客户，保障产品质量，吕庆英深入一线参与公司原材料采购，先后在全国重要蔬菜种植区域带领农民成立蔬菜种植合作社200余家，发展带动农户10万余户，为农民节本增效，发展致富做出了积极的贡献。

为做好建档立卡贫困人员就业，接待安置好重庆市城口县到临沂务工的残疾人员就业，吕庆英主动领受任务，先后帮助了临沂200余名残疾人、100多名建档立卡贫困人员就业。在她的努力带动下，先后有260余名困难人员实现就业脱贫，为脱贫攻坚做出了积极贡献。

受疫情影响，产品销量下滑，库存积压严重，吕庆英勇挑重担，积极开发互联网线上销售模式，在公司支持下，搭建起一支30人的销售队伍，采取"微商+直播"的销售模式积极拓展销售市场，通过线上与线下并行，为企业增加销售收入2 500多万元。吕庆英还将销售奖励的35万元捐出，用于购买防疫物资，用于支持企业一线抗疫。

几年来，在吕庆英和团队共同努力下，公司先后被评为农业产业化省重点龙头企业、产品信得过企业、中国百强福利企业、省级残疾人就业扶贫基地、省巾帼妇女创业大姐工坊、城乡妇女岗位建功先进集体、市志愿服务先进集体、山东省巾帼居家创业就业脱贫行动大姐工坊。同时吕庆英个人也获得了市三八红旗手、临沂商城总商会电子商务新物流突出贡献奖、临沂市短视频直播协会副会长、临沂市批发商联合会会员、临沂市工商联物流商会常务副会长。

李兆军

山东省临沂市罗庄区盛庄街道办事处后盛庄村人,现就职于山东临沂银凤陶瓷集团有限公司二车间

李兆军,1980年12月出生,中共党员。自1996年5月参加工作至今,工作中不怕苦不怕累,在实际生产中创新开展、克服困难,保质保量地超额完成任务。积极响应公司提出的技术创新和小改小革活动,从2008年开展该活动以来,白瓷注浆打浆工艺被评为科技创新一等奖,高档骨质瓷打浆工艺和壶类打孔机的发明被评为科技创新二等奖,小改小革一等奖8项、二等奖12项、三等奖15项、优秀奖21项。特别是白瓷注浆打浆工艺应用,以宜家糖缸为例,原来班产量100件左右,现在班产量可达到400件以上,生产效率提高4倍以上,产品一级品率达到92%以上。2018年在生产国礼宁夏和广西两个项目中,舍小家顾大家,积极主动地开展工作,结合生产实际,不断创新创造,促进创新成果转化为生产成果,率先完成了生产任务。壶类打孔机的投入使用填补了公司在注浆壶类机械投孔方面的空白,为今后的壶类生产打好了基础,为公司顺利完成国礼项目做出了突出贡献,使全公司的生产进度大大加快,成为全国陶瓷行业中完成国礼最快最好的单位,受到了国家相关部门的好评,提高了银凤陶瓷在全国陶瓷行业中的知名度。2019年成功设计开发了杯类自动修把机,填补了公司在杯类机械修把方面的空白,减轻了员工的劳动强度和提升劳动效率在80%以上,该修把机使用性能在日用陶瓷行业中处于领先水平,为公司完成杯类生产计划打下了坚实的基础。

2012年度李兆军被评为临沂市优秀班组长、临沂经济开发区先进个人,2016年被评为银凤集团先进个人,2017—2019年被评为银凤陶瓷集团优秀共产党员,2018年获得银凤陶瓷集团技术创新先进个人等荣誉称号。

山东 张大方

山东省临沂市费县探沂镇许由城村人,现就职于泰森日盛集团有限公司

张大方,1988年6月出生,现担任泰森日盛集团有限公司外检半成品主管。自2013年入职以来,他始终兢兢业业、勤勤恳恳,对工作认真负责,积极做好本职工作,主动帮助其他岗位员工解决问题;从一个普通员工做起,成长为一名具备较高素质、过硬技术的实干的优质人才。在平凡的工作岗位上,做着不平凡的事,为企业发展贡献着自己的青春和热情。

技术全面且过硬,是不可多得的多面手。自入职以来,结合检验和材料国标等要求,张大方主动钻研摸索,先后制定了企业来料检验标准、来料检验规范20余份,较好地提升了产品质检作业流程及标准,将产品投诉率降低至2%以内;在接手产品检验后,张大方深抓产品售后管理,售后投诉率直线下降,得到领导的一致好评,他对管辖区域也进行重点、非重点区分,采取先点再面的管理模式。此外,他主动参与智能化升级改造,UV滚涂线和往复机上缺少操作手,张大方主动提出调入UV组工作,协调解决UV滚涂底漆、滚涂面漆、往复机、异型砂光机和UV真空喷涂底等设备操作与使用,为企业技能降耗500余万元,同时还协助解决了众多设备安装问题。

爱岗敬业,无私奉献,平凡岗位有不平凡故事。张大方不但把自己的本职工作全部做好,还主动协助其他岗位员工做好工作,面对个人得失,他却从来不计较。2019年年初,对他的工作安排调动,他没有什么怨言,仍然保持着对工作的热忱,主动把工作做好。积极推动师带徒,先后培养出50余名优秀质检管理人员;此外,他还积极参与社会活动,在2019年先后被所在居民委员会评选为村民小组组长,多次被评为所在乡镇、所在企业的优秀先进工作者。

2020年,新冠肺炎疫情发生以来,张大方主动带领班组其他同志优化生产工序,推动并实现了手工打磨、手工PU面漆的合并,主动参与企业技术改造、质量检验等管理。此外,牵头并协调所在部门组织向湖北疫情捐款捐物14余万元,协助解决建档立卡贫困户24人,较好地体现出了一名优秀工人的良好精神面貌。

刘汉汪

山东省枣庄市峄城区阴平镇上屯村人,现就职于山东鑫海科技股份有限公司

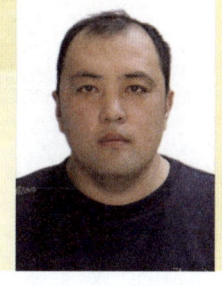

刘汉汪,1982年4月出生,2001年6月毕业于枣庄市劳动技工学校电工专业,2001年11月参加工作,先后在华盛江泉集团江唯建陶、华盛变电所、江鑫钢铁等二级单位从事电工工作,2007年7月进入山东鑫海科技股份有限公司从事电工工作,至今已经有近20年的电工从业工作经历。

刘汉汪在电工领域主要从事自动化控制、PLC、触摸屏、编程及调试、高低压电气设备安装及维护等方面的工作,多年来积累了丰富的经验,并带出了大批徒弟和学员。

2014年,参加全国职业技能等级考试成绩合格,获得高级技师称号;2012年,代表公司参加临沂市第五届"劳动之星"职业技能竞赛获得维修电工类三等奖;2019年代表公司参加临沂市职工职业技能竞赛获得电工组第二名。

刘汉汪在公司工作期间,兢兢业业、悉心钻研,对全厂的电气运行及维护尽心尽责,保障了公司生产的电力供应及电气设备的开通率。刘汉汪也由一名普通电工成长为一名电仪车间主任,走上了管理岗位。在公司工作期间连续多年被评为优秀员工、优秀管理者。

山东

杨清春

山东省临沂市兰山区李官镇三官庄村人,成立了临沂清春蔬菜种植农民专业合作社

杨清春,1969年2月出生,中共党员。自2004年留乡创业以来,杨清春钻研技术,研究区域经济,成立了临沂清春蔬菜种植农民专业合作社,建设临沂龙湾都市农业科技示范园,重视科技,引进人才,搭建山东省院士工作站、农科驿站、临沂清春高蛋白植物研究院等研发平台和市场交易平台。

打造"清春蔬菜"山东知名品牌,将原材料的生产基地,建设成为物质产品、精神文化产品、生态产品的三产融合基地,提出"产品变商品、线上直联、线下快送"的三进城市理念:进食堂、进超市、进居家,在疫情期间为保证城市居民蔬菜供给做出了贡献。

创新都市农业科技示范园区的运营体制:"龙头企业+合作社+融合"项目体为经济利益体,加挂两翼:科技研发平台和市场交易平台,简称"一体两翼"。

完善经营服务模式:"零首付,1免费,2统分,3帮办"经营模式,即社员零抵押租棚;科技免费指导;统一建高标准大棚分户承包经营,统一绿色食品种植技术分棚实施;农资帮办采购,产品帮办推销,账务帮办管理。

科技创新,已获发明专利两项:"一种三温两防控蔬菜大棚及建造方法""一种蔬菜弃物有机肥及制作方法";获授权实用新型专利一项:"一种三温两防控蔬菜大棚"。

十几年来杨清春留乡创业,在一线岗位带领农村劳动力就业和指导农民依靠科技勤劳致富等方面做出了突出贡献,得到政府和社会各方面的广泛认可。2009年被中共临沂市委组织部、临沂市农业局授予"全市十大杰出农村实用人才"荣誉称号;2013年被临沂市人民政府批准授予第二届"沂蒙乡村之星"称号;2015年被山东省人民政府批准授予2015年度"齐鲁乡村之星"称号;2018年被新疆喀什地委农办特评为喀什地区农业技术员。

公司荣获全国科普惠农兴村先进单位、农业部蔬菜标准示范园、全国农民专业合作社示范社、国家农民合作社示范社、全国绿色农产品示范企业、山东省生态休闲农业示范园区、临沂龙湾都市农业科技示范园、山东省院士工作站、山东省科普教育示范基地、山东省科技扶贫基地、七个产教融合创新培训实训基地、山东省知名农产品企业产品品牌、山东省产教融合型企业、临沂市乡村振兴专家服务基地、临沂市专业技术人员继续教育基地等荣誉。

孙春芝

山东省德州市德城区黄河涯镇九村人,现就职于山东双一科技股份有限公司

  孙春芝,1986年2月出生,山东双一科技股份有限公司的设备维修员,负责车间设备和工具的维修保养工作。2007年入职以来,孙春芝坚持学习,通过自己的努力使车间的所有设备一直处于良好的工作状态,成为公司众多车间的标杆,同时为公司节省了大量的维修费用,提高了生产效率和能耗利用率。除了日常现有设备的维护,他还一直致力于技术创新与设备工艺改造,创造性地攻克了多项设备难题。由于技术过硬,他从车间一名学徒逐步成长为车间骨干,再被车间选拔为内部重点培养对象。

  2019年为了按时完成订单,车间紧锣密鼓进行生产,关键时刻设备突然出现故障不能正常运转。刚下班回到家中的孙春芝,接到电话后顾不上吃饭迅速赶回了公司,来不及换工装的他立即投入设备的维修工作中。经过紧张的排查,发现是一个进口配件损坏导致。车间没有配件,需要向国外采购。他马不停蹄地联系设备部门,并根据自己的经验,提出了先用国产部件替代的方案。经过评审,设备部同意了此方案,经过一昼夜的抢修,及时恢复了设备的运转,保住了生产订单的及时交付。受设备故障事故启发,他对设备的部件反复进行了国产部件替代进口部件的论证和尝试,最终实现了部分配件的国产化,很大程度上降低了配件的进口费用,也降低了对外国配件的依赖,同时提高了设备保障能力。

  为顺应公司设备自动化升级改造潮流,孙春芝先后实现了"胶衣喷涂机止回阀门改进创新""喷涂机器人系统清洗方法改进创新""设备滤芯封闭式清理创新""真空系统废气收集处理创新""产品淋水工装改进创新"等五项有效改进创新,提高了设备的使用率,降低了维护成本。工作之余孙春芝刻苦学习,不仅积极参加公司的各种培训活动,同时也取得了很多职业资格证书,提升了自身的价值,拿到了山东大学成人电气自动化技术的毕业证书和低压电工作业上岗证。

  疫情期间,为了对抗疫情,孙春芝主动请缨成了公司抗疫小组的一员。随时汲取好的经验用于车间防控,每天按时给职工测量体温、组织错时就餐、引进微信小程序监控……为公司节后顺利复产并安置就业创造了条件。

  孙春芝,因为他的勤奋、努力、善良和敢于担当,先后被公司授予车间优秀员工代表、公司优秀员工、五一劳动模范等荣誉称号。离开了土地,他已经成长为一个现代职业工人,一个焕发工匠精神的高级蓝领,也是一位新一代年轻农民的优秀代表。

宋静

山东省德州市夏津县宋楼镇宋楼乡宋楼村人，现就职于山东朝阳轴承有限公司

宋静，1976年9月出生。进入公司15年，宋静检验过的产品不计其数，合格率高达100%，她用全身心的投入诠释着工匠精神。她把"打造行业最优质产品"作为目标，要求轴承内、外圈不仅外观没有瑕疵还要保证产品精度上达到工艺要求。在公司技改项目、改造项目、新建项目、设备检修等技改大修中，她积极提出合理化建议及整改措施，尤其是她提出的使用特殊油石磨加工产品给公司带来了巨大收益。在不断努力与积极进取下，宋静由一名普普通通的职工被公司提拔为一名质检车间的班长，主要负责产品的外观及产品精度检验工作。宋静积极参加公司组织的以师带徒活动，把自己掌握的技术和经验传授给同事，为公司培养检验技术人才30多人。

宋静外出学习时，发现国内已经研发出了关于轴承的自动化检测设备，并且同行业间已经开始使用，使用效果反馈良好。回到公司后她第一时间与技术人员进行了对接，并主动咨询了设备生产厂家关于设备的相关情况，并上报了公司高层，经过近3个月的协调，第一台自动化的检验检测设备到厂了，这台设备具备自动探测外观损伤、内外径尺寸的检测能力，这一项目的实施不仅给公司节约了大量的人工成本，还提高了整个检验的工作效率，为公司加快新旧动能转换起到了巨大的推动作用。

2019年10月，公司的订单量比较多，车间生产非常紧张，新上的自动化检验检测设备还没有实现全部的转化，面对每天高负荷的工作，有的员工产生了负面情绪，工作态度不积极，面对此情况，宋静将原来的两个小组分为四个小组，并且制定了工作目标，以竞赛的形式让四个小组每天进行业绩对比，并给予连续三天业绩第一的小组现金奖励。在宋静的带领下，百捡团队成功地完成了公司给予的艰巨任务，取得了零废品率的好成绩。

宋静在生活上给予职工力所能及的帮助，检验工许文娟因丈夫身患疾病丧失劳动力，家里还有两个正在上学的孩子，一个母亲承担起了家里的重担，宋静在得知这一情况后，仔细询问了许文娟的家庭情况，她发现许文娟的孩子和自己孩子在同一所小学上学，而且居住地相隔也不远，她主动承担起了为许文娟接送孩子的责任，她的这一举动让许文娟整个家庭都感受到了温暖，在同事们之间创造了良好的爱心氛围。

回顾过去的经历，她认为自我取得的成绩跟领导的关怀和支持、师傅同事们的帮忙和教诲密不可分。展望未来，她将一如既往，倍加努力，立足岗位力求将工作做善做美，为公司的发展竭尽所能、多做贡献。

姜秀智

山东省德州市德城区黄河涯镇崔庄村人,成立了德州经济技术开发区恩慈职业培训学校

姜秀智,1967年8月出生。由于生活需要,姜秀智进城从事家政服务,在服务过程中得到了诸多好评,同时也发现了很多问题:家政行业没有明确的服务标准,服务技能较差,家政公司管理混乱等乱象。姜秀智决定逐步改变家政行业现状,于是2016年成立了德州恩慈家政服务有限公司。

2017年,通过三个月的努力筹备,姜秀智举办了多期公益培训,涉及家政服务员培训、月嫂技能提升培训、育婴员培训、养老护理员培训、营养配餐培训等,有600多人受益,并且全部安置上岗。同年成立了北京恩慈辰辰健康管理有限公司、德州恩慈家政服务有限公司迎宾路分公司、景县恩慈家政服务中心。2017年联合平原向萍家政公司、武城佳靓家政公司等31家家政公司,筹备成立了德州市家政服务行业协会。2017年11月成立了德州恩慈职业培训学校(现变更为德州经济技术开发区恩慈职业培训学校)。2019年成立德州恩慈家政服务有限公司武城分公司、德州恩慈家政服务有限公司凌城分公司。2020年1月成立了德州恩慈居家养老服务中心,共安置了1.3万的农民工、下岗职工、再就业人员以及家政从业人员。

疫情期间,姜秀智向德州12345市民热线、市人社局、德城区人社局、审批局、残联、德州市家政服务行业协会,及武城灾区捐赠了9.3万元的防疫用品。姜秀智筹办了公益直播课堂,组织在家不能外出的人员,线上免费学习育婴、养老、创业、母婴、推拿、电工、国学等知识,共有8 700多人次参加了学习。

疫情期间,姜秀智利用家政诚信服务平台和"恩慈·家"家政交互系统,实行网上面试,网上签单,网上学习,最大限度地保证了家政公司工作人员、家政从业人员及顾客的安全,为市民提供了方便。疫情之后,线下恢复教学,已有715人进行"理论+实操"培训,参加了职业鉴定考核,并且成功就业。

姜秀智热心公益事业,为市民义务推拿,2019年义务培训市民2 459人次,为德州市义工协会培训九个班级,涉及养老、育婴、家政服务、小儿推拿等专业,安置7名残疾人上岗就业,多次带队员进社区服务。她联合德州市家政服务行业协会筹建了家政诚信服务平台,并成功把"恩慈·家"家政交互系统嫁接,完善了其他家政服务平台的不足,形成了动态管理。姜秀智为德州市家政服务行业协会撰写了《德州市家政服务行业协会市民家政消费指南》,并被评为山东省自强模范,连续三年被德州市家政服务行业协会评为金牌讲师、优秀家政人、最美家政讲师。

山东 李瑞瑞

山东省德州市陵城区斜庙村人,现就职于德州恒丰纺织有限公司

李瑞瑞,1996年11月出生。德州恒丰纺织有限公司细纱车间值车工,获德州市首届职工职业技能大赛细纱操作工竞赛第一名、德州恒丰纺织劳动模范、德州恒丰集团感动恒丰人物、德州市金牌员工、德州市五一劳动奖章、德州市劳动模范、德州市第七批首席技师、山东省纺织行业首席技师、齐鲁首席技师、山东省劳动模范等荣誉称号。

2014年,李瑞瑞来到德州恒丰纺织有限公司,成为细纱车间的一名值车工。她虚心向老员工请教,苦练操作技术,仅用半年的时间就成了种子队员,还被公司评为优秀学员、最美员工。

2015年夏,李瑞瑞参加集团举办的操作大赛,在比赛前她争分夺秒练习和学习,最终在比赛中脱颖而出,一举夺得集团操作运动会第七名的好成绩。

李瑞瑞利用纱空,手把手地教同事,同事的看车能力得到提高,不同程度的扩台看车,不仅提高了员工的工资收入,还很大程度地缓解了轮班的人员压力。在她的带动下,车间平均看台水平由原来的4台提高到现在的5.5台,车间的整体用工节省了20人/班,为公司降低用工成本18万元。

为了满足市场的需求,公司引进新型段彩纱设备,面对全新的设备,李瑞瑞报名主动调到段彩纱机台看车,一开始,机台断头多,缠上销的不良管纱比较多,面对如此大的浪费,她看在眼里,急在心上,通过不断地摸索、试验,基本确定了段彩纱设备的操作模式,值车工的看台由1台增加到3台,最大限度地稳定了员工的不良情绪。

随着段彩纱品种的不断增加,色纺段彩纱品种的产品质量极不稳定,一次偶然的错误认头,李瑞瑞发现管纱的颜色有明显的不同,于是她仔细观察须条在笛管处纤维的游离变化,找到了造成该问题的原因。这一重大发现,使问题得到了突破性解决,她通过改变粗纱认头方式,难题得到了彻底的解决,段彩纱质量不断提升,为公司增创效益打下了坚实的操作基础。

2019年,新品种J14.6(3T)介入纺接到了有史以来第一批订单,在试纺的过程中,多次质量不合格,被迫停止试验。李瑞瑞经过多次改变上部筒纱位置,获得了质量突破,防止了基纱分不开现象的发生,纱线质量得到客户认可,并成功接单,填补了公司的介入纺无订单的空白。

李瑞瑞就像一颗冲击钻头,哪里硬就向哪里冲,有了技术难关她总是冲在最前头,在她身上充分体现了追求卓越、精益求精、爱岗敬业、甘于奉献的纺织大国工匠精神,得到广大干部、员工的一致称赞。

王龙龙

河北省沧州市吴桥县东宋门乡王温村人,现就职于山东格瑞德集团有限公司

王龙龙,1988年2月出生。在山东格瑞德集团人防公司焊接工段,专门从事人防双扇门的焊接与组装。四年来通过自己的建议和调配,使工段形成了小型的流水线模式,效率大大提高,每月产值和入库量也提升了好几倍。针对工艺改进中原大门扇维修口用气割割口、效率低不美观问题,向领导建议购买等离子切割机,不但使得效率大幅度提高,产品外观也美观了。在2019年度标兵评选中他获得公司年度标兵称号。

王龙龙进入格瑞德时连图纸都不会看,为了不落后,他利用空闲时间,研究图纸和型号,通过自己的反复实践和书写快速掌握了各种产品型号,提升了焊接工作效率。

爱岗敬业,全力付出。王龙龙加入人防公司4年多来,加上有从事焊接行业10年的工作经验,技术水平相对比较全面。对于没有经验、没有焊接基础的新员工,王龙龙进行现场操作和手把手教学,传授焊接经验,讲解焊接的重点方法,细致地讲解公司焊接工艺和要求,不到两个月的时间就可以带出一名新员工,让其具备独立完成大门扇的焊接工作能力。

勤学苦练,锻造工匠精神。学习过硬的技术需要勤奋学习不断提升自己,作为一名一线员工,只有做出外观美、质量好的产品,才能满足岗位的需求并达到领导的要求。平时,王龙龙利用业余时间不断地加强技能学习并向技术部门同事学习更多的人防知识,不断地提升自我技术水平,补足短板。他考取了焊接中级证书、行吊证书,不断提高自己的专业水平。

2017年,公司接到一批特殊型号的大门扇订单,时间紧任务重,其中工段长把制作NSFM7025型号门框的重任交于他。恰逢当时和王龙龙一起搭档的老员工离职了,在没有老员工的指导和带领下,王龙龙独立在技术部的指导和工段长的协助下,完成了上级分配的任务。

日常工作中王龙龙经常会根据工作改善情况提报一些合理化建议,通过他的建议和调配,为公司创造了更大的价值。

山东 张书海

山东省聊城市冠县兰沃乡张柳邵村人，创办了山东冠县美安复合材料有限公司

张书海，1981年2月出生。现任山东冠县大海复合材料有限公司、山东冠县美安复合材料有限公司总经理。2018年被授予"聊城市青年企业家"荣誉称号，获得了30多项专利证书。企业先后获得国家高新技术企业、科技型中小企业称号，获批"山东省装配式建筑产业化基地"。2019年经营企业销售收入3.5亿元，带动700余人就业。

高中毕业后，张书海在县城从事"广告牌电焊"业务，2006年成立山东冠县大海广告公司。2012年，创业有成的张书海看到广告牌上游产业——新材料的商机，就在济南成立了海记新型广告材料有限公司，并在博兴设置生产基地，以济南为"据点"，从事广告扣板材料的制造、批发，销售网络遍布全国各地，占领了80%市场份额，成为用彩涂钢卷制造广告牌的第一家企业。

张书海一直有"为家乡做贡献，创造更高社会价值"的心愿。2015年，张书海毅然回到家乡，从一名"创业者"转为"投资者"，成立冠县大海复合材料有限公司，从事高速护栏生产。他坚持"以技术创新推动产业发展"的理念，用环保工艺替代传统工艺制造高速护栏板，将钢板企业的"连续镀锌工艺"运用到高速护栏板生产，形成热寝连续式生产，不产生锌烟、锌灰，降低了耗能，顺利实现了技术驱动镀锌工艺、高速护栏产业的升级。企业实现6个月投产达效，年产10万吨厚镀锌钢板、高速护栏板，产值达3亿多元，相继获得了8项专利证书，2017年获得了国家高新技术企业认定。

2016年，张书海实现二次"跨界"，投资5 000万元成立山东冠县美安复合材料有限公司，建设年产20万立方米绿色砼结构装配式建筑项目，一期项目投产以来，产能位居全省第二、全国前五名，并获批山东省装配式建筑产业化基地，公司产品供不应求。面对大好发展形势，张书海乘胜追击，2018年12月，又投资6亿元，建设年产2 000万平方米硅酸钙板项目。

张书海不忘初心，截至目前，张书海的企业带动700余人就业，年发放工资4 500余万元，上缴税收1 000余万元。与此同时，张书海还积极投身公益事业，2017年，公司为当地50户贫困户发放扶贫款20万元；2019年，为兰沃乡张柳邵村修路捐款20万元；2020年疫情期间，个人向冠县慈善总会捐款1.5万元。

"行者方致远，奋斗路正长。"展望未来，张书海继续以实际行动展现当代农民工的守法诚信、锐意进取、敢于承担、勇于奉献的精神，坚定听党话、跟党走的政治定力，深耕实体经济，为社会做出更大贡献。

王红祥

山东省滨州市邹平市韩店镇西王村人,现就职于西王集团有限公司

王红祥,1980年7月出生,中共党员,是西王集团有限公司生产一线职工。其多年来一直从事生产一线工作,认真钻研岗位技能,不断学习,大胆创新,和团队一起攻坚克难,频创佳绩;他默默奉献,勇于担当,在平凡的岗位上做出了不平凡的业绩;他把自己多年摸索的宝贵经验毫无保留地传授于人,为团队整体素质的提升和公司的高质量发展做出了巨大贡献,受到了领导、同事的一致好评。

2014年,王红祥被调到1#电炉技改项目工作,为保证1#电炉技改项目任务保质保量地完成,王红祥及其团队与中科院专家密切配合,齐心协力,一手抓项目,一手抓生产,从制度建设、流程管控、团队建设等方面入手,制定完善各项管理规章制度和工作计划,确保各项工作稳步推进,向着"求新、求变、求突破;求真、求实、求效益"的目标大步迈进。他一直以"凡事有章可循,凡事有据可查,凡事有人负责,凡事有人监督"的原则严格要求自己。通过一系列措施,保证了项目建设和生产经营两项工作互不干扰,同步推进。开创了"一边设计、一边建设、一边生产、一边销售"的项目建设新模式。

2015年6月,王红祥被调入生产指挥中心,以"稳产提质、降本增效、节能减排、强化考核"为工作宗旨,全面推进生产工作。2017年5月,他被公司指派前往德国培训学习,回国后参与推进误工时间管理、技改创新等改革,为公司减少误工时间、提高生产效率等做出了突出贡献;参与推进炼钢厂少渣冶炼材料推广使用,通过降低石灰消耗,每年可为公司节省近千万元的费用支出;参与推进超低排放项目,确保施工质量及进度,在短短三个月的时间内,完成了31个超低排放项目的施工及设备调试工作,为公司达标排放做出了积极贡献;参与推进长寿命中间包技改工作,可较大程度地提高生产效率、降低生产成本、降低工人劳动强度等,日提产可达50吨以上。

2020年新冠疫情发生以来,作为党员的王红祥经常挂在嘴边的是"我是党员,我先上",始终坚守在疫情工作一线,不放过进厂的每一辆车、每一个人,对厂区进行消杀工作,每天加班加点,坚守工作岗位,以厂为家,切实守护了职工的生命安全和身体健康。

他用自己的实际行动诠释着"健康西王、诚信西王、忧患西王、快乐西王"的企业价值观,在平凡的工作中实现着自己的人生追求和价值。王红祥于2008年6月、2010年6月多次被中共韩店镇委员会评为优秀共产党员;2011年、2012年、2013年多次被西王村党委评为优秀共产党员;2015年4月荣获"滨州市劳动模范"荣誉称号。

杲福清

山东省滨州市惠民县桑落墅镇牟家村人，现就职于山东惠民华红家具有限公司

杲福清，1968年9月出生。杲福清苦练技术，积极为公司发展献计献策，特别是加价让利与精准扶贫相结合的建议，让公司收获赞誉的同时，也为贫困农民脱贫致富带出一条路子。

35岁时，迫于生计，杲福清跟随同村亲朋前往河北胜芳钢木家具厂打工。"要想多挣钱，技术是关键，只有技术过硬，老板才重视。"杲福清回忆其当年打工的情景感叹地说。在家具厂务工的前几年，杲福清被分配到车间的生产流水线，学习下料打磨制作及喷漆组装技术，天道酬勤的他成为车间里的"技术能手"。生产、销售、运营……杲福清在不同的岗位上都留下了"足迹"，一步步在异乡站稳了脚跟。务工之路举步维艰，勤奋和诚信依旧是农民工杲福清的"本色"，多年的外出务工生活，杲福清凭借农民特有的"韧劲"，在异乡成为家具加工行业的"精英"。

2013年，家乡新建起华红家具厂，正在大批招募熟练工和技术工，杲福清听说这一消息，主动放弃了高薪的岗位和优渥的生活，选择了返乡务工，开启了新的打工征程。回乡后，杲福清在山东惠民华红家具有限公司任职，再次与家具"结缘"。他凭借多年工作经验，建议公司把传统的木质家居经营改为轻便实用的钢木家居，并逐步获得了市场的青睐。随着家居行业改革创新浪潮的袭来，杲福清再次用敏锐的目光发现机遇，抓住技术革新的时机，借助自己多年对家具市场的认知，设计了"铁制木纹""藤编桌椅""牛角椅""仿古太师椅"等多个样板，以满足市场对家具的多元化需求，通过公司经营，他所设计的钢木家具，2018年争取订单28万件，2019年争取订单35万件。特别是在电商、物流的"加成"下，2020年他所设计的家具样式为公司实现产值500万元。

在杲福清看来，公司加价让利贫困群众既增加了贫困群众的收入，又增加了公司信誉和知名度，更能替党委政府分忧，也是一个正规公司该有的政治情怀。经杲福清的建议，山东惠民华红家具有限公司积极招收贫困家庭人员到车间打工的同时，以全镇8个贫困村为中心，设立华红藤椅加工点，务工人员大多数是贫困家庭妇女和老人。公司根据藤椅大小、难易程度，在普通加工费的基础上，手工费加价1~4元，以增加贫困家庭的收入。公司专门设立扶贫车间，全部招收贫困户，他们工资高、有补助，提高了生活幸福感。

如今的杲福清更多地热衷于公益事业，2020年疫情期间在村里义务执勤、消毒、宣传，并向村集体捐款2 000元。一个勤劳致富、诚信经营、富有责任心的新时代打工者，不仅成就了自己的事业、家庭，而且成了打工者的"领头雁"。

孟小华

山东省滨州市惠民县胡集镇西营村人,现就职于滨州市春华建材有限公司

孟小华,1979年5月出生。2017年,山东省环保整治形势严峻,孟小华工作的传统建材厂被定性为散乱污企业,列入了关停整改行列。他意识到当下全省正处于新旧动能转换、产业结构转换升级的黄金时期,这对于家乡来说既是挑战,更是机遇,他积极参与到整个公司的升级改造中。

不管做什么,他永远冲在第一线,厂区规划、设备安装、联系物料统统参与其中,经过几年时间,最终濒临倒闭的滨州市春华建材有限公司在竞争激烈的建材市场中脱颖而出。

在别人看来,不管是回收垃圾,还是生产建材,都是老掉牙的套路,在无人看好的情况下,孟小华和企业负责人一起做起了技术研发。变废为宝,说起来容易做起来难,许多技术壁垒都是他们自行攻克的。缺乏创新的身边同行一个个倒下,他们走到今天是幸运,但绝非偶然。春华建材不仅在资金上做了大量投入,孟小华和企业负责人在产品研发上也倾注了科技工作者的辛勤汗水,产品体现着传统产业外壳下的创新灵魂。

春华建材既处理了一般固体废弃物,又获得了经济效益和社会效益。在处理中将废物进行资源化利用,年消耗固体废物36万吨,破解了固体废物环境二次污染的难题,提高了安全生产保障,每年减少固体废物存储占用耕地50多亩。该项目投产达效后,可年产烧结类建材9 000万块,实现年营业收入1 800万元、带动大龄困难就业人群达50余人。目前,滨州市春华建材有限公司已经由原来传统的小作坊升级改造为中等规模建材企业,同时兼容处置一般固体废弃物,为环境保护做出了贡献,成为滨州市同行业的佼佼者。

世界上有多少新的东西,就有多少旧的东西。生态文明时代有别于工业文明时代,应该是合理生产、适度消费、循环利用的时代,我们要从人类文明发展的角度来思考垃圾问题,治好垃圾,才有绿水青山,变废为宝,就是金山银山。这也是做新型节能环保固废综合利用建材项目的意义和初衷,他希望让大众看到传统产业外壳下的创新灵魂。

山东 李海霞

山东省菏泽市郓城县随官屯镇随西村人,现就职于郓城百利安制衣有限公司

李海霞,1975年11月出生,中共党员,现为郓城百利安制衣有限公司扶贫车间主任。

1993年,李海霞到北京一家服装厂打工,从一线工人干起,凭借吃苦耐劳的农民本色,先后升任班组长、质量主管、车间生产经理。2013年,她回到家乡,在家乡脱贫攻坚工作的大潮中,承包了百利安制衣有限公司扶贫车间,利用自己学得的技术和管理知识,带领家乡留守妇女脱贫致富。

刚起步时,受订单量少、工人技术不熟练、运输费用高等因素影响,当年亏损4万元。李海霞总结经验、加强管理,一年后,车间扭亏为盈。在扶贫车间中,40岁以上的妇女约占40%,30岁至39岁的妇女约占45%,20岁以上的女性年轻人约占10%,也有部分60岁以上的老年人在车间从事力所能及的工作。2019年,车间实现销售收入1 000万元。目前,在车间就业的留守妇女有100多人,人均年收入2万余元。

李海霞先后被评为郓城县劳动模范、郓城最美共产党员。

刘卫孟

山东省菏泽市牡丹区安兴镇刘楼行政村人,创办了菏泽高峰电机有限公司

  刘卫孟,1980年1月出生,菏泽高峰电机有限公司企业法人。2006年12月,他投资创办了青岛华乐天机电科技有限公司(青岛),开启了自己的创业路。2014年5月,牡丹区安兴镇党委书记常亮带队到青岛高峰电机有限公司考察,动员鼓励刘卫孟返乡创业,让生产加工基地在安兴镇落地生根,为家乡做贡献。

  2016年4月,菏泽高峰电机有限公司(前身为青岛高峰电机有限公司)落地牡丹区安兴镇返乡创业园,吸引了周边乡镇农民工在家门口就业。2019年,公司扩大规模,投资两千万元全力进行技术改造升级,产品逐渐由国内走向国外,品牌效应显现。公司建立了完善的产、供、销体系,力促供应商落户安兴镇,以此形成强大的环控系统生产基地。全年累计为30家配套厂引进以高峰电机为龙头的物流公司、安装服务公司、栏位生产、料线生产、钢结构、EPC交钥匙工程公司。2019年,菏泽高峰电机有限公司与西安交通大学实行产学研合作,建立"高峰电机—西安交大合作研发中心",致力于高品质风机设计优化及人才培养;相继成立南昌高峰、南阳高峰、华南高峰,并在各省市设立高峰服务站点,为广大养殖企业、合作社、个体养殖户提供更周到的服务。公司还积极与国际接轨,并与加拿大联合成立交钥匙工程公司,与美国BESS实验室建立紧密的合作关系。

  刘卫孟先后设计和主导设计了十多项设备产品,其中9项已获得国家专利,包括:"养殖场专用高负压节能型生物菌空气净化设备""养殖场专用风机类可调压调速单相异步电动机""玻璃钢圆桶风机""一种风机百叶窗""一种风机扇叶以及风机扇叶组件""一种铜转子高效电机""一种扇叶及高负压风机""一种屋顶风机""一种无级调速高效风机"。经过近15年的不断努力、学习研究和改进设计,刘卫孟的新型养殖通风设备设计方案,已被国内外多家大型养殖集团采纳,已占市场份额达80%。目前,高峰电机已成为国家畜牧风机标准的制定者。

刘现综

山东省菏泽市郓城县随官屯镇吕月屯昌东行政村人，创办了山东百帝气动科技股份有限公司

刘现综，1977年4月出生，山东百帝气动科技股份有限公司企业法人。2017年8月，刘现综在家乡返乡创业政策的感召下，在郓城经济技术开发区投资建设了厂区70亩、标准厂房28 000平方米的国内气动行业智能化生产基地。

目前，项目一期已经投产，实现销售收入6 860万元，带动就业100余人。项目二期"年产1 000万件智能化气动元件项目"已被列入"山东省2019年重点建设项目"。公司和山东大学深度合作并成立了"山东大学智能化气动技术研发中心"，先后被认定为"菏泽市工程技术中心""菏泽市重点实验室"。刘现综拥有国家专利9项和软件著作权2项，其中5项技术填补了国内空白，超薄型气缸打破了国外技术封锁，解决了卡脖子的技术难题，该项技术先后获得2019年"山东省发改委重点区域人才项目"并给予100万元的资金支持、2020年国家科技部"科技助力经济"重点专项并给予50万元的科研经费支持。

刘现综致富不忘本，坚持农民本色，关心公益事业，积极接收贫困、残疾等就业困难人员20余人，吸纳大学生和退役军人30余人。

新冠肺炎疫情期间为家乡捐款捐物6万余元，复工后全力以赴生产口罩机专用气缸10万余件，助力抗疫。2020年9月刘现综以总成绩第一名的身份获得第二届山东省"十大返乡创业农民工"称号。

郭龙涛

回族，山东省菏泽市曹县王集镇郭庄行政村人，现就职于曹县润聚服饰有限公司

郭龙涛，回族，1973年1月出生，中共党员，现任曹县润聚服饰有限公司经理。

1992年，高中毕业的他和村里同龄人到内蒙古、新疆、江苏无锡等地收购加工羊毛，经过20余年的艰苦奋斗，他于2019年在王集镇毛纺产业园区曹县润聚服饰有限公司担任经理，领导公司开展各项生产，主要生产的产品有超细毛条、丝光防缩毛条、丝光防缩散毛条、碳化毛、精纺毛条、羊毛衫等。

目前在他的领导下，该公司已发展成为曹县毛纺业的龙头企业，形成了集洗毛、碳化、梳条、纺织于一体的产业化链条，产品远销全国10余个省市。2019年加工毛条2500多吨，销售额1.2亿元，利税2000多万元，上缴税收300余万元，累计吸纳1000余名劳动力就业。

为了谋求曹县毛纺业朝着产业化的轨道更好发展，经过努力，在郭龙涛动员鼓励下，无锡的30余家曹县籍毛纺企业回到家乡，壮大了家乡的毛纺产业。郭龙涛积极响应政府号召，主动建设了2000平方米的扶贫大棚一处，使贫困户在家门口就能就业，实现了一人就业、全家脱贫。在他的帮助下已有70余户200余名贫困群众实现了脱贫。

郭龙涛始终把关心困难群众和弱势群体作为自己的责任，近年来先后给敬老院、周边困难群众、孤寡老人、留守儿童，发放慰问金、大米、食用油、衣物等价值共计8万余元。

郭龙涛曾受到国务院原总理温家宝的接见，获得"菏泽市优秀共产党员"荣誉称号。

马国兴

山东省菏泽市东明县马头镇邵庄行政村柳园村人,现就职于东明县益康源食品有限公司

马国兴,1963年4月出生,中共党员,2012年进入东明县益康源食品有限公司工作,现为公司农艺师。

他主导编写了《东明县富硒小麦生产技术规程》,年推广富硒小麦面积35万亩,公司通过高出市场价0.4元/公斤的价格回收富硒小麦,农户亩增收420元,年增加经济效益1.47亿元。他注重富硒产业开发工作,延长产业链条,增加农产品附加值,扩大利润空间,帮助公司增加100多个就业岗位,帮助公司建立了集富硒面粉、面条加工、销售于一体的全产业链服务模式,推动了当地农村一二三产业融合发展。

他注重农业技术培训工作,利用所学知识和多年积累的经验,为农户、科技带头户传授先进技术,累计举办科教培训班32期,培训农民4 800人次,促进了农业科技成果转化。他主张,一要强化扶贫宣传教育,树立贫困群众摆脱贫困的信心,增强自我发展的主动性;二要组织贫困户开展技能培训,提高致富能力,鼓励贫困户积极加入合作社,让他们主动投身于富硒产业发展,通过自身辛勤劳动,走向共同富裕的道路。

他倡导大力开展高标准农田建设工作,为了进一步改善贫困村农田水利基础设施条件,提高农民种植效益,结合公司基地贫困村实际情况,在各级领导支持和协调下,积极争取农业综合开发土地整理项目,2015年6月,项目总投资571万元,对4个贫困村2.3万亩和陈寨村0.5万亩耕地进行改造,修建沟渠路、桥涵闸、水电井等配套基础设施,为作物高产、农民增收打下了基础;2016年7月,又争取国家、省、市农业开发资金2 800万元,对牛皮店、柳园、牛八屯、邵庄、李龙庄等行政村土地进行整理改造;3年来,累计帮扶贫困户369户963人,贫困户年均增加经济收入3 200元。

2016年4月,马国兴被菏泽市总工会授予"菏泽市五一劳动奖章"荣誉称号;2018年4月,被评为"山东省劳动模范";2018年10月,被评为"山东省脱贫攻坚先进个人"。

王金宪

山东省菏泽市曹县曹城镇吕庄行政村人,现就职于山东兴业炉料有限公司

王金宪,1980年5月出生。王金宪高中毕业后就步入社会,当过洗碗工、建筑小工,艰辛的工作未曾磨灭他做事的热情,劳累一天之余,他不忘看书学习,他始终坚信"只要我想干事,我就不会服输,哪怕从最简单的做起,只要我目标坚定,终有一天我会成功"。

2009年,王金宪进入山东兴业炉料有限公司,成为公司的第一批员工。他从基层员工做起,主要从事报废汽车、废弃电子电器产品等废旧物资的回收、拆解、分选、销售工作。在工作之初,他骑着一辆自行车,几乎走遍了菏泽市所有废品回收站,山东、河南、河北等地钢厂也都留下了他的身影。几年的历练让他从一名普通的打工者成长为公司的一名基层管理人员,凭借自身对行业的深度了解及不服输的精神,王金宪带领所在班组从每年1万吨收购量,逐步提升至5万吨、10万吨、30万吨。通过与各钢厂客户同行的不断交流、对行业的认识不断深入、不断拜访设备厂家、深入实地了解设备使用情况,助推公司产品不断提升,产品种类已从单一化发展至目前的数十类,公司经营业绩也从2009年的5 000余万元提升至2019年的4亿多元。

由于成绩突出,王金宪多次被公司评为"先进工作者""基层优秀管理者"。

山东 李骥鸿

山东省菏泽市定陶区陈集镇朱庄新政村人,现就职于山东旺天下农业旅游发展有限公司

李骥鸿,1970年2月出生,中共党员。李骥鸿2015年进入山东旺天下农业旅游发展有限公司工作,现为公司农业技术员。在他的技术指导下,公司发展成为集蔬菜、食用菌、花卉、加工销售于一体的农字号大型企业,研发了6大系列30个新产品,产品远销安徽、湖北、北京、上海、南京等十多个省市。

多年来,他潜心钻研业务,先后取得实用新型专利2项、软件著作权4项、发表论文21篇、2020年申请受理发明专利2项,申请受理实用新型专利10项。他注重技术推广培训,2018年至今就举办了创业技术培训、新型实用技术培训等培训班18期,累计培训1 000余人。通过他的技术发明和辐射带动,所在公司成功运行了就业扶贫(吸纳贫困人员到企业就业)、科技扶贫(送技术入户到人)、智力扶贫(手把手教贫困户开网店,网上销售农产品)三个模式,现已辐射带动周边6个乡镇,20余个村庄,吸纳贫困户及农民工就业600余人,间接从业人员达1 000人,实现人均年增收1.2万元,提高了当地农民收入。

他先后获得"菏泽市五一劳动奖章""菏泽有突出贡献的中青年专家"等荣誉,已成为当地小有名气的技术专家。

关书刚

山东省菏泽市巨野县万丰镇关庄村人,现就职于山东归仁新型材料科技有限公司

关书刚,1978年3月出生,中共党员。关书刚是一位农民的后代,17岁就开始打工。在山西做"烧窑工",又跟随同村人南下广州做了一名电子厂的工人;在温州做销售员,还在苏州、昆山的环保材料厂工作,从一线工人到技术员,负责环保材料及项目技术工作。

2017年1月,关书刚响应"归雁兴菏"的号召,回到家乡后在山东归仁新型材料科技有限公司任技术员,负责公司新产品的研发及生产技术的指导。

他注重科技创新,重视新材料和产品的研发,在他主导下,公司先后取得了新型环保材料和环保工程设备的8项国家专利。他负责PEEK项目全套技术考察、引进,从欧洲整体进口整体设备。他主导下的"年产800吨玻璃钢项目"已经通过政府部门的审核,完成了项目备案。

他参与产品质量管理,制定了公司产品、环保设备的质量管控标准,保证客户收到的产品全部符合标准。

他帮助本村成立"巨野县绿水再生资源有限公司",并向绿水公司无偿提供生产技术帮助,免费培训生产技术工人7人。

他的事迹引起了县政府的关注,被评选为"2019年十大感动巨野人物"。

郭瑞霞

山东省胶州市胶东镇前店口村人,现就职于鄄城鑫冠帽业有限公司

郭瑞霞,1981年9月出生。郭瑞霞的父母都是普普通通的农民,每天过着面朝黄土背朝天的日子。1997年,郭瑞霞初中毕业就随着打工潮,到青岛三湖鞋厂做了一名普通的流水线工人,每天加班加点工作12个小时,一个月工资剩余不到五百块钱。随着家乡发展得越来越好,企业越来越多,她毅然返乡,就地就近就业。

凭借多年的鞋类制品工作经验,她很快就在鄄城鑫冠帽业有限公司就业,并担任该公司在彭楼村的扶贫车间主任。从2016年起,她组建了21名员工的新团队,新招员工她亲自手把手进行培训,原材料进货、产品生产加工以及产品销售等任何一道程序她都带着团队一起探索和体验,背后的辛酸或许只有她及团队成员清楚,然而看着几十个员工拿到工资后开心的笑容,她心里都是满满成就感。经过她不懈努力和奋斗,彭楼村的扶贫车间有了较大发展。车间现有员工66名,其中建档立卡贫困户18人,年产鞋帽制品100余万件,销售额600余万元,为公司实现利润50余万元。

丁占全

山东省菏泽市牡丹区佃户屯办事处佃户屯行政村人,现就职于山东菏建建筑集团有限公司

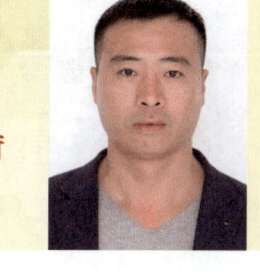

丁占全,1983年4月出生。2001年9月进入山东菏建建筑集团有限公司,从一名操作工成长为班组长,在日常工作中,他非常注重质量管理,坚持自主创新,不断提升涂料、保温工程科学技术含量。多年来,他严抓工程质量和管理,所带领的建筑装饰班组实力不断壮大,产品质量、声誉不断提高。由其承建的舜馨苑小区东11#楼工程,被评为2015年度菏泽市建设工程质量"牡丹杯"优质工程奖,还被评为山东菏建建筑集团有限公司第八项目管理分公司样板工程。另外其承建的菏泽永昌国际大厦工程,荣获2019年度"山东省建筑质量泰山杯工程"荣誉称号,也被评为山东菏建建筑集团有限公司样板工程。

丁占全无论对待何种建筑工程,都能坚持以质量为生命,精心施工,精心建设,在平凡的工作岗位上创造一流业绩。

山东 孙道峰

山东省菏泽市牡丹区胡集乡龙凤行政村人,现就职于菏泽公共交通集团有限公司

孙道峰,1974年6月出生。2016年年初孙道峰在菏泽汽车站从事个体客运,2018年11月成为菏泽公共交通集团有限公司员工,司职城乡公交609路驾驶员。多年来,对待工作,他铭记职责,安全驾驶;对待乘客,他满腔热忱,乐于助人;危急时刻,他毫不犹豫,挺身而出,展示着公交人良好的职业风范和高尚的人格魅力。

2019年4月7日上午,因2019国际马拉松赛事交通管制,孙道峰驾车绕行至长城桥赵王河附近。突然听到车上乘客大喊:"有人落水了",听到喊声后他立即将车辆安全停靠至路边,第一时间跑下车,上前查看情况。眼见落水少年痛苦地挣扎着渐渐往下沉,孙道峰来不及多想,没有任何犹豫和停顿,从长城桥正中间一头扎进深水中,朝着溺水少年的方向游去。两名钓鱼的老年人也一同加入救援行动中,一起将两名落水少年救上岸,在确定他们无恙后孙道峰才离开了现场,穿着湿漉漉的衣服返回岗位继续运营。

孙道峰舍己救人、临危不惧的英雄事迹深刻诠释了公交人见义勇为的高尚品质,体现了公交人置个人安危于不顾的无私奉献精神,彰显了平凡公交人为广大群众真心服务的责任情怀。

2019年12月,孙道峰被区委政法委、区见义勇为协会授予"见义勇为先进个人"荣誉称号。2020年6月,孙道峰被中共菏泽市委政法委员会、菏泽市见义勇为基金会授予"菏泽市见义勇为模范"荣誉称号。

杨小兵

河南省驻马店市汝南县留盆镇杨寨村人,现就职于河南月子语母婴护理有限公司

杨小兵,1976年12月29日出生,预备党员。杨小兵在2005年获得河南省豫菜文化比赛的金牌,2006获得河南省厨王争霸赛个人赛金牌,2008获得郑州市裕丰杯团队奖。

2018年,杨小兵进入河南月子语母婴护理有限公司工作,现在是所有店面的行政总厨,全面负责三家月子会所的餐饮筹备、运营及人员行政管理。其间,通过"师带徒"培养出2名优秀的厨师长和若干名专项标兵师傅。

杨小兵经常通过观看其他博主的视频教学或者向其他厨师请教学习,不断总结摸索,提升自己的做菜专业水平,并且不断创新菜品,虚心地邀请同事试吃并根据评价认真修改,还开通了自己的抖音账号,以便让更多的人了解月子餐等特殊菜品的烹饪方式。

工作上,杨小兵将做好每一道菜作为自己的毕生追求,把提升客户满意度、提升工作人员幸福感的责任牢牢地扛在肩上,落实到做好每一餐饭菜的工作中去。平时工作中他总是提前一两个小时到达工作地点,每天在工作岗位的时间都超过12个小时。长时间的沉浸式工作,让他对餐饮部工作的每一个细微处都熟记于心,同时也给其他员工树立了良好的榜样。当客户提出意见时他总是第一时间接收整改,不断优化创新。

在月子会所工作的两年多时间,杨小兵组织了十余次餐谱的整改,根据收集的客户反馈及新型的食材趋势,不断研发新菜品、新模式,并与其他相关从业人员交流学习,只为了让客户更满意。

杨小兵在从厨20多年中带过的徒弟有百十人,他一直注重对徒弟们技能的培养,希望他们都有自己的专长,可以在工作中出色完成任务,在生活上成为家庭可靠的支撑。其中不少徒弟已经成了各个酒店及饭店的厨师长,并在杨小兵的影响下培养出更多餐饮人才。

疫情防控期间,杨小兵一天都没休息过,他所在的月子中心在防疫防控方面成了母婴行业的标杆。疫情期间,食材紧缺、交通不便,为保障几百位客户及在岗工作人员一日三餐的正常供应,他每天都奔波于各大市场了解行情,确保供应种类与质量,并做好卫生检疫,严格执行疫情防控方案和大家一起渡过疫情难关。在此基础上,他还安排师傅为身处"岗前隔离点"的伙伴提供每日的餐食,保证了后续员工正常工作。

他2018年获得公司的家庭奉献奖;2019年任职河南省豫菜文化副主席;2020年获取高级技师证书;2020年获得公司最美家庭称号;2020年获得公司抗疫先锋奖。

郑现生

河南省周口市淮阳县朱集乡郑小楼村人，现就职于郑州交通运输集团有限责任公司

2013年年底，郑现生加入郑州交通运输集团有限责任公司，成为一名客运司机。

2019年3月，黄帝故里拜祖大典在新郑举行，郑现生全身心投入安全运输保障当中，确保了拜祖大典运输任务圆满完成。

2019年9月，郑州举办国家少数民族运动会，郑现生主动请示加入重大活动运输服务保障班组，每天工作12个小时以上，一直坚守在前线。

2020年，中央电视台春节晚会河南分会场在郑州举行，郑现生主动请缨，放弃春节和家人团聚的机会，带领集团运输车队圆满完成了春节晚会的运输保障安全任务。

2020年3月19日，援助武汉抗疫医护人员归来，他又先后主动请缨加入机场抗疫专班、接英国归来包机等任务，均出色地完成任务，被评为2019年度集团公司重大活动服务保障优秀驾驶员。

2020年3月24日，郑现生又主动请缨加入机场抗疫专班，担负起了归国人员的转运任务。进入机场转运归国人员工作的第一天，从上午9点穿上防护服，到下午2点，他一口水没喝，在体力严重透支的情况下，仍然坚守到最后一趟航班转运完毕。

2020年6月，接英国归来的包机时，由于包机上都是一些在国外学习归来的孩子，而且每个孩子都有两件以上的大行李，孩子们自己又搬不了，虽然穿着防护服，行动不便，但郑现生没有任何犹豫，主动带领司机们又承担起了行李的搬运工作。

有一次转运柬埔寨航班，由于部分归国人员的不配合，在转运车上已经几个小时，就是不愿意下车，郑现生在身穿防护服数个小时没有喝水，已经严重脱水的情况下，还是耐心地等待，直至每一个归国人员顺利入住指定宾馆。

随着疫情常态化的发展，航班增加数量与日俱增，随之而来的是接机任务频繁。作为外防输入的车辆保障工作人员，郑现生与同事们的工作量也在加大。每天组织召开驾驶员会议，商讨一天的工作流程，对各自车辆进行安全排查与防疫消杀工作，杜绝安全隐患，从一点一滴做起。工作量加大，有时一天会从机场到隔离酒店跑三趟，有时中午饭直到晚上收班才想起来吃。作为一名驾驶员，在保障安全驾驶的同时，他主动与乘客沟通，用讲故事的形式讲祖国变化与进步的事例、讲在疫情下全国一心抗疫的故事来舒缓他们的情绪，同车的乘客们都报以热情的掌声。

何适君

河南省信阳市潢川县江家集镇叶桥村人，创办了河南回家吃饭餐饮管理有限公司

  何适君，1978年4月出生，兄弟姐妹多，母亲在家务农，父亲曾是抗美援朝的战士。由于家庭贫困，无法继续完成学业，15岁便到大城市打工。在餐饮业摸爬滚打，一步步成长为高级烹饪技师，考取国际注册高级营养师。创立以"孝文化、家文化"为主题的"回家吃饭"连锁餐饮。

  近几年，他经常带领公司员工看望孤寡老人，为他们送去生活物资、献上自己的一份爱心，目前累计捐赠物资已达200万元。

  2020年新冠肺炎疫情期间，他将上百万的年货全部捐赠出来，为疫情防控贡献自己一分力量，也给一线工作人员带来暖暖的感动。2020年2月2日，今日头条栏目提出"国家有难人人有责，支援武汉募捐活动河南正在进行中"，他参加该活动并主动捐款5万余元。2020年2月24日，他亲自组织店内高层人员将购买紧缺的医用口罩、医用手套、方便面、矿泉水、消毒液等物资，分别送给城市管理综合执法局的工作人员、街道办事处工作人员、交警支队工作人员、江家集镇医院等，疫情期间捐款捐物累计已达100多万元。

  他先后担任中华伊尹食文化研究会会长、豫菜文化研究会副会长、河南省食文化研究会会长。

  个人获得荣誉及成就有：2018年荣获郑州市五一劳动模范；2008年考取国际高级注册营养师；2008年考取国家二级烹饪技师；2019年1月获得信阳市餐饮"年度十大风云人物"荣誉；2015年创立回家吃饭连锁饭店。

  其间企业获得荣誉如下：2015年被中国奥食卡盛典评定中心授予"中华绿色餐饮健康名店"；2016年被河南省餐饮业协会授予"河南风味名店"；2016年被河南省豫菜文化研究会授予"副会长单位"；2017年被河南省电视台授予"百姓放心餐饮品牌"；2017年被国际餐饮集团中国餐饮转型升级资本论坛授予"全国最佳生态品牌名店"；2018年在"国家双创"上海"创青春"河南青年餐饮业创新大赛中荣获创业金奖；2019年1月被信阳市政府授予"信阳养生菜品牌示范店"。

河南

弋昊峰

河南省郑州市登封市大冶镇陈家沟村人，现就职于登封市嵩山文化产品行业协会

弋昊峰，1973年9月出生。2000年进城务工后，考入河南中州大学经济管理专业（非全日制），回到家乡创业十余载，成绩显著，现任登封市总工会兼职副主席、登封市嵩山文化产品行业协会宣传员。其突出的业绩、勤政务实的工作作风，得到了各级领导的充分肯定和表扬，多次被河南省、郑州市、登封市和主管部门评为先进工作者和先进个人。

2018年2月至今，他自筹经费200多万元发起了"嵩山文化大讲堂""嵩阳读书会""高校专家进校区""嵩阳书院中秋节诗会"等公益文化活动，使具有深厚文化底蕴的嵩阳书院再现千年学府的灿烂文化与风采，为弘扬华夏历史文明、彰显当代河南文化品位做出了应有的贡献。"嵩山文化大讲堂"被河南省人民政府评为终身学习品牌，"嵩山读书会"被郑州市教育局评为郑州市终身学习品牌。

在多年的工作中，他创新工作思路，创造性地开展工作。同样一个任务，落在他手里，他总能想法提高工作效率，比别人较早地完成。他坚持合法经营，杜绝违规违纪，坚决不超范围经营。他工作起来富有激情，只要进入工作岗位就有着超常的精力，从来不因为挫折和困难而放弃自己的工作，或者降低自己工作的效率和效果。由于他工作出色，2015年3月被郑州市总工会评为先进工会工作者，2015年5月被登封市总工会评为先进个人，2015年12月被登封市工商联评为先进个人，2015年12月被登封市工信委评为先进个人，2017年3月被郑州市总工会评为先进工作者，2017年4月被登封市总工会评为五一劳动奖章获得者，2018年4月被评为郑州市劳动模范，2018年10月当选为登封市总工会兼职副主席，2019年4月被评为河南省劳动模范。

他数次走访山乡村寨，先后自筹资金300多万元，慰问孤寡老人，看望留守儿童，数次深入颍阳、君召、大金店、宣化、白坪、大冶、告成等乡镇访问帮扶困难户1 000余户，为他们送钱送物，帮助他们渡过难关，同时还积极帮助困难大学生5名，帮助他们解决生活、学业等问题。2019年捐献爱心超市两家。他勇当先锋，抗击疫情，多方筹措资金60多万元人民币，先后采购捐赠N95口罩3 000个、医用手套10 000个、可重复多次穿着的防护服80套、84消毒液500桶（每桶25升）、浓度75%的酒精900桶（每桶约5升）、医用防护眼罩300个。

徐孝东

河南省开封市通许县朱砂镇徐屯村人,现就职于奇瑞汽车河南有限公司

徐孝东,1980年出生,中专学历,先后从事农产品销售、新疆农场管理等工作,于2007年2月应聘为奇瑞汽车股份有限公司一名普通操作工,因吃苦耐劳、刻苦钻研专业技术,2008年先后被奇瑞公司任命为总装一车间分装工段班组长、备件车间轮胎工段工段长。2011年奇瑞公司在开封市设立了奇瑞商用车河南有限公司,他被调到新公司后,因表现突出先后被任命为厂部安全员、焊涂车间生产调度师,并于2019年11月加入了中国共产党。2020年公司KD出口车销量急剧增加,成立了KD出口车包装车间,他被任命为车间负责人。徐孝东出色的工作业绩得到了公司领导和员工们的一致认可,先后获得了优秀员工、优秀班组长、优秀工段长、优秀党工团干部、质量之星等荣誉。

任职奇瑞公司总部总装一车间分装工段班组长时,他带班组42人,分管36个岗位,创造了分装线"零停线"的历史纪录;担任备件车间轮胎工段工段长时,他主动放弃春节假期,积极参与德国轮胎分装自动化线安装调试工作,使设备安装调试至顺利投产时间由原先的两个月缩短到15天,为公司春节节后复产做出了巨大贡献;他还带领团队完成了11线18 JPH爬产至30 JPH、12线2 JPH爬产至6 JPH、13线6 JPH爬产至18 JPH的生产任务,并且在公司新车型K50、K60、MC22、QE23、捷途系列、新能源的顺利量产和上市过程中做出了突出贡献。2018年公司成立国际部,针对海外剧增的销量需求,徐孝东奉命组建KD组,负责海外4个国家十几种车型的KD件包装发运工作,出色完成了4万台出口车发运任务,为公司出口业务发展立下了汗马功劳。

在奇瑞公司工作了十几年,徐孝东深深感受到了公司温暖的人文关怀和贴心丰厚的福利,他也不会忘记把这样的就业机会推荐给家乡的乡邻。逢年过节,他都会向乡亲们推荐奇瑞公司优厚的福利待遇、良好的工作环境、可靠的工资待遇保障,经他牵线搭桥,该县朱砂镇、冯庄乡、厉庄乡十几个村近百名农民工进入奇瑞汽车河南有限公司,实现了转移就业。

在汶川大地震、玉树大地震等重大自然灾害发生后,以及单位组织开展各种公益活动时,他都积极带头捐款捐物,并在"水滴筹"网络平台为身患重病的人民群众捐款20多次,2019年他还积极响应市党工团号召,一对一结对帮扶了河南省新乡市的一家贫困户。在奇瑞公司送温暖下乡活动中,在他的积极推荐下,并经公司认真考察后,朱砂镇养老院最终被确定为公司送温暖的合作单位。

河南

曹志娟

河南省开封市杞县葛岗镇郭寨村人,现就职于杞县天一物业管理服务有限公司

曹志娟,1980年11月出生,中专学历。2000年春节刚过,她离开故乡,南下来到深圳打工,8年的进厂工作,她干一行爱一行,兢兢业业,锲而不舍,积极奉献,得到企业领导和同事们的认可和赞扬。

2008年,她婉拒了家人及朋友的劝说,毅然回到家乡,同年5月加入杞县第一家物业企业——杞县天一物业管理服务有限公司,在物业管理员位置上一干就是12年,依靠耐心、热心、恒心服务千家万户,得到了所有业主的认可和肯定。

为了更好地做好工作,她每天都会挤时间看书学习,初中毕业的她经过努力考取了中专文凭,她又通过计算机上网查资料、寻他人解惑,增长本领才干,创造了属于她的一片天地。为解决物业服务中遇到的各种问题,她不断学习,查找资料。正是靠着这份拼劲、闯劲,她连年被公司、物业协会评为先进个人。2020年6月,她参与提交的"智慧社区"项目在"第四届豫创天下创业创新大赛"杞县赛区中荣获一等奖。

曹志娟既坚持在平凡的工作岗位上积极努力,同时也不忘回报社会,积极投入慈善事业,对孤寡老人、孤儿等贫困户慷慨解囊,送米、送面,每年还拿出5 000元钱给予杞县高中贫困家庭的优秀学生作为助学奖励。2020年春节期间,面对突如其来的新冠肺炎疫情,她响应公司号召,坚持"疫情就是命令,防控就是责任",从2020年1月26日(大年初二)接到公司通知后,曹志娟就投入工作,对小区严防死守,严格按照要求逐一登记过往车辆和人员,协助医护人员测量体温,严防疫情扩散。她利用空余时间向小区居民送米、面、油、蔬菜、馒头等生活必需物资。当贫困户许长青接到曹志娟亲自送来的米、面、油、蔬菜时,双手颤抖,激动地流下了两行热泪:"谢谢,谢谢,这20多天多亏你了!"在公司的号召下,曹志娟还积极投入到帮助农民工返岗复工工作中,跟随复工专车将200余名员工先后送到工厂。已在家3个多月的苏丰友上车时含着眼泪说:"感谢曹姐帮我外出务工,我家里有3个孩子、2个老人,看着是帮我找到了工作,其实是救活了我们全家人啊!"从加入公司以来,曹志娟在公司的带领下,积极开展助力脱贫行动,近年来在她的努力下,作为物业管理员的她帮扶了5户16人增收脱贫。

郭亚修

河南省洛阳市孟津县平乐镇平乐村人，现就职于洛阳平乐牡丹书画院

郭亚修，进修于何水法花鸟画高研班、荣宝斋张伟民传统花鸟画写生创作班，现为洛阳平乐牡丹画一级画师、中国书画家协会会员、河南省美术家协会会员、博宝网签约艺术家、艺品万家签约艺术家。其作品《富贵好合》作为国礼被日本岗山市议会收藏。大家都戏称他和他学生的作品风格为"亚修风"。

20 世纪 80 年代初他第一次拿起画笔，成为第一批的平乐牡丹画人。初学国画的他常常一画就是一天，有时忘记吃饭了，等完成一幅作品时才知道饿，匆匆地吃口冷饭又继续磨炼自己的基本功。

1986 年，他的努力得到了认可，他参加"洛阳市首届民间美术作品展"，获得了优秀作品奖。

1997 年，他与人合作的作品《牡丹》被山东省卫纪委收藏。

2000 年，其巨幅作品《国色天香》被解放军 88 医院收藏。

2007 年，在当地政府的扶持下，洛阳平乐牡丹书画院成立，他和同样是第一批牡丹画人的郭泰安、郭肖伟、郭泰森等纷纷走上讲台培训村民画牡丹。

2008 年 8 月，作为平乐代表之一的他带领平乐村 100 名画师参加洛阳市政府组织的"千人千米绘牡丹"活动，为奥运会赠画。

2009 年 12 月，受河南省政府邀请，随省大型文化交流团赴宝岛台湾进行文化交流活动，现场为国民党副主席林丰正作画，深受好评和赞扬，第二天台湾日报做了主题报道。

2011—2016 年，多次组织带领平乐村画师参加国内各大型博览会，打响"中国牡丹画第一村"的品牌。

2013 年，加入河南省美术家协会。

2014 年，《中华儿女》杂志第 213 期发表了他的作品。

2017 年，到荣宝斋张伟民写生班学习。

他热心公益，积极捐赠财物、作品，参加义卖活动。响应政府号召，积极促进平乐牡丹画产业发展，将自己多年研究学习的绘画技法、绘画经验推广出去，培养了一批又一批来自全国各地的学员，为培养洛阳牡丹画传承人做出了突出贡献。他用自己的方式默默推动平乐牡丹画的发展，平乐牡丹画由最初十几人，到如今形成了装裱、包装、销售、研学等一条龙的产业链发展模式。

河南 黄京玉

河南省洛阳市洛宁县城关镇东关村人，成立了洛阳富祥服饰箱包有限公司

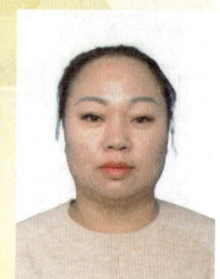

黄京玉，1998年在洛阳锦远商贸城开始做服装生意，很短的时间内从一家扩展到四家店。2009年创办了洛宁县鑫钰汽车销售有限公司，至今8年时间，从4个人的企业发展到现今40余人的企业，从200多平方米的街边店发展到占地1 000平方米的公司，其经营的上汽通用五菱宝骏汽车洛宁4S店，为洛宁人民的平安出行做出了贡献，为洛宁汽车行业的发展起了带头作用，并且成为洛宁县纳税A级企业。

2016年，随着经济快速增长和洛宁人民的需求，黄京玉成立了富兴汽车销售服务有限公司，目前代理大众、现代、传奇、宝马、一汽等中高端品牌汽车。

2018年年初，黄京玉在洛宁县委、县政府多次组织的助贫、帮贫活动中看到一部分贫困户和妇女闲置在家，无所事事。于是，同年6月她出资500万元成立了洛阳富祥服饰箱包有限公司，主要承接义乌地区的来料加工项目，生产制作户外运动装和时尚女包、手提袋、收纳包、化妆包等产品，一年来，该公司累计带动500余人就业，实现了在家门口就业、脱贫致富。

在过去的几年里，黄京玉视贫困户如亲人，因为很多在家务农妇女和贫困户的缝纫技术基础薄弱，为了提高她们的劳动技能，使她们获得更高的收入，她高薪从外地聘用老师，手把手教她们缝纫技术。为获取更多的订单，她只身一人到浙江义乌、江苏、山东、河北、广东深圳等地联系业务，和上游合作业务沟通协调。在近一年的辛苦努力下，如今工人的月工资在2 000元左右，他们正迈步在脱贫致富的路上。向员工普及洛阳富祥服饰箱包有限公司生产技术和互联网技术，开展全方位生产经营服务，统一技术指导、统一生产、统一加工包装、统一销售渠道，对外开拓市场销量、开展品牌宣传、推进后期加工和产业链发展，在此基础上，从单一的线下经营转换到线上电商，在网站、微信公众号、淘宝店进行宣传销售，充分利用电商的时空优势、速度优势、成本优势、个性化优势、信息优势，增强员工的技能化程度，带领大家共同致富。

2020年春，因新冠肺炎疫情防控需要，公司主动肩负起社会责任，积极响应政府号召第一时间改产一次性防护口罩，为抗击疫情贡献企业力量。2020年2月公司向奋战在抗疫一线的工作人员捐赠口罩、酒精、84消毒液等价值5万元防疫物资，并带领全体员工对抗疫一线工作人员进行慰问。

王聚才

河南省洛阳市宜阳县韩城镇秦王村人，现就职于开封市集英街郑远元集团

　　王聚才，47岁，韩城镇秦王村建档立卡贫困人口。由于腿部残疾使得他不能像村里其他同龄人那样外出务工，只能通过维修电器、农具勉强维持生计。虽说只能挣点小钱，但比起苦守一亩三分地的日子却好很多。后来他和同龄人一样娶妻生子，过上了清贫却幸福的农户人家小日子。

　　然而随着家中孩子长大，家庭开支不断增加，受技术水平低、市场范围小等因素影响，修理铺的小买卖逐渐不能应付家庭各项开支。一家三口的小日子日渐紧巴。一眼望不到头的苦日子使得夫妻俩开始矛盾分歧不断，直至妻子悄然离家，留下他和孩子苦熬时日。

　　正在王聚才一筹莫展之时，宜阳县人社局的就业扶贫政策宣传到了村里，扶贫专干上门为他讲解，推荐了足疗这一培训，鼓励他报名参加。王聚才刚开始还犹豫不决，但在来到足疗培训学校咨询后，发现足疗培训正是县里为年纪较大或因自身原因就业困难的贫困群众"量身定制"之后，他抱着试一试的态度报名参加了宜阳县人社局组织的足疗培训班。培训期间，一方面王聚才刻苦钻研，认真练习，逐步掌握了足部修护的一技之长；另一方面，培训老师和中心工作人员对他格外关注，经常给予他鼓励和心理疏导，使得他转变了自身观念，树立了就业信心。培训结束后，王聚才顺利就职于开封市远元足疗店，随着工作经验逐步积累，月收入由3 000余元提高至5 000余元，不但成为一名熟练的足疗技师，更是摘掉了戴在头上多年的"贫困户"帽子。

　　在他的影响下，他的儿子也参加了足疗培训，现就职于洛阳分店。家庭收入剧增，生活质量得到了改善，现在的王聚才回到村里腰板也直了。如今的王聚才只要回到村里，群众都会扎堆围上来问东问西，他也总是耐心给大家分享自己的工作经历，还介绍身边有意向的乡亲投身到足疗这个行业中来，鼓励大家学一门实用的技艺增收致富。同村的席海朝、冯淑芳、马念粉等11户贫困户群众也都加入足疗队伍中来，依靠自身能力实现了脱贫致富，真正实现了"培训一人，就业一人、脱贫一户、带动一片"的目标。目前，秦王村还有17名村民表达了参与足疗培训的意愿，村中越来越多的人发自内心想学一门手艺，靠技能脱贫致富，在一种先富带后富、后富迈开步的"比学赶超"氛围中，秦王村日渐生机勃勃。

河南

李小闯

河南省平顶山市叶县龙泉乡龙泉村人,现就职于叶县龙泉乡门业返乡创业园

李小闯,44岁,中共党员,高中学历,叶县第十三届党代表,县级五一劳动奖章获得者,任龙泉乡玉林门厂技术顾问。

1993年年初,刚过完年,李小闯17岁,因为家里经济条件差,他不得不从一名中学生变成了打工仔。由于他瘦小,年龄也小,深圳多家公司拒绝招工使用。最后在一个老乡的帮助下,一家河南籍老板的家具厂收留了他,但是只是答应让他在车间打扫垃圾、清理废物等,一个月工资三百元。得到了这份工作,他心中只有一个理念:"别人能干的我也能干,别人不能干的我能学。"久而久之他的工作态度及表现征服了身边所有人,他开始学习并从事其他岗位工作,车工、铣工、磨工、镗工、组合机床操作工、加工中心操作工,凭借吃苦耐劳、勤奋肯干和工匠精神一步步发展到销售、管理层。平时他特别留心整个生产流程、生产工艺、企业管理等,熟练掌握了整个木业制造生产线上的所有技术、营销以及管理。2013年,李小闯已经成长为一个全能的门业人。

2013年年底是李小闯去深圳的第20个年头,他决定回家过年,但是他见到的却是,全县唯一一个不通省道的乡镇,区位优势不足、交通不便,严重阻碍了家乡的发展。

最终他决定回到家乡龙泉乡,加入了玉林门厂。农历腊月二十八,寒风刮得人站不稳,县电业部门已经放了假,在他的争取下,乡党委政府帮他协调了变压器。书记、乡长更是现场"监工",在天黑之前硬是通好了电。2016年2月,李小闯终于以技术和管理作为股份帮助出资人建成了叶县玉林门业有限公司。

李小闯率先谋筹款项,组织各企业成立叶县门业协会,多次主持召开营销会,带领大家参加展览会,协调园区建设,争取物流等配套企业,在他的示范带动和一手帮助下,终于建立了龙泉乡门业返乡创业园区;所有入驻企业竞相聘请李小闯作为技术总顾问,如今李小闯以龙泉乡门业返乡创业园区技术总顾问的身份参与园区建设。目前,龙泉乡返乡创业园已经引进门业企业16家、线条厂2家、门框龙骨厂2家、门板厂1家。全乡仅此一项,累计资产3.9亿元,年产值4亿元,还带动发展全乡及周边物流企业20余家、纸箱厂2家、包装棉厂1家。龙泉乡门业返乡创业园加上在外龙泉籍门业企业生产的各类室内木门占河南省内70%市场份额、占全国30%市场份额。苦心人,天不负,龙泉籍门业企业及相关产业链已经帮助1.2万余人实现就业,其中龙泉乡门业返乡创业园就帮助1 500名群众和163名贫困户稳稳地端上"金饭碗"。

杨明军

河南省舞钢市八台镇杨楼村台张村人，现就职于河南天成鸽业有限公司

杨明军，1973年7月出生，现为河南天成鸽业有限公司厂长。杨明军带头发起成立了河南省青年农民专业合作社联合社，带动社员6 000余人，并在全国重点地域建立了28个连锁销售网点，年推广销售种鸽30万对，乳鸽600万只，鸽蛋500万枚，年综合社会效益6.8亿元，先后被授予荣誉奖章30余项，被中央电视台7次专访报道。

杨明军投身脱贫攻坚，采用四种模式帮助贫困户走向脱贫致富道路。一是，龙头企业＋代养代管＋集体经济＋贫困户。公司与7个乡镇18个村签订养鸽扶贫产业项目合作代养协议，带动建档立卡贫困户1 437户、4 728人增收，每年增加每个村集体经济收入5万元，共计90万元。二是，龙头企业＋合作社＋贫困户。公司与7家合作社签订养鸽合作协议，带动建档立卡贫困户677户、2 216人增收，实现年收益172.806万元。三是，龙头企业＋贫困户。公司与乡政府签订产业扶持到户增收带贫协议，带动本乡镇贫困户集体联营发展鸽子养殖，带动建档立卡贫困户466户、1 096人，实现年增收51.26万元。四是，务工带贫增收。公司特设扶贫岗位，招收有劳动能力的贫困户家庭成员来厂务工，带动建档立卡贫困户27户、61人，实现务工增收累计100万元以上。

此外，杨明军从各地养鸽户中，支持和帮助15家发展成为养鸽扶贫基地，辐射带动当地贫困户数千家。公司基地被授予"河南省劳模·五一劳动奖助力脱贫攻坚示范基地""河南省扶贫龙头企业"等荣誉称号。

杨明军公司自主培育"天成王鸽"系列种鸽，该系列种鸽被评为"世界十大名鸽"之一。多年来，杨明军成功申获国家专利86项，主导和参与制定相关地方和团体标准3项，发表行业指导性和技术性论文44篇。杨明军荣获河南省科学技术普及成果奖一等奖2项，中国商业联合会科学技术奖二等奖1项，平顶山市科技进步奖一等奖1项。公司也被认定为国家高新技术企业、河南省质量兴企科技创新领军企业。

杨明军先后被授予全国农村青年致富带头人、全国农村创新创业优秀带头人、中国畜牧行业先进工作者、中国肉鸽行业科技创新人才奖、中国肉鸽行业突出贡献奖、中国肉鸽行业区域领军人物、河南促进全民创业带头人、河南省劳动模范、河南省劳模助力脱贫攻坚十大领军人物等30余项荣誉。企业也被命名为全国科普惠农兴村先进单位，荣获中国畜牧行业先进企业、中国肉鸽行业科技创新单位、中国畜牧业协会鸽业分会副会长单位等荣誉。

贾晓利

河南省平顶山市鲁山县张店乡后营村人,现就职于鲁山县雅韵纺织有限公司

贾晓利,33岁,原在深圳打工,2018年返乡就业,现为鲁山县雅韵纺织有限公司财务总监,她好学上进,爱岗敬业,帮助公司做大做强,热心公益,助力扶贫和疫情防控,帮助残疾人、贫困户等340余人就业。

贾晓利早年由于身体原因,高中毕业即踏入社会,外出深圳打工,先后从事流水线员工、仓库管理、财务、公司管理等工作。在此期间,她深感自己专业技能的欠缺,懂得了科学文化知识的重要性,于是在认真工作的同时,通过自学考取了会计中级职称,获得了大专毕业证等,即使在最困难的时期,她深信通过自己的努力一定能改变命运。

2018年,贾晓利放弃深圳优厚的待遇,毅然返乡加入新成立的鲁山县雅韵纺织有限公司,任公司财务总监。她不顾身体虚弱,克服家庭困难,利用自己所学的专业知识,不断为公司开源节流,推进品质管理,扩大公司发展规模,公司从一个厂区发展到三个厂区,员工从50余人增加到500余人,产品从单一的普通服装,扩展到外贸服装、民族服装、隔离衣、手术衣等疫情防护产品。不断增加技术含量,提高产品质量与服务,帮助公司做大做强。目前雅韵公司生产的产品已远销美国、日本、澳大利亚、欧洲等二十多个国家和地区,深得国内外消费者的喜爱和好评。

2020年春节期间,新冠肺炎疫情席卷而来,疫情防控工作异常严峻,防疫物资严重不足。她放弃了家中的温馨团圆,主动请缨,充分发挥先锋模范作用,在她的号召和带动下,在大年初七公司80多名员工回到公司,加班加点赶制防护服、手术衣等防疫急缺物资,完成了日产手术衣40 000件的任务,不计代价地确保防疫物资的及时输出,为全国抗击疫情付出了自己的全部努力。

在公司内,她充分发扬主人翁精神,上为领导解忧,下为职工谋福利,不定时对员工进行家访,了解他们工作中、生活中的困难,并不断与他们进行沟通,了解他们心中的想法,根据每个人不同的身体状况、心理状况、家庭状况等,尽全力给他们以帮助,解决他们的困难。贾晓利在工作之余经常参加公益活动,通过接触,她深刻地感受到了弱势群体的艰难,特别是残疾人工作难的问题。贾晓利主动找公司领导做工作,说服领导优先录用残疾人、贫困户,并给他们安排力所能及的工作,让他们通过工作自强自立,养活家人。现在公司已录用残疾职工13人,贫困户36人,周边留守人员307人。她的努力得到了管委会和残联的关注和表扬。

杨佰信

河南省平顶山市宝丰县商酒务镇黄洼村人,现就职于河南高晋重工有限公司

  杨佰信,中共党员,高中学历,现任河南高晋重工有限公司技术顾问。农民出身的他心怀理想、心系乡亲,凭着农村人的质朴和坚毅,完成了由普通农民到优秀企业管理者的"精彩蝶变"。他致富不忘乡邻,积极帮贫扶贫,用行动回报社会,用真诚在宝丰大地谱写出感人篇章,展现了一名新时代敢闯敢干、关心社会的农民工新形象。

  20 世纪 90 年代,杨佰信在煤矿从事矿山机电维修,由于他善钻研、勤学习,很快掌握了一套机电设备维修技术,后被河南高晋重工有限公司聘为生产技术负责人。杨佰信上任后积极调整生产组织,完善监测手段,改进工艺流程,制定企业技术标准,为企业发展奠定了扎实的基础,是企业得以健康稳步前进的动力。同时他还带领团队大力投入新产品研发,经过多年的技术创新,推出了全新一代坐便器,该坐便器可利用洗脸洗手废水等作为水源,且用水量只有传统坐便器的三分之一,达到了废水利用既节水又省水的理想目标。该技术产品以不锈钢材料为主,批量生产成本略低于传统陶瓷产品,普遍推广后全国每年可以节约水资源 100 多亿吨,会带来坐便器市场的一次革命性新发展。该技术已获国家专利(证书号第 10849770),不锈钢节水坐便器大批量投入生产后,将带动全县不锈钢产业进入空前飞跃期,市场前景广阔,同时该产品也将成为公司新的增长点。杨佰信对公司前景充满信心,他怀揣梦想,下一步将进一步完善企业的管理机制,不断进行技术创新,同时保持发展活力,提高竞争能力,使企业一步一步走向辉煌。

河南

王新红

河南省安阳市汤阴县古贤镇古贤村人,现就职于河南省汤阴县硕果园种植专业合作社

王新红毕业后长期在外,1998—2009年带领本地村民从事建筑承包工程,奔波于山西阳泉、新疆乌鲁木齐、黑龙江双鸭山、河南安阳、河南鹤壁等地,创出了一番事业。

2009年12月,王新红回乡在汤阴县硕果园种植专业合作社任技术指导师,主要种植作物有大樱桃、设施番茄、设施葡萄、草莓、盆栽蔬菜、食用菌、芽苗菜等。

合作社建立了示范基地150亩,带动25户种植户,带动种植370亩,全年有100余人(含贫困户3人)实施生产。

在王新红及全体社员努力下,合作社获得安阳市2010年度农民专业合作社示范社、2016年汤阴县转移就业脱贫基地、2017年汤阴县农民工返乡创业示范项目、2018年安阳市农民工返乡创业示范项目、2018年河南省返乡下乡创业助力脱贫攻坚优秀项目、河南省2019年省级农民合作社示范社等多项荣誉。

为了寻找优秀项目,王新红和社员自费到农业发展领先的山东学习,每年都要考察不少于5~6次。

2017年10月、12月连续两次自费带领贫困户范金中、秦明海及村民王树芹、范志强等人到山东寿光三元朱学习温室大棚技术,2018年8月带领秦明海到山东寿光侯镇学习一年三熟葡萄种植技术。

2020年1月,为参加山东果业协会举办的葡萄一年多熟技术培训班,不顾雪后的冰冻与大雾,8日上午开完政府工作会议后,没有吃中午饭就向山东出发。安阳南封闭、瓦店封闭、内黄封闭,一直走到南乐才进入高速路,此时已是下午4点。虽然上了高速,但雾气依然很大,直到200公里外的济南才开出雾区。开出雾区后才换上同行的其他人开车继续前行,到达目的地已是晚上10点。

1998年以来,古贤村多年来没有村支两委班子,2016年王新红临危受命,在古贤镇党委的推荐下,担任古贤村党支部书记,并获得多项荣誉。其中,获得2016年抗洪抢险救灾工作先进个人、2017年红旗党支部书记、2018年优秀农村党支部书记、2019年岳乡榜样汤阴模范,2017年当选汤阴县第十五届人民代表大会代表,2018年当选安阳市第十四届人民代表大会代表,2019年、2020年当选优秀县人大代表。

在2020年疫情防控工作中,王新红以实际行动践行初心和使命,为避免人员聚集,率先取消所有原定的家庭聚会,并立即召集祭祖、表演春节联欢晚会的组织者进行磋商,要求他们取消一切活动,积极参与疫情防控。

陈彬世

河南省安阳市安阳县白璧镇南辛安村人,创办了安阳县瑞林生态花木种植专业合作社

陈彬世,41岁,大专毕业(非全日制),中共党员,安阳县瑞林生态花木种植专业合作社法人代表。

2012年9月,陈彬世创办了安阳县瑞林生态花木种植专业合作社。7年来,合作社累计投入资金1 200万元,按照"面向全国、融合南北、彰显特色、创优品牌"的设计理念和"规模化、现代化、标准化、专业化、产业化"的建设要求,通过与河南农业大学、山东滨州市、江苏沭阳县、河南鄢陵县等花木科研院所、种植公司建立长期合作关系,采用统一采购苗木、统一培育服务、统一收购、统一销售、统一分配盈利和"公司+基地+农户"的生产经营方式,实现了农民增收、土地增效和企业受益。目前,合作社已建成现代高效园区,种植有红叶李、针叶松、雪松、国槐、法桐、白蜡等各类高档绿化苗木300亩;林下养殖鸡和鹅,年出栏达30 000余只;种植无公害蔬菜100亩;优质农作物100亩。

合作社在努力建设好园区的同时,充分利用专业种植技术,积极参与绿化工程项目,高质量严要求完成了农业大道、高标准粮田、S219北段、北郭西环等项目的绿化建设任务。合作社在发展壮大的同时,牢记社会责任,在生产中优先安排使用贫困人口,助推其增加经济收入,早日脱贫致富。2016年、2017年、2018年、2019年连续4年,合作社每年向省级贫困村——安阳县瓦店乡四伏厂村捐资3.6万元、5.4万元、7.2万元、10万元,尽最大努力为贫困户送去温暖,助推四伏厂村2019年顺利摘去贫困村帽子。

陈彬世外出打工多年后,毅然返乡创业。经过多方面的政策咨询和考察,陈彬世决定选择家庭农场这一创业项目,并选择到瓦店乡承包了400余亩土地,自筹了60余万元启动资金。陈彬世逐渐掌握了农业技术、畜牧防疫、疾病控防、饲料储存等知识,并攻克了市场营销、高效种植一个又一个难题。

经过数年的艰苦奋斗,安阳县瑞林生态花木种植专业合作社逐步建设成为花木标准化生产园、集约化示范园、高效农业种植园、生态旅游观光园。优势产业稳步壮大,花卉苗木品种达16种,高效农业品种有7种,优质蔬菜品种有4种,肉鸭养殖大棚有6座。合作社被确定为"安阳县产业扶贫基地",被市委、市政府评为"十佳农民专业合作社""安阳县扶贫创业基地"。2018年被省人社厅确定为"河南省返乡下乡创业助力脱贫攻坚优秀项目",2019年陈彬世被评为"河南省农民工返乡创业之星"。

安阳县瑞林生态花木种植专业合作社2020年又新增投资200万元,进一步完善了基础设施,增加了科研投入,形成了良性循环的产业经济链。

河南

康献志

河南省安阳市内黄县田氏镇孟路村人,现就职于安阳市开天调味品有限公司

康献志,1977年3月出生,正在清华大学企业创新工商管理高级研修班学习,现任内黄县人大代表、内黄县田氏镇孟路村党支部书记、安阳市开天调味品有限公司技术总管及党支部书记、内黄县田氏镇工商联合会主席,被评为安阳市劳动模范、内黄县十佳杰出经济人物。

1995年外出山西务工,1998年返乡,从一名普普通通的农民白手起家,一直致力于调味品行业的发展。2013年扩建企业,通过十几年的努力拼搏,由原来内黄县调味品厂发展成为安阳市开天调味品有限公司。公司主要生产酱油、醋、香油及各种调料,在康献志等人的悉心经营下,企业不断发展壮大,在当地乃至全国调味品行业占领了一席之地。

近年来在我国调味品市场稳步发展的同时,人们对调味品的健康、品质、口味等方面的要求也越来越高。为提升调味品的技术开发水平,开天调味品系列采用一流的工艺技术和生产设备,吸纳优秀人才,产品的质量、品质、口碑都实现了质的飞跃,实现了年产量400吨、年产值260万元、年利税9万元的好成绩。

公司先后荣获以下荣誉:

2014年获得河南省清真食品荣誉标牌;2014年获得安阳市知名商标;2015年获得河南省著名商标;2016年获得安阳市守合同重信用企业;2019年荣获内黄县宣传部、文明办、市场监管局文明诚信经营企业;2019年6月6日以《做消费者信赖的品牌》被安阳日报登录;2019年9月11日以《小小调味品做成大产业》被安阳日报登录;2019年获得河南省返乡创业示范企业;2020年获得安阳市人力资源和社会保障局、安阳市残疾人联合会颁发的"安阳市自强模范"。

康献志获得以下荣誉:

2016年7月参加了安阳市创业大赛后又被推荐参加河南省创业大赛并取得了较好的成绩,荣获河南省创业大赛无偿奖励10万元。

2017年被授予"仁心济弱势、景行为世范"等荣誉称号。

2017年被田氏镇政府授予"先进工作者"等荣誉称号。

2017年被田氏商会授予"襄助教育、功德无量"荣誉称号。

公司在不断发展壮大并得到了社会广泛认可的同时,不忘回馈社会,设立"扶贫助学基金",紧密结合工作实际尽心尽力地为帮扶对象办实事。

杨鹏超

河南省鹤壁市淇滨区大河涧乡小河涧村人,现就职于中建四局第六建设有限公司

杨鹏超,1990年6月出生,任中建四局第六建设有限公司项目技术员。

2009年毕业后杨鹏超一直在建设工程项目从事现场施工工作,从事了实验员、施工员、技术员等岗位,他明白,如果想取得成功,就必须在实践中学习,在学习中实践。他白天在工地上忙现场,晚上在家自学,2014年通过了国家二级建造师考试,2017年大学专科毕业,目前自学成人专升本。

在小中型企业工作的时间里,他不断扎实基础,学习国家标准规范、技术工艺工法、各种专业办公软件以提升自身的技术水平。2017年中建四局在河南扩展市场,企业需要增加管理技术人才,他顺利通过了竞聘,获得了在鹤壁恒大名都项目担任技术员的机会。通过之前工作中专业知识的沉淀积累,他很快胜任了自己的工位岗位,在此期间,他深入施工现场,对作业人员进行技术交底、指导、方案检查、验收,积极同甲方、监理、设计院沟通施工问题,解决现场施工难题。鹤壁恒大名都项目分为两个施工地块,由于人员不足,他被任命兼职其中一个地块的质量主管工作,他勇扛重担、身兼双职、工作勤恳、任劳任怨,连续两个季度被评为项目优秀员工。为响应国家扬尘治理达到六个百分百,安全文明标准化施工,他编制专项施工方案,为项目出谋划策,严格按政府要求施工,获得了质监站的一致好评。质监站多次组织鹤壁市在建项目管理人员到鹤壁恒大名都项目观摩学习,并发文通报表彰鹤壁恒大名都项目。鹤壁市职业技术学院为提高在校学生的现场实践能力,每个月组织在校土木系学生到现场学习,由他为学生现场指导讲解施工方法,解决学生的疑问。

2019年年初,由于公司业务调整,任命杨鹏超为鹤壁恒大名都项目技术负责人。在担任新的岗位后,他为项目施工工艺做出了创新。项目恒大中心高97米,用途为办公楼,外墙全部为玻璃幕墙,飘窗板、空调位特别多,外立面结构复杂,而这些部位除了主体剪力墙,其他为砌体墙,外脚手架与砌体墙穿插导致无法施工。他通过研究资料、咨询公司和专家,以及和甲方、设计院等沟通,最终改变了施工材料和施工方案,用轻质隔墙替代加气块墙,与原施工方案相比,节省了30多万元。

2020年新冠肺炎疫情期间,他积极响应政府的文件和号召,组织项目部领导向抗疫一线政府人员共捐赠几千元的食品、水果和200个一次性口罩。他积极参与社区疫情防控工作,主动到疫情防控一线值班、入户调查。

河南

高玉然

河南省鹤壁市淇县北阳镇北阳村人，自谋职业农民工

高玉然，1972年2月出生。多年来一直从事自谋职业务工，自1993年参与京珠高速公路建设打工开始，先后多年跟随多家工程队辗转全国各地参与路桥建设，主要从事工程车辆、机械的驾驶及维修工作。

高玉然姐弟5人，排行老四，由于家中生活不富裕，初中毕业后就扛起了家中的农活儿，帮助父母减轻家中负担。1995年弟弟参军入伍后，家中缺少劳动力，家庭负担加重。为帮助家庭减轻负担，他认真学习了汽车驾驶、工程机械驾驶及维修等技术，跟随工程队参加高速公路建设。

在跟随工程队工作期间，他充分发挥农民工吃苦耐劳、工作勤奋的优秀品质，工期紧张时，每天在车上工作时间达16个小时以上，保质保量地完成施工任务；在熟练掌握汽车驾驶技术的同时，又虚心学习掌握了推土机、压路机、装载机、挖掘机等多种工程机械的驾驶技术，能够胜任多种工程机械的操作驾驶，达到一岗多能；还认真钻研汽车、工程机械的故障维修技术，多年来共维修工程机械500多台次，维修排除机械故障3 000多个，累计节约工程机械运营经费达700多万元。在做好本职工作的同时，他还经常向工程技术人员请教学习，掌握了工程测量、工程质量监理等多个专业的基本业务能力；工作中不断观察思考，结合工作实际提出施工管理等合理化建议100多条，提高了工程建设的效率和质量，受到了领导和同事的一致广泛好评。

在外漂泊打工十几年后，因弟弟常年在外地当兵，家中父母年迈无人照顾，他于2010年返乡务工。返乡后，他利用多年在外打工的积蓄购买了压路机、挖掘机、装载机等工程机械，从事土石方工程、房屋拆除、天然气管道施工等业务。业务开展后，还解决了本村富余劳动力就业、农民增收的问题，累计吸纳30多名本村富余劳动力就业，带动了乡亲共同增收致富。

多年来村里乡亲有困难的时候，他都会主动热情地帮忙，耐心调解邻里纠纷，热心助老扶残，逢年过节时给村里的贫困老人送米送面。主动帮助村委搞好乡村振兴建设，积极参与本村的环境治理等工作，累计义务出动工程机械100多台次，投入人力500多人次，清运垃圾3 000多余方，粉刷美化墙体10 000多平方米。

新冠肺炎疫情发生后，他在大年二十九向村委请战，主动担负起本村疫情防控卡点的义务值守工作，对于无法出门解决生活必需品的村民，热心上门送菜、送面、送药，还为本村疫情防控工作捐款捐物2 000余元。

袁宾凯

河南省辉县市高庄乡苏村人，现就职于辉县市苏村多彩鲜切菊种植专业合作社

　　袁宾凯，1986年4月出生，2004年毕业于辉县一职种植专业，2006年去海南打工学习菊花种植技术，从最基础的种植到加工销售，经过5年时间的积累，有了丰富的种植技术和销售经验。

　　2011年从海南回乡加入苏村多彩鲜切菊种植专业合作社，负责培育种植菊花鲜切菊，从自家的5亩地开始尝试，聘用本村13位因照顾家庭不能外出的妇女工作。从最初的整地到种苗、采花，经过大家的不断努力，当年的菊花给了合作社很好的回报，成功出口日本。2012年，为了培育出更高品质的菊花，他投资建设了防虫网大棚，但由于天气因素考虑欠成熟，效果不理想，同年冬天他决定回海南继续学习。2013年，经海南公司推荐去日本菊花基地学习，以掌握更好的技术和经验。2014年，在原有的基础上扩大种植规模，同年培育出的高品质的菊花成功出口日本和韩国。2015年种植基地扩大到30亩，韩国订单单独装柜直接出口。2017年，60亩菊花出口韩国、日本。因花期比较集中采花高峰期一天就需要用本村和周围村庄100多名农村妇女同时采花加工。种植菊花从苗期到加工包装用工多且杂，所需的工人也多，村里有很多需要工作却因老人孩子出不去的家庭，也有贫困需要帮助的家庭，合作社给这些家庭提供了一个可以工作、可以赚钱贴补家用的平台。合作社的菊花从2014年到2018年连续5年出口到日本、韩国，这在河南省是唯一一家，苏村菊花种植基地成为河南省种植菊花的风向标。通过袁宾凯的技术指导和种苗引进，鹤壁、濮阳、许昌、滑县、新郑、通许等多个市、县的菊花都在本地产生了很大的影响。2018年，随着彩色小绿荷兰品种在国内市场的认可，销量大增，袁宾凯第二次回海南学习新的技术、引进新的品种，颜色从最初的黄白两色，发展到现在的红、绿、粉、紫等上百个品种。每年从国庆节开始，各种菊花开始陆续开放，由于颜色比较多、花型各异且规模化种植，具有很好的观赏性，吸引了很多周围村民市民前来观赏。2019年菊花盛开一度成为网红打卡点。2019年开始根据实际情况引进新的品种，多彩甜糯玉米、西瓜、散养土鸡等慢慢开始试种试养，到2020年开始量化种植养殖。菊花基地位于苏村南，紧邻村庄，村南现有400余亩耕地，计划以菊花生产、种植、销售为主体，同时发展特色瓜果蔬菜种植、散养柴鸡，可以发展成农庄周末游，让游客在观赏多彩菊花的同时能吃到地道的柴鸡，采摘天然无公害的瓜果蔬菜。2020年更是得到了苏村村委和高庄乡政府的大力支持，在菊花盛开的季节在田间地头举办了高庄乡第一届菊花节。

河南

赵俊海

河南省新乡市原阳县太平镇水牛赵村人，现就职于原阳县原生种植农民专业合作社

走进水牛赵村的原生合作社水稻种植基地，一块印着"粮心"的大石块竖立在田边。赵俊海，2007—2009年在山东省菏泽、济宁等地任销售经理，销售种田郎电动喷雾器。

从2005年至今，原阳县原生种植农民专业合作社在赵俊海的帮助下流转土地1 800余亩，托管土地20 000余亩，入社500多户，带动周边罗李村、双楼王村等20多个村的2 000多户群众探索走出了一条现代农业产业化发展之路，实现了农民的共同富裕，成为现代农业发展的先行者。赵俊海的一系列创新动作为原阳县原生种植农民农业合作社荣获多项荣誉：国家级"国家农民合作社示范社"和"中国乡村旅游模范户"，省级"农业科技试验示范基地"和"河南省食品安全科普教育基地"，市级"新乡市市级示范合作社""十大旅游商品奖""旅游产品金奖"。他自己也成了河南省人大代表和市党代表，专为农村农业农民"三农"发展代言。

赵俊海主动请缨，动员合作社与镇政府签订脱贫攻坚协议，成为产业带贫基地。2016年，他担负15个村106户296人的脱贫任务，免费为贫困户发放麦种、稻种、化肥等农资，累计价值超20万元，并与其中16户签订了入股分红协议。2017年，为进一步壮大合作社带贫能力，规划建设占地6万亩的"原阳县水牛稻观光农业田园综合体"，该项目分两期四年建设完成，截至目前已累计投资1 100万元，用于建设餐厅、改造民俗、扩建水系等基础设施。其中政府投入扶贫项目资金300万元，当年项目收益使85户贫困户实现每户增收1 400元，政府村级集体项目资金投入160万元，每年壮大村集体收入5万元。2018年，通过百企万户产业政策设置公益性岗位63人，每月发放300元公益性岗位工资。此外，合作社每年提供绿化、包装等临时性用工岗位几百个，吸纳周边贫困人口在家门口就业。

十九大报告提出乡村振兴战略后，他有了新的发展思路：必须发展特色优势产业，做一二三产业融合，乡村发展才能更有希望和奔头。他下大力气促进融合发展，优化产业结构，着眼提高农业全产业链收益，努力做强一产、做优二产、做活三产。从2018年到2020年，连续三年，原阳县大米节、丰收节、旅游节、音乐节在水牛赵水稻种植基地隆重举办。

如今，他除大规模种植优质绿色生态水稻、小麦、瓜果蔬菜，加工带有胚芽的优质原阳大米、石磨面粉、糙米茶等外，还开发了农耕体验、民俗民宿、抓虾捉蟹、赏花涉水等多种形式的现代服务业，田园综合体项目雏形已现，节假日高峰期来游玩的游客每天多则两三万人。

何小彩

河南省焦作市武陟县詹店镇冯庄村人,创建了武陟县普惠蔬菜种植专业合作社

何小彩家是建档立卡贫困户,45岁。她一家四口人,小女儿从小体弱多病,丈夫魏新奎患有多种疾病,不能干重活儿。全家人仅靠何小彩打零工和家里的三亩地维持生计。

2016年,精准扶贫工作开展后,武陟县人社局再就业办公室主任张新草与何小彩结成了帮扶对子。张新草根据何小彩本人的意愿和她们家的实际情况,几经商量后,为她制定了"大棚蔬菜种植"的脱贫方案。随后,何小彩和丈夫参加了县里针对贫困户举办的"雨露计划"培训班,系统学习了蔬菜从种植到管理的相关技术。

在张新草的帮助下,何小彩从武陟县人社局申请到了8万元的贫困户创业担保贷款,何小彩家很快就建起了塑料大棚,种起了蔬菜,两个月后蔬菜行情上扬,一季菜收入就达到了6 000多元。

2017年,何小彩产生了扩大蔬菜种植规模的想法,在本村流转了20亩土地,增加了蔬菜种植品类,种上了土豆、洋葱、大蒜、萝卜等蔬菜,种植规模也扩大了好几倍。当年年底,何小彩还加入了本村几户菜农成立的武陟县普惠蔬菜种植专业合作社。

在张新草的建议下,何小彩将每种蔬菜的种植都与正常种植时间错开,有的"提前"种植,有的"推迟"种植,这样蔬菜成熟上市期也相应地提前或延后了,一定程度上避开该种蔬菜的"扎堆销售"现象,提高了经济效益。

此外,张新草还帮助何小彩与县城内多家客户建立了订单式购菜。何小彩卖菜诚信经营,渐渐赢得了大批回头客,实现了一年四季一直有菜卖,天天都有现金进账的大好局面。

2017年年底,何小彩家顺利实现脱贫,她的蔬菜大棚种植,还带动了两户贫困户脱贫致富。

2018年2月,何小彩代表焦作市的贫困户参加了河南省委、省政府举办的"2018年新春团拜会",并在团拜会上作为脱贫户代表进行了典型发言。2018年6月,武陟县将扶贫与"扶智""扶志"相结合,在全县3 874个建档立卡贫困户中开展"争当脱贫光荣户、文明勤奋奔小康"星级评定活动,何小彩家被评定为"勤劳致富星、学习教育星、健身康复星、卫生整洁星、精神面貌星"五星级脱贫光荣户。

2019年,何小彩家又挂靠省农科院,种上了省农科院培育的高科技蔬菜苗,产量、品质大大提升,收入翻了一番,并带动了周边数十户群众一起种植蔬菜。

2020年年初疫情期间,何小彩怀里揣着5 000元,来到了当地镇政府,她把这些钱捐献出来用于抗击疫情。

河南 赵保菊

河南省焦作市博爱县清华镇街道办事处北朱营村人,创建了博爱县天赐蔬菜种植专业合作社

赵保菊,41岁,初中学历,博爱县天赐蔬菜种植专业合作社主管。2005年3月至2013年5月在河南省焦作市好友轮胎有限公司打工,2013年回乡和身有残疾的丈夫一起加入博爱县天赐蔬菜种植专业合作社。

目前合作社注册资金100万元,固定资产800万元,流转土地200余亩,拥有1 000吨冷库一座,38座温室育苗大棚,主要是朝天椒、娃娃菜、怀菊花的育苗、种植、技术服务及加工销售,注册有豫博天赐、怀隐2个农产品商标。2015年合作社被焦作市残疾人联合会命名为"市级残疾人扶贫示范基地";2016年被评为"省级残疾人扶贫示范基地";2016年被市农林科学院确定为"有机蔬菜科技示范基地";2017年被省农广校定为"农民田间学校";2017年被定为农业部信息进村入户工程,河南省整村推进示范"益农信息社";获得河南省人社厅"返乡创业助力脱贫攻坚优秀项目";2017年成立远程教育中心、红色家园网络教育家园、学用示范基地;2018年"怀隐原生花茶"被评为博爱县旅游特色产品。

近年来,赵保菊和丈夫带领技术人员不断学习先进地区经验,赴漯河临颍、安徽柘城学习小麦套种辣椒技术,在博爱县种植成功后,积累了丰厚的种植技术。在发展的同时,利用全市首家拥有小麦套种辣椒技术优势,在博爱、武陟、沁阳等六县(市)创新推广种植。2019年,与216户残疾户签订全程服务和保护价收购合同,其中贫困残疾户47户。安排专业技术人员全程跟踪服务,确保订单农户收入不低于4 000元/亩,解决了农户后顾之忧。

在各级人社部门的大力支持下,赵保菊和丈夫探索出了六种就业扶贫助残模式:一是直接带贫。通过免播、免肥、免种苗,为贫困户和残疾户节支增收3.8万元。二是托管带贫。无劳动能力的残疾户和贫困户将政府补贴的辣椒苗进行入股,由合作社统一耕种,合作社按30%的收益为贫困户和残疾户分红。三是就业劳务带贫。在合作社长期务工贫困户2户,每户年收入可达2.5万元,农忙时贫困户和残疾户务工人数可达150~200人,人均收入每天60元。四是培训带贫。除承办"雨露计划"培训外,还适时实地对贫困户和残疾户种植的产品进行产前、产中、产后全方位技术指导和服务。五是订单带贫。对贫困户和残疾户所有种植产品签订种植收购保底回收合同。六是"1+6"服务联盟带贫。以天赐蔬菜种植专业合作社为龙头,带动周边6个合作社联盟经营,带动各县贫困户和残疾户发展高效农业种植。

赵战权

河南省濮阳市南乐县张果屯镇烟之东村人，现就职于南乐县联富果蔬种植专业合作社

赵战权，中共党员。初中毕业后外出务工，先后在北京、山东等地打工，在外出务工期间踏实肯干、敢于吃苦，受到大家的一致认可。2005年3月至2009年12月在河南省郑州市利康搬家公司上班，任花园路搬家公司副经理。2010年回乡务工，被南乐县联富果蔬种植专业合作社聘为农业技术员，在聘期间，一直从事联富种植基地温室大棚的技术指导工作。通过多年坚持不懈的努力，他的工作态度和业务能力得到了领导和同事们的一致认可。在联富工作的这十年，赵战权已成长为一名经验丰富、技术精湛的农业技术员。

赵战权所在的南乐县联富果蔬种植专业合作社成立于2010年，主要以西红柿种植为主，并开发种植草莓、圣女果等多品类果蔬。合作社成立之初，赵战权率先承包日光温室大棚2座，温室大棚的种植需要先进的科学技术为支撑及科学的管理为引导，为此，他不断加强对农业科技知识的学习，经常去听县上举办的各种大棚种植技术宣讲会，有时也会请技术人员进棚指导工作，虚心请教大棚种植技术。严格按照技术规程，进行整棚、用肥、浇水和病虫害防治工作，成功种植后，他细心观察棚内作物长势情况，发现作物长势异常、病害疫情时，及时向技术人员反馈并寻求解决办法，做好后期苗木的管护与管理工作，逐渐成了优秀的大棚种植技术员。

2010年，赵战权被南乐县联富果蔬种植专业合作社正式聘请为技术员。他在自家大棚的农忙之余，还走访其他村民的大棚，教他们怎么开沟、怎么移苗、如何防治病虫害以及节水节肥的小窍门儿。在他的指导下，村民们经过一两年的经营，西红柿产量不断增加，收入越来越好，村民的种植意愿也越来越强。他用自己的知识为社员选择优质种苗，提高西红柿的产量，逐步带领烟之东村村民种好了大棚西红柿，实现了日光温室西红柿的规模化与规范化种植。截至目前，联富种植基地共占地2 000余亩，搭建温室大棚800余座，年人均增收1.1万元。

在他的影响带动下，合作社于2015年被评为"濮阳市农民专业合作社示范社"；2018年被评为"国家级农民专业合作社示范社"，烟之东村也被评为"全国一村一品示范村"；2019年，联富果蔬种植基地被农业农村部认证为绿色生产基地。

他积极发挥党员的模范带头作用，关注孤寡老人、孤儿、残疾人等弱势群体的生活，奉献出自己的爱心。新冠肺炎疫情防控时期，他勇于担当，加班加点值守在基层一线。

河南 刘晓辉

河南省濮阳市台前县吴坝镇石桥村人，现就职于台前县胜辉玩具有限公司

刘晓辉，1988年1月出生。

五年前，刘晓辉还是一名常年在外务工的农民工，一次回家探亲时，她发现老家发生了很大的变化，道路通了，环境好了，发展经济的氛围非常浓厚，村民致富的愿望非常强烈，而且乡镇企业发展迅速，工资与城里相比也相差无几。于是她暗下决心就在家里务工，既能照顾家庭又能有一份稳定的收入。在初次接触到玩具加工时，她深感自己专业技能的欠缺，懂得了科学文化知识的重要性，于是她在工作的同时认真学习专业技术，自己花钱去参加培训班，她认真钻研技术，不断弥补自己的短板，在她刻苦努力下，终于掌握了先进的加工技术，成为公司的技术骨干。她还把年轻的同事组织起来，手把手地教他们新技术、传授新知识，这支队伍逐渐成了一支专业性很强的队伍。她作为一个资深的外出务工返乡人员，根据在大型企业工作的经验，给所在公司提出了很多建设性意见，降低了公司的成本支出，给公司减少了开支、增加了收入，同时还为公司提供了新技术，解决了各种技术难题。

2016年5月为了给父老乡亲们提供就业岗位，刘晓辉说服公司老板积极抓住脱贫攻坚政策机遇，将工厂进驻新落成的"扶贫车间"，规模扩大3倍，仅一个香港订单就达122万元，新增60多个岗位，其中贫困户24人，人均月工资约1 800元。刘晓辉在公司"身兼数职"，既是公司的技术员又兼任管理和外销，一年365天几乎每一天都能看到她忙碌的身影。甚至连年迈的母亲住院，也顾不上照顾。"舍小家、顾大家"，刘晓辉是家庭的"不孝女"却又是乡邻的贴心人。

作为公司的管理员兼生产技术员，她先后为公司解决技术难题100余个，挽回经济损失5万多元。有一次公司接了一批青蛙玩具，她看了客户式样书后认为：这样做费时费力，而且效果不好，她建议公司向客户提出改进设计，客户高兴地接受了，进货后销路很好，既为公司节约了物料工时，增加了返单量，又得到了客户的高度赞扬。

刘晓辉发动在家闲散的农村劳动力就近务工，村里的24名贫困户不仅享受到上级各项扶贫政策，还优先进基地务工，人均年增收约2万元。

2020年春节期间，刘晓辉更是积极参与村内疫情防控工作，她带头捐款，并积极鼓励公司老板和同事为疫情捐款，在她的鼓励和引导下公司累计捐款达3万元，为村委会购买了防疫用品，而且她还不顾个人安危奔赴防疫一线。

张振利

河南省禹州市古城镇张堂村人,现就职于河南大张过滤设备有限公司

张振利,58岁,高中学历,中共党员。河南大张过滤设备有限公司工程师,禹州市人大代表,人大常委会委员。先后被禹州市人民政府授予"劳务输出致富标兵""禹州市劳动模范"等称号、被许昌市人民政府授予"先进工作者""许昌市劳动模范""优秀共产党员"称号。

2004年,张振利开始在上海从事压滤机的研发工作。2007年10月,张振利带着技术回到家乡禹州市,任河南大张过滤设备有限公司工程师。新厂区建设时,他和基层员工们一起通宵达旦并肩奋战;面对技术难题,他力邀专家来禹诊断;对于产品质量,他更是亲力亲为,力求最佳。9年时间,通过一系列技术的使用,使大张公司跃升为全省最大的压滤机生产企业,产品出口美国、英国、韩国等50多个国家和地区。如今,大张过滤设备有限公司已经成为河南省名牌产品、河南省科技创新示范企业、国家高新技术企业。

张振利在2016年春节公司会议中提出了"共创、共享、共荣"的发展理念。董事长李宪勇接受了他的提议,公司现有员工800多人,基本都是当地的农民工,解决了附近几个乡镇的农村剩余劳动力问题,平均工资达到5 000元左右。在抗击新冠肺炎疫情期间,他向禹州市慈善总会捐助10万元,向无梁镇刘庄村、古城镇张堂村、无梁镇供电所等单位进行物资捐助共计2万余元,用于疫情防控工作。

张振利作为公司工程师,提出公司围绕高端化、智能化、绿色化、融合化的发展方向,树立科技为先、人才第一的发展理念,坚持创新驱动和智能改造两个轮子一起转,推动公司生产车间的优化升级,加快建设绿色环保引领型企业。他引进中国分离机械协会标委会委员杨振民团队,依托行业翘首,打造一流高效的新型研发团队,新研发的柔性滤板生产技术,改变了传统滤板的生产工艺,适合智能化规模生产,利于打造全国最大的滤板生产企业。与郑州轻工业大学合作,组建国家级实验室和国家级工程技术研发中心,在智能制造和生产工艺上力求突破。与中科院宁波材料所合作,在滤板原材料研发上力求突破。企业现有各种专利技术40余项,其中柔性滤板专利技术达到世界先进水平,企业研发创新能力强劲。

张振利带领公司产品开发团队,利用智能制造云、智能服务云和大数据云,从产品规划、创意设计、生产制造、市场销售、采购物流、成本和品质控制等全产业链集成,实现"互联网+"的经营模式,联合组建培育一批关联配套企业,实施专业化生产,走出一条壮大河南省环保装备产业的高质量发展新路子。

李亚

河南省许昌市建安区张潘镇盆李南村人，现就职于河南叁点壹肆检测技术有限公司

李亚，1974年出生。中学毕业后到南方打工，2009年返回许昌。2015年年初到一家环境保护公司工作。目前，该环保企业已经成为行业内优秀的"环保管家"一站式生态环境综合技术服务平台。

他被授予"劳动之星"荣誉称号。面对荣誉，他戒骄戒躁、不忘初心，疫情期间身先士卒，冲在防控第一线，与公司相关技术人员一起对许昌新冠肺炎定点医院进行义务的水质检测。

现场检测期间，为了降低其他人员的感染风险，作为技术总工的他独自深入最危险的地方（医疗废水排放口）进行废水采集、现场测定等相关工作。用实际行动践行了一名专业技术人员不畏艰险、勇于奉献的崇高精神和职业操守，为此获得"最美疫情防控志愿者"荣誉称号。

在回乡打工期间，他通过自学和向高校及国家环保领域教授、权威人士潜心求教，认识到生态环境保护行业的重要性，于2015年年初决定从事环境保护行业。

2020年年初，新冠肺炎疫情暴发，虽为小微企业，但在李亚的建议和倡导下，公司向许昌市慈善总会捐款5万元，全部用于疫情防控。

疫情期间，他身先士卒，冲在防控第一线。面对新冠病毒传播途径广、传染能力强的严峻风险，他和公司相关技术人员一起对许昌市中心医院、许昌市人民医院、禹州市人民医院、长葛市人民医院等新冠肺炎定点医院进行义务的水质检测，旨在加强许昌市地表水、地下水、医疗废水监管工作，防止新冠病毒的传播扩散，保障全市人民的健康用水。

现场检测期间，对长葛市自来水厂、禹州市多处地表水、鄢陵县20余家集中式生活饮用地下水进行水质检测工作，又对许昌市唯一一家医疗废物处置机构——许昌卫洁医疗废物处置有限公司进行一天一次的废水检测及其他相关技术咨询免费服务。

此外，为保障平顶山市新华区环境空气质量在疫情防控期间的优良状况，他会同公司环境空气质量监测专家组人员，坚守岗位，深入疫情一线巡查监测，并准时播报环境空气相关监测数据。

疫情期间，李亚了解到王店村对疫情防控知识的宣传手段落后，宣传内容单一等情况后，第一时间请示公司，会同公司相关人员进驻王店村，亲自操作无人机对王店村进行疫情防控知识义务宣传，每两天一次直至全市疫情警报解除。

宋青顺

河南省漯河市舞阳县保和乡楼宋村人,现就职于河南华宝农业开发有限公司

宋青顺,初中毕业后辗转于各个建筑工地,学会了一身的建筑本领。1996年至2006年,他带领一帮农民工在广东省广州市多家建筑公司,起早摸黑,建起了各种大楼上百座,从未出过一起质量事故和安全事故。2016年进入河南华宝农业开发有限公司,由于自身建筑本领过硬,在公司领导的安排下,负责华宝公司九街园区的建设。从九街园区建设到投产使用,通过乡政府的协调共建立了108座大棚。

在大棚建设中,由于16天连续降水,水电施工人员无法正常完成水电的安装,但公司春菇上架、出菇又迫在眉睫,在公司领导的带领下他排除艰险克服各种困难,以园区为家,吃住都在园区,带领周边的贫困户奋战在一线,终于顺利完成了春菇的正常上架、采收等工作。

2018年年底,他从胡岗园区调至文峰乡潘齐庄村参与建设新园区,当年冬季建成了50多座简易大棚,2019年春又在文峰乡大汉李村进行新园区规划,建设了3个连栋大棚和145个常规大棚,在建设连栋棚时,由于是初次建造,建设经验不十分充足,在领导的安排下,他多次辗转于各地,考察学习与此相关的建设经验,并请教了外地的技术员和设计人员,对工程建设提出了很多合理性的意见和建议,为大棚的建造节约了相当一部分的物力和财力。

在建设常规大棚时,为了适应更多品种种植,他提出了用双膜覆盖、中间另加棉毡、双边采用防虫网、通风层双项建造的建议,使得大汉李园区现在能一年四季全年种植。这样既节省大棚占地面积又能多种化种植,反季节上市。

在种植方面,他一直努力钻研食用菌技术,多次外出学习,获得了大量的理论知识和实践经验。为提升效率,从2019年开始,公司引进了赤松茸、草菇、黄金菇、鸡枞等多个品种,为了学习新品种种植技术,他去各地参观,请各地的专家、老师来监督指导,更在40~50℃大棚内蹲点查看,观察菌床发育生长过程,终于基本掌握了赤松茸、草菇及羊肚菌及几个品种的管理技术。

由于百菌园有3个连栋大棚及140个常规大棚,从配料到采收需要大量员工,他带领农民发展产业,无私地传授生产技术,还开办了"乡村课堂",使广大农民种植食用菌致富的激情和热情空前高涨。进院务工的人员由周边几十个村的二三十人发展到现在的一百多人。

现在园区建设了电商大楼、冷库、蒸煮房、生活广场、职工食堂及在闲地块种植了花生、大豆、辣椒、麦椒套、棚内套,充分利用了土地,为公司提高了效益。

河南

黄青华

河南省漯河市郾城区龙城镇后黄村人,个体工商户

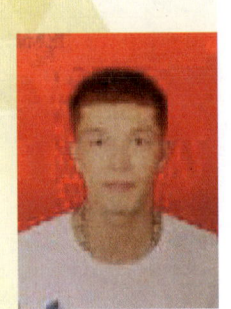

黄青华,1988年3月出生,河南省漯河市郾城区龙城镇后黄村村民,现在漯河市摆摊卖卤菜。2015年黄青华被评为"漯河市孝老爱亲道德模范"。2018年9月黄青华荣登中国好人榜。

中午12点,工友叫黄青华去吃饭。黄青华应了一声,把最后一颗螺丝拧紧,收拾好工具,洗把脸,然后到厨房盛了一碗面条,直接走向距他打工车行十多米的住处。这是一间约有十平方米的房子,屋里有两张床,一个旧衣柜,一张旧沙发。黄青华的妈妈石纪焕躺在左边的床上,佝偻着身子,脸色苍白,显得非常瘦弱。她的手指骨头翘着,无法伸开。

黄青华的妈妈患类风湿病瘫在床上10多年了。前几年,主要由黄青华的父亲照顾她的起居。2014年,父亲因病去世,黄青华就一个人带着母亲来到漯河市区,在打工的修车行旁边租了个小房子,一边打工一边照顾妈妈。每天早上,黄青华早起给妈妈穿衣做饭,喂妈妈吃饭,把妈妈照顾好了,他才匆匆扒上几口饭,去车行工作。工作间隙,他常回住处看看,给妈妈喂水,带妈妈到外边晒晒太阳。母亲大小便时,他就把母亲抱到凳子上,下面垫一个塑料袋,等母亲方便完毕,他再收拾干净。等晚上下班回到家,他再用热水给母亲洗头、洗脚、擦身子。

夏天天热,黄青华借钱给妈妈买了一台空调。车行只提供午饭,黄青华常常给妈妈熬米粥炖鸡蛋羹当早饭。为了省钱,黄青华总是让妈妈喝牛奶、吃热饭,他的早饭多是就着开水吃馒头。每周他都会从市场买来鸡肉或者鲜鱼变着花样做好后给妈妈改善生活。车行有时会组织员工出去旅游,黄青华从来不去,就在家守着妈妈。

黄青华一边打工一边照顾妈妈的事迹,感动了许多人。车行附近不少居民,常去看望他俩,"天桥义工"团队志愿者们知道后,定期上门给石纪焕老人理发。2015年,黄青华被评为"漯河市孝老爱亲道德模范"。

苏松林

河南省灵宝市大王镇重王村人，现就职于三门峡二仙坡绿色果业有限公司

苏松林，现年43岁，中专学历，中共党员，现就职于三门峡二仙坡绿色果业有限公司，主要从事农业种植、产品销售、绿色果品生产技术推广工作。

他是从农村走出来的一名青年，中专毕业后，1997年7月至1999年9月，在河南省招生考试服务中心打勤杂工；1999年10月至2010年12月，在河南省三门峡市龙飞生物工程有限公司做生产车间工人；2011年进入到二仙坡绿色果业有限公司，投入到绿色果品的生产中来。他工作中善于学习，努力提升自身素质和专业知识，多年的工作生涯，做了以下几方面的工作。

各个工作岗位，他都善于钻研，及时解决工作过程中的各项难题，创新工作方法，竭尽全力提高生产效率，努力让自己成为工作中问题的"终结者"。注意收集行业动态和先进的农业生产技术，并针对性地运用到农业生产中来，让实践检验先进的生产技术，为企业发展过程的技术沉淀和积累做出了贡献。

在企业工作这十年来，他积极投身到二仙坡有机苹果基地生产建设中，参与到企业"五个统一""八大实用技术"的使用和总结中，在基地管理中坚持"规模化种植、标准化管理、品牌化运作"，为"二仙坡模式"技术标准的形成贡献出自己的力量。同时，积极引入先进科技，着力提升果业发展科技含量，主导实施多产业融合发展，拓展企业成长空间。各项生产技术成熟后，努力扩大企业的种植规模，企业现已有两大基地，苹果种植面积达12 000亩，一个集绿色有机果品生产、苗木组培繁育、冷链物流运输、农业科技培训、生态观光旅游、林下种植养殖于一体的综合型现代农业企业已经形成。

在走到销售岗位后，主导构建了二仙坡果品线上线下立体化销售网络，建立了二仙坡销售分销模式，线上销售额连续三年成倍增长。在省内建立专卖店7家，省外新发展加盟店6家，与丹尼斯、大张百货等大型商超建立合作关系，在淘宝、天猫、京东等7家平台上建立了网店，果品销往全国25个省（市、自治区），创造了二仙坡苹果论个儿卖的佳话。积极推广二仙坡品牌，"二仙坡"商标被国家商标局认定为"中国驰名商标"，公司被评定为"国家农业产业化重点龙头企业"。

他曾荣获陕州区劳动模范、三门峡市劳动模范、优秀党员、优秀党务工作者等荣誉称号。

河南 宋环环

河南省三门峡市卢氏县范里镇三门村人，现就职于卢氏安方汽车装备有限公司

宋环环是卢氏县范里镇三门村村民，已脱贫贫困户，生在农村，长在农村，和千千万万个农村妇女一样，上有公婆，下有儿女，农忙耕地，农闲务工。在乡亲们的眼里是个自尊、自信、自立、自强的年轻人，生活中处处关心他人，邻里关系处理得和谐美满。可家里只有丈夫一个人外出打工，日子过得捉襟见肘。

2019年5月，生产车用防滑链的扶贫企业卢氏安方汽车装备有限公司来村委会招人。宋环环和邻居几个姐妹一商量，组团前去应聘，通过层层筛选，成功获得工作机会。

工作以来，宋环环一直心怀感恩，感谢政府通过招商引资在"家门口"建了厂子，感谢政府的帮扶让因老人孩子牵绊从没想过出门务工的自己有机会拥有了倍感自豪的工作。

慢慢地，宋环环发现，现在短视频带货模式已发展成电商主流，而她平常没事喜欢玩抖音、火山等短视频，这些短视频她也可以拍出来啊。说干就干，她在工作之余拍了一些工厂生产的产品、生产过程的短视频，发到抖音、火山等短视频App上，有不少看到短视频的网友留言咨询她们厂的防滑链质量、价格等信息。宋环环心想，既然这么多人问，说明视频内容受大家喜爱，我一定要把更好的视频分享给大家。于是下班后，在微信朋友圈和抖音App上想方设法推广她们厂的防滑链产品，粉丝对她发的防滑链短视频给予了极大的关注和兴趣。

就这样，借助网络的力量，宋环环逐渐打开了销售渠道。工厂领导得知后，非常支持她的做法，为她拍摄、发布短视频等提供一切方便和支持。2019年9月底开始，网络平台逐渐产生订单，第一个月销售6 000元，之后业绩逐月上升，第二个月直逼10 000元，第三个月超过12 000元。

工厂领导大会小会表扬宋环环，来厂检查指导工作的市县镇领导多次鼓励表扬，一个土生土长的贫困县扶贫车间的"网红"就这样诞生了！

在农村，很多像她一样的年轻妇女在家带孩子，宋环环就带动她们一起做网络推广、手把手地教她们怎样在抖音、火山等短视频平台做推广，销售产品。仅仅一个月，宋环环带领13个年轻人，趁着几场大雪的助力，实现销售收入74 000元，成了名副其实的网红致富领头羊，既给公司创造了效益，又给自己增加了收入，更重要的是为自己和姐妹们提振了致富的信心。

大伙儿都夸宋环环是山沟沟里飞出的"网红"。现在，每天下班后，宋环环带着身边的姐妹们研究如何拍出更好的视频，一起努力销售她们工厂的产品。

向福星

河南省南阳市社旗县兴隆镇后门里村人，现就职于社旗金构农牧股份有限公司

向福星，1981年3月出生，初中学历，现在社旗金构农股牧份有限公司工作，是农田生产部一线操作维修员。

初中毕业后，向福星回家务农，在耕种好农田外，他对农机产生了浓厚的兴趣，自己购买农机书籍自学农机知识，又借款购买了一台轮式拖拉机，在耕种好自己的农田外，经常帮助邻居耕种农田。经过几年的边操作边学习，他熟练掌握了操作技巧和农机结构，闲暇时不断学习农机原理，并对农机做一些技术改造，使自己的农机工作效率有了很大提高，成了远近闻名的农机能手。

2018年社旗金构农股牧份有限公司招聘向福星为农田种植和农机操作员。社旗金构农牧股份有限公司是一家以构树、楸树套种种植，南阳黄牛养殖、销售，有机肥料加工还田的全产业链种养结合企业；也是首家新四板挂牌、拥有外籍院士工作站的"双第一"构树扶贫龙头骨干企业。企业董事长对向福星赞不绝口，外籍院士对向福星频频点赞，贫困户说向福星"对需要帮助的人那都是没得说的"。在金构农牧工作几年内，向福星在农田种植、农机操作和维护方面大显身手，取得了可喜的成绩。

向福星不断充电学习构树、楸树种植知识，虚心向前辈、专家学习讨教，多次前往兰考、太康、山东、河南省林科院等地进行观摩学习，不断积累种植经验，还经常参加农产品种植大赛、农机操作技巧大赛等。在向福星的带动下，采取流转种植、套种作业等技巧，使公司的产值增加了1.5倍。在2 000多亩的土地上流下了他辛劳的汗水，出色地完成公司交给的工作任务。

规模化种植离不开大型农机，公司购有20多台各种农用机械，向福星充分发挥自己的农机专长，首先自己熟练掌握操作技巧和学习各种农机的机械原理，经常举办农机学习班，指导员工操作和维护，保证了公司所有农作物的种植和收割，没有因农机故障影响田间作业。

为节约水资源，公司有几百亩土地安装了节水灌溉设施，向福星经常到田间观察节水装置，发现问题及时解决，年节水200万吨。

向福星充分利用公司产业集聚优势，有效推动种养产业、精准扶贫。他帮助有条件的贫困户开设自己的家庭农场；安排贫困农民到公司务工，让贫困群众依托养殖基地脱贫；拉贫困户与公司种养基地合作，贫困户种植的农作物销售给公司获取收益。在向福星的带领下，共带动群众创业50人，极大地增加了农民收入；带动贫困户60余户308人就业，人均年收入3 500元以上。

刘小宁

河南省南阳市唐河县昝岗乡赵岗村人,创建了河南佳一日用制品股份有限公司

刘小宁,44岁。河南佳一日用制品股份有限公司创建人。佳一公司主要生产、销售家用塑胶制品。公司在他的带领下,规模不断扩大,资产由原来的几万元到目前拥有资产1 500万元,年度应缴税所得额87.6万元。其产品畅销全国各地及印度、巴基斯坦等国家和地区。企业员工由原来的3人扩充到现在的285人。

刘小宁本人在2016年当选为唐河县第一届青年企业家协会会长,在2019年新成立的唐河县新的社会阶层人士联合会中当选为联合会会长,于2019年被河南省人民政府授予"河南省农民工返乡创业之星"。其所创公司被河南省政府评为"农民工回乡创业示范项目"、被唐河县政府授予"文明诚信企业""工业区优秀企业"等荣誉称号。

2001年,刘小宁到浙江义乌小商品市场打工,由于他勤奋、聪明、吃苦耐劳很快被浙江义乌小商品市场管理中心由一名普通工人提升为营销部副总经理。

刘小宁在做小商品销售的过程中,发现了家用塑胶制品在国内外有着巨大的市场需求,于是在2003年6月毅然辞职,和他人一起在浙江台州成立了浙江台州佳一塑胶厂,专业生产各种家用刷类制品。企业在他的努力下,取得了较好的发展。

后来刘小宁与合伙人提出回家乡办厂的想法,并与家乡的县领导取得联系,得到了各级领导的大力支持,2010年在唐河创立了唐河佳一日用制品有限公司。

2017年6月在相关领导的鼓励支持和积极协调下,佳一公司和畅鸿塑胶经过接触,刘小宁决定购买畅鸿塑胶股份,把唐河佳一和台州佳一合并迁至畅鸿公司,组建成立"河南佳一日用制品股份有限公司",同时继续保留南阳畅鸿塑胶制造有限公司南阳台资企业名片。这样既盘活了畅鸿公司的不良资产,又节约了政府的土地资源,实现了企业和政府的双赢。截至2019年他所在企业投资总额已达1 500万元,企业共接收当地农民工和下岗工人285人。实现产值1 800万元,累计出口创汇300万美元,实现税收120万元。

在"百企帮百村"精准扶贫活动中,刘小宁安排佳一公司在唐河县昝岗乡赵岗村投资建造2 000平方米的扶贫车间。在2020年国庆节、中秋节期间,深入昝岗乡赵岗村开展"送温暖、献爱心"活动,向赵岗村的41户贫困户每户都送上2 000元的慰问金和慰问品共计20余万元。现已安排赵岗村两个贫困户的两名人员在佳一公司就业,在2019年唐河县委、县政府组织企业帮扶中为"爱心超市"捐物50余万元。

宋万铁

河南省南阳市社旗县桥头镇王蛮村人,现就职于河南省社旗县桥头镇王蛮村宋庄

宋万铁,1962年出生,曾先后在广州、深圳等地从事工程建设行业,是穿梭于各建筑工地的一线务工者。

宋万铁既是一名返乡务工的农民工,也是一位父亲,更是家庭的"顶梁柱"。"以前家里的条件不好,孩子还多,有时候连饭都吃不饱,我十四岁就出来打工了,没什么文化,也就能干些出力气的活儿了。"宋万铁说道。老家在农村,家里还有两个上大学的孩子,这种工作虽然累,但是赚得多,自己小时候已经吃惯苦了,不能再让孩子受苦了,这里已经很不错了,有的时候还管饭。在外顶着酷暑、寒风工作,是他舍不得吃、舍不得穿,用一双有力、布满老茧的大手扛起了整个家。

几年的打工生涯使他积累了一定的工作经验和经济实力,也饱尝了四处奔波之苦。回到老家后将村里的能工巧匠、强壮有力的青年和赋闲在家的村民组织起来,成立建筑队,专接周边地区中小型建筑工地的业务。他在老家的几亩良田也从未荒废,依然在每年播种和收成的季节回到老家务农。"现在生活有了起色,但是也不能忘了做农民的本分。"宋万铁说道。农业是根本,忘记了农业,农民就是忘本。

不管生活如何富足,依然坚持回乡务农,就像宋万铁说的那样,种地才是他的本分。同时,这种精神也勉励到同村的人,毕竟与宋万铁同村的都是农民,但是他们最近几年却为了更高的经济收益不再务农,在宋万铁的眼中这种四处漂泊的挣钱方式不能长久,还是靠自己的努力和汗水赚钱才更踏实。

在建筑公司打工时,他深感自己专业技能的欠缺,懂得了科学文化知识的重要性,于是在认真工作的同时自学建筑知识技能,又回村组建了一支专业性非常强的队伍来到了县城,在建设中,他把多年学习积累的经验和识图、施工、核算、管理等一套技术知识全部用到施工建设上来。他首先抓住工程质量不放松,把质量放在第一位,坚持按图纸要求,按工程规程办事。在施工中严格要求,严格把关,创建高质量的优秀工程。同时,处处以身作则,以一个施工队长的带头模范行为带好一班人,严格管理,精心施工,与工人们同吃同住同劳动。经过几年的艰苦奋斗,工程队终于在县城创下了口碑。

河南

李国礼

河南省商丘市民权县人和镇西屯村人，现任职于河南双飞农业科技发展有限公司

李国礼，1971年8月出生，河南双飞农业科技发展有限公司主管。他积极发展现代农业，在企业负责人的带领下，创办集科技示范、种植养殖、休闲观光于一体的产业扶贫就业基地，直接安排劳动就业200人，使本村38个贫困户153人全部脱贫，带动本村周边34个行政村820户2 458名贫困人口稳定脱贫，先后获得"全国青年农民致富带头人""河南省脱贫攻坚奖""河南省劳动模范"等10多个荣誉称号。

1993年7月，李国礼高中毕业，因高考失利没能迈进高等学府的门槛。1996年，他决心走出去闯荡一番。他先是在焦作市一个钢铁厂打了一年的短工。后来在一个亲戚的介绍下，到郑州富华种猪场打工，一干就是五年。

2002年过完春节，李国礼的家人创办养猪场，李国礼成为主要管理人员。从100多头猪起家，经过逐年发展壮大，到2006年，养猪场已发展到1 000多头猪。这一年，又建起了5座蔬菜大棚，一年两熟的反季节蔬菜让他们收入不菲。

李国礼开始积极探索"猪—沼—菜（果）"种养一体化新型模式，同时在原有5座大棚的基础上又建了5座大棚，养猪规模达到2 000多头。其又于2006年8月成立了河南双飞农业科技发展有限公司，李国礼实现了从打工仔到管理人的转变。

2010年，双飞农业科技发展有限公司拿出1 000多万元，以每亩1 000元的价格反租了村民的300亩地，成立了双飞种植专业合作社，建立了现代农业产业园。因为最初有100个家庭是该社的社员，李国礼形象而自豪地称之为"百团大战"。

作为村里的致富带头人，李国礼依靠创建产业基地带动群众脱贫，发展大棚葡萄和露地葡萄1 500亩，葡萄产业初具规模。为延长葡萄产业链条，他在产业园兴建葡萄酒堡，用自产葡萄加工酿造酒庄酒，提高了葡萄产品的附加值，同时增加安排农村劳动力30多人。

2020年双飞现代农业产业园扩大优质葡萄种植200亩，新建集葡萄种植观光、酒庄葡萄酒酿制、葡萄文化体验于一体的葡萄酒堡850平方米，发展生态观光、田园采摘、葡萄酒文化体验等特色项目，吸引游客前来采摘、观光、体验，年接待城乡游客1.2多万人次，2019年该产业园被确定为"河南省休闲观光园区"，并先后被授予"国家级农业合作社示范社""全国就业扶贫基地""全国百强农民专业合作社"等多个国家级荣誉称号。

陈俊阁

河南省商丘市睢县城郊乡刘楼村人,现就职于河南嘉鸿鞋业有限公司

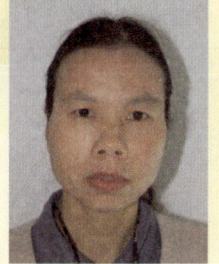

陈俊阁,1984年4月出生,高中文化,河南嘉鸿鞋业有限公司一线刷胶工。她是公司入职的第一批员工,是公司的模范员工。

陈俊阁热爱制鞋工作,珍惜这个来之不易的工作机会。她长期工作在生产一线,一直从事刷胶工作。刚一入职,就被派到江西广宥鞋业学习,在三个月的学习过程中,她耐心学,认真记,不断掌握制鞋专业知识和技能,对成型的各个工序,都可以操作和掌握,她从不会到会,从陌生到熟练。在圆满结束学习培训后,她带着所学的知识和技能,投入到嘉鸿鞋业刷胶岗位上,一干就是九年。

刷胶工是一个既脏又累且技术性很强的工种,对员工要求高,工作难度大,特别是日常接触有害废气,这个岗位上的员工流失率很高,但她硬是在这个岗位上坚持了下来。长期的工作实践,练就了过硬的本领,她技术熟练,动作标准流畅,工作效率高,刷胶到位,经她刷胶的产品,胶线平稳,胶量均匀,极少出现欠胶、溢胶等品质问题,是公司刷胶岗位的标兵,每个月的绩效考核评比,她都能取得第一名的好成绩。她的刷胶效率,比其他岗位的刷胶工高16%,产品品质高33%。

在长期的工作实践中,她总结摸索出了一套刷胶的动作流程,对不同的大底和鞋面,采取不同的方法。公司把她的刷胶动作,经提炼整理,在全公司刷胶岗位全面推广。

陈俊阁责任心强,对自己的工作认真负责,有较强的团队意识和大局意识,在做好自己本职工作的同时,对入职的新员工做好"传帮带",在平常的工作中做好言传身教,积极发挥榜样和带头作用,在同事中传递正能量。她多次为公司员工进行技能培训,把自己的所学所得无私传授给其他员工。她坚持早上班、晚下班,自己的工序和岗位始终保持干净整洁。她热心助人,团结同事,以自己的行动影响和感染了周围的员工,促进了员工队伍的稳定。

公司根据她的工作表现,几次找她谈话,准备培养她为基层管理干部,每次她都谢绝了,她表示在一线更能体现自己的价值,做一名出色的刷胶选手就是她的愿望。比她晚入职的员工不少都走上了管理岗位,她说,刷胶是她的事业,是她的追求,她以一丝不苟的工匠精神诠释了她对刷胶工作的挚爱。

她多次被评为公司优秀员工。2017年11月,被评为公司功勋员工。2018年,被睢县人社局、睢县总工会和县产业集聚区办公室授予睢县"十佳女工"荣誉称号,受到了县政府的表彰。2019年,被商丘市总工会评选为商丘市第二届最美农民工。

河南

杨新文

河南省商丘市虞城县城郊乡郭土楼村人,现就职于商丘竹海旅游开发公司(虞城)

杨新文,1997年离开故乡南下打工,外出打工三年多饱尝了同亲人分离的失落和煎熬。2000年返乡后,他找到了自己在县城做煤炭生意的叔叔。叔叔建了一个纸浆厂,杨新文和周边村庄的近20名当地村民在厂子里打工。2002年春节前夕,厂子收到了因为环保污染而停工整顿的通知书,叔叔毅然关停了纸浆厂。

2015年随着精准扶贫政策的实施,杨新文借助郭土楼村属于国家级贫困村的实际情况,与同村的杨献礼、郭红峰、范连军、袁勋存、杨正魁等一班敢闯敢干的有志之士经过外出考察,研究后决定以开发建设乡村特色旅游业为切入点,以点带面搞活经济带动父老乡亲脱贫致富。

2016年,村里成立了商丘竹海旅游开发有限公司,以杨善庙为项目区以点带面向其他自然村逐步发展,共计流转土地1 500余亩,村民以地入股竹海旅游开发公司,将五年土地租金投入到项目里面,入股村民同公司风险共担盈利共享。

从2016年10月到现在,乡村旅游景点建设已初具雏形,可供游客观赏消费景点已遍布项目区全域。依托"以孝治家"弘扬传统孝善文化为乡村旅游项目注入了鲜活的灵魂支撑。自2018年以来每逢节假日前来体验乡村美景,感受孝善文化的游客日接待量达到了一万人以上,乡村旅游日益红火,节假日期间本村村民在景区做生意的就有20多户,平均每天收入纯盈利就在500元以上,并且直接带动20多户贫困户23人在景区长期务工,70多名农村妇女和中老年闲散人员负责竹林和中药材的田间管理,人均年收入18 000元以上。

回忆起四年的艰辛历程,公司法人杨献礼和杨新文等人无不潸然泪下,很多时候杨新文独自一人为了及时拿出设计方案工作到凌晨,白天还要和工程负责人一起指导工作商议施工方案。建设前期阶段为了筹备资金他将自家积蓄全部拿出购买竹苗和种植物资,资金跟不上就向亲戚朋友借,想尽一切办法克服困难。

2017年,郭土楼村杨善庙自然村被以孝治家领导小组授牌为"以孝治家全国示范基地"。2018年,被河南省旅游局授予"河南省乡村旅游特色村""河南省旅游扶贫示范户"等多个荣誉称号。2019年,被授牌为国家2A级旅游景区。

袁明明

河南省商丘市睢县城郊乡安庄村人，现就职于商丘金振源电子科技有限公司

袁明明，1985年9月出生，中共党员。2006年高中毕业后到南方打拼。参加工作以来多次获评优秀员工、优秀党员先锋岗称号，2017年被商丘市总工会和团市委联合授予"青年岗位能手"称号。

袁明明初到南方，没有一技之长，他深感知识的重要性，打工期间努力工作之余，自学成人教育，考上陕西科技大学电气自动化专业，成功晋升为公司中层领导参与企业管理。2012年，他得知家乡睢县大力发展制鞋和电子信息两大主导产业，并招引了金振源电子科技、嘉鸿鞋业等一批龙头企业，萌发了返乡就业创业的想法。2014年，他加入商丘金振源电子科技有限公司，将自己学到的先进的管理理念和优越的招聘模式带回到家乡的企业中，先后建立了对外招聘渠道、内部招录机制，并与商丘工学院、郑州工业设计学院、郑州民族学院商丘学院和睢县职教中心建立良好用工实训合作关系，为公司招才引智和人才梯队建设做出人才保障。近年来，累计为企业招聘员工10 000余人次，确保了企业生产的用工需求。特别是2017年公司订单突然增加，面对2 000余人的员工缺口，他积极筹划部署招聘工作，启动多条招聘渠道，从校企合作中招聘800人，并通过政府宣传、内部推荐等诸多政策招聘1 200人。同年公司因为招聘人力到位及时赢得了客户认可，公司被客户评价为一级合作伙伴，并在当年公司实现纳税超亿元，公司一跃成为全市唯一一家民营工业企业中纳税过亿元的企业。

在工作中，为让每一位加入的员工都能尽快了解公司，融入集体，他相继建立了"员工生日会""职工运动会""优秀员工外出旅游"等活动机制，组织成立公司关爱中心，给员工提供了倾诉和诉求的渠道，让新员工入职后有强烈的归属感，也为公司留任了一大批优秀人才。五年来，他坚持深入车间了解员工，先后发现了200余名家庭困难员工，并主动开展送温暖活动，累计为困难员工组织公益捐款10万余元。

2015年，一名残障人士找了多家企业没有被录用，他了解到这是一个因残致贫的贫困家庭；他安排了企业的技能培训，使其成为因腿脚不便只坐班动手的流水线工人，上下班给其安排骑电动三轮车代步。通过这名残疾人联系到残疾人联合会，一次性介绍了50名残障人士到企业就业，企业也因此获得了社会的广泛好评。脱贫攻坚开展以来，他组织各方面资源成立了技能培训班，通过技能培训让200名贫困户得到就业，为特殊人群残障人士提供100个就业岗位，吸纳贫困人员500余人，每月人均增收3 000元。

河南

陈世法

河南省信阳市光山县殷棚乡易凉亭村人,创办了光山县绿源油茶专业合作社

陈世法,1968年出生,中共党员,现为光山县绿源油茶专业合作社负责人。2016年被表彰为"全国科普惠农兴村带头人";2018年获评"全国农村专业技术协会先进工作者"。

少年时期家境贫苦,迫于生计于1983年离开家乡外出谋生,辗转于江西、浙江、辽宁等地,不断打拼积累起早期创业资金。2008年,陈世法携妻子回到光山,开启了返乡创业路。

在县委、县政府的引导下,经过对油茶主产区全面细致的考察,2009年3月,陈世法创办了光山县第一家油茶专业合作社——光山县绿源油茶专业合作社。

陈世法通过反复试验与摸索,利用荒山荒地开展油茶规模集约化经营、科学规范化管理,为光山油茶产业开发奠定了雄厚的种苗基础与技术支持;十年风雨拓荒路,把绿源油茶合作社发展成为一家国家级农业专业合作社,常年带动3 000余农户就近就业,带领全县油茶种植面积迅速扩大到25.5万亩,万余农民就地转化为产业工人,有效改善了乡村面貌,让闲置撂荒山地变成宜居宜业的生态福地。

陈世法积极响应号召,依托产业优势积极承担社会责任,以优先解决劳动力就业,免费提供优质种苗(油茶苗、山羊苗)、技术培训、产业+金融扶贫、产业+旅游扶贫等方式,帮助390户贫困户进行产业带动脱贫,致富奔小康。

多次聘请油茶知名专家,深入基地指导技术问题,并安排技术人员就油茶嫁接、剪枝等工作组织培训,累计培训30余场,带动20余家企业和合作社发展油茶产业。2020年,依托油茶子苗嫁接开展"巧媳妇工程",现场培训农村留守妇女200余人,对参与嫁接的贫困户以高于其日工资的15%进行结算。

结合县、委县政府出台的金融扶贫政策,与基地周边200户贫困户签订带贫协议,将扶贫项目精准到户,带动贫困村经济发展。

积极发挥基地生态优势,以育苗基地、油茶基地为依托,开发生态旅游等项目,具有良好的生态、经济和社会效益。万亩油茶生态观光园规划核心区覆盖4个行政村,其中贫困村3个,2 000余户贫困户可直接通过当地旅游产业发展长效受益,辐射带动万余农户以此增收致富。

11年来,陈世法围绕生态农业生产、旅游产业和社区居民生活,在基地修建砂石路30余公里,整修塘30余口,堤坝2处,捐资助学等社会公益事业一如既往,并积极组织员工开展"一日捐",使贫困村得到更多的收益机会和增益服务。

吴营

河南省信阳市淮滨县谷堆乡孙岗村人,现就职于河南营辉纺织有限公司

吴营,1989年3月出生,任河南营辉纺织有限公司技术员。这位从淮河岸边走出来的农民工,以拼搏精神成就事业,以满腔热情回馈家乡,引领东部产业内陆转移,在淮河岸畔打造出集产品织造、印染、设计、加工、成品、销售于一体的墙布产业链,助推地方经济发展,解决群众就业,参与公益事业,树立了新时代农民工企业家的形象。

2004年,年仅16岁的吴营,怀揣梦想跟着爸爸踏上了南下打工的火车。他希望通过个人努力,赢得属于自己的人生。来到浙江绍兴,他开始在电脑绣花厂做学徒,凭借着聪明好学,半年时间就成为一名熟练的绣花机操作工。随后被老板赏识,提拔做了车间主任,后来又当上了厂长。经过几年绣花行业的摸爬滚打,吴营积累了一定资金和经验,对整个绣花行业有了更全面的认识。2009年,他果断辞职回到家乡,加入一家家庭作坊工厂,他白天送货,晚上加班,每天只休息五六个小时。就这样,凭着一股干劲,经过几年努力,让一个家庭作坊式的工厂逐渐走上了正轨。

此时,国内的墙布产业作为新兴的纺织类产业,因环保高档,备受家装市场青睐,市场需求成几何倍数递增。家乡淮滨作为纺织大县,拥有良好的产业基础。2019年8月,在县委县政府的感召下,怀着一腔报效家乡的热情,吴营决定从事窗帘、墙布生产加工实业,助推家乡经济发展。他和技术团队一起,在环保工艺上下足功夫,生产的墙布全部采用苏绣工艺生产,具有环保无污染、产品品类多、便于更换及防水防潮等特性,墙布的黏合剂均是可食用级糯米胶。新型环保的墙布、窗帘产业率先转移扎根淮滨,补全了淮滨坯布到刺绣再到成品的全产业链,叫响了淮滨县窗帘、墙布的产业声音。

在行业崭露头角的他,始终记得自己是淮河儿女,时刻不忘生他养他的这片热土。他热心公益事业,主动联系自己家乡的贫困大学生,资助学费,解决贫困学生就学困难。他积极参与志愿服务活动,多次慰问敬老院及家乡贫困户,捐助群众急需的棉被、毛毯、粮油等生活物资,以解他们的燃眉之急。在2020年淮河防汛期间,他积极支援抗洪前线,多次带领员工前往堤坝一线慰问防汛人员,为一线防汛人员提供必要的生活物资。

河南

张纯东

河南省信阳市平桥区平昌关镇篙林村人,现就职于河南省泓旭生态农业科技开发有限公司

张纯东,1969年7月出生,初中学历,现任河南省泓旭生态农业科技开发有限公司技术研发部主管。

张纯东小时候家庭生活艰难,17岁那年,他来到北京打工。先后在北京新天地农贸市场干过几年,在北京和山东几家农业公司干过多年。

回到家乡后,入职河南省泓旭生态农业科技开发有限公司,张纯东带领公司技术部,以建设水稻高产示范基地作为起点,依托省、市、区农业科研单位,借助市、区的各项惠农政策,引进粳稻生产,推广机械插秧、小麦"四改一防"等栽培技术,实现了稻麦、稻油两熟,进一步提高了现代农业的经济效益。2016年,张纯东在本地率先引进粳稻种植,推广粳稻晚播技术,合理搭配茬口,错开了病虫害高发期,当年种植的1 000多亩粳稻平均单产超过500公斤,比当地籼稻亩均增产100公斤以上,增收50万元,辐射带动周边乃至全区9个乡镇开展粳稻种植。2017年,张纯东抓住公司成为信阳农林学院实习场的机遇,在学院专家指导下开展了海棠茶新品种及配套高效生产技术示范推广工作,在全镇率先开展全程机械化作业,当年实现增收30万元。2018年,张纯东因地制宜地创造了砻糠灰在设施蔬菜的应用技术,实现了蔬菜种植的标准化生产。2019年他带领公司种植水稻2 000亩,小麦1 500亩、油菜500亩、蔬菜大棚200亩、蔬菜露天种植500亩、智能化大棚4 800平方米,取得籼稻亩产625公斤、粳稻亩产600公斤、油菜亩产200公斤,实现全年总利润600万元的好成绩,总投资回报率达25%,并辐射带动周边12个乡镇1 300多户农民。

张纯东还志愿做上了农业科技的传播人。他连年承担直播稻、油菜轻简化栽培、农作物病虫害绿色防控、农作物新品等多项示范基地建设任务,每年为3 000人次的农民提供学习平台。此外,张纯东主动向广大村民推广新技术、新品种,介绍现代农业技术,使得周边地区水稻、小麦平均单产均有较大幅度提高。农闲时节,他手把手、面对面地教授旱育秧、水稻抽穗期管理、病虫害管理、秸秆粉碎还田技术,提供当前适需的涉农市场信息。

他积极参与公益事业,照顾乡邻,在助老、助教、助困等方面表现突出,连年中秋、春节都为当地敬老院等弱势群体组织提供数千斤大米、水产品、猪肉等物资,以及上万元慰问金;每年学生开学季,无偿为当地困难户子女提供学费,并资助一定的生活费;他还无偿为困难农民提供农业生产资料,并免费提供农机农艺服务。

张晓升

河南省信阳市新县箭厂河乡塔尔村人,现就职于河南羚锐制药股份有限公司

张晓升,1988年10月出生,2017年进入河南羚锐制药股份有限公司工作,系贴膏车间涂胶岗技术骨干。

在进入公司之初,为尽快地熟悉岗位各项操作技能,他积极认真地学习岗位上各项操作技能,最终以优异的成绩通过车间各项考核,但他并没有满足于此,在工作中不断钻研思考,很快就对生产流程和一些设备有了自己的见解,提出的有些问题老员工也无法给出解释,于是,他开始在工作之余,不断地请教设备维修人员,还积极主动地协助设备维修,只为了弄清设备的构造以及运行原理。短短的一年时间,他就成长为车间的一名技术骨干。

成为技术骨干后,张晓升以更加刻苦的精神和钻研的劲头投身于工作中,积极发现问题并解决问题,在提高产品质量和控制物耗成本方面做出了突出贡献。2018年,他发现生产过程中产生的边角料较宽、造成较大浪费的问题,他通过仔细观察找出原因,并向车间主任提出了自己的意见:通过添加纠偏器减少膏布左右摆动幅度,从而减少边角料浪费。最终,车间采纳了他的建议,在生产中采用了纠偏器,将涂布宽度由86厘米降低为84厘米,背衬材料宽度由91厘米降低为88厘米,仅此一项一年就为公司节约了生产成本200余万元;在舒腹贴膏生产过程中,他发现新的涂布技术使舒腹贴膏涂布速度得到较大提高,但模切和理片速度却跟不上涂布速度,造成涂胶工序窝工,导致整体生产效率降低。他将模切机输送带由普通的输送带更换为真空输送带,将膏片吸附到传送带上,使膏片变得整齐,从而提高人员理片效率。车间再次采纳了他这一建议,彻底解决了理片效率低的问题,使生产效率由每班次的2 600米提升为3 400米,产品收率也由282件/车提高为298件/车,也因此全年总体生产成本节约了30余万元。

2019年,为解决夏季生产过程中膏片容易出现的浸胶、重影现象,张晓升与几名技术骨干一起,连续奋战几昼夜,凭借扎实的专业知识、冷静的应对分析、熟练的操作经验,最终通过调整后车收卷张力曲线以及前车涂布模头的压力,圆满地解决了这种生产难题,提高了产品质量。

张晓升在不断自我提升的同时,总是将自己积累的操作经验无私地分享给其他同事,帮助他人提升,在带教徒弟过程中,更是倾注了自己全部心血,对徒弟严格要求的同时,总是能无私地包容他们、帮助他们、关心他们,充分发挥了技术骨干的"传帮带"作用。在他的带领下,车间涌现出了一大批操作技能强、做事踏实认真的技能型人才。

河南 朱路路

河南省周口市淮阳县冯塘乡张广陆庄人，现就职于河南瑞能服帽有限公司

朱路路，1991年出生，河南瑞能服帽有限公司车缝车间的一名普通员工。在公司领导的指导帮助和同事们的热情支持下，迅速成长为业务熟练、经验丰富、独当一面的生产能手，各项工作都取得了突出的成绩，产量、质量始终名列前茅。由于她的突出表现，连续多年被评为公司劳动模范。

踏入瑞能的第一天起，朱路路就被这里浓厚的工作氛围和良好的工作秩序所深深吸引，在心里暗暗下定决心要在这里扎根，和瑞能一起成长。她听从车间的一切安排，从优秀青工到优秀团员再到质量明星、劳动模范。

朱路路能取得这样的好成绩，与她平时刻苦努力、奋斗拼搏是分不开的。她全年几乎很少休息，当天的生产任务完不成绝不回宿舍。即使是身体不舒服，她也从来没有请过一天假，有一次发烧烧到39℃，她依然坚持上班，保质保量完成了生产任务。每逢班上请假人多，她就主动请缨为班上分忧，脏活儿、累活儿抢着干。

对待质量她更是一丝也不马虎。有一次她车缝时不小心漏了个调节带，吃中午饭的时候她忽然想起来，赶紧放下手中的餐具跑回车间，寻找她上午车好的那顶帽子，把它修整好。大家对她的表现看在眼里记在心中，都说她是大家心目中的"金牌劳模"。

刚到车间的时候，朱路路的基础很差，学得很吃力，别人都下班了，她独自坐在那里苦练操作技能。就这样每天进步一点点，不到3个月，达到了一级员工的好成绩。她给自己制定了更高的目标——要在半年内达到优级员工并超过组里最好员工。于是，她除了睡觉和吃饭，其余时间就是练习技能、钻研技巧，并自觉加大工作量，督促自己提高速度。不到半年时间就成为班组里的佼佼者，并很快出师带起了徒弟，成为最年轻的师傅。她还不满足，认为操作技能再好，没有理论知识的指导，不能做得更好，于是，她每天下班后，仔细研究行业标准，经过理论和实际相结合，实际操作中就更加轻车熟路了。车间每次组织操作比武，她都积极参加，并名列前茅，荣誉证书都摆了满满一抽屉。

除了干好本职工作，她还时常帮助手头慢的工友处理积压的任务。工友身体不舒服速度慢，积压了一堆产品，朱路路就下了中班加夜班，主动帮助她把任务处理完。遇到较多问题返工时，她就主动带领组里的姐妹们加班。她还时常关心工友们的生活、学习，有困难就及时帮助她们。当小组里的同志们有什么烦心事，工作中有情绪、有矛盾时，她会主动劝解开导她们，帮助她们理顺情绪，排忧解难。

史志春

河南省周口市扶沟县韭园镇史老庄行政村人,创建了河南省天骄乐器股份有限公司

史志春,周口市扶沟县韭园镇史老庄行政村人,现年38岁。2001年郑州航空工业管理学院中专毕业后一直在外地打工,学习吉他制造和生产工艺,也认识了很多乐器群内的朋友,2010年回乡加入河南省天骄乐器股份有限公司(吉他工厂),从一个普通工人成长为一名工段段长。

史志春1998年9月被录取到郑州航空工业管理学院(中专),为此村里还专门放了场电影,并组织全村人为其送行,让他踏上了求学路。这让他深深感到了肩负的巨大责任,心想一定要学成归来努力回报父老乡亲。

毕业后从事过乐器的销售工作,结识了吉他有关品牌。曾经到广州红棉吉他工厂学习和培训吉他制造技术。在外打工多年,他一直梦想着回乡发展,一方面能够实现自己的吉他理想,另一方面也能够帮助家乡的发展,不辜负家乡父老的培育之恩。说干就干,回老家做"吉他"!下定决心后,他毅然决然舍去了外地的丰厚工资待遇,义无反顾地回老家天骄吉他厂工作,目的就一个:帮助家乡剩余劳动力就业和促进当地经济社会发展。最终从一个普通工人成长为工段段长,再回首,吃的苦受的累现在回想都不算啥。

2020年新冠肺炎疫情的发生,给国内制造企业当头一棒,天骄乐器也难逃厄运,国内吉他培训班不让开,吉他生产出来没有人要,公司及时调整路线,原来是我们会做什么就生产什么,转产为客户需要什么我们必须会做什么,并且销售价格不高于别人,牢牢留住核心技术员工和其他普通工人,继续拓展生产产品线,原来只会做中档吉他,现在高中低端产品都能生产。拓宽了生产面,订单自然而然就多了起来。以质量求发展始终是公司求生存的宗旨,从每个员工抓起,抓生产、保质量,确保生产一把合格一把。通过不懈努力,很快订单就排到了2020年年底,有了充足的订单,公司也再次大量招收新员工进来,从而带动了更多的农民工实现就近就地就业,促进他们增收,推动社会更加和谐。

进入河南省天骄乐器后,史志春一直把产品的理念品质放在第一位。给别人做订单的同时,提升自己品牌的标准和要求,加大自我品牌的销售力度和影响力。史志春希望通过自己的技术,帮助河南天骄吉他做大、做强,推到更远,把天骄乐器打造成扶沟县、周口市,乃至河南省的知名品牌,为家乡、为父老做出自己更大的贡献。

河南

张金波

河南省周口市商水县张明乡董湾村人,创办了河南润世界新型涂料科技有限公司

张金波,年少家贫,15岁辍学离家,到杭州打工,从事外墙涂料施工工作。从打小工到成立自己的小班组,队伍越来越大,业务越来越多。多年的打拼,让张金波积累了丰富的行业经验,逐步认识到质量过硬的产品和先进的现代化企业管理是做大做强的根本。2005年,张金波在杭州创建了杭州正大涂料厂,成立了金波涂装工程有限公司,实现了从生产到施工全流程服务,先后承接了大大小小200多个建筑外墙漆项目,其中,温州高铁南站的外墙漆项目,为整个工程项目荣膺建筑行业最高奖项"鲁班奖"做出了突出贡献。

2016年,周口市招商团赴南方招商,家乡的建设发展前景和优越的政策支持,激发了张金波二次创业、为自己家乡做贡献的热情。同年,他率领公司骨干人员返乡创业,在商水县产业集聚区创办了河南润世界新型涂料科技有限公司,公司总投资300万元,占地近1.4万平方米。新公司定位以科技创新和服务社会为出发点和落脚点,深耕建筑涂料领域,全力打造水性建筑涂料品牌。公司集专业研发、生产、销售、施工于一体,生产销售外墙漆、泥子、保温三大类、九个系列、100多个产品,可以满足各行各业、各类工程项目需求,市场占有率逐年提升。

公司加强校企合作,加大研发投入,与周口师范学院联合,在公司成立了"产学研"基地,并在周口师范学院成立实验室,联合推进真石漆的耐污性能改进,取得国内专利20余项,顺利通过了ISO 9001国际质量体系认证和ISO 14001环境管理体系认证,2019年被国家科技部认定为高新技术企业。特别是新产品"保温装饰一体板"的研发成功,既简化了施工程序,优化了施工工艺,又从根本上解决了施工过程中喷涂粉尘污染问题。

公司成立以来,先后获得"中国著名品牌""中国环保名优产品""全国质量信得过产品""中国涂料行业畅销引领品牌"等荣誉。

公司2019年年产值达800多万元,纳税50余万元,安置农村劳动力转移就业110人,其中贫困劳动力20余人,残疾人30余人,带动农村劳动力灵活就业1 200多人,为当地经济建设和社会事业做出了突出贡献。公司也因此被河南省推进农民工返乡创业工作领导小组评为河南省返乡创业助力脱贫攻坚优秀项目,被周口市推进农民工返乡创业工作领导小组评为农民工返乡创业示范企业,被省残联评为残疾人辅助性就业机构,张金波个人也获得了"河南省助残先进个人"和周口市"创业之星"等荣誉。

麻威

河南省项城市贾岭镇麻大庄村人，现就职于项城市黑之源种植专业合作社

麻威，1984年出生，中共党员，项城市黑之源种植专业合作社销售员，主要从事黑芝麻、黑小麦、黑玉米、黑花生、黑绿豆、黑大豆、黑小米等农作物以及石磨黑小麦面粉和黑五谷礼品盒包装及销售工作。

麻威积极学习公司管理理念，在他的建议下，合作社配备了现代化的办公设施，配有电子计算机、质检室及仪器、培训室及电视教材等设备。同时，合作社成立了一支专业的管理队伍，招收工作人员16人，其中管理人员6人，技术人员3人，职工7人。合作社实行独立的财务管理和会计核算，核算生产经营和管理服务过程中的成本与费用。通过成员大会，专门制定了合作社财务管理制度、现金管理制度、会计岗位职责、出纳岗位职责等一系列制度。

目前，合作社不断发挥扶贫带动示范作用，带动当地农民增收致富。近年来基地带动麻大庄、麻王庄、麻老庄周边村种植业快速发展，取得了显著成绩。

从2017年起，合作社开始从事黑小麦、黑玉米、黑芝麻、黑花生等黑色农产品种植。三年来，种植规模不断发展壮大。他采用有机物肥料种植模式对生产的产品进行深加工和精包装，通过电商形式把产品销售到全国各地。

为了对当地贫困户进行帮扶，麻威建议合作社采用"公司+农户"模式，给当地42户贫困户免费提供种子和技术，并以高于市场价的35%回收产品。对于一些有劳动能力的贫困户，还尽力安排他们到合作社就业，想方设法为贫困户增加收入。作为入股人，麻威不仅对当地贫困户进行帮扶，对外镇的一些贫困残疾人也同样伸出援助之手。

戚志强是本市孙店镇的一名残疾贫困人员，由于疾病造成全身瘫痪，在床上一躺就是24年。当麻威了解到戚志强会操作计算机时，主动找到他与他沟通，让他从事电商销售公司的产品，让戚志强每月有了1 000多元的收入。麻威为了企业和帮扶贫困还在一直忙碌着。

邓书霞作为麻威的爱人，看到丈夫整天忙上忙下，自己也不甘示弱，经常组织贫困户到田间从事劳动，到车间进行农产品深加工，有时还亲自开车为贫困户电商送货等。

夫妻同心，黄土能变金。目前，项城市黑之源种植专业合作社种植开发的黑之源系列产品，畅销全国各地。

2020年，周口市扶贫办认定"黑之源"系列农产品为扶贫产品。贾岭镇党、委政府授予麻威"扶贫先锋"荣誉称号。

麻更

河南省驻马店市平舆县十字路乡三麻村人，创办了河南麻不漏防水集团有限公司

麻更，1976年2月出生，河南麻不漏防水集团有限公司法定代表人，河南省返乡创业之星、驻马店市劳动模范、平舆县人大代表、平舆县建筑防水协会副会长、平舆县五一劳动奖章获得者。

1994年，麻更高中毕业，他有两个选择，一个是回到平舆十字路乡，当一名普普通通的农民平凡地过完一生；要么就是乘着国家改革开放的春风出去打工，脱贫致富。经过三天两夜的深思熟虑，他拿起铺盖卷，踏上了北上的列车，开始了漫长的北漂打工之路。

初到北京，没有社会经历的他，只能先从最脏最累、最底层、最基本的活儿干起，慢慢地接触到了防水施工行业，就一个工序一个工序地学，一点一滴地积累经验，白天工地现场施工，晚上翻阅资料学习，逐渐增强本领技术，厚实理论知识。爱学习、能吃苦、肯钻研的精神品质，让他用四年打工者的经历，蜕变成了一个在防水圈里有着深厚专业知识和高超个人技术的青年人才、行家里手。

1998年，他回到河南郑州，开设了自己的建筑防水公司。凭着自己过硬的专业技术和优质的服务理念以及低廉的价格，逐渐赢得了客户的信赖，终于在激烈的市场竞争中站稳了脚跟。经过几年的艰苦努力，逐步创立了河南万嘉防水防腐工程有限公司、河南省立夏防水防腐工程有限公司、河南麻不漏防水集团有限公司。

近年，平舆县委、县政府实施"筑巢引凤"，大力招商引资。他果断地返回家乡，创建河南麻不漏防水集团有限公司、河南省立夏防水防腐工程有限公司。并先后引进河南立厦建设、河南恒嘉建筑和河南胜昌建筑三家建筑防水企业落户平舆，为平舆年增加税收1 000余万元。他常常说的一句话就是"自己富了不算富，左邻右舍乡邻都富了才算富"，他积极发展防水市场劳务输出，历年累计输出防水工劳务超过50 000人，带动63人脱贫。坚持以"培训一人，就业一人，脱贫一户，带动一片"为目标，他积极践行农民工代表的担当，参与公益事业，在全国新冠肺炎疫情非常严重时期，积极组织公司人员义务援建岐伯山医院建设，并身先士卒参与疑难问题处置，累计捐款21万元，累计捐赠物资价值20余万元。最美的"逆行者"，从支援岐伯山医院的那一刻起，就只有一个共同的心愿，那就是"与郑州人民一起，早日渡过难关"。也曾为郑州航空港区八千办事处香炉朱村上百位贫困户免费修缮房屋，每一次回到村里，老乡们都拉着他的手舍不得他走，邀请他到家里坐坐。

李玲

河南省驻马店市驿城区人,创办了驻马店市天中生态农业科技有限公司

原本,李玲是一名打工妹,从北京一名普通的保安员、农民工做起,凭着一股农家人特有的倔强劲和永不服输的拼劲,经过多年打拼,在北京有了自己的公司。2011年,安顿好北京的事业,李玲义无反顾地回到了家乡。

李玲动员身边的群众筹集资金,盘活上千亩土地,使沉睡的土地资源变成了资产。

2011年10月,驻马店市天中生态农业科技有限公司成功创立,主要开展生态农业种植、休闲采摘、旅游观光、特色养殖、品种研发和农副产品销售等业务。在李玲及其团队人员的不懈努力下,第一年,那些守在家门口的村民就得到了分红。多样化就业、多类型增收,让原本只有农耕这一条出路的当地群众有了更多的致富选择。

近年来,公司先后带动农户、贫困户15 890户脱贫致富,其中有53家农户在公司的指导下注册成立了家庭农场。目前,与公司签订合作协议的农户、贫困户就达2 350户。

公司"自有种植基地面积+订单种植面积+合作种植面积"总计16 550多亩,带动农户每户年增收20 000~50 000元、贫困户每户年增收5 000~20 000元。根据贫困户自身实际情况,公司组织专人成立了扶贫专项小组,为境遇不同的贫困户量身定制脱贫方案,对于有能力种地的,公司为其免费提供技术、种子、肥料,并以高于市场价的价格回收产品;对于身体有残疾的,公司对其进行网络培训,让其在电商路上奔小康;对于有就业能力的给予提供就业机会。

他们的团队不间断地为当地农民工进行订单种植带动及免费技术培训,为当地农村经济社会发展做出了积极贡献。

68岁的村民王梅自公司成立起就开始在这里工作。曾经家徒四壁的她,如今已住上了楼房。现在,王梅年纪大了,腿脚不便,李玲就安排她做一些拔拔草、扫扫地之类的轻活儿。

像王梅这样的村民有很多。李玲带领一帮技术人员抓住发展产业、带动就业这一关键,让贫困群众在家门口端稳"饭碗",脱贫增收不发愁。

2020年疫情期间,李玲及团队带动订单种植的贫困户和农户种植以及非订单种植的农户,种植出来的瓜果蔬菜销售不出去,她积极对接市相关部门,想办法办理车辆通行证,并承接了全市的菜篮子配送工程,在市民无法出门购物的情况下,坚持平价销售各种蔬果。疫情最紧张的时候,李玲和员工日夜不停地把蔬果免费配送到各小区门口,确保了市民的日常生活所需。

河南 牛超

河南省驻马店市正阳县慎水乡台天村人，现就职于正阳县犇腾农业科技有限公司

牛超，1985年7月出生，正阳县第九届政协委员。2005年，牛超到广东打拼，当过老师、干过销售、做过小生意。2013年回乡收庄稼时，偶然发现老家群众在农作物打药过程中打药累、量不准、不对症等一系列问题，产生了返乡为老百姓做点实事的想法，加入正阳县犇腾农业科技有限公司后，成为一名优秀的打药队长，开展农事服务运营植保业务。

起步难，他决定在本乡的每个村庄选择两户人家免费打药，让群众看看植保效果；缺订单，零星的地块他们也干；创信誉，为了完成承诺，小伙子们背着喷雾器，光脚打了三天，打完药都病倒了。从2015年开始，找"正阳牛"打药的农户非常多，订单源源不断，广大农民朋友的认可和业务量的突增让他们下决心，研制出高效率的打药机械。

经过反复的设计、测试，牛超和他的团队自主研发成功了3WPZ-1000C型高地隙三轮植保喷雾机，该机械不轧苗，重量轻，转向灵活，操作方便，价格实惠，被群众称为花生种植的"保姆型喷药神器"。该机械2017年入选全国花生全程机械目录和河南农机化杂志品牌，受邀参加了农业部机械司在正阳县举办的花生全程机械化展示会，走进了郑州国际会展中心。目前公司建立了两条高地隙三轮植保喷雾机生产线，年产机器330台，产品远销山东、安徽、新疆等地。

在2020年的新冠肺炎疫情防控阻击战中，从正月初三开始，他主动请缨，带领团队成员利用植保农用喷药设备，免费出动23台植保机械连续奋战20天，对县城辖区的37个村、居委会每天开展两遍病毒消杀，完成了将近1 320车次的作业量，在疫情防控中发挥了先锋模范作用，受到了领导和群众的一致好评。

"正阳牛"是正阳县犇腾农业科技有限公司的商标。牛超事迹多次被中央电视台、中国农民日报、河南日报、驻马店日报、阳光正阳、凤凰国际周刊、农资导报等媒体报道。公司打药队长牛超作为全国农村双创导师团成员、河南省农业农村厅双创专家讲师多次到全国各地参与农村双创的指导、授课工作，牛超本人获得农业农村部"全国百名杰出职业农民"、共青团中央"全国农村青年致富带头人"、中央农业管理干部学院"国家级农业职业经理人"、驻马店市首届"十佳农民"等荣誉称号。正阳牛打药队目前陆地植保设备保有量以及服务能力位居河南省第一。

贺佳

河南省驻马店市驿城区水屯镇孟庄村人，现就职于驻马店市锦程人力资源有限公司

贺佳，驻马店市锦程人力资源有限公司业务员，人力资源管理师。多年来，她从一名优秀的打工妹逐步成长为为民工服务的"保姆"，其中付出的艰辛不计其数。

被誉为"拼命三郎"的贺佳，毕业后就到南方打工，因为她有文化有头脑，很快在工厂立住脚。一次回到家乡了解到很多老乡外出找不到工作，她就开始了为家乡父老外出联系工作的历程。2012年5月，马上要收麦子，收完麦子会有一大批农民工外出务工。当时需要用工的企业比较少，贺佳利用一切可以利用的资源从早晨8点多和各个企业打电话联系到下午3点。当天下午5点多的时候，一个朋友告诉贺佳，昆山有一个童车厂需要1 000名农民工，获此消息，她连夜和公司同事开车赶过去，那时贺佳已经怀孕7个多月了，经过一夜的车程，第二天又谈判了一天最终把合同签下来。回到驻马店后马不停蹄，第四天就往这个童车厂送去727人。

在疫情期间，家乡最紧缺防疫物资的时候，贺佳冒着风险连夜到了深圳，为家乡寻找防疫物资，一天接打100多个电话，奔波在寻找防疫物资的路上，经常凌晨2点还在多方沟通协调，在这期间一天三顿方便面，吃不好睡不着，累了就趴下来打个盹儿。经过多方协调购买了近17万只口罩、1 400个体温枪、500套防护服，以实际行动向驻马店市集聚区、驿城区、正阳、汝南等疫情防控一线捐款、捐物累计120多万元。

在做好疫情防控推进农民工返岗复工时，贺佳向公司建议积极制定应对措施。截至2020年年底，贺佳所在公司已成功输送1.3万人顺利返岗复工。

贺佳说："疫情防控以来，得知广东省惠州伯恩集团、惠州光弘科技有限公司、中山市TCL电器和福建省宁德科技等企业急需工人的消息时，公司立即向市人力资源和社会保障局、市交通运输局及时反映困难，同时向驻马店市疫情防控指挥部进行报备。"

争取到政府的支持后，公司通过多方协调和积极准备，每天派出30多辆车奔赴上蔡、新蔡、正阳等县区，把需要外出的农民工免费接送到县城汽车站，然后再免费送到驻马店市客运汽车东站统一输送。在运输过程中，每4个小时就进行一次全面消毒，降低了人员返岗途中因换乘而引发的风险，实现了"点对点、一站式"成功输送农民工返岗复工。

多年来，贺佳所在公司输送的农民工每月收入5 000~7 000元。农忙时，公司统一组织车队免费送他们回家；农闲时，再由公司安排车队免费接他们返岗，实现了"一人就业、全家脱贫"。

河南

李娜娜

河南省济源市下冶镇大岭村人，现就职于济源市下冶艾艾草制品有限公司

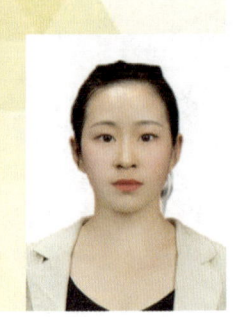

一提起李娜娜，村民都会竖起大拇指，大家亲切地称她"巧媳妇"。2020年在"巧媳妇"创业就业工程助力脱贫攻坚和乡村振兴中表现突出，被河南省妇联授予"河南省乡村出彩巧媳妇"荣誉称号。

由于婆家穷，家里经济压力大，李娜娜家于2014年被识别为建档立卡贫困户。

随着精准扶贫政策的推进，帮扶干部的深入走访和产业发展引导，李娜娜看到了艾灸保健养生的发展前景，就和丈夫商量着一起回山区，从事艾草深加工产业。于是，李娜娜于2018年10月，毅然辞职和丈夫一起回乡，在济源市下冶艾艾草制品有限公司负责销售工作。

负责产品销售的她，在新产品问世后，一直在思考销路怎么办？能否走得更稳、更远？正在李娜娜困惑之际，驻村第一书记李明军上门走访，为他们出谋划策，鼓励发展电商销售，积极开展线上线下推广工作，在淘宝、拼多多、微店等大型网络购物平台开设店铺，推广销售自己产品，同时还在社会扶贫网电商平台展销产品，通过消费扶贫的政策推动使她所在公司的艾草制品有了前所未有的销量。

随着艾草产品种类的不断增加，在第一书记的引领下，在镇政府的扶持下，公司组建了以李娜娜为首的6人专业化、标准化电商团队，线上销售的同时加大线下实体推广，通过各种渠道线下联系美容院、足疗店、艾灸养生馆等实体店10余家。多种销售渠道输送，再加上生产的产品多为大众所需，所产艾草制品畅销安徽、湖北、浙江等地。

与此同时，李娜娜积极帮助贫困户入股合作社，激发大伙儿依靠发展艾草产业致富的决心。在艾草产业发展中，李娜娜建议公司以高于市场价收购贫困户家的艾草，引导贫困户到合作社打工。目前，已经带动了15家贫困户增加收入，真正让小艾草变成了脱贫大产业。

平凡的艾草织就了李娜娜的致富梦，但她并不止步于此，仍忙碌不停，带领更多的贫困户一起种植艾草，让更多的人过上好日子。2020年是一个新的起点，在她的努力下，公司先后与杭州、广州、无锡、山东等客户合作，月销售艾产品30余吨，公司有了稳定的销售渠道，稳定提供30余个工作岗位，月增收2 000元以上，帮助更多的村民在家门口务工，挣钱顾家两不误。

2020年新冠肺炎疫情席卷而来，在得知艾条艾灸可以增强易感人群的体质、提高免疫力时，李娜娜积极动员公司领导，向济源红十字会捐赠价值12 240元的600余包艾炷。在武汉医院艾条物资告急时，她又一次捐赠了价值9 000元的艾条，用于新冠肺炎疫情防控工作。

王肖闯

河南省安阳市滑县留固镇大王庄村人,现就职于永发(河南)模塑科技发展有限公司

王肖闯,1984年4月出生,中共党员,现为永发(河南)模塑科技发展有限公司技术员。

幼年时家庭因病致穷。2004年,他为了减轻父母生活的压力,他坐上了南下的火车到上海打工。

经过10多年的辗转打拼,靠着勤奋、肯吃苦、不怕累的一股子拼劲,他通过学习与创新掌握了纸浆模塑领域最关键的散浆、模具加工、湿压成型技术工艺,从一名外出务工人员成长为掌握着纸浆模塑领域核心技术的一名技术员。

2015年他跟随永发印务回到家乡河南滑县工作,担任技术员一职。在岗期间,他和技术团队一起受邀为苹果公司第一代智能手表产品研发可降解的纸模包装,用来代替不可降解的塑料包装。通过无数次尝试和努力,他带领团队成功地将产品拔模角度由5度降低到0.5度,试验出了甘蔗浆和竹浆的合理配比,使做出来的产品具备抗震、防水、立体感更强的功能特性,完全具备塑料包装的所有优点,而且对环境没有任何危害。正是由于手表产品纸模包装的成功研发,产品推向市场后,受到广泛好评。

受苹果公司的启发,国内的知名电子产品企业如华为、小米、OPPO、一加在他们的产品中开始推行环保纸模包装,目前他所在的公司开始为多家国内知名电子企业提供产品包装服务。

2018年7月24日,经中国包装联合会组织的专家组评审,永发"高端纸浆模塑关键技术研发及产业化"科技成果具有自主知识产权,已达到国际先进水平。

鉴于他和他所在的公司在行业中的主导地位,且该领域在我国一直没有国家标准,2017年8月,王肖闯受中国包装联合会组织委托,代表永发河南模塑主导起草纸浆模塑行业技术标准,目前该标准正在公示期。

近年来,他以一名共产党员的身份主动融入精准扶贫攻坚战。自2017年起,他主动申请帮助产业集聚区董固城村2户贫苦户,每年都给予物资和精神帮助。

2020年新年伊始,新冠肺炎疫情席卷神州大地,他积极响应村委号召参与疫情防控执勤、外出务工返乡人员信息登记及摸排和消杀工作。以个人名义向大王庄村委捐赠价值20 000元的防疫物资。疫情稳定后他积极响应国家复工复产号召,主动报名参加永发河南模塑疫情防控小组,每天义务配合公司对全厂进行消杀工作,主动为员工进行体温测量、登记和发放防疫物资。

河南

崔文波

河南省长垣市丁栾镇官路西村人，现就职于新乡市华西卫材有限公司

　　崔文波，1984年7月出生，现任新乡市华西卫材有限公司技术员职务。崔文波在2020年全国抗击新冠肺炎、携手抗疫物资应急供应过程中，以身作则，带头学习宣传防控知识，积极参与疫情防控知识普及，积极帮助职工群众疏导情绪、解答疑难点，并引导职工群众不聚会、不造谣、不传谣，切实稳定人心、树立信心，为维护社会安定贡献力量。

　　正值新春之际，华西公司原本在腊月二十五已放年假，在接到为防范疫情复工复产的通知后，大多数人还沉浸在和家人团聚的时候，他毅然立即返厂。随着新冠肺炎疫情形势的日益严峻，腊月二十六开始，崔文波就通过多个渠道通知鼓励同事返厂复工。接到通知后员工也陆续返厂复工，当天返厂的员工就有100多人。由于加大生产，员工数量不足，他配合政府积极招工，对新员工进行培训，改进他们的作业手法，并不断交流，帮助新员工解决工作和生活中的困难，让他们产能迅速提高上来，同时不停检查，确保每一份产品都是合格品。但是一些员工出于对疫情蔓延的担心和村镇被封锁的原因，无法返厂复工。崔文波了解情况后找到他们的家庭住址，并亲自前往各村、各家去说服他们的家人和村委会的人，并帮忙解决员工上班吃饭难等困难。工作期间他总是第一个上班，准备好温度计和酒精，对来上班的员工进行体温测量和消毒，关心他们有无发烧等症状，并积极做好员工思想工作，确保员工能够安心上班。

　　面对疫情，他不畏惧、不怕难、不退缩、勇向前，以实际行动践行共产党员初心使命，当好疫情防控"带头人"。

　　在社会高速发展过程中，作为公司技术人员，更加需要勤于学习，钻研业务，完善符合时代要求的知识结构体系。在这一方面，崔文波能够自我严格要求，不断持续学习，富有改革意识和开拓精神，广泛接触先进卫材产品与生产理念，虚心求教，拓展思路，提高生产技术水平，使得劳动生产率得到提高。

　　在工作中，崔文波能够顺应卫材产业时代发展要求，立足自身资源优势，拓展市场思路，狠抓产品质量，勇于担当，敢于作为。工作勤奋务实，严谨细致，工作有魄力，善于抓大事，抓主要矛盾，能够科学判断形势、总揽全局。坚持实事求是、真抓实干。在生活上严格要求自己，作风严谨，"自重、自省、自警、自励"。

刘怀有

河南省信阳市固始县郭陆滩镇胡楼村人,现任固始县通利市政工程有限公司技术员

刘怀有,1964年出生。从小家里兄弟多,劳力少,家境贫寒,父母身体不好,他作为老大,14岁便扛起了家中的大梁,初中毕业在家务农。24岁那年,他随村里人来到无锡,几经波折,最后他到了无锡市一个建筑工地做起了瓦匠活儿。初到无锡,无依无靠的他凭着一股农村娃的诚实、勤奋、吃苦耐劳的精神,别人不愿干的苦活儿,他抢着干,别人不愿干的脏活,他也是抢着干。靠着这股劲头,从做瓦工开始一步一个脚印,逐步发展,潜心学习和探索,渐渐有了自己的团队。凭着勤奋努力、刻苦肯干的精神,其所修建的城市道路、地下管网等工程不断获得肯定,有省、市的优质工程称号(惠钱路工程、人民西路拓建工程、通扬路Ⅰ标工程、中南路B标工程、长江南路工程等)。他先后参与施工建设市重点工程11个项目,建设市政道路300公里、雨污管网100公里,参与太湖花园一期、二期、三期工程,全部达到省优良工程水平。

在多年的工作过程中,他不满足现状,创新创优,不断拓宽知识视野,提升技术水平,使自己的专业技术得到了一定提高,同时对建筑市场发展态势得到了一定的了解、掌握,本着诚实耐劳和坚毅自信的信念,投身家乡的市政建设,加入固始县通利市政工程有限公司,任公司技术员,先后参与施工了王审知大道污水管网工程、民营工业园区污水管网工程、援生制药厂污水管网工程,其工程质量均达到优秀。

刘怀有在打工创业成长的道路上,始终以帮助他人为己任。他对家乡外出的创业人员,总是怀着特殊的感情,积极帮扶。只要家乡人有困难找到他,他从来都是热情接待、尽力帮助。多年来,他从家乡带出的剩余劳动力700多人,工资年收入1 000余万元。他时刻关注家乡发展变化,主动向村里捐款修路;多次慷慨解囊五保户;积极扶持帮助困难户;资助庭贫困的学龄儿童上学。

由于多年来的艰辛努力,恪守职业道德,他受到家乡政府和人民的高度评价。他时时刻刻严格要求自己,做事不声张,勤勉工作这些年来,以他出色的工作能力、心系工人群众的高尚情操和无私奉献的精神,追求着自己的人生理想,赢得了领导、同事和广大工人群众的交口称赞。由于其出色的工作成绩,2006年7月刘怀有被河南省建设厅和河南省建设工会授予"河南省建设系统十佳优秀人员"称号,并获得"河南省建设劳动奖章"光荣称号。

李国锋

河南省巩义市回郭镇人,现就职于河南明泰铝业股份有限公司

李国锋,2003年7月进入河南明泰铝业股份有限公司工作,一开始到熔铸分厂进行实习,任铸锭分厂工人、工艺员等职。

因工作优秀,对铸锭分厂的各类技术、工艺、生产都非常熟悉,2006年6月调入河南明泰铝业技术研发中心。随着公司规模不断扩大,产品数量不断增多,他参与完成了"河南省企业技术中心""河南省铝板带箔研发中心""河南省院士工作站""CCS中国船级社认证""DNV挪威船级社认证""IATF 16949质量管理体系认证""ISO 90001质量管理体系认证""ISO 14001环境管理体系认证""ISO 45001职业健康安全管理体系认证"等一系列考核、认定工作。

技术研发中心主要承担公司产品研发、质量攻关等工作,近年来随着电子、电器产业飞速发展,他参与研究并完成了具有巨大优势的新产品,如3C产业用高端阳极氧化铝带材、6系手机卡槽按键铝带材、8系手机锂电池软包铝箔、船用铝合金厚板、高铁用铝合金板材、2系7系高强度铝合金厚板、5A06高强度合金板等多项产品,几年来获得已经授权的发明专利达十多项。

进入技术研发中心工作以来,他主导并完成了3C产业用高端阳极氧化铝带材、6系手机卡槽按键铝带材、6系车用轮毂、8系手机锂电池软包铝箔、药用铝箔、铸轧1系锂电池铝箔、汽车油箱料、罐体料等高技术含量、高附加值产品。三年来发货量近五万吨,产品附加值数十亿元,高精端产品市场占有率不断提升,如手机电池软包铝箔和药用铝箔分别占市场量80%和70%。2018—2019年新开发成功的6系手机卡槽按键铝带材市场占有率达90%以上,2系7系高强度铝合金厚板、5A06高强度铝合金板、5系6系车用铝合金及新能源铝合金材料满足了航空航天、交通运输用铝的需求。

随着国家环保要求的提高,新能源铝材料也取得了巨大进步,他参与研究并完成了5系汽车罐体料、汽车油箱料、6系车用轮毂板材等产品,充分依托河南明泰技术优势、高精端设备优势,全面响应国家新能源建设的需求。

公司对能耗较高、工艺烦琐的产品进行了技术升级和设备升级,李国锋作为技术骨干,参与完成了公司"1+4"热轧喷射梁改造,对提高生产效率、降低生产成本起到巨大作用。热轧坯料厚度由以前5.0毫米以上调整至2.5~3.5毫米,不但提升了生产效率而且大大降低了生产成本。

他先后荣获"河南铝板带箔行业技术创新突出贡献奖""河南省专利三等奖""巩义市青年岗位能手""巩义工匠""河南明泰铝业股份有限公司先进生产者"等荣誉称号。

徐顺海

河南省开封市兰考县堌阳镇范场村人，创办了兰考县华韵乐器有限公司

徐顺海，现年49岁，中共党员，从20世纪80年代起，他开始在家从事木业行业，后来又去河北保定从事木线盒相关工作，这一干就是五年，后来他发现了民族乐器加工生意市场潜力巨大，而且又是一个传统文化行业，于是他就决定利用几年的积蓄和积累的经验返乡创业，改行从事生产民族乐器。2013年他创办了兰考县华韵乐器有限公司，占地面积15余亩，拥有各类加工设备100余台，技术设备及其人员完善，年利润达140余万元，吸纳就业人员86人。2014年徐顺海被县政府评为兰考县第七届"返乡创业之星"。

徐顺海在把自己的乐器加工厂不断发展壮大的同时，并没有忘记乡邻，他常说"我一个人富不算富，咱们的老百姓都富起来了，那咱村才算真正的富裕村"。他把自己的熟练技术传授给新发展的乐器加工户，并优先安排本村及周边的贫困户在自己的厂里就业，有哪家缺资金了，他就从他那并不宽裕的资金里抽出一小部分来扶持他们，自己少进点原料。为了不让每一户因资金不足而掉队，他又四处奔波为这些乐器加工商户协调贷款，在县人社局的大力支持下，连续两年为该村乐器加工企业争取460万元的创业担保贷款，为他们赢得了生机、促进了发展。

2014年10月，徐顺海被推选为范场村党支部书记。任职以来，为了改善村容村貌使老百姓都能生活在一个美丽、舒适的环境，他争取项目资金500余万元，对范场村进行升级改造，着力打造成范场民族乐器专业村，对全村道路进行了全面的修缮，共栽植各类绿化树500余棵，草坪6 000余平方米，修建3 200平方米停车场一处，标准化卫生室两座，粉刷文化墙32 000平方米。建造了"宫商角徵羽"五个小游园，为每个乐器作坊制作精美的标识彩旗，为了丰富群众文娱活动，他争取资金120万元修建"七个一"文化广场一座。

如今，在徐顺海的带领下，范场村的乐器加工企业，由原来的20家已经增加到90家，生产的古筝、古琴、琵琶等乐器产品销往美国、日本、加拿大、韩国、新加坡、马来西亚等20多个国家和地区。乐器产品从单一生产古筝，到现在生产古筝、新筝、琵琶、古琴、二胡、扬琴、柳琴、文琴等20个品种，30多个系列，年产值达到1.2亿元，从业人员800多人，吸纳外地劳动力400多人，其中吸纳本村及周边各村贫困户人员80多人。如今的范场村已是全国文明的乐器村，已实现村庄美、百姓富的目标。

滕佳佳

河南省汝州市人，现就职于河南巨龙生物工程股份有限公司

滕佳佳，1986年7月出生，2008年入职河南巨龙生物工程股份有限公司，作为研发中心技术员，一直尽心尽责，工作中勇挑重担，思路开阔，善于学习，勤于思考，默默无闻地奋战在科研工作的第一线，曾参与过公司多项重大科技攻关项目，始终以高涨的工作热情、踏实的工作作风，在学习和实践中锻炼自己。2012年荣获汝州市五一劳动奖章；2013年参与研发的"L-苏氨酸代谢调控高产酸发酵技术"被确认为河南省科学技术成果；2014年荣获公司劳动模范称号；2016年荣获公司优秀共产党员称号；2018年荣获公司功勋奖；2019年荣获中国发酵产业协会优秀个人。

多年来，滕佳佳始终把学习作为做好工作的首要条件，年复一年，兢兢业业。在政治思想上，她坚持不懈认真学习党的基本路线、政策法规，学习习近平新时代中国特色社会主义思想，深入贯彻落实党的十九大精神，时刻保持一名共产党员的姿态。在工作学习上，她制订了个人学习计划和奋斗目标，积极学习微生物发酵相关理论、生化物质提取相关理论及最新生化分离相关技术等知识，同时结合工作实践，坚持岗位练兵，虚心向行家求教。

"在岗就要爱岗，爱岗就要敬业。"这是滕佳佳牢固树立的职业理念。在多年的研发工作中，她始终把全部心思和精力都用在了工作上。科研工作是企业目前节能减排、提升利润的源泉和未来开发新工艺、提供新产品的希望。在工作任务重、人手少、难点多的前提下，能够团结带领部门人员齐心协力克服各种困难，较好地完成了所担负的各项工作任务，并取得了较大的成绩，为单位的建设和发展付出了辛勤努力，做出了积极贡献。滕佳佳始终秉持"大道至简、大智若愚"的研发理念，每承接一项研发任务，均召集相关员工集体讨论，整理思路反复推敲，及时发现并解决可能遇到的问题，并在自己脑海中反复推演，做到最优。尤其是参与开发的L-苏氨酸代谢调控高产酸发酵技术，大大提高了产酸，降低了生产成本，增加了公司效益。

滕佳佳勇于创新，大胆实践，在科研研发过程中始终坚持绿色科技先行，与环境和谐共生的理念，始终做到不多排一滴废水，不多产生一克废弃物，充分回收有效物，始终将对环境的危害降为最低。她充分利用自己所学，通过改变思路攻关开发的L-苏氨酸水解酸化新工艺将酸的使用量和废酸的产生量均降为接近理论值，达到了国际领先的水平。

石华周

河南省驻马店市新蔡县李桥回族镇石庄村人,创办了新蔡县麦芽香农业生态发展有限公司

石华周,1972年9月出生于河南省新蔡县李桥回族镇石庄村委石庄东西组,1990年先后去过西安、洛阳、北京等10多个城市,从事建筑、木工、电工等多个工作,带着在外打拼的经验和资金,于2016年返乡创业,2018年被新蔡县扶贫开发办公室,新蔡县农业畜牧局评为"贫困村创业致富带头人"。

石华周同志热爱祖国,拥护中国共产党的领导和社会主义制度,拥护党和国家的路线、方针、政策,模范遵守党纪国法,以高度的主人翁精神和良好的职业道德投身于社会主义现代化建设,爱岗敬业,勤奋工作,奋发进取,为新蔡县脱贫攻坚及农村经济发展做出了积极的贡献。

2016年回到家乡后,带领全村经营农作物种植、农业生态旅游、民宿康养、食品加工销售等。流转土地330亩,总投资1 600万元,建成钢架拱棚,占地面积70亩,拱棚现种植阳光玫瑰50棚,夏黑10棚,玫瑰香、醉金香、金手指10余棚;连体棚占地面积50亩,主要经营新品种车厘子;玻璃温室一座,占地面积10亩,主要经营新型农业科技无土栽培蔬菜及名贵花木;采摘百果园占地面积100亩,主要种植水蜜桃、冬桃、桃映霜红桃、中秋红蜜桃、新西兰早桃等水果。一年四季都能让来村的游客体验到采摘新鲜果蔬的乐趣。小丝瓜大产业占地面积100亩,种植丝瓜、提取丝瓜精油生产丝瓜面膜以及丝瓜凉席、鞋垫、丝瓜帽等产品。带动就业151人,帮助贫困户91户306人脱贫,为周围村民提供就业岗位500多个。石华周及其公司先后荣获"贫困村创业致富带头人""最美生态园"等荣誉称号。

石华周以雷锋文化为主阵地,学习雷锋光荣事迹,大力弘扬雷锋精神,提高了乡亲们物质文化生活的同时又提高了精神文化生活,达到了物质文明和精神文明的双丰收。在农村农业工作上,发扬雷锋"钉子"的精神,刻苦钻研;在生活上,学习雷锋勤俭节约的品质;在服务上,传承雷锋志愿服务的理念。通过建设雷锋文化馆,建造雷锋文化长廊,传播雷锋文化,营造浓重的学雷锋氛围,极力打造新蔡县雷锋文化教育实践基地,推动乡村生态农业文化旅游的发展,助力乡村振兴。

河南

陈志

河南省永城市龙岗镇陈古同村人，创办了永城市三根珍蕊种植专业合作社

陈志，1987年出生，中共党员。陈志2005年跟随亲戚在亳州市的中药材市场务工。2013年，陈志意外了解到安徽一些地方农户种植藏红花很成功，打破了他原以为藏红花盛产中亚的概念。好奇使然，他买了当地种植的一些藏红花到康美中药城检测中心，经检测藏红花主要成分苷的含量和其他指标都远超过进口藏红花。通过了解得知，黄淮流域无论是气候还是土壤对于种植藏红花来说都远远比伊朗优质产区要好，更有优势。陈志萌生了回乡种植藏红花的想法。

由于藏红花种球供不应求，通过多年在安徽亳州中药材市场积累的人脉资源，陈志只买到了12亩地的优质种球，成活率近100%。他决定抓住机会，来年拿全部积蓄收购农户手里的藏红花种球。第二年，陈志如愿地买到了约150亩地的藏红花种球。但是没有想到的是，当年的成活率却只有60%。还有种植户去浙江和上海崇明岛买回便宜的种球赚取差价，但那里采用的方式是在室内种植，大田繁育种球，导致水土不服，成活率低。

吸取教训，2016年经过多方筛选，陈志选定了200亩地的种球。当年成活率达到了95%以上，收获颇丰。2017年陈志的藏红花基地已经发展到了500亩。

已成为别人眼中成功人士的陈志没有骄傲，而是沉下心来努力提升产品品质。在河南省、安徽省多位农业专家指导下，经过大量实践，使得陈志的藏红花种球繁育率提高了一倍，花丝药用含量高出国家药典规定一倍多，花丝的香味更加浓郁，质量提升明显，并陆续通过了澳大利亚、伊朗、西班牙等国外的检验，质量已在全球名列前茅。他成了中原地区乃至全国藏红花种植的专家型农民。同时更引来了浙江、上海的藏红花种植合作社大户开始在河南承包土地，投资建设藏红花种植基地。

2018年中国亳州药博会，陈志的藏红花产品被澳大利亚、越南、韩国、伊朗等国客商高度认可并签下贸易协议；藏红花产品被河南张仲景大药房认定为道地药材，被安徽省中药材协会评为"2018年度优质药材"一等奖。永城市龙岗镇的藏红花基地"永城市三根珍蕊种植专业合作社"被河南电视台以及央视农业频道等媒体争相报道。致富不忘乡邻，当前，陈志的藏红花基地流转土地700余亩，创造了大量乡间就业岗位，带动了50余户贫困户，长期用工100余人，短时用工500余人，带领120余户农户种植藏红花并走上致富路。

黄明帅

河南省周口市鹿邑县生铁冢乡大郑村人，现就职于鹿邑县迪雅思化妆用具有限公司

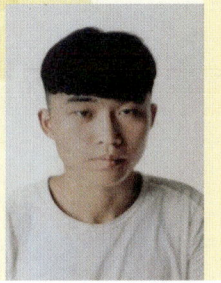

黄明帅，初中文化程度，现任鹿邑县迪雅思化妆用具有限公司生产小组组长。对一个农村娃来说，没有任何的相关知识经验，能够进入公司工作，学习相关产品生产，黄明帅深感自己专业技能的欠缺，懂得学习科学文化知识的重要性，积极参加公司组织的业务培训，努力提高自身业务素质，具备较强的专业心、责任心。

他时刻注意自我约束，加强团结，热心助人，维护与领导、同事们之间的团结，树立本车间的整体形象。但对原则性问题，却严格把关。经过不断学习、积累，具备很丰富的工作经验，能够从容地处理日常工作中出现的各类问题，保证了本岗位各项工作的正常运行，得到了领导和广大员工的高度认可和赞扬，是领导的得力助手。

2018年公司新投入了美妆蛋生产线，任命他为生产小组组长。由于对设备的不熟悉，泡体容易堆积在一起，引起设备发热，电机经常报废，操作工和维修工尽管忙得焦头烂额，却未见成效。发现这些问题后，他买了好多这方面的书籍，并打电话咨询厂家和同行，与维修师傅一起讨论出现问题的原因，功夫不负有心人，终于找到了解决的方法，为公司节约了成本，提高了员工的工作效率。

公司先后在各大电商平台上销售美妆用具之类的产品，给生产车间也带来了巨大的压力，对于买家反映的美妆蛋吃粉、不够柔软、掉色等问题，他不断地试验，更改配方，通过买家试用后，达到了大多数人满意的效果，为公司电商业务的发展做出了贡献。美妆蛋生产逐渐完善，他又不断改进配方，发明了双色、渐变与直绒的美妆蛋，其中电商销售中双色美妆蛋"白泽"更是受到了美妆博主彭特务的大力推荐。

2020年8月，浙江的一个客户来到公司考察，看到公司的实力后，拿了一个样品让公司打样，由于没有生产过这类产品，他加班加点地进行试验，一次次与原样品进行对比，终于生产出客户满意的产品，并大量生产，使之发展成为公司的长期客户，为公司带来了很大的效益。随着公司业务的发展，像这类的客户还有很多很多，浙江、河北、上海等地每月订单就有200万元左右。2020年9月，外贸业务的发展使公司生产的美妆蛋已经出口到了韩国。在生产任务重、工期紧的时候，他坚守生产一线，敢于吃苦，加班加点，主动放弃节假日休息，认真履行岗位职责，积极完成各项工作任务。他凭着踏实钻研业务的作风、执着的敬业精神和科学的工作方法，在岗位上取得了突出的成绩，充分发挥了一名组长的模范作用。

哈哈尔·阿不都热依木

维吾尔族，新疆伊犁哈萨克自治州新源县喀拉布拉镇阿克托干村人，现就职于镇平县石佛寺镇天下玉源玉石市场

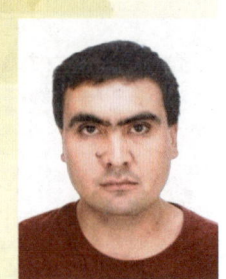

哈哈尔·阿不都热依木，30岁，从事玉石买卖生意。

2007年，玉石生意在新疆、河南两地异常红火，看着伙伴们都外出务工，家境不好的哈哈尔决定读完高中就外出挣钱。

2007年9月，哈哈尔来到了河南省"玉石之乡"南阳市镇平县石佛寺镇。寻找出租房时，他说："一年租金5 000元，我现在没有钱，能以后一起给吗？"没想到房东夫妇答应了。河南人的淳朴、厚道给他留下了深刻印象。

房东夫妇50岁左右，有两个孩子，他们把哈哈尔也当成自己的孩子一样。两年间，哈哈尔的玉石生意做得风生水起。当他要把两年的房租共1万元交给房东时，房东阿姨却退回来5 000元，说，这算是给他的帮助，外乡人在外挣钱不容易。

2011年，房东的大女儿突发疾病，住院治疗花光家中4万元的积蓄。哈哈尔不仅拿出两万元给房东救急，还每天开车去医院送饭。2013年房东夫妇坚持归还哈哈尔2万元，他坚持不收，房东过意不去，最终，他无奈只收1万元。

2015年4月，哈哈尔和几个朋友到石佛寺镇仝家岭的景区春游。一行人骑着摩托车路过景区时，看到路边的一所学校里有四个孩子被"锁"在学校大门里，看着孩子们穿得又脏又破，简单询问后得知。这所学校叫仝家岭小学，学校只有四个孩子、一个老师，学校也比较破旧。哈哈尔把随身带来的吃的留给孩子们，并答应孩子们他过几天会再来。几天后，哈哈尔如约而至，给孩子们带来了新衣服和一些现金。

自此，哈哈尔一直惦记着这所学校的孩子们。2016年夏，哈哈尔回到新疆看望家人，还在和孩子们电话联系，孩子们也想念"哈哈尔爸爸"。同年11月，当哈哈尔回到河南为孩子们准备冬季衣物时病倒了。

哈哈尔得的是溃疡性结肠炎，慢性病，第一次住院就花了1万多元，至今已经花费20多万元。仝家岭小学的老师打电话说："孩子们知道你病了，想去看你。"哈哈尔说："太远了，别来了。"过完年，身体刚恢复一些，哈哈尔就又操心起了学校的事情。2017年年初，先是花了1万多元修葺学校，又购买了洗衣机、计算机，并承诺今后四个孩子的吃穿及上学的费用都由他来负责。

张新河

湖北省咸宁市崇阳县青山镇太平村人，现就职于武船重工股份有限公司

张新河，2012年获得了武船标兵、武汉市技术能手、技能大师。2012年取得了船舶焊接高级技师。2013年被评为武汉市杰出农民工，2016年获得武汉市劳动模范等荣誉称号。

1993年，武船劳务人事处联合咸宁崇阳劳动局在当地农村招募了一批农民合同工，张新河便是其中之一。张新河从踏进武船大门的那一天起，就暗自下定决心，要把技术学好，要当大师傅。他说："从山村里来到省城，来到武船，我格外珍惜这个难得的机会，一定要把技术学好，把根扎在这里，家里的父母脸上也有光，这也算是鲤鱼跳龙门了。"也正是这样一种最质朴的坚定信念，成为他不断前行的最佳动力。他铆着劲学，铆着劲干，与工友们互相学习，互相"较量"，白天练习技术，晚上看书补课，用理论支撑实践。经过一系列的培训和考核后，张新河脱颖而出。

爱岗敬业、认真负责是张新河身边人对他的一致评价。公可承制的嘉绍桥达4万多吨，横隔板的数量达两千余块。由于横隔板是单面结构，单块面积约40平方米，装焊变形一直是横隔板单元件的生产控制难点，平面度不大于4毫米。开工初期，每天产出量一直徘徊在2~4件之间，报检难度较大且达不到监理的要求。在施工人员束手无策的情况下，张新河主动和几位老师傅反复摸索，经过不断创新、改进、熟悉和培训，横隔板外观质量有了质的飞跃，产量稳定在每天20块左右，一次报检率100%，得到监理方的一致好评。

2020年1月22日春节前，张新河从武汉回到咸宁崇阳的老家。原本是与家人团聚的时间，谁知一场突如其来的新冠肺炎打破了原本祥和宁静的生活，随着武汉封城，咸宁的疫情防控形势也严峻起来。张新河所在的村庄也开始实施封闭，村里的疫情防控工作也愈发繁重。看到这些，张新河主动请战，并表示无论何种工作都能接受并能做好。当村里需要监测人员时，他上；当村口封闭晚上需要值守人员时，他上；当村里需要全方位喷洒消毒水时，他说："我年轻有力气我还上。"就这样在家两个多月时间里，他一直坚守在村里防疫前线，迎难而上，履职担当的工作作风，深受村干部和村民的好评。

湖北 吴恒清

重庆市奉节县康乐镇木耳村人,现就职于武汉东鑫酒店管理有限公司

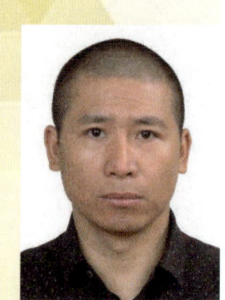

1994年,高中毕业后的吴恒清,从重庆来到武汉,在一个啤酒瓶盖厂做临时工。1995年经人介绍,吴恒清跟随一个粤菜师傅学习厨艺,在学徒期间,他吃苦耐劳,不怕脏和累,什么事都抢着干,不懂就问,时间一长,他真诚、勤劳的品质深受师傅们的喜爱,师傅们也乐于手把手地传授他技艺。短短两年,他烹饪厨艺有了很大进步,许多烹饪大师都愿意收他为徒,这些使他在市餐饮行业里逐步立足。

在成绩面前,吴恒清并没有选择停留原地,而是有了更加高远的人生追求。1996年,他报名参加了湖北省第一厨师学校举办的培训学习,对烹饪理论和实际操作有了更深刻的认识。在武汉务工的26年间,他从事厨师专业达25年之久。为了提高自己的厨艺,学到更多的厨务管理知识,他白天上班,晚上利用一切业余时间进行自学。

2001年后,他开始了创业之路,其间,分别在广东中人大酒店、武汉汇友美食城、武汉西虎宾馆等地任职厨房管理。2004年,他正式拜中国烹饪大师陈新乐为师。通过几年的专业知识学习及陈大师烹饪上的真传,吴恒清在厨艺及厨部的管理上都获得了质的提高。

拜师后,他先后在武汉鑫皇潮、武汉三五酒店(江北总店)等担任厨务总监的职务,并多次获得优秀管理者及年度标兵的称号。

2007年,吴恒清被武汉东鑫酒店管理有限公司聘为关山店厨师长,全面主理关山店厨部的管理工作。关山店原是一个亏损的民营酒店,每天的营业额只有30 000元左右,吴恒清自担任关山分店的厨师长后,开始把目光放在厨务管理上,首先,他从细部入手,关注每一位客人提出的小意见,不断加以改正,并抓落实;其次,改变该店过去陈旧老套的做法,把出品效益和效率有机地结合起来,让每位师傅有责任感。再者,在菜肴出品上讲求推陈出新。通过不断的努力,关山店的厨部在吴恒清的带领下终于在当年实现扭亏为盈,菜肴成本不断降低,毛利率也得到很大的提高,汉口店一跃成为当地餐饮业纳税大户。老板、员工不仅对他的管理工作表现出了极大满意,也被他兢兢业业的工作精神所叹服,他用努力和汗水终于换回自己所期待的价值人生。

吴恒清用自己勤劳、智慧的双手和执着的精神为我们谱写了一曲新时代农民工拼搏奋进的光辉乐章。他先后多次获得全国烹饪比赛金奖,获得武汉市十大杰出农民工、湖北省优秀农民工、武汉市技术能手等荣誉称号。

熊诗高

湖北省汉川市新河镇马庙村人,现为湖北省武汉市硚口区宝丰街环卫所环卫工

  熊诗高 2005 年至今连续多年被评为环卫所"先进个人",2010 年被硚口区劳动竞赛委员会评为"创新能手",2014 年被评为"武汉市杰出农民工",2016 年获得"湖北省五一劳动奖章"。

  熊诗高今年 57 岁,来汉务工已经 30 年,现为硚口区宝丰街环卫所一名司机。

  宝丰街辖区 2.3 平方公里,共有 12 个社区,其中 10 个社区为老旧社区,归他负责管理。由于宝丰街属于老旧社区,下水道管网设施老化严重,管道口径过小,已经不能承担该处居民楼的污水处理工作,经常发生堵塞致使污水外溢。如果碰到下雨天,熊诗高一大早上班的第一件事,就是巡查所负责的路段是否存在积水。雨水井里的垃圾大多以树叶和沙土为主。但在宝丰街这样的人口密集区,每天都会捞出许多筷子和油污等杂物,一圈工作走下来,他的脸上分不清是汗水还是雨水。特别是在夏天,下水道经常会发出阵阵恶臭,他只能忍住臭味,穿着厚厚的密不透风的收捞服,忍着高温,打开一个又一个的井盖清理着地下的垃圾物。有时井内杂物太多堵住了下水管道,锅瓢和铲子等工具根本起不了作用,这时只能靠人下到井内清掏。

  熊诗高在宝丰街环卫所已是老员工,但却从不摆架子,除了自己的工作总是积极高质量地完成以外,工作中有什么突发情况,他总是抢在前面,乐于助人,不计报酬。只要路段有人请他顶班,不管多忙,他从不推辞。2000 年时近年关的一个周日,省烟草公司宿舍区的下水道突然出了状况,楼门栋口的路面几乎被下水道的污水淹没了,请了几套疏通班子都没辙。那天本该熊诗高休息,但他一听到这个消息,二话不说,赶到环卫所,拿了工具,第一时间前去疏通。冰冷的污水冰针一般直刺骨髓,熊诗高的身体都冻得快要失去知觉,就这样将近一个小时的艰难疏通,终于排除问题,小区又恢复了往日的整洁。

  熊诗高就是这样一个普通又平凡的人,总是默默无闻冲在最危险、最脏乱、最腥臭的前沿,从无怨言。他用实际行动谱写了一曲平凡者之歌,他在最平凡的岗位和最脏乱的环境中做出了不平凡的贡献。

胡全波

湖北省武汉市新洲区旧街街道石咀村人，现为武汉大雾山茶业有限公司技师

2010年，胡全波回到家乡入职武汉大雾山茶业有限公司，负责公司技术工作，年产值3 500多万元，年利税1 100多万元。

作为公司技术负责人、省劳模，他坚持走科技创新之路，成立湖北省"问津绿院"星创天地、胡全波劳模（职工）创新工作室等创新、创业平台，建有科研场所，配备科研设备，组建专家团队。与中国茶叶学会等科研单位保持紧密合作关系，并经常进行各项业务活动。他开展技术培训、咨询服务活动每年6场300人次，并推广了5个新技术，示范了3个新品种，开发了3个茶类新品，拥有茶业专利证书17项，实施省级农业科技创新引导项目武汉问津绿院夏秋茶资源利用平台创建，开放服务1个，实施"名师带徒"活动，培养公司高级技能人才4名。

他依托创业平台，成功帮助创办企业4家，帮助职工创业7人。为了进一步带动周边农民致富，公司成立了武汉通禅茶种植专业合作社，合作社吸收种茶农户500余户、农民2 000余人，辐射带动周边街镇发展茶园5 000亩，合作社产业链年产值达到5 000万元，茶农人均年增收4 500元，受到了当地政府的充分肯定和农民群众的好评。

他热心社会公益事业，在助力扶贫攻坚上勇于担当，通过多渠道、多形式开展精准扶贫工作。一是强力推进基础设施建设，改善人民生产生活条件。共投入资金45余万元，修建、硬化通组公路1公里，河堤整治3公里，出资5万元接通自来水管，让46户村民吃上了干净的自来水。二是巩固脱贫攻坚成果，对49个建档立卡贫困户，反复入户走访调查，制定以种、养殖业及劳务输出为主的帮扶措施，对贫困户流转土地费高些、务工优先安排使用、优先收购茶鲜叶，年收购茶鲜叶3 000斤、免费提供茶树种苗30万株、肥料10吨。三是抓民生实事，特别是对孤、老、残特困户悉心关怀照顾，向困难群众发放救济物资折合资金15万元。帮助建档立卡贫困户脱贫49户共148人，每年接收家乡农民工320余人，年支付农民工现金工资152万元，茶农人均年增收1 500元。

他诚恳待人，勤奋务实，以昂扬的工作热情和高度的责任心，不懈努力、奋斗，回报公司的信任和家乡的期待。他先后荣获湖北省劳动模范、湖北省建功湖北优秀农民工、湖北省返乡创业先进个人、湖北省农业产业领军人才等称号。

汪连先

湖北省武汉市东西湖区吴家山街人，现就职于武汉德顺达土石方工程有限公司

汪连先出生在一个贫困农民家庭，兄弟姐妹多，生活很是艰苦，家里常常没有米做饭，只能吃红薯和咸菜。自小聪明懂事的汪连先，学习成绩优异，为了减轻家庭负担，16岁初中毕业的他便独自来到武汉。在这里，他没有背景，没有人脉，没有资金，举步维艰。为了摆脱窘迫的生活，16岁的他毅然走上经商之路。

因为没有资金，他只能在亲戚的帮助下做起贩卖蔬菜的生意。每天凌晨三四点，天还没亮他就脚踏着三轮车到郊区的菜市场挑菜，为不耽误时间，往往他都要比别人早起一两个小时，到达菜市场后总是汗流浃背的，脚都踩酸软了，但还是咬着牙继续将蔬菜进行筛选、整理、清洗，之后又返回拿去卖，晚上菜场关门后他都是摸黑回到家里。

经过两年的起早摸黑，他积累了一些资金。十八九岁的汪连先意识到要想摆脱贫困，实现致富，依靠卖菜着实太慢了些，于是他在107国道旁边经营起了一家副食店，定位就是为往来的司机师傅们服务。那还是20世纪90年代初期，没有手机，连电话也都是稀罕物件。107国道上的车辆有时会突然发生故障，寻求帮助最快捷的就是电话，他为了更好地服务交通，在副食店里装了电话，24小时营业，尽可能地给往来司机提供方便。有个托猪的司机在107国道上发生了很严重的交通事故，因四周偏僻，离医院比较远，当天下着大雨，打120恐怕不能及时赶来救人，他就踩着三轮车将他送往了医院。

回望这二十几年走过的路，汪连先硬是凭着自己的坚韧和正直闯出这么一条道来。如今，原本激情满怀的少年早已变得更为敦实，且沉稳、自信。据了解，这些年汪连先还悄悄地向当地惠民工程和慈善机构捐款捐物，累计达几万元人民币。他说："人要活得有意义，只为自己活那算什么价值，活着就得有追求，得有信仰，得懂得回馈。"这些话从一个初中文化的普通农民工口中说出，顿时让人产生一种敬意。

2020年新冠肺炎疫情暴发，得知政府要建火神山医院，1月27日，他主动报名参与建设；他安顿好身患重病的爱人，顾不上春节期间陪伴家人，舍小家顾大家，开车奔赴建设一线转运土方，与工友们连续10天日夜奋战，转运土石10多万方，为应急医院的建设付出应有的力量，得到建设单位汉阳市政领导的一致好评。在火神山医院建成后，他又积极投入社区志愿者工作，每天按时收菜、发菜，不分昼夜值守社区卡口，为抗疫做出自己的贡献。

湖北 余强

湖北省黄冈市浠水县竹瓦镇东方红村人,现就职于武汉顺丰速递有限公司黄石分公司

余强是武汉顺丰速递有限公司黄石分公司一名普通快递员,他视工作岗位为服务企业、服务群众、奉献社会的平台,将平凡工作做到极致,从事快递工作七年来已派送快递 23 万余件,未出现一起差错。连续多年被公司评为"优秀员工",2019 年被评为黄石市首届有突出贡献"新黄石人"。

2013 年在朋友的介绍下,余强进入顺丰速递公司工作,成了一名普通的快递员。余强虚心学习,苦练技能,他认为做好快递员工作就得做到"四勤"——嘴勤、腿勤、手勤、脑勤。嘴勤,就是多学多问。他积极学习业务知识,遇到不懂的就向老员工或者经理请教,对待客户时更是礼貌用语不离口。腿勤,就是多跑多动,在收派快件过程中,他总是多跑几步路,坚持取件上门、派件到户,有的客户上午不在,他就下午再去,今天不在,他就明天再去,从没有抱怨过。手勤,就是多写多记,做快递员期间,他每天做好客户记录、交接记录、问题记录,不断总结经验教训,提高工作效率。脑勤,就是多思多想,他在工作过程中一直勤思善学,成了公司的业务骨干。

2018 年的某日上午,余强在送快递的途中捡到一个提包,内有 4 000 元存折,600 元现金,另外有证件等物品,在原地等待近一个半小时未等到失主的情况下,余强返回单位,在相关派出所工作人员的帮助下,最终联系到了失主——某校老师王女士,当王女士接过失而复得的提包时,当即拿出 500 元感谢余强,却被余强婉拒。

2019 年的炎炎夏日,在送快递的途中路过一个公交站点时,余强发现一位老人坐在地上痛苦地用手捂着肚子,经了解原来老人找不到回家的路了,天气炎热加上着急,感觉心口很痛,站立不稳只好坐在地上。"周边来往行人和车辆很多却没人过问,我看到之后就把快递车停在路边,然后把老人背到阴凉安全的地方。"余强说,"问她家在哪她也说不清,她就指了指自己的兜。"余强在老人的兜里掏了一下,发现有个小本子,上面记有电话号码,随即拨打过去。余强担心老人饿得慌,又到旁边给老人买了两个松软的面包,带着老人在路边等了 20 多分钟,老人的家人赶到。为了表达对余强的感谢,老人的儿女多次联系余强,想请他吃饭,都被他婉言谢绝了。

余强,就是这样一个用真情善待客户、服务客户,用责任和担当扎根在速递物流业一线的普通农民工,他以自己的行动诠释和践行了千百万普通劳动者"用心每一步"的工作理念,用自己的双手在职业生涯中撑起了一片属于自己的天空。

王海艳

湖北省襄阳市樊城区牛首镇李洼村人，现就职于际华三五四二纺织有限公司

2008年4月，王海艳进入际华三五四二纺织有限公司布机车间，成为一名普通的纺织女工，她抱着"干一行，爱一行，精一行"的心态，认真、努力、勤学、苦练、不懂就问。经过一番努力，一个月下来，她的单项成绩达到了一级水准，紧接着，第二个月全项操作又进入了优级行列，比同来的学员提前上车位。上班两个月，由于她的出色表现，被车间破格提升为轮班小组长。一转眼已过八年，王海艳所在的甲班N1区小组现有成员5名，平均年龄在28岁以下，负责看管40台喷气织机。2019年该小组综合生产指标有10个排名同小组第1名，2个月排名第2名。2020年1—9月，7个月排同小组第1名，1个月排名第2名（2月份因疫情，公司没有开工）。小组多次荣获公司"红旗班组"和"巾帼建功示范岗"荣誉称号。她本人也多次获得了"四个一流"优秀员工、"优秀女职工"、"优秀小组长"、"湖北五一劳动奖章"等荣誉称号。

每当别人向她取经时，她总是腼腆一笑："经验谈不上，我只是把小组当作自家的责任田一样来管。就像庄稼人一样，起早贪黑，深耕细作，培育幼苗，打药施肥、锄草，一样都不能少。"形象的比喻中蕴含着管理的真谛。

在平时工作和生活中，她把小组人员当作亲姐妹。她专门建了一个"小组微信群"，不管工作还是生活上的事，一呼百应。一到休息空闲时，时常聚到一起郊游、爬山、野炊，放松心情。她还经常到单身宿舍走访，了解她们的生活情况。一次在走访中发现小组员工李婷咳嗽不停，头还有点热，急忙为她买药、倒水，并叮嘱她："好好调理，一个人在外要学会照顾好自己，有事只管吱声。"让李婷感动不已，后来"海艳姐"成了她最亲切的称呼。

王海艳，一名普普通通的纺织女工。她，没有轰轰烈烈的壮举，却能用春蚕吐丝般的情怀，在平凡的岗位上默默耕耘；她，没有华丽的外衣，却真真切切，如同缓缓的溪流，清澈见底。她用自己的执着和坚持谱写着一支"80后"纺织女工拼搏奋进的青春赞歌。

湖北 吕孝军

湖北省荆州市荆州区川店镇川店村人，现就职于荆州市江汉建机机械有限公司

吕孝军，现年48岁，家庭人口4名，因其妻子长期患有精神疾病、父亲患有老年痴呆（2019年年底去世），导致家庭因病致贫。为增加家庭收入他于2015—2017年外出福建、广东等地打工，由于家庭病人无人照顾使他在外不能安心工作，收入也不十分稳定。2017年年底，通过就业扶贫推荐岗位，帮助他就近就地就业，实现了家庭和收入两者兼顾。

2018年年初，吕孝军被推荐安排在荆州市江汉建机机械有限公司升降机装配车间工作，企业将其吸纳成为一名车间铆工，上岗后，吕孝军爱岗敬业，抢先干一些脏活儿和累活儿，从来都没有一句怨言；踏实肯干，勇于进取，认真学习岗位技术，能够按时完成工作任务，遇到难题虚心向他人请教；兢兢业业，认真对待每一件事，勇于担当，业务精、作风硬、讲诚信、肯奉献，遵守公司的规章制度，得到了同事和公司的肯定。除了在车间上班，吕孝军每天还要骑摩托车往返川店镇照顾生病的家人。2018年年底，经川店村村民大会评议，吕孝军家庭实现了精准脱贫。吕孝军珍惜岗位、勤恳好学、努力工作，靠勤劳的双手就业脱贫的事迹得到了社会、企业和村民的广泛赞扬。

郑祥发

湖北省荆州市公安县杨家厂镇龙丰村人，现就职于湖北湘荆建设集团有限公司

　　郑祥发，现年40岁，家住湖北省公安县杨家厂镇龙丰村。他16岁出来打工，3年后就组建了自己的水电施工队伍。

　　2002年湖北湘荆建设集团有限公司成立之初，他组建的水电施工队成了公司招募的第一批施工队伍。郑祥发加入公司后，在本职岗位上勤奋学习，钻研技术，精通业务，取得了建筑电工职业技能证书和优异的业绩。他带领自己的施工队伍，参与了公司成立以来承接的各类项目的水电工程施工。公司承建的松滋市民中心，江畔天城住宅小区1号~3号、5号~8号楼工程，新加坡城4期49号~53号、55号~57号楼，江畔天城住宅小区9号楼，菁菁家园二期3号~5号楼，湘荆·国际城一期至三期，松滋公园复地，农创中心等项目里，都能看见郑祥发带领他的队伍勤奋工作的身影，在公司起到了良好的表率和模范带头作用。

　　郑祥发不仅工作勤奋，而且品德优秀，热心公益事业。2008年，公司援建的"四川省汉源县白鹤荆州学校爱心工程"，他率自己的施工队伍奔赴四川参与援建，不但不求回报，还为受灾群众捐献善款。在自己挣到第一桶金的同时，也不忘村里老乡。为家乡龙丰村修路提供了资助，改善了乡村交通不便的问题，并带动自己的老乡加入自己的施工队伍，带领贫困老乡脱贫致富。

　　疫情期间，郑祥发积极参与和支持疫情防控，配合公司防疫管理，为自己的工人配备防疫物资，做防疫宣传教育，确保了他的施工队伍疫情期间无一人感染。

　　作为一名施工队的班组长，他在困难面前毫不退缩，面对困难勇于战胜，工作中不断创新，争取把工程做到更精更细更好。在公司年度评优中，多次获得"优秀班组"荣誉称号。面对荣誉和奖金，他从不贪功，总是把班组成员放在第一位。年底评先评优他总是先为班组成员考虑，从不利己专门利人。作为一名班组长，应该熟练掌握施工安全规程和技术操作规程。他平时总是不断加强学习，不断提高自己的技能水平和安全意识。他说，作为一名带班长不仅要有丰富的现场实践经验，而且还要有丰富的安全知识，只有这样才能处理好工作中各种各样的难以预见的困难。在加强自身学习的同时，他还注重班组成员技术业务水平的提高，总之，作为班组长，郑祥发不仅带头抓好了安全生产，而且还充分调动全班组员工的积极性，发扬能吃苦能战斗的传统精神，干好每项工作。

湖北 彭小华

湖北省宜昌市秭归县归州镇彭家坡村人，现就职于湖北三宁化工股份有限公司

2006年9月，彭小华移民落户枝江董市镇姚家港。2010年3月进入湖北三宁化工股份有限公司工作，从事化肥产品检验工作。她一边刻苦工作，一边坚持自学，丰富文化知识。靠着那份坚韧不拔的毅力，她完成了专科学历的学习。也是靠着这份努力，她成了公司产品质量最可靠的把关人——一名合格的化学检验工技师。她讲原则富有责任心，在她负责的复合肥出厂检验工作中，严守了不让一克不合格的肥料流入农户手中的工作原则。2019年4月，为抢占春播市场，"15-15-15"配方复合肥订单量大，早班临近下班一批入库肥料N含量检测值为13.47%，离优等品只差0.03%，运行班长为了不返料加班，要求她把结果"四舍五入"处理一下，彭小华坚持一个小数点都不能改的原则，早班后陪同运行班一起加班2个多小时，直到返料检测入库肥料养分达标才下班。正是这种一丝不苟的精神，她多次被评为"优秀员工"，带领的班组多次被评为"先进班组"。

彭小华是班组的技术骨干，也是班组的好大姐。作为班组长，她不仅要做好自己的本职工作，还承担着为打造"百亿三宁""百年三宁"培养人才的重担。作为"师傅"，她不仅严于律己，更是徒弟们眼中的严师益友。以师带徒的这些年，她坚持高标准传艺，倾囊相授技术毫不吝啬，同时，更加严格地要求自己，用自己严谨的工作作风给徒弟做出最好的榜样。特别是近年来，公司招聘了很多外地大学生，化工检验岗位都是四班三倒，逢年过节坚守岗位是常态。每逢节假日，彭小华都会带着徒弟们在自己家过节，热闹祥和的气氛很快就让外地大学生们适应了化工企业的工作环境，度过了职业生涯中最难熬的一段时光。如今徒弟们很多都走上了管理或技术岗位，虽然不再倒班，但逢年过节到彭师傅家里聚一聚似乎都成了徒弟们的一种习惯。

2020年春节，80多岁的婆婆恰好在她家中过年。疫情期间，她夜里要与爱人轮流照看婆婆，白天夫妻两人还要坚守工作岗位和同事们一同抗疫。春季正是疫情肆虐的时候，也是农民春耕备肥的关键时期，受疫情影响班组成员不能全部到岗，身为班长的她带头顶上，主动将每天工作时间延长至12个小时，检验频次也翻了一倍有余，在她的带领下班组各岗位员工出色地完成了疫情期间的各类检验任务，为农民春耕备肥把好了最后一道关。

彭小华，2013年、2017年、2019年分别获得"优秀员工"称号，2016—2019年所带班组连续四年获得"优秀班组"称号。她身上有如中国千千万普通农民工一样质朴的品格，顽强的意志和坚定的信念，我们相信她必将在平凡工作中，成就属于她的不平凡。

赵宗仁

土家族,湖北省宜昌市五峰土家族自治县渔洋关镇火田坑村人,现为湖北楚河旅业投资有限责任公司项目经理

赵宗仁从一名只有高中学历的农民工,到楚河旅业餐饮部项目经理,他用不屈服于命运的执着,不好高骛远的踏实,不贪多求全的心态,努力从小事做起,成为餐饮阵地上一名优秀农民工的杰出代表。2018年,在宜昌市首届"最美农民工"评选中,荣获宜昌市"最美农民工"称号。

高中毕业后,赵宗仁便离开家乡外出打工,在经历了没有学历、没有技能,四处碰壁,只能从事简单的体力活儿之后。他痛定思痛,决定学一门技能,于是进入了厨师这个行当。他从后厨一名服务员开始,边干边学,经过多年的努力,先后持有了营养西餐员三级证书、厨政管理师证书、中式烹调三级证书,实现了从一名厨师、厨师长逐步成为餐饮项目经理的蜕变。但他始终不满足于现状,注重不断学习,并把知识与现实结合,不断创新菜品。2017年,在宜昌市十大名菜比赛中,他的作品"农家坑土豆"获得一等奖;2018年中国(天门)蒸菜大赛中,他参赛的作品"巴国帝蒸"及"三峡坛子岭"获得金奖。与此同时,还多次获得了其他市级银奖及县级金奖。

工作之余,他刻苦学习现代企业管理制度,向其他管理人员交流取经,不断提升自己的管理能力。平时,他坚持以身作则,尽自己的力量多干一些,以此来带动其他员工。他还用自己的亲身经历来激励其他员工,引导他们把工作看成是自己的事业,不怕吃苦,为梦而战。赵宗仁长期负责主持单个餐饮项目,管理30人左右的团队,在院校食堂、其他酒店等各个项目中,保持了良好的管理水平,使企业处于长期盈利状态。

赵宗仁不仅有较强的责任心,还具有强烈的主人翁精神。他始终把食品安全当作"生命线",当作捍卫公司形象的第一要务,要求团队所有人严格执行《中华人民共和国食品卫生安全法》,抓好卫生安全工作,把好加工各个环节,不出不新鲜食品和菜式,确保食品卫生安全。为了提高客人对菜品的满意度,他经常组织员工反思总结,开展互助交流,深入实际,克服消极思维,倾听客人意见,想客人之所想,急客人之所急,忙客人之所忙,大力提高工作能力和服务水平,经常到各岗位听交流,到食堂查看监督饭菜质量,收集并及时解决问题,筹划出大量可口的饭菜种类。他还经常组织团队员工学习,观摩其他师傅做菜、参加培训班,提升团队战斗力。

2020年新冠肺炎疫情防控期间,在家过年的他,第一时间主动请缨,加入了五峰县渔洋关镇火田坑村志愿者的队伍中,和广大党员干部一起,24小时值守在一线的交通路口,为疫情防控贡献了自己的微薄力量,得到镇、村领导的高度评价。

湖北 郭益根

江苏省扬州市江都区大桥镇高巷村人,现就职于湖北广盛建设集团有限责任公司

郭益根曾获广盛建设集团有限责任公司"创建鲁班奖杰出贡献奖""广盛工匠""优秀班组长"等荣誉,是广盛第一代杰出技工代表。他自创的"饰面砖曲面施工工法""散水伸缩缝施工工艺"获得公司认定。

2015年,他被指派为宜昌党校项目瓦工总负责人,带领团队打造了一批室内室外装修工程亮点,成功获得中国建设工程最高质量奖鲁班奖。

郭益根1982年来宜昌务工谋生,多年摸索,他的瓦工技艺达到较高水平。20世纪90年代初,他以高于地标2毫米的优异水准完成宜昌交运集团宿舍楼外墙饰面砖工程,该工程同期被评为宜昌市样板工程,他本人也因此开启了"样板"生涯。

谈到获得鲁班奖心得,郭益根说"机械化、流程化的施工普遍满足要求,但经典工程总该留下雕琢的痕迹"。在业内,党校工程是非常普通、成本不高的建筑,如何与同期上百项优秀工程同场竞技,郭益根倾注了大量心血。

在处理台阶饰面砖时,他大胆提出"一线三用"的构想,即一个挡水线起导水、防滑、装饰三大作用,且根据使用场景变化线条颜色和深度,再通过精细打磨呈现出细腻如玉的效果。在处理屋面工程时,水落口、排风口、排气孔等部位众多、功能各异,郭益根对工程部位周边装饰进行创新,分别设计了亭台式、香炉式、潜水镜式等一批样式。尤其在混凝土梯形底座,郭益根以手机曲面屏为灵感,在其表面贴一层曲面马赛克小瓷砖,达到了砖块严丝合缝、弧线自然过渡。鲁班奖专家评委在考核此部位时赞不绝口,纷纷用手触摸感受,认为曲面不仅视觉效果好,同时也起到雨水缓冲的作用,在细节中达到建筑物与自然和谐相融的境界。

广盛集团一直有师带徒传统,郭益根长期手把手指导工人现场实操,带出一批又一批徒弟,但他从不以师父自居。他常说手艺固然重要,但班组管理又是一门学问。他管理班组工人并不会过于严苛,但质量不过关时绝不容忍。作为广盛工匠,他敢于追求"人无我有、人有我优、人优我精、人精我特"的境界,也因此在工人群体中树立了较高的威信。

项目部的年轻管理人员常常感到苦恼,因为自身实操经验的缺乏,用书本上的条款管理现场,工人并不买账,他们为此常常向郭益根取经。"我们都很佩服郭师傅,他说什么工人们就干什么,因为郭师傅是本活教材,他的大脑里装满了实操经验和创造性的想法。"

刘飞

湖北省十堰市竹山县楼台乡官坪村人,现就职于十堰市泰祥实业股份有限公司

刘飞,2005 年获得东风(十堰)汽车热交换器公司散热器厂的"质量先进工作者";2007—2019 年屡次获得十堰市泰祥实业股份有限公司的"优秀员工""优秀内审员""优秀讲师"等荣誉称号十余次;2019 年获得十堰市劳动模范称号。

刘飞于 2006 年 2 月至今在十堰市泰祥实业股份有限公司工作 13 年,从生产一线操作工做起,历任装备技师、质量主管、技术经理等职,熟悉机加生产车间所有设备的操作和生产工艺流程,掌握所有产品的质量特性,参与、主导了 95% 以上关键设备的安装、调试和维护,对设备故障准确的判断和快速恢复率达 90% 以上,是公司设备故障的攻坚克难骨干力量。在公司实施自动化技术改造升级的过程中,担任一线生产经理,他带领团队成功解决所有装备故障和工序瓶颈,使劳动生产率提升 15% 以上,节约人力成本 23% 以上。其本人获得了 4 项实用新型的专利,为公司的发展做出了积极贡献。

屈远梅

湖北省十堰市竹山县楼台乡官坪村人,现就职于十堰明佳家政服务有限公司

屈远梅,1987年11月出生,目前工作于十堰明佳家政服务有限公司。家政对她来说是一个较为陌生的行当,于是她通过刻苦学习,虚心请教,在几个月内掌握了育婴师以及月嫂的全部技能,并且自费考取了高级育婴师的资格证书。凭借着自己的细心和耐心,成功通过公司技能考试,成了一名合格的育婴师。两年来服务十几位客户,无一投诉,获得了客户的一致好评。

在一线岗位工作的顺风顺水的屈远梅本来以为可以在这个岗位上深耕很久,但是由于孩子学业的需要以及家庭的其他情况,无法继续从事一线工作。但是这两年来,在家政积累的技能和优势仍然存在,对家政行业和母婴的那份热爱依然存在。于是,屈远梅毅然向公司提出转岗,决定转为后勤服务岗位,做一名家政经理人。屈远梅通过不断学习以及自费报名,又成功通过考试,取得了家政经理人的资格证书。

2019年下半年,屈远梅负责的一位月嫂大姐体检时突然检查出患有肺腺癌,手术及放化疗需要花费不少的费用。为了让她能够战胜病魔,重新走出来,同时希望公司不要损失一位优秀的月嫂。屈远梅向公司申请,发动公司全部员工为这位大姐捐款捐物。能见面的当面说明情况,晓之以理,动之以情,为大姐求援。无法见面的,一个个亲自电话沟通,希望能够唤起大家的同情心,为她出钱出力,共同战胜病魔。在短短的三天内,公司共筹集53名家政员的爱心捐款5 000元,全部如数交给患病大姐。不仅如此,屈远梅还积极帮助家政员通过媒体、工会以及妇联组织来为她们积极争取,更通过不断咨询了解到贫困户患大病可在当地社区领取一万元救助基金。于是,通过屈远梅的种种努力,为患癌的家政员争取到了数万元的救治费用,解决了她的大难题。

如今的她已经成长为一名合格且非常优秀的家政经理人。在湖北省,2020年"湖北工匠杯"生活服务技能大赛家政经理人赛组她已报名。在十堰,她于2018年获得十堰市家庭服务业协会优秀工作者。在公司,她一直是公司的"最佳家政经理人",并且帮助公司获得了"十堰市诚信家政示范企业""十堰市巾帼脱贫示范基地"等多个荣誉称号。对客户,几年以来服务的客户超过200户,帮助百余名家政员找到了自己称心如意的工作。面对这些事迹和荣誉,她表示:"我将继续在家政行业深耕发展,为家政员、为客户带来更好更周到的服务,为公司、为十堰、为湖北带来更多的奖项和荣誉。我定不骄不躁,继续努力,做好一名普通的十堰家政人!"

严成少

湖北省安陆市李店镇大赵村人，现为安陆市严成少家庭农场主

严成少，1988年初中毕业后在武汉务工至2004年，2004年4月，回到安陆发展。2014年6月成立了安陆市严成少家庭农场，流转了高砦村、大赵村、新店村、严祠村的土地和家庭承包经营共1 030亩，开展小麦、油菜、优质稻及其他经济作物种植业。

在不断的成长中，严成少家庭农场多次承担各类示范试验和推广应用任务，率先推广机械耕整、机育插秧、机械收割等全程化作业技术。农场基地被确定为现代农业示范基地以来，大力推广应用植保无人机开展统防统治，高效率、省人工、节成本、降风险的效果带动周边农户纷纷效仿，面积达5 000多亩。2019年，被市农业部门确定为农业生产示范试验点之一，示范应用了机插秧同步智能侧深施肥和小麦反旋灭茬机播技术，采取侧位深施精准施肥以达到减肥降污染的效果，结合秸秆机械化处理同步精量播种小麦，取得了良好的成效，总结出了一套全闭环稻麦轮作全程机械化技术要点，被安陆市农机局聘为"农机技术示范指导员"。同时，还与中化现代农业（湖北）有限公司达成合作，贷款签订了500亩的MAP技术服务业务合同，以学习种植先进技术和示范推广，达到了节本增效稳产增收的效果，年产优质稻71万公斤，经营收入达163万元，油菜籽收入16万元，小麦收入24万元，其他农业作业服务收入68万元，在做给周边群众看的同时，带动他们共同致富。家庭农场2015年被湖北省农业厅评为"省级示范家庭农场"。

2020年，在新冠肺炎疫情影响下，严成少家庭农场还与中化现代农业有限公司签订供销收购合作300亩订单，进一步解决了粮食销售渠道后顾之忧，致力于创新订单生产、个性化、定制化等经营模式，对接电商平台申请注册商标，拓展供应链，拓宽营销渠道，开展农超对接。自家庭农场建立以来，在农场的示范带动下，全程托管社会化服务迅速辐射周边，促进了周边农户放心从事二、三产业。在打好精准扶贫脱贫攻坚战中，家庭农场吸纳带动周边茶堰、高砦、长严等5个村贫困户及一般农户参与产业经营和就业。通过流转土地，带动了1 130户农户增收，吸纳171人到家庭农场劳动就业，其中帮助建档立卡贫困户劳动就业51人。2019年被湖北省人力资源和社会保障厅评为"返乡创业示范项目"。

近年来，严成少秉承新发展理念，用心当好就业创业"引路人"，发挥"领头雁"作用，用实际行动践行初心和使命，多次荣获省、市荣誉，得到上级部门领导的一致认可。2016年当选为安陆市人大代表，科学技术协会代表，荣获"十佳种植大户"、"焦裕禄"式好党员、"先进个人"、"返乡创业示范项目"、"省级示范家庭农场"等荣誉称号。

湖北 张金炎

湖北省荆门市东宝区石桥驿镇驿五架村人，现为新洋丰农业科技股份有限公司电工班长

张金炎爱厂如家，以饱满的热情和积极的态度，全身心投入到自己热爱的电工事业中，出色地完成了各项工作任务。

2016年他自主开发《三菱PLC编程入门》课程在公司进行讲授，普及PLC知识，并融入生产过程中。一次他在车间巡视时发现造粒工对物料的投入情况自主性较大，存在成品控制忽大忽小、产品质量控制不稳的情况，于是他着手在微机中控岗位设置PLC控制面板与造粒机联通，对成品量进行监控取点，通过成品瞬时波动图可对操作工的投料情况进行监控，确保了生产稳定。

2017年8月以他为首的3人团队代表荆门出战参加湖北省职业技能大赛获得维修电工组个人第11名、团体第6名，同年9月参加中国（襄阳）首届江汉流域职业技能大赛获得维修电工组三等奖。他长期被公司委派至子公司进行技术支持，个人精力被大大分散，为防止电工班出现因工作量增加而产生内部矛盾，张金炎做到与同事诚信交往，在他出差期间有技术难题通过电话、视频协调解决，从不推脱，充分信任并指导下属开展工作，在出差回来后认真对工作进行梳理并对下属工作中的优缺点明确指出，分享个人的工作做法，督促班组成员人人进步。

2015年秋季工厂大修期间，公司要求将生产线上的6台配料秤进行全部更换后一同并入DCS系统进行自动控制，他到现场多次勘察，通过技术改造只更换了4台老秤即达到应有效果，为公司节约费用5万余元。

他在不断提高自己素质的同时，也积极帮助身边的同事提升专业技能，将自己所学到的或掌握的知识毫不保留地交给公司电工操作人员，积极参与"大工匠"工作室团队建设，带领团队50余人通过开展教绝招、传技能、带高徒等活动，把个人的技术成就变成职工的职业技能；公司培训学校组织电仪工培训，他也主动要求给电仪工培训相关知识，并在实际操作中进行跟踪、指导，对所有电仪工实行每周一题，每月考试，每年技能考评；对公司外部组织的电仪相关的培训，他都争取安排人员参加，不断提高电仪队伍人员的理论及实际操作水平，为公司电气仪表的正常运转打下了坚实的基础。

他凭借突出的工作能力，精湛的工艺技术，在公司多次被评为"劳动模范""先进个人""优秀共产党员"等。2012年，张金炎带领所在电工班获得"荆门市工人先锋号"称号，2016年成立"张金炎劳模创新工作室"，2017年获得江汉流域职业技能大赛三等奖，2018年获得"荆门市职工职业道德建设标兵个人"称号并获得荆门市五一劳动奖章，2019年获得湖北省五一劳动奖章。

柴少娟

湖北省钟祥市柴湖镇后营村人,现就职于湖北鄂电德力电气有限公司

  柴少娟,湖北鄂电德力电气有限公司职工,中级焊工职称,多次被评为先进工作者、优秀员工,所带班组屡次获得荆门市、钟祥市的"工人先锋号"称号,2018年被评为"荆门市首届十大魅力女性"。

  她甘于奉献。2020年1月31日晚,公司受国网湖北省供电公司委托,承接了在48小时内为雷神山医院提供风机智能动力柜、照明配电箱等紧急物资的重任。疫情严重、时间紧迫、任务艰巨,她主动请缨,发扬了大无畏的精神,连夜加班参与电气设备的生产赶制,冒着生命危险前往雷神山医院安装电气设备,确保了雷神山医院如期交付供电,对雷神山医院建设做出了巨大贡献,并获得雷神山医院及武汉红十字会的衷心感谢。

  她顽强不屈。她是大柴湖移民的后代,继承了前辈不怕苦、不怕累的拼搏精神,主动拿起焊枪,成为公司唯一的"女焊子"。她对待工作热心,技术上是骨干,业务上是尖兵,用行动证明了自己是名副其实的"女焊子";对待同事真心,从来都不计较个人得失,公司每年底对贫困家庭给予一定的资助,但是她都委婉拒绝了。

  她坚韧不拔。8年前,丈夫因交通意外丧失劳动能力,她不离不弃,精心照顾丈夫,主动扛起了全家老小的重担,用柔弱的肩膀为贫困的家撑起一片蓝天。

  工作上她兢兢业业,生活中她负重前行,在她平凡的人生里,书写了不平凡的故事。

湖北 陈一为

湖北省鄂州市葛店开发区庙湾新村人，现就职于华烁科技股份有限公司葛店分公司

陈一为，华烁科技股份有限公司医化事业部中试工段长，现年40岁，中专文化，中共党员。2001年，他成了湖北省化学研究所生产基地的一名农民工。工作20年来，他干一行、学一行、钻一行，一步一个脚印，踏踏实实练就了过硬的本领，从一个化工领域的门外汉，经过不断的学习和历练，现已成为所在部门的核心业务骨干。由学徒工到操作工、班长，成为优秀的工段负责人。

陈一为参与研发的"三氰乙基苯甲酸的研制开发"项目获2008年湖北省科技进步三等奖。2018年、2019年分别荣获华烁科技股份有限公司"优秀研发员工奖"；2019年、2020年被公司评为"优秀共产党员"；2020年被公司评为"抗疫先进个人"。

2001年，陈一为成了湖北省化学研究所生产基地的一名员工，他从普通操作工做起，先后从事主要操作工、班长、工段长等岗位，精通生产的各个环节，尤其在产品中试阶段成为企业主要骨干。先后参与了2019年"中微子探测用有机闪烁PPO的工业化生产"、2020年"智能温变染料的合成研究"等4个湖北省科技发展专项项目研发和生产任务，为科技进步和企业发展做出了重要的贡献。

2020年春节，陈一为在公司值班，新冠肺炎疫情暴发后，许多员工无法返岗，他克服重重困难、坚守岗位，保障了公司厂区安全。作为车间生产负责人，他积极参与公司疫情防控和复工复产方案的制定和实施，作为最早复工的一批员工，承担了许多重要具体工作任务，为公司疫情防控和复工复产顺利实施做出了贡献。

孔凡柳

湖北省武汉市江夏区五里界镇群益村人，现就职于稳健医疗（黄冈）有限公司

孔凡柳，从小家境贫寒，初中一毕业便辍学外出务工。稚嫩的她跟随村里的长辈四处漂泊，几经波折——做过服务员，去过工厂，打过杂工，吃过很多的苦。2013年她来到了稳健医疗（黄冈）有限公司（以下简称黄冈稳健），无依无靠的她凭着诚实、勤奋和吃苦耐劳的精神，由一名普工成长为车间主任助理，并多次荣获公司"优秀员工""先进标兵"称号。

医疗行业是特殊行业，产品与患者的生命、健康息息相关，要确保产品不出现质量问题，要求每个环节管理到位。面对庞大而繁杂的工作量，要做到忙而不乱，杂而不漏谈何容易？7年时间里，她每天披星戴月早出晚归，整日忙碌在生产一线，始终用自己特有的坚韧不拔、乐于奉献精神感染着身边的每一位同事，带领着她们一步一个脚印地向前迈进。

2020年年初新冠肺炎疫情席卷而来，口罩是抗疫的"武器"，作为口罩生产基地，湖北省、市各级领导，人民群众对黄冈稳健公司寄予了厚望。孔凡柳直面危险逆行而上，积极组织生产计划实施、物料跟催和人员生产协调、订单的完成跟进，确保最大化优质高产。在抓好产品质量的同时严把安全关，严格规范防护、洗手、消毒等工作。其间，她忘我工作、无怨无悔——顾不上病痛，顾不上家里老人孩子，以厂为家，每天工作达15小时以上，因过度辛劳，体重直线降7公斤。后来就连母亲住院做手术她也没去看上一眼，每每谈及此事，她都会内疚地泪流满面。随着口罩车间的快速扩产，人员由原来的200人增至500人，设备由35台增加到77台，面对大量人员、设备的增加带来的新难题、新挑战，孔凡柳和她的团队没有气馁，她们始终保有克服万难的决心：孔凡柳主动申请带夜班，用乐观的心态和担当的胸怀疏导和帮助同事们消除恐慌情绪；一边组织生产计划实施、物料跟催和人员生产协调及订单的完成跟进；一边在抓好生产质量的同时，她严把车间生产安全关，严格规范员工洗手、消毒、测体温程序和车间定时消杀工作，取得口罩车间全体员工零病例、零感染的优异"战绩"。

在疫情最严峻的一个月时间内，黄冈稳健公司在以孔凡柳为代表的职工共同努力下，N95口罩日产量由3.6万片提高到4.5万片，医用外科口罩扩产到30万片以上，产能提高了3倍多。在最危急时期，为全国的医院、药店生产，发送出1亿多只口罩，供给了约占全国市场1/3的口罩量，为疫情防控做出了重要贡献，公司被中共中央、国务院、中央军委授予"全国抗击新冠肺炎疫情先进单位"殊荣。

孔凡柳用自己平凡的力量书写出不平凡的人生，以自己的实际行动诠释着平凡人的人生价值。

湖北 朱淼

湖北省咸宁市通城县关刀镇道上村人，现就职于湖北平安电工股份有限公司

2012年6月朱淼获得湖北省咸宁市通城县总工会的"节能减排能手"称号；2016年3月获咸宁市"科技进步奖"一等奖；2017年6月进入工业和信息化领域急需紧缺人才库；2019年10月获得国家"非金属矿科学技术二等奖"。

朱淼于2014年11月获咸宁市"安全技术工程师"职业资格。

朱淼参与主导的专利达11项，公司研发成功的高新技术产品达86个，有50多个产品居国内领先水平，33个产品达到国际领先水平。平安电工股份有限公司不仅每年能为国家创造可观的外汇收入，也为带动和提振湖北省咸宁市通城县当地国民经济做出了突出贡献。在他的带动和影响下，有2 000多名农民工加入平安电工股份有限公司，为当地农民工的脱贫致富打下了坚实基础，朱淼的成长奋斗史，成为当地农民工成长的典范。

秦京

湖北省随县草店镇檀山村人，现为随州大海菌业有限公司技术负责人

秦京，现为随州大海菌业有限公司技术负责人，2009年被评为随州市农村科普带头人；2014年获得湖北省科技进步二等奖。多年来，他凭着自己的不懈追求，带领乡亲们通过食用菌生产走上了脱贫致富的道路。

心系菇农，形成食用菌生产产业化。为了让乡亲们尽快掌握香菇栽培技术，秦京免费到各地讲课，共培训技术骨干1 000多人，并结合自己的生产实践，和华中农业大学的罗信昌教授编写了《羊肚菌有机栽培技术》等技术资料，免费赠发给广大菇农；手把手地教农民掌握种植技术，让草店镇90%以上农民掌握了袋料香菇种植技术，目前，香菇生产已成为随县农民的主导产业。

培良选优，全面提高食用菌生产科技含量。为了节约资源和成本，提高综合效益，秦京针对生产中的实际问题进行了许多探索与创新，通过多年努力，筛选出适应当地气候的香菇7号、8号等品种，肉质厚，花菇率高，产菇率提高30%。发明并注册专利的"香菇催花烘干两用机"，能提高花菇率25%以上，彻底解决了香菇在生产和烘烤过程中二氧化硫污染的问题。2004年，随州大海菌业有限公司成为"华中农业大学教学实习基地"。每年，该公司免费为华中农业大学的实习生提供食宿，并为他们实习、研究提供便利条件。2015年，秦京与原中国食用菌协会顾问、华中农业大学罗信昌教授合作，在随县试种羊肚菌获得成功，引起了极大的轰动。2016年建成标准化种植示范基地300多亩，吸引了全国26个省市的300多名专家学者前来参观。2020年3月，和上海农科院的3位博士在青海省果洛州班玛县率先试种高原反季节羊肚菌获得成功，引起了青海省政府的高度重视。

心系家乡，回报社会。在精准扶贫工作中发挥了带头作用，该村30多户贫困户因为香菇而脱贫。2018—2019年，承接十堰市的精准扶贫项目，6 000多万棒的香菇菌棒所需的菌种全部由随州大海菌业有限公司提供。目前该项目顺利完成，他说："我们有信心、有决心完成这一艰巨任务，为十堰人民提供优质菌种，帮助贫困户脱贫。"2020年抗击新冠肺炎，他捐款35 000元。他每年义务资助当地家境贫寒的大学生入学，累计数额10余万元。

湖北 龚涛

湖北省恩施州鹤峰县燕子乡芹草坪村人,创办了恩施锦鑫建筑安装工程有限公司

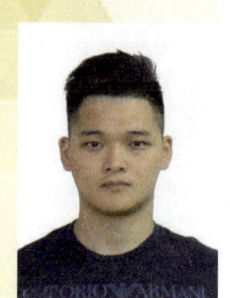

龚涛,退伍军人。他外出打过工、自主创过业、参加过建设"雷神山"医院的战斗,人民日报、中央电视台为他点过赞。

2013年高中毕业后,龚涛选择参军,入伍期间,能吃苦、能战斗,多次被评为优秀士兵,2015年光荣加入中国共产党,同年退役后外出务工。

2018年,龚涛开始自主创业。2019年回家乡投资创办了一家建筑安装公司,每年为家乡提供至少不低于150个就业岗位,带动不低于20户贫困户脱贫,创下了优秀口碑。在创业发展的过程中,心中时刻坚信着知识改变命运,学习开创未来的信念,所以2019年年底,他利用务工的空闲时间就读于武汉船舶职业技术学院,目前属于大专再读,一边工作,一边学习。

"若有战,召必回",这不仅仅只是一句口号而已,他用实实在在的行动诠释了当代中国军人精神,2020年新冠肺炎疫情暴发,他第一时间提交了请战书,并迅速组建了一支志愿者工程队,于1月31日火速赶赴武汉,投入建设"雷神山"医院的战斗,历时15天。其典型事迹先后被中国鹤峰网、中国恩施网、湖北中新网、湖北日报、中国军事网、中央电视台七台《老兵你好》电视栏目等众多媒体报道发表。

劳动托起中国梦
（下册）

——2020年全国优秀农民工和农民工工作先进集体事迹

中国劳动社会保障出版社

目 录

第一部分 全国优秀农民工先进事迹

北京	3
天津	38
河北	48
山西	97
内蒙古	114
辽宁	124
吉林	140
黑龙江	147
上海	155
江苏	188
浙江	267
安徽	354
福建	393
江西	433
山东	461
河南	541
湖北	601
湖南	636
广东	673
广西	773
海南	800
重庆	807
四川	828
贵州	879

云南	904
西藏	929
陕西	935
甘肃	960
青海	970
宁夏	975
新疆	981
兵团	991

第二部分　全国农民工工作先进集体事迹

北京市东城区职业能力建设指导中心先进事迹	999
北京三快在线科技有限公司先进事迹	1003
天津市西青区司法局先进事迹	1006
天津市武清区人力资源和社会保障局先进事迹	1008
河北省就业服务中心先进事迹	1011
凯悦汽车大部件制造（张家口）有限公司先进事迹	1014
河北省石家庄市鹿泉区法律援助中心先进事迹	1018
河北省唐山市人力资源和社会保障局先进事迹	1020
山西省劳动人事争议仲裁院先进事迹	1023
山西省运城市人力资源和社会保障局先进事迹	1025
内蒙古自治区法律援助中心先进事迹	1027
内蒙古自治区乌兰察布市劳动和社会保障监察支队先进事迹	1029
辽宁省信访局群众来访接待处先进事迹	1031
辽宁省丹东市人力资源和社会保障局先进事迹	1034
吉林省四平市就业服务局先进事迹	1037
吉林省吉林市法律援助中心先进事迹	1039
黑龙江省黑河市劳动保障监察支队先进事迹	1041
黑龙江省八达路桥建设有限公司先进事迹	1043
上海市职工保障互助中心先进事迹	1046
上海市宝山区就业服务中心先进事迹	1049
江苏省南京市劳动就业服务管理中心先进事迹	1052
江苏省苏州市人力资源和社会保障局先进事迹	1055
江苏省常熟市公安局先进事迹	1058

江苏省扬州市公路建设处先进事迹 …………………………………………………… 1060
江苏省宿迁市人力资源和社会保障局先进事迹 ………………………………………… 1062
浙江省杭州市江干区人力资源和社会保障局先进事迹 ………………………………… 1064
浙江省宁波市北仑区流动人口管理服务中心先进事迹 ………………………………… 1066
浙江省嘉兴市桐乡经济开发区（高桥街道）人力资源和社会保障管理所先进事迹 …… 1068
浙江省诸暨市长运集团有限公司先进事迹 ……………………………………………… 1070
浙江省金华市人力资源和社会保障局先进事迹 ………………………………………… 1071
安徽省人力资源和社会保障厅农民工工作处先进事迹 ………………………………… 1073
安徽省扶贫办产业指导处先进事迹 ……………………………………………………… 1076
安徽省阜阳市人力资源和社会保障局先进事迹 ………………………………………… 1079
安徽省宣城市皖嫂家政服务中心先进事迹 ……………………………………………… 1083
福建省劳动就业服务局先进事迹 ………………………………………………………… 1085
福建省福州市人力资源和社会保障局先进事迹 ………………………………………… 1089
厦门科司特电子工业有限公司先进事迹 ………………………………………………… 1092
福建省泉州市教育局先进事迹 …………………………………………………………… 1094
江西省宁都县人力资源和社会保障局先进事迹 ………………………………………… 1096
江西省丰城市人力资源和社会保障局劳动监察局先进事迹 …………………………… 1099
江西省婺源县太白镇人民政府先进事迹 ………………………………………………… 1102
山东省人力资源和社会保障厅劳动监察处先进事迹 …………………………………… 1104
山东省财政厅社会保障处先进事迹 ……………………………………………………… 1106
山东省住房和城乡建设厅建筑市场监管处先进事迹 …………………………………… 1108
山东省菏泽市返乡创业服务中心先进事迹 ……………………………………………… 1110
山东九州通医药有限公司先进事迹 ……………………………………………………… 1112
河南省叶县人力资源和社会保障局先进事迹 …………………………………………… 1114
河南利欣制药股份有限公司先进事迹 …………………………………………………… 1117
河南省新密市财政局先进事迹 …………………………………………………………… 1119
河南省信阳市平桥区农民工就业创业服务中心先进事迹 ……………………………… 1121
湖北省恩施土家族苗族自治州劳动保障监察局先进事迹 ……………………………… 1123
湖北省工业建筑集团有限公司先进事迹 ………………………………………………… 1125
中国一冶集团有限公司钢结构分公司先进事迹 ………………………………………… 1127
中交第二航务工程局有限公司先进事迹 ………………………………………………… 1129
湖南省住房和城乡建设厅建筑管理处先进事迹 ………………………………………… 1132
湖南省湘潭市人力资源和社会保障局先进事迹 ………………………………………… 1135
湖南省宁远县人力资源和社会保障局先进事迹 ………………………………………… 1138
湖南佳惠百货有限责任公司先进事迹 …………………………………………………… 1140

广东省就业服务管理局先进事迹 …… 1142
广东省公安厅治安管理局户政处流动人口科先进事迹 …… 1145
广州王老吉大健康产业有限公司先进事迹 …… 1148
深圳市欣旺达电子股份有限公司先进事迹 …… 1150
广东省东莞市社会保险基金管理中心先进事迹 …… 1152
潮州市三环（集团）股份有限公司先进事迹 …… 1155
广西壮族自治区人力资源和社会保障厅农民工工作处先进事迹 …… 1158
广西壮族自治区横县人民法院先进事迹 …… 1161
广西壮族自治区贵港市人力资源和社会保障局先进事迹 …… 1163
海南省三亚市人力资源和社会保障局先进事迹 …… 1166
海南槟榔谷黎苗文化旅游发展有限公司先进事迹 …… 1169
重庆市铜梁区人力资源和社会保障局先进事迹 …… 1171
重庆市万州区人力资源和社会保障局先进事迹 …… 1173
四川省剑阁县人力资源和社会保障局先进事迹 …… 1175
四川省南充市嘉陵区农民工服务中心先进事迹 …… 1178
四川省泸县法律援助中心先进事迹 …… 1181
四川省人力资源和社会保障厅农民工工作处先进事迹 …… 1183
贵州省毕节市人力资源和社会保障局先进事迹 …… 1185
贵州省司法厅公共法律服务管理处先进事迹 …… 1187
贵州省贵阳市人力资源和社会保障局先进事迹 …… 1189
云南省曲靖市人力资源和社会保障局先进事迹 …… 1192
云南省司法厅公共法律服务管理处先进事迹 …… 1195
云南省昭通市人力资源和社会保障局先进事迹 …… 1198
西藏自治区日喀则市人力资源和社会保障局先进事迹 …… 1201
隆基绿能科技股份有限公司先进事迹 …… 1203
陕西省洛南县人力资源和社会保障局先进事迹 …… 1206
陕西省渭南市劳动就业服务中心先进事迹 …… 1210
甘肃省临夏回族自治州和政县人力资源和社会保障局先进事迹 …… 1213
甘肃省渭源县劳务服务中心先进事迹 …… 1216
青海省海西州格尔木市人力资源和社会保障局先进事迹 …… 1218
青海民泽龙羊峡生态水殖有限公司先进事迹 …… 1220
宁夏天下金盾保安服务有限公司先进事迹 …… 1222
宁夏回族自治区同心县人力资源和社会保障局先进事迹 …… 1225
新疆维吾尔自治区和田地区人力资源和社会保障局先进事迹 …… 1228
新疆维吾尔自治区喀什地区麦盖提县人力资源和社会保障局先进事迹 …… 1230

新疆生产建设兵团第十师北屯市劳动保障监察支队先进事迹 …………………………… 1232

司法部公共法律服务管理局法律援助工作处先进事迹 ………………………………… 1235

住房和城乡建设部人事司人才工作处先进事迹 ………………………………………… 1237

交通运输部运输服务司道路客运管理处先进事迹 ……………………………………… 1240

国家卫生健康委人口家庭司监测评估处先进事迹 ……………………………………… 1242

国家统计局住户调查办公室专项调查处先进事迹 ……………………………………… 1243

国务院扶贫办开发指导司人力资源处先进事迹 ………………………………………… 1245

向成桂

土家族，湖北省恩施市舞阳坝街道七里坪村人，现就职于恩施市汇力帮帮家政有限公司

向成桂，土家族，1982年2月出生，高级保育员、高级家政员。通过自己的艰辛努力和学习，由建档立卡贫困户到成功脱贫，再到鼓励、带领姐妹们在育儿、家政行业就业，她不断钻研业务，做"巧手工匠"，在广大农民和妇女中树立了标杆和典范，做出了突出贡献，在家政、育婴嫂职业规范上有自己的深度思考。向成桂"毛毛虫"蜕变成"花蝴蝶"，被人称为农民工中的土根"土家白发幺妹儿"。向成桂先后被评为恩施州"脱贫攻坚先进个人"，恩施州"巾帼脱贫标兵"，2019年恩施州"百姓宣讲堂"优秀宣讲员，2019年恩施市"道德宣讲"优秀宣讲员，2020年恩施州、市"走向我们的小康生活"宣讲员，恩施市"十佳脱贫标兵"等。

向成桂曾经贫穷过、迷茫过，她一心想着那些贫困家庭自身有发展愿望，却受文化和教育程度影响裹足不前时，是多么渴望得到他人的指引。于是，她积极建议公司回馈社会。

在人社局、妇联和各乡镇办事处的支持下，向成桂和姐妹们在恩施、来凤、宣恩、鹤峰等地举办了300多场技能培训，培训内容涵盖月嫂、育儿嫂、保洁和老年护理等专业技能知识，她们还着重培训了职业心态和礼仪，帮助他们树立职业自信。

截至2020年6月，在向成桂的鼓励和帮助下，共有建档立卡贫困户151人找到适合自己的工作，有近30名姐妹被评为金牌月嫂，年收入都在10万元以上。

实际工作中，向成桂与姐妹们也做了很多关于扶贫工作的探索，深感仅仅依靠一个企业的力量是远远不够的。因为，从业人员不仅工作的区域和工作的内容与原来的田间地头发生了巨大变化，她们的服务更是要面对千千万万个不同个性需求的家庭，这无疑增加了帮扶工作的实际难度。面对贫困户的帮扶问题，她提出的以下思考获得了大家的肯定。第一步：了解贫困户劳动力的实际情况。第二步：关怀式面谈。第三步：制式化常态学习培训。第四步：做好心理安抚和疏导。

针对行业缺乏行为规范，向成桂提出建议：恩施州也应成立家政服务业协会，让所有家政人团结起来，共同进步，抱团取暖。她号召全州的家政服务公司使用国家信用体系数据库，发起并组织恩施市70余家家政企业成立了恩施市家政行业协会；义务协助恩施州总工会举办技能大赛，并在全省的技能大赛中取得二等奖，通过以赛促训，达到推动家政服务业有序、高质量发展的目的。

她在通过劳务输出带动贫困户脱贫工作中，虽然很艰难，但她觉得非常有意义，这也是自己回馈社会的一种方式。对贫困户职工来讲，她们只需要多一份爱心、耐心和责任心就可以实现。

湖北 祁凯

湖北省仙桃市彭场镇牛路村人,现就职于湖北新鑫无纺布有限公司

　　祁凯于2013年入职新发集团,2014年调入湖北新鑫无纺布有限公司任质量部负责人,拥有广州广电计量检测计量校准培训合格证书。在工作中他能够严格要求自己,带领部门职工努力完成上级下达的质检任务和质量指标。业务上,利用工作间隙和零碎时间主动学习,提高自己的业务水平和工作能力。2020年春节前夕,突如其来的新冠肺炎疫情暴发,疫情初期,医疗防疫物资紧缺,祁凯毅然决然地舍小家顾大家,第一时间响应公司号召,放弃休假,逆行而上,赶赴疫情前站,投身无纺布制品生产一线中,利用自身娴熟以及过硬的品控技能,严格把关送往一线的医用防护服、医用口罩、靴套等抗疫物资,为打赢防疫抗疫阻击战贡献了一分力量。

朱斌

湖北省潜江市泽口街道谢湾村人，现就职于金澳科技（湖北）化工有限公司

2003年7月，朱斌中学毕业后在家务农。2008年3月进入金澳科技（湖北）化工有限公司，在聚丙烯车间工作，同年5月赴山东东明学习气分装置，7月回厂参与二气分、MTBE装置建设，11月装置原始开工任气分主操。因业务能力突出，2010年10月调入加制氢车间柴蜡油加氢岗位工作，先后赴湖南长岭石化、山东东明石化学习并参与装置建设，2012年3月装置原始开工任柴蜡油加氢岗位主操，2012年10月任班长，2013年5月任车间安全员，2013年10月任车间副主任，2016年加入中国共产党，2020年1月调任改质车间主任至今。曾先后获得公司2017年度"劳动模范"、2017年度"创新能手"、2020年度"劳动竞赛优秀管理者"、2020年度"优秀共产党员"等称号，他所带领的团队被潜江市评为2020年"青年文明号"。

工作中他刻苦钻研，业务水平过硬，目前已掌握公司多套装置的生产运行管理。2016年他配合完成催化汽油选择性加氢装置升级改造，为公司顺利产出"第一桶"国五汽油打下了基础；2017年他组织优化生产，对汽油加氢分析小屋进行节能改造，每年能为公司节省十多万元。

2020年新冠肺炎疫情暴发，面对突如其来的新型冠状病毒，他没有害怕和退缩，在集团公司的正确部署和物资保障下，他坚持疫情防控、安全生产两手抓，在积极组织人员落实消毒、测温等防控措施的同时，时刻关注人员动态，每天通过各种渠道把路况信息告知员工，对部分上下班路线提前检查，及时为员工办理上班证明和通行证，对交通不便的人员，他和管理人员分段接送，确保员工正常上下班。在他的带动下车间员工纷纷不计得失，勇当抗疫"逆行者"，有的员工更是直接搬到宿舍，吃住都在公司，2个多月都没回家，疫情期间车间出勤率一直在95%以上，为装置安全生产打下基础。

不知不觉间，朱斌已在公司工作十三年，其间有汗水，有收获，更多是对公司的感恩。因为在这份工作中，他不仅学到了与工作相关的知识、技能与方法，还学到了如何做人、如何做一个对社会、对公司有用的人，这是比任何东西都要宝贵的人生财富，并将受益终身。

杨文强

湖北

湖北省天门市黄潭镇七屋岭村人，现任天门知青农场有限公司负责人

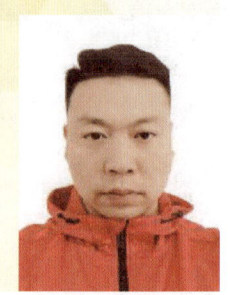

高中毕业后，杨文强携笔从戎，先后获得三次优秀士兵、一次集体三等功等荣誉，后因伤致残退役。在习近平新时代中国特色社会主义思想引领下，杨文强响应国家"大众创业、万众创新"的号召，返乡创业、扎根基层，用汗水浇灌收获、以实干笃定前行，带领村民脱贫致富，得到了广大干部群众一致好评。

杨文强作为天门知青农场有限公司负责人，他扎根农村、立足农场，视野开阔、思想开放，以胼手胝足的奋斗、自强不息的精神，将天门知青农场有限公司打造成了文旅、农旅相结合的综合性创业公司，实现了一二三产业的深度融合。在他的带领下，知青农场先后被评为市级龙头企业、天门市巾帼脱贫示范基地，所在的七屋岭村也被评为湖北省重点旅游名村、天门市美丽乡村重点村等。打造了"月季迷宫""紫藤长廊""紫薇大道""菊花园""知识青年回头看"等文旅项目。

念兹在兹，德而有仁。在创业的过程中，杨文强始终不忘共产党员的责任和使命，将自身发展与农村建设紧密联系在一起，用实际行动带领村民脱贫致富，建设美丽家园。

为帮助村民创收增收，杨文强在城区自主投资实体店，以市场价格收购村民瓜果蔬菜等农副产品，并帮助村民在实体店销售；大力开展产业扶贫，长期为附近村民提供38个就业岗位，累计提供临时性就业近千余次，本村11名贫困户已有9人成功脱贫，人年均增收2万元左右；多次在春节等节假日期间，为全村困难群众赠送米、面、油等生活物资，并为贫困大学生募集学费8 000余元；先后建成1个知青大舞台、1个百姓大舞台、4个全民健身广场，翻新近6公里乡村公路，并在公路两侧大量栽种景观树植，丰富了村民精神文化生活，破解了村民出行难题；带领村民大力招商引资，现已引入7个合作社，涵盖牛、羊、梅花鹿等养殖品种，让村民实现了"在家门口就业"的梦想。

疫情就是命令，防控就是责任。在危难时刻，杨文强牢记初心使命、不忘责任担当，积极参与本村防疫工作，主动申请驻守村口，带领村民先后为九真卫生院、干驿福利院、马湾福利院、黄潭福利院等多家医疗机构和福利场所赠送近5.5吨蔬菜、瓜果等紧缺生活物资，充分彰显了"疫情无情、大爱无疆"的奉献精神。

为破解农产品滞销难题，减少农民疫情期间损失，杨文强积极与政府机构联系，组织农场工作人员为人民医院、三医院、中医院、楚天尚城等医疗机构和小区配送紧缺生活物资近4吨，配送范围覆盖5万余人，为田源合作社等7个农业合作社销售20余万元滞销农产品，有效减少了农民损失。

李琴丽

湖北省天门市皂市镇谢大村人，现为湖北人福成田药业有限公司生产车间灌装岗位班长

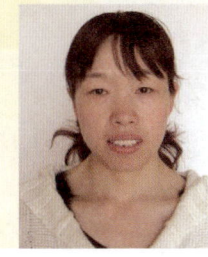

　　李琴丽在灌装岗位上勤勤恳恳、兢兢业业、认认真真工作，一干就是近十六个年头。她个人先后获得2014年公司"最佳责任心"奖、2015年公司"人福成田好人"奖、2016年公司"最佳责任担当"奖、2017年公司"最佳管理建议"奖、2018年公司"最佳生产标兵"奖、2019年公司"最佳责任心"奖；她所在的班组先后获得2016年度公司"最佳生产班组"奖、2017年度公司"最佳优秀班组"奖、2019年度公司"最佳品质团队"奖。

　　2020年，新冠肺炎疫情蔓延，湖北人福成田药业有限公司响应国家号召组织生产防疫紧缺药品。收到公司的通知，李琴丽不畏感染新冠肺炎病毒风险，毅然放弃假期，离别瘫痪在床的母亲，自觉回归岗位，从皂市镇骑电动车来到公司，投身到防疫物资的生产中，并在生产中严格按照天门市新型肺炎防疫指挥部的要求，出色地完成防疫物资的生产任务。

　　李琴丽所在的是散剂车间灌装岗位，位于车间的洁净区，因为质量要求就需要更换2次工作服，由于当前属于疫情期间，因防疫需求在原有工作服的基础上，另外加穿了一层一次性防护服，车间内部温度又较高，经常是连续生产三四个小时。没多久李琴丽皮肤便开始起红疹，经常是疼痛难忍，但她什么也没说，继续坚守在岗位上，一直到疫情完全解封后，才向公司请假去看病，可是由于发病时间较长，有些地方留下了永远无法恢复的疤痕。

　　李琴丽入职以来，善于总结、勇于实践、勤于钻研、业务熟练。她恪尽职守、无私奉献、爱岗敬业、勤勤恳恳、任劳任怨，还时刻以最高的标准要求自己，工作中也能起到模范带头作用，并能严格管理班组成员，发挥表率作用。班组成员遇有技术难点时，她总是会来到第一现场，除指挥外，更多的是亲自上手，重活儿、苦活儿留给自己，轻活儿留给她人。班组成员看在眼里，深受鼓舞，个个干劲十足。她还关心班组成员思想状况，及时解决班组成员的困难。她时常对有困难的员工施以援手，保持和员工的交流，实时掌握员工心态，使员工保持良好的心态投入到工作中，因此，她也得到了领导和同事的一致好评。

　　工作没有终点，只有始点，没有最好，只有更好。她说她依然会一如既往地坚持高标准、严要求，讲真话、办实事，不求轰轰烈烈，唯求踏踏实实，力争做一名优秀的农民工。

湖北 卢琪

湖北省神农架林区阳日镇阳日村人，现就职于劲牌神农架酒业有限公司

卢琪，高中学历，2016年3月14日进入劲牌神农架酒业有限公司。他刚进厂时是一名普通工人，在工作中爱岗敬业、勤奋好学、奋发进取，积极投身于工厂的建设及生产，在不同的工作岗位上取得了优异的成绩。

他积极响应国家精准扶贫战略，结合企业生产原料需求，大力推进贵州红缨子糯高粱本地引种工作。在他的带领下，历时5年，在全区7个乡镇31余村推广种植酿酒红高粱，并创新"企业+基地+农户+订单"的精准扶贫模式。自2016年起至今，全区红高粱年种植面积达10 000余亩，年产值2 200余万元，种植户户均增收1.5万元，503户精准扶贫户因种植红高粱实现了脱贫；5年来，他跑遍全区31个村，为种植户提供技术保障。

卢琪在任职行政部部长与物流采购部负责人期间，大力推动公司的业务优先向周边农户以及失地农民分包策略，带动村组经济发展；主动联系农村待就业人员，介绍其进入神农架生态酒业公司上班，解决农村劳动力转移就业问题。在他的主导下，公司每年仅外包业务就带动产业经济1 800余万元，吸纳工程、服务、生产岗位就业约200人。

在新冠肺炎疫情暴发、全省封城期间，他不顾个人安危，一方面积极参与社区联防联控工作，报名参加志愿者，另一方面积极调度防疫物资，发动业务供应商伙伴为林区红十字会捐款捐物22万元，捐赠医护物资15吨；为不误农时，保证农户的正常耕作，他积极与当地防疫指挥部及农业部门对接，办理红高粱种子采购、运输、发放手续，并亲自驱车1 000余公里前往贵州茅台镇将高粱种子拖回，发放到全区7个乡镇上千余户种植户家中，保障了红高粱育苗育种与种植工作不因疫情而耽误。

新冠肺炎疫情对企业生产经营造成严重困难，为节约开支，公司倡导开源节流活动，卢琪提出了组建公司科室员工搬运队负责公司物资搬运装卸业务的建议，取得了良好的效果。半年多以来，公司科室搬运队共计装卸物资1 000余吨，节省装卸费用2万余元。他还兼任公司工会管理工作，总是第一时间了解公司困难员工的生活情况、就业问题，组织工会成员想方设法予以解决；为了维护企业与当地农户的关系，每年多次组织与当地村委会对接，对当地精准扶贫户进行慰问走访。

卢琪作为新时代的农民工，良好地继承了中国农民群体的艰苦朴素、任劳任怨、坚韧不拔的品质；同时也传承了中国企业职工群体克己奉公、无私奉献、兢兢业业的精神。

葛祥

湖北省武汉市黄陂区长轩岭街油榨村人，现就职于武汉市汉阳市政建设集团有限公司

葛祥，1995年3月出生，二级建造师，2014年7月入职武汉市汉阳市政建设集团有限公司，先后在东风雷诺汽车项目周边道排工程、凤凰湖公园、四新中路项目担任施工员和安全员，曾获汉阳市政"安全管理先进个人"荣誉称号。

施工现场安全文明是个不容许有半点马虎的工作，特别是安全工作，关系到工作人员的生命安全。葛祥深知这一点，每天上工前都要对班组的工人进行班前教育、安全交底，盯着大家做好安全防护措施。而他自己也精于钻研、爱学习，根据现场管理经验撰写的论文获得公司二等奖，参与的凤凰湖公园、四新中路、东风雷诺汽车项目周边道排工程也先后获得"武汉市安全文明示范工地"。

2020年春节前夕，一场突如其来的疫情正在荆楚大地蔓延。1月22日，忙完工地上的事情，葛祥才回到黄陂家中，准备和家人过个团圆年。1月23日上午10点，武汉封城，下午便传来消息，武汉要参照北京小汤山医院模式，在武汉职工疗养院建设一座专门医院——武汉蔡甸火神山医院。得知汉阳市政也是参建方后，葛祥便在心里暗自决定只要公司需要，自己必定第一时间上一线。

回武汉风险巨大，但应急医院建设迫在眉睫，它关系着无数患者的生命，葛祥没有犹豫，甚至没敢和父母说自己是去建设火神山医院，简单装上几件衣服，就匆匆赶往建设现场。特殊时期，路上关卡重重，他到达火神山医院现场已经是深夜12点。没有片刻休息，葛祥便开始投入到紧张的场平工作中。对他来说，这次任务有着不同寻常的意义，时间紧、任务重，大家就两班倒，轮流休息，说是两班倒，但为了避免换班时工序衔接耽误时间，葛祥常常是守着一道工序直到结束才会和别人换班，经常一干就是20多个小时，再困、再累，也不敢多休息一下……终于，2月2日火神山医院顺利交付，葛祥也终于可以睡上一个安稳觉了。

随着疫情形势愈发严峻，为收治更多轻症患者，武汉各大方舱医院陆续开建。顾不上自己刚从火神山医院退场，葛祥又主动请战加入方舱医院物资筹备小组的工作中。武汉封城，物资采购困难重重，为了找材料一天至少18个小时都在路上。国博方舱医院需要一种特定型号的钉子，他就开着车沿着东西湖一家一家商店找过去，好不容易打听到一家商店有货，但老板在黄陂的家里过不来，而当时已经晚上11点了，没办法，葛祥只能自己开车去接，直到半夜2点把老板从黄陂接回才顺利拿到了货。

危难时刻，不为一己之私求苟安，挺身而出担重任。就是这样一位朴实，笑起来甚至有点憨厚的年轻人，他舍弃了自己的安危，以个人微光照亮他人的希望，只为给更多人撑起一片安全的天空。

湖北 张兴伟

湖北省枣阳市杨垱镇杨田村人，现就职于中国葛洲坝集团股份公司乌东德水电站施工局

张兴伟，43岁，中专学历，湖北枣阳人。1998年，21岁的他中专毕业后，来到葛洲坝清江隔河岩水电站务工，从抽水、混凝土浇筑等工作一步步努力学习，逐渐掌握了各项施工技能。

2000年，他带领一批家乡人，在举世瞩目的三峡工程建设中，发扬特别爱钻研、特别能吃苦的精神，迅速成长为一名现场施工技术骨干，并带出了一支劳动技能高、质量安全意识强的施工班组，跟着葛洲坝集团在三峡二期和三期工程、地下电站以及升船机工程等施工中做出了突出贡献。特别是在三峡三期大坝工程混凝土保温保湿精心精准作业中，确保了430万方混凝土无裂缝，受到业主、监理、设计等多方面好评。

2012年初夏，张兴伟从三峡工地转战来到金沙江畔乌东德水电站，在这里一干就是8年，先后负责乌东德左岸导流洞、地下电站、二道坝以及大坝主体工程等项目的支护、混凝土浇筑以及保温养护等施工任务。

在乌东德左岸导流洞、地厂系统以及大坝支护施工中，他合理组织、科学施工，将质量控制贯穿施工全过程；在喷锚快速支护施工过程中，交叉作业频繁，环境复杂危险，各工序相互交叉干扰严重。为了按时完成任务，他带领锚杆班不分昼夜、随叫随到，始终控制锚杆双90质量目标，为大坝提前开挖到设计高程顺利实施做出了重大贡献。

2018年4月，在二道坝碾压混凝土施工中，面对工期紧、任务重的情况，他集思广益，科学组织资源，合理编制施工计划，把大任务逐个分解为小目标，使该部位施工进度进入了一个良好的受控状态，混凝土浇筑方量逐月上升。2019年6月实现二道坝全线浇筑到顶的目标，共计浇筑48.1万方，历时14个月零7天，为乌东德工程2020年首批机组发电目标奠定了良好的基础。

2020年年初，突如其来的新冠肺炎疫情，对工程建设产生了不利影响，现场人力资源紧缺、物资设备供应受阻、施工人员返岗困难。面对严峻的防疫态势，为全力向今年首批机组发电目标迈进，张兴伟在做好留岗人员疫情防控工作的同时，结合作业队实际情况，及时调整现场施工配置，优先保障和推进大坝浇筑等重点部位的连续施工不停歇，切实保障了导流洞封堵按期完成，牢牢锁定大坝5月份全线到顶目标。他和团队用实际行动打胜了"战疫情、促生产"双向战役。

2018年，他获得金沙江流域"乌东德工程优秀建设者"、"四川省五一劳动奖章"等荣誉称号。

钟欣欣

湖北省武汉市新洲区凤凰镇陈添奇村人,现就职于中建三局第一建设工程有限责任公司安装公司

钟欣欣,中建三局第一建设工程有限责任公司安装公司雷神山医院水电工人,自2020年1月30日抵达现场,直至4月15日医院休舱,参加医院建设和维保工作,见证了医院从无到有的"奇迹"全过程,为抗击疫情贡献自己绵薄之力。

风雨无阻,大干10天,点亮雷神山。1月30日,新冠肺炎疫情还在不断蔓延,火神山医院建设如火如荼,雷神山医院建设有条不紊。家住武汉新洲的钟欣欣得知雷神山医院建设紧缺人手后,带着父亲钟银望和弟弟钟巍巍义无反顾地踏上了参建征程。

在作业难度高、工程量巨大的室外电网施工时期,恰逢天公不作美,连日降下瓢泼大雨。室外电网工期短,为了保证24小时施工不间断,钟欣欣和一众工友不约而同选择了吃住在现场坚守。没有地方吃饭,他就向领导申请将餐食送到现场,蹲坐在集装箱的角落里吃;没有地方睡觉,累了就和工友们一起蜷缩在PE排水管道内眯一会儿,困到极点时,干脆就在雨中靠着材料堆打个盹儿。

因为钟欣欣和一众工友"拼命"式的努力,室外电团队在不到10天时间里,就完成了近300条回路,共计6万余米电缆的抽取和铺设任务,同时完成了10台柴发机组、20台箱式变电站的机电安装任务,提前12小时完成送电任务,成功点亮了雷神山医院。

"逆行"不停,全力护航医院运行。雷神山医院建设完成后,领导要求此前连日鏖战的钟欣欣一家三人进行隔离休息,但他们申请留下来继续参加维保,最终在他们的一再坚持下,领导同意年龄符合要求的钟欣欣和弟弟钟巍巍留下来加入维保小组,负责医院北区12个病房区的照明、动力、通风负压等系统的巡检和维修。为了不让家中妻儿担心,钟欣欣甚至都没有将参加维保任务的事情告知家人,只是说自己在这里做仓库管理员。

坚守岗位的两个多月,有求必应的钟欣欣早已得到了医生、护士们的信任。让他高兴的是,在维保人员的保驾护航下,在白衣天使和病患者的共同努力下,雷神山医院有效运行,治愈了一批一批的患者。直至4月15日医院休舱,建设者钟欣欣朴实地说:"这里面的每个医护人员都是榜样,救死扶伤是他们的专业,我们就是干一些体力活儿,跟他们没得比。"

陈绪梅

湖北省广水市马坪镇新河村人,现就职于湖北木兰花家政服务股份有限公司

陈绪梅,1979年10月出生,中共党员,现任湖北木兰花家政服务股份有限公司驻水果湖街道物业现场经理。自2015年进入公司以来,她凭着吃苦耐劳的精神和坚韧不拔的毅力,从一名普通的保洁员,成长为一名优秀的物业现场管理者,在平凡的工作岗位上做出了不平凡的业绩。陈绪梅工作兢兢业业、勤恳负责,不断提高自身素质和业务水平,得到了同事和公司领导的高度认可,多次被评为公司优秀员工。

在疫情防控期间,陈绪梅坚守岗位,以身作则,为街道和社区群众提供后勤保障服务,时刻彰显了一名共产党员的先锋模范作用。武昌区水果湖街是湖北省委、省政府所在地,不容出现丝毫漏洞和问题。陈绪梅服务的武昌区水果湖街道办事处,是武汉市武昌区疫情防控的一线堡垒和指挥枢纽。本该回老家探亲的陈绪梅,毫不犹豫地退了回家的车票,立即返回工作岗位,从1月23日起至武汉市解禁,她带领紧急召集的三名食堂员工,为街道防疫一线人员和隔离群众每天制作几百份盒饭。

在疫情防控期间,陈绪梅组织领导并直接参与武昌区水果湖隔离酒店的保洁消杀工作,并主动为街道转运防疫物资和食品数百吨,受到武昌区和水果湖街防疫指挥部门多次表扬,为湖北武汉的抗疫工作做出了贡献。

在接到各单位和小区发来的"防疫消杀"请求后,陈绪梅迅速响应,与疫情传播比速度,以专业服务展实力,迅速在公司内部组织人员,成立了一支专业防疫消杀队伍,为10余个社区和单位提供防疫消杀服务和保安保洁服务。

1月31日,公司接到省妇联急需协助进行捐赠物资卸运和分发的任务后,她主动请战,与其他"木兰花人"克服交通不便的困难,第一时间赶往现场,及时将全国各地捐赠湖北的物资卸运和分发到全省17个市州妇联系统,解决了防疫一线人员之所急。

在这场战"疫"中,她作为"木兰花人"尽己之所能、急民生所急,积极参与为街道、社区联系一度十分紧张的各类防疫物品工作中,解了燃眉之急。

秦世江

陕西省白河县冷水镇星义村人，现就职于东风汽车集团股份有限公司乘用车公司

秦世江，东风乘用车公司工厂焊装车间地板班班长，出生于大巴山脉脚下一个普通的农村家庭，2010年7月加入东风乘用车公司。作为农民子女，他深知幸福是奋斗出来的！

他肯学习，快速成为"全能工、一线通"。他仅用1年时间，就从一名悬点焊新员工成长为班组的技能尖子；又用了不到3年时间成为班长。凭着肯学肯干，入职不到5年他就光荣地加入了中国共产党。

勤钻研，归纳总结"秦世江工作法"。他主动参与新车试制，经常延点完成零件试做任务，晚上回家还归纳总结问题点、编制相关作业流程。2013年，他成为地板小件班作业指导员。同年底，参与G29新线试制，他所负责的侧围分装线自动化设备复杂、人工焊接岗位多。他虚心向厂家调试人员请教，学习工艺设备知识，在自己掌握的同时教会班组其他人员；他将自己的作业方法总结提炼，编制成标准作业书，被大家称为"秦世江工作法"。2018年，他作为优秀班组长参加《东风公司班组建设工作手册》编制，他总结编制的《焊接设备的工作原理及常见故障的处理》《焊装工质量管理技能培训》等培训课件，纳入公司技能人才培训课程。

2017年，公司战略车型新能源电动车E70开始爬产，但是地板分总成供应商产能存在瓶颈，影响订单交货期。关键时刻，他挺身而出，到供应商进行驻厂帮扶。他凭借丰富的现场管理经验，牵头对供应商焊装线工艺布局、作业编成、工装夹具、焊接参数、质量管理等进行大幅度调整优化，使E70地板单班产能由不到16台/班提升到100台/班以上，顺利打通了E70的制约瓶颈。因成绩突出，2017年，他被评为东风乘用车公司"风神英雄"，同年被评为东风公司劳动模范，2018年，他又被评为"湖北省国资委优秀共产党员"。

作为生产一线的班长，他善于在工作中发现问题、解决问题，狠抓班组基础管理，细化工作标准和制度，注重班组文化建设，激发团队活力。他带领班组成员成立"钢铁战队"QC小组，积极开展QC改善活动，以降低作业劳动负荷、提升劳动生产效率；累计减少生产要员10人，剔除改善投入成本后，年节省人工成本60.61万元；其牵头完成的《降低焊装二线生产要员》《降低一线地板生产要员》《降低E70电池检测操作风险》等改善项目，分别获公司制造领域、工厂课题一等奖。

湖北 张雄

湖北省武汉市蔡甸区蔡甸街孙家畈村人,现就职于武汉市友缘家政服务有限公司

张雄,50岁,是武汉市蔡甸区一名土生土长的农民,2007年加入武汉市友缘家政服务有限公司成了一名"男"家政员,2008年因工作表现优异被提升为家政领班,2009年通过培训考取"外墙清洗高空作业证",成为公司第一名专业执证"蜘蛛人"。随后他更是积极参与公司的各类培训,陆续取得了"石材清洗工""清洁管理师"等多个技能证书。张雄自加入公司以来,工作严谨认真,执行力强,忠于职守,全身心地投入到工作中,赢得了领导、同事、广大客户的一致好评,多次被武汉家庭服务业协会评为"优秀家政员",2012年被武汉市劳动局授予武汉市"优秀农民工"称号,2013年被商务部评为全国商贸服务"家政业典型人物"。

2020年年初,武汉暴发新冠肺炎疫情,公共卫生服务面临严峻考验。友缘家政服务有限公司承接了武汉疫情发源地——华南海鲜市场的清洁消杀服务。收到消息后,他是第一个主动给领导打电话要求加入的员工。为抢时间尽快完成清理工作,公司成立了6个突击小组,张雄带领的小组最先进入市场。刚进入工作区域,一阵恶臭传来,大家都忍不住作呕起来。看到大家开始有打退堂鼓的迹象,他就带头冲了进去。口罩挡不住恶臭,他就在口罩上洒上清凉油。最脏、最累的活儿他总是抢着干。在他的以身作则下,他带领的小组圆满完成了分配的任务。在任务最紧的时候,他安排组员们轮流休息,而他却一直坚守在岗位上,累了就找空地靠一靠,渴了就喝口矿泉水,双眼熬得通红。别人劝他休息一会儿,他却说:"还有成千上万的白衣战士在生命线上战斗,我这一点累不算什么。"

2020年,已经是张雄来公司的第十三个年头。十几年来,他在平凡的岗位上默默地奉献。他从不计较个人名利,客户有什么困难他都会热情地伸出援助之手;同事有事需要请假,他放弃休息主动顶上去;他爱学习,肯钻研,通过自己的努力取得了"高空清洗作业证",并带动了公司这一项目的快速发展;他勇于担当,冲锋在前,为武汉的疫情防控工作做出了贡献。他是公司一位不可多得的好员工,也是家政行业里一位行业"典范"。

邢汉东

湖北省武穴市梅川镇人，成立了武穴市梅川镇农村电子商务服务站

邢汉东，湖北黄冈大别山区人，高级电子商务师。1993年高中毕业后就读于黄冈技工学校电工短训班。1994年随务工潮南下广东打工，先后做过医院的水电工和车间流水线工人。

1998年返乡创业，开设武穴市恒通职业技术培训学校，先后培训了1 000多名农村实用型技术人才。同时也解决了部分农村富余劳动力的就业问题，至今仍有很多学员活跃在计算机、财会、设计、机械等各行各业里。

2008年，看到村里的农产品销售不畅，同时职业培训也开始走下坡路，他开设了淘宝店和土特产实体店，专门销售武穴周边乡镇村的农副土特产品。2012年，他又成立黄冈市第一家农村电子商务服务站，开展代买代卖等便民服务。

2014年，他成立武穴市邢汉东食品有限公司，对农产品进行深加工。同年底，荣获"黄冈十佳网商"称号，湖北日报、农村新报等多家省内外媒体还以"鄂东小网站，销售本地食品50多吨"进行报道。

2015年，武穴电视台、黄冈电视台特地拍摄专题片"温暖武穴，农二代东哥淘宝致富经"对他的事迹进行报道；年底，他作为湖北第一位农民工代表参加了中央人民广播电台"中国乡村之声第二届农民观察员"活动，并受邀参加清华大学中国农村研究院举行的三农论坛。

2016年至2019年，他个人先后获得高级电子商务师、武穴十佳创新人才奖、武穴创业创新优秀奖；他成立的服务站获得黄冈农村电商服务站优秀站点等荣誉称号。2020年，他还先后被推荐为武穴最美农民工和湖北人民监督员的候选人。

2020年年初，本地佛手山药大量滞销，山药种植户欲哭无泪，特别是那些种植了大量山药的农村贫困户。虽然疫情初期快递受阻，但他还是义无反顾地收购了部分贫困户的一万多斤山药。后来疫情严重，湖北各地封城，库存的山药也因为不能及时销售出去而烂掉，邢向东带领当地农民一起找销路，帮助贫困户挽回了损失。

湖南 常应祥

湖南省长沙县金井镇金龙村人,现就职于长沙金龙铸造实业有限公司

常应祥,1964年2月出生,现在长沙金龙铸造实业有限公司工作,任党支部书记、公司技术带头人。常应祥刻苦钻研技术,已累计取得60余项专利,其中发明专利10余项。

常应祥是长沙市劳动模范、长沙市有突出贡献科技工作者、长沙市优秀人大代表、优秀人大代表小组长。常应祥在工作中专心钻研球墨铸铁等新材料技术,并获得国家发明专利、实用新型专利技术。在他的帮助下,长沙金龙铸造实业有限公司由长沙金井镇起步,实现了跨越式的发展,先后荣获国家专精特新"小巨人"企业、国家重点高新技术企业。

常应祥作为党支部书记,他关心、爱护公司员工及家属,从细微处给予关怀。农民工的文化水平都很低,到工厂工作后经常会"水土不服",让农民工"得到培训,学点技术,让农民工成为有技术的工匠"成为常应祥的最大心愿。他积极组织新招纳的农民工参加工作技能培训,让他们拥有一技之长。在生活上,对于困难职工进行生活帮扶,尤其是慷慨捐助子女就学有困难的职工家庭。

他每年还无偿资助四名贫困大学生,帮助其完成学业,累计资助额达40万元。他总是积极参与当地修路架桥、社会治安、教育事业、结构调整、抗洪救灾及扶贫帮困等公益活动。他还倡议设立长沙县教育基金会,并带头捐款。

2020年,突如其来的疫情打乱了很多人原有的计划,常应祥则带领党支部的党员干部,落实各项疫情防控措施,帮助公司有序复工复产。对于公司而言,复工复产与疫情防控,是齐头并进的"双线战役"。作为党支部书记,他支持企业做到了两不误、两促进,同时他还组织公司骨干员工在工厂附近免费为周边居民发放抗击疫情宣传资料和防护口罩,共计发放防护口罩2 000个,并使用喷雾装置和消毒液对周边公共区域及居民家庭进行消毒,获得了大家一致赞扬。

肖定

湖南省长沙市望城区新康乡新阳村人，创建长沙市望城区广源种植专业合作社

肖定，长沙市望城区高塘岭街道新阳村人，发起创建广源种植专业合作社，从事生产技术工作。出身于农家的肖定，从小心中一直有个田园梦想，2012年她毅然放弃了外地的安稳生活，辞职回到家乡，帮助父亲从事加工技术工作。与父辈的传统农业不同，她想建设一个全产业链的大米加工基地，挖掘出更大的产业价值作为自己的生产运营目标，为此，她萌发了创建种植专业合作社的想法，并把它付诸实施。工作以来，她勤勤恳恳守在加工检验监管一线上，甚至怀孕期间都还在上班。

望城区国家农业科技园推广"三一"粮食丰产工程，肖定为了很好地掌握这一新技术，积极参与生产学习，对比种子，不厌其烦地向专家、有经验的师傅请教，经过不懈的努力与试验对比，实现"春优84"产量达到了1200公斤以上。同时，在她的鼓励和带动下，周边几个农户跟着一起干，她手把手地把自己摸索的经验无私分享给大家，帮助大家取得了很好的经济效益。

由于水稻秸秆直接回田有可能造成二次污染，肖定下定决心一定要把这个问题解决。为了保护周围生态环境，肖定采取了生物防治、物理防治等环境友好型措施，跟专业师傅探讨、钻研技术，改装了发酵机来做生产装备，促进了生态良性循环，保护了周围农业生态环境安全。

她在生产工作中不断发现问题、解决问题。基地购置安装的加工烘干机共五组，肖定在生产中发现加工烘干机独立操作非常费时、费力，而粮食进仓时需单独操作。发现这一问题后，她就认真研究，向专业师傅请教，最终研究出了在五台烘干机上安装分流履带的方法，以前需要五个人做的事现在一个人就可以做，并且非常方便。她还给周边农户提供了技术支持，帮助他们改建，并为他们提供了烘干服务，解决了他们一直以来的困难。

2020年9月17日，肖定作为优秀农民工代表之一参加了由习近平总书记在湖南主持的"十四五规划基层代表座谈会"，并与总书记面对面交流，向总书记进行了工作汇报，会上更是受到了总书记的表扬，说她是"不爱红装爱武装的女孩"。

湖南

张临英

湖南省岳阳市云溪区永济乡茅岭头村人,现就职于湖南省荷香醉人农业开发有限公司

张临英三年来开办培训、讲座超过了300场次,培训人数超过1.5万人,足迹遍布全省各市州。除了培训讲座,她还收徒传艺,在浏阳、张家界、邵阳等地吸收了28个湘莲种植徒弟,直接指导湘莲种植面积超过了万亩。

张临英生活坎坷,不甘贫穷的她只有高中文化,摆过摊开过店,还在花炮厂里打过工。后来,车祸、双亲病逝,接连的打击让她一度跌至人生低谷,但在亲朋好友的关心和社会爱心人士的帮助下,张临英重新振作了起来,学习推广荷花培育种植技术。

为了增强本领,张临英参加了各种荷花种植专业技能培训班。参加培训期间,她勤学好问,刻苦钻研,给授课专家教授留下了深刻的印象,称她为荷花仙子。袁隆平院士得知她的事迹后,多次面对面指导、帮助张临英进行技术创新。

张临英的成功,离不开许多专家教授的指导,如今成了"土专家",她毫不吝啬地将自己的本领"倾囊相授"。她积极参与各级各部门组织的技术培训活动,一年受邀参加各种培训讲座超过100场次。

在培训传授的知识中,无一不是她自己经过实践检验并系统总结的"实战经验",可操作性强、接地气,很受学员的欢迎。从台下的学生到台上的专家,张临英说:"我吃过贫穷的苦,所以希望更多人能够脱贫;我也吃过没有技术的亏,所以希望更多人能掌握技能,对此我义不容辞。"

如今,她受聘成为湖南农业大学农村管理干部学院"客座专家"、长沙市上山助残服务中心创业就业技术顾问、湘潭县农民教育培育工程授课老师……越来越多的头衔,没有改变张临英的初心,她每次登上讲台,都毫不藏私,尽己所能帮助群众找到致富的"敲门砖"。

张临英从一无所有,通过努力打拼到现在,她特别能够理解、也特别希望能够帮到更多的贫困户。她说:"我非常认可扶贫要扶两个'zhi',一个是智慧的智,一个是志气的志。"她创新思路,通过入股带动、技术带动、示范带动,帮扶贫困户超过1 000户。

为了帮助更多的贫困户,张临英选择主动走出去,与全省各地的农业开发企业展开交流、合作,与他们一起发展,帮扶贫困户1 340人。仅张家界一个合作社,就带动了贫困户80人脱贫。

一分耕耘,一分收获!张临英先后荣获了全国"巾帼建功标兵"、湖南省"最美扶贫人物奖"、浏阳市"脱贫贡献奖"、"帮扶之星"等称号,还登上了中央电视台、湖南卫视等中央、省级媒体,"荷花仙子"的事迹也为更多人熟知。

谭星峰

湖南省茶陵县枣市镇田家村人，现为中联重科股份有限公司焊工兼焊工培训师

谭星峰从小跟随父母种庄稼，过着充实的农民工生活。初中毕业他选择进入技校学习一技之长（电焊专业）。18年后，同学中还留在这个岗位上的已经很少，而他坚守电焊岗位18年，终于成为纪录片《工匠》中的一员。2004年9月至2005年6月，他在三一重工踏上实习岗位（职务焊工）；2005年7月至2008年2月，他在北汽福田汽车股份有限公司长沙汽车厂任职（职务焊工，职称货厢车间四围班班长）；2008年2月至今，他在中联重科股份有限公司任职（职务焊工兼焊工培训师，职称班长）。

12年前，谭星峰进入中联。在新的岗位上，他凭借自己扎实的功底，短短两个月便提前转正，成为一名正式的中联人。他是一个爱学习、好钻研的人，遇到焊接问题不钻透、不弄懂，绝不罢休。入职一年，他便在事业部、中联公司的技能比赛中脱颖而出。其后，每年所有的公司级、区级、市级、省级、国家级乃至世界级的大小赛事都有他的身影，并捧回大奖20余个。

哪里有需要，哪里就会有谭星峰的身影。2008年，中联在并购CIFA后，其产品进入中国市场后井喷式发展。CIFA一款48米的泵车热销中国市场。然而，各大区于2015年4月发现该款泵车在同一个位置均出现零部件裂纹问题，数量近百台，需要急速解决！他火速赶赴华东、华北、华南等设备维修点与客户现场，半个月内，便掌握了返修的方法，并成功返修泵车数十台。然而，由于问题泵车数量众多，仅凭他一己之力，远远赶不上客户需求的速度。紧急之中，他果断采取了将返修方法以文字、图片以及视频的形式形成培训资料，毫无保留地对各大区大修厂的技工、服务工程师500余人进行集中培训、传授，及时解决了客户需求。

在2018年产品质量改进专项工作中，谭星峰是该项目的重要参与人员，主要承担过程质量改进任务。他先后参与底架组箱、圆桶插装、底架液压油箱等重点质量改进项目。搜集质量过程数据、消除操作与设计误差、制作工装、现场操作示范等，为设计与工艺改进结构、标准、参数等起到关键的作用。该项目改进后效果明显，如49米泵车底架液压油箱单位渗漏点，由原来的49点降至2.35点；结构件对接，拍片合格通过率达到98%以上。

2018年，为提升油箱焊接团队的整体技能，谭星峰日夜思考，最终，他开创性地针对油箱所有焊缝位置制作出一整套油箱焊接模型，为后续员工培训、提质、提效奠定了坚实的基础。在油箱焊接提升项目中，他带领团队参加取证比武大赛，并获得了第一名的好成绩，获得公司上下的高度肯定与赞誉。

湖南 王光球

湖南省安化县乐安镇余安村人,现就职于中国水电八局印尼雅万高铁项目部(城启建设工程印尼有限公司)

王光球,18岁职高毕业后,做过工厂流水线工人、打过零工、搬过砖、扛过钢筋。生活的磨砺让他明白知识的重要,坚信一个人可以没有文凭,但不能没有知识。他坚持边工作边学习,逐渐成为一名精通本职、熟悉多类的工程人。2008年以来,他先后参与了京沪高铁、南水北调、深圳地铁10号线和9号线以及武汉地铁8号线等国家、省市重点工程的建设。

2018年12月,王光球转场到了印尼雅万高铁项目部。他到雅万高铁的第一站,是在1号隧道负责土地场平、临建设施和地连墙施工。他克服语言不通、工装设备未进场等困难,带着一帮印尼工人抢进度。在现场,他一步步给当地工人做示范,建立起与当地工人之间的默契,顺利打开了施工局面。

从2018年8月开始,王光球先后完成了展厅、DK12桥墩桩基、DK8、DK9等处连续梁桩基的施工,向项目部又交上了一份满意的答卷。

2020年年初,新冠肺炎疫情在全球暴发。王光球被调整到DK30连续梁进行连续梁施工作业。当时,有一部分员工对新冠肺炎疫情心存恐惧,不敢去现场施工作业。王光球挺身而出,以实际行动带动所在班组的同事,学习防疫知识,做好个人防护,积极复工复产,推动工程进度。9月24日实现DK30连续梁按时完成合龙,成为雅万高铁全线第四处成功合龙的连续梁。

两年多来,王光球与印尼员工建立了良好的工作合作关系,还带出了30多名当地徒弟。

在工作中,他借助手机翻译软件与当地员工进行交流,教他们如何平场地、钻机对位、保证钻机位置地层硬实等,并把自己的独到心得传授给他们。

工作之余,王光球跟他的印尼徒弟们通过手机翻译软件,进行简单的日常交流,了解彼此的家庭情况,排解各自的烦恼和忧愁。

2018—2020年,王光球凭借饱满的工作热情、严谨的工作作风、突出的工作业绩,获得了中国电建雅万高铁项目部安全生产先进个人、水电八局印尼雅万高铁项目部安全生产先进个人等荣誉。他以身作则,严格管理,把自己的经验和知识无私传授给印尼工人,培养了一批又一批的当地技术工人,用自己的实际行动诠释了中国精神。

疫情期间,他用言行诠释了何为坚守、何为履约。在新冠肺炎疫情肆虐印尼期间,他严格遵守项目部的标准抓防疫、抓生产,积极推进工程建设。在雅万建设中,王光球始终服从项目部统一安排和调度,总是冲锋在困难的第一线,成了项目部指哪打哪的一杆好"枪"。

王军仔

佤族，湖南省攸县石羊塘镇黄家垅村人，创建了攸县田星米业有限责任公司

王军仔，1966年11月出生，中共党员。高中毕业后随父从事过粮食、大豆生意。20世纪90代年之后赴广东省务工，在深圳市开过出租车。他在广东省了解到粮食需求缺口大，毅然决定回乡，联合左邻右舍，创建一家大米加工厂，开始粮食加工。攸县田星米业有限公司现有员工6人，是攸县的扶贫车间。

他所处的地区，大米生产加工一直是粗放式，噪声大、粉尘多，特别是谷壳焚烧处理产生烟雾，既浪费资源又影响环境。他通过市场调研，考察设备，向生产加工设备厂家提出工艺改良需求，将谷壳处理成养殖饲料原料，实现变废为宝，受到同行的好评，并被多家企业邀请参加新创工艺座谈，为大米加工贡献出一线工人的智慧。

2013年湖南大米镉事件发生后，王军仔意识到粮食生产加工，绿色环保节能是大势所趋，质优价廉势在必行。他倡导当地种植户改良土壤，喷石灰中和土壤，使用有机肥、深翻耕、淹水法，绿肥种植。他还流转了近千亩稻田做试验，探索"治理改良、绿色种植、优价供应"的车间加工基地发展之路，用实际营销成效带动周边种粮大户，让农民边治理、边生产、边检测、边摸索，生产、改良两不误。通过多年努力，当地如今种植的稻谷金属镉含量降低了很多。

王军仔真诚为人、诚实感人，帮老携弱。他所在村有一年逾八十的建档立卡贫困户王桂英，还有一丧父失母的李鸿福，他经常送钱送物。并且他还带头垫资改造当地臭水塘，让臭水塘焕然一新。

刘炎召

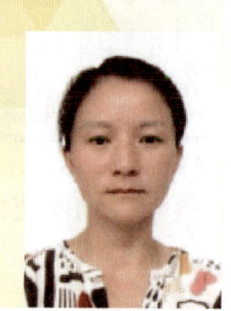

湖南省株洲市渌口区南洲镇泗马村人，成立株洲思旭农业综合开发有限公司

刘炎召，1980年出生于湖南省株洲市渌口区南洲镇的一个普通农民家庭，2017年注册成立株洲思旭农业综合开发有限公司，2020年5月获株洲市第六届青年致富带头人称号。

刘炎召在养殖业不仅有着精湛的技术，还擅长销售，她有自己的销售模式，即："线上线下，场内场外"。公司已经开辟电子线上销售，除此之外，她联系市各大饭店供应绿色畜禽，仅土鸡每天成交量就在170~200羽。除了外销，她还在场内接待来客，而餐桌上的鸡肉、猪肉、鱼肉、羊肉、蔬菜等都是自家公司种养的，来客还可买走商品。这样既解决了销售问题，又把绿色安全食品带给民众，真正做到了一举两得。

作为一个创业有成的新型职业女性，刘炎召对当地贫困户和妇女给予了一定程度上的资助和帮扶。2019年，公司带动发展500名农户养殖，其中250名是女性。公司还帮扶建档立卡的贫困户399人，免费为他们提供技术指导，遇到农户解决不了的畜禽救治，她都会上门免费提供服务；遇到有劳动能力但不愿外出打工者，公司配送一定量的幼苗，免费提供饲料药物，到期按只计算报酬；无劳动能力的贫困户则定期派送物资食材；同时还对当地一些患重疾的老人和留守儿童给予关怀和一定的资金扶持。

付锡文

湖南省湘潭市雨湖区长城乡羊牯村人,创建了湖南华银酒店管理有限公司

付锡文先后获得"百名最美扶贫人物""湖南省五一劳动奖章""农村创新创业导师""湘潭市优秀中国特色社会主义建设者""首届雨湖英才"等殊荣。

付锡文走出校门后,为减轻家庭负担,他从农村来到湘潭市,在湘潭钢铁公司一家附属工厂里打工。2002年他开办了华银家菜馆;2005年成立了华银食府,后经改建更名为华银宾馆;2014年建成华银国际大酒店。

为了让顾客感受到优质的服务,付锡文安排管理人员外出学习,引进先进的服务理念,设置感动服务、个性服务,打造"满意+惊喜+感动"的优质服务、私人定制服务等。

为了确保食品及安全,付锡文要求食品必须有检验合格证;全员普及消防知识,每月开展随机消防演习抽查、消防知识培训和消防知识抽查;成立微型消防站,义务承担酒店附近社区的消防工作;安排专人负责安全生产,每月开展安全生产总结会议,确保问题及时解决。正因为付锡文的高度重视,华银酒店自运营以来,没有发生过重大食品安全事故、消防安全事故和生产安全事故。

为了营造学习氛围,付锡文不仅出资购买大量书籍,让管理人员集中学习,并将书本中知识运用到工作中;每年安排管理人员外出学习,参加行业内的学术交流以及学习参观优秀企业等活动,投入费用达50万元,并免费为同行来华银交流学习提供食宿。通过学习先进企业、提升管理人员综合素质、与同行的交流学习,让华银的管理团队迅速成长,为华银事业的发展壮大,做出了积极的贡献。

他带领的华银酒店与湘潭市雨湖区4个乡镇/街道签订委托帮扶协议,通过产业扶贫项目(三产融合)的实施,与贫困户建立起持续稳定的增收利益联结机制。从该产业扶贫项目当中直接受益的贫困户达745户,受益人数达1 318人。

付锡文在经营企业的同时,还投入到捐资助学、扶贫帮困、精准扶贫等公益事业中,他还成立了华银救援队、"让爱回家"寻人小分队,义务帮助他人。

在2020年新冠肺炎疫情发生后,付锡文第一时间配合关停华银酒店,并向湘潭市慈善总会捐助现金10万元、口罩8 000多个,通过民政局、定点社区捐助口罩7 000多个,送到湘潭东方名苑、霞光北苑等共计8 500户居民手中;临时成立华银净菜配送零接触服务站,解决疫情阶段的民生问题;对驰援湖北的28名湘潭医疗家庭和湘潭市公共卫生临床医疗中心一线的40名医护工作人员家庭进行生活物资补助,每月共计18万元。

湖南

郭大新

湖南省韶山市韶山乡石山村人，现就职于韶山新天置业发展有限公司

郭大新，现任韶山新天置业发展有限公司总工程师，同时担任湘潭市人大代表、湘潭市优化经济发展环境督察员等职务。他还先后获得了"党建之友"、湘潭市房地产业协会"先进个人"、"韶山市优秀人大代表"、"湘潭市房地产业优秀个人"、"湘潭市优秀中国特色社会主义事业建设者"、"湘潭市优秀人大代表"等诸多荣誉。他在平时的工作中，事事、处处、时时都严格要求和约束自己，在工作实践中不断创新、进步，能够按照要求抓落实，能主动解决遇到的困难和问题，圆满地完成各项工作任务，展现出良好的工作作风和精神风貌。

1983年，郭大新进入韶山市第二建筑工程公司，从最基层的技术员做起，勤勤恳恳，一步一个脚印，经过几年的成长历练，逐渐成为独当一面的工程技术能人。

2011年10月，郭大新转至韶山新天置业发展有限公司工作。由于公司刚起步，面临着很多困难和挑战，他毫无怨言、从不退缩，施工建设、物业服务、教育培训样样都不推辞。郭大新的努力付出也得到了回报，职位不断攀升，成为公司的总工程师。

为提升公司员工的技术水平，在他的建议下，公司成立了农民工学校，培养选送的员工毛乐参加第六届全国职工职业技能大赛砌筑工比赛并荣获全国第七名的优异成绩。作为总工程师，他十分关心公司农民工的生活，建议公司在团圆佳节前夕举办农民工"感恩宴"、高温季节免费分发清凉物资、熬制清凉茶、组织为农民工进行健康体检等。

出身农户家庭的他，家境贫寒，儿时生活的艰辛在他脑海里留下了很深的烙印，让他体味了百姓的冷暖，也练就了他坚强不屈的性格。从那时起，郭大新就立下志向：在改善自己境遇的同时，多给那些生活苦难的人一些帮助，让他们享受到社会的温暖。

成长为公司总工程师后，郭大新没有忘记自己的初衷和梦想，从捐款汶川大地震到解决农民住房危机，从帮扶贫困乡村援建到社会公益活动参与，从支持学校建设到资助贫困大学生，从树立主席家乡美好形象到慰问武警拥军爱民，郭大新推动公司解决就业1 000余人，带动公司和员工向社会捐资300余万元。

彭流生

湖南省衡南县向阳镇彭祠村人，成立了衡南县云丰米业有限责任公司

20年前的农家子弟彭流生学业优秀，却因家境贫寒不得不在高中毕业后选择赴广东打工，是当代中国在大城市里寻梦拼搏的千千万万农民工中普通的一员。由于当地交通不便，他回乡看到自己年迈的父老乡亲辛勤劳作一年生产的稻谷，要送到几十公里路外才能卖出去，甚或还可能会因各种质量原因被拒收。2000年年初他毅然放弃广州大公司的优厚待遇，回到湖南省衡阳市衡南县向阳镇彭祠村，从最原始、最乡土的小作坊开启了自己的稻米加工和食品质检事业。彭流生一边潜心学习稻米加工技术，不断提高生产能力，一边苦心钻研食品检验专业知识，严把质量关，帮助乡邻把检测合格的稻谷顺利销售出去，最终以优质的产品质量赢得了市场和口碑。

勤奋诚恳的彭流生克服了常人难以想象的困难，以优异的成绩，取得了国家质监部门核发的食品检验高级技能证书，并获得了业内同行的一致认可。为了便于签订采购合同，应客户要求，彭流生团队4人于2010年成立了衡南县云丰米业有限责任公司，彭流生主要负责稻米加工质检工作。土地丰产、粮食安全，在彭流生心里这就是老百姓的生命线、国家的安全线，拥有着远比黄金更宝贵的价值。彭流生兢兢业业、脚踏实地，秋收的田间地头、轰鸣的生产车间，哪里都有他的身影和汗水；他一丝不苟，坚持最严格的质检标准，牢牢守住稻谷收购和大米生产两道核心关卡，从生产、质检到销售，全程把控品质，坚决不让任何一粒影响百姓健康安全的大米流入市场。在他的再三坚持下，公司在常规质检的基础上，特别添置了重金属镉的检验设备，更进一步地提高了大米质量安全标准。

目前，大米已成为我国的第一大主食粮种，随着人民生活水平的不断提高，对大米的食用品质和安全性提出了更高的要求，其在储藏流通过程中的品质变化状况也备受关注，为了能够与国际接轨，彭流生着重从做好稻米的储藏和加工市场流通等环节的品质检测及品质变化的预测工作着手，通过无损检测技术、色谱分析技术、扫描电镜技术等先进技术的应用，不但提高了稻米的检测效率，而且还为加工市场流通环节提供了一道安全屏障。

"白日不到处，青春恰自来。苔花如米小，也学牡丹开。"彭流生用自己的汗水和勤劳、才智与爱心，在小米粒中绽放出了青春的绚丽，凸显了人生全新的高度。

湖南 欧阳成科

湖南省衡阳县金溪镇隆兴村人,现就职于衡阳县真工夫装饰有限公司

欧阳成科,就职于衡阳县真工夫装修有限公司,主要负责装饰施工工作。2000年,28岁的他满怀憧憬踏上南下广东打工的道路。他在深圳多家工艺品厂打过工,吃苦耐劳、踏实肯干,经常受到车间主管的肯定和表扬。2008年年底因金融危机导致所在工厂停产,他回到了老家,由于需要照顾家庭无法再外出打工,只能就近找工作,但他怀揣一颗不甘平庸、拼搏进取的心,用自己勤劳的双手和智慧的头脑,创造了自己人生的价值。

初中毕业后,欧阳成科在家种地务农十多年,经常起早贪黑,面朝黄土背朝天,辛勤劳作,基本温饱不愁,但经济收入很低,生活清苦平淡。看着本村一些比自己年龄大的年轻人纷纷外出打工,他也追随改革开放步伐出去闯荡,希望能够取得成功,改变命运、改善生活。2008年年底他因金融危机导致所在工厂停产而回到了老家。2009年3月在县城一家装修公司找到了工作,公司安排他跟着一个老师傅刷油漆,有时一天工作十几个小时,被甲醛和各种有害物质包围,尤其是在夏天,在狭小的空间作业时,热气和毒气混合,经常出现头晕目眩的情况,打磨墙面时产生的大量粉尘让他呼吸困难、咳嗽不止。由于他踏实做人、勤恳做事,公司只要出现泥工、水电工等不足时就会安排他补缺。他的一双手因为经常接触水泥砂浆,造成发痒脱皮、开裂渗血,非常难受。别人劝他改行,他说生活不容易,有份工作就安心干,而且再苦再累的事总得有人去干,只要客户认可称赞,他的心里就会有满足感和成就感。

为了拓展思路和视野,提升个人工艺技术水平,他经常查阅各种资料了解装修行业的新理念,与同行探讨技术与技巧,积极参加公司组织的进修学习,并将所学所悟用于实践中,逐步成长为公司的业务骨干和当地装修业的行家大师。一次在客户家施工时,隔壁住户进来说自家厕所漏水维修了四五次还没有解决,问他有没有办法不进行大的维修就能堵住漏。他经过仔细勘察和认真分析,找准漏水根源,一次性解决了问题。

李忠明

湖南省祁东县石亭子镇黄花町村人,现为祁东县江南华兴种植专业合作社创建人

20世纪90年代,李忠明南下广东打工,他敏锐地觉察到国家农业的快速发展,毅然在当时的广州江南果蔬批发市场找了份果蔬批发的工作。他现为祁东县江南华兴种植专业合作社创建人,主要负责销售工作。

多年的蔬菜销售经验,让他有了敏锐的市场嗅觉和成熟的经营理念,于是他建议合作社经营深受市场喜爱的优质西蓝花。他主动申请去外地学习考察,通过几个月的学习考察,目标确定后,便在家乡构建起特色蔬菜产、销、储、运一体化的运作模式。一方面,他建议积极创建高标准种植基地,依托白地市镇建立了高标准0.5万亩的西蓝花种植基地,又陆续在本县乡镇创建生产基地7个,面积共计1.2万亩,先后成功创建了省级、国家级出口食品农产品质量安全示范区(西蓝花)。另一方面,他积极拓展营销市场,先后在广州江南市场、长沙海吉星市场、武汉四季美市场、东莞润丰市场建立了农产品"实体+电商"的销售平台和门店,实现农场和市场的无缝对接,把优质农产品销售到全国各大中城市,并与县城及衡阳市主要大型超市签订了供货合同,形成了稳健可靠的产品销售网络。

成片的西蓝花不仅为市场供应了新鲜的蔬菜,而且成为当地村民的"致富花"、贫困户的"脱贫菜"。对自主种植西蓝花的农户,他帮助他们通过信息平台发布相关信息,与农户形成利益共同体,解决销售的后顾之忧,带动他们就业和创收。

湖南

周作枚

瑶族,湖南省邵阳市武冈市文坪镇安心观村人,现为武冈市民富中药材专业合作社负责人

周作枚高中毕业后就外出打工。2009年冬,周作枚回乡在镇上经营着一家百货超市,她发现野生药材数量在逐年减少,已远远满足不了市场的需求,于是便萌生了拓宽中药材种植和销售途径的想法,因此,她建立了武冈民富中药材专业合作社。为了早日实现产业成规模、药材高质量、社员大增收的目标,周作枚一方面加大宣传动员工作,号召村民们踊跃加入合作社;另一方面,她以身作则,起早贪黑,刻苦学习技术,拓展增产增收渠道。目前,她已带动整个文坪镇和周边乡镇种植了4 000余亩的中药材,建成了药材种植示范区,年产中药材达到千吨以上,让贫困户在家门口实现了就业。民富中药材合作社2019年被武冈市人社局评定为"就业扶贫车间"。

近年来,许多建档立卡贫困户、农村"空巢"老人、有劳动力的残疾人都加入了药材种植销售行列。为了使社员们能够干得安心、长久,也为了使中药材销售渠道更畅通,她注册成立了湖南垄裕农业科技有限公司,每年提供季节性的就业岗位约4 000个。在周作枚的倾心付出下,合作社已带领1 000余户农户3 216人通过药材种植实现产业增收,让565户贫困户2 047人摘下贫穷的帽子。

周作枚十分热心公益。她经常去慰问身患重病、家庭条件差的贫困户,逢年过节或在贫困户有需要的时刻,她让丈夫和孩子陪同,送去油、米、面等,她希望用实际行动,能够带动更多的人参与到扶贫的公益事业中来,为脱贫攻坚尽一点绵薄之力。

2020年新冠肺炎疫情期间,她主动申请成为安心观村网格管理员。她严格按照上级疫情防控的工作要求,第一时间摸排来村返乡人员,上门询问核查情况,及时汇总上报;每天挨家挨户排查,传达政策,宣传疫情防控知识,对不能出入的村民做好解释、宣传、劝导工作。对在家隔离的人员,她主动为他们送去口罩和新鲜蔬菜,通过实际行动拉近距离,安抚隔离人员的情绪。

疫情稳定后,周作枚主动请战,全力做到防疫与生产两不误。为确保中药材产销正常进行,她夜以继日、不辞辛劳地和技术骨干深入每个种植基地开展技术指导,为社员们解决生产过程中存在的实际问题,确保不误农时、不降品质、不减产量;对于已恢复到中药材生产中的社员,为其购买、发放口罩和消毒液等防护物资,做到"人员不聚集,风险有防控"。

周作枚为武冈市中药材产业的发展壮大和精准扶贫工作做出了不可磨灭的贡献,她本人被评选为邵阳市"最美扶贫人物"。

杨小树

苗族，湖南省城步苗族自治县蒋坊乡柳林村人，现为城步苗族自治县蒋坊延季蔬菜种植专业合作社（扶贫车间）负责人

20岁时，杨小树走出大山，到广州工厂务工，紧张的流水作业、艰苦的打工生涯，让这个年轻的农民工磨炼出男人的坚毅，也悟道出技术的力量。外面的繁华总比不过家乡的纯美，怀着对故土的深厚眷恋和为家乡做点贡献的愿望，2010年，他毅然决定回乡谋发展。他发现，城步县所在的地理位置虽然偏远，但在这样的自然环境下种出来的蔬菜，味道是其他地方出产的蔬菜无法比拟的。这让他意识到，应该就是一个好机会。但怎样在保证绿色纯天然、口味不打折的基础上，把千百年遗留下来的品种单一、产量低下的问题解决，怎样把一个以前仅限于"当季吃不完、过季等一年"的瓶颈破除？"开创农业技术革新"这个大胆的想法在他脑海里慢慢勾勒成形。也就是从那一年开始，杨小树尝试将种植蔬菜的传统方法和现代技术紧密结合起来，三亩试种园里，每天日出到日落都有他忙碌的身影，即便空暇一会儿，他也会手捧农业技术书籍，与园里蔬菜一道汲取养分，共同成长。5年里，他积累的经验越来越丰富，成了当地有名的蔬菜专家、致富能手。

2011年，杨小树创建了城步县蒋坊蔬菜水果种植专业合作社，成为负责人。他待人诚恳、勤奋扎实，而且又有好的技术和销路，不到2年就有111家贫困户主动入社。2019年，合作社被城步县人社局认定为"就业扶贫车间"，社员们，特别是贫困户在家门口就能实现就业增收，而且还能照顾到家庭，使他们收入有保障，生活有奔头。

为了拓宽带领贫困户脱贫致富的路子，2016年，杨小树与社员合议后决定建立猕猴桃基地和发展蔬果加工业，成立城步鑫瑞生态农业发展有限公司。作为一名共产党员，杨小树深知肩扛的责任重大，除了手脚勤快，他还擅长动脑筋想办法，经过认真调研，他拿出方案，建议公司加大资金筹集、开发水果基地、修建蔬果冷鲜库等系统性建议得到支持认可。当年即引进猕猴桃翠玉、红阳一号等品种3.2万株，苗乡梨0.8万株，种植开发面积800多亩，完成了12公里主干路和园内生产道的修建及现代农业水利的安装，与南山牧场签订50年有机肥订购单，建成了保鲜存量1 000吨的大型冷库。新型农业化在一桩桩实事落成中打开局面，如今挂满枝头的累累硕果和源源不断的订单，让社员们迎来了新的胜利曙光。

湖南

范时军

湖南省隆回县石门乡合龙村人，现为湖南军杰食品科技有限公司创建人兼技术总监

范时军，这个踏着改革开放春潮走出大山的"资深"农民工，将自己数十年艰辛和心血积淀在家乡"坛子辣椒"里，不为功名利禄，但求造福万家，他用自己的实际行动深刻诠释了老一代农民工的勤劳坚毅，更彰显了一名共产党员的赤胆忠诚。

少年时期的范时军由于家庭生活窘迫，身为长子的他不得不辍学在家务农。1992年，范时军只身南下广东打工，在工厂打工的过程中，他发现身边像他一样从湖南老家前来务工的人群数量较多，而且都有饮食不适应的共同感受，缺少家乡的辣味，于是，他萌生了自产自销家乡土特产的想法。1996年春节，他把家乡腌制的"坛子剁椒"带到了广东东莞。每天早上7点到次日凌晨，不管刮风下雨，他都坚持到市场摆摊儿，然后忙活第二天销售的准备工作。为了改进剁辣椒的加工技术，让产品既口感好又好看，更迎合不同人群的口味，他反反复复做实验，一遍一遍地尝，常常吃得满嘴起泡。经验在一步步积累，辣椒酱一天天更美味，营业额也随之逐渐上涨。

2013年，范时军正式回到家乡创业，成立了湖南军杰食品科技有限公司。为了将每一件辣椒加工品都打造成"精品"，他秉持选最好的辣椒，取最健康环保的原辅料，求最精良的工艺，做最好的产品。用他自己的话说："我虽然读书不多，知识面不广，但我会表达自己对每个辣椒的感官认识。好的辣椒产品，原材料必须要有最好的品种＋好的种植，制作上要有好的工艺＋好的口感，保证消费者吃得舒心、放心，只有这样，规模化、产业化发展才有希望。"

刚返乡时，范时军看到不少父老乡亲还在为生计一筹莫展，于是帮助他们摆脱贫困、发家致富成了他最牵挂的大事。"发展辣椒产业，联农惠农扶农，全面脱贫致富"，他提出在本地发展辣椒基地的思路，项目如期启动。"公司＋基地＋农户"的产业化经营模式和"统一免费提供种苗、统一免费提供技术服务、统一产品质量标准、统一保底价收购"的人性化服务方式，辐射带动了隆回县12个乡镇、18个辣椒种植专业合作社，共计162个行政村、4.4万户农户参与辣椒种植产业。截至2019年，公司已帮扶1139户、3850人建档立卡贫困户脱贫，帮助种植农户每人每年稳定增收1200元以上。

范时军就是这样一步步践行习近平总书记"幸福是奋斗出来的"至理名言，也是这样一步步实现自己的价值追求。"唯尽人事，方知天命"，范时军将继续挥洒智慧和汗水，坚守初心和使命，在做大、做强、做精辣椒产品和扶贫济困的道路上，贡献毕生的力量！

周龙

湖南省汨罗市长乐镇佑圣村人，现就职于岳阳市春雷学校

2002年，周龙一位邻居的孩子，沉迷网络、厌学逃学、打架斗殴，在成长的关键时期因缺少心理辅导和人生指引，最终走上了违法犯罪的道路。这件事促使周龙萌发了要当一名青少年成长导师的梦想。从2004年开始，周龙以春雷学校为平台，开始了他的圆梦之旅。面对学生难管难教的压力和无培训场地、无培训教材、无培训课程的困难，周龙自主研发了《春雷之声》《春雷法制》《春雷心理健康教育》等培训教材，开发了"模拟法庭""孝行天下，情满春雷"等培训课程，通过班级团辅、个别咨询、网络咨询等多种形式，对学生在成长、学习和生活中出现的各种问题给予指导，帮助他们排解心理困惑，纠正行为偏差。十六年来，周龙和他的培训团队线上、线下免费为家长提供5万多人次咨询，为8 000多个家庭免费提供现场家庭教育培训，为来自全国各地8 000多名（其中乡村学生5 000多名）进入春雷学校学习的问题青少年进行了培训指导。这些从春雷学校毕业的学生中，58.9%的人回到普通学校，14.7%的人考入大学，17.9%的人参加工作，8.5%的人当兵入伍，体现了"培训一个孩子，指导一个家庭，和谐一个社会"的培训理念。

作为春雷学校培训讲师，在对学生进行心理辅导、行为训导的同时，周龙也积极为学生的职业培训和成长就业架起一座金桥。首先，他通过借助与企业、学院建立的校企、校校合作平台，对学生进行专业技能培训，推进学校"订单式"培训计划的落地。据统计，2018年、2019年春雷学校毕业的学生中符合就业条件的学生就业率分别达到90%、94%，人均月薪3 500余元。同时，他还联系岳阳军分区，岳阳、汨罗两级人武部等部门、单位来校进行国防教育培训，为学生应征入伍搭建平台，迄今为止共有160多名学员应征入伍，其中20多名学员在部队担任班长，10多人次在部队获得三等功及其他荣誉称号。

周龙还为农民工开展技能培训，为他们打造一根就业脱贫的"拐杖"。学校目前已开设食用菌基础知识、黄桃树苗与油茶苗种植技术等课程，对参与培训经考核合格的农民工颁发相应技能证书，并推荐到合作企业就业。截止到2020年9月底，已培训农民工1 000多人次，推荐就业近100人，仅2019年就帮助20多名贫困农民工实现了就近就业，当年顺利脱贫。据统计，他十六年来先后推荐200多名农民工上岗就业，为农民工创收100多万元。

作为一名土生土长的农村青年，周龙一直把"做一名春风化雨的引路人"作为自己的座右铭。未来，他将继续以春雷学校为平台，扎根乡村，用心培训，为保障青少年健康成长和实现乡村劳动力脱贫就业尽自己绵薄之力。

湖南

胡边

湖南省岳阳市君山区钱粮湖镇高桥村人,现就职于岳阳市洞庭湖边食品有限公司(扶贫车间)

胡边,岳阳市洞庭湖边食品有限公司扶贫车间负责人。十几年来,他带动以高桥村为中心的3个邻村的建档立卡贫困户99户、上岸渔民30多户、辐射周边村民3 000多户,发展养殖蛋鸭脱贫致富,日产蛋类产品15万枚,产品远销全国各地,从一名"打工仔"变成了远近闻名的"扶贫带头人"。

胡边所在的高桥村因地处偏僻,村级基础设施较差,村民以务农为主,而且产品单一,产业结构抗风险能力很差,各项作物经济价值较低,村民收入增长动力不足,2014年被定为省级贫困村。父亲靠着做咸鸭蛋的手艺,维持着一家人的生活。胡边从小就见证着辛勤劳作还吃不饱肚子的爷爷奶奶的生活,小小年纪便立志一定要让乡亲们脱贫致富,过上好日子。

高中毕业的胡边没有因为没考上大学而气馁,他决定到外面闯出自己的一番天地,远赴广州打工。可是现实很残酷,没有一技之长的胡边只能从事最累的普工工作,一个月辛辛苦苦下来并没能存下多少钱。于是,胡边一边工作一边学习技术,利用休息和空余时间自学了企业管理,也因此升了职,加了薪。但他盼望着有一天自己能用所学为家乡做点事情。

机会总是留给有准备的人。2009年春节回家,胡边看到家乡的村容村貌发生了翻天覆地的变化,决心带领乡亲们脱贫致富。于是胡边放弃高薪工作,回到村里的洞庭湖边食品有限公司工作。2019年,该公司被认定为扶贫车间,胡边担任了车间负责人。

扶贫车间的优势就是优先吸纳贫困户、退捕渔民和附近村民务工。胡边以"公司+农户+基地"的模式养殖蛋鸭,免费给当地贫困户提供鸭苗及技术指导,以高于市场价0.2元每斤的价格回收鲜蛋。

自进入扶贫车间以来,胡边将自己和乡亲们的致富紧紧联系在一起。2020年新冠肺炎疫情期间,为了抗"疫"保收,胡边说服公司其他负责人,开通了农闲季节零散务工模式。在订单萎缩的情况下,公司减产不减人,通过下半年由人社、扶贫办等部门联合举办两次专场招聘会,新增20多个临时就业岗位。

扶贫车间2021年开拓了两条现代化生产线,可新增就业岗位100~150个,并优先让贫困户和退捕渔民就业。胡边对未来的发展信心满满,作为一名共产党员,自己有义务和责任带领村民一起脱贫致富,让"小鸭蛋"变成更多老百姓的"致富果"。

张海霞

湖南省桃源县杨溪桥镇朝阳庵村人，现为常德市金磁电器有限公司就业扶贫车间负责人

17岁的张海霞因父亲做生意失败，且又患上了严重的胃溃疡，不能干重活儿而不得不辍学回家，与母亲一起操持家务。为了偿还家庭债务，让弟弟上学，年仅18岁的张海霞远赴广东打工，开始了她长达14年的打工生涯。凭着山里妹子特有的韧性和干劲，张海霞从鞋厂的一名普通流水线工人一步步成长为公司中层管理人员。工作之余，张海霞除了学习鞋厂业务知识外，还花费大量时间自学英语、计算机及行政管理知识。2004年，张海霞因一技之长，被邀请至越南胡志明市，担任公司翻译兼总经理助理。

2018年8月，常德市金磁电器有限公司在桃源县开设就业扶贫车间。张海霞觉得这正是自己回报家乡、实现人生价值的舞台，于是她毅然决然地从大都市回到了生她养她的小山村。

就业扶贫车间正式开工后，张海霞充分发挥自己的特长，将车间管理得井井有条。第一批来到扶贫车间的员工，基本上都是除了种田什么技能都不会的贫困农民。对此，张海霞向公司提出了保底工资的建议，有效地解决了贫困劳动力的后顾之忧。同时，她从公司调来技术员，对新员工进行岗前培训，并对吃得苦、学得勤、进步快的员工，给予物质奖励，在扶贫车间形成了良好的工作氛围。在车间，张海霞每天都是早出晚归，休息日也在扶贫车间里忙碌。在她的带动下，扶贫车间产量每天提升，质检合格率迅速提高到100%，得到了公司客户的高度认可。在她的组织下，扶贫车间贫困劳动力的收入有了很大提高，迅速脱贫。

两年多来，公司先后建立了6个就业扶贫车间，共提供600多个就业岗位，吸纳贫困人口就业达150人以上，作为公司就业扶贫车间的负责人，张海霞常年奔波在6个乡镇，在这6个扶贫车间里，很多人都受到了她特殊的"关照"。公司里有一名叫刘兴中的员工，身患恶疾，多年来一直在家无法正常劳作，生活相当拮据，张海霞得知情况后便为他量身定做，安排在公司打扫卫生；黄惠玲，一位离职一年多的公司前员工，不幸罹患尿毒症，张海霞在"轻松筹"中得知后，不仅自己默默地给她捐款500元，还组织公司管理层开展捐赠活动……这样的温情故事在就业扶贫车间时有发生，不管是在职的员工、离职的员工，还是员工家属，只要是被张海霞得知其家里有困难的，她都会解囊相助。

短短几年，公司就让很多的老人不再空巢、很多的儿童不再留守、很多的夫妻不再离散、很多的家庭重新燃起了希望。金磁公司就业扶贫车间的扶贫事迹引起了新华社、人民日报、保加利亚通讯社等多家国内外媒体的争相报道。

湖南 龚振兴

土家族,湖南省常德市石门县二都乡牌楼村人,现任湖南湘佳牧业饲料生产部技术员

2004年6月,龚振兴高中毕业后,迫于家庭生活压力,南下广东打工,在东莞樟木头首富电子厂从事电路板生产工作,洗板、印刷等基层岗位都从事过。2008年年底因自家建房、结婚等原因从广东返乡,2009年10月入职湘佳牧业,任饲料加工部中控员。工作中,他认真负责、虚心请教,并给自己制订了业务技术学习计划,将自己的满腔热情完全投入到了忘我的工作之中。龚振兴通过艰苦努力,务实钻研,很快掌握了中控岗位的业务技术,并得到了领导和同事们的高度评价。

"一个人可以没有文凭,但绝不可以没有知识。"这是他最欣赏的一句话,为此,龚振兴几乎把所有的业余时间都用在了业务技术钻研上,并给自己定了一个目标:5年之内,学会饲料厂所有生产工艺,熟悉所有设备的性能及维修技术。经过5年的业务技术钻研及工作积累,使他成长为公司里一名优秀的技术骨干。

龚振兴在成为公司饲料加工部技术员后,他最大的特点就是能融入生产工人中去,谁遇到业务技术、工作、生活上的问题,无论时间早晚,他总是随叫随到,毫无保留地讲解、帮助他们。

奉献源于责任。在多年的工作中,龚振兴总是以高度的责任感投入到工作中,很少考虑哪些是自己的本职工作,哪些是无私奉献的工作。在2020年年初新冠肺炎疫情期间,因他所在部门有三位员工接触过武汉回来的人员,需要隔离14天,但这三位员工的工作不能停,龚振兴在做好新冠肺炎疫情防控工作的同时,毫无怨言地与另一位员工兼顾着被隔离三位员工的工作,直到他们上班。

龚振兴从一名普普通通的生产人员到技术骨干,既没有多高的文化,也没有超人的智慧,但他以不甘平庸的钻劲、心系公司和工人的情怀、默默奉献的精神,在平凡的岗位上实现着自己的人生价值和理想,同时,也以他的实际行动诠释了新时代普通工人的高尚情怀。

孔德全

湖南省桃源县陬市镇神仙桥村人，现就职于中联重科建筑起重机械有限责任公司

孔德全，2002年中专毕业以后加入了湖南中联重科建筑起重机械有限公司，一直从事焊工工作，在工作中，他吃苦耐劳、肯钻研、具有奉献精神，为车间关键性生产解决了许多难题、攻克了不少技术难关，为公司提升质量、稳定产能做出了突出贡献，先后获得中联重科"优秀员工"、职工技能比武大赛冠军、"先进个人"等荣誉。

在公司人员配置少、质量要求高的情况下，孔德全主动站出来，他说："公司就是我们的家，咱不吃苦谁吃苦，咱不带头谁带头。"他主动加班加点，带领前六大件车间员工成立六大件试制班组，圆满地完成了T2850及T1200等超大塔的新品试制、小批量生产及出口美国T8030、出口韩国ZT320、出口以色列T7020等高端产品生产任务，又主导进行了T7530、T6013、T6513等产品六大件的试制工作。

特别是在T7020、T7530、T6013等4.0产品的试制过程中，本着"没有条件，一定要创造条件"的理念，孔德全带领班组成员自己动手制作了多个平衡臂摆搭工装，不但工艺和质量得到了保障，生产效率还提高了10%。在他的带领下，班组全年安全零事故，圆满完成了各项生产任务且未发生一起外部质量反馈，为实现公司战略目标打下了坚实的基础。

在质量管控方面，孔德全执行"三检制"，坚决控制不良产品流入下道工序，针对质量部门反馈的质量问题，组织工艺人员对本班组员工进行起重臂焊接培训，记录并公示培训情况，提高了员工经验及操作水平，使班组质量一次交检合格率达到99%。

公司试制的T2850很多材料都是高强钢，这对操作者是一项新的技术挑战，不是平时比较通用的两层一道、右焊法。孔德全通过本身高超的焊接技术水平和学习能力，从工艺评审开始不断做试验，用他多年的实际经验改为二层三道、左焊法来增加焊缝强度，经过反复试验操作，最终取得了成功。在他的带领下，T2850塔机试制成功，其班组成员在公司举办的技能比赛中分别取得了一、二、三等奖的好成绩。

在生活中，孔德全是一个特别能"聚拢人心"的人。2020年10月，公司举行大塔生产参展期间，有不少"新手"对大塔焊接作业不清楚，孔德全不厌其烦地进行点对点的指导。孔德全身为工段长，脚踏实地，求实创新，带领他的团队默默无闻地奋战在塔机制造的最前线，团队全年无安全事故，得到领导和员工一致好评。

湖南

王林元

湖南省慈利县溪口镇樟树村人,现为慈利县富民水果专业合作社(扶贫车间)负责人

2008年,在广东务工三年的王林元,深感加速发展家乡、带领村民致富的重大责任,也认识到农村的广阔发展空间,毅然回乡创业,发展高效种植业。十几年来,王林元一直扎根农村,从事水果的种植、销售工作,在他的带动下乡亲们的工作、生活发生了翻天覆地的变化。

刚返乡那会儿,面对村民们因循守旧的思想和贫瘠的土地以及传统的耕作方法,王林元坚信可以用自己的双手带领村民们走出一条致富的道路,改变家乡落后的面貌。他从外省购回水果苗木,努力钻研其栽培技术,发展高效种植业,第二年终于喜获丰收,看到劳动果实变成了商品,换来了经济效益,他吃下了定心丸,坚定了科技带动致富的信心。在他的宣传指导下,乡亲们的思想认识有了可喜的变化,村民们改变了以前的懒惰习惯,开始一起种植水果,在外务工的朋友也放弃了优越的打工待遇,回来学习水果种植技术,全村掀起了一股学习种植水果的热潮。

为帮助群众更好地增收,他和村民们共同组建了富民水果专业合作社,在技术培训的基础上,形成了生产、技术、管理、销售的一条龙操作方式,达到既丰产又丰收的目的。

利用以前务工时的销售经验,他积极拓宽销售渠道。一是组织合作社和县内大中型超市签订供销协议,分散农户与市场进行对接,实现农产品统一销售,减少流通环节、节约成本;二是利用网络销售水果,有效地实现了从地头到餐桌安全农产品供应链建设,实现农产品的无缝销售;三是发展观光、休闲、采摘农业,既增加了农产品的附加值,也增加了群众的收入。

通过他的努力,已带动全村126户发展优质水果种植,按照季节衔接种植不同的时令水果,全村水果种植面积已经达到686亩,年产水果700吨,纯收入300多万元。合作社通过务工、土地流转等方式,以及为贫困户免费发放种苗、免费技术培训、农产品回收等形式帮助贫困户人均务工增收3 000元以上,贫困人口直接获得39.6万元收入,惠及建档立卡贫困户56户,贫困人口132人,于2019年被评为县级扶贫车间。在王林元的帮助下,樟树村的水果已经达到绿色品牌标准,产品供不应求,对发展高效农业、提高农民收入发挥着积极作用,也产生了巨大的社会效益和经济效益。

此外,在疫情防控的特殊时期,他不仅积极捐款捐物,更是广泛动员群众不串门,在村内组织宣传车辆播放有关疫情防控的音频通知,将疫情防控政策及防护知识及时传播到千家万户,让"小喇叭"起到疫情防控宣传"大作用",切实营造全民防控的良好氛围。

黄庆明

湖南省南县麻河口镇东胜村第五村人，创建了南县助农稻虾种养专业合作社

  黄庆明出生于益阳市南县麻河口镇的一个普通农民家庭，有着传统农民质朴正直、吃苦耐劳的坚毅品德。高中毕业后一直在外打拼，通过不断学习探索积累了很多经验。2017年黄庆明回到家乡，发起成立了南县助农稻虾种养专业合作社，以产业发展+现代农业+扶贫扶志的创新模式经营事业，投身于自己家乡的建设，振兴农村经济发展，带领村民们脱贫致富。

  为适应社会发展，贯彻国家乡村振兴策略方针，黄庆明规划1 500亩基地用作稻虾共作、菊花套种及稻渔综合种养等产业建设，以"合作社+基地+农户"的产业经营模式，成立了稻虾种养专业合作社，组织互助性生产经营，通过农户间的合作与联合，不仅解决了传统稻虾种植农户家庭经营的经济缺陷，还推动了稻虾农户生产的集约化水平。为创新农业发展模式，黄庆明多次外出考察拜访和求教，不断地吸纳先进的农业管理理念和技术，将其应用到农业建设中，采用先进的智慧农业概念，依托信息平台进行全程质量安全溯源管理。

  在发展电子商务的进程中，他不断更新运营理念，利用互联网思维启动农产品上行计划，引入电商平台，通过电子商务渠道打通农村农产品投放和上行推广的双向流通渠道。通过县域运营中心，在每一个服务站设立农产品展示区，形成线上线下相结合的农产品上行模式。目前已经完成50余个村点产品挖掘和梳理工作，同时在已开通的"农产品专区"，收集了贫困户的上线农特产品40余款。同时还针对小龙虾的销售渠道，开设了小龙虾线上交易平台，将基地养殖的小龙虾以及从贫困农户收购来的小龙虾经过合作供应厂家的加工制造，再经过公司产品部的品牌包装将小龙虾虾尾熟食产品销售到全国各地。

  为创造良好的就业环境，促进县域电商创业发展和提升就业人群的生存技能，黄庆明积极开拓业务，为从事电子商务及农村养殖经营的创业者们提供不同需求的培训服务。针对小龙虾养殖技术及农产品的推广，他鼓励培训讲师团队采用线下线上相结合的培训模式，为农业养殖户传授养殖经验和技术，鼓励农户创收致富。他建设"洞庭虾网"线上公共服务平台，将稻虾产业领域的资源进行有效整合，通过洞庭虾网开展线上培训指导，并特别开设了小龙虾养殖的专门课程，针对扶贫对象开设扶贫创业指导的课程。目前已累计开展相关培训共32期，其中培训小龙虾种养技术班15期，精准扶贫班10期，基础创业班5期，微信营销课程2期，共计培训学员2 000余名。

刘建国

湖南省益阳市赫山区牌口乡新樟村付家村人，创建了益阳市新傲水稻种植专业合作社

刘建国先后获评新型职业农民、赫山区优秀共产党员、创业致富带头人等荣誉称号。

2011年，刘建国回到家乡虎形山村发展。面对亲戚朋友的质疑，他总是一句："我是农村人，我爱脚下的这一片土地。"从小生长在农村的刘建国很快融入了农村"日出而作，日落而息"的平淡生活。农闲时查阅农业书籍、外出学习考察农业技术，逐渐摸清了当地和周边区县的农业发展情况。

虎形山村位于益阳市赫山区最东边，与望城、湘阴、宁乡三个县、市交界。由于青壮劳动力大多外出务工，留在家的多为劳动力缺失或年迈的群体，脱贫攻坚工作压力巨大。刘建国在了解到这一现实难题后，主动担责上肩、出谋划策。2017年，在他的倡导下，新傲水稻合作社成立了。刘建国积极投身到"产业扶贫"项目中，与608名贫困户形成利益联结机制，每人每年发放500元产业分红。

为实现"扶贫先扶智"的目标，他又创新帮扶方式，通过引进黄桃树苗，合作社统一提供培育技术，挂果后统一回收销售，实现"授人以鱼又授人以渔"。同时，为了有效扩大"家门口"就业的帮扶效果，他多次前往外地考察，引进加工厂在虎形山村设立"扶贫工厂"，吸引本地贫困户30人入厂就职，人均每月增收2 400元左右，帮助贫困户实现了自食其力、稳定脱贫。在他的努力下，新傲合作社现有早熟黄蜜桃188亩、养殖黄牛230头、桃源鸡20 000余只，吸引本地贫困户35人（其中残疾人5人）在合作社就职，人均月收入2 500余元，辐射带动周边群众走上了农业致富的小康之路。

农业种养，既是刘建国的谋生手段，也是他回报家乡父老的一种方式。在了解到村中杨会等5名劳动力因肢体残疾，无法独立劳作时，他主动上门沟通，邀请他们到合作社就职，并根据他们个人的劳动能力为他们安排适当的工作，帮助他们找回生活信心、劳作谋生。在新傲合作社成立之初，面对群众的质疑，他挨家挨户做工作、搞宣传，让所有人看到了他的诚意和毅力，共同加入到了农业种养致富的队伍中。他喜欢进村入户与老乡们攀谈，倾听他们对农业发展的"金点子"，了解他们存在的困难和对生活的期盼。他种水稻、种桃树、养牛、养土鸡，凭着农民与生俱来的淳朴和吃苦耐劳的精神，干出了如今的成就。通过"市场＋合作社＋基地＋农户"的组织形式，刘建国探索出了"特色农业＋生态种养＋旅游消费"的绿色产业链，帮助一方百姓获得了实实在在的利益。

梁立民

湖南省安化县冷市镇董家村第四村人,创建了安化县乌云界藏香猪原生态养殖专业合作社

梁立民原是一名货车运输司机,2014年,在前往西藏运送货物的途中,不幸遭遇车祸,多处骨折,高昂的医疗费用使本不富裕的家庭变得一贫如洗。看着需要赡养的双亲和一双儿女,面对因治病欠下的十多万债务,他并没有被困难压倒。经过长期考察、调研、论证,他决定从西藏林芝引进原始纯度最好的藏香猪种,在家乡董家村发展藏香猪生态养殖项目,并于2014年7月正式创建了安化县乌云界藏香猪原生态养殖专业合作社。

毫无畜牧养殖经验的梁立民,靠着一股"蛮"劲,一边靠买回来的专业书籍自学,一边在实践中摸索总结经验。经过7年的努力,虽然没有专业文凭,没有技术职称,但他早已被大家公认为藏香猪养殖的行家里手。

随着藏香猪的养殖成功,不到2年的时间,他主动申请撤销了自己贫困户身份。并积极动员合作社进一步扩大养殖规模,先后引进乌骨鸡、农家乐等项目,建立了一个小型的宰杀、包装工厂,合作社还新承包了近万亩的荒山林地,开发林下经济,先后成立湖南冷市立云生态农牧有限公司和安化县冷市镇关公溪生态家庭农场。截至2019年年底,合作社拥有母猪1 000头,纯种公猪50头,成品猪3 000余头,绿壳鸡1万羽,成为益阳市首个"国家林下经济示范基地"。

畜牧养殖业需要大量的劳动力做支撑,当地贫困劳动力资源丰富,合作社又申报了县级产业扶贫项目,采取四种方式对100多名贫困户进行一对一帮扶。第一种是与贫困户签订就业合同,吸引贫困户在合作社从事技术指导、饲养、牲畜屠宰等工作。第二种是与产业帮扶相结合,将猪苗、鸡苗免费提供给贫困户寄养,并提供生产资料,再保底价回收。第三种是与贫困户合作养猪,提供每户30头以上的种猪,定价收购所生产的小猪。第四种是与当地的农民合股投资新的养殖基地、腊制品烤房,并正在申请A级屠宰场。通过这四种方式的帮扶,老百姓人均年收入增长超8 000元。梁立民本人获评"产业扶贫先进个人",其先进事迹先后在中央电视台、湖南电视台等媒体宣传报道。

2019年,梁立民倡议合作社成立两新组织联合支部,并主动申请出任党组织书记,致力于回馈家乡,回报社会。在疫情防控期间,他带领支部党员,利用合作社大功率消毒机,免费为全村及过往车辆杀菌消毒,并以个人名义向奋战在抗疫一线的医务人员免费赠送10头藏香猪。

梁立民始终未停止步伐,更没有终止对社会、对家乡的回报。面对荣誉,谦逊低调,面对未来,踌躇满志,他用自己的实际行动诠释着人生的价值。

湖南 邝宁勇

湖南省嘉禾县行廊镇邝家村人，现就职于郴州市红德机电铸造有限公司

邝宁勇，退役军人（服役期间荣获三等功），现任郴州市红德机电铸造有限公司技术部部长。近年来，他带领企业技术升级，成了全县铸造技术的排头兵，2015年当选郴州市人大代表，2018年被评为"郴州市新时代好青年"，2019年被评为"郴州市最美人大代表"。

2014年，邝宁勇应聘到嘉禾县红德机电铸造有限公司后，从最基层的一线学徒干起，一路从电炉工、造型工、模具管理员到制芯车间主任、生产班长、研发部长。他凭着自己刻苦钻研、敢于攻坚的求知欲望和脚踏实地、兢兢业业的做事态度，认真学习实践，积累了丰富的工作经验，成了技术上的排头兵，用行动诠释铸造人的工匠精神。

2016年，全国推进铸造产业结构调整与淘汰落后产能，保护生态环境。传统铸造企业危机四伏，他临危不惧，对红德机电硬件、软件开展全面升级改造，对旧设备进行改造更新，建设全智能化绿色生产车间，组建专业研发团队，成功地推进红德机电转型升级。同时，邝宁勇也得到了业内的认可，成功当选为嘉禾县工商联执行常委、铸造协会理事。

2016年年底，邝宁勇当选郴州市第五届人大代表。作为一名铸造企业代表，他深切关注铸造产业急需解决的问题，领衔提出《请求市政府加大扶持"江南铸都"铸造产业发展的建议意见》《请求市政府加大扶持"江南铸都"民营企业发展建议》《关于支持加快发展嘉禾铸锻造产业建议》等，得到市人大及相关部门的重视和落实。特别是在铸造企业电力成本减费的问题上，他牵头县铸造协会7家龙头企业，先后到贵州泊头、广东中山、山东德州、广西柳州等铸造重镇了解电价情况，多次向县领导汇报，并积极与省、市、县电力、发改等部门进行沟通、协调、汇报，2018年、2019年连续两年在市人代会上提出建议，得到了省国网、发改部门的高度重视，最后针对嘉禾工业园区规模以上优质企业抱团给予了多项电价扶持政策，支持园区规模以上企业转型升级、做大做强。

2020年2月27日，邝宁勇得知一线医护人员和执勤人员口罩紧张，不顾生命危险，连夜千里，行程19小时，拉回5 000个一次性口罩，捐赠给嘉禾县防疫指挥中心。在邝宁勇率先垂范精神带动下，嘉禾迅速掀起了一股为战胜疫情防控工作捐款捐物的热潮。

2020年9月郴州广电启动困难儿童爱心捐赠活动，邝宁勇看到活动宣传单，组织公司员工和协会捐款，购买1 000瓶消毒水、1 000瓶免洗洗手液，价值40 000元爱心捐赠，让爱心温暖了困难儿童，温暖了全社会。

徐小明

瑶族，湖南省汝城县文明瑶族乡东山瑶族村人，现就职于汝城县明兴源种养植农民专业合作社

徐小明是湖南省汝城县文明瑶族乡东山瑶族村松树下组村民，为了带领父老乡亲脱贫致富，徐小明了解到七彩椒产量高、抗病性强、适应性广，于是加入汝城县明兴源种养殖农民专业合作社，从事辣椒加工技术工作。

2020年，为研究出有特色、健康、符合大众口味的七彩椒加工产品，徐小明一心钻进七彩椒的加工技术研究中。传统的老坛腌制辣椒，口味独特，深受人们喜爱，但是受加工时间、环境、技术影响，导致传统的老坛腌制辣椒商品化不高。如何把传统的老坛腌制辣椒技术与现代包装销售相结合，如何坚持产品的口味与现代人健康绿色的生活方式相适应，成为产品加工技术的核心理念。秉持着这一理念，徐小明不断摸索和创新，反复试验，虚心向当地的老人家请教，还特邀湖南农大博士生导师莅临指导，他研究加工成的七彩泡椒和七彩辣椒酱系列产品，深受广大消费者的关注和好评。

加工后的七彩椒产值比原来增加了几倍，为了回馈广大种植户，食品厂与当地几十户农户签订了《定向种植收购合同》，价格比其他地区的平均价格贵一块多钱，使当地几十户种植户种植增收40%，提高了广大种植户的积极性。2020年，他还把整个汝城县的七彩辣椒种植散户的所有辣椒收集起来深加工，扩大了生产量，农产品种植与产品深加工销售的结合，给当地百姓开辟出了一条发家致富的道路。之后他再次扩大种植面积，形成一条产业链，以农户为根本，以合作社为载体，以加工厂为后盾，走专业发展之路，带动更多农民致富。

在钻研技术的同时，徐小明还热心公益事业，近两年多次向疫情防控部门、教育基金会、贫困家庭等捐助，在家乡树立了榜样，赢得了乡亲们的一致好评。

湖南

李洪梅

瑶族，湖南省江华瑶族自治县河路口镇牛路村人，现就职于江华瑶族自治县明意湖智能科技有限公司

2017年12月，李洪梅加入明意湖智能科技有限公司，主要担任外贸销售员。作为公司的外贸销售员，初中毕业的李洪梅，在学历和文化上没有优势，但是通过不懈努力，学习并掌握了英语、印度语等多国语言，开拓了东南亚、中东和印度市场。后来，她把公司从广东迁回家乡，帮助家乡引进了泉想湖智能科技、东莞市中田自动化设备有限公司等企业，支援家乡经济建设。

疫情期间，李洪梅筹资购买了3 000个口罩，组成企业家队伍深入江华各大企业，向疫情中仍坚守一线的工作人员奉献爱心。为了企业能够正常开工，李洪梅动用各方资源筹得50 000个口罩，4 500公斤消毒液，200个额温枪，全力助力园区企业复工复产。2月6日，李洪梅又到河路口镇牛路社区，将价值1.5万元的口罩等防控物品和大米、食用油等生活物资捐献给社区，送到正在进行居家隔离观察的牛路自然村的村民手中，以解他们的燃眉之急。2月12日，李洪梅携公司员工至江华瑶族自治县公安局，向奋战在抗疫一线的县公安局民警捐赠1 000只口罩，并送上了锦旗。

李洪梅个人更是获得"湖南省三八红旗手"荣誉称号。她着力在公司打造"四个品牌"，为困难职工致富搭桥铺路。一是打造"应急帮扶品牌"，在帮扶中心受理困难职工的救助申请，派人上门核实困难情况，并汇报给有关领导。二是打造"结对帮扶品牌"，近两年来以"结对子"的形式，帮扶了许多特困员工家庭，特别是2020年以来，深入开展了"登门大走访，结对子，帮扶工作进万家"的主题帮扶活动。三是打造"造血帮扶品牌"，帮扶中心在检查职工困难申请过程中，了解掌握职工子女的就业情况，开展"金秋助学"活动，为困难职工的子女圆了上大学之梦。四是打造"创业帮扶品牌"，本着对青年负责的态度，始终把帮扶青年就业、创业工作摆在首要位置，帮助待业青年走上就业和创业之路。

此外，李洪梅还非常热心公益事业。2018年9月26日赴结对帮扶村——大圩镇源头村开展"献爱心，结对帮扶贫困群众"主题党日活动，为每名学生捐赠校服和书包，向学校捐赠一批体育器材。2019年1月27日赴大路铺敬老院，捐赠物资10 000元。2019年3月5日带领江华企业联合会到帮扶村——芒海洲小学开展"忆童年、学雷锋、献爱心"活动，明意湖捐赠价值8 000元物品。2019年5月29日走进沱江一小，资助贫困学生10人，现金5 000元。2019年8月15日，资助5名困难大学生，帮助其就学，共资助25 000元。

周长友

湖南省永州市冷水滩区牛角坝镇麦子园村人，现为永州市中塑包装科技有限公司车间主任

周长友，1982年7月出生，中共党员，湖南电大专科生，现任永州市中塑包装科技有限公司车间主任。

周长友出生在一个贫穷偏远的农村家庭，家中兄弟三人，由于家庭穷苦，人口众多，他自小就跟随父母到农田里劳作，生活中的苦难无形中锻炼了他坚毅的性格。17岁中专没毕业他便跟随兄长来到浙江桐乡一砖瓦厂当起了窑工拉板车。当时只有90斤的他风里来雨里去，磨炼成就了他不怕苦不服输的性格。怀抱"孩儿立志出乡关，事业不成誓不还"的壮志，之后，他又去了广东，先被招聘进了塑料玩具厂，当了一名普通工人，他刻苦好学，严于律己，敢于负责，不到半年，他就成了车间的技术骨干和班长，一年后被提升为车间主管，年薪达到10万元，深得厂长的青睐。学了一技之长的他，没有忘记自己家乡，他用半年的时间对家乡塑料制品行业进行了市场考察，觉得发展前景很大。2018年他加入一帮从小长大的农民工兄弟共同创办的永州中塑包装科技有限公司，成为一名车间技术骨干。

新公司刚成立，关键技术不过关，他感到前所未有的压力。作为公司的一员，他没有轻言放弃，一边梳理问题，一边组织团队成员当起了技术工，攻关关键技术，从拉丝的水温控制、位伸比的测试，再到圆织、涂膜、印刷、缝边整个流水线上，都是他和团队成员夜以继日的身影和汗水浇灌，每天工作16个小时以上，有时白天跑业务，晚上摸索设备的性能。终于功夫不负有心人，他们不但掌握了关键技术，而且还经过改良突破了国外的技术封锁，2019年获得发明专利8项，自主研发了全自动智能化叠袋技术和环保超微孔打孔技术。这两项技术的突破，极大地节省了人力，降低了能耗，解决了水泥运输过程扬尘大的问题。很多员工都称赞他为厂里各项技术操作的"活字典"。通过一带十、十带百，现在全厂200多个农民工都是他带出来的，都有一技之长，在行业内也都有一席之地。由于攻关了核心技术，产品质量也得到了大幅度提高，成本控制得当，业务急骤增加，公司运行步入正轨，帮助解决农民工就业170人，吸纳建档立卡贫困户64人、失地农民25人、残疾人16人。

在取得成绩的同时，周长友总是记挂着家乡，累计为家乡麦子园村争取资金跑项目2 000万元以上，联合部分村内能人，发动农户以土地折价入股分红的方式，流转土地1 810亩，成立了永州市麦子园种养专业合作社，以"公司+基地+农户"的方式在当地推广，吸纳村民就业，提高村民收益。

湖南 黄建龙

湖南省蓝山县土市乡埠头村人,现任湘江源皮革皮具产业园合伙人兼销售员,同时任永州市蓝山县驻花都流动党总支书记、广州市花都区狮岭镇两新组织综合党委副书记

黄建龙先后被评为广州市非公党委"优秀党员"、永州市"优秀思想政治工作者"、蓝山县"优秀党务工作者"等。

1994年春节刚过,20岁出头的黄建龙满怀憧憬和梦想,只身前往广州市花都区狮岭镇打工。出门在外,举步维艰,黄建龙从皮具厂缝纫学徒做起,从一点一滴学起,起早贪黑,不怕苦不怕累,虚心请教,不断积累皮具手袋制作经验,后来因工厂停工,失业的黄建龙只能靠打零工维持生计。之后,黄建龙进入洪星皮具厂承包皮具包装,勤奋努力的他经常加班赶货到凌晨,一天包装300多个,一个月出货近万个。不安于现状的黄建龙又开始学习管理知识,带着赚来的第一桶金,他和几位朋友合伙创办了兴隆皮具厂,注册了"兴隆"商标,自创品牌,直接对接皮具批发市场,由于质量过硬,"兴隆"皮具很快打开市场,订单成倍增长。

2012年,在蓝山县委、县政府的积极推动下,永州市蓝山县驻广州花都区流动党支部正式成立,黄建龙当选支部书记。他自知责任重大,同时也清晰地认识到流动党支部面临的现实困难,他及时理清工作思路,以强化支部建设为重点,带领班子成员迎难而上,在大家的共同努力下,流动党支部作用发挥得越来越明显,形成了"有事找支部,支部来解决"的良好局面。作为一名基层党务工作者,黄建龙不计较得失,凡事亲力亲为,主动与政府部门联系沟通,经常走在矛盾纠纷的最前线,时刻为乡亲父老"谋利益,干实事",为两地政府分担压力,自流动党支部成立以来,共调处社会治安纠纷300多宗、劳资纠纷840多起,推荐外来务工人员就业1 700多人次,提供法律、婚姻等各类咨询560余次。

2013年,蓝山县委、县政府号召老乡返乡创办湘江源皮具产业园,黄建龙第一个带着自己的昌达皮具五金商行入驻了皮具产业园,并把蓝山县招商引资优惠政策文件带到狮岭,号召党支部的骨干党员们一对一发动蓝山在广东务工经商的能人回乡发展皮具产业。在他们的宣传发动下,2015年10月,蓝山县政府与蓝山在狮岭创业人员正式签订协议,共有60名在广东打拼的蓝山籍人员决定回乡创业,黄建龙成了合伙人之一。

为了确保各皮具厂引得回、留得下、发展得好,产业园建成以后,黄建龙没有丝毫懈怠,他白天深入各大市场、联系各大经销商,推销园区的皮具;晚上他又认真查阅各种资讯,了解市场需求,遇到不懂的地方就请教专家。如今,湘江源皮具产业园蒸蒸日上,远销中外的订单数量日益增多。

舒兴华

土家族，湖南省溆浦县油洋乡溪家湾村人，现就职于芷江县兴梦冰糖橙农民专业合作社

2010年，舒兴华在沿海地区从事电子商务基层客服工作。2014年10月回到家乡，在芷江县兴梦冰糖橙农民专业合作社从事冰糖橙的销售工作。

2016年6月18日，舒兴华参与策划省级贫困村五郎溪举办首届"村博会"，线上线下同步开售，累计销售额达28万多元。此次活动为电商进农村做了探索，为农产品进城做了创新，建立了互联互通的线上线下区域小平台。在各级党委政府的号召下，舒兴华深入严家屋场等22个贫困村开展电商扶贫，为电商扶贫服务站建设提供技能支持，将外界先进的技术成果、思维观念带入偏远乡村，使山区人民加快发展速度，改变农村的落后面貌，解决农产品上行困难。

为帮助果农改进果品品质，扩大产品销售，舒兴华主动学习柑橘生产技术，主动参与对严家屋场等22个村的果农进行柑橘生产培训，累计参与举办技术讲座32场，带动全县冰糖橙产业增产提质，提升果农的种植观念，改良芷江冰糖橙种植基地的土壤环境。2016年，350位果农积极参与土壤改良，果农较往年收入翻一番。

2016年，舒兴华紧跟时代步伐，对冰糖橙销售进行创新，全国首家将直播带入果农的橙子园，将冰糖橙的生长过程、采摘等环节进行网络直播，全年进行网络直播52场，累计观看人数达1 200万人，直播销售冰糖橙25场、500万斤，带动350户果农增收，带动了一大批"农民网红"。舒兴华带领果农进行网络直播的故事，得到了中央电视台的关注，中央电视台春节特别节目《村庄里的中国》，2017年2月6日专题播出了《严家屋场村直播网事》，讲述舒兴华基层岗位为芷江果农直播销售冰糖橙的故事，视频全网阅读量达九千万人次。

2014年10月至今，舒兴华始终专注参与冰糖橙产业的发展，将帮助果农致富奔小康作为奋斗目标。一是稳定销售渠道，产业帮扶品改增收。舒兴华寻找大型电商平台，进行合作创新，2017年为公司与电商平台签订农业协议，每年挂果期与电商提前签订采购合同，让贫困户放心种，用心种，卖好价，并给有需求的果农接洽农资公司、银行等，给予果农全方位服务，解决贫困户想发展没有资金的问题。二是种植基地就业帮扶。优先为无产业、无就业贫困户提供工作岗位，以强带弱解决贫困户就业问题。

舒兴华把党的十九大报告中"历史只会眷顾坚定者、奋进者、搏击者，而不会等待犹豫者、畏难者、懈怠者"作为自己的座右铭，不忘初心、砥砺前行，谱写出新时代在乡村大地实干兴邦的奋斗之歌。

湖南

谭霞

苗族，湖南省麻阳苗族自治县谭家寨乡楠木桥村人，现就职于麻阳霞飞农业开发有限公司

2007年6月，大学毕业的谭霞放弃在城镇就业的机会，回到家乡楠木桥村创业，承包了村里100亩荒山。面对谭霞的大胆抉择，亲戚朋友和左邻右舍都说她犯傻，可谭霞毅然决然地把精力全部投入到荒山开发上。

家乡的山地丘陵是宜林、宜果的紫砂岩土壤，非常适合山区果园耕地立体种植技术的推广。承包伊始，她多次到外地学习先进经验，请来专家对山地土壤进行监测，最后确定适合采取果树药材间作的方式种植经济作物。谭霞以促进农民增收为目标，以大宗特色药材为种子培育基地，把自己承包的药材种植办成示范园。以示范园为抓手，扶持和发展重点村、重点户，推进中药材种植示范基地建设，打造麻阳地道的药材品牌，使中药材产业逐渐成为农民增收、农业增效、拉动地方经济增长的新兴产业。

2014年，县供销联社控股成立了麻阳霞飞农业开发有限公司，目前公司共有5人，谭霞担任技术管理员一职，既当技术员在园地指导技术，又负责推广和销售。她致力于山区果园耕地立体种植技术的推广，该技术不仅可林、果、药多种经营，又可增加收入，化解种植风险。经过她的辛勤耕耘，麻阳霞飞农业开发有限公司带动了周边500多户农民发展中药材种植达5 000多亩，昔日荒山秃岭的山林地现已变成瓜果飘香的生态庄园。

谭霞倾情扶贫的突出成就，不仅赢得了苗乡群众特别是受惠困难群众的交口称赞，而且赢得了上级党委、政府和有关部门的充分肯定，先后被评为"全国农村青年致富带头人""怀化市优秀共产党员"，同时被选为湖南省第11次党代会代表、共青团湖南省委第15届兼职副书记。她的突出事迹，被《中国青年报》、湖南卫视等主流媒体深度报道。

杨博钧

侗族，湖南省怀化市通道县独坡镇坎寨村人，现就职于通道锶鑫电子有限公司

2000年春，年仅18岁的杨博钧由于家境贫寒，不得不外出务工谋生，他利用业余时间提高业务和文化素质，通读电子元件类书籍一百多本。凭借勤学好问、踏实肯干的韧劲儿，成为工厂的技术能手。2016年3月杨博钧回到家乡通道县独坡镇，被聘为通道锶鑫电子有限公司的生产车间技术主管，主要负责公司产品技术研发工作。目前该车间已形成了"1+4"发展框架（即，县城设主生产车间，分点在独坡镇设2个加工车间，在牙屯堡镇、坪坦乡各设1个加工车间），实现了城乡扶贫车间全覆盖。此外，杨博钧借鉴"外卖送餐"模式，为年龄受限、缺技能、"脱不开身"的贫困户、残疾人等特殊群体提供上门配送原材料服务，或允许他们把原材料带回家自己加工，让他们"在家门口就有事做"。从不足百人的代工车间开始，杨博钧就决定做好技术研发和创新，与广东美的集团等高新电子企业合作，新颖的产品和设计获得了源源不断的订单支持。同时，他不忘社会责任，先后捐资维修乡村小学校舍，为灾区捐款等。

2020年年初，一场突如其来的新冠肺炎疫情，让不少农村转移就业劳动者滞留家中。独坡镇坎寨村的贫困村民杨领芳无法出省务工，但该村锶鑫扶贫车间给她提供了一份稳定的工作，她表示爱上了现在"上班族"的生活，"以前发展种养殖产业很辛苦，收入还少，外出务工，缺乏技能，工作收入也不稳定，现在自己每个月都有收入，多做多得"。从土地、种植、养殖走向工厂，在坎寨村乃至全镇全县，有很多家庭妇女像她一样在家门口实现了转移就业增收。在杨博钧的扶贫生产车间里，还吸收了不少因家庭原因不能外出务工的贫困家庭劳动力，帮助他们"就业顾家两不误"，大大减少了留守儿童和空巢老人，使群众能够安居乐业。

通过扶贫车间带动县内劳动力就近就业582人，其中贫困户160人、固定正常8小时上班员工242人、带产品自主加工的员工340人，可为正常上下班务工人员每年就业创收2.5万元，带产品自主加工员工每年创收1.5万元。他负责的扶贫车间成为全县最典型的致富车间、扶贫工厂。杨博钧说，他的根在农村，他的梦想就是带领坎寨村及周边乡镇的村民尽快脱贫致富奔小康，真正实现乡村振兴。

湖南

罗新亮

湖南省新化县奉家镇第一居委会人，创建了湖南紫金茶叶科技发展有限公司

2017年3月，罗新亮外出福建务工，在一家小工厂从事制茶工作。2017年9月回到家乡，与朋友合伙成立了紫金茶叶科技发展有限公司。2018年罗新亮荣获湖南省"百名最美扶贫人物"称号。

为了提高自身的专业水平，罗新亮先后到福建、浙江、云南等地的茶叶公司进行加工技术和茶园管理方面的学习，到湖南农业大学、中国农业科学茶叶研究所和省茶叶研究所等专业机构参加培训和进修，远赴港澳台、日本、韩国等地参观学习，不断学习茶叶相关技术，提升自身业务知识。2019年他参加了澳大利亚国际茶叶博览会，代表公司向世界输出交流国际茶文化知识。在不断学习与实践中，罗新亮积累了丰富的经验，也让他在"以农业产业扶贫、助推乡村振兴"这条道路上有了更强的信心与决心。

为了做出高品质的茶叶，罗新亮在整个做茶的季节吃住都在加工厂，不分日夜地守在车间，不停地观察茶叶的变化进而适时采取下一阶段的工序。为了让自己在等待的过程中不会睡着，罗新亮还备好茶叶、书籍或学习资料，在车间一边守候一边学习。在传统的茶叶加工工艺技术方面，罗新亮不断寻求新发展。2018年，新化县域范围内的茶叶还在实行手工或半机械生产的状态下，罗新亮率先提出要引进专业的数字化茶叶生产线，让茶叶的品质标准化、生产现代化、机械智能化、环境清洁化，罗新亮这个思路很快就被公司采纳了，于是公司引进了全县第一条全自动数字化茶叶加工生产线，这不但提升了产品品质的稳定性，同时也提升了产品的卫生标准，更进一步压缩了生产成本。生产线可日产新化红茶1 000斤、绿茶500斤，而加工的新化红茶蜜香悠长、甘鲜醇爽、色泽橙红明亮，不仅有效提高了公司、茶农的经济效益，还大大提高了产品在市场上的竞争力，促进公司从传统茶产业向现代茶产业的跨越式转变。

罗新亮还专注于茶叶生产技术的精益求精，他所负责生产的"渠江红"红茶、"渠江贡"绿茶品牌连续三届荣获国家茶叶博览会和茶祖神农杯金奖，受到了社会各界的高度好评。

在自己不断学习提升的同时，罗新亮还帮助同事及茶农一起学习成长。他利用自己在全国各地所学的先进制茶工艺和茶园管理经验，不定期地组织茶农一起学习，针对贫困户，他更是热心地上门作技术指导。在他的热心带动下，公司生产部同事以及周边的老百姓都成了茶叶加工的能手。

李贤辉

湖南省涟源市荷塘镇牌头村人,创建了湖南世标健康科技有限公司

2020年6月,湖南世标健康科技有限公司被评为"湖南省示范性就业扶贫车间",在涟源市帮村带户脱贫活动中,李贤辉带领农民走向了小康之路,成为涟源市"决战决胜脱贫攻坚"活动中的杰出代表,多次得到上级领导的肯定,并先后被中央电视台新闻联播、CCTV13新闻频道报道扶贫先进事迹。

李贤辉15岁时因家庭困难辍学踏入社会,开过连锁画廊、家具店、装修公司和酒店,在路桥市政集团分公司工作过,也从事过以艾叶为主的艾制品健康产业开发。2019年1月,李贤辉把眼光瞄准大健康产业,毅然放弃省城优越的生活条件和创业基础,回到家乡荷塘带动村民以种植与加工为基础,创建了世标健康科技有限公司。

李贤辉依托中南大学、湖南农业大学等高等院校的科研成果,带动村民生产各类艾制品、艾绒等半成品原材料,现在每年可生产艾叶足贴与艾叶泡足产品5亿多包,年销售额突破几千万元,年创利税上百万元,产品销售覆盖全国,远销加拿大、韩国等国家和地区。

李贤辉富裕后不忘父老乡亲,捐资助学、赡养孤寡老人,深入宣传"考出一个孩子、脱贫一个家庭、带动一个寨子"的理念,让乡亲们充分认识到教育对于改变贫穷落后面貌的重要意义,将"创业"和"扶贫"紧紧地联系在一起。近年来,李贤辉与合伙人多次参与荷塘镇塘湾山里人基金会宣传活动,先后为留守贫困学生捐资捐物,累计金额上万元,还多次和公司同事一起资助寒门学子多人。

李贤辉为带动家乡经济发展,免费培训贫困人员。公司投产至今,完成销售2 100余万元,为当地35户贫困户解决就业,月平均工资在2 500元以上。2020年,在易地扶贫搬迁安置点成立新的加工车间,开发泡足包产品,安排贫困户15户,实现了贫困户由"输血"到"造血"的转变。2020年6月公司被评为"湖南省示范性就业扶贫车间"。

为帮助贫困户树立信心,鼓起脱贫致富的勇气,李贤辉组织举办各种形式的培训10余次,积极探索新形势下的种植业发展方式,种植业经济效益、社会效益均有明显提高。他积极利用农村荒山优势,引导群众开垦荒地种植艾蒿,发展艾草种植2 000余亩,采用统一采购种苗、统一保护价收购,降低种植户的风险,带动困难户60多户,帮助约180人在家门口创业就业,使他们逐渐走入科学化种植生产道路,提高了产品质量,增加了农民收入。

湖南 贺莉

湖南省双峰县印塘乡吴湾村人，现就职于湖南天宏材料科技有限公司

2004年，贺莉南下广州，开始了她的打工生涯，由于只有中专学历，刚到广州，她先进入到一家台资鞋厂做了一名普通的样品室员工，每天工作时间超过10个小时。长时间接触刷胶和贴底的工作，导致双手经常会磨出水泡，为了尽快摆脱这样的工作环境，贺莉在工作之余开始自学英语，同时参加自学考试，通过两年的时间取得了专科文凭。她坚持脚踏实地和积极向上的工作态度，一步一步得到了公司领导的认可。

2016年，贺莉应聘到湖南天宏材料科技有限公司，任职行政后勤岗位。当时湖南天宏由于内部管理制度缺失导致管理非常混乱，劳动纠纷非常多，贺莉到了新的工作岗位以后，协调处理了遗留的10起劳动纠纷，同时从规范用工到员工守则一项一项建立制度，再亲自组织给每一位员工培训。3个月后，湖南天宏内部管理呈现一片从上到下井然有序的状态。从那时开始，她一周要面谈三位员工，了解他们的工作以及生活状况。在了解到有些员工子女就近入学有困难时，她亲自为他们联系附近学校，配合办理所有的入学手续，解决员工的后顾之忧。在政府倡导企业参与扶贫工作时，在企业有用工需求时，她组织对于建档立卡贫困户的劳动力予以优先安排，公司现在已经先后安置了10名贫困劳动力，通过就业让这10个家庭真正走出了贫困。现在的贺莉，她觉得打工对于她来说不仅仅是一份简简单单的工作，更多的是她可以在工作中体现和寻找到她的社会价值。

2012年和2017年，贺莉以农民工代表身份当选为湖南省第十二届和十三届省人大代表。在省人大代表履职期间，贺莉以产业转移到内地的劳动密集型企业为出发点，从社会保险与劳动用工成本对劳动密集型企业的影响等方面提出相关建议，企业在降低用工成本的同时，也应将农民工薪酬福利保障履行好，同时，她多次提出有关农村垃圾处理、留守儿童和空巢老人等方面的建议，倡导在外务工的农民工回乡就业，不仅可以解决目前劳动密集型企业面临的用工难问题，同时也可以从根本上解决留守儿童和空巢老人无人照顾的问题，让更多的人少有所养、老有所依。

周祖辉

苗族，湖南省凤凰县廖家桥镇樱桃坳村人，创建了湖南省周生堂生物科技有限公司

周祖辉，湖南省周生堂生物科技有限公司创建人兼产品研发员，湘西青年企业家协会会长，凤凰县农村致富带头人协会会长，凤凰县第十七届人大代表。

2001年7月，周祖辉中专毕业，因家徒四壁，成绩一直在班上名列前茅的他不得不外出学修电器手艺打工赚钱。2001年7月，他南下广东，通过自身的不懈努力，月薪由350元一路飙升至8 000元。2008年他回乡探亲后，决定返乡创业。他先后摆过地摊、卖过小家电、开过小旅馆，但均以失败告终。2011年，周祖辉经过近半年的实地调研和充分论证，结合湘西地区实际，依托吉首大学科研优势，成立了凤凰县周生堂绿色食品厂。

2013年，周祖辉与吉首大学合作研发，把基地原来丢弃的仔柚、畸形柚全部予以收购加工成蜂蜜柚子膏，同时，用柚子肉来酿造白酒，最高可以达到68度，并申请了专利。周祖辉自己致富的同时带领多名返乡农民工创业，与他同村的返乡农民工周力军在他的支持下开了两家店面，年收入20多万元；凤凰县沱江镇高峰村滕召群在他的支持下创业开店，年收入已达十几万元。

凤凰的一线一品是猕猴桃，周祖辉看到农民丰产不丰收，主导研发了猕猴桃系列产品，解决果农销售难的同时提高了产品的附加值。经过几年的发展，公司目前建立猕猴桃、柚子种植基地1 000多亩，基地与199户（750人）建档立卡贫困户签订帮扶协议，通过分红的模式带领750人脱贫致富；解决200多人就业，其中就业困难人员、建档立卡贫困户80多人，短期用工1 000多人，让更多农民工可以就近就业。2018年、2019年累计收购果农水果2 500多万斤，解决了果农销售难的问题。

2017年公司被国务院扶贫办、人社部确定为"全国就业扶贫基地"。近年来，公司多次被国家、省、州、县等各级领导在带领农民致富方面给予充分肯定。2020年9月17日，周祖辉作为基层代表参加了习总书记在湖南的座谈会并作为代表发言。

在个人得到成长的同时，周祖辉不忘积极回馈社会。他先后组织捐资近50余万元，资助了80多名学生重返校园。2020年9月，周祖辉资助了凤凰县木江坪镇万兴村的三名建档立卡贫困户大学生及初中生，给他们送去了资助金和生活费。

周祖辉认为，只有踏踏实实做人，诚实守信做事，努力做好带头人，才能把产业做大做强，让更多农民可以在家里赚更多的钱。

湖南 张兴乐

土家族,湖南省永顺县塔卧镇七里坪村人,现就职于酒鬼酒股份有限公司

2003年,高中毕业的张兴乐选择去参军。2003年12月至2008年12月在中国人民解放军68222部队服役,其间取得了西安政治学院军队律师自学考试大专文凭。2009年9月进入酒鬼酒公司工作。

2015年被湘西州经信委评为"优秀共产党员",2018年6月荣获湘西州国资委"优秀共产党员",2018年12月荣获酒鬼酒公司"十佳员工",2019年荣获酒鬼酒公司"优秀共产党员"荣誉称号。

自2009年入职酒鬼酒公司以来,张兴乐先后从事了酿酒工、酿酒骨干、制曲班班长等工作。不管在哪一项工作中,从包装车间的在线成品酒品评到基酒验收定级品评,再到库存基酒样的复评、小样组合、成品酒的酒体设计等工作,他都精益求精,力争做到更好。

为了做好工作,保证产品质量,他每次都从头至尾地跟踪所有流程,直到满意为止,有效地保证了产品质量。

此外,他还参加了"共享窖池"和"馥郁香型低度白酒"两个创新科研项目研发工作,参与研发方案的编写,从理化指标的设计和口感的设计入手,精心组合试验小样酒,严格进行过滤、冷冻实验、贮存期观察、复评等技术工作,展现出超强的专业技术能力。他在2016年取得了国家高级品酒师资格证书,2018年以优异的成绩被聘为湖南省第十一届白酒评酒委员。

2020年1月26日,接公司党群部疫情防控的通知,他协助书记对部门人员逐一进行摸底排查,把疫情防护相关信息及时传达到每一个人,同时了解每一位人员春节假期的出行、健康等生活动态,及时上报给公司,把公司防疫工作落到实处。

2月10日公司复工后,他排查完成了"酒体设计室流动人员表""新型冠状病毒疫情防控员工个人信息排查登记表",详细记录每一位员工假期出行、健康等情况,及时上报给公司党委。他还负责请领疫情防控物资,把口罩及防疫消毒用品发放到每一名同事手中,并做好登记,确保防控物资分发到位。并在每天上班前,先进行负责区域的消毒工作,彰显党员的模范与担当。

在做好疫情防控工作的同时,他的工作业绩也很显著,完成酒体设计200吨,复评陶坛基酒1 080个并组合,参与基酒品评验收定级287坛,参与酒质审批7个,完成低度酒研发管理改善方案和基酒管理改善方案,做到了疫情防控和复工复产两不误。

作为一名共产党员,他始终对自己高标准、严要求,努力以"全心全意为人民服务"为宗旨做好各项工作,为实现社会主义现代化建设事业努力奋斗。

王超

四川省自贡市大安区新店镇晏家村，现就职于广州红谷尚品集团

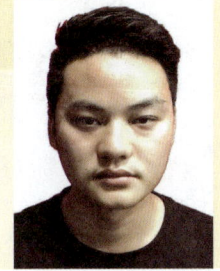

王超2003年到广州务工，2011年入职广州红谷皮具有限公司（2017年更名为广州红谷尚品集团），有一定的专业技术水平，很快掌握了业务技巧，融会贯通，融入工作当中。

王超以实干精神为原则，在公司企业文化下，对团队有一种"家·伴伙"的归属感，与同事相处得非常融洽，并很快得到同事的认可和上级的肯定。2014年至2017年曾多次参与公司的专利工艺研究工作，并获得十几种专利。参与公司三次工艺变革和两次托料的创新，使公司产品不断改良升级，既降低了成本，也提高了利润。无论取得多大的成绩，他始终都对生活和工作保持一种积极的心态，不断学习和创新。

王超深知产品是一个企业的根基，他对员工、对自身都以一个更高的标准去要求，因此，2016年和2017年连续两年获得公司年度"中流砥柱"奖；在2017年公司年会上，所在部门荣获"众志成城"团体奖；2019年五一劳动节被评为"广州市劳动模范"；在2020年第二十届"真皮标志杯"中国国际箱包皮具设计大赛中获得"男包类"银奖。

广东 方国红

湖北省监利县桥市镇底湖村人，现就职于广州南洋电缆集团有限公司

方国红，在广州南洋电缆集团有限公司负责安全办公室工作，他兢兢业业，任劳任怨，牢记岗位职责。他深知安全生产的重要性，从事安全生产管理工作16年，干一行、爱一行，始终把安全生产放在各项工作的首要位置。在安全办公室工作以来，他经手的项目从未有重大安全事故发生。

每次安全生产检查时，对查出的安全隐患，他都第一时间下发事故隐患整改通知单，定责任人、定措施、限期整改，并追踪检查整改效果，最大限度地消除隐患，确保万无一失。他多次获得区应急管理局领导的好评，也受到了同事们的一致好评。作为安全生产工作人员，他扎根生产一线，甘愿奉献，为安全生产保驾护航。

在做好本职工作的同时，方国红在业余时间积极参加各项活动，以自身经验和专业知识为依托，向广大群众普及安全生产的重要性以及在日常生活、工作中如何做到安全生产，用一言一行影响身边人。在2015年广州开发区、萝岗区"加强安全法治、保障安全生产"演讲比赛活动中荣获二等奖，并荣获"广州开发区2015年度安全生产示范员工"称号；2017年参加"122全国交通安全宣传日"征文，荣获第一名；参加"2018安全趣味运动会"，分别荣获"消防水带连接"二等奖，"灭火器使用比武"和"劳保用品穿戴技能比武"两个三等奖；荣获2018年永和街"119"消防安全宣传征文比赛二等奖；荣获2019年度"黄埔最美员工"荣誉称号。

邓兴斌

瑶族，湖南省汝城县三江口瑶族镇上里瑶族村人，现就职于广州顺丰速运有限公司

邓兴斌是一名退伍军人，现在广州顺丰速运有限公司桥中营业点工作。在2018年广州市总工会及广州电视台联合举办的"最美快递哥"评选中，邓兴斌荣获"最美快递哥"称号；2019年，邓兴斌荣获"广东省五一劳动奖章"。

12年的收派工作历程，邓兴斌去过很多区域，从写字楼到工业园，从工业园到住宅区，无论在哪种类型的区域，都深受客户及同事喜爱。在分部，他是领导眼中的优秀员工，徒弟心目中的超级师傅，是分部同事的好大哥，员工评价他"不是亲人，胜似亲人"。

在一次派件中，有位客户寄出一票十万火急的香港即日件，当时已接近晚上10点半的截单时间，他收到件后心想如果当天到不了香港，可能会对客户造成巨大损失，无论如何都要及时送达。因此他进行了紧急处理，立即报告主管，协调安排车辆接回仓库，最终保证快件当天晚上送达。一次、两次，每次遇到紧急快件，他都能帮助客户将快件顺利送达，为客户创造最佳的服务体验，同时他也赢得了客户的充分信任。

在新冠肺炎疫情发生后，邓兴斌积极响应号召，自觉配合疫情防控工作，他也成为一名"逆行者"，提前返回工作岗位。他坚持每天7点准时到网点，到岗后进行快件场地6S消毒消杀等，然后对每一位上班收派件的其他同事进行体温检测，询问一线快递员身体是否正常，接着开始对每一个班次的到达快件进行消毒处理，每天消毒快件量大约为3 500件。忙完正常工作后，他会来到顺丰临时服务点进行工作巡检，并对临时巡查服务点的快递员强调务必做好防疫安全防护，做好服务点内防疫物资的正确使用，做好快件收发工具用品的消毒，确保每一个人都平安健康。在这场没有硝烟的战争中，邓兴斌和同事们一直在抗疫路上，并坚信一定能早日打赢疫情防控阻击战。

广东 刘志杰

河南省太康县马厂镇姬庄行政村人，现就职于中船黄埔文冲船舶有限公司

刘志杰，总装部机装作业区机管班班长，主要负责船上管路系统安装、报验及配合设备调试等工作。进入公司工作 11 年，从刚进入公司的小工逐步成长为一名合格的班长。他主要负责 H3080 饱和潜水船、H6016 风电平台、H6011 居住平台、H5666 耙吸挖泥船、H5550 集装箱船、H6018 插桩船等机舱区域管子安装密性等工作。特殊产品船对机管班来说是一个严峻的挑战，例如饱和潜水船、风电平台、耙吸挖泥船的机舱管路安装和舱室完整性报验及管路系统完整性报验工作都是在他的带领下一项一项挑战成功的。其中耙吸挖泥船施工时他以身作则，带领班组人员钻舱室、爬脚手架清查各个系统，班组员工任劳任怨，自觉加班加点抢生产计划节点。在班组共同努力下，20 天完成了 9 月 10 日机舱全部系统完成工作，出色地完成了 H5666 的生产任务，得到部门、作业区的一致认可。

为了进一步提高全员质量意识，他加强班组质量建设，落实生产责任制，贯彻落实"三检"制度，使所负责的生产产品保质保量流入下道工序。作为现场生产班组，施工过程中他督促和检查工具和材料的正确使用，采用有针对性工艺交底强调施工的难点，纠正以往易犯的错误，从源头上减少质量事故发生的可能性。针对 H5666 船船东要求高的情况，他严格按照工艺要求进行自检，经过努力，报验合格率达到 100%。在安全方面，他认真执行"三检一查"方针。针对每天不同的施工环境，对区域进行安全交底，现场布置确认，不断加强现场巡检，把安全风险扼杀在萌芽状态，他负责班组的生产安全目标是"生产再忙，安全不忘"。在 6S 方面，他每天下班前 10 分钟从每个细节做好施工区域的清扫整理工作，赢得了安全员及项目组的赞许。他积极响应作业区提出的"8 小时上岗作业制"，充分发挥"班组六大员"职能。他积极参与由公司和作业区组织的"传帮带"活动，利用周六早会，班组一起学习理论知识和分享岗位技能。他一方面努力提高班组成员安全思想觉悟、理论文化水平及业务操作技能；另一方面注重加强安全教育培训，班组坚持以人为本，以现场为阵地，以管理为重点，引导班组成员从思想上和行动上提高控制不安全因素的能力。

江其

广西壮族自治区玉林市博白县凤山镇鸡塘村人,现就职于广州市公安局海珠区分局赤岗派出所

江其,2012年12月入职广州市公安局海珠区分局赤岗派出所,现在海珠区视频监控中心任职,主要负责视频监控室日常案件研判分析、组织便衣组伏哨打击嫌疑人等工作。作为一名辅警骨干,在思想上,他积极上进,以周边先进人物为坐标,勤学苦干;在工作中,他高标准、严要求,不怕困难,敢于迎难而上接受挑战;在生活中,他乐观开朗、积极向上、乐于助人,富有团队精神。他在2014年度考核中获得"十佳监看员"称号,党的十九大期间获得"安保之星"荣誉称号,多次在年度考评中获评优秀。

作为一名辅警,工资待遇并不高,也没有执法权,在朋友眼里不是一个好工作,可是,江其就是喜欢,所以尽职,也因为喜欢,所以快乐。在赤岗视频监控中心,江其和其他民警、辅警相处得十分融洽,同事们都很喜欢他、信任他。作为一名有技术能吃苦的在读大专生,他不但能够真诚地指出同事的错误和缺点,更能够正确地对待同事给予他的批评和意见。他时刻严格要求自己,严格遵守各项纪律规定,他虽不是正规的警察,却用警察的标准去要求自己,从不松懈。由于江其的工作表现突出,自入职以来,通过其扎实的工作技术和高度的责任心,结合现代视频应用的多纬度操作及善于分析的头脑,为赤岗派出所提供犯罪嫌疑人线索2 900多条,协助民警抓获各类犯罪嫌疑人852人,其中刑事拘留370人,协助侦破刑事案件460多宗。作为一位骨干队员,江其认真学习业务知识和管理经验,在警务工作中,能把理论和实践相结合,为群众排忧解难,更好地协助民警开展赤岗辖区的警务工作,为赤岗辖区的治安管理贡献自己的力量。

广东 李岳龙

广东省潮州市饶平县新圩镇人,现就职于南源街来穗人员和出租屋服务管理中心

李岳龙在广州市荔湾区南源街来穗人员和出租屋服务管理中心任出租屋管理员一职已有8年多,先后荣获2015—2019年度广州市荔湾区南源街"先进个人"荣誉称号。

他任职至今,做到辖区内出租屋"零治安案件、零消防事故"。他除了通过上门走访登记外,还积极与房屋中介公司、楼长和物业管理公司协调报送出租屋登记信息,更灵活运用电子门禁系统数据更新等多种方式,提高来穗人员和出租屋的登记纳管率。他在工作中坚持四勤,即"手勤、脚勤、嘴勤、脑勤",以提升自我业务能力。他定期在辖区内开展出租屋"地毯式"清查行动,及时对消防隐患、重点人员进行上报,形成工作台账,有效遏制了出租屋安全事故的发生。

他积极参与文明社区建设,充分发挥文明劝导员的作用。他做好宣传,深入到来穗人员中去收集对创建文明城市的意见,让来穗人员参与到城市的发展建设中,使其更好地融入广州,提升他们的幸福感与归属感。他协助街道办事处其他科室开展各项工作,如五类车的查处、登革热防控、防诈骗公安服务号推广等工作,为南源街联合治理工作贡献一分力量。他加入广州市荔湾区人民武装部民兵应急连,参与应急连各项集训,通过集训加强身体素质的同时提升突发事件的应急能力,并且他还充分发挥自己的民兵身份在社会建设中的作用,随时为社会维稳工作贡献自己的力量。

2020年新冠肺炎疫情期间,为响应防控号召,他大年初二火速从老家返回岗位,投入到防疫工作中。他以高度负责的担当精神坚守岗位、冲锋在一线,把各项防控工作落实到位。他参与辖区来穗人员的全面摸排,对重点疫区返穗人员的动向进行全面的核查和上报,确保源头管控到位;参与街道体温监测点和辖区内公交站点24小时轮守值班,对过往车辆、人员全面排查,登记测温;坚持做好防疫宣传,挨家挨户上门开展穗康码的推广和科学防控小知识的宣传工作,为人民群众身体健康和生命安全筑起坚实的防线。

李家彬

广东省茂名市电白区林头镇大器村人,现就职于广州市越秀区环卫清洁作业中心

李家彬,2011年参加环卫工作,成为一名普通的环卫工人,他没有显赫的地位,没有惊天动地的壮举,从事着普通甚至有人认为低贱的工作,他以超群的品质、辛勤的劳动,默默地付出着。2016年他光荣当选为广州市第十五届人大代表;2017年荣获越秀区城市管理工作百名"环卫之星";2018年荣获广州市"优秀城市美容师"称号。

李家彬刚参加环卫工作时担任一线保洁员,每天早上5点钟开始驾驶扫地车协助环卫工人进行路面清扫,不管刮风还是下雨,他都一心一意地做好本职工作,兢兢业业,从不计较个人得失,得到了单位领导和同事们的一致好评!2014年11月他被破格升为质检员,成了一名基层管理人员。在管理清洗组工作时,他每天根据任务安排,组织好白班、夜班的清洗车辆对人行道、快车道、侧石边、高架桥、桥墩、引桥、护栏等区域进行清洗,同时安排白班洒水车对重点区域主干道进行清洗,降尘洒水。为加快清洗进度,他利用废旧的发动机、废旧高压水泵加工改造出喷药机,提高了清洗时涂抹药水的效率。

2018年9月,台风"山竹"袭击广州,越秀区辖内不少树木被吹倒,大街小巷到处都是被折断的树木和满地杂物,道路上一片狼藉,交通严重堵塞,主干道尤为严重。接到上级复工通知后,李家彬主动申请加入单位应急队伍,并担任应急小组组长,带领本组30名队员连续作战24小时,对重要路段进行灾后清运,为全区主干道能够在较短时间恢复干净、整洁做出了积极的贡献。

当选为广州市第十五届人大代表后,他妥善安排好本职工作,利用空余的时间认真学习《中华人民共和国宪法》等法律法规,为依法履行代表职责打好基础。通过不断学习提高履职能力,积极参加代表活动,深入基层了解民情,倾听选民的呼声,集中民智,反映民意,积极提出代表建议,尽自己的能力为选民解决实际问题。

广东 肖家强

安徽省金寨县果子园乡吴湾村人,现就职于广州和信实业有限责任公司

肖家强,2007年3月入职广州和信公司至今,先后从事人事档案员、总经办秘书等岗位。现为公司支部宣传委员和人力资源科主管,他还兼职党、团、工会的工作。他2010年2月被狮岭镇政府表彰为"十佳爱岗敬业先进个人";2011年6月被狮岭镇党委表彰为"2009—2011年优秀党务工作者",被中共花都区非公有制经济组织工作委员会表彰为"2010—2011年先进党务工作者"。他是花都区工会第十四次代表大会代表,共青团花都区赤坭镇第十七次代表大会代表,赤坭镇总工会第一次代表大会代表。他2015年6月、2018年3月先后到浙江大学、韶关学院参加党建培训。

在平时的工作中,他严谨求实,坚持原则,敢于担当。无论任职何种岗位,他都能很好地完成各项任务,发挥一名党员的带头作用。他多次负责完成大型学习组织活动,牵头组织开展了"深入学习实践科学发展观教育""创先争优活动""创建节约型企业"争创"优秀员工"等活动,在公司营造了良好的党建氛围和积极向上的工作环境。在2020年春节期间的抗击新冠肺炎疫情战疫中,他更是以身作则,勇于担责,树立了良好的党员形象。

2009年至2011年他一直主导工厂内部刊物《和信专刊》,一共发行两百多期。自2018年6月集团《和信家园》及微信公众号开创以来,他积极参与企业文化宣传工作,通过公司内刊党建专栏,及时宣传党的路线、方针、政策以及党的重大政治、经济活动等,及时向党员和员工传达党的政策和信息。同时,他积极报道分享企业的重大活动、好人好事等,做到了弘扬正气,唱响主旋律。2018年至今他共投稿135篇,发表文章114篇,连续两年荣获集团"最佳通讯员"称号。他不但是了解基层、发掘素材、客观报道的工作先锋,同时也是企业文化的宣导者、践行者。

陈芳东

江西省赣州市大余县樟斗镇蕉坑村人，现就职于广州市泰亦信电子科技有限公司

陈芳东，44岁，中共党员，江西省赣州市大余县人，曾任广东步步高电子工程有限公司技术员、品质主管和部长、分厂厂长等职务，2010年起在番禺区沙湾镇创业，现为广州市泰亦信电子科技有限公司经理，番禺区沙湾镇流动党员和镇义工联志愿者。

作为一名企业管理者，他致力于企业的创新与发展，在企业得到健康持续发展的同时，为沙湾的就业以及经济发展做出了应有的贡献，也赢得了社会、员工和广大来穗人员的一致好评。近年来他先后被评为大余县优秀共产党员及樟斗镇优秀共产党员、大余县十大优秀外出务工青年；当选为大余县第十四届政协委员；2018年被评为广州市番禺区第七届"金雁之星"十佳来穗人员及番禺好人。他在平凡工作岗位上做出了不平凡的业绩。

作为一名来穗人员，陈芳东积极向党组织靠拢，2013年以优秀来穗人员的身份光荣加入了中国共产党，2014年3月加入了沙湾义工联组织。在加入党组织和义工联志愿者后，他经常参加、组织开展各项党员和义工活动，积极参与党组织和义工联开展的中秋、春节敬老爱老送温暖、青少年关爱之旅、扶贫助学、义务献血等活动和志愿服务。在沙湾镇义工联青少年服务组多年开展的助学活动中，他不但自己带头捐款，还发动群众捐款，累计发动捐款1.5万多元。他还热心帮助有困难的人群，只要在微信朋友圈看到众筹救助的真实信息，都会及时伸出援助之手，给予300~500元的捐助。截至目前，他至少援助过上百人，累计有据可查的金额达到5万多元。他以自身实际行动弘扬着社会正能量。而在我国多次地震、干旱、水涝等自然灾害中，他不但带头捐款，还积极组织公司员工踊跃捐助灾区。

他充分利用节假日时间，积极参加党员进社区志愿服务活动，结合"清洁番禺"活动，在其所居住的社区清垃圾、铲广告、扫街道、除杂草，在社区环境整治、小区基础设施建设和物业管理等方面提出了很多合理化的意见和建议，同时他还组织志愿者积极为学生维持交通秩序。2020年年初新冠肺炎疫情期间，他以党员身份主动加入防控队伍，认真做好值班站岗、入户排查和防控宣传等志愿服务工作。

陈燕文

广东省湛江市遂溪县杨柑镇老村人，现就职于广州市殡葬服务中心

陈燕文是广州市殡葬服务中心公墓管理部的一名农民工，从事殡葬行业已有17年，曾荣获广州市殡葬服务中心2014年度优秀个人、2017年度广州市优秀异地务工人员、广州市殡葬服务中心2018年度先进个人荣誉称号。

2003—2014年，陈燕文从事公墓管理部护卫员工作。在墓园护卫员岗位上，他爱岗敬业，尽忠职守。长期以来，他以"守墓人"的身份面对各种恐惧心理压力和世俗偏见，以园为家，长期驻守在墓园里，默默奉献。他以主人翁的态度干一行爱一行，主动学习安防技能和业务知识，并总结工作经验，积极为墓园的发展建言献策。例如，他对墓园安全设施配置、安全管理办法、日常防范措施落实、安全隐患排查堵漏等提出了颇有价值的建议。他具有较强的责任心，除了做好日常安全工作，每年清明节市民祭祀先人活动高峰期，近万辆车和过十万人流进入墓园时，他每天总是第一个到岗，最后一个下班。每逢晚上刮风下雨，他也会骑上摩托车在墓园内巡查一番，确保墓园的安全。

2014年6月，由于单位内的人员调整，陈燕文从护卫部调到了坟场组工作，工作岗位的转换，使他感到一切都很陌生，但他通过不懈的努力和在同事们的悉心帮助下，很快就适应了新的工作环境，并掌握了该岗位工作的具体操作。陈燕文自觉遵守单位的各项规章制度和国家的法律法规，从不迟到、早退，能按岗位职责要求脚踏实地、勤勤恳恳地工作，在工作中做到不怕苦、不怕累、不怕脏、不计较个人得失，虚心向老同事请教，自觉抵制不正之风，拒收红包，坚决服从工作安排，出色地完成了各项工作任务，得到了同事们和顾客的肯定，并多次受到表扬。

罗忠意

湖南省新邵县迎光乡大坻村人，现就职于广州市雄星塑料制品有限公司

罗忠意在广州市雄星塑料制品有限公司生产部工作，自2006年入职以来，热爱集体，热爱本职工作，遵纪守法。

他认真执行质量标准化，加强现场管理，夯实标准化工艺基础工作，和技术部、销售部保持良好沟通，及时改进客户反馈的品质问题，分析原因后拟定整改措施，对造成品质问题的责任人，提出按责任大小给予相应处罚的措施意见。由于他采取了严格的管理制度，杜绝了品质检验走过场、检查留死角的现象，客户投诉退货率由0.5%降低到了0.2%，全面提高了品质标准化管理水平和客户满意度。

罗忠意十分重视安全生产工作，认真落实安全生产工作措施和要求，在公司召开的每次会议上都强调安全生产工作的重要性，宣传"安全第一、预防为主、综合治理"的方针，参与新员工入职培训，多方面促进安全生产工作，公司连续三年来安全事故工伤发生率下降到0.3%，对员工安居乐业、家庭幸福起到了积极的社会作用。

罗忠意在工作中按章办事，规范管理，严格把关，兼顾安全、品质、产量、损耗等绩效指标，受到公司领导和同事的一致好评。

广东 周创伟

广东省惠来县神泉镇人,成立了广州鹏广信息科技有限公司

周创伟来自广东省惠来县的一个小渔村——图田村,家里长期靠海维生,经济拮据。1999年他考上了中专到广州读书,却连学费都要靠家里亲戚东拼西凑,就读期间,周创伟积极参加各类活动,丰富了社会经历,他通过销售IP、200卡解决了自己的学费和生活费。为了改变生活艰难的困境,他从小就立志要干一番大事业。周创伟在学习理论知识之余,也深知实践的重要性,他争取了提前实习,还先后尝试经营服装加工和酒店清洁外包的自主创业项目,但由于经营管理不善均失败了。这两次失败的经历并没有让周创伟感到气馁,他再次回归打工仔的生活,到一些知名企业工作以丰富自己的技能、经验,提高综合素质和扩充人脉。他在2002年3月加入了广东盈信科技有限公司,其间获得了新人奖、优秀员工奖等,凭着敢闯敢拼的精神,不到3年时间晋升为区域经理,2008年盈信深圳公司重组,因此离职。虽然又面临失业的困境,但周创伟保持着积极的心态和饱满的精神面貌,在同年12月顺利入职北京诺恩科技有限公司,负责广东省、广西壮族自治区、海南省的自助终端设备销售,因工作表现优异获得公司领导及客户的一致好评。

就业环境的好转和生活的安逸并没有消磨他的雄心壮志,周创伟一直谨记着他的创业梦。2012年9月,借移动借用铁通的资质投入运营宽带的契机,周创伟成立了广州鹏广信息科技有限公司。2012年起,公司先后与广东省移动签订自建自维城中村(岑村、凌塘、小新塘)等的协议,其中自投自建自维的岑村网络,是广东省移动第一个由第三方民资建设的城中村试点项目,得到了省公司和市公司一致好评。

周创伟从学费东拼西凑的困苦局面,跃升为注册资本百万的公司执行董事,主要是因为其不畏艰辛、坚持不懈、勇于尝试、敢于创新的精神。在公司不断发展的同时,周创伟的创业之路也带动了37名公司员工的就业,为他们创造了更加良好的生活条件。截至目前,公司建有10间运营商门店,承接了车陂、黄村、珠吉、前进、长兴、新塘街道属地化宽带营装维项目,妥善解决了5个城中村、80个小区的移动宽带用户的所有报装、开通、维护等工作,为响应国家降费提速贡献了力量。

周贵迎

广东省茂名市茂港区羊角镇大同黄坭田村人,现就职于广州公交集团第二公共汽车有限公司维修事业部

周贵迎,现任广州公交集团第二公共汽车有限公司维修事业部萧岗保修车间主任助理。

他善于创新,为公司增收节支。公司原用设备容易出现故障,且成本较高。他潜心考察,提出更换国产品牌UBC轴承6306 RZ和6307 RZ轴承,在保证安全和效率的前提下,每台车节省776元,降幅为88%,为公司节省大量的维修费用,且国产的UBC轴承修复的备件于2014年12月安装在12507#车上,经过半年时间跟踪,其性能稳定、质量可靠,现已经在车间内推广使用。

他谦于学习,迅速成为业务骨干。作为底盘工种,他在电子电路方面知识基本是从零开始的。他通过翻查电路书籍,将实验台的各个电器部件"吃透弄明"。他研制出适用(奥特、三浪)中央润滑加注器检修试验台,被评为2015年第二季度技改成果一等奖,二汽公司2015年度青工"五小"创建优秀奖,被团市委评为2015年度广州市青工"五小"优秀项目。

他乐于分享,为公司培养大批优秀人才。作为维修事业部内部讲师和车间管理者,他积极通过"传帮带"工作,设立新职工专职培训班组,根据各时期车辆维护保养工作重点,制订培训方案,一对一、手把手地培训。他定期开展"送教上门""专项技术帮扶"等培训工作。通过"以点带面"的方式提升全体维修技术人员的整体技能水平。他还以新媒体形式分享给大家,方便职工们随时随地学习新技术知识。

他勤于履职,充分发挥人大代表建言献策作用。2019年当选为广东省第十三届人大代表后,他恪尽职守、履行职责,积极参加市人大常委会调查、视察等活动并踊跃建言献策。在省第十三届人代会期间审议发言3次,领衔提出代表性建议3件,参与联名提出代表性建议4件,涉及公共交通、环境整治及城市建设等多个方面,为推动广州绿色、健康、安全发展做出了努力。

周贵迎的辛勤付出获得了充分肯定,2012年被评为维修事业部优秀工会会员、维修事业部隐患排查能手;2014年获二汽公司青工"五小"创建优秀奖、维修事业部优秀员工;2015年获维修事业部技改技革成果一等奖且被二汽公司维修事业部聘为首席技工;2016年获维修事业部优秀班组长;2017年荣获维修事业部优秀首席技工、维修事业部优秀班组长和"广州市优秀异地务工技能人才"称号;2019年获得"广东省五一劳动奖章"。

广东 赵克勤

四川省巴中市巴州区大罗镇双鱼村人,创立广东川奥高新科技有限公司

赵克勤,2002年到广州务工,坚持勤恳敬业,务实创新,遵纪守法。先后创立广州川奥体育设施有限公司、广东川奥高新科技有限公司。

在赵克勤的带领下,川奥人不断创造新业绩。2004年,公司产品成为中国香港亚洲体育公司指定供应商,随着公司的发展,产品逐步出口东南亚、欧美、非洲等地区。2005年,他实职组织研发的幻彩地垫荣获国家发明专利、多项实用新型专利;2006年,川奥体育产品实现年产量超过2万吨,成为全国SBR颗粒最大生产供应商;2010—2012年,川奥体育先后成为广州亚运会地面材料供应商、天河体育中心跑道项目材料供应商和深圳大运会场馆地面材料供应商,并成为南非世界杯主场馆材料供应商;2016年,川奥工厂竣工并引进全自动化生产线,被广东省政府授予"高新技术企业"称号;2017年,川奥体育被政府授予"安全生产示范单位";2018年,成为《合成材料面层健身步道要求》参编单位,他名下公司分别纳税70.12万元、272.59万元,成为A级纳税人;2019年,他名下企业提供超过100个就业岗位,大大提升了当地就业率,并与广东高校进行校企合作,共同研发。目前,公司拥有8项橡胶产品国家发明专利授权、19项新型专利、23项外观专利和4项软件著作权,这些都是赵克勤带领团队坚持在创新中探索、在实干中前行的成果展示。

除此之外,赵克勤积极投身到社会公益事业中,如"学区物资捐赠""美丽乡村建设""广东6·30扶贫济困日""新冠疫情捐赠""贫困学校跑道捐赠"等公益活动,他希望能尽自己所能回报社会。他及他创办的企业先后获得"团嘉奖""A级纳税人""巴中商会2018年度特别贡献奖""2018年中国体育场馆协会的十大杰出人物"等荣誉,并接受广州日报、广州竞赛频道、英德电视台、当众体育等媒体先后报道其个人事迹。

钟伟涛

广东省五华县龙村镇塘湖村人,现就职于广州市道路养护中心北城养护所

钟伟涛于 2012 年 7 月从广东省交通运输技师学院毕业后进入广州市道路养护中心北城养护所工作,在工作中,他遵纪守法、刻苦工作、踏实向上,具备良好的职业道德素养,多年来出色完成单位安排的各项日常养护和应急任务,是北城养护所表现突出的农民工优秀代表。

自 2012 年中专毕业进入养护单位进行机械操作,他不断扩展机械操作的理论和实践水平,尤其是加强了操作的练习,目前他可以熟练操作沥青推铺机、挖掘机、装载机、压路机、高空作业车、平板清障车、随车起重机、沥青搅拌站等大中型设备,也考取了高空作业车操作资格证、中级筑路机械操作资格证、中级筑路机械维修资格证以及高级公路养护工资格证。钟伟涛还利用业余时间进行学习深造,先后取得大专、本科文凭。此外,他还勤奋学习,钻研技术,精通业务,勇于创新,并结合自身机械学习专业知识和日常实际工作经验,通过努力实践,不断尝试,个人获得"高速公路中绿化带洒水装置"等两项实用新型专利证书。

2013 年在广州水巴开通导乘志愿者服务工作中被授予"先进个人"荣誉称号;2013 年获得广州市道路养护中心团委"优秀志愿者"荣誉称号;2014 年获得广州市道路养护中心第二届"青年养护能手实操竞赛"第三名;2014 年被评为广州市道路养护中心北城养护所年度劳动竞赛先进生产(工作)者;2016 年 6 月,荣获广州市道路养护中心第四届"青年养护能手"沥青坑槽修补比赛个人第一名和团体第一名;2016 年 9 月荣获第八届全国交通运输行业职业技能竞赛装载机广东省选拔赛第二名,代表广东省参加全国比赛;2016 年 10 月荣获第八届全国交通运输行业职业技能竞赛荣誉证书;2019 年 9 月荣获市道路养护中心"庆祝新中国成立 70 周年"养护工职业技能大赛个人第三名和团体第二名;2019 年 12 月荣获中共广州市直属机关工作委员会"学用新思想,建功新时代"征文活动二等奖。

2020 年 1 月 27 日开始,北城养护所按上级通知要求在 105、106 国道防控新型冠状病毒 24 小时测温点,他主动请缨报名加入测温工作小组,大年初四连夜开车赶回单位,迅速投入到 24 小时值班检疫工作中,守在 105、106 国道防控新型冠状病毒 24 小时测温点。开展疫情防控工作以来,他连续二十多天坚守一线,在开展日常公路养护保障公路安全畅通的同时参与测温工作,和青年团员们日夜奋战,充分发挥先锋带头作用。

广东

姚倩

陕西省澄城县韦庄镇西南村人，现就职于广州快速交通建设有限公司

姚倩，现任广州交投集团辖下机场高速黄石收费站督导员。她来自北方革命老区陕西澄城，父亲是地地道道的老农民，2012年从学校毕业后，姚倩南下广州加入广州交投集团下属的机场高速。8年时间，从一名收费员到一名督导员，她始终坚持为每一位过往的司乘人员提供最优质的服务，成为"空中服务的延伸"的服务人员，先后被评为公司"先进个人"，荣获"广州市技术创新能手""广东省五一巾帼奖（个人）"等荣誉称号。

巾帼不让须眉，疫情防控期间连续倒班运转，姚倩成了站里不知疲倦的"拼命三娘"。除了值守一线为过往司乘人员测量体温外，她还主动承担起了抗疫的后勤保障工作，如跟踪收费站防疫物资的使用、库存和需求，协助厨房熬制御寒姜汤，做好公共区域的消毒工作等。哪儿需要她，她便出现在哪儿，公司其他"90后""00后"成员在她的影响下，也逐渐参与公司各战线的志愿服务中，表现出了超出年龄的成熟与担当。2020年春节，姚倩依旧没有和父母吃上一顿年夜饭，但是在这个春节她心里多了一份自豪和骄傲，舍小家，为大家，守好一条路，护好万家灯火。

秉承着"干一行，爱一行"的精神，不断学习，不断提升自己，姚倩用自己的勤劳和付出在服务窗口默默贡献。姚倩虽是外来务工群体中平凡的一员，然而广州这座城市已经留下了她的青春与热血。

卿龙

四川省南充市顺庆区永丰镇李朝沟村人，现就职于番禺永华家具有限公司

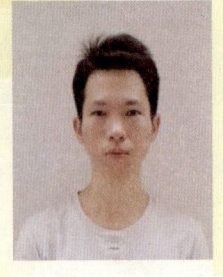

卿龙从2000年开始接触红木家具生产，凭着对传统手工艺和对中国古典红木文化的热爱，近二十年来，勤恳刻苦、默默无闻地从学徒工做起，一步步成长起来，走到管理层。卿龙有着朴实的面容、真诚的笑脸、敢为人先的创新理念和无私奉献的品质。"老实做人、踏实做事"是他为人处事的原则，事事处处坚持原则，努力工作，取得了良好的工作成绩，也赢得了领导和同事们的高度赞赏。

2015年晋升为雕花课课长以来，他一直坚守在生产雕花第一线，时刻思考着花型创新和质量管控。因公司发展的需要和市场的需求，公司产品从常规转型为古典生产，卿龙在最基层调兵遣将、摸索探讨，成立了第一条古典生产线，并且不断改进、完善，创立了新的生产工艺，制定了合理的工艺制度和质量管控制度，使这条古典生产线慢慢走向成熟，为公司成功转型迈出了坚实的一步。

在雕花、刮花的工作岗位上，卿龙在十多年间带领着雕花课不断进取。2015年，卿龙带领雕花课自行开创研发木雕新工艺"木韵檀雕"，他大胆创新，引用中国工笔国画名作，集工笔国画与用笔精髓，以刀代笔把画里的山川河流、花鸟、人物经过百千万次的精细刻画，耗时三年，于2017年成功推出"木韵檀雕"系列产品。

同年，"木韵檀雕"参加北京家博会展出，好评如潮，获得"国艺杯"金奖。

"成功属于过去，挑战仍在未来。"在为企业取得了成绩的同时，卿龙并没有沾沾自喜。2017年年中，受公司的委任，卿龙带领雕花课开创探索又一木雕新工艺"影雕"，在板平面上借鉴国画的线条，结合结构素描的明暗关系，通过用特殊的雕刻工具雕出几乎没有深度的逼真图案，当年年底，经过不断尝试摸索，"影雕"取得了初步成效，于2018年年底顺利开发完成，成功推出"国色天香影雕沙发"，获得顾客一致认可。

卿龙是雕花的领头人，在其带领下曾经多次获得公司先进个人和先进集体荣誉称号，他也是企业不可多得的一线管理人才，雕花课全体人员开拓创新，成为企业最有活力的团队，为提高企业生产效率，推动企业发展做出了积极的贡献。

广东

曹剑萍

湖南省沅江市共华镇鱼口村人,现就职于广州增城区融媒体中心

2005年9月,曹剑萍作为一线记者应聘到增城日报社(2019年更名为增城区融媒体中心),他自觉发挥党员的表率作用,坚持把握正确的舆论导向,唱响主旋律,积聚正能量,用手中的笔讲好广州故事,传递百姓声音,采写了大量深度报道和民生新闻稿件,社会反响强烈,在巩固壮大主流思想舆论阵地方面发挥了积极的作用。同时,他克服条件差、缺少专用交通工具、环境复杂等困难,带领同事在离广州增城城区30公里外的"中国牛仔名镇"新塘组建记者小分队和广告经营团队,建立起了镇街和报社的良好合作关系,及时传递政府政策、反映基层心声,扩大了当地主流媒体的传播力、引导力、影响力和公信力,并为报社的经营发展增添了活力。他本人以及他的团队多次被广州日报报业集团、广州市增城区区委宣传部和增城日报社评为先进工作者、先进集体。

曹剑萍自2008年担任编委工作以来,白天坚持采写新闻稿件,晚上负责审读报纸清样,严把政治导向关和新闻质量关,10年来,经他把关的清样差错率从没超出国家标准,无明显出版事故发生,确保了党报的严肃性。2016年,单位安排他担任新媒体的校审工作,他以扎实的作风为基石,积极学习新媒体知识,主动把思想观念集中到媒体融合方面,并多年如一日,每天逐文逐图逐字逐句审读、修正微信内容,确保了报社官方平台规范管理和安全发布,呈现给读者一个"风清气正"的网络空间。

曹剑萍任劳任怨,勇于担当,不计得失。他还负责增城日报社党支部第3党小组的组织工作,认真履行党小组组长的职责,做到事前有计划,事中有落实,事后有成果,每月主持召开一次以上党小组会议,组织党员学习、交流思想,不断提高本单位党员的思想政治觉悟和业务素质,其做法和成效受到组织的充分肯定。

曹剑萍业余时间坚持文学创作,讴歌广州新时代的新发展、新变化、新成就,有《嘿,美食》《增江小夜曲》《一个人和一个地方》《白鹤如歌》等多篇文学作品在《人民文学》《广州文艺》等公开刊物发表或获奖;出版长篇小说《呼渡》、散文集《那枝摇曳的桃花》、长篇纪实文学《踏浪而歌》等;主编反映优秀异地务工人员创业史的《潮涌增江》系列丛书(广东旅游出版社出版)。

李国印

河北省魏县边马乡李庄村人，现就职于广州市天河区天河南街道市容环境卫生管理站

李国印退伍后，于2002年加入了广州市天河区天河南街道市容环境卫生管理站，从事环卫管理工作，至今已有18个春秋。他本着"宁愿一人脏，换来万人洁"的行业精神，把美好年华无私地奉献给了环卫事业，以艰苦的劳作和辛勤的汗水给市民群众创造了平安、整洁、有序的美好环境。

天河区是广州城市的"客厅"，市容市貌的好坏直接影响广州的形象，而天河南更是天河的中心。为了使所管理路段的环境卫生保持整洁、干净，他坚持全天巡回检查，一天来回3~4趟，确保卫生不留死角，保证了所在区域环境卫生的干净、整洁、有序。在广州创文工作中，加班加点成为常态，为了保质保量地完成工作任务，他每天早上5点钟起床，晚上11点才回家，多次因工作到太晚就住在了办公室，一天作业下来，经常累得满头大汗、腰酸背痛。但他吃苦耐劳、踏实肯干，对工作认真负责，都出色地完成了任务，受到了单位领导的肯定、工友的信任。就这样，日复一日、年复一年工作在清扫作业、管理一线，早晨第一个到岗，傍晚最后一个离岗，默默无闻，无怨无悔。

2020年春节以来，新冠肺炎疫情暴发。为整治环境，尽最大可能减少传染源，李国印严格落实街道的防疫工作要求，做到垃圾及时清扫、及时运出，减少垃圾在城区停留时间，尽管工作量成倍增加，但他却任劳任怨，从来没对单位提出过任何要求。

李国印还同时负责环卫运输汽车维修管理工作，由于垃圾对车厢的腐蚀性强，车厢损坏严重，车厢的修补任务很艰巨。他每天总是比别人早到车队，帮师傅们做好准备工作，再利用自己驾驶技术好、懂维修的特长，经常指导开车师傅维修保养车辆，小毛病自己解决，大问题联系修理厂及时维修，确保不耽误垃圾运输工作。

广东 卢德恩

布依族,贵州省独山县上司镇仁等村人,现就职于广东省广州市白云区云城街城市管理与社区服务中心

卢德恩,2012—2017年在广州市白云区景泰街环卫站负责清理路面垃圾工作,每天早上5点当人们还在睡梦中的时候,他已经开始了紧张的工作,扫马路、清垃圾,"沙沙"的扫帚声为人们迎来黎明,等大家上班的时候,他已经把路面打扫得干干净净。

从2012年起,任职清扫工人期间,他认真工作的态度和创文检查期间对突发事件的处理能力,得到了领导的一致认可,获评"优秀员工"称号,并获得每月优秀员工嘉奖。为了完成保洁任务,无论刮风下雨、严寒酷暑,他奋战在环卫一线,每天晚上6点下班后,只用半小时吃饭,接着又开始投入到紧张忙碌的清扫中,日复一日,年复一年,为广州市创建文明城市做出了积极的贡献。2018年,卢德恩到广州市白云区云城街道城市管理与社区服务中心工作,担任机动组环卫工人,哪里需要就到哪里工作,且胜任各项环卫清理工作。

2019年11月,在云城街花园路清理垃圾时捡到一部手机,他主动把手机交到派出所,最后将手机归还给失主,失主给他500元酬金以表示感谢,他却婉言谢绝了。他说:"钱我不要,诚实守信、拾金不昧是我们应该继承的传统美德。"他用实际行动践行"诚实守信"这一中华民族的传统美德,也坚守着"以诚实守信为荣,以见利忘义为耻"的人生信条。

没有声名显赫的地位,没有惊天动地的壮举,他只是一名普通的环卫工作者。然而,在2020年年初这次"没有硝烟的抗疫战"中,他主动放弃春节假期,把市政所购置的口罩按每人30个分发给各个岗位的环卫工人,并对他们进行了正确佩戴口罩的培训,还督促其家里通风,勤洗手等防护措施,防止病毒传播、扩散。他还主动请缨作为消杀队员,从3月30日开始到4月12日,到云城街国外入境人员集中观察服务点从事防疫消毒工作,每天对4个楼层、2部电梯、酒店大堂及其他公共区域进行消毒;对酒店化粪池进行投撒消毒药剂。疫情期间,他每日对辖区内区域进行消毒,使用药剂为0.1%的含氯消毒液对周边铁门、房前屋后巷道、垃圾桶下水道进行喷洒消毒。

胡慧俐

江西省吉安市遂川县枚江镇中团村人，现就职于华高王氏科技（深圳）有限公司

胡慧俐，1988年12月4日出生在革命老区——井冈山脚下遂川县枚江镇中团村的一户普通农户家庭。

胡慧俐2010年9月13日加入华高王氏科技（深圳）有限公司，从事人力资源方面工作。他在工作中脚踏实地、勤勤恳恳，先后负责职业培训和扶贫招聘工作。

2010—2013年他被宝安区劳动局聘请为"百万员工素质提升"企业导师，授课300多场次，培训人数11 000人次左右。2013年他被宝安区职业能力开发局评为"先进个人"。

自2018年4月起，胡慧俐先后和广西大化县七百弄乡弄腾村、弄合村、弄平村、保上村，都安县九经村、仁业村签订帮扶协议，落实帮扶资金和跟进扶贫资金落到实处。

近两年来，胡慧俐每月都深入都安和大化两县，开展扶贫招聘工作。2019年至今，通过胡慧俐在广西开展扶贫招聘工作入职的员工已经达269人，大部分贫困大学生成为技术骨干。七百弄乡的一个贫困户，夫妻2人、3个小孩和2个老人，家庭十分贫困。胡慧俐通过动员宣讲，该户女方同意来深务工，但考虑到她40多岁，小学文化，胡慧俐协调安排其在公司从事保洁工作，一个月除去各项开支和五险一金，有4 000多元收入，比她家一年的收入还多。在胡慧俐的鼓励下，该贫困户整个家族有9口人先后来到深圳就业，实现了全家脱贫。

2020年，通过广西各项扶贫招聘活动，胡慧俐作为企业代表，成功招用贫困劳动力90多人。在广西扶贫招聘的日子里，因为语言、饮食差异等困难，胡慧俐有想过放弃，但是，2019年春节期间胡春华副总理在都安考察，特意来到招聘现场，详细了解招聘需求、工作困难，对广西的扶贫工作给予了肯定和鼓励。胡慧俐为能够坚持在广西做扶贫就业工作，帮助贫困户早日实现脱贫就业而感到骄傲和自豪。

2020年新冠肺炎疫情发生以来，胡慧俐负责整个沙井工厂疫情防控工作。疫情突发，他自发回到公司组织开展疫情防控工作，尤其是2月、3月、4月，深圳市人口回流，但因疫情不稳定，他每天早上5:30到公司，开始布置当天疫情防控工作，其间他还负责公司新人招聘的工作（仅3月份就补充新员工900多人次），努力帮助公司尽快恢复生产。晚上还与同事们不断总结完善疫情防控工作，使公司各项疫情工作符合政府的要求，成为新桥街道第一个复工的企业。胡慧俐还编写了《防控疫情作业指导书》，有效帮助公司和各个部门有序开展工作。

李永峰

甘肃省天水市秦州区天水镇焦李村人，现就职于华生电机（广东）有限公司

李永峰作为一个农民的孩子，在成长的道路上，始终坚持帮助他人，做善事至上，不论是学生时代，还是在家务工或在城市打工创业，都主动帮助乡亲。他在家务工时，乡亲们缺钱主动资助，同村的孩子生病主动送他们去医院；他在外打工时，经常帮助其他同事和老乡解决在工作、生活中遇到的困难和问题，并介绍多位老乡来深工作，既帮助家乡人脱贫脱困，又用自己的实际行动带给别人幸福和快乐。

作为华生电机的一员，他时刻以工作为第一位，在工作中努力学习，熟练地掌握了工作技能，使工作效率提高了10%，他还帮助企业缓解缺工难题，得到了领导和同事的一致好评。

在工作中主要在以下创新：由于压型车间用电烙铁裁滤布耗费工时，存在较大的安全隐患，李永峰提出合理改良建议，并协助相关部门设计出自动裁布机，提高了工作效率，消除了安全隐患。压机每天产生废乳化油160千克（4.5元/千克），李永峰建议进行收集回收利用，并持续跟进废油和产品的品质，促使部门团队设计出乳化油过滤设备，成功使每天产生的废油得到回收利用，取得了节省成本及环保的效果，此项目改善至今，共计为企业节省成本约105万元。压型区隔膜泵噪声约为94分贝，李永峰提出改善建议，并在整个团队的努力下，找到了适合该工序的软管泵，使该工序噪声降低到40分贝以下。

王俊峰

河南省濮阳县子岸镇西子岸村人，现就职于大族激光智能装备集团有限公司

王俊峰是河南省濮阳县子岸镇人，于2006年2月入职大族激光智能装备集团有限公司，15年来她始终以淳朴、专注的工作精神扎根在一线。

王俊峰视工作岗位为服务企业、奉献社会的平台，力争将平凡的工作做到极致。

2006年2月16日，初到大族激光的她，作为生产部的一名普通制线员，主要负责外围套线及电控柜配套线的制作工作。王俊峰踏实肯干、敢于创新、勇于进取，通过公司提供的良好发展平台，先后从事了一线操作人员、统计员、物控员、采购员、一线主管等工作。

2012年9月29日，因公司业务发展需求，王俊峰被调入总经办物流管理部负责订单供销链内外协调、配件销售、三包售后、物流等一线协调统筹主管工作。进入部门后，王俊峰对一线业务进行了模块细分、复盘和制度梳理，与团队齐心协力，为市场服务提供有力的后勤保障，获得了公司及客户的一致好评。

2014年6月，王俊峰怀孕期间依然坚守在工作岗位，生产前两天才休假。当时恰逢公司出货高峰期，供销链面临订单多、出货急等情况，她在7月份毅然决然地返回到工作岗位，带领一线同事不分昼夜加急赶制，为公司按期交付客户设备贡献了一分力量，助力公司圆满完成了当年的任务目标。

2015年公司对其统筹的一线业务配件销售进行了升级，数字化电商及400储备运营上线。这对于王俊峰所在的一线实际操作业务部门来说是一次全新的挑战。她组织大家学习电商操作、客户体验和应用场景模拟等。最后，在大家的共同努力下，线上销售成功上线，为客户提供了便捷购物场景体验。"一分耕耘，一分收获。"在王俊峰的努力下，她于2017年被评为集团"大族之星"（该奖项系公司最高个人奖项），且她带领的一线团队先后多次获得"优秀部门"荣誉称号。

她对外出创业、务工的家乡人，总是怀着特殊的感情，只要家乡人有困难找到她，她总是热情接待，伸手帮助。同时，她也积极帮助村里的困难户，以自己的实际行动诠释着什么叫作饮水思源、不忘家乡。

王俊峰在工作之余，积极参与公司组织的各项专业培训，汲取外部经验，丰富了自我管理理念。同时，她明白，作为基层一线主管须明确自己的角色定位，制定本部门人力资源管理制度，组织打造半军事化团队，严格执行公司指令，使团队达到迅速响应市场应变的能力。

杨仕丽

河南省扶沟县汴岗镇李庄行政村三所楼村人,现就职于欣旺达电子股份有限公司

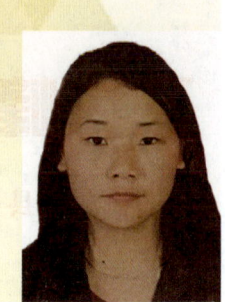

杨仕丽,2017年2月入职欣旺达电子股份有限公司。

在试产线担任一线员工期间,她不断努力学习,提升专业知识,工作认真负责,品行端正,原则性强,积极主动要求安排工作或协助其他同事工作,被列为公司基层管理培训对象——助拉。她曾在试产测试时第一时间发现APH32条码异常,并及时向管理人员反馈,使可能产生的批量性不良品得到有效拦截。

在试产线任助拉期间,她严格按照公司的流程作业,始终坚持产品质量第一位的原则,严格做好质量把关,她将试产中每个问题真实记录并反馈给管理人员,并协助拉长收集试产问题和数据,为新项目生产工艺和产品性能完善提供了有效的依据,缩短了新产品的试产周期。在新项目扩产、新车间扩建中,她再次被选为公司基层管理培训对象——拉长。

A项目Veridian新车间扩建期间,她担任生产拉长一职,组建了一支专业性非常强的队伍,严格按照公司流程作业,始终坚持产品质量第一位的原则,严格把关,保证高质量产品交付给客户,并创建高质量的30人优秀团队。

她在管理好队伍的同时,处处以身作则,以一个基层管理者的身份带好一班人,严格管理,与工人们在生产一线共同奋斗,Veridian车间新开线,新设备、新产品APH53/52/55前期设备和产品异常收集,为客户软件升级和制程设备调试提供依据。APH53产能从前期的85%提升到99.6%,提高产能18%,确保了客户的交付需求;产品质量从前期的直通率94.2%提升到96.4%,提高升良率2.2%;在生产APH53&55&52过程中发现包胶不良、软板压伤等来料问题,并及时反馈给品质部门,确认为批量性不良导致,从源头杜绝改善,降低人工成本。在她担任拉长期间,拉线做到了安全"零"事故。

罗小翠

湖北省荆门市沙洋县高阳镇刘庙村人，现就职于斯比泰智能科技（深圳）有限公司

罗小翠，自2002年7月加入斯比泰公司以来，一直兢兢业业，认真好学，团结工友。她性格活泼开朗，待人热情，乐观积极，好学上进，团结奋进，组织协调能力较强，从一名生产一线员工考入品质部，考入企业管理部，从事过前加工、生产线插机、剪脚补焊、定位、包装工作，是生产一线的多功能手，后任品质部组长、领班、体系稽核员、体系工程师。

她在每个岗位上都能认真做好每一件事，并且乐于跟同事们分享自己的经验，还善于向其他同事学习以提升、改善自己的不足。在品质部任领班期间，她多次发现品质事故及问题点，为企业和客户避免了品质失效成本。在企业管理部任体系稽核员期间，她去各部门及生产一线巡线检查发现及帮助生产线整改问题，使公司5S、ESD、安全等方面得到不断的提升。她还兼职公司培训讲师及安全生产管理员，曾被公司评为十大优秀员工。

在2020年新冠肺炎疫情期间，她人在深圳，但心系家乡，对远在湖北的同事嘘寒问暖，虽相隔千里，但足以温暖同事的心，在公司复工复产人员严重不足时，她自愿报名参加支援生产一线工作，并在支援期间，未收到一个投诉和反馈。在疫情防控期间，她遵守街道和社区的要求，严控自己和家人居家不外出，积极响应社区号召，并主动担任部门联系人，对每一位同事的去向、状况做调查并积极上报，同时对本部门同事进行多次电话及信息沟通，时刻把安全放在第一位。

她以厂为家，爱岗敬业，勤奋工作。在工作上，她多次义务奉献，加班加点，积极、主动与各方沟通，保证高质量完成工作任务。她多次顺利通过外部、第三方以及客户的审核，多次受到来自第三方公司的好评及华为驻厂团队客户的表扬。在生活上，她乐于助人，邻里关系良好，曾被三溪社区评选为文明家庭，同时她也非常热心公益事业，多次参加公益活动，如参加大鹏新区新年马拉松志愿者，关爱社区老人、故事妈妈阅读推广志愿者讲师团认证讲师等。

罗小翠不仅在工作中积极进取，在求学的路上也一直未曾停下，从一名中专生，到通过自学考试获取华南师范大学公共关系专业专科学历，2019年又考试通过了深圳总工会扶持的圆梦计划，目前本科在读中。

郑海周

广东省汕头市潮南区井都镇人，现就职于深圳市大鹏新区消防救援大队

郑海周作为一名专职消防队员，忠于职守、爱岗敬业、肯学苦钻、率先垂范，在平凡的岗位上取得了显著的成绩。不管是危机四伏的救援现场，还是在烈焰升腾的火场和防火一线，他总是身先士卒。他已经在消防队伍里度过了十七个年头，从消防员到中队助理，从灭火救援到火灾防控，每一次身份的转换，都留下了他辛勤耕耘的汗水。

他于2008年荣获抗震救灾个人三等功一次，2009年深圳市"12·22"南山区苏豪名厦火灾救援个人三等功一次，2010年被评为优秀共产党员，2011年深圳世界大学生运动会消防安全保卫个人三等功，并多次受到支队、大队的嘉奖。

2008年5月12日，汶川发生8.0级大地震，他协助解放军、武警和兄弟消防部队侦察抢救被埋压、受困人员，以自己丰富的战斗经验带领队友投入到战斗中去，珍惜救援工作中的一分一秒，搜索中不抛弃每一个角落，搜救中不放弃每一个生命。救援期间，余震不断发生，他与救援队员奋战在一线，以高度的责任心和一丝不苟的工作态度，力求抢险救灾任务万无一失。

2018年9月16日，强台风"山竹"来袭，大鹏新区南澳福民路附近一商家卷帘门受台风影响存在严重安全隐患，郑海周带领1车6人紧急处置，对商家门窗进行加固。归队后，来不及休息片刻，便接到大鹏新区南澳东山码头篮球场旁楼房3楼2名大人、1名小孩被困的警情，他带队及时去现场处置。

退役不褪色、改制不改志。一方面，他组织直属站与办事处专职消防队、小型消防站联勤联训及小型消防站队伍技能比武竞赛，对照训练大纲一个科目一个科目过，一个细节一个细节扣，进一步强化灭火救援专业训练，提升辖区应急救援整体能力。另一方面，他主动对标应急救援主力军和国家队的职责定位，聚焦灭火救援实战需求，加强执勤战备打牢战备基础。

每一次着装出发，都是生与死的考验；每一次警笛骤响，都是血与火的逆行。郑海周以实际行动切实把学习习总书记重要指示精神落实到岗位责任上，把"对党忠诚、纪律严明、赴汤蹈火、竭诚为民"十六字镌刻于心，不懈砥砺，奋楫前行。

李枫

湖北省荆州市松滋市八宝镇人,现就职于恒瑞侨香物业发展(深圳)有限公司

李枫是恒瑞侨香物业发展(深圳)有限公司高级技工,他认真履行岗位职责,落实各项维修任务,勇挑重担,求新务实,持之以恒,给顾客提供一个安全、舒适的购物环境。2011—2019 年有四个年度被评为公司优秀员工;2015 年获得深圳市五一个人劳动奖章;2017 年获得广东省五一个人劳动奖章。

每年 3—10 月为空调使用的高峰期,印力中心的新风机、吊柜机一共有 234 台,每月都要巡检一次,另外每个季度还需安排清洗一次回风网,这样才能确保空调可正常运行,给顾客提供舒适的环境。李枫集思广益,自制了小工具,对喷壶进行细微的改造,在喷壶嘴处增加一个细长的管子,把涤尘清洗剂注到表冷器中心点,使尘垢溶解以后再进行清洗,用此种方法清洗回风网,制冷效果显著,空调不制冷的投诉大大减少。

印力中心作为省级"餐饮示范一条街"项目之一,餐饮租户较为集中,餐饮租户的排污工作如有不当就会引起排污管堵塞,导致漏水、污水反渗等事故。开业以来经历几次抢修事故后,从污水管中清掏出各种杂物,李枫联合营运部门对商场各餐饮租户的排油排污隔渣装置进行检查,对餐饮租户进行专业指导,要求各餐饮租户做好厨房的隔油隔渣装置,至少安装两层滤网,第一层隔渣,第二层隔油,经过隔油隔渣处理之后的第三层污水才可排放到公共排污管道,减少了类似事故的发生。

2007 年开始,为了提升维修服务的品质,印力中心维修班组成员在李枫的带领下启用维修警示护栏,在商场营业期间进行维修作业时,用护栏隔出安全区域,既保证了维修现场的整洁,也保障了顾客的安全。在处理各项维修任务时,维修班组成员免不了要爬上爬下寻找检修口或是察看高压低压配电设施,因此安全工作也尤为重要,在工作中李枫积极对班组成员进行安全知识宣导,要求班组成员重视并提升自身的安全防护意识,在维修作业时做好各项安全防护措施,确保安全第一。

2007 年以来印力中心维修班在李枫的带领下完成公共区域设备设施检修 13 603 单,为商场租户提供有偿服务 964 单,有效地保障了商场设备设施的安全运行。印力中心是客流较旺的商场,日常维修工作任务十分繁重,而维修班组的人员有限,因此在分配日常维修工作任务时,需要对团队成员的技术和特长十分了解,李枫通过对工作搭档的合理分配,取长补短,使团队成员在工作中获得成长和提升的同时也得到了广大群众和各级领导的一致好评。

广东

孟超

湖北省随州市曾都区南郊办事处瓜园居委会人，现就职于昱科环球存储科技（深圳）有限公司

孟超，1998年毕业于随州市技工工业学校，先后在东莞塘厦华强三洋电子厂和长安海威电子厂就职，2005年5月至今在昱科环球存储科技（深圳）有限公司工作，现为昱科公司设备技术骨干。他勤奋好学，努力进取，爱岗敬业，攻坚克难，领导技术员团队做到精益求精。他乐于助人、奉献社会，是一名优秀农民工。

对于一个刚踏入工作岗位，没有任何经验的农村娃来说，他深刻认识到学习科学文化知识的重要性，掌握一技之长是在社会立足的根本。孟超努力工作的同时利用业余时间学习专业知识，不仅在机械设计与改造技术方面探索，还在电气控制技术上面不断研究。他利用业余时间顺利拿到了电工操作证、西门子PLC学习合格证书等，成为公司一名难得的全能型的技术骨干。

由于工作认真，技术过硬，孟超被任命为技术员领队。作为一名跨国公司设备技术人员领队，他深知确保生产的正常运作是其首要任务。但维护好如此多而复杂的先进高端设备并非易事，为了更好地维护设备、预防设备的各种突发事件，孟超对发生的每一个典型问题都会仔细、全面地记录，每周将总结的问题向团队其他成员进行分享与讨论；为了规范技术人员的操作，他还主导参与作业规程的制定，编写技术培训教材，让公司的设备维修技术得到了很好的传承。

作为技术骨干，除了正常维护生产设备外，还会遇到很多需要革新的技术问题，他主导和参与了公司多项与设备相关的技术革新，如设备传动问题改造、伺服驱动改为步进驱动、PLC升级、排气系统改造等，有效地解决了因设备设计缺陷所带来的问题，满足了公司高质量产品的要求。

作为技术员领队，他不仅做到提升个人的专业能力，更是帮助团队成员共同提升分析和解决问题的能力，并领导团队工作做到精益求精。孟超的工作表现得到上级领导和同事的一致好评，多次获得优秀员工和公司季度突出贡献奖。

孟超不仅在技术上帮助同事，在生活中也乐于助人。刚毕业在东莞找工作时，当同旅馆居住的舍友们遇到困难时，他将身上仅剩的200元钱资助其用于解决急需；当公司为帮助困难员工而组织员工捐款活动时，他主动表率，奉献自己的微薄力量；当患有重大疾病的同事住院有经济困难时，他积极组织班组成员为其捐款并提供力所能及的帮助。同时，孟超积极参加深圳义工活动，他抱着一颗回报社会的心，希望帮助更多的人感受到社会这个大家庭的温暖。

庞文虎

安徽省霍邱县白莲乡新长塘村人，现就职于深圳市福田区保安服务有限公司

庞文虎是福田保安公司特保分公司中队长，他爱岗敬业，具有很强的事业心，勇于承担社会责任，出色地完成了许多急难险重任务，在平凡的岗位上干出了不平凡的事迹。

无论是在高交会、中超足球赛、深圳国际马拉松、市民中心灯光秀等重大活动，还是"山竹"超强台风等严重自然灾害事件中，庞文虎都听从指挥，勇于担当，不畏艰险，冲锋在前。他每年都要承担上百起重大安保活动，带领队员筑起坚不可摧的安保防线，受到公安机关和有关领导的一致肯定和好评。

2018年5月，福田保安公司组建成立群防群治治安联防队，庞文虎被任命为队长，他带领100多名队员负责酒吧及公共区域的治安、消防管理秩序，开展巡逻检查，"地毯式"排查隐患，"零容忍"打击整治，为辖区"夜间经济"繁荣发展保驾护航。2018年治安联防队共协助抓获犯罪嫌疑人20名，处置因醉酒引发纠纷129起。

新冠肺炎疫情发生以后，庞文虎主动请缨，担任"防疫隔离点—健康驿站"突击队队长。他以身作则，充分发挥了管理骨干的模范带头作用，带领队员协助街道、社区健康驿站和区属责任医院隔离疫区密切接触返深人员，维护隔离酒店、场所的正常工作秩序。从2020年1月31日开始，他负责协助隔离人数达30 000多人。庞文虎发扬福田保安铁军的优良传统，连续10个月奋斗在防疫一线。在疫情最严重的时期，他一天最多睡四五个小时，每天身着防护服，顶着30多摄氏度的高温，全身湿透，累得弯不下腰，毫无怨言，从不叫苦喊累。

庞文虎用忠诚和担当扛起了社会责任，驻守健康驿站10个月，实现三个"零"："零"事故、"零"投诉、"零感染"。福田区健康驿站，成为深圳市疫情防控工作中的一个亮丽品牌。福田保安公司的战疫工作获得市领导的高度肯定，得到市民群众交口称赞，深圳特区报、深圳商报、今日头条等多家新闻媒体也作了深度报道，深圳市公安局授予福田保安公司"新冠肺炎疫情防控工作先进保安单位"称号。

庞文虎作为一位农民工，积极投身于深圳经济特区的建设事业，为守护平安、构建和谐无私奉献，在平凡的岗位上做出了不凡的成绩。他是福田保安公司的骄傲，也是农民工群体的优秀代表！

广东

胡安刚

湖南省怀化市辰溪县小龙门乡虎地村人,现就职于深圳市喜德盛自行车股份有限公司

胡安刚是湖南怀化人,2007年进入深圳喜德盛自行车股份有限公司工作。

在公司,胡安刚一直在生产一线负责铝合金车架的打磨工作,为铝合金车架生产任务的完成做出了突出贡献,多次荣获喜德盛公司"劳动模范"称号。刚到公司时,胡安刚不仅要快速了解设备的性能,还要了解各种自行车的生产原理和流程,为此他虚心向经验丰富的师傅学习,无论寒冬还是酷暑,车间每一处角落都留下了他的身影,每一个操作关键部位都有他的足迹,哪个岗位缺人手,他就主动到哪个岗位上工作,从来没有计较过个人的利益得失。功夫不负有心人,胡安刚靠着熟练的技术水平,成为铝合金车间的主操作手,他检查出来的不良品数量全公司最多,为保障公司产品品质做出了重要贡献。

胡安刚喜欢唱歌,小时候贫寒的家境没有给他充分追逐梦想的机会。来到喜德盛公司工作之后,他经常利用空闲时间苦练唱歌技能,公司领导也鼓励他参加各种歌唱比赛。2008年至今,他先后获得光明新区首届外来青工歌唱大赛铜奖和全市企业员工才艺大赛、深圳市外来青工文体节银奖等,实现了自己的歌唱梦想。现在,他每年要以农民工歌手的名义,参加十到二十场歌唱比赛和演出活动。他希望用自己的歌声,给在深圳这座城市里拼搏奋斗的打工者们带来温暖和力量。

2020年年初,在老家的胡安刚接到公司招募"抗疫"志愿者的通知,第一时间报了名,想尽办法回到深圳"战疫",为光明区抗击疫情工作贡献了自己的一分力量。

胡安刚用自己的奋斗经历和歌声,给在深圳这座城市里拼搏奋斗的打工者们带来了温暖和力量,他最喜欢唱的是《阳光路上》《好一片艳阳天》《在那遥远的地方》等一些充满正能量的歌曲。他坚信,劳动改变命运,幸福是奋斗出来的,在深圳这片热土上可以实现更大的人生价值。

黄许生

湖南省醴陵市枫林镇枫林市村人，现就职于深圳市飞荣达科技股份有限公司

黄许生，1974年7月出生，1995年参军到西藏武警部队林芝支队，1996年荣立三等功。同年，提升为班长，由于军事技术能力过硬和乐于助人，教会新兵尽快适应部队生活，带领新进人员思想政治积极向上，同年年底被提为学员排长，1997年12月光荣退伍时被评为优秀退伍老兵。

2013年8月，黄许生来到飞荣达科技股份有限公司，快速熟悉公司文化，融入团队。2014年，他提出了计件式的生产管理制度，提高了员工的工作热情，同时也提高了20%的生产效率和设备利用率。整个管理措施被推广到其他产品线，提高了整个工厂的竞争力。2017年他参与完成工厂的整体升级改造，同时还将节能减排放到升级的头条，在需改善的范围内，做到了企业废水、废气的零排放。

2017年，黄许生参与对整个产品线的设备进行改造升级，由单色印刷、转序、成型做成三色印刷、边线成型和自动包装工艺改造，并在2018年整体通过合格验收，为公司创造了年300万元以上利润，同时也提高了此类型产品在同行业的竞争力。2018年公司新成立了一个曲面膜项目，此项目原为单人单机操作，安全风险大。通过多方面论证，他参与开发了一期自动卷料机35台，二期自动机械手48台，三期完成了整个边线，从而实现了自动化，整个项目降低了员工的工作强度，并可以实现一人多机操作，还降低了安全风险。同年他还配合开发了保护膜的自动包装机，实现了全自动防错自纠。2019—2020年，他开发了自动排废和废料回收利用项目，整个项目实现机器运行，减少人工30人，废料可以重复回收利用两次以上，项目创造价值约600万元一年。

2020年年初，新冠肺炎疫情暴发，他安排好家中事情，大年初四就回到深圳，服从安排，每天对部门人员的疫情防控和健康安全状态进行统计，电话了解在家和在公司人员的身体情况。复工后参与组织人员进行全面核酸检测，有异常的及时隔离上报处理。他每天对各车间人员进行测温和检查，通过严密管控和有效的措施，部门未发生新冠肺炎疫情，助力政府和企业在疫情防控和复工复产上同步胜利。

广东 夏臣

湖南省武冈市邓元泰镇渔塘村人，现就职于深圳市华星光电半导体显示技术有限公司

2020年春节，新冠肺炎疫情暴发，恰逢公司员工纷纷返乡，公司内部人员紧缺，厂务中心安全部夏臣作为公司安保负责人，本该返乡与家人团聚，但是面对严峻的疫情形势，他毅然退掉了返乡的车票，主动申请参与到疫情防控工作中。他组织积极应对公司的各项防疫政策，确保现场100%落实，减少厂区人员出入口，紧急联合其他单位进行防疫物资的采购、运输，关闭厂区返岗人员入厂门禁，严密筛查入厂人员行踪轨迹，为公司稳定生产提供了保障。

为便于疫情防控工作开展，夏臣主动搬进公司宿舍，战斗在疫情防控工作的第一线，及时应对各项防疫检查。疫情防控期间，每天早上6点，夏臣准时出现在厂区门岗处，指导一线安保人员开展各项防疫检查工作，为员工解答各项防疫问题，协助防疫物资的运输和发放，每天晚上11点，汇总当天防疫工作简报并上报领导，同时列出第二天任务清单向全体安保人员传达。

公司开工前，针对6000多名遍及全国各地的离深返岗人员，安保压力剧增，公司面临大量防疫物资物流公司送货不及时、返岗人员行踪轨迹无法得到及时查询、大量物流车辆亟须入厂，而公司各项疫情防控要求细化且一线安保岗位人员无法及时补充等问题。但是疫情就是命令，防控就是职责，夏臣积极优化公司现有的一线安保岗位，整个春节期间，他连续16天满负荷地坚守在自己的岗位上，直到领导"逼"着他回家休息，他才勉强休息了一天。而返岗后，他又第一时间组织安保骨干召开疫情防控会议，会议一结束他又立即投入到战斗中，梳理安保骨干责任分工，开展各项疫情防控任务。最终保障了整个公司未出现一例疑似病例，为企业的疫情有效防控献出了一份自己的力量。他说："虽然前路并不平坦，但我坚信只要大家齐心努力，一定能够战胜疫魔，取得最终胜利。我相信这也是每一个华星员工的共同心声。"

涂开明

广东省梅州市大埔县青溪镇青溪村人，现就职于红门智能科技股份有限公司

涂开明出身贫寒，高中毕业后便辍学务工。1993年加入红门，是红门工龄最长的员工之一，他先后在非标车间主管、平移门车间工作。

涂开明所在的平移门车间编制是52人，主要负责生产悬浮门、空降门、岗亭、旗杆、平移门、摆折门、阳台护栏等产品，可按客户的要求量身定做产品。因产品的性质不同，所生产的产品样式层出不穷，这对制作和安装技术的要求都非常高，他所在的团队富有凝聚力，且不断开拓创新，能满足客户的不同需求。

平移门车间生产的产品均为非标产品，目前没有任何高校设立相应的专业，所有的技术全部为独创或首创。由于客户需求的多样性和产品的复杂性，涂开明参与开展技术革新，探索出了一整套行之有效的管理模式和生产工艺。他们生产的产品在全国独树一帜，赢得了广大客户的普遍赞誉。特别是在2011年世博会中国馆移动门洞的制作上，他们圆满完成了"世界第一门"的制作任务。

涂开明扎根基层，默默奉献，他在最苦最累的工作岗位上一干就是20年，无论付出多大的代价都无怨无悔。跟他一起进入红门的老同事绝大多数都出去当老板了，最差的也在业内其他企业里担任高管，但涂开明始终不为所动，甘愿为红门事业奋斗终生。

鉴于涂开明所在车间在行业内的非凡成就，国家住建部于2011年发布文件，决定由红门公司担任《电动平开、推拉围墙大门》（简称"平移门"）行业标准主编工作。

涂开明2013年荣获"深圳市五一劳动奖章"称号；2017年荣获"深圳市劳动模范"称号。其所在的平移门车间工会小组继2011年荣获"广东省模范职工小家"称号之后，于2015年荣获"全国模范职工小家"称号。

广东 何俊刚

河南省洛阳市宜阳县赵堡乡西赵村人，现就职于深圳市春晖文化艺术有限公司

何俊刚自小跟随家中长辈学习传统民间工艺制作，后在深圳参加工作，2009年在工作之余拜师学习麦金画制作技艺，经过多年的学习、实践和创新，结合深圳市的风土人情，创作出一批表现深圳地域特色的麦金画作品，得到了社会各界的好评。

2010年至今，他一直从事传统手工艺培训，在深圳市上百个社区开展过传统手工艺培训。他先后在深圳市龙华区民治职康、福田区益田职康、沙头职康，宝安区福永职康、残疾人再就业基地、坪山区职康、碧岭职康等开展多场手工艺培训。他指导学员董丹制作的作品荣获广东省特殊青年美术大赛银奖，指导坪山区残疾人学员制作的作品多次在深圳市残联展能节上荣获金奖、银奖等。

何俊刚现为非物质文化遗产项目——深圳麦金画制作技艺代表性传承人，广东省文艺志愿者协会会员，深圳市民间文艺家协会理事，2019年1月（深圳麦金画制作技艺）被深圳市龙华区人民政府公布为深圳市龙华区第二批非物质文化遗产项目名录，同年9月（深圳麦金画制作技艺）入选学习强国广东学习平台。2020年新冠肺炎疫情期间，他响应国家文艺战役号召，制作多幅抗疫作品，并被深圳博物馆和深圳图书馆收藏。何俊刚多年来致力于传承、推广深圳麦金画制作技艺和民间艺术，常年活跃在深圳市各个社区、学校的非遗课堂，每年服务群众上万人次。

其作品先后获得：2013年5月深圳市第九届外来青工文体节民间艺术类银奖；2016年4月"深圳·金凤凰"工艺品创新设计大赛铜奖；2016年6月深圳市第十二届外来青工文体节民间艺术类银奖；2017年4月"深圳·金凤凰"工艺品创新设计大赛金奖；2017年6月深圳市第十三届外来青工文体节手工技艺类金奖；2017年9月中国（广东）民间工艺博览会"岭南杯"银奖；2017年9月第十届广东省民间工艺精品展铜奖；2018年12月深圳市第二届民间工艺精品展入展；2019年4月"深圳·金凤凰"工艺品创新设计大赛银奖。他个人获得2019年10月龙华区非遗项目（深圳麦金画制作技艺）代表性传承人，2019年12月龙华区十大工匠称号。

胡冠军

浙江省东阳市南马镇南湖村人，现就职于深圳市艺美联家私实业有限公司

胡冠军，民主促进会会员，高中毕业后，1990年南下广东拜师学艺，从学徒做起学习木雕技艺，从事木雕行业三十余年。

胡冠军勤奋好学、工作认真、勤勤恳恳、任劳任怨，主要负责公司家具及木雕技艺的创作、设计与制作，深受公司领导及同事的喜爱和青睐。2018年，胡冠军参与组建大师工作团队，负责开拓大型艺术木雕作品的研发设计创意与制作，定期开展技术培训传承，并一对一带徒传艺，传承中华民族精湛的雕刻技艺。同时他还参与建立了"大师传帮带"机制，把"传帮带"工作发扬光大，也取得良好的效果。胡冠军多次参与的全国性艺术文化活动，为与各地的工美行业文化艺术交流学习建立了友谊与桥梁，更为深圳工美艺术行业的发展做出了自己应有的贡献。

鉴于出色的木雕技艺，胡冠军曾担任中国工艺美术协会木雕专业委员会副主任，中国非物质文化遗产保护协会木雕专业委员会常务委员、中国传统工艺美术大师、中国书画研究会副会长、北京书法家协会会员、公安部文联名誉理事、广东省工艺美术大师、深圳市龙华区工艺人才协会会长，深圳市地方行业领军人才A类人才，深圳市龙华区龙舞华章A类人才。

胡冠军三十年来从事书法、绘画、雕刻以及古典红木艺术家具的创作、设计与制作工作。连续八届荣获深圳文化产业博览会文化创意奖特别金奖，其设计制作的特大型红木艺术沙发"江山多娇"创下了世界基尼斯纪录。他拥有国家专利几十项，荣获书画、雕刻作品及红木艺术家具设计各类奖项四十多项。1999年他参与澳门回归"盛世之钟"的创作与设计，2016年参加G20杭州峰会接待厅及总统套房的创作设计与制作。他的雕刻作品、家具艺术品及论文被入编于《中国红木家具》、《中国古典红木家具网》系列丛书、《中国收藏》、《艺术家收藏》、《广东工艺》、《深圳工艺美术》等。在北京、深圳、成都、武汉等地都拥有"胡冠军艺术工作室"，其各类作品被国内外三十多个国家地区的收藏家、友人所收藏。

2018年4月他荣获"深圳市五一劳动奖章"。

广东 殷招招

湖北省安陆市李店镇大棚村人,现就职于深圳裕展精密科技有限公司

殷招招,2006年9月入职富士康科技集团深圳裕展精密科技有限公司,是一名数控加工中心操作工(四级),主要从事模具零件的设计开发及零件的加工工作。

殷招招从一名基层的技术人员,一步一步成长为部门的技术骨干、集团的资深员工、政府的技术能手。十余年时间,数万个零件的加工,练就了他一身的本领,肉眼识别加工刀具摆动精度误差,在0.05毫米以内快速判断刀具加工精度是否与零件的公差匹配。200多万次使用寿命的机台按键更换了3次,也练就了他惊人的手编程速度。他坚持"在工作中学习,学习后工作"的理念,积极参加公司组织的各类专业技术课程,从而提高了相关技能水平。同时,他还掌握了模具制造的全面技术,并将所学的知识充分运用到工作中,取得了卓越的成绩。他多次获得部门"绩优员工"荣誉称号。

他在努力提升自己的同时,响应政府政策的号召,积极参与到集团的技能人才培养工作中,落实"传帮带"工程。近年来,由于部门人员流动量较大,新人较多,一线数控资深老员工少,导致部门生产交期压力大,他主动要求自愿加班加点赶制订单。在承担繁重生产任务的同时,他还积极主动承担起培养新人的职责,手把手带徒弟,为单位有效地缓解了生产压力。

他在工作中言行一致、作风端正、实事求是,敢于开展批评和自我批评,不断加强自身素质。他在工作之余,强化学习,及时掌握新技术、新知识信息,并不断吸收新知识,将所学应用到工作中,在本职岗位上不断实施技术攻关、技术革新和高技能人才培养,为公司创造了一定的经济效益。

殷招招踏踏实实,勤勉肯干,收获了许多荣誉。他2018年6月被评为"富士康模范员工";2018年7月获评"富士康工匠之星";2018年11月荣获富士康科技集团C次集团"创新之星";2017年荣获深圳市第九届职工技能大赛加工中心操作工第一名,并获得"深圳市经济技术创新能手"称号;2017年、2018年荣获"深圳市五一劳动奖章";2018年11月荣获深圳技能大赛——超精密模具智造"工匠之星"职业技能竞赛团体第二名,并获"深圳市技术能手"称号;2019年获评"深圳技能菁英";2020年被认定为龙华区优秀技能人才,并获评"龙华区十大工匠"。

靳进

湖北省沙洋县五里镇严店村人，现就职于华润万家有限公司

广东

靳进，来深务工已有 14 年。2017 年入职华润万家有限公司春风店，至今已有 4 年时间。作为一名服务行业工作者，在工作中他一直兢兢业业、勤勤恳恳，认真负责，执行力强；对同事关爱有加，经常帮助后进同事，从沟通交流到实际帮扶，他的工作敬业精神和为人处世能力获得身边群众的一致肯定。

2020 年年初新冠肺炎疫情暴发，市场对生鲜商品和粮油的需求激增，靳进所在部门的工作量、工作压力急剧加大。在众多人民合家团圆之际，他坚定地选择奋斗在一线，每天工作时间超过 12 个小时，几乎没有什么休息时间。此外，他还经常主动协助其他部门工作，包括线上订单拣货、果蔬产品上货等。在公共交通停运、餐饮业全部暂停营业的情况下，他只好步行上下班，基本靠泡面解决温饱，但他没有一丝抱怨。邻居说："疫情期间，大家都把他当作'危险人物'"。他却说："在国家、人民都处于困难之时，我们更要做好本职工作，为抗击疫情，尽一己之力。"

在平常的工作中，为了高质量地完成公司的任务，他经常身先士卒，加班加点工作，没有抱怨。部门的新同事比较多，靳进以老大哥的姿态，主动帮助新同事学习、融入团队。对于同样从农村出来务工的年轻同事也照顾有加，没有地方住宿的新同事，他积极给联系安排宿舍入住，还为他们买好生活用品。他个人在近两年的公司评估中均为优秀。

广东 冯祖宁

四川省遂宁市蓬溪县蓬南镇上湾村人，现就职于海能达通信股份有限公司

冯祖宁，2000年来深务工，就职于深圳市南山区环境卫生管理总站，负责城市街道清扫工作。后因清洁工作市场化，于2006年入职海能达通信股份有限公司，负责海能达总部大厦的保洁工作。冯祖宁在工作中不怕苦不怕累，尽职尽责，用自己的实际行动为他人树立榜样，带领整个保洁组高效认真地完成上级交予的各项工作任务，连续多年绩效考核在A级以上。

2008年，前国家总理温家宝视察公司，作为现场清洁责任人，他负责所有保洁人员的统筹指挥，监督并落实高标准要求下的现场全面清洁工作。他一方面落实责任制，每项工作具体到人，早晚两次会议从不落下，对于大家提出的问题或者诉求，做到第一时间了解并处理；另一方面他细化分工，创新制定工作完成情况跟踪表，定时巡楼，对每个人的每项工作都做好全面监督、记录，鼓励优秀的同时，对于表现不佳的也做到及时纠正。同时，他也参与到实际保洁工作中，对卫生间坐厕、洗手盆等区域手工擦拭，戴白手套检查门窗、台面是否干净……对于公司的卫生间、地面清洁他坚持必须一尘不染；甚至对于园区外部的马路也使用洗地机清洁，工作细致度和全面度堪称表率。在领导人到访前的3~5天，他带领整个保洁组每天加班到深夜12点，最终，圆满完成了公司的接待任务，得到了接待团队的一致认可，并获得了公司的表扬。

2018年9月16日，超强台风"山竹"来袭，为防风救灾、保护公司及员工的生命财产安全，他展现出了极强的应变能力，以最快的速度做好应对台风的准备。在园区一片狼藉的时候，为使在最短的时间内恢复整个园区正常办公秩序，他提前一天带领整个保洁组备好防洪沙袋，并精准及时地安放；组织人员排查园区各个角落的高空跌落风险，将因台风导致的生命财产危险降到最低；为下水出口安装防堵塞装置，避免大量雨水淤积……甚至，他带领保洁组徒手或仅靠简单工具，通宵达旦清理树障，连夜将园区清理干净。

2020年，新冠肺炎疫情突然暴发，为保证公司顺利复工复产，他身先士卒，带领整个保洁组制定了一系列消杀等疫情防控措施，积极投入到疫情防控的各项工作中，并严格落实。在物资筹备方面，他跑遍了公司周边大大小小的五金店、卫生站，几经周折和打听，他找到了南山一家消毒公司，采购到了第一批消毒物资，一直保障着公司的防疫消杀需求。

在平凡的岗位中，他十年如一日，做事不声张，勤勉工作，责任心强，连续多年获得公司颁发的优秀员工奖。

江伟炎

广东省兴宁市宁中镇古塘村人，现就职于深圳迈瑞电子股份有限公司

江伟炎，1994年6月加入迈瑞，兢兢业业，勤奋刻苦，二十多年来一直在监护产品生产一线奋斗，从产品零件的装配到产品的维修、设备保养，业务都非常娴熟。

他在工作中不辞劳累，贡献着自己的知识和经验。从监护生产线第一个新产品开始，到现在的呼吸机、麻醉机、输注泵，经他手下线的新产品不少于三十款。每一款新产品在收集可制造性需求时他都积极地提出创意，累计提出创意三千条以上；每一个新产品在试生产期间，都能见到他在装配机器的身影；每一次装机总结，都能听到他与研发人员沟通讨论的声音；每一次新产品上市，都能看到他欣慰的笑容。就在近期开发IPM检验自动化工装时，江伟炎在操作便利性上提出了一键测试外观检验的软件需求，并且给出了如何去测试的流程步骤，这让软件开发工程师大大缩短了程序编写的时间，在架构上也简化许多。这就是他，敢于提出自己的想法，为产品服务，为可装配性服务！

他在培养一线作业员工方面也做得非常出色。二十年来，经过他培养和训练的员工不少于一千人，他们大多数都成了迈瑞一线骨干员工，还有不少人成了生产组长、生产主管，为迈瑞制造一线的生产人才发展做出了非常大的贡献。曾经有位组长说："江工是我们一线员工的脊梁，有困难找他，准没错。"一线员工少不了有生产、操作错误的时候，尤其在装错导致组件测试不合格的产品、损坏产品不能拆卸解决时，都会想到江伟炎。他拿到不合格品时，认真研究，全面观察后，通常都能帮助解决。

2020年新冠肺炎疫情期间，为保证监护产品、呼吸机产品的按时交付，江伟炎加班加点，从1月底到4月，累计复制和新制作工装夹具七百余款，引入新设备和工具一百多套，帮助各生产线极大地提升了效率。2月初，呼吸机需求量激增，而产量增长带来了工具、工装等的大量需求，为保障第二天准时交付到位，江伟炎经常通宵工作。他不仅制作设备和工装、维修工装，因疫情期间部分员工不能及时返岗导致一些作业岗位缺人，他主动向主管经理申请，补位缺人的工位，保障了生产线的顺利运行。他的这种奉献精神感染着身边的同事。

在员工们的心中，他就是大家的楷模，勤勤恳恳，踏踏实实，永远用最美好的行动支持迈瑞的发展，为公司和社会做贡献！

广东 聂学华

贵州省岑巩县龙田镇安坪村人，现就职于深圳市大疆百旺科技有限公司

聂学华于2014年加入公司，成为公司返修售后的一名定损工，憨厚、朴实是他的性格表现，做事不声张、勤勉是他的工作特点。由于出色的工作成绩，他曾多次被评为公司年度优秀先进工作者。工作六年以来，他时刻以优秀员工的标准来严格要求自己，通过出色的工作表现，追求着自我的人生理想，赢得了领导、同事和广大居民群众的交口称赞。

在工作期间，他一方面积极向老员工虚心请教，另一方面利用休息时间对工作进行钻研，将满腔热情投入到了忘我的工作之中。"一个人能够没有文凭，但绝不能够没有知识"，这是他十分欣赏的一句话，为此他利用业余时间钻研业务，努力将工作吃透、干好。随着单位维修量的增加，工作难度也在加大，而通过他的不懈努力以及技术指导，工作效率得到了大幅度的提升。他无私地将自己积累的工作经验编写成指导文件，传递给国内及海外维修站点，极大地提升了大家的工作效率。多年的维修工作中，他总是以高度的责任感投入到工作中，经过艰苦的努力，他成了公司的业务骨干，得到了领导和员工们的高度评价。

在工作中，他是一名将满腔热情投入到工作中的好员工；在生活中，他是一名乐于助人的好群众。有一次，深圳石岩突降大雨，居民区下水管道因过往车辆碾压破裂而导致四处跑水，污水很快溢到地面，如不及时抢修就可能造成人员、车辆事故。他路过看到此场景后，迅速将旁边的围栏拾起来放置在损坏的下水管井盖旁，并一直守护、疏导、指引行人和车辆绕路，防止人员、车辆发生事故。随后又联系社区办及时安排维修工人进行管网维护。附近的居民对他赞不绝口，邻近施工地点的一家饭店老板主动邀请他吃饭，但是被他谢绝了。他认为：奉献源于职责，他所做的是一名有责任感的居民应该做的事情。

"道虽通不行不至，事虽小不为不成。"作为一名普通的维修定损工人，聂学华以不甘平庸的钻劲和默默奉献的精神，在平凡的岗位上实现着自我的人生价值，同时，也以实际行动诠释了新时期一名普通农民工的高尚情怀。

杨安荣

侗族，湖南省怀化市芷江侗族自治县禾利坳乡上下冲村人，现就职于海能达通信股份有限公司

杨安荣是一位从湖南农村来深务工人员，自2014年9月加入海能达通信股份有限公司，已经在岗位上（第一BU/服务器装配部）工作6年，所在班组向着"学习型、技能型、创新型、管理型、效益型、和谐型"六型先进班组一步步靠拢。

杨安荣参与恒宝通客户项目交付工作，发现该项目超期工单240多笔，在线WIP不良品很高，可直接导致公司呆滞金额550 600元。针对这批不良品，他和拉线员工用显微镜进行挑选，确认出来的不良品、良品、报废品每1 pcs都要跟品质确认，最终经过两个半月的时间将这批产品全部处理完，挽回良品合计5 671 pcs，挽回损失合计283 550元，为公司节约成本做出了有力的贡献。

品质是做出来的而不是检验出来的，这是他一直以来的工作理念。杨安荣参与A项目生产后焊工序段时，2017年6月接手该项目，接手之前该项目已经连续4个月被客户投诉，他立即对客户投诉进行分析，根据分析结果得出，因人员问题造成客诉概率高达80%（焊接少锡不良6起，洗板洁净度不合格3起，插件反向5起），他提出3方面的改善方案，实施后使问题在内部得到有效拦截，最终被客户给予充分肯定，公司在2017年度被客户端评为唯一一家A级供应商。

2018年深圳市龙岗区举办职工之星活动，杨安荣代表部门及公司参加，从最初的宝龙街道比赛获得街道初赛的一等奖，然后进入了龙岗区职工之星20强，最后经过不懈努力进入决赛，最终获得2018年深圳市龙岗区职工之星活动班组管理之星第六名。公司内部采访杨安荣，他说："我参赛所演讲的都是我平时工作中实实在在做过的事情，把自己亲身经历分享出来了，做每一件事情只要脚踏实地、不怕困难、周而复始地努力就一定能做好。"他的回答让所有员工深受启发。

五四青年节，杨安荣被公司及宝龙街道推选为代表参加龙岗区五四青年节座谈会，座谈会上杨安荣主要阐述的是龙岗制造业为千万社会人员提供就业岗位的课题，会议后杨安荣也在公司内部分享了会议主要内容。

广东 黄成将

壮族,广西壮族自治区百色市右江区龙景街道办事处人,现就职于深圳市金百泰珠宝实业有限公司

黄成将,1997年加入黄金首饰行业,2015年入职百泰至今,他始终本着"在岗就要爱岗,爱岗就要敬业"的个人宗旨。他以强烈的事业心为推动力,以严谨的工作态度为依托,兢兢业业,任劳任怨,把"做好工作"当作第一要务。在工作中,与同事和睦相处,同事遇到困难,他都乐于帮助。他常常与同事交流技术问题,毫无保留地把总结的方法传授给年轻同事,也向老同事虚心学习。他以高度的责任感和事业心,出色地完成上级领导交办的各项工作任务,逐步从一名一线员工成长为技术骨干,成为同事眼中的"好师傅"和"好大哥"。他曾荣获"深圳市技术能手""深圳市五一劳动奖章""广东省五一劳动奖章""深圳市劳动模范"等称号。

黄成将加入公司以来,不断加强技能学习,虚心向同行学习。每次设计师交给他的图纸,从外观、尺寸、结构做具体的分析,有针对性地解决起版中遇到的难题,对每一件产品,他都付出了自己的全部心血,精益求精,哪怕产品中出现一点点问题,他加班加点也一定要改到完美为止。认真负责的态度和开拓进取的精神,塑造了他较强的技术能力和沟通协调能力,在工作中也积累了丰富的起版实操经验。

"在岗就要爱岗,爱岗就要敬业。"这是黄成将牢固树立的职业理念。他深知起版工作的重要性,在工作期间从不擅自离岗和请假,把心思和精力都用在了工作上,不管起版工作中遇到什么难题,他都认认真真地去做,而且做得非常出色。他这种敬业精神受到公司领导及同仁们的广泛赞誉。

2016年11月,他作为公司杰出工艺水平的代表,参加了2016年深圳市首届"工匠之星"技能大赛——黄金珠宝首饰手工制件(起版)职业技能竞赛,在比赛中,他沉着冷静,把平时积累的技术充分发挥在作品中,表现出良好的起版"锯功、锉功和焊功"三种技术能力以及图纸再创作能力,完美地诠释了设计图纸,获得评委们的好评,最终取得第一名的好成绩。

赖秋容

广东省东源县灯塔镇梨园村人,现就职于深圳市粤豪珠宝有限公司

赖秋容从事珠宝设计20年,先后在多家珠宝首饰企业从事首饰设计和设计部门管理工作。2005年3月12日入职深圳市粤豪珠宝有限公司,担任设计师一职,从业15年专研于黄金文化产品设计,从黄金材质特殊的温暖质感出发,将自己细腻的情感融入其中,深入发掘传统文化元素,形成新中式别致或喜庆华贵的产品风格。她利用自身丰厚的艺术功底和细腻自然的设计情感创造出了众多深受市场欢迎的精美首饰。她具有丰富的专业知识、设计及研发团队实战管理经验,对于行业趋势、设计风格趋势具有准确的判断和掌控能力。她多次荣获国内外设计大奖,2007年作品《凤舞天骄》获中国首饰设计制作电视大奖赛贵金属首饰设计制作赛铜奖;2009年作品《喜相连,好梦圆圆》获"中国金都杯"第六届中国(国际)黄金首饰设计大赛优秀奖;2010年作品《锦上花》获第二届全国珠宝首饰制作技能竞赛团体组最佳设计体现奖和网络人气奖;2013年作品《如梦令》获2012/2013中国珠宝首饰设计与制作技能大赛专业组晚宴风格最佳首饰创意奖;2016年作品《国色天香》获中国首届珠宝首饰作品天工精致大奖赛最佳镶嵌工艺奖;2018年项目"贵金属'刺绣工艺'创新性实验"获中国珠宝玉石首饰行业协会科学技术奖工艺改良与技术进步一等奖;2018年作品《珍簪》在第十四届中国(深圳)国际文化产业博览交易会上获中国工艺美术文化创意奖银奖,持有多项设计创新、工艺创新专利设计。

2008年,她制定了独特的《粤豪产品设计开发流程》,收集分析从题材挖掘、设计概念、市场定位、产品设计再到新产品推向市场的数据情况,帮助企业实现设计策略及产品市场的不断创新。2019年,她又制定了《产品设计师评级制度》,形成了一套系统分析与审视设计师能力水平的技能评价体系,并在整个评定过程中为设计师提供了与公司内部资深专家、主管领导进行系统深入的业务交流的正式机会。她还通过评级标准的制定,激励、引导设计师认识自我,有针对性地提升自己的专业技能,形成良性竞争,提升了团队的工作质量。

广东

单星

陕西省商洛市商南县城关街道办事处五里牌村人,现就职于深圳市福田区侨香社区公共服务中心

单星,现工作于侨香社区公共服务中心,是一名社区专职工作者。2008年因父亲患白血病去世,家里成了贫困户,没有完成学业就孤身一人踏上了外出务工的道路。

工作中的他,任劳任怨,勤勤恳恳。2018年"山竹"台风时,他不顾疲劳连续值夜班转移附近工地避难的工人,带领物业人员及时清理堵塞道路;他先后将一块块沉甸甸的"光荣之家"牌匾送到了退役老兵的手中;他积极主动地为辖区生活不能自理的老人上门做生存认证;他积极主动参与社区的邻里纠纷调解,不论是周末还是节假日,哪里有需要哪里就有他。2020年春节期间在突然暴发的疫情之下,他不顾妈妈反对放弃春节长假,自觉参与到疫情排查、宣传防疫、管控卡口工作中,坚持"防疫、服务"两不误。他主动配合侨香社区党委开展疫情防控,落实防疫部门疫情联防联控政策措施,严格把控小区出入口。经过两个多月的奋战,共计上门排查350户,累计打电话1 080个,并动员250名志愿者参与到防疫志愿服务中,带领志愿者走访4个小区慰问户隔离家庭,送防疫物资到企业和"三小"场所共计24家。疫情期间,政策就是命令,防控就是责任。他做到了坚守岗位、勇于担当、战斗在防疫工作的第一线,因此被推选到"深圳市抗疫好青年"的评选活动中。

工作之余,他努力提升自己。参与侨香村物业党支部辩论赛荣获团队一等奖,荣获福田区公共图书馆服务规范暨安全知识竞赛团队三等奖,2018年积极参与"区域一体化"的创建工作,参与的项目在福田区90多个社区推广,被单位推选为深圳市福田区安全管理工作先进个人。2020年9月所在单位被评为全国抗击新冠肺炎先进集体。2020年10月参加香蜜湖街道"香蜜新声"主题演讲暨PPT制作大赛并荣获三等奖。

康修峰

江苏省连云港市东海县石梁河镇石梁河村人,现就职于深圳市合正物业服务有限公司香蜜苑物业服务中心

康修峰是合正香蜜苑物业服务中心负责人,2020年大年初三,原本在家其乐融融过春节的他,在接到公司总部领导复工的通知后,便立即携妻带子启程返深,回到工作岗位后率先扛起了小区防疫工作的大旗,按照侨香党委的要求,积极扎实地做好各项疫情防控工作:园区公共区域的每日消毒;设置疫情监测及观察站点,对进出小区的人员进行实时监控,及时做好信息的报送与预警响应;协助社区工作站、社区民警做好三位一体的防疫管控工作。

为解决防疫物资紧缺问题,他亲自到各大药房及防疫物资工厂采购防疫物资,并为项目运送防疫物资。由于现场人手紧缺,他既当送货员又当搬运工。在小区实施封闭管理后,他迅速组织物业服务中心全体工作人员,建立了一只"跑腿小分队",设立了"物资无接触存放点",主动承担为小区住户上门派送快递及外卖工作,每天送到住户家的各类快递800余件,整个疫情防控期间共计送达各类物资60 000余件,同时也为小区自行居家隔离的业户收运其生活垃圾,每天在业主微信群里了解业主的需求并及时回复及处理。

在复工复产阶段,他还担当起整个集团复工复产的物资组织和防御检查工作,督促各单位积极按标准有序地做好复工工作,以自己点点滴滴的努力,带领团队筑起了一道抗疫屏障,保护着每一位住户的安全。

自香蜜湖街道打响疫情防控阻击战的第1天,他快速反应、严密组织、狠抓落实,在1小时内开启小区"半封闭、大围合"模式,整个小区只保留1个出口,实行24小时全时值守制度,强化疫情防控工作。在侨香社区党委领导的支持下,他率先完成"三个1"行动,为疫情防控工作赢得了时间的"胜利"。截至目前,他所管理的小区未发生一起被感染的病例。

广东

曹晓燕

四川省宣汉县红峰乡人，现就职于比亚迪股份有限公司

曹晓燕，出生于四川达州一个偏远乡村，1996年，20岁的她只身来到深圳投奔叔叔，通过叔叔，她顺利进入比亚迪电池事业部成为一名卷绕工，一干就是23年。

1996年，比亚迪还没有成立汽车公司，电池是主业。当时，自动化制造还很落后，卷绕电池全凭一双手，难度可想而知。但对曹晓燕来说，卷绕就是她的"灯塔"，是她生活全部的希望。她每天反复练习着厚纸板，一周后便逐渐掌握了技巧，并自己摸索出了一套方法。几个月后，手上的水泡变成了厚厚的茧，曹晓燕成了工厂里最优秀的一线技工之一。一般技工的日产量是350个，曹晓燕可以卷到500个，是同事的1.4倍，因此被评为比亚迪最佳员工。

在整个电池制造的过程中，卷绕是其中最难，也是最重要的环节。电池的好坏和寿命的长短，都由这道工序来决定。卷绕一个电池大概需要10个动作，而曹晓燕每天处理近5 000个电池芯，23年来累计绕卷1 800多万支电池，这些电池可铺满整个长城，因此她被称为"长城姐"。

她眼力过人、速度惊人，质检产品的良品率能控制在99.9%以上，几乎超越一台自动化设备，正因为有这样的成绩，接连获得2020年深圳工匠、比亚迪首届金辉工匠、葵涌巾帼女工、比亚迪"20年20人"等荣誉。曹晓燕却依然朴实而低调，她说："做卷绕工不枯燥，卷绕久了还有感情，中间从未动摇过，因为有信心越卷越好。"

她不仅自己努力、肯吃苦，对待同事和徒弟也是真心实意，毫无保留地把自己积累的经验和掌握的技巧传授给同事们，"传帮带"新员工400多名，是同事眼中不善言辞但又真诚质朴的"邻家大姐"。

曹晓燕，二十三年如一日，坚韧不拔守在一线，在平凡的岗位上孜孜不倦、精益求精，用一双手创造了惊人的奇迹；用一颗匠人之心，铸就了属于她的无悔青春。

蒋巧菠

湖南省东安县新圩江镇大群村人，现就职于深圳市爱立康医疗股份有限公司

蒋巧菠，2015年6月进入深圳市爱立康医疗股份有限公司，从产线员工做起，经过自己的努力学习，全面了解公司产品，2015年12月通过公司的内部面试，被提拔为PMC部物控员。为尽快了解公司物料情况，她每天第一个到公司，最后一个离开，整整4个月每天在产线与仓库间奔走，熟悉所有制成及仓库物料，解决了一大批呆滞物料的消耗，为企业提高库存周转率做出了杰出的贡献，因其工作表现突出，在2016年年底获得公司优秀员工称号。

2017年10月，因她对物料特别熟悉，能及时了解原材料市场行情，做出相应的规划，被公司提拔为采购部主管，致力于公司降本工作。她在2018年完成了公司的降本目标，于2018年年底获得公司卓越优秀员工称号。

在工作、生活中，她总是充满热情，能团结同事，积极进取，不断学习，全面提升个人能力，在2019年9月被提拔为董事长助理，全面辅助董事长开展管理工作，并在年底再度获得公司卓越优秀员工称号。

在2020年春节假期，为响应公司号召，于1月21日（公司放假当天）联络各供应商提前复工，并安排将公司红外额温计送到各政府单位，支持防疫工作；于1月26日（大年初二）紧急返回企业，组织复工复产。为了召集供应商及时开工，她想尽办法帮助供应商提供开工所需的红外额温计与医用口罩。她在疫情期间没有丝毫懈怠，做事兢兢业业，认真负责，始终坚持跑在第一线，想办法提升产能，支援防疫，连续4个月未休假，解决企业各种供需问题，表现突出，起到了非常好的表率和模范作用。

蒋巧菠从一个农村的高中落榜生，成长为一个中小型企业的董事长助理，其中的艰辛不言而喻，在她身上有不懈努力与吃苦耐劳的精神，并能通过自身不断地学习来提升各种技能，及时把握企业提供的机会，敢于挑战，克服困难，最终完成了工作目标，也实现了自己的人生价值，是企业员工的学习标兵。

广东 黄启存

广东省阳春市春城七星村人,现就职于珠海格力电器股份有限公司

黄启存,1996年3月入职格力电器,目前任人力增效科IE专员。

2019年,他主导《钣金设计制造数字》项目,获格力电器科技进步奖七等奖。他自主开发研究钣金设计制造数字化项目,打通"设计—工艺—制造"的流程,创建零件加工工艺知识库,积累与沉淀钣金零件的设计与工艺知识,实现精益增效4人次,节省人工成本约28万元／年。

2009年,他主导《数控折弯机快速换模工艺的研究与应用》项目,获格力电器科技进步奖七等奖。他通过自主研究和开发,创新地改进数控折弯模具装夹方式,实现模具通用化,彻底解决模具掉落的安全隐患,同步建立员工操作规范,一直沿用至今并推广到所用同类型岗位。

2006—2008年,他主导《电控箱系列零件电焊改点焊生产》项目,获格力电器科技进步奖七等奖。他创新改良产品加工工艺,彻底解决生产痛点问题,极大地提升生产效率,并已在商用空调所有大电控箱类零件上全部推广实施。

2006—2008年,他主导《U形钣金外壳加工工艺流程研究及应用》项目,获格力电器科技进步奖七等奖。此项目创新点在于采用全新的加工工艺取代落后加工方法,使产品一次加工合格率从90%提高到99%以上,喷塑加工效率提高2倍以上,周转运输效率提高5倍以上。

2006—2008年,由他参与的《数控折弯的工艺研究》和《解决商用机边板翻边孔刮铜管》项目分别获格力电器科技进步奖五等奖和六等奖。

2015—2020年,近五年时间,他开展增效项目共实现精益增效47人次,其中获格力电器优秀增效项目1次。

2016—2020年,他获得格力电器质量管理突破性创新改善项目二等奖1次、三等奖4次,QC项目3次。

2016—2020年,他获得格力电器通用化项目二等奖1次,三等奖3次。

他个人获2011年"珠海市青年岗位能手"称号;珠海市2010年"敬业奉献模范"称号;公司先进个人5次;公司创新标兵1次;2019年精益增效"优秀工作者"称号;2020年4月公司精益月刊精益之星;分厂年度先进个人1次;钣金喷涂分厂2019年4—8月提案改善"优秀个人"、2019年度"提案先锋";钣金喷涂分厂2019年度第二、第三季度成本标兵"优秀个人";格力电器科技进步奖五等奖1次、六等奖1次、七等奖4次。

陈志星

江西省鹰潭市余江区人，现就职于纳思达股份有限公司

"爱自己所选择的，选择自己所爱的"，秉承着这样的选择标准，陈志星来到珠海进入到纳思达股份有限公司；"干一行，爱一行"，坚持着这样的工作理念，陈志星从2005年9月入职一直坚持至今，在公司工作服务了整整15周年，与公司共同成长。

在公司15年来，陈志星发扬爱岗敬业、勤奋务实、埋头苦干的精神，从一名一线的普工，到物料员、班组长、人事专员、生产主管，再到招聘主管，在每一个岗位上他都认真履行岗位职责，竭尽全力做好本职工作，不断更新观念，创新工作方法，提高工作水平和效率。

一直以来，他严格要求自己，自觉遵守各项规章制度，日常工作中在领导和同事的帮助支持下，克服困难，认真学习，不断提高自己，2015年被评选为集团公司"年度先进"优秀员工。

从2014年开始，参与到公司扶贫工作中，先后去到四川凉山、云南怒江进行劳动力转移，安排大批农民工就业，帮助贫困户通过就业解决生活困难，同时与珠海技师、欧亚、理工、工贸、新思维等学校开展教育扶贫，建立起10个校企合作扶贫冠名班，与学校共同培养学生，并且安排好学生就业，从根本上解决学生的教育和就业问题。

广东 刘景峰

湖南省茶陵县云阳街道前进村人，现就职于东电化电子元器件（珠海保税区）有限公司

刘景峰，2008年6月12日入职公司，从事生产车间产品质量检验工作，在工作中一直致力于生产线改善和效率提升。2011年，他参与公司热敏电阻生产线从印尼转移到中国珠海，并参与推动将报废率由15%降低至4%，生产力提高了约30%，为公司的长期发展做出了积极的贡献。2019年11月，他参与开展每日安全巡查工作，将压敏电阻后段的安全隐患消灭在萌芽状态，公司后段的安全事故从开始检查前的半年内9单降低到了一年1单，给员工的工作和生活提供了安全保障。

在2020年疫情防控期间，他积极落实政府部门及公司的防疫政策。在停工停产期间，确定员工的健康信息申报，排查员工的接触史，培训员工进行正确的防护。同时与其他部门同事一起做好复工的各项准备工作，为公司2月10日顺利复工提供了有力的保障。在公司宣布复工后，他立即投入到正常的生产生活中，落实公司的各项防疫措施，在复工之后的两周内，该区域的复工率达到85%左右。同时，他还热心协助小区物业人员在小区分发防疫宣传手册，演示"七步洗手法"等相关防疫工作。

刘景峰热心于公益事业，曾代表公司去慰问"珠海市福利中心""南屏敬老陆军""小林敬老院"等社会福利机构，为他们送去慰问和祝福。

刘景峰品德优秀、思想进步，目前正积极参加公司党委组织的各项活动，为成为一名正式党员而努力。

朱化学

山东省费县新庄镇纸坊村人，现就职于中海福陆重工有限公司

朱化学，在海洋石油行业工作24年，长期从事海洋工程钢结构焊接工作，拥有丰富的海洋工程钢结构建造、大型起重铺管设备建造、690高强钢焊接等方面工作经验。他先后取得了手工电弧焊6GR、二氧化碳气体保护焊6G和6GR国际焊接资质证书、高级技师职业技能资质等焊接资质和职称证书，被珠海市高栏港经济技术开发区认定为2016年"高技能人才"和2018年"工匠之星"，并荣获珠海市2019年"特级工匠"称号。

朱化学取得了八项国家专利并发表两篇论文、七次获得各种等级的公司级技改技革奖，相关研发成果在集团公司内部被广泛应用。

他设计制作了管式主吊点结构二氧化碳气体保护焊预制开发工艺。该设计成功申请了《小型排烟装置》和《一种便携可调灯架》两项国家专利，并获得公司技改技革二等奖。他设计制作的小管径焊接机械装置，实现了小管径位置的焊接，提高了施工效率20%，节省人工时35%，获得公司当年技改技革二等奖，发表论文《二氧化碳气体保护焊接机械手——管内／外环缝焊接》。

他设计制作了一种便携式多功能高效切管装置并成功申请使用新型专利——《一种便携式多功能高效切管装置》。

他还获得多项荣誉。2009年，气体保护焊接小车仰角焊应用荣获2008年技改技革三等奖；2012年6月，二氧化碳焊接小车改造荣获当年海洋石油工程股份有限公司建造公司节能减排技改技革类一等奖；2012年7月，二氧化碳焊接小车改造荣获当年海洋石油工程股份有限公司节能减排技改技革类二等奖；2013年7月，结构大厚板焊接工艺革新项目荣获当年海洋石油工程股份有限公司节能减排技改技革类二等奖；小管径焊接机械装置荣获2014年度珠海公司科技成果奖二等奖；管式主吊点二氧化碳焊接系统工艺开发荣获2014年度珠海公司科技成果奖三等奖；2015年，Zawtiaka导管架焊接设计优化与焊材国产化荣获公司当年技改技革类二等奖；2013年2月，荣获海洋石油工程股份有限公司"安全生产能手"称号；2015年1月，在中国海洋石油总公司2014年度"质量效益年"活动中，被评为立功个人；2015年2月，在海洋石油工程股份有限公司2014年度"质量效益年"活动中，被评为立功个人；2017年，荣获珠海市职业技能焊工比赛"优秀领队"称号；2018—2019年，荣获广东省及珠海市职业技能焊工比赛"优秀裁判员"称号；2020年，荣获珠海市"劳动模范"。

广东 张斗和

安徽省安庆市潜山县源潭镇永济村人,现就职于汕头东风印刷股份有限公司

张斗和,现于汕头东风印刷股份有限公司工艺技术部工作。他爱岗敬业,勤奋学习,钻研技术,精通业务,勇于创新,取得了优异的业绩,出色地完成了各项生产任务,在工作中起到模范带头作用。

他热爱本职岗位,不断学习提升工作技能。张斗和先后在镀铝车间制膜、印刷、调墨工、看样工、打样设计开发等岗位工作。在工作中遇到的难题他常会从人、机、料、法、环上去想办法解决,不断地坚持在实践中学习、在工作中提高,通过实际操作和理论学习增强对印刷的认知,努力做到理论与实践相结合,提升印制技能和研发能力。2011年他报名参加北京印刷学院函授班,学习印刷技术专业;2016年他通过公司内部应聘,到工艺技术部从事打样设计开发工作,学习胶印、丝印、单凹、喷码、烫金、凹凸、模切等工艺知识;2017年被公司选派到汕头大学MBA教育中心进行深造,学习管理理论知识。

他参与制定标准,优化工艺流程,为保障产品质量发挥积极作用。张斗和主要负责工艺标准、工艺优化、质量整改方面的工作,在长期的标准学习与研究中,他制定了一套符合国际标准、行业标准、客户标准的企业标准,并制定了一系列在国标与行业标准中没有的检测标准方法,使公司的产品质量得到了保证。他还积极参加印刷行业标准、团体标准的制定与修订工作。

他潜心研究,参与技改攻关,促进企业节能增效。张斗和积极开发新材料、新工艺项目,对产品进行工艺优化,对当前落后产能设备进行工艺改进、工序合并、优化拼版、工艺改造等改进项目,2019年节约成本约150万元,采用水性凹印油墨替代溶剂型凹印油墨,VOCs产生量减少30%~80%。

张斗和荣获2008、2012年度"优秀员工"荣誉称号;荣获2014、2015、2016年度"质量之星"荣誉称号;荣获2012年度"质量知识竞赛"二等奖。

黄松青

广东省揭阳市空港经济区地都镇埔尾村人,现就职于汕头华兴冶金设备股份有限公司

黄松青,现任职于汕头华兴冶金设备股份有限公司生产部,他爱岗敬业,勤奋学习,钻研技术,精通业务,在工作中取得了优异的业绩。

热爱本职工作,加强学习,关键时刻勇挑重担。黄松青先后从事过铣床、龙门铣床、车床、镗床等多种设备维修工作,能吃苦,爱学习,尊重师傅。公司成立初期许多设备都是老机床,时常出现故障,维修起来很辛苦,但黄松青说每一次维修都是一次学习的机会,所以,他在艰苦的环境中学习掌握了各类机床的操作和维修技术。2008年公司购置了第一台卧式数控机床,虽然厂家派来技术人员协助培训,但要在公司范围内找一个能够掌握软件编程的专业人员配合工作,这时,黄松青主动请缨接过了这一重担。

刻苦钻研,组织技术攻关,积极参与技术革新。环形堵头是公司生产的一种常用产品,以往生产加工每次在台钳上只能夹一个堵头,加工时间为12分钟,黄松青通过对台钳夹具的改进优化,一次可以夹5个堵头,平均每个加工时间降到8分钟,极大地提高了生产效率,降低了劳动强度,节约了生产成本。风口产品的尾端堆焊作业长期靠人力操作,劳动强度很大,黄松青参与技改攻关团队,用了半年多的时间,研发出机器人机械手堆焊作业,完全代替了人工。黄松青和他的团队每年都有几十项这样的小革新、小技改运用在各个生产设备环节上,为提高企业产品质量和产能发挥了很好的作用,使公司生产效率提高了30%,每年节约成本近百万元。

坚持工匠精神,精益求精,不断取得卓越业绩。随着公司产品订单的大量增加,需要现有的数控机床去完成更多的异种产品的加工,就必须对数控机床进行调整以及程序优化,黄松青通过对以往加工数据采集分析比较后,对原有编程进行优化处理,使数控专用铣床和数控镗床扩大了加工范围,有效地满足了对现有各类产品进行加工的需要,大幅度地减少了公司对加工设备的投资,仅此一项就节约资金超千万元。

黄青松荣获2019年度公司技术进步二等奖;荣获2017、2018、2019年度合理化建议鼓励奖;被评为2017年度"优秀员工";被评为2018年度"工作标兵"。

广东 梁泽江

重庆市梁平区仁贤镇广福村，现就职于佛山市东成立亿纺织有限公司

梁泽江在车间一直担任着重点客户高品质产品生产任务，是车间公认的操作技术尖兵，由于工作成绩突出，曾多次被集团公司评为"优秀员工"和"劳动模范"。

2014年7月，他获得广东省职工职业技能大赛——广东省纺织行业"张槎针织杯"纬编工技能大赛第一名，刷新了广东省"找错针"单项纪录；以总成绩第四名获得了"广东省职工经济创新能手"荣誉称号。

2017年10月，他参加广东省职工职业技能大赛——广东省纺织行业"安东尼"杯纬编工技能大赛决赛，取得总成绩第一名，成为大赛的广东省冠军。

2017年12月，他被佛山市人社局授予"佛山市突出贡献高技能人才"荣誉称号。2018年6月，他被佛山市政府授予"佛山·大城工匠"荣誉称号。2018年，他被广东省人力资源和社会保障厅授予"广东省技术能手"荣誉称号。2018年10月，他被广东省纺织协会授予"广东省纺织大工匠"荣誉称号。2018年11月，他被广东省总工会授予"广东省五一劳动奖章"荣誉称号。2019年，他被中国纺织工业联合会评为"全国纺织行业技术能手"。

2001年7月，梁泽江入职佛山市雅纶纺织有限公司从事针织大圆机的操作纬编工，纬编工人的工作看似细微，实则是一项"大活儿"。他所负责的机台产量和质量都相当高，每个月都被公司评为产量和质量标兵。因为他比其他员工高出了30%的产量，废品率控制在1.5‰，正品率保持在99%，一年下来为企业减少废品300公斤左右。

2007年3月，梁泽江就职于佛山市东成立亿纺织有限公司，被任命为值班长。要当好班长必须先是名好员工，做一流的培训教练。梁泽江抽出大量的时间培养新员工和提高其他员工的技能，经常利用下班时间培训，根据各个员工掌握技术的程度和特点，为他们分别制订学习计划和教学方案，建立学员档案，利用自己的技术特长，因人施教，分别帮教。他把自己的技能毫无保留地传授给员工，并把自己创新的"找花针""找错纱"操作法整理成文件，统一员工的操作方法。他所在的班组多次被公司评为优秀班组团队。

梁泽江一直在纺织行业工作，在平凡的工作岗位上默默奉献，铸就了辉煌的成绩，其先进事迹在2018年8月《人民日报》进行过宣传，他是行业员工学习的楷模。

张涛

陕西省商洛市山阳县漫川关镇万福村人，现就职于中海物业管理有限公司佛山分公司

根据佛山市南海区人力资源和社会保障局的指导，为企业谋发展、为山区谋出路，组织开展了定向招聘工作，精准扶贫，走进四川大凉山，引领企业积极招聘务工人员，张涛成为此次活动中的一员，并代表公司前往现场招聘，顺利招聘务工人员13人，其中1人为中共党员，为山区就业脱贫、勤劳致富、全面建设小康社会贡献出一份力所能及的力量。

2019年11月，作为一名中共党员，在南海区政府和公司党支部扶贫活动中，他得知云浮罗定贫困山区中的一户"特困户"生活艰难，他组织身边同事开展"党建引领、助力义捐"活动，为"特困户"二次捐赠，并组织部门人员带头捐赠2 000元，共筹集资金7 753元，自费送到"特困户"家中。

张涛作为一名老兵，积极响应国家对于退转军人的就业安置政策，结合公司的发展和实际需求，组织开展退役军人招聘，与2个团级以上部队、6个退役军人事务局达成退转军人就业合作协议，通过近三年的不断努力，共招聘退转军人188人，走向管理岗位的有45人，为企业梯队人才建设和可持续发展奠定了坚实的基础。

2020年年初，新冠肺炎疫情肆虐，张涛在防控疫情的斗争中发挥党员先锋模范作用，并通过此次疫情认真总结各项工作开展情况，综合分析、总结优劣势、有效举措和存在的问题，然后将经验进行整理，完善现有的工作指引，更新公司各项应急预案，便于项目更好地运用。

南海区物业管理行业协会组织全国首届"防风防汛"技能竞赛活动，受行业协会邀请，张涛全程协助编辑防风防汛演练竞赛活动方案，通过方案拟定、行业培训，整个竞赛方案取得南海区住建局和物业领导的高度认可和赞扬；同时，他组织派出的代表队在防风防汛竞赛活动中获得第一名的好成绩。

佛山外国友人居住现象较多，他主导编制外籍人员管理指引，定期上门排查，建立一户一档，规范档案管理，协助属地派出所定期走访了解外籍人员居住情况，核查相关证件，有效掌握外籍人员信息，提升现场管理水平。

张涛，2016年被中共佛山市南海区桂城街道新经济组织和新社会组织工作委员会授予桂城街道"两新"组织立足岗位做奉献先进党员荣誉称号；2019年被佛山市南海区消防安全委员会授予2019年度南海区"热心消防公益事业先进个人"称号；2020年抗击新冠肺炎疫情，被广东省物业管理行业协会授予"最美逆行者"称号。

广东

朱丽平

广东省英德市浛洸镇燕石村委会胜合村人，现就职于佛山市南海必得福无纺布有限公司

2020年春节，新冠肺炎疫情令非织造布的紧缺成为口罩、防护服生产的难点和痛点。公司于2020年1月21日上午，响应国家的号召启动应急预案，全力保障医用防护物资供应，在最短的时间内调用一切可能的人力和原材料资源，最大限度地压缩生产时间，并迅速将物资发往受疫情影响严重的地区。疫情稳定后，公司在全力做好国内外防疫物资订单的同时，逐步恢复各类产品的生产运营。在这段疫情防控物资生产攻坚战期间的众多功臣之中，不可不提及的是设施管理班班长朱丽平。

朱丽平加入必得福20余年，参与了公司2003年抗击"非典"和2009年美国甲型流感病毒的防疫物资生产任务。他发挥模范带头作用，发挥设施管理班班长的一切权责，驻扎在生产一线，落实各项生产设备复产措施，带领设备攻坚队伍不分昼夜地解决生产部口罩生产设备、熔喷布/非织造布生产线的安装和改造，保障公司口罩和防护服生产部门的生产运作。朱丽平还认真贯彻落实公司下达的防疫工作要求，配合防疫工作小组严格执行各种防疫防护措施，切实保障了每位职工的人身安全和生命健康。

疫情初期，朱丽平意识到口罩、防护服等防疫物资会出现紧缺，在公司号召复工复产的前两天已主动着手对防疫物资生产设备进行复产排检，并向班组成员下达回岗复产的通知，完成公司于2020年1月21日口罩和防护服生产部门开展复工复产的前期准备工作。

当朱丽平带领队伍完成口罩和防护服生产部门的设备复产任务后，马上转战口罩和防护服原材料——非织造/熔喷布生产设备的复产检修工作，公司第一条非织造/熔喷布生产线于1月28日正式复工投产，第二条生产线于1月30日开工，剩余的11条生产线随着返岗员工的增加也随之投入防疫物资原材料的生产当中。

复工初期，为了落实公司复工复产的任务和保障防疫物资生产设备的良好运作，在人员有限的情况下争取更多的时间，朱丽平带领攻坚小队实行两班倒，甚至一周睡眠时间不足30小时来保障生产任务的完成。

疫情防控物资生产攻坚战期间，市场上熔喷布产量供不应求，朱丽平带领攻坚小队与各设备生产厂家在短短的两个月内成功改造符合医用材料生产的车间2个，安装并投入生产一次性医用外科口罩机和KN95口罩机60余台，为增添的5条熔喷布生产线合理规划场地，并调试产品工艺达到医用外科口罩用料的标准，同时与卷材生产部共同攻克原生产非织造布的生产线改造生产熔喷布的技术难关，全力以赴做好疫情防控物资的供应保障工作。

瞿孝武

湖南省醴陵市东堡乡土埠桥村人，现就职于广东新宝电器股份有限公司

瞿孝武于 2000 年 2 月入职新宝电器第一公司品管部担任 QA，主要负责电热水壶出货前检验工作，2001 年 1 月因工作能力突出被晋升为组长。

随着公司的发展壮大，2003 年 3 月他被内部调至第三公司担任 QC 组长和 QE 技术员，负责咖啡壶检验工作。并在工作中得到公司领导的高度认可。

因工作需要，他于 2005 年 5 月调入新宝电器股份有限公司认证测试中心可靠性检测科，主要负责公司新产品的可靠性实验、旧产品改善验证测试；负责失效产品分析、测试进度的跟进以及各类测试设备改善与制作。尤其是在 2012 年 3 月，他凭借自身专业技术能力及时发现某大客户产品在实验中出现的质量问题，使该产品得到及时改善，因此多次受到该客户高度表扬。

他 2013 年被聘为认证测试系统高级工程师；2014 年 7 月成为新宝股份高级检验员；2014 年度再次被聘为认证测试系统高级工程师，在此期间带领科室骨干成员制作了电热水壶全自动倒水测试设备 4 套共 40 个工位，满足了 Philips（飞利浦）客户的测试要求，并对打蛋机、搅拌机、咖啡机、电熨斗、食物处理器、多士炉等产品测试设备进行改善。通过自身努力，他于 2015 年度荣获新宝电器股份有限公司"优秀员工"荣誉称号及 2015 年第四季度被评为新宝品质管控之星。2017 年因公司新产品业务不断增加，进行扩建两个可靠性实验室共 170 平方米，增加 760 个测工位。2017 年至今新增加 HB 客户打蛋机、果汁机、手持式搅拌机全自动测试设备各 48 套，增加 JCS 客户压力式咖啡机全自动设备 160 套，增加精准加水设备 200 套，增加无线网络老化监控设备 200 个工位，增加硬水配制设备一套，增加伊莱克斯客户蒸汽站电熨斗产品测试设备 50 套，增加 HB 客户电烤箱全自动测试设备 48 套，增加一套 K-UCP 咖啡壶全自动设备，增加西门子博士客户多士炉全自动测试设备 65 套，有效地提高了测试进度和测试准确率，得到了客户的一致好评。

瞿孝武 2016 年被评为佛山市首届"大城工匠""顺德工匠""勒流街道十大先进工匠"；2017 年被评为"国家可靠性测试工程师"并被佛山技术学院聘请为客座教授；2018 年公司三十周年被评为"荣誉家庭"；2019 年至今主要负责公司产品测试进度跟进、问题点分析、效力提升、公司品牌产品项目跟进工作。

刘宜松

湖北省江陵县资市镇花港村人，现就职于广东瑞德智能科技股份有限公司

刘宜松于2007年9月入职广东瑞德智能科技股份有限公司，担任保安一职，在职期间尽职尽责，为公司安全管理提供了非常多的专业意见。2012年9月因表现优秀晋升为保安队长，因爱岗敬业，管理有度，于2014年3月晋升为保安主管，同时担任公司的安全管理员，负责公司的安全指导、监督、检查等工作，贯彻执行安全生产的方针、政策、法令法规。

刘宜松积极参与公司防疫防控工作，复工前配合制定疫情防控工作方案及应急预案，做好复工前的防疫物资储备；复工后严格落实及配合政府做好"八个一"防控工作，以身作则，冲在防疫第一线，每日带领保安队员24小时值班，一丝不苟地为员工上下班测量体温、做记录，并反复宣传防疫知识；每天坚持为公司的公共区域开展消毒管理工作，且积极配合村委、派出所的工作指导与双向沟通。刘宜松作为保安主管，除了协助建立企业内部疫情防控管理体系，还严格执行落实，认真履行防控职责，扎实做好公司内部的疫情防控工作，用实际行动全力守护公司全体员工的安全。

刘宜松认真审查安全技术方案及措施，加强安全生产教育培训，科学管理，不断提高全员的安全生产意识与综合素质。他定期或不定期地对公司安全技术资料、安全技术措施、安全设施进行检查验收，及时发现生产中的不安全因素，提出改进意见和措施。

刘宜松深入基层，对员工生产安全、消防安全进行培训指导。加强安全生产知识的学习，强化员工素质，提高服务水平；严格监督检查，督促并协助解决有关安全问题，纠正员工违章作业，杜绝一切安全隐患，预防安全事故的发生。近几年公司安全事故为0次。

刘宜松积极配合政府和社区开展各项安全管理工作，围绕政策和法规开展消防、安全工作，严格落实各项要求。

刘宜松虽然从事着一份平凡的保安工作，但他在工作中兢兢业业，脚踏实地地将这份工作做好，并默默坚持了13年，对于保安工作乐此不疲，没有对这平凡的工作产生厌烦情绪，他的平凡正是一种不平凡的表现。此外，他还具有优秀的品德，在生活中经常助人为乐、热心公益事业，多次被评为优秀员工。

庄幸福

河南省汝南县三桥乡桂庄村人，现就职于佛山市高明基业冷轧钢板有限公司

庄幸福，2003 年来佛山打工后，扎根佛山高明基业公司十八载，十八年如一日默默付出，不忘初心，始终如一，在本职岗位上做出了突出的贡献。庄幸福现任佛山市高明基业冷轧钢板有限公司人力资源部经理，兼任公司工会和谐劳动关系调解委员会主任、广东省人力资源管理专业委员会副会长、高明分会秘书长等职务。多年来，庄幸福通过自身努力，分别获得"高明区十佳外来工"提名奖、"高明区优秀党员"和"佛山市优秀工会干事"等多项荣誉称号。

刚入职基业时，他被安排到生产分条车间做分条操作工，主要对普碳热轧板进行切边。他深感自己技术的欠缺，必须刻苦钻研、学得一技之长方能立足岗位的重要性。于是，他利用业余时间购买冷轧专业书籍学习，以提高自己的业务能力和文化素质。通过自身的钻研和不断向分条师傅不耻下问地学习，庄幸福进入分条班组一年就被车间主任任命为机组班长，在工作时解决了车间长期因钢带分边毛刺太大的疑难问题。之后，他主动向车间各班组人员就机组装刀的间隙控制以及刀套的合理放置、钢卷的材质分析等进行技术分享，得到了各班组人员的共同认可，并带动大家一起就疑难问题进行技术攻关。各机组师傅也纷纷抛弃过去"教会徒弟，饿死师傅"的传统观念，车间员工达到了空前的学帮带学习热潮。2010 年，经杨和镇工会推荐，庄幸福获高明区总工会授予的"高明区十佳外来工"提名奖。2015 年，庄幸福被公司任命为人力资源部经理。

2020 年春节，庄幸福原本计划回河南老家。1 月 21 日，看到新闻播报湖北武汉出现新冠肺炎疫情，以及钟南山院士预测疫情正在传染扩散的消息，庄幸福临时改变决定，留下来坚守岗位。腊月二十七，庄幸福踏进各大药店紧急采购疫情防控用的 84 消毒水、酒精、洗手液、口罩以及测温仪、防护服等防控物资。在得到公司领导的认可和大力支持下，庄幸福紧急召集春节留守的部分管理人员和员工成立疫情防控小组并分别分工部署。在有效的防控下，体温检测共检测本厂人员和工业园区人员计上百万人次，没发现一例新冠肺炎患者。

庄幸福不但干一行、爱一行，更懂得做人要懂得回报。自加入志愿者和一家亲团队后，多次参加政府和社会团体组织的公益活动。多年来，庄幸福投身公益事业的故事数不胜数，其中参加慰问孤寡老人近百次，参加各类植树节近二十次，参加志愿者活动和各类公益活动近百次。

广东

吴成平

湖北省黄冈市蕲春县漕河镇梅畈村人，现就职于广东星星制冷设备有限公司

吴成平，1987年7月参加工作，1996年南下广东在日星电气（中山）有限公司财务部工作，2004年在巨大集团担任财务总监一职，2013年来到广东星星制冷设备有限公司，并在当年担任工会主席，现任佛山市十二届政协委员、省委统战部新阶联常务理事、佛山市三水区新的社会阶层人士联合会会长、佛山市三水区总工会兼职副主席、广东佛山三水工业园区工会联合会主席。

吴成平2013年担任工会主席以来，为了提高职工在企业里的幸福感，他率先从"吃住行"着手：开通公司班车，解决职工上下班"通勤难"的问题；投入近800万元翻新职工宿舍及设备，空调、洗手间、网络等设施一应俱全；组织职工子女暑期夏令营，丰富职工家属子女生活……在吴成平的带领下，星星制冷出色的工会工作先后多次被省市区总工会表彰，获得"广东省五一劳动奖章""广东省厂务公开民主管理突出单位""佛山市创新示范基地""佛山市工人先锋号"等荣誉，新华社及南方日报也对此进行了专题报道。

吴成平带领工会成员开展形式多样的文体活动，先后组织近20次参观"一汽大众""海尔"等知名企业等，他还积极参与帮扶工作，亲自到四川凉山州盐源县参与招聘，先后安排贫困少数民族员工378人，多次受到国务院扶贫办及省市领导的表扬。

在吴成平看来，工会要为广大职工谋福利、谋发展，更要着重把职工凝聚成一团具有强大力量的"火焰"，推动企业提质增效发展。为此，他以工会的名义争取管理层同意，推出了激励晋升机制，每年从公司利润中按比例划出款项作为奖金，只要职工有"好点子"就奖励。

维护职工合法权益，凝聚和团结职工力量是企业工会的职责。不同于其他企业工会运作方式，吴成平创新方式，以学习提升制度、信息反馈制度、节日活动制度等七大制度丰富员工的生活，活跃员工的工作激情。员工可以通过员工论坛、微信公众号、公开栏、信箱等渠道，对公司提出意见建议。吴成平出色的工会工作成果为企业留住了人才。不少企业在春节后会遭遇"用工荒"，星星制冷却没有这样的困扰，二线员工流失率为0，一线员工春节回流率在95%以上。

吴成平督促星星工会委员会发扬公司工会的优良传统，密切联系员工，恪尽职守，清正廉洁，认真接受会员大会的监督。吴成平努力坚持打造一支务实为公、清廉简洁的工会团队。他个人先后在《南方日报》发表30余篇评论，在《新华社》《工人日报》《南方工报》《佛山日报》发表多篇通讯，积极报道宣传企业各项工作。

钟义强

重庆市永川区三教镇石龙冲村人,现就职于广东省韶关市乳源瑶族自治县东阳光化成箔有限公司

钟义强,中学毕业后,为了心中的理想踏上了务工之路。他2009年12月进入广东省乳源瑶族自治县东阳光化成箔有限公司,在11年的工作历程中,爱岗敬业、与同事团结友爱、互帮互助、勇于创新、共同进步,从一名操作人员到班长到现在的车间主任。他在工作中不断总结经验、提升自我,利用业余时间学习提升自我的能力,2015年考取了大专学历。2018年他加入乳源救援辅助志愿者队伍,利用业余时间参与到志愿服务社会的工作中,为社会尽一份力。

钟义强于2009年12月通过应聘进入乳源东阳光化成箔有限公司,在腐蚀一车间任操作工,通过公司的培养与自身的努力学习,他在操作中不断提升自我。他由于工作能力突出于2010年4月经过竞聘被提升为车间班长;2011年被评为厂级劳动模范;2013年被评为车间之星;2017年技术转型升级调任为腐蚀四车间大班长,主要从事高速线现场管理工作;2018年被任命为高速线副主任,主要从事高速线生产管理工作;2020年被任命为腐蚀四车间主任,主要从事车间管理工作。

钟义强在腐蚀一车间做操作员的时候,参与解决二三级上辊皱箔问题,降低了操作人员的工作强度,提升了产品品质,为公司减少了年10万余元的经济损失。他在四车间高速线工作期间,因是新技术、新生产线,生产难度大、产品品质差,质量不稳定,而且不能连续稳定生产,钟义强结合自己的工作经验和实践以及学习的精益管理思想,提出了解决方法,提高了产品的品质;他通过组织团队进行改善使原箔卷磕印密集率从80%降低到现在的5%,成功解决了密集磕印问题;他参与比容提升技术改进项目,成功提升了产品品质;他从管理结合现场改善的角度优化了开停机问题,解决了生产不稳定的问题,开机不成功率由原来的50%降低到现在的1%,废箔损失由单次300米降低到单次50米,降低了物耗损失,提升了人均效益,降低年损失约100万元;经过持续不断的改善,产品的利用率由95.3%提升到了99.3%。

钟义强在日常生活中,帮助生活困难的同事,也经常参与到志愿服务中,为社会服务尽一份力。他先后参加了乳源乡村文艺活动人群管理服务、乳源桂头河防洪演习救援服务、乳源环湖自行车赛志愿服务、铁人三项志愿服务、西京古道徒步志愿服务等。

兰贵成

瑶族，湖南省洪江市龙船塘乡龙船塘瑶族乡白龙村人，现就职于东源华溢陶瓷有限公司

兰贵成，2010年入职东源华溢陶瓷有限公司，先后从事公司仓管、车间设备维护工作。自参加工作以来，凭着自己对工作的热爱，对专业的钻研，兢兢业业、求真务实、勤奋进取、勇于奉献，履行好岗位职责。

加强学习，提高素质。他认真学习习近平新时代中国特色社会主义思想和党的十九大精神，加强政治修养和党性修养。在实际工作中，他刻苦钻研业务技术知识，注重理论联系实际，不断学习新的理论知识，提高专业技术水平和创新能力。他积极参与党、团组织及工会组织的各项活动，并于2018年7月向党组织递交了入党申请书。疫情期间，他按照上级防疫部门的要求，积极投入到防疫防控工作中，积极宣传党和政府对疫情防控的最新措施。

立足实际，积极创新。兰贵成积极推广使用新技术、新设备，参与开展技术创新改造，大力提高公司环保节能安全水平。近五年，他参与公司污水池技改、除尘设备的更新、天然气站的安全报警系统、公司的消防系统的安装等项目，为公司创造了良好的社会安全效应，并得到了国内外客户及上级监管部门的一致好评。他在设备上推广应用了清洁能源LNG天然气、增加窑体长度、降低烧成温度、对坯体进行裸烧、热能回用等，天然气的使用不仅改善了能源结构，降低了对环境的污染，还减少了有害物质的排放，改善了工作环境。他参与技改创新，提高产品质量和达标率，降低工人劳动强度，每年可为公司增加产值600万元。2020年7月他获得"广东省绿色供应链河源十佳企业环境管理员"的称号。

立足本职、爱岗敬业。兰贵成在东源华溢陶瓷工作的这些年里，时常废寝忘食地奋战在一线车间里，他的口头禅就是：爱岗，才能敬业。他常说："从我做起，从小事做起，这就是敬业，这就是爱岗！"他任劳任怨地奋战在工作岗位中，让自己在所从事的工作中找到幸福感、荣誉感和成就感。

余成晖

广东省梅州市梅县区松口镇官坪村人，现任科伦药业广东基地副总经理兼EHS部长

余成晖，1970年8月出生，1990年9月参加工作，2006年12月加入中国共产党，华南师范大学会计专业（网络教育）毕业，本科学历。现任广东科伦药业有限公司副总经理。

2011年1月，四川科伦药业股份有限公司并购原广东庆发药业有限公司，余成晖转任广东科伦副总经理兼职业健康、安全与环保部负责人。

近10年来，余成晖紧密团结广东科伦区域总经理，带领团队员工，一步一个脚印，推进老厂改造投产，新厂异地搬迁改扩建工作。2014年1月，梅州高新区广东科伦项目建成投产；2015年，即实现软包装大容量注射剂产量2亿瓶（袋）。

在广东科伦刚入驻梅州时，企业存在生产环境差、新旧企业文化兼容、人才匮乏等问题，余成晖身兼数职，与员工同吃同住，带领全体员工上下齐心，克服重重困难，使公司生产逐步走上正轨。公司员工人数从组建之初的不足100人逐步扩充到450多人，广东科伦以自身的品牌效应和良好的口碑吸引着梅州市区及周边县市的社会人士纷纷前来应聘，成为远近闻名的优秀企业。

在余成晖的带领和参与下，多年来广东科伦的经营水平和社会影响力不断提升，连续八年获得"广东省守合同重信用企业"；2019年获评"广东省企业技术中心"；2018年获批安全生产标准化（省级企业）、清洁生产企业；2016年获得两化融合管理体系评定证书，并获批"广东省软包装大容量注射剂工程技术研究开发中心"；2015年获得"广东省知识产权示范企业"称号。

2020年1月24日（农历大年三十）早上，广东科伦接到疫情通知，公司外用药聚维酮碘系列消毒产品被广东省列为新冠肺炎防控物资。余成晖于当天下午立即取消春节假期返回公司，组织居住在公司附近的员工做好生产前的准备，与此同时，公司接到相关部门通知，需要立即调拨三万瓶聚维酮碘系列灭菌消毒产品前往深圳片区，余成晖带领公司生产车间人员成立支援小组，将原计划2月4日复工的计划提前至1月25日（大年初一）复工复产，并将单班生产调整为两班生产，全力以赴保障国家抗疫需要，日产量由2万瓶提升至4万瓶。

复产期间，余成晖带领公司技术人员，对影响生产效率的技术瓶颈进行分析和攻关，及时解决灌装、包装赋码等岗位的技术难题；组织技术人员对抗菌洗手液生产线进行技术改进，增大产能，并在3天内由日产量100件提升到500件。他积极联络政府各级部门，及时解决生产物资保障难题、产品运输难题，全力保障抗疫物资生产供应。

广东

白新涛

河南省新安县铁门镇晁村人,现就职于中建钢构广东有限公司

将一项工作坚持做23年,从一名基层焊工成长为首席焊接技师,这就是中建钢构广东有限公司焊培中心主任白新涛,他用精湛的技艺和执着的坚守诠释着新时代的工匠精神。他个人先后获得"广东省优秀农民工""广东省五一劳动奖章""第九届全国工程建设系统优秀焊工""惠州市首席技师""惠州市金牌工人""粤港澳大湾区首届焊接职业技能比赛个人银奖"。他带队参赛的团队获得"全国工程建设系统优秀质量管理小组一等奖"和"粤港澳大湾区首届焊接职业技能比赛团体金奖"。

白新涛参与过深圳会展中心、大疆总部新大楼、广州白云机场、香港机场、香港启德体育园、港珠澳旅检大楼、深圳市第三人民医院应急医院等一系列工程的建设,部分建筑已经成为钢结构超高层、大跨度和复杂空间领域的标志性建筑。

当问及参建印象最深的项目时,白新涛提到的是深圳市第三人民医院应急医院。作为共产党员,在公司接到应急医院的援建任务后,他主动结束春节假期,请缨参建。根据深圳市委、市政府及建筑工务署的指示要求,项目参照武汉火神山、雷神山医院模式,在20天的时间内建设完成占地面积6.8万平方米、建筑面积5.9万平方米、可提供1 000张床位(含ICU16床)的应急院区。在项目建设过程中,白新涛和同事们争分夺秒,每天从早上六点到次日凌晨三四点一刻不停地连轴转。这边制作焊接、灌浆、刷油漆,那边地下埋件与地上集装箱连在一起,虽然工作时都戴着手套,白新涛的手还是因为长时间把握焊枪而被磨出了水泡。因为连续作战的劳累,加上湿冷的天气,白新涛犯了咽喉炎,嗓子沙哑得说不出话来,但他连去药店买药的时间都没有。除了焊接,在项目现场需要的时候,他也主动扛起担子,"现场没有人说那个活儿该谁干,大家都是看着有需要的时候都会主动去解决,目标很明确,就是想早点建成"。2月24日,被誉为深圳"小汤山"医院的深圳市第三人民医院应急院区首批顺利交付使用。

白新涛不仅将自己的焊接水平锻造得炉火纯青,还倾囊相授,带出了一大批焊接技术人才,经他培训的焊工近700人,都已成为公司焊接领域的中流砥柱。

焊接的前沿技术是智能制造,将钢结构焊接与智能制造深度融合将极大地提高工作效率和生产效益,实现大批量和重复性焊接的智能化、流程化、规范化和标准化。白新涛团队和智能制造研发中心共同探索,将实践和理论深度融合,对传统工艺向智能制造的转变发挥着承前启后的重要作用。

郭帝富

广东省惠州市惠城区马安镇双寮村委会下寮村人,现就职于广东利元亨智能装备股份有限公司

郭帝富,中专毕业,2015年5月29日应聘到广东利元亨智能装备股份有限公司任机械调试工程师,从事自动化设备制造、安装、调试和售后服务工作。

2016年,他负责的泰国项目锁芯自动装配机项目出口,该设备帮助客户实现从人工到全自动化转型,单台为客户节省人工15人,生产效率提高近300%,为公司打开了泰国市场,向泰国出口锁芯自动装配机近20台。

2020年,他主导出口英国汽车门铰链项目生产调试,作为公司首条出口欧洲的汽车门铰链生产线,该项目的顺利投产,将为客户节省人工15人,生产效率提高近3倍。

2017年,他主导完成昆山国力圆通稳压器自动装配检测生产线。他负责项目的装配调试任务,该项目的成功交付,为客户节省人工近30人,产品合格率提高近20个百分点,也奠定了该公司与昆山国力圆通的良好合作关系。

2017年,他主导完成(天津)力神动力电池装配生产线生产调试。该项目的顺利交付,为客户节省人工40余人,生产效率由原1 500件/班提高到5 000件/班,且为客户解决了电芯X-Ray检测等行业难点技术,使客户产品质量得到了保障,产品被广泛使用于各品牌新能源汽车上。

2017年,他主导完成天津华铁经纬高铁控制柜智能生产线。实现了客户生产产品种类多、批量小的混线全自动化生产,帮助客户实现从人工到自动化、智能化的转型,获得客户的高度认可。

2019年,他主导厦门浪潮工厂级电脑主机装配生产线。他负责项目生产调试任务,在2个月时间内完成了原本需要6个月完成的此工厂级项目的生产调试任务,该项目的顺利投产,为客户节省人工近百人,保证了疫情期间客户的生产任务,获得了客户的高度认可。

郭帝富响应政府和公司号召,积极投入到防疫设备的生产中,带领团队参与口罩机的安装调试工作,连续几个月每天都是15个小时以上的高强度工作,在不到2个月时间内完成了120多台全自动口罩机交付,这120台口罩机每天可向市场提供240万个口罩。

艰苦卓绝的付出,也给他带来了丰厚的回报:郭帝富2016年被评为公司年度优秀员工;2018年被评为公司年度优秀工程师;2019年取得助理工程师职称。

广东 刘成斗

山东省单县黄岗镇段阁行政村段阁村人，现就职于中海油惠州石化有限公司

刘成斗，39岁，现任中海油惠州石化有限公司动力部电气内操A，自参加工作以来他刻苦钻研专业技能，积极履行工作职责，脚踏实地，以钉钉子的精神，在平凡的岗位上发光发热。

刘成斗在工作中严把质量关，每一项任务，每一个计划，他都会认真执行。在2004年至2006年中海壳牌南海石化汽电联产项目建设期间，担任电气班长的他带领班员顺利完成了4台10 kV/35 kV升压变压器、6台35 kV/6 kV/0.4 kV降压变压器，100多面6 kV、0.4 kV配电柜的安装、调试工作，并一次受电完成。在惠州石化工作期间，他巡检仔细认真，凭借多年的工作经验发现设备存在的隐患并及时处理，保证了装置的正常运行。2008年在惠炼一期三查四定过程中，他发现MVS301变电所1号10 kV变压器有放电声，经检查为施工单位未将变压器10 kV侧螺栓拧紧，若未及时发现，日后运行电流增大时会对变压器造成过热现象导致供电故障。2019年他巡检发现惠炼二期35kV IB段综保电压显示异常，经排查为PT柜二次端子松动，因此避免了保护装置因采集的电压异常而发生误动现象。

作为操作人员，刘成斗强有力的执行能力，为降本增效工作做出了贡献。惠州石化220 kV架空线路多数架设在山间，夏季受雷电影响常出现电网晃电现象，容易造成设备停运、装置停车。他协助专业工程师将普通电气设备自投装置升级改造为备用电源快速无扰动切换装置，作为主要的参与者完成了对尾油加氢装置、丙烯酸及脂装置、空气分离装置10 kV、6 kV、0.4 kV系统的13台快切装置改造，此项目自2012年改造完成后，未发生过一起因晃电造成的装置停车事故，每年减少经济损失约750万元。自惠州供电局2020年1月起采用基本容量加最大需量的计费方法，为了不造成负荷波动过大，刘成斗配合运行工程师做好对各个运行部大容量设备的切机计划，同时为了降低损耗，根据功率因数变化情况，及时调整发电机无功功率和投切电容器，每年节约电费约1 200万元。

刘成斗恪尽职业操守，崇尚精益求精，积极参加各类技术比武。2015年他参加中海油能源发展技能大赛，荣获"维修电工金奖"。2016年至2020年他连续五年参加惠州石化变配电室值班电工技能大赛，共获得一次铜奖、四次银奖、两次技术能手称号。同时他还在2013年取得广东省职业技能鉴定维修电工技师资格，2014年取得中海油职业技能鉴定变配电室值班电工技师资格，2015年11月取得电气专业助理工程师任职资格。

谢石威

广东省陆河县河口镇新华村委会竹高坑村人,创办了陆河县新意源种养专业合作社

谢石威,1976年10月出生,中共党员。

2015年10月,谢石威两夫妇结束在广州的生意,带着资金和技术返乡筹办蛋鸡养殖基地。创业的路径并没有那么顺畅,经过多次和村民协商,最后村里同意将100余亩山地给他承包建基地,发展蛋鸡养殖。蛋鸡场第一期投资200万元,配套有饲料加工车间、三个鸡棚,占地20余亩,同时配备能够一次培育一万只的幼鸡培育区。基地吸纳本村剩余劳动力近20名,有效地解决了村里贫困乡亲的生计问题。基地也为偏远的农村和农业发展提供了产业基础,带动新华村及周边村庄的农户养殖产业发展。

2016年8月,蛋鸡场遭遇强台风"妮妲"袭击,造成部分鸡棚倒塌、部分机械设备损坏和一批蛋鸡死亡,直接经济损失20余万元。2016年年底在深圳市坪山区坑梓街道办精准扶贫工作队的积极帮助和鼓励下,他克服困难,实现灾后复产。经过两年的时间发展,基地鲜鸡蛋的质量也得到了广大客户和用户的好评,市场供不应求。

在深圳市坪山区坑梓街道办精准扶贫工作队的指导下,谢石威吸纳了村里20多户贫困村民,成立了陆河县新意源种养专业合作社,建设第二期蛋鸡养殖基地。他利用自身的技术优势和销售渠道,采取合作社+农民的模式,向入社的村民免费提供培训技术,统一提供鸡苗,统一防疫,并回收产品;同时建立蛋鸡养殖培训基地,免费为当地村民输出养殖技术,并上门提供技术帮助。

蛋鸡基地也衍生了更多的下游产业链,蛋鸡的粪便可作为鱼塘养鱼的养料、经济作物的有机肥料。为了充分利用蛋鸡基地的粪便,村里新办鱼塘60余亩,带动村民经济收入达100多万元;蛋鸡基地有机肥产量达20余万吨,种养一体的产业链初步建成。

在2020年新冠肺炎疫情期间,在做好防护的前提下,合作社蛋鸡基地保持工作不间断,新意源全力以赴保证陆河市场的鸡蛋供应,以实际行动承担着企业应尽的社会责任和义务。疫情期间,新意源种养专业合作社不但捐钱捐物2.5万多元,而且还参与防控卡点志愿服务等工作。

在成绩面前,谢石威始终牢记一名共产党员的使命。他通过不断总结经营经验,采取授之以渔的方式帮扶更多的贫困村民。他言传身教,带着乡亲一起干,增加村民收入,带领大家走向共同富裕之路,为产业结构调整做出了积极的贡献,同时以自己的能力,积极参与到社会公益活动中,回馈社会,受到了各级干部和村民的一致好评。

广东 谢娇明

广东省东莞市大朗镇人，现就职于东莞联志五金制品有限公司

谢娇明自2002年进入东莞联志五金制品有限公司工作后，一直以公司为家，工作上兢兢业业、认真负责、刻苦学习、钻研业务，为构建和谐企业贡献应有的力量。她本人在2013年分别荣获"东莞市劳动模范"和"全国优秀工会积极分子"光荣称号，2017年获得"全国五一巾帼标兵"。

进入公司后，她不断提高自身综合素质，立足本职工作，特别是在担任人事经理助理后，切实为公司及员工做实事，做好各项服务工作。

她诚实守信，关心他人，以每一年度人力资源管理工作计划为基础，配合公司的工作重心逐项开展，受到领导和员工的一致好评。她为人诚恳踏实、做事信守承诺，与周围的同事关系融洽，并能积极主动地帮助他人，她被选上公司工会委员后，更是把工会组织作为公司与员工的桥梁纽带，充分发挥工会组织的作用，为公司的员工谋福利。

她与公司工会一起，以企业和谐为抓手，创办了公司内刊《联志人》。她为公司在2009年荣获"东莞市职工之家"，2010年获"广东省劳动关系和谐企业""东莞市劳动关系和谐企业""东莞市职工之屋"，2012年获得全国"安康杯"竞赛活动"广东省优胜企业"做出了突出贡献。她争取到了公司管理层的支持，在饭堂增设卡拉OK机、多媒体电视等；她组织成立了联志篮球队、联志自行车队；她争取为资深员工建设员工公寓；每年组织员工进行免费体检、员工旅游和尾牙宴会……对于每项活动，她都亲自筹备。她踏实认真的工作作风给领导和同事留下了深刻的印象，她也因此每年都获得公司年度大奖及优秀员工奖。

她配合工会组织，坚持工会维权的工作方针，突出工会"维护、和谐、创新、发展"的四大主题，并以此开展工作。她与公司工会联合，把公司工会建设成为"团结、文明、温馨、和谐"的职工之家。2008年《中华人民共和国劳动合同法》实施后，她配合人力资源经理，组织全体员工观看讲座，通过一系列的学习，及时把法律运用到实际的工作中，使公司与员工100%签订劳动合同，并为每一位员工办理社保。多年来，公司没有发生过一起因劳资纠纷引发的上访事件。作为一名人力资源经理助理，她协助经理坚持结合公司实际情况创造性地开展工作，支持工会每年不定期地召开职代会，并落实职代会逐级申报制度，保障职工依法行使民主管理的权利，维护职工的合法权益，为公司的各项管理打下了牢固的基础。

余道江

湖北省保康县城关镇三溪沟村人，现就职于东莞立德电子有限公司

广东

余道江，中共党员，现就职于东莞立德电子有限公司管理部。他从业至今，多年来高度敬业，时时处处以高标准从严要求。他从一线员工做起，历任储备干部、管理员、管理师、管理课课长、工厂提案改善副组长、立德工会副主席、立德团总支部副书记、立德志愿服务站站长、立德文学社社长及企业内刊《立德之风》主编等职务。他还先后荣获"广东省优秀农民工""东莞市优秀志愿者""东莞市优秀团干部""东莞市工会第十五次代表大会代表""东莞市工会第十六次代表大会代表""广东省工会第十四次代表大会代表""塘厦镇优秀志愿者""塘厦镇志愿者协会理事""塘厦镇工会第四次代表大会代表""共青团塘厦镇第十五次代表大会代表"等荣誉，2017年12月当选为广东省第十三届人民代表大会代表。

余道江在担任公司工会副主席、团总支部副书记期间，始终把建设高素质、强技术职工队伍放在突出的位置，着力提高干部员工队伍实操技能，推动员工技能上档次、上水平。为此，他发动公司工会、团总支部，在市、镇工会、团委的领导下，开展了一系列活动。一是技术培训和岗位练兵。通过培训班、讲座、座谈会、工作实践等多种形式，组织全体干部员工开展了多种形式的技术培训和岗位练兵。每季度定期组织员工开展岗位技术练兵，对技术过硬的员工给予奖励。二是引进"圆梦计划"资源，圆员工"大学梦"。三是积极依托公司工会、团总支部平台，关注广大员工的身心健康，引领员工全面发展。例如，开展员工道德讲堂、心理健康讲座、青春驿站讲座、未婚青年婚恋讲座等思想教育活动。别具特色的员工文化活动，充分发挥了工会、团总支部联系员工的桥梁纽带作用，满足了员工日益增长的精神文化需要，营造了健康向上的文化娱乐氛围，增强了员工的凝聚力，使公司的精神文明建设跃上一个新的台阶。

自当选省人大代表以来，他主动学习人大代表履职知识，积极参与各类人大代表活动，关注一线，为工友解决各种难题，还撰写了《关于取消或优化社保医疗转诊的建议》《关于优化居住证办理的建议》《关于加强社区、工业区道路设置减速带及马路障碍物管理的建议》《关于优化补缴社保养老保险的建议》，以上建议均得到相关主管单位的回复并追踪办理。

余道江在疫情复工期间，冲在一线，负责公司新型冠状病毒防控的宣传工作。他协调隔离人员食宿安排和每日体温测量并上报社区、组织成立公司关怀小组、积极协调防疫物资筹备工作等，保证企业正常复工复产。

广东 韩晓群

广东省东莞市清溪镇铁场下围村人，现就职于东莞市清溪医院

韩晓群，2004年从惠州卫生学校毕业后一直在清溪医院从事临床护理工作，2011年曾到广东省人民医院内分泌科进修，2016年5月就任清溪医院内一科护理组长，2017年3月就任内一科副护士长，2019年1月在院领导的支持下协助科主任开设内三科（呼吸与危重症医学科）工作，任内三科副护士长一职，2019年6月就任内三科护士长一职，曾多次被授予"医院先进个人""医院优秀护士""东莞市最美护士"等荣誉称号。

她在工作中尽职尽责，以最美丽的微笑、最亲切的语言、最体贴的护理、最饱满的工作热情来面对患者。在日常工作中，她坚持着装整洁大方，用语文明规范，态度和蔼，礼貌待患。她严格遵守医德规范和操作规程，做到态度好、话语亲、动作柔，耐心回答病人及其家属关于病情的咨询，并受到病人及其家属的一致好评。她一直遵循"用心服务，用爱护理"，简短的一句话，却激励着她在平凡的工作岗位上，十年如一日。

除了日常工作，她还积极参与省、市及医院组织的各种培训、比赛。参与医院举办的"临床护理服务"情景演示比赛，荣获第二名；每年参加全院"品管圈比赛活动"均荣获优秀奖；进行全院的"护理临床教学演示""护士礼仪服务演示"培训示范等工作；担任东莞市护理学会呼吸科护理专业委员会委员；2017年参加全国创面治疗师培训班并获得证书；2018年参加"慢性阻塞性肺疾病老年护理"个案比赛荣获第三名；持有糖尿病"看图对话"辅导员证书；分别于2015年起在医院开展了"糖友之家""呼吸之家"系列健康知识讲座。她具有熟练的沟通技巧，能够与病人及家属保持良好的医患沟通，时时以患者为中心，使患者熟知预防诊治的重要性和对疾病的认识得到进一步提高，同时使大家更加了解如何科学健康地生活。

在抗疫期间多次参与一线工作，于2020年2月到三中隔离院区协助抗疫工作，2月底在院领导的支持下成立大利院区隔离病房；于3月25日接到医院紧急通知，按照市卫健局的要求，全市火速建立一支30人的护理队伍，支援广州白云机场疫情防控工作。她们分别来自4所公立医院，平均年龄只有29岁，90后超过一半。作为东莞的领队，她的责任更为重大：第一，早日战胜疫情，大家都能恢复正常的工作生活；第二，在抗疫工作的同时，确保好每个队员落实好个人防护工作，一个也不能少地把大家带回家。

黎淦松

广东省东莞市望牛墩镇扶涌花如村人,现就职于东莞市人民医院

2020年伊始,新冠肺炎疫情席卷全国,在疫情防控形势日趋严峻、全市各镇街陆续发现疑似病例和确诊病例的情况下,本应放假与家人团圆的黎淦松,接到组织的任务,让他前往东莞市第九人民医院支援抗疫工作。东莞市第九人民医院负责接收统一治疗和隔离各地各镇街发现的确诊病人和疑似病人。纵使此时已是大年三十,家家灯火已透出年的味道,但他没有丝毫犹豫便开始准备行囊;纵使面对家人不舍的目光,他也没有丝毫犹豫和抱怨,迅速回到自己的工作岗位;纵使面对新冠病毒众人惶恐而避之不及,他依旧在自己的工作岗位上勤勤恳恳、兢兢业业,努力为全市疫情防控工作尽自己的绵薄之力。他虽然没有什么文化,在别人看来是个"糙老汉",但也懂得"天下兴旺,匹夫有责"的道理;他虽然不是救死扶伤的医务人员,但他也明白要战胜疫情总是需要有人勇挑重担,迎难而上的道理。秉承着这样的信念,他奋斗在支援抗疫的后勤队伍136天,2020年5月16日,在结束抗疫前一阶段工作后,他接受了为期14天的集中隔离观察,8月15日至8月20日,他又回到支援抗疫的工作岗位中。截至目前,黎淦松从各镇街转送确诊病人20名左右,疑似病人10名左右,为东莞市的疫情防控工作做出了其应有的贡献。

广东

何秀平

广东省东莞市石碣镇梁家村人,现就职于东莞市石碣镇居家养老服务中心

何秀平,从事居家养老服务超过5年,是一名资深的居家养老护工。她是儿女的"好妈妈",是社工的"好帮手",同时也是居家养老老人的"贴心宝"。

因为新冠肺炎疫情,昔日热闹的街道变得冷清,人们"相约"留在家里,但却有这么一群"不听话"的人"蒙面"出行,他们就是居家养老护工,何秀平便是这群"不听话"中的一位,每日"蒙面"穿梭在每条大街小巷,为高龄独居老人防疫抗疫保驾护航。

梁婆婆,是一名81岁的孤寡老人,同时也是护工何秀平的一名服务对象。由于梁婆婆行动不便,加之居住地点偏远,日常主要由何秀平为其购买生活物资。随着疫情的加重,各村实施"封村"管理,由竹子和渔网搭起的简易围栏却给何秀平带来了不少"麻烦",因为围栏封住了出入梁婆婆家的唯一道路。何秀平担心梁婆婆物资短缺、身旁无人照料,千方百计向邻里打听如何前往老人家中。当得知有一条田间小路可通行时,她即刻动身前往。连日来的大雨使得田间小路异常湿滑,到处都是泥坑水洼,沾满泥土的鞋子变得异常沉重,但却未令何秀平停下前行的脚步,只因她是一名护工、一名老人护航员。当忧心忡忡的梁婆婆见到她出现在眼前时,惊喜地说道:"外面封路了,你怎么来的?我家里的面和药都吃完了,幸好你来了!""我从小路过来的,别担心,我现在给你去买!"一句简单的话隐藏了多少前行的困难,一句"别担心"安抚了梁婆婆连日来的担心。

"你还缺什么东西?""药吃完了吗?""出门记得戴口罩""天气冷,要多穿件衣服,不要着凉了""要勤洗手、注意通风""我会天天来看你,有什么事记得跟我说",这几句话成了何秀平的"口头禅"。何秀平说"不问不叮嘱我不放心,所以我宁愿啰唆一点。"每日两次来回家中帮老人代购生活物资、到社区医院取药已成为何秀平这段时间的常规工作,但其却从未厌烦。老人对于何秀平的工作给予了高度的赞扬并笑称"她就是我的女儿"。

石碣镇居家养老服务中心现有护工近50人,而何秀平仅仅是她们其中的一员。她们在防疫期间尽忠职守,坚守着各自的岗位,共同守卫着逾500名高龄独居老人,为其安全、生活护航。

何秀平在为老服务中表现优异,2018年被石碣镇授予"最美为老护理员"称号、2019年被石碣镇授予"最美为老护理工作者"称号。

袁巧凤

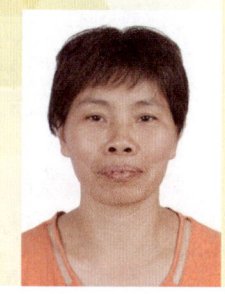

广东省东莞市茶山镇茶山第一村民小组人,现就职于东莞市茶山镇茶山村村委会

2020年年初,新冠肺炎疫情来势汹汹,茶山镇茶山村村委会积极响应市、镇疫情防控工作安排,立即组织本村所有干部及工作人员,对所有外来人员(特别是从湖北武汉流入的人员)进行走访登记,并进行为期14天的体温监测与隔离措施。在落实医学居家隔离观察工作中,袁巧凤始终秉承茶山村村委会"做好、做实"的工作原则,为隔离人员送关爱、送温暖。

疫情期间,为了保障居家隔离人员的生活需求,袁巧凤每天早起到市场为隔离人员采购各种新鲜蔬菜、肉类、水果、饮用水,以及其他生活必需品,并分袋装好逐家逐户地去派送。部分隔离人员居住楼层较高又没有电梯,袁巧凤常常提着大包小包爬五六层楼,亲自送到隔离人员家门口,这样来来回回,直到把全部物品都送到隔离人员家门口。派送物品过程中,汗水浸透衣服是常有的事儿,但她总是顾不上休息便马不停蹄地奔赴下一栋楼。

疫情期间,袁巧凤始终记得村委会领导的话:"面对疫情,我们都是普通人,在做好、做实疫情防控的同时,我们村委会不能忘记关怀隔离人员,不能让居家隔离的那扇门隔离了温暖与关爱。"她也是用自己的实际行动来践行这句话。2月27日,家住茶兴中路处于被隔离期的向先生妻儿一家突然发来了一个请求,希望袁巧凤能帮忙买一个生日蛋糕,以便为向先生庆祝生日。尽管每天派送居家用品已经占尽了袁巧凤的所有时间,但她还是爽快地答应了。为不耽误当天的工作,袁巧凤天没亮就起床了,赶到市场买好物品之余又挤出一部分时间给向先生一家采购"盛宴"餐材。看到他们一家开心愉悦的那一刻,袁巧凤连日来的疲倦一扫而空,这也让她更加坚信,只要真心为居民付出,就能收获居民的信任,而这份信任是难能可贵的!

袁巧凤的付出换来了居民的认可。3月6日这天,解除居家隔离的穆和敏女士,自发制作了一面写有"瘟疫袭来,心系百姓;关怀冷暖,共建和谐"的锦旗亲自送到村委会,以此表达自己的感激之情。就是这样,袁巧凤在平凡的岗位上默默为抗击疫情尽一份力,也体现了一名基层的村委会工作人员在面对疫情时的无私无畏。

陈钻佳

广东省东莞市谢岗镇南面谢和山村人,创立了东莞市谢岗环山石峡龙眼专业合作社

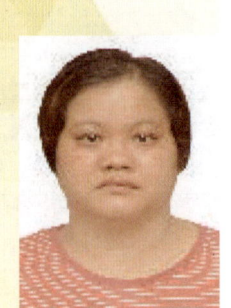

陈钻佳,1977年5月出生,高中学历,毕业于东莞市万江中学,1997年9月参加工作,现任东莞市谢岗环山石峡龙眼专业合作基地负责人。她积极响应全国妇联"巾帼创新业"的号召,通过努力学习种养技术不断摸索出一套科学生产模式,以"合作社+基地"的模式,强化了合作社与农民的利益联结,在当地具有区域代表性,并且在示范带动农村妇女参与现代农业生产、实现增收致富方面取得了显著成效,具有较好的示范性和影响力。2017年5月,获得"全国巾帼建功标兵"称号,2019年3月,获得"广东百名最美乡村女能手"称号。

陈钻佳怀着对农业工作的热情和热爱,创办了东莞市谢岗环山石峡龙眼专业合作基地,她对合作社的工作认真负责,踏实勤奋,具有高度的责任心、严谨的工作态度和较强的综合分析能力。虽然没有轰轰烈烈的事迹,也没有惊人的壮举,但她在自己平凡的岗位上兢兢业业,刻苦钻研,得到了大家的赞誉。她在东莞市谢岗环山石峡龙眼专业合作基地中广泛开展提合理化建议活动,极大地提高了农户的工作积极性和主观能动性,在她带领下合作基地形成了一股人人争先进,个个当模范,一心为合作社的良好氛围。在她的带领下,合作基地建立了严格的管理制度,严格要求社员按无公害化标准进行生产,做好生产记录档案,做好产品生产管理,目前该基地生产的龙眼已达到了国家绿色食品的标准。龙眼合作社2016年成功申报无公害农产品认证;2016年成功申报东莞市农业标准化示范基地;2017年成功申报广东省巾帼示范基地;2018年申报东莞市农民专业合作社示范社;2019年注册了"南面环山石峡龙眼"商标。目前她带领的基地种植规模扩大至3 910亩,年销售额达936万元。

陈钻佳带领的合作社种养基地在带动农村妇女增收致富上发挥了积极示范作用,目前登记社员75户,其中负责人为女性的有56户,示范带动农民中女性比例达75%;其中帮扶贫困户50户,占66.7%,带动每个社员年收入增加约3.7万元。此外,陈钻佳还每年组织社员外出学习荔枝、龙眼种植技术,多次开展标准化生产技术、市场营销等培训,有效提高了社员的生产技术水平,增强了社员的品牌意识和市场营销能力。

黄爱鄂

湖北省云梦县义堂镇黄土坡村人，现经营新兴单车维修店

黄爱鄂，1997年从湖北来东莞打工，先是在一家玩具厂工作，之后就在东莞的茶山镇增埗村经营单车修理店铺，一干就是二十多年，用他的话说："虽然是小店铺小经营，但只要是勤快和讲信誉，也是可以经营好的。"

2020年6月28日9时许，男子李马明来到东莞市茶山镇广济路旧茶山大桥，想到家里要盖房急着用钱，自己又一直找不到合适的工作，连房租也交不起，觉得生活压力太大，无法再生存下去，于是，在给父亲打完最后一通电话之后，李马明就爬上栏杆跳桥自杀。跳入水中后，李马明看到桥上站着一个人，他又突然心生悔意不想死了，在水里不停地挣扎呼救。

当时黄爱鄂及外甥关腾飞正在位于广济路62号的新兴单车维修店里午休，听到路过的司机喊"有人跳桥了"，马上往河边跑去。黄爱鄂立即拨打电话报警，随后回店里拿了个充气的轮胎当救生圈用，紧跟着关腾飞跳入河里救人。当黄爱鄂抱着充气轮胎游到河中时，关腾飞因体力不支沉入水中，河面上只剩下跳桥男子李马明。黄爱鄂一边呼喊，一边救人，冒着生命危险奋力拉着李马明，抱着轮胎在河上漂浮着。后两人被赶到现场的茶山公安分局机动队员救起。

黄爱鄂是在东莞几百万外来农民工中最普通的一员，他临危不惧、舍身救人的行为得到东莞市民的赞誉，被东莞市见义勇为评定委员会授予见义勇为称号。

广东

张东波

广东省信宜市贵子镇贵子大路底村人,现就职于东莞市盛源石油化工有限公司

张东波,汉族,1989年10月出生,现任巨正源股份有限公司旗下全资子公司东莞市盛源石油化工有限公司操作部值班长。

中专毕业的张东波深感学历不够,在工作中尤其刻苦钻研,努力提升自身的专业水平,并结合岗位工作,常常提出合理化的技术建议,推动了企业的技术革新。2014年入职东莞市盛源石油化工有限公司至今,张东波对工作认真负责,任劳任怨,通过不断地努力学习与工作实践,全方面地掌握了专业技术,同时提升了自己的团队管理能力,从一线操作员逐步晋升为主管级别的操作值班长,在平凡的工作岗位上做出了不平凡的业绩。

同时,张东波积极参加市级、省级和国家级专业技能比赛,并取得了优异的成绩。2018年,张东波代表公司参加"广东省交通运输行业水路危险货物运输员技能竞赛",荣获个人总成绩一等奖,并被授予"广东省交通技术能手"称号;2019年,张东波代表公司参加"东莞市港口危险货物从业人员操作技能竞赛",荣获团体二等奖、个人三等奖,并被授予"东莞市技术标兵"称号;同年,张东波通过层层选拔,成为广东省代表队一员,荣获团体第六名、个人成绩第十一名,并被中国交通运输部授予"全国交通技术能手"荣誉称号。

从车台、库区、码头、中控、班长、值班长,张东波扎根一线,对工作认真负责,落实做好安全生产。作为一名团队领头人,张东波深知在提升自身能力水平的同时,更重要的是做好"传帮带"工作。随着新班组的成立与新员工的增多,员工的技能知识培训与操作培训成了公司培训的重点。张东波利用业余时间总结工作经验,并与员工分享工作心得,尽心尽责做好员工培训工作。在他的精心指导和培养下,班组成员对岗位工作有了更深刻的认识。此外,张东波还在公司内组织开展"流体装卸分析,大家一起来"的活动,取得了非常好的效果。

通过这些工作的持续开展,员工的岗位技能都得到了提高,也收获了广大员工对他的认可。在张东波带领下,操作部丁班班组多次被评为月度安全生产最优班组,受到公司领导和员工们的一致好评。

张东波在工作中时时以党员的标准严格要求自己,做好模范带头作用,并结合工作实际,全面落实安全生产责任制,深入开展隐患排查治理工作,努力探索和构建安全管理长效机制,坚决杜绝各类事故的发生,努力做到安全可控、在控,为公司安全生产保驾护航。

莫幼坤

广西陆川县清湖镇陆坡村人，现就职于东莞市横沥镇社区卫生服务中心

莫幼坤，1984年1月出生，2004年7月毕业于广西玉林市卫生学校护理专业，2007年6月入职东莞市横沥医院，2008年8月工作调动，进入东莞市横沥镇社区卫生服务中心，现任横沥镇新四社区卫生服务站护理组长，专业技术中级。

有一年，在站点工作期间，因及时的观察，准确的判断，她发现了一位罕见的利巴韦林过敏患者。当时患者因为感冒、咽痛来社区就诊，医生开了医嘱静脉滴注生理盐水加利巴韦林注射液，患者在输液约30分钟后突然出现全身发胀、胸闷、头晕、肌肉痉挛等症状。她当时发现病人面色苍白，大汗淋漓，已经口不能言语，她马上通知当班医生迅速将病人转移到抢救室。当时病人血压50/40毫米汞柱，心率110次/分，诊断是利巴韦林过敏性休克，她积极配合医护人员全力投入抢救，氧气吸入、肾上腺素1毫克皮下注射、抗过敏、纠正休克等。在病人全身血管痉挛性收缩时，成功开放第二通道，争分夺秒地对其实施救治，配合医生用药，终于在上级医院急救车到来前成功将病人的病情控制住。后病人转入上级医院进行救治。

2020年年初，面对异常严峻的疫情形势，她坚守防护一线，用自己的实际行动诠释了新时代医护人员的医者仁心和医德本色。她还踊跃报名参与集中医学隔离观察点的护理工作，一待就是两个月，其间她更是以百分之百的精力投入到工作之中，给医学隔离观察人员早晚测量体温、送三餐和生活所需品、收生活垃圾等。每次隔离点接收到新的留观人员，她总是以最快的速度穿好防护服，戴好口罩，和同事们到门口接待，将留观人员送到指定的房间，还不忘叮嘱他们入住后，对生活用品如何消毒等注意事项。面对有抵触情绪的人员，她会耐心地进行心理疏导，与留观人员进行电话互动、沟通。隔离点接收留观人员没有固定的时间，有时完成接收工作要持续到后半夜，甚至是天亮，背着16公斤的消毒桶，捂着厚厚的防护服在楼上楼下来回跑，一轮值班下来，卸下防护口罩后脸上是深深的印痕，脱下防护服浑身上下都已经湿透，但她始终无怨无悔。

莫幼坤在工作之外，还加入了中国志愿者协会，空余时间积极参加各种志愿者活动。她积极响应社区卫生中心的各项号召，积极参与各种新护理技术项目和学术活动，并考取了"养老护理员"和"健康管理师"等证书，还先后两次获得"东莞市优秀护士"荣誉称号。2020年7月，她还被单位选派去参加香港金牌护士的培训。

广东 陈会芳

江西省宜春市万载县高城镇南庙村人，现就职于广东以诺通讯有限公司

陈会芳，大专文化，2000年7月参加工作，2000年12月应征入伍，2003年5月光荣加入中国共产党，2008年12月复员，2009年3月入职深圳市中诺通讯有限公司，2014年8月因公司业务需要被调派至东莞广东以诺通讯有限公司工作。他在平凡的岗位上，始终如一，勤奋刻苦，扎实工作，尽其所能发挥党员的模范带头作用。

他关注职工生活，解决职工困难，注重实效，多样化维护职工的切身利益。他组织开展医疗互助和大病医疗专项救助，对员工本人或家庭成员患大病的进行专项救助；在暑假期间，为留守儿童与父母能更好地团聚，2019年他组织开办"候鸟关爱营"，得到大朗镇各个单位的鼎力支持；他推行车队改革实行承包制，从原先的司机不愿意出车，到司机积极主动抢着出车，实现公司与司机共赢。

在提升企业管理水平方面，他主导完成工厂保安外包改革，提升了企业的对外形象；2018年公司正式成为能效倍增企业，为降低公司成本，实现企业的能效倍增目标，他先后带领团队对公司的空压机余热、办公照明、空调变频等方面的能耗进行评估改造，最终实现了降耗34万度电的成绩，每年为公司节省34万余元；2019年他出台《办公费用管控措施》，为公司节省办公费用约96万元；他推动公司7S管理，公司连续三年被评为集团公司6S第一名，使工作环境和公司形象得到了进一步提升；2019年在福日电子组织的"安全生产"检查评比中，他负责的区域取得100分的好成绩。

他还组织完善公司基础设施，开展拓展活动，提高员工的满意度及丰富员工业余生活。他组织建立"以诺先锋号职工服务中心""党群服务中心""以诺招待所"，为职工提供一个温馨的工作环境；组织开展丰富多彩、积极向上、有益于身心健康的文体活动；推动和落实妇女节、端午节等公司礼品的发放，提高职工的福利和归属感。

作为党支部书记，他在做好公司本部门工作的同时，还心系驻地群众，每年组织公司的党员对驻地松木山村及水平村的老党员、老战士、困难群众进行慰问，为推动地方与企业关系的提升做出了应有的贡献。

陈会芳2019年担任大朗镇反电信诈骗宣传大使；所在企业2019年荣获东莞市委组织部"五星级党支部"称号；中诺学院2014—2015年连续两年被华为评为"企业梯队人才培养示范基地"。

刘海洋

河南省商丘市柘城县伯岗乡伯西村人，现就职于东莞技研新阳电子有限公司

2005年7月至2007年6月于东莞技研新阳电子有限公司担任设备技术助理工程师，主要负责电源产品测试设备的制作、调试等技术工作。刘海洋在工作期间制作了公司第一台品质改善自动化设备，自动程序输入防错，获得公司技术进步二等奖，并获得公司优秀职员称号。

2007年至2016年升任技研新阳电子有限公司设备技术工程师，主要负责测试设备确认、主导外部自动化设备导入评估、内部自动化设备研发等工作，并培养自动化技术人才输送到公司研发中心，主导了公司第一条自动化样板线项目，获得公司先进科技工作者、优秀职员、先进安全推进、优秀设备技术讲师等称号，荣获集团精益装置大赛特等奖、科技进步二等奖。

作为一名设备技术人员，刘海洋一直秉持锲而不舍、刻苦钻研、精益求精、锐意进取的工匠精神，从最初操作一台锡炉的技工，经过10年多的努力，成长为一名设备技术骨干，负责一个车间整体设备技术工作，并多次获得公司优秀职员、先进科技工作者、先进安全工作者、技术标兵、优秀讲师等荣誉称号。

由刘海洋所主导开发的自动刷锡粒机、自动耐压测试机等已在集团范围内使用，他主导攻克了多个精益自动化技术课题，为公司创造了近500万的经济效益，使PCBA组装生产线的PQCDSM都得到了很大改善。其中，他开发的模拟人手动作的自动刷锡粒装置获得了国家实用新型发明专利；他分析改善创新制作行业内没有的简易在线自动耐压测试机，通过了国家实用新型发明专利授权；开发制作适用于电子行业现场加工的小型精细化自动焊锡设备，已申请实用新型发明专利。2016年1月，他凭借简易自动焊锡机项目，获得东莞市科协主办的"彩丽杯"创新工程师成果大赛三等奖。2017年1月他参加东莞市首届名城工匠推选活动，获得东莞市"名城工匠"称号。

刘海洋还通过理论培训、实践教学、课题辅导、项目攻关等方式，培养了一个近10人的技术团队，不但能轻松应对一个车间日常的设备异常，还攻克了一个又一个技术难关，使车间设备稼动率提升到96%以上，生产效率每年提升10%以上。

刘海洋获得了维修电工国家高级职称。他还积极参与公司各项技术竞赛，其设计制作的自动点胶机获得公司科技进步二等奖，设计制作的上料精益样板线获得了公司首届精益装置大赛特等奖，成为公司首批"十大技术能手"之一。2018年获得东莞市"首席技师"称号。

广东 任敏

四川省南充市仪陇县任家坝村人,现就职于东莞市衡正光学科技有限公司

任敏出生于四川省南充市仪陇县一个普通的农民家庭。2010年毕业于四川省仪陇县宏德中学,后因大学报考录取专业并不满意,觉得未来前途一片迷茫,经过一番思想斗争,随之决定南下打工!2010年6月,他正式入职东莞市衡力光电有限公司,当时公司还未更名,是现在公司的前身。他是一名普通的作业员,但他相信只要是健全的人都可以做,看似简单的工作和他想象中的相差甚远。2010年7月他自行报名参加培训,主要学习Proe、CAD机械制图、3D建模、产品设计、模具设计等。从小就喜欢画画的他,在学校也有过素描基础,对于这个培训学起来得心应手。培训后,因为有了模具方面的知识基础,他申请去了模具部,工作期间不停地观察模具的异常状况,和各个岗位的同事一起讨论、分析问题,结合工程制作模具整改优化方案,整改了上百套异常模具,保证了模具的顺利生产。2011年,他被调配到工程部,担任跟模工程师。他充分利用下班后的空闲时间,在车间不断摸索模具加工实践。2012年,他升任模具设计工程师兼工程部主管。团队共有4人,他主要负责组织相关人员,对产品前期开模进行评估,并参与模具设计。他针对公司的产品,和外部供应商(东莞拓斯达和东莞唯成自动化公司)共同参与对公司产品线的设备进行设计和改进优化,使得日产量增长30%~40%,得到了全公司的认可。2013年,他担任公司LED光学透镜设计工程师,并担任项目经理。他带领团队6人,为公司设计研发多款优秀产品,并获得多项国家专利和高新技术产品认证,为公司带来了巨大经济效益。2018年他获评东莞市"首席技师"。

章胜发

江西省上饶市余干县梅港乡库管村人,创立了东莞胜创汽车服务有限公司

1995年,年仅15岁的章胜发参军入伍,因为能吃苦耐劳而被选为技术兵。20世纪90年代,部队的资源相对缺乏,为了学好技术,他抓紧时间练习零部件拆装技术,特别是在野外演习途中,经常需要通过打磨切割等工序改变原有零部件的尺寸,为了保证部队几百辆车能够准时到达指定的作战区,他常常顾不上吃饭。经过长期的部队训练,娴熟的技艺不仅让他在技术比赛中屡屡获奖,还让他成了机油电工班班长。

2004年,章胜发退伍后外出打工。经熟人介绍,章胜发进入了当时黄江最大的汽车维修厂工作。退役5年间,章胜发靠着一边在汽修厂工作,一边打零工,积攒了第一笔创业资金。2007年,黄江全面推动"经济社会双转型",开始取缔摩托车营运,禁止电动自行车上路,此后全镇家用汽车的数量迅速增长。这一年,章胜发利用自己积攒的钱,租了4个铺面,做起了汽车维修生意,一个月后就开始盈利了。为了将专业的服务精神引入企业,章胜发决定亲自到专业的保险公司接受培训。在汽车维修店的规章制度逐渐完善后,2018年年底,章胜发开始帮助更多的农民工开设连锁维修店,此后平均2~3个月开设一间连锁店,至今已开设16间维修店,解决了上千人的就业问题。

维修厂之所以快速发展,主要得益于其将军人纪律严明的务实作风贯彻到日常的经营中。为了加强员工的队伍建设,确保服务质量,章胜发还在企业内部成立了党支部,制定"三会一课"制度,每月开展主题党日活动,以便更好地发挥党员的示范带动作用,始终坚守诚信的经营底线。

面对疫情,章胜发不仅坚持不裁员,还进一步拓展业务,先后成立3家汽修公司,帮助更多的人就业,解决了三四十名农民工的就业问题,同时,他还与东莞市缘创实业投资有限公司建立校企合作,组织了20多名技工院校的学生进行管理培训。章胜发还十分热心参与公益事业,除了组织员工参加志愿活动外,他逢年过节都会主动关爱慰问困难党员、困难群众、孤寡老人等。2017年,老家修路急需募集10万元捐款,章胜发带头捐款3万元。2020年疫情期间,章胜发迅速组织人员为疫情防控用车进行免费消毒和维修,为此东莞市公安局横沥分局还专门寄来了感谢信。章胜发的事迹经《南方日报》报道后,先后被中新网、新浪网、搜狐网、看点快报等媒体报道,广受好评。

章胜发作为一名党员,不忘初心,牢记使命,在他的带领下,东莞胜创汽车服务有限公司2019年成立了党支部,充分发挥党员的先锋模范作用。

广东

罗贵年

江西省赣州市南康区朱坊乡红心村人，现就职于熵基科技股份有限公司

2012年2月，公司计划投产光学冷加工行业的光学棱镜生产，并将任务指派给罗贵年来完成。接到通知后，作为该行业小白的他开始搜集整理相关的资料进行学习，在有了一定的理论知识后，又去了一家生产光学棱镜的企业进行实际操作学习，从原材料切割—粘盘—粗铣—精铣—下盘—倒角—精粘盘—精磨—抛光—防护—清洗—丝网印刷—面型检验—角度尺寸规格检验等，整套生产工艺及操作流程经过一个多月就基本学成。回到公司后，他开始着手生产设备的选型及采购，分别去了上海、南京、无锡、南阳等地进行设备采购商谈，紧接着设计规划生产车间的布局装修、人员招聘、设备到厂调试、工装治具的设计制作等事宜，经过2个多月的筹备，在5月中旬进行了第一批试产。在试产的过程当中，出现了粘盘脱胶、划痕过深、面型不平、清洗不干净、抛光不亮、丝印透光等各项问题，他经过深度分析后，所有问题均得到解决。公司也从当初单一的棱镜产品、月产规模2万余片，发展到现在多品种、多规格，月产能近40万片，他还培养了一批又一批优秀的光学冷加工行业制作者，为公司及社会做出了较大贡献。

2012年在公司高层的领导下组建光学冷加工车间，从无到有每一项工作他都进行跟进处理，由月产2万片棱镜发展到现在年产近480万片棱镜的生产车间。

2013年6月，他发现0303EMC指纹仪在生产时螺丝过多，造成组装不便、效率低下。后经过他的改善方案，将原先的棱镜卡扣和螺丝去掉，将主体模具改为紧配，将盖板两颗螺丝去掉，改为卡扣形式，按压一下就组装到位了，不再需要打三个螺丝了。当初每天生产近5 000个产品，一天就能省掉15 000个螺丝材料，还不需要1个人工去锁，节省了1名作业人员，大大提升了生产效率及质量。在年底，他获得了公司的万元改善创新大奖。

他先后改善过多项大项目，如0303EMC指纹仪去螺丝改卡扣项目、指纹头、摄像头自动化调试的引进、ZK2000EMC物料精减项目、批量烧录项目、2750免调焦项目、ZK3651免调焦项目、ZK3650焊接灯板项目、软件自动校正项目、各种工装夹具的优化改善等，为公司的提效降本做出了巨大的贡献，也因此获得了公司的多次嘉奖。他先后被东莞市授予"首席技师"荣誉称号、被塘厦镇授予"名城名匠"荣誉称号、被公司评为劳动模范和"精英劳模卓越奖"。

刘志庆

湖南省衡阳县三湖镇祥民村人，现就职于中山市大象东方蜡像艺术有限公司

　　刘志庆，于2012年加入中山市大象东方蜡像艺术有限公司，任周雪蓉工艺美术大师工作室首席雕塑师。工作期间创作了包括孙中山、四大美人、郎朗、沈梦辰等蜡像雕塑作品100多个。其中孙中山、四大美人、摄影师等优秀作品在行业内各种比赛中曾多次获得奖项，分别于2017年、2019年两次获"深圳·金凤凰"工艺品创新设计大赛金奖，于2017年第十三届中国（深圳）国际文化产业博览交易会获得"中国工艺美术文化创意奖"，于2019年中国（大连）国际文化旅游产业交易博览会获"金牡丹杯"文化创意大赛银奖/金奖，于2020年获"中山好员工"称号。

广东 彭同山

河南省唐河县古城乡古城村人,现就职于中山联合光电科技股份有限公司

彭同山,河南省唐河县人,1986年10月出生,因为家里经济困难,从小辍学在家帮忙干农活儿、照顾家人,2009年进入中山联合光电科技股份有限公司,一直从事后勤保障工作。他在工作中勤勤恳恳、兢兢业业,努力提升自己综合能力水平,得到了公司的高度认可,目前担任行政部主管一职,全面负责公司车辆、食堂、宿舍、保安、清洁等管理工作。

他勤奋好学、努力进取,刚开始不会电脑、不会写公文、不懂任何管理知识,凭着一颗积极向上的心,努力学习电脑操作知识,并主动向同事请教,哪怕很小的知识点,也不怕别人笑话,一直到弄懂为止,他还考取了安全主任等证书。

他不怕苦、不怕累,在平时的后勤工作中,遇到一些暂时没有人做的事,他就自己动手和同事搬东西、清洗脏污物,台风过后,收捡残枝、败叶,修护被破坏的厂房、物品,使公司恢复正常生产和生活。

他随叫随到,哪怕是休息时间,只要有突发情况,他都会第一时间出现在现场。2020年新冠肺炎疫情突然暴发,本来已经回老家过年的他,在正月初一晚上,接到公司市场部的紧急电话,马上要生产一批用于雷神山、火神山的光学镜头,正月初二一早把妻子小孩留到老家,他自己一个人开车从河南赶到中山,到中山后他没有休息,直接来到公司,立即联络各种资源,第一时间抢到防疫物资,按防疫"四个到位"的要求准备,顺利通过防疫部门的检查复工复产,为公司如期交付产品提供了强有力的保障。

彭同山是穷苦农民的儿子,在打工生涯中,他靠自己的勤劳、刻苦、好学的精神,书写着自己的感恩人生!

肖华

四川省乐至县回澜镇五台山村人，现就职于广东长虹电子有限公司

肖华从西南的一个小山村走出来，1996年，他怀着对军人的崇敬与向往，加入北京武警总队第九支队一大队，经过部队的淬炼，从一个新兵转变为一名合格的战士，并因成绩突出担任多年班长和代理排长。于2001年12月退伍后加入了长虹集团，2006年因工作需要从四川绵阳总部调入广东长虹电子有限公司，一干就是15年。在中山南头镇这块热土上，他践行了农民工不怕苦、敢担当、爱学习、爱研究的精神，在工作期间，他还利用工作间隙考取了成人大专、职业技术三级等，是南头镇的优秀共产党员。

从一名平凡的技校学子、退伍军人，到一名不平凡的技能人才，肖华走出了一条自强不息的创新之路，先后获得中山市科技进步奖（二等奖）、中山市质量管理铜奖、广东省南粤之星银奖、绵阳科技进步奖，并获得《一种应用模组屏幕的O/C自动上线设备》发明专利、《一种套袋辅助设备》实用新型专利、《一种新型的平板电视机芯板测试架构》（发明）发明参与人、《一种应用于平板电视测试的多功能壁挂架》（实用新型）发明参与人，还发表了论文《一种电视产品自动化热合包装技术的研究与应用》。

在工作岗位上，肖华多年来一直兢兢业业，为公司发展奉献自我。2016年，他主导整机生产线运行效率提升，通过对电视制造厂整机线提升机及配套设备的硬件升级、运行程序优化，改造后的GA~GD线线体运行节拍由21S缩短到17S，GE/GF线线体运行节拍由19S缩短到15S，线体运行效率提升了20%；2017年，他通过行业通用塑料膜技术扩展研究，并辅以自动化设备来取代人工，从而降低了材料和人工成本；2019年，他将原材料库房由原来的集中式改善为分散化，就近生产工段设置原材料库，以满足不同属性材料存放，实现了生产物料一次性落地，减少了转运路径，提高了物料运转效率；他优化收发料流程，实现物料就近配送，进而实现生产物料班组直领。

广东 李炜

湖北省武穴市梅川镇李兴泗村人,现就职于广东领先展示股份有限公司

李炜,现于广东领先展示股份有限公司工作。2020年年初,新冠肺炎疫情悄然袭至,处于水深火热中的湖北,所有人都是恐慌的,而作为身在湖北武穴市的一名党员,在听到征集志愿者时,他义不容辞地第一个报名参与。在抗疫的47天里,他到各个村庄进行疫情排查巡逻,察看是否有外来人员,测量体温,教育村民做好防疫措施等,共计走访排查及帮助困难群众近千人次。为了减少村民外出,他自发组建了一个"购物群",为村民采购生活必需品并送货上门。从初期大家的不理解和排斥,到村民的感谢,一路上有无数的艰辛苦楚。他是人子也是十个月大孩子的父亲,在抗疫期间,在工作的高压下,他一下子从144斤瘦到了130斤,然而,看着家乡逐步安好,他说:"那段时间虽然很累,但能为自己的家乡和身边的人做点朴实的事,感觉很踏实,也很幸福。"从来没有从天而降的英雄,只有挺身而出的平凡之躯,在抗疫的路上并肩作战,传递着这个春天最美好的希望!2020年,李炜获武穴市"最美农民工"评选资格。

李帅磊

河南省濮阳市南乐县千口镇陈村人,现就职于广东海信电子有限公司

李帅磊,现为广东海信电子有限公司生产部设备工程师,2019年被评为"江门市劳动模范"。

2012年5月,李帅磊被调派至广东海信电子有限公司,工厂建设初期,道路泥泞导致炊具运输车辆、吊装车辆无法行驶至卸货区域,他主动牵头组织2名设备维修员人工搬运炊具,解决了建厂初期员工的就餐问题;园区基础建设与设备入厂同期进行,由于基建施工工期紧,他协调人员连夜将设备运入厂房内就位安装,他还主导设备管理的相关流程拟制、参与部门内部其他非相关流程的梳理工作,为部门的顺利投产做出重要贡献。因此,他所带领的队伍被授予"建厂突击队"荣誉称号。

2013—2018年,李帅磊主导完成了多个重点项目,为企业节支320多万元。2013年,他主导完成行业内首台全自动移印生产线体投产;2014年,他负责注塑机械手与自动移印机联机改造项目,改善工时节拍单个产品提效20%,并成功改造5台注塑机联机生产;2015年,他引入TV塑胶行业内首台高光电视机壳全自动覆膜机以及负责注塑机与模具串水集成化项目投产;2016—2018年,他利用工作之余自主研发制作共计8台高光蒸汽控制柜。

2019年,李帅磊主导电视机高光机壳丝印返修项目,改善了建厂以来丝印报废产品无法返修的状况,通过攻关和反复实验验证,实现了高光产品丝印报废率降低60%,返修合格率达到98%,并突破了行业难题,此项目获得公司QC质量活动评比一等奖;他主导与埃克森美孚(中国)投资有限公司共同推行注塑机液压油节能测试,通过反复测试论证,新型DTE10超凡系列可节能2.43%,每年可减少二氧化碳排放量8 993.4公斤,该试验通过中国节能协会的认证。

李帅磊还承担生产部塑品车间安全管理工作,他时刻坚持和牢记"安全第一,预防为主"的安全管理方针,每周组织开展一次安全检查,发现一处安全隐患,解决一处安全隐患,将安全隐患扼杀于萌芽状态,2012—2019年连续7年实现重大安全伤亡事故为"0"的目标。他还组织每月开展一次全员安全培训,累计培训约2 000人次。

在生活中,他热心助人,经常深入一线了解同事工作及家庭中的困难。对工作中遇到困难的同事进行耐心疏导帮扶,对生活及家庭中遇到困难的同事也会及时伸出援手,帮助他们渡过难关。

广东 张旭升

四川省南充市嘉陵区太和乡林湾村人，现任新会中集集装箱有限公司生产部班长

张旭升，1986年出生，2006年，在母亲满脸不舍的眼泪下他踏上了南下的列车，几经辗转来到了现在工作的地方（新会中集集装箱有限公司），这是张旭升以"农民工"身份的第一份工作，也是张旭升从万般宠爱的怀抱脱离，实现自立自主的第一步。

进入新会中集，张旭升深感自己专业技能的欠缺，也懂得文化知识的重要性。他在认真工作学习和参加培训后，正式成为一名集装箱制造公司的油漆工人。在工作中，张旭升不断突破自我，不断地向老师傅学习和请教指导，努力掌握岗位技术，不怕苦、不怕累，冲在生产第一线，因此，他得到了部门领导的认同和提拔。2010年，张旭升成为生产制造部部件带班，从此便走上了集装箱生产制造部最基层的管理岗位，并在2010年至2020年多次被授予"优秀员工""工段先进工作者"等称号，在班级中起到了模范带头作用。

在工作中，张旭升遵章守纪、团结同事、乐观上进，始终保持严谨认真的工作态度和一丝不苟的工作作风，勤勤恳恳，任劳任怨。在生活中，张旭升发扬艰苦朴素、勤俭耐劳、乐于助人的优良传统，老老实实做人，勤勤恳恳做事，处处严格要求自己。通过多年的基层管理岗位历练，张旭升熟练掌握了生产管理知识和精益方法，并运用精益工具推动班组的管理升级，在班组安全管理、成本控制、品质管控、效率提升、设备自主保全及人才育成方面都取得了长足的进步。

张旭升自担任生产班长以来，深知生产车间的安全隐患无处不在。面对繁重的生产任务，张旭升一直把安全摆放在第一位，每天不厌其烦地强调安全的重要性，寻找潜在的安全隐患，纠正员工的不正规操作，想方设法提高员工安全防护意识，杜绝工伤。2019年至今，张旭升带领的团队，没有发生过轻伤及以上的事故。

在面对工作中的困难时，张旭升亲自带领团队迎难而上解决和处理问题。在与同事相处时，他坦诚相对，以理以德服人。因此，张旭升所带领的班组人员稳定，截至目前班组流失率低至5%。

张旭升善于运用作业观察方法，对生产过程的每个环节进行细心观察和亲身体验，发现存在的生产浪费和各种问题时，能积极思考提出解决办法，并充分运行TBP八步法和5WHY法进行问题剖析，找到真实原因，为班组效能提升和安全保障做出贡献。2020年，张旭升带领的班组单班产能相比2019年提升了10%，班组非箱用材料成本低至0.94元/TEU，得到了公司及部门领导的赞扬和认可。

王包见

云南省曲靖市陆良县板桥镇鱼塘村委会汤家堡村人，现就职于广东广青金属科技有限公司

王包见对工作精益求精，全心投入，在工作中取得了优异的成绩。

为了适应技术产品更新换代和社会发展的需求，他利用业余时间提高自己的技术水平和文化素养，面对设备能力不足的问题，提出改进意见。在炼钢厂，钢水温度是 LF 工段的重中之重，由于钢水温度实测数据不理想，他经过一段时间的观察总结，提出是测温热电偶、测温枪、测温仪表存在短板，主张测试其他更为稳定的仪器设备。他经过几轮测试，通过更换精度更高的热电偶，一举将温度偏差缩小一半，钢水温度命中率从过去的 85% 达到 95% 以上，进一步确保了 LF 钢水过程温度在可控范围内，夯实了生产过程基础。

面对公司炼钢厂一些艰巨、烦琐的工作任务，他从不退缩，勇挑重担，攻坚克难。炼钢厂试生产风碎渣，他顶着液态钢渣高温炙烤，仍然忙碌在现场，第一时间排除故障、调试设备、培训员工、优化生产流程。

王包见对穷苦人家有着一种特殊的感情，他每月定期走访所属区域员工的宿舍，遇到住院且生活困难的员工，亲自去探望，还踊跃参加公司组织的捐款活动。每年春节，他都坚守岗位，为员工替班，让其他员工回家过年。

他一直鼓励云南偏远贫困地区乡亲们走出山区，外出打工脱贫致富，常常以自己为例子，正面宣传公司的福利待遇和公司的岗位情况。在他的号召下，许多云南曲靖、昭通等贫困地区的务工人员，纷纷外出打工，现在就职于广青科技的云南地区员工多达 300 多人，其中大多数云南地区员工都是直接或间接通过他的介绍进入公司。乡亲们通过在公司的勤劳工作，既学会了生产技能，又能脱贫致富。不少乡亲们在老家盖新房、买汽车，有的甚至把家中老小都接到广东阳江开始新的生活，这都给贫困家庭引领了一条自力更生、脱贫致富的道路。

王包见积极向党组织靠拢，积极参与党组织的活动，2020 年 5 月已被推荐转为中国共产党积极分子，他希望早日能成为一名正式的中国共产党党员。

自新型冠状病毒发生以来，他坚守岗位，迅速执行疫情防控及复工复产措施，参与做好疫情防控工作。

林家善

广东省湛江市遂溪县洋青镇分界仔村人，现就职于中冶宝钢湛江钢铁技术服务有限公司

林家善是中冶集团中冶宝钢湛江钢铁技术服务有限公司电工高级工。

在工作中，他兢兢业业、扎实苦干。在中国宝武宝钢股份湛江基地（以下简称湛江钢铁）多次大型抢修中，普遍存在电气线路损毁现象，若采用传统校线方式进行校对恢复，耗时较长，不利于快速恢复生产。为此，他与团队成员齐心协力，通过网上收集资料、翻阅手册、请教专家、咨询厂家等措施，最终研发出一种新型全自动校线仪，该装置结合原理图能快速、准确地判断电缆用途及路由，能快速恢复生产设备运转情况，最大限度地降低事故造成的经济损失。同时，他在湛江钢铁大力推行的智慧制造无人化改造项目中，掌握了无人化行车的核心安装技术，通过精心准备，快速完成无人化设备安装，且一次调试成功，从而实现了行车定位控制精确的目标，为高效检修、智慧检修及设备稳定高产做出了较大的贡献。

在学习中，他勤奋刻苦，力争上游。刚参加工作时，他与所有新员工一样，但面对工作中的困惑，他不仅向师傅学习，还向身边的老员工求教，并采用"从现场中来，到现场中去"的学习方法，日积月累、总结提升。他挤时间学习电气理论知识，比较全面地掌握了电气技术，他不断提高专业技能水平，成长为中冶集团中冶宝钢领军技能人才。他在2019年中国宝武宝钢股份湛江基地电工比武比赛中荣获第三名，在2019年中国技能大赛—全国冶金建设行业职业技能竞赛暨中冶集团第七届职业技能竞赛中获得团体奖第二名、个人第七名。

作为电工技能等级取证培训老师，他真诚与人沟通，精诚合作。湛江钢铁投产初期，团队里有很多新员工，他深入现场手把手教学，并利用周末组织新员工进行技能培训，鼓励他们相互学习。经过这些年的言传身教，他所带领的组员已经成为一支召之即来、来之能战、战之必胜的技能先锋队。

雷卡林

广东省信宜市水口镇简坡金田村人,现就职于信宜市盈富生态旅游有限公司

雷卡林,广东信宜市盈富生态旅游有限公司下属"旺同人家"农家乐主厨,信宜市首届十大名厨之一,2020年他的作品"原味隔水蒸怀乡鸡"获"粤菜师傅"茂名争霸赛"特色名菜"称号。

雷卡林原在珠三角做帮厨,返乡参加"粤菜师傅"培训班后,厨技大大提升。他原是一个普普通通的帮厨,假如没有自我提升的意识,可能一辈子都默默无闻。当他得知家乡信宜正在开展"粤菜师傅"培训班时,觉得这么好的提升技能的机会绝不能轻易放过,因此,他毅然辞去工作,返乡参加"粤菜师傅"培训班。

参训后,雷卡林专心上课,认真观察和记录老师所教的每一道工序,他不怕苦、不怕累、大胆创新、反复试验,力求把每一道菜都做到色香味俱全、有地方特色。

经过不断学习和不懈实践,他熟练掌握了一百多道特色粤菜的做法。提高了自己的厨技,但是"纸上得来终觉浅",学到的技术还须到现实生活中验证,他决定留乡支持新农村建设,加盟了旺同竹林公园的农家乐"旺同人家"餐馆。

雷卡林加盟信宜市"旺同人家"农家乐后,着力改善菜式的风味,把在培训中学到的"盐焗怀乡鸡""水蒸怀乡鸡"做成了街知巷闻的招牌菜。他的加入,使原来生意平平的"旺同人家"火了起来,还开起了连锁店,一年赢利超70万元。

雷卡林作为主厨,不断学习,钻研厨艺,勇于创新。他对同事耐心教导、演示,竭尽所能地发挥带头作用,把厨房团队打造成一支团结、互助、友爱的战斗队伍,共同提升菜品的质量。他还带动了周边10多名农村贫困劳动力就业,发挥引领示范作用,带出了50多个"粤菜师傅"学徒,其中有近10人创业开起了餐馆。

广东 马建业

广东省肇庆市广宁县赤坑镇惠爱村委会大崀村人,创办广宁县惠爱生猪专业合作社

马建业先后获得"全国农村青年致富带头人""全国科普惠农兴村带头人"称号。他通过自身的模范带头作用,带动广大农村青年积极返乡创业,为推动社会经济发展,促进社会和谐建设,致力脱贫攻坚、决胜全面小康做出了自己的贡献。

马建业2008年至2010年在兰州军区空军后勤部物资油料处服兵役。2011年年初,他回到肇庆广宁县赤坑镇创办了"马建业生态农场",主要放养肉猪、山羊,承包鱼塘、垦山种植果树和白花油树等。短短几年的时间,农场已初具规模,经营得有声有色。

刚退伍时的马建业不懂种养技术,吃过不少亏。因为不懂肉猪饲养技术,他把猪崽喂得饱饱的,结果不少猪崽因缺乏运动导致消化不良而纷纷得病;鱼塘水源常年由山上流水补充,难免水温低,结果鱼苗养了一年还是鱼苗;农场四面环山,管理难度大,结果家禽走丢不少……总结教训,马建业晚上挤出时间钻研有关种养方面的知识,他不仅上网查找相关的资料,邀请省、市种养专家到农场把脉研究农场的发展方向,还请教当地老农夫种养经验。很快,他就成了当地养种猪、种果树、放山羊的能手。尤其在资源循环利用方面,在收集猪羊粪尿资源后,经过无害化发酵处理,成为鱼草和果树的肥料,使得资源循环利用。

如今马建业的农场已变成水果飘香、鱼鸭欢唱、生猪满园的生态园。在马建业的带领下农场已达到山羊300多只,野猪家猪300多头,年产出栏肉猪500多头,鱼塘占地13亩且鱼种为独特的本地山塘鱼,鸡鸭年产1 000多只,西瓜年产5 000多公斤,白花油30亩,沙田柚和砂糖橘共10亩。经过两年多的专心经营,农场累计投入资金200多万元,年营业额达到200多万元,收益30多万元。

两年的时间,马建业的农场已初具规模,经营得有声有色。不过身上流淌着军人的血液,他始终没有忘记要报效祖国、回报社会。为了帮助村里的贫困户和低保户,马建业不仅为他们提供了工作岗位,而且耐心地传授他们种养技术。他在2020年年初成立了"广宁县惠爱生猪专业合作社",目前有78户农民加入了合作社。他采取"传帮带"的办法,免费为村民提供猪崽,农户可以选择养小猪,也可以养肉猪。2018年11月,他还在广宁县城创办了一家专门以自己农场土特产为主题的"建业大饭堂",目前有员工30多名,都是村里的村民和退伍军人。大饭堂主要把新鲜、绿色的食材供应给广大食客,不仅拓宽了农场产品的销路,还直接带动周边200多人就业。

梁碧华

广东省德庆县马圩镇诰赠村委会思罗村人，创办了德庆县双华食品厂

广东

梁碧华，现任德庆县双华食品厂负责人。她先后获得中国现代农业领军人物30人、深圳绿博会中国农业风云人物奖、广东百名最美乡村女能手、肇庆身边好人等荣誉称号。

2016年，已远嫁外地多年的梁碧华了解到夫家有意向投资开办酸菜制品厂，她立即想到家乡德庆县诰赠村的德庆醡。当年，诰赠村家家户户都有腌制德庆醡的传统，德庆酸菜清爽的"咸酸味"是当地村民最喜欢且熟悉的味道，不过，由于过去德庆酸菜没形成规模，质量又参差不齐，加上缺乏有效的销售手段，这种风味独特的德庆醡没能为乡亲们打开致富大门。村里面因为柑橘黄化使家庭经济收入大幅降低，所以很多人不得已选择外出打工，导致村里有很多留守老人和留守儿童。经过三年筹备，梁碧华于2017年在诰赠创办的德庆双华食品厂正式投产，以生产、加工酸豆角等农产品为主，经济效益良好。工厂拥有种植基地近700亩，年产量达1 800万斤，可加工产成品约1 200万斤，产品销往国外和国内各大中城市。

梁碧华深知，创办工厂的目的是带动家乡的人一起致富，通过产业振兴带动家乡振兴。因而在食品厂不断发展壮大的同时，他积极响应党委和政府的号召，对焦精准扶贫、精准脱贫，实行"党支部＋公司＋合作社＋基地＋农户"的经营模式，通过成立农民专业合作社，与种植户签订农产品回收合约，免费提供种子和种植技术支持，通过拓展种植基地和提供产品加工岗位，既为当地农民种植的农产品找到了销路，也为农民在家门口就业提供了机会，带动300多户农户发展蔬菜种植，每亩增加年收入约2万元。在壮大食品厂发展的同时，梁碧华还积极响应党建促脱贫攻坚工作部署，由食品厂党支部5名党员每人分别联系帮扶3户贫困户，充分发挥党员"传帮带"作用，帮助贫困户脱贫致富。

食品厂发展走上快车道后越加鞭策梁碧华奋勇向前。目前她的食品厂有种植基地700多亩，年产量达900万公斤，可加工产出成品约600万公斤，年产值约2 300万元。2019年8月，梁碧华成立了华莱园农产品专业合作社，计划在未来3年至5年投资3 000万元发展蔬果观光旅游种植基地，推动一二三产业融合发展，致力带动更多农户和贫困户致富。与此同时，梁碧华还注重凝聚一班年轻力量返乡创业，逐步兴起农产品电商、农销网络直播等新模式，为乡村振兴注入新思维、新活力。另外，她还推动培育一批新型职业农民，今年在她的牵线下，基地6名种植户到大企业的大学堂里参加职业农民培训班，进一步打开视野，增强发展致富的本领。

广东 李之阳

壮族，连山壮族瑶族自治县小三江镇登阳村委会高基村人，创办了连山壮族瑶族自治县众创农贸发展有限公司

李之阳，出生于1990年4月9日，职业技术学校毕业。2016年阿里巴巴农村淘宝授予他精英合伙人县域三强和月度精英合伙人，他被评为2017年广东农产品电商创业带头人，荣获2018年连山"山创杯"创业比赛二等奖，农业职业经理人。

2011年，他回到家乡连山创业。回到连山时，他用自己的积蓄开了一间百货店，做着邻里的生意，日子不算富裕但也小有余钱。可是随着农村淘宝逐渐进驻连山，很多实体店铺的生意都受到了影响，部分效益差的更是撤资倒闭，他的百货店自然也不例外。在他看来，这其实是一个机遇。经过多番谋划，他在2015年开设了农村淘宝服务站，加入农村淘宝后，他创新农业，缩小城乡差距，让农村变得更美好；以电子商务平台为基础，通过搭建村民服务网络，充分发挥电子商务优势，实现"网货下乡"和"农产品进城"的双向流通功能。

作为农民的他，深切知道村民的心理和生活需求，农村还有广大群众不会使用智能手机，不了解支付宝的。而他对手机和计算机都比较了解，能够教广大村民朋友使用手机购物。他在成为淘帮手一个月的时间里完成了103单村淘购物，帮村民购买了2万元左右的商品。他凭借销售方面的经验，迅速在三连地区四十多家农村淘宝服务站中脱颖而出，成绩遥遥领先。

他创办的公司于2018年4月与福堂镇梅洞村委会的11户贫困户签订番薯种植收购合同，同年10月共收购番薯25吨。帮助贫困户实现就近就业，公司的40名员工中，共吸纳11名贫困户劳动力，占比44%，成为连山县设立的首批"扶贫车间"。公司与小三江镇45户农户签订了大豆种植合同，其中贫困户37户，年增加贫困户收入14 000元，带动就业人数300人，助推乡村振兴发展。

黄启成

湖南省常宁市管岭镇勒塘村人，现就职于英德卓佳玩具有限公司

黄启成，现任英德卓佳玩具有限公司厂长（聘任）。自 2000 年在东莞跟随老板工作，到 2007 年英德卓佳玩具有限公司在英德市黎溪镇成立，后因公司扩大生产从 2019 年搬迁到大站的新厂房。他 20 年如一日地在做着行政内勤工作，包括厂内的安全保卫、员工的衣食住行、新厂房的筹建、厂外的人事关系处理等，即使逢年过节也从未放过假、回过家，看守着厂里的安全。虽然这份工作很烦琐，并且责任重大，但他从未抱怨过，一直默默地付出，尽自己最大的努力，把事情办好，而他踏实、努力、肯干、能吃苦的本性一直深得公司领导的认可。

他每年都会带领同事一起到云南昆明、普洱、昭通、武定、禄丰等地区招工，2020 年公司共派出 16 辆大巴车招收约 680 人（含自己开车来的）云南工人来上班，其中贫困户 124 人，人均年收入 5 万余元，自驾来的工人公司给予他们报销车费及油费，部分有带家属及小孩来的员工，公司还帮忙解决住宿和小孩入学的问题，以解决员工的后顾之忧。他每年都会去大站敬老院慰问老人，他说自己身为中华儿女，国家带给了我们平和、安稳、繁荣、富强，自己要知恩图报，虽不能做一些惊天动地的事情，但力所能及的事情一定要做好、做实，不能让自己留有遗憾。

为加快当地经济发展和贫困人员脱贫，黄启成积极与当地人社局沟通，在公司设置了一个扶贫安置点及扶贫车间，共解决了 50 余贫困户及残疾人员就业问题；公司还免费提供场地给当地扶贫办安装光伏发电设备，所发电量由南方电网吸收，再返回资金给周边村民增加年收入。在 2020 年"630"扶贫日，公司向当地政府捐助了 60 万元，用于回馈社会，给予更多需要帮助的社会群体及公共事业。为帮助当地贫困人员早日脱贫奔小康，以资金入股的方式，公司吸纳了当地贫困村 700 多万元的资金，使得贫困村年底享有约 80 万元分红的村集体经济收入，真正做到企业效益带动当地经济发展，共同奔赴小康生活。

广东 陈若钦

广东省潮州市潮安区沙溪镇沙一村人，现就职于潮州三环（集团）股份有限公司

陈若钦于 2005 年 8 月进入三环集团公司工作，在 MLCC 事业部无尘车间从一线员工做起，其间认真学习，对自己负责的设备进行全面学习和了解，最终通过自己的不断研究和与当工序的设备人员进行深入探讨，提升了设备的工作效率，为工厂带来了可观的效益。因为他踏实努力逐步成长为生产带班、管理骨干。之后他更是严格要求自己，积极向上，多方面学习参与 MLCC 产品各个工序的生产流程管理，解决了多个工序生产瓶颈问题，提升产能满足生产需求。

因为表现优秀，所以只要公司新项目缺基层管理人员，就会优先安排选派他。他曾经参与公司多个项目的创新和量产推进，例如，阳极支撑型单电池的冲压印刷，微晶锆指纹识别片的印刷切割，陶瓷手机后盖的自主喷涂与镀膜等。他自己主导的浆料稀释剂国产化项目、延长丝网印刷网版寿命项目、堆叠机针对性提速等，均为公司带来了较好的效益。

他在通过自己的不断努力取得较好成绩的同时，也认真帮带自己的员工，深入到现场对新员工进行讲解沟通，尽职尽责地帮带每一位需要帮助的同事，更是将自己的班组建设成为整个工厂的示范点。他在生活中始终以力所能及帮助他人为己任，在得知自己的一位组员家里急需用钱时，只是简单进行询问后，就毫不犹豫地拿出自己的 2 万元钱给组员应急；他希望通过自己的爱心和努力，不仅把工厂建设成为一个上班开心的地方，更要让自己的组员在集体中感受到家的温暖。他的努力和付出也得到了同事们的认可。

在多年的工作期间，他积累了丰富的生产管理经验，也一直秉持深入一线基层工作的原则，改善生产车间的各种生产问题，团结同事，为营造有凝聚力、有核心价值观的生产团队而不懈努力！

黄永定

广东省普宁市高埔镇上坝村人,创办了普宁市永定职业培训学校

黄永定,1964年8月出生,1985年10月加入中国共产党,现任普宁市永定职业培训学校、永定机动车驾驶员培训有限公司党支部书记,普宁市第十五届人大代表。

黄永定在部队退役返乡后,凭借在部队学到的驾驶技术,开始经营个体运输生意。20多年里,他通过自身的艰苦奋斗和勤奋好学,积累了宝贵的致富经验。他也深刻地感受到知识的重要性,报名中共省委党校业余大学的汽车相关专业的学习,以提升自身的技术水平。毕业后,他聘请多名专业技术老师,创办了普宁市永定职业培训学校和永定机动车驾驶员培训有限公司。

学校创办后,他坚持高起点、高标准、高质量的教学原则,不断加大硬件建设,提升师资团队综合素质,累计为4 000多名农民子弟提供免费的技能培训,协助农民工转移就业3万多人,培训机动车驾驶员10万多人。2016年,他被普宁市人民政府授予铁山兰花奖。

在学校不断发展的同时,黄永定结合自身开办驾校的优势不断创新,聘请国内知名驾驶培训行业专家做顾问,加大自身软硬件建设。经过近一年时间的筹备,他建成了普宁市社会化考场并交付使用。

黄永定自创业开始就非常重视保障教职员工的合法权益,深受员工的爱戴。永定职业培训学校于2012年成立了工会,投入了大量的资金用于学校职工之家和相关配套设施建设,大力开展职工职业技能提升、职业技能竞赛等活动,建立激励机制,形成表彰先进、崇尚先进、追赶先进的良好氛围。学校工会先后被揭阳市总工会、广东省总工会评为"先进职工之家""广东省模范职工之家"。

2019年,经上级主管部门批准,黄永定成立了普宁市机动车驾驶员培训协会和普宁市机动车驾驶员培训协会工会联合会;他主动承担600多万元,建设了一栋设施设备齐全、功能完善的职工之家大楼,无偿提供给工会联合会使用。

黄永定组建了一支30多人的森林救火队并亲任队长,先后赴前线指挥扑灭森林火灾300多场。2020年,他被揭阳市退役军人事务局评选为揭阳市最美退役军人。

他积极参与社会公益事业,先后为乡镇修建道路、修建学校、奖教助学、救灾抢险、抢救老区红色文化资源等捐资300多万元。同时,他还积极响应当地政府关于进一步做好精准扶贫工作的号召,组织学校全体党员和工会委员每年都到普宁西部山区的精准扶贫对象家里开展扶贫慰问活动。

2020年新冠肺炎疫情期间,他组织了志愿者服务队,积极参与到疫情防控一线,配合当地党委、政府做好人员排查、车辆监测登记、卫生防疫等工作。同时,他先后捐赠款项和物资共计60多万元。

林秀娥

广东省揭东县霖磐镇桂东村人,现就职于揭阳市家政服务行业协会

林秀娥,现为揭阳市铭欣家政有限公司家政服务人员。自2011年开始从事家政服务,她以爱岗敬业、诚实守信、技能娴熟、爱心奉献的工作态度,一直从事着家政服务工作。她于2020年获得由广东省总工会女职工委员会、广东省财贸工会委员会、广东省总工会职工服务部、广东省家庭服务业协会联合授予的广东省"最美家政人"荣誉称号。

她的同龄人很多都是高中毕业,但由于家境拮据,她完成初中学业后就没再读书了。随着改革开放的大浪潮,她跟着乡邻走出农村,进入城市工作生活。一次,一个在城里做生意的老乡让她到家里帮忙带孩子,她心想,作为四个孩子的妈妈,应该能轻松胜任这份工作,但没想到,当下提倡的是科学育儿,带小孩也有很多门道。于是,她一边带小孩,一边钻研各种科学育儿的知识,但是一直不够系统,直到她看到人社部门宣传的免费技能培训,她报读并考取了"家庭妇婴护理员"国家职业技能证书,从此,走上了家政服务的职业道路。

林秀娥10年来服务了近百个家庭,每一个家庭都给予她高度肯定和评价。随着全面二孩政策的放开,母婴家政的市场需求尤为旺盛,一直以来都处在求大于供的局面,于是,她以身说法,带动本村和周边村妇女一起从事家政服务,在她的带动下,从事家政的农村妇女收入逐渐提高,生活水平得到了翻天覆地的变化。

在疫情期间,由于人员流动的限制,家政服务人员断崖式出现荒缺,但生产型企业又全面停滞,面对此种状况,林秀娥与揭阳市家政服务行业协会、揭阳市榕城区汇诚职业培训学校一起,利用3天的时间制作了近1 000分钟的家政教学视频,涵盖了居家保洁、母婴护理、养老护理等各个方面,通过网页、公众号、视频App等各种网络渠道,面向留揭务工人员免费开放,实现特殊时期"共享员工"新型就业模式,有效地缓解了家政行业发展困境和务工人员的就业困难。

伴随着广东省"南粤家政工程"的全面深入开展,各类免费技能提升、拓宽就业渠道等政策密集出台,家政服务员的收入越来越有保障,既满足了农村进城务工人员的就业需求,也满足了城市家庭育儿养老的现实需求。

林秀娥作为家政这个朝阳产业的一分子,是千千万万家政服务行业从业人员的缩影,随着技能扶贫政策的落实,广大农村进城务工人员在城市中找到了适合自己的舞台。

黎绍希

广东省罗定市船步镇云罗村人，成立了罗定市船步镇晨希水稻种植家庭农场

黎绍希先后参加了广东省农业厅的新型职业农民培训班、广东省乡村振兴主题之经营主体创业创新培训班、"一村一品、一镇一业"富民兴村产业系列培训班、农用机械培训班等的学习，系统学习了《农业政策法律法规》《新型农业经营主体带头人》《新型职业农民创新创业指导实务》等课程，持有2019年"一村一品、一镇一业"培训证书、新型职业农民证书、农机驾驶证照、无人机培训结业证等。他经营的家庭农场在2019年分别获得"云浮市市级、广东省级家庭农场示范场"称号，为2019年罗定市"一村一品、一镇一业"稻米项目的实施主体。他服务于农业、农村、农民的事迹在2020年5月15日云浮广播电视台《罗定：家庭农场成农民增收致富新"擎"》报道。

2014年，他回到家乡成立家庭农场，承包村民撂荒农田150亩，土地流转87户，从事水稻、玉米、辣椒等农作物种植，农场年收入达60万元，年发放村民农田租赁款7.5万元，在农作物的产、供、销上指导农户，带动周边农户500多户发展农业生产，其中带动贫困户12户，每户每年增收2 500元，解决了村中闲置劳动力50人就业。

他成功申报稻米为船步镇云罗村的"一村一品"。家庭农场采用"家庭农场+农户"的模式，采取统一品种、技术指导、机械化作业、销售的经营模式种植水稻，带领村民使用现代化农业机械，使得水稻种植户平均每户增收达3 000元，带动了当地水稻产业的发展，成为当地经济发展的重要支柱和龙头方向标。

结合家庭农场现有的农用机械设备，他联动周边农用机械驾驶员30人创办农机作业团队，开展"全程机械化+综合农事"服务。他每年技术服务水稻种植户500多户，家庭农场5家、合作社3家、农业公司5家，每年开展服务稻米产业的机耕、机插、机收达3 800亩，稻谷烘干2 458亩，应用农用无人机服务蔬菜和水果等产业防治病虫害达4 548亩，服务面积累计10 806亩，让每亩节约成本180元，带动1 600多农户增产增收，让农民拥有了种地的幸福感。

2018年9月，村民种植的800多亩水稻受到台风"山竹"严重灾害。黎绍希凭着自己学习的农技知识，向村民提出了改种其他经济作物辣椒的建议，得到了认同。他对受灾的农户采取统一供种供苗、统一提供农机具、统一供应农资、统一提供技术服务、统一包装、统一销售的"六统一"服务模式，资金由家庭农场统一垫付，待辣椒销售后统一结算。当年的辣椒获得了丰产，每斤辣椒以市场价8.5元出售，亩产值达2万元，让120多户农户比种植水稻亩增收8 000元。

广东 梁月华

广东省新兴县簕竹镇五联洞心村人,现就职于温氏食品集团股份有限公司勒竹分公司

梁月华毕业于新兴理工学校,于2002年6月进入温氏集团,至今已在公司养殖技术服务岗位工作18年。

服务部日常工作中要帮助养殖户解决鸡群饲养过程中出现的问题,由于管理跨度大,梁月华管理的养殖户最多时达100多户,为了确保对每个养殖户鸡群情况了解到位,每天需要到十几二十个养户鸡舍实地了解情况,晚上利用空余时间与养户电话沟通。当遇到极端天气时,梁月华都会到现场或者电话通知鸡舍条件较差的养殖户做好相关的防范工作,在灾害天气发生后也是第一时间帮助养殖户抢救财产,确保养殖户人身安全和物资安全。尽管这几年新兴县多次遭受台风侵袭,但由于梁月华提前预警,做好防护,及时帮助受灾养殖户,在梁月华管理的片区内,无一户养殖户遭受重大人员伤亡及财产损失,得到了养殖户们的高度认可。

2020年年初,新冠肺炎疫情席卷全国,养殖行业首当其冲,遭受了巨大的损失与挑战。从1月23日公司紧急召开应对疫情会议之后,梁月华一直处于无休假模式,大年初一就开始协助养殖户处理各种事项。在梁月华的努力下,养殖户的难题一个个得到了解决,非常时期梁月华不惧个人安危奔走在生产一线,确保公司生产经营秩序正产运转,将养殖户的损失减少到最小化。

在梁月华管理的众多养殖户中,陈某梅(化名)是比较典型的精准扶贫脱困户。陈某梅本是村里有名的贫困户,当得知温氏集团开展精准扶贫项目之后,梁月华联系了当时一穷二白的陈某梅,在梁月华的耐心讲解及鼓励下,陈某梅开始与温氏合作养鸡脱贫。

门路有了,但缺少启动资金。梁月华又积极帮助陈某梅联系村委、公司,取得了扶贫资金及无息贷款,建鸡舍、运鸡苗、打疫苗……陈某梅带着儿子闻鸡起舞,每天起早贪黑,吃住都在鸡舍旁,首批近2万只鸡苗在梁月华的精心指导下,出栏成活率达到了99%。有了信心之后,陈某梅扩大养殖规模,从2万只到3万只,再到7万只,一个中型规模养鸡场应运而生,陈某梅一举甩掉了贫困户的帽子,如今,她成了远近闻名的致富先锋。

在服务部的工作虽然艰辛,但梁月华18年如一日奔走在不同养殖户之间,见证了养殖户的辛苦劳动,也见证了养殖户的收获幸福。通过与养殖户一起探讨饲养管理问题,一方面帮助养殖户解决养殖中存在的问题,另一方面也丰富了养殖户个人的知识水平,通过实践与理论相结合,更进一步提高了个人的综合素质,梁月华得到了养殖户的认可,也得到公司的肯定,被评为公司2018年优秀员工。

谢评周

广西壮族自治区柳州市鱼峰区里雍镇红花村人，现就职于广西汽车集团有限公司

谢评周，现任广西汽车集团有限公司装备制造工段长、特聘高级专家、高级技师。入职9年来一直爱岗敬业，乐于奉献，不断创新，从一名装配钳工快速成长为国家技能类人才，获评为2019年柳州工匠，2019年自治区道德模范，2018年享受国务院政府津贴。他先后获得国家专利1项、自治区工业装备奖12项、市级奖16项。他参与完成300多个自动化项目，为公司创造经济效益4 000多万元。

2020年春节期间，面对口罩生产设备全国紧缺的情况，他积极响应公司号召自主设计了第一条公司自动口罩生产线，严峻而紧张的疫情局势，为该项目增添了额外的挑战难度。他带领班组成员人停机不停24小时轮番作业，为整线集成赢得时间和主动权。终于，3月12日，自主设计制造的首条自动口罩线完成调试，第一批产品合格下线。口罩产能得到飞跃提升，每天可产出口罩8万只，有效解决了口罩需求难题。他专业的技术能力、雄厚的制造开发经验，为本次项目打下了坚实的人才资源基础。

他秉承工匠精神，积极有效地推动五菱制造自动化、智能化。9年来，他先后完成400多个自动化项目，共计降低成本1 100多万元。2020年谢评周的个人先进事迹获得了团中央的认可，获评为2020年"全国向上向善好青年"爱岗敬业类。在完成项目的同时，他通过导师带徒的方式，已经培养出一拨"90后"设备团队，参与集团作战，为五菱汽车的发展提供了源源不断的动力支持。

广西

潘利建

广西壮族自治区南宁市江南区亭子乡良种场人，现就职于南宁市江南区市政环卫工作站

潘利建，2003—2009年自购货车自运营，2009—2011年在金胜达吊装有限责任公司驾驶轮式吊车，2011—2013年在南宁市永安驾校任职汽车教练。

2013年5月，潘利建进入江南区市政环卫管理站成为一名普通环卫司机。从那时开始，风雨无阻，他驾驶环卫车辆在南宁市江南区的大街小巷中穿梭。为给市民一个干净舒适整洁的环境，做出了很多的努力和奉献。

工作中，潘利建严格遵守单位的各项规章制度，他在班里主持召开安全工作会议，抓紧、抓实、抓好安全生产工作，要求司机、维修人员严格操作，落实安全生产责任制。

潘利建利用空余时间熟练掌握车队所有车辆的机械设备性能。脏活儿、累活儿都抢着干，经常一个人顶几个人的岗位。2015年8月被选为垃圾运输车班长，管理车队里所有垃圾清运车辆的调度工作。为了管理好整个团队，合理调度垃圾运输车辆，把垃圾清运出去，他每天都严格要求班组成员养成良好的驾驶习惯，爱岗敬业，以人为主，安全行驶。垃圾车辆在运输垃圾途中出现问题或者事故时，他总是第一时间赶赴现场解决，因此，他的休息时间经常被占用。凭着他出色的工作表现，2019年9月被任为车队副队长。

垃圾清运车班共有职工42人，垃圾车32辆。每日清运辖区生活垃圾400吨。随着城市的发展，垃圾量日益增多，目前辖区存在垃圾中转站不足，车辆不足，南宁市生活垃圾终端处理场处理能力有限等问题，给垃圾清运工作造成了很多困难。为了让生活垃圾能及时清运，潘利建每天都到各中转站巡逻和了解情况，做到合理的调度，车辆故障及时维修，加班加点全力做好垃圾清运工作。

每当遇到车辆在路上抛锚的情况，潘利建就立即前往救急，运用学到的修理技术修车。如果遇到大的故障无法马上修好，为了保障人员和车辆的安全，他会立即采用应急措施，联系拖车公司将车辆拖回修理厂赶修，使车辆第二天能够正常运行，不影响工作，这样的情况每年都遇到很多次。潘利建在工作中始终走在前，关键时刻更是冲在前，处处以身作则，爱岗敬业，充分发挥了先锋模范带头作用。他曾荣获广西建设工会评选的2017年"广西最美环卫工人"称号，荣获南宁市总工会评选的2017年度南宁市劳动模范，荣获自治区总工会评选的2018年度广西五一劳动奖章。

在2020年南宁市创建文明城市工作期间，他常常日夜颠倒，24小时待命，全身心投入到为南宁市干净整洁的道路、为南宁市美丽的家园、为人民服务的行列中。

黎凤珍

瑶族，广西壮族自治区河池市南丹县八圩乡瑶寨村瑶寨人，创办了南丹县凤珍蓝靛染布坊

黎凤珍，1972年出生，一直从事白裤瑶民族服饰制作。她自主创业，用勤劳的双手闯出了民族文化传承和民族工艺发展有机融合的致富之路。她响应国家号召，积极带贫减贫，是深受群众拥护的脱贫致富带头人。

南丹县是中国白裤瑶之乡，仅有4万多人的白裤瑶主要聚居在南丹县的八圩瑶族乡和里湖瑶族乡，因保留着原始、古朴、神秘、特别的民族文化，被联合国教科文组织称为"人类文明的活化石"。其中，服饰文化是白裤瑶文化最显著的特征，历经织、染、画、绣、裁等30多道纯手工工序、花费数月乃至一年时间精制而成，被认定为国家级非物质文化遗产代表性项目。近年来，专门制作瑶族服饰的人越来越少，有失传的可能。黎凤珍扛起了白裤瑶服饰文化传承发展的旗帜。她8岁起跟着祖母黎秀珍、母亲李秀群学习白裤瑶服饰制作技艺，精通瑶族服饰所有的工序，尤其擅长浸染、刺绣等技艺，被认定为国家级非物质文化遗产代表性项目瑶族服饰自治区级代表性传承人。她坚持制作最纯正、最地道的白裤瑶服饰，不仅引导丈夫、女儿、女婿等全家人制作，还发动数百名白裤瑶群众参与，手把手教，实打实带，让白裤瑶服饰得以较好的传承。同时，她还多次带队到全国各地进行民族文化交流，大力宣传弘扬少数民族文化。2017年，她被评为国家级非物质文化遗产代表性项目"瑶族服饰"生产性保护示范户。

在当地党委、政府的帮助下，她在八圩瑶族乡老家创办了南丹县瑶寨原生态蓝靛蜡染坊，并将业务拓展到里湖瑶族乡，创办了南丹县朵努手绣坊，大力发展白裤瑶族服饰的制作、租赁、销售、展览等业务。目前，两个坊年营业收入达200万元以上，走上了白裤瑶服饰规模化、市场化的创业发展之路。2018年，黎凤珍荣获天津荣程集团一带一路"创造之星奖"。

先富起来的黎凤珍，始终心系身边的贫困群众，想方设法带领她们通过民族工艺居家就业、增加收入、脱贫致富。她带动八圩瑶族乡瑶寨易地扶贫搬迁安置点（团结社区）及周边村屯54名瑶族妇女（其中建档立卡贫困妇女34名）发展民族服饰制作。2018年，黎凤珍的南丹县瑶寨原生态蓝靛蜡染坊被认定为南丹县首家"扶贫车间"，她荣获2018年度"南丹县脱贫攻坚产业引领奖"。她带动里湖瑶族乡王尚易地扶贫搬迁安置点（朵努社区）100名贫困户妇女制作瑶族服饰。2019年，她创办的南丹县朵努手绣坊也被认定为"扶贫车间"。2020年获自治区妇联授牌为"金绣球"居家灵活就业示范基地。

广西 莫丽珍

壮族,广西壮族自治区百色市田阳区田州镇隆平村人,创办了田阳县快乐种植家庭农场

莫丽珍,土生土长的壮家妹,下嫁广东多年与丈夫在广东从事果园管理工作,其间发现砂糖橘不但好吃而且经济效益高,想把其引回家乡发展。

经过夫妻商量,2007年莫丽珍返乡创业,开始种植砂糖橘。莫丽珍在田阳县头塘镇百里村承包85亩地,种植砂糖橘,经过三年艰苦的管护历程,2010年砂糖橘终于挂上累累的果实,"群姐砂糖橘"成了田阳特色的水果品牌!2012年莫丽珍注册了田阳县群姐砂糖橘专业合作社,鼓励周边23户贫困户加入合作社。2014年,莫丽珍在田阳南部山区承包506亩山地种植柑橘,吸纳贫困户加入,特别是带领贫困妇女就业。莫丽珍响应自治区妇联"产业到家,牵手妈妈,巾帼脱贫"工程,为基地周边20户建档立卡妇女提供就业岗位,目前合作社有683户社员,种植面积6 370亩,亩产3 000多元,合作社的工作成了广大妇女的甜蜜事业。

她2014年成立了田阳县快乐种植家庭农场,农场前身系田阳群姐砂糖橘专业合作社,目前合作社员共有693户,社员种柑橘总面积已经超过了6 000亩,年产值3 000万元以上,仅种植柑橘这一项,社员人均年收入增加了1.6万元以上,有效地带动和辐射当地农户脱贫致富。身为共产党员的莫丽珍还向社员推广优质柑橘生产管理标准和经验,截至目前,她在基地开展柑橘种植和管理技术知识培训500余期,参加技术培训的人数达3万多人;辐射带动了种植柑橘超过5万亩;基地为周边村屯85人提供了工作岗位,让20户建档立卡贫困户妇女在家门口实现了就业。

2017年以来,在各级党委、政府的关心关怀下,在田阳区东西部对口协作办、田阳区人力资源和社会保障局等相关部门的大力支持下,田阳快乐农场通过与深圳市南山区开展对口协作,除与南山区龙头企业鑫辉餐饮等达成优质柑橘供应协议外,同时还获得帮扶资金近20万元,这些资金全都被用于农场的基础设施建设与完善中。

莫丽珍于2016年当选自治区第十三届妇女执行委员会委员、田阳县妇联执委会委员;2017年荣获"老区脱贫巾帼标兵";2019年荣获百色市2018年度"种果大王"称号、百色市女能人协会副会长、百色三八红旗手、百色市党员创业带富标兵等荣誉称号。莫丽珍的柑橘基地2017年荣获"全国巾帼脱贫示范基地"、自治区"巾帼文明岗"田阳县科技局柑橘新品种新技术示范基地百色女能人副会长单位、田阳县人大代表学习培训基地、田阳县妇女之家、广西示范家庭农场;2018年荣获乡级"现代农业示范园";2018年3月被认定为"就业扶贫车间";2019年获得"百色示范合作社"。

陈炳辉

广西壮族自治区桂平市社步镇福新村人，现就职于钦州市利成世工艺创意工作室

陈炳辉，1988年出生，国家陶瓷装饰技师，广西工艺美术协会会员，钦州市坭兴陶行业协会会员，钦州市工艺美术大师。他师从中国工艺美术大师利成世，擅长工艺设计和装饰雕刻。陈炳辉，于2011年在广西职业技术学院产品造型设计专业毕业，于2016年度文化部、教育部中国非物质文化遗产传承人群研修研习培训计划——广西制陶技艺传承人群培训班结业，于2020年成人本科毕业于北部湾大学。

2015年年初，他在利成世工作室参与组织100多名院校毕业生成立新文艺群体——红日100陶艺原创集市，引导高校师生参与坭兴陶创作，推动了地方文化产业发展。2018年至今，他在坭兴陶产业人才小高地师带徒传承项目中带徒授艺，为传承传统文化做出卓越贡献。他还积极参与行业组织的各项活动，并在全国各级比赛中多次获奖，在行业中起到了引领的作用。

他的作品《安居乐业》获2012"百花杯"中国工艺美术精品奖银奖；《双桂联芳》获2014"百花杯"中国工艺美术精品奖优秀奖；《四方同兴鼎》荣获2015年"百年金奖"坭兴陶精品展金奖；《汉风古陶》荣获2015年第八届"中陶奖"中国陶瓷产品设计大赛"三环杯"铜奖；《和鸣》获2016年广西工艺美术作品展"八桂天工奖"金奖；《初心》获2016年广西工艺美术大师精品创作工程银奖；《砥·柱》获2017"百花杯"中国工艺美术精品奖铜奖；2017年经钦州市首届陶瓷艺术大师评审工作领导小组批准授予他"钦州市陶瓷艺术大师"荣誉称号；《莲子禅心》获2018年"金凤凰"创新产品设计大奖赛铜奖；《丝路印象》获2018年中国（喀左）龙源杯全国紫陶技艺大赛装饰技艺组铜奖；2018年中国技能大赛—第四届全国陶瓷职业技能竞赛广西预赛区选拔赛中荣获陶瓷装饰工三等奖；2018年1月，在钦州市千年古陶城步行街利成世工作室参与开展爱心义卖活动，资助北部湾职业技术学校两名学生完成学业；《引领》获2019年广西工艺美术作品展"八桂天工奖"银奖；《汉风古陶盘》入选2019年第二届中国四大名陶展；《长乐书画筒》入选2019年第二届钦州坭兴陶文化艺术节—坭兴陶青年陶艺家十年优秀作品回顾展；2019年荣获钦州市第五届农民工技能大赛坭兴陶雕刻决赛一等奖；2020年2月，在钦州市红十字会发起的疫情防控捐款活动中积极参与捐款；《汉风古韵》获2020年广西工艺美术作品展"八桂天工奖"铜奖；《鼓韵乡情》入选2020年第三届中国四大名陶展；2020年经钦州市工艺美术大师评审工作领导小组批准授予"钦州市工艺美术大师"荣誉称号；2020年荣获首届中国四大名陶（4＋N）陶瓷技艺大赛陶瓷装饰组金奖。

冯升晖

广西壮族自治区北流市山围镇塘头村人，成立了北流市西山果蔬种植专业合作社

冯升晖，中共党员，北流市西山果蔬种植专业合作社党支部书记、广西北流市熠熠升晖生态农业科技有限公司总经理，广西创业型科技特派员，北流市贫困村科技特派员。他2018年9月荣获广西壮族自治区农业厅举办的第二届广西农村创业创新项目创意大赛总决赛三等奖，2019年5月获得广西壮族北流市科协"北流市优秀科普工作者"称号，2019年9月获得广西壮族自治区组织部"全区脱贫攻坚好党员"称号，2019年9月荣获广西壮族自治区共青团广西青年创业创新大赛总决赛三等奖，2019年11月荣获广西壮族自治区人社厅首届广西农民工创业大赛决赛三等奖，2019年12月荣获第十一届中国城市化国际峰会"2019中国城市化优秀农民工代表"称号，2020年6月荣获广西壮族自治区党委"广西劳动模范"称号，2020年6月广西壮族自治区农业农村厅全国十佳农民候选人，2020年7月荣获玉林市人力资源和社会保障局玉林市创业创新大赛总决赛二等奖。

冯升晖，2006年电子商务专业中专毕业后到广东的一家中国石油公司实习了一年，2007年到一家水泥厂上班三年，2010年在云南西双版纳从事香蕉种植工作，2015年年初回乡创业。他在创业初期种过蔬菜、香葱和水稻，因缺乏经验都以失败而告终，2016年年初投资200多万元，在北流市山围镇塘头村租下200亩地种植台湾珍珠番石榴。2016年1月成立了北流市西山果蔬种植专业合作社，社员从最初的8人增加到现在的50人（其中贫困户12人）。合作社主要从事番石榴种植、种苗培育、线上线下销售、技术指导等业务，通过订单销售和天猫店、淘宝店、微店等电商平台拓宽产品销路，把农产品销售到全国各地。加入合作社从事果蔬种植的村民（贫困户）在经济收入上有了很大提高，生活质量有了明显改善。目前，塘头村共有50多户农户（占全村总户数的30%）参与番石榴种植，种植面积3 000多亩。

冯升晖2016年11月参加了广西大学农学院现代青年农场主培训班，2017年6月、9月赴武汉、广州参加广西现代青年农场主创新研修班培训，2017年9月参加中组部、农业农村部农村实用人才带头人（红岩村）培训班，2018年参加华南农业大学、四川大学、上海交通大学致富带头人培训班，2019年6月参加四川省委党校培训班。经过培训，他的综合素质和生产经营管理水平得到了提高，并将所学知识和技术用于实践，指导种植户。近几年来合作社获得了"北流市番石榴特色扶贫产业示范基地""广西现代特色农业乡级示范园""玉林市级星创天地""玉林市级示范社""广西新型职业农民培育示范基地"等称号。

蒋钟书

广西壮族自治区北流市山围镇塘头村人,现就职于广西全州县石塘镇朝南村委腊梅口村

蒋钟书,技校毕业后成了中国石油天然气第六建设有限公司一名电焊工,2018年获得公司技能大赛电焊第一名,2020年参加广西第六届农民工技能大赛荣获电焊工一等奖。

他进入公司后,肯请教、悟性好、上手快,很快就成长为一名技术过硬的焊工。但他不满足于当一名普通的焊工,不断学习,提高技能。2013年,他自愿前往江苏南通焊接LNG天然气储罐,经过刻苦练习,基本掌握了这种焊条的特性、运条方法和技巧,在现场认证考试中一次过关。但是在实际操作中,他碰了钉子,这种-180℃左右低温储罐的特殊性,钢材和焊条用的都是进口的9% Ni钢,而镍9焊条含镍量高,铁水稀,不好控制,经过师傅指导,他连续加班加点两周,不断地操作练习,焊接时打底背面成型难看、高低不均匀、盖面成型差、不平整、两条融合线有很多地方咬边等难题,一一被他克服,圆满完成了新技术的挑战。

2015年,公司接到银川大化肥厂项目焊接合金钢P91管线任务。这种材质工艺要求高,焊接难度高,管壁厚度达到了40毫米,打底焊时由于材料的特殊性需要往管内焊缝位置冲氩气来保证焊接质量,焊接前要把焊缝加热到200~250℃才能焊接,温度过高或过低都可能引起裂纹,同一焊口要求连续施焊,中途不能停下来。这项任务,连老师傅也没有十足的把握,蒋钟书也是第一次接触这种焊接劳动强度大、难度高的材质。虽然他做好了心理准备,但焊接部位拍片检查第一道焊口就出现了打底层缺陷问题。此后,重复尝试的失败让他备受打击。意识到必须创新工作方法,他开始静下心,加班加点地查看探伤底片,回溯操作过程,请教工程师、老师傅,上网查阅资料,绘制焊接图纸,调整技术操作流程,抓住细节进行低焊处理技术创新,解决了封口保护气压过高的问题,出色地完成了任务。

2017年,别人在欢度春节的时候,他的班组已在一个星期内保质保量地完成了广西石化厂大检修任务。其中难度最高的TP347H合金钢大制氢炉老旧集合管线维修中,他们攻克容易出现裂纹、高铬镍材质硬度高、55毫米的管壁厚、24小时全天候操作等作业难题,班组成员不怕苦、不怕累、连续作战,让石化厂避免了每天因停工造成几百万的损失。2020年疫情期间,蒋钟书参加建设唐山LNG接收站应急调峰保障工程,负责焊接接收站里面新增BOG压缩机黄金口的8寸不锈钢管道,时间紧,焊接难度大、危险系数高、作业环境复杂,而且作业面狭小,必须躺在地面上可断仰焊才能勉强施工,经过25个小时的鏖战,蒋钟书班组成功完成新增BOG压缩机管道接入的动火连头作业。

广西 秦娇妹

壮族,广西壮族自治区贵港市覃塘区三里镇大零村人,现就职于贵港市覃塘区三里镇君富养猪场

秦娇妹,1973年2月出生,高中文化。2010年猪场投产,担任管理员的秦娇妹购买了许多养猪书籍,并且网上查资料,刻苦学习科学养猪技能,研究猪场管理,做到理论和实践相结合,同时她还积极参加上级业务部门举办的各种学习班,到其他猪场学习,使得自己的养殖技术和管理水平有了不断的提升。通过刻苦学习、钻研、实践,不断加强对难点问题的研究,她从生猪养殖到生猪良种选配再到仔苗繁育,从饲料配比加工到疫病治疗、防疫等都能自行处理。

她依靠科学,规范猪场管理。她制定并完善了一系列规章制度,为提高饲养管理水平,定期举办饲养管理培训班,对饲养管理人员进行业务培训,提高饲养人员的业务素质,增强了他们对无公害标准化生猪生产的业务水平和操作技能。她实行档案管理,将生产计划、入栏、出栏、防疫、消毒、配料、休药期等一系列饲养管理情况实行档案跟踪,随时掌握每圈舍的情况,以便于科学管理,科学决策。她科学规范地对生产母猪进行免疫,减少了生猪疫病的发生,并且还做好疫病监测及防治,为保证生猪质量,防止疫病发生,随时采集存栏猪的血样进行化验,对发现有疫病的猪查明原因果断处理。她加大无公害生产技术的推广和应用,加强了饲料、饮用水及猪场环境的监测密度,发现问题及时纠正,同时严格禁止违禁药品和饲料添加剂的使用,加快生猪标准化生产的进程。同时,她还加强与上级畜牧相关部门养猪协会的联系,沟通信息,及时了解国内外疫病的流行趋势、防治方法及饲料、生猪价格信息,提高猪场抵御市场风险的能力。

她开展"猪场+基地+农户"养猪模式推动猪场发展。在她的带领下,猪场实现年提供农户优质良种母猪1 400多头,仔猪2 000多头,带动800多户农户,户均增收8 500多元。同时她还会同技术员亲自到农户家指导科学养猪技术,在防疫、保健、治疗方面做到上门服务,并把农户请到猪场进行参观和现场传授技术。

秦娇妹在做好猪场工作的同时,为更好地发展附近农民养猪,深入到农户家中去,组织妇女宣传养猪致富门路,做到种养同步发展,同他们讲政策、讲养猪技术,实行"猪场+基地+农户"的发展思路。她优先供应当地农民种猪及仔猪,使农民养猪有了经济收入。种田有猪粪,减少了商品肥料的投放,做到综合利用,既有经济效益又有社会效益。在她的努力下,共引导了300多名妇女投入养猪,还有部分妇女纷纷要求供应种猪养殖,不用到外地打工,因为在家里发展养猪比外出打工收入高。

蓝振发

壮族，广西壮族自治区忻城县城关镇猫洞村猫洞屯人，现就职于柳州市五科机械制造有限公司

蓝振发，1987年出生，2011年毕业于广西机电技师学院模具制造专业，毕业后便进入柳州五菱汽车工业有限公司，成了国家级技能大师郑志明的徒弟，从事智能制造装备加工制作及安装调试工作。

2012—2015年，蓝振发在师傅的带领下，以提高设备的综合利用率为目标，积极探索加强设备的管理新思路，为设备高效运行提供了有力保障。2012年参与CN180副车架新产品开发项目，项目6套设备和工装直接为公司节省设备采购成本300万元。

2015年后，他来到柳州市五科机械制造有限公司从事工装夹具及智能制造装备加工制作及安装调试等工作。他平时工作细心负责、效率高，善于发现问题并且能够及时作出解决方案，又熟悉掌握整台设备每个零件的加工工艺流程，不到一年就成为自动化装备生产组的带头人。2018年交付使用工装设备56台套，工模产值达到430万元。

他所带领的团队出色完成了多个项目，为企业提高效能、降低成本保驾护航。2015年设计CN100-B15后桥10颗螺栓及半轴油封压装专机项目，该设备取代了人工压装和实现油封反装，提高了生产效率；2016年主导N300后桥壳四环焊接专机制作项目，该设备一次可以同时完成4道环焊缝的焊接，生产效率极高；2016年主导N300后桥壳纵缝焊专机项目，减少焊接质量对焊工水平的依赖；2017年主导CN100排气管法兰和OBD螺母环焊专机项目，CN100排气管法兰和OBD螺母同时自动焊接，提高产品质量，降低对操作工水平的依赖程度，减轻劳动强度；2018年主导U形板簧螺栓八轴自动拧紧机项目，该设备上线实现自动化装配和扭力自动检测；2018年主导CN120S-后桥半轴螺栓及轴承压装专机项目等。

他在业余时间还进修了机械工程及自动化专业本科学历，不断地在各项任务和竞赛中提高自身的业务技能，并在多次竞赛中取得了较好的成绩。他2012年荣获"柳州市技术能手"荣誉称号、在柳州市职工职业技能大赛中获钳工第一名；在第八届"振兴杯"全国青年职业技能大赛选拔赛暨第十八届柳州市青年状元技术大赛中获"工具钳工状元"称号；在第九届"振兴杯"全国青年职业技能大赛选拔赛暨第十九届柳州市青年状元技术大赛中获"设备安装工状元"称号；获2012—2013年度"广西青年岗位能手"荣誉称号；多次在各级农民工技能大赛、职工职业技能大赛中获得钳工第一名的好成绩；2018年7月获"广西技术能手"荣誉称号；2020年获得"广西五一劳动奖章"。

广西

庞书翠

广西壮族自治区合浦县山口镇山北村委会新城村人，现就职于北海诚德金属压延有限公司固溶分厂

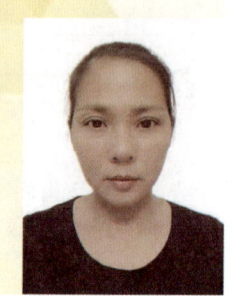

庞书翠，2013年到北海诚德金属压延公司参加工作，作为行车班长至今已在公司固溶分厂工作7年。

2013年，她进入公司时，没有相关的工作经验，也没有高学历，连行车是什么都不懂，但凭着不恐高的优势和充满干劲的精神，她成了行车学徒。经过培训，她参加了考试，并一举拿下了这一特种岗位的作业证书。几个月后，她所在班级的班长离职并真诚地向领导推荐由她接任岗位。

为了提高行车操作技能，她经常晚上到厂里观摩、学习到半夜；为了提高班级管理水平，她虚心向领导、前辈们请教和学习，她受过委屈，挨过批评，也获得过表扬，由此锻炼了她过硬的技能和心理素质。

她带领的班组，从班长到班员均能时刻关注设备运行状态，并在第一时间规范地处置异常，减少故障损失；能通过定时协调交流会，提出存在的问题和可整改提高的环节。通过全面的安全培训和班员的积极参与，保证了她所在的班组在2018年度中未发生安全事故、未发生设备生产事故、未发生安全环保事故，因此该班组被北部湾港务集团评为"2018年度先进班组"。

2020年，公司鼓励员工参加农民工技能比赛，凭着过硬的技术和沉着冷静的心理素质，她在初赛中进入了前三名，并且一路过关斩将闯入决赛，最终拿下了广西第六届农民工技能大赛起重装卸机械操作工项目第二名的荣誉。

她不仅帮助班组成员提升工作技能，还常给大家做心理疏导工作。她所在的分厂行车班组女员工人数占比为93.3%，行车工又是特种岗位，对心理、生理要求高。她时常关注班组成员的情绪，及时和大家沟通问题，避免带情绪上岗作业，确保工作的安全。

她带领的行车班组能认真负责地完成各项生产指标，并配合相关单位完成检修、物资吊运等任务；积极参加公司安全消防演习、分厂安全呼吸器穿戴比赛及其他安全培训，全面提高员工安全意识和技能；积极学习落实公司降本增效"48字方针"，并全员参与"5S"综合整治活动。她还积极配合领导开展各项管理工作，使得行车班组甲乙丙三个班团结合作，共同进步。而她本人，无论是在生产工作方面、安全保障方面、指令执行方面还是在班组团结上进方面，都表现优异，成绩突出。2019年，她获得了广西北部湾新材料有限公司"2019年度'三八红旗手'"荣誉称号。

吴绍林

苗族，广西壮族自治区融水县杆洞乡杆洞村人，创立了广西融水县灵睿生态农业有限公司

2016年，在浙江省电商企业务工多年的吴绍林，辞掉城市的高薪工作，回到苗山创业。他以当地名产之一的辣椒入手，办起了"杆洞高山辣椒加工坊"，运用独特的烘烤加工技术，生产"苗乡辣味"系列辣椒产品，并建立微信平台，通过电商销售。吴绍林聚集一批有想法、有能力的返乡创业青年，成立了杆洞乡青年创业协会（目前会员单位37家）、农产品种植合作社和营销团队，同时创立"呀呀呜"农产品电商品牌。在吴绍林的努力下，杆洞乡苗山农产品卖到了北京、上海、深圳、黑龙江、香港、中国台湾等地，还远销俄罗斯等国家和地区。

2016年9月，吴绍林创立融水县生态农业青年创业协会（目前会员单位121家），通过协会整合全县域扶贫农产品资源。2017年11月，他创立融水县电子商务协会，组织融水县电商精英成立融水县农产品电商中心，以创业协会为基地，汇集全县优秀农产品企业，整合农产品资源；创建的电商中心汇集了优秀的电商人才，组建了融水县最年轻、最有战斗力的电商营销团队。2018年4月，吴绍林荣获2018年柳州市十大农村电商创业带头人称号。2019年，吴绍林带领"呀呀呜"电商运营团队成功销售融水县扶贫农产品3 000多万元，带动融水县2 000多户贫困户增收脱贫。

2020年9月，吴绍林被评为中国农村电商致富带头人，吴绍林创立的广西融水县灵睿生态农业有限公司被评为广西扶贫龙头企业。他携手电商青年共建融水电商运营团队，联合融水县优秀电商企业，成立融水县农产品电商中心，带领有志创业青年先后成立融水县农产品电商中心创业孵化基地、杆洞乡农产品电商中心创业孵化基地、同练乡农产品电商中心创业孵化基地，打造县域农产品电商运营平台，整合大苗山农产品资源，和大苗山创业青年一起成长，孵化出了"杆洞妹""同练瑶乡""九万黑美人""尧告源"等优质农产品品牌。仅用了四年的时间，吴绍林的电商运营团队从一个人的单打独斗，成长为拥有28个大学生组成的电商运营团队，打造了完善的融水县扶贫特色农产品电商上行产业链，签约了113个合作社基地，建设完成了三个农产品电商服务中心、三个大型农产品加工厂和三个农村电商创业孵化基地，带动了120位农村创业者的共同发展，创造了537个就业岗位，为2 037户贫困户带来增收。

广西 谢珺

广西壮族自治区昭平县凤凰乡营盘村人,成立了广西昭平县润土农业科技有限公司

谢珺,是一位从农村出来的退役军人,1998年至2008年在武警水电第一总队服役,荣获优秀士兵称号3次,三等功1次。2008年复员后他到贺州饲料市场做业务员,到莲塘养殖场学习养殖技术,一年后到昭平县种养基地边打工边学习种养立体化技术。

通过两年的打工经历,谢珺学会了一定的种养技术,2010年与人合伙在昭平县走马镇福行村租赁400多亩山林,经营养殖场。从租赁土地,到建设厂房,再到掌握种养技术,进而经营管理,每一步都稳扎稳打。2010年至2015年,累计出栏肉猪3万头、肉鸡6万羽,年产值从30万元到500多万元。

2016年3月,他成立了广西昭平县润土农业科技有限公司。2017年3月,他投资500多万元,在营盘村建起一座13 000多平方米、年产值10 000吨的有机肥厂,给当地村民及贫困户提供了90多个就业岗位。他又租赁土地600多亩发展百香果种植,受益贫困群众36户,增收100多万元。企业经过四年的发展,成为贺州最大规模集"食用菌废弃物和畜禽粪污—有机肥生产—水果、蔬菜使用"于一体的环保现代化立体生态循环新兴企业。

2017年,他在黄姚北莱村租赁200多亩旱地打造百香果种植基地。2018年他在凤凰乡建立3个30多亩百香果基地,2019年,他又建立13个百香果大棚,走出一条观光农业的新路子。他实施"产业到家,牵手妈妈"工程,为留守妇女创业搭建服务平台,创立了自治区、市、县三级巾帼科技示范基地和市、县两级科技特派员示范基地。

他的公司招收了7名退役军人,引导37名退役军人通过种养致富,带动75名退役军人创业就业,帮助6名退役军人创办企业,所创企业包装组2020年8月获得贺州市"工人先锋号"称号。

2017年,公司成立党支部,他担任党支部书记,带头抓非公党建,组建企业工会,增强凝聚力。他奉献爱心,回馈社会,捐资助学、修建村篮球场、乡村路、乡村变压器等累计达38万元,2019年11月,企业获评昭平县乡土人才创业带富示范基地,企业党支部2020年分别获评市、县两新组织示范党支部。

2018年7月,他被自治区民政厅、广西军区政治工作局授予"自治区退役士兵创业模范"称号;2019年7月,获评"全国模范退役军人"称号;2019年11月,获评昭平县领军型人才;2020年8月他在全国首届退役军人创业创新大赛获得贺州初赛三等奖、自治区复赛优秀奖;2020年7月,获得昭平县2018—2019年度"优秀共产党员"称号;2020年9月,获得昭平县党课开讲比赛二等奖。

李春燕

广西壮族自治区博白县凤山镇峨嵋村人，现就职于广西广投干制农业科技有限公司

李春燕，中共党员，2007年，她入伍参军，在部队服役8年，2015年12月退伍。李春燕退役后回到地方，经过市场调查，她决心要打造一个属于博白人自己的桂圆品牌，李春燕与合伙人创办了"客家桂圆"品牌，以新理念、新技术、新工艺、新标准，开启了客家桂圆的创业之路。

由于当地没有标准化的桂圆生产企业作为参照，于是，李春燕组织成立博白县桂圆产业协会，以"公司+基地+农户"的模式发展桂圆产业链，并成功申报了"博白桂圆"地理标志保护产品商标。她制定行业高标准，研发出的"模拟自然干燥技术"符合国家DBS 45/008产品标准与食品卫生标准，已通过ISO 9001国际质量管理体系认证。在她和同事的共同努力下，"客家桂圆"在2017年6月获得了玉林市重点龙头企业称号，在同年8月"党旗领航、电商扶贫我为家乡代言"大赛中获得了博白县最佳代言产品，而她，也获得了博白县"最佳代言人"，2018年1月她又获得了"广西十佳代言人"。李春燕在商界努力打拼，但时刻没有忘记自己是一名退役军人，是一名共产党员。2017年当她看到村里的农户正在为辛苦加工出来的桂圆没有销路发愁的时候，她为了帮助农户，与农户签订购销合同，按照她的标准来加工，并高于市场价格回购，以分摊利润的方式增加农户收入。2017年她共吸收36名贫困户加入公司工作，助力家乡脱贫攻坚事业。2018年她为贫困户线上线下教学培训电商知识；2019年她又公开教学讲座，为基层一线创业者提供了很好的创业指导，2019年也获得了"百年五四·广西青年榜样"奖章。目前他们公司辐射带动了56个村加工桂圆肉，扶持带动贫困户123户。而她也因此获得了"全国向上向善好青年"称号。

在2020年的新冠肺炎疫情中，李春燕无私奉献，充分发挥党员的先锋模范作用，并动员公司全体职工参与其中，同时还自发组织全县退役老兵进行募捐活动，共筹集慰问物资和现金6万余元。在开学之际，李春燕再次自发组织发起募捐，为博白县三中和凤山镇三中捐赠了价值近3万元的口罩、消毒水、洗手液等物资，用爱心传递着正能量。

李春燕还有深厚的为民情怀，新冠肺炎疫情发生后，她带领团队立即成立了青年电商团队应急小分队，加入了助农战役，为贫困户、困难果农提供了沃柑帮销公益活动，帮果农销售了近20万元的沃柑，为他们解决了滞销的燃眉之急。

广西

刘存权

广西壮族自治区合浦县山口镇山北村委会新城村人，现就职于广西新电力投资集团上思供电有限公司

刘存权，1989年6月出生，工程师，2010年进入公司，先后担任变电检修班检修员、变电工区副主任、变电工区主任职务。荣获2011—2015年度自治区直属企业"优秀共产党员"、2015年度广西农村投资集团有限公司"优秀共产党员"称号，多次被公司评为优秀员工和先进个人。

作为一名青年岗位技术能手，他认识到光有吃苦精神和十足干劲远远不够，还要具备干好工作的过硬本领，要向实践学习，向他人学习，走知识与实践相结合的道路。刘存权先后自学了电脑操作、变电站监控后台系统编辑、变电站五防系统编辑、10 kV智能电网系统编辑、CAD制图、微机装置程序修改、广西水利电业集团配电网工程概预算软件和博微电力工程造价软件等专业知识，还报考了本科班。

刘存权在维修设备的过程中，始终把"节约"放在第一位，做到"修旧利废""节材降耗"，为公司节约了数万元资金。

刘存权完善检修管理制度，根据年度检修试验计划，做好月、周检修计划，有检修必做好检修记录，并做好隐患闭环管理台账，提高计划性工作减少停电操作；提高检修质量及技术工艺标准要求，做到有修必修、有隐患必整改，杜绝重复检修，提高供电可靠性。

除了维护和修理设备，刘存权还对电网运行和新技术进行攻关。2012年上思电网运行较为薄弱，一个小隐患都需要大面积停电，停送电操作复杂，需要3个小时左右才能完成。刘存权查找各种资料、综合分析当前电网运行的情况，对各种数据精确计算，得出最终的县城周边3个重要变电站10 kV线路"手拉手环网供电"方案。2014年他对备用电源自动投入新技术感兴趣，就对上思电网综合分析，做出最优化的设计方案，经过几个月的艰苦奋斗，顺利完成4座变电站35 kV进线备自投装置的安装和调试。他经过精准地计算整定值，于2015年初正式投入运行，之后，每次线路故障都能成功动作自动投入备用电源，成功率100%，挽回大面积停电引起的经济损失60多万元。

他担负着全县13座变电站的运行、操作、日常维护、抢修、电气设备试验任务，工作量大，危险系数高，但他始终坚持"以人为本"的管理思想，重点抓好劳动纪律和安全生产。在他的工作中，从没有出现一次安全事故，并且由于纪律严明，他带领的队伍连年被单位评为"优秀班组"。

对刚走上工作岗位的徒弟，刘存权除了将自己掌握的专业技术毫无保留地传授给他们，还通过自己的切身经历来告诉他们一些为人处世之道，让他们学会找准自己的人生定位。

陈琪

广西壮族自治区兴安县榕江镇茶源村委会留连塘村人,现就职于广西桂林市荔浦市银子岩旅游景区有限公司

陈琪,出生成长在大山里,因为家境贫寒,她选择了中职学校,希望早日就业,为家庭减轻负担,在校期间一直担任班长,多次代表学校参加自治区组织的中餐宴会摆台比赛并获得一等奖,还获得了自治区人民政府奖学金。她毕业后进入旅游服务行业,多次被评为优秀员工、先进工作者,在2020年桂林市第六届农民工技能大赛中获得餐厅服务一等奖,并代表桂林市参加广西第六届农民工技能大赛决赛,荣获餐厅服务三等奖。

毕业后她在荔浦银子岩景区担任讲解员,初出茅庐的她经常利用休息时间到景区跟团学习,并向资深的前辈请教,不懂的就用笔记本记下来,回家后查阅资料、整理归类、反复练习。服务是一门艺术,更是一门技能,要当一名好的旅游服务从业者,有为游客服务的热情是必须的,但更重要的是要掌握过硬的业务技能和丰富的专业知识。为了不断提高自己的业务水平,更好地服务于每一位游客,陈琪注意在日常工作中细心观察,努力吸取和借鉴同事的先进经验,尤其是对一些业务难题,更是用心揣摩,尽可能让游客满意。她努力学习熟悉导游知识、业务技能、游客心理,并把它们融入实际工作中去,提高服务水平。工作中,她兢兢业业、勤勤恳恳、服务热情,多次获得游客及同事的称赞和表扬,一年后就被评为一级讲解员,第二年被评为公司优秀员工。

2017年金秋,在送游客返程中,她接到公司电话,声称另外一个团队导游接机时漏接了两位来自四川的游客,让她代为接待。当时她和司机已经快到市区了,且当时接近晚上十一点了。虽然连续早出晚归好几天接团,但她立即掉头返回机场。接到游客就面临游客各种抱怨与投诉,虽说这不是她团队的客人,但是她没有一点推诿,特别看到对方是两位两鬓斑白的老人,她嘘寒问暖,给予亲人般的关怀和问候,由于桂林话与四川话口音相似,于是她一路上都用桂林本地方言和客人交流,陪他们聊家常、介绍桂林的民俗风情、美景佳肴,让两老倍感亲切。之后两位老人称呼她为幺儿,她也叫两位老人阿公阿婆。到了酒店已经是凌晨,她让司机先回家,自己帮游客办理入住手续并帮他们把行李拿到房间,看着游客安心满意地进入房间后才放心离开。

广西

秦青

广西壮族自治区灵川县灵田镇力水村委山西村人，现就职于桂林市金大职业培训学校

秦青，桂林市金大职业培训学校花艺教师，资深婚礼花艺师。作为一名花艺技人，秦青积极进取，不断钻研，把理论知识运用到实践工作中，积累了丰富的工作经验和操作技能，在插花艺术上取得了较好的成就，在2020年广西第六届农民工技能大赛花艺师决赛中荣获冠军。

2006年，秦青进入花艺行业。花艺是女性占优势的工作，很多人好奇他为什么要选择这个行业，质疑他的职业前景，但他依然坚定自己的选择。相对于女生，男生在手工制作和色彩搭配上存在短板，但勤能补拙，他大量搜集资料，不断地研究大师的作品，慢慢地培养出自己和谐的色彩搭配感，并通过不断精心雕琢自己的作品来磨炼自己，慢慢地细微的手工活儿也做得越来越得心应手。

2008年，秦青进入婚嫁花艺行业，通过不断深入学习，打磨自己对婚礼花艺的认知，结合婚礼花艺的特性和执行方式，探索出了自己的独特风格。2012年他担任了嘉禾城百万级别的户外鲜花婚礼的花艺总监，首次挑战高空吊顶花艺以及首次用于婚礼的全息投影技术。为保护团队的安全，在很多危险的细节执行中他都是自己亲自上阵，其间也遇到了各种困难，他通过自己积累起来的花艺知识、专业素养、实践经验，经过三天三夜的通宵工作，终于圆满完成了这场大制作、大规模的花艺执行，并且得到了主办方的高度好评，也让他积累起高端宴会花艺执行的经验，在业内打响了自己的名号。为了更好地提升自己，他到湖南长沙承担2013年防城港32对总价值35万的户外集体婚礼花艺制作，成功地挑战了当时亚洲地区手工量最大的婚礼花艺项目。2018年他到成都参加卓越婚礼盛典花艺分享活动，2020年参加中国婚礼行业高峰论坛，通过交流学习，不断探索锤炼，结合桂林山水风景和人文气质，形成了其清秀淡雅的花艺风格。

秦青除了注重自身综合素质的提升，更乐于与人分享自己的业务专长，他利用工作之余，兼职担任培训学校花艺教师，毫无保留地把自己多年来的插花经验和个人收藏的插花资料图片传授给学员，并深入了解每位学员的性格和特点，因人施教。近两年来，他为3 000多名学员传授了家庭花艺课程，使花艺生活化、实用化，同时培养了大量的花艺专业人才。

曾强

广西壮族自治区合浦县白沙镇龙江村委瓦铺村人，现就职于广西旭林建筑工程有限公司

曾强，2018年2月23日进入松旺至铁山港东岸高速公路项目工作，参与了场站建设等前期工作。2018年7月25日进入项目K8+500-K12+000及龙潭互通开展全面工作，刚开始从清表、修整主线纵向便道、逐步到软基换填，2019年起全面参与松铁公路项目路基填筑工作。因项目工期紧，任务重，对土方开挖的要求很苛刻，要在30天时间内完成正常3个月的活儿，这几乎是不可能完成的任务，但在以曾强为榜样的劳务队中，这块硬骨头被成功啃了下来。曾强无私奉献，当先锋、树榜样，每天工作至深夜，早上6点起床，一天仅睡5个小时，连续鏖战30多个日日夜夜，完成了项目土方工程任务，使项目快速步入下一阶段施工轨道。后续工作过程中遇到难题，曾强也总是第一个站出来贡献力量。在2年的项目建设过程中，每逢节假日，曾强都主动请缨继续奋斗在工地一线，以保证项目连续推进。曾强用自己的敬业精神深深地感染了大家，得到了工友们的一致肯定和赞扬。

作为一名施工员，他深感自己专业技能的欠缺和科学文化知识的重要性，于是在认真工作的同时不断提升自身素质。在松铁公路的建设中，他把多年学习积累的识图、施工、核算、管理等一套技术知识全部用到施工建设中。他首先抓住工程质量不放松，坚持按图纸要求，按工程规程办事。在施工中一丝不苟，严格把关，保证工程高质量，创建高质量的品质工程。

2020年年初，新冠肺炎疫情暴发。为了松铁公路项目尽快复工复产，曾强主动申请提前到岗参加项目建设，积极配合隔离和核酸检测，并在第一时间投入现场生产。工友们被他爱岗敬业的精神深深打动，也纷纷积极参与到复工复产中，为项目早日通车争取了宝贵的时间。

曾强还是超英爱心联盟的一名成员，在工作之余热衷于公益事业。他利用周末休息的时间和超英爱心联盟小分队一起参加爱心公益活动，"河道清洁，守护绿水青山"志愿服务、"战疫爱卫"五大清洁行动、协助交通管理助力创城等公益活动中，都有他的身影。

曾强积极帮助村里其他有困难的家庭，在2018年、2019年旱季施工大干时，项目需要大量的务工人员，他积极介绍项目的工作给村里的失业人员、闲散人员，并且耐心帮助他们适应项目工作和生活，既为项目补充了新鲜血液，又解决了困难家庭的就业问题。

广西 胡秀英

广西壮族自治区南宁市邕宁区中和乡那才村人,现就职于南宁市南方家政家庭服务有限公司

胡秀英是一名普通的家政服务员,从业 11 年来,在工作中坚持用爱心、耐心、细心、孝心对待雇主全家人,专心做好每一项服务工作,她用实干和担当赢得了雇主和公司的高度肯定,多次获得公司的先进个人、优秀员工、岗位能手等荣誉称号,2019 年荣获"全国最美家政人"称号。

胡秀英家是村里的建档立卡贫困户。她和丈夫在外谋生,最初在幼儿园做老师,因长期讲话多,常犯咽喉炎,不得不辞掉了这份工作。南宁市绿城南方职业培训学校到她所在的村里开办初级育婴师培训班,她报名参加了学习。在学习中,她除认真听课和做笔记外,课后还认真复习理论和技能操练,经过老师的精心培训和个人努力学习,顺利通过了国家初级育婴师考试,取得了国家职业资格证书。取得证书后,她去了广州,经过家政公司的推荐,顺利找到了工作。

胡秀英第一次进入雇主家工作时,总害怕做得不好,雇主不满意、不接纳。她坚持每天早起晚睡,积极主动工作,用爱心与平等对待雇主全家人;用微笑与热情和他们沟通交流;用视如己出的耐心和细心陪伴孩子;用认真负责和精益求精的工作态度做好服务。而在工作中遇到自己解决不了的问题或困惑时,她就电话请教老师或同行姐妹。就这样一边工作、一边提高业务水平,同时靠热情、勤快、主动的服务,很快得到雇主的接纳和认可。

胡秀英离开了第一位雇主家,又到下一家工作,派单老师明确告诉她这家有个将近 2 岁的女孩,但这家已经连续换了好几位阿姨了,因为家里有个很挑剔的全职宝妈。她除坚持以家政人应具备的工作态度和服务理念,认真做好每一项家务外,想方设法找机会和宝宝亲近沟通。她和宝宝玩玩具、做游戏、讲故事、唱歌,经过一周时间的磨合,宝宝乐意和她接近和说话了,也爱笑了。对于宝宝的变化,雇主很高兴,也逐步认可接纳了她。

胡秀英为了做到家庭和工作两不误,决定回南宁本地工作。为了提升自己的服务水平和能力,她又回到绿城南方职业培训学校提升学习高级育婴师,在掌握了技能后,她就专门从事母婴护理工作。

胡秀英经过多年家政服务的锻炼,熟练掌握了家政服务的各项技能,积累了较为丰富的经验,工资由原来每月 3 700 元,提升到了 10 000 元以上,不但改善了家庭的生活条件,家里也脱掉了贫困户的帽子。

杨燕珊

广西壮族自治区贵港市平南县大洲镇大洲村凤王头屯人，现就职于广西壮家女家庭服务有限公司

杨燕珊毕业于广西妇幼保健院附设卫校助产专业，时年 20 岁。2009 年 1 月，杨燕珊参加了广西"八桂月嫂"育婴师培训班学习，并顺利考取了中级育婴师职业资格证，随后杨燕珊便开始了育婴师的职业生涯。为了让专业知识更上一层楼，2009 年 10 月，杨燕珊报读了广西医科大学护理专业函授班，并于 2012 年取得了护理专业大专文凭。

扎实的护理知识、娴熟的护理技巧，以及良好的服务态度，让杨燕珊很快获得了客户的认可，赢得了客户的赞誉。有一次，她到客户家，宝宝在游泳池里哭闹得很厉害，走近一看，宝宝脸色苍白、口唇发紫，这是缺氧的表现，她马上抱起宝宝，脱下游泳圈，让宝宝头低位。过了好一会儿，宝宝的脸色才慢慢恢复过来。她发现造成宝宝缺氧的原因是宝妈给游泳圈打气打得太满，把宝宝的脖子卡得太紧，造成宝宝呼吸困难造成缺氧。杨燕珊趁机指导宝妈，游泳圈里合适的气量以 80%~90% 为宜。

2015 年，杨燕珊任广西壮家女家庭服务有限公司培训师。任职期间，她培养了一批又一批家政业务精英。2015—2018 年广西农民工家政技能大赛中，杨燕珊带出的徒弟分别获得一、二、三等奖的好成绩。

2016—2019 年，杨燕珊到贫困村开展养老护理、产后康复、早教等公益课培训，培训农村贫困农民工养老护理员 300 多人，产后康复 200 多人，早教 200 多人。她培训出来的贫困农民工有的由广西八桂女子就业服务中心推荐到广西江滨医院、广西工人医院、广西妇产医院、广西妇幼保健医院做陪护，有的被推荐到香港从事养老护理工作。

2020 年 8 月，全国扶贫职业技能大赛家政服务竞赛项目中，广西建档立卡贫困户邓海婷、覃雪积极报名参赛，杨燕珊作为训练总指导师，全程指导两人训练，最终两人分别获得广西第一名、第二名的好成绩，同时获得全国优胜奖。

杨燕珊，2010 年被南宁市总工会授予"南宁市五一劳动奖章"荣誉称号；2011 年参加全国家庭服务职业风采大赛获"优秀家庭服务员"奖；2012 年被广西壮族自治区总工会评为"广西五一巾帼标兵"，并被授予"广西五一劳动奖章"荣誉称号；同年 11 月获"全国五一巾帼标兵"称号；2013 年获"南宁市技术能手"和"广西技术能手"称号。

广西

陈荣香

广西壮族自治区北海市合浦县石康镇水车大队沙窝村人，现就职于北海市合浦县环境卫生管理站

陈荣香至今在合浦县环卫站工作已有17年有余，作为环卫一线工人，一直在一线从事清扫保洁工作。她爱岗敬业，勤恳无私，十七年如一日，在平凡的岗位上做出了不平凡的成绩。2012年、2013年陈荣香所在班组被评为先进班组；2011年起连续9年被评为县环卫站环卫先进工作者；2014年5月荣获"北海市十佳农民工"称号；2015年被评为自治区劳动模范；2017年10月荣获北海市"最佳城市美容师"称号；2019年4月被评为广西最美环卫工人。

勤奋努力，任劳任怨。她每天早出晚归，风雨无阻，有时还不被市民群众理解，承受一些不明不白的委屈，但陈荣香对自己的工作有着清楚的认识，环卫工作虽然脏、苦、累，却与群众身体健康息息相关，是城市中必不可少的工作，任何工作都需要人去干。陈荣香当了一名名副其实的"城市美容师"，任劳任怨地工作在环卫战线上。

业绩出色，群众好评。她负责的路段，道路泥沙较重，收沙、运沙成了班里最苦、最累的活儿，她带领班组成员，完成清扫保洁任务，取得明显成绩，群众对其道路卫生评价很高，为合浦县城的清洁卫生做出了突出贡献。

担当实干，善于组织。在创建特色旅游名县、园林城市及文明城市的工作中，陈荣香担任生产科质检员，不但带头实干，还把站里提出的"宁愿一人脏，换来万人洁"的环卫精神作为班组的精神动力，变成每个人的行动，并教育组员把奉献摆在第一位，严格按照清扫保洁标准和要求，认真管理，参加班组流动红旗竞赛，把每一位成员都团结起来，出色地完成了管理站安排的各项任务。

无私奉献，抗疫功臣。2020年春节，新冠肺炎疫情暴发期间，陈荣香的爱人身体不好需要照顾，但在疫情当前，她取得了爱人的理解，义无反顾地投入到抗疫工作中，奋战在一线，每天坚持把环境打扫干净，提高清洁频次，对人员密集的路段、卫生死角进行清扫、消杀作业。面对人心惶惶的疫情传播消息，她也曾有过害怕，但最终责任战胜了害怕，她坚守在街头工作岗位，努力给大家一个干净清洁的环境，处理行人丢弃的口罩，杜绝新冠病毒的传播，助力打赢这场疫情阻击战。

陈荣香在平凡的岗位上做出了不平凡的事，为了城市这张"光洁的脸面"付出了自己的心血和汗水。

李俊

山西省运城市绛县安峪镇安峪村人，现就职于广西顺丰速运有限公司

李俊是广西顺丰速运有限公司的一名优秀运作司机，自2018年入职顺丰以来在司机岗位上兢兢业业、立足本职、精益求精，保持了连续两年零事故和零延误的"双零"纪录，疫情期间主动请缨担任带车到湖北的任务，并出色地完成了任务，受到公司和地方政府的高度肯定。

他尽管在顺丰工作时间不长，却是有着十多年驾龄的老司机，他除把好方向盘，有着过硬的驾驶技能，严格遵守交通法律法规以外，还掌握车辆构造原理，学习车辆保养修理知识，全面提升了个人素质，努力提升业务水平。他经常虚心向管理员和老员工请教车辆知识，掌握车辆原理，主动和维修工一起参与车辆保养修理。他爱惜车辆，爱护装备，不管多晚，坚持每个班次卸完货后都主动进行车辆清洁和日常保养，保持车辆的最佳状态。他给自己编写了一本车辆运行情况记录本，每次车辆更换，就主动与上一班的司机沟通，了解车辆性能情况，并把驾驶操作过程中发现的问题记录下来，及时同车辆管理员沟通处理。这样两年下来，他几乎熟悉掌握了场站所有车辆的车况，连续两年保持了零事故零延误的"双零"纪录。

他是一名运作司机，就是保障营运线路的司机，工作时间不规律，班次调整到什么时候，就要在什么时候驾驶车辆进行运输服务保障，经常会风里来雨里去，昼夜轮转，一口热饭也吃不上。他任何时候都听招呼，守规矩，经常是牺牲休息时间完成"额外"的工作。2020年5月，公司担负了一项紧急的转运任务，他本来是换休状态，但临时接受任务，按时驾驶车辆到达装货地点，并服从客户的调配，在装货点等待了五个多小时，毫无怨言，协助客户顺利装载好货物，在确保安全的前提下，争分夺秒，按时将货物送到了目的地。

2020年新冠肺炎疫情期间，武汉封城，湖北方向运输危险性大，几乎没有司机愿意承运湖北的物资。广西顺丰速运有限公司受南宁市经济开发区政府委托，紧急组织向湖北省仙桃市运送一批抗疫物资。公司接受任务后，在内部群里召集运输司机，他第一时间在网上报名，并打电话给司机组负责人强烈要求执行这一任务。由于平时业务水平高，有一定的修理保养经验，他被公司选派为运输小队长带队出发。正月初四，李俊在与家人告别后，带着另外三名同事驾驶两台货运卡车奔赴疫情中心的湖北仙桃。他们昼夜兼程，饿了就嚼一口方便面，渴了就喝一口矿泉水，历时四天三夜，通过了重重关卡，于正月初七19时，将防疫物资及时运送到了仙桃中心仓库。

广西 许泽星

河南省太康县高贤乡漳西行政村漳西村人,现就职于中国邮政集团有限公司百色市分公司城区事业部揽投员

许泽星,1977年出生,是广西百色一名普通的邮政快递员,自2013年进入邮政企业工作以来,他爱岗敬业,任劳任怨,以"优质服务、用户满意"为己任,按规定的时限、频次,迅速、准确、安全地将各类邮件送到顾客的手里,多年如一日地做好本职工作,在平凡的岗位上干出了不平凡的业绩,赢得了用户和同事的一致好评。他曾获得2017年度"广西邮政速递物流系统揽投先锋"、2017年度"双十一"旺季优秀个人、2019年度百色邮政企业"十大榜样"人物等荣誉称号。

他爱岗敬业,自觉遵守公司各项规章制度,自觉维护公司良好形象,注重服务用语,讲文明话,上班时间严格按照着装标准,不迟到、不早退。每天早上坚持6点20分起床,7点半前到达揽投部协助内务人员打扫生产场地、接收进口邮件分拣到段道,然后再装好自己段道的邮件出班,他的投递片区主要涉及厂矿、企事业近300个单位,同时涉及右江区四塘镇、村屯居民邮件,每天出班两个频次,上下午各一次,每天开车往返行驶路程超过100公里,每天投递邮件都在200件以上,揽收邮件也在40件左右,从来没有请过事假,在服务对象单位里,门卫和客户等见到他都会热情招手。

他说:"每次送件,客户收货时,很惊喜、很满足的那一刻,都让我由衷地开心,这是对我工作的肯定,让我浑身充满了干劲……"2013年至今,整整六年的时间,从未出过一次投诉。在他看来这辈子就和快递"杠"上了,也爱上了这份职业!

许泽星是一位40多岁的中年人,在平凡的岗位上默默无闻地忙碌着,每天为客户派取件,每天辛苦地奔波于城市的大街小巷,在他看来,快递员大多时候需要与客户沟通,客户满意了,快递员的工作才是真的做到位了!每当夜幕降临,便是许泽星和伙伴们开始上岗的时候,太阳升起,当人们准备一天的行程时,他们才开始归家休息。尤其是快件高峰期间,每天加班工作可能要超过12个小时。

2019年10月,他当选十四届广西区运动会百色赛区31棒火炬手。

2020年年初,全国暴发新冠肺炎疫情期间,各地抗疫物资紧缺,他坚守岗位,加班加点,认真按照防疫要求,每天坚持做好车辆消毒,并及时地将各种急需物资快速收发配送至居民手中。下班后还要积极协助其他部门一起将教材直接打包送到学生家里。

杨明富

壮族，广西壮族自治区东兰县武篆镇巴学村廷怀屯人，现就职于广西京东信成供应链科技有限公司

  杨明富，2016年9月入职京东，即将步入京东"五年大佬"行列，是南宁江南营业部的一名快递员，曾多次获得公司"优秀导师"荣誉称号。

  业务扎实，客户第一。在岗期间，他已完成92 560公里的配送距离，足以绕地球2.31圈，完成13.7万件的配送量，137万件的揽收量，被客户称为"配送速神"。为了保证客户能最快速地拿到快件，杨明富时刻要求自己每件快递都必须在要求的时效内配送完成，所以杨明富基本是全年无休。碰上大促销等货量过多的情况，他更是心系每位客户的需求，起早贪黑，吃饭都顾不上。他在完成基本业务的同时，了解到各兄弟营业部缺少人力，整合利用自己手上的资源，及时提供人力资源信息，以解公司的燃眉之急。

  不断超越和挑战。在公司实施开展揽收业务后，略有腼腆，对于开发客户一无所知的杨明富碰到了极大的挑战，一开始并没有太多的快件揽收，业绩及收入都有所下降，身边的同事有的也离职而去；杨明富凭借着一股不服输的韧劲，不断地克服自身的问题，一步一步地迈出去，积极主动开发客户，不放过每一次机会，主动沟通，深层挖掘，凭借平时积累的好人缘、好口碑以及不断的努力，他创下了一个月揽收17万件的公司最高纪录，凭借自己的双手和汗水争取了至高的荣誉，成为公司的"最佳创收能手"。

  抗疫勇士，迎难而上。疫情期间，在大家都紧闭家门足不出户的时候，杨明富心系每位急需用药的客户，不顾危险，穿梭在大街小巷，揽收散单散件的医药物品，平均每天60~70单，保证了用药客户的药品准时到货，解了客户的燃眉之急，保障了民生，在人们之间传递爱与希望；同时，正是客户的闭门不出，线上货量上涨，但站点人手不足，杨明富承担了更多的货量配送，每天从天刚亮做到夜色浓郁。问他："你不怕吗？""怕，但是职责所在，而且客户们都需要我，我义不容辞。"这是杨明富最质朴的答复。

  作为一名快递员，立足岗位做"小蜜蜂"，在平凡的工作岗位上奉献着自己的微薄之力。

广西 王世刚

贵州省遵义市余庆县龙家镇友谊村上坝村人，现就职于中建五局土木工程有限公司广西分公司

王世刚是一名普通的挖掘机操作员，从业12年来，始终立足本职工作，所承担的工作任务完成率、合格率均达到100%。而且无论工作任务有多繁重，他都毫无怨言，迎难而上，用实干和担当赢得了工友、公司的高度肯定，多次获得先进个人、优秀员工、岗位能手等荣誉称号。

入职广西公司的第一个项目，王世刚"王战士"的名声就传开了。项目交付时间紧、任务重，挖掘机数量少，土方开挖的要求很苛刻，在当时几乎是不可能完成的任务。王世刚以身作则，当先锋，树榜样，每天深夜3点入睡，早上6点起床，中午累了便在驾驶室小憩一会儿，连续30多天的通宵鏖战，完成了土方开挖任务。30天完成3个月的活儿、3个月完成5个月的活儿、提前15天完成工作任务、提前10天完成工作任务、提前5天完成工作任务、18小时全勤挖掘能手……王世刚用自己的敬业，获得了大家的肯定。

如何更快、更高效地完成任务，如何更精准地挖掘目标不出错，如何更加安全地操控挖掘机。他买来理论手册，学习挖掘机的构造、挖掘过程中的受力分析等理论知识，并将理论知识用于实践操作，将理论与实操完美地融合在一起，形成了自己一套科学的挖掘理论。在广西区职工技能大赛挖掘机比赛中，他取得了良好的成绩，并成功担任项目挖掘机培训的讲师，传授挖掘工作的相关技巧，帮助项目工人提高专业技能。当生产工作任务繁重、施工任务增加时，他所在的班组首先从强化设备基础管理入手，以提高设备的综合利用率、实现设备零故障为目标，积极探索加强设备的管理新思路。

2008年5月12日四川汶川地震，公司接到通知要立即组织人员、机械支援汶川，王世刚就是其中的一员。他在抢险救灾过程中无条件配合政府的统一指挥和协调，吃住都在驾驶室，时间就是生命，他靠着自己的信念力争在最短的时间挖通便道，连通生命线，经过多个不分昼夜的奋战，出色地完成了救灾任务，被分公司评为年度优秀员工。2020年年初，新冠肺炎疫情暴发，王世刚主动申请提前到岗参加项目建设，从贵州辗转到广西，积极配合隔离和核酸检测，第一时间投入到现场生产中，为实现分公司抗疫复工做出了重大的贡献。

王世刚还是广西分公司超英爱心联盟的一名骨干成员，每个周六日他都会挤出一些时间和超英爱心联盟小分队队员们一起参加爱心公益活动，"河道清洁，守护绿水青山"志愿服务、"战疫爱卫"五大清洁行动、协助交通管理助力创城、义务献血等各项公益活动中，都有他的身影。

黄忠金

壮族，广西壮族自治区崇左市天等县都康乡安康村人，现就职于崇左市聚福园粤菜农家乐

黄忠金，50岁，1991年7月到广东打工，从事粤菜烹饪工作20多年，从一个普通的打工仔，成长为一名"大厨"，被聘任为广东顺德美食家协会副会长、崇左市烹饪协会副主席、广西理工职业技术学院烹饪专业教授、崇左东盟职业技术学院烹饪专业讲师，第十届中国餐厨行业品牌盛会专家评委、中国烹饪大师国际评委。现为崇左市聚福园粤菜农家乐出品总监。

20世纪80年代初，黄忠金到华南烹饪学校学习烹饪技术。学成后，他到广东、青岛、顺德等地，边打工边学厨艺，终于成长为酒店大厨，曾经在南宁国际大酒店、好友缘大酒楼等担任"金牌大厨"。他多次参加各种级别的烹饪大赛，勇夺世界粤菜金奖、银奖，获中国名厨星光大道"名厨七星奖"及金奖、第十五届菜式"最佳特色金奖"、最具影响力餐饮品牌，在2015年、2017年世界厨皇大赛中国区总决赛中荣获金奖，在由48个国家参加的澳门回归20周年厨艺大赛中获铜奖。由于他技艺精湛，被聘为2018年第十届中国餐厨行业品牌盛会专家评委、中式调技师、中国烹饪大师国际评委。2008年，他来到崇左市聚福园粤菜农家乐担任出品总监，以家乡的食材为基础，创制了"桑拿鸡""渔羊鲜""港式大盆菜""养生黑豆腐""富硒米粥鱼""一鱼吃"等菜谱，其中桑拿鸡煲翅被顺德商会评为最佳特色金奖、藏花果香肉在第七届广州国际食品食材展览会上获特金奖。

黄忠金利用其学到的厨艺及在南宁国际大酒店和好友缘大酒楼学到的厨艺及管理水平，无私传授厨艺。除了在聚福园粤菜农家乐传授学徒外，还在崇左东盟职业技术学院开设了烹饪专业，担任主讲老师，把多年学到的厨艺都毫无保留地传授给他们。2018年，广西理工职业技术学院聘请黄忠金作为烹饪专业的客座教授，每一次去授课或者讲座，由于授课理论结合实际，深受学生们喜欢。他还利用业余时间，到各种厨艺培训班讲课，并当场进行表演和示范，有些学员接受能力较差，他不厌其烦地反复示范，真正做到"手把手"地教，一直教到他们学会为止。据不完全统计，2008年以来，其传授厨艺的学员、徒弟、各个阶层的人员达2 500多人。

从2018年开始，黄忠金和徒弟们一起，一边摸索，一边改进，创制出了一些适合大众口味，又有利于健康的菜品。在他的极力提议之下，聚福园粤菜农家乐扩大了菜品制作传授的场地，增添了设备，现成为广西理工职业技术学院、崇左市职业技术学院烹饪专业学生的实习实训基地。

广西 马振鹏

广西壮族自治区贵港市平南县坪山镇榄垌村人,现就职于广西平南县荣泰工艺厂

马振鹏,1970年出生,是广西平南县荣泰工艺厂技术人员。他从10岁就开始了自己的编织生涯,凭着对竹木芒编工艺的执着与热爱,马振鹏努力钻研,技艺日渐成熟,先后获得"贵港市技术能手""贵港工匠"和"贵港市劳动模范"等荣誉称号,2020年6月获"2020年广西壮族自治区劳动模范"荣誉称号。

少年时期,马振鹏因为家境贫寒,10岁时就开始学编织,之后把编织好的篮子挑到圩上卖以补贴家用。在父辈的细心指导和自己的刻苦钻研下,初中毕业时马振鹏的编织技艺已经非常出色,毕业后到广东一家藤竹工艺品家具公司当样板设计员,并且开始带学徒。在近四十年的编织生涯中,他吃苦耐劳,坚持不懈。其间虽有退却之心,但一方面由于文化水平不高,只能靠这个手艺养家糊口,另一方面由于编织属于纯手工慢活儿,经济效益较低,许多年轻人不愿意干,手工编织面临失传危险,他不愿看到这一瑰宝失传而一直坚持。2003年,马振鹏放弃在广东的高薪工作,毅然回到当时编织产业正火热的家乡,在平南县荣泰工艺厂工作至今。

随着市场竞争日趋激烈,以及东盟和欧美等地顾客的需求和品味不断变化,马振鹏针对竹木芒编产品的性能进行技术改进,一方面在原料上有新的突破,另一方面在产品的造型设计上也推陈出新,竹篮、竹盒、提箱、南瓜藤编、藤草工艺制品等,品种五花八门,有方形、圆形、蛋形、扇形等,款式日新月异。产品已由过去单一的生活用具发展到现在的用具与工艺欣赏并举,品种由原来的几十到几百种,发展到目前上千种,为公司获得了大量的外国订单,连续十多年为公司创造了几千万元的产品订单,为当地提供了500多个工作岗位,每年为当地政府贡献税收100万元左右。

回到家乡,他发现村里的群众除了下地干活儿,就是打麻将。马振鹏决心发挥所长,把自己的竹木芒编织技术毫无保留地传授给乡亲们,让村民们学到技术。在公司负责人韦金英的支持下,马振鹏举办技能培训班,亲自授课,悉心指导他们学习编织技能,一方面消除贫困户"等靠要"思想,帮助他们提高认识,增加收入,另一方面也使竹木芒编手工活儿得以传承。在马振鹏的带动下,平山镇越来越多的农民开始从事竹木芒编制品生产,生产方式也从原来的工厂式生产,发展到现在的居家灵活生产模式。农民在家里做工不仅可以照顾家庭,又可以赚到钱。目前,已有2 000余名村民参加了培训,其中200余名贫困户熟练掌握了技术,帮助他们每月增加收入1 000~1 500元。

张源

广西壮族自治区桂林市阳朔县高田镇都根村人，现就职于桂林市城区公路中心养护站

张源是桂林市城区公路中心养护道班班长，10多年来，她一直奋战在公路养护一线，十年如一日在公路上锄、修、铲、扫，尽职尽责，把全部心血、汗水都倾注在公路事业上。她所管路段路况好路率始终保持在90%以上，在每年的检查评比中均名列全市前茅，成为养护样板路，南宁、崇左、贵港公路部门也先后到该路参观。其所在中心养护站被自治区评为公路管理文明道班，并多次被评为桂林市农村公路系统先进集体，2011年，她被评为桂林市交通运输系统"十佳养护工"，2013年获得"五一劳动奖章"荣誉。

她以路为业，以班为家，爱岗敬业，扎实苦干，带领3名养护工管养路段21.6公里，常年战斗在瓦窑至竹江公路、磨盘山进出港公路上。为使公路达到"畅、洁、绿、美、安"的要求，她坚持每天进行一次普遍清扫，进行多次巡查，经常对水沟进行清理，按时对路肩进行平整，每年两次路树刷白，根据路面出现的损坏及时修补，常常是晴天一身灰，雨天一身泥。班组在她的带领下，优质高效地完成了各项工作任务，实现了路肩整洁、水沟顺适、边坡整修的高标准化养护。

护路工作是一项最苦、最累的体力活儿，晴天灰尘满面，夏天蚊虫叮咬浑身是汗，雨天毫无遮挡，一年到头脸朝黄土背朝天，可她有股不服输的精神，凭着一颗赤诚的奉献精神，顽强地追求着自己的事业。在养护工作中，她虚心好学，从中不断探索，提高养护水平，每次分配工作都要求到最累、最艰苦的地方去。每天工作下来，她的手常常磨出泡，泡又磨出血，最后双手结了厚厚的老茧，但她从没有叫苦叫累，每次分配的任务都能圆满完成。尽管她是女同志，但在工作中她处处严格要求自己起到模范带头作用，经常放弃节假日、休息日加班加点。每个清晨，她都会抢在别人上班之前赶到自己的工作岗位，提前做好一天工作的预备；而当一天工作结束之时，她总是最后一个离开。她从参加工作就一直保持着这个习惯，春夏秋冬，寒来暑往，十年如一日从未中断，在班组中起到了很好的带头示范作用。

每逢汛期，洪水随时都可能肆虐脆弱的公路，她坚持"三雨"上路，对出现水毁、翻浆路段、险桥、险涵等及时进行应急工作布置；对公路堆积物、路障等每日早、中、晚巡查清理，防止事故的发生，到目前为止她所管养的路段未发生过任何安全事故。

海南

吴淑政

海南省海口市琼山区旧州镇池连村委会罗冯村人,创办了海口冯惠政种养专业合作社

吴淑政2003年从海口文溥农业学校畜牧兽医专业毕业后,先后在罗牛山猪场、白莲鹅厂和呈立集团担任养殖技术员。外出务工4年后,吴淑政决定回到家乡创业,成立海口冯惠政种养专业合作社,发展自己的鹌鹑养殖产业,带动乡亲走上致富道路。

2006年,成家后的吴淑政回家探亲,萌发自主创业的想法。选择在老家农村创业,家里有土地,自己有技术和资金,一切创业条件已具备。在多方征求意见后,吴淑政听取了同学提出的养殖鹌鹑的建议,并赶往海口、三亚等市县开展鹌鹑市场供需调查。经过一番市场调查研究后,吴淑政发现海南鹌鹑市场需求量大,且省内市场大部分鹌鹑需要从广东、广西等地调入。其后,他又跑往江西、广东、广西等地的鹌鹑养殖基地实地考察,并借助网络查阅鹌鹑的养殖销售情况。这一番调查下来,吴淑政对养鹌鹑有了更多的理解,创业干劲更足了。

吴淑政确定回乡养殖鹌鹑的时候,父母是坚决反对的。带着身边大部分不理解的目光,在村几里外,吴淑政开始了鹌鹑的创业梦,为节约成本,他自己动手搭建鹌鹑饲养房,从江西引入第一批鹌鹑苗7 000只,凭借所学专业和4年养殖工作经验,吴淑政的海口冯惠政种养专业合作社办起来了。按照他的经营规划,合作社以售卖鹌鹑蛋为主,以售卖淘汰后的鹌鹑为辅,同时鹌鹑粪便还能用作种植业肥料,主副产品都能有销路。正当合作社小具规模,吴淑政满怀期待地准备扩大养殖规模时,却遭遇了当年超强台风"威马逊"的袭击,合作社损失了18万元。

天无绝人之路,吴淑政所在的旧州镇团委书记听说了情况后,特意前来劝他不要放弃,并向他介绍了海口市创业小额贷款担保中心,创业贷款政府贴息。2014年12月,吴淑政与家人一起从海口市小贷中心贷了25万元,逐渐恢复了生产,创业之路再次走上了正轨。由于创业贷款带来的资金加持,2020年吴淑政再次从小贷中心贷款30万元,用于扩大生产规模。如今,吴淑政的合作社拥有13万羽鹌鹑、3 500余平方米栏舍,拥有自己的注册鹌鹑商标"政哥鹌鹑蛋",年营业额达500万元,纯利润达100万元每年。

吴淑政秉持"乡亲们一起富才是富"的经营理念。他积极吸纳村民到自己的合作社中就业,并向有学习意愿的村民免费传授养殖技术、零利润提供鹌鹑幼苗和饲料。目前,合作社中有6名员工、10余名村民在他的带动下加入养殖鹌鹑的行列。除了帮助自己村人养鹌鹑,他还带动儋州、琼海、澄迈等市县的村民养鹌鹑。

杨全文

海南省万宁市龙滚镇端熙村人，现就职于海南派成铝业科技有限公司万宁分公司

杨全文，于2016年2月进入海南派成铝业科技有限公司工作，3年多来，他从一名普通工人快速成长为车间主任，2017年被省总工会授予"海南省最美农民工"荣誉称号，2018年被省总工会授予"海南省工人先锋"荣誉称号。

勤奋好学，不断提升工作技能。入职前，杨全文和所有普通工人一样，并没有铝合金门窗生产相关技能。入职后，他开始结合工作岗位需要，刻苦研读《铝合金门窗》《建筑工程质量统一标准》等大量专业技术书籍，虚心向经验丰富的老同事请教。通过持续不断的学习和钻研，在较短的时间内掌握了车间所有的切料、铣料、组装等技能，并主动申请到项目工地的安装现场进行学习，利用学到的知识帮助公司解决了大量施工过程中遇到的安装难题。2016年，海南派成铝业技术部研发设计了一款代表国内行业领先水平高跨度超高折叠门，为确保超高折叠门垂直度不大于0.5毫米的设计要求，杨全文带领车间的技术骨干们弘扬工匠精神，潜心钻研图纸，不断进行实操实验，反复进行多道工艺组装校正，确保了加工时每一道工序的精准，最终完美实现了超高折叠门各项性能指标。

认真负责，不断践行工匠精神。由于技术过硬，杨全文经常被派到项目工地指导安装，解决技术难题。2017年，公司的合作项目为赶工期，组织力量推进施工进度。项目是一栋18层的毛坯楼房，电梯还没有安装，正值炎夏，不少人都有畏难情绪。杨全文二话不说扛起100多斤重的窗扇就往楼上赶，不断地上上下下，冲在前面，带动同事们热火朝天、挥汗如雨地干了起来，最终圆满完成了施工任务。

工作中，杨全文经常舍小家为大家。有一次，他被派到三亚的一个项目施工现场去解决门窗安装技术难题，到三亚的第二天，家里就打电话来说孩子发高烧40度需要住院治疗。虽然回家仅需要两三个小时的车程，但直到孩子住院的第二天下午，他把手头的工作安排妥当后才赶回去看了一下孩子，又匆忙地赶回了工地现场组织施工，直到完成工作任务。

担任车间主任后，杨全文勤于思考、善于总结，带领身边的同事研讨生产工艺，苦练生产技能，为所在车间节约了大量的生产成本，大幅提高了生产效率，他所在的车间产品质量和产量在工厂内部评比中始终保持第一名。

海南

王儒标

海南省海口市龙华区遵谭镇美运村人，现就职于海口港恒安装卸有限公司

王儒标，42岁，高中学历，2000年就职于海口港集装箱公司任正面吊司机，2006年1月至今，就职于海口港恒安装卸有限公司任正面吊司机，至今已有20年的正面吊装卸经验。

王儒标始终坚持"干一行、敬一行、精一行"的信条，他注重学习新知识、新标准规范，研读起重机结构、起重机安全操作规程及起重机维修与保养等教材，把理论学习与实际工作相结合，在实践和操作中再认识、再提高。在不断提高自身综合素质的同时，他还为港口研究制定大重件、贵重货物装卸作业工艺、改进工属具和修编正面吊安全操作规程等提出许多富有建设性、针对性和可操作性的意见建议，并得到重视和应用，有效地促进了安全生产和装卸效率提升。

码头正面吊装卸工作不分白天和黑夜，但王儒标始终认真履职尽责，发扬吃苦耐劳精神，一心一意地扑在工作岗位上，业务执行能力强，全年安全质量事故和投诉为零，很好地完成了工作任务。尤其是近年来，海口港超限集装箱及大重件货物，特别是游艇等贵重货物量猛增，对装卸作业人员的操作技能要求也越来越高，为确保货物安全装卸，公司经常指定王儒标来操作。同时，王儒标对其他的非标重大件等困难复杂和危险系数高、要求苛刻的吊装任务均都按质保量、安全地完成，多次受到海口港集装箱码头有限公司和货主的赞扬与好评。

工作中的王儒标喜欢和同事讨论和分享工作经验，经常主动把工作中的经验教训、心得体会和同事们分享，带动班组形成了相互学习、相互促进、相互提高、人人争当先进的良好氛围，促进了工班效率的提升。因综合能力突出，他被公司挑选承担老带新"传帮带"工作，作为"老师傅"，从王儒标身上能看到"工匠精神"，他毫无保留地将自己积累的丰富正面吊操作经验和注意事项倾囊相授给新机手，不仅从理论上详细讲解，还手把手耐心地为他们做操作示范，同时还教他们做人做事的道理，使新机手尽快适应了岗位工作。目前为止，王儒标为港口培养了正面吊司机共3批，36人，一些新机手在他的带领下已成为业务骨干，有效地缓解了近年来港口正面吊司机短缺的现状。

王儒标的敬业态度和精湛的正面吊技术，弘扬了老港口人的吃苦耐劳与开拓进取精神。2018年王儒标在代表海南港航控股公司参加"粤港澳大湾区"港口工匠技能交流中，获得广东省"金锚奖"、集装箱正面吊司机项目技能竞赛一等奖。

冯时娟

海南省琼海市嘉积镇下寨土冬村委会新村人，现就职于琼海玉禾田环境服务有限公司

冯时娟，36岁，初中学历，2012年参加环卫工作，2017年入职琼海玉禾田环境股份有限公司并担任班长，主要负责嘉积镇官塘片区路段保洁、园林管理等工作。在工作岗位上，她始终尽职尽责，在清扫一线作业，认真履行工作职责。团结及带领辖区环卫工人，勤勉努力，踏实肯干，多次受到上级表彰，在琼海创建及巩固"国家卫生城市""创建国家文明城市"期间，以优异的工作表现获得市民、同事及领导的无数次点赞。

冯时娟热爱环卫事业，热爱她的工作岗位，领导安排的工作都能及时地完成，而且尽量做得更好。每天凌晨4点，在城市还未苏醒时，冯时娟忙碌的身影已经出现在街头巷尾，对责任路段开始一天的保洁作业，清扫地面垃圾、搬倒垃圾、清洗垃圾桶等一系列麻利的动作，旁人很难认出她是谁，只能从工作服中确定她的工作岗位。像这样的工作时段，冯时娟一干就是8年。她说，在其他人眼中我们是城市环卫人员，但在我们眼里，我们是这座城市的美容师。

工作上兢兢业业的冯时娟很快成为单位里的业务骨干，入职后不久她便被公司提拔为嘉积镇官塘片区保洁班长。海南秋天是台风多发季，每年10月进入暴雨季节，台风暴雨叠加，街道树干连根拔起，树枝树叶掉落满地，经常出现垃圾冲堵下水道口，道路积水严重导致交通严重堵塞等现象。身为班长的冯时娟紧盯积水路段，主动组织片区同事一道清理积水、淤泥，直到公路上的积水完全流到下水道，交通也恢复正常，她才安心回家。就是这样的工作态度，使她经常受到路过的司机、行人竖起大拇指点赞。

冯时娟是个考虑问题周到的人，管理工作也做得有条理，也经常照顾责任片区的员工。2020年公司开展"炎热夏天送清凉活动"，但冯时娟所在的官塘镇路途偏远，活动无法惠及片区的环卫工，冯时娟便自己贴钱煮绿豆汤送到工友手中。此外，冯时娟还是个热心肠的人，不论他人有什么事找她帮忙，她都当作自己的事来做。她所属的片区有4名贫困户工友，1名精神残疾工友，5个人的家庭都非常困难，但每当他们遇到困难时，第一时间都会想到他们班长冯时娟。2019年该片区精神残疾员工王苗，因家里困难拿不出钱买药，导致病情复发，精神方面出现异常，也无法正常出勤工作。冯时娟心里特别心疼和着急，组织片区的员工开展献爱心活动，亲自把捐款送到王苗家，还自己掏钱为王苗家买米买油。

郑明妮

海南

海南省文昌市东郊镇建华山村委会港头二村人,现就职于海南春光食品有限公司

郑明妮,38岁,中专学历,2016年前就职于文昌市东郊土特产有限公司,2017年就职于海南春光食品有限公司工作至今,担任办公室文员一职。她性格开朗、乐于助人,热爱自己的工作,具有较强的责任心,在工作中总是主动承担,从不拒绝领导安排的各项工作,在平凡的岗位上默默奉献自我,受到公司领导和同事们的一致好评。

作为一名土生土长的农村娃,郑明妮中专毕业后就开始外出务工,不断为自己积累工作经验。2017年,35岁的郑明妮看到海南春光食品有限公司发布招聘公告,便投递简历求职应聘,凭借多年的工作经验,她进入了海南春光食品有限公司担任办公室文员,主要工作是协助落实办公室相关工作,同时协助组织开展员工活动。

海南春光食品有限公司是一家以海南椰子及热带瓜果为主要原料的现代化食品加工企业,现有员工近3 000人,为了响应公司"促进员工工作积极性,缓解工作压力,实现劳逸结合,增强团队凝聚力"的号召,郑明妮积极协助组织每场活动,不断丰富员工业余活动,有效激发公司员工的积极性,增进员工之间的沟通交流,营造了良好的爱岗敬业氛围。

2019年根据公司员工活动安排要求,她组织全体员工在东郊椰林百莱玛开展竞赛活动,她积极鼓励每个部门的人员都参与其中,带动全体员工参加竞赛,有效激发了公司员工相互帮助、团结协作的精神。2020年海南省总工会举办海南省"安康杯"知识竞赛活动,以"助力海南自由贸易港建设"为主题,邀请全省工会组织参与。海南春光食品有限公司为文昌市推荐参与单位之一,公司刚好抽不出人员领队,郑明妮主动向公司提出她愿意带队参加竞赛。当时公司选定三名代表参加比赛,由郑明妮带队。由于三名选手来自不同区域,为了更方便同事复习,她主动承担参赛培训工作,收集有关竞赛试题材料,陪同参赛同事反复练习,历经1个月的努力,团队在比赛中获得优秀奖。

在工作中,她踏踏实实工作,勤勤恳恳做人,认真履行一名助理的职责,把做好本职工作作为自己最大的职责和最高使命。在平凡的工作岗位上默默奉献,在平凡的岗位上树立了良好的形象。在工作交流中,她注意方法和技巧,善于协调,顾全大局,经常和同事们交流思想、畅谈感受,激励同事积极向上,努力为公司、同事营造积极乐观、团结向上的工作氛围。

吴春兰

海南省海口市琼山区大坡镇象村二队人，现就职于海口市京兰城市环境服务有限公司

吴春兰，43岁，小学学历，于2015年进入海口市京兰城市环境服务有限公司成为一名环卫工人。6年间，她兢兢业业、吃苦耐劳，因工作表现突出、认真负责，多次获得先进个人荣誉称号，2020年荣获海南省市容环境卫生工作先进个人称号。

2020年新型冠状病毒在全国蔓延，海南作为旅游城市，春节期间涌入大量外地人员，疫情防控刻不容缓，按政府疫情防控工作部署，海口市美兰区利用定点酒店开设湖北籍及其他来琼人员医学留置观察点。而受疫情防控宣传影响，大部分定点酒店保洁人员都因为害怕感染肺炎，拒绝继续在酒店内工作。为解决隔离观察点酒店保洁员紧缺问题，海口市京兰城市环境服务有限公司领导班子第一时间带领党员干部到隔离观察点协助做好保洁工作，同时号召公司员工积极投身到疫情防控一线。在深知可能面临"危险"的情况下，吴春兰毫不犹豫地向公司递交了申请，请愿参与留观酒店的卫生保洁工作。接到任务的当晚，吴春兰赶紧收拾随身衣物，把年仅11岁的儿子托付给亲戚照顾后，立即赶到酒店隔离点，在学习科学防疫措施后便迅速投入到保洁服务中。她与另外一位保洁员共同承担了几乎住满12层楼的来自疫区或确诊者密切接触人员的酒店保洁工作，留观人员最高峰时多达200人。为给留观人员营造干净整洁的住宿环境，降低疫情期间酒店感染风险，她每天要穿上一层层厚厚的医用防护服，戴着N95口罩、护目镜等防护装备，在早、中、晚三个时间段严格按照要求对楼道垃圾与留观人员餐饮厨余进行清扫、分装、打包收运、消杀工作。吴春兰对待每项工作都仔细认真，容不得自己有一丝的马虎，每次清理一层楼就要花费2个多小时，每天清理垃圾近80箱。清理完毕后，消毒、脱掉防护服、再消毒，每次身着防护服的吴春兰身上的衣服都能拧出汗水来。

2020年6月，疫情形势呈现积极向好的态势，住在隔离点等待核酸检测的人员已大幅减少，吴春兰所在的保洁公司领导提出安排其他同事接替她，但她拒绝了。直至6月底，在海南疫情清零稳定后，她才回家和家人团聚。每当问起吴春兰在隔离点工作的感受，平日里乐观的吴春兰话语中还是充满内疚，"半年没法回家，儿子年纪还小，需要人照看。虽然公司领导体恤说换人，让我有机会就回家，但是想想，从开始接受了这份任务，这里的防护工作，我都很熟悉，所以我选择留下。"

她高标准、高效率、高质量的工作表现赢得了同事及周围人的夸赞。

海南

刘二青

黎族，海南省东方市大田镇老马村人，现于海南省东方市大田镇老马村务工

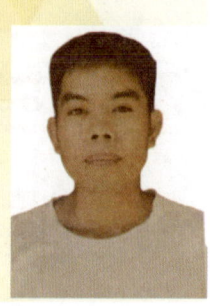

刘二青，31岁，建档立卡贫困家庭成员，为人老实、善良、勤劳、乐于助人，是村里公认的好青年，凭借灵活的头脑和好的手艺，他带领村民走出了一条就业脱贫致富的道路。

因家庭贫困，初中毕业后的刘二青便没有再继续升学，未满劳动年龄的他，除了帮父母种地外，空余时间便向村里泥匠工学习建筑砌墙技能，身材矮小的他却有着灵活的头脑，经过2年的师傅传带，刘二青很快就掌握了建筑砌墙技能，并跟随村里务工人员外出承接建筑和涂料作业工作，凭借过硬的建筑手艺和踏实肯干的精神，他受到建筑承包商老板的喜欢和肯定，务工收入也慢慢增加，家庭生活也逐渐改善，2016年12月，刘二青一家终于脱贫了。

2018年，刘二青所在大田镇老马村开展扶贫危房大改造，驻村工作队和村"两委"干部提出尽量优先使用本村的建筑工和涂料工，刘二青主动找到村干部，承担本村的建筑工和涂料工组织工作，将自己承接到的建筑活儿介绍给村里愿意务工的村民。说起当初带动村民外出务工，刘二青眼里充满自信，"刚开始介绍村里人到工地务工的时候，很多人都不看好，没有多少人愿意报名加入，也没有多少项目可以做。后来，附近工地慢慢发现我们手艺还不错，开始主动找我们干活儿"。同时，老马村村委会和乡村振兴工作队积极通过与村周边企业沟通协调，并达成优先使用本地工的合作协议。2019年老马村的美丽乡村项目建设和2020年村里立面改造工程用工，全部由刘二青带领村民一起承接，为村民带来了可观的收入，并得到了外界的一致认可，村里劳务输出队伍也不断壮大，为村民实现了在家门口就可以就业的愿望，带动村民增加了收入，激发了村民的内生动力。

刘二青是一个闲不住的人，除了外出承接建筑工作外，他还在村里发展芒果、南瓜和辣椒等种植业，每年都有了固定的收入。2020年，他带着已经分家的哥哥合种50多亩南瓜，但受到疫情的影响，村里瓜菜无人问津，个别收购商还趁机压低收购价格，驻村第一书记和村委领导看在眼里、急在心里。但刘二青总是安慰大家："受到疫情的影响谁也没有办法，我会想尽办法联系收购商"，最后在他的努力下终于把老马村的南瓜都销售出去。村里的种植大户刘德青和唐承明总说："如果没有刘二青的帮忙，今年种的南瓜就烂在地里了。"刘二青常说："在致富的道路上，如果没有为村里着想，也就没有了实际性的意义，只有带动大家一起致富，才是真正的脱贫。"

向定春

重庆市万州区高粱镇三清人，现就职于国药控股重庆国万医药有限公司

向定春自幼家贫，仅读过初中，20多年来一直在药品公司做搬运送货工作。向定春在药材仓库对照名单认识中药材，虚心请教中药师和前辈，在工作中积累经验，加上死记硬背，认识了300多种常用中药材、学会了中药鉴别和仓储知识。西药药品名字多化学生僻字，他就找人请教识字。公司对员工的药品知识培训，他从不缺席，认真听记，只一年多就对各种药剂品名、缩写、厂家、规格、收储、运输注意事项都如数家珍。

向定春做搬运工作不仅勤勤恳恳、任劳任怨，更好学上进、仔细认真。20多年来，经他手上的发货从无差错。不仅各种批次、有效期核对清楚，临近有效期半年的药品他从来没发出过。收货时，向定春还多次发现、纠正厂家和上级批发商的错误。有一次他收货时发现货物里多了4件手机，货物价值超过30万元，但他在财帛面前毫不动心，立刻汇报给公司，通知对方上门取回货物。对方坚持要重金酬谢向定春，他婉言谢绝了："我虽然缺钱，但品德还是有的。"

2020年新冠肺炎疫情突如其来，回农村老家的向定春也接到公司紧急召令："疫情来了，药品、防疫物资收发供应刻不容缓，向大哥，我们需要你！"家人担心向定春的安危，向定春态度坚决："疫情这么严重，医生护士都不怕我们怕什么？防疫物资这么紧张，我们早些把物资送到医护人员手头，比什么都要紧！"他和公司想方设法开具证明办理手续，解决交通问题，毅然回到了工作岗位上。

整个疫情期间，他都扑在工作上，每到一批物资，不管是防护服、手套、护目镜还是消毒药品，不管多少，他都第一时间送货到疾控中心、各大医院，不辞辛苦奔波，不分白天黑夜。晚上收货，他常常在仓库守到半夜。忙碌之余，往往两包泡面充饥。直到迎来四月，全国春暖花开，他才得以露出轻松笑容。

工作多年来，向定春深知农民工的不易。在工作岗位上，凡是听说哪里有用工需求，他就马上通知村里的闲置劳动力。村里5位农民在他的帮助下，陆续在本地药品公司走上搬运工的岗位。闲暇时回到村里，向定春就将自己掌握的药品知识分享给村里的留守老人和左邻右舍，又告诉大家哪些厂家哪些药品物美价廉。村里人都说："没想到向定春当搬运还当成'药剂师'了，真专业！"

重庆 李元刚

土家族，重庆市黔江区阿蓬江镇青杠村人，成立了重庆渝之众人力资源服务有限责任公司

李元刚，土家族，1987年1月出生在重庆市黔江区阿蓬江镇青杠村。19岁高中毕业后，他便跟着千余名黔江老乡前往陕西省、延安市志丹县打工。经过11年风雨兼程，他从一个底层的钻井技术工人，一步步成长为项目经理。后来，他抓住时机，又果断决定成立了属于自己的石油技术服务公司，当上了老板，成功改写了命运。

李元刚看到老家有很多劳动力也有外出务工的需求，如何让他们能够有序外出，挣更多的工资收入呢？受家乡政策感召，他决定在家乡涉足人力资源行业，说干就干，他在黔江区组建了一家集技能培训、劳务输出于一体的综合人力资源公司。李元刚的"重庆渝之众人力资源服务有限责任公司"自成立以来，已直接有序转移农民工1 500余人次，带动就业2 000余人次，其中有50余名贫困劳动力就业增收，成功实现了"就业一人，脱贫一家"的目标。

除了人力资源公司为老乡介绍工作、对接岗位，李元刚还特别重视家乡农民工的技能提升，他和朋友创办的培训学校每年开展中短期培训3 000余人，其中大部分都是享受政府资助类补助，农民工不用缴纳培训费用。对不符合补助条件的农民工，也只是收取培训成本或由学校减免培训费用。经过近10年的打拼，李元刚先后获得黔江区政府部门授予的"致富带头人""优秀农民工""优秀本土人才"等荣誉称号。

为老乡维权、帮老乡讨薪，也是人力资源公司最重要的工作之一。凡是重庆籍农民工不管碰上什么难事，李元刚都会第一时间为他们提供帮助。2019年3月的一个深夜，他接到重庆市铜梁籍农民工陈芳杰的求助电话，陈芳杰在陕西施工操作过程中因故受伤，而用工方故意推诿不予救治。他接到电话后立即披上衣服在寒风呼啸声中连夜赶到现场，详细了解情况多方取证，及时联系相关部门及用工单位负责人进行协调处理，经过双方多次协调沟通，最终妥善地处理好了救治和赔偿相关事宜（赔偿金额合计95万元）。仅2019年，他就帮助农民工兄弟共计维权、讨薪9起，累计金额达105万元。

如今的李元刚，将如何打造"黔工"这张"金字招牌"并带领家乡父老实现"外出务工就业＋脱贫致富＋返乡就业创业＝小康生活"作为了自己重点"研究"的课题。李元刚说，这既是他个人的梦想，也是所有黔江父老乡亲共同的梦想。

卢跃富

土家族,重庆市黔江区太极镇鹿子村人,现就职于重庆海尔洗衣机有限公司

卢跃富2010年加入海尔集团,从事喷粉工作。工作期间,为了攻克技术难关,他刻苦钻研,积极主动与行业专家、设备厂商、内部质量管理等专业人员沟通研讨,利用自己的休息时间,每天下班后单独留下来进行测试、验证,最终研究出创新方法,将喷粉一次下线合格率由85%提升至98%以上,线体生产效率由每小时380台提升至480台,线体效率提升约20%,每年为企业节约能耗物耗费用300余万元。

随着工业4.0时代的到来,海尔集团率先实施互联工厂战略,迫切需要一线员工由操作型向知识型转型。借助这个机会,他主动参加知识型员工培育活动,参与到疑难项目课题攻关中,并在每月的"创新成果"发布项目中获得优异的成绩,累计完成员工劳动强度、效率、目视化、产品质量等40余项改善创新。其中,箱体换色喷粉预警器、九宫格厚度测量法、喷粉房负压防泄漏等优秀成果,在集团内部推广复制。同时,他还制订了喷粉工序控制计划,对喷粉工序质量进行全流程管控。

入职以来,在提升自身专业技能的同时,他也不断改善带徒模式,授人以渔,培养徒弟的创新思维,理论结合实际,既讲解原理,又参与解决现场问题,逐步提升徒弟的专业技能水平。通过新型师带徒形式,他先后培养了20余名喷粉专业技术人员,包括1个首席技师、4个高级技师、6个技师、1名喷粉专项讲师,在海尔洗涤产业线首席技师比赛中获得"创客能手"称号。他还被海尔集团聘为喷粉"1+2+N专项项目"的训练师,在海尔集团西南园区培养了十几名喷粉后备人员,并将喷粉人员的培养周期由3个月缩短至1.5个月。

他乐于助人,积极乐观。作为一名入职10年的金牌员工,他特别照顾同班组年轻员工,帮助他们解决工作上和生活上的问题、烦恼,像大哥哥一样给他们提建议、传授经验。他还总是会对困难群众捐出自己的一份爱心,为改善他人的困境略尽绵薄之力。

张宗远

重庆市北碚区蔡家岗镇太平村人，现就职于重庆隆鑫压铸有限公司

张宗远，中共党员，初中学历，1979年8月出生于重庆市北碚区，现为重庆隆鑫压铸有限公司打磨技术工人。由于工作突出，他先后获得企业先进个人、优秀党员、优秀党务工作者、功勋党员及重庆市十佳农民工、重庆市五一劳动奖章等荣誉称号。

2001年2月，张宗远退伍后成了一名普通的数控机床学工。在学工期间，张宗远利用休息时间，努力学习加工中心操作、调试、维护技能，合理利用设备、人员等资源，实现了生产效能大幅度提高，节约了加工时间和生产成本，同时也提高了工人们的收入。

2012年，随着公司新产品不断增加，打磨质量和一次性交验合格率一直上不去，给公司造成相当大的损失。为尽快找到原因，攻克技术难关，张宗远带领车间骨干，主动向相关专家请教，走访兄弟厂家进行学习和交流，不断摸索，分析原因，制定相关整改措施，最终打磨车间的产品质量和一次性交验合格率明显提升，完成了公司年初下达的各项质量指标。

二十年如一日的努力，让他更加坚定自己前行的方向，每一步的收获都是他用行动谱写出的奋斗画卷。

2007年夏，一场特大暴雨造成公司园区外的一处堤堰土方崩塌，泥沙、污水、垃圾冲垮了公司围栏，情况十分危急。张宗远带领同事冒着瓢泼大雨冲入崩塌之处疏通水道，堵塞缺口，转移水流，挽救了公司巨大的财产损失。

2009年的一个晚上，车间一名员工因突发急性胃出血，失去知觉，处于休克状态，张宗远临危不乱，带领几名员工及时把病危同事送往医院，挂号、拿药、化验、付款……直到同事家属到场后，他才疲惫地回到公司继续上班。

梁小波

重庆市南川区水江镇辉煌村人,现就职于重庆美的制冷设备有限公司

梁小波,1987年6月出生,2005年加入美的集团,在广东美的制冷设备有限公司先后从事制造物流管理、安全管理、综合管理等工作。2013年8月开始,他在重庆美的制冷设备有限公司先后从事综合管理、人力资源管理、营运管理等工作,多次被评为集团先进个人、优秀综合管理主管、优秀员工等。

2005年毕业刚入职时,因培训期间表现积极,他被内训讲师推荐到了物流部工作。他下定决心,要快速适应工作岗位,并给自己拟定学习提升目标和学习计划。

之后,只要有空闲时间,他就会向同事学习物流知识和工作流程,并养成了每天总结和自我检讨的工作习惯。经过半年时间的成长和学习,他在公司组织的后备管理骨干选拔中,以综合排名第一的成绩成为公司第一批后备管理骨干。

后来,通过踏实工作和艰苦奋斗,他终于由后备岗位成功晋升到管理岗位。在激动和兴奋之余,他没有忘记各级领导和同事对自己的帮助,深知没有他们的帮助和关心,自己不会这么快速地成长。之后的工作中,他除了做好自己的本职工作,更是乐于帮助他人成长,注重团队能力的提升培养,常常组织团队交流和学习,参加外部培训等。

在带领团队取得卓越成绩后,梁小波转型到管理岗位,负责组织搭建重庆公司的工会组织,参与公司各项工作管理制度的制定等。

在工作中,他锐意创新,先后组织了8次千人以上规模的大型活动,向企业推荐引入了百余名高端人才(包括海外留学生3人、外籍专家1人),并直接对接各乡镇引入蓝领员工,成功解决了上千人的就业问题。

梁小波积极推动公司用工转型,通过校企合作,开展产业化工人培养。他坚持以人为本,关怀员工,提升了员工满意度和归属感,降低了员工流失率。

2020年新冠肺炎疫情暴发后,梁小波带领团队认真贯彻落实各级政府及公司关于疫情防控工作的各项决策部署,切实担负起疫情防控的工作责任,加班加点收集和分析公司全体员工的动向和状态。同时,他千方百计克服困难,抢抓生产,为公司实现快速复工复产做出了贡献。

辜中均

重庆市北碚区三圣镇古佛村人,现就职于重庆三圣实业股份有限公司减水剂分厂

辜中均,初中毕业,1971年4月出生,重庆市北碚区三圣镇人。他于2004年加入重庆三圣实业股份有限公司减水剂分厂,工作严谨,为人友善,从不怕苦,给全公司树立了良好的榜样,多次被授予优秀员工称号。

吃苦耐劳、勇于奉献是同事们对辜中均的评价。他爱岗敬业,不管工作多累多难,从没有怨言。不管白天黑夜,只要设备出现问题,必能见到他忙碌的身影。2019年夏天的一个晚上,突然天降暴雨,车间部分位置漏雨,淋湿了设备。他紧急组织机修组成员,冒雨赶至生产现场,抢修设备,保证了第二天生产的有序进行。

他无私奉献,牺牲节假日与家人团聚的时间,全力做好设备维护保养工作。为了不影响生产,他将设备的定期保养时间安排在节假日。其他员工和家人团聚之时,正是他奋斗在一线之时,他始终无任何怨言。

设备维修工作集"脏、苦、累"于一身,辜中均在实际工作中从不挑肥拣瘦,把每一项工作都当作一次学习锻炼的机会,在干中学、在学中干。他刻苦钻研,积极创新,对技术精益求精,不断总结经验,迅速掌握了各种设备工作原理及维护方法,成为公司不可缺少的人才。每当公司设备出现问题,别人解决不了的时候,他总能利用自己娴熟的操作技能,准确、快速地完成维修任务。

王书平

重庆市巴南区界石镇武新村人，现就职于重庆界石仪表有限公司

　　王书平，1964年出生，重庆市巴南区人。他于1991年到重庆界石仪表有限公司工作，靠肯学、肯钻、肯干、肯帮，从焊接"门外汉"成长为技术骨干。他于2016年荣获巴南区"十佳农民工"称号，2017年被评为"重庆市第五届劳动模范"。此外，他还年年被评为公司优秀员工，荣获公司"螺丝钉奖""好师傅奖""传帮接代奖"以及重庆市燃气行业协会"技术创新奖""技术标杆奖"和"安全文明奖"。

　　王书平所在公司是燃气调压设备国家标准起草单位之一，是重庆市"专精特新"企业，在全国燃气行业有较大知名度。近年来，公司业务倍增，特别是调压柜和调压撬装设备订单增长幅度较大。为了保质、保量、保时完成生产任务，王书平带领班组加班加点，及时提供优质产品，为用户按时通气做好保障，同时为公司在燃气行业创下了良好口碑。

　　王书平把班组同事的焊工证有效时间登记在册，关注证件到期时间，提前带领同事到培训中心考试换证，保证持证上岗，为公司特殊工种的安全性、产品质量的可靠性和焊工技能的持续提高提供了保证。

　　焊工班组有残疾人，其学习进度、工作效率与正常员工有很大差距。王书平一视同仁，主动教他们技能，为残疾同事排忧解难，帮助他们树立自食其力的思想，培养他们自强不息的精神。正因如此，他于2017年荣获公司"暖心家人奖"。

　　新冠肺炎疫情期间，王书平发挥表率作用，坚守工作岗位，奋战在疫情防控第一线，冲在前，干在先。公司复工前，他每日统计上传车间员工出勤情况，坚持进行疫情防控宣传，带头守卡值宿。

　　王书平很平凡，但他朴实、善良、忠诚的品质，感染着身边每个人。

庞钧云

重庆市合川区青平镇瓦店村人,现就职于重庆市合川区金星玻璃制品有限公司

庞钧云是重庆市合川区金星玻璃制品有限公司挡机工。从事工作十年来,他虚心学习、刻苦钻研、勇于创新,从门外汉逐步成长为技术骨干,近几年连续获得公司表彰奖励。

打工求学两不误。2007年,庞钧云刚高中毕业就来到重庆市区打工,人地生疏,经过几年的打拼和磨砺,逐步在建筑工地上站稳了脚。2008年,他报考了重庆大学成人继续教育学院管理专业,经过两年"半工半读"的紧张日子,终于顺利获得了毕业证书。

返乡就业报家乡。2010年春节,庞钧云回家探望父母,看到家乡玻璃行业繁荣兴盛,不少企业有用工需求而且薪酬基本达到自己预期,同时又能照顾家中老人,于是他毅然辞掉原高薪工作,到重庆市合川区金星玻璃制品有限公司做了一名挡机工。

大胆创新增效益。2016年,公司在反复考察后引进了行业内最先进的"全自动一体拉伸高脚酒杯生产线"。由于之前的生产工艺未涉及全自动、智能化的生产流程和先进的CNC、PLC的运维管理使用,公司缺乏相应的技术操作人才,关键时刻庞钧云主动请缨,要求学习操作设备。经过3个月"白加黑""5+2"对使用说明书的学习和设备调试,他不但能熟练操作,还发现设备在热成型过程中,容易出现高脚酒杯杯杆歪斜和口部滴头偏大、口部不平整问题,严重影响产品质量和美观度。对此,庞钧云认真研究如何解决这一问题,不仅自己反复试验,还主动和业内技术同行切磋、讨论。庞钧云提出了"成型是基础、定型是关键、爆口分区看火力"的技术要点,不仅成功解决了问题,还优化了部分工艺流程,在为公司节省上百万元设备材料费用的同时还提高了产品质量,为公司增加了数百万元的经济效益,为此公司对他给予了单独奖励。

助人为乐传佳话。庞钧云不仅是一名出色的技术员,也是一位乐善好施的好青年。他在外出打工和家乡务工期间,都满腔热血地帮助他人,关爱弱势群体,为身患重病的困难群众、辍学儿童主动捐款捐物,帮助困难家庭渡过难关。不仅如此,他还积极号召身边的朋友和同学向家乡稻草援助中心捐赠1.2万元,为慈善事业献上自己的绵薄之力。"道虽通不行不至,事虽小不为不成。"庞钧云用他的实际行动,诠释了新时代一名普通技术工人的高尚情怀。

文洪明

重庆市涪陵区惠民乡兴隆村人，现就职于重庆市第一社会福利院

文洪明，1963年11月出生，2007年4月进入重庆市第一社会福利院工作，现为该院六休养区（精神康复中心）养老护理员。他在工作中踏实肯干、任劳任怨，其高尚的品德、无私奉献的精神、积极主动的工作态度，受到同事和领导充分肯定，也得到老人家属多次赞扬，连续3年被福利院评为"老人床前好儿女"。

他护理的老人绝大部分生活不能自理，由于长期卧床，身体部分机能退化，更加需要精细、精心、用心的护理。定时为老人清理大小便以及勤洗、勤换、勤翻身，是对每个护理人员的要求，也是文洪明每天的日常工作，但能把这听起来简单的工作坚持下来且做到极致的人很少，而他则是为数不多的一个。

常年处于精神障碍群体集中的环境中，随时可能面对暴力伤害，随处可见无法正常沟通交流的人群，无处排解的心理恐惧和压抑不是常人能够体会和克服的。那些仅患有精神疾病但躯体健康，可自由行动的老人，就像一颗颗"定时炸弹"，随时都有"自爆"的危险，而他们伤害的正是身边时时照料他们的人。文洪明记得第一次被老人殴打的情形，当时正在给老人喂饭的他，没有意识到危险即将来临，有一名老年智障患者突然在他的身后发起攻击。文洪明顾不上自己身体的疼痛，尽力保护周围老人的安全，满脸血污的他与迅速赶来的工作人员合力控制住了患者。经过检查，文洪明的身体有多处淤青，面部被患者抓出几道血痕，经过简单包扎后，他又继续回到了工作岗位。

作为一名养老护理员，文洪明每天悉心照护的是别人的父母，但孝之大义，敬老、爱老是每个人心中最纯粹的善良。文洪明用一颗孝心和善心，尊重、爱护、善待身边每一个需要关爱的老人。这份朴素的"孝亲敬老"的情感，驱使着他十年如一日地奉献，在平凡的岗位上发光发热，用一颗赤诚之心陪伴老人安度晚年。

苏中明

重庆市大足区龙岗街道龙岗村人，现就职于重庆市大足区金福石刻艺术馆

苏中明，37岁，重庆市大足区人。他遵纪守法、爱岗敬业、不辞辛劳、积极进取，出色完成各相关工作。苏中明1999年开始学雕刻，先后在大足石刻艺术品有限公司、金福石刻艺术馆工作。他参与生产的鹏福牌精雕小品，兼具美、雅、趣、韵，创意新颖，神形兼备，深受国内外游客和收藏者喜爱。因工作出色，苏中明年年被评为公司优秀员工，2014年和2018年还分别荣获公司"创新创作奖"和重庆市工程师协会石雕分会"雕刻技术创新奖"。

1999年8月，苏中明拜姜云建、蒋根华为师学习雕刻，经过刻苦认真的磨砺，他于2001年2月被大足石刻艺术品有限公司录用。2012年1月，他进入大足金福石刻公司，专业从事石雕精品制作，组织完成了大足区人民医院文化雕刻工程和濑溪河风貌改造栏杆雕刻工程，得到一致好评。2014年3月，苏中明首次接手大型雕刻项目——大足区人民医院文化雕刻工程。为了完成任务，苏中明及时与大足区人民医院沟通，收集大量资料，反复推敲摸索，组织员工加班加点赶稿、定模、雕刻成型，最后顺利通过验收，因此获得公司2014年度"优秀员工管理奖"。

随着时代进步和经济发展，人民对雕刻水平的要求也越来越高。2018年，公司引进了雕刻智能机。作为20世纪80年代的初中生，自参加工作就接触雕刻的苏中明使用机器不成问题，但如何进行矢量图雕刻编程却是新的挑战。苏中明拿出初学雕刻的劲头，对照使用说明书，向厂里的大学生请教，用拿惯了雕刻机的手笨拙地在键盘上敲代码。终于在两周内拿出了合格的雕刻产品。

2020年年初，新冠肺炎疫情袭来之时，他了解到村里需要人手做抗疫工作，便积极组织公司同事第一时间加入村委会志愿者队伍，开展劝导、发放口罩、测体温、送生活用品等系列工作。疫情稳定后，为表达对抗疫一线英雄们的感谢，他主动参与创作作品《天使的泪》，获重庆市文化委推荐展出，得到雕塑爱好者和广大市民的好评。

王兴强

重庆市大足区龙岗街道官峰村人，现就职于重庆科力线缆股份有限公司

  王兴强是重庆科力线缆股份有限公司的一名普通农民工。与电线电缆结识的 16 个春秋，他以公司为家、以事业为重，立足本职岗位，艰苦拼搏，不断进取，在平凡的岗位上默默耕耘，为企业的经济增长、文明建设做出了重要贡献。16 年的辛勤耕耘，铸就了不少光荣与梦想。他所管理的车间多次被评为先进单位，他本人年年被评为先进工作者、突出能手、优秀个人，2020 年更是获得荣昌区第三届"棠城工匠"称号。

  1986 年，王兴强出生于大足区龙岗街道一个偏僻的山村。中专毕业后不久，他带着仅有的 200 元钱只身来到重庆市区。当时正赶上电缆行业招工，迫切想赚钱养家的他义无反顾报名应聘并被录用，自此他在电线电缆行业扎下了根基。自 2012 年入职重庆科力线缆股份有限公司以来，王兴强始终踏实工作、默默奉献、争创一流，取得了令人称道的优秀业绩。

  2019 年 9 月 20 日，公司唯一的成缆机发生断裂。成缆机是电线电缆生产过程中的重要设备，极易在操作过程中出现传动轴断裂事故。王兴强通过了解货车的万向轴，萌发了在成缆机安装灵活的万向轴的想法，最终成功解决了成缆机急停导致传动轴发生断裂的问题。王兴强在从事电线电缆生产的 16 年时间里，不断学习钻研。仅 2020 年，他就对公司 8 台设备进行了改造升级，提高了各个工种的完成质量和效率，为公司增加产值 50 万元，增强了公司的竞争力。

  他事必躬亲，冒着车间 200 ℃的高温投入生产，仅仅完成生产任务已远不能满足他的雄心壮志。他以多年在生产线上积累的大量精准数据和丰富的实操经验为支撑，牵头组成研发团队，协助总经理带领团队研发出多项成果，《阻燃型消防低烟无卤辐照电缆》《一种环保陶瓷电线箱和陶瓷电线》和《一种陶瓷无卤低烟耐火电缆》等已申请各项发明专利 10 余项，为公司创造产值 2 226 万元。

龚一权

重庆市梁平县城北乡星桥村人，现就职于重庆星星套装门（集团）有限责任公司

龚一权，1972年12月出生，高中文化，2001年9月入职重庆星星套装门（集团）有限责任公司白鹤装饰厂，历任喷漆工、打磨工、班长，现任欧式门车间主任。他先后3次被集团公司评为优秀管理工作者，2次被评为质量标兵。

一、爱岗敬业，脚踏实地做好本职工作。龚一权2001年进入公司后，被分配到喷漆车间任喷漆工。虽然喷漆工是全公司最苦、最累的工种，而且经常加班加点，但他没有怕苦怕累，反而喜欢上了这个有技术含量的工种。

二、刻苦钻研，不断追求卓越技术境界。龚一权在生产管理过程中，越来越体会到专业知识的重要性。为了学好车间每一环工序的专业知识，白天一有空，他就深入观察每一个工序，不断总结经验。晚上别人打牌、逛街、休闲，他却在看书，几乎把在网上能收集到的套装门生产方面的资料和书籍全部"啃"了一遍。

三、科学管理，积极打造过硬生产团队。2013年，龚一权被公司任命为欧式门车间主任后，干劲更足，一心要把车间打造成无敌团队。近3年来，车间完成套装门生产54万扇，实现产值3.6亿元，产品质量从原来的一次交验合格率92%上升为98%，车间生产成本节约120余万元。2020年，车间连续3个月被集团公司评为先进车间。

四、安全生产，努力构建和谐文明车间。龚一权始终秉承"安全为了生产、生产必须安全"的理念，坚持"安全第一、预防为主"的方针和"不安全不生产"的原则，认真组织本车间员工学习设备操作规程，特别是对新员工坚持手把手地教，严格按照操作规程办事，不厌其烦。车间内部员工与员工之间、员工与管理者之间关系融洽、和谐，有效地促进了安全文明生产，连续8年来无重大安全和质量事故发生。

刘洪琼

重庆市忠县官坝镇龙泉村人，现就职于重庆聚恩实业有限公司忠县博爱佳园老年公寓

刘洪琼，1976年6月出生于重庆市忠县官坝镇龙泉村，高中文化，17岁开始外出到深圳打工，是一个地地道道的农民工。在深圳，她先后做过工品管理、拉长、酒店前台接待、酒店客服经理、酒店大堂经理等。2008年她回到忠县，2015年进入重庆聚恩实业有限公司忠县博爱佳园老年公寓，从事养老护理工作。

在老年公寓，任何事情她必须现学现用、亲力亲为，也必须手把手教没有护理经验的护理人员对老人进行护理。从进入老年公寓之前的不懂养老，到现在带着一个护理团队对老人进行护理并得到入住老人的认可，她付出了很多很多，如今她已成为养老护理方面的"专家"。

她在工作中不怕脏、不怕累，带着爱心一路走来，每天都在突破自己，每天都在超越自己。给男性老人洗澡，所有护理人员从没做过，她就第一个带头做示范，让大家突破心理障碍。老人大便不通畅，看到老人痛苦无比而大家又无从下手，她就蹲下来给老人一点点用手抠，一次次感动得老人泪流满面，感慨地说自己儿女也做不到，这样的例子不胜枚举。

她心地善良，做事踏实，把老年公寓当作自己的家，把入住的老人当作自己的"父母"。她先后护理多位临终关怀老人，为他们穿衣穿裤、洗脸洗澡、清理粪便、刮胡须、换尿片、送水喂饭等。

在老人公寓工作以来，经常会有老人子女因为老人赡养、夫妻关系等家务事在养老院闹得不可开交，一般人看到这些家庭矛盾都会避之不及，但她从不回避，主动用理性、细腻的情感介入，帮助这些家属化解矛盾，用爱心和真诚感染、打动家属。

她敏锐地发现，只有建设养老服务标准体系才能保证老年公寓可持续发展。几年来，按照国家有关标准，借鉴其他养老院标准化管理模式，结合本公寓实际，她建立起了企业标准体系，在贯标、评价改进等标准化实践活动中不断优化完善，形成了较为完善、科学、符合实际的标准化管理模式，累计编写、制定了相关工作标准共31项。

她在工作中积极思考，勇于探索，勇于实践，为了帮助卧床老人顺利排尿，她用一次一次的实验成功申请了两项实用新型专利，现正和生产厂家联系，下一步将转化成产品服务更多的老人。

重庆

熊孟琼

重庆市云阳县人和桃园社区人,现就职于重庆陈大毛面业发展有限公司

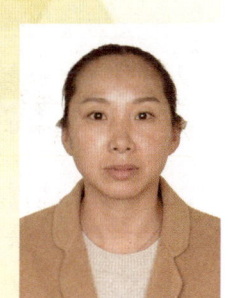

熊孟琼,1982年8月出生于重庆市云阳县白龙乡牌坊村,家里世代靠种地为生,她初中毕业就开始外出打工,是一名普通的农民工。她先后在广东南华手表厂做手表毛坯工,在青岛、沈阳、天津做建筑行业小工。2003年,她回云阳是参加家乡建设,先后在滨江公园、外滩工地做小工。2017年6月,她进入重庆陈大毛面业发展有限公司人和公园园区生产中心,先后从事包装、覆膜、打码、车间包装工作。

自2017年入职重庆陈大毛面业发展有限公司以来,熊孟琼始终踏实工作、默默奉献、争创一流,赢得了领导、同事和客户的交口称赞。

她是最早进入公司的员工之一,公司刚成立时正值酷暑,她配合西安工厂机修技术员,安装调试车间生产主机、包装机、覆膜机和打码机。试生产过程中,烘干线出现机器故障,她经常不顾烘房高温,配合机修工、车间主任和生产厂长对传动轴进行抢修。遇到停电、机修故障时,她积极配合主机和其他岗位员工加班加点生产,力求为公司减少损耗、保质保量完成生产订单。

她热爱自己的工作,在工作中表现出了非常强的积极主动性,遇到困难的工作总是主动承担,不推诿拒绝。她能够以正确的态度对待各项工作任务,严格把食品质量安全管理、质量追溯管理贯彻到生产环节的实际工作中去。入职以来,她带领的团队生产包装挂面成品2万多吨,均没有出现质量问题。

2020年,她积极配合公司做好新冠肺炎疫情防控工作:在疫情防控初期,配合行政部门做好车间员工复工前期疫情调查,复工后监督疫情防控落实;在生产厂长春节回厂例行隔离观察期间,主动承担车间生产管理工作;在各地订单堆积的情况下,配合行政部门协调后勤保障,积极组织动员车间员工加班加点完成生产订单,为抗击疫情、保障人民生活基本物资做出了贡献。

她积极参加公司和职能部门组织的食品安全管理业务培训。通过外出培训学习,她把理论和知识转化为生产力和创造力,回到公司还积极自学提升专业技能,促进公司于2019年5月顺利通过了相关食品安全认证体系的认证。

董泽河

土家族，重庆市酉阳县天馆乡核桃村人，现就职于酉阳县西州实业集团

在重庆市酉阳土家族苗族自治县翠屏山麓"伴山华府"地产项目工地上，52岁的土家族汉子董泽河是有名的钢筋工。在钢筋劳务班组中，他年龄最大、资历最深，大家都尊称他为"董哥"。

"董哥"干一行、爱一行、精一行，在平凡的岗位上践行"工匠精神"。只有初中文化的董泽河，进过工厂、上过矿山、打过零工，做过许多苦力，一次偶然的机会，他接触到了钢筋工。董泽河一边虚心向班组长学习，一边自己认真揣摩其中奥妙。从学徒到熟练工，从熟练工到带班师傅，浓厚的学习兴趣和钻劲，让董泽河很快成长为钢筋班组里的佼佼者。钢筋对于一个施工项目有着关键的作用，无论是受力钢筋、结构钢筋，还是分布筋、箍筋等，都不得有半点差池。两年多的时间里，董泽河带领其劳务班组，与其他工种班组密切配合，完成"伴山华府"项目建筑体量约70 000平方米，质量验收时从未出过差错，被称为"放心钢筋"。

"董哥"讲团结、做奉献、善作为，在平凡的岗位上弘扬"工匠精神"。"一人行，不算行，团队行才叫行！"这是钢筋班组带班老大哥董泽河常常挂在嘴边的一句口头禅。他善于团结，把工友当兄弟，营造和谐的劳动氛围。他乐于奉献，把工友当弟子，把自己所学倾囊相授。他担当作为，把项目部当作家，与工友们一道起早贪黑，勤奋劳作。在"伴山华府"项目工地上，说起"董哥"，人人都竖起大拇指。如今，董泽河"传帮带"的10余人，都从钢筋班里的"小白"变成了"好手"，人人会识图、人人都是技术骨干，人人都有着追求精益求精的"工匠精神"。

"董哥"讲规矩、树正气、有情怀，是一名平凡岗位上的"工匠楷模"。专业的人干专业的事。多年的钢筋工经验，练就了董泽河一双火眼金睛。在一次工程质量"自检"过程中，大家都没注意到一些部位绑扎不到位，他第一时间发现并要求工人进行返工整改。工作上，他始终一丝不苟，一身正气，严把质量关，堪称"工匠楷模"。家庭中，他特别注重家庭美德，弘扬良好家风，是父母心中的好儿子，是妻子心中的好丈夫，是孩子心中的好爸爸，是邻里心中的好邻居，堪称做人典范。

马丹强

重庆市彭水县龙溪镇漆树村人,现就职于彭水县百业兴森林食品开发有限公司

马丹强,1977年12月出生于重庆市彭水县龙溪镇漆树村5组,现为彭水县百业兴森林食品开发有限公司负责人。

1999年冬,未满23岁的马丹强因父母年老体弱多病,家庭经济十分拮据,毅然放弃高考选择到广东务工。经过11年的艰苦打拼,他经营的公司业务范围逐渐延伸到广东全省及周边多个省市,年营业收入突破1 000万元,成为彭水人在广东口碑较好的务工领头人。

2010年3月,马丹强返乡创办了彭水县百业兴森林食品开发有限公司,专攻香椿种植与加工,在彭水县龙溪镇漆树村流转土地1 024亩,建起了彭水县香椿芽科技示范基地与专家大院,直接带动周边193户485人就地就近就业,其中建档立卡贫困户22户66人,户均增收30 000元左右。

马丹强在自身创业致富的同时,积极响应国家号召,为打赢脱贫攻坚战贡献自己的智慧和力量。马丹强在企业资金困难的情况下,将自己的多套房产抵押给银行,扩大生产规模,加大了对老百姓种植香椿的收购力度,并对当地老百姓其他的滞销农副产品一并加以分选和包装,借助国家东西部协作扶贫政策,在相关部门的共同努力下开辟了山东市场,把产品销售到了山东,不但深受老百姓好评,还荣获了2020年鲁渝消费扶贫活动二等奖。

马丹强及其所带领的团队已获得国家实用新型专利18件,发明专利5件,外观专利4件,版权2件,科技成果2项。马丹强本人当选为彭水县工商联合会常委、县政协委员、县政协农业委兼职副主任、重庆市首届回乡创业十大经济人物、重庆市科技创业领军人才等,他所创办的企业更是先后荣获"农业产业化市级龙头企业""国家高新技术企业""国家知识产权优势企业"等殊荣。

为改变家乡交通不畅的现状,解决老百姓出行难的问题,马丹强主动捐资5万元,并组织当地村民出资出力,打通了从漆树村至郁山镇1公里的连接道路,破解了进城要从黔江境内绕行一个半小时车程的道路瓶颈,受到了当地村民的高度赞扬。此外,马丹强还非常热心公益事业,主动对当地5个贫困户进行结对帮扶,累计投入帮扶资金(含物资折款)20余万元。此外,马丹强不但在汶川地震、玉树地震等灾难时期主动捐款,还在新冠肺炎疫情医疗物资极度匮乏的情况下,千方百计给当地群众无偿发放了1 000余个医用口罩,被当地老百姓亲切地称为"老百姓的贴心人"。

杨正文

重庆市北碚区天府镇石佛村人，现就职于重庆市吉犟中草药种植股份合作社

杨正文，1969年出生于重庆市北碚区石佛村，高中文化。他于1998年被共青团天府镇委员会评为"十佳星火青年"，2011年参加重庆市人力资源和社会保障局微型企业创业培训，2013年参加重庆市西南大学培训学院扶贫创业培训"名贵中药材生产及产业化经营"培训班。

他于1988—1989年在戴家沟流铁矿参加工作，1990年外出到广东省务工。打工之初，杨正文进入广州市工艺品生产企业，凭借吃苦耐劳的工作态度，在一年内升任公司生产部部长，并介绍了400余名老乡加入公司，实现双赢。工作3年后，由于需要照顾家中长辈，杨正文不得不返乡。

1996年，为响应政府的号召并建设家乡，他开始养殖蛋鸡。经验来自实践的积累，他向西南大学畜牧业专家教授咨询相关知识。正是靠着这一股子钻劲和韧劲，带着一颗对农业的热心，杨正文的蛋鸡养殖事业欣欣向荣。他在2011年6月注册成立了福勤家禽养殖场，带动周围村民发展养殖业，同时满足了石佛村附近居民对鸡蛋的日常需求。

自2000年开始，杨正文屡次自愿出资帮助石佛村修缮各处出行道路，持之以恒，累计出资达5万元以上。不仅如此，为响应政府脱贫攻坚的号召，杨正文为村中建档立卡贫困户和低保户提供就业平台和机会，帮助低保户和贫困户实现就业超100人，每人每年增收5 000元以上。贫困户按天结算报酬，由本人计算工作天数后领取相应的报酬，有一位贫困户计算工时时少算了3天，杨正文在发放工资后对账时发现了这一错误，于第二天主动把3天工钱送到了贫困户手中。因为杨正文的家地处林区，天气干燥容易发生火灾，每当险情发生后，杨正文立刻上报火情，招呼邻里参与灭火并冲锋在前。作为一名党员，他认真履行党员职责，从群众中来、到群众中去，对于家庭矛盾、邻里纠纷多次出面调解。在新冠肺炎疫情期间，他主动劝诫村民居家不要外出，并发挥党员带头作用。

杨正文在工作中始终勤勤恳恳、任劳任怨、乐于奉献，时时处处以党员的标准严格要求自己，用务实的作风和质朴的品格影响和带动周边的人，他是新时代农民工的榜样！

陈年琼

重庆市合川区草街镇镜湾村人，现就职于重庆市科讯职业培训学校

陈年琼，1972年3月出生于重庆市合川区一个普通的农民家庭。因为家庭条件较差，小学刚毕业她便只能辍学回家，为家庭做一些力所能及的事。

1988年，年仅16岁的陈年琼离家踏上去往重庆市区当小保姆的工作之路。在那个年代，做小保姆是很被人看不起的，可她心中只有一个念头：找工作就能赚钱，能帮助妈妈减轻负担就开心了。

此后，陈年琼逐步向做好一名育婴员转变。她主动到家政公司培训，边学习边积累带宝宝的工作经验。经过推荐，她参加了重庆市沙坪坝区妇联组织的母婴护理知识培训，享受到了政府提供的免费技能培训和就业支持。完成学业后，她顺利通过了考试，获得了母婴护理职业资格，随后又继续学习并获得了育婴师中级证书。

在工作中，陈年琼坚持践行"简单的事情重复做，重复做的事情用心做"的理念。自2001年开始从事月嫂工作至今，她先后为几十名雇主服务过。从产妇擦浴、健康指导、卫生护理、伤口消毒，到给产妇搭配色香味美的月子餐点、为产妇做产后心理疏导等，她先后陪同几十名宝妈度过了健康愉快的产褥期。

陈年琼性格开朗，乐于助人。休息时，一有空闲就去学校和新加入的师妹们交流学习并分享经验。她兢兢业业工作，获得了很多荣誉：

2010年10月，参加了沙坪坝区妇联举办的沙坪坝区首届"红岩大姐"家政服务技能选拔赛，获得一等奖。

2011年10月，参加了重庆市妇联举办的"重庆市第三届农民工职业技能大赛家政服务（育婴组）竞赛"，获得优胜奖。

2012年3月，获得2011年度沙坪坝区"十佳红岩大姐"荣誉称号。

2012年10月，参加了沙坪坝区妇联举办的沙坪坝区第二届"红岩大姐"家政服务技能选拔赛（育婴组）项目，获得一等奖。

2016年，获得重庆市家庭服务业"百名优秀家庭服务员"荣誉称号。

2019年3月，作为优秀月嫂代表应邀参加重庆市妇联家政服务座谈会。

2019年11月，获得重庆市首届十佳家政服务"巴渝大姐"荣誉称号。

吴成卫

重庆市城口县巴山镇人，现就职于格力电器（重庆）有限公司

吴成卫，1991年1月出生，重庆市城口县巴山镇人，现为格力电器（重庆）有限公司空调控制器维修高级技工。

作为一个从小生活在偏僻小山村的孩子，因家庭条件非常贫穷，迫于一家人的生计，懂事的他为给家里减轻负担，中专毕业就外出到重庆市区打工。由于学历不高，吴成卫在这里并没能落下脚来。之后，他看到了格力电器（重庆）有限公司的招工广告并填写了招聘报名表，最终凭借着良好的精神面貌和质朴的品质应聘成功，开始了他的格力生涯。

初入格力，他被分配到控制器分厂主板板块补焊岗位。面对新工作的挑战，他用一股子狠劲来激励自己。不懂就学，最开始完全不知道怎么握烙铁，他就请教班组的老员工，通过不断练习，慢慢熟悉电烙铁的使用。最终，凭借着不懈的努力，他在补焊岗位渐渐站稳脚跟，成了一名合格的补焊员工，对于控制器手工焊接和故障识别有了不错的掌握。

控制器分厂维修组是一个专门负责过程、传递缺陷故障板故障排查和维修的工作组，专做维修和焊接的工作。进入维修组，吴成卫有一种如鱼得水的感觉，他有更多的机会接触手工焊接工艺，他也更加热爱自己的工作岗位，更加专研手中的烙铁，为他成为焊接技术高手埋下了伏笔。

吴成卫在维修组一干就是十年。其间，他参加了各项手工焊接大赛，代表公司获得了无数荣誉。他如同武功精进的大侠，苦修十年，一朝功成！烙铁如同他的手中兵刃，而控制器电路结构则像了然于胸的武功秘籍，两者搭配让他无往不利。

除在公司内部组织的各类技能比赛获得奖项、殊荣外，吴成卫于2015—2017年连续三年入围"匠心筑梦"格力电器劳动技能大赛技能500强。他还凭借个人经验和娴熟技能，代表公司参加"OK国际杯"2014年IPC手工焊接竞赛暨世界冠军选拔赛并荣获西南赛区"最佳工艺奖"。此外，他还荣获了2017年"快克杯"全国高技能电子装配焊接大赛重庆赛区第五名和全国总决赛优秀纪念奖、2018年"快克杯"全国电子制造行业焊接能手全国总决赛四等奖以及公司年度"十大感动人物"。

孙茂林

重庆市云阳县龙塘乡联合村人，现就职于重庆新犇牛物业管理有限公司

孙茂林，1979年9月出生于重庆市云阳县龙塘乡联合村，初中文化。最初他在广东省深圳市从事物业服务工作，任职期间表现优秀。积累了先进的物业管理经验后，孙茂林没有继续留在深圳发展，"扎根家乡、服务重庆"的初心让他选择回到自己的家乡。

2015年4月，孙茂林加入重庆新犇牛物业管理有限公司，任职期间的表现及事迹如下：

2016年2月，公司通过竞标获得了重庆市沙铁大厦小区的物业服务权，需要半个月后开始进场。孙茂林接到任务时，没有选择推脱，立足项目实际提出相关问题，并要求去项目实地考察。通过实地考察及经验分析，孙茂林接受了挑战，梳理了工作重点。在日常工作中，他急业主所急、想业主所想，坚持以人为本、服务至上，得到广大业主的认可。

新冠肺炎疫情期间，公司防疫物资短缺，他积极寻找采购渠道，为公司输送了大量口罩、消毒水、体温计等。有些员工因疫情封路不能返岗，项目人员严重不足，物业岗位又必须24小时值岗。他主动顶替岗位，员工休息时他也不休，严防死守，一直在项目上连续奋战至2020年4月中旬，才与家人团聚。尽管项目地处重庆市沙坪坝区核心商圈且为铁路、公路交通枢纽地段，但却没有发生一例传染案例，确保了小区三百多户业主的正常生活，孙茂林及其所在团队功不可没。

孙茂林在实际工作中从不挑肥拣瘦，把每一项工作都作为一次学习锻炼的机会，在干中学，在学中干，刻苦钻研，不断进步。他的工作客户满意度高，也得到公司领导班子的高度认同，孙茂林连续三年获评公司"优秀员工"。

张高成

重庆市渝北区大竹林镇黑沟村人，现就职于重庆渝江压铸有限公司

张高成，1969年7月出生于重庆市渝北区大竹林镇黑沟村，现为渝江压铸有限公司压铸部的员工。

张高成于1998年加入渝江压铸有限公司，成为压铸部的一员。这一干就是22年，他把最好的青春年华都给了公司、给了压铸岗位。

入职前3个月当学徒工，他跟着师傅不懂就问，学习设备操作，认真听师傅讲生产经验。那时的压铸需要手动进行放置，每个零件重3公斤左右，一天的产量在300余个。他的手指被磨破，长时间的站立也令人酸痛难忍。当感觉到身体疲惫和难以坚持的时候，他总告诉自己，坚持才是进步的前提。最终凭借着这样的工作作风和思想意识，以及对专业技术的琢磨，他很快从一名学徒成为一名合格的压铸工，熟练地掌握了模具和设备操作。他能够非常熟练地掌控大小不同吨位的压铸机，压铸产品质量合格率总是名列前茅。

工作期间，张高成总是主动承担工作任务和难题，兢兢业业，勤勤恳恳，任劳任怨，不计名利得失，不争不抢，一切服从安排，顾全大局，并总是能出色地完成部门领导要求的生产任务。在职期间，根据工作要求，公司对工作时间进行了调整，由原先的8小时/班调整为12小时/班。有的同事会因工作量和时间增加无法继续坚持，但张高成不仅主动承担更多工作任务，坚持工作，并且关心和帮助同事们适应新的工作时间，从而更好地保证了生产任务的完成。

在他加入公司的22个年头中，他始终如当初第一次进入公司时一样，面对工作中一个又一个的难题，总是没有豪言壮语，只有一个朴实和坚韧的信念：攻克它，研究它，学习它，总结它。只为困难找方法，不为困难找理由。公司生产需要叉车工协调其他工种，他考取叉车证，忙前忙后兼顾叉车工作。当公司需要起重设备车工的时候，他又考取了行车证。他在2016年被评选为公司优秀员工，也曾3次获得先进员工。他是一线员工的杰出代表，微小却不渺小，简单却不平凡！

孟文宗

河北省深州市护驾迟乡孟家角村人,现就职于四川新雅轩食品有限公司

孟文宗,1982年4月出生于河北农村,现为四川新雅轩食品有限公司一名普通技术员。他初中毕业后曾从事过餐饮服务行业,对餐饮产生了浓厚兴趣,2010年进入四川新雅轩食品有限公司。

他严格依照食品行业相关规定和要求,切实加强技术学习,认真履行食品监督工作,为推进公司食品监管及技术创新做出了贡献。他为公司打造出一支60余人的专业技术研发团队,主导研发的产品超过300个,将生物酶解技术、美拉德反应与复合调味料进行大胆的创新结合,研发出一系列具有市场竞争力的产品,帮助公司实现了每年60%以上的市场增长率。2018年6月,他在全国火锅行业交流会上发表了《论火锅中的食品安全控制》主题演讲。他还取得了"高汤鲜料复合调味品加工关键技术"科技成果,在复合调味料领域主创了多项自主专利,为四川调味品走向全国、走向世界奠定了坚实的基础。

宋建明

四川省都江堰市石羊镇顺江社区人，现就职于四川堰香阁林盘餐饮管理有限公司

宋建明，1974年5月出生，中共党员，四川堰香阁林盘餐饮管理有限公司设计员。他在浙江、云南、上海等地做过电工，经营过火锅生意。2016年，宋建明利用村民的猪圈和林盘资源，设计出都江堰市第一家乡村特色咖啡馆"猪圈咖啡"，形成了以"猪圈咖啡"农耕文化、农村别致庭院文化为核心的展示体验消费场景，真正实现了"老百姓的农房变成了客房、农民变成了股东、林盘变成了景区"。他带动当地19户农户参股经营，户均年增收10万元以上，吸纳当地100余名农民就业。

他设计打造出的"猪圈咖啡""川西音乐林盘"等特色乡村文化产业品牌先后获得"成都市AAA级林盘景区""成都市十大农创项目""成都市旅游目的地""成都市十大最美林盘""成都市最美乡村绿道""成都市第二届新旅游潮成都绿道文化旅游创意地标"等荣誉，并成为四川音乐大学、成都理工大学、阿坝师范学院、香港陈明志音乐工作室等高等院校的学生实训基地。他本人被评为"都江堰市第八批拔尖人才"。公司2019年接待游客量数超20万人次，年经营收入达1 000万元以上。

四川

何建

四川省成都市新都区新繁镇清镇村人,现就职于四川荃银种业有限公司

何建,1980年出生,中共党员,现为四川荃银种业有限公司农技员。他1999年毕业于四川温江农业学校,长期从事杂交水稻技术推广、指导工作。2013年,他在成都市平原粮食规模化种植区推广先进农业生产技术与模式。2018年,他开展水稻低富集镉试验,降低了成都市平原水稻30%的重金属富集。他创新水稻直播、抛秧、机插等新种田模式,每天单人单机播插面积可达到10~30亩,每亩有效降低生产成本150元以上。他探索的健康粮油轻简化栽培模式在新型职业农民培训、农业职业经理人等培训平台中共培训800人次。他将种植业同景观农业相结合,打造稻米文创品牌。他积极推广两系优质水稻新品种种植试验,实收平均亩产达780公斤,2017年和2018年带动种粮户在新都区种植1.5万亩新品种水稻,实现农户每亩增收达180元以上,其经验做法被四川电视台等媒体宣传报道。

徐刚

四川省简阳市禾丰镇丙灵村人,现就职于简阳市呈祥瑞泰农业科技有限公司

徐刚,1976年12月出生,中共党员,现为简阳市呈祥瑞泰农业科技有限公司职业经理人。他于2015年10月回到家乡,潜心钻研黄金柚种植技术,并考取了农业职业经理人,开创"丙灵扶贫模式",带领当地群众发展种养循环产业、引入黄金柚种植、高端淡水鱼养殖等特色产业,吸纳丙灵村所有贫困户(103户299人)就业。几年来,贫困户年人均纯收入由2 800元提升至17 000元,并于2017年12月全部实现脱贫摘帽。他带领团队与四川大学再继续教育学院、成都市农林科学院共同创建乡村振兴培训学校和四川战旗培训学院,联合打造乡村振兴培训平台。他的事迹被中央电视台《每日农经》节目、四川电视台、成都电视台、人民日报、四川日报、人民网等300多家媒体报道或转载报道。他曾荣获四川省脱贫攻坚"奋进奖"、首届天府成都最美乡贤、四川好人、全国百强农村电商致富带头人等荣誉。

四川

杨先东

四川省成都市双流区黄水镇桂花社区人,现就职于成都市双流区胜利牧山香梨种植专业合作社

杨先东,中共党员,1963年11月出生,四川成都人,现为成都市双流区胜利牧山香梨种植专业合作社负责人。他统一收购香梨,建设20吨保鲜库,用电子商务、手机短信等营销渠道进行产品宣传和技术推介。他推广新药肥无公害生产和棚架矮化栽培技术,使所在镇的优质果比例由30%升至80%以上。在他的不懈努力下,牧山香梨实现改良种植3 800余亩,400余户成为培育科技示范户,"蜜雪""夏水二号"新品种种植200余亩。

杨先东2015年获"四川省劳动模范"称号,2016年被评为"成都市优秀标兵"。

胡云川

四川省富顺县飞龙镇促进村人，现就职于富顺县西苑街海尔星级服务中心

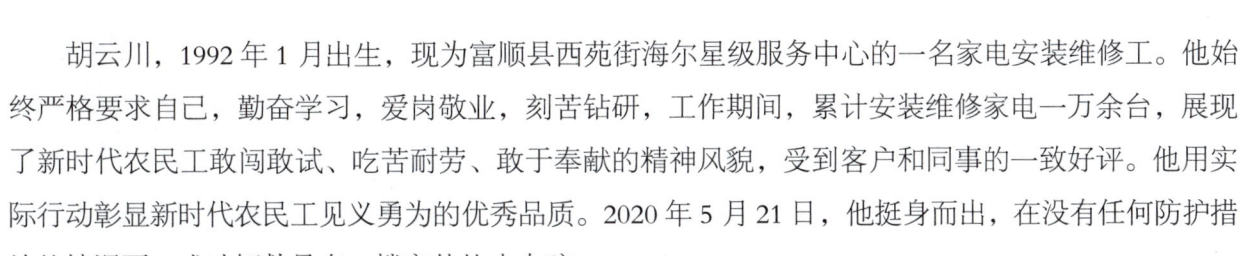

胡云川，1992年1月出生，现为富顺县西苑街海尔星级服务中心的一名家电安装维修工。他始终严格要求自己，勤奋学习，爱岗敬业，刻苦钻研，工作期间，累计安装维修家电一万余台，展现了新时代农民工敢闯敢试、吃苦耐劳、敢于奉献的精神风貌，受到客户和同事的一致好评。他用实际行动彰显新时代农民工见义勇为的优秀品质。2020年5月21日，他挺身而出，在没有任何防护措施的情况下，成功解救悬在6楼窗外的小女孩。

2020年5月22日，海尔公司授予胡云川"人单合一见义勇为奖"，并奖励他价值60万元的房产一套。2020年5月28日，中共富顺县委政法委授予他"见义勇为公民"称号，奖励人民币4 000元。2020年6月24日，自贡市见义勇为联席会授予他"见义勇为勇士"称号。

四川

曹翁

四川省自贡市荣县白石铺村人，现就职于四川省宏图远翔建设工程有限公司

曹翁，1972年7月出生，中共党员，现为四川省宏图远翔建设工程有限公司一名钢结构安装工。他先后参与北京"鸟巢"体育馆、中央电视台新大楼以及成都博物馆等各类国家级和省市级地标建筑修建。

2020年春节，突如其来的新冠肺炎疫情在武汉暴发，党中央国务院紧急部署在武汉修建雷神山医院。2020年2月3日上午，他按照公司的安排要前往武汉，在安抚好妻子和安排好家中事务后，2月3日下午与女婿一同驱车前往武汉。经过不间断行车，2月4日早上6点到达武汉，随即进入工地现场。他们共同配合，相互帮助。在建设过程中，寒冷的天气给施工操作带来极大困难，他们克服困难，争分夺秒，每天干12个小时，后期几乎是通宵工作。他同其他川籍农民工一样，彰显了"川军"劲旅精神，通过自身努力为雷神山医院在最短时间内建成运行贡献了一分力量。

刘正付

四川省盐边县红格镇昔格达村人，现就职于四川安宁铁钛股份有限公司

刘正付，1969年2月出生。他于1991年外出务工，2002年进入四川安宁铁钛股份有限公司工作，现为公司三车间主任。

他提出从安宁河取水来解决运矿难的建议，最终公司采用三级加压将河水输送至矿山，改变了矿山传统的运矿方式，实现了公司全年均衡稳定生产。该技术申请的发明专利"矿浆输送方法"（专利号ZL200910302347.0）已获得授权，属国内首创，用粗颗粒原矿浆重力流管道输送技术代替传统汽车运输原矿，可自流输送粗颗粒原矿600余万吨/年，节约能耗9 853吨标煤/年，节约运矿成本近9 000万元/年。在日常工作中，他注重与员工的沟通交流，走到员工中去，倾听员工心声，解决员工在工作与生活中的实际困难。在他的培养下，已有30余名员工取得了维修电工、电气设备安装工等技能等级证书。

四川

胡绍兵

四川省泸县牛滩镇新林村人,现就职于泸州沱江液压件有限公司

胡绍兵,1972年8月出生,中共党员,现为泸州沱江液压件有限公司焊工。他从事焊接工作15年来,从未出现过任何焊缝质量问题,公司生产的油缸被广泛应用于石油钻探设备,远销俄罗斯等十多个国家和地区。

他与公司技术团队共同研发出"低温多级油缸焊接工艺"。2019年,胡绍兵还与公司技术团队共同研发了一台液压油缸负载试验设备,大大提高了公司生产效率,实现产能和质量的提升。胡绍兵带领的班组获得2016年公司"安全生产优秀班组""5S先进班组"等荣誉。他用实际行动诠释工匠精神,为"中国制造"注入了普通农民工的一分力量。他于2018年被评为公司"质量标兵""优秀员工"以及中共泸县县委首届"中国梦·劳动美"最美职工,2019年荣获"建设泸县贡献奖""泸州市劳动模范",2020年荣获"四川省劳动模范"。

曾维富

四川省泸州市江阳区方山镇贾坝村人，现就职于泸州骏辰汽车销售有限公司

曾维富，1974年7月出生，现为泸州骏辰汽车销售有限公司汽车修理工。通过学习，他率先掌握了电控发动机维修技术，解决了许多技术难题，深受广大客户和同行的好评。他还率先掌握了柴油发动机从大泵机械喷射到电控柴油喷射变革技术以及电子电器化新型技术，并带领公司技术团队为客户提供优质高效的技术服务。他参加历届主机厂的技术比武大赛，在比赛中多次取得西南赛区及全国赛区前三名。他曾担任北京现代、长城、东风标致、江铃、长安、上汽通用五菱等汽车厂家泸州技术服务中心的技术主管，在此期间曾多次为汽车主机厂提出许多技术革新建议并得以采纳。

在新冠肺炎疫情期间，他为用户提供车辆故障上门维修服务，并送去主机厂生产的口罩等防疫物资，是新时代农民工辛勤工作、敬业奉献的典型代表。

四川 李雪峰

重庆市梁平区双桂街道太和村人,现就职于泸州市胜科模具制造有限公司

李雪峰,1983年6月出生,现为泸州市胜科模具制造有限公司钳工,并担任钳工组组长。他带领团队攻坚克难,为公司生产出尺寸、精度合格的模具,赢得了五粮液、郎酒、泸州老窖等知名企业的认可。工作中他总是能够选择最好的方法,实现工作流程、工艺的统筹安排,节约时间和材料,提高模具的精度。李雪峰身上具有农民工质朴的优秀品格,在公司遇到困难的情况下,他兢兢业业、锐意进取、勇于担当、坚守岗位,树立了良好形象并起到带头作用,在工作期间多次荣获优秀员工称号。

他始终保持刻苦学习、认真钻研、与时俱进的精神,在模具行业精耕细作,在钳工技术上突破创新,体现了当代农民工强烈的社会责任感。

陈力菊

羌族,四川省绵阳市平武县龙安镇东皋村人,现就职于龙洲珍禽王旅游服务有限责任公司

陈力菊,羌族,1973年3月出生。她是龙州套枣非物质文化遗产传承人、龙洲珍禽王旅游服务有限责任公司总经理,从事文化旅游工作已21年,是农民工文旅创业的典型代表。

2016年以来,陈力菊全力帮扶平武县水田乡五龙村,与建档立卡贫困户座谈交流,结合该村实际制定帮扶方案,并通过平武县慈善总会为该村合作社捐款2万元。她帮扶53户贫困户发展种植养殖业,累计为贫困户创收25.2万元,户均增收5 500元。2017年,她为五龙村两户贫困户子女捐助大学学费4 000元。新冠肺炎疫情期间,为积极支持全县疫情防控工作,陈力菊向平武县红十字会捐赠2万元现金。

她先后被评选为"抗震救灾先进个人""四川十大旅游脱贫卓越贡献人物""优秀非物质文化传承人""脱贫攻坚先进个人"等。

四川

徐丽萍

江西省赣州市信丰县大塘埠镇合兴村人,现就职于际华三五三六实业有限公司

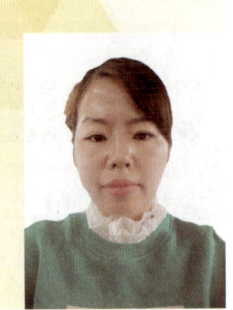

徐丽萍,1987年6月出生,现为际华三五三六实业有限公司缝纫工。她积极投身疫情防控工作,奋战在抗疫物资生产第一线,坚守岗位,成为疫情期间努力工作的千千万万农民工的优秀代表。

2020年年初,突如其来的新冠肺炎疫情在全国暴发,按照党中央国务院部署,她所在的公司紧急转行生产口罩、防护服等防疫物资。在收到车间返岗通知后,她冒着被感染的危险,踏上回公司的路,第一时间出现在一线工作岗位。胶条黏合是生产防护服的主要工序,由于质量要求高、产量高,要两个人以上相互协助才能完成。但徐丽萍每天早上提前一个多小时到车间做准备,独立完成工序,为车间完成计划生产任务做出了巨大贡献,她是新时代农民工"铁娘子"。

陈润生

四川省三台县建中乡河边村人,现就职于四川谛维铱电子有限公司

陈润生,1984年10月出生,现为四川谛维铱电子有限公司质量监管员,多次被公司评为优秀员工。

公司所生产的月饼包装膜出现异味被投诉,他大胆研发制作设备装置,改变空气循环方式,经过四天五夜的努力,一举解决了包装膜异味的巨大难题。2015年,在申请实用新型专利注册时,他主动提出将该专利的发明人改为公司,充分体现了他高风亮节、淳朴忠厚的品德和大公无私的精神。

2020年新冠肺炎疫情期间,公司转为生产医用口罩来满足当地群众需求,共生产口罩3 000余万只。作为一名质量监管员,他始终坚守岗位,严把口罩生产质量关,有时经常连续工作十余个小时才能休息,从而确保了口罩合格合规,满足了群众基本防疫需求。

四川

宋明明

河南省焦作市武陟县乔庙乡宋陵村人,现就职于特变电工(德阳)电缆股份有限公司

宋明明,1981年1月出生,中共党员,现为特变电工(德阳)电缆股份有限公司技术总监。他建立了"宋明明劳模创新工作室",培养出10多名技术骨干和中层干部,拥有20余项科技成果和18件专利,获得过中国机械工业科学技术奖5项、四川省科技进步奖3项、市及区科技奖项7项。他是四川省五一劳动奖章、德阳市青年科技创新奖、德阳市"英才计划"人才获得者。

他围绕海洋工程开发应用,实现了导体防潮技术和产品阻水结构技术创新,取得了国际认证。他主持盾构机专用电缆新产品研发,填补了国内空白,为我国隧道工程、城市管道建设研制了最佳的电力传输及信号传递产品。他主持兆瓦级风机电缆的研发,为我国大型陆上、海上风电建设提供了线缆技术支撑。他所著论文《电力电缆尼龙12护套挤制工艺的探讨》《圆铜线热镀锡生产工艺的探讨》在中国《电线电缆》杂志上刊登并被引用,为我国线缆行业的技术进步做出了贡献。

林中桥

四川省德阳市师古镇九里埂村人,现就职于四川碧泰建筑工程有限公司

林中桥,1968年10月出生,现为四川碧泰建筑工程有限公司工人。他积极主动带动周边农民工朋友增收致富,所带领的团队工资累计实现收入200余万元,人均月工资达6 000~9 000元,每人年收入增加3万~5万元。在他的带领下,技术人员增收尤为显著,焊工年收入达到9万元左右。

他积极响应人力资源社会保障部提出的"点对点"直达运输,为了帮助农民工朋友致富增收,本人自费9 000余元包车带领工友外出务工,实行"点对点"直达运输,施工队20余名工人顺利抵达青海工地。这样不仅保障了工人的健康安全,还以实际行动积极响应了国家复工复产的号召。

四川 罗顺友

四川省绵竹市麓棠镇林堰村人,现就职于四川龙蟒磷化工有限公司

  罗顺友,1978年10月出生,现任四川龙蟒磷化工有限公司磷酸车间主任。二十多年来,他一直在四川龙蟒磷化工有限公司工作,扎根基层不断锻炼自己、充实自己、提升自己。他先后在球磨机操作、萃取操作、盘滤操作等岗位锻炼,多岗位的学习和积累让他掌握了车间核心设备生产技术,练就了一身过硬的本领。磷酸车间是磷化工生产的原料车间,他不断优化思路,在车间采取一系列举措,坚持原则管理和人性化管理相结合,车间的管理水平一步一步提升,职工凝聚力不断增强,车间安全环保、产量、质量、成本控制均名列前茅。

  他曾获"创新改善能手""先进个人"等表彰,自2016年至2019年连续四年荣获"优秀中基层管理干部""劳动模范"等荣誉称号。

刘文勇

四川省广元市昭化区王家镇新华村人,现就职于中纺粮油(广元)有限公司

刘文勇,1985年12月出生,中共党员,现为中纺粮油(广元)有限公司车间班长。2019年2月入职以来,他在一线岗位上勤奋好学,不怕苦累,熟练掌握预处理车间设备工艺故障的现象和处理方法,在处理故障的同时总结形成OPL(One Point Lesson,一点课),以便后期新员工学习和借鉴参考。他以严谨的工作态度和过硬的工作能力,被评为2019年公司优秀员工。

新冠肺炎疫情发生后,他每天带领30名农民工为各车间、厂区消毒,为同事们创造安全生产的工作环境,为国家粮油保供工作筑牢基础。2020年8月,他代表公司参加西部区制油工比武,取得第6名;10月代表西部区参加国家级制油工比武决赛,取得第28名;11月参加省危险化学品操作培训,并取得资格证书。

四川

杨飞

四川省广元市青川县房石镇理河村人,现就职于青川县同富牧业专业合作社

杨飞,1972年10月出生,中共党员,现为青川县同富牧业专业合作社技术员。他于1994年顺应改革开放的浪潮南下广东打工,2008年汶川地震发生后,萌生带领乡亲共同致富、彻底摆脱家乡贫困落后面貌的想法,返乡从事肉牛养殖工作。他勤劳奋进、不怕吃苦,喂养、清扫、学习、技术钻研样样抓在手里,几乎干遍所有脏活儿、苦活儿,努力从书本、网络中钻研科学养殖技巧。他实行"合作社 + 农户"的养殖模式带动乡亲参与养殖"发财牛",助力贫困户人均年增收1 250元。他已通过肉牛养殖陆续带动了周边乡镇近1.3万名群众增收致富,先后荣获"广元市劳动模范""农村青年致富带头人"等荣誉称号。

蒋波

江苏省靖江市新桥镇益民村人，现就职于广元市前瞻服饰有限公司

蒋波，1983年11月出生，中共党员，现为广元市前瞻服饰有限公司负责人。他于2008年汶川地震后随浙江对口援建队到广元务工，怀着重建灾区的情怀，他留在四川并创办了广元市前瞻服饰有限公司。

新冠肺炎疫情以来，他迅速调整销售模式，由外销转内销，及时主动联系政府率先复工复产，积极响应国家号召生产防疫物资，先后生产防护服1.51万套，陆续运往湖北、浙江抗疫一线，为国家抗疫贡献力量。同时，他还组织公司捐赠20余万元的防护服、口罩等防疫物资，第一时间运送到广元市内各抗疫哨点，帮助防疫人员解决物资问题。

四川

蒲世强

四川省射洪县洋溪镇檬子坝村人,现就职于四川射洪佳兴旺食品有限公司

蒲世强,1976年12月出生,现为四川射洪佳兴旺食品有限公司质量技术检测员。他在质量检测岗位上勤勤恳恳、认真负责,在他的倡导下,公司构建了完善的质量安全体系,获得ISO 22000食品安全管理体系认证和HACCP认证,产品销售遍及整个大西南地区、江浙沪沿海地区,远销韩国、日本等国外市场。

得益于他对产品质量的严格控制,2018年10月,公司在四川省市场监督质量推广活动中入选"质量、品牌、信誉AAA单位""食品质量安全达标单位",在全国品牌推广活动中,入选"国家级食品卫生A级单位"。2019年1月,公司在全国优质调研推广活动中,被荣选为"中国著名名牌"。

孔颖

四川省遂宁市安居区大安乡龙垭村人,现就职于四川博正达机械密封件科技有限公司

孔颖,1998年4月出生,2015年职业中学毕业后,先后从事车工、钳工、模具工和计算机编程设计等多种工作,现为四川博正达机械密封件科技有限公司技术员。

2018年,密封件加工行业水泵泵用硬质合金轴承市场需求加大,公司需提高产能满足市场需求。孔颖打破传统的设计方法,历时三个多月,利用自己编制的计算机程序,终于完成技术改造。他陆续参与改造了42台数控磨床,成本降低50%,产品加工技术更加稳定,生产效率提高6倍,为公司大大节约了成本并提升了产能。2019年年底,他和他的团队完成了"耐干磨机械密封件",达到国内领先水平。公司申请了"尿素专用机械密封件制造""三孔一次成型技术"等专利14项,其中发明专利4项、实用新型专利10项。2018年,他被公司评选为"优秀员工"。

四川

高少峰

河南省鲁山县瓦屋乡鲁窑村人，现就职于四川联恺照明有限公司

高少峰，1988年5月出生，中共党员，2011年来到遂宁市务工，现就职于四川联恺照明有限公司，主要从事设备技改、产线开发、成本改善、设备养护工作。

近10年来，他带领团队先后完成了多项生产飞跃。他自主研发的球泡灯自动组装机日产能高达2万件，实现10倍以上的增速，单产品线可减少5名人工。2015年，他主导参与的"节能灯无积粉涂粉工艺技术的研究及应用项目"荣获"四川省职工技术创新成果三等奖"、参与的"大角度LED灯项目"荣获遂宁市2016—2017年"三个十万职工劳动竞赛创新成果特等奖"。

张兴勇

四川省资中县水南镇姊妹桥村人，现就职于四川东亚建筑工程有限公司

张兴勇，1979年6月出生，现为四川东亚建筑工程有限公司钢筋工。他对钢筋的下料、绑扎、焊接等各道工序熟稔于心，精湛的技艺、质朴的为人，让他渐渐成为工友们的良师益友，也成为公司领导眼中的优秀技术工人。他的整个钢筋从业生涯足迹遍布北京、山西、山东、四川等地。

他在2014年内江市职工职业技能竞赛中取得"建筑业技能大赛技术能手"称号，2016年在遂宁市安居区"职工劳动技能大比武（钢筋工比赛）"中获得一等奖，并获得"劳动之星"称号，2016年参加内江市人民政府主办的"甜城工匠—2016年技能大赛"中，荣获钢筋工三等奖，2019年代表内江市高新区参加四川省第七届农民工技能大赛，荣获钢筋工项目一等奖，并被评为内江高新区2019年度优秀务工人士以及2019年内江市优秀农民工，还荣获2019年"四川工匠荣誉称号"和"四川省技术能手荣誉称号"。2020年4月，他获得"内江市技术能手"和"十大甜城工匠"称号，被内江市总工会授予"内江市五一劳动奖章"。

邱添

四川省隆昌市金鹅镇金星村人,现就职于四川东博轨道科技有限公司

邱添,1976年11月出生,现任四川东博轨道科技有限公司技术总监。2015年开始,他带领团队开发了轨道交通新产品9件、新工艺技术15项,申报各类专利24件。

2018年和2019年,在他的带领下,公司研发的"大六角头长圆弧螺纹管片螺栓"项目有两项专利技术属于行业内的顶尖核心技术。公司先后获得内江市企业技术中心、内江市工程技术中心、内江市高新技术企业称号,并积极申报并通过了国家高新技术企业审核。

他主导的"山地轨道实验项目"对我国新建山地轨道的数据收集便利性和可靠性提供了有力保障。两年时间内,他组织公司员工与同行业专家开展技术研发学习交流活动20余场次,带领公司员工与公司共同发展进步。他严把生产质量,公司现已通过ISO 9001质量管理体系认证、ISO 14001环境管理体系认证、ISO 45001职业健康安全管理体系认证。

陈祥华

江苏省苏州市高新区枫桥镇支英村人，现就职于四川省川南大草原旅游开发有限公司

陈祥华，中共党员，1969年4月出生，现为四川省川南大草原旅游开发有限公司园艺工。他先后在苏州市吴县金桥绿化工程有限公司、苏州市龙利园艺有限公司做绿化工工作。2016年，他负责川南大草原景区规划等工作，通过自己所学技术做好园艺，助力乡村振兴，为景区的经营模式提出了更好的发展建议，连续两年被公司评为"优秀员工"。

2018年，他主导建设川南大草原教育科普实践基地，参加内江市农科院甘蔗研究所的"甜城12号""甜城99"和甜蜜蔗的科学研究。

四川 徐建强

四川省夹江县马村镇水库村人,现就职于四川省米兰诺陶瓷有限公司

徐建强,汉族,1975年3月21日出生,现为四川省米兰诺陶瓷有限公司陶瓷厂电工。1997年加入公司以来,他一直在基层一线任电气技术员,掌握了国内外知名品牌工业自动化PLC编程设计。他对公司设备进行多项改造,为公司节能降耗,降低员工劳动强度,先后十余次获得公司优秀员工奖,获三次特别贡献奖。2019年当选为乐山市第七届劳动模范。

经过多年的不懈努力,他成为夹江县陶瓷行业专家级的技术管理人才。他在大型陶瓷生产线设计、施工,机械设备、电气自动化控制,节能、环保治理等方面掌握了一整套的操作技能和管理经验。在他的帮助下,公司从创始之初只有一条生产线、年产值300余万元的陶瓷厂,发展成为现在拥有8条自动化生产线、年产各类高档瓷砖6 000万平方米、产值10亿元的大型陶瓷公司。

吴丹

四川省乐山市井研县千佛镇新群村人，现就职于井研县千佛镇就业扶贫车间

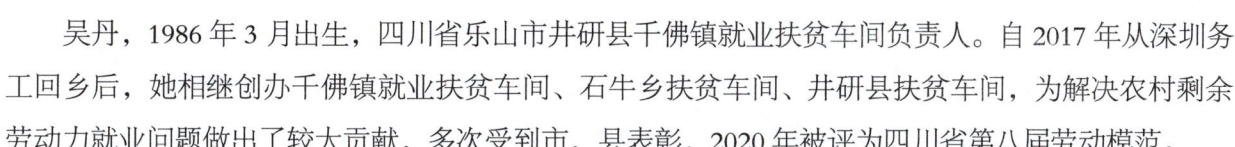

吴丹，1986年3月出生，四川省乐山市井研县千佛镇就业扶贫车间负责人。自2017年从深圳务工回乡后，她相继创办千佛镇就业扶贫车间、石牛乡扶贫车间、井研县扶贫车间，为解决农村剩余劳动力就业问题做出了较大贡献，多次受到市、县表彰，2020年被评为四川省第八届劳动模范。

她把车间建在田坎边上，因就业时间灵活、工作地点近，吸引了许多群众前来应聘。吴丹把更多的工作机会留给了建档立卡贫困户、残疾人、低保户以及农村留守妇女。她免费开办培训班，采取集中加工和分散加工相结合的方式，极大方便了大家就地就近就业。目前，吴丹的扶贫车间每月订单量在500万~600万件，年生产量约7 000万件。车间共吸纳固定务工人员328人，其中低保户4人、残疾人20人、精准扶贫户53人，人均年收入达18 000元左右，有效拓宽了群众特别是贫困人员的增收渠道，有力助推了群众就业脱贫。

四川 余雯

四川省峨眉山市符溪镇雷场村人,现就职于峨眉山金威利运动用品有限公司

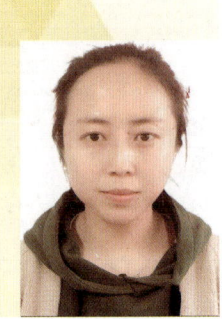

余雯,1986年1月出生,现为峨眉山金威利运动用品公司生产二线成七线职工,2011年担任公司工会小组长、2018年当选为公司工会委员。她踏实工作、默默奉献,在同事的帮助和领导支持下,取得了不错的成绩,得到了领导和同事的一致认可和肯定。

在实际工作中,为保证高效、安全、圆满地完成车间的各项生产任务,她加班加点,每天早上第一个到生产现场,晚上最后一个离开车间。多年来,余雯以谦和忍让、不推责任、不怕困难的精神为大家树立了榜样,在她和其他员工们的共同努力下,成七线多次获得公司先进集体称号。工作之余,她主动了解工友的诉求和困难,每当有新员工被分配到她们部门,她会耐心地向她们介绍工作情况。新同事有不会的操作技术她就会手把手地教,直到他们学会为止。2020年她荣获四川省第八届劳动模范。

曾灿光

广东省潮州市潮安区浮洋镇陇美管区凤地村人,现就职于南充三环电子有限公司

曾灿光,中共党员,广东潮州人,1978年8月出生,现就职于南充三环电子有限公司,主要从事设备的安装、设计、技术改造等工作。在20多年的工作中,他先后被评为三环集团机械类助理工程师、中级工程师,并多次获得三环集团技术管理创新奖。

"不断创新,精益求精"是他的座右铭。他工作兢兢业业、任劳任怨,善于学习和借鉴行业内的经验,其自主设计的外径布料机、多料斗自动插盘机等先进技术每年为公司降低2 000万元以上的运行成本。2016年,他与所在团队一起成功开发了内孔分类机,检测精度达到国际先进水平,可为公司节省大量人工成本。他先后获得三环集团技术管理创新四等奖、一等奖、效益奖等奖项。

2016年公司大规模扩产,他不辞辛苦,夜以继日地奋战了1年多,带领团队顺利完成了公司三期和四期项目扩产建设工程。同时,他还是一个好老师,将自己的技术传授给晚辈,由他直接或间接"传帮带"的徒弟有40多人,徒弟们在各自岗位工作表现也非常突出,都已经成为公司不可多得的技术骨干。

他为人谦逊,能接受来自各方面的不同意见,不断改进工作方法,不断优化知识结构,提高政治思想修养。他在不断学习和探索中使自己的业务能力不断提高,很好地发挥了共产党员先锋模范作用。

四川 马君

四川省南充市高坪区御史丁字桥村人,现就职于四川省南充市高坪区斑竹竹艺有限责任公司

马君,1986年1月出生,现为四川省南充市高坪区斑竹竹艺有限责任公司竹编师。凭着对竹编工艺的热爱,她通过9年的努力练就了一手竹编绝活,掌握了平面竹编高、中、低档技艺。她先后在雅安、金堂、阆中、仪陇、营山、高坪等多地组织开展竹编实用技术指导30多次,共帮助残疾人、贫困村民、留守妇女、留守老人等特殊群体1 000余人学会了竹编技能。她帮助75名建档立卡贫困户解决了就业问题,他们的工资由以前每月400~500元上升到现在2 000~3 000元,有力激发了贫困户的内生动力。

2013年6月,她被南充市妇联、南充市总工会授予"南充市巾帼创业就业技能标兵"称号。2019年9月,她在省总工会组织的"我学、我练、我能"竹编技能大赛中荣获三等奖。2020年6月,她获得南充市"工匠杯"百万产业工人扶贫技能大赛高坪赛区总决赛一等奖。

何小君

四川省营山县朗池镇新生村人,现就职于营山县恒川健宏中药材种植专业合作社

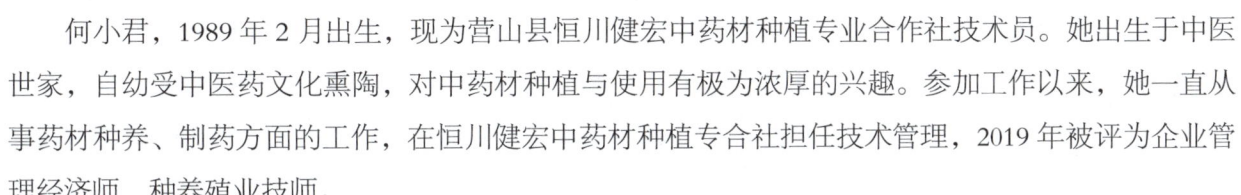

何小君,1989年2月出生,现为营山县恒川健宏中药材种植专业合作社技术员。她出生于中医世家,自幼受中医药文化熏陶,对中药材种植与使用有极为浓厚的兴趣。参加工作以来,她一直从事药材种养、制药方面的工作,在恒川健宏中药材种植专合社担任技术管理,2019年被评为企业管理经济师、种养殖业技师。

她刚加入合作社时,合作社所种植的1 850余亩中药材收益甚微。她采取川佛手行距套种黄精药材模式,实现高矮秆作物长短收益相结合,最大化发挥土地使用价值。合作社发展迅猛,先后吸纳238户农户(含贫困户81户)加入发展,解决就业130余人,人均年增收6 000元以上。她尝试将川佛手和黄精深加工成氨基酸佛手酒、佛手茶、佛手饼、黄精含片等价值更高的中药材产品,使产品附加值提升近80%。

石成均

四川省长宁县花滩镇中心村人,现就职于宜宾五粮液股份有限公司

石成均,中共党员,1971年11月出生,一级酿酒师、一级品酒师,宜宾五粮液股份有限公司513车间酿酒组组长。24年来,他一直潜心钻研酿酒技术,传承酿酒工艺,发扬与践行"老老实实、一丝不苟、吃苦耐劳、艰苦奋斗、坚忍不拔、持之以恒"的五粮液人传统作风。他不断强化内部管理,贯彻落实传统工艺,严格按精细化操作要求指导班组生产作业。近3年,他年年完成生产质量目标任务,并多次受到公司、车间的表彰奖励。经他的培育,已有10余名青年职工走向了管理岗位,不断为公司的后备人才队伍输送了新鲜血液。

2018年6月,他被评为五粮液集团公司优秀共产党员,2020年1月被评为五粮液集团公司2019年度生产能手,2020年5月被评为五粮液集团公司工匠苗圃技术带头人,2020年6月被评为五粮液集团公司优秀共产党员。

李玉兰

四川省兴文县莲花镇共和村人,现就职于兴文县苗家惠嫂贸易有限公司

李玉兰,1978年7月出生,现为兴文县苗家惠嫂贸易有限公司母婴护理员。2017年,她在宜宾兴文县参加当地人社部门组织的"苗家惠嫂"培训,从此开启了她的家政服务路。从事家政服务以来,她已熟练掌握母婴护理、营养搭配、厨师、保育、保洁等技能,靠着爱心、耐心、责任心,获得公司的肯定和广大客户信任,成为一名金牌"月嫂"。她先后照顾初生宝宝和产妇30余名,工作期间每天服务时间长达18小时,针对不同的宝宝制定不同的护理方案,工资从最初的每月5 000元涨到如今的每月12 000元。她先后获宜宾市首届"酒都阿嫂"家政服务技能大赛二等奖、成都市温江区首届康养护理技能竞赛一等奖,还被评为兴文县"优秀苗家惠嫂""优秀农民工",并作为农民工代表受邀参加了四川省委省政府召开的2020年农民工代表座谈会。

四川 方智勇

四川省邻水县长滩乡三房村人，现就职于邻水县盛世种植专业合作社

方智勇，中共预备党员，1977年9月出生，邻水县盛世种植专业合作社负责人。合作社成立以来，累计发放农田保底收益1 313余万元，带动农户1 700余户（其中贫困户86户），帮助6万余名农民增产增收，每年为广大社员和老百姓分红150余万元，农业产品走上绿色可持续发展道路，有效解决了"谁来种地、如何种地"和有土地仍然贫困率较高的社会问题。自合作社成立以来，共吸纳就业3 500余人，发放劳务报酬2 400余万元。

他于2018年9月荣获"首届中国农民丰收节四川省百名新型职业农民标兵"，2019年9月荣获广安市2019年度"优秀返乡农民工"，2020年1月荣获广安市"最美农民工"，2020年9月荣获广安市2020年度"十佳农民"。他所在合作社被命名为"农民合作社省级示范社""国家农民合作示范社"。

李娟

四川省华蓥市华龙街道石堰墙村人,现就职于华蓥市金瑞电子商务有限公司

李娟,中共预备党员,1989年11月出生。在阿里巴巴工作多年后,李娟于2019年创办华蓥市金瑞电子商务有限公司,并担任首席培训讲师,主要负责线上销售和电商培训。她利用电商直播销售模式,打响了"广安蜜梨""广安龙安柚果汁""华蓥山葡萄""天池脆李""香肠腊肉"等多种特色扶贫产品品牌。她指导过6家企业孵化专业电商团队。2019年以来,她对电商扶贫信息员、华蓥市驻村干部、第一书记等人群进行电商培训,共培训25个贫困村400余人。同时,她还培训了社会自招学员和应届毕业生7 100余人,成功推荐4 000余人进入电子商务等行业就业,帮助600余人实现自主创业。

她先后获得"2019年华蓥市邮储杯创新创意比赛二等奖""2019年天府杯创新创业比赛二等奖""2019年全国青创大赛优秀奖""2020年中国创翼比赛广安市第一名""2020年中国创翼重庆广安友谊对抗赛第二名",并被授予"2019年度华蓥市最美农民工""广安市优秀抗疫青年"等荣誉称号。

四川

郑春

重庆市长寿区海棠镇海棠村人,现就职于四川科伦药业股份有限公司广安分公司

郑春,男,中共党员,1973年10月出生,现为四川科伦药业股份有限公司广安分公司EHS部长。1997年,他进入四川科伦药业股份有限公司工作,从最初的锅炉工、锅炉组长逐步晋升到安全环保干事、EHS部长等。他制定了EHS制度和案例应急预案,完善了EHS体系,为公司安全环保生产提供了整套工艺流程。他总结提炼的锅炉预启动稳压供汽法和蒸汽冷凝冷却水回收利用技术,为公司节排减能、降低生产成本做出了较大贡献。2013年3月,他被岳池县人民政府评为"2012年度环境保护工作先进个人"。

在他的推动下,2011年,公司被评为广安市"特种设备安全生产先进单位""广安市工业生态园区"。2011年、2013年、2016年和2018年,公司被评为岳池县"安全生产先进单位"。2018年3月,公司被评为广安市"2017年度安全生产先进企业"。公司于2015年、2017年和2018年被评为"四川省环保诚信企业",2016年被评为"四川省环保良好企业"。

李丙见

四川省大竹县蒲包乡前进村人,现就职于四川省大竹县清河镇快活福达养殖农民专业合作社

李丙见,中共党员,1979年5月出生,现为四川省大竹县清河镇快活福达养殖农民专业合作社技术员。他通过学习摸索,实现配比操作精度±1%,达到同行业先进水平。为实现环保生态养殖,他采取粪污发酵沼气综合处理,把鸡粪加工成有机肥,变废为宝,既解决了环保问题、成功打造了"花园式"蛋鸡养殖,每年又可增加经济效益100万元,大家笑称他为"鸡司令"。目前,专业合作社已建成占地120亩、投资3 300万元的现代化养殖蛋鸡合作社,先后被评为县级农建综合蛋鸡示范区、市级畜禽养殖标准化示范场、省级畜禽养殖标准化示范场等。2020年6月,他带领的技术团队荣获达州市第三届"邮储杯"创业创新大赛大竹县赛区创业扶贫专项赛二等奖。2020年9月,专业合作社产品成功入选《全国扶贫产品目录》。

四川 张小渠

四川省开江县永兴镇箭口垭村人,现就职于四川省淇韵电子科技有限公司

张小渠,1987年10月出生,现为四川省淇韵电子科技有限公司研发中心技术人员、专家工作站研究员、生产组长。

2015年,四川省淇韵电子科技有限公司在开江建成,她放弃在广东发展的良好机遇,抱着"大不了再从一名普通操作员干起"的决心,带着所学技术和管理知识回到家乡,助力家乡发展。入职后,她先后解决生产难题60余起,攻关新产品技术10余次,还培育出了6名生产线组长和15名技术骨干。2019年,她入选公司专家工作站,带领技术团队先后获得耳机专利等19项。她还主导了"高精度配装配音圈和膜片的治具研究和应用"项目的技术攻关,该技术获得达州市科技成果技术奖,使整条生产线产能提高了33%。2020年,她带领团队研发高保真耳机、多功能耳机的智能制造和医学应用,技术达到国内领先水平,并已进入试产阶段。

王米友

浙江省临海市桃渚镇涧四村人,现就职于万源市梦源巴山实业有限公司

王米友,中共党员,汉族,浙江台州人,生于1970年6月,万源市梦源巴山实业有限公司负责人。2006年,满怀憧憬与梦想的王米友一头扎进了大巴山,先后带动了几千位农户就业增收,脱贫致富。他先后荣获"感动万源十大人物""达州市十大扶贫好人"等称号。

他建成"巴山硒李"集散中心,发展1 975户农户参与种植,带动586户贫困户实现年户均增收3 860元。他带动魏家镇154人实现就地就近就业,其中贫困户28名、实现年户均增收21 600元。他以股权量化、入股分红模式带动全镇98户贫困户参与入股分红,每年户均可享受866~2 598元的红利。

四川

罗君

四川省平昌县土兴镇华山村人，现就职于平昌县君绿康农业开发有限公司

  罗君，1970年12月出生，现就职于平昌县君绿康农业开发有限公司。他先后到北京、上海、广东等地务工长达10多年，从事建筑和农业种养殖等多项工作。在他的建议下，公司在用工上优先选择建档立卡贫困户，带领周边50余户贫困户、200名贫困人口共同致富，平均每个家庭每年务工收入最多可达1.5万元左右。他先后举办短期培训班20余期，吸引周边10多个乡镇的农民慕名而来参加培训学习，帮助了50多人成功创业。

  自新冠肺炎疫情发生以来，他主动参与疫情防控工作，积极参与爱心捐赠活动，为打赢疫情防控阻击战贡献个人力量。他于2016年荣获"巴中市十佳最美新型农民"并当选为"平昌县第十届政协委员"，2017年当选为"巴中市第四届人大代表"，2018年当选平昌县"新联会理事"，2019年被评为"优秀政协委员"。

何正平

四川省巴中市恩阳区雪山镇土庙村人,现为就职于巴中市恩阳区领雁养殖专业合作社

何正平,中共党员,1982年5月出生,现为巴中市恩阳区领雁养殖专业合作社企管部主管。他利用丰富的企业管理知识和灵敏的市场嗅觉,通过市场调研,结合土庙村土地撂荒较多、关键技术掌握不够等实际情况,规划了合作社首先发展的种植产业项目——牧草(青贮玉米)产业。合作社吸纳53人就地就近就业,第一年就创造了500万元的产值,利润达到100万元,帮助周边群众实现年户均增收7 500余元。

他在服务百姓和服务社会中不断践行党员模范带头作用,主动向党组织申请挂联帮扶了6户贫困户,资助3名贫困孩子上学,帮助他们走出困境。2020年年初新冠肺炎疫情初期,他千方百计帮助采购抗疫物资,加入抗击疫情的义务员行列,组织工人分期分批上岗,全力帮助合作社复工复产。

四川

张元超

四川省雅安市芦山县龙门镇红星村人,现就职于芦山县好农夫家庭农场

张元超,中共党员,1970年5月出生,现为芦山县好农夫家庭农场负责人。农场以"农场+基地+农户"的运行模式和种养结合的方式,逐渐成为芦山县家庭农场学习的典型。

农场按照"禽·沼·果(菜)"种养结合的循环农业发展模式,率先在全县发展生态友好型农业。通过土地流转,农场每年稳定为200余户群众提供固定收益,同时提供就业岗位50余个,人均年收入2万余元;通过租赁村级50余亩土地,年均为村集体增收4.5万元。

2016年11月,农场被评为肉鸭标准化省级示范场,2018年1月被评为省级示范休闲农庄,2019年11月被评定为省级示范家庭农场。2018年10月张元超被雅安市脱贫攻坚领导小组评选为脱贫攻坚先进个人,2019年6月被中共雅安市委评选为雅安市优秀共产党员,2020年3月被芦山县政府评选为2019年度乡村振兴先进个人。

徐登亚

四川省雅安市名山区红星镇余坝村人，现就职于四川航空工业川西机器有限责任公司

徐登亚，1995年7月出生，现为四川航空工业川西机器有限责任公司军品制造分厂车工组车工。自2013年入厂以来，他主要从事数控车工工种，主要承担公司军工产品关键重要零件的加工制造，擅长薄壁零件、细长轴与泵体类零件的加工，能保证99.5%的合格率并按期完成节点任务。他先后攻克了球头支座、泵体等零件加工难题，自制了高压油缸刚性刀杆与异形零件装夹专用工装和专用刀具，大大提高了工作效率，并向公司申报了衬套衬环类制造革新项目。2017年10月，他参加四川省职工职业技能大赛数控车工、数控铣工决赛，取得了数控车工第五名，直接晋升为技师，成为公司最年轻的"95后"技师。他于2014年被评为四川省国防科技工业优秀共青团员，2020年5月被航空工业机载团委授予"青年岗位能手"称号。

四川

张贵华

四川省仁寿县汪洋镇上游村人,现就职于四川裸伊谷生态旅游开发有限公司

张贵华,中共预备党员,1970年4月出生,现为四川裸伊谷生态旅游开发有限公司负责人。他于2012年创办公司带领村民养殖生态野猪、跑山鸡、栽苗木、柑橘等,从事农旅融合发展。

2016年,为了进一步带动地方发展,在当地政府带领帮助下,公司投入上亿资金流转土地约2 000余亩,创建3A级生态农业旅游观光景区——裸伊谷生态旅游度假区,带动地方就业120余人,季节性用工全年达到200余天、2 000余人次。历经8年时间,公司建成集休闲旅游长廊、生态养殖、民宿度假、游乐园、品茗烧烤、餐饮会议、户外护展、果蔬采摘、亲子体验于一体的农旅综合体。

2017年7月,在第三届中国(四川)国际旅游投资大会上,"裸伊谷"入选四川省"10+30+100"旅游发展规划和30个重点旅游项目。2018年1月,"裸伊谷"入选2017年度四川省乡村旅游特色业态养生山庄,并于2019年8月被评定为眉山市森林康养基地。2019年10月,又被评定为四川省森林康养基地。

甘俊林

四川省金堂县栖贤乡牛背村人，现就职于中车眉山车辆有限公司

甘俊林，中共党员，1987年3月出生，现为中车眉山车辆有限公司货一车间技师和"甘俊林技能大师工作室"负责人。有着冷作工高级技师、电焊工技师"双料技师"头衔的甘俊林，用15年的青春岁月践行大国"工匠精神"，在铁路货车制造业先后获得"中央企业技术能手""四川省技术能手"并入选眉山市首批"眉州名匠"，是国家实施"交通强国"和"一带一路"倡议的杰出代表，是"国之重器"和中国中车"高铁精神"的实践者。

2018年6月，在第六届"嘉克杯"国际焊接职业技能大赛上，荣获钨极氩弧焊成人组比赛一等奖。他的"氩弧焊摇摆焊接操作法"作为绝技、绝招在中车长江集团首届职业技能大赛上惊艳亮相，他也成为众多技工追捧的"明星"。他通过学技练功和"传帮带"引导青年员工岗位成才，先后完成员工培训任务20余次，累计培训4 000余人次。

四川 刘红英

四川省资阳市雁江区中和镇三清村人，现就职于资阳市雁江区老龙潭饭庄

刘红英，1974年8月出生，现为资阳市雁江区老龙潭饭庄会计。她为人善良、耿直、踏实，令邻里乡亲交口称赞。

1998年，刘红英怀揣着300元钱踏上了开往成都的火车，从此开始了漫长的打工生涯。她凭着踏实肯干、能吃苦的品质，很快掌握了木材加工技术。后来，她陆续带领村里的年轻人进厂打工，耐心地教他们技术，帮助他们成长。2002年，她创办了一家刨花板加工厂，因经营不善，无奈再次踏上务工路。她不曾在酒店当过服务员，也在童装店做过销售。

2017年，为了照顾家里的老人，刘红英舍弃了优良的工作环境和丰厚的薪酬待遇，毅然选择了返乡务工，在村里的老龙潭饭庄当起了服务员。有一次，饭庄老板和食材供应商发生了财务纠纷，饭庄遭受了损失。刘红英发现饭庄疏于财务管理，不利于饭庄的发展，于是开始学习财务管理知识。由于文化程度低，学习过程并不顺利，但她没有半途而废，经常向村里和镇上的会计虚心请教，并针对饭庄的财务管理漏洞给老板提建议。她的踏实和勤奋老板看在眼里、记在心里，聘用她当饭庄会计。

打工挣到了钱的刘红英并没有忘记邻里乡亲，看着村里和她一样照顾家庭无法外出的留守妇女和贫困户，她夜不能寐，找到村委说出了让大家到饭庄务工的想法。在中和镇政府和三清村委的协调下，饭庄老板同意让就业困难人员到饭庄务工。在刘红英的带领下，当地就业困难人员60余人（其中贫困户约30人）实现了就业增收，既解决了饭庄的用工问题，又为贫困户增收做出了贡献。

2020年年初，新冠肺炎疫情发生后，刘红英和身边好友主动为武汉捐款2万余元，为支持镇、村抗疫捐赠了一批蔬菜和几十只鸭子。她是农民的好女儿，她是勤俭持家的好妻子，她通过自身努力、艰苦奋斗，改变乡村面貌，带动群众致富增收，是农民工成功的典范。

李云勇

四川省资阳市安岳县镇子镇观塘村人,现就职于安岳县四季红家庭农场

李云勇,1970年6月出生,现为安岳县四季红家庭农场技术员。他动员村民建立"农场+基地+农户"新型养殖模式,免费发放鸡苗,村民负责把鸡养好,出栏后统一回收销售。他还引入卡拉卡脐橙和纽荷尔脐橙种植,同时养殖"跑山纯土鸡"。他在互联网上学习种养殖技术,并逐渐摸索出"坡上种果,林下养鸡"的生态立体种养模式。2016年,观塘村被评为资阳市妇女居家灵活就业示范基地,他的家庭荣获资阳市2016年度"十佳最美家庭"称号。2017年3月,李云勇荣获"资阳市建功先进个人"称号,2019年荣获"资阳市优秀农民工"称号,2020年5月被评为安岳县"最爱志愿者"。

四川

格西王姆

藏族,四川省阿坝藏族羌族自治州马尔康市松岗镇落威村人,现就职于马尔康市敬老院

格西王姆,中共党员,1990年5月出生,藏族,现为马尔康市敬老院护理员。她自2008年开始从事养老院陪护工作,至今已有十多年。她细心地照顾老人们的起居生活,与老人们的关系就像亲人一样融洽,与老人们结下了深厚的感情。在新冠肺炎疫情发生后,她义无反顾地选择了留下来照顾敬老院的老人们。她连续3天24小时值班,与同事一同投入到疫情防控的工作中,引导老人正确看待疫情,确保疫情期间她所在的敬老院"零感染"。

曲登

藏族,四川省道孚县鲜水镇河边街人,现就职于道孚县康巴渠德农牧实业发展合作社

曲登,1970年3月出生,现为道孚县康巴渠德农牧实业发展合作社负责人。他通过辛勤劳动改变贫困面貌,是带动少数民族群众致富增收的榜样。合作社农产品以马铃薯、黑青稞、道孚大葱等为生产核心,畜牧产品以牦牛鲜奶、酥油等产品为生产销售主体。合作社各类牲畜存栏869头,其中奶牛568头,年产奶量达8万公斤,基本形成了"合作社+公司+基地+农户(贫困户)"发展运作模式。合作社先后荣获四川省第六批省级示范社、甘孜州优秀农民专业合作社等荣誉。2016年,他荣获"甘孜州'百千万康巴英才工程'企业管理优秀人才"荣誉称号。2018年1月,在"四川省第二届农村乡土人才创新创业大赛"活动中,曲登荣获"脱贫攻坚特别奖"。

四川

何爽

四川省凉山州会理县彰冠镇代管村人,现就职于会理创鲜农业开发有限公司

何爽,会理创鲜农业开发有限公司负责人、网络直播销售员。2020年9月8日作为新农人代表,她在拼多多举办的"中国农民丰收节消费季"直播带货中,与央视主持人一起直播带货会理石榴,当天销售达3万多单,并在23日到山西运城丰收节主会场参与线上直播,向国家领导人汇报工作成效,并获得赞许和鼓励。2019年1月,她被评为会理县优秀创新创业人才,并在2020年4月荣获会理县第一届劳动模范称号。

舒红

贵州省贵阳市息烽县石硐镇中坝村人，现就职于贵州中康农业科技有限公司

中坝村地处大山深处，交通不便，信息闭塞，属一类贫困村。舒红有多个姐妹，父亲早年过世，母亲身体不好。为了摆脱贫穷，帮母亲分担家庭重担，他很早就外出打工。他从事过多年建筑及泥瓦工工作，也从事过物流等工作。

2015年春节，舒红回家过年探亲，看到家乡旧貌依然，和母亲一样辛苦的家乡父老还在贫困线上苦熬，与日新月异的城市发展相比，差距实在不小，他决定用自己微薄的力量为家乡面貌的改变做点力所能及的事情。

当年，舒红在当地政府的支持下，从石硐镇中坝村、大洪村流转土地1 000亩，发展有机猕猴桃种植。

2016年，为加大种植规模，贵州中康农业科技有限公司将流转规模扩大到4 800亩，主要覆盖石硐村、大洪村、中坝村三个村的闲置荒地，舒红成为公司监事，开始生态果林的种植。

2017年10月，息烽县委、县政府及石硐镇政府选择以猕猴桃作为扶贫产业。舒红所在公司采取"公司+农户（贫困户和土地入股农户）+村集体"的发展模式，整合农户土地经营权、贫困户产业发展资金、扶贫资金，与镇、村共同组建贵州康农共享农业开发有限公司，在石硐镇红星、高峰、木杉、大洪、中坝等5个村建成1022亩高标准猕猴桃种植基地。这种模式使全镇406户建档立卡贫困户实现户户有产业、人人有分红，将"输血式"扶贫变为"造血式"扶贫，将企业与贫困户关系由"雇佣关系"变成"股东关系"，成为利益共同体。

2018年，为建立利益导向激励机制，激发贫困户勤劳的内生动力，石硐镇政府探索"六权共享"乡村治理新模式，将村集体分红资金进行再分配，第一次分红算"总账"，将20%分红资金用于村集体经济持续发展、村级公益事业和社会管理等支出，壮大村集体收入；第二次分红算"细账"，将80%分红资金采取"六权共享"的乡村治理创新模式分配给本村村民。

2019年，流转土地的村民参与猕猴桃种植收益分红，每亩土地每年固定收入200元；在生产、管理一线的生产技术骨干和熟练技工每月工资在3 500元以上，普通劳务工人平均每月工资2 000元以上。自2018年起，村集体、贫困户和土地入股农户都获得稳定的年终分红，贫困户户均增收1 000元以上。全镇建档立卡贫困户402户1 153人已于2019年底脱贫。在家乡脱贫攻坚的战场上，舒红做出了一个普通劳动者应有的贡献。

刘赐

贵州

湖南省湘乡市潭台乡潭台村人,现就职于中国五矿二十三冶建设集团有限公司

刘赐出生在一个农民家庭,姐弟四人,家境极为贫困。读完初中,刘赐即离乡外出打工以补贴家用。刘赐个子矮小,打工之初,他主要在工地上从事建筑材料搬运工作。工作任务繁重,吃住条件简陋,工资收入微薄,刘赐一度灰心丧气不想干了。但生性倔强的刘赐笃信,只要吃苦耐劳、勤奋好学,通过努力一定可以掌握娴熟的手艺和复杂的技能,更可以脱颖而出,改变自己的人生命运。

他结合自己的身体条件和热爱方向,把电工作为自己的职业定位。有了目标后,刘赐白天在工地上一边跟着师傅们干活,一边观察其他工友施工操作的方法,晚上捧着专业书籍钻研学习,很晚了还舍不得撒手。只要是水电安装的内容,哪怕涉及较为复杂的大型专业设备,刘赐都会认真琢磨其中原理并加以反复作业练习。通过一点一滴的刻苦自学,图纸上那密密麻麻如同"天书"般的设备图形,在刘赐的脑袋中逐渐鲜活、具体了起来。

2017年年底,刘赐听说位贵州在基础建设方面突飞猛进,不仅整体发展很快,而且求职工作的机遇很多,便跟着同乡来到贵州打工,加入了中国五矿二十三冶建设集团有限公司承建的北大资源梦想城项目,成了项目组的一名农民工。

大型工装项目的电力施工,初看似乎只是一味下蛮力、拼苦力,其实每一个具体施工环节都有着极高的技术要求。刘赐凭着自己吃苦耐劳的一贯作风、娴熟老道的业务技术和丰富的现场施工经验,迅速融入所在的班组,并发挥出越来越显著的作用。通过制定完备可靠的施工方案、推行缜密配套的工艺流程及实施严格规范的精细化操作,刘赐极大地提高了自己工段的施工效率。从2018年以来,他不仅为工程项目承包方节约了材料损耗费及其他不必要的开支共计90余万元,他自己也从一名普通的电力安装农民工,慢慢成为了水电施工班组长,负责了许多重要建筑工程的电力施工,为公司打造出多个安全文明样板工地。

凭着扎实过硬的业务技能、敬业勤奋的工作态度以及湖南人"吃得苦、霸得蛮、不怕累、耐得烦"的性格,刘赐带领自己所在班组的20名农民工,全面负责了北大资源梦想城项目9号地块及相邻标段的全部用电设备安装,为公司赢得产值1 000万元。刘赐作为从事一线生产施工的班组带头人,服从上级调遣指挥,吃住在工地,任劳任怨,从无烦言。同时他还积极开动脑筋,引导工友出主意、想办法,尽量减少损耗、提高效率、节约时间、缩短工期,在保质保量的基础上圆满完成各项工作任务。

周德容

贵州省贵阳市开阳县楠木渡镇临江村人，现就职于贵州黔灵女家政服务有限公司

周德容，1973年3月出生，贵州黔灵女家政服务有限公司家政服务员、育婴师。

1991年，18岁的周德容离村外出打工，于1993年来到浙江绍兴，与绍兴一位农民结婚。后因性格分歧及生活习惯差异离婚，2012年她重返贵州，勇敢挑起哺育子女、维持家庭日常开支的重担。

2012年，她来到贵州黔灵女家政服务有限公司，开始从事卫生保洁及家庭服务工作。在公司管理人员及老员工们的关心和帮助下，她虚心、刻苦地学习技能，在一线工作岗位上不断提高自己的业务能力和服务水平。

她兢兢业业地忙碌在负责的保洁工区里，未请过一天假，未旷过一次工。同时，为了多挣一点加班费，她还经常放弃节假日休息，克服自己身患低血糖症带来的影响，到小区居民家擦窗、拖地、整理卫生，从事家庭保洁服务。她还在公司参加了育婴师等业务学习培训，2018年考取了育婴师资格证。

在从事保洁工作期间，她多次捡到别人遗失的身份证、驾驶本、银行卡和手机。她不贪不占，均原物上交到公司，由公司寻找失主并妥善处置。正是这种老老实实做事、认认真真干活、清清白白为人的操守与态度，使周德容逐渐赢得了公司、客户及业主的一致认可与好评。从2013年至2018年，她连续六年都被公司评为"优秀员工"和"优秀家政服务员"。同时，由于表现优秀，她的工资有了提升，工作岗位也从卫生保洁员过渡到了育婴师。

面对个人取得的成绩和大家的肯定，她想到的是应该帮助更多的姐妹提升技能、增加收入。在公司领导的大力支持和帮助下，她从2019年开始为黔东南苗族侗族自治州所属贫困县的广大农村妇女到贵阳从事家政服务进行实操性质的业务指导并搭建输送桥梁，让她们走出家门、实现就业。当年，在一对一的实操施教中，周德容为黎平、三穗等深度贫困县的300余名农村妇女开展了手把手的家政服务义务培训，并在公司的助力下推荐这些农村妇女上岗就业。同时，她乐于助人，积极参与社会公益活动，多次前往福利院、养老院及残疾人安置点进行社工服务。在全力打赢脱贫攻坚战中，她多次到易地扶贫安置点开展宣传动员和免费的家政技能讲解指导，帮助别人找到工作、获取收入并改善生活处境，得到了当地群众和公司领导的一致好评。

周德容不仅自己改善了生活并赢得了尊重，还用实际行动向广大妇女姐妹生动诠释了中国妇女"四自"精神的真谛。

贵州 黄和平

贵州省赤水市宝源乡联奉村人，现就职于赤水市七彩生态旅游发展有限公司

黄和平，贵州省赤水市宝源乡联奉村人，赤水市七彩生态旅游发展有限公司花卉基地销售员。在他的带动下，该公司花卉销售覆盖赤水市及周边市场，并已销往遵义、重庆等地。

2000年，与许多农家子弟一样，不甘于一辈子操持农活、向往着外面精彩世界的黄和平加入了外出打工的行列。在外地打工的时候，他和很多农民工一样，有工作就做，任劳任怨、不挑剔，不懂就自己学，很快便学到他泥水工手艺，一个月能拿到六七千元。外出打拼的几年间，他开阔了眼界，充实了头脑，也尝到了艰辛。在外地打工的工资收入不错，但发展少不了家乡，这成了压在黄和平心里的一块石头。2017年，村里开始发展花卉种植，在外找不到归属感的黄和平觉得这是个回家发展的好机会。他放弃在外的高收入工作，回到村里做起了花卉产业。

起初，村里花卉种植面积只有十几亩，花农也就三四个人。大家都没有花卉种植经验，也没有专业的技术指导，更重要的是，不知道种的花有没有市场。如何将种植的花卉销售好，成了摆在黄和平面前的一个难题。但黄和平没有灰心、退缩，主动承担起市场开拓的重担。一方面，他结合年轻人外出做生意或者打工导致留在村里的老人小孩多、学习知识技术少、花农人才匮乏的实际，自己带头研究如何给花卉施肥、打药、开棚透气，耐心指导新手，分享学到的知识和总结的经验；另一方面，他多方了解花卉市场行情，结合市场需要，帮助基地调整花卉品种、采摘时机、采摘方式，确保种植的花卉及时有效地销售。2018年，花卉市场疲软，黄和平到宝源乡政府人社中心请求能否通过政府渠道抓好花卉销售，政府就及时对接七彩生态旅游发展有限公司与基地达成销售协议，帮助基地渡过了难关。2019年，黄和平被七彩生态旅游发展有限公司返聘为花卉基地销售员，主要负责花卉销售工作。随着销路打开，花卉基地面积也从十几亩扩大到近三百亩。

黄和平是一个奋斗在家乡建设一线的返乡农民工，虽然在家乡做花卉销售比外出打工工资低，但能把村里的花卉产业发展好，能带着花农们通过种花在家致富奔小康，他觉得这比挣钱更重要，更有成就感。这何尝不是"团结奋进、拼搏创新、苦干实干、后发赶超"的贵州精神的具体体现！

毛洪毅

贵州省遵义市凤冈县永安镇崇新村人，现就职于遵义市凤冈县苏贵茶业旅游发展有限公司

2004年，毛洪毅高中毕业到广东深圳打工。刚进厂的第一天他有点不习惯，特别是对生活、环境、工作。3年后，他下定决心要返乡去学习一门技术。

自家老房子旁边有一个茶馆，他很想知道茶馆里到底有什么。有一天他终于按捺不住心中的好奇，独自一人跑了进去。茶馆不大，只是一间小屋子，但却布置得很用心：小屋子周围摆满了各种茶以及茶具，墙上还装点着几幅山水画，屋子中间是几张木桌，木桌上面的凉棚上倒挂着绢伞。他有很多感悟，觉得茶是一种文化，茶是一门技术。

2007年4月，他进入野鹿盖茶业有限公司学习茶叶加工。刚进入车间，他体会最深刻的是制茶师傅们加工的手工茶"好香"，佩服他们不怕烫手，于是决心做好手工茶。从此，他天天加班练习到深夜，手掌被高温茶叶烫出了老茧，每一个加工环节不懂就问老师傅，再反复体验加工。他见到茶叶行业的老师们，更是虚心求教，加工的茶叶品质逐渐提高。两年时间里，毛洪毅凭着执着好学，从学徒成长为技术骨干，他加工的茶叶走进了千家万户。2017年，毛洪毅评上了中级评茶员，被凤冈县苏贵茶业旅游发展有限公司聘请为制茶技术骨干。他近几年来获得了以下荣誉：2016年全国手工绿茶制作技能大赛个人三等奖、"林达杯"贵州遵义第三届职工技能大赛手工扁平绿茶项目余庆比赛三等奖；2017年全国茶叶加工职业技能竞赛暨"遵义绿杯"全国手工绿茶制作技能大赛个人一等奖；2018年贵州省职业技能大赛"多彩贵州·黔茶飘香"茶艺职业技能大赛茶艺团体赛优秀奖；2019年凤冈县政府颁发的2018年度茶产业工作"制茶能手"，全国茶叶（绿茶）加工技能竞赛"遵义杯"全国手工绿茶制作技能大赛一等奖；2020年遵义市第五届职工技能大赛湄潭茶叶项目技能竞赛手工扁形茶一等奖。

2020年7月，他参与起草遵义毛峰、遵义白茶有关标准。

此外，他接受凤冈县职业中学邀请，开展有关历史文化教学，使该校学生在茶文化、手工制茶、机械制茶方面取得一定收获。

他还帮助30多户贫困户学习茶叶品种、茶叶种植、茶叶管理等知识。

贵州 张顺勇

贵州省六枝特区落别乡抵耳村人，现就职于贵州张氏兴农业综合开发有限责任公司

张顺勇，贵州省六枝特区落别乡抵耳村六组人。几年来，张顺勇在不断拓展市场的同时，利用自己敏锐的市场触觉多次为公司找寻发展商机，带领公司因地制宜拓宽产业路，带动乡亲脱贫致富。

2005年中专毕业后，张顺勇在广东、上海等沿海地区务工，艰苦奋斗8年后，于2013年返回家乡，寻求发展机会。在父亲的带领下，他了解到家乡周边拥有丰富的野蜂资源，重要的是当地有良好的野生蜜源环境，蜜源植被高达166种，森林覆盖率高达60%，养蜂无疑是一条成本低、成效快的致富之路。为将这条致富路走实、走宽，张顺勇刻苦学习理论，向当地有丰富养蜂经验的"土专家"学习、开展野蜂收集，同时积极学习销售技术。经过几年努力，他成立了贵州张氏兴农业综合开发有限责任公司，目前公司养殖有六枝岩蜂600余箱。

养蜂的同时，张顺勇还发现另外的商机，即六枝特区落别乡的岩峰地貌特点适宜种植中药材。经过前期市场调研，他发现黄精、三叶青、重楼等市场价比较高且稳定的中药材最有发展前景。因此，张顺勇从当地寻找和周边收购中药材苗子进行培育并取得成功。目前，公司已种植中药材黄精、三叶青、重楼，皂角等100余亩。与此同时，中草药在花期的时候还可以提供更好的蜜源，酿造出更优质、特色的蜂蜜，形成了一个小规模的循环经济。

六枝特区落别乡很久以前开始家家门前种樱桃树，随着"落别樱桃"打出品牌，每年的樱桃节带来的游客数量渐增。张顺勇公司的种养殖基地就坐落在落别乡抵耳村，依山而种的果树、随处可见的蜂箱、中药材的奇花异果吸引当地及周边旅客游玩、采摘、购买土特产，当地的喀斯特地貌景观也是基地的加分项。基于这些得天独厚的条件，公司搞起了农旅一体产业模式，相关工作正在有序推进，有望成为村民们又一条致富路。

在六枝特区落别乡，张顺勇背靠青山绿水，在荒野中兴产业、谋事业，通过土蜂养殖、土鸡养殖、果林种植及林下中药材种植为公司创造了百万元产值，并不断以种养结合、立体发展的方式，让青山焕发致富生机。目前，得益于张顺勇的市场拓展及产业选择，通过农业产业发展带动18户农户创业，其中7户养殖六枝岩峰，规模达到200多箱；11户养殖鸡、牛、猪，有效促进了落别乡抵耳村村级农业经济的健康发展。

赵燕

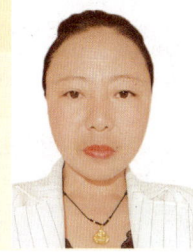

彝族，贵州省六盘水盘州市坪地乡七官营村人，成立坪地乌蒙翠芽旺业种植有限责任公司

赵燕早年在六盘水市打工，2010年当选坪地乡七官营村村民委员会委员，2012年以来一直担任盘州市坪地刚燕种养殖农民专业合作社监事一职。由于发展需要，她于2015年4月成立坪地乌蒙翠芽旺业种植有限责任公司。

2010年，赵燕在履职坪地乡七官营村村民委员会委员和妇代会主任。过程中，每天和妇女同胞打交道，发现很多农村妇女为了带孩子读书或照顾年迈的老人不得不留在家中，除了种点庄稼，大部分时间无所事事。她逐渐萌生了为她们做点什么的想法，这个想法就是创业。

为了找准创业项目，赵燕自费到遵义、普安、浙江等地学习考察，综合学习考察收获的知识和经验以及当地的优势，决定将发展茶叶种植作为创业项目。在当地党委政府和农业农村部门的支持下，在周边老百姓的积极参与下，茶叶种植项目于2012年11月开始实施。

茶叶苗种进地里，等来的不是绿浪满山坡，而是持续123天的无雨时光。为了心中的茶山满目，解决茶叶苗在干旱时节的"喝水"问题，赵燕使尽浑身解数，东拼西凑筹集17.5万元，从2.5公里外的大山上布管网引水，但是因无法进行有效的填埋，80%的管道裸露在外，导致供水隔三岔五就断流。

为了不打击乡亲们种植茶叶的积极性，赵燕将早上8点到晚上6点浇水的黄金时间让给乡亲们，晚上7点后，才带着不满13岁的女儿和不到4岁的儿子到种植基地浇水。为了茶叶苗能够活下去，赵燕就连春节期间也是早出晚归，奋战在茶叶种植基地上。

每年炒制春茶，车间外面春寒料峭，车间里她挥汗如雨。因为炒制手工茶，赵燕白皙的手被滚烫的茶叶烫得通红，手掌被铁锅烙出老茧。学会了炒制手工茶，赵燕并没有满足，她又开始专研机械杀青制茶技术。

克服一个又一个的困难，茶叶种植基地终于将大山铺上了一层令人赏心悦目的绿。2016年，公司实现茶叶初采。2017年，公司建起了初加工生产线，解决了初加工生产问题。2018年，公司完成商标设计并成功注册"坪地春香"商标。2019年，公司完成包装定制。2020年，"坪地春香"茶叶正式和消费者见面。

公司吸纳当地203名劳动力就业，其中建档立卡贫困家庭人员123人（女性占90%），为每个贫困就业家庭年增收3500元以上，达到就地就近就业的效果。赵燕被译为贵州省第三届返乡农民工创业之星，公司先后被认定为盘州市就业扶贫车间、东西部劳务协作就业扶贫车间、大连市援建就业扶贫车间。

谢顺超

贵州省安顺市紫云县猴场镇小湾村人,现就职于紫云县绿园绿色蔬菜有限公司

1992年,谢顺超和哥哥谢顺华跟随打工潮来到了广东省,没有学历、没有技术,空有一把子气力,他们只能选择在菜市场当工人。勤劳、踏实、肯干,一个月后,谢顺超成了小组长,每月工资250元。

身处菜市场,每天与种植户、销售商打交道,谢顺超和哥哥虚心求教,钻研蔬菜种植技术。善钻研、勤学习,他们先后当上片长、大师傅、总管,掌握蔬菜种植技术后,负责蔬菜基地生产等工作,从管几名工人到几百号人,工资也水涨船高,月薪达到3万元。随着接触面越来越广,他们逐步建立了自己的"蔬菜朋友圈",在业内小有名气。

2018年年初,一场振兴农村经济的深刻产业革命在贵州省如火如荼地展开,家乡动员他们回乡发展。

谢顺超思前想后,与哥哥商量。"我们在外奋斗,始终还是要回到家乡发展。现在家乡的农村产业革命势头这么好,交通改善后区位优势更明显,回乡创业有何不可!"经过一番交流,两兄弟想法达成一致。

"好!我马上回老家考察,可行就开干。"谢顺超斩钉截铁地说。他们乘飞机、转车,当即赶回老家,风风火火地对气候、土地、基础设施等进行考察。紫云有15个500亩以上坝区,土地比较集中,且处于低热河谷地带,适合时令蔬菜的种植。几天时间,谢顺超跑遍紫云县15个坝区,完善的政策扶持体系、凉爽的气候、原生态的资源,更加坚定了他返乡创业的决心。2018年下半年,他们兄弟二人带着资金、管理经验、技术和市场,返回家乡创业。他们首站选择在猴场镇尅座村,投资入股村级合作社,负责技术、市场,种植豌豆苗和菜心。当年9月,豌豆苗和菜心开始上市,正值蔬菜行情大好,卖了高价,销售额达250万余元。

紫云县整合资金,建设机耕道、喷滴灌、冷链仓库等基础设施,完善产业配套体系,为两兄弟发展提供了基础支撑。

此后,谢顺超入股哥哥的绿阳绿色蔬菜有限公司。公司在做好尅座坝区基地基础上,还流转坝扬镇红院坝区土地,种植菜心、夏阳白、荷兰豆、佛手瓜等蔬菜。按照"公司+基地+农户"模式,公司统一提供种子、技术、农药、肥料,带动农户一起种植。蔬菜采收后,公司以1.5元每斤保底价回收,直接带动就业200余人,间接带动上万农户增收。

韦国岚

布依族，贵州省安顺市镇宁自治县募役镇吴胜堡人，成立了贵州布依阿媚民族服饰有限公司

韦国岚 2007 年她因家庭贫困、经济收入比较低而终止学业。平时通过耕田种地只能解决温饱，母亲就靠织布补给家庭生活开支，她不忍看着母亲为了家日夜操劳、每天辛苦地将织出来的布拿去集市上卖。因此，韦国岚坚定了为家庭出一份力的念头。

2008 年下半年，带着小小的目标和梦想，她迈出了打工的第一步。韦国岚曾先后到浙江温州、宁波等服装公司学习裁缝、服装制作和设计，一待就是 8 年。这 8 年的打工生活，她历经艰辛与磨难，同时也学到了不少技术，开阔了视野，丰富了个人经历。韦国岚深知打工虽然可以维持生活，但终究不是长久之计，唯有自己创业，才有更好的前途。

2016 年，韦国岚回到了家乡，在 2017 年 7 月 28 日成立了贵州布依阿媚民族服饰有限公司，任公司负责人。

公司位于镇宁自治县县募役镇吴胜村四组，占地面积 500 多平方米，主要从事民族服饰、手工纺织品、民族手工艺品等生产、设计、研发、销售。公司致力于民族文化传承，用手工生产带动农户发展，助推农户脱贫奔小康。吴胜村是一个以布依族为主的少数民族聚居村落，村民世代以传统农业为主，如遇自然灾害、农作物受损，农户生活基本都难以自足。近年来，村子外出务工劳动力越来越多，留守的基本是妇女、老人、儿童。2017 年公司成立以来，积极号召吴胜村及临村妇女通过手工制造实现自主创业发展，脱贫奔小康。同时，公司组织贫困妇女开展操作培训，既保证生产产品质量，又将民族技艺宣传出去，发扬民族文化，传承民族传统。公司带动妇女在家门口就业，在照顾小孩和老人的同时，还可以有事做、有钱挣。公司聘用生产员工约 92 余人，直接和间接带动本村及临村等妇女创业 200 余人，其中建档立卡贫困户 100 余户。2019 年被认定为就业扶贫车间。

韦国岚积极争取，在各级妇联、人社局、经贸局、统战部等部门的大力帮助下，壮大了公司实力。现公司年产布艺 20 余万米，人均月工资达到 1 900 元，通过贫困妇女之手织出的作品让传统文化元素经过创新融入时代服饰市场，达到传承和发展双赢的局面。

2018 年，公司成为"镇宁县锦绣计划示范点"，2019 年被评为"巾帼巧手脱贫示范基地"。

贵州

周礼贵

贵州省毕节市对坡镇法泥村人,成立了贵州新农汇生态农业发展有限公司

周礼贵,1975年出生。他当过工地工人、临时工、流水线工人、销售员等,自己摆地摊、开洗车场、经营汽车配件等,有了一定的财富积累。后来周礼贵自己准备搞种植,刚开始就栽了一个大跟头。他种植的小香葱因为种植技术不达标,出现了大面积发黄、倒伏的情况,损失惨重。但他很快振作起来,四处去请教经验,向别人学习相关技术,终于找到了失败的原因。周礼贵有了底气,决定把小香葱的种植面积扩大到一千多亩。但经销商看到周礼贵的小香葱都直摇头。原来上海人的习惯是买菜就送小香葱,而他的小香葱个头太大,白送给人太不划算。这样,周礼贵的努力又一次打了水漂。周礼贵再接再厉,跑到各大城市去了解当地人关于小香葱的消费习惯,终于摸清了各地不同的习惯和需求。通过产品改革,小香葱的资源和品质有了保障,周礼贵的香葱种植事业也慢慢稳定发展了起来。

在外摸爬滚打了20余年,尝遍生活的酸甜苦辣咸,周礼贵想要帮助家乡致富的念头一直没变,反而越发强烈。2016年,他在赫章县通过技术及资金入股组建了贵州新农汇生态农业发展有限公司。公司按照政府引导、公司主导、贫困户参股的发展模式,发展香葱产业。目前,群众用土地入股公司,每亩每年按500元标准进行分红,并按五年一个周期,每年递增10%。100户贫困户通过"特惠贷"每人贷款5万元入股到公司,无论公司盈亏,每年固定分红5 000元,连续分红5年后由公司负责归还本金。村集体的扶贫专项资金入股,公司按不少于10%的比例分红给贫困村,彻底解决空壳村"出列"问题,同时壮大村级积累。公司按照农田标准化、布局合理化、管理规范化、生产科技化、功能多元化全面推进示范园建设,形成以香葱为主体,乡村休闲观光和香葱物流管理体系为配套,将园区打造成集休闲、观光、旅游等功能于一体的"生态、优质、高效"示范园区。

截至2019年年底,周礼贵通过"党建引领+龙头基地+村社一体+贫困户"四位一体的扶贫模式,共计带动赫章县松林坡乡518户贫困户、1 958人脱贫致富。2017年12月,他获得"贵州省脱贫攻坚先进个人"荣誉称号。2019年,公司被贵州省人力资源和社会保障厅认定为"优秀就业扶贫企业"。

王万军

贵州省毕节市大方县星宿乡云峰村人，现就职于大方县丽军林下种植中药材专业合作社

王万军初中毕业后外出打工多年。2007年他回家养牛，日子过得也算可以。2008年，王万军与天麻结下了不解之缘，走上了天麻种植这条路。

天麻种得好不一定就能卖出好价钱，还必须要经过分级加工制作。王万军果断把努力方向转向了天麻分级加工制作。他读书、拜师、求教，甚至到处"偷师学艺"，从把天麻收下山开始，浸泡、清洗、煮、烘干，工序一道接一道，手工烧火控制温度、水分，王万军都亲力亲为。功夫不负有心人，王万军很快成了当地小有名气的"天麻师傅"。

王万军在自己种植天麻获得良好经济效益后，带领乡亲们一起致富，成立野生天麻种植专业合作社。2011年6月，他成立丽军林下种植中药材专业合作社，为周边群众提供了40多个就业岗位。2012年，合作社扩大种植规模，又为周边群众新增40多个就业岗位，带动30余户老百姓增收致富。2014年，王万军当选为星宿乡云峰村村支书。

掌握了天麻机械加工技术后，王万军又致力于冬荪、菌种制作技术。2016年，王万军到贵州农业科学院学习冬荪、菌种制作技术，成功将农作物积杆和林下枯枝落叶等按照一定的比例混合，堆料发酵产生75度高温杀灭杂菌做成冬荪菌种基质，并向全省推广此项废物利用技术。

为了更好地发展林下种植冬荪、天麻，带动当地群众致富，2016年，王万军辞去村支书的职务，在恒大幸福七村为其提供的厂房，组织带领群众专门经营冬荪、天麻菌种制作和栽培。如今，合作社以冬荪产品为主营业务，自建冬荪示范种植基地400余亩，带动贫困户42户、125人及非贫困户14户就业，菌种生产为贫困户提供50个就业岗位，帮助加入合作社的贫困户每户年平均增收1.5万元。

王万军在成为致富能人的同时，为脱贫攻坚做出了贡献，也获得许多荣誉。他于2009年获得大方县劳动模范光荣称号，2015年获得大方县中药材种植大户、"田专家、土秀才"等称号，2017年获得"大方县脱贫攻坚创业大赛"企业组二等奖，2019年先后被评为"贵州省乡土人才扶贫带富先锋""贵州省返乡农民工创业之星"（合作社被评为全国农民合作社示范社），2020年被评为贵州省劳动模范。

贵州

罗靖

贵州省威宁彝族回族苗族自治县玉龙乡和平村人，现就职于威宁县蔬菜产业基地

2002年，罗靖初中毕业来到贵州省贵阳市，经人介绍到花果园搅拌站当搅拌车司机。他决心在认真工作的同时，利用业余时间学习，提高自己的业务能力和文化素质。从此，只要有空，他就钻进书店学习各种销售与管理知识，买不起书，他就在书店里看，有时边看边抄。单位领导见他如此刻苦，设法为他提供便利条件，创造学习机会，并且跟图书管理员打招呼，他需要什么书就尽力为他提供什么书。他先后通读销售基础知识类书籍一百多本。将理论知识一一熟记在心。2016年，云南省昆明市大棚产业兴起，这对他来说是个机遇，更是个挑战。于是他毅然选择辞职，前往昆明投身于蔬菜种植销售，想把自己所学销售知识应用到实践中。他坚持业务上精益求精，勤于学习，善于思考，注意总结，积累了丰富的蔬菜销售工作经验，掌握了各类销售渠道，得到同行的高度赞许。

2017年，得益于易地扶贫搬迁的好政策，罗靖一家从两间土坯房搬进了安置房，罗靖被聘用为朝阳新城安置社区的公益专岗人员，有了固定工资，妻子也在城区超市做了一名收银员，一双儿女就近入了学。2019年11月，威宁自治县从配套设施齐全、种植条件良好的易地产业扶贫蔬菜基地中，划出离搬迁小区较近的土地建立蔬菜种植合作社。罗靖看到了一展身手的机会，第一时间加入种植合作社干起了销售人员。蔬菜的产量上来了，销售成了最大的问题。看着快要烂在地里的蔬菜，罗靖看在眼里、急在心里。为了把蔬菜尽快销售出去，罗靖马不停蹄地跑周边城市、跑周边省份，还通过互联网联系客户。在他的帮助下，合作社日益壮大，带动了搬迁群众就业脱贫。

基地所产蔬菜通过政府和罗靖等销售人员的努力，不仅畅销国内，还出口东南亚国家。罗靖所在基地共吸纳搬迁群众227户、1 380人入社参与分红，同时解决了1 200余名搬迁劳动力就近解决了就业问题，实现稳定就业。

刘玉贤

穿青人，贵州省纳雍县老凹坝乡新街村人，现就职于纳雍县玉龙坝镇种植农业专业合作社

1997年，刘玉贤不忍看着父母辛劳，初中没上完就跑到贵阳学汽修技术。人们常说开车、挖煤、推豆腐是人生三"苦"，其实修车也可算一"苦"，不仅脏、累，还费脑筋。但刘玉贤没有退缩，刻苦钻研，很快成为汽修公司拿得出手的汽修师傅。从2000年到2011年，刘玉贤教过的学徒前前后后有五六十人，多数人都来自特别贫困的家庭。问起为何收那么多徒弟，刘玉贤说："天干饿不死手艺人，希望像我这样穷人家的孩子能有一门生存的技能"。

2017年，为优化农村产业结构，玉龙坝镇建起了红心猕猴桃种植基地。刘玉贤看到了家乡致富发展的希望，毅然加入基地工作。种植基地一开始遇到不少难题，乡亲们不理解、不愿意参与，刘玉贤就主动请缨，一家一户谈，经常谈到深夜两三点。刘玉贤经常利用闲暇时间学习水果销售等技术。通过在基地的实践，刘玉贤也积累了不少与人打交道的办法。猕猴桃产量没问题了，销售成了最大问题。看着快要红透的猕猴桃，基地众人都很着急。关键时候刘玉贤站了出来，他带着基地的产品在各地参加展销，还开起了网店进行网络销售。在刘玉贤等人的努力下，基地的订单应接不暇。

刘玉贤坚持自己的销售理念，不疾不徐，不贪图小利，他一心要让人们吃到优质的果品。每一次采摘，他不仅要算产品的生长时间，还要带上检测设备，现场检测糖分指标。他说："一般我们红心猕猴桃的采摘周期必须要达到145天以上，每一次采摘，都要检测糖分指标达到多少，我们一直坚守不早采，糖分指标不达8.0不采，我们一直守这个底线。""现在提'黔果出山'，不是所有的果子都能出山。所以，我们只能走高品质路线，让北上广的人品尝到我们优质原生态的贵州果品，这是我们一直坚持的原则和目标。"

基地生产的红心猕猴桃，因为优质赢得了市场青睐，远销北京、上海、广东等地，这让他黔果出山的梦想逐渐变成了现实。

如今猕猴桃种植已成功"植入"玉龙坝镇，基地吸纳了大批当地农户就近务工，带动300余户农户增收，带动40多户贫困户脱贫致富。玉龙坝猕猴桃种植基地在刘玉贤等人的奋斗下逐渐壮大，老百姓主动要求加入。政府鼓励当地贫困户以土地入股方式或以"特惠贷"入股方式参与基地种植，同时吸引贫困群众在基地就业，贫困户除了拿工资，年底还可分红。

贵州

温金水

重庆市江津区石蟆镇东溪村人,现就职于中国水利水电第九工程局铜仁恒大山湖郡三标段项目部

温金水,1982年10月出生,从小家境贫寒。为了改善家里的生活状况,减轻双亲的负担,他20岁便外出务工,至今已在外辛勤奔波近20年。他靠着自己的双手不但把日子过得红红火火,还成了村里勤劳致富的先进代表,带领家乡工友在建筑行业开辟了自己的一片天地。

温金水是中国水利水电第九工程局铜仁恒大山湖郡项目下属砌体班的班组长,他负责16号地块1号、9号楼的二次结构及内外装修工程。由于是精装修,对于墙体抹灰要求严格,有位新来的工友马杰怎么也处理不好阴阳角的抹灰。他发现后,主动找到马杰并关切地说,"马师傅,抹灰是门技术活,讲究方法的同时需要一定的经验积累,都需要一个熟悉的过程,你别急,这方面我稍微了解一些"。温金水一边说着一边给马师傅示范,手把手地教,一遍又一遍,直到马杰能独立完成。在工作中看到对不熟悉小型设备操作的农民工,他都会主动上前为他们仔细讲解安全操作程序。温金水像班组里的"百科全书",用他丰富的经验为工人们答疑解惑,工友们谈到他总是不自觉地竖起大拇指。

温金水在生活中同样也积极帮助他人。十几岁时,看到同村有个小孩掉入河里,他不顾自身安危,毫不犹豫就跳入河中,将比自己小不了几岁的孩子救起。外出务工时,有天晚上下班回家,他看到一起租房住的老婆婆倒在地上昏迷不醒,马上将老人送医救治,并联系了老婆婆的家人。因送医及时,最终老婆婆转危为安。

作为施工班组的组长,他与工人同吃同住,与工友们打成一片。不怕苦,不喊难,兢兢业业、超标准完成自己的本职工作,给广大工人兄弟树立了一个好的榜样。同时,他将多年学习积累的识图、施工、核算、管理等一套技术知识全部用到施工建设上来,严把施工技术质量关,始终把质量放在第一位。他所负责的项目工程总能一次性验收合格,所在的项目部也经常得到施工总承包单位的一致好评。

自从来到铜仁恒大山湖郡项目,因实名制管理非常规范,每一个新来的工人他都亲自带到公司录入个人信息、签订劳动合同,教农民工兄弟怎么规范考勤。正是这样规范的实名制管理,他深切感受到了国家对广大农民工的牵挂,同时也更加意识到自己肩上的责任和使命。

田彪

土家族,贵州省沿河土家族自治县后坪乡斯毛坝村人,现就职于沿河后坪盛丰茶叶专业合作社

1992年,田彪初中毕业没有考上学校,父亲安排他学烤酒、种烤烟和养猪。他对父亲的安排不太满意,就找亲戚朋友东拼西凑筹了5 000元钱买了一辆二手车,跑了6年车。在这6年里,他经历了丧父之痛和四处举债的窘迫。1998年,为了早日还债,他带着家人到广州打工。

初到广州,找了几个工作都不如意,他又干起了跑货车的老本行。干了几个月,安置好家庭后,他放弃了跑运输,进了一家制衣厂,先是干电工,之后看到制作模板和服装设计的岗位工资很高,他下定决心一定要学会这些技能。师傅看他比较诚心,就答应教他,连续几周,他每天跑市场,看到那些设计精美的服装就记录下来,回家就开始画图纸,反反复复画了无数次,他设计的第一套服装图纸就得到老板的认可。在学习设计服装的过程中,田彪打下了市场调查、营销的基础,也认识到了市场销售的重要地位。

2008年,田彪回家过年,家乡翻天覆地的变化让他有了留下来发展的想法。与自家的亲兄弟田小华商议后,他加入家乡生态茶产业。2009年,后坪乡红阳村办了一个茶园合作社,通过合同承包、租赁流转土地等方式集中连片栽种了700余亩绿茶,田彪立马加入了合作社。

茶叶上市了,可是销路成了大问题。绿茶都以当年茶为好。他四处联络、奔走。2015年7月,田彪带着合作社打造的核心品牌"红阳碧芽"到广州找经销商,在他以前服装厂老板的引荐下,找到几家经销商,签订了采购协议,终于打开了销路,当年就销了2 000多斤茗茶。

销路打开、渡过了难关,田彪却没敢停歇。凭着长期跑市场、做销售的直觉,田彪向合作社提出发展生态茶叶产品的建议。现在,合作社的生态茶陆续销售到了湖南、湖北、浙江、福建、江苏等市场。合作社又先后推出了"红阳碧芽、毛峰、毛尖、翠片、绿宝石、红宝石"等一系列畅销的茶叶产品。通过几年的培植和发展,茶园面积从当初的700亩增加到2 000亩。

合作社的发展带动了周边群众共同发展。田彪与在外务工的父老乡亲联系,和他们谈家乡的发展情况。在他的影响下,许多外出务工的群众都回到了家乡,有的自己种茶,有的到茶山务工。茶园与127户建档立卡贫困户建立了利益联结机制。采茶期间,可带动周边农户400余人就业,让群众既能照顾家庭,又能实现就业。

韦金水

苗族，贵州省黔东南州从江县加勉乡污弄村人，现就职于贵州省从江县污弄工程建设专业合作社

韦金水，1998年7月出生，中共党员。为提高群众务工就业的组织性和专业性，贵州省从江县加勉乡污弄村组建成立污弄工程建设专业合作社，韦金水被推选担任合作社劳务队长。担任劳务队长以来，他对内积极打造品牌，组织队员刻苦学习和钻研建筑施工技术，对外积极对接联系工程用工。2020年年初，韦金水克服新冠肺炎疫情影响，在做好安全防护的基础上，带领困难群众38人实现劳务就业，其中建档立卡贫困户28人，稳岗率为100%，实现年人均收入达3万元以上。

2017年，韦金水到贵州路桥集团有限公司建设的加勉至加鸠三级路扶贫项目务工，与7名村民一起组成劳务队。劳务队在务工过程中具有一定的组织性和专业性，成员之间取长补短，补位灵活，配合默契，能独立完成部分工程项目施工。之后，在贵州省交通厅、从江县及贵州路桥集团等各级领导的帮扶和支持关心下，劳务队伍很快发展壮大到25人。由于勤劳肯干，善于钻研技术，韦金水成了劳务队的技术骨干。在参与加勉至加鸠三级路扶贫项目建设中，劳务队主要从事挡墙、排水沟浆砌施工和防护绿化施工，人均月工资3 560元，带动了25户贫困群众实现增收，稳定脱贫。

2019年3月，在贵州省交通厅和贵州路桥集团有限公司的大力支持和精心安排下，韦金水和28名队员到贵州路桥集团有限公司建设的重遵扩容项目T12合同段承接施工劳务。他们根据实际情况，因地制宜制定了一系列的技术培训和施工效率提升方案，培训班组路基Ⅱ型排水沟浆砌施工、涵洞施工、路基防护衬砌拱护坡预制块安装施工等，从简至难、逐步安排。经合现场施工图纸和施工技术开展规范化、系统性的培训，夯实了班组施工人员的技术基础。系统性培训完成后，在现场经过实践观察，掌握班组人员各自的施工特长后，他们重新整合班组人员，划分为三个施工小组。一组负责预制块安装施工，二组负责钢筋焊接和现浇混凝土施工，三组负责零星点工和砌体施工。经过一段时间的施工实践，施工效率得到了明显提高，班组人员养成了不断提升和总结的习惯。

近年来，在贵州交通建设集团的帮扶下，韦金水和劳务队其他成员参与多个交通项目建设，承接了大大小小多少个劳务工作。截至2020年9月，劳务队班组在岗人数59人，人均月工资从3 560元提升到4 510元。合作社劳务队务工老乡既增加了收入，又学到了宝贵的施工技术。

杨美

苗族，贵州省黔东南州凯里市凯棠镇凯哨村人，现就职于贵州省凯里市上马石安置小区就业扶贫车间

  杨美，1982年11月出生，中共党员。2016年，她易地扶贫搬迁到了凯里市上马石易地扶贫搬迁安置点。搬出贫困的大山，从一个普通的村民进城变成了"新市民"，她的生活发生了翻天覆地的变化，她开办了一家民族服饰加工厂，担任了凯里市上马石安置小区就业扶贫车间技术负责人。

  杨美出生在一个贫困家庭，2002年读高三时，因父亲生病不得已只能辍学，到云南、上海等地打工，因为没有手艺，只能给别人擦皮鞋。2003年，21岁的她嫁人了，但老公家和她家一样条件很差，她和丈夫只得和村里其他村民一样外出打工。

  在外面，她擦过皮鞋，摆过地摊卖少数民族手工艺品。后来她在一家制笔厂工作，进厂后生活才逐渐稳定好转。她天生有股不服输的劲头儿，做什么都想要做好。上班时间她经常观察别人怎么做，然后利用下班时间练习，学到了不少新知识、新技能。她一步步从普通工人升到管理岗，工资也从最开始的每月七八百元涨到了五千元左右。

  她和老公常年在外打工，只有春节过年才回家一次，孩子都不认识他们了。为了不错过孩子的成长，杨美和老公回到了老家。

  2016年，政府实施易地扶贫搬迁工程，让凯哨村全村的人都搬进了城里，杨美家搬到了上马石易地扶贫搬迁安置小区。

  2017年，杨美参加了政府组织开展的缝纫技术培训，学习缝纫机操作、打板、裁剪、缝制等一系列技术，在这个过程中她逐渐萌生了开一家制衣厂的想法。杨美的想法得到了安置小区的大力支持。

  2018年，杨美成立了凯里市兴美宏杨制衣厂。开始时，厂子就是个小作坊，只有三个人，杨美、杨美老公还有一个员工，之后又增加了五六个人。经过一段时间摸索，制衣厂能够生产工装、白大褂、民族服饰等10多种产品，效益也越来越好，规模慢慢壮大了起来。

  2018年5月，为帮助更多搬迁群众就业，安置小区在杨美制衣厂的基础上组建成立了制衣就业扶贫车间，很多参加缝纫培训的学员都被招用到扶贫车间工作。一年多的时间，车间就有了100余名员工，其中大部分员工和杨美一样都是易地扶贫搬迁群众。

  看到车间不仅能改善自己家的生活水平，还能帮助大家脱贫致富，杨美有一种前所未有的满足感，之前吃再多的苦、扛再大的压力也觉得值了。

贵州

李功杰

侗族,贵州省黔东南州三穗县八弓镇亚茶村人,现任贵州省三穗县武笔街道彩虹社区易地扶贫搬迁小区久杰物业公司保安队长

1997年,18岁的李功杰因家庭窘迫赴广东省务工,一干就是十多年,先后做过搬运工、缝纫工、车间管理员。2016年,因妻子患心脏病需要陪护,他回到家乡,一边照护妻子,一边在县城打点零工。

李功杰家住三穗县八弓镇亚茶村,10多年来,一家4口人一直挤在一间小木房子里。2018年底,李功杰异地搬迁到三穗县武笔街道彩虹社区,分了一套100多平方米的新房子。

2019年年初,经社区工作人员推荐,李功杰报名应聘公益性岗位,并参加保安技能培训班,成了武笔街道彩虹社区的一名保安。李功杰工作认真负责,热心助人,因此当上了社区的保安队队长。"有事就找李队长!"这句颇具"广告味"的话成了彩虹社区居民的"口头禅"。工作之余的李功杰常常会做起免费的临时维修工,给群众修电器、补漏水、换灯泡等等。对于李功杰来说,自掏腰包为群众解决一些生活中的小困难是常有的事,这位社区的"好管家"已经和居民们结下了深厚的情谊。

在彩虹社区,大大小小调解事件都有他的身影。哪两家有矛盾了,他总是第一个出现,矛盾不解决,绝不罢休,他成了群众口中的"和事佬"。2020年4月26日,彩虹社区一期3栋1单元的下水管道堵塞,经排查,原因为该单元的某位住户往卫生间丢杂物导致下水管道堵塞。由于无法确定是哪位住户丢的杂物,部分住户互相猜疑,发生争执。面对该情况,李功杰召集该单元的住户组织召开院坝会,引导各住户换位思考,动之以情,晓之以理,在他的不懈努力下,该单元的全部住户自愿达成协议,每户各出40元的费用请维修人员疏通下水管道。2019年以来,他化解矛盾纠纷30余起,有力地维护了社区的和谐稳定。

为保障社区治安稳定,他牵头成立了由警务室民警、物业安保人员组成的12人巡逻队伍,每晚对小区内主干道路、楼栋小巷等重点区域进行巡逻防控,确保小区治安防范无盲点。2019年以来,他协助公安部门破获偷盗案件300余起,制止留守少年偷盗行为7起,2020年的案件发生率较上年下降40%。

新冠肺炎疫情防控期间,因彩虹社区疫情防控卡点值守人员有限,他主动请缨,参与小区卡点24小时轮班值守30多天,仔细排查进出车辆和人员,要求群众扫描"贵州健康二维码",叮嘱群众佩戴好口罩,做好防护措施,认真做好卡点的测温、登记工作,为社区群众的平安健康保驾护航。

曾翠婷

广东省兴宁市黄槐镇下宝龙村人，现任贵州省天柱县联山街道职业农民劳务队队长

2016年，曾翠婷一家从天柱县高酿镇的一个偏远村寨搬迁至联山生活。刚到联山，由于小孩刚出生，她只能一边照顾年幼的孩子，一边在安置点附近打零工。每逢休息日，曾翠婷自愿当小区卫生保洁员，发现问题，及时予以劝阻和教育。她待人热情，语气亲切，得到了群众的理解和支持，小区环境卫生得到了彻底改观。曾翠婷待人真诚，时常帮助群众协调解决困难，逐渐得到群众的认可。2019年，曾翠婷被推荐为幸福社区1~6栋步梯房的楼栋长，从此为336户、1 630名搬迁群众服务。

社区刚成立时，大家总会看到她背着小孩、挨家挨户地登门采集数据的身影。白天她采集信息，晚上加班录入电脑，仅用了一个星期，她就完成了336户家庭的人员基本情况数据采集。

担任楼栋长期间，她除了完成社区工作以外，还深入搬迁群众家中宣传各类政策，尤其是就业创业政策，她的包里随时都放着一本《天柱县就业创业政策汇编》。在她的努力下，幸福社区1~6栋步梯房的就业率始终保持在90%以上。

为让群众搬得出、稳得住、能发展，街道政府在搬迁小区发动组建职业农民劳务队，曾翠婷第一个报名参加。曾翠婷不怕苦、不怕累，表现突出，得到群众的一致好评，大家推选她担任职业农民队队长。担任队长以后，曾翠婷带着队友们积极工作，累计外出务农1.5万余人次，每月实现人均增收2 000元以上。

因长期在太阳下劳作，曾翠婷的肤色晒成了黑色，队员们亲切地称呼她为"黑玫瑰"。在她的带领下，联山街道职业农民劳务队得到了县内各产业致富带头人和老板的认可，成了小有名气的"脱贫领头羊"。

为了帮助职业农民劳务队的队员增加致富技能，她积极与街道办就业创业服务中心对接，开展各类种植培训。经过她的协调，职业农民劳务队工作到哪里，培训就开展到那里，先后开展了中草药种植、百香果种植、辣椒种植等各类培训8期、600余人。

新冠肺炎疫情期间，很多群众无法外出务工，部分已经外出务工的群众还出现了失业返乡的情况，群众务工收入减少成了导致返贫的最大威胁。在她的协助下，联山街道共完成444个有组织劳务输出的任务，提前超额完成上级分配的任务。

在带领老百姓干活的闲暇时间，曾翠婷组建了联山街道文艺演出队。曾翠婷积极拉赞助，为演出队定制了统一的少数民族服饰，与培训学校联系开展专业的技能培训。

贵州 罗圣云

布依族,贵州省黔南州罗甸县沫阳镇跃进村人,现就职于黔南州罗甸县玉湖劳务有限公司

罗圣云,43岁,初中文化,曾长期在浙江、江苏等地务工,现为罗甸县玉湖劳务有限公司的一员,主要负责县内农村劳动力有组织转移输出县外劳务服务工作。在罗甸县脱贫攻坚、稳岗就业路上,他默默地奉献出了自己的一分力量,发挥了积极作用。

常年外出务工,罗圣云积累了丰富的人脉。1992年,罗圣云便与几个本寨的老乡一起踏上了漫漫的打工之路。他辗转去过江苏、浙江等地,主要从事纺织工作。随着做纺织品的时间越来越长,他不仅学会了技术,更结识了越来越多纺织行业从业者,掌握了越来越多的用工信息。2017年8月,经朋友介绍,他认识了南通善富纺织品有限公司的老板陈善卯先生。因深受陈先生赏识,加上多年在外务工的沉淀,他收集了许多符合罗甸县贫困劳动力的就业岗位信息,帮助县内群众外出转移就业。

2020年,新冠肺炎疫情稳定后,各地企业纷纷复工复产。为帮助务工人员尽快返岗,县政府陆续出台了多项政策、措施。罗圣云深知,受新冠肺炎疫情影响,农民工是否如期返岗就业老百姓增收、事关罗甸脱贫攻坚"摘帽"和社会稳定,解决如期返岗复工就业问题是县委、县政府当务之急。他克服疫情期间各项困难,充分利用自己在江苏二十来年的人脉资源积累,主动与当地企业联系,收集用工缺口,积极为罗甸籍老乡联系安排工作。南通善富纺织品有限公司更是把贵州工人到厂复工的事全权交给罗圣云来安排。借此机会,他主动对去年在公司上班的罗甸县务工群众做思想工作,要求每个老乡无论如何不许掉队,疫情一稳定都得到公司上班。同时,他对因受疫情影响不能如期到厂上班的其他省份的务工人员空缺出来的岗位,及时跟老板沟通,介绍更多罗甸有意向外出务工的群众进到公司,累计组织39名老乡到公司上班。因公司招工名额有限,他又积极联系在南通等地开厂的朋友,协调100余名罗甸籍务工人员分别到海门三星镇叠石桥、海门市工业园区相关企业和浙江台州、温岭等企业务工,帮助解决了部分罗甸外出务工人员在疫情期间稳岗就业的难题。

张树堂

贵州省平塘县者密镇拉栗村人，现就职于贵州省黔南州平塘人力资源有限公司

张树堂，1966年3月出生，曾在广州从事保洁工作30年。2019年9月，他成为平塘人力资源有限公司一员，负责组织输出平塘籍农民到广州从事保洁员工作，累计带动平塘籍农村劳动者到广州就业近2 000余人。

1988年，张树堂来到广州，辗转几个工厂，1989年到安美物业服务有限公司当保洁员，一干就是30年。1991年，公司扩大业务急需人员，他动员家族里的几个兄嫂来公司打工，那一次有3个兄嫂跟着张树堂来到广州做环卫工人。兄嫂干得不错，家里的生活得到了改善，逢人都夸张树堂，感谢他介绍工作。这是张树堂第一次尝到劳动力输出的"甜头"。之后张树堂对环卫工人的招聘信息总是多关注一眼，动员村里的乡亲们一起到广州来就业。

2019年，张树堂因身体原因回家休养。同年，借着东西部扶贫协作的机遇，平塘县人力资源和社会保障局在广州建立了劳务协作服务站，工作人员赵先国在走访、服务平塘籍务工人员的过程中，多次听到了张树堂的名字，大家对张树堂夸赞有加。平塘人力资源有限公司找到了在家休养的张树堂，希望借助张树堂在广州多年的资源和其在务工人员中的口碑，组织输出有保洁意愿的农村剩余劳动力到广州就业。加入公司的张树堂又开始充满活力，看访群众、联系企业，忙前忙后在广州和平塘两地奔走。广州市和平塘县出台了许多关于促进贫困劳动力外出务工的政策，这让许多贫困群众很动心，纷纷联系张树堂，看看他那有没有合适的岗位，这下张树堂更忙了，但是他忙碌却快乐着。他说，"只要群众想出来，不嫌弃环卫工作，我就会拉他们一把，我想用身边一个个事例去改变他们的想法，只有勤劳才能改变生活"。建档立卡贫困户杨凤林、张玉平夫妇就是在他的帮助下实现了就业，同时还申请到了外出务工补贴24 000元，相当于多增加了将近一年的务工收入，这让杨凤林夫妇更加坚定在广州好好干下去的决心。

张树堂一直积极动员、组织老乡外出就业，老乡寻求帮助时他也积极帮忙。张树堂凭借着在广州多年的资源，总是能得到保洁、环卫等方面的岗位信息。只要广州市各个单位、企业需要环卫工人、保洁人员，他总是第一时间想到家乡的群众，积极奔走联系用人单位，动员乡亲们到广州并安顿乡亲。乡亲安心在岗位上工作并领到工资，是张树堂最开心的时刻。

贵州 莫玉韩

布依族,贵州省荔波县甲良镇丙花村人,现就职于荔波韩诚劳务派遣公司

莫玉韩,44岁,布依族,小学文化,贵州省荔波县甲良镇丙花村村民。近年来,他累计带动本地1 000余名劳动力到广西转移就业。经过长期的经验积累,他发展为一名劳务经纪人,2020年被认定为外出务工"带头能人",仅2020年就带动403名本地劳动力到广西柳州、贵港、来宾三个城市的木材加工厂转移就业,其中包含122名贫困劳动力。

2008年,因为没有文化、没有技术,常年靠在家务农为主要收入的莫玉韩得到了一次机缘巧合的机会,经人介绍到广西柳州务工。他非常珍惜这次务工的机会,勤劳苦干,很快掌握了压板技术,并且积累了自己的"第一桶金"。有了最初的积累之后,莫玉韩发现广西多个木材加工厂缺乏稳定用工,且岗位工资待遇好,通过几年打拼,他逐步成了广西多地木材加工厂的劳务经纪人。莫玉韩第一时间想到了带动自己的父老乡亲走向致富的道路,逐渐带动丙花村甚至整个甲良镇的1 000余名群众到广西转移就业。

2020年新冠肺炎疫情突发,很多群众无法外出务工。由于莫玉韩常年带人到广西务工,很多群众都来找到他,表示想要跟着他外出就业。"莫哥,今年疫情我们没办法自己出去打工,但又想找一份稳定的工作,还要拜托你多帮帮我们呀"。寨上的人都知道莫玉韩在广西做劳务经纪人,务工耽误得太久,镇上很多群众都按捺不住了,莫玉韩自己也很着急,他积极联系柳州市洛盛木业、来宾道勤木业、柳州卓达木业、贵港旗胜木业等五家工厂,对接复工复产时间和吸纳用人情况。了解到具体情况后,他挨家挨户地登门走访,对有意愿随他到广西务工的群众进行登记,对接好广西的工厂后亲自开车带着群众一起到广西,把他们送到厂里务工。莫玉韩说,"乡亲们是从我手上带出去的,我必须亲自送到厂里才放心"。每一次莫玉韩把务工者送到外地就业后,都会自掏腰包在当地住一段时间,就是为了陪着村民适应新的环境,在他们遇到困难时及时帮助解决,好让他们安心工作。

新冠肺炎疫情期间,每天都有十来个群众来到他家找工作,还有更多的人通过电话咨询,莫玉韩几乎每天都在忙着给村民联系工作。他说,"我现在想不干都不行,我的电话号码大家都知道了,每天都有人打来,看来我的这个工作十分重要"。"现在大家都渴望增收致富,过上更好的生活,我愿意力所能及地帮助他们"。莫玉韩尽最大的努力带动了本地劳动力实现转移就业,帮助群众增收致富。

孔才

贵州省黔西南州普安县雪浦乡雪浦村人，现就职于贵州省黔西南州普安县才华实业有限公司

孔才，1973年7月出生，中共党员，小学学历，贵州省黔西南州普安县雪浦乡雪浦村龙滩口组人。

1993年12月，经熟人介绍，孔才进入东莞华新集团做备料工。因为好学肯干，1994年10月他被提升为备料组组长，1996年提升为车间主管，1999年提升为外贸业务主管。

孔才深知自己的发展离不开党和政府给予的支持，离不开国家给予的良好发展环境，自己应当回报社会。2013年5月，孔才带着在东莞学习到的先进技术和管理经验回到家乡，在贵州省黔西南州普安县江西坡镇开办了普安县才华手袋有限公司，主营手袋生产和出口业务。公司在吸纳贫困劳动力就业，带动当地群众增收致富，助力脱贫攻坚方面作出了较大贡献。

孔才知道，只有把当地的农民工兄弟培养成为企业合格员工，企业才能稳步发展，才能进一步为家乡提供更多更稳定的就业岗位，为稳岗就业和促进脱贫攻坚贡献力量。他在自己的公司里推行了一系列服务农民工兄弟的稳岗措施。一是强化技术培训。公司高度重视工人的技术培训工作，除管理人员和熟练工外，公司为员工提供免费的岗前培训，把东莞工厂的先进技术和理念免费教给工人。在不断地培训交流和学习中，工人从对手袋制作一窍不通到逐渐上手并成长为熟练工，贫困户学到了一技之长，整体业务素质和综合能力都有了很大的提升。

二是实行激励机制。公司采取"多劳多得"的激励机制，对普通工人职位采用保底和计件提成的薪酬方式，工人薪资不封顶，特别突出的还可晋升公司管理层职位。通过这种激励机制，公司普通工人的月平均工资达到了4 000多元，许多贫困户通过在公司务工实现了脱贫增收。

三是注重人文关怀。在公司管理中，他十分注重对工人的人文关怀。公司自成立以来，在工人待遇、节日福利、家属慰问、培训晋升等各个方面都给予了强大的支持。员工只要踏实肯干，就会有很好的工资待遇和晋升空间。工人及其家属生病或有特殊困难，他会第一时间送去慰问和帮助。

近年来，受新冠肺炎疫情和中美贸易战影响，公司的外贸出口业务受到了一定影响。但在国家各项"稳外贸"举措的帮助和支持下，他努力在危机中找新机，于变局中开新局，出口额实现小幅提升。在稳住发展的同时，他坚决实行"稳就业"，不裁员、不降薪，竭力帮助贫困群众增收，做到培训一人、上岗一人、稳岗一人、脱贫一户，实实在在做到"一户一就业"，继续带领贫困群众脱贫致富。

贵州

李利

布依族，贵州省黔西南布依族苗族晴隆县鸡场镇紫塘村人，成立贵州省黔西南州晴隆县阿妹戚托小镇布依垚工作室

布依族的织布、画蜡、染布、制作服饰等工艺，不仅为布依族女性的服装增添了色彩，还是布依族女性智慧的一种表现，同时也是布依族文化的一部分。但由于历史、地理、发展等原因，布依族文化未被大众所广泛熟知。晴隆县的布依族垚工作室，把传统布依族服饰制作与现代潮流相结合，走出了一条值得称道的民族文化推广之路。

布依垚品牌的创始人是一位致力弘扬布依族文化的年轻人。这位年轻人名叫李利，是个漂亮的布依族姑娘。

李利十多岁时就跟随姑姑到广东打工，在外闯荡十多年。她先后在电子厂、服装厂、手袋厂工作，后来改行成了一名销售。

李利心思敏捷，领悟力强，在外工作期间，她学会了机械缝纫、裁剪、服装手袋设计以及销售技能，之后便有了创业的想法。于是她2016年回到了兴义，2018年拿到"布依垚"商标注册证后，她的团队就开始生产民族文创系列产品，有手织土布、手工包、蜡染衣服、织染围巾、床上用品和小工艺品等，产品热销至全国各地。

2019年底，为了全方位、多角度地弘扬布依族文化，李利有了想要回老家鸡场镇紫塘村发展的想法。她把老手艺人们召集起来，学习她们的技术，一起将布依族手工艺产品做得更好，更有特色。李利希望布依族的手工艺产品能够代代相传，所以她把传承民族传统手工艺当成了自己的终身事业，并为之努力着。

2020年9月24日，农历八月八。李利和她的团队成员穿着传统布依族盛装，在阿妹戚托小镇参加了"锦绣助力·巧手脱贫"——晴隆县2020年新市民追梦桥刺绣大赛。在比赛中，她的团队获得特等奖、三等奖两个奖项。

2020年是脱贫攻坚的收官之年，本着"要富钱袋、更要富脑袋"的宗旨，晴隆县的少数民族妇女同胞以"锦绣计划"为平台，充分展示了"指尖技艺"向"指尖经济"的转变。

布依垚工作室以"锦绣计划"为依托，坚持以手工织布、植物染加工生产极具布依族特色的手工艺品，挖掘更多的民间手工技艺精品，以资深"绣娘"带出"锦绣"生活。

布依垚工作室成立至今带动了20位农村贫困妇女稳定就业。现在，布依垚工作室的订单不断，在淘宝上有专卖店。接下来，李利还将采取直播卖货途径，以带动更多贫困劳动力就业。

陆昌斌

贵州省贞丰县鲁容乡孔明村人，现就职于贵州省贞丰县人力资源市场

陆昌斌，1984年10月出生，中共党员。2010年，他到浙江省东阳市务工，2017年春节回到贞丰县，入职贞丰县人力资源市场，从事乡镇的职业技能培训和劳务输出工作，主要负责浙江省东阳市方向的劳务输出和相关技能培训工作。

为进一步在扶贫劳务协作中充分发挥党组织作用，畅通联系流动党员和农民工的渠道，帮助他们解决实际问题，助推脱贫攻坚，陆昌斌在贞丰县开展劳务协作工作中，发现去东阳市务工的群众，由于沟通交流不畅、文化水平不高、劳动技能不强，工作收入偏低且流动性较大。陆昌斌积极开展就业政策宣传，帮助群众提高劳动技能，引导外出务工，维护合法权益，实现稳岗就业。人力资源市场成立至今，共输出贞丰县去东阳市务工群众2 430余人，累计开展农民工学习32次、参与人数400余人，为贵州籍农民工推荐就业岗位600余个，协助政府宣传动员贫困群众易地扶贫搬迁11户，帮助6名务工老乡解决子女入学问题。

为使群众在外出务工前进一步提高劳动技能和就业能力，确保最大限度地转移富余劳动力和促进贫困户就业，陆昌斌深入贞丰县少数民族群众村寨，走村串户，在山旮旁、地埂边、老乡家，用少数民族群众熟悉的语言，宣传政府就业创业政策，动员和组织2 000余名群众参加州、县、镇各职能部门举办的劳动技能提升培训，拓宽了群众就业渠道。同时，陆昌斌还积极示范带动，利用自身优势帮助群众提升技能，解决实际困难，增加经济收入，实现脱贫致富。老乡黄雄是建档立卡贫困户，2014年到东阳市务工，由于文化水平不高，对电脑基本操作不熟悉，工作处处碰壁后又回到老家务农。陆昌斌了解情况后，细心指导黄雄学习电脑知识，提升电脑操作技能。通过陆昌斌的热心指导，黄雄逐渐熟悉电脑操作系统并重新回到原工作岗位，工资收入从刚开始的每月3 000元增加到7 000多元，家庭经济收入得到大幅增加，已实现全家脱贫致富。

2020年新冠肺炎疫情发生后，贞丰县务工人员长期滞留在家，群众外出务工愿望迫切。陆昌斌带领人力资源市场劳务协作工作人员，认真落实上级党委、政府"认真抓好劳动力外出务工就业，引导群众复工复产"要求，按照黔西南州人力资源和社会保障局、金华市人力资源和社会保障局联合开展的"农民工返岗直通车"工作安排，积极宣传动员，摸底务工人数，细化防疫举措，协助贞丰县政府接送返岗农民工200余人，积极推动群众复工复产，帮助恢复生产生活秩序。

云南

王志刚

云南省昆明市晋宁区河泊所村人，现就职于云南长旗物流有限公司

　　王志刚，1998年12月应征入伍，2003年12月复员。2004年通过人才市场招聘进入了一家私营汽车销售企业，从事汽车销售工作。作为农村出来的孩子，加上部队多年来的培养，他练就了吃苦耐劳、永不服输的韧劲。在从事汽车销售工作中，他勤学好问，善于思考，作风严谨，得到了公司领导的认可，很快被提拔为销售经理。

　　他积累了一定的社会经验后，于2015年成立了云南雅拓投资管理有限公司，主要从事汽车销售、租赁等相关业务，业务规模覆盖云、贵、川、渝等省份，吸纳用工达到110人，从业人员主要以农村退伍士兵、农民工及高校毕业生为主，人均月工资在3 600元以上。他于2016—2019年期间，先后成立了云南勋昌商贸有限公司、云南长旗物流有限公司、玉溪途安物流有限公司、曲靖途胜运输服务有限公司并兼任销售经理，主要负责汽车销售及物流运输等业务，企业年度赢利3 000万元以上，吸纳用工达到400多人，为当地政府解决了一定的就业难题。

王琼梅

云南省昆明市寻甸县功山镇弯地山村人,现任职于昆明市中医医院

王琼梅出生于云南省昆明市国家级贫困县寻甸县功山镇弯地山村。那是一个环境优美的小村庄,爸爸、妈妈、哥哥都是朴实勤劳的农民,用勤劳的双手为他们温馨的小家默默奉献着。爸爸、妈妈不辞辛苦把她送进了学校,她也没有辜负父母的期望,考入护校做了一名护士。

她在护理岗位默默耕耘了8年,2017年1月有幸加入了昆明市中医医院麻醉科,成了一名护士。虽然只是众多医务工作者中平凡的一位,但她深爱着自己的职业,用爱心和担当书写着平凡的人生。她利用业余时间完成了护师初级资格的考试,还取得了继续教育本科学历。2020年春节,她下夜班后刚从昆明回到老家,就接到春节取消休假的通知,还没来得及陪父母吃顿年夜饭,又赶回了医院。作为一名手术室护士,听领导说发热门诊缺人,她马上提出申请去了发热门诊进行预检、分诊。当接到援鄂通知时,她毅然写下请战书。2020年2月12日,她作为昆明市中医医院第一批援鄂医疗队中的一员,出发前往湖北咸宁赤壁市人民医院。身为一名护理人员,她觉得这是义不容辞的责任,能为赤壁人民贡献自己微薄的力量是她的荣幸,这也是她生命中一次重要的经历。

当她进入隔离病房,穿上厚厚的防护服、连说话都困难时,她才知道平时加班到深夜也是种幸福,因为她们工作的时候是可以自由呼吸的。赤壁市人民医院隔离六区收治了24个病人,从病人的饮食到卫生、治疗都需要照顾,她每天忙碌于消杀、治疗、病情监测和病患的情绪疏导等工作中,常常满身的汗水,当她脱下防护服、口罩时,身上出现过敏症状、脸上烙下深深痕迹。但是看着病人精神状态越来越好,她觉得这一切都是值得的。有位女孩儿患者在王琼梅为自己做治疗的时候,兴奋地说:"我明天生日,要打扮得漂漂亮亮的,好好过个特殊的生日",下午女孩儿就接到出院通知,王琼梅想这就是送给女孩儿最好的生日礼物。

援鄂经历加速她的进步,潜移默化地改变她的格局、眼界。她深深感谢同事和领导的帮助,将再接再厉,早日成为一名优秀的护理工作者。

普卫清

云南省昆明市嵩明县杨林镇人,现就职于云南固明混凝土有限公司

普卫清,1976年10月出生,中共党员,现任云南固明混凝土有限公司负责人,扎根嵩明县建筑行业,支持企业不断做大做强。他务工致富不忘群众,积极投身公益事业,肩负社会责任,得到广大群众一致好评。

普卫清不遗余力捐资助贫。2014年,他任云南固明混凝土有限公司经理并担任技术骨干,积极动员公司各位员工及社会各界,先后向嵩明县牛栏镇花窝村、荒田村、上禾村、水海村、江镇四营村贫困老人、特困群众、贫困人员及贫困儿童等捐款捐物近30万元,受惠人员上千人。

普卫清支持乡村道路建设,助力脱贫攻坚。2018年,为助力村民脱贫摘帽,普卫清充分发挥较强的沟通协调能力,多方争取、筹集资金200余万元,并与工程队一道完成了牛栏江镇小新街村委会荒田村2.1公里道路硬化,完成了牛栏江镇海潮村大棚旁至嘉丽泽放马桥路段道路硬化及放马桥桥墩加固,为牛栏江镇海潮村大棚旁至嘉丽泽放马桥路段道路做了绿化。这些措施解决了广大村民出行难问题,美化了村民生活环境。

2020年2月,为支持疫情防控工作,普卫清为嵩明县抗疫工作捐赠现金10万元、物资4.5万元左右,受到当地政府和人民群众高度赞扬。

付学云

云南省昆明市东川区乌龙镇土城村委会二土城小组人，现就职于昆明众瑞劳务派遣有限公司

付学云，1977年8月出生，中共党员。他从部队退伍后，于2006年加入昆明市东川区铜都街道办事处维稳中队，从事抢险救灾、安全保卫、扶贫攻坚等工作。

在部队的五年时间里，付学云发场不怕苦、不怕累的精神，不断学习，加强训练，得到了常人无法得到的身体和意志的磨炼。由于工作认真和刻苦，在党组织的关心和培养下，他入伍第二年便光荣地加入了中国共产党。为实现创业愿望，他不顾部队领导的挽留，于2001年申请了退伍。2006年，在家乡亲人的期待下，付学云到昆明市东川区铜都街道办事处维稳中队工作，通过个人的努力，他获得了上级领导的信任和重视。2017年9月，为加快东川区农村劳动力转移就业组织化水平，在高新区人社局、东川区人社局和东川区铜都街道办事处的大力支持下，以昆明市东川区铜都街道办事处维稳中队为基础，成立了昆明众瑞劳务派遣有限公司。自参加工作以来，付学云先后获得"平安卫士""优秀共产党员""东川区社会治安严打整治工作先进个人"等荣誉称号，并曾获"春城蓝盾卫士奖"。

在工作中，付学云坚守岗位、身先士卒，与全体队员认真学习消防安保各项管理规定和规章制度，组织全体应急队员进行政策理论学习和技能操作训练。个别队员年轻，不能适应应急救援队的各项管理规定，思想容易出现波动。为稳定队伍，付学云耐心细致地及时同每一名队员做思想工作，向他们讲述应急队伍的重要性，使他们意识到应急救援工作是一项朝阳事业、是经济发展社会进步的必然要求。

自2017年以来，付学云积极投身扶贫帮困工作。在上级领导的支持下，他奔走于东川区驻昆就业扶贫基地，为东川籍在昆人员提供就业岗位技能培训和技能提升、维权、稳岗等服务工作，采用大家庭式的居住方式和半军事化的管理模式，帮助务工人员尽快适应城市、实现就业。

面对突如其来的新冠肺炎疫情，他积极带班，充分发挥"招之即来、来之能战、成之必胜"的精神，不畏艰难，不辞辛苦，坚守岗位，每天奋战在第一线，用平凡的实干书写着不平凡的赞歌。

2000年被武警怒江支队兰坪中队评为先进个人，2001年被武警怒江支队兰坪中队评为优秀士官，2008年被铜都街道评为平安卫士，2009年被铜都街道评为优秀共产党员，2010年被铜都街道评为平安卫士，2011年被铜都街道维稳分队机动中队评为先进个人，2013年被东川区政府评为社会治安严打整治工作先进个人，2016年4月荣获"春城蓝盾卫士奖"，2018年获得昆明市扶贫工作先进个人。

杨中术

云南省水富市两碗镇新滩村人

杨中术，1975年8月出生，小学文化，中共党员，云南省水富市两碗镇新滩村人。

1991年，年仅15岁的杨中术便随亲戚辗转到甘肃、天津、北京、山东等地建筑工地打工赚钱，打工期间他做过木工、架子工、工地杂工，几乎工地上的活都干过。没钱了就出去挣，挣钱了又回到家乡发展，已经成了那些年杨中术的常态。经过二十年漂泊在外的努力以及几次回乡就业，杨中术得到了历练，他学习了水产养殖、蔬菜种植、柑橘种植等技术，也慢慢积累了一定的从业经验和资金。回乡发展的念头徘徊于杨中术的脑海挥之不去，而且愈加强烈。

回乡就业不动摇，"李子树"变"摇钱树"。2011年，在绥江打工期间，他了解到绥江"半边红"李子，随即到绥江种植大户家里学习，到宜宾学习李子种植技术，回家租了100多亩土地，引种"半边红"李子和桃形李树品种搞示范种植。经过几年的种植，杨中术成了果树专家。2012年7月，杨中术联合58户群众发展李子产业，他一方面无偿向群众提供种植和管理技术，另一方面用李子树上修剪下来的枝条嫁接秧苗，低价提供给农户种植。截至2020年，新滩村的李子种植规模发展到了5 000多亩，年产值达1 500万元，带动了20余户贫困群众增收致富。

前进脚步不停歇，做好乡村振兴"引路人"。2011年到2020年期间，杨中术边种边学。2002年受新冠肺炎疫情影响，李子挂果好但市场行情低迷，很多收购商都不愿意到地里来收购。他主动外出联系李子收购商，从广西引进了一个收购商，将新滩村大部分农户的李子全部售卖出去，还帮助了太平镇2户种植大户实现售卖。

杨中术还探索林下养殖的道路，购买土鸡在林下放养。果树底下养鸡、养羊，利用循环经济增收益。鸡粪、羊粪是最好的底肥，果树下种草，草喂鸡、喂羊，然后用它们的粪便施底肥，发展新滩村果园循环经济。他的愿望是希望通过自己的技术，能让更多的村民发展种植业、在家门口就业，继续引导大家一起发展果园乡村旅游，共同致富，为乡村振兴贡献自己的力量。他还在学习茯苓、黄精等中草药的种植技术，迈出了事业转型的第一步。

彭兴均

云南省昭通市盐津县落雁乡共和村人,现就职于云南恒荣电力有限公司

彭兴均,家住云南省昭通市盐津县落雁乡共和村。16岁初中毕业后,为了脱贫致富,他怀揣着梦想,到昆明打工。刚开始,他在一家采石场上班后几经辗转,到昆明金星啤酒厂上班。在啤酒厂上班期间,他秉承着农村娃诚实、勤奋、吃苦耐劳的精神,严格遵守厂里的生产规程和上下班管理制度,通过自己的双手勤劳致富。

他除了做好自己的事情外,还主动思考、学习厂里面的管理经验。这次工作经历,他积累了不少工作经验。

思维敏捷、吃苦耐劳、敢闯敢干、大胆创业,这是他所待过的工厂、生产车间的同事、工友、领导对他的评价。多年的打拼使彭兴均越发成熟、稳重。是金子总会发光,每一个岗位都能成为追逐梦想的舞台。2002年,彭兴均任云南省天科市政工程有限公司技术骨干,2018年任云南恒荣电力有限公司技术骨干兼部门主管。

多年在外打拼的彭兴均,生活慢慢变好。但有些东西并没有改变,比如对家乡的牵挂和对家乡发展的关怀。

不管是在云南省天科市政工程有限公司还是在云南恒荣电力有限公司工作期间,他都主动联系,将工作岗位推送到家乡。在推介岗位时,彭兴均会结合劳动力个人情况,对一些需要学习技术的人,即使他手里工作再忙,都会抽出时间一对一教授适合的技术。

2017年至2019年期间,彭兴均带动共和村200余人学习房屋承建、水电安装等技术,人均年纯收入达到10万余元。其中,带动建档立卡贫困户32户、32人稳定脱贫,为共和村脱贫攻坚工作做出了贡献。

以彭兴均为代表的盐津人,情系家乡、支持家乡、回报家乡,真正成了社会认同、群众认可的致富领路人。

云南 侯佑林

云南省曲靖市富源县富村镇居核村人,成立富源县佑林工艺品有限责任公司

侯佑林,1994年3月出生,云南省曲靖市富源县富村镇核村人。

她是土生土长的农村人,家庭条件很差,但骨子里有不服输的精神,不甘愿一辈子都当贫困户!2015年,凭着一股闯劲,侯佑林独自去了浙江义乌。在义乌,侯佑林顺利地进了一家手工艺品加工厂,老板看她有经验又肯吃苦,想给她每月4 000元的工资。出乎意料的是,侯佑林主动提出降薪,她说每个月只要2 500块,但请老板谈业务、做培训的时候都带上她。就这样,侯佑林一边在厂里学技术,一边跟着老板学营销和管理。半年后,侯佑林觉得时机成熟了,提出想回乡发展。当时老板都惊呆了,觉得她简直是异想天开!但侯佑林觉得老家留守妇女多,她想帮助更多贫困户脱贫!经过反复"游说",老板被这个有闯劲、有魄力的农村姑娘打动了,给了她一笔代加工的订单,让她带回富村镇试试。

回到富村镇的侯佑林信心满满地开始了自己的创业生涯,然而等待她的却是失败和亏本。按照订单量,侯佑林开始在村里招工,好不容易招到了5个人,却因为培训不够严格,成品屡次被厂家打回重做,连续做了5批货都是劣质品,所有的材料费、运费都要自己承担,厂家也渐渐对她失去了信任。侯佑林不但没赚到钱,还亏了十几万。那段时间她压力特别大,村里人都劝她别折腾了,回家好好带孩子。不服输的侯佑林,一面虚心请教以前的老板,请老板在技术上进行指导;一面在培训和管理上下功夫。除了现场培训,她还做线上培训,效率提高了很多。她严格管理,以前做一份工就开一份钱,现在不合格产品直接打回去重做。终于,第6批产品做完,劣质品几乎没有了,重新挽回了厂家的信任,员工的信心也树立了起来。此后,侯佑林逐步理顺了发展思路,"指尖生意"越做越大,和7个厂家建立了长期合作关系,代加工的产品涵盖立体串珠、钻石画、十字绣、鞋垫等多个品类。在当地政府的大力支持下,侯佑林在富村镇的21个行政村均建立起了"扶贫车间",平均每月为当地增收100多万元,吸收员工3 000余人,其中包括1 000余名建档立卡贫困户。

在富村镇,说起侯佑林,留守妇女们都交口称赞。作为致富带头人,侯佑林不仅提供了大量的就业岗位,还支持有志气、有能力的留守妇女自主创业发展。她说,"不等、不靠、不要,靠自己一步一个脚印、踏踏实实地走出来,那才叫幸福。"

袁海波

云南省曲靖市麒麟区茨营镇团结村委会袁家营村人，现为云南源拓企业管理有限公司负责人

　　袁海波，云南省曲靖市麒麟区茨营镇团结村委会袁家营村人，1991年4月出生，第十三届全国人大代表，2018年度麒麟区优秀外出务工代表。现任云南源拓企业管理有限公司负责人。

　　袁海波出生于麒麟区茨营镇一个农民家庭。2010年，19岁的袁海波找亲友借了1 000元后，只身一人踏上了前往浙江义乌的列车。到了义乌后，袁海波敢于吃苦，从最基层做起，先后做过五金店销售员、淘宝店配货员、客服等工作。为了尽快还清债务，袁海波白天打工，晚上到夜市摆地摊，每一份工作都兢兢业业、认认真真。2年后他进了一家大型企业，成为这家企业生产流水线上的一名裁剪工。袁海波凭着出色的工作表现和认真负责的工作态度，仅5个月就被提拔为公司最年轻的车间组长，很快又升为最年轻的车间主任。袁海波的突出表现引起了公司高级管理层的注意，不久从车间主任提拔为行政助理，又被行政总监推荐到董事长身边工作，担任总监办秘书。

　　袁海波工作期间，除了认真履职干好本职工作以外，总是尽心尽力帮助他人。员工们遇到各种问题和困难总喜欢找袁海波帮忙，先后超过80余人次得到他的热情帮助，凭着这种乐于助人的雷锋精神，袁海波又被推选为工会主席。担任工会主席期间，袁海波不忘家乡的父老乡亲，积极为企业和农民工兄弟牵线搭桥，先后解决了60多名老乡就业问题。2018年，因在劳务输出工作中的突出表现，袁海波当选为第十三届全国人大代表。

　　作为一名年轻的90后人大代表，他积极发挥人民代表的表率作用，走访了麒麟、马龙、沾益、富源等县、区的9个乡镇和14个村，了解社情民意，宣讲全国代表大会的会议精神，把国家的大政方针宣传给基层群众，还以自身的经历动员有能力的群众外出务工。

　　在2019年全国"两会"上，经过长时间对外出务工人员子女入学问题进行调研后，袁海波提出了《外出务工人员子女能够平等享受公办教育资源的建议》，建议公办学校能给予外出务工人员子女一定的入学名额，让他们能融入所在城市。鉴于外出务工人员存在技能短板，2019年6月，袁海波决定返乡创业，组织农民工做岗前培训，至今累计培训1 300余人次。

　　2020年受新冠肺炎疫情影响，农民工劳务输出工作举步维艰。袁海波积极响应党的号召，走在群众前面，主动对接人社部门，在人社部门协调下，先后分七批次组织并亲自护送共737名外出务工人员赴浙江务工。每次在上车前，他严格监督大巴车消毒工作，准备途中餐食、饮用水、常用药品、口罩、消毒用品，办理通行证，做好体温检测登记等工作，用实际行动展现一名农民工人大代表的良好形象。

王从国

云南省玉溪市通海县秀山街道人,现就职于云南蓝洁服务公司

王从国,1987年初中毕业后回乡务农,1994年任通海县秀山街道大树村党总支一分支书记、一组组长,多次获得"优秀共产党员""先进工作者"等荣誉称号,现任"通海蓝洁家政服务有限公司"党支部书记。2005年,他到通海县城务工,随后成立。目前公司员工已达到1 053人,其中农民工转移就业789人,失业人员再就业175人,高校毕业生就业31人,退伍军人就业58人。农民工工资待遇及福利逐步增长,员工从业稳定,公司累计吸纳建档立卡贫困户12户、37人,公司旗下的人力资源服务公司推荐建档立卡贫困户就地转移就业58人次,外出进城务工93人次。公司为符合参保条件的人员办理了社会保险,所有人员参加了工会职工医疗互助保险。

公司依托校企合作承接的培训项目,进农村、进社区培训农民工的技能,为农民工提供就业岗位,以现场招聘、农民工就业意向登记储备等方式,促进农村劳动力转移就业。公司2020年4月~9月共培训2 576人次,发放就业政策、信息宣传册,招聘学员就业53人,登记储备有求职意向的学员178人,其中优先招用建档立卡贫困户。

新冠肺炎疫情发生以来,王从国积极响应上级各部门的决策部署和工作要求,将疫情防控作为最紧迫、最重要的政治任务,主动扛起责任,全力以赴助力疫情防控,广泛动员公司广大职工抗击疫情,为坚决打赢疫情防控阻击战持续奋战,发挥了共产党员应有的作用。

公司依法依规保障职工劳动报酬,合理安排职工休息、休假,落实职工安全防护措施。他充分发挥工会劳动保护监督员作用,把疫情防控作为重点,督促公司进一步落实落细复工后的防控措施。截至2020年3月6日,公司下设劳务派遣服务有限公司复工人数344人、复工率96%,物业服务有限公司复工人数271人、复工率97%,家政服务有限公司复工人数129人、复工率68%。

在疫情防控一线,王从国忙碌的身影让人动容。王从国带领农民工一起严防严控、联防联控、群防群控,形成防控合力,以深入细致的作风狠抓工作落实,不掉以轻心、敷衍塞责,坚决做到守土有责、守土尽责,各司其职、协同作战,全力以赴打赢这场没有硝烟的疫情防控阻击战。

段华仙

云南省玉溪市江川区雄关乡人，现就职于玉溪市瑞珀花卉贸易有限公司

段华仙从 2003 年开始学习种植康乃馨等鲜切花，技术成熟后于 2015 年成立了丽曦花卉种植销售协会，2016 年成立玉溪市瑞珀花卉贸易有限公司。公司注册资金 580 万元，注册了"丽曦"商标，主要种植和销售康乃馨等鲜切花，种植面积 386 亩。2019 年，公司销售鲜切花 18 950 万枝，繁育种苗 200 多万枝，实现销售收入 2 274.3 万元。

公司先后被评为 2016 年雄关乡"丽曦花卉脱贫攻坚基地"、2017 年江川区"巾帼脱贫示范基地"、2017 年江川区"线上企业"、2018 年"农业产业化经营市级龙头企业"、2018"玉溪市劳动技能竞赛优胜单位"、2019 年"玉溪市就业扶贫车间"、2020 年"党建工作示范点"、2020 年江川区"扶贫龙头企业"。

在雄关乡党委的关心指导下，公司于 2016 年成立了麦冲片区非公党支部，有 6 名党员。支部充分发挥基层先锋模范作用和桥梁纽带作用，密切联系群众，共成功发展党员 2 名。2020 年，在党支部的带领下，1 名建档立卡贫困户因工作认真踏实、品格优秀，已被推荐成为入党积极分子。

公司以"党组织＋公司＋产业基地＋贫困户"的经营模式，带领本村村民和建档立卡贫困户做好花卉种植与销售工作，共带动建档立卡贫困户 4 户，种植康乃馨 22 亩，年销售收入 88 万元，成功让贫困户成了小康户。自 2016 年以来，公司共吸纳建档立卡贫困户 48 户、132 人就业，人均年收入增加 14 200 元，顺利实现了脱贫。2019 年，公司被评为扶贫龙头企业。

康乃馨、勿忘我等鲜切花品种和种植技术均被国外垄断。为了打破封锁，公司积极与云南省农科院合作，开展康乃馨、勿忘我等鲜切花新品种和新技术的研发、实验示范。目前，公司已成功自育苗 200 万株。2020 年，公司与云南省中医药大学合作开展康乃馨种植技术研究，申报一项康乃馨种植专利技术。段华仙于 2018 年被聘为云南省科技特派员，2020 年被评为江川区科技创新先进个人。

李志娟

云南省保山市昌宁县卡斯镇卡斯村街子村人,现就职于昌宁县鸿坤生猪养殖场

李志娟,1989年10月出生,高中毕业后到昆明医药公司做药品销售,2006年回乡陆续从事红豆杉种植、养猪等。2010年起,她全身心投入到生猪养殖、生产与销售,充分利用养殖产生的有机肥料发展蔬菜、水果种植,形成"果蔬"结合的有机循环经济模式。她所在的养殖场占地面积25.44亩,生产面积为9 750平方米,共存栏母猪4 767头,年出栏2 608头,销售额为1 200万元。

养殖场提供岗位解决周边劳动力就业,2015年共招用员工43人,其中下岗失业人员4人、返乡农民工39人(含建档立卡贫困户5人)。她助力脱贫攻坚、发挥帮带作用,累计带动周边170余户农户养殖生猪、发放三元猪苗3 000余头、二元母猪苗700余头,平均每户每年增收2万元。她坚持创新,不断优化改良,紧跟畜牧业发展动态,健康养殖,科学养殖,规范养殖,《规模化猪场废物无害化循环利用技术规范》《规模化猪场卫生防疫技术规范》《规模化养殖场疫苗免疫技术规范》《规模化育肥猪日常管理规范》《规模化猪场种猪伪狂犬病净化技术规范》荣获云南省企业自主养殖技术标准与规范奖。

2016年起,养殖场先后被评为市级标准化示范单位、市级龙头企业、畜牧生产先进企业、云南省优秀科技型中小企业、省级绿色食品基地等。

吃水不忘挖井人。李志娟在自身发展的同时,将公益慈善放在首位,鼓励兄弟深入灾区救援,为前线捐资捐物。新冠肺炎疫情期间,她为守卡人员捐赠2车肥猪、方便面、牛奶、饮料等。她曾荣获"捐资助学先进个人""尊师重教先进个人"等光荣称号。

陈志军

云南省楚雄州禄丰县碧城镇前营村人,现就职于云南锦润数控机械制造有限责任公司

陈志军在云南锦润数控机械制造有限责任公司铸造事业部工作,曾多次受到公司的表扬嘉奖。

陈志军自进入公司以来,谦虚好学,敢于管理,爱岗敬业。他经常向老师傅们请教关于铸造工艺改进的方法和思路,并通过自己不懈的努力,把黏土沙生产向树脂沙生产工艺转变的思路提上公司管理议程。经多方论证,公司最终将陈志军提出的黏土沙生产向树脂沙生产工艺转变作为2010年度重大项目予以实施。在陈志军的技术指导下,经过一年多的努力,树脂沙生产线得以顺利投产。该工艺的改变,使公司所生产的产品质量、外观有了较为明显的提升,赢得了社会各界的一致好评。

他带头开展团队活动,在立足本岗位的同时,还积极组织员工参与团体活动,并参与其中。由于组织得力,公司年会活动精彩绝伦,让参与年会活动的社会各界人士每次都尽兴而归。他带头攻坚克难,深入一线,出现问题到现场找原因、找方法,为员工排忧解难。只要他会的,他都会倾囊相授。他带头争创佳绩,以生产任务为重点,立足本岗位,做真抓实干的表率。陈志军就是这样一个人,面对困难时不退缩,拥有成绩时不争功。陈志军始终坚守初心,不骄不躁,踏实肯干,有理想、有抱负。

郭上期

哈尼族,云南省红河县阿扎河乡切初村人,现就职于云南省西双版纳州勐腊县务工服务站

郭上期从1988年开始一直在云南省西双版纳州勐腊县务工,1990年前,通过为他人种植和管理香蕉、橡胶等维持生活,1991年开始自己承包橡胶地,也承包部分工程项目,完成了由单独干到帮带农民工一起干的转变,30年来帮带输出农民工6 000多人,帮助了更多人脱贫致富。目前,郭上期工作于驻西双版纳州勐腊县务工服务站。在服务站工作中,他认真履职尽责,积极宣传就业相关政策,及时掌握红河县户籍务工人员的务工动态和工作生活情况,加强与劳务输入地政府、工会、妇联及有关部门联系协调,妥善处理相关劳务纠纷以及侵害务工人员合法权益的案件36件。他定期或不定期报告跟踪服务工作情况、人员名册及相关工作照片等信息资料,成为政府和农民工之间的一座"连心桥"。

李积秀

云南省红河州建水县南庄镇大寨村人

2017年3月，云南省红河州建水县南庄镇被评为我国唯一一个"中国早熟葡萄名镇"。在多年的葡萄产业发展中，涌现出一大批乡土人才，他们经过多年的实践和探索，总结出一套较为成熟的种植管理方法。

南庄镇大寨村委会邹伍村村民李积秀从2017年起就一直带领"巧媳妇金剪刀"疏果队到外省葡萄产区打工，带动40多人就业。每年4月至6月她们去疏果，月人均收入11 000元；7月至10月她们去装果，月人均收入5 000元。全年人均增加收入5万余元。她初中毕业就在镇内的葡萄地里打工，练就了一手葡萄修枝打叉、疏果、装果的好技术。疏完本地的葡萄果后，她邀约着姐妹们到弥勒、大理等省内其他县市疏果。她年纪虽小，但性格开朗、热情、关心姐妹，也善于和老板沟通，一来二去，姐妹们对她很信任，她成了疏果队的小工头。一次偶然的机会，她认识了一个在浙江种植葡萄的老板，老板欣赏她熟练的疏果技术并邀请她到浙江帮忙疏果。刚开始她有些犹豫，平时带姐妹们都是在省内疏果，担心去那么远拿不到工钱怎么办。老板急了，他的葡萄园急需技术好的疏果工，老板说只要他们疏得好，工钱好商量，而且包吃包住、包机票。李积秀听了很心动，立即找姐妹们商量后就启程到了浙江疏果，开的工钱很可观，多的一天拿到800多元，少的也有300多元。有了第一次的经验，她们以后出省疏果就更加有信心了。

李积秀带领的疏果队掌握着全省乃至全国一流的葡萄疏果技术，在全国葡萄种植界小有名气，成了各地争抢的"香饽饽"。李积秀把疏果技术发在抖音、微信小视频里，省外的葡萄种植大户通过抖音、老板们的口口相传、相互介绍、微信等方式高价邀请李积秀带领"巧媳妇们"过去帮忙疏果，以达到提高葡萄种植产量和品质的目的。李积秀利用葡萄成熟的时间差，带领"巧媳妇们"去浙江、湖南、山东、新疆等葡萄主产区疏果、装果，且食宿、机票由雇主负责，边赚钱、边旅游，更把先进的疏果技术毫不保留地传播出去。中央电视台也多次进行报道，称赞疏果队"一把剪刀闯天下"，用勤劳的双手和熟练的技能增收致富。

随着本地葡萄产业的壮大发展，加之省外葡萄主产区种植大户对南庄镇"巧媳妇金剪刀"疏果技术的认可，李积秀带领的"巧媳妇们"生活越来越好，有了车，有了房，真正实现了"剪刀一响，黄金万两"。

吴天用

云南省文山州马关县木厂镇马西村委会下寨村人,现就职于文山天用食品有限公司

吴天用,小学文化,1979年6月生于,云南省文山州马关县木厂镇马西村委会下寨村人。他1995年到山东滨州泡菜有限公司务工,先后做过零工、普工、技术工、班组长、高管等,现为文山天用食品有限公司泡菜工、高级技师。

1995年年初,吴天用到山东滨州泡菜有限公司务工。他知道自己的文化水平不高,因此一面虚心向老师傅请教,一面自己刻苦钻研,艰苦努力,务实工作,掌握了车间的生产流程和操作要领。每当吴天用接到主控室下达的生产命令时,在确认没有异议后,吴天用会总用一句话回答,"没问题,马上去",每次也总能在第一时间顺利完成操作并汇报主控室。"没问题,马上去"这句简单的口头语在他们班组和车间传为佳话。他以饱满的精神状态,积极的工作态度和坚定不移的执行力,为车间和班组树立了一个好榜样,得到了领导的认可和信任。

几年时间里,吴天用培养出一大批具有一定水平的泡菜工,不断地研发出新产品。在此期间,吴天用还担任着其他公司的技术顾问,不断地创新,天津一家公司看中了吴天用的才华,聘请他为高级技师。

2017年3月,吴天用争取资金2 500万元,为文山天用食品有限公司配备国内先进的食品加工设备2套并于2018年正式投入生产,罐装流水线每分钟可产50~60瓶产品,主要销往19个省(市),2019年产量达1 500吨,销售额达1 200万元。公司形成"蔬菜种植——生产加工——市场销售"的产业链条,发展蔬菜种植户125户,其中建档立卡贫困户38户、残疾人17户。2020年,公司在马关县仁和、金厂、大栗树等多个乡镇发展农户种植小萝卜,种植面积达1 500亩,平均带动每户年收入增加10 000元以上。

平时,吴天用还利用工作之余组织工人开展打篮球、羽毛球等活动,丰富他们的业余生活,这样他们就不想家了,能安心地工作。同时,他还组织员工帮助有困难的员工,让每一位员工都能感到这个大家庭的温暖。

吴天用外出务工改变了他的人生,助力了家乡的发展,实现了他人生的价值和梦想。

黄华文

壮族，云南省文山州富宁县洞波乡洞波街人，现就职于云南富宁湘桂糖业有限公司

黄华文，现为云南富宁湘桂糖业有限公司压榨车间主任助理，是一位在制糖线上努力奋斗10余年的榨机工。他忠于职守，爱岗敬业，百炼成钢。由于出色的工作表现，他于2019年被提拔为车间的主管，2020年被提拔为车间主任助理。

黄华文在工作中总是一丝不苟、履职尽责，在日常的岗位工作中经常会提出一些"金点子"，办事严谨、不拖拉，甘于奉献。在生活中，黄华文为人热情、洒脱又喜欢帮助别人，总是把自己的事放在最后面，首先想到的是他人。

十年前，黄华文在亲戚的推荐下参加了制糖技术学习，怀揣着信心来到了云南富宁湘桂糖业有限公司，当起了一名压榨车间的榨机工。在别人羡慕的目光中，他开始了自己人生最重要的旅程，从此和榨机结下了不解之缘。自参加工作以来，他一直坚守榨机岗位，为确保公司安全生产运行而刻苦钻研。工作上，他按照公司下达各项要求，以降本增效为核心，从细节做起，抓好各项检修质量，管控好材料领用、杜绝浪费。他时常组织员工培训，介绍公司下达的各项要求和理念，增强员工凝聚力，提高工作效率和工作质量。十年来，他把对岗位的热情全都融入了工作和学习中，干一行，爱一行，专一行，曾获得"优秀共青团员""先进生产工作者"等称号，所带领的班组多次获得"先进班组"荣誉。

"一个人可以没有文凭，但绝不能没有知识"，这是黄华文十分欣赏的一句话。为此，他几乎把所有的业余时间都用在了技术钻研上，一方面通过自学不断提高自身的知识储备，认真研究各种施工工艺，另一方面不断挖掘生产设备潜力，提高压榨收回率，保证了公司生产设备在运行时的平稳。他用技术不仅增加了工作的安全系数、提高了工作效率，还为公司节省了数十万元的设备和材料费。

平凡的他有爱心，做事公道，有诺必践，成为榨机岗位上的标兵。他也是一个非常洒脱的人，扶危济困，经常捐助善款，帮助周围的困难群众。黄华文爱岗敬业的精神不仅是他个人生存和发展的需要，也是生产车间平稳运行的需要。

云南 周亚玲

傣族，云南省普洱市景谷县威远镇江东村人，现就职于景谷康鸿西番莲种植专业合作社

周亚玲，云南省普洱市景谷县威远镇江东村人，在接触到西番莲种植业后，她便下定决心摸索出一条致富的路子。

一是种植西番莲，靠自己双手走上致富路。2014年12月，她开始发展种植西番莲种植业。作为技术员、管理员的她通过多方了解，来到永兴村动员老百姓一起发展种植西番莲，但从未接触过西番莲产业的老百姓还是不敢轻易下决心，她就动员村"两委"班子成员带头种植，并给予免费的种植技术咨询和培训。目前，永兴村种植西番莲面积达1 800亩，户均6亩以上，户均年收入8万余元。

二是培养新技术，帮助贫困群众摆脱贫困。她带着技术走到需要的地方去，通过"课件培训+实地观摩"的方式无偿为群众提供西番莲种植技术培训，2019年至今已举办340余场次。她通过技术培养，增加种植产量、质量，已带动526户建档立卡贫困户脱贫致富、2 710户非建档立卡困难户走上致富路，已经有产值49万元的140吨优质西番莲销往北上广深及沿海大中城市。

三是情系贫困户，积极参与社会公益活动。她积极投身于社会公益事业，通过筹集善款、捐款捐物等方式为山区贫困群众带去了希望。2018年12月，她得知碧安乡云中上村民小组种植西番莲的建档立卡贫困户李仕荣家庭困难，只有他一人带着残疾的儿子生活，周亚玲便发动合作社的同事们为他家筹集了2 600元善款，并为这个困难家庭带去了电磁炉、电饭锅、米、油等生活必需品。2019年4月，周亚玲通过微信朋友圈发现景谷县益智乡李贤因患病导致全身溃烂，急需资金去更好的医院住院治疗，便发动当地西番莲种植户以及自己的朋友捐款，最终将筹集到的善款23 000余元交到李贤手中。

何永能

哈尼族，云南省景洪市勐龙镇勐宋村人，成立景洪市勐龙勐宋农产品种植专业合作社

何永能在全村党员干部及村民的支持和协助下，认真学习贯彻党的十九大精神，在思想上积极进取，在工作上求真务实，在生活上严于律己，谦虚谨慎，恪尽职守，始终贯彻落实国家、省、州、市关于脱贫攻坚的工作部署，致力于贫困村精准扶贫工作，为脱贫攻坚做出了应有的贡献。

他积极自主创业，通过多年的努力打拼，不断扩展自己的视野，先后创建了茶叶初制所、餐厅、勐宋农产品合作社、茶叶加工厂。他通过各种渠道学习，完善自己，提高自身素质。他通过与行业伙伴的互相交流、观看各种媒体的报道、阅读各种书籍，不断改进技术，引进先进的经营理念，进一步适应并深入市场。他引进了茶叶龙头——中国茶叶公司，签订了战略合作协议，也促使村民不断地加入合作社，现在合作社的社员已超过200多户。他和全村的116户、508人建档立卡贫困户建立了利益联结机制，帮助贫困户解决实际的收入问题，带动650多户村民自主创业致富。2019年，合作社的年营业额突破了1 000多万元，全村的年人均纯收入达到了16 000多元，实现了全村脱贫。

不仅如此，何永能居安思危，凭借自己多年的经商经验，深知单一的产业对全村今后的发展还是很危险的。为了能再培育好的产业，通过合作社他又把780多亩闲置的土地从村民手中承包过来，开始蔬菜基地示范建设，带动村民致富的同时也为当地村民增加了100多个就业岗位。在村民的信任和支持下，何永能于2010年被全村群众选为村委会主任，2016年再次当选村总支书记、村委会主任，2011年至今连续两届当选为州人大代表和景洪市人大代表。任职以来，何永能积极践行"立足岗位做贡献、争做合格党员"要求和"人民选我当代表、我当代表为人民"的郑重承诺，积极带领班子成员团结干事，倡导"勐宋是我家、发展靠大家"的团队理念，紧盯精准扶贫工作不放松，摸清、查细贫困户的底子，与"两委"班子和驻村扶贫工作队员一起摘掉了村子的贫困帽。在基层党建工作中，他推行"一杯茶水廉支委"的党建工作思路，把党的路线方针政策及时传送到群众心中。他心系全村群众，想方设法谋求发展，在他的带领下，村民发展高山生态农业，收入逐年提高，生活发生了翻天覆地的变化，家家盖起了楼房，大部分家庭购买了生活用车。

云南

李九云

白族,云南省大理州剑川县象图乡江头村委会江头村人,现就职于剑川象图志磊农产品种植有限公司

李九云,1998年12月应征入伍,六年多的军旅生涯,他多次获得优秀士兵及优秀班长荣誉称号,并造就了吃苦耐劳、坚韧不拔的性格,养成了兢兢业业、乐于奉献的品格。他多年执着追求农业农村发展的,对处于深度贫困地区乡亲们产业发展挂念在心,怀揣着与象图人民同奔小康的梦想,勇于探索并引领家乡人民走上脱贫致富的道路,逐步实现自己的初心和梦想。

近年来,他通过引进先进技术人才,与国内优秀中药材研究中心合作,成功实现山地标准化种植及林下野生抚育种植中药材20 000余亩,种植用工超过35万人次,所在公司年平均务工支出400万元以上,培养乡村种植能手1 000余人,成功带动全乡劳动力参与到中药材种植和林下中药材抚育中来。2015—2018年连续4年,参与公司中药材种植的农民年人均收入超过20 000元,使象图乡中药材种植农户及到基地务工农民的人均纯收入比2012年2 000多元增长10倍以上。

2020年,在新冠肺炎疫情防控、复工复产任务压力极大的关键时刻,李九云找到象图乡党委、政府,及时会同县级有关部门统筹协调,经过一系列认真、细致的前期准备工作,经乡卫生院医务人员实地进行体温检测、健康体检和防护指导,从常年在公司基地务工的本地群众中优选出22名年轻力壮的群众进入药材基地复工开挖黄芪。此后,随着疫情防护工作的有序开展,在确保安全、可靠的前提下,又陆续增加务工人员。到3月2日,历时整整一个月的时间,300亩黄芪终于顺利挖完。原计划一两个星期完成的工作用了一个月完成,但李九云和同事们却相当满足。

近年来,他不断谋求中药材产业多样化发展,与大理州农科院药植研究所、云南省农科院、云南农业大学、上海交通大学药学院等研究院校广泛开展合作,并与云南省优势中药材规范化种植工程研究中心签订了《科技合作协议书》,建立了长效、稳定的科技合作关系,给予公司技术支持。公司已获得3项相关栽培专利、9项实用新型专利、45类注册商标、5个品种有机转换认证证书、林木种子生产经营许可证等,带动周边群众种植中药材、脱贫致富,有效带动了乡村经济的发展,切实将"精准扶贫、精准脱贫"落到实处,成了剑川的佳话。李九云个人多次受到省、州、县、乡各级党委、政府的表彰:2017年荣获大理州社会扶贫模范和象图乡农村党员"双带"标兵,自2015年起连续四年被象图乡党委授予优秀共产党员荣誉称号,2019年荣获剑川县第四届道德模范,2019年、2020年连续两年荣获社会扶贫先进个人称号。

熊光新

云南省大理白族自治州祥云县祥城镇七合村人，现就职于赛可赛思（上海）大理分公司

熊光新，1975年9月出生，初中文化，云南省大理白族自治州祥云县人。他2018年起参与大理州脱贫攻坚工作，为大理州外出务工人员做好稳岗就业和信息收集工作，协助上海工作站作做协调工作，近年来接送、帮助大理州在外务工人员800多人，让外出务工人员感受到家的温暖与温馨，协调务工人员与用工单位大小事务，为大理州外出务工人员提供在上海"娘家人"的一切保障，同时，替务工人员解决邻居矛盾纠纷、孩子上学报名等事务，让外出务工人员安心、放心、专心在外工作。

几年来，他往返上海、大理40多次，在大理州人力资源和社会保障局的指导、帮助、支持下，共接送了800余人到上海、江苏劳务输出，帮助30余人在用工单位争取了应有的福利待遇，为11人解决了老家难题，为6人代办了孩子上学报名，为9人协调用工单位提前支薪解决家庭突发事件用钱困难，为7人讨回了拖欠工资和离职后无故扣押的宿舍押金等。为了解决这些问题，他都是利用自己休息时间去为老乡们办事，很多时候他奔波上海各个区的交通费、住宿费都是自己出的，很多人不理解他的这种行为，认为他是"没脑子"，没有钱赚为什么要去做这些。但是，熊光新总是说，"出门在外都是亲人，特别我们作为出来了几年的人，熟悉地区体系，知道怎么去维权，能帮的自然要帮一把"。在参加云南省驻沪办2019年新春团拜会时，他的发言让一起在外打工的人感觉到这位有点憨厚、老实的"老大哥"身上有大理人不变的朴实、热心和真诚。2019年1月，他被聘用为大理州驻上海办事处联络员，正式成为了上海外出务工人员想得起、找得到、信得过、靠得住的娘家人。2019年8月6日，他陪同云南省总工会驻上海办事处领导走访企业慰问建档立卡贫困户，积极协助上海服务站做好相关活动。2020年1月，他被大理州祥云县委政府评选为优秀外出务工者，并作为代表进行了发言。同年，他又往返大理接送了大理、祥云、永平、漾濞、宾川等十一县市的劳务输出者，为他们保障路途安全，带他们办理上海交通卡，安全送达用工单位。

在新冠肺炎疫情期间，他积极投身大理州外出务工人员疫情防控工作，在复工复产工作中，不畏艰难，协调用工单位做好大理外出务工者14天隔离工作，并自己准备了口罩、消毒液等防护用品，印发了防控宣传单向务工者宣传疫情防控知识，为安全务工提供了保障。

云南

曹树元

阿昌族，云南省梁河县九保阿昌族乡芒展村人，成立梁河树元商店

阿昌汉子曹树元，阿昌族，来自云南省梁河县九保阿昌族乡芒展村。12年前，他从昆明理工大学大专毕业，曾经在昆明的建筑工地干了三年，回家乡当过城管，开过餐馆，一直在外务工。2014年，曹树元参加了梁河县组织的电商培训班后，在淘宝店当了三个月客服，也就是这三个月的电商客服经历让他萌生了创业的想法，打算利用家乡丰富的农产品资源自己开一家淘宝店，销售本地特色农产品。创业初期需要大量囤货，资金一度紧张，他通过人社局开展的政策宣传了解到了"贷免扶补"政策，申请了十万元创业贷款。这10万元对曹树元来说无疑就是雪中送炭，就这样，小曹开始了自己的电商梦。从2015年刚开店出现亏损，到2018年收入达到10多万元，曹树元的淘宝店发展得越来越红红火火。通过曹树元的淘宝店，不少村民通过卖皂角米、农产品增加了收入。电商让偏僻落后的阿昌山乡有了更多希望，让世代以农业种植为主的阿昌族老乡有了更多的致富机会。通过电商平台，曹树元将更多不为人知的德宏州农产品悬崖蜜、野生菌销往全国各地，通过网络直播帮助乡亲们解决了找不到销路的橘子和土豆的销售问题，资助贫困孩子读书，为缺衣的贫困群众在淘宝上发起捐助。在政府的帮助和他自己的努力下，6年多时间里曹树元创收500多万元，带动180多户农户增收，其中建档立卡贫困户28户。

杜丽红

云南省大理白族自治州洱源县茈碧湖镇大果村人，现就职于云南众合物业服务有限公司

　　杜丽红是云南众合物业服务有限公司丽江项目处的保洁员、主管。2014年她被安排到丽江市第一人民医院工作，主要负责医院保洁。新冠肺炎疫情发生后，杜丽红主动请缨到隔离病区。当时公司经理联系她商量安排哪位保洁员去隔离病区，她说："还是我去吧！我做保洁时间比较长了，平时也常常在学习防护措施和相关知识，我比较熟悉这块业务"。就这样，2020年1月26日的早上，她进入医院祥和分院隔离病区，在隔离病区连续工作24天，直到2月18日病患出院，她才结束了这段时间的工作。身为保洁主管，她想一定要起好带头作用，要是连她都退缩了，身后那么多的保洁员会怎么想、还怎么配合医院开展工作。为了顾全大局、不拖医院的后腿、保障医护人员能安心的为病人治疗，她自告奋勇向项目经理提出愿意到隔离病区为医护人员及患者消杀及清洁病房卫生。

　　"既然来了就要做好"，怀着这样的信念，在隔离病区工作的日子，杜丽红每天从早上八点工作到晚上七点，每天都会备好医疗消毒水，用消毒水清理各个区域的垃圾，最后再拖地。有时候，她的护目镜起雾，眼前一片迷蒙，她却不敢用手触碰，只能一整天忍着。从大年初一开始一直坚持到2月18日确诊病例清零，又对整个祥和分院里里外外所有区域任何一个死角进行彻底打扫、消毒2天后，她于2月20日转至丽江宾馆进行医学隔离观察14天。疫情发生后，她一个人承担起了整个隔离病区的保洁工作，肩上的责任重大，绝不容出现任何马虎和失误，要做好每一个细节，保证消杀到位。她每天在过道和病房消毒、擦拭、收垃圾、拖地。除了打扫隔离病区，她一个人每天还要负责祥和分院救护车的消杀工作，有时候半夜三更也要起来去消毒救护车。在这样密集、高压的工作环境下，院方考虑想轮换另一位保洁员来接替杜丽红时，她却拒绝了，她说："隔离病区比较特殊，还是能少进来一个就是一个，我的身体能够坚持得住！"

　　疫情得到了有效控制，最后所有病例都清零，她的努力得到了回报。但她总说她的工作比起在抗疫一线的医护人员是微不足道，作为一名普通的保洁人员做了一件自己分内的工作而已。在疫情期间她坚持在岗，连续加班，从未有过抱怨，更没有叫苦叫累，是一位默默付出的"逆行者"。

云南

胡秀花

傈僳族，云南省怒江州福贡县上帕镇珠明林村人，现就职于福贡峰福建筑工程有限公司

  胡秀花，一个土生土长的傈僳族姑娘，年幼时母亲因病去世，在她记忆里父亲整日酗酒、无心务农，家境日益败落，也就从那时候她养成了独立勇敢的性格。因为父亲身体每况愈下，念完初中的她不得不辍学，家庭的重担也落在了她单薄的肩膀上。那些年她卖过烧烤、摆过水果摊，也去工地打过工，然而艰辛的生活并没有因为她的倔强和努力而有任何好转。

  2018年，中交集团工作组在一次产业扶贫项目的调研过程中，来到了位于上帕镇珠明林村的云黄连基地，在那里第一次遇见了胡秀花。工作组在聊天过程中发现她普通话讲得很好，这在当地很不常见，再进一步了解才知道她在工地干过，还带过班组，于是就问她愿不愿意带着村里富余劳动力到中交集团的项目上去干活。从未出过远门的她，流露出了担心和犹豫。"走出大山天地宽""就业一人，脱贫一户"。工作组和村干部一次次到她家做她和她父亲的思想工作，告诉他们中交集团是中央企业、是负责任的大企业，工作组来这里就是扶贫的，不会骗他们。在多次劝说和鼓励下，这位勇敢的姑娘表示愿意试试。考虑她第一次出远门，工作组和镇里的干部一起把她送到了1 000公里外的都香高速项目上，离别时她含着眼泪对工作人员说："谢谢你们，长这么大我的父亲也对我没这么好过。你们不但给我找工作，还亲自把我送过来，我一定会好好干的……"就这样，胡秀花带着9名乡亲第一次走出了大山，走进了中交集团。从第一次安全教育到手把手教混凝土抹面，从第一次签合同到一起做饭、聚餐，中交人特有的情怀和责任关怀逐步打消了胡秀花和乡亲们的顾虑，使他们逐步融入和适应了项目部的生活。经过业务指导和技术培养，这支队伍施工技术水平迅速提升，进度、质量跟其他队伍比也毫不逊色，队伍从最初的9人也增加至40人。一位普通山村女孩的人生就此发生了翻天覆地的变化。胡秀花和乡亲们获得的不仅仅是一份稳定的收入，更获得了追求美好生活的希望。2019年9月，胡秀花买了自己的第一辆宝马车，被当地村民称为"宝马姐"。目前，她服务于宁夏的银川文化园、广东惠州的赣深高铁、广东清远的广连高速和福贡木尼麻大桥项目附属工程四个工地。

归秋区批

藏族，云南省迪庆藏族自治州香格里拉市东旺乡新联村人，现就职于香格里拉市东旺铯曲种养殖农民专业合作社

　　归秋区批，1984年7月出生，云南省迪庆藏族自治州香格里拉市东旺乡新联村人，现任香格里拉市东旺铯曲种养殖农民专业合作社"两新"组织党支部书记，优秀共产党员。他于2010年10月8日创办香格里拉市东旺铯曲种养殖农民专业合作社，创立"东旺藏鸡""铯曲庄园"品牌并于2014年3月创立迪庆香格里拉铯曲庄园农业科技有限公司，实现了从创立品牌到企业的升级，形成了"社员搞经营、合作社搞服务、企业做市场"的现代农业综合体，积极探索"企业+党建"的路子，带领企业党员和员工服务群众、服务社会，积极为当地政府建言献策，责无旁贷助力精准扶贫工作，立足本土发展产业，辐射和带动了地方农民增收致富。在他的领导下，企业先后荣获2013年度"省级示范社"、2015年云南省"科技型经济合作组织"、2016年"国家级示范社"，本人也相继被评为全国"农村实用人才带头致富人"、云南省和迪庆州农村科技辅导员、"乡土人才"、香格里拉市和迪庆州优秀共产党员等。

　　归秋区批十八九岁就开始创业，最初以种植中草药为起点，在贫穷落后、群众思想保守的新联村成为第一个"吃螃蟹"的人。创业伊始，他勇于奋斗的精神、讲信用的品质和"要富全村一起富"的大局意识深深地影响和带动了村民。他也不负众望，在经历多次失败后于2007年在新联村成功培育出野生羊肚菌菌种（菌丝体），2008年驯化栽培野生云南重楼成功，2009年云南重楼采种育苗技术成功，2010年濒危药用植物金铁锁驯化种植和采种育苗技术获得成功。通过"农户+基地"建立重楼和金铁锁科技育苗示范基地，实现了野生中药材人工驯化和野生羊肚菌人工大面积栽培，有效盘活了土地资源，解决了村民就近务工问题，增加了村民收入。他抓住机会，乘势而上，2010年8月注册成立了香格里拉市东旺铯曲种养殖农民专业合作社。

　　"不忘初心，牢记使命，砥砺前行，创新发展"。他在创业过程中时时不忘困难群众，时时用自己的行动感化、教育群众，在国家脱贫攻坚政策号召下，毫不犹豫地带头助力精准脱贫，立足本土，真正实现了党建、扶贫双推进，实现了企业发展与农民增收的共赢。

张世军

彝族，云南省云县忙怀乡新街村人，现就职于云南滇中引水工程项目部

张世军，云南省滇中引水工程建设者。

张世军初中毕业后就外出打工，自 2001 年进入福建创跃隧道工程有限公司。他不怕脏、不怕苦，从最基层的一线学徒干起，一路做到电工、钻工、班长、带班人员领导。凭着自己刻苦钻研、敢于攻坚的求知欲望和脚踏实地、兢兢业业的做事态度，他认真学习、实践，积累了很多丰富的工作经验，成了技术上的排头兵、管理上的领军人，用行动诠释着铸造人的工匠精神。由于他头脑灵活、精明能干，深得领导器重，当任了班长。为了胜任班长一职，他虚心学习，经常加班加点，由于工作出色，他被老板重用，提升为开挖总管。他不负老板的信任，他不仅努力学习理论知识，还在隧洞掘进技术实践操作方面不断提升自己。他服务职工群众，为老板当参谋、献计献策。

自 2017 年加入滇中引水工程建设，他成为大理一段施工 2 标"鏖战香炉山突击队"成员，带领两个团队承担两个项目的开挖任务。其中一条施工支洞长 1 132 米，支洞倾角 27°，断面为城门洞型，净断面尺寸 6.5 米 ×6 米，存在高地下水、高地应力、软岩大变形等复杂地质问题，岩层极为破碎，泥化严重，围岩自稳能力极差，隧洞突泥、涌水、变形塌方现象普遍，施工危险系数极高。此外，混凝土施工、灌浆施工等各工序交叉作业多，施工组织协调工作量巨大，施工难度大。

张世军还积极奉献社会，乐于扶贫帮困。为提高家乡的人均收入，让老乡们过上更好的生活，他积极号召家乡青年劳动力、贫困人群加入自己的团队。为响应省政府的号召，滇中引水工程建设提速，而在 2020 年 2 月份新冠肺炎疫情期间，家乡人民很多人失业，基本生活得不到保障。他不畏困难，带领老乡 110 人前往施工工地，月平均工资达 8 000 元左右，为老乡增加了不少收入。在张世军的培养带领下，在云南省第十七届职工职业技能大赛中，一名职工在电焊工技能竞赛中名列前茅。张世军精明能干，领导有方，如今在云县各个乡镇招工已小有名气。只要能吃苦，长期与张世军外出打工的，都没有被拖欠工工资，也没有出现维权难的现象。

薛海江

山西省方山县大武镇东相王村人，现就职于中铁建工集团有限公司西藏自治区医院项目 EPC 总承包工程项目经理部

薛海江自 2003 年离开家乡外出务工以来，先后在北京、湖南等地打工。2016 年进藏务工，特别是中铁建工集团有限公司西藏自治区医院项目开工至今担任建筑安全员以来，他凭业务素质高、责任心强，维护着不同地区的汉族农民工和藏族同胞大团结，为项目平安工地建设发挥了很大作用，展现了社会主义新时期优秀农民工应有的精神风貌。

业务素质高，超前谋划安全工作。他认真学习项目的各项安全规章制度和安全知识，全面掌握工地电工、焊工、塔吊、挖机等 90 多项人工作业和机械操作的安全操作规程，业务知识涵盖所在工地的所有施工程序。他系统把握整个工地的不同程序潜在安全风险和不同阶段的动态安全风险，与项目管理人员提前沟通，按不同工序、工种落实安全三级教育，是工地名副其实的安全"定海神针"。

积极响应"以工代训""以岗代培"，发挥了良好的"师带徒""传帮带"作用。他对所有务工人员开展安全培训，做到不落一人。针对安全意识淡薄、悟性差的人，他加强实训和手把手帮扶指导，并开办了务工人员业余安全培训班，做到了业余培训讲的安全知识不"业余"，累计开展参与岗前培训 1 357 人次、业余安全知识培训 1 453 人次，为参建的每个农民工兄弟心中播撒了安全规范意识的种子。

踏实肯干，责任心强。他牢记"安全第一，生命至上"，积极落实安全班前教育、日巡查、安全例会、问题整改落实、新冠肺炎疫情防控、应急预案演练等管理制度。他始终坚持早到和晚离工地半小时进行工地巡检，确保发现安全隐患并消灭在萌芽状态。他加强过程控制监控，针对不规范操作，当场严厉批评纠正。遇到风险，他总是第一时间让工友撤退，自己身先士卒排除安全风险，为项目排查各类安全风险 96 次，他严格要求每个工班长做到自己管属范围安全无死角，做到守土有责、守土尽责。他组建安全教育微信群进行图文并茂的宣传讲解，每天至少更新 10 条信息，工友们在他的带领下均形成良好的安全习惯。

让藏族同胞融入工地建设大家庭。他主动与藏族农牧民兄弟沟通，联系技术工程师、专业技师加班加点给藏族工友培训教育，引导内地务工人员帮扶藏族同胞提高安全意识和专业技能。工地 20 多个藏族农牧民兄弟在他的帮扶下，大多从普通岗位走向专业技术岗位，日工资平均提高 115 元，每人每月增收 3 450 元。

占堆次仁

藏族,西藏自治区山南市隆子县日当镇加洛村人,现就职于山南市隆子县宗那建筑有限公司

占堆次仁,男,1980年9月12日出生,小学文化,现在西藏山南市隆子县宗那建筑有限公司工作。2016年4月,他被日当镇群众评为"最美管理人",2019年1月被评为公司年度优秀管理人,2020年5月被评为公司优秀农民工。

2011年春节刚过,他乘着隆子县各企业与整体经济兴起的春风,满怀憧憬和理想,加入宗那建筑有限公司打工。在公司领导、同事及热心人士的帮助下,他走上了充分施展能力与学习进取的舞台。党的好政策与自身的不懈努力,使他逐步脱贫致富,走向小康;组织的培养,使他顺利加入中国共产党的先锋队伍,获得了极高的政治觉悟。他是一个土生土长的隆子县农牧民,靠不懈努力参与一个个项目建设,成长为宗那建筑公司的项目管理人员。他的每一次进步无不渗透着自己艰辛的汗水和成功的喜悦,更凝结着党和政府的关怀和厚爱。

在公司多年务工的过程中,他从底层一步一个脚印,成长为人人敬重的优秀项目管理人员,业余时间一心挂念农民工的精神文化生活。在他的建议下,公司创办了"农民工之家",实行农民工自愿参与和相互服务的会员制度,为当地农民工及农民工子女提供休闲娱乐、学习培训、维权咨询服务;每月举办一次农民工联谊会,搭建农民工展示自我、相互交流与沟通的平台;节假日、寒暑假期间,组织志愿者为农民工家庭提供清洁、宣讲等援助。农民工之家成立后开展了健康知识讲座3次、"民族团结、凝心聚力"活动15次、"防患于未然"知识宣讲活动7次。

得到公司的肯定和群众的认可,更加坚定了他做好本职工作、为公司项目建设增砖添瓦的信心和决心。占堆次仁感慨地说:"今后,我要用党员标准严格要求自己,做到干一行、爱一行,以积极的心态面对生活,帮助别人,回报社会,为社会更加和谐尽一份微薄之力。"

达柏

藏族，西藏自治区林芝市巴宜区百巴镇强嘎村人

西藏

达柏出生在强嘎村一个贫困家庭，由于天生听力四级残疾，小学没毕业就辍学务农。她21岁结婚，儿子出生没多久，丈夫就抛弃她们母子远走他乡，从此杳无音信。生活的重担一下压到了达柏柔弱的双肩上，她艰难地挑起生活重担。

"我没有上过几天学，现在看书识字都困难，但是我知道只有上学读书，小孩的人生才会有机会改变"。虽然达柏带着孩子生活艰苦，但是她心里深深知道接受教育对孩子的重要性。为了让孩子接受良好的教育，2008年，在政府的帮助和自己的努力下，达柏把孩子送入林芝市一小就读，并在附近租了一间房，边打工边照料孩子。就算晚上忙到再晚、身体再累，她都要陪着孩子完成作业，这一待就是七八年。

2016年，百巴镇政府鉴于达柏家的实际情况，将她列为建档立卡贫困户。从此，孩子上学有了保障，她本人也走上村里的扶贫生态岗位，岗位收入加上各种林草补贴、各级帮扶慰问款，经济负担一下子减轻了许多。2017年，孩子顺利考入大学，成为村里为数不多的大学生之一，这让达柏的生活更有了盼头。"虽然有党和政府的关心支持，但不能一直有依赖心理，好日子最终还得靠自己勤劳的双手去创造"。达柏说。孩子上大学后，闲不住的达柏有更多的时间工作了。为了更好地改善家里的生活，不满足于扶贫生态岗位带来的收入，她利用在工地务工的间隙，虚心向装载机师傅学习驾驶技术，一年后通过职业技能培训考取了装载机操作员资格证。有了过硬的技术，达柏多方筹款10万元，购买了一台属于自己的装载机。通过3年的务工收入，达柏不仅还清了欠款，还购买了一辆价值7万多元的家用轿车。

回想过去，达柏无比感慨："党的政策这么好，只要自己肯努力、肯付出，就会有好生活。等儿子毕业找到工作，还可以通过自己的能力帮助更多的人。"达柏笑着说："幸福的日子还在后头呢！"

江永仁青

藏族，西藏自治区昌都市江达县邓柯乡青稞村人，现就职于青稞村农牧民施工队

江永仁青出生在西藏自治区昌都市江达县一个贫穷的家庭，家中有9个兄弟姐妹，这给本就不富裕的家庭增加了巨大的生活压力。小时候他和兄弟姐妹穿不起衣服，为了挡风保暖，父母会让他们将麻袋套在身上，而且经常吃不饱、穿不暖，生活极其困难。后来父母早亡，对这个困难的家庭来说更是雪上加霜，他和他的大哥作为家里的劳动力不得不提前肩负起养家糊口的重任，含辛茹苦把弟弟妹妹拉扯大。

为了改善家人的生活水平，江永仁青十几岁起就和大哥起早贪黑在家乡附近的项目工地打工。由于不会什么技能，加上文化水平不高，小到给村民盖房子，大到修路、修桥等，只要能挣到钱，不管是什么样的脏活、重活、累活，他都愿意干，附近的人总能在各个建筑工地看到他忙碌的身影。依靠自己的努力，家里的经济条件近几年来逐步好转，他自己也逐渐学到了许多项目建设的技术，积累了一定经验。

靠着自己外出务工积攒的经验，他也有了自己独立干、独立闯的念头。近年来，国家对西藏的支持力度越来越大，这也使江达县的经济建设迈上了快速通道。在这样的机遇下，他联合村里几个年轻人尝试着自己接一些技术含量不高的小活，尽自己最大的努力把每项工作做好。凭着自己的踏实负责，得到了与他合作过人员的充分认可和肯定。正是在这样的努力下，只要是他承担的项目，总能如期和保质保量完成，慢慢地他的名气在县里传开，许多项目老板主动联系让他承包一些小项目。

为了更好地带动村里人增收致富，经过多方咨询，他决定组建青稞村农牧民施工队。在施工队里，他既是施工队的领头羊，更是施工队的技术能手、技术师傅，既当大工也当小工，在工地现场手把手教授村民拉线、砌筑、打混凝土等。即使成为施工队的领头人，他在工地现场也是亲力亲为，哪里需要就往哪里跑，提高了团队凝聚力，也彰显了康巴汉子的勤劳诚恳。为了提高施工队的技术水平，使群众更好的稳定就业，他每年都会选派一部分施工队的成员参加县人社等部门组织的建筑施工类技能培训。通过不断的努力，他的施工队在当地已小有名气，也带动本地农牧民群众走上了一条增收致富的道路。项目施工高峰期间，他的施工队有200余人，绝大部分都是青稞村的村民，年均增加村民务工收入2万~10万元不等。

次旦多杰

藏族，西藏自治区那曲市嘉黎县夏玛乡9村人，现就职于嘉黎县心愿劳务派遣有限公司

次旦多杰，1982年2月1日出生，西藏自治区那曲市嘉黎县夏玛乡9村人，中共党员，在职教育本科学历。他1999年高中毕业后入伍，部队期间加入了中国共产党，2001年退伍。部队的生活磨炼成了他的不怕苦、不怕累、干出一番大事的精神。脱下军装后，他先后到国家电网那曲分公司、私立民办培训学校等单位从事物资运输、代课教师等工作，期间多次获得"优秀教师"荣誉称号。为了提高文化水平，2013年他通过函授取得了四川大学工商行政管理专业本科学历。

打工虽能养家糊口，但随着国家大众创业、万众创新浪潮的兴起，在各级各部门的宣传和政策支持下，他也萌发了自己的创业梦。2016年，在资金紧缺、经验不足等重重困难的情况下，他艰难地迈出了创业的第一步，与人合伙创立了嘉黎县德福装修有限责任公司，主要为农牧民安居房进行装饰、装修，带动12名本地农牧民就业，农牧民劳务增收年均达5万元至7万元。

15年的打工生涯让他发现，自己打工的周边四川人多、日喀则市的人多，家乡群众对外出务工普遍心存畏惧，不愿意外出务工。他想以自己的微薄力量去改变藏北牧区牧民不愿外出务工的现状，带领父老乡亲走上致富道路。同时，他也深感装修公司业务范围窄，带动农牧民就业能力弱，于是在2018年成立了嘉黎县心愿劳务派遣有限公司，以服务和带领本地农牧民就业增收为目标，填补了嘉黎县没有劳务派遣机构的空缺，发挥了用人单位和求职者之间的桥梁作用。嘉黎县作为深度贫困县之一，脱贫攻坚任务繁重，他的劳务派遣公司在促进贫困群众转移就业中发挥了重要作用。公司成立三年来，根据对接的岗位组织和发动群众进入市场就业，并优先输送建档立卡贫困户劳动力，年均劳务输出800人次以上，帮助群众劳务增收年均1.2万元至3万元，这对人口不到4万的嘉黎县来说是不小的数字，为嘉黎县脱贫攻坚工作做出了积极贡献。

次旦多杰从参军到打工再到创业的经历，提升了不少牧民群众外出务工的积极性。他创办的企业更是解决了许多贫困户的就业问题，为嘉黎县经济社会发展做出了贡献。

西藏

才旺桑珠

藏族,西藏自治区阿里地区札达县香孜乡香孜村其里普组人,成立其里普组农牧民养殖场合作社

才旺桑珠是农牧民,高中毕业后先后在香孜乡拖拉机站开过拖拉机、自己购置推土机参与公路建设和土地农田平整等。不同的岗位和经历拓展了才旺桑珠的视野,也积累了较好的个人经济基础,在同村乃至全乡农牧民群众当中,他属于经济条件较好,生活较为宽裕的。才旺桑珠深知,这一切离不开个人数年来的打拼,更离不开当地党委和政府的关怀和帮助。

2016年开始,全国上下大力推进精准扶贫、精准脱贫,才旺桑珠开始考虑该如何更好带动家乡群众富起来的事。随着社会信息化不断发展,电视和网络为才旺桑珠提供了学习、了解外部世界的良好渠道。才旺桑珠通过电视农业频道和手机网络,逐步对全国各地农村的致富带头人创业经历产生了浓厚兴趣,开始持续关注和学习,并结合家乡实际进行深入思考。才旺桑珠逐渐认识到,现在农牧民群众在农牧业生产过程中大多属于"单打独斗",效益很有限,而且更多青壮年宁愿外出打工,也不愿回乡种地放牧,农牧业经济发展缺乏动力。他认为牲畜、草场、农田这些是农牧民群众最基本的生产资料,用自己的技能和经验把这些生产资料以及相应的人力、物力、财力集中起来,让资源变资产,农牧民变股民,搞集约化、产业化生产经营才有可能取得更大的收益,进而有更好的前景。

在这种认识的驱动下,经过反复思考,2017年5月,才旺桑珠同组长旺堆、副组长巴旦及几位老同志就一个人想法进行了深入沟通,得到大家的一致认可和赞同。在组长的支持下,2017年5月28日,才旺桑珠组织召开了全组26户群众、村第一书记共同参加的合作社筹备会,向群众充分讲明了个人想法及合作组织的必要性,得到群众的大力响应和支持。会上26户群众或现金入股,或绵羊入股,共计折合现金100万元(现金68万元,其余为绵羊折算),表现出了较大的参与热情。在县委县政府关心关怀和乡党委政府的大力扶持下,2018年合作社建设被列入扶贫项目,共覆盖带动35户、130名群众(其中建档立卡贫困户12户、37名)通过投工投劳和资金、草场入股参与经营。2018年,合作社实现收入20余万元,为群众累计兑现分红、投劳工资13.8万元;2019年实现收入50万元,为群众兑现投劳工资25万元,同时为1名残疾人和1名五保老人给予了帮扶慰问(每人现金1 000元、羊1只);2020年上半年累计收入15万元。在才旺桑珠的带领下,合作社正在逐步实现由小变大、由弱转强,成为带动农牧民就近就便稳定就业的重要载体。

高晓强

陕西省西安市鄠邑区甘亭街道兆丰桥村人，现就职于西安市鄠邑区山鹰职业技能培训学校

　　高晓强，1986年5月30日出生，西安市鄠邑区甘亭街道兆丰桥村人，现在西安市鄠邑区山鹰职业技能培训学校工作。2017年9月，他被西安市人力资源和社会保障局授予"西安市职业技能培训优秀教师"荣誉称号，连续多年荣获鄠邑区"职业培训优秀教师""先进教育工作者""先进党务工作者""优秀共产党员"等荣誉称号。2005年高中毕业后，他满怀憧憬和理想，离开故乡，来到一直向往又陌生的县城——户县。转眼十多个年头了，他从学校最基层的教工做起，勤奋好学的他在领导和同事的帮助下，一步步成长为学校骨干教师、教学管理人员。他的每一次进步无不渗透着自己艰辛的汗水和成功的喜悦，更凝结着党和政府的关怀和厚爱。

　　刚到户县，经人介绍，他来到山鹰电脑学校当电脑修理学徒工。他深感自己知识的欠缺，懂得了科学文化的重要。于是，他决心在认真工作的同时，利用业余时间学习，提高自己的业务能力和文化素质，以及更能胜任电脑维修这项工作，做一个合格的维修工。

　　因为学习刻苦、工作认真，他被单位推荐参加西安市人力资源和社会保障局举办的西安市职业院校就创业师资培训班，这对他来说是个机遇，更是个挑战。通过刻苦学习，经考核，他顺利拿到《西安市技工院校就创业教师上岗资格证》，走上讲台，成为学校教师队伍中的一员，并很快成长为学校一线骨干教师。在计算机教师的岗位上，他一干就是5年，授课深入浅出、通俗易懂，受到参培农民工学员的一致好评，累计获得学员自发赠送的锦旗十余面。多年来，他培训的农民工学员达到2 000余人，通过培训走上工作岗位的农民工不计其数，为鄠邑区职业教育事业做出了突出贡献。

　　2017年以来，他专注服务于农民工学员的就业安置工作，积极联系工作单位，累计安置农民工学员2 000余人，为农民工学员的就业安置工作立下汗马功劳。

　　2016年至2019年，在山鹰职业技能培训学校承担的各项扶贫培训任务中，高晓强总是冲在第一线，不辞辛苦，任劳任怨。他说，"脱贫攻坚，党员应当身先士卒。哪里需要我，我就出现在哪里"，这是他对自己入党誓词的忠诚实践。

　　2020年初，他积极响应党中央的号召，带头为新冠肺炎疫情防控事业捐款，并积极参与山鹰职业技能培训学校安排的疫情防控执勤活动，并在所居住社区义务参与疫情防控工作，不计回报，任劳任怨。

凌国强

陕西省西安市临潼区相桥街办任家村人,现就职于西安银桥乳业(集团)有限公司

凌国强,1998年在西安银桥乳业(集团)有限公司参加工作至今,现担任设备管理部设备主管。

凌国强从包装工、操作工、维修工、班长、技术员到现在的技术骨干,一步一个脚印,踏踏实实工作,努力学习,不断提高,曾多次被集团公司和集团党委评为先进工作者和先进共产党员。

2005年05月,他被临潼区政府评为"临潼区劳动模范";2015年05月,被西安市政府评为"西安市劳动模范";2017年05月,被陕西省政府评为"陕西省劳动模范";2020年07月,被临潼区人社局评为"临潼工匠"。

他熟悉和精通液态奶生产工艺及设备,喜欢钻研技术,善于创新,思路宽阔,曾多次对生产设备及现场工艺管线进行更新改造,为公司提高生产能力、节能降耗做出突出贡献。

2015年,他对高耗能百利包设备进行改造,把原来脉冲加热(需要水冷却)改造为恒温加热方式,恒温加热方式不需要冷却水冷却。改造后,一年可节约用水18 000多吨,并可以减少同量排放的污水处理负担。

2015年,他对液态奶冷链生产车间的工艺管道进行优化改造,改造后日产能每天提高20吨左右,每年增加7 000多吨,满产一年可创造产值近6 000万元。

2016年,他对液奶车间的冷凝水进行了回收改造。改造完后,每年回收水量10 000多吨,同时也减少排放10 000多吨。

2017年,公司根据市场,需要生产褐色酸奶,液态奶车间前处理系统并不能满足工艺要求,如果增加新的系统需要投资近200万元,并且还要占用厂地。他组织大家一起讨论办法,设计改造,在原来的发酵工艺系统上增加了褐色酸奶生产的功能,既满足了市场的需求,又为公司节约了投资的成本。

2018年,他对液态奶车间老化CIP清洗系统进行升级改造。改造期间不能停产,他克服困难,调整方案,协调各方,在不停产的情况下按时完成了升级改造任务,保障了生产的正常运行。

2018年12月至2019年1月,他组织对液态奶冷链车间前处理系统进行升级改造,系统重新设计,采用超洁净和无菌风技术,更好地保障了产品质量的安全。改造后,可满足多样化产品的生产需求,每日提高产能30吨,每年可增加产能10 000多吨,全部满产一年可创造产值8 000多万元。

2020年新冠肺炎疫情期间,凌国强积极捐款,坚守工作岗位,保障公司生产设备正常运行,积极配合公司疫情小组投身疫情防控工作。

张炜峰

陕西省西安市临潼区油槐街办南张村人，现就职于西安市临潼区万邦农业专业合作社

张炜峰，男，1979年5月出生，中共党员，西安市人大代表，临潼区政协委员，万邦农业专业合作社投资人。

2012年初，张炜峰联合村里七八家农户，成立了万邦农业专业合作社。之后，他亲自到山东寿光、杨凌等地参观考察，学习先进的种植模式和农业发展经验；自筹资金300万元，建立了现代化标准农业产业园；通过流转、入股土地300亩，硬化道路场地，建设钢结构大棚400余栋、日光温室5栋、办公场所500m^2；聘请山东寿光、西北农林科技大学、西安生物研究所的多名专业技术人员。他所做的这一切为合作社和当地农业经济发展打下了坚实的基础。随着产品的不断外销，"万邦农业"的牌子越来越亮，要求承包大棚和入股的村民越来越多。到2020年，土地入股的社员达到160户，园区总面积2 000余亩，共投资2 000余万元建成交易大棚1 300m^2和冷库600m^3、硬化道路、铺设管网线缆、打井、绿化等。园区突出发展观光旅游和农副产品深加工，拉动乡村旅游，带动农家乐发展，提高农民经济收入。

2017年，响应党的扶贫政策，合作社参与财政扶贫资金投资收益分红和产业扶贫帮扶分红，年分红50余万元。张炜峰亲自深入家庭了解合作社帮扶的贫困户情况，查看贫困户的实际困难和生活急需，并多次到建档立卡贫困户家中慰问，发放慰问品，帮他们解决生活困难，为建档立卡贫困户出谋划策、寻找脱贫方法，在技术和资金上给予大力支持，对确实没有经营能力的人，让他们到园区来当产业工人，领取工资。每年春节，他还给南张村的高龄老人、低保户、五保户等生活困难户发放慰问金和慰问品；给环卫工人免费发放西红柿和黄瓜等无公害蔬菜。2020年新冠肺炎疫情期间，张炜峰身体力行，亲自指挥，在消杀物资紧张的情况下，想办法购物资，向油槐街道办捐赠84消毒液30余箱、酒精30余桶，并向南张村防疫点捐赠消杀物资和现金2 000元。在此期间，他及时组织复工复产，不误农时，每天园区消杀三次，并给在岗工人每天发放口罩，确保人员安全和蔬菜供应稳定。

2012年至今，张炜峰荣获"临潼区青年致富带头人"称号，被称为"优秀科技示范户"，连续多年被评为临潼区油槐街道办"优秀共产党员"；2016年当选临潼区政协委员会委员，2017年当选西安市人大代表并被评为"西安市创业明星"；2018年被聘请为西安市公安局临潼分局第九届劲风监督员，获得首届"临潼区十佳创业青年"称号，还被评为第五届临潼区"凡星闪耀·文明临潼"道德模范称号。

陕西 王力

陕西省西安市长安区杨庄街办侯官寨村人,现就职于西安丹若尔石榴酒业有限责任公司

王力,出生于1980年4月27日,中共党员,西安市临潼区第十七届党代会代表,中专学历,助理工程师,食品加工中级技术职称。自2004年11月15日正式加入丹若尔石榴酒业至今,他一直担任技术员。多来坚守生产第一线,他以吃苦耐劳的工作热情、甘于奉献的高尚情操和持之以恒的钻研精神,勇于创新,不断以科学技术力量推动企业稳步发展。

他2018年10月被评为"西安最美农民工"并被授予"特别提名奖",2019年4月被授予"西安市五一劳动奖章",2020年7月被西安市市场监督管理局授予"优秀共产党员",2020年7月被陕西省农业农村厅聘请为"石榴产业体系岗位专家",2020年8月被西安市临潼区人力资源和社会保障局授予"临潼工匠"。

2010年,他获西安市人民政府颁发的"西安市科学技术三等奖"。2011—2013年,连续3年荣获西安市临潼区食品药品安全委员会颁发的"年度食品安全工作先进个人"。2012年被共青团西安市委授予"西安市青年突击手"荣誉称号。2012年11月获临潼区人民政府"科技进步二等奖"。2013年元月被陕西省名特果品产业开发研究会授予杰出贡献奖。2014年5月被西安市临潼区委、精神文明建设指导委员会评为首届"临潼青年五四奖章"。2014年5月被评为"2013年西安市职工经济技术创新能手"。2015年3月被陕西省养生协会授予"健康中国先锋人物"荣誉称号。2016年3月被评为"2015年陕西劳动竞赛标兵"。他公开发表了参编专业论文,2018年4月所在的研发团队被西安市总工会评为"工人先锋号"。2018年5月他被临潼区委区政府评为"临潼十佳优秀工人"。

欧明贵

重庆市合川区渭沱镇金山村人，现就职于陕西建工集团股份有限公司

欧明贵是从重庆山区走出来的硬汉子，与钢筋打了28年多的交道，以骨子里的质朴与厚道，在中国城镇化的发展中，实现了从耕耘者到建造人的蜕变。

18岁是他人生的一个新起点。欧明贵怀揣梦想，只身来到上海，干起了钢筋绑扎的工作。万事开头难。他从识图开始，虚心请教，勤学苦练，历时七年成为一名称职的钢筋班组长。时光荏苒，1998年，他从上海转战西安，融入"陕建"这个历史底蕴深厚且志向远大的团队。他先后参建了商洛粮库30米大跨度预应力屋架钢筋加工绑扎、南郑体育训练中心竞技馆网架结构、省地矿局5号住宅楼、西安咸阳国际机场T3航站楼及高架桥、省科技资源中心、中联西北设计院科研楼、航天基地服务外包产业园等多项重点工程建设。期间，他探索总结出圆形螺旋箍绑扎要点，参编《超高大直径圆柱钢筋绑扎施工工法》，破解了施工难题，创新了工艺工法，取得了经济效益与社会效益的双丰收。他经手的项目有2项获"鲁班奖"、1项获"国优奖"，并获得"全国首批绿色施工示范工程""全国绿色施工节能减排达标竞赛优胜工程奖""全国工人先锋号"等多项荣誉。

作为一名钢筋工，他不仅能够加工各种异型钢筋，而且精通钢筋加工机械的构造原理、车间选址及平面布置、安装及一般故障排除。在完全掌握了一个钢筋工所具备的知识与技能后，他依然不断学习钢筋的各种连接技术以及预应力钢筋、锚杆、锚索施工重点。他从来都不拘小节，海纳百川，逐渐成为一名钢筋方面的专家，他按图计算用工用料及设备数量，计算钢筋代换，编制钢筋配料单，利用图形算量，编制钢筋方案及作业计划，编写技术总结，给项目节约钢筋，降低成本。他在自己成长的同时，不遗余力地开展"传帮带"工作。他的徒弟遍布陕西建筑行业的各个分支，其中多位已经走上领导岗位，或是成为更多优秀的建造师、项目经理和行业突出贡献者。

他于2007年11月在中央企业职工技能大赛中荣获"钢筋工决赛优秀选手"称号，2009年12月荣获陕建五建集团第一直属项目部"优秀员工"称号，2017年1月荣获西安市"最美农民工"称号，2018年12月荣获改革开放40周年暨千亿陕建功勋人物，2020年1月荣获2019年度陕建十大最美奋斗者。

陕西

宁蒋娟

陕西省西安市长安区大兆街道大兆村人,成立西安市长安区瓜大姐家庭农场

宁蒋娟,陕西省西安市长安区大兆街道大兆村农民。2008年7月,她自筹资金投身农业产业,在大兆村建立瓜大姐家庭农场并于2015年9月在长安区工商局进行注册登记。目前农场经营土地面积70亩,她用自己的图像注册了"瓜大姐"商标,采用"农场+基地+合作社+公司"的发展模式,相继推出会员制和各类近郊农场游活动。她于2013年9月—12月在清华大学参加"中国女性创业管理课程"学习,悟出要做好现代农业,必须要构建新的商业模式,建立消费者沟通渠道,只有这样农产品才能走得更远,更有销路。为创新农产品营销业态,带动更多人一起致富,宁蒋娟采用"微信公众平台+网站+网店(淘宝店+微信店+宅生活App店)+抖音、微博、头条等+线下社区推广+线下各类展会活动"综合模式。目前,微博"西安瓜大姐"已有45.7万人参与阅读。她发挥"瓜大姐"名牌效应,采取"互联网+"销售模式,积极打造互联网线上线下互通平台,线上关注用户已突破9万人。她用良心和标准严把农产品质量关,创新农产品加工方式,缓解部分农产品"菜贱伤农"的困扰,也给当地农村富余劳动力提供多个岗位,辐射带动当地种植面积3 000余亩,间接解决当地农村富余劳动力2 000余人的就业问题。

她经常告诉孩子们"有国才有家"。在发现社区的蔬菜紧缺时,她经常顾不上吃饭,奔跑在农场与20个社区之间,促进农业有序生产,为保障市民菜篮子尽自己的一分力量。她给大兆中心小学捐铅笔盒、铅笔、本子,合计价值600元。她2020年在爱心筹平台上给两位癌症患者捐款700元,还捐资4 500元购买了垃圾桶在韦曲街道府北社区做垃圾分类宣传活动。农场连续两年承接农业农村部交流学习活动,承接西北五省家庭农场主交流学习活动。

她相继评为全国创业之星、全国科普带头人,省、市道德模范,省三八红旗手、西安市最美农民工,当选西安市第十六届人大代表和长安区第十四届政协常委,并荣获"中国好人"称号。她作为农村青年致富带头人的代表之一,有幸参加了国家领导人在人民大会堂召开的座谈会,"瓜大姐的IT生意经"于2015年12月被写入《时事画刊》的文章里等。

苟子虎

陕西省宝鸡市凤县留凤关镇酒奠沟村人，现就职于宝鸡市凤县中盛商贸有限公司

苟子虎，2011年11月至今任凤县中盛商贸有限公司负责人、凤县双石铺商会副会长、凤县个体私营企业协会党支部书记及秘书长、凤县福安工贸有限责任公司负责人。他先后被评为凤县好青年、凤县招商引资项目引进先进个人、2018年度社会力量扶贫典范以及青年突击手。

苟子虎初中毕业就在外打工，吃了不少的苦头后，不顾家人反对，决定学习修车技术。2004年，他投资创办了一家自己的汽车修理部。

2016年以来，苟子虎主动参与全县的招商引资工作，不计报酬、立足家乡，跑项目、找门路，为政企牵线搭桥，先后多次赴河南、湖南等地全力以赴招商、引商，推介县域资源优势，为全县招商引资工作出力献计，帮助凤县引进湖南德凯贸易有限公司投资1.3亿元的稀贵金属综合开发项目并建成投产。他积极与河南省开封市运通金属材料有限公司联系，使企业总部落户凤县并投资3亿元成立凤县鑫海易通公司作为在凤县的销售公司，实现贸易合作，每年实现利税3 000多万元。

在2020年2月新冠肺炎疫情防控物资最紧缺的关键时刻，苟子虎迅速通过各种渠道购买消杀物资，无偿捐赠留凤关镇2 500斤消毒液，为酒奠沟村党支部、留凤关村党支部和凤县商会共捐赠4 500元的防疫款。他还积极带动凤县县域内的大小企业负责人捐资捐物共计65万元，并通过各种渠道从韩国和日本购买价值30余万元的口罩。他主动请缨参与到防控卡点值勤、公共区域消杀等疫情防控工作。

他于2018年主动认领帮扶酒奠沟村贫困残疾儿童一名。他先后多次到安康等地考察移民搬迁安置点的后续帮扶工作，也经常和镇党委、政府讨论搬迁后的就业问题，并在留凤家苑建设社区工厂。为鼓励员工尽快学好技术，他规定，凡是在培训期间因培训实操造成的原料浪费，全部由公司负责。据统计，在培训期间，10多万元的原材料成了"牺牲品"。工厂投产初期受疫情影响，连续好几个月都处于亏损状态，但却从未动摇过苟子虎发展社区工厂的信心和初心，他坚持按时为工人们发工资和福利，实行"保底工资＋计件提成"的薪酬制度，鼓励多劳多得，提高职工内生动力。

赵胜利

陕西

陕西省宝鸡市扶风县法门镇南佐村人，现就职于宝鸡胜利现代农业开发有限公司

赵胜利，出生于1979年，陕西省宝鸡市扶风县人，现为宝鸡胜利现代农业开发有限公司农技员。

1998年11月，高中毕业的赵胜利去杨凌参加了一次中国农业高新科技成果博览会，便与农业结下了不解之缘。2008年，他成立了陕西杨凌胜利暖通设备工程有限公司，从事制冷装备维修与销售，在此过程中接触到了西北第一家杏鲍菇工厂化生产企业，勤奋好学的他对食用菌技术产生了浓厚的兴趣。

2014年，在县委、县政府的热情邀请和家乡返乡创业优惠政策的吸引下，怀着帮助乡亲们致富的满腔热血，赵胜利回乡创立了陕西新胜源食用菌工程技术有限公司。在县委、县政府的帮助下，他顺利在法门镇流转200亩土地，发展食用菌产业。公司发展初期遇到了很多技术上的难题，他组织团队不断攻坚克难，但企业的力量是有限的，通过协调，他与西北农林科技大学建立了合作关系，成立了陕西新胜源食用菌工程技术研究中心，请专家教授全方位进行技术指导，为公司发展提供了坚实的技术后盾。

2016年，为广泛推广食用菌培育技术，公司挂牌成立了"宝鸡市农村科普大学扶风分校"，这是扶风县成立的第一所以农民为学员的新型职业技术学校，旨在为广大农民传授现代农业发展新理念、示范推广农业新技术，同时培养新型职业农民，进一步提升"科普惠农、科技支农"效果。学校邀请西北农林科技大学的专家教授为学员讲授食用菌常见种类、栽培方法、管理措施、病虫害防治等知识，受到了周边群众的欢迎。

2017年5月，他开始重建宝鸡胜利现代农业开发有限公司生产基地，当年10月开始投入生产，同年还申报了"宝鸡胜利食药用菌星创天地""陕西胜利食药用菌星创天地"，经陕西省科技厅推荐、科技部备案公示后成功入选"国家级星创天地"。

为了带动周边群众发展食用菌产业，他采取"流转土地有租金、入股企业有利金、进园务工有薪金"的办法，探索出"资源变资产、资金变股金、农民变股东"的"三变"模式，促进资源要素优化配置和合理利用。对有劳动能力且有意愿经营的贫困户，通过"两免两补"的办法，实现稳定脱贫。采用把财政投入的产业扶贫资金形成的资产入股公司的模式，依托公司的技术和管理进行托管保底分红，累计带动建档立卡贫困户180户实现就业。

刘秀云

陕西省宝鸡市千阳县南寨镇小寨村人，现就职于千阳县好育佳家政服务有限公司

刘秀云是陕西省宝鸡市千阳县南寨镇小寨村一名普普通通的农村妇女，只有初中文化，但却拥有朴实、善良、聪慧、勤快、坚强的优良品质。她家里6口人，上有年迈多病的公公、婆婆，下有上高中和初中的儿女，她本人还患有无法根治的白癜风疾病，需要经常服药。一段时期，家里的经济来源主要靠老公一个人打工，生活非常拮据，2015年被列为建档立卡贫困户。

生活的贫困和艰难并没有磨灭她改变命运、追求美好生活的希望。为了减轻家庭经济负担，在照看好老人、孩子的同时，她经常到县城的小餐馆干一些后厨帮工这种最辛苦的零活来贴补家用。生活的不易，没有一技之长，多年来成为她的一个"心病"。一心想学技能的"火种"，在她心中一天天滋生，而且越烧越旺。2017年，她在微信"朋友圈"看到千阳县就业训练中心联合千阳县好育佳家政服务公司举办免费家政服务技能培训班并且每天发放50元生活和交通补贴的消息时，高兴得一夜未眠，第二天一大早便与好育佳家政服务公司的刘经理联系报名参加培训。"扶贫先扶志和智，帮人要帮技和艺"。在培训开班前，县就业训练中心的工作人员和好育佳家政服务公司的刘经理在入户走访过程中知道了她家的具体情况后，对她热心鼓励，从心理上进一步坚定了她学好技能的信心。在短短10天时间的集中培训中，经过专业老师的讲授和"手把手"的训练，再加上她自己的勤奋和努力，在50名学员中取得了优异的成绩，顺利通过技能鉴定，取得了家政服务员技能等级证书。

她是一个勤劳善良的女人。培训结束后，好育佳家政服务公司的刘经理看她勤奋好学、踏实努力，便立即与她签订了劳动合同，聘用为公司家政服务员，安排参加了县残联爱心助残服务工作。她总共要上门服务20多户老人，每天工作8个小时，要给老人做保洁、按摩、做饭等日常琐碎工作。在日常工作中，她始终坚持公司"爱心助残"服务理念，按照"一户一策"服务方式，尽可能最大限度满足残疾老人的需求，从而更好地为他们提供贴心服务。

生命不止，奋斗不息。对刘秀云来说，再次出发，已不是为了脱贫，而是向更加美好的生活前进。

高增刚

陕西省咸阳市礼泉县烟霞镇上营村人,现就职于陕西欣农兴农业开发有限公司

高增刚,出生于1976年7月10日,高中文化,礼泉县烟霞镇上营村六组人。2005年至2008年他在洛川务工,主要学习当地的农业种植技术与果品服务。后因家里有老人和孩子需要照顾,他不得不返回家乡。2010年回到家乡后,他看到周边乡亲由于缺乏农业技术与果树种植技术无法脱贫致富,而当地又是以种植业为主,再加上他本身就对农业技术服务这方面感兴趣,促使他产生了开办一家专门为广大果农提供农业技术服务与指导的公司的想法。2010年8月,为顺应国家富民政策,提高果农的经营效益,更大地扩展销售市场,提升本地区的果品质量,在当地政府的支持下,他带动村民成立了礼泉县碧护美果种植专业合作社。通过对果农进行针对性指导,果品质量大幅提升,村民的经济收入也普遍提高。同时,合作社的知名度得到大范围的提升,名气也一路高涨。合作社先后获得礼泉县先进示范合作社、礼泉县先进合作社、礼泉县先进修剪示范社、礼泉县电子商务协会会员单位、礼泉县销售先进合作社等荣誉。后因合作社无法满足当时的发展需求,也为了更好地对外扩大销售市场,他于2017年注册成立了陕西碧护农业开发有限公司,加速实现了"农超对接",与广州、深圳、杭州、福州、西安等多家超市建立了长期合作关系,大幅提升了果农的经济效益。为了使贫困户尽快脱贫致富,高增刚2018年帮扶带动贫困户300户以上,对贫困户的可发展果园实行包技术、包农资、包管理、包销售的措施。2019年6月底,他与礼泉县财政局改革试点平台公司发起成立陕西欣农兴农业开发有限公司,建设运营陕西欣农兴现代农业产业园,总投资一亿元,面积1500亩。园区采用设施种植、无土基质栽培、林下种植、养殖、循环生态农业种植模式,栽植阳光玫瑰68亩、克伦生设施葡萄230亩、大樱桃100亩、繁育最新吉塞拉12号砧木樱桃种苗50亩、美国天鹅绒紫薇苗50亩,有自动化温室大棚6座。园区办公、仓储、分拣、包装设施齐全,管理模式正规化。同时,就地就近吸纳了26名富余劳动力实现就业,其中9名建档立卡贫困劳动力,解决了礼泉县烟霞镇老军营村贫困户就业难的问题。2020年5月14日,产业园被礼泉县人力资源和社会保障局认定为"就业扶贫基地"。他不仅带动本村及周围的乡亲们实现了在家门口就业,也鼓励带动了贫困户走向脱贫致富路。

杨明学

陕西省咸阳市旬邑县城关镇下塬子村人,现就职于旬邑县圆通速递有限公司

　　杨明学,出生于1978年12月,高中文化,现为旬邑县圆通速递有限公司快递员。

　　1998年高中毕业后他在深圳市高锋电子厂打工,先后干过仓管员、叉车司机、模具钳工、生产课管理员等工作。2003年回乡创业,第一年在县城开办"绿康菜店",半年后因经验不足以失败而告终。次年在亲戚朋友的帮助下重新开了一家名为"翰林书院"的小书店,从事租书、卖杂志、报纸等生意,勉强养家糊口。2010年,随着我国社会经济的飞速发展,特别是互联网发展带来的冲击,书店生意举步维艰、无以为继。恰逢国家对返乡农民工实施创业贷款和创业培训项目,他经过培训学习并结业后取得了国家贴息贷款4万元,同时在亲友们的资助下购买了一辆面包车,加盟圆通速递有限公司,从此再次创业转行快递行业。

　　刚开始,由于快递行业在当时的县域经济环境下还是新兴行业,人们对民营快递公司的认同和使用习惯严重不足,他只能从每一票件、每一客户耐心引导,不管刮风下雨,都第一时间将客户的快递送到手。经过多年的不懈努力,从开始的一个人、一辆车发展到现在覆盖全县14个乡镇(社区)的快递服务网络,从业人员达160余人。经过努力,他不仅解决了全家人的就业问题,同时也带动更多的乡亲父老走上就业致富之路。

　　随着公司规模越来越大、人员越来越多、信息化水平越来越高,杨明学深感学历低,能力跟不上发展需要。2018年,他在旬邑县报考西安交通大学网络学院人力资源管理专业并于2020年7月顺利毕业。

　　杨明学不忘社会责任,2020年新冠肺炎疫情期间,在得知小区和村上消毒物资紧缺后,他利用各种渠道筹措物资,为小区和村上捐赠了消毒物品。在得知旬邑残疾作家连忠照在疫情期间新书销售受阻而影响生活时,他主动为其宣传并长期免费寄递书籍,助其销售。

张巧言

陕西省咸阳市乾县阳洪镇杨庄村人,现就职于陕西乾州启城城市服务有限公司

张巧言,1967年5月3日出生,初中文化,陕西省乾县阳洪镇杨庄村北东组人,1993年参加环卫工作,现任陕西乾州启城城市服务有限公司保洁主管。她于2004年-2010年被乾县城建系统评为"先进环卫工作者",2013年获"省模范红袖章平安志愿者"称号,2015年-2016年被评为乾县城管系统"优秀保洁员",2017年被评为"最美乾县人",2018年被评为"道德模范""咸阳好人"。

张巧言兢兢业业,克己奉公,干一行,爱一行。2007年冬天,县里遭受百年不遇的暴雪,给群众的生产生活带来不便,好多人骑车摔倒,甚至因此骨折,铲冰除雪就成为环卫工人的当务之急。身为保洁组长的她带领本组环卫工人,带着扫把、铁锨、铁锹投入到了铲冰除雪的"战斗"中。寒风刺骨,她和环卫工人的脸冻青了、手冻裂了,她忍着钻心的疼不停不歇、加急清雪,为市民提供便利。部分环卫工人累倒了,她就安排工人休息,可她自己从未停歇过。为了保证路面不留积雪、早日消除,她一直加班到第二天凌晨四点多。

环卫工作有快乐,也有辛酸。面对市民的不理解和另眼相看,她始终坚持"宁可一人脏,换来万家洁"的宗旨,默默地坚守在环卫工作岗位上。2015年的夏天,她还是一名环卫清扫工时,有一次她在盐店巷清扫道路,一个烟酒店的女老板随意向店外的人行道乱堆乱倒垃圾。她上前劝阻说:"你好,请将垃圾倒入垃圾点,不要随意堆放的人行道上好吗?"她的话还没说完,女老板大骂道:"我交了卫生费,垃圾想倒哪里就倒哪里,不好好扫地你叫唤啥呢,你就是个扫垃圾的,我不扔垃圾你不就失业了吗……"面对无理谩骂,她强忍着委屈和眼泪,默默地拿着扫把,认真、仔细地把乱倒的垃圾清理干净。就这样,她日复一日用自己的实际行动感化着身边的人,为县里的环卫工作默默奉献着。

2020年春节,突如其来的新冠肺炎疫情给原本喜庆的节日蒙上了灰色。镣启城环卫公司启动突发公共卫生事件Ⅰ级应急响应,为确保不出现二次交叉感染,有效切断传染源,安排所有人员做好自我防护的同时加班加点地清理生活垃圾、对环卫设施设备进行定期消杀。连续工作使得张巧言身体出现头痛疾病,连冻带累,好几次差点累倒在岗位上,但是她依然坚持在一线的抗疫工作中直到深夜。

张秋利

陕西省铜川市耀州区孙塬镇孙塬村人，现就职于陕西省铜川市新区保洁绿化公司

张秋利是铜川市新区保洁绿化公司一名普通的保洁员，在几年的保洁生涯中，经历了太多的风霜雨雪，锤炼了她吃苦耐劳、扎实肯干的坚强品格。清扫工作看起来很简单，但要干好并不容易，没有一股认真劲是不行的。每当别人问她有没有反感这项工作时，她总是朴实的一笑，答案永远是那句："宁愿一人脏，换来万人洁"。为了市民舒适的工作和生活环境，她觉得多辛苦都是值得的。

在工作中，她亲身体会到清扫工作的艰辛和酸甜苦辣，每天早出晚归，风雨无阻，有时还不被市民群众理解，受一些不明不白的委屈。有个别市民把生活垃圾倒在已清扫干净的街道上，她上前好言相劝，却得不到人们的理解。环卫工作虽然脏、苦、累，却与群众身体健康息息相关，是城市必不可少的工作。任何工作都需要人去干，只是分工不同，"七十二行，行行出状元"。就这样，她任劳任怨地工作在环卫战线上。

张秋利干起工作来，从不知道什么叫苦、什么叫累。她以前主要负责东环外规划路保洁工作，车流量大，车速快，又是下坡，清扫保洁难度大，工作量也大，并且非常危险。但她从来不喊苦喊累，用自己的切身行动为他人树立榜样，潜移默化地带动了大家工作的积极性。为了保质保量地完成工作任务，每天她早早就来到岗位上，一天工作下来，经常累得满头大汗、腰酸脚痛。天气炎热时，她就坐在街台上擦擦汗，喘口气，过往行人均捂着鼻子走。垃圾臭味刺鼻，扬灰冲天，常常弄得她眼圈发黑、满身是灰。冬天手冻僵了，她哈上几口气，暖一暖仍接着干，手上磨了一层又一层茧子。

后来，张秋利主动要求调动到重点路段——朝阳路。此路段人流量大、沿街商铺多、落叶多、清扫难度大，但她在重重困难前没有退缩，带领朝阳路保洁员清理绿化带内隐形垃圾及残枝落叶，清除杂草，清掏果皮箱和保洁工具箱底隐藏垃圾，清掏树坑池，清扫灰带，将垃圾桶、果皮箱清洗、套袋，使市政设施焕然一新、干净靓丽。

张秋利有着高度的责任心，总是把集体的利益放在第一位，舍小家、顾大家，忘我工作，默默奉献，从不讲条件、谈报酬。自调入东环外规划路做清扫保洁工作起，她每天都提前到岗，推迟下班，积极做好所负责区域路段的清扫、保洁工作，平均每天工作时间10小时以上。她在清扫保洁岗位上摸索总结出"清扫经"，"重点路段勤打扫，人多之处见空扫，垃圾多时突击扫，饮食摊旁轻轻扫，灰尘多时压着扫"。

张金豹

陕西省华阴市北社乡土洛坊村人，现就职于渭南市宏立技能培训学校

张金豹是一名来自华阴市北社乡土洛坊村的农民工，自工作以来，始终以一颗对党、国家及人民忠诚的"赤子之心"投入到改革开放和社会主义现代化建设中，坚持爱岗敬业、勤奋工作、不断学习、奋发进取、敢于创新、无私奉献的工作态度，出色完成自身工作任务的同时，积极帮助和带动了许多身边和社会上的农民工、下岗失业人员、大学生等群体就业、创业致富，为本地经济社会发展做出了应有贡献。

一是外出打工，努力工作开阔人生视野。2000年，在同村"乡党"的带领下，他离开家乡外出打工，在浙江省金华市齐木家具厂从事油漆工工作。初到工作岗位，他以不怕脏、不怕苦、勤奋爱岗、团结工友的优良品德和敬业精神，很快被工作单位任命为油漆组组长，开阔了眼界，收入也很可观。期间，在他的鼓励和带动下，他的兄弟姐妹、乡亲邻里等30余人随他外出打工，依靠自身的努力，过上了"好日子"。

二是承担责任，就地就近寻求发展路子。2004年，由于家庭原因，他毅然放弃可观的打工收入，回到渭南应聘到通铁职业学校工作，并利用工作之余报名参加了电焊电工、企业管理等技能素质提高班，充实完善了自己，慢慢地爱上了职业教育行业，坚定地走上了职业教育这条路。

三是积极创新，努力创业开办技能培训学校。2014年，他紧跟国家"大众创业、万众创新"这股"春风"，在渭南市人力资源和社会保障局的帮助和支持下，创办了渭南市宏立技能培训学校，并承担了人社、教育、农业等部门的培训任务。学校先后被授予阳光工程省级品牌培训基地、市级就业技能培训先进机构等荣誉，累计培训各类求职就业群体5 300余人。2016年，响应人社局脱贫攻坚、就业扶贫号召，他全身心投入就业扶贫工作中，在富平县、临渭区、华州区等地组织实施就业扶贫帮扶培训，培训建档立卡贫困户1 000余人次，培训后就业200余人，推动实现了脱贫攻坚帮扶由"输血"向"造血"的转变，用实际行动为打赢脱贫攻坚战提供了帮助。

四是带动就业，组织帮助更多农民工外出打工致富。2016年以来，为更好地帮扶本地农民工培训后外出就业，他先后与惠州耀程人力资源公司、东莞鑫达人力资源公司、富平素简人力资源公司以及珠海科德、深圳比亚迪、中集陕汽集团、渭南中联重科等20余个省市内外知名企业建立了劳务对接关系，积极组织各类劳动力外出打工1 600余人，人均年收入在6万元以上。

王新军

陕西省渭南市潼关县城关镇屯丰五虎张村人,现就职于潼关县金桥牧业有限公司

  王新军,男,汉族,出生于陕西省渭南市潼关县城关镇屯丰五虎张村,高中文化。2007年,喜爱农艺技术的他为了给群众寻找一条致富门路,从中国农科院引进软籽石榴品种。随后,他组织成立了金桥现代农业园区,2015年被陕西省政府认定为省级现代农业园区,是陕西省唯一一家系统性研究、种植、推广软籽石榴的农业园区。他勇于担当社会责任,为农民工提供就业岗位,助力脱贫攻坚,帮助屯丰村61户贫困户申请小额信贷资金305万元用于发展软籽石榴产业,累计分红54.9万元,同3个村合作经营,每年分红14.7万元。他指导8个村级脱贫农民专业合作社种植软籽石榴,带动贫困户415户。园区软籽石榴的发展,每年可为农民工务工提供就业岗位300余个,年发放劳务工资500余万元。

  2020年2月,他积极为庆丰村捐助价值2 000余元防疫物资,受到村民好评。他培育"岳渎红"软籽石榴新品种,成为潼关农民致富名副其实的"软黄金",全方位服务和推动产业发展。

  由于表现突出,他先后荣获"中国石榴产业突出贡献奖"、陕西省优秀共产党员、陕西省创业之星、渭南市劳动模范。他带领的团队荣获"十一五"国家星火计划执行优秀团队奖、全国农民专业合作社示范社、全国科普惠农兴村先进单位和陕西省扶贫示范企业。

陕西

张维斌

陕西省延安市安塞区高桥镇南沟村人,现就职于延安惠民农业科技发展有限公司

张维斌,1967年12月出生,陕西省延安市安塞区高桥镇南沟村人,1997年7月加入中国共产党,与他人合伙创办了延安旭坤房地产开发公司、主要负责延安惠民科技农业发展有限公司,现为延安市第五届人大代表。2013年以来,他怀揣着回报家乡的梦想,以高度的社会责任感和朴素的为民情怀,带领员工和父老乡亲走出了一条企业发展与群众脱贫的新路子。

2014年前,南沟村还是全区一个典型的山区贫困村,基础设施差、交通不便,群众生产生活水平低,村集体经济薄弱。虽然地理位置相对优越,南与宝塔区万花镇接壤,北与枣园旧址毗邻,距高桥镇政府10公里,离延安市区中心15公里,但基础条件极差。群众调侃说南沟有三难,出行难、娶媳妇难、村干部干事难。为了乡亲们的脱贫致富,近1600多个日日夜夜他毅然决然在这里摸爬滚打,行走在帮困济贫路上。

返乡创业,为民谋利,需要有突破口,更需要有支撑点。在3.6万亩土地上要谋划让乡亲们不仅脱贫更能致富的长久发展之路,就要立足实际、谋划好产业。他在深入调研、广泛论证的基础上,提出建设南沟生态农业示范园区的总体思路与目标。科学、合理的规划至关重要。为了将规划做好,他先后出资300多万元,聘请了长安大学设计院对园区进行总体规划:园区面积24平方公里,核心区域6.1平方公里,涉及7个自然村,337户、1 002人,概算总投资19.8亿元,建设期限为10年,近期规划为3年。园区着力打造集现代农业、生态观光、乡村旅游为一体的综合性示范园区。

园区建设承载着公司发展的梦想,也承载着乡亲们追求美好幸福生活的梦想。从2015年建设开始,严格按照"企业带农户、项目促发展、农民能致富"的三条发展原则,在整个园区田、林、路、水、电、商住及娱乐设施等建设过程中,做到"规划一张图,审批一支笔,建设一盘棋",累计完成投资5亿多元,先后新修道路32公里,建成2个移民搬迁新社区(新建房屋213间、安置群众71户和317人),绿化造林6 000亩,新修农田4 000亩,建成淤地坝7座,新建生态酒店,建成1 060亩矮化密植苹果示范园和120亩樱桃、葡萄等特色水果采摘园,配套了水肥一体化设施,硬化了生产道路,安装了防护措施,为安塞乃至延安市苹果产业发展树立了新标杆。

赵洋洋

陕西省延安市安塞区镰刀湾镇罗居村人，现就职于永兴梅花鹿特色养殖专业合作社

赵洋洋，是安塞区镰刀湾镇罗居村一名普通的群众，但在他的心里，始终情系"三农"，带领广大农民群众脱贫致富是他最大的心愿。多年来，这位年轻的"80后"青年时刻不忘自己是农民的儿子，以心系群众的高尚情操和艰苦创业的奋斗精神，追求着自己的人生理想，赢得了政府、群众的交口称赞。

赵洋洋初中毕业后就被迫辍学，面对家里的困境，赵洋洋没有一蹶不振，而是奋勇直前。他打过工，当过学徒，出身贫寒、吃苦耐劳的赵洋洋每干一行都十分认真。一次偶然的机会，他从电视上看到一则关于梅花鹿养殖的报道，而且他发现家乡安塞宜人的气候条件非常适合养梅花鹿。了解到这些情况后，赵洋洋眼前一亮，梅花鹿养殖可能是一条创业致富的好路子。为了买到纯种的梅花鹿，他先后到银川、榆林、北京等地进行考察，有了一定的技术后，赵洋洋说干就干。回来后，他的创业之路也得到了政府的大力扶持。2015年，在驻村工作队和镰刀湾镇政府的帮助下，他通过区上的小额贷款在安塞区就业服务中心拿到32万元，整修了自己家的院子，办起了鹿场，从东北引进了梅花鹿44头，信心满满地准备发展梅花鹿特色养殖。梅花鹿养殖成本高、管理费用高、技术要求高，而且见效慢，村里大多数人都不看好这一项目。但是赵洋洋决心通过特色养殖摆脱贫困，每天起早贪黑，辛勤劳作。终于在2016年6月份有了第一笔收入，累计出售梅花鹿35头，收入27万元，同时圈舍内累计饲养各种梅花鹿达到了83头。这让罗居村的贫困户们看到了发展养殖产业脱贫致富的希望，也让他成了一名名副其实的"养鹿人"。

经过几年的发展，赵洋洋从一个养殖梅花鹿的门外汉成了远近闻名的养鹿能手，年收入达到三十多万元。尝到甜头后的赵洋洋看到村民们的思想仍旧局限在传统的农耕思维里，他就想带领村民共同致富。他不怕挑担子、扛重担，愿意帮助更多的人，不但自己致富，也要带领更多人脱贫。贫困群众看到赵洋洋通过养鹿确实有了不少收入，也有意愿加入。赵洋洋就和镇政府谋划，经政府与赵洋洋商议并召开扶贫会议讨论决定，以贫困户扶贫产业小额贷款1万元作为投资入股本金，用赵洋洋的养殖技术管理，为没有劳动能力的贫困户发展养殖梅花鹿产业，每年给予保底分红进行帮扶。2018年6月，当村民第一次高兴地拿到了鹿场的分红款1 200元时，赵洋洋感到自己的努力没有白费，能为乡亲脱贫做点贡献，感觉自己所有的努力和付出都值了。

王玉生

陕西省榆林市榆阳区鱼河峁镇黄崖窑村人,现就职于榆阳区鱼河峁镇黄崖窑村股份经济合作社

王玉生,1968年9月出生,2013年入党,高中文化,家住榆林市榆阳区鱼河峁镇黄崖窑村。吃水不忘挖井人。致富不忘家乡人,王玉生作为返乡致富的代表,带领黄崖窑村在榆阳区南部山区闯出了一条农村综合治理、产权制度改革、建设美丽乡村的新路子。他于2017年被榆林市委市政府授予"脱贫攻坚先进个人"称号,2017年、2018年被榆阳区委区政府授予"农村改革十佳致富带头人"称号。

彻底打破束缚产业发展的壁垒,充分释放产业规模化生产的活力。2017年,王玉生带领村民率先推开产权制度改革,按照"资源变资产、资金变股金、农民变股民"的思路,成立了村级股份经济合作社,顺利完成了产权制度改革。建成千亩苹果种植基地,同时配套种植生态林、经济林5300亩、中药材1200亩,建成榨油坊1处,旱作农业1000亩,探索出了"党支部+合作社+新型经营主体(种养大户)+农户(贫困户)"经营模式,合作社保底收购,群众按股分红,全村逐步走上了规模化、产业化发展道路,连续三年荣获"榆阳区农业农村工作先进集体"称号。

创新发展乡村旅游,致力于打造"黄土高原生态文化旅游名村",坚持景点错位特色、乡音乡愁长存,利用"旅游+""生态+"等模式,推进农业、林业、旅游、文化等产业深度融合。王玉生带领村民打造了500亩油菜花海,配套垂钓鱼塘、农产品展示厅、窑洞宾馆、农家小院等基础项目,增添观光自行车、水上乐园等游乐设施,升级完善"农家乐"、时令水果采摘、农村电商等配套设施,连续四年成功举办"大美榆阳乡村游油菜花节",累计接待游客10万人次,旅游收入达到65万元,带动全村40多人就业,建成了全省乡村旅游的示范村。

在脱贫攻坚工作中,王玉生整合"四支队伍"资源,为黄崖窑村脱贫致富全盘谋划。开展"十星级文明户""脱贫示范户"等评选活动,开办"爱心超市",激发贫困户和村民的内生动力。因户施策,利用乡村旅游,在前期,带动有劳动力贫困户在油菜种植除草、村旅游项目上打工挣钱;在后期,采用贫困户在旅游旺季销售特色商品、村委雇用维护旅游区环境等方法,带动贫困户增收。增加贫困户致富渠道,如发展刘子亮、崔武兵等贫困户发展黑毛猪和羊养殖,年收入十万余元,让更多的人过上富裕的日子,带领乡亲们共同致富。全村人口收入来源稳定,人均年纯收入5000元以上,基本不存在返贫风险。

薛成

陕西省榆林市定边县定边镇北园子村人,现就职于定边县众源天然气有限责任公司

薛成,1963年4月19日生于陕西省榆林市定边县石洞沟乡薛圈村。1980年高中毕业后,他积极响应国家号召,毅然投入改革开放的创业大潮中,先后从事个体经营、道路运输等工作。1986年后,先后创办了磷肥厂、化肥厂,因为不懂技术,导致创业失败后,他经过认真分析总结,明白没有文化、没有技术寸步难行。之后的时间里,他报考成人大学,先后取得大专、本科文凭。2003年,经过不懈努力,他成功应聘到定边县众源天然气有限责任公司,担任天然气管道工。工作中,他迎难而上,不畏苦脏险累,在管道焊接工艺上精益求精,在全市技能比武考核中名列前茅。同时,他时刻不忘学习充电,通过考核学习,顺利取得燃气高级工程师证书。因为业务能力突出,被公司任命为管道维修工作队队长。在他的带领下,全队职工认真遵守各项制度,严格按规程操作,实现了全县15年天然气零泄露的骄人成绩。他先后多次被县政府和榆林安全生产委员会评为"安全生产先进个人"。

薛成在认真工作的同时,积极响应政府号召,为社会奉献爱心。2019年,由他资助的3名贫困大学生顺利毕业,走上了工作岗位,让3个贫困家庭顺利摘掉了贫困帽子。每年高考期间,他都动员亲朋好友,义务接送考生长达十年之久。2020年新冠肺炎疫情期间,他自行购买30余吨土豆驰援武汉。薛成先后被定边县、榆林市授予"定边好人""榆林好人""榆林市劳动模范"等荣誉称号。

陈良顺

陕西省汉中市南郑区黄官镇水井村人,现就职于南郑区良顺藤编发展有限公司

陈良顺,生于1971年,高中毕业后便跟随父亲学习藤编技艺,先后多次外出参观学习,采众家之长,学习并创新藤编工艺技术。他于1995年回乡创业成立良顺藤艺编织厂,2007年投资300万元成立南郑区良顺藤编发展有限公司,2012年加入中国共产党。他先后带动当地1 200多户村民从事藤编、竹编、棕编等手工编织,年生产各种手工制品28万件(套),实现销售收入5 600余万元。通过"公司+农户+电商"的生产经营模式,为贫困家庭免费提供技术培训、生产材料及工具,生产成品公司统一回收销售,帮助100名贫困母亲、67名残疾人、89名建档立卡贫困户以及14户退伍军人家庭脱贫致富。公司先后被评为汉中市"万企帮万村"精准扶贫行动先进企业、陕西省文化助力扶贫示范单位,其本人连续两届当选汉中市人大代表,是陕西省非物质文化遗产—汉中藤编技艺代表性传承人,先后被评为南郑好人、汉中市最美系列人物、陕西好人等荣誉称号。

王小琴

陕西省汉中市宁强县禅家岩镇火石子村人，现就职于宁强县羌州绣娘文化有限公司

　　王小琴，陕西省汉中市宁强县禅家岩镇火石子村十组村民，国家非物质文化遗产——羌绣技艺传承人，宁强县第十七届人大代表，汉中市第五届人大代表，陕西省第十三届人大代表。先后荣获陕西三八红旗手、陕西脱贫攻坚先进致富带头人、全国三八红旗手。

　　1996年高中毕业后，她来到宁强羌南服装厂当学徒，掌握了服装设计制作工艺。2008年，在一次返乡途中，她发现许多懂刺绣的山区妇女穷困度日，年事已高的绣娘没有传人，许多传统针法濒临失传。这时一个强烈的愿望撞击着她的脑海——"我要把母亲传给我的羌绣技艺传承下去，我要让穷困的姐妹们用羌绣挣钱"。为"抢救"羌绣，她花了四年多时间，走村串寨拜访上百名羌绣艺人，学习针法技能、图案特征、色彩运用、文化内涵，掌握了多种即将失传的针法，还自费到陕西师范大学、北京大学木兰商学院、北京服装学院、苏州工艺美术学院系统学习羌绣艺术。经过多年的刻苦钻研，她的刺绣技法已炉火纯青。

　　2015年，她注册了"羌州绣娘"商标，并投资80万元成立了宁强县羌州绣娘文化有限公司，从事绣件、绣品的设计研发、加工生产和销售。为了打开市场，王小琴赶制了几件带有羌绣图案的手提袋、衣服、鞋垫样品，北上南下，走遍各大城市宣传推介羌绣制品，逐步打响了宁强羌绣品牌。特别是在2015年中国宁强羌文化挖掘保护发展高峰论坛上，她的羌绣展品惊艳亮相，得到了专家学者和客商的广泛好评，订单也如同雪片般飞来。

　　在县人社局的支持下，她于2016年11月成立了宁强县羌绣职业技能培训学校，在全县11个镇设立了6个羌绣专业合作社、10个传习所和6个加工车间，采取"走出去、请进来、沉下去、进院落、到地头"的方法，开办羌绣技能培训班100余期，培训绣娘8 000余人。形成了"公司＋学校＋合作社＋基地＋贫困户＋绣娘"的带贫模式，带动1 500余名妇女居家灵活就业，200余人在公司稳定就业，其中建档立卡贫困户300余人，年人均增收3 000元到2万元。她还在县上移民搬迁点建设非遗扶贫社区工厂3个，吸纳农村留守人员1 700多人务工，实现"楼上住宿，楼下就业"，达到了"搬得出、稳得住、能致富"。

党信朋

陕西省安康市汉滨区谭坝镇双河村人，现就职于安康欧利科精密电子科技有限公司

党信朋，37岁，陕西省安康市汉滨区谭坝镇双河村一组村民，现为安康欧利科精密电子科技有限公司技术人员。

党信朋出生在安康的贫困山区，自幼家境贫寒，初中毕业后学了机电一体化专业的一技之长，和外出务工"大军"一道，先后远赴江苏福建等地外资企业工作。从外出务工的那刻起，他就牢固树立一个信念："外出务工不仅是打一份工来养家糊口，还一定要学会一门技术，将来好带回家乡，不但能实现自己的价值，还能带动更多人成长"。

2016年，他响应家乡政府的召唤，毅然辞去经十几年来闯荡打拼后在南方城市的待遇优厚的工作，决定把在南方国际化大企业学到的专业技术和管理经验带回故土，为家乡发展尽个人力量。一心回家乡发展的他，结合自身专业特长和行业经验，满腔赤诚加入了刚刚成立的安康欧利科精密电子科技有限公司，当了技术员。

新冠肺炎疫情期间，党信朋所在的公司响应政府关于疫情防控和经济发展两手抓的号召，最早实现复工复产。党信朋率先到工厂报到，一边帮助公司做好疫情防控，一边动员工人克服恐惧心理、早日到岗工作，他说："这是个机会，外面很多企业尚未复工复产，我们率先复工，关键时刻迅速完成客户订单，未来公司的机会肯定会更多。"在党信朋的带头示范和鼓励动员下，2020年2月10号当天，就有超过80%的员工按时到岗、投入生产。疫情对各行各业都造成了影响，但党信朋所在公司的订单量不减反增，提供了更多就业岗位，公司发展也上升了一个台阶。

周世红

陕西省安康市宁陕县四亩地镇严家坪村人,现就职于陕西省安康市宁陕县梨子园养蜂专业合作社

周世红,中共党员,宁陕县梨子园养蜂专业合作成员。几年前在县城打工的她,毅然辞去工作回乡创业。她从最初购买 10 箱蜂开始学习养蜂技术,发展到拥有 1 020 箱中蜂、263 名社员的养蜂专业合作社,不仅自己成功创业,还带动贫困群众脱贫致富。她先后当选为宁陕县第十二届妇女代表大会代表、常委,宁陕县女企业家协会会长等。2017 年获得陕西省"三八红旗手"荣誉称号,2019 年获得陕西省"三八红旗手标兵"荣誉称号,合作社被全国妇联命名为"全国巾帼脱贫示范基地"。

万事开头难。一名普通农村妇女,在缺少资金和养殖专业技术的情况下,办起养蜂场,其困难可想而知。亲戚们都劝说她:"不要搞了,这样太冒险了!"但她以过人的勇气,多方筹措资金,起早贪黑,苦心经营,终于建起养蜂场,并组织农户成立了宁陕县梨子园养蜂专业合作社,同时也建起水面面积为 5 亩(其中大鲵池 2 亩)的养殖场。

没有一点经验,她只能摸着石头过河。没有知识技能,她虚心请教他人,同时积极参加全县举办的养蜂技术培训班,抓住一切能提高自身管理技术和养蜂技术的机会,学习经营管理及养殖知识。在养蜂场经营管理中,周世红始终把"诚"字放在首位,用诚信经营赢得客户的信任。她常对身边的人说:"养殖业不同于一般产业,它关系到消费者的健康和生命安全。那些只顾眼前利益的手段看上去很划算,但实际是断了持续发展的路子,做生意就是要讲诚信。""信誉迎来八方客",她的产品总是供不应求。

周世红富起来了,但她没有忘记困难乡亲。为了实现产业带动贫困户精准脱贫,她充分发挥合作社的平台作用,按照"合作社+基地+贫困户"经营模式,带动贫困户 72 户,每年开展培训 13 场次,培训 1 070 人,辐射带动 523 人,帮扶贫困妇女就业 267 人,人均年增收近 3 万元。近年来,合作社出资 60 多万元,为 70 多户贫困户(其中建档立卡贫困妇女 46 户)每户无偿提供 5-8 箱蜂群,每年定期分红,带领大家共同致富。2019 年全县实现脱贫退出,合作社带动的所有建档立卡贫困户收入达标,全部稳定脱贫。周世红充分发挥妇女带头人的作用,组织村里的妇女学习技术,对有搞养蜂意图的农户,积极帮助解决技术、管理等方面的问题,引导广大贫困妇女走上创业致富的道路。

陕西 蔡坤龙

陕西省商洛市丹凤县峦庄镇河口村人,现就职于丹凤县龙绘雨丹工贸有限公司

蔡坤龙家住陕西省商洛市丹凤县峦庄镇河口村。峦庄镇地处丹凤县城东北50公里,地处蟒岭山区,东、西、南分别与桃坪、双槽、北赵川接壤,北与河南省卢氏县官坡镇相邻,是丹凤县最偏僻而有比较贫困的镇之一。

退伍回乡后,他曾一度陷入迷茫,不知道自己该干什么。直到部队领导给他打电话,推荐他去西安市高新开发区建设银行当教官,他当时就答应了,安排好家里的事就去西安上班了。因为是人生第一份工作,他格外认真,严格要求自己,以身作则,在工作期间得到省、市、高新区建设银行多次奖励,领导觉得他政治合格又能服从指挥,调他去押钞,他圆满完成了枪支保养、现金出入库等各项工作,没有出现丝毫差错。

2003年春节期间,他和朋友闲聊时,听说江苏海产品生意好做,能赚钱,一颗想创业的种子在他心里慢慢发芽了。于是他慢慢地了解海产品生意,多方询问,查阅相关资料,发现海产品生意还没有形成规模化。他把自己想创业的想法告诉家人,家里拿不出钱,也没人支持他创业。就这样过了几个月,他一直想去南方做海产品生意,于是下定决心,辞了西安的工作,回家说服家人,最终家人同意他出去闯荡。

2004年春节刚过,他满怀憧憬和理想,离开家乡,来到一直向往又陌生的江苏省,做起了海产品生意。他从一个普普通通的海产品推销员做起,刚开始时,一连几天都没有推销出去一件产品。但他并不灰心,经过自己努力,一步一个脚印,踏踏实实,在许多热心人的帮助下,很快站稳了脚跟,逐步脱贫致富,走向小康。

蔡坤龙感慨地说:"今后,我要用党员标准严格要求自己,时刻牢记全心全意为人民服务的宗旨,干一行、爱一行,以积极的心态面对生活,帮助别人,回报社会,为社会的更加和谐尽一份微薄之力。"

祝龙玉

陕西省商洛市镇安县锡铜村人，现就职于陕西省商洛市镇安县丰元公司

祝龙玉，出生于1981年，陕西省商洛市镇安县永乐镇锡铜村人，是"三园两会一校一中心"即秀山家居返乡创业园、镇安县大学生创业孵化园、电商网红孵化园、板栗产业协会、创业协会、丰元职业技能培训学校、乐欢格智慧养老中心的负责人。

1996年，15岁的祝龙玉就因家境窘迫而辍学，辍学后开始随叔叔学习木工、油漆工，不但收入微薄，而且非常辛苦，从此他就萌生了自主创业、改善家庭生活的想法。经过两年历练，有了一身技艺，他放开胆子，开始了人生第一次创业。18岁的他和好友班涛合伙在丹凤开办了家具店，开始了自主创业之路。

2006年，有了创业经验的他，又在西安东郊开办了床垫厂，从事床垫生产和销售。在生产和销售中，祝龙玉不分白天黑夜，倾心于床垫生产技术、样式、质量等方面的钻研与创新，他的床垫厂生产出的床垫样式美观而且实用，深受广大用户的喜爱。

2010年，他在丹凤创办了占地30亩、营业面积15 000平方米的建材家具物流市场，从此步入了商业市场开发、物流、商业地产等行业。2012年，在商南建成16 000平方米的专业家具卖场、丰元家居广场。

虽然在外创业小有收获，但祝龙玉作为一个地地道道的农村人，始终心系家乡。2015年，一次偶然的机会让在外创业的他响应政府号召，毅然返乡创业。他以清晰的思路、开阔的视野和胆识，通过政府招商引资，在西部贸易洽谈会上成功签约镇安丰元创业示范基地项目。他随即策划成立了丰元公司，全力打造镇安县回乡创业园的建设运营，开启了回乡创业、带动乡亲创就业之旅。

祝龙玉做的比说的多。他从秀山家居回乡创业孵化园做起，把和自己一起外出打工的工友喊回来开店创业，成为孵化园第一批入驻企业。通过优惠的政策和良好的运营管理，有了第一批企业成功的榜样，孵化园越做越好，返乡创业人员越来越多，其中有很大一批返乡大学生。祝龙玉看到大学生创业的需求，又负责建设了大学生创业孵化园，针对大学生创业进行专业有效的孵化，加速大学生创业成长，提高创业成功率。同时顺应市场发展，发展电子商务和网红经济，打造了电商网红孵化园，利用互联网为创业者插上翅膀。

多年的商海拼搏、艰苦创业，祝龙玉凭借自己的智慧、厚道的为人和吃苦耐劳的奋斗精神，带领企业全体员工不断创新发展，树立了良好的企业形象和品牌，得到了社会各界的一致认可和高度评价。

甘肃

王振乾

甘肃省永登县上川镇天山村人,成立了兰州心连心家政服务有限公司

王振乾从学校步入社会后,种过地、开过货车、收过猪鬃、贩过农资、干过小生意。

2001年春天,王振乾来到兰州市发展,进入一家家政服务公司务工。经过了两年多的艰苦工作和细心摸索后,王振乾看准了家政服务业的市场前景,于2003年8月份注册了"兰州心连心家政服务部"。

服务部从4名员工、一辆旧面包车起家,靠着特别能吃苦、特别能忍耐、特别能吃亏的"心连心三特别精神",受到了兰州市多家客户的好评,业务逐步遍布兰州市三县五区。2006年,"兰州心连心家政服务有限公司"正式注册成立。

2007年冬季,公司受邀进入甘肃省电力公司机关办公大楼进行楼内外全套清洁服务,因为公司"人踏实、活漂亮",所以电力公司与其签订了委托服务合同,将大楼整体保洁服务托管给公司。电力行业的高标准、严要求,锻造了公司高标准的常态化服务风格,并迅速在甘肃省范围内的电力后勤服务系统扩散开来,获得了极好的口碑。

为了进一步扩大服务范围,实现与大型国企机关、变电站、事业单位后勤服务精准对接,2010年11月,王振乾注册了"甘肃精诚物业管理有限责任公司"。

自2015年起,物业公司开展国企机关食堂、便利店的经营管理,管理了10个食堂、8个便利店,同时托管了100多个变电站的物业服务工作。之后不断进行业务拓展,业务遍布甘肃省14个市州,管理的物业面积达到了240万平方米,成为甘肃省物业服务企业中少有员工突破上千人的企业之一。

2018年9月,王振乾研发了"金城小哥""互联网+家政"电商平台,在兰州率先运营。用户可通过互联网直接查找家政服务员,家政服务员也可借助互联网平台,迅速接单。这样既满足了业主家政服务的分散需求,还实现了家政公司新的经济增长点。

2020年春,甘肃爆发了新冠肺炎疫情,王振乾旗下的"甘肃精诚物业管理有限责任公司"投入到防疫第一线的员工就有800多人。

王振乾是甘肃省家庭服务行业协会执行会长、兰州市物业管理行业协会副会长、兰州市物业行业协会专家委员会专家、兰州会宁商会副会长、七里河区工商联执委。他为近10万户居民提供了热忱周到的服务,累计为国家上缴利税627.5万元。

17年来,他的企业已经解决了农村剩余劳动力就业上万人,带动了当地的经济发展,大部分员工来自贫困农村。

党永珍

甘肃省张家川回族自治县张家川镇人,成立了甘肃天水圣慈药业有限公司大阳分公司

党永珍出生在张家川县东部偏远的一个小山村,家里经济条件比较困难。中学毕业后他在中国海运集团上海分公司工作,几年的职场生涯积累了一定的工作经验和经济实力。与此同时,他看到家乡依然贫穷落后,大部分父老乡亲的生活依然艰苦,仍靠传统农业和打工为生,经济没有一点起色,于是暗下决心,要为家乡的发展做些贡献。2015年5月,党永珍在经过一番思想斗争后决定回家创业,种植中药材。

起初家乡的乡亲父老对中药材种植不太认可,没有人响应,后来他在相关部门的建议下确定了种植品种。2017年,他成立了张家川县医源种养殖农民专业合作社,以平安乡为基地,规模化种植党参、黄芪、当归、大黄等中药材。为了中药材能尽快的推广,他又分散设立试验田,将采购的种苗、化肥等生产用品免费分发给合作农户,并签订保价回收订单合同,提高合作农户种植中草药的积极性。

2019年,党永珍成立了甘肃天水圣慈药业有限公司大阳分公司。公司是一家以中药材种植、购销及中药材初加工为一体的综合性企业,目前建设中药材收购晾晒加工厂1座,产品主要以黄芪、党参、当归、板蓝根、大黄等为主,梅花鹿养殖场1座,开展鹿茸、鹿产品加工以及相关技术培训及指导,以中药材种植和药用动物养殖相结合,以药用党参、黄芪秸秆为饲草料,发展高品质参芪鹿;食用菌种植加工基地1处,以羊肚菌、猴头菇、真姬菇、灵芝等保健菌类为种植品种,开展相关技术培训及指导。公司现已建成3处1 000亩以上种植示范基地和2处300亩育苗基地。

他成立张家川县中药材产业发展协会,发展带动全县合作社30余家,带动一般种植户350余户,共计带动农户1 359户(其中贫困户897户)。公司建立了严格的管理体系,各职能部门齐全,已形成"公司+合作社+基地+农户"的产业链模式,基地建设解决了农村剩余劳动力就业问题。

党永珍先后被为天水市"科协代表"、天水市"五一劳动奖章"获得者、天水市"双创"致富能人、张家川回族自治县"致富带头人"等荣誉称号。

2019年,公司挂牌为张家川县"扶贫车间",荣获2019年度"民营企业发展奖",被认定为张家川县农业产业化重点"龙头企业"。此外还荣获2020年度抗击疫情"爱心企业"、张家川县"电子商务标准化企业"等称号。

杜茂天

甘肃省瓜州县广至藏族乡洮砚村人，现任漠风洮砚厂艺术指导

杜茂天，出生于甘肃省卓尼县洮砚乡，现居瓜州县广至藏族乡洮砚村。他1984年毕业于卓尼县第一中学，1993年在家学习刻砚，1995年至1997年在兰州华辉玉器公司，任刻砚雕刻师，1997年至2008年在临洮县洮河名砚厂任刻砚雕刻师，现任瓜州县洮砚协会会长。

杜茂天秉性好学，不甘寂寞，从小受洮砚文化的熏陶和传统文化的启迪，18岁跟随哥哥杜瑞天学习制砚技艺，聪慧好学，勤于刀耕，至今从事砚雕20余载，以艺无止境的深刻砚学理念，追求人与自然和谐统一，集智聚力为砚雕艺术寻求新的突破，其作品构思巧妙，刀法娴熟，在业界受到一致好评。

杜茂天现为甘肃省工艺美术大师、甘肃省农村实用文化人才副高级职称、酒泉工匠、甘肃省工艺美术协会会员、肇庆市端砚协会会员。多年来他以制砚为业，砚雕作品取天工造化，构思新颖，刀法质朴，富有创意，代表作有《白头富贵》《花好月圆》《富贵和平》《难忘的岁月》等，并多次获得甘肃省工艺美术"百花奖"一、二、三等奖。他2011年参加中国工艺美术协会苏州工艺美术学院砚雕高级研修班，砚雕作品《花好月圆》被宁夏博物馆永久收藏。

杜茂天于而立之年拜中国工艺美术大师、亚太地区工艺美术大师刘克唐先生为师，在老师的指点和教诲下，进一步加强学习砚外功夫，不断地学习和创新，使其作品与诗、书、画、印融为一体。为了发展和传承砚文化，2012年，他创办了"抱扑轩"砚雕艺术工作室。同年，他在哥哥杜瑞天创办的漠风洮砚厂担任艺术指导，先后收徒十余人，带动本村洮砚雕刻二十多户，在带来经济效益的同时，传统洮砚文化也得到了进一步的传承。

张瑜

甘肃省张掖市甘州区党寨镇上寨村人，成立了张掖金满园农业科技有限责任公司

张瑜，中共预备党员。张瑜高中毕业后，因家中生活较困难，白手起家，摆摊销售农副产品。后来她经营了一家蔬菜制种公司，经常外出参加展会，发现甘肃的农特产品特别受南方沿海城市市场的欢迎。经过深思熟虑，她决定建设珍珠油杏种植基地。

在她的带领下，张掖金满园农业科技有限责任公司迅速发展壮大，成为集珍珠油杏种植和科研加工、珍禽养殖销售、林果技能培训、休闲农旅综合开发、进出口贸易为一体的现代化农业科技公司，有珍珠油杏种植基地2 300亩，员工58人（其中林果种植、现代农业、畜禽养殖方面的专家人才7人），吸纳就业226人。公司拥有固定资产4 872万元，年生产珍珠油杏鲜果、杏皮茶、油杏干、杏仁等产品200多万吨，出栏林下散养土鸡8万只，年产值达到2 000多万元，带动甘州、临泽、高台3个县区、9个乡镇、26个村的群众栽培珍珠油杏面积达18 000多亩。近年来，公司延伸发展林果业一、二、三产业链，紧紧围绕"一村一品"示范村镇建设与实施乡村振兴战略和脱贫攻坚相结合，加快培育壮大乡村特色主导产业，助力乡村振兴，助推产业扶贫，激发内生动力，带动更多农户增收致富。

甘州区碱滩镇永定村是周边远近闻名的贫困村。2018年，在乡镇党委、政府的引导下，张瑜积极参与农村"三变"改革，流转荒地705亩栽植珍珠油杏，将34户建档立卡贫困户纳入合作社，免费提供珍珠油杏苗木和技术指导，签订回收合同，同时与村委会合作，签署林下种植千亩黑小米收购协议，让贫困户走上脱贫致富路。

同年，她积极响应人社部门的号召，申报建设"扶贫车间"，立足企业自身优势，参与就业扶贫工作。2020年，受新冠肺炎疫情影响，公司生产能力及产品销售规模都有所下降，但她带领员工克服困难，与人社部门及镇村干部群众对接，鼓励引导建档立卡贫困劳动力就业，与16名建档立卡贫困劳动力新签订用工协议。同时，公司成立专家团队，大力开展农民工劳动力技能培训，年培训林果技术工、养殖技术工500多人次，实现"创业带产业、产业带就业、就业促脱贫"的良性循环路子。

致富思源，富而思进。张瑜积极履行社会责任，参加各类公益活动，用爱心回馈社会，先后为精准扶贫户、留守儿童妇女、孤寡老人及特殊教育学校等群体捐赠物资32.5万元，时刻倡导全体员工用爱铸就企业文化，怀着"敬畏、感恩、利他"之心努力奋斗，创新进取。

李光建

四川省彭州市濛阳镇青江人，现就职于甘肃省武威市民勤县第三建筑安装工程有限责任公司

李光建，中共党员。2010年，民勤县第三建筑安装工程有限责任公司开发修建胡杨新村二期21号、22号、23号住宅楼，当时民勤县没有修建过高层建筑，无论是施工技术，还是工地管理，都是一片空白。公司多方了解，得知李光建修建过高层建筑，施工技术和管理经验丰富。于是，公司将李光建从四川引进到民勤县修建高层住宅楼工程。从此，他一直在民勤从事工程建设工作。

李光建在民勤先后修建了胡杨新村二期工程住宅楼等十多项工程，其中，胡杨小区工程荣获省级"文明工地"称号，其余工程全部达到了合格或优良工程标准。他所带领的班组修建的工程，达到安全管理、文明施工标准，质量管理比较规范，工程建设较快，质量标准高，所修建工程深受公司和社会各界的好评。

在他的带动下，一大批四川农民工来民勤从事工程建筑施工工作，为民勤的经济和社会事业的发展做出了较大贡献。

为了满足建设方的要求，每项工程开工后，他能制定具体的施工组织设计方案，倒排工期表，确保工程进度。对施工难度较大的部位，他先编制施工作业方案，为班组提前解决技术疑难问题，保证重点部位技术到位、质量达标。为了保证工程质量，李光建认真学习相关的施工规范，对工程质量规范熟记于心，同时要求施工现场技术人员学习规范，严格按规范和标准操作和施工。为了塑造精品工程，他要求首先要做模板工程或样板间，以此引领工程质量，发现不合格工程，立即整改，确保每个分项工程达到优良标准。

李光建刚来民勤时，生活条件并不宽裕，同村的村民生活条件更艰苦，经济来源少。刚开始，跟随他干活的工人有20多人，随着他专业技术的提升，承担的工程越来越多，200余名村民跟随他来民勤打工创业。现在村民们都挣到了钱，经济宽裕了，都过上了小康、幸福的生活，村民们无不夸奖他是发家致富的带头人。

作为一个农民家出身的孩子，他始终以帮助他人、做好事为己任，以做善事为己乐。2006年，同村的一位高中生考上了大学，但因家境贫困准备放弃学业。李光建听到此事，找到该学生父母，对他们说："再穷也不能穷孩子，再穷也不能放弃学业，上学的钱由我来资助。"就这样，在李光建的资助下，该学生顺利地完成了四年大学学业，现已参加工作。

辛亮

甘肃省陇南市徽县江洛镇下寨村人，成立了甘肃鑫亮食用菌开发有限公司

辛亮，中共党员。"鑫亮菌业"以"公司+基地+合作社+农户"模式，实现了公司发展和贫困户增收双赢。目前，"鑫亮菌业"已成长为陇南市远近闻名的食用菌生产企业，辛亮本人也成为农民工返乡创业、带贫致富典型。

退伍后，他多方筹资，贷款20万元，开始了种植香菇的创业尝试。2013年起，他刻苦研读食用菌相关资料，不断地请教杨凌农业示范基地专家，边干边学。经过不断学习实践，他熟练掌握了香菇种植核心技术。

2015年，他流转23亩土地，成立了"青泥河农业生态技术开发农民专业合作社"，建成香菇种植大棚28个，年产香菇20万斤。同时，他注册了"青泥岭"牌食用菌和"陇供天下"交易平台，申请建立了宣传销售网站。从此，他的香菇事业插上了"互联网+"的翅膀。

2016年起，他带动130户农户开始种植香菇，初步实现规模化生产。2017年，注册成立了甘肃鑫亮食用菌开发有限公司，先后共集中流转土地80亩，建成了以香菇为主，年产食用菌600万袋、年产值6 000万元的标准化生产基地。

近三年来，他多次参加全国各地"蔬菜博览会"，推销公司产品。公司香菇、木耳等产品赢得了天水、兰州、宝鸡、西安等消费者青睐，"鑫亮"食用菌成为徽县远销西北五省及周边省份的品牌。2018年，"鑫亮菌业"被命名为首批"东西扶贫协作示范扶贫车间"。

在入驻泥阳农业园区的同时，辛亮把泥阳镇6户建档立卡贫困户作为自己重点帮扶对象，指导他们种植香菇。通过他的产业示范和致富引领，近三年来，徽县的食用菌产业得到长足发展，全县先后有10个乡镇、30多个村、100余户农户发展食用菌产业，年产香菇达30余公斤，收入达1 000余万元，带贫作用凸显。

辛亮一直坚定地践行"先富带后富，大家富才是真正富"的理念。他带领公司坚持"统一提供菌袋、统一技术服务、统一价格收购、统一品牌销售"的发展模式，确立了土地流转带动劳务增收、保底回购带动稳定增收、地资入股带动分红增收、先欠后还带动服务增收、线上线下带动电商增收的"五个带动"助农增收模式不动摇。

"鑫亮菌业"已带动徽县及周边县乡富余劳动力就业5 000余人，吸纳贫困劳动力3 000余人就地就近就业增收，为巩固脱贫成效、实现经济发展做出了巨大贡献。

贾少斌

甘肃省庄浪县朱店镇东街村人,成立了庄浪县劳务输转行业协会

贾少斌,中共党员,2009年初中毕业后进城务工。2011年应召参军入伍,在新疆当上了防空步兵。2013年退伍后,几经辗转,在中国铁建电气化局所属的内蒙古滨州项目部务工。在那里务工的两年多时间,贾少斌对和他一样进城务工的农民工产生了深厚的感情。他想,如果能在老家办个经济实体,吸纳农民工兄弟就近务工多好!

2016年,贾少斌带着梦想返回老家庄浪。他听说初中的一名同学在广州发展得不错,就过去学习。去后得知,同学参与经营管理一家人力资源公司。通过考察,他了解到要让大量农民工有业可就、有钱可挣,还得通过批量输转来解决,而关键在于规范运作,避免上当受骗。

二人经过充分交流沟通后很快达成共识:共同合作从事人力资源开发和劳务输转工作,由贾少斌从老家组织人力资源,由同学在广州衔接落实工作岗位;双方共同努力,解决农民工务工时遇到的困难和问题,共同维护好农民工合法权益,确保输转的农民工工资能按时、足额拿到手。

考察归来,贾少斌马上投入到这项全新的工作中去。2017年春节后,贾少斌组织的第一批70多名农民工走上了南下之路,这批人全部被安排在广州市的一家电子加工企业工作。贾少斌先后去东南沿海和北京、西安等地的一些大型用工企业考察岗位需求,回来后便组织适宜人员外出务工。在慢慢的摸索中他发现,要想发展壮大就必须资源共享,抱团取暖才能走得更长更远。

贾少斌发起成立了庄浪县劳务输转行业协会,并在2017年10月20日的协会成立大会上当选为会长。

贾少斌还通过"庄浪劳务"和"庄浪劳务输转行业协会"的微信公众平台以及各类宣传载体,搭建劳务供需平台,全面摸清贫困劳动力的底数、就业需求、技能状况、收入情况等,积极引导贫困劳动力转移就业,从而实现输转人数和劳务收入"双增长"。2017年以来,累计输转务工人员2.2万多人次,创劳务收入8 000多万元。

2020年春节刚过,因突如其来的新冠肺炎疫情,贾少斌放弃与家人的团聚,在做好疫情防控的同时,积极动员和组织有意愿的劳动者外出务工,成为"最美逆行者"中的一员。在市、县人社部门的总体安排、指导下,通过"专车+专列+专机"的方式向江苏、广东、山东、上海、新疆等地输送务工人员,累计"点对点"输送43批、85车、30 00多人,其中贫困户1 000多人。

杨丛

甘肃省兰州市兰州新区秦川镇新园村人,现就职于甘肃利择建筑安装工程有限公司

  杨丛,中共党员,是兰州新区农投集团花卉产业基地建设项目周边绿化工程的一名"播绿人",主要负责花卉产业基地建设项目周边绿化工程的苗木种植、修剪、打药、松土、浇水等工作。

  他时刻以一名优秀党员的标准严格要求自己,在工作之余,坚持不断加强对党的理论知识学习。作为一名绿化工作者,他广泛阅读相关书籍,常常向项目管理人员请教业务知识,坚持每天学习两个小时以上。在知识的熏陶下,在项目管理人员的帮助下,他不断提高自己的知识水平,增强了自身业务能力,逐渐成了同事们的表率,在众多农民工中脱颖而出,成为一名带班组长。他带领同事强化了工作作风,提升了业务能力,建设了一个业务能力强、综合素质高的新型团队,与同事们一起成长为合格的"播绿人"。

  为了提升自己的专业技能,他积极参与项目管理人员组织的各项培训,并主动向项目管理人员要求到各个岗位上进行磨炼。在完成自己职责之内的工作后,他积极帮助身边的同事,为他人分担工作。他带领业务不熟悉的工友适应新的工作环境,分享自己的工作经验,让新加入的年轻工友迅速适应工作环境,安心工作。他对于工作从来都是精益求精,苗木种植深度不够,重新栽;绿化带里修剪的树冠不整齐,重新剪;绿化坡面不平整,重新做。花卉交易中心马上要运营,因外地苗木发货延迟导致周边绿化无法完成,将严重影响整体形象。为了保障项目按时完工并交付使用,他带领工友加班加点,把平时需要10来天完成的工作用7天保质保量完成。就是这些点点滴滴的小事,折射了他踏实、认真、负责的优秀品质。

  无论是兄弟省份地震,还是抗击新冠肺炎疫情,杨丛总是尽自己力所能及捐款捐物。在他心中,国为"大家",家为"小家",若无国,何为家!在新冠肺炎疫情初始的日子里,在那些人人自危的日子里,他毅然走出家门,来到搬运物资的前线,冒着风险为"抗疫"贡献出自己的力量,成为抗疫"逆行者"。

  作为一个普通的农民工,他说不出振聋发聩的豪言壮语,也没有惊天动地的英雄壮举,他所做的一切都是平平凡凡的。但是他心中跳动着一颗赤子之心,对于生活永远充满着热爱,对于工作永远保持着认真,对于同事永远保持着热情,对于家人永远保持着耐心,对于国家永远保持着赤诚。

甘肃

高长虹

甘肃省定西市安定区凤翔镇景家口村人

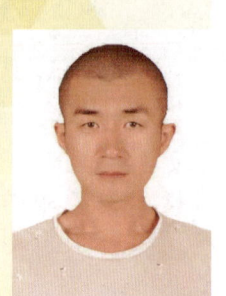

高长虹，中共党员。他虽然是一名普普通通的农民，却被市文明办评为定西市首批"文明市民"、被区总工会评为"最美货车司机"、被凤翔镇党委评为优秀共产党员。

他出生在一个普通的农民之家，因家庭生活困难，被确定为建档立卡贫困户。他借助国家精准扶贫政策的扶持，通过个人的努力奋斗，于2018年实现了脱贫，翻建了宽敞明亮的砖瓦房，并按揭贷款购买了一辆货车。

2020年的春节，在外奔波了一年的高长虹，本应趁着春节好好休息一下，陪陪父母和妻儿，可突如其来的新冠肺炎疫情在全国不断蔓延。当时湖北省疫情严重，物资短缺。当静宁县李店镇做轻钢生意的王建强发起募捐后，迅速从182名爱心果农手里募捐到了581箱静宁苹果和100箱娃哈哈凉茶，可一时之间找不到司机运送。高长虹在网上看到这一消息后，随即与王建强取得联系，表示愿意前往湖北。

2020年2月6日上午11点前在网上互留电话号码后，当天下午2点30分，高长虹就驾驶着他自己的新货车出现在李店镇戏台前，等待装货。

君子之交，一诺千金。高长虹说，虽然交流不多，但相互之间的信任是绝对的！因为这是捐赠物资，和商品是两种概念！这要换了平时，运费没个万八千元他是绝对不会跑这一趟的。但这次高长虹除了接受油钱外，分文未取。

他说，"一方有难，八方支援。人在难处了，应该互相帮助，我自己吃点苦吃点亏不算啥"。李店镇政府联系镇人民医院为高长虹提供了1套防护服，他毅然告别家人，于2020年2月6日晚一个人驱车把满载着甘肃人民深情厚谊的苹果和物资运往湖北恩施。靠着自带的矿泉水和快餐面，日夜兼程，经过30多小时、行程1 200多公里，2020年2月8日上午，他顺利将援助物资与恩施医院方面对接卸货。

他2020年2月7日晚就进入恩施境内了，但考虑到晚上卸货不方便，就在高速服务区凑合过了一夜。2月8日上午下了高速，将苹果与医院方面对接卸货，还没吃早饭的他，买了碗恩施本地产的炒豆皮，蹲在路边大口吃起来，没想到被人拍下来发到了朋友圈里。2月8日，《楚天都市报》在"今日头条"发表了《甘肃司机孤身千里驰援湖北，送完货蹲在路边吃饭》的文章。这篇文章迅速在定西人民的朋友圈里广泛转发，人们都在赞扬着凤翔镇景家口村的英雄小伙高长虹。

路玉龙

甘肃省庆阳市环县演武乡曳郭咀村人，成立了庆阳得圆农产品种植农民专业种植合作社

路玉龙，2020 年被评为庆阳市模范退役军人。

2015 年年底，经过调查研究，他发现庆阳黄花菜质量在全国都是名列前茅的，在市面上有着很大的知名度和需求量。他发动周边群众种植黄花菜，自己则建立农业合作社加工基地，对鲜菜进行统一加工，进行规模化加工生产、品牌化销售，打响庆阳黄花菜的名头。

经过多方沟通，乡政府决定组织召开村民大会，让他在会上说服乡亲。会上，他自己掏腰包免费送菜根（总价约 34 万元），鲜菜成熟直接上交到合作社，以每斤鲜菜高于市场价 5 毛钱保底收购。

2016 年 3 月，庆阳得圆农产品种植农民专业种植合作社（以下简称"合作社"）正式成立。种植户负责黄花菜种植、采摘，合作社负责技术支持、鲜菜收购、加工。合作社给当地 58 户农户免费投放黄花菜根，种植面积达 1 200 多亩，并且签订了保市场价的回收合同。

2017 年，合作社黄花菜的加工速度和成品菜的品质等都显现了极大的优势。2017 年后半年，由当地政府组织，合作社带头和周边 325 户建档立卡贫困户签订了合作种植合同，种植面积增长到 3 000 亩，后期种植户的菜根由政府免费发放。

2018 年上半年雨水充足，前期投放的 1 200 多亩黄花菜是第二年产期，长势喜人。但从收购的第二天开始，连续 20 多天一直阴雨连绵，无法晾晒。路玉龙顶着压力继续收购鲜菜，仅有的一台烘烤炉也不分白天黑夜地工作，但仍明显赶不上采摘速度，很多无法及时干制的黄花菜发霉变质。最后经过合作社和种植户共同商议，中途有 4 天没有收购。种植户损失约 96 吨鲜菜，合作社损失近 100 吨鲜菜，累计损失近 100 万元。尽管这样，前期 1 200 亩的种植户，每亩黄花菜的收入也能达到 2 000 元，远高于种植其他农作物。

在党的惠农政策引导下，2018 年底，合作社向政府农业部门成功申请到一个果蔬冷藏库，从硬件上进一步增强了合作社生产和抗风险能力。2019 年，合作社被甘肃省农民专业合作社发展联席会议评定为甘肃省省级农民专业合作社示范社。

2019 年以来，当地菜农亩产收入平均能达到 3 500 元，大大提高了农户的收入。同时，合作社的发展也带动了地方就业，一方面是菜农，另一方面是合作社在黄花菜采摘期需要大量的临时用工。为此，合作社在环县就业局带动就业创业博览会上被颁发二等奖章。

青海

赵文科

青海省西宁市大通县朔北乡东至沟村人，现就职于大通屯田种植专业合作社

赵文科，曾被识别为建档立卡贫困户，全家的生活重担都压在他一人身上，他只能外出打工。2018年，赵文科组织成立"大通屯田种植专业合作社"，不断发展壮大，承包耕地100余亩，带动当地500余名劳动力务工增收，其中贫困户固定用工17户、32人，临时务工的贫困户100余人次。同时，他开办了"国琴农家乐"，为本村3名富余劳动力提供了就业岗位，每人年增收18 000元。新冠肺炎疫情发生后，赵文科主动到朔北乡党委、乡政府请缨，将自家的微型货车改为"朔北乡疫情防控期间生活物资流动配送车"，把平价蔬菜配送到农户们的大门。

赵文科饮水思源，富不忘本。家乡的发展使他在致富的道路上走在了前列，在艰苦的创业中，他得到过村民们的关心和帮助，他有着浓厚的家乡情结。他认为，自己作为村里的致富带头人，就应该兢兢业业、坚持不懈。他在村民中竖起了致富带头的一面旗，是村民学习的榜样。每当提起这个人时，村民们都会竖起大拇指，夸口称赞。

韩光远

回族,青海省化隆县牙什尕镇参一村人,现就职于青海青化实业有限公司

韩光远,青海青化实业有限公司法定代表人。1997年8月,在部队服役期间荣立"三等功"一次;2012年8月,被中共海东地委、行政公署评为"海东地区就业创业先进个人";2017年6月30日,被中共海东市非公有制经济组织工作委员会评为"优秀党务工作者";2018年6月29日,被化隆县委、县政府评为"优秀共产党员";2018年,被收录到《西部骄子》第34期人物专栏;2018年7月,被青海省个体私营经济协会、商业协会评为"改革开放40周年青海省卓越企业家";2019年5月,被青海省就业(农民工)工作领导小组办公室评为"促进青海拉面产业发展优秀拉面企业家"荣誉称号。

长风破浪会有时,直挂云帆济沧海。韩光远坚定地认为,一个人的一生中有一种东西最值得珍惜,那就是用自己的能力去把生疏变成熟悉、把寒冷变成温暖、把淡漠变成理解、把困苦变成富裕、把不幸变成幸福,这样才是一个忠诚而高尚的人。为了心中执着的梦想,他一如既往地奋力拼搏,朝着更远大的目标迈进。他以创造价值、奉献社会为己任,不断思索、求新和开拓,把所有的精力都投入到了事业上,默默耕耘,无私奉献!

青海

邓全福

土族,青海省海西州乌兰县柯柯镇东村人,现就职于格尔木邓氏宏图劳务服务有限公司

邓全福,土族,1978年6月出生,共产党员,格尔木邓氏宏图劳务服务有限公司法定代表人,带出务工的人员达550多人,每户人均年收入达到7万元以上。他每年出资数万元帮助村里学校、留守儿童。作为州、县两级人大代表,他还注重提高自身的理论水平,通过电视、书籍、微信公众号、学习强国等平台,及时学习、掌握国家最新政策。

他曾被评选为第二届"乌兰好人"、海西道德模范、青海省劳模。他皮肤黝黑,不善言谈,甚至有点木讷,但在东村,是个名副其实的能人,与他打过交道的人,都知道他是一个脱贫致富点子多、帮助别人心肠热的人。作为一名从农村走出来的"致富能手"和乡村致富带头人,他永远忘不了是党的好政策让他发展致富,从一名普通的农民成长为公司法定代表人。他积极主动融入时代发展的大潮中,勤劳创业,重视学习,知恩图报是他身上最鲜明的特征。

工作之余,他深入农户家中和田间地头宣传政策,了解大家的所需所盼。邓全福心里始终装着家乡父老,默默奉献着自己的力量。为抗击新冠肺炎疫情,他给省红十字会捐赠50万元,为乌兰县疫情防控工作捐赠5万元。面对大家的赞誉,他却说"我靠党的好政策走上了富裕路,现在富裕了,能为我的家乡及父老乡亲们做点力所能及的事情是我的荣幸。"

关于未来,他说:"社会在进步,我们只有紧跟时代、诚信实干、合作共赢、勤于学习、热情周到,才能赢得社会尊严,实现自身价值,做一个有本领、有情怀的新时代的农民工。"他常说:"挣钱干什么?做些好事我心里舒坦!"平凡的事业,平凡的人,不平凡的是一颗奉献于事业的心。在今后的日子里,他依旧会发挥着自己的光和热,为身边的人做着力所能及的事,因为他觉得,"无论飞多远,我的根永远在乌兰"。

杨吉加

藏族，青海省贵德县常牧镇上岗查村人

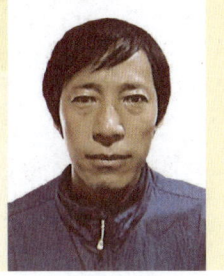

杨吉加，一个青海省海南州牧区的土生土长农牧民，以放牧种地为生，一家老小长期贫困，被评定为常牧镇建档立卡贫困户。为解决家庭生活难题，杨吉加背起行囊，走出家门，成为一名从偏远牧区进城务工的农民工。十余年的务工生涯，他成为全村外出务工带头的能人。

杨吉加在外出务工期间，多次接受就业帮扶，参加技能培训，努力提升自身务工能力。他在参加铁路维修维护工程时，实现了稳定就业增收，摘去了贫困户的帽子，成为全村首批脱离贫困的人员。在杨吉加的影响下，当地109名农牧民（含贫困劳动力45名）外出务工，每人年均收入超过5.4万元。

2020年1月27日，新冠肺炎疫情严峻时，杨吉加积极响应村党支部号召，自愿投身到贵德县常牧镇疫情防控工作，主动在常牧镇卡点宣传疫情防控政策、措施。过年期间，他放弃了与家人团聚的时间，全心全力投入到防疫工作中。2020年4月，各地复工复产，杨吉加在政府的帮助下，购买防疫防护物资，劝说、带领群众尽快走出去务工，最终通过"点对点"对接，和97名农牧民又一次踏上了外出务工的旅程。在杨吉加示范作用下，全镇群众形成了外出务工的热潮。每年开春忙完农活，镇上的群众都纷纷外出务工，脱贫致富的氛围越发浓厚。杨吉加说："一个人在外务工，只能让一个家庭脱贫、现在有一百多个人，就能帮助几十个、上百个家庭脱贫。"目前，杨吉加所在村子的贫困户已全部脱贫。

青海

群增

藏族，青海省黄南州尖扎县坎布拉镇如其滩村人，现就职于海西州诺木洪枸杞基地

群增，1992年8月出生，是一名青海省黄南州农牧区的藏族农民。群增的父亲作为村里的共产党员，时时刻刻心系着村里的村民，由于近年来体弱多病，把带领群众致富的重任交到了儿子群增手中。自小受到父亲的影响，群增把带领群众致富作为己任。他苦学技术，任劳任怨，永不服输。从2015年开始，他发挥带动贫困户致富增收的"领头羊"作用，利用自己所学，引导、带领了本地区农牧民劳动力共计500余人，在海西州诺木洪枸杞基地走出了一条集种植、采摘、加工、销售枸杞的致富之路，为本地区农牧民拓宽了致富增收的渠道。

群增通过不断地摸索和尝试，用自己的行动带动了家乡人民走上致富增收路，提高当地群众外出打工的积极性，拓宽了本地区农牧民的致富增收渠道。2020年，突如其来的新冠肺炎疫情给劳动力就业工作带来了很大的影响，大家不敢外出打工。群增主动购买了体温枪、口罩、消毒液等防疫物资，在做好疫情防控的前提下，劝说村民到诺木洪打工。通过几次三番劝说，2020年4月，他带领30多个村民第一批实现外出务工，为全村外出务工树立了积极的榜样。后续，农牧们也纷纷踏上外出务工之路，在疫情防控常态化的情况下，持续拓宽牧区群众外出务工的致富之路。

赵世举

宁夏回族自治区银川市西夏区新南路南梁农场移民村人,现就职于宁夏兴耘田现代农业开发有限公司

赵世举,男,汉族,共产党员,宁夏兴耘田现代农业开发有限公司基地管理员。他以基地为家、以事业为重,立足本职岗位,艰苦拼搏,不断进取,在平凡的岗位上默默耕耘,为企业的经济增长、当场的脱贫致富和文明建设做出了奉献。

2015年退伍回家之后,赵世举怀着一颗农业情怀的心,开始了他的农业梦想。起初他每天辗转在银川的每个集贸市场、大街小巷,凌晨2点就开始赶往批发市场,寻找着物美价廉的新鲜蔬菜,早晨7点左右就到早市售卖,日复一日、年复一年地重复这样的工作,每天都是严重睡眠不足,基本只有4~5小时的休息时间。通过几年的不懈努力,他少有积蓄,便开始在批发市场从事大宗蔬菜批发生意。直到2019年,当得知隆源村扶贫企业——宁夏绿香村农业发展有限公司扩大种植面积急需人手时,赵世举毫不犹豫回到自己家乡,成了一名基地管理员。

2020年是脱贫攻坚工作收官之年,由于受新冠肺炎疫情影响,村民外出务工的不多,因此在蔬菜基地务工的收入就显得尤为重要。赵世举得知村民们都是种地的好手,但苦于没有门路,去蔬菜基地的务工人员不多,就亲自与蔬菜基地负责人联系,在3月份就联系好二十几个村民组建了村上第一支"蔬菜基地务工先锋队",从4月初辣椒基地开工到10月中旬辣椒采收完毕,可以一直在蔬菜基地务工。随着蔬菜基地种植面积的扩大和辣椒种植过程的推进,更多务工人员都加入赵世举的队伍当中,采摘高峰期用工人数竟达到500人,就连他自己都被吓了一跳,没想到自己在不知不觉间带起了这么大的队伍!尤其当工资打卡的那一天,村民们脸上都洋溢着幸福的笑容,赵世举觉得自己的工作更有意义了。

蔬菜基地务工人员越来越多,务工的队伍也越来庞大,赵世举根据不同的队伍提出了不同的管理方法。针对中青年的队伍采取包干制按亩付费,每支队伍种植的辣椒苗越多,所得到的报酬越多;针对年纪较大的队伍采取按天付费方式,一天根据工种100~120元不等。他在每个队伍间不定期举行种植或采摘比赛,手快的村民甚至一天能拿到200多元钱。在农闲时期,蔬菜基地务工人员需求减少时,赵世举为了让所有村民有工可打,采用了轮班制,保证了所有人在农闲时都有挣钱的机会,得到了村民的一致好评。

宁夏

冯进杰

回族，宁夏回族自治区海原县红羊乡术川行政村术川自然村人，现就职于中国邮政集团有限公司宁夏回族自治区海原县分公司

冯进杰，回族，1989年3月出生，已从事邮政快递行业14年，现为中国邮政集团有限公司宁夏回族自治区海原县分公司快递员。由于个人突出的营销业绩和良好的服务态度，他多次被评为先进服务标兵、先进生产者、先进个人，2019年被评为全区"最美快递员"。

冯进杰自2006年投身邮政行业以来，已在行业滚爬摸打多年。他的爷爷和父亲都是邮政人员，作为家里的"邮三代"，他从自小受长辈们的影响，热爱这个行业，揽投一张张报纸、一封封信件、一件件包裹，都承载着他对这个行业的热爱和坚守。从业以来，冯进杰曾在邮件分拣封发员、城市快递员、乡邮员、营业员等多个岗位历练。在任何岗位上，冯进杰一直坚守服务客户、方便客户的初心，踏踏实实干好每一项工作。一直以来，不管是上班还是下班，刮风还是下雪，他随时为客户提供上门揽收、封装打包、快速寄递等服务。不论是在投递高峰的"双十一"，还是在新冠肺炎疫情期间，他都任劳任怨，坚守岗位，经常忙到没时间吃饭，总是将各类快递第一时间送到客户手中，为客户提供优质服务，为揽投人员树立榜样，为企业树立形象。冯进杰2019年被宁夏回族自治区总工会、团区委和区邮政管理局联合评为全区"最美快递员"。

作为一名从业多年的老员工，冯进杰在工作中始终做到"四勤"——嘴勤、手勤、腿勤、脑勤。他积极学习业务知识，遇到不懂的就向身边的人请教；他每天做好客户记录、交接记录、问题记录，不断总结经验教训，提高工作效率；在收派快件过程中，他总是多跑几步路，坚持取件上门、派件到户，有的客户上午不在，他就下午再去，今天不在，他就明天再去，从没有抱怨过；他在工作过程中一直勤思善学，对于工作上需要的技能证书，他都会积极主动地报名，取得了投递员初级证、封发投递一岗双证。

韩娜

宁夏回族自治区石嘴山市大武口区人，现就职于宁夏恒达纺织科技有限公司

韩娜的家乡在大武口区星海镇隆湖六站，这里是"十二五"劳务移民聚集地。上学的时候她常常思考，大多数父老乡亲们学历低、技能水平低，收入不高，辛苦了大半辈子，也没有多少积蓄，怎样才能让这样的局面得以缓解呢？毕业后，她毫不犹豫选择回到日日思念的家乡，毅然选择在"家门口"工厂里教授移民妇女挡车工技术，促进她们增长就业技能、实现稳定就业。经过不懈努力，移民妇女的技术提高了、收入增加了，得到了乡亲们的赞扬。她的努力有了回报，2016年1月，韩娜获得所工作单位集团最高荣誉奖"感动恒丰人物"；2017年1月，被评为石嘴山市劳动竞赛先进个人；2017年5月，获得宁夏回族自治区"五一劳动奖章"；2018年1月，当选宁夏回族自治区第十二届人大代表；2020年，被推荐为宁夏回族自治区劳动模范。

刚到公司时，她被安排从事挡车工岗位。学习财务会计的她，算算账还可以，在车间从事挡车工这个技术活对她来说难上加难，但这是公司的安排，她毫不犹豫地进入了车间。在工作中，她深感自己知识的欠缺，于是她决心在认真工作的同时，紧紧抓住外派去山东培训学习的机会，经过上课认真学习、下课仔细琢磨、岗位不断刻苦钻研练习，全面掌握了挡车工的操作技巧，获得了国家颁发的高级工等级证书。2016年，她在恒达操作技术比赛中被授予"第四届操作比武一等奖"。

她坚持"对事以真，对人以诚"这一做人做事的基本准则，加之出色的业务操作能力，厂里决定安排她任带教操作组老师，主要负责对新入职的挡车工进行业务能力培训。她接过了这个重担，仔细研究教授方式，通过采取"PPT理论教学＋实地操作教学"相结合的带教方式，对于学历低、听不懂的每个移民妇女一遍遍地讲解挡车工操作技巧、注意事项，一次次实地跟踪纠正她们操作错误，直到熟练掌握，她才放下心来。

她抓住每一次的机会，一直努力用"恒丰仁和、仁和恒丰"的理念引导学员，身体力行引导工人树立生活目标，就是怀孕了也一直坚持在工作岗位。看着孕晚期的她仍然挺着笨重的身体穿梭在车道，耐心指导每一个队员，甚至贴身辅导如何更好地提高操作能力，车间主任和学员们都特别感动，均劝她回家休产假。她说不放心自己的队员们，要对每个学员负责。她的执着和责任心深深地感动着每一位工人，大家被她的执着精神所感染，在工作中认真负责，从不偷懒。她的坚持不懈、认真负责是工人们工作中的希望之火，生活中的奋斗之源，大家都纷纷向她学习，共同战斗在岗位上！

黄学锋

宁夏回族自治区青铜峡市青铜峡镇三趟墩村三队人，现就职于青铜峡市学锋林果专业合作社

　　黄学锋，1963年12出生，共产党员，青铜峡市学锋林果专业合作社负责人，高酸苹果协会会长、党支部书记。他先后获得宁夏回族自治区"十佳致富共产党员"、吴忠市"十大经营户"、青铜峡市"五一劳动模范奖"、青铜峡市"林果销售大户"等荣誉称号。学锋林果专业合作社先后被评为中国质量信用AAA级示范社、全国示范合作社、全国星创天地、中国绿色产品推广示范单位、中国3·15质量服务双标杆单位、中国3·15口碑测评优质产品诚信供应商和宁夏回族自治区无公害农产品产地。高酸苹果协会被评为"服务果业全国先进单位"、中国科协"基层科普行动计划"表彰单位、宁夏回族自治区"AAAA级示范性农村专业经济协会"。

　　广武有"苹果之乡"美誉，苹果种植历史悠久，2007年前曾一度滞销，农民收入急速下滑。黄学锋联合10余个种植大户登记注册了"宁林"牌苹果商标，成立了"学锋林果专业合作社"。合作社一成立便健全组织，完善制度，成立技术服务队，统一技术指导、品种结构、标准分级包装、价格和调配销售，积极推行科学种植技术，为拓展产品市场做好充足准备。他将当地单一的农副产品购销发展到购销、储藏、运输"一条龙"服务，从简单购运逐步向批量销售、合同销售和联合销售转变。

　　他春季组织调运苗木，夏季指导果品管理，秋季集中精力组织购销苹果，冬季请专家组织开展技术培训。他根据群众需要建立带富小组，通过传、帮、带、教，解决群众发展资金、技术等问题，帮助和引导群众致富增收。经过黄学锋的营销努力和诚信经营，他成了当地最大的苹果代理人，彻底解决了农户卖果难的问题，宁夏青铜峡周边市县苹果远销全国各地和尼泊尔、俄罗斯等国。2014年仅苹果一项，合作社销售总收入近千万元，当地苹果种植户实现人均收入两万多元。青铜峡市广武苹果生产基地的农户通过发展苹果种植开始走上致富之路，当地远近闻名的苹果购销专业大户——黄学锋功不可没。

　　2020年新冠肺炎疫情暴发后，他发动协会会员主动投入到三趟墩村疫情防控值班值守工作中，成立了协会志愿服务队，全力开展防疫宣传、卡点帐篷搭建、卡点执勤等工作，对防疫重点部位、社区重要场所和贫困户家庭开展消杀作业，使三趟墩村的疫情防控工作井然有序。他还购买2万元牛奶、方便面等食品对值守点、隔离点、医院进行慰问，以行动书写责任，以奉献彰显担当。

牛树静

宁夏回族自治区中卫市沙坡头区迎水桥镇沙坡头村人，现就职于中卫市沙坡头区"童家园子民俗庄园"

牛树静，1974年12月出生，共产党员，从事乡村旅游业10多年，中卫市沙坡头区"童家园子民俗庄园"合伙人。2016—2019年多次被评为"迎水桥镇先进工作者""迎水桥镇诚实守信道德模范"，2017年荣获中卫市妇女联合会"巾帼文明岗"荣誉称号，2019年荣获文化和旅游部"乡村旅游能人"荣誉称号。

1998年，她开始承包沙坡头景区滑沙场，在经营过程中她善于思考和创新。当看到传统竹片滑沙板摩擦力大、滑起来费劲、游客从景区出来总要费劲清理鞋子里的沙子时，她灵机一动，尝试用PVC材质的滑沙板替代原来的竹片滑沙板，又贴心地为游客设计制作防沙鞋套。这两项创新大大节省了景区劳动力，又为游客带来了方便，更为景区带来了极大的经济效益，获得了景区公司和游客的一致好评，并一致沿用至今。

2009年，她加入"童家园子农家乐"，开始在乡村旅游服务业中打拼。当时还只是有床位14张、可同时接纳40人就餐的小规模农家院，经过她和同事们10多年的悉心经营和辛勤打拼，目前已发展成为当地规模最大、配套齐全、功能完善、接待服务水平最好的一家"农家乐"，拥有床位164个，可同时接待300余人就餐，还有会议室、多功能厅、农家购物店、监控室、餐厅、烤吧、停车位，面积共计4 000多平方米，不仅实现年收入160多万元，还带动周边30余户、150余名剩余劳动力实现了就业增收。

牛树静是迎水桥镇沙坡头村的名人，她凭着一股敢闯敢干、勇挑重担的开拓精神和聪明智慧的头脑，在平凡的岗位上兢兢业业，认真谋划，努力为村民做实事，改善村居环境，带领群众发家致富。她努力推动，多方争取，筹措资金完成了道路交通体系，建成初具规模的集休闲、娱乐、观光、餐饮、住宿、杂果采摘、旅游服务为一体的生态旅游观光基地，成为引领中卫市休闲旅游的示范村。在她的引导和帮助下，沙坡头村已发展60多家农家乐，本村2个村民小组、175户人家全部实现脱贫，人均收入逐年增加。全村农家乐每年实现营业收入2 600多万元，解决周边剩余劳动力300多人就业问题，全村人均可支配收入进一步提升，达到3万多元。2019年，牛树静所在的"童家园子民俗庄园"被宁夏回族自治区评为五星级旅游示范点，同时沙坡头村也被文化和旅游部评为首批全国乡村旅游重点村。牛树静带头致富得到了全体村民的认可，成了当之无愧的"致富带头人"，实现了她上任时对乡亲们的承诺。

宁夏

李卫斌

宁夏回族自治区固原市原州区头营乡二营村六队，现就职于中国邮政集团有限公司宁夏回族自治区固原市分公司

李卫斌，初中文化，共产党员，固原市原州区头营乡农民，2012年进入中国邮政集团有限公司宁夏回族自治区固原市分公司务工，2017年入党。他以高度的责任感和强烈的事业心，在邮政揽投工作中认真履职，兢兢业业，无私奉献，主动作为，温暖着每一名客户的心，赢得了每一名客户的肯定和赞誉。2015年，他获全国邮政系统网运服务标兵，2018—2019年连续两年获分公司先进生产者。

"让客户满意是我的心愿！"他是这样想的，也是这样做的。刚参加工作时，固原商城一个服装用户每一次来的货都在20公斤左右，每一次投递，他自己从一楼搬到二楼，从没有让用户亲自下楼取货，尽量做到让用户满意。他热情的服务赢得了用户的尊敬，目前商城片区28家客户所有送货业务都联系李卫斌。

"用户就是我的亲人"。固原一个药材用户联系发货七、八件，每次每件都在20~25斤，主要寄往省内及内蒙古，多数快递公司认为数量少、赚钱不多，都不愿意干。李卫斌却主动承担这家用户发货任务，并且每次发货都是随叫随到，并将用户的货物从库房装到自己车上，从不多收他们的一分钱。由于良好的服务，目前这家用户每天发往省内及内蒙古的货增加到六十多件，李卫斌一个月固定送货收入近20 000元。

2020年1月28日，在接到单位预防"新型冠状病毒防控"工作的通知时，作为一名党员，他深知疫情就是命令、防控就是责任。"我是党员，我先上。"他主动请缨，承担对分拣场地、进出口邮件通道、生产车辆消毒的工作，为单位同事测量体温。为了让客户能够吃到新鲜、放心的蔬菜，公司推出线上"放心菜"配送项目，即当天从种植户田地采摘的新鲜蔬菜进行封装，赶在客户饭点之前将客户线上订购的新鲜蔬菜配送到他们手中。为了确保零接触，他佩戴防护用品（口罩、手套、护目镜），每日配送蔬菜70份，一天累得满头大汗，但是看着种植户、用户脸上高兴的表情，再辛苦也值得！"空中课堂"教材配送开始后，为了让学生能早点拿到课本，历时10天，他和揽投部其他成员一起加班加点，一举完成了原州区13所中小学校学生教材配送20 000套任务。

"单位就是我的家"。8年多的时间里，他每次都是第一个来、最后一个走，日常加班加点更是家常便饭。随着揽收量的增长，妻子、妹妹慢慢地也成了他的得力助手。每当寒暑假，孩子也是他不可或缺的小帮手。真是"上阵父子兵，工作一家人"。

吉恩斯巴依·西勒德巴依

哈萨克族，新疆维吾尔自治区伊犁州新源县塔勒德镇加尔吾特克勒村人，现就职于新疆伊犁州奎屯市天虹纺织有限公司

吉恩斯巴依·西勒德巴依，1970年1月出生，塔勒德镇加尔吾特克勒村人，在奎屯天虹纺织有限公司工作。通过自身的不懈努力，吉恩斯巴依摘掉了贫困户的"帽子"，同时带领着村里的年轻人走出了偏远乡村，用勤劳和汗水改变生活。

吉恩斯巴依过去喜欢待在自己熟悉的村子里，靠着种植10亩口粮地过日子，没有一技之长，整天为解决温饱、筹措孩子上学费用等诸多问题发愁，生活过得非常困难。因2013年家庭人均收入不足2 400元，2014年被评定为贫困户。在县委、县政府的帮助下，吉恩斯巴依享受到了政策扶贫，盖了抗震安居房，领发了扶贫羊，享受了教育补贴、养老医疗补助，家庭生活有了基本保障。

2016年10月，吉恩斯巴依参加了县委组织的就业招聘会，通过有组织转移就业，成功与奎屯市天虹纺织有限责任公司签约，成为一名企业职工，开始了从农民向工人身份的转变。初入企业，他被分配到一分厂前纺装箱组，主要负责将新入厂的棉花处理、分包、装箱等工作，很快他就掌握了如何将棉花分等级、快速精确打包和批量分包装等基本操作。

通过自身努力，车间的每一道工序，从最初的跟着做到现在熟知工作原理，哪一个机器零部件出现故障，他都能迅速找到问题并及时维护，保证了作业质量和效率，月工资也从最初的2 800元提高到5 000元。

现在，一家人通过自身的努力奋斗，年人均纯收入达到20 000元，生产资料也从过去的10亩地发展到20多头牛。

企业的规模也在不断扩大，效益越来越好，大量招工。他第一时间想到了和他一样固守偏远农村的青年们，他想带领他们一起迈出人生的第一步。当他给村里年轻人做动员时，遭到了乡亲们的排挤、冷嘲热讽，但他没有放弃。他从思想根源上解决乡亲们的担忧，以自己为例，深入田间炕头，给他们讲外边的世界，和他们算家庭经济账，劝说他们跟他一样走出村子、稳定就业。

在他的坚持和带动下，村里20多个年轻人都在企业上班，家庭生活也都得到了明显改变。在大家的相互影响下，村里出去的年轻人越来越多，家乡的贫困面貌也得到彻底改变，文化广场每天都有群众欢歌舞蹈，乡亲们衣食无忧，精神生活也很丰富。2017年，他所在的村通过多方验收，彻底摆脱了贫困的"帽子"，乡亲们的幸福指数有了很大的提升。

文丽

新疆维吾尔自治区昌吉州呼图壁县五工台镇十九户村人,成立了新疆昌吉州呼图壁县五工台镇信佳劳务服务农民专业合作社

文丽,大专学历,呼图壁县五工台镇信佳劳务服务农民专业合作社理事长。文丽于2014年9月10日登记注册成立了信佳劳务服务农民专业合作社,注册资金65万元,合作社理事会主要由文丽等6人组成。通过近6年的努力,合作社已发展社员460名,其中少数民族社员130人、低收入家庭社员88户。近3年组织各类技能培训1 200人次,带动就业8.52万人次,年劳务总收入3 076万元,实现利润214万元,社员人均增收2.8万余元。2017年,文丽被评为新疆远程教育学用标兵。信佳劳务服务农民专业合作社被评为全国就业扶贫基地,2018年、2019年被评定为昌吉州五星级劳务合作社。

开展劳务服务,带动农牧民就业增收。6年来,文丽带领合作社成员确立了"以市场为导向,以当地产业优势为依托,创新服务技能,实施劳务品牌战略"的发展思路。2020年,在受新冠肺炎疫情影响导致农村劳动力就业压力增大的情况下,合作社积极拓展劳务服务范围,实现劳务派工700余人次、劳务创收578.81万元。

分类开展培训,提高农牧民务工技能。为进一步提高合作社的服务质量和品牌效应,不断开拓市场新局面,全面提高社员特别是少数民族社员和低收入家庭社员的收入,文丽积极组织入社的农牧民参加建筑、园林养护、种养殖等技能培训,增加劳务输出工作效率,提高劳务产业经济效益;组织骨干社员进行专业技能提升培训,充分利用"科技之冬"等活动,开展集中培训,组织本镇社员进行经验交流、现场观摩等活动;聘请专业技师对广大社员进行农产品深加工、苗木嫁接、果树修剪等技能培训;由合作社出资选派优秀技术人员,走出去学习外地先进技术和经验,使社员成长为有着一技之长的新型职业农民。

承担社会责任,开展扶贫帮困献爱心。合作社成立以来,她带领合作社骨干力量主动承担社会责任,积极帮扶少数民族农牧民和农村妇女走出家门,发动五工台镇及周边乡镇农村妇女参与合作社劳务服务,并带动了当地旅游、餐饮产业的发展,每年辐射带动就业达6 000余人次,吸纳少数民族农牧民就地就近就业130人,吸纳低收入家庭人员就业170人,先后带动妇女就业530人。文丽还是五工台镇有名的"热心肠",村里谁家有困难大家都会想到找文丽帮忙。在新冠肺炎疫情期间,文丽为本村15户低收入家庭送去大米、面粉、清油等生活用品,帮助他们渡过难关,赢得了村民的交口称赞。

石勇智

新疆维吾尔自治区乌鲁木齐市米东区二道坝镇三道坝村人，现就职于新疆绿苑兴旺养殖合作社

石勇智，汉族，乌鲁木齐市米东区绿苑兴旺养殖合作社理事长。该合作社2014年被米东区科学技术协会、米东区财政局授予"科普服务站"荣誉称号，2015被米东区政府授予"米东区农民专业规范合作社"荣誉称号，2018年被评为"南疆和田市洛浦县精准扶贫托养基地"，2019年被和田市政府、米东区政府授予"精准扶贫托养基地"称号。24年来，他积极响应国家号召，引领村民改良水土环境，引进科学技术，开展规模经营，彻底甩掉了贫穷落后的帽子。

勤奋好学，努力进取。石勇智高中毕业后在二道坝镇三道坝村里务农。1996年，他结束了自己在商贸城的皮鞋生意，带着个人的原始积累，返乡回到梧桐窝子村，引领村民共同改变农村贫穷落后的面貌。他积极响应党的好政策，从改良水土的基础工作入手，积极开荒、造林，先后投资购买了拖拉机和118 680株沙枣、枸杞苗木，在645亩地进行种植，还资助其他农户树苗3 000株。他一边学习新技术，一边请教专家，帮助村民解决实际难题，田间地头处处都有他忙碌的身影。

努力创新，富民强企。2010年9月，石勇智发起由80名自然人成立的新疆绿苑兴旺养殖合作社，投入注册资金1 000万元，建立了养殖基地135亩。从建养殖场的第一天起，他就将"诚实做人，富民强企"作为办场的宗旨，新建圈舍8 700平方米，养殖基地主要以本土养殖繁育的牛、羊为主。通过诚信经营、奋力拼搏，合作社业务范围不断扩展，规模不断壮大，成为标准化生产、规模化养殖、产业化经营、现代化管理的新型合作社。目前，合作社羊存栏800只，年出栏羊1 800只；间接带动养殖户50户，直接带动养殖户20户，户均年收入达到2万元。

响应号召，帮扶帮带。2018年，他响应米东区政府号召，积极参与对口和田市协作帮扶工作，与和田市建档立卡贫困户达成托养协议，帮扶当地贫困户180余户，累计为贫困户分红56万元，带动就业35人。在他的带领下，180户脱贫户又带动了近500户走向致富之路，帮扶互助薪火相传。在不断发展壮大的过程中，绿苑兴旺养殖合作社对社会做出的回报也得到了市、区政府的认可和推广。他常说："要想富先强己，只有自己富了，才能帮助更多的农户。"他是这样说的，也是这样做的。

新疆

欧东格尔力

蒙古族,新疆维吾尔自治区和静县乃门莫敦镇古尔温苏门村人,创办了新疆和静县乃门莫敦镇电子商务服务中心

欧东格尔力,蒙古族,新疆维吾尔自治区和静县乃门莫敦镇古尔温苏门村村民。2016毕业于内蒙古职业学院,曾在北京、内蒙古等地打工,回乡后致力于发展电子商务、消费扶贫等,助力农村发展,用实际行动助力脱贫攻坚,被群众誉为"脱贫致富的好帮手",是巴州和静县优秀青年的典型代表和巾帼创业标兵。

心系百姓、大爱无疆。欧东格尔力出在一个贫困的边陲乡村,走出大山后她也有留在城市发展的愿望,但家乡落后、贫困、闭塞的现状始终牵动着她的心,最终她踏上了回疆的列车。回乡后,她意识到农村的信息闭塞是阻碍家乡发展最大的绊脚石,必须与现代化的生产生活方式接轨。于是她创办了当地第一家电子商务服务中心,艰难地迈出了创业的第一步。最初,月收入不足1 000元,勉强能维持生活。几年来,她努力奋斗、开拓市场,电商服务站的业务越来越红火,产品的销路逐步扩大,村民们的收入一天比一天多。她所在的古尔温苏门村2020年实现了全部脱贫,她也成了群众离不开的好帮手和贴心人。

开拓进取、共同致富。2017年,她把电子商务服务中心搬迁到了乃门莫敦镇,面向全镇村民服务,并且业务范围也从网上购物、缴费、代收代销拓展到了物流快递代收代发、农资供应、农牧信息、供求信息、电商创业等,月收入从2 000元提高到了现在的6 000多元。如今,全镇各族群众在她的带动下,思想观念有深刻的转变,生产积极性被充分调动起来,致富的门路越来越宽。

以身示范、引领创业。她是一位农民创业者,根也深深地扎在了农村,服务乡亲们是她的本分。一些返乡青年们苦于没有发展平台,她就主动为他们提供了自己运营成熟的拼团平台和物流快递渠道,助力他们创业和发展,先后有14名返乡青年走上了发展电子商务之路。2019年,她又积极对接一些知名运营商,创办了自己的团购平台,再一次带动了20多位村民在农业生产之余做起了微商,增加了收入。她主动领办了和静县乃门莫敦镇扶贫消费馆,为全镇建档立卡贫困户的农副产品设立了专柜,除了通过线上销售,还结合实际开拓了线下配送业务,完成了农副产品从田地到餐桌的直接销售。新冠肺炎疫情期间,她与乃门莫敦镇扶贫办联合销售贫困户农副产品达19万余元。

阿依木萨·吐尔荪

维吾尔族，新疆维吾尔自治区阿克苏地区阿瓦提县拜什艾日克镇库木奥依拉村人，现就职于新疆阿克苏依翎针织有限公司

阿依木萨·吐尔荪，女，维吾尔族，共产党员，新疆阿克苏依翎针织有限公司服装车间普通工人。入职3年多来，她讲党性、重品行、作表率，以自己的先锋模范作用，践行习近平新时代中国特色社会主义思想，受到职工群众的普遍赞扬。2019年6月，被阿克苏纺织工业城党工委授予"优秀共产党员"称号；2020年5月，被中共阿克苏地区委员会、阿克苏地区行政公署授予"阿克苏地区劳动模范"荣誉称号。

敢于担当，勇挑重担。阿瓦提县拜什艾日克镇库木奥依拉村是一个偏僻的小村庄，主要靠种植农作物为收入来源。她作为一名负责妇女工作的村干部，建立了富余劳动力求职档案。她先后主动与县、乡人社部门和乡劳动保障站联系，组织动员村里的30多名姐妹到新疆阿克苏依翎针织有限公司报名，实现了从田间走进车间的转变，成了缝纫女工。

精益求精，耐心细致。她服从公司安排，在服装车间流水线上当了一名检验员。她牢记岗位职责，刻苦学习检验标准，把好每一件产品质量关，全心全意为车间员工服务。经她检验的成衣，没有发生一件漏检的情况。她在做好检验工作的同时，带了一批又一批徒弟，把自己的操作经验毫不保留地传授给员工。在她悉心帮带下，成衣检验员检验准确率达到了95%以上，产品出厂合格率连续3年达到100%。

关心同事，促进团结。无论是在工作中还是在生活上，她总是能够做到关心同事，帮助员工，有求必应、有难必帮。在新冠肺炎疫情防控最关键的时期，同事吐尔逊古丽·艾则孜由于长时间回不了家，十分想念家人，导致工作一直不在状态，经常出现缝制的衣服不合格的问题。在她的帮助下，吐尔逊古丽·艾则孜很快从想家的负面情绪中走了出来，工作状态和精神面貌焕然一新，工作效率也进一步提高。这仅仅是她帮助同事、促进团结的一个缩影。

阿依木萨·吐尔荪同志有着坚定的理想信念和无私奉献的精神。作为一名维吾尔族党员，她深刻认识到没有共产党就没有新中国，没有共产党的领导，新疆各族人民就不可能摆脱受奴役的命运、成为国家的主人。党和国家的好政策给人民群众带来了幸福的生活，大家应该加倍珍惜，绝不允许有人破坏来之不易的美好生活。

新疆

努尔艾力·乌吉艾力

柯尔克孜族，新疆维吾尔自治区克孜勒苏柯尔克孜自治州阿克陶县克孜勒陶乡乌尔都隆窝孜村人，现就职于福建省泉州市和诚鞋业有限公司

努尔艾力·乌吉艾力，柯尔克孜族，1980年12月出生，高中文化，阿克陶县克孜勒陶乡乌尔都隆窝孜村人。

克孜勒陶乡自然环境恶劣，交通闭塞，经济发展落后，这让高中毕业的努尔艾力·乌吉艾力感觉"有力无处使"。2013年4月，他第一时间响应乡政府外出务工的号召，跟随大家来到了福建省泉州市和诚鞋业有限公司务工，开启了全新生活。

在企业领导和师傅的帮助下，他不仅过了语言关，而且技术也日渐成熟，成了同时进厂务工中的佼佼者，月务工工资也从刚进厂时的2 000余元增加到现在3 300元，年收入达到4万元，并在2016年底全家实现了脱贫。

作为一名共产党员，虽然文化水平不高，但他时刻牢记习近平总书记"不忘初心、牢记使命"的谆谆教诲，充分发挥共产党员先锋模范作用，每次探亲返乡时，他都会向身边的乡亲们宣传外出务工的好处。在他的积极宣传和带动下，阿克陶县恰尔隆乡300余名贫困劳动力放下了手中羊鞭，走出了大山，随他一同外出务工。

2017年3月，在成立福建泉州洛江区务工经商人员党支部时，由于他的工作成绩突出，被大家推选为党支部副书记。2017年1月，阿布都热合曼·塔力甫患急性阑尾炎住院手术，他主动为其垫付治疗费8 000元，解了燃眉之急。2019年5月，托合提别克·库尔班因不小心在楼梯把脚扭伤，他主动担负起家长责任，每天送饭，直到托合提别克康复出院。

2020年春节前夕，新冠肺炎疫情突然爆发，他和工友们准备回老家跟家人团聚的计划也因此泡汤了。在疫情防控期间，他主动请缨，向当地街道、厂区申请成为一名志愿者，及时安抚滞留人员的情绪，为他们提供力所能及的帮助。

他原本是一名祖祖辈辈生活在大山深处普普通通的农牧民，之所以有现在幸福美好的生活，都是来源于以习近平同志为核心的党中央对新疆各族群众的关心关怀，来自党和政府的好政策。今后，他将一如既往地听党话、跟党走，始终践行初心使命、扎实工作，用自己勤劳的双手过上美好生活。

阿迪力·赛麦提

维吾尔族，新疆维吾尔自治区莎车县恰尔巴格乡诺开特村人，现就职于新疆红头建筑公司

阿迪力·赛麦提，维吾尔族，中共党员，曾任恰尔巴格乡诺开特村副书记助理、治保主任等职。2017年到哈密市伊州区就业，2020年5月返乡创办新疆红头建筑公司，现担任公司会计一职。公司吸纳当地农村富余劳动力35人（含贫困户13人），为助力脱贫攻坚贡献力量。

紧抓机遇，走出去学经验。2017年3月，他自愿到哈密市伊州区环境卫生管理处工作。虽然环卫工作起早贪黑很辛苦，但是他勤奋认真，吃苦耐劳，表现突出。2017年，伊州区电视台将他作为务工人员代表做了专题宣传。2018年6月，因工作突出，他和妻子转岗到伊州区陶家宫镇政府，从事环卫勤杂工作，在收入提高的同时，他还被任命为伊州区环境卫生管理处工会委员会务工人员分会副主席。阿迪力·赛买提通过3年的不懈努力，不但增长了见识、积累了工作经验，还为改善家庭环境带来实实在在的好处，2020年，为家里添置了一辆小汽车。

敢闯敢拼，返回来办企业。他牢记党的恩情，一直想带领乡亲们走上脱贫致富的道路。2020年5月，依靠在北疆务工的积蓄和积攒的经验，他回到家乡和哥哥创办了新疆红头建筑公司。作为公司的合伙人兼会计，他积极学习政策理论，克服资金不足等影响，走上了艰难的创业路。在政府的大力扶持下，他承包乡村庭院改造、棚圈建设等工程项目，带领乡亲们通过勤奋劳动脱贫致富。他的公司从组建之初的7个人发展到现在的35人，跟随他干的员工每月工资达3 500元以上，使13个贫困户实现脱贫。他成了当地的致富名人，面对群众的褒奖，他笑着说"能够带动乡亲们就业脱贫，我觉得很自豪。"

展望未来，大跨步求发展。阿迪力·赛麦提有着坚定的理想信念和顽强的拼搏精神，他始终铭记"没有共产党就没有新中国"，他取得的一切成果都是依靠党和国家所创造的。公司未来将继续坚持党的领导，学好用好党和国家的好政策，抓住脱贫攻坚和乡村振兴战略机遇，不断发展壮大，不断努力提升企业资质，勇于承担社会责任，吸纳更多富余劳动力就业，为建设新时代美丽农村、实现全面建成小康社会贡献力量。

新疆

阿卜杜拉·阿卜力克木

维吾尔族，新疆维吾尔自治区喀什地区英吉沙县乌恰镇六村人，现就职于湖北骏力体育用品有限公司

"就业一个人，富裕一个家，影响几代人"，这是农民变身产业工人、就业改变生活的真实写照。实施精准扶贫的几年里，喀什干部群众找准"穷根"、明确靶向，对症下药，坚持把"一户一人稳定就业"作为脱贫攻坚的头等大事，促进各族群众实现稳定就业和就业增收。2010年，新疆喀什地区英吉沙县乌恰镇六村四组的阿卜杜拉·阿卜力克木作为一名党员，充分发挥先锋带头作用，积极响应县委、县政府的号召，为改善生活条件，彻底改变自己贫穷落后的面貌，在县劳务输出中心的介绍下，带着全家人赴青岛泰光制鞋厂务工，每年全家收入近20万元左右，从此走上了就业脱贫、创造幸福生活之路。

阿卜杜拉·阿卜力克木全家人在外出务工之前，靠几亩地维持生活，生活很不富裕，为了还清银行贷款，几乎到了不能维持生活的地步。2010年开始，靠自己掌握的烹饪技能，在当地政府的大力帮助下，他带领全家前往青岛泰光制鞋厂务工。不到两年，不仅还清贷款，还在英吉沙县乌恰镇家门口自建一个面粉厂，盖了一套新房子。2018年，父母因已到企业规定退休年龄，留在家乡帮阿卜杜拉·阿卜力克木管理面粉厂。2020年5月，阿卜杜拉·阿卜力克木又自行前往湖北骏力体育用品有限公司务工。经过10年的努力，阿卜杜拉·阿卜力克木由农民变身为名副其实的产业工人，不仅改善了生活条件、提高了文化水平，还学到了先进技术，在家乡开了面粉厂，帮助和影响了更多人就业。

阿卜杜拉·阿卜力克木真切地感受到了党中央和习近平总书记的亲切关怀，有了更多的获得感、幸福感。每次回到家乡探亲，阿卜杜拉·阿卜力克木就把他对务工的工作环境、生活环境、汉族群众和企业的关心关怀以及劳动创收、改善生活、改变命运的深刻体会讲述给乡亲们。2017年，回乡探亲的阿卜杜拉·阿卜力克木看到身边的朋友、儿时的伙伴正在四处打小工，就鼓励他们外出务工。从未离开过英吉沙县的吾吉阿西木和妻子，在阿卜杜拉热心帮助下同时外出务工，月工资6 000元，2年后返回家乡还清了欠款，成为专业厨师长。还有吾买尔艾力、木太力甫、阿不力米提3对夫妻都是在阿卜杜拉的带动下外出务工，实现就业、增收致富。吾买尔艾力现在买了拖拉机在砖厂工作，阿不力米提在克拉玛依市开了一家馕店。

麦提图尔荪·艾萨

维吾尔族，新疆维吾尔自治区和田地区策勒县固拉合玛镇夏普吐鲁克村人，现就职于新疆乌鲁木齐市公交集团有限公司

麦提图尔荪·艾萨，维吾尔族，策勒县固拉合玛乡夏普吐鲁克村人。2018年12月，他到乌鲁木齐市务工，目前是乌鲁木齐市公交集团有限公司第五营运部41车队驾驶员，每个月工资达到4 500元。妻子在新疆艾力康复中心上班，每个月工资2 000元。大儿子就读于乌鲁木齐第二十一中，小儿子在幼儿园，一家4口均已在乌鲁木齐生活。从未想过在乌鲁木齐生活的麦提图尔荪·艾萨一家，实现了美好生活的梦想。

从未出过远门的麦提图尔荪·艾萨到乌鲁木齐务工后，深刻地认识到国家通用语言的重要性。他和妻子商量，下决心要努力学好国家通用语言，并尝试了多种办法提升语言能力。他们发现通过微信平台参加国语学习讲座是不错的途径，于是每天坚持利用工作之余参加国语讲座，上班主动与同事交流，下班后和孩子共同学国语。通过不懈努力，他的国语水平和表达能力有了很大提高，目前可以正常和同事交流。

工作期间，麦提图尔荪·艾萨兢兢业业、勤勤恳恳、任劳任怨，不计名利得失，服从安排，顾全大局，出色地完成各项工作任务，受到了公司一致好评。刚到乌鲁木齐，江苏商会把他两口子安排在马天龙服饰有限公司上班。他与公司员工及老板关系处理融洽，工作认真负责，态度端正，深受老板的信任和喜爱。他利用闲暇时间将自己原有的驾驶证B照升为A照，后来选择到乌鲁木齐市公交集团有限公司第五营运部41车队上班，成了一名公交车司机。出车以来，他时刻保持最佳的精神状态，按时按点、优质高效的为乘客服务，同时经常加班加点做好保障工作，从来没有抱怨过，公司驾驶员都对他竖起了大拇指，他成了驾驶员们学习的榜样。

外出务工经历让麦提图尔荪·艾萨找到了致富门路并萌生带领乡亲们一起致富的想法。2019年探家期间，他把在乌鲁木齐的所见所闻分享给了村民们，鼓励他们一起努力，争取靠自己的双手脱贫，让自己的后代过上幸福的生活。

近年来，麦提图尔荪·艾萨已经成为夏普吐鲁克村小有名气的外出务工致富的典型。2020年，在他和爱人的带动下，夏普吐鲁克村已有25人外出到北疆务工，年均收入达到3万元。

新疆

阿米娜·吐送

维吾尔族，新疆维吾尔自治区和田地区于田县喀尔克乡博斯坦艾日克村人，现就职于湖南省长沙市蓝思科技股份有限公司

阿米娜·吐送，曾为于田县喀尔克乡博斯坦艾日克村建档立卡贫困户，现在湖南省长沙市蓝思科技股份有限公司务工。

2016年结婚后，她全家生活仅靠3亩地种植小麦、核桃，每年收入不到1万元。"访惠聚"工作队干部和村干部得知她家实际困难后，多次上门给她做外出务工的思想工作。在干部们的耐心动员下，她参加了县里举办的就业培训，不仅学会了简单国语交流，同时掌握了基本的就业技能和法律知识。2018年6月，在于田县委、县政府的引导下，阿米娜·吐送加入于田县跨区域转移就业的大军中。她和县里其他贫困家庭劳动力一同踏上了前往湖南长沙的列车，最终来到了中国500强企业－湖南省长沙市蓝思科技股份有限公司，开启了她的人生新征程。

在带队干部的帮助下，通过自己的努力，阿米娜·吐送掌握了基本的操作技术，每天都能按时完成任务，第1年就挣了3万元，让全家摘掉了贫困户的帽子。2020年是她到公司工作的第3年，每月能挣到6 000元以上，1年算下来有7万多的收入。

刚进厂时她几乎不会讲国家通用语言，但她每天下班后都抽时间学习，从书本上学，和同事一起学，向老师请教学，很快成长为车间的"学习标兵"，国家通用语言文字水平进步很快，工作组织协调能力均有了很大提高。上班期间，她不仅协助带队管理好生产线班组人员，还完成自己每天的工作任务。凭借着勤奋和一股韧劲，2018年12月，她的月工资收入达到了5 200元，短短半年的时间就增长了1 200元。她还经常主动和带队干部一起开展宣讲，积极辅助带队老师开展心理疏导和思想工作，帮助大家学习国家通用语言。通过努力，2019年她被评为"优秀务工人员"，树立了于田县外出务工人员的良好形象。

2019年8月，回家探亲的阿米娜来到村委会报到，见到为她就业创造机会的"访惠聚"工作队干部激动不已，和他们聊起往事、趣事和家乡事。在村里宣讲大会上，她激动地说："回到自己的家乡，我感觉非常温馨，但我还要继续回到自己的工作岗位上去。因为公司也是我的家，它改变了我一生的命运，让我有了一份稳定的工作，让我的生活过得更好，也让我第一次认识到了只有走出去、用自己双手去努力，才能创造属于自己的幸福。青年人要积极响应党和政府的号召，勇敢地走出。"

麦提喀斯木·麦提库尔班

维吾尔族，新疆生产建设兵团第十四师二二五团巴格托格拉克村人

麦提喀斯木·麦提库尔班，维吾尔族，1990年12月出生，初中文化，现为新疆生产建设兵团第十四师二二五团巴格托格拉克村村民。初中毕业后，一直在工地打工，凭着一股子吃苦耐劳、谦虚好学的劲头，很快就掌握了建筑工地大部分工程流程。几年打拼后，他毅然回到家乡开始了自己的创业之路。

2017年，麦提喀斯木回到家乡后，利用自己在工地上学到的技术，动员村里贫困劳动力10余人，组建了一支小型施工队。刚开始，揽不到什么工程，就连干一些小活都很困难，施工队维持正常运转都成了问题。眼看自己的施工队伍就要解散了，他在到处跑业务、联系工程过程中，了解到在周边的县城或许能够找到生计。于是，他决定带着自己的施工队走出去找出路。国语不太流利，加之第一次带施工队没什么经验，免不了处处碰壁，但是在他的坚持下，终于在3个月后联系到了第一项工程。他鼓足干劲带着自己的施工队如期顺利完成了工程任务，虽然第一笔生意没赚到钱，工人们也仅仅能够糊口，但给了他们很大的鼓舞。

万事开头难。之后的两年多时间，麦提喀斯木带着他的施工队，在周边地区参与完成了大大小小几十个工程。慢慢活多了起来，经验也丰富了，他的施工队在当地也小有名气。考虑到养育自己的家乡正在脱贫摘帽、需要建设发展、正是缺人手的时候，于是他在2019年上半年带领自己的施工队返回二二五团，主动承接了村里危房改造项目，用不到半年的时间为家乡建起37套居民住房。施工期间，他为村里30多名贫困劳动力创造了就业岗位，村民们不仅学会了建房的基本技能，而且增加了收入。麦提喀斯木还会利用空闲时间免费为贫困村民修整房屋，改善居住条件。2020年上半年，兵团实施"美丽乡村建设"期间，麦提喀斯木带领自己的施工队义务维修居民住房，带头打扫卫生，整治美丽环境，受到大家的一致好评。

新冠肺炎疫情防控期间，麦提喀斯木义务担任村里的物资运送小队长，负责给居家村民提供基本生活物资。他细心周到，随叫随到。在他负责期间，每家每户都能保证基本生活需求，服务态度到位，得到乡亲们一致好评。麦提喀斯木原是巴格托格拉克建档立卡贫困户，但他带头创业，带头致富，目前年收入已达到10万元左右。在他的带领下，其他施工队员每人每年收入也达7万元左右。在家乡建设期间，他为50多人提供了就业岗位，很大程度上解决了村民家庭的生活负担，也带动了周围一些老乡积极创业。他是全村返乡创业、带头致富的好榜样。

梁成林

陕西省咸阳市乾县阳峪镇靠山村人，现就职于图木舒克市前海棉纺织有限责任公司

梁成林，1964年11月出生，陕西省咸阳市乾县阳峪镇靠山村农民，现任图木舒克市前海棉纺织有限责任公司工程项目负责人。1988年自陕西老家赴新疆乌鲁木齐、库尔勒等地打工，先后从事过泥瓦工、电焊工等工作。

经过不懈努力，2008年，他通过社会招聘进入新疆生产建设兵团第三师图木舒克市前海棉纺织有限责任公司工作，一直从事工程项目管理。2013年，公司在永安坝工业园区投资建设15万锭新纺织厂，梁成林负责场地平整、厂房建设、设备安装等工作。从开始营建至投产的2年时间内，他不辞辛苦，任劳任怨，一直坚守在生产建设的第一线。在兼任仓储部经理的5年里，梁成林管理5个库管，负责价值2亿多元的原材料、成品纱、机物料等物资。他以"责任重大、每个环节都不能出错"为己任，每天坚持检查入库数量，巡查消防安全，关注货物运输情况。梁成林常常在仓储工作上较真，公司每月盘存一次仓储，棉纱几乎无误差。在机物料入库、出库方面，公司以吨计量入库，出库时以包装袋标注的重量计量，常产生货物仓储入库、出库数量偏差，梁成林总是将偏差降到最低。

梁成林以实际行动感染身边的人，感染家乡的人，前后有20多人从陕西老家投奔梁成林到公司工作。他们有的成为技术骨干，有的成为厂里的老师傅，月工资最高6000多元、最低4000多元。梁成林的儿子、儿媳也加入公司工作，儿子月工资5000多元，儿媳月工资3000多元。为了使员工生活稳定，2016年，公司建设前海纺织小区保障性住房200套，解决了400多人住宿问题。梁成林担任项目负责人，几乎每天风餐露宿，履行监督工程的职责，确保工程质量，让员工住进放心房。

梁成林目前担任公司工程项目负责人，仍然坚持每天学习，熟练掌握了计算机办公软件的使用和网上项目申报，并通过"传、帮、带"培养了一批徒弟。梁成林在自己平凡的岗位上干出了属于自己的"精彩人生"，用实际行动诠释了艰苦奋斗的优良美德，发扬兵团人的"胡杨精神"，为公司的发展壮大贡献自己最大的力量。

余忠建

四川省苍溪县岳东镇文庙村人，现就职于新疆博乐赛里木建筑安装工程有限责任公司宏强分公司

余忠建，1970年1月16日出生于四川省苍溪县岳东镇文庙村一个军人家庭。现在新疆博乐赛里木建筑安装工程有限责任公司宏强分公司承建的新疆生产建设兵团第五师双河市客运小区建设项目工作。余忠建自1991年就从四川老家来新疆乌鲁木齐务工，他为城市建设贡献了自己的青春，清泉小区、警苑小区、北辰小区、华龙美玉小区等多个小区建设都留下了他的施工足迹。2014年，华龙美玉小区工程建设项目获得建设部"优质工程"荣誉称号。

"一个人可以没有文凭，但决不可以没有知识"。在建筑公司务工时，他深感自己专业技能的欠缺，懂得了科学文化知识的重要性，于是在认真工作的同时通过自学，于2006年被评定为木工技师。在第五师双河市客运小区建设项目施工中，他深知此项工程的重要性，它关系到500多户少数民族兄弟姐妹的回迁安置问题。在工作期间，他把多年学习积累的识图、施工、核算、管理等一套技术知识全部用到施工建设上来。他首先抓住工程质量不放松，把质量放在第一位，坚持按图纸要求、按工程规程办事，在施工中严格要求、严格把关，保证工程高质量，创建高质量的优质工程。同时，他处处以身作则，以一个施工带班人的带头模范行为带好一班人，严格管理，精心施工，与工人们同吃、同住、同劳动。经过几个月的奋战，余忠建带领的施工队伍出色地完成了客运小区3号、4号、5号、6号住宅楼的土建施工任务，为整个工程的如期交工打下了坚实基础。

作为一个从农村出来的孩子，余忠建在务工期间时刻不忘乡亲，组织村里的能工巧匠和身强体壮、有文化的青年，组建了一支由木工、钢筋工、瓦工、抹灰工、混凝土工、架子工等多个工种、130人的土建专业施工队伍，共同来到新疆务工，带动了当地农村劳动力转移就业，带领村民共同致富，得到文庙村广大村民的一致认可。

余忠建始终坚守"新冠肺炎疫情防控、安全生产、工程质量"三条红线，积极参与和支持疫情防控常态化工作。在复工复产后，他坚持把疫情防控放在首位，积极宣传防控知识，注重提高民工个人防护意识，配合项目部的防疫员做好人员的体温检测、重点部位的日常消杀等日常防护措施，确保了施工现场人员的身心健康。

鲜爱平

四川省苍溪县岳东镇文庙村人,现就职于新疆北方建设集团有限公司

鲜爱平,54岁,四川省苍溪县岳东镇文庙村人。他是一个地地道道的农民,只有高中文化,却以吃苦耐劳、好学肯钻的精神,组建了一支专业性非常强的劳务工队伍,30多年来带领近1 500人次的劳务工走向致富路。

1983年10月,他从家乡来到新疆,并且光荣地参加了新疆阜康36117部队。"一个人可以没有文凭,但决不可以没有知识"。在部队里,他深感自己专业技能的欠缺,懂得了科学文化知识的重要性,于是他在部队认真训练的同时考取了建筑施工员证书。1985年,他从部队顺利退伍。1986年,经过深入考察思量,他发现建筑市场前途广阔。于是他将村里的能工巧匠和身强体壮、有文化的青年组织起来,组建了一支有20多人、专业性非常强的队伍来到了新疆北方建设集团公司。在工作中,他把多年学习积累的识图、施工、核算、管理等一套技术知识全部用到了施工建设上来。他首先抓住安全管理不放松,不仅自己学习建筑施工安全知识,还积极开展各种活动,提升劳务队安全生产意识。出门在外施工,安全第一,他要把每一名工人安安全全带回家。在工程质量上,他坚持按图纸要求、按工程规程办事,在施工中严格要求、严格把关,保证工程质量。他以一个施工队长的标准带头,要求工人做到的,首先自己必须做到,只要自己在现场,遇到问题冲上去解决的肯定是他。多年来,他完成了新疆生产建设兵团第七师一二九团腾飞里小区住宅楼、天玺广场1号、2号、10号住宅楼、第七师一三零团保障性住房、第七师一二九团幼儿园、第七师胡杨河市便民服务中心(行政审批中心)项目、胡杨河市青北家园项目等诸多施工任务。如今,在他的带领下,这支队伍已经扩展到200多人。他说:"每一名农民工,都是普普通通的平凡人,但他们每个人都有一颗扎扎实实、勤勤恳恳、爱岗敬业、甘于吃苦、乐于奉献的心。"

2015年,天北新区总部经济区大楼5号楼被评为"兵团文明工地";2016年,腾飞里小区住宅楼项目荣获"兵团昆仑杯"称号;天玺广场住宅楼项目被评为"兵团文明工地"。

胡涛

四川省古蔺县石屏乡印合村人,现就职于新疆新城建设(集团)有限公司

胡涛,1975年11月出生,高中学历,现为新疆新城建设(集团)有限公司安装工人。

2015年,胡涛奔赴新疆务工,加入新疆新城建设(集团)有限公司。在公司上班期间,他任劳任怨,不畏困难,出色完成自己本职工作之余,还利用空闲时间在施工现场学会查看图纸、仪器操作、测量放线等技能。同年,公司承建了"北屯市反恐综合训练基地"施工项目,地理位置偏僻,缺水少电,环境恶劣,给施工带来诸多不便。在这种情况下,胡涛积极带头,克服困难,保证施工水电充足,为公司如期完工做出了突出贡献。

2020年因突发新冠肺炎疫情,公司水电工无法到现场施工,经报备批准,胡涛义务担负起临时水电工任务。同时,他还主动负责公司内部消毒液、口罩等防疫物资的分发工作,主动为工地消毒、清理垃圾。在公司上班期间,他不时地帮助门卫老大爷及其他工友干一些力所能及的活,受到大家的一致好评。他积极主动协调,帮助家乡富余劳动力解决就业问题,带领100多位父老乡亲走出山村,勤劳致富,实现多元增收。在公司承建一八八团瑞景小区项目时,一位工友凌晨3点急性阑尾炎发作,胡涛得知后以最快速度将其送往医院。为了不麻烦别人,他给妻子打电话,让妻子转了15 000元住院治疗费,让工友得到及时医治。

胡涛出生在革命老区赤水河畔,受老一辈革命思想的影响,风清气正,艰苦奋斗。他在贫困的乌蒙山区高中毕业以后,因家庭贫困没有继续上学,为解决家庭贫困外出务工,打工期间注重学技能、学手艺,不断提升自身技能水平,几年下来掌握了瓦工、油工、水电工等多项技能,为将来自己就业增收打下良好的基础。胡涛紧跟时代的脚步,诚信实干、合作共赢、勤于学习、热情周到,赢得公司、工友的一致好评。作为一名新时代的农民工,他认真努力,在新时代发展中不断进步,在前进的道路上不断实现自身的价值。

鲜斌

四川省仪陇县石佛乡继红村人，现就职于新疆生产建设兵团建工一建集团

鲜斌，男，汉族，1972年7月出生，祖籍四川省，1990年来到新疆从事建筑业，2010年进入新疆生产建设兵团建工一建集团从事建筑劳务工作。他先后在新疆农牧民机械管理局集资楼工程、兵团广播电视制播中心建设工程、兵团检察院办案用房和专业技术用房建设等项目担任劳务队队长。他热爱祖国，坚决拥护中国共产党的领导和社会主义制度，拥护党和国家的路线、方针、政策，遵纪守法。他始终坚守在一线，严格要求自己，立足本岗、艰苦奋斗、无私奉献，本着一个工人应有的精神，谱写了属于自己的风采。

他以高度的主人翁精神和良好的职业道德投身于改革开放和社会主义现代化建设。1990年，满怀憧憬和理想，鲜斌离开故乡，来到了一直向往的城市——新疆，他选择了建筑行业，从一名普通的农民工开始做起。鲜斌心知自己的文化水平、综合素质难以达到工程质量、安全目标的要求，因此，他一方面刻苦钻研工作业务，另一方面虚心向项目技术人员学习专业知识，认真研究各种施工工艺、建筑结构特点。他用了3年的时间勤加练习、自我磨砺，在自身努力下，不断实践和总结，从建筑行业农民工队伍的一名"新兵"逐渐成长为可独当一面的农民工劳务管理人员。他从四川老家带农民工到新疆承包劳务工程，2010年进入兵团建工一建集团。许多重大工程都有他忙碌的身影，有时候农民工兄弟开玩笑地说道："老板，我们都是农民工，看你操心的，就差连衣服都帮我们买啦！"他笑笑说道："你们一天这么辛苦，我作为一名劳务班组长，我得对你们负责，对得起你们对我的信任啊！"

2014年，他带领农民工劳务班组参建兵团广播电视制播中心建设工程。该工程施工难度大、任务重、要求高，很多劳务队对此项工程望而却步，但是鲜斌却选择迎难而上，凭借自己多年来刻苦钻研、不懈努力积累到的专业知识与施工经验，同项目部共同协作、紧密配合，带领劳务队顶着压力，斗烈日，战酷暑，保生产，各项工作超常规向前推进。鲜斌劳务队及个人也因此连续多年被兵团建工集团和一建集团评为优秀劳务队、先进个人。

日复一日，年复一年，鲜斌带领的劳务队不怕难、不怕险，勇于开拓，扎根新疆，扎根兵团，以好学上进的态度、脚踏实地的作风、艰苦奋斗的精神、严于律己的觉悟带领劳务队勇挑重担、勇打硬仗，创造了有目共睹的业绩。面对新的奋斗目标，鲜斌表示会不负众望，继续发扬"特别能吃苦、特别能战斗"的优良作风，力争使劳务队各项工作跨上一个新的台阶，为企业的发展奉献力量。

第二部分

全国农民工工作
先进集体事迹

北京市东城区职业能力建设指导中心先进事迹

为深入贯彻习近平总书记关于脱贫攻坚的重要论述，落实北京市委、市政府在对口扶贫工作上的指示精神，进一步做好农民工提升职业技能与就业服务工作，东城区人力资源和社会保障局不断深化开展各种形式的适合农民工的技能培训、岗位招聘服务，推进与对口帮扶地区的技能扶贫与劳务协作，力争让更多的农民工和建档立卡贫困户能够通过就业实现增收。由东城区职业能力建设指导中心（以下简称职建中心）牵头，积极组织优质培训机构、用工企业资源与农民工对接，同时成立北京市首家"对口帮扶地区在京务工人员之家"，为在京务工的农民工与受援地区贫困人员搭建一个服务平台，借助人力社保职能，解决在京工作中遇到的问题，促进他们在京稳定就业，保障其持续增收，防止回乡返贫。

一、全力开展农民工培训与就业服务

职建中心主要职责为组织指导开展辖区职业技能培训工作，对职业技能培训机构进行督导服务，指导培训机构开展适合各类群体的职业技能培训对在京就业农民工和受援脱贫地区建档立卡贫困户进行精准帮扶，引导企业积极开展职工培训，提升就业技能水平，促进稳定就业。几年来，职建中心积极发挥职业技能培训与促进劳动者就业能力提升的主责作用，在全面推进职业技能提升和脱贫攻坚战略任务的大背景下，深化落实国务院、市、区各级各类职业技能培训与就业帮扶作为中心重点工作。职建中心多方面汇集辖区职业技能培训机构、用工企业以及相关职能部门资源，为农民工搭建集培训、就业、维权等人力社保职能于一体的综合服务平台。

（一）发挥职能优势促进农民工就业能力提升。一是在扩大覆盖面上下功夫。职建中心将辖区内38家职业技能培训机构、培训专业、课程进行分类梳理，对应不同的服务对象与就业群体，着力打造农民工培训创新课程体系与模式。面对农民工进京就业的不同特点，指导培训机构给予分类施策。如刚刚进京务工人员需要快速掌握某项技能，推荐如家政服务、护理、酒店服务等培训时间短、就业空间较大的专业进行培训；对于具有一定学历的务工人员，推荐如智能楼宇、专业维修等技术要求较强的专业进行培训；对于有一定在京工作时间经历的务工人员，推荐相对适合转换工作岗位的专业进行培训。职建中心充分发挥技能培训平台的作用，让包括农民工在内的各类群体和技能培训专业能够及时有效地对接。2016年以来，组织辖区内各类职业技能培训机构开展职业技能培训

38 000余人，其中外来人员及农民工群体的职业技能培训24 000余人。

二是在精准特色方面做文章。职建中心组织多种形式的职业技能培训与竞赛，不断提升农民工就业竞争力与稳定性。职建中心借助职业技能提升行动的有利契机，推进针对农民工的职业技能培训工作，尤其在家政服务、养老护理、育婴、锁具修理、中烹中面、保健按摩以及建筑机械操作等适合农民工就业的培训专业上，指导辖区培训机构开设课程，并与相关城乡、建工、家政、养老等用工企业实现对接，提升农民的就业能力。从2019年开始，职建中心在辖区内连续组织开展了两届"以赛促训、赛训结合"模式的职业技能大赛，面向养老护理员、家政服务员两个专业，来自42家企业的1 030名在京务工从业者、农民工参加赛前24课时培训与复赛、决赛，在提升就业技能服务水平的同时获得了极大的职业激励。

三是在联动服务机制上见成效。职建中心坚持将技能提升作为促进就业、稳定就业的有效助力，与就业服务相关部门始终保持高效联动。一方面，对于有就业需求的农民工推荐优质适合的培训资源，通过提升技能扩大自身的就业选择，有效地提升了个体就业成功匹配率；另一方面，在技能培训过程中深层次开展职业指导，让农民工了解到提升职业技能的重要性，帮助自己明确就业方面，并针对培训专业情况向他们有针对性地提供就业岗位，岗技联动的模式促进他们快速实现就业。近五年来，经过职业技能培训实现就业的农民工年均4 000余人。

（二）建立在京务工农民工信息沟通的中心。2020年是脱贫攻坚收官之年，职建中心不仅完成了对口帮扶地区的就业扶贫任务，协助受援地区巩固脱贫成果，更是进一步发挥职能优势，拓展服务的覆盖范围，全力做好为中西部地区在京工作的70 197名农民工的就业帮助与服务工作。一方面，职建中心对于有效信息人员建立了全面联系，设立专人专线，时刻跟踪就业情况，对于有维护劳动权益、提升技能以及求职需求的人员及时提供有效、便利的沟通渠道，让他们能够稳定在京就业；另一方面，与局内相关职能部门建立快速联动响应机制，劳动监察、仲裁提供维权指导，职业介绍部门推荐岗位信息，组合服务模式保障农民工安心就业。虽然这些人员来自24个省市地区，体量庞大，但务工之家已将为他们的服务融入日常工作中，精准帮助解决有需求人员的问题与困难。

（三）积极推进对口帮扶地区农民工培训就业服务。职建中心充分发挥职能作用，让技能扶贫成为对口帮扶地区贫困户就业脱贫的排头兵。职建中心将北京的技能培训优质师资与岗位信息带到当地，努力引导提升就业技能促进就业。自扶贫对接工作开展以来，先后与各受援地区开展技能扶贫培训53次，建立劳动实训基地14个，培训当地劳动力4 100人，其中建档立卡贫困人员930人；通过参加职业技能培训实现就业1 482人，其中建档立卡贫困人员594人；更为受援地区提供在京就业岗位45 000余条，充足的就业机会让当地劳动力能够走出家门，实现就业脱贫。

二、扎实推进在京务工人员之家工作

东城区对口帮扶地区在京务工人员之家（以下简称在京务工人员之家）自2018年9月成立以来，已与河北崇礼、内蒙古阿尔山和化德、湖北郧阳等受援地区共同建立了起交流服务平台，在库人员已达到1 577人，其中建档立卡贫困人员99名。通过各种沟通方式服务500余人次，年均推送、发布岗位信息1 500余条，向近百名在京务工人员提供了技能培训、劳动争议维权、子女上学、社保缴费、工作居住证办理等方面的咨询和服务。在京务工人员之家得到了来自受援地区务工人员的认可，同时也获得了各级相关部门的肯定，曾被评为"北京市扶贫协作奖"，列为"北京市人社局2018年度特色创新推广项目"，并成功入选人社部评选的"全国2019年人社扶贫典型事例"。人社部有关领导同志专门作出批示："东城区深入贯彻总书记脱贫攻坚指示精神，聚焦精准扶贫，创立'对口帮扶地区在京务工人员之家'，充分体现了主动担当和协作攻坚的意识，体现了强力攻坚、狠抓落实的作风。"

在京务工人员之家为在京就业的农民工和贫困人员重点提供三类服务：一是职业介绍服务，广泛收集、开发适合外来务工人员的就业岗位，提供职业指导服务，通过公众号、微信群等形式定期向在京务工人员推送就业岗位信息，开展有针对性的专场招聘洽谈活动，为失业或想转换职业的在京务工人员提供优质岗位信息，帮助他们尽快找到新的工作，提高就业质量；二是技能提升服务，充分利用辖区优质培训资源，开展普及化、渐进式的职业技能培训，鼓励在京务工人员通过参加培训提高自身技能水平，提升就业竞争能力，从而获得更高收入；三是劳动维权服务，定期向在京务工人员开展法律法规的普及宣传，增强自我保护意识，根据需求开展专题咨询，协助其在社会保险、工资拖欠、劳动合同、工伤认定等方面维护合法权益。在京务工人员之家建立了"一库、一册、一专线、一平台""四个一"的工作模式："一库"即人员信息库，详细统计对口帮扶地区在京务工人员信息，建立包括就业地区、工作单位、技能水平、是否为建档立卡贫困人员等内容的工作台账，通过与对口帮扶地区就业部门共享信息，及时动态掌握在库人员情况，同时建立了《人员信息库管理办法》，确保信息安全；"一册"即工作宣传册，将在京务工人员之家建设目的、意义、运行模式、服务内容、联系地址、联系电话等内容编撰成册，发放给在京务工人员，让他们能迅速对在京务工人员之家有感性认识；"一专线"即设置专线电话，安排工作人员专岗值守，保证在京务工人员能随时与"家"取得联系，专门编制了《在京务工人员之家咨询服务简答手册》，明确13种规范用语和18个高频问题的答复意见；"一平台"即管理服务平台，建立内部运行响应机制，设计了运转高效的接待服务流程，充分调动劳动监察、仲裁、社保、工伤等各职能部门力量，全力做好服务，对在京务工人员的每次来访来电均做好记录，跟踪办理情况，确保每个帮扶需求事事有回音、件件有落实。

在京务工人员之家针对外来务工人情况，结合人社职能，提供如专场招聘会、政策咨询会、职业技能培训班等方面的综合服务，还取得了更多延伸效果。

一是为在京务工人员搭建沟通交流平台。在京务工人员之家成立以来，通过定期组织集中活动的形式，紧密将务工人员联系起来，定期与信息库内人员电话联系，通过160余人微信群日常沟通，通过信息的相互传播发挥辐射作用。在每年9月份的中秋、国庆前夕都会组织在京务工人员开展回"家"活动，共同学习座谈，了解务工人员在京的工作、生活情况和存在困难，在增进相互认识与情感交流的同时，让大家能够共享资源、互通有无、缓解压力，坚定在京生活、工作的信心。

二是让务工人员获得畅通的人社职能服务。为在京务工人员开展灵活多样的技能培训、就业招聘活动，这些人员由于工作时间、生活地点不同，组织集中性的活动有一定难度。在京务工之家积极与公共服务中心、劳动争议仲裁院、社保中心等职能部门开展综合服务性质的联合活动，引导有转变岗位、劳动维权、社保经办等相关需求的务工人员参与其中。在京务工人员之家工作人员与有需求的务工人员建立个人微信联系，曾经有位老乡凌晨一点和工作人员联系，这位老乡即将失业，他在北京无依无靠，抱着试一试的心理向在京务工人员之家求助。工作人员赶紧安慰他，并在第二天联系公共服务中心帮他找工作。新冠肺炎疫情期间，为了防止对口帮扶地区的务工人员就业受到影响而返贫，在京务工人员之家通过电话、短信、微信群等渠道积极推送岗位信息 1 300 余条，对联系的有就业意愿的务工人员提供跟进服务。同时相关部门积极采集岗位信息，先后向外来务工人员及受援地区发布岗位信息 17 000 余条，让他们能够有更多的选择留在北京工作。

三是与受援地区就业部门建立联动服务机制。在京务工人员之家积极组织人社职能部门向务工人员介绍、讲解积分落户、工作居住证办理、职业技能提升、劳动争议维权等热点政策，关注在京务工人员的生活工作状态。定期与受援地区核实、传递在京务工人员信息，牢牢把握对口帮扶地区建档立卡贫困人员的信息，特别关注他们的就业、生活状况，还配合受援地区就业部门开展慰问工作。崇礼的在京务工人员宋丽霞因爱人生病需要高额的医药费，决定返回老家。在了解到这个情况后，在京务工人员之家的工作人员马上和当地就业局取得联系、说明情况，让宋丽霞回到崇礼后马上找到了工作。2020 年疫情期间，在京务工人员之家通过对建档立卡贫困人员的跟踪服务，发现阿尔山市有 3 名建档立卡贫困人员受疫情影响暂时失业后返回原籍，了解情况后立即将信息传递给阿尔山市就业局跟进服务，目前这 3 人已经在阿尔山市实现就业。

四是为拓展更广泛的在京人员服务奠定基础。在京务工人员之家探索运行以来，积极总结经验，逐步扩大人员服务的覆盖范围，目前已与乌兰察布市在京人员服务中心达成共建，将服务触角延伸到受援地周边，联系邀请到如山西大同、乌兰察布等更多地区的在京务工人员、小企业家参与进来，让这个"家"的资源更加丰富，人力社保职能运用更加充分，逐步建成务工人员共通共识、共建共享的服务之家。

职建中心将更好地立足本职、完善制度、总结经验、热情服务，将这个为农民工提供人社职能服务的综合平台建设好、管理好、运行好，让在京务工的农民工兄弟姐妹们有"家"可回、有"家"可依，成为外来务工人员在北京的温馨家园和坚强后盾！

北京三快在线科技有限公司先进事迹

以习近平新时代中国特色社会主义思想为指导，北京三快在线科技有限公司（美团旗下公司，主要经营外卖业务，以下简称"三快在线"）深入贯彻党的十九大和十九届二中、三中、四中、五中全会精神，坚决执行党和国家及市委、市政府关于解决农民工问题、做好为农民工服务工作、维护农民工合法权益的政策法规，认真落实各级党委、政府以及农民工工作议事协调机构的工作部署，在促进农民工就业、开展农民工职业培训、保障农民工劳动报酬及其他合法权益等方面做出很多努力，取得一定成绩，主要体现在以下四个方面：

一、勇于创新，保障农民工就业

（一）创造就业机会，惠及广大农民工群体。人力资源社会保障部发文明确"网约配送员"成为新职业，并指出网约配送员是现代城市生活的"新基础设施"。三快在线在国内开拓了外卖配送业务，而网约配送员这个职业就业灵活，特别适合学历不高、缺少上升通路的农民工群体。在北京地区，三快在线2019年累计有单网约配送员约20.37万人，2020年1月至10月累计有单网约配送员已近20万，其中80%以上来自农村。

（二）落实以训稳岗，提升农民工职业技能。为使初入首都的农民工网约配送员能够尽快进入工作状态、获取劳动收入，三快在线高度重视网约配送员职业技能的培养。结合农民工实际需要，开设了心理疏导、外卖创业等30多门针对性培训课程。同时，为强化文明骑行意识，保障交通安全，三快在线与北京市交通管理部门携手，专门组织58场警企活动，包括安全培训、参观学习、安全检查等。2020年5月，公安部发起了"一盔一带"主题交通安全活动，三快在线网约配送员600余人次参与东城、西城、丰台、朝阳等8个区、13场宣传活动，央视、新华网、北京日报等媒体进行了公开报道。

（三）持续用心关怀，维护农民工合法权益。为使农民工网约配送员以新市民的姿态更好融入城市，获得更好的生活健康保障，三快在线不断完善网约配送员关怀保障举措，扩大保障范围，惠及网约配送员家人，主要包括：1. 设立"717骑士节"，唤起各平台、商家、消费者、各行业等对网约配送员的关怀。2. 在酷暑、风雪等恶劣天气时，发放降暑、御寒物资等，加强对网约配送员的保护。3. 在节日、生日时，组织站点聚餐、家人团聚、App祝福等传递温暖。4. 组织网约配送员篮球赛、运动会、歌唱比赛等文娱活动，丰富网约配送员日常生活。5. 设立"网约配送员关怀基金"及"贫困网约配送员重疾医疗保障基金"，为专送网约配送员、贫困网约配送员及其父母、配偶、子女提供大病帮扶、紧急医疗救助。6. 设立面向即时配送全行业网约配送员患病子女的关爱计划"袋鼠宝贝"，2020年已帮扶美团、饿了么、闪送等机构共65名网约配送员子女，帮扶金额143.2万元。7. 设立"员工公益月捐"计划，鼓励全体三快在线人自愿加入公益月捐，一起帮助网约配送员子女。

二、支持农民工返岗复工，积极参与新冠肺炎疫情防控

（一）全面核酸检测，推进返岗复工。在2020年上半年疫情防控关键时期，按照北京市关于加强商业服务业重点人群健康监测管理的要求，三快在线组织全体网约配送员参加核酸检测，统筹区县、乡镇街道、社区等多渠道齐头并进，确保所有上岗网约配送员核酸检测率达到100%。通过分级分批核酸检测，使约7万名农民工网约配送员尽快返岗复工，为北京市民提供更好更快的本地生活服务，推动复工复产。

（二）加强防疫保障，保护网约配送员和消费者安全。疫情期间，三快在线对网约配送员加强支持和保障，全力筹措口罩等防疫用品供给一线网约配送员，确保骑手提供服务时佩戴口罩，并督促网约配送员及时对配送箱、手等消毒，开展"无接触配送"，减少与人接触，保护网约配送员安全。三快在线还升级了针对新冠肺炎疫情的"全过程保障计划"，统一为网约配送员及家人提供免费保障方案，在检查、疑似、隔离、确诊以及治疗的各阶段，都将给予相应补助，最高可达30万元。疫情期间，三快在线网约配送员能够主动服从、积极配合社区（村）疫情防控工作人员的管理，配合查验身份、检测体温、登记备案等，同时还配合街道、社区（村）有效反馈、协助处理问题。

三、聚焦精准扶贫，取得显著脱贫成效

（一）开展就业扶贫，鼓励贫困人员劳动致富。外卖行业吸纳就业灵活，准入门槛较低，允许网约配送员兼职取酬。三快在线以"就业扶贫"为抓手，积极推动就业扶贫，鼓励农民工通过劳动致富，推动乡村振兴，取得了比较好的效果。在北京地区，2019年累计有单网约配送员约20.37万人，其中1.46万人为建档立卡贫困户；2020年1月至10月累计有单网约配送员近20万人，其中1.1万人为建档立卡贫困户。三快在线为他们提供了就业增收机会，这已经成为贫困地区人口在首都实现迅速就业的主要途径，也是贫困人口增加收入、实现脱贫的有效手段。

（二）加强长期扶助，防止再次返贫。为提高网约配送员工作的稳定性，提升其长期收入水平，避免再次返贫，三快在线目前正在推进外卖网约配送员成长计划。该计划是针对网约配送员配送工作能力纵向提升以及未来职业发展规划横向拓展的培训计划，目的是让网约配送员立足本职工作，提升配送技巧及收入，同时依托于三快在线现有的网约配送员培训内容及网约配送员自强学堂学习平台课程与技术，引入外部培训机构，提升网约配送员群体的专业技能和综合素质。"授人以鱼不如授人以渔"，通过就业扶贫，帮助贫困人口脱贫致富，三快在线长期有耐心。

四、弘扬正能量，使农民工网约配送员成为首都的新建设者

如今，进入城市的农民工网约配送员正在以新市民姿态逐步融入现代城市生活。三快在线鼓励农民工网约配送员积极参与城市治理，在街巷间穿梭的同时，努力成为美好城市的新建设者和守护者。

2019年1月，三快在线与北京市朝阳区团委、区城管委共同发起"美好朝阳骑士"项目，请外卖小哥作为"小巷管家"，将日常送餐工作与社会面巡查相结合，及时发现环境卫生、生产生活安全、市政设施等城市问题并反馈，或力所能及地参与部分问题的解决。三快在线网约配送员常凯因此荣获"新时代首都先锋志愿者""北京青年榜样·时代楷模"称号及北京市"五四青年奖章"并当选全国青联委员。常凯和高治晓还作为外卖小哥的代表，入选北京市"众志成城 共抗疫情"百姓宣讲团，参与了全市25场巡回宣讲活动。

加强和创新社会治理的核心是人，做好人心工作也是三快在线的管理特色。农民工网约配送员们正通过网约配送员工作自立自强，奋力改变着自己和家人的生活，三快在线把关心网约配送员作为应尽责任，希望在他们努力奔跑的奋斗路上，给予更大的支持与助力、更多的帮扶与关爱。三快在线将会继续以习近平新时代中国特色社会主义思想为指导，坚决执行党和国家以及市委、市政府关于解决农民工问题、做好农民工服务工作、维护农民工合法权益的政策法规，一如既往地认真履行职责，坚持群众路线，关爱农民工群体，让行走在路上的广大网约配送员带着更饱满的热情投入到社会主义现代化建设中。

天津市西青区司法局先进事迹

天津市西青区司法局强化政治担当，将"根治欠薪""保障农民工的合法权益"作为重大政治责任，作为践行司法为民宗旨、维护党和政府形象、不忘初心的实际行动。全面明确责任、抓实重点、强化措施，充分发挥司法职能作用，全力做好农民工的服务保障工作，得到了农民工的高度认可和赞扬。

一、深入排查，全面化解，多方保障

西青区司法局深化援调、访调对接机制，以"宜调则调"为原则，加强与街镇、综治、信访、法院、仲裁机构等部门沟通协调，建立农民工欠薪纠纷信息整合机制，形成纠纷化解合力，畅通农民工工资争议处理"绿色通道"，尽力将农民工治欠保支矛盾纠纷案件解决在源头，消灭在萌芽状态，及时有效地维护好农民工的合法权益。截至目前，西青区司法局共排查纠纷4 262起，为3 257名农民工挽回损失约1.6亿元。

二、加大普法，拓宽渠道，提升认知

西青区司法局落实"七五"普法规划，开展线上、线下多领域、多渠道的宣传活动，线上利用"法治西青""西青普法"等"两微一端"新媒体平台，推广"互联网+调解"服务体系；线下发放法治宣传材料，组织开展《保障农民工工资支付条例》等系列主题宣讲活动，组建法律服务志愿者团队，在企业、施工现场开展政策法规宣传教育，在仲裁机构设立咨询服务岗，全面强化欠薪领域的普法宣传工作，引导农民工遵法学法守法用法，通过合法途径维护自身的合法权益，依法理性表达利益诉求。截至目前，西青区司法局利用各类新媒体平台共推送法治资讯500条，累计阅读量达144余万次，深入工厂、工地、商铺等，有针对性地开展助力农民工法治宣传活动120场次，发放法治宣传品8 600余份，受教育人数20 000余人，有效增强了农民工的法律意识和维权意识，扩大了法治宣传的传播范围，营造了法治在身边的浓厚氛围。

三、法援维权，助力讨薪，保障权益

西青区司法局在各级公共法律服务中心设立专项根治欠薪咨询服务窗口，确保农民工及时得到法律咨询和法律援助。同时西青区法律援助中心开通农民工欠薪法律援助"绿色通道"，对欠薪农民工一律免于审查经济困难条件，对农民工法律援助案件，遵循优先受理、优先审查、优先指派的原则，简化审批手续。对可能引发群体性讨薪或敏感重大的案件，西青区法律援助中心及时与建委、信访部门互通情况，协助做好相关处置工作，保障农民工的合法权益第一时间得到维护。截至目前，西青区法律援助中心共受理涉及农民工案件94件，涉及农民工130余人，挽回经济损失80余万元。

虽然农民工维权工作困难重重。但西青区司法局有信心、也有决心全面做好涉及农民工的维权工作，预防和减少拖欠农民工工资行为的发生，实实在在地做好此项工作。

天津市武清区人力资源和社会保障局先进事迹

武清区是天津市主要的涉农大区，地处京津之间，是京津冀一体化的重要节点，全区常住人口120万，其中乡村人口80.9万。武清区人力资源和社会保障局切实提高政治站位，将农民工工作作为龙头工作，始终高度重视，多年来持续多渠道促进农民工就业创业，扩大农民工社会保障覆盖面，维护农民工劳动保障权益，连续多年超额完成天津市政府下达的就业指标。近年来，武清区人力资源和社会保障局先后获得了"全国人力资源社会保障系统优质服务窗口""天津市模范集体""天津市文明单位""天津市东西部扶贫协作和支援合作先进单位"等多项荣誉。特别是2020年，面对新冠肺炎疫情的不利影响，武清区人力资源和社会保障局积极组织开展"抗疫情、稳用工、扩就业"专项行动，在保就业、稳就业工作中做出了积极贡献，得到了市、区两级领导的高度评价，在全市农民工工作会议上做了典型发言。

一、强化组织政策支撑，着力夯实农民工工作基础

健全区农民工工作领导小组和根治欠薪领导小组，完善了区、镇街、村（社区）三级劳动保障服务体系，以及覆盖区、镇街、行业、企事业单位的四级劳动人事争议调解网络，全区共有各级劳动保障工作人员1 000余人，形成了齐抓共管的强大工作合力。通过积极争取和努力，区委区政府将农民工工作纳入全区高质量发展考核，将就业任务和农民工权益保障工作任务压实到各镇街、园区，并按时进行督查，在全区形成了浓厚的促进农民工工作开展的良好氛围。几年来，武清区人力资源和社会保障局牵头起草并以区政府名义印发了《武清区关于做好当前和今后一个时期促进就业工作的实施方案》《武清区开展"抗疫情 稳用工 扩就业"专项行动实施方案》《武清区2020年根治拖欠农民工工资工作实施方案》等一系列文件，明确了对农民工群体各项扶持政策和保障措施，为扎实做好农民工工作奠定了基础。特别是在新冠肺炎疫情期间，武清区人力资源和社会保障局积极争取区财政资金3 200余万元用于全区稳就业、保就业工作，对于推进全区农民工工作开展发挥了极大的促进作用。

二、全面优化公共就业服务，着力促进农民工就业创业

围绕做好农民工就业工作，武清区人力资源和社会保障局全面推行"互联网＋就业"新模式，将企业和求职者信息与镇街、园区电子地图有机结合，开发了武清就业服务地图（目前地图注册企业达到1 305家、用户达到26 220人，累计访问80万人次），实现了企业和求职者双向选择、精准对接，为农村富余劳动力就近就地转移就业奠定了坚实基础。在完善线上招聘的同时，积极拓展线下就业服务，2019年以来，举办各类招聘会256场，其中，针对农民工就业举办了"春风行动暨就业援助月""民营企业招聘周""困难村富余劳动力就业专场"等专场招聘会33场，全区共实现新增就业近8万人，转移农村富余劳动力3.8万人。同时，积极开展创业培训，通过创业带动就业，2019年以来先后举办农民工创业培训班14期，培训学员420人，带动农民工就业1 347人，为385名农民工发放创业担保贷款9 050万元。特别是在新冠肺炎疫情期间，为促进企业和求职者之间高效对接，武清区人力资源和社会保障局充分发挥武清就业服务地图的作用，举办线上招聘会85场、发布岗位信息4.2万条，为8.3万人进行了职业介绍，累计转移农村富余劳动力1.3万人，2020年新增就业中超过40%的求职者通过线上渠道实现就业。

三、全覆盖落实各项惠企利民政策，着力稳定农民工就业岗位

武清区人力资源和社会保障局将农民工作为就业扶持重点对象，积极落实失业保险返还、吸纳就业补贴、职业培训补贴等各项优惠政策，鼓励企业招用农民工。2019年以来，为3 508户企业申报并发放援企稳岗补贴8 618.29万元，为481户企业核定失业保险待遇1 868人，为19 303人次发放失业保险待遇2 536.95万元，为1 170人申报并发放学历职称技能补贴163.75万元，为33 638人次兑现保险补贴2 120.13万元。武清区人力资源和社会保障局结合农村群体和农业发展实际，依托全区民办培训机构，科学设置培训项目，有针对性地开展技能培训，截至目前，共开展补贴类职业技能培训140余班次，涉及保育员、电切削工等多个工种，累计培训农村劳动力6 800余人。对全区农村困难人员开展就业情况进行摸排，梳理出近3 000人的就业帮扶需求，并建立数据库动态调整，共给予就业帮扶3 024人次，开展技能培训695人次，实现了应帮尽帮。在新冠肺炎疫情期间，累计开展各类技能培训41 991人次，预计发放培训补贴2 850余万元；落实阶段性减免企业社会保险费要求，减免企业社会保险费用约13.3亿元，极大地减轻了企业负担，稳定了就业岗位。

四、开展东西部劳务协作，着力帮助建档立卡贫困人员实现脱贫

按照中央关于实施东西部扶贫协作部署要求，与西藏自治区江达县、甘肃省静宁泾川两县、河北省围场县通力协作，扎实推进劳务协作各项工作。围绕实现就业帮扶目标，武清区人力资源和社会保障局积极对接对口帮扶地区人力资源和社会保障局，建立并完善与四县劳务协作对接机制，4年来，与四县累计开展东西部劳务协作线上线下专场招聘会44场，参与企业468家，提供就业岗位

30 417 个，达成就业意向 4 243 人。帮助受援地建档立卡贫困人员实现来津就业 815 人，就近就地转移就业 4 262 人，到其他省市就业 8 073 人。同时，与受援地人力资源和社会保障部门联合组织开展服饰加工、种养殖技术、育婴、手工编织、电焊工等符合当地产业需求的职业技能培训班，累计培训建档立卡贫困人员 5 007 人次；组织开展农村致富带头人创业培训，培训农村致富能人 1 807 人，有力提升了困难人员就业能力，其中成功创业人员达到 644 人，实现带贫 3 300 人以上。累计帮助受援地建立扶贫车间 25 个，已全部投入生产，吸纳建档立卡贫困人员就业达到 600 余人，人均月收入稳定在 3 000 元以上。

五、畅通农民工维权渠道，着力维护农民工合法权益

武清区人力资源和社会保障局加大劳动监察执法力度，围绕宣传贯彻《保障农民工工资支付条例》，分批次对 160 个在建项目管理人员进行政策培训，走访农民工重点用工单位 600 余家，营造了保障农民工工资支付的良好氛围。持续开展和谐企业创建工作，建立和谐企业 1 000 余家，京滨工业园成为国家级和谐模范工业园区。完善协商、调解、仲裁、诉讼相互协调、有序衔接的多元处理机制，推动相关单位开展涉及农民工劳动纠纷化解工作。2020 年以来，受理案件 3 343 件，全部时效内结案，为 4 520 名员工追讨工资 1 830 余万元，持续保持了全区重特大劳资纠纷案件发生率为零。受理劳动人事争议案件 2 629 件、结案 2 061 件，一裁终局率达 78.4%，为 4 938 名劳动者挽回经济损失 8 336 万元；调解案件 1 303 件，案件调解率 3.22%；审结集体争议案件 31 件，涉案人数 847 人次，涉案金额 1 735.41 万元，维护了全区劳动关系和谐稳定。

河北省就业服务中心先进事迹

河北省就业服务中心认真贯彻落实党中央、国务院关于农民工工作的决策部署，在动态管理促就业、多措并举助脱贫、技能培训提素质、应对疫情强输出等方面取得突出成效，帮助全省1 225.12万名农民工实现就业创业。

一、创新服务方式，农民工动态管理促就业

（一）建立机制，明确任务。疫情防控和保居民就业对农民工就业工作提出了更高要求，为精准掌握农村劳动力就业情况，我们创新服务方式，将报表统计优化为信息化实名制管理，印发了《河北省人力资源和保障厅关于进一步做好农村劳动力转移就业实名制管理工作的通知》（冀人社字〔2020〕44号），明确工作目标和登记范围，健全省、市、县、乡镇、村分级管理工作机制，确保实现实名管理、动态管理、精准管理、科学管理。

（二）搭建平台，高效便捷。经多方论证，广泛调研，我们设计开发了《河北省劳动力转移就业实名制系统》。通过实名制系统数据采集和更新情况，准确掌握了农民工就业情况。确定信息采集项目，并逐项明确指标解释和填录内容，确保数据真实准确，全面覆盖。研发微信小程序和互联网两种线上填录程序，并协同社保卡、扶贫信息系统数据信息，减少信息录入工作量，方便录入系统。

（三）形成合力，强力推进。结合各地农民工统计数据情况，每天通报录入工作进度。河北省就业服务中心建立市、县两个微信群，各地入群工作人员500余人，明确专人指导各地做好系统数据录入工作。各地通过政府发文，召开会议部署、动员，购买服务，采用电台、电视台、微信公众号、农村大喇叭广播广泛宣传等方式，采取人社部门主导，各部门联动，广泛发动群众对当前农村劳动力转移就业情况摸清底数，强力推进人员信息录入工作，实现全省1 225.12万名农民工全部录入系统，进行实名制动态管理。

（四）实时更新，动态服务。河北省就业服务中心建立省级统筹、市县指导、乡村落实机制，对就业情况发生变化、返乡务农、退出劳动力市场，以及新增就业等情况实时更新、录入。强化系统数据分析应用，通过图表方式直观显示劳动者就业地区、就业行业、工资收入等变化情况，确保实时、动态、精准掌握农村劳动力转移就业情况。实现实名制系统与河北公共招聘网的衔接，做实需求清单、供给清单、对接清单和效果清单，及时向有需求的农民工推送就业岗位。

二、多措并举，全力以赴做好就业扶贫工作

（一）创新政策举措，打好就业扶贫组合拳。围绕产业抓就业，稳定就业促脱贫，河北省就业服务中心相继制定出台促进贫困劳动力就业创业实施意见等政策文件，形成"1+18"就业扶贫政策体系，实现各类用人单位、各类服务主体和贫困劳动力全覆盖。对企业等市场主体，不断加大援企稳岗工作力度，全面推行吸纳就业补贴、以工代训补贴、社会保险补贴等政策，鼓励各类主体更多地吸纳贫困劳动力就业。对贫困劳动力个人，就业创业可享受的补贴项目更多，补贴标准更高。对中介服务机构，通过发放就业创业服务补助等，鼓励他们优先向贫困劳动力提供就业服务。

（二）做实任务清单，增强就业扶贫精准度。河北省就业服务中心认真落实《脱贫防贫"六项重点任务清单"工作推进方案》要求，建立就业扶贫全程跟踪服务卡，采取村帮扶责任人进户调查、乡（镇）服务平台逐人核查、省市县人社部门抽查的方法，建立精准到人的"一册两表六清单"。精准掌握就业动态，对未就业贫困劳动力每月推荐3个就业岗位，对已就业的进行定期回访，确保底数清、情况明、数据准。精准开展专项服务，及时跟进就业帮扶举措。积极应对疫情影响，将贫困劳动力作为线上春风行动、就业援助月、百日千万招聘活动的工作重点，安排专人盯办帮扶，送政策、送岗位、送服务。在全省创新创业大赛中设置扶贫专项赛，选拔25个扶贫创业项目，大力开展就业扶贫宣传，营造良好的社会氛围。精准实施技能培训，聚焦贫困劳动力就业需求，大力实施职业技能提升行动，开展百日免费线上技能培训专项计划，提升劳动者素质，提高其就业能力。

（三）做好劳务协作，提高劳务组织化程度。河北省就业服务中心坚持把劳务协作作为拓展贫困劳动力就业渠道的重要途径，不断强化输出地与输入地对接，着力促进贫困劳动力实现转移就业。着力做好跨省劳务对接，加强与北京、天津等重点劳务输出地沟通协作，分别召开京津冀扶贫劳务协作推进会，在省际框架协议基础上，28个对口协作县分别签署扶贫劳务协作协议，联合举办线上线下招聘会，帮助贫困劳动力跨省务工。着力做好省内劳务协作，输出地全面摸排贫困劳动力外出就业意愿、输入地充分挖掘就业岗位潜力，通过带岗入村进户、远程推介面试等多种招聘方式，促进贫困劳动力实现就业。着力稳定本地就业岗位，充分挖掘本地就业潜力，变输血为造血，结合区域产业资源优势，培育劳务品牌，扶持电商创业，利用重大项目建设、易地产业园建设、千企帮千村等各类帮扶项目，优先吸纳贫困劳动力就业，确保贫困劳动力稳在当地、稳在企业。

（四）做强三网合一，实现就业扶贫智能化。河北省就业服务中心加强与扶贫部门沟通协调，实现就业扶贫实名制信息管理系统、贫困劳动力求职招聘网络系统和脱贫攻坚综合信息系统有机融合、信息共享，一点登录、全域响应。拓展就业扶贫实名制信息管理服务渠道，精准记录贫困劳动力就业状态、求职需求、培训意愿和享受就业服务情况，将未就业人员信息同步推送到求职招聘网络系统，为企业选人用人提供信息支撑。发挥求职招聘网络系统智能匹配作用，建立未就业人员求职需求清单和企业岗位供给清单，精准有效地进行对接，以市场化方式促进就业，就业信息同步传输就业扶贫实名制信息管理系统，实现实时动态管理。强化脱贫攻坚综合信息系统的统筹功能，动态汇

集贫困劳动力就业创业、求职招聘等各类信息，做到省、市、县、乡、村、人全覆盖，全实名，全过程管理服务。

三、培养人才队伍，技能培训广泛开展

（一）丰富培训课程。围绕服务于涉及疫情防控和保障民生企业的用工需求，河北省就业服务中心开展相关岗位专业培训；围绕家政、养老服务、托幼、保安、电商、汽修、电工、妇女手工等全省急需紧缺职业（工种）开展就业技能培训；围绕经济社会发展，开展先进制造业、战略性新兴产业、现代服务业，以及循环农业、智慧农业、智能建筑、智慧城市等新产业的培训，实现农民工掌握就业基本常识并至少掌握一项职业技能。

（二）创新培训方式。河北省就业服务中心实施"互联网＋职业技能培训计划"，遴选10家线上培训平台，为农民工提供更加灵活、更加多元的选择。加强线上线下培训融合衔接，对实操性强的培训同步做好线下实训对接。以就业创业为导向，鼓励优质职业培训机构与行业协会、大中型企业、用人单位等建立联合体，开展培训就业一站式服务。

（三）打造精品工程。河北省就业服务中心组织农村劳动力就地就近转移培训工程，每年培训2万名农民工，培训后就业率不低于90%。采取"岗位＋技能＋劳动力＋就业"的培训模式，将培训重心由理论向实践倾斜，坚持按需培训、按岗培训，提高培训的实用性。

四、积极应对疫情，建立点对点服务新机制

（一）建立工作协调新机制。河北省就业服务中心建立农民工返岗复工"点对点"服务保障、企业用工监测、日报告、信息共享等8项工作协调机制，选派人社专员深入企业、乡村，做实企业用工和农民工务工"两个清单"，实现输入地、输出地的信息精准对接。

（二）形成工作对接新格局。河北省就业服务中心依托基层公共就业服务平台和农民工返岗复工"点对点"服务平台，精准掌握农民工务工出行需求，与全国30个省、市、区沟通对接，加强与交通、卫生健康等部门协调配合，形成省际协作、部门间协同、省市县联动的工作格局。

（三）拓展稳岗就业新渠道。河北省就业服务中心引导回归农业稳定就业一批，支持工程项目建设吸纳就业一批，鼓励新业态发展培育就业一批，扶持创业带动就业一批，公益性岗位安置就业一批，优先促进贫困劳动力就业一批，即"六个一批"就业渠道，加强农民工返岗的防疫保障措施，确保农民工安全出行、平安就业。

下一步，河北省就业服务中心将全力促进农民工就业创业服务工作，以更强举措扩大就业规模，以更大力度增加就业岗位，以更优服务提升就业能力，做实做细农民工就业创业工作，让社会感受到温暖，让企业和农民工能得到利益，确保全省农民工就业形势保持总体稳定。

凯悦汽车大部件制造（张家口）有限公司先进事迹

河北

凯悦汽车大部件制造（张家口）有限公司于2017年12月9日成立，占地面积1 200亩，总投资125亿元，年产能12万台，生产领克02/03及后续车型。公司按照沃尔沃全球质量标准建设和管理，分为冲压、焊装、涂装、总装四大车间，通过完善的IT系统将中国制造2025战略与工业4.0完美结合，力求打造中国汽车标杆性制造工厂。公司自成立以来，充分发挥自身优势，积极履行大企业社会责任，为属地和周边省市农民就业工作做出了应有的贡献。

一、党委领导高度重视，建立健全关爱农民工组织机制

习近平总书记曾指出："农民工是工人阶级的新鲜血液和重要组成部分；为农民工服务要广覆盖，在实践中不断完善，贵在坚持！"为深入贯彻习近平总书记重要讲话精神，公司管理层领导、公司党委领导十分重视农民工工作，坚持目标同向、工作同心、行动同步，始终把这项工作作为推动公司持续发展，促进"三个文明"建设的首要大事来抓。每年年初制订公司年度计划、规划部署工作时都始终把关爱农民工工作摆在首要位置，从公司领导、党委领导到厂部车间每一名班组长、基层党支部每一名党小组长，都能自觉维护关爱农民工、促进企业发展、构建和谐内部环境的高度共识。为切实建立关爱农民工的长效机制，公司管理层领导从建立健全基层关爱组织机制入手，2017年12月公司成立后，就同步向属地党政主管机关申请成立了公司党委、工会，2018年又申请成立了公司妇联和团委，由公司党委统一领导工会、妇联、共青团等关爱员工的基层组织，分类建立健全了完善的关爱员工工作机制，并结合农民工占比多的实际，卓有成效地开展企业关爱农民工工作，收到了很好效果。

二、突出素质素养培训，不断提升农民工岗位任职能力

为了使农民工加入公司后能很快拥有一技之长，体现出公司管理层和公司党委的最大关爱，公司主要从四个方面来加强农民工技术、技能培训：

（一）入职强化培训。农民工入职培训是根据公司《新员工入职培训规定》要求，结合中职院校毕业生和农民工特点单独制定的有针对性的培训，内容涵盖基本法规制度、劳动纪律、企业文化、

日常行为规则、合规常识和军训等，培训时间为10~15天。近几年的实践表明，培训效果很好。

（二）岗前业务培训。入职强化培训后，公司按照各厂部车间专业《培训大纲》对新入职的农民工进行有针对性的、分步骤的岗前业务培训。厂部根据每名农民工认知能力、接受能力和适应能力，进行至少2~3个月的岗前业务培训，经所在区域班组长考核合格后方可独立上岗。

（三）校企合作培训。为加快内生型汽车制造人才成长的步伐，聚力构建"工学结合、优势互补、资源共享"的"双赢"产教融合人才培养模式，公司充分发挥自身资源优势，与周边县区13所职教院校开展校企合作，在农村籍学生较多的中职院校建立"双师型"教师队伍，校方选派教师入厂进行实操培训，公司派业务骨干入校担任讲师，提升合作培训员工效果。

（四）是比武竞赛选拔培养。每年结合"五一"劳动节、"五四"青年节开展"领克杯"业务技能比武，结合公司落成纪念日、量产"周年庆"等时机，组织开展"咱们工人有力量"岗位技能竞赛等活动；组队参加集团专业比赛、参加市劳动技能大赛。2017年以来，有3名农民工员工被市总工会评为"金牌工人"、11人在集团组织的比武竞赛中取得前三名、9人被公司评为"改善提案之星"。

三、聚力推进就业扶贫，为贫困区农民工提供更多就业岗位

为深入贯彻落实习近平总书记2017年1月视察张家口重要讲话精神，助力坚决打赢脱贫攻坚战，公司党委围绕"三位一体"的大扶贫格局，从产业、行业拉动就业扶贫角度出发，扎实推进就业扶贫工作。

（一）加强硬件建设。为有效解决张家口及周边省市农民工就业问题，同时也为农民工和农村籍中职院校毕业生入职后短期内能够达到岗位要求，公司充分发挥自身资源优势，协同市人社局投入专项资金，在厂区建设了领克学院（"吉时雨"就业扶贫培训基地）。

（二）建立农民工技能体系。在学院建立农民工技能培养体系，立足新时期农民工特点，通过培训帮扶农民工尽快实现就业；通过校企合作安排新农村籍学生直接入厂实习，为贫困生发放励志奖学金，毕业可立即就业，有效减轻农村籍学生入学和就业成本。

（三）捐赠就业扶贫教育设备。自2016年启动"吉时雨"就业扶贫工作以来，向北方机电、怀安职教中心、张北职教中心等合作院校捐赠整车、发动机、变速器等实训教学设备器材，累计超过850万元；累计招收周边县区建档立卡农民工360余人，累计为近4 000名农村籍合作院校毕业生、农民工提供就业岗位，人均月工资达4 000元以上，真正实现"一人就业全家脱贫"的目标。

（四）带动行业企业参与就业扶贫。公司还以领克整车为龙头，带动行业参与产业扶贫中来，目前已有9家知名汽车零部件企业入驻产业园，园区员工已达5 000余人，未来进驻园区企业数量将达到30家，可为属地和周边省市农民工提供1万余个就业岗位。工厂就业扶贫工作多次接受国办、国扶办、工信部和属地省市领导视察调研，多次接受央视和属地新闻媒体专题报道，2019年被国家人社部、国扶办、全国工商联评为"全国就业扶贫基地"。

四、扎实推进"双爱"活动,构建温馨和谐稳定的劳动关系

每年年初,公司管理层和公司党委都会根据年度生产经营计划,精细制定企业关爱员工,员工热爱企业"双爱"活动方案,并结合生产中心任务进度扎实推进关爱活动。

(一)重大节日走访慰问。在"三八""五一""七一""八一"、国庆、中秋等重大节日和"6·26"员工关爱日,公司管理层领导、党委工会领导、厂部领导都会分工分批走访慰问员工,党委工会领导重点走访、慰问农民工;对家庭遭受重大变故导致经济困难的农民工,公司工会及时给予适当的救济救助,体现出组织的关心关爱。自2017年以来,累计发放救助款、互助金60余万元。

(二)为农民工建立完善的工资福利机制。为入职后的农民工建立工资福利档案,每月准时足额发放工资补贴;每季度和春节、端午、中秋等传统节日均发放福利,农民工生日当天发放生日礼品。每年员工开支平均达200余万元。除了为农民工本人及时交纳"五险一金"外,还为农民工配偶、子女和父母交纳大病统筹保险;对工作表现突出、业务技能优秀的农民工评选"优秀员工奖"和"卓越奋斗者",发放奖金和荣誉证书,激励农民工创先争优的积极性。

(三)积极协助农民工解决子女入学入托和住房问题。公司党委工会积极协调,与市经济开发区第一小学开展合作,向学校捐赠40万元高端科技教学设备,学校为公司外省籍农民工提供入学入托服务;与经济开发区住建局协商,为300余名外省籍农民工协调廉租公寓住房。

(四)加大文化投入,极力营造和谐氛围。开展丰富多彩的文化活动,是活跃员工生活、陶冶员工情操、增强企业凝聚力的重要手段。为了营造温馨和谐的内部氛围,在公司成立后,公司就不断加大对文化的投入,投资30万元在生活区建设了员工文化活动中心,建立了图书室、台球室、灯光球场;投资10万元在焊装车间二楼建立党群活动中心,设置党代表接待室、会议室、理论学习室、阅览室、党员标兵展示区等。每年五一、国庆举办员工业余篮球、羽毛球、乒乓赛、象棋比赛;每年中秋期间员工组织"家庭日",邀请员工家属参观工厂、举办互动性娱乐活动。公司党委被市委评为"全市先进基层党组织",工会被评为"河北省职工之家"。

五、以解民生之急为前提,疫情后优先安排农民工复工返岗

2020年年初国内外出现新冠疫情后,公司积极响应和支持属地党政机关的指导意见,积极落实稳岗就业政策,以确保农民工基本生活保障为前提,集聚资源、精细筹划、精准实施,积极为农民工复工返岗创造有利条件。

(一)积极落实稳岗就业政策。在国际国内汽车市场下行和疫情防控影响双重压力下,公司坚持迎难而进,从"三个优先"入手,有效落实稳岗就业政策,即优先为农民工进行健康检测、优先将农民工列入复工返岗计划、优先为农民工发放工资,坚持做到不降薪、不裁员。

(二)聚力创建复工返岗条件。累计安排专车赴内蒙古、山西、山东、河南、辽宁及河北省大多数地区,入村接农民工累计200余人,为130余名疫情期间返厂农民工免费提供食宿和核酸检测,

为1 500余名农民工减免伙食费、发放防疫补贴。

（三）建立跟进监测机制。公司建立了农民工返岗健康状况、工作生活情况服务保障机制，保障农民工家庭基本生活不受影响、身体健康、心情愉悦，以良好的状态进入工作岗位，确保农民工不会因疫情下岗失业，不会因疫情返贫致困，不会因疫情减少工资收入。2月20日公司顺利实现复工复产，员工复工返岗达到90%以上，其中农民工复工返岗达96%以上，3月上旬实现农民工100%复工返岗。公司的相关做法受到集团总部的表扬和推广，受到市委、市政府领导的充分肯定，受到社会各界的普遍赞扬。

2020年，领克汽车全面启动全球化战略，公司在农民工工作上也确立了新的规划和思路，在加强配套软件和培训体系建设上将会投注更多资源，不断提升农民工专业技能水平，让农民工彻底从农民转变为产业工人，成长为汽车制造业内生型专业人才。

河北省石家庄市鹿泉区法律援助中心先进事迹

该中心一直坚持以"应援尽援，能援必援"为目标，致力于做好农民工维权法律援助工作，将农民工维权放在突出位置，积极为农民工提供优质高效的法律援助服务，年均为农民工提供法律服务、法律咨询1 500余人次，年均办理农民工法律援助案件600余件，年均为农民工发放法律援助宣传资料5 000余份，全力保障农民工的合法权益。

一、协调联动助力"根治欠薪"

为落实习近平总书记关于保障农民工工资支付工作的重要指示精神，确保《保障农民工工资支付条例》的顺利施行，该中心主动与劳动监察大队建立长期的维权对接机制，一起深入各建筑工地开展法律援助宣传活动，对工地劳动合同签订情况进行全面普查，排查、梳理合同签订和劳务用工中存在的问题，预防、化解矛盾纠纷，推动法律援助和劳动保障监察执法在维护农民工合法权益中的有效衔接、优势互补，形成司法维权和行政维权的合力，打通服务保障农民工权益的"最后一公里"。2019年年底，该中心共受理某工地400余名农民工讨薪案件，春节前帮助农民工拿到工资110余万元。

二、畅通法律援助申请渠道

依托区、乡、村三级公共法律服务中心，各法律援助工作站等设立农民工法律援助受理点，方便农民工获取信息、提出法律援助申请，还对农民工因讨薪、工伤申请的法律援助开辟"绿色通道"，免予经济困难状况审查，简化审批程序，对被欠薪的农民工申请法律援助的案件，实行即时受理、即时审批、即时指派的工作制度。

三、完善法律援助便民服务措施

对农民工申请法律援助实行优先受理、优先审查、优先指派；对情况紧急，即将超过仲裁时效或诉讼时效的，或者涉及人数众多的群体性案件，先行受理指派，事后补交相关证据材料，为农民工争取更多的诉讼时间；对因疾病严重等行动不便的农民工实行预约式、上门式、一站式服务。利用岁末年初、麦收、秋收等维权节点，开展"法律援助集中维权"活动。

四、加强"智慧法援"建设

2020年初，新冠疫情来势凶猛，为了保证防疫服务两不误，该中心通过"12348中国法网"将法律援助服务"快递"到家，还安排专人"线上"解答，让法律援助服务尽可能"线上"运行，让群众"宅"在家也能线上咨询、线上申请、线上办理各项法律援助业务，保证战"疫"期间法律援助服务的有序开展。还积极主动与法院沟通建立了"互联网+"工作模式，"隔空代理"了首起农民工法律援助案件，通过"云出庭"参加庭审活动，实现了与法官"隔空对话"，打造了法律服务的新模式。

五、提高法律援助办案质量

该中心指派政治素养和业务素质较高的人员办理被欠薪农民工的法律援助案件，对重大、疑难、敏感以及5人以上的群体性法律援助案件，指派有3年以上办案经验的律师办理，并全程跟踪、重点督办。积极推动矛盾纠纷的多元化解，节约农民工的维权成本，提高涉及农民工维权的办案效率。对事实不清或证据明显不足的案件，做好被欠薪农民工的说服工作，避免用工双方矛盾的进一步升级或激化。

河北省唐山市人力资源和社会保障局先进事迹

近年来，唐山市人力资源和社会保障局（以下简称为"唐山市人社局"）坚持以"统筹就业、提升技能，强化服务保障"为重点，积极推行就业、培训、维权三位一体的工作模式，着力做好新形势下为农民工服务的工作，努力维护农民工的劳动保障权益，促进农民工与社会相融合，有序推进有能力有意愿的农民工的市民化，使全市的援助农民工工作不断取得新的进展。自2015年以来，全市农民工转移就业38.8万人次，2019年度农民工人均纯收入达到19 316元。唐山市人社局先后被省政府授予"河北省劳务经济先进集体""河北省农民工工作先进集体""振兴唐山先进单位""行风建设优秀单位"，连续被评为"唐山市文明单位"。

一、统筹城乡，不断完善农民工的就业政策

建立健全了城乡一体的积极就业政策体系，消除不利于统筹城乡就业的政策规定和体制性障碍，引导农民工有序地外出就业，强化农民工的技能提升，鼓励农民工就近转移就业，扶持农民工返乡创业。先后出台了《关于进一步做好为农民工服务工作的实施意见》等30多项支持就业创业、强化技能提升的政策性文件，形成了符合唐山实际、统筹城乡、覆盖各类群体的积极就业的培训政策体系。

二、全力帮扶，积极引导农民工返岗复工

面对疫情对农民工就业复工的冲击，唐山市人社局及时组建，建立市县两级企业复工保障工作体系；先后印发了《关于积极应对新冠肺炎疫情影响 做好农民工就业创业工作的通知》等7个文件，明确了帮助农民工就业创业、技能提升、兜底帮扶等11条政策措施。推出分片包联、24小时用工服务等9项工作机制，全方位促进农民工返岗务工。唐山市农民工总量为159.2万人，截至2020年6月底，在全省率先实现全市农民工未返岗复工人数动态归零。《人民日报》以《唐山破解难点，力促复工》为题，报道了唐山市先进事迹。

三、强化培训，注重提升农民工的职业技能

唐山市人社局印发了《唐山市农民工职业技能提升专项行动实施方案》，将农民实用人才培训纳入市政府就业创业培训 10 项工程，全力推进农民工技能培训，将目标任务分解下达至各县（市）区、企业、培训机构，动员各方力量广泛参与。针对疫情影响，鼓励培训机构和企业实施线上"微课堂"教学，充分利用"中国职业培训在线""就业创业和职业培训在线"以及单位自有平台，实现农民工技能培训的扎实深入。自 2018 年以来培训农民工 10.5 万人次，培训人数在全省领先，培训总量占全省人数的 1/5。

四、突出特色，有序推进农民工的转移输出

唐山市人社局依托遵化市、滦南县、丰润区等农民工转移就业示范县，积极开展有组织的劳务输出，年均输送 7.8 万人次。通过建立稳固的劳务协作关系，挖掘和培育具有唐山地方特色的劳务品牌，进一步提升劳务输出的竞争能力。滦南县的"冀东奔城新人"被评为"国家级劳务输出品牌"，遵化市"老区铁厂人"被评为"河北省十大劳务品牌"。在农民工中涌现出宋艳军、郝丙军等"全国优秀农民工"，苑英芳、艾晨光等"河北省最美农民工"这样一批优秀农民工典型。

五、完善举措，全力做好农民工的就业服务

唐山市人社局在全省率先完成唐山市乡镇（街道）公共服务平台质量提升工程，"三级管理、四级服务"机构网络体系进一步得到加强，服务功能不断完善；各县（市、区）均建立了农民工转移数据库，为制订培训转移规划奠定了基础。连续高质量举办以推进农民工就业为主题的"春风行动"，年举办求职专场洽谈会 170 余场，免费职业指导 3.6 万人次，求职登记 4.8 万人次，招聘登记 7.7 万人次，办理《就业创业登记证》5 万余本。利用"唐山创业网"作为发布项目、帮扶指导服务的窗口，发布适合农民工的创业项目 1 200 多个，为农民工创业提供了项目支撑。

六、合力攻坚，切实保障农民工的合法权益

唐山市人社局出台了《唐山市全面治理拖欠农民工工资问题的实施意见》等政策文件，压实了"属地管理"原则，在全省率先"构建治理欠薪工作新格局""实施常态化联合办公""规范工作流程""推行问题督办""建立奖励激励机制""启动信息化建设"，较好地推动了保障农民工工资支付工作的落实。2020 年以来，唐山市共受理欠薪案件 157 件，累计为 1 583 名农民工解决拖欠工资 3 065 万元，案件数量、人数及金额同比分别下降了 68.4%、74.4% 和 69.6%，拖欠工资问题高发多发的态势进一步得到遏制，全市形势整体稳定。

七、优化服务,持续开展农民工的维权行动

唐山市人社局开辟了农民工劳动仲裁绿色通道,推行8项便民制度,实现阳光仲裁,2020年以来唐山市仲裁系统共受理涉及农民工诉求案件62件,现已经办结59件。建立"工伤保险网上申报系统",单位和职工通过微信、互联网即可办理工伤认定、鉴定申请,工作效率和服务质量大幅度提高,认定农民工工伤798人、鉴定等级伤残271人,切实维护了农民工的工伤保险权益。

山西省劳动人事争议仲裁院先进事迹

山西省劳动人事争议仲裁院承办全省保障农民工工资支付和劳动人事争议仲裁相关工作，认真贯彻落实党中央、国务院关于农民工工资支付工作的决策部署，将人民对美好生活的向往作为奋斗目标，坚持农民工工资无小事，认真接待每一位农民工，畅通农民工工资争议处理"绿色通道"，实现农民工工资争议案件快调、快裁、快审，注重法律效果和社会效果的统一，农民工权益得到了有效的维护。同时，紧紧围绕农民工劳动所得，在源头预防、案件处置和违法惩戒三方面狠下功夫，标本兼治，农民工工资支付工作取得了显著成效，受到了人民群众的普遍好评。截至2020年9月底，共接待劳动者来人来电4 792次，其中协调处理案件1 320件，仲裁立案122件，结案116件，为2 110名劳动者挽回经济损失487.09万元，为1 073名农民工追发工资1 969.750 5万元。

一、畅通维权渠道，全面回应劳动者诉求

山西省劳动人事争议仲裁院持续加强投诉举报接待及立案审查工作作风建设，努力使劳动者懂维权，少跑路、少排队、少等待，大力宣传劳动维权法律法规制度，在火车站、广场开展集中宣传，向山西省10万余名农民工发放欠薪维权口袋书，全面畅通维权渠道，广泛公布投诉举报电话，确保24小时畅通，开设《根治欠薪进行时》专栏，全面接受农民工反映欠薪线索，按照"首问负责制""限时办结制"的要求，认真接待每一位来访的农民工，专人跟踪督办，及时反馈办理结果，让农民工得到高效便捷的服务，确保农民工维权有路，维权便捷，维权有效。

二、注重过程监管，深入推进矛盾风险源头治理

山西省劳动人事争议仲裁院着力构建完善源头预防、过程管控的治理体系，通过"人盯人、人盯项目"工作法，省、市、县三级政府及主管部门，联合对工程项目实行全流程闭环监管，将各项制度落实落地，督促实名制管理、工资分账、按月发放、工资保证金等根治欠薪制度全面落实。深入企业调研，排查各类劳动纠纷，特别是对于有群体性倾向的案件，提前协调介入，将问题在源头上得到解决，源头管控不断织密公平正义的守护网，拖欠农民工工资问题得到根治，劳动者权益得到有效维护。

三、坚持争议调解，高效仲裁农民工维权案件

山西省劳动人事争议仲裁院（以下简称为"仲裁院"）高度重视农民工争议案件的处理工作，运用"互联网＋仲裁"的方式，开辟农民工案件绿色通道，坚持快立、快审、快结，优先立案、优先审理、优先结案的"三快、三优先"原则，按照一般案件当天受理，受理疑难复杂案件不超过3日，将仲裁调解贯彻农民工案件审理的始终，依据《劳动人事争议仲裁办案规则》的规定进行简易处理，缩短办案周期，庭审结束5日内送达裁决书或调解书，快速办理农民工争议案件。

四、创新工作机制，确保实现欠薪案件全部清零

仲裁院紧紧围绕农民工欠薪案件，发生一起查处一起，创造性地建立"三个清零""四个兜底"的案件查处模式（存案限期清零、新案季度清零、年内案年底清零；工资保证金兜底、政府应急周转金兜底、国企项目上级集团兜底、政府项目财政兜底），按分工将督办责任落实到人、进度上墙，历史陈欠全部按期清零，新发案件全部动态清零。"三个清零""四个兜底"在山西省全面推广、深入人心，所有在册欠薪案件全部能够按期清零，从根本上维护好农民工的合法权益、捍卫好农民工的劳动尊严。

五、强化违法惩戒，动真碰硬追责问责

按照《保障农民工工资支付条例》和有关法律法规，严格落实农民工欠薪案件的查处，对拒不落实治欠保支制度措施、拒不支付工资情节严重，造成不良社会影响的企业，实施严惩。自2017年以来，仲裁院向社会公开曝光了典型案件761起，将188家企业和个人列入了欠薪"黑名单"，向司法机关移送拒不支付劳动报酬犯罪案件174起，形成了企业不敢欠、不能欠农民工工资的社会氛围。同时，坚持将规矩挺在前面，把责任扛在肩上，通过实施约谈、通报和追责问责等方式，进一步抓典型、促全面，自2018年以来，就欠薪典型问题约谈市级政府负责同志4次，县级政府负责同志40余次，中央和省属国有企业负责人10余次，共对90名责任人进行了诫勉、警告、记过等形式的问责处理，涉及厅级干部1人、处级干部15人。

山西省运城市人力资源和社会保障局先进事迹

2020年以来，山西省运城市人力资源和社会保障局党组认真学习贯彻习近平总书记的"三篇光辉文献"和视察山西省重要讲话、重要指示的精神，深入贯彻落实党中央、国务院和省市党委政府应对疫情服务、保障农民工复工复产的重要决策部署，扎实做好"六稳"工作、认真落实"六保"任务，始终坚持问题导向、目标导向、标杆导向、精准导向，全力做好农民工返岗复工"点对点"服务保障权益维护各项工作。全市百场"春风行动"网上招聘会征集发布用工岗位20余万个，多渠道促进农村劳动力转移就业18.75万人，其中，通过"点对点"对接服务输送1.2万人，本地农民工返岗33万人。就业岗位、劳务输出、"点对点"输送等工作均名列山西省第一，工作成效被《人民日报》、新华社、中央电视台《新闻联播》、央广网《中国之声》《中国日报》等新闻媒体进行了报道。

一、用足用活政策，促进返岗复工

针对疫情对就业工作带来的不利影响，山西省运城市人力资源和社会保障局（以下简称为"运城市人社局"）及时出台了《运城市应对新冠肺炎疫情稳定就业若干措施》，从"强、引、返、补、减、拓、提、稳、优"9个方面制定出台了18条举措，支持返岗复产工作。全市参保企业减免养老保险费5.1亿元，缓缴养老保险费2.27亿元，失业保险稳岗返还7 000余万元。

二、摸清就业需求，精准服务对接

由运城市人社局实行市级包县带乡、县级包乡带村、乡级包村带人，市、县驻局纪检组进行督查，推进"内外一张网，摸清两意向"。一是务工需求意向，建立了市、县、乡、村在外务工人员服务站点3 253个，在全国各大城市设立在外务工人员工作站477个，充分了解农民工务工需求；二是企业需求意向，运城市人社局组织专人对接企业，摸清企业困难，达到了对对接企业的产能清、员工总数清、缺工人数清、空岗结构清、问题困难清的具体要求。紧扣就近就地就业和充分利用新媒体两个重点。全市开展了"春风行动"260场，"送政策、送岗位、送培训、送服务、送关爱"，将招聘信息推送到运城市每一个村委会微信群和在外务工人员微信群。参与招聘单位2 703家，提供就业岗位16.02万个，累计求职10.35万人次，参加职业技能线上培训4万余人次。运城市共有贫困劳动力8.855 4万人，其招聘活动促进了15 859人联系好就业岗位；新设公益岗位3 000个；9个县开展了对外劳务输出工作。

三、关心关爱同行，两地平安接送

运城市人社局利用"凤还巢"计划的市、县大数据平台，对65万在外务工人员跟踪服务，建设1 200多个日间照料中心，对留守老人和17 000多名留守儿童关心关爱，把党和政府的温暖送到千家万户，让百姓有活干，有钱赚。采取建立工作机制、专人负责的措施对"点对点"劳务输出进行跟进服务，通过协调交通运输、卫生部门做好外出务工人员返岗复工的保障工作。规范点对点流程：按照宣传引导、供需对接、健康监测、交通运输、驻地复检五联动思路，包机4次、包车545次、包列车（车厢）1次，并引导大家利用国务院客户端、人社部客户端，积极注册，把农民工从"家门口"送到"厂门口"。

四、强化联合惩戒，依法维权保障

运城市人社局以《保障农民工工资支付条例》正式实施为契机，市、县联动，深入企业、社区、工地，利用电视、报纸、广场大屏幕、微信公众号等媒体，持续深入地开展了地毯式、全方位的宣传。在运城市大力开展根治欠薪行动，加快推进工程建设领域的欠薪源头治理，持续清理历年欠薪积案陈案，确保按期实现"三个清零"。定期向社会公布欠薪失信名单，加大对恶意欠薪的联合惩戒力度，在全社会全面营造"不愿欠、不敢欠、不能欠"的深厚社会氛围。运城市拖欠工资案件数量、涉案金额等指标均得到持续下降。

内蒙古自治区法律援助中心先进事迹

自 2020 年以来，内蒙古自治区法律援助中心（以下简称为"内蒙古法援中心"）积极开展农民工法律援助工作，切实提高政治站位，强化政治担当，认真贯彻落实习近平总书记关于根治农民工欠薪的重要指示精神以及党中央、国务院关于农民工工作的各项决策安排，按照自治区统一部署，为全区农民工提供优质、高效、普惠的法律援助服务，有效地维护了农民工的合法权益，促进了社会的和谐稳定。

（一）加大维权力度，认真办理农民工法律援助案件。内蒙古法援中心充分发挥法律援助职能作用，深入开展农民工维权专项活动，组织广大法律援助人员认真办理农民工法律援助案件，满足农民工在讨薪、确立劳动关系、工伤赔偿等方面的法律援助需求，解决他们在生活、工作中存在的法律问题，有效地维护了农民工的合法权益。2020 年，全区各级法律援助机构共办理农民工法律援助案件 3 520 件，为农民工挽回经济损失 2 504 万元。

（二）推行便民措施，为农民工提供优质高效的法律援助服务。

1. 做好重要时间节点的工资保障工作。内蒙古法援中心要求各级法律援助机构提前谋划，主动作为，从维护社会和谐稳定大局出发，把做好农民工工资支付保障工作作为岁末年初的一项重要工作来抓，为农民工工资及时、足额支付做好法律保障，确保他们及时返乡过节。

2. 全面部署治理欠薪工作。要求各级法律援助机构把做好农民工欠薪维权工作摆上重要议事日程，切实加强组织领导，动员组织法律援助机构的工作人员和志愿者，积极投身于农民工维权工作中，细化工作任务和措施，及时总结先进经验。

3. 积极开展治欠保支专项活动。积极组织人员参加自治区保障农民工工资支付专项考核工作。

4. 全力推进"法援惠民生·助力农民工"法律援助品牌建设。以"防范、主动、全覆盖"为目标，加大对农民工的法律援助工作力度，通过品牌创建活动，为农民工提供高效便捷的法律援助服务。

5. 全面畅通法律援助申请渠道，简化服务流程，优化服务模式，畅通农民工讨薪"绿色通道"，对涉及农民工的法律问题优先受理、快速办理。

6. 认真做好涉疫情农民工的法律援助工作，对因疫致贫的农民工可以采取书面承诺方式申请法律援助，积极助力农民工返岗复工。

7. 积极参与帮贫扶困。聚焦自治区脱贫攻坚工作，进一步降低法律援助门槛，为农民工发放"法律援助免费服务卡"，实现"四优先"服务。指导工作人员精准摸排脱贫不稳定户、贫困边缘户等基本信息和法律援助诉求，依靠公共法律服务工作站（室），主动为有需要的农民工提供法律援助服务，依法保障农民工的合法权益。

8. 加强公共法律服务实体平台建设，截至目前，全区建成自治区实体大厅 1 个，盟市实体大厅 12 个，旗县（市区）实体大厅 103 个，覆盖率为 100%；建成苏木乡镇（街道）工作站 1 023 个，覆盖率为 97.15%；建成嘎查村（居）法律服务工作室 12 491 个，覆盖率为 97.49%。公共法律服务实体平台的建设极大地方便了农民工获得"窗口化""专业化""一站式"的公共法律服务。

9. 加强"12348"公共法律服务热线平台的建设，提高热线服务质量，进一步拓宽了农民工法律服务和法律援助咨询服务渠道。自 2020 年以来，"12348"热线平台共接听农民工来电咨询 486 次。

内蒙古自治区乌兰察布市劳动和社会保障监察支队先进事迹

内蒙古自治区乌兰察布市劳动保障监察支队以服务农民工为己任，倾情、用心、竭力维护农民工合法权益，助推当地经济社会和谐稳定发展，坚持"以人民为中心"的理念，倾全力开展维权服务。坚持"人民至上"的观念，着力构建治拖欠保支出长效机制。坚持"为人民服务"的宗旨，营造理性维权的用工氛围。

一、俯首甘为孺子牛　倾全力开展维权服务

（一）在全区率先筹建乌兰察布市劳动用工服务平台。采用"互联网+大数据+全方位服务"的模式，实行一站式智能监管，着力实现信息共享、协同管理、服务群众零距离的目标。

（二）畅通举报投诉渠道。畅通举报电话、微信公众平台、电子邮箱、市政12345热线等24小时举报投诉渠道，积极开展日常巡查、专项检查，实时受理案件。前三季度，主动监察各类用人单位4 732户，涉及劳动者9万余人，补签劳动合同2 962份。受理欠薪线索159起，协调处理欠薪线索143起，为1 400多名劳动者解决欠薪2 800余万元。做到举报投诉必查，不放过任何蛛丝马迹，问题不解决不结案。如2020年9月27日，某建筑工地33名来自河北籍的农民工来乌兰察布市劳动保障监察支队投诉，称工地已将他们居住的工棚拆卸，并拖欠他们的工资31.8万元，监察支队的工作人员一边作安抚工作，一边为33名农民工安排好住宿，送去了面包、水等食品。经调查，该项目不到发放工资的时间，通过跟公司项目部协调，该项目部提前通过工资专用账户足额把工资打到了农民工的卡上，农民工脸上露出了笑容，监察员们帮助农民工买上回家的火车票并送到火车站，农民工兄弟们握住监察员的手不停地感谢。这样的事情不计其数，监察员们每次帮助农民工解决一件事就觉得无比的自豪、光荣。

（三）上下联动、部门协同、形成合力、用心倾情维权。2020年6月8日，四川省巴中市农民工维权中心反映集宁区某住宅小区建设项目拖欠60名农民工工资360余万元。经核实，农民工反映的欠薪问题实际上是劳务公司与班组之间因工程量结算引发的劳资纠纷。由于农民工对该项目的承包关系不能做出明确分辨，在反映问题时错误地将劳资纠纷问题反映成拖欠农民工工资问题。市监察支队为确保农民工合法权益不受侵害，虽然知道此问题不属于工资问题，但还是立即启动联席机制，联合住建、公安、法院等联席会议成员单位不分昼夜地召开专题会议，经过不懈努力，劳资纠纷得以妥善解决。四川劳务公司向市监察支队送来写有"铁肩担使命、一心为民工"的锦旗和感谢信。

对市监察支队在保障农民工权益做出的努力和贡献给予诚挚感谢。

二、默默无闻老黄牛　不畏险保障合法权益

（一）健全完善制度。市监察支队出台了《乌兰察布市治理拖欠农民工工资实施意见》等10余项配套制度。

（二）以"两金三制度"落实为突破口。不断向行业延伸，努力做到全覆盖。在目前监管的61个项目中"两金三制"实现了全覆盖，其中工资保证金缴纳13 974万元；应急周转金储备3 153.5万元。

（三）敢于担当。为维护农牧民工的权益，市监察支队成员放弃与家人团聚，大年三十还在奔波，为农民工兄弟发放工资，只为让他们安心过年。遇到争议较大或难以处理的疑难案件或历史积案，市监察支队即使动用应急周转金有追不回来的较大风险，也毫不犹豫地先将拖欠工资发给农民工。如北京东方园林项目动用应急周转金375万元，为200多名农民工解决了拖欠工资。

（四）疫情期间助力企业有序复工复产。市监察支队成员及时深入1 900余户建筑工地、用人单位调研，帮助企业恢复正常生产秩序，解决实际用工困难。新冠疫情发生以来，市监察支队结合防控工作实际，出台相关举措，助力各行业有序复产复工，妥善处置疫情期间的劳资纠纷。例如，某家医院在疫情期间因经营不善，拖欠20多名劳动者三个月的工资，并有裁员的意向，市监察支队及时向用人单位宣传国家、自治区、市区有关政策，帮助用人单位召开职工大会，成功化解了劳资纠纷。

三、锐意进取拓荒牛　履职责营造和谐氛围

（一）提升守法用工理念。市监察支队积极开展"送法进企业、共建促和谐"宣传月活动，以及《保障农民工工资支付条例》专题宣传，确保用人单位知法、用法、守法。

（二）走访慰问情暖民心。经常性开展"情系民工、夏送清凉"以及"情暖山城、关爱民工"中秋、国庆大慰问活动，建立起与劳动者的对话沟通机制。

（三）提升依法维权意识。市监察支队把精准扶贫与"送法下乡"有机结合，把法律法规宣传有效地融入脱贫攻坚中，用通俗易懂的语言宣讲法律知识并告知维权的方式和渠道，从源头上提升农牧民依法维权的法律意识。2020年以来，组织送法咨询活动510余次，发放资料16万余份，深入建筑工地和用人单位悬挂宣传条例条幅400余条，张贴维权告示500余份。

通过全体监察员的不懈努力，市监察支队连续多年被内蒙古自治区人社厅发来表扬信点名表扬，为全区树立了榜样，2018年度在全区保障农民工工资支付工作考核中被评为A级，且连续多年被评为"全国清理劳动力市场先进单位"，连续多年被市人社局党组评为"先进党支部"。

不忘初心谋发展，牢记使命谱新篇。乌兰察布市劳动和社会保障监察支队充分发挥勇于向前的"孺子牛"拼劲儿甘于为民的"老黄牛"韧劲儿，敢于担当的"拓荒牛"干劲儿，以昂扬的斗志、创新的精神和务实的作风，利用信息化手段，加大监督检查力度，严厉打击欠薪等违法用工行为，切实维护劳资关系和谐稳定，助力全市经济高质量发展。

辽宁省信访局群众来访接待处先进事迹

自2019年年末至今，辽宁省信访局群众来访接待处贯彻落实省委、省政府决策部署，在处理涉及农民工工作的信访案件上推动有力、作用突出、成绩显著。克服新冠肺炎疫情影响，坚定理想信念，履行岗位职责，坚守信访一线，为群众化解涉及切身利益的信访事项。在日常工作期间，能够有针对性地开展"人民满意窗口""人民满意接访员"争创工作，逐步营造接谈专业、言语暖心、环境舒心的良好信访氛围。在案件办理期间，能够践行共产党员"初心、使命"的精神，以为人民服务为宗旨，大力推动信访案的化解工作。在农民工欠薪专项治理行动中设立专班，为1.89万名农民工追偿工资7.41亿元，为辽宁省"两个清零"任务做出重大贡献。

一、提高站位，增强做好信访工作的责任感与使命感

辽宁省委省政府信访局群众来访接待处（以下简称为"辽宁省信访接待处"）认真贯彻落实习近平总书记关于加强和改进新时代人民信访工作的重要思想和批示要求，提高政治站位，站稳群众立场，增进为民情怀，始终坚持带着感情和责任为民解难、为党分忧。接待来访群众时，他们以务实的工作作风，始终秉持"来有迎声，走有送声"的接待工作理念，讲究沟通的技巧和策略，认真倾听群体的诉求，耐心细致地讲解有关政策法规，充分了解和准确掌握客观、翔实的案件"第一手"信息，真正让群众感受到了信访工作的温度。

二、专项整治，圆满完成农民工工资专项治理工作

2019年末，辽宁省信访接待处按照省信访工作领导小组和省根治拖欠农民工工资工作领导小组的工作要求，与相关部门密切配合，组织成立农民工欠薪专项整治的工作专班，在来访接待场所设立接待窗口，有针对性地处理涉及农民工欠薪信访案件。自2019年至今，在省信访局局长孟冰的领导下，6次召开全省省、市、县三级视频调度会，通报全省根治欠薪工作进展情况，查找问题，有针对性地部署下一步工作，要求各市加强领导，切实加大推进力度。辽宁省信访接待处对于符合条件的欠薪信访事项，接待人员分清责任、全程负责、一盯到底，提级采用发函督办的形式，简化工作流程，围绕欠薪案件的受理、转办、反馈环节，设定10个工作日的办理时限。实时收集督办案件的

受理情况、办理进程等信息，定期通报各市案件的受理率、反馈率，实现了欠薪案件"事事有着落，件件有回应"的目标。在省政府信访大厅联合接待农民工来访，对农民工来访实行日统计、周报告制度，加大重点案件跟踪督办力度，协调有关部门运用农民工工资保证金、政府应急周转金等多种渠道，为农民工解决工资拖欠问题。累计接谈1 700余人次，累计采集录入案件461件，为1.89万名农民工追偿工资7.41亿元，切实维护了广大农民工的合法权益。

三、坚定信念，坚决做好疫情常态化防控工作

辽宁省信访接待处秉承大局意识，坚决同党中央保持高度一致，将疫情防控工作作为重中之重，为广大人民群众打造了一个健康的信访场所。在疫情初期，面对严禁聚集但仍有群众来省上访的局面，辽宁省信访接待处全体党员践行初心、使命，临时制定接待预案，将接待场所转移至信访局院内，在佩戴安全防护、保持安全距离的基础上，倾听群众诉求，解答群众疑惑。同时，安排专人值守信访电话，每天早8∶30至晚5时接听群众来电，努力降低疫情对群众行使信访权利的影响。启用特殊条件下的办案机制，除正常网上流转信访事项外，要求每个信访单位都有专人值班，对接当日信访诉求，此期间共接待电话、走访事项72次，真正做到停访不停工。能够按照省疫情防控指挥部部署，遵循防控政策、落实防控要求，严格要求每个信访人进行测温、流行病调查、出示健康码。认真梳理、排查疫情期间生产生活、因疫误工、野生动物养殖、农民工欠薪等涉及群众日常生活及切身利益的信访案件119案次，派专人负责该案的办结工作。目前，涉及疫情的民生案件均得到圆满化解，极大地降低了疫情对群众生活带来的影响。

四、创新机制，努力做好"双争"活动评选工作

2020年2月，辽宁省信访接待处深入贯彻习近平总书记关于信访工作的重要指示精神，按照国家信访局关于人民满意窗口创建活动的部署要求，辽宁省信访接待处深入剖析各省"双争"活动方案，并结合辽宁省内信访特点及信访案件化解难点，以能够体现办理质量的要素为考核点，编制出符合本省特点的"双争"活动考核方案，为科学评选奠定了坚实的基础。在活动期间，辽宁省信访接待处大力推广"双争"活动，共组织推进会议2次，深入各市、区指导工作11次，通过暗访形式检查活动开展情况7次，发现、反馈问题126项，约谈分数较低人员5人，极大地提高了信访接待人员的业务能力以及责任心，充分展现了辽宁省信访接待人员良好的精神风貌，拉近了党和人民群众之间的距离，取得了阶段性成效。

五、集中发力，大力推动重大信访事项的办结化解

辽宁省信访接待处秉承"为党分忧，为民解难"的办事理念，努力将所有聚集事件缓和、化解，耐心劝导群众通过合理、合法途径反映信访诉求。甄别来访诉求中的合理部分，秉持"全部合理全部解决，部分合理部分解决"的工作方向，大力推动合理诉求的化解。2020年初至今，辽宁省

信访接待处共协调市委、区委领导亲自接谈54案次，绝大部分都合理地回应了群众关切的问题，切实为群众解决了困难。如2020年6月，辽宁省盘锦市信访人员代表40名农民工来省上访，反映其自2017年起与当地公司合作开展维修、装饰等工作，但随后却被以多种理由拒绝支付工资，工资总计约78万元。接待信访人员后，辽宁省信访接待处与当地协调推动案件化解，经过1个月的不懈努力，信访人员收到了期盼已久的工资，并专程来省表示感谢。2020年7月，辽宁省铁岭市信访人员代表周围全体居民来省上访，反映当地欲将其居住20余年的房屋按违建拆除。接待此案后，辽宁省信访接待处深入了解实际情况，主动约谈区委分管领导，属地接受了信访接待处的意见，立刻叫停违建拆除工作，针对违建拆除提出了分类建档、先补偿安置再拆除的合理建议，此信访事项得到了圆满化解。

六、持之以恒，扎实做好应急处置工作

2020年以来，辽宁省信访接待处共接待群众来省上访2 436案次、6 911人次，共处理集体信访387案次、4 401人次，信访事件的及时受理率达到99.12%，推动信访事件办结率97.89%，整体指标均趋于高位。在日常工作中，辽宁省信访接待处能够做到严格遵守党中央关于纪律作风问题的各项规定，对待信访群众一视同仁，不分事大事小、不计谁重谁轻，凡是人民群众提出的诉求，均是辽宁省信访接待处眼中的大事，较好地完成了2020年年初至今信访事件的受理、办结工作。在应急事件处置方面，处置了20人以上集体信访57批次，最大规模为单批次87人次，未发生游行示威、冲撞政府机关等极端事件。在处置过程中，贯彻执行"以人为本"的工作方向，深刻感受到群众办事的急迫心情，清楚认识到大规模的聚集是集体诉求的一种表达形式，并非是真正的缠访闹访，以理解、平和的心态，规范、热情的语言践行党的群众路线精神，为和谐、安稳的社会环境做出了应有的贡献。

辽宁省丹东市人力资源和社会保障局先进事迹

自2019年以来，辽宁省丹东市人力资源和社会保障局（以下简称为"丹东市人社局"）坚决贯彻落实党中央、国务院、辽宁省委省政府、丹东市委市政府关于做好农民工工作的各项决策和部署，聚焦稳定和扩大农民工就业、保障农民工工资支付等重点任务，创新六项举措，全面提升农民工工作的治理能力。

2019年12月中旬，丹东市在全省率先实现农民工欠薪案件"双清零"；2020年1月至7月农民工欠薪案件及时动态清零，案件数量、涉案人数和金额同比下降71%、72%、79%，8月至10月连续3个月没有发生国家和省级欠薪督办案件，根治欠薪工作取得了显著成效。

2020年5月底，在辽宁省政府2019年度保障农民工工资支付工作考核中，丹东市由"2018年度被省政府评为C级"一跃成为全省考核成绩第一，打了一个漂亮的"翻身仗"；8月中旬，丹东市代表辽宁省迎接"国检"，受到国务院督查组的充分肯定。

一、创新、建立农民工工资保证金保险保函制度

自2019年以来，丹东市人社局不断探索在辽宁省率先推行"允许建设领域用保险保函替代农民工工资保证金制度"，在原有以现金缴纳和银行保函担保作为农民工工资保证金基础上，允许建设企业参加"农民工工资支付履约保证保险"，承保的保险公司向人社部门出具保险保函，一旦企业发生拖欠农民工工资行为，承保的保险公司"见索即付"，24小时内将参保企业拖欠的农民工工资拨付到人社部门农民工工资保证金专用账户，参保企业只需每年支付保险公司应缴纳农民工工资保证金总额的2%~4%作为保费。采用保险公司保险保函制度，既不像银行保函那样影响企业在银行的授信额度，也不需要企业提供额外担保，更不需要大额现金质押，有效地盘活企业的现金流，切实减轻企业的负担，受到企业的极大好评。

二、制定全市工资保证金统一调度制度

自2019年以来，丹东市人社局在全省率先建立了跨地区、跨行业、跨项目统一调度使用农民工工资保证金制度，对同一建设单位、同一施工企业，在同城、异地或不同建设项目缴存的农民工工资保证金，可以在全市范围内跨地区、跨行业、跨项目统一调度使用，有效地解决了工程建设领

域拖欠农民工工资问题。目前，丹东市已累计跨地区、跨行业、跨项目调度农民工工资保证金67万元。这一创新举措，得到了国务院根治欠薪工作暗访组的首肯。

三、建立政府代为讨薪维权机制

自2019年以来，丹东市委市政府高度重视存量案件的化解工作。丹东市人社局全力攻坚，全面核实化解各县（市）区历史存量欠薪案件，针对一些历时长、原因复杂、常年上访的欠薪案件，采取政府先行使用应急周转金和维稳金垫付农民工工资，让农民工先拿到被拖欠的工资，然后再由政府向欠薪企业追偿的办法，变农民工自己讨薪为政府代为追偿。目前，丹东市累计使用应急周转金和维稳金1 290万元，确保了欠薪案件全部清零。同时，人社部门第一时间向法院提起诉讼，向企业追偿政府垫付的农民工工资，确保政府资金安全。

四、拓宽帮扶农民工就业渠道

2020年1月16日至18日，丹东市人社局举办了大规模"迎新春就业创业大集"，针对返乡农民工，集中宣传就业创业政策，展示创新创业成果，提供几十家企业2 000余个岗位，吸引了5 000余名农民工参加，现场达成就业意向482人。2020年4月，为解决疫情期间返乡农民工就近就地就业，丹东市人社局在全省率先下发文件，开发为期3个月的短期公益性岗位。截至8月底，各县（市）区已上岗1 268人，其中兜底安置了718名返乡农民工和建档立卡贫困人员就业。为扩大农民工就业创业，2020年3月以来丹东市人社局采取了一系列宣传举措：丹东市人社局与丹东广播电视台合作，开办了就业创业栏目，每天21：10在电视台新闻频道播出《我的创业故事》；每天上午8：15在电台综合广播频道播放《就业直通车》，循环播放就业需求信息，同时邀请优秀创业带头人、行业专家做客栏目，现场讲述特色种植、创富养殖、电商创业故事，深入解答涉农惠农政策，引导返乡农民工留乡创业。丹东市人社局还与丹东报业传媒联合，连续推出了7期《就业有"李"》视频栏目，解读返乡农民工关注关心的就业政策。

五、出台扶持农民工创业办法

2020年3月16日，丹东市人社局在全省率先出台了扶持市级创业孵化基地发展的暂行办法，规定各类创业孵化载体应当安排场地，免费提供给返乡农民工创业，对扶持返乡农民工创业等各类孵化载体，给予70万~120万元补助和最高30万元奖励。目前，已实地核查通过了2家创业孵化基地，在年底前奖补资金发放到位。自2020年以来，全市各类创业孵化载体已为215家入驻企业减免租金607.17万元，累计为1 304人发放涉农创业担保贷款1.02亿元，认定创业带头人363人，带动就业1 704人。7月份全月，丹东市人社局在丹东市广播电视台举办了"丹东市农民工创业创新大赛"，8月19日至21日，又承办了"中国创翼创业创新大赛辽宁选拔赛暨辽宁省创业扶贫成果展"，展示创业扶贫成果60项，参加企业120家，现场签订投资、合作意向60余项（家），创造了农民工创新创业的良好氛围。

六、搭建农民工技能提升平台

为方便农民工提升技能，丹东市人社局、农业农村局、振安区政府联合搭建了"智慧农业－云课堂"线上公益培训平台，组织农业技术专家线上授课，内容涵盖了农业科学知识、创新创业孵化、惠农政策解读、三农服务、电商助农等课程。目前，平台在线收看农民工已达15 927人，点赞2 578人次，粉丝6 680人。

丹东市委市政府高度重视农民工工作，市委"双常委"主抓此项工作。丹东市人社局作为全市农民工工作牵头负责部门，坚持每周向市委常委汇报农民工工作进展情况；落实市、县（市）区两级党委政府主要领导、分管领导亲自包案、全程督办制度，实行日调度、周报告、月通报；通过新闻媒体、丹东惠民卡手机App、市人社局门户网站、微信公众号，广泛宣传《保障农民工工资支付条例》；开通了农民工维权、司法救济"绿色通道"，主动接待投诉，联动推出全市劳动保障监察联动举报投诉平台、12333热线（在全省排名第二）、8890平台、微信公众号、人社官方网站举报投诉，热情解答难题，千方百计帮助化解，让农民工投诉有门、见面有人、化解有效；调度公安、住建、交通、水务、发改等部门，严厉打击工程建设领域违法行为，公开曝光了4家存在重大违法行为的企业，将10家失信企业列入"黑名单"，将5户涉嫌拒不支付劳动报酬罪案件移送公安机关立案侦办，联合惩戒滥用讨薪名义讨要工程款等违法行为人，已提交法院开庭审理1人，刑事拘留2人，实现了"一点举报投诉、全市联动处理"。下一步，丹东市人社局将继续以人民为中心，发扬斗争精神，不断总结经验，发扬成绩，做农民工真正的"娘家人"。

吉林省四平市就业服务局先进事迹

吉林省四平市就业服务局在推进农村劳动力就业创业工作中创新工作举措，整合市场资源，成立三大联盟，进行市场化运作，有效地推动了农村劳动力就业创业工作的深入开展。

一、创建返乡创业联盟，以创业带动就业

四平市就业服务局将优秀的返乡创业者和有创业意愿的农村劳动力组织起来，组建返乡创业联盟。联盟采取"金字塔"模式组建，市返乡创业联盟为塔尖，6个县（市）区级返乡创业联盟为塔身，有创业意愿的农村劳动力为塔基。联盟成立后，市级联盟负责四平市返乡创业的整体规划，制定了《四平市就业创业三年规划》；县（市）区级联盟负责整合优秀企业抱团开展和推荐优秀项目；有创业意愿的农村劳动力负责在县级联盟的指导下进行项目孵化。联盟运行后，对四平市的返乡创业产生了巨大的推动效应。

（一）推动企业做大做强。企业资源进行整合后，统一产品质量、统一销售价格、统一销售资源，产品生产规模扩大后，企业能够掌握销售市场话语权，提升产品价格，使企业规模不断壮大，带动就业人数逐年增加。联盟成立初期，吸纳企业150家，带动就业400余人，经过近两年的发展，联盟企业已达350家，带动就业1 300余人。其中，双辽市返乡创业联盟将地方特色杂粮和玉木耳销售到马来西亚等地，年销售额达4.34亿元，创造利税393.3万元。

（二）提升农村劳动力创业成功率。联盟成员向有创业意愿的农村劳动力推荐成熟的、可复制的培训项目，为创业者提供技术培训、孵化场地、销售渠道等支持，使创业成功率逐年攀升。在联盟的带动下，四平市返乡创业成功率提升了2.4个百分点。

（三）大力支持脱贫攻坚。联盟积极对贫困劳动力开展产业扶贫，引导贫困劳动力进行创业，无偿为贫困劳动力提供资金、技术、项目支持，并提供兜底销售保障。截至目前，返乡创业联盟为121户贫困户销售大米、面粉等农产品11.5万斤。

二、创建劳务输出联盟，促进农民增收致富

为发展劳务经济，促进农民增收致富，四平市就业服务局大力推进农村劳动力有组织地输出就

业，由政府搭建平台，集中优秀的人力资源服务机构和优秀的劳务经纪人组建"四平市劳务输出联盟"，集中对外洽谈业务、集中输送人员、集中跟踪服务，规范了用工市场，扩大了输出规模，保障了务工人员的合法权益。全市年平均域外输出就业近15万人，劳务经济收入达30.6亿元。在疫情防控期间，政府和劳务输出联盟紧密配合，联盟负责收集域外用工信息，和用工地洽谈入厂条件，入厂后的防疫措施；政府负责对有外出务工意向的人员进行健康体检，出具外出务工证明，组织交通工具统一输送等工作；保证了外出务工人员在疫情防控期间的安全出行。仅在2020年3月份就包动车专列1列、包火车车厢35节、包大巴车16辆，有组织输出务工人员3 934人。四平市在疫情防控期间的劳务输出工作做法被省人社厅借鉴并推广，对全省的输出就业工作起到了示范引领作用。

三、创建职业培训联盟，全面提升农村劳动力的整体素质

四平市就业服务局全力整合优秀的培训学校和有培训任务的相关政府部门、规模型企业成立"培训联盟"，构建全市上下整体联动的职业技能提升行动培训体系。

（一）开展直播销售培训，助推新业态发展。开设了网信普法、线上营销策划、直播平台使用等培训课程，突出直播销售实操技能培训，打破传统销售模式的桎梏，引导劳动者向"互联网+"新业态方向发展。目前，全市直播销售培训120人，培训后有30人实现了线上创业，有63人在杭州广克隆电子商务、上海妙恒实业、常州诗唯雅电子商务等公司的电子销售平台上就业。

（二）开展地方特色小吃培训，助推地摊经济。为缓解疫情防控带来的就业压力，拉动地方经济发展，四平市人力资源和社会保障局改变传统餐饮培训模式，着重开展面食类、烧烤类、蒸制米饭类、美食风味类四大类80项地方特色小吃培训，支持劳动者从事地摊经济。有近300名失业人员通过培训实现自主创业，人均月收入达2 000元以上。

（三）开展特种农业培训，助推乡村振兴。按照当前新型农业产业的需求，开展了特色花生、特种水稻、庭院经济等特色农业培训，为家庭农场、农民专业合作社等农业技术产业载体提供了技术支持。其中，双辽市的双英花生种植专业合作社在得到专业技术保障后，不断做大做强，种植黑花生、红花生、甜花生17 333公顷，带动周边140余人实现就业，人均增收4 500余元。

（四）开展输出前培训，助推劳务经济。积极引导人力资源劳务机构和职业技能培训机构紧密合作，采取职业道德培训+职业技能培训+市民化培训三位一体的模式对输出人员开展定向培训，全面提高输出就业人员的职业技能水平，提升其就业竞争力。截至2020年7月末，全市农村劳动力输出就业15.11万人，劳务经济收入达13.67亿元。

吉林省吉林市法律援助中心先进事迹

吉林省吉林市法律援助中心高度重视农民工权益保障工作，始终将农民工法律援助工作列为历年重点工作来抓，2018—2019年度，吉林省、市两级人民政府将农民工权益保障工作连续列为政府重点民生实事工作，吉林市法律援助中心积极响应、统筹安排，发挥法律援助自身优势，为农民工脱贫致富道路保驾护航。

自2020年1月至9月，吉林市累计承办受理涉及农民工维权法律援助案件761件，其中农民工欠薪案件622件，工伤赔偿案件11件，接待农民工法律咨询687人次，涉及拖欠劳动报酬、工伤待遇、社会保险等方面，累计挽回农民工经济损失约1800万元。

一、成立农民工维权工作领导小组，下发专门文件，提供制度保障

吉林市司法行政系统高度重视农民工维权工作，专门成立了以市司法局负责人为组长，各职能部门单位为成员，吉林市法律援助中心为骨干的农民工维权工作领导小组，专门负责领导协调吉林市涉及农民工的维权工作，为农民工权益保障工作提供了强有力的领导保障。

2019年3月，吉林市司法局与人力资源和社会保障局联合下发《关于深化法律援助品牌建设 开展"法援惠民生 助力农民工"系列活动的通知》（吉市司发〔2019〕18号），明确农民工权益保障工作目标，确定加强普法宣传、开通绿色通道、健全应急机制、设立农民工工作站等详细的工作内容，并安排专人专班负责相关工作，让农民工维权工作落到实处。

二、开辟农民工维权绿色通道，提供"一免、五优先"特色法律援助服务

畅通农民工法律援助绿色通道。吉林市两级法律援助机构在已有的便民服务窗口基础上，新增设农民工法律援助绿色通道显著标识，对农民工咨询优先接待和解答，对涉及农民工维权的案件实行"一免、五优先"，即优先受理、优先审查、优先指派、优先办理、优先回访，免于经济状况审查，简化程序，畅通援助通道。减轻农民工维权成本，为农民工群体提供优质高效的法律援助服务。

三、设立农民工法律援助工作站，各部门协调联动，维护农民工的合法权益

《2019年吉林市民生实事落实责任体系推进表》确定，在吉林市"建立10家农民工法律援助工作站，实现二级全覆盖"。为更好地完成相关工作任务，吉林市司法局、吉林市人力资源和社会保障局于2019年3月联合下发文件，开展"法援惠民生 助力农民工"系列活动，要求两级法律援助中心在本级劳动监察部门均设立农民工法律援助工作站，负责保障农民工相关合法权益，为农民工依法维权提供法律援助服务。经过吉林市法律援助中心及各劳动监察部门积极协调、落实工作，已经建立覆盖吉林市城乡、上下两级（包含吉林市劳动仲裁委员会、总工会、劳动监察支队、船营区、昌邑区、龙潭区、丰满区及外五县、市）共12家农民工法律援助工作站，实现了农民工法律援助工作站全覆盖，全面完成了《2019年吉林市民生实事推进表》确定的全年工作任务目标，并且农民工法律援助工作站均已建立沟通协调联席机制，确定了联系人，工作机制、法律援助申请流程上墙公示，方便农民工群体申请法律援助、进行维权。

同时，吉林市法律援助中心与市信访部门、劳动监察部门建立联席协调沟通预警机制，确定联系人，相互及时通报可能发生的农民工集体讨薪、集体上访隐患，充分发挥法律援助机构的能动作用，及早介入农民工群体性突发事件，尽早引导农民工维权群体进入法律程序维护自身权益。

四、开展农民工权益保障法治宣传及疫情防控活动

吉林市法律援助中心利用农民工集中返乡、返城复工等时间节点，深入村屯、交通枢纽、劳动市场等农民工集中地点，开展富有针对性的集中宣传活动。为更好保护农民工群体的切身利益，权益保障关卡前移，吉林市法律援助中心特意印制并发放各类宣传单、宣传册2 400余份，制作农民工维权大型移动展板2个，以方便在不同时间、不同地点，深入农民工群体进行法律援助宣传，切切实实地在农民工群体中提高法律援助力度。

吉林市法律援助中心充分发挥司法能动作用，扩展法律援助内涵，组织全市律师，针对农民工较为集中的12家建筑工地、107家私人企业、1家产业园区、57家大中小型企业及5个农民工集中居住地，发放各类根治欠薪法治宣传资料2 000余份，解答农民工法律咨询2 000余人次，对78家企业开展"法律体检"，并提出反馈意见13条，有效地保障了农民工及用工企业的合法权益，有利于营造良好的营商环境。

2020年初，面对新型冠状病毒肺炎疫情肆虐，吉林市法律援助中心深入火车站、汽车站等交通枢纽开展农民工防疫及权益保障法治宣传活动，赠送口罩等防疫物资，发放法治宣传手册。吉林市法律援助中心积极响应组织号召，在2020年5月吉林市疫情反复的情况下，积极参与本地疫情联防联控工作，深入基层，配合社区工作人员开展疫情防治工作。

吉林市法律援助中心全体工作人员始终将农民工法律援助工作、农民工维权工作放在首位，深刻认识到脱贫攻坚成败的关键、社会生活和谐与否的关键在于农民工群体，努力保障农民工在劳动、就业、薪资发放、工伤救济等关乎农民工群体的切身利益，提升农民工群体的获得感与满意率。

黑龙江省黑河市劳动保障监察支队先进事迹

煦暖的阳光，照亮了北疆沃土。奋发向上的黑龙江省黑河市劳动保障监察支队（以下简称为"市劳动保障监察支队"），牢记农民工维权的初心和使命，谱写了北疆农民工维权的新篇章。自2016年1月至2020年8月末，监察支队共接到投诉举报238件，结案率100%，为1 400名农民工追讨工资2 201.053万元。投诉举报"断崖式"下降，由2015年的83件，下降至2019年的17件，下降80%，农民工欠薪案件实现动态为"零"。收缴农民工工资保障金10 106万元，存缴率100%。2012年至2018年期间先后4次荣获清理整顿人力资源市场秩序专项行动国家级表彰。2017年度治欠保支工作代表省政府接受国务院考核，受到考核组的充分肯定。2018年连续获得全省治欠保支工作考核A级。2020年省调研组对黑河市2019年治欠保支工作情况进行调研，给予了高度肯定。通过开展扎实有效的农民工维权工作，助推了黑河市统筹推进疫情防控和经济社会的发展。

一、用心建立健全治欠保支长效机制，筑牢农民工维权"钢铁长城"

市劳动保障监察支队在创新推进标准化的接待室、审理室、调处室和维权中心建设，畅通网站微信公众平台线上投诉举报途径的基础上，着力在建立健全根治欠薪七项机制上下功夫。

（一）建立源头性案件移交机制。2014年市劳动保障监察支队以政府办公室名义印发相关文件，明确各部门治理欠薪工作职责，明晰源头性欠薪案件处理流程。2016年以来，共计移交欠薪案件38起。

（二）建立司法衔接机制。拒不支付劳动报酬罪纳入《刑法》后，黑河市成功处理了全省拒不支付劳动报酬第一案。2015年建立治理欠薪工作衔接机制。截至目前，共计移交拒不支付劳动报酬案件7起。

（三）建立行裁衔接机制。在全省首创行裁衔接制度，实行首问受理、相互移送、联合办案和开辟绿色通道工作制度。自2016年以来，共计移交欠薪案件8起。

（四）建立领导包保机制。2017年，建立领导包保工作机制，重大案件实行政府主管领导包案、行业主管部门包片。

（五）建立建筑领域农民工工资管理机制。2016年，正式启动实名制、专用账户管理工作。目前，银行代发工资制度、实名制管理制度、工资保障金制度、农民工工资专用账户制度四项制度建立完善，有效地杜绝了欠薪案件的发生。

（六）建立对行业部门考核机制。2017年，市劳动保障监察支队印发了《黑河市保障农民工工资支付工作目标考核实施方案》和任务目标分解表，每年年初对各行业部门进行考核。

（七）建立欠薪预警机制。2020年，建立黑河市信用监测预警信息平台，健全预防欠薪监控和预警机制，目前平台已录入企业信息148户。

二、做好疫情防控期间农民工维权工作，打好农民工维权"攻坚战役"

2020年新冠疫情暴发以来，市劳动保障监察支队在做好疫情防控工作的同时，用四项举措撑起农民工维权"防护墙"。

（一）制定疫情期间保障金缴纳标准。市劳动保障监察支队印发《关于黑河市新冠疫情防控期间房屋建筑和市政基础工程建筑项目缴存农民工工资保障金暂行标准有关问题的通知》，截至目前缓缴农民工工资保障金2 031.74万元。

（二）悉心助推企业复产复工。设专人动态掌握企业复工复产情况，向企业讲解疫情期间保障农民工权益法律法规。编发疫情期间维权指南。

（三）编制疫情期间法律指南14条，劳动者维权指南6条，通过微信公众号、QQ、微信工作群进行推送。

（四）实行"不见面"投诉举报。畅通投诉举报维权渠道，设立专人接听的24小时投诉举报电话，运用微信平台受理投诉举报。通过电话、在线视频等线上方式处理案件。截至目前，办理"不见面"业务150件。

三、用情营造关心关爱农民工良好氛围，创优农民工维权"社会生态"

《保障农民工工资支付条例》（以下简称《条例》）施行以后，市政府将其作为常务会会前学法内容率先进行学习。市劳动保障监察支队大力开展《条例》政策宣传系列活动，组织13场执法人员培训会、视频会以及座谈会系统学习，职能部门利用微信学习宣传交流群、《条例》培训平台注册学习等线上形式推广学习。通过集中宣传、现场宣传、传统媒介宣传、新媒体平台宣传、现场培训等多种渠道，做到媒体、网络、短信、办公电话彩铃、电子屏幕以及重点场所宣传活动"六覆盖"。《条例》的宣传活动得到省劳动保障监察局的认可，并将活动内容向国家进行推送。2020年7月31日，《中国劳动保障报》在第六版报道了黑河市《条例》宣传工作。

太阳，像温纯的母亲，吻着驼峰般的山梁，光与色奏响了奋斗的催征曲。走进新时代，踏上新征程，意气风发的黑河市劳动保障监察支队，向着更高更远的目标奋进，为黑河市高质量跨越式发展注入了生机和活力。

黑龙江省八达路桥建设有限公司先进事迹

作为农民工用工量较大的国有企业,黑龙江省八达路桥建设有限公司始终坚持以全面、协调、可持续发展为主题,以经济效益为中心,按照"高起点起步、跨越式发展"的总体要求,推进各项工作稳步发展,强化国企担当。特别是新冠肺炎疫情发生以来,在交投集团党委的正确领导下,认真贯彻落实党中央、国务院、省委、省政府关于疫情防控和确保农民工生活保障的指示要求,与时间赛跑、同疫情较量,在做好疫情防控工作的同时,按照国家以及行业规定,积极采取有效措施,有力有序地引导农民工安全返岗就业,扎实做好农民工的生活保障,按时足额发放工资。2020年公司累计承揽40多个项目的施工任务,解决了4 000人次农民工的就业问题,并且在日常管理中切实维护农民工的合法权益,树立了国有企业良好形象。

一、严格落实制度,切实维护农民工的合法权益

(一)及时签订劳动合同,开展培训。为了切实保障农民工的合法权益,公司始终严格落实有关农民工的各项制度规定,每年新工人进场时都按规定程序与其签订劳动合同,进行上岗培训,并办理暂住证和各项保险。

(二)做好政策宣讲和安全生产。为了保证农民工在岗期间顺利工作,公司坚持把劳动法律法规政策宣传和舆论引导作为为农民工办实事的实际举措。特别是在安全管理上,始终以对农民工生命安全负责的态度狠抓安全教育、安全检查、安全评估、安全奖惩,及时处理施工中发现的事故、隐患,确保了施工期间农民工的生命安全。近3年来,公司从未发生过一起行政责任事故。

(三)按时足额发放农民工工资。工资是农民工最关心的事项,农民工工资发放也是公司的重点工作之一。公司按照分账管理要求建立了农民工工资专用账户,成立了防治拖欠农民工的工作领导小组,成员由公司纪检、审计、财务部门组成,及时解决工资支付工作中出现的问题,检查督促各分公司按时足额发放农民工工资。在施工现场公布劳动保障部门、农民工维权部门举报电话。组织建设施工单位负责人、劳资专管员及农民工代表进行劳动薪资的知识培训,进一步营造诚信用工、依法偿付薪资的良好氛围。同时,把农民工工资是否足额发放列入各项目部绩效考核,成为项目立足的关键点。几年来,公司时刻将工人的满足感、获得感放到重要位置,未发生拖欠农民工工资问题,树立了公司良好社会形象。

二、完善各项措施，保证农民工顺利返岗复工

（一）摸清用工底数，扎实搞好工作对接。工程项目复工复产，人员"复位"是关键。疫情发生后，公司党委为确保所属农民工能够按时复工复产，严格按照国务院和省委、省政府关于复工复产的指示，及时摸清用工底数，扎实搞好与驻地党委、政府和建设单位的工作协调对接，及时确定复工复产时间，确保防疫、复工两不误、双促进。公司召开党委会、总经理办公会，全面分析疫情对复工复产可能造成的影响，根据项目进展情况，提前测算农民工的需求量。根据项目复工复产时间，指导各分公司加强与项目驻地防疫部门的联系，全面了解驻地疫情防控情况，有针对性地制定复工复产方案。提前谋划、未雨绸缪，指定专人及时和劳务派遣公司搞好业务对接；提前签订劳动用工合同，确保复工人员能够及时到位。本着就地就近的原则，公司依托驻地县、乡（镇）和人力资源部门，对驻地疫情防控情况和农民工数量与身体状况进行摸排，全面、精准掌握驻地疫情防控和农民工的基本信息，为确保公司各项目按时开工提供了必要的人力资源保障。同时，改变传统的现场招聘方式，从源头上避免人群聚集，减少感染风险，充分利用网络的形式，通过线上进行用工招聘，确保了安全稳定。

（二）完善返岗措施，确保工人按时到位。为确保农民工返岗期间实现"零输入""零感染"的目标，各复工项目严格落实属地责任，主要领导坚守岗位、靠前指挥，提前安排布置工作任务，结合本地区实际，扎实做好复工疫情防控预案，主动对接省、市交通部门，掌握各地客运车辆的管制情况，提前做好输送信息、车辆号牌、车载人数、运行线路等信息备案工作。为避免到岗途中人员感染，公司指定专人负责农民工的输送工作，按照"一车一方案"的原则，细化运输方案，统一组织外出人员凭用工（复工）通知、健康状况随访表等进站上车，统一组织车辆运行、统一全程疫情防控、统一途中休息和随车用餐等服务，避免盲目运输，确保农民工"点对点、一站式"直达目的地，做到"出家门进车门，出车门进场门"，确保运输途中无缝连接，绝对安全。同时，按照就近就便的原则，公司从支持驻地经济发展的角度，优先保障驻地用工能用尽用，由劳务派遣公司协调驻地人社部门，全方位统计驻地农民工的数量，全面整理农民工的基本信息，进场人员统一扫描"龙江健康码"，运用大数据进行分析对比，全面掌握农民工出行和健康信息，确保用工绝对安全。

三、创造优良的生产生活环境，努力为员工办好事、办实事

（一）努力为农民工营造安全舒适的生产生活环境。公司不断加强基本生活设施建设，对58个项目部的浴池、食堂、宿舍进行改扩建和装修，千方百计提高和丰富员工餐桌的主副食品种，重点改善班中餐，努力做到营养合理，科学配餐。在节假日组织农民工聚餐，搞文体活动，丰富农民工的业余生活，组织农民工学习一些先进的工艺技术，鼓励其考取相关的资格证书。

（二）切实做好疫情防控期间生活保障。公司严格落实疫情防控主体责任，对返岗务工人员，严格落实隔离措施，为他们提供必要的生活保障。组织返岗农民工免费进行核酸检测，确保每一个农

民工不带"病"作业，不带"毒"上岗。扎实做好农民工的信息登记工作，做到每个农民工出行信息全掌握，轨迹可追溯，紧急情况可联系，确保人员不失控。积极开展返乡农民工健康教育和心理疏导工作，积极营造宽松环境，及时排解农民工的压抑情绪和恐慌心理。做好施工现场生活物资供应保障，通过"点对点"集中采购等方式协调属地社区及物资供应单位，加大菜、肉、粮、油等基本生活物资的供应量，满足施工现场农民工的基本生活需求。积极储备防疫物资，公司累计采购口罩5.8万个、酒精1 500千克、手（鞋）套7 000双、测温仪300个，以及其他防控物资设备若干件（套），为确保工程建设项目如期开复工提供了充足的物资保障。

（三）是加大农民工工作场地的安全防护。严格落实"扫码、测温、戴口罩"防疫三项措施，严格落实农民工实名制管理制度，实施工地封闭管理，严格人员出入，无关人员不得进入工地。施工现场大门口设置体温检测站，对外来人员进行登记和体温检测，发现体温异常人员及时采取措施。对工地人员每日进行不少于一次的体温检测，对驻地每日进行一次消毒，并做好记录；确保出现发热、咳嗽、气促等呼吸道感染症状的人员绝对不能进入工地，保障农民工工作期间的身体健康和安全。

一支优秀的施工队伍，无论是从整体上、技术上、个人素质上，都取决于对思想的领悟、意识的提高。近年来，公司紧紧围绕中心工作，结合农民工队伍实际，切实加强思想政治工作，为公司发展提供精神动力和思想保证。首先，从抓好政治理论学习入手，加强了领导班子建设。组织领导班子成员认真学习，开展了弘扬求真务实精神的教育，在领导班子和干部中大兴求真务实之风。在工地施工中，领导干部带头深入现场，靠前指挥，求真务实，真抓实干，充分发挥了领导班子的表率作用。其次，以文明创建为载体，加强农民工队伍建设。在对农民工进行教育培养的同时，在公司广泛开展了"弘扬雷锋精神，争做文明员工"的活动，并把这项活动同安全生产奖励挂钩，有关部门定期考核。通过活动的开展，全公司的不文明行为大为减少，农民工队伍呈现出奋发进取、昂扬向上的精神面貌。

上海市职工保障互助中心先进事迹

职工互助保障是由全国总工会倡导并组织，职工自愿参加的非营利性互助互济的保障活动，是工会送温暖的重要内容。近年来，上海市职工保障互助中心（以下简称为"中心"）以习近平新时代中国特色社会主义思想为指导，在上海市总工会的领导下，坚决贯彻落实党中央、全国总工会、市委关于做好农民工维权服务的工作要求，认真组织农民工参加工会互助保障活动，为农民工在疾病困厄、意外伤害时撑起"遮雨伞"。中心连续多年获得"上海市文明单位"称号，曾获得上海市五一劳动奖状、工人先锋号、市总工会机关系统先进基层党组织、市级机关先进团组织等荣誉称号。

一、调整参保门槛，推出符合农民工特点的互助保障计划

2000年，为配合上海医保改革，贯彻市政府《关于促进本市发展多层次医疗保障的指导意见》（沪府发〔2000〕52号），中心推出"在职住院保障计划"，当时设定了只有本市户籍职工才能参保的住院类保障计划的准入条件。随着上海城市建设的发展，越来越多的农民工进入城市，成为城市建设的主力军，在获得生计的同时，其医疗权益得不到有效保障，疾病、意外伤害引发的风险未能得到根本化解，甚至出现部分农民工患病后因经济原因放弃治疗的情况。

根据全国总工会、上海市总工会提出的"维护农民工"合法权益的要求，2004年，中心及时开发和调整互助保障计划的准入条件，根据农民工职业危险性高的特点，设计推出"从业人员意外伤残团体互助保障计划"，被保障人在遭受意外伤害并自伤害之日起180天内身故或致全残时，中心给付互助保障金，最高给付达30万元。之后，在控制风险前提下，中心又陆续降低参保门槛，除住院类保障计划外，"重病""女职工大病"和"综合保障"等计划都向农民工放开参保通道，并积极动员组织各行业农民工参保，提高农民工抵御意外风险及重病风险的能力。如上海市松江区的某台商独资企业在中心推出"从业人员意外伤残团体互助保障计划"伊始，便为公司全体员工共184名（其中农民工152名）办理参保手续（每人参保10份）。参保后第7天，该公司湖北籍员工余某在工作中头部不幸被油压机挤压致死，职工家属根据保障计划获得20万元保障金，这不仅慰藉职工家属的丧亲之痛，也极大程度地缓解了职工家属与公司的对立情绪，保障公司的正常生产经营秩序。该案例经新浪网、《劳动报》等媒体报道后，进一步扩大了该项保障计划的知晓面，提高了职工互助保障的影响力。

据统计，截至 2019 年年底，上海市农民工约 60 万人次参加"综合保障""特种重病"和"意外伤害"保障计划，占三项保障计划参保总人数的三分之一，极大地提高了农民工抵御风险的能力。

二、打造全新架构，进一步提升农民工医疗保障水平

随着上海市农民工原参保的"外来人员综合保险"统一调整为参加"上海市城镇职工保险"，中心也随之将农民工纳入"在职住院保障计划"覆盖范围。目前，上海职工互助保障工作为农民工提供了包括住院类、意外类和重病类在内的全方位的补充医疗保障。

近年来，上海市各项职工互助保障计划虽然在不断调整和优化，但是在计划种类、保障水平、参保流程等多方面仍存在短板，不能完全适应基层工会和职工群众的医疗补充保障需求，也与"智慧工会"建设存在差距。2019 年，中心结合"不忘初心、牢记使命"主题教育，实地调研上海互助保障工作中存在的突出问题和职工群众反映强烈的热点难点问题，将原 11 项在职职工保障计划（在职住院，特种重病，女职工特种病，住院补助金 A 类、B 类，意外伤害，意外伤残，综合 A、B、C、D）重新统筹架构，打造"普惠+"保障模式，不断做强"职工的第二医保"，建立了"三纵三横"的"上海职工互助保障项目 2020"。"三横"即基本保障层、加强保障层和个性保障层 3 个保障层级，"三纵"即在职住院、特种重病、意外伤害 3 类保障计划。在发生住院、门诊大病治疗等 4 种治疗方式之一，对统筹基金或附加基金范围内个人自负部分的医疗费用，按 50%~70% 的比例报销保障金，最高给付 10 万元；按 100~300 元不等给付住院天数保障金，最高给付 5.4 万元；在患 23 类重病时，给予重病保障金，最高给付 15 万元；在发生意外伤残、身故时，最高给付 31 万元保障金，保障力度显著提高，也进一步满足了包括农民工在内的广大职工多元化的互助保障需求，各项保障累计最高给付 66.55 万元。目前，近 70 万农民工参保"上海职工互助保障 2020"，占总参保人数的三分之一。

三、推进集中参保，扩大农民工会员的保障覆盖面

从 2014 年起，为创新服务职工载体，推进实施"上海工会会员服务卡"服务职工实事项目，作为工会会员卡五大功能之一，中心设计推出"工会会员专享基本保障"，包括重大疾病保障、住院天数补助、疾病身故、意外伤残或意外身故保障，参保会员最高给付 7.08 万元。为做好农民工参保"工会会员专享基本保障"，中心着重做好 3 方面工作：一是开通 63500870 服务专线，指导各级工会掌握"会员专享基本保障"条款和操作流程，为参保单位答疑解惑；二是扩大重病审核人员队伍，积极争取医疗机构支持，缩短患病农民工领取保障金的等待时间；三是开展农民工集中入会行动，做到随时办理"会员专享基本保障"参保手续，并根据保障期限长短实行分档缴费，确保入会农民工及时享有"会员专享基本保障"。这些措施都有力地保障了农民工的医疗权益，如上海市杨浦区森园绿化工程公司于 2018 年为全体员工参保了"工会会员专享基本保障"及其他互助保障项目，其员工陈某在公司施工现场遭遇事故不幸去世，中心在得知陈某家的困难后，第一时间打通保障金给付

"绿色通道",加快审核速度,仅用半个月就把48万元保障金交到陈某亲属手中,有效地保障了他们的生活需要。

四、聚焦新型就业形态,做好灵活就业群体互助保障的服务工作

灵活就业群体作为新型就业模式下出现的就业形态,得到了包括党委政府、工会组织及社会各方的广泛关注,其就业群体大部分是农民工。据基层工会反映,其不少农民工从业人员与企业签订劳动合同,可以享受本市城镇职工基本医疗保险待遇,但由于其缴费基数普遍较低,得到的保障力度也相对较小,更有大多数从业人员没有参加职工医疗保险,无法享受基本医疗保险服务。自2018年以来,在上海市总工会的指导下,中心着眼于维护劳动者权益,精准服务,进一步将工会互助保障服务延伸到新的就业形态领域,重点聚焦物流快递、护工护理、家政服务、网约送餐等灵活就业群体,设计推出"组织20万名灵活就业群体工会会员参保专享基本保障"的实事项目,包括意外全残或身故、13类重大疾病和意外伤害等保障内容,参保职工可享受最高9.08万元的综合保障。中心积极走访新型的就业行业工会,深入全市16个区开展现场推进会,了解、掌握"灵活就业会员专享基本保障"参保情况;协助举办以"访民情、解民忧、惠民生"为主题的灵活就业专项启动仪式,推进灵活就业参保工作的开展;通过制作易拉宝、编制问答手册等做好宣传发动工作。截至目前,灵活就业群体参保达10.72万人次,向547人次给付保障金72.93万元,让这些灵活就业的农民工在城市工作生活的同时,无后顾之忧。

这些年来,上海市职工保障互助中心秉承职工互助互济理念,通过普惠制和特惠制互助保障计划的实施,有力地保障了广大在沪农民工在疾病救助、意外伤害情况下的医疗和生活权益,解决他们最关心、最直接、最现实的利益问题,使上海的发展成果更多、更公平地惠及全体劳动者。今后,中心将大胆探索,锐意进取,提供更优化、更普惠、更精准的服务,努力为农民工在内的广大职工群体构筑起抵御风险的坚实屏障,不断推动职工互助保障事业的创新发展。

上海市宝山区就业服务中心先进事迹

为贯彻习总书记关于做好农民工群体就业的讲话精神，落实党中央、国务院打赢脱贫攻坚战决策部署和工作要求，持续推进农民工就业服务工作，上海市宝山区就业服务中心（以下简称为"中心"）每年开展帮扶农民工就业的"春风行动"，组织各类就业招聘活动，推进对口支援地区贫困农民工的劳务协作工作，落实并优化各项配套就业服务。2017—2019年度，中心荣获全国人力资源社会保障系统优质服务窗口称号；2011—2019年，中心连续9年荣获上海市就业服务工作优秀奖，连续3年荣获全市就业促进系统考核第一；中心在全市首推的"远程面试"服务获得第二届全国创业就业服务展示交流活动优秀项目奖。

一、助力农民工就业，开展"春风行动"专项活动

"春风行动"重点围绕强化就业服务，为农民工求职就业撑起"一片蓝天"。每年一季度，中心通过举办大型招聘活动、组织定向招聘会、延伸特色服务等方式，让农民工就业有门路、求职有信息。自2018年以来，中心共组织"春风行动"等各类活动92场（其中疫情期间组织各类线上招聘会21场），吸引了近31 436人前来应聘（累计发布信息2 650条，浏览量44.2万余次），现场达成录用意向11 647人（疫情期间成功就业422人）。

（一）盘活区内资源，举办大型招聘会。中心与区妇联、区工商联联合行动，举办宝山区大型"春风行动"公益招聘会，与区总工会联合举办宝山区"和谐就业，体面就业"春季大型招聘会活动，集中满足招聘企业和农民工的多样化需求；开展"春季双招周"活动，聚焦节后供需双方的集中招聘就业需求，提供快速有效的招聘途径。

（二）推出急需岗位，组织定向招聘。中心与宝山消防支队和宝山区医疗救护站对接，开展消防员和急救担架员的招聘工作；与宝山工业园和城市工业园对接，聚焦园区企业需求，宣传就业政策，提供人员推荐，集中组织专场面试。

（三）针对特定对象，延伸特色服务。中心联合全区各街镇劳动保障事务所，延伸开展街镇层面的"春风行动"专场活动，着力帮扶大龄农民工、女性农民工就业，派驻首席创业指导师和职业指导师至街镇，就近为农民工提供创业指导和职业指导服务，创建"家门口的就业服务"。

二、优化农民工服务，完善日常的就业服务体系

中心以农民工就业实效为目标，通过设置自助查询机提高人职匹配率，推行"就业一点通"进行定向匹配，开通疫情期间网上办事模式，组织定期招聘会搭建求职、招聘供需平台，在日常工作中不断优化农民工就业服务。

（一）自助查询机助力人岗匹配。中心设置岗位自助查询机为农民工提供便捷精准的岗位信息筛选服务功能；推出"企业宣讲"和"视频面试"服务，帮助供需双方高效对接，在疫情期间发挥了重要作用。

（二）"就业一点通"实现精准对接。中心在全区推行"就业一点通"快速微信服务模式，以区—街镇—社区为双向服务路径，建立三级就业微信群，将就业服务活动及招聘信息发布到社区求职群，农民工可向街镇反馈就业意向、投递简历。针对部分就业意愿强烈的农民工，社区工作人员定向匹配、上门推荐，实现精准对接，并为对口支援地区的建档立卡户提供参会车辆保障。

（三）网上办事指明求职方向。在疫情期间中心采取电话和网上调查等方式，开展辖区企业用工动向的调查工作，了解企业复工用工情况，通过调研为农民工求职指明方向。中心开通公共就业服务网上办事模式，方便农民工在疫情期间的求职咨询，总计受理网上业务咨询3 774人次，办理网上企业委托代理招聘及个人求职2 323件；通过直播开展线上招聘和咨询活动，搭建起疫情期间的互通桥梁，共开展两次"抖音"线上招聘；专家志愿者还在"创赢宝山"微信服务号上面向包括广大农民工在内的创业者，提供实时免费的在线咨询。

（四）定期招聘会搭建供需平台。中心坚持在每周一上午、每周三下午组织开展"周周招聘会"，成为区域内知名的求职平台，为招聘企业和农民工搭建了免费的公共职介平台，让不习惯于线上操作的农民工能通过定期招聘活动，长期稳定地了解区内的招聘信息。

三、聚焦农民工需求，推进落实就业扶贫措施

中心坚持精准扶贫方略，深入开展人力资源对口帮扶合作，自2017年宝山与曲靖一市四县结对以来，中心持续加强组织领导、落实配套服务，坚持将当地劳动力带出来就业、技能人才送进去培训，两地合作组建的"曲靖驻上海农村劳动力转移就业劳务工作站"于2019年7月正式启用，全力帮助其脱贫攻坚的胜利。

（一）健全工作机制，保障扶贫协作顺利开展。中心成立精准扶贫工作领导小组，与各对口支援地区签订合作协议，引入劳务协作机制，推动协商签订三方《就业扶贫合作协议》。依托"转移就业劳务工作站"，自2020年至今累计向工作站推送岗位信息9 738个。全面执行疫情期间的临时性经费补助政策，对组织化输出的劳动力给予交通、体检、防护用品临时性补助，做好农民工返岗复工的工作，提升就业稳定率。

（二）开展招聘活动，将农民工"带出来"。2018年以来，中心主要领导及分管领导带队赴对口

劳务协作地区开展劳务协作现场招聘会16场，累计提供岗位信息2万余个，累计向对口劳务协作地区劳动力发布岗位信息13万余个，农民工来沪就业872人。在疫情期间，中心引导农民工关注宝山就业微信平台，使用12333公共招聘网了解岗位信息，规整农民工求职意向后，为远程面试和人员输送提供工作保障。首推"远程面试"服务，通过"互联网+"实现企业与农民工的线上精准就业对接。

（三）"造血式"扶贫，将技能人才"送进去"。中心抽调精兵强将组团服务，组成"招聘管家""技能培训专家""创业指导专家"三个服务团队，提供就业创业咨询服务，对接各类技术资源，落实送技上门，确保岗位信息适需有效，将创业先进理念带给贫困地区的创业者。强化当地干部能力提升，为对口支援地区干部举办以人力资源为主题的研修班和培训班，通过专题讲座、参观考察、现场教学等形式，促进观念互通、技术互学，为农民工就业提供保障。

经过多年的农民工就业服务工作，宝山区涌现出一批优秀的农民工。自2016年以来，中心共推荐28名上海市优秀农民工和上海市农民工先进个人，他们来自各行各业的各种岗位，其中不乏国家级和市级荣誉获得者，他们是农民工队伍的杰出代表。

中心将继续坚持战疫情和稳就业共同发力，尽最大努力做好促进农民工就业的各项配套服务工作，为推进农民工就业、打赢脱贫攻坚战奠定坚实的基础。

江苏省南京市劳动就业服务管理中心先进事迹

农民工的问题是社会稳定和发展的关键，江苏省南京市劳动就业服务管理中心（以下简称为"南京市就管中心"）作为南京市农民工工作领导小组办公室的所在部门，承担了全市农民工就业管理服务和农民工工作组织协调的重任。据统计，南京市现有农民工157.92万人（其中本市户籍67.89万人、外来人员90.03万人），约占我市现有常住人口的1/6；全市农村劳动力总量98.3万人，累计转移就业97.4万人（其中就近就地就业67.72万人、劳务输出29.68万人），转移率99.08%。一直以来，南京市就管中心高度重视农民工工作，强化责任担当，创新政策举措，始终以突出改善民生、健全工作机制为抓手，不断健全农民工工作机制，扩大转移就业规模，持续完善农民工的公共服务体系，援助农民工工作取得了较大成绩，得到了国务院和部、省、市领导的高度评价，2012年被评为全国就业工作先进单位。

一、政治引领高位推动，坚决有力地贯彻上级决策部署

南京市就管中心坚持以习近平新时代中国特色社会主义思想为指引，深入学习贯彻习近平总书记关于农民工工作的重要指示批示精神，坚决贯彻执行党中央、国务院及省委、省政府关于农民工工作各项部署要求，始终将农民工工作作为一项重要民生工程抓实抓好。结合南京市实际，对照研究牵头出台《市政府关于进一步做好为农民工服务工作的实施意见》（宁政发〔2015〕272号）工作文件，与时俱进地加强制度建设，为有力有序做好农民工工作明确了规范。每年制定"市农民工工作领导小组工作要点，全市就业创业工作要点"作为年度计划下发执行，进一步细化目标任务，压实工作责任，全面推进各项工作落实落地。

二、综合施策创新落实，量质并重做好稳保就业工作

南京市就管中心围绕"六稳"、聚焦"六保"，切实强化责任担当，做好就业创业各项工作。特别是2020年以来，召开全市统筹疫情防控和稳就业工作会议，出台实施稳保就业各项政策举措，在面对诸多不利影响的情况下，全市就业态势保持稳定向好。2019年城镇新增就业32.52万人，2020年截至目前新增下业19.57万人，城镇登记失业率保持在1.78%的低位运行。

（一）援企稳岗助力降本减负。加大失业保险稳岗返还力度，提高返还标准最高至100%，南京市就管中心出台应急稳岗返还政策，进一步扩大政策惠及面，全力支持企业稳岗，2019年发放稳岗返还5.86亿元、惠及企业12 244家；2020年已为15.31万家企业返还12.37亿元，企业全程免填表、免申报、免跑腿，返还金额直接拨付至企业账户。迅速落实社保费"免减缓降"政策，减免征收16万家企业职工基本养老、医疗、失业、工伤保险缴费158.94亿元。继续执行降低社保费率政策，累计减收企业社保费124.85亿元（其中2019年71.24亿元，2020年1—7月53.61亿元）。鼓励支持企业吸纳用工，积极落实一次性吸纳就业补贴、招用就业困难人员、高校毕业生社保补贴以及以工代训补贴等政策，审核发放吸纳就业各类奖补超10亿元。精准对接企业服务用工需求，派出"助企专员"走访企业近万家，线上线下联动举办招聘活动逾2 000场，发布岗位需求累计逾60万个。

（二）稳定扩大农民工就业。南京市就管中心每年年初面向农村劳动力开展"春风行动"，将招聘现场办到涉农社区（村），就近就地提供求职招聘、政策咨询、权益保障等服务，2019年以来"春风行动"累计开展线上线下各类招聘会424场次，提供岗位19.1万个，6.3万人达成就业意向。自疫情防控以来，中心多措并举积极助力复工复产，提供农民工返岗复工"点对点"服务，政府出资或补贴开通专机3班、专列2趟、专车307辆，先后为数百家企业"点对点"接回外来务工人员数万人，同时主动对接，做好湖北籍农村劳动力安全返宁返岗工作。深入对接商洛、西宁开展劳务协作对口帮扶，精准对接送岗，设立"宁商、宁西劳务协作服务站"和"互联网+"网络招聘平台，每年定向提供就业岗位超万个；贴心跟进帮扶，将当地来宁务工人员全面纳入南京市政策服务范围，同等享受公共就业服务，自2019年以来实现商洛、西宁建档立卡贫困劳动力赴宁转移就业1 632人，为决胜脱贫攻坚做出积极贡献。

（三）大力扶持创业带动就业。南京市就管中心聚焦大学生、返乡农民工等重点群体，全链条加大创业扶持力度，营造便捷的准入创业环境。遴选优秀大学生创业项目562个、资助1.02亿元，为2 974人发放一次性创业补贴662.2万元，创业担保贷款"绿色通道"扩大至42所在宁高校和16个园区。加强创业载体建设，已建成市级以上创业园和孵化基地138家（其中大学生创业园75家），吸引8 458家创业实体入驻，多家入园企业成长为颇具实力的高新技术企业和独角兽、瞪羚企业。持续做优"赢在南京"青年创业大赛、"宁聚助创行""宁聚校园行"等活动品牌，不断优化创业指导服务。自2019年以来，全市培育自主创业者5.76万人，扶持大学生创业10 339人、农民自主创业7 564人。

三、优化服务有效保障，促进城镇公共服务均等可及

南京市就管中心坚持以人为本，深化基本公共服务供给制度机制改革，推动实现城镇基本公共服务覆盖农民工及随迁家属、平等享受市民权利，不断增强农民工的获得感和归属感。

南京市早在2009年即在全省率先成立"新南京人"服务中心，成为全国首批正式挂牌、专门面向农民工提供全方位服务的综合性管理服务机构，发展至今已建成、运行65家。"新南京人"服务

中心有效整合各部门资源，升级完善基层各类配套的服务设施，将农民工服务保障工作效能向街道、社区延伸，围绕农民工在生活和工作中的实际需求提供管理服务、权益维护、文化教育、党团活动四大功能、十个方面，包括培训就业、劳动维权、文化娱乐、党团建设等全方位综合服务。依托该平台定期开展"新市民大讲堂"活动，鼓励引导农民工自身融入企业、子女融入学校、家庭融入社区。加强沟通对接，强化跨部门信息互通共享，与市发改委、公安、卫健委等部门协同配合，通过整顿规范劳务市场、社区服务、入户走访等方式，动态掌握、更新农民工就业、落户、医疗、教育、培训等各方面情况，为进一步做好服务保障工作提供了有效的数据信息，夯实了农民工的基础工作。

江苏省苏州市人力资源和社会保障局先进事迹

作为江苏的经济大市和外来人口最集中的城市，截至 2020 年 6 月底，苏州市流动人口数量达 794.7 万人，其中外来人口用工备案数为 345.82 万人，占用工总量的 66.53%。近年来，苏州市人力资源和社会保障局（以下简称为"苏州市人社局"）充分发挥农民工工作议事机构协调作用及人社业务工作职责，以最包容的态度、最均等的待遇、最优质的服务推进新老市民的融合，力求以零差别待遇、零温差服务、零距离接触打造一支全方位融合的劳动者大军。2020 年上半年，苏州市人社局积极探索创新，动议市委办公室和政府办公室下发《关于建设劳动者就业创业首选城市的工作意见》，推出"金蓝领"培训工程等 16 项处于全国领先位次的具体举措，进一步激发人力资源新动能，探索打造外来劳动者就业创业首选城市的新目标。

一、注重协同联动，以凝聚领导小组成员单位职能作为推进农民工工作的力量源泉

苏州市人社局充分发挥农民工工作领导小组办公室的作用，把分散在政府各职能部门的农民工工作，用"协调机制"这根主线把各成员单位串联成连接点，统筹规划、齐抓共管。在基层服务平台创建"优秀农民工绿色服务通道"，为全国和全省在苏州市落户的优秀农民工建立电子名册，联合公安、教育、住建等部门动态跟踪优秀农民工在苏州市就业创业和积分入户、入学、入医的情况，并专门提供各类特色服务。在基层服务平台开设法律服务专门窗口，会同司法局加强对农民工的各项法律服务。在基层服务平台开设"新市民大讲堂"，以"常设大讲堂"和"流动大讲堂"相结合的灵活多样的形式，联合各成员单位为农民工提供各项免费的培训。

二、坚持就业优先，把全面优化劳动者就业创业环境作为落实"六稳""六保"的重要举措

苏州市人社局打破本地与外地户籍限制，实行统一的就业失业登记管理制度。

（一）落实全面创业扶持政策。根据《市政府关于做好当前和今后一段时期就业创业工作的实施意见》（苏府〔2017〕158 号）、《市政府关于做好当前和今后一个时期促进就业工作的实施意见》（苏府〔2019〕5 号）等文件，整合了创业社保补贴、开业补贴等四大类 15 项创业扶持政策，支持新市

民自主创业。2020年度（累计至6月）人社部门扶持农村劳动力自主创业1 685人，农民创业者享受政策补贴10 356人次，金额达688.01万元。

（二）制定应急举措减轻疫情冲击。新冠肺炎疫情暴发后，苏州市人社局协同其他部门推出"苏惠十条"等政策，端出"苏城码""复工通"等举措，健全完善三项服务发展机制，强有力地提升企业复工稳岗的信心，保证了外来劳动者就业形势的总体稳定。

（三）紧扣结对帮扶指标，做实就业扶贫。开通远程招聘系统，深入开展招聘服务，定期向6 492名铜仁籍、3.9万名西安籍未就业贫困劳动力精准发送岗位信息。鼓励市场主体参与对口帮扶，对成功介绍对口协作地区建档立卡人员来苏稳定就业的人力资源服务机构，给予专项职业介绍补贴。深化校企合作方式，采取订单式、"冠名班"等方式进行定向培养。强化品牌建设，提升帮扶力度。通过打造"人力资源服务零距离""1+1+1读书助贫帮扶""铜仁之家"特色品牌，撬动市场发力，实现全面精准帮扶。目前，铜仁籍建档立卡人员在苏州市就业605人，占全省的64.02%。

三、加强技能培训，把提升新市民的成长空间作为工作的不懈追求

苏州市人社局连续12年将劳动者技能培训列入政府实事项目，开展无差别的城乡劳动者培训，累计培训60多万人次。创新打造"金蓝领"培训工程，实施技师研修、新兴产业、品质生活三大培训计划。开发"苏州市职业技能在线学习平台"，为所有劳动者免费提供40个专业（工种）的480个教学视频。2020年，应对疫情影响，全省率先开展"防疫"项目制培训，共发放培训补贴2.55亿元，惠及84.87万人。

四、推进社保扩展面，把普遍覆盖、应保尽保作为推进城乡一体化待遇的主要手段

苏州市人社局持续推进农民工参保率，切实保障农民工合法权益。坚持农民工同等待遇，确保农民工与城镇职工参保流程一致。优化经办服务，充分发挥社会保险服务发展的重要作用。推出综合柜员制经办服务，实现一般业务一次性办结。利用"互联网+"信息化手段，完善社保网上业务大厅，启用"掌上社保"服务模式，通过微信公众号、手机客户端等方式方便参保群众办理社保业务，查询参保信息。完善推广"苏州市社会保险网上申报系统"，用人单位足不出户就可完成用工登记备案与职工社会保险申报。

五、狠抓、根治欠薪，把确保农民工工资无拖欠作为执法目标

（一）将根治欠薪工作纳入政府法治考核。建立县（市、区）、乡镇（街道）政府两级考核体系，逐级传导压力，层层压实责任，加强督查检查，建立定期通报和调度制度，强势推进根治欠薪工作。

（二）在工程建设领域推行实名制监管。人社、住建、交通、水务联合出台《苏州市工程建设领域治欠保支实名制监管制度》，让所有在建项目所涉及施工企业落实农民工实名制管理等制度，以及把按月足额支付农民工工资等情况列入实名制监管范围。

（三）将在建工程项目纳入劳动保障监察网格。将全市在建项目纳入网格化管理，加强劳动用工服务指导，督促施工企业及时整改存在问题。

（四）完善工程建设领域农民工工资支付日常监管。出台《工程建设领域农民工工资支付管理制度》，全面落实工资支付各项保障制度。迭代推进专用账户管理制度。落实按月足额支付工资规定，全面推行"月工资 + 月奖金津贴"模式。

（五）加强执法监管和执法力量。畅通举报投诉渠道，在人社微信公众号开设"劳动保障监察举报投诉平台"；下沉执法力量，开展跨区域"双随机"抽查检查，强化事中事后监管。

（六）强化信用约束，注重失信惩戒和守信激励。对重大劳动保障违法行为进行社会公布，纳入拖欠农民工工资"黑名单"。在全省率先开展家装企业红榜培育评定活动，拟培育评定家装红榜企业60户，树典型立标杆，引领、规范家装企业农民工工资支付行为。

接下去，苏州人社局将立足"建设劳动者就业创业首选城市"的目标，继续做好农民工就业创业、技能培训、社会保障和劳动维权等工作，全力推进农民工市民化，通过首选城市建设实现外来劳动者的充分融入，着力打造与苏州市经济社会发展相适应的知识型、技能型、创新型的劳动者大军，为苏州市成为农民工就业创业和落户安家的首选城市，实现新老市民的全面融合贡献力量。

江苏省常熟市公安局先进事迹

近年来，江苏省常熟市公安局始终坚持"民生为本"的工作理念，紧紧围绕服务大局、服务民生、服务经济发展的主题，在市委市政府领导下，认真贯彻执行国务院、省、市有关农民工工作的系列部署要求，切实履行公安机关职责职能，从外来人口管理、治安防范、权益维护等方面狠抓落实创新，特别是面对87万外来人口、约五成以上为农民工的实际，妥善应对中美贸易摩擦和新冠肺炎疫情导致的经济下行压力加大、部分公司支付劳动报酬困难等局面，积极为农民工创造良好有序的就业、生活和治安环境。

一、创新人口管理，让农民工在常熟"有温暖"

为有效提高外来人口管理服务质量，常熟市于2013年成立新市民中心，并在全市各板块设立分中心，搭建起管理、服务外来人口的组织体系。新市民中心为正科级建制事业单位，由公安局分管人口管理业务的领导任主要负责人，该中心主要负责采集外来人员和出租房的基础信息，受理外来人员积分入学、入医、入市民卡的申请，做好外来人员人身意外伤害保险等相关服务和管理工作。自2017年开始，该局启动"数字门牌"建设，全覆盖安装"二维码"数字门牌77万张，建立起"以房管人"的载体，常住人口和外来人口通过扫描门牌上的二维码，实现外来人口、出租房屋、企事业单位自主申报和智慧采集等17项掌上服务，最大化地为外来人口提供便捷服务。2018年，该局启动"安居超市"工程，对全市出租房屋实行红黄蓝绿灰"五色"分类管理，依托"警网"与"综网"双网融合机制建设，实现出租房屋隐患巡查、整改、验收流程闭环管理，14.4万户出租房的合规备案率始终保持在98%以上，2019年出租房火灾发生率同比下降60.55%，农民工在常熟市居住安全得到了有效保障。该局还通过持续完善机制建设，全面推行居住证和积分管理制度，保障农民工充分享受交通、园林、金融等24项市民化待遇；2020年创新推出"常熟市新市民电子居住证"，作为外来人口享受公共服务、同城待遇和办理业务的便捷凭证，截至目前累计办理电子居住证96.7万张，每年有60余万外来人口享受免费人身意外伤害保险，1.1万余名外来学生入读公办学校，1.3万余名民办学校学生享受财政学费补贴，1.5万余名外来未成年人享受医疗保险保障。

二、严打恶意欠薪，让农民工在常熟"有保障"

常熟市公安局依托常熟市根治拖欠农民工工资工作领导小组机制建设，建立与人社、住建、交通运输、水务等部门的常态联系，第一时间共享信息、介入干预、依法查处，有效提升了各行业拖欠农民工薪资情况的掌控度。同时，该局会同相关职能部门，全面强化行政执法与刑事司法衔接，建立完善联席会议、情况通报、联合执法、案件移送等制度，做到问题发现及时、衔接顺畅无阻、案件查办有力，打出"不敢欠、不能欠、不愿欠"的组合拳。近三年来，针对移交的恶意欠薪案件线索，通过及时立案侦办，依法从快查处拒不支付劳动报酬案19起，采取刑事强制措施30人，为农民工挽回经济损失680余万元。2020年6月，常熟市支塘镇安石元制衣厂经营人程某某在经营不善的情况下，突然出逃，拖欠员工尹某等8名员工工资共计20余万元。人社部门将该案移交该局后，该局立即开展侦查工作，7月初将程某某抓获归案，后经与人社、属地政府等部门协调，工人最终拿到了被拖欠的工资。另外，该局充分发挥基层派出所触角广、信息灵的优势，组织社区民警结合本地实际开展走访、调查，特别是2020年疫情防控以来，面临经济增速短期快速下行，部分企业面临经营困难、资金流紧张等情况，该局组织广大社区民警加大走访摸排频次，全面了解辖区企业的经营状况、债务状况、诚信状况，及时掌握企业欠薪、欠款等不稳定因素，一旦发现企业主有资金链断裂、欠薪出逃的苗头，及时上报、妥善处置，尽最大努力守住农民工的"钱袋子"。

三、优化警方服务，让农民工在常熟"有依靠"

常熟市公安局依托社区管理、企业走访等日常工作，重点关注农民工工作，推动警方服务常伴身边，及时解决农民工的困难。针对农民工法律及维权意识淡薄，常熟市公安局组织社区民警深入广大用工企业、单位广泛开展法治宣传教育活动，通过"打工第一课"等多种形式，加强治安防范宣传，特别加强反电信诈骗以及《保障农民工工资支付条例》的宣传力度，第一时间将政策送到农民工身边，全面提升广大农民工的法治意识。该局高度重视涉及工资支付类的报警，穷尽方法、尽心协调，积极帮助查找劳务负责人出面解决问题。针对资金困难的项目，协调开发商、承建方、施工方等负责人，进行警示谈话，尽力解决农民工的工资支付问题，防止农民工采取过激方式讨要工资的事件。该局积极探索在外来人口中的党员在流入地参加党员管理新模式，会同新市民中心，在碧溪街道试点推进党群服务中心建设，吸纳200余名外来人口党员定期开展活动；充分发挥农民工在群防群治工作中的作用，吸收2.5万名农民工加入蓝盾志愿者协会，经常性地组织农民工参加各类公益性活动，年度服务奉献时长达十万余小时。同时，该局会同新市民中心，定期举办"争当守法文明新市民"知识竞赛、"百佳新市民"评选等活动，特别是评选出新市民"十佳创新人才""十佳创业典型""十佳遵法先进"等100位各行业优秀新市民，树立了崇德向善、创业拼搏的浓厚氛围，有效地保障了农民工积极地融入了"第二故乡"。

江苏省扬州市公路建设处先进事迹

江苏省扬州市公路建设处（以下简称为"建设处"）始终坚持以人民为中心的发展理念，抓好农民工工作，在保障农民工工资支付上从严管理，构建起部门联动、项目联管、信息联通的工作体系；在帮扶脱贫上加强服务，创新开展了就业创业"十百千"计划、关心关爱"三个一"等帮扶活动；在支持返岗复工上解决难题，建立起"一项目一小组"的工作机制，实施了定点包车、物资援助等"定制式"返岗服务，推出了"一日一报"、免费检测等防疫举措，各项工作得到省、市领导和社会各界的一致认可。2015年以来，先后指导、服务全市近60个交通在建项目开展农民工工作，项目总投资500多亿元，服务农民工超1.2万人，2018年11月反映扬州交通工程领域保障农民工工资支付创新做法的政务信息经国务院领导批示，被国务院办公厅采用。

一、联动式管理，报酬支付有保障

自2015年以来，建设处坚持机制创新，联合社会各界力量进行齐抓共管，在全市交通工程建设领域形成保障农民工工资支付"三联"的工作格局。

（一）工作网络联动。建设处牵头成立治欠保支工作领导小组，建立起涵盖市级监管部门、县（市、区）主管部门、项目参建单位的三级工作网络，按照"属地管理、分级负责""谁承包谁负责，总包负总责"的原则，明确各单位的工作职责，层层压实责任，各级联动履职，成功构建起"纵向到底、横向到边"的责任体系。

（二）在建项目联管。与市人社局、司法局、信访局等部门建立"部门联动、项目联管"的协调工作机制，对全市在建交通项目组织随机联合检查7次，发现问题迅速整改，联合惩戒。与项目建设单位联合推行源头管理，将保障农民工工资支付各项要求纳入全市交通项目招投标文件的强制条款，使其成为行业内不可逾越的红线。

（三）信用信息联通。建设处将各项目农民工工资支付情况与履约考核、信用评价相挂钩，对保障工作不到位的单位进行约谈通报，限制其招投标活动。组织各项目每月报送《工资支付情况统计表》，实时掌握工资支付情况，强化对欠薪问题的预防预控，全力保障农民工朋友"开开心心拿钞票，高高兴兴回故乡"。

二、精准化帮扶，服务指导显实效

建设处紧紧围绕扬州市交通工程建设领域农民工的实际需求，践行群众路线，创新服务帮扶机制，全力保障农民工的合法权益。

（一）就业创业"十百千"。大力推动扬州市交通工程建设领域促进农民工就业创业"十百千"计划，即每年为在扬州市的农民工组织10场以上的职业培训、推动100家以上的项目部参与、确保1 000名以上的农民工受益的就业创业辅导计划。据统计，3年多来，累计开办"电商培训工地夜校"、施工机械维修等各类培训班40余场，培训农民工8 000余人次，帮助百余名农民工走上创业道路。

（二）关心关爱"三个一"。积极推动全市交通项目开展关爱农民工"三个一"活动，即每个重点交通项目设立一个"农民工之家"，设置电视、读书角、体育器材等学习娱乐设施，让农民工活动"有载体，有制度，有管理，有效果"；为每位农民工建立一份健康档案，组织施工单位与农民工签订《农民工健康服务协议》，定期组织农民工体检，开展职业病防治和健康宣讲，实现农民工健康服务全覆盖；每年组织一次"农民工家属看交通"活动，邀请外地农民工家属来到扬州市参观交通项目建设，提高农民工的自身荣誉感，激发农民工投身交通工程建设的热情。

（三）服务、维权"两侧重"。统筹抓好日常政策服务和维权法律援助：一方面，2015年以来在工地组织开展维权普法宣讲9场，发放维权手册1.3万余份，现场设置维权公示牌100余块，有效地预防了侵权问题的发生；另一方面，协调市人社局、司法部门进行行政调解、提供法律援助，先后成功协调安徽农民工王某工伤责任重新认定等多起维权案件。

三、保姆式服务，防疫复工出实招

2020年春节过后，建设处一手抓疫情防控，一手抓复工返岗，有力保障了扬州市交通项目农民工于2月17日在省内率先返岗复工。

（一）一对一服务复工。按照"一项目一小组""一标段一小队"的要求，牵头组建12个工程复工服务督导组，28支"保障复工党员突击队"深入工地一线，"一对一"了解企业反映的农民工返岗复工困难，并将问题具体到人、到事、到工点，分标段、按区域地列出问题清单，市、县、镇、村"四级联动"，分类施策，现场化解农民工的复工难题。

（二）点对点推动返岗。在复工复产期间，建设处牵头先后协调农民工返岗点对点包车36辆次，下发施工车辆特许通行证27件，协调各参建单位累计发放口罩10万个，消毒液6吨，体温计200余个，为各标段农民工提供"定制式""一站式"服务，有力保障了全市交通重点工程农民工的高效返岗、安全复工。

（三）实打实防控疫情。及时制定《农民工防疫复工管理制度》，实行参建人员"一日一报"，全面动态掌握返岗农民工的行程轨迹、健康状况，实现精准分类防疫。联合卫生部门，印发防疫手册，开展防疫检查，组织农民工接受免费核酸检测600余人次，做到防控科学、措施到位、责任到人，所有在建项目农民工均实现疫情"零感染"。

江苏省宿迁市人力资源和社会保障局先进事迹

江苏省宿迁市总人口592万人，农村劳动力约214万人，占劳动力总数的64.7%。其中，外出务工人员约58万人。近年来，宿迁市人力资源和社会保障局（以下简称为"宿迁市人社局"），全面贯彻落实国务院、省政府关于做好农民工工作的部署，立足部门职能，大力推进农民工就业创业，扎实开展了一系列工作，返乡就业创业成绩获国家、省的肯定，全市三县两区全部入选"全国返乡创业试点地区"，电商就业扶贫示范区建设经验成为全国人社扶贫的典型案例，乡镇巡回招聘等特色做法获中央电视台、《新华日报》等主流媒体的报道。宿迁市人社局的主要做法是实施促进农民工就业创业的四项行动。

一、实施返乡留乡乐业行动

宿迁市人社局以打造"乐业宿迁"促进返乡创业就业服务品牌为抓手，坚持把促进返乡农民工创业就业作为"一号工程"。"十三五"以来，全市返乡创业就业47.21万人，其中返乡就业39.43万人、返乡创业7.78万人，年均近10万人返乡。2020年6月，省人大常委会专题莅宿调研促进返乡创业就业工作，并予以充分肯定。以市委市政府名义出台《关于支持返乡就业创业的实施意见》，实施"候鸟回归"计划等，打造主体更加活跃、政策更加务实、平台更加多元、服务更加精准的返乡创业就业环境。该局积极主动和电信、移动、联通三大运营商合作，通过手机信号监测，向返乡人员精准推送全市重点企业招聘信息和就业创业扶持政策，引导和支持外出务工返乡人员在家门口就业。仅在2020年疫情期间，就向各类农村劳动力精准推送短信150万条。在疫情期间，创新出台惠企招工"宿六条"，对在外务工人员返乡就业按500元/人标准给予一次性补助，并按照50元/人标准给予交通补贴。已惠及6.97万名企业职工，发放各类补贴资金2 880万元。

二、实施万企送岗"春风行动"

市委市政府高位推动，连续17年在春节期间开展"春风行动"，正月初三—初五全市联动举办大型现场招聘会，为农村劳动力搭建专属服务平台。2020年疫情期间，通过"线上+线下"的方式，搭建"全天候"返乡求职载体。线上搭建"不打烊"招聘平台。宿迁市人社局发挥人社系统

"一微二端"即微信公众号,自助求职终端、招聘服务网站和专属服务邮箱作用,开展网络"春风行动""云招才"等活动,提供"24小时不打烊"服务。截至9月底,全市已有3.38万名农村劳动力实现"云就业"。线下开通"招工大篷车"。在2月27日全省疫情刚由突发公共卫生事件一级响应调整为二级响应时,宿迁市立即行动,利用9天时间通过全市联动的方式,组织开展重点企业乡镇巡回招聘活动,把就业岗位送到农村劳动力家门口。共组织895家企业,走进108个乡镇开展招聘,2.58万人进场求职,其中低收入人口1 684人,达成用工意向7 693人,其中低收入人口515人。

三、实施就业扶贫"攻坚行动"

以打造村居型、企业型和基地型扶贫e站载体为抓手,在全省率先建成电商就业创业扶贫示范区,鼓励和引导返乡农民工、大学生村官等群体带着技术、资金进行电商创业,并带动更多的农村劳动力就业。目前全市建成"电商就业扶贫e站"509个,树立"电商就业扶贫示范e站"50个,累计带动农村劳动力就业3.62万人。大力实施"家门口就业工程",引进来料加工、来件装配、来样定做和农副产品加工"三来一加"项目,支持返乡人员创办小工厂、小农场、小物流、小电商、小服务等"五小创业"项目。目前,全市共有"家门口"就业项目1 281个,带动就业9.8万人,其中低收入农户劳动力6.9万人。开展助能提升培训,全市联动组织接受建档立卡的低收入农户劳动力开展助能培训,并根据培训工种组织市内重点企业在培训现场就地开展专属招聘,实现"培训即就业,结业即上岗"的目标。截至目前,全市累计开展建档立卡低收入农户劳动力助能提升培训1.2万人次,培训后就业率达90.8%。全市城乡居民人均可支配收入增幅全省第一。

四、实施根治欠薪"清零行动"

宿迁市人社局全力推进根治欠薪工作,加大工程建设领域农民工工资的保障力度,大力宣传《保障农民工工资支付条例》,努力实现农民工工资基本无拖欠的目标。2018年追讨农民工工资1 657.26万元,同比下降28.43%;2019年追讨农民工工资1 134.56万元,同比下降31.54%;2020年全市共接受各类咨询投诉举报1 259批次,受理群众投诉举报案件448件,立案处理275件,追讨农民工工资707.06万元,同比下降37.68%,实现了三连降。积极做好劳动争议调解处理,对疫情期间的劳动争议案件,通过电话、调解平台和互联网等方式进行调解,及时回应劳动者的合理诉求。劳动者维权更加理性,七成劳动争议案件通过调解方式得到了解决。

浙江省杭州市江干区人力资源和社会保障局先进事迹

近年来，浙江省杭州市江干区人力资源和社会保障局（以下简称为"江干区人社局"）持续深化农民工就业技能培训、公共就业服务、劳动维权服务等，实现学有所获、业有所择、创有所助、劳有所得。在2019年浙江省人社系统绩效考核中被评定为优秀。全面消除零就业家庭，辖区南肖埠社区被认定为第四批国家级充分就业社区。辖区祐康食品（杭州）有限公司职工袁喜梅被授予"全国优秀农民工"荣誉称号。在三穗县、恩施市成立贵州省、湖北省第一家劳务协作技能培训中心。调解仲裁、劳动监察目标考核成绩连续多年位居全省前列，2020年被抽选参加全国农民工工作实地督察，得到一致好评。

一、"多点开花"拓宽农民工就业创业路

（一）实施技能提升"315工程"，促进农民工"学"起来。坚持具有"专属培训阵地、专项保障资金、专职服务团队、专向培养计划、专门规章制度、专业特色培训"标准，携手帮扶地区建立职业技能培训中心2个，有效地助力扶贫攻坚。鼓励农民工在岗提升职业技能，发放技能提升补贴1 873人，302.55万元。

（二）创新用工N共享机制，促进农民工"忙"起来。在疫情期间，江干区人社局架接返岗通道，组织四川、贵州、河南、湖北等地41批次农民工顺利返岗复工。指导辖区30余家人力资源机构开展余缺调剂业务，开辟共享岗位，服务员工3.5万余人次。

（三）编织求职招聘精密网，促进农民工"稳"下来。江干区人社局举办"疫"无返"雇"劳务协作抗"疫"专场等线上招聘20余场，发布岗位3.4万余个，吸引求职人员3万人。积极落实援企稳岗政策，累计减免社会保险费用22.12亿元，落实失业保险稳岗补贴1.94亿元，发放市区两级促就业资金7 102.1万元，惠及员工25.26万人。

（四）拓宽劳务协作朋友圈，促进农民工"招"进来。江干区人社局与对口帮扶地区积极协作，建立"3693"工作机制，接收建档立卡贫困劳动力来杭就业396人，开展职业技术、产业技能培训建档立卡贫困户1 157人，享受杭州就业政策同等待遇。

二、"齐头并进"筑牢农民工维权保障网

（一）构建"长效化"制度闭环。以"江干无欠薪"创建为切入点，修订完善相关制度文件14份。成立并常态运行工作专班，累计召开工作例会27次，编印工作通报、简报各25期，发出工作协调函20余份，有效推进了沟通衔接、问题解决。

（二）打造"立体化"宣传格局。以《保障农民工工资支付条例》为重点，开展"线上+线下"立体化宣传，2020年累计悬挂横福313条，推送短信50万条，发放宣传单1.5万余份。

（三）开展"精准化"专项督查。江干区人社局瞄准农民工就业密集型行业，集中开展专项检查。2019年累计检查用人单位15 442家，涉及劳动者5万人。行政处罚、处理违法企业74家，分两批纳入黑名单企业16家。2019年来访投诉举报案件数量、人数、金额，较2018年分别下降15.4%、26.5%、61%。

（四）抓实"常态化"调解处置。江干区人社局落实24小时值班制度，畅通投诉渠道。全省首创"三全"调解新模式，推进省级"三标仲裁院"建设，得到省、市领导多次批示肯定。设立法律援助服务站，全面覆盖农民工欠薪、工伤待遇案件，累计开展专项援助活动60余次，援助案件835件，解答咨询2.4万余人次。

三、"三管齐下"助推农民工服务均等化

（一）放宽优秀农民工落户政策。江干区人社局积极利用办事窗口、法规宣传等时机，加大农民工户口迁移政策宣传力度，配合公安部门做好落户审核等工作。2020年江干区累计人才落户3 398件、积分落户190件。

（二）保障农民工子女平等入学。江干区人社局协同教育部门采取各项举措，确保符合条件的外来务工人员随迁子女在辖区就读义务教育100%解决入学问题，享受公办或优质的民办待遇均突破94%。2018、2019学年，随迁子女人数均突破2.5万人。

（三）改善农民工住房条件。目前辖区建有符合标准要求的农民工宿舍7 165间，入住农民工达2万余人，宿舍空调安装实现100%。同时，加大蓝领公寓建设，2018年至2020年累计筹建蓝领公寓6 023套，申请入口上线"亲清在线"数字平台，方便农民工申请。

浙江省宁波市北仑区流动人口管理服务中心先进事迹

宁波市北仑区是世界第一大港——宁波舟山港核心港区所在地、长三角重要的先进制造业基地，有户籍人口40万余人、以农民工为主体的流动人口53万余人，为宁波市第一个人口比例"倒挂区"。近年来，北仑区流动人口管理服务中心（以下简称为"北仑区服务中心"）狠抓"精准服务""规范管理"两个重点，在浙江率先推行农民工新型居住证制度，建立惠及农民工的社会公共服务体系，给予农民工市民化的权利和待遇，努力增强农民工对北仑区的认同感和归属感，让他们真正融入当地生活。

一、以积分服务人，让广大农民工享受"市民待遇"

该区率先实行农民工子女积分入学，帮助农民工子女顺利就学，入学总量位居全市前列。农民工量化积分平台的公开、公平、公正性得到了广大农民工的一致肯定。此外，该区不断探索积分新应用，例如落户、申领租房补贴、申领贷款等，全力推进积分应用省级示范区建设，真正让广大农民工享受"市民待遇"。

二、以组织关怀人，让农民工实现"自我管理"

该区80%的农民工在企业工作，为此，该区建立了企业服务管理农民工的主体责任制度，实现了政府、企业及农民工个人三方的有效互动、协同发力，共同保障了广大农民工的合法权益。同时还注重农民工群体的自我组织、自我教育、自我管理、自我服务，推进农民工融合性社会组织建设，目前已建成标准化融合性社会组织68个，特别是在该市文明城市创建中，掀起融合组织"比、学、赶、超"和争先创优的良好氛围，进一步提高和养成的农民工的卫生意识和文明习惯。

三、以整治规范人，让农民工人人"居有其所"

该区开展为期3年的非法"群租群居"整治，切实规范并加强了群租房的管理，最大限度地消除安全隐患，确保不发生因群租房管理不到位而导致的重大公共安全事件。该区对所属工业厂房改建公寓工作"回头看"，推动全区56家厂房改建公寓实现"结构、消防、治安、环境"四达标。同时，该区"惠民"住房政策层出不穷，2019年率先推出了租房补贴政策，符合条件的农民工最高可享受每人每月租房补贴720元；农民工还可以申请购买青年公寓，最高可领取30万元购房补贴，让农民工真正"租得起房""买得起房"。

四、以榜样引导人，让农民工处处"比学赶超"

该区以榜样引领的方式，组织评选农民工先进个人和组织，将他们的先进事迹汇编成册。2020年年初面对突如其来的新冠疫情，广大农民工自发行动，跻身抗疫一线。也是在2020年，该区农民工用自己的文明行为和志愿活动为宁波市争创全国文明城市贡献了自己的光和热。

五、以平台温暖人，让农民工找到"第二故乡"

"e乡北仑"平台是该区农民工服务管理宣传主阵地。经过4年的建设，"e乡北仑"微信公众号已经拥有粉丝7.4万余人。每逢重大节假日，平台举办各类活动，吸引广大农民工积极参与互动，为广大农民工送去节日祝福，让农民工享受北仑温情。该区流动人口管理服务中心还联合社会公益组织，创建了婚恋交友联盟，为广大单身农民工"牵线搭桥"，在第二故乡扎根落户。

浙江省嘉兴市桐乡经济开发区（高桥街道）人力资源和社会保障管理所先进事迹

浙江省嘉兴市桐乡经济开发区（高桥街道）人力资源和社会保障管理所（以下简称"桐乡区人社管理所"），以习近平新时代中国特色社会主义思想为指导，深入贯彻党的十九大和十九届二中、三中、四中全会精神，坚决执行党和国家关于解决农民工问题、做好为农民工服务工作、维护农民工合法权益的政策法规，出色完成了上级下达的任务，工作成绩突出。

一、架起信息桥梁，促进居民就业，服务企业招工。

（一）服务常住户籍农民就业。桐乡区人社管理所通过村（社区）将常住人口的就业需求信息进行摸排收集（包括年龄、文化程度、求职意向、联系方式等），并录入市级服务平台，实现求职者与用工方无缝对接、双向选择。

（二）对辖区内企业用工情况循环摸排，梳理招工信息。在"桐乡经开"、桐乡市局等微信公众号及嘉兴"千企百校"云招聘、云南和四川当地新闻媒体等多渠道、多形式发布招聘信息。2020年已发布6期，413家企业提供了10 900多个就业机会，近5 000人次通过招聘信息达成就业意向。

（三）举办现场招聘会和信贷展示。2020年以来在辖区内几个务工人员主要聚集地举办现场招聘会5次，仅通过短信方式发送招聘会信息66.3万多条；到村（社区）宣传橱窗和辖区高铁站广场设置招聘信息展板；到村民小组召开纳凉会，发放宣传单，取得良好效果，得到群众和企业的一致好评。

二、在新冠肺炎疫情形势下，桐乡区人社管理所勇往精进、创新工作，维护区街和谐的劳动关系

（一）接农民工"回家"助力企业复工复产。2020年2月中旬，疫情防控形势严峻，企业需要复产，外地员工因道路防控等原因一时上不了路。桐乡区人社管理所摸排辖区内企业在外省的员工分布情况，在保证疫情防控安全的前提下，通过本地政府与当地政府的沟通对接，将外省农民工以免费组团包车的形式实现返岗复工。同时，组织企业远赴云南、四川等农务输出大的县（市、区）开展招聘活动，解企燃眉之急。

（二）开展形式多样的培训，帮助农民工提升技能。鼓励企业开拓自主评价资格申报、开展新型学徒制模式等灵活自主培养农民工的途径，2020年已有2家企业审核通过，并成功提升农民工技术能力600多人次。

（三）融合"三治"理念，推出"三治工地""三治车间"以及在区内外来务工人员最聚集的社区成立"三治社区"，以点带面促进和谐共治。解决农民工在劳动生产中的管理难点，更好地保障农民工得到足额的劳动报酬等各项合法权益。试点区域在2020年的劳资纠纷发生率较往年直线下降，并且劳资纠纷化解率达94%。

（四）为市场注入活力，引进优质的人力资源公司。为更好地服务于农民工就业，规范管理劳务市场，在2020年已引进4家各具特色的优质的人力资源服务公司。进一步规范、优化辖区内劳务用工市场，更利于保障农民工的合法权益。

三、贫困劳动力就业、创业服务工作取得显著成效

桐乡区人社管理所贯彻落实对招用贫困人员的企业的相关优惠政策，2020年共申报12家企业、一共231名建档立卡贫困人员的税费减免资格认定。对口四川黑水助力精准扶贫，2020年7月下旬组织3家优质企业随团赴黑水开展招工。该所鼓励辖区内企业开展扶贫帮困活动，推荐贫困人员、就业困难人员到企业就业。2020年辖区内新成立"福利企业"1家，招收11名低保、残疾人员就业。

浙江省诸暨市长运集团有限公司先进事迹

浙江省诸暨市长运集团有限公司以道路客运为主导产业，经营范围包括：公路客运、旅游包车、出租汽车、校车服务、汽车租赁等。经过62年的积淀、发展，公司已荣获国家道路客运二级企业、交通部重点联系企业、全国"安康杯"竞赛优胜企业、全国文明客运汽车站、全国工人先锋号、浙江省文明单位、浙江省创建和谐劳动关系先进企业、浙江省模范职工之家。目前，公司拥有在职员工1566名。

作为劳动密集型企业，公司一直践行"理解人、尊重人、培育人、发挥人、善待人"的用工理念，把农民工视为企业最宝贵的财富，把农民工的生存、发展视为企业最高的发展目标，逐年增加农民工的收入和福利保障，从未发生拖欠农民工工资的事件。公司注重农民工的福利保障，推行五险一金、每周双休、年度体检、高温补贴、生日祝福、节日加班费等福利制度。公司已形成完善的用工保障机制，依法建立劳动用工合同制、工资集体协商制、职业健康安全管理制，成立劳动保护工作委员会、劳动保护监督委员会、职工生活福利委员会等组织机构，构建公司、片区、车队三级劳动督查小组，切实做好农民工薪酬福利、工作时间、假日休息等合法权益的有效监管，最大限度地保障农民工的切身利益。公司组建帮扶解困送温暖基金、医疗互助基金，每年对困难农民工进行走访慰问，到目前已累计发放解困基金500多万元。

自疫情发生以来，公司积极响应政府号召，在车站关门、所有客运车辆停运，没有任何收入来源的情况下，公司呼吁全体农民工安心居家抗疫，做到宁愿企业亏损、也不让农民工受损，让农民工家庭生活无忧，停产停业期间的工资、奖金、福利一分不少，按月足额发放。同时，公司印制并发放《司乘人员管理规定》《驾驶员行车安全应急处理常识手册》，使农民工在带薪休息的同时，还带薪学习，提升职业素养和驾驶技能。自复工复产以来，公司投入大量资金，为农民工配足各类防疫物资，有效地确保了农民工的身体健康和生命安全。

公司注重农民工的队伍建设，每年都制订农民工培训计划，投入不菲的资金对农民工进行职业教育，努力为农民工创造提升自我、实现自我、充满"正能量"的成长环境。此外，公司每年都开展登山、拔河等凝心聚力活动，以和谐的企业文化打造了一流的农民工队伍。

浙江省金华市人力资源和社会保障局先进事迹

近年来，浙江省金华市人力资源和社会保障局（以下简称为"金华市人社局"）以习近平新时代中国特色社会主义思想为指导，认真学习、贯彻习近平总书记关于农民工工作重要指示批示精神，高标准落实中央、省委的有关决策部署，扎实推进农民工工作，取得较好的成效。保障农民工工资支付工作被省政府评为 A 级；劳务基地引人法、特色培训留人法等就业扶贫"十法"入围全国创业就业展；农民工"安心工资卡"工程、基层劳动纠纷治理"一治一管四个办"等项目获全省推广；疫情期间，"十县连廿县"包县接返机制、"春暖牵手、就业金华"劳务对接等工作在中央电视台 10 余次报道；涌现出以张仕恒、王毅为代表的一批全国优秀农民工和新时代农民工的创业创新典型。

一、"点对点"接返农民工来金华市就业

金华市人社局创新建立"十县连廿县"包县接返员工机制，派出 135 个工作组、近 500 名专员，深入云南、贵州、四川、甘肃等地开展省外农民工接返工作，累计派出专车 7 492 辆、专列 54 辆、专机 7 架，接回省外务工人员 24.03 万人，接回人数居全省第一，相关工作获得时任省委书记车俊的批示和肯定。持续开展"春暖牵手、就业金华"行动，深入四川凉山州、甘肃临夏州等地 20 个深度贫困县，开展驻点招工，引导当地建档立卡人员来金华就业。建立"百校千企就业合作联盟"，将中西部省份 70 多所职业技术院校纳入金华市"百校千企就业合作联盟"，与中西部地市定期交流互访，签订劳务合作协议 179 份。

二、全力帮扶农民工稳定就业

金华市人社局及时兑现降本减负系列政策，减免社保费 38.1 亿元，全年预计为企业减负 76 亿元。利用失业保险基金结余开展大规模稳岗项目制培训，"以训直补"给予企业每人次一年最高 2 400 元的补助，提升农民工尤其是建档立卡人员的技能水平，目前已累计培训 23.8 万余人。线上线下齐发力，多渠道促进农民工就业。上线企业"共享员工"云信息平台，开展企业间用工余缺调剂，以发订单、抢订单等形式帮助企业自由配对，已为 1 675 家企业调剂员工 2.05 万人。

三、不断提升农民工服务保障水平

建立"3+X"建档立卡人员服务站,由劳务输出地、输入地人社部门、人力资源服务机构三方及相应企业负责人组成,作为建档立卡人员的"娘家",为他们提供各方面的服务。建立"就业扶贫基地",鼓励企业主动承担就业扶贫社会责任,按照有机构、有人员、有制度、有经费、有岗位、有培训"六有"标准化工作要求,打造以横店东磁集团、亚虎工具公司等为代表的117个"就业扶贫基地"。提升公共服务水平,落实农民工随迁子女入学政策,促进教育资源均衡。实施"阳光招生",确保符合条件的外来人员子女接受公平的教育。实施"文化三送一走"活动,满足农民工的文化需求。并举办农民工子女暑期夏令营等活动,丰富农民工子女的文化生活。

四、全程保障农民工合法权益

开展"三进三送一承诺""劳动者权益保护宣传周"等活动,到生产一线为农民工提供维权保障,形成"工资不愿欠"的自觉。推行"安心工资卡"工程,57个新建工程项目,3 270名农民工的4 210万元工资全部通过社保卡发放,建立"工资不能欠"的体系。开展惩戒"亮剑",发动相关职能部门在政府采购、招投标、资质审核、融资贷款、市场准入、评优评先等方面实施联合惩戒,提高企业失信违法成本,构建"工资不敢欠"的格局。

安徽省人力资源和社会保障厅农民工工作处先进事迹

近年来,安徽省人力资源和社会保障厅农民工工作处(以下简称为"安徽省人社厅农民工工作处"),坚持以习近平新时代中国特色社会主义思想为指导,深入贯彻党中央、国务院和省委、省政府关于做好为农民工的服务工作的决策部署,立足省农民工工作领导小组办公室的职能,从全面建成小康社会、实施乡村振兴战略和统筹城乡发展全局的高度统筹推进农民工工作,积极构建就业创业权益保障等综合服务体系,充分发挥政策的叠加效应,贴近群体需求强化服务。特别是习近平总书记于2019年2月1日赴北京石头胡同、走进皖籍农民工陶平、朱中翠夫妇开办的淮南牛肉汤店,2020年8月18日考察安徽省阜南县返乡农民工创业企业红亮箱包有限公司,实地调研扶贫车间的就业扶贫情况,充分体现了党中央对农民工群体的高度重视、亲切关怀,对安徽农民工工作的肯定、鼓舞和鞭策。聚焦"点对点"返岗,2020年3月5日安徽省人社厅农民工工作处报送的《安徽农民工在跨省复工复产过程中面临的困难问题和建议》政务信息被国务院领导批示,在战疫情稳就业的最艰难时期,为全国复工复产决策提供了重要参考。全国优秀农民工代表、第十三届安徽省全国人大代表、感动中国2010年度人物、丽行公益发起人、中国青年五四奖章获得者、"厦门最美洗脚妹"刘丽,曾先后资助100多名学生,成为安徽农民工的亮丽名牌,对安徽农民工的工作成效在实际工作中得到了检验。

一、强化统筹协调,压实主体责任

安徽省是农民工大省,农民工常年保持在2 000万人的规模,其中跨省就业就占一半。省委、省政府高度重视农民工工作,出台了《关于进一步做好为农民工服务工作的实施意见》,将农民工工作纳入省政府对各市政府的绩效考核,每年围绕农民工重点工作动态调整考核指标,压实主体责任。积极应对新冠肺炎疫情对农民工就业的影响,省委、省政府出台"战疫情稳就业"系列政策、印发《致全省广大农民朋友的一封信》,将疫情防控、返岗复工、惠农政策服务送到千家万户。省政府主要负责同志和分管负责同志加大返岗复工调度,分别在安徽省人社厅农民工工作处报送的《农民工二次返乡回流情况调研报告》上做出批示,分管负责同志3次召开专题会议研究重点难点问题,及早制订安徽省农民工集中回流的应急预案,加大政策储备。建立全省农民工就业动态监测预警机制和长三角、珠三角、津京冀等重点区域的劳务协作机制,出台驻省外农民工的服务站点政策,指导、支持各地加强跟踪服务，省人社厅在沪、苏、浙、闽、粤等劳务输入重点地区建立省级直管的皖籍农民工服务站8个，在2020年应对疫情主要输入地企业复工复产动态监测反馈、"点对点"返岗复工对接等方面发挥了千里眼、顺风耳、联络站的作用，实现省际就业信息共享，劳务对接联动，省内跨省双轮驱动，全省农民工稳定就业。

二、搭建载体平台，促进就业创业

安徽省人社厅农民工工作处常态化开展"2+N"招聘、就业援助月、春风行动、"接您回家"等专项就业服务活动，引导和帮扶农民工返乡就业创业。自2018年以来，建设省级农民工返乡创业示范园86个，给予每个园区120万元资金补助。支持农民工返乡创业试点（示范）县建设，对获得认定的国家级农民工返乡创业试点（示范）县，省统筹就业补助资金根据绩效对其重点就业创业项目给予补助，每个县（市）最多补助200万元，目前已补助了16个国家级返乡创业试点县2 350万元。5.22万农民工新近返乡创业，创办实体2.77万个，带动就业22.28万人。不断加大创业担保贷款贴息政策对农民工等群体的支持力度，2018年以来共向农民工发放创业担保贷款45.3亿元。大力开展就业扶贫专项行动，全省共认定就业扶贫车间972个，共吸纳就业32 076人。

三、应对疫情影响，做好"点对点"返岗

安徽省人社厅农民工工作处坚持贯彻党中央"六稳""六保"、战疫情、稳就业的决策部署，省人社厅牵头成立农民工返岗复工"点对点"服务协调小组，加强疫情期间农民工返岗复工问题的研究和工作调度，建立返岗复工"点对点"日报和周通报制度，加强基层面对面督导，率先提出农民工返岗复工"健康码"的互认。与沪、苏、浙等地率先建立农民工返岗复工省、市、县三级联络对接机制，实现专列、专车"点对点"对接服务，共组织引导农民工返岗复工938.6万人，组织专车、专列、专机8 363次，接运23.16万人次。调剂"共享用工"4 300余人，"共享用工"模式在全国推广。用足、用好"减、返、补"援企稳岗政策，向4.17万家企业返还失业保险费8.02亿元，落实小微企业增岗、稳就业等补贴资金7.3亿元；为72家防疫物资重点企业兑现奖补资金1 903万元；为创业主体减免房租1 300多万元。积极的稳就业政策，得以确保农民工稳定就业。

四、优化培训服务，引导技能成才

安徽省人社厅农民工工作处围绕技工大省和制造强省建设，深入实施农民工职业技能提升行动，近3年累计培训农民工61.24万人次，落实培训补贴资金4.57亿元。不断扩大培训项目范围，开发快递员、代驾员、直播销售员、网约配送员、装配式建筑灌浆工和吊装工等一批适合农民工就业需求的职业工种，可供选择的免费技能培训工种近200个。将制造类培训补贴标准从最高的1 300元提高到2 400元，加强制造业领域技能人才的储备和供给。在全国率先将企业新录用农民工岗前技能培训纳入省政府民生工程，培训工种由企业自主确定，同时支持各地在省级补贴标准（人均800元）

基础上提高标准，引导各类企业积极吸纳农民工的就业。大力开展在岗农民工的技能提升培训，将培训补贴标准从人均最高 3 000 元提高到 5 000 元，促进农民工稳定就业。实施职业培训奖补政策，每年安排 2 000 万元用于培训奖补，激励 70 所技工院校和近 1 000 所民办职业培训学校为农民工提供全方位的培训服务。夯实农民工技能培训基础，在六安、芜湖建设 2 家省级示范性公共实训基地，给予每家 3 000 万元的补助，重点开设农民工转移就业急需紧缺的专业，打造先进高端、开放共享的政府公共培训平台。每年轮流举办全省农民工职能技能大赛，向优胜的农民工授予"安徽省技术能手""安徽省巾帼建功标兵""安徽省五一劳动奖章"称号，直接晋升职业资格等级，营造"劳动光荣、技能宝贵、创造伟大"的社会氛围。定期开展"江淮杰出工匠""安徽省技能大奖"的评选表彰，分别给予受表彰的农民工每人 20 万元、5 万元奖励，提高其经济待遇和社会地位。

五、坚持问题导向，强力根治欠薪

安徽省人社厅农民工工作处推动开发智慧劳动保障监察省级指挥中心，汇集 1 408 万条用工管理数据，基本实现数据无人工干预对接。将文字音像记录设备、办案场所、信息化监管系统、执法车辆和工作服装（含执法标识）纳入执法专用装备的配备范围，在全国率先明确全省统一的标准要求，有效地提升了执法能力。建设工资支付诚信体系，2019 年共向社会公布重大劳动保障违法事件 135 件，纳入拖欠农民工工资"黑名单" 84 件，查处工资类侵权违法案件数量、涉及农民工人数、涉及工资金额与 2018 年度同比分别下降 30.06%、31.91% 和 29.58%，没有发生因欠薪而引发的 50 人以上的群体性事件和极端事件。2018 年，安徽省在国务院保障农民工工资支付工作考核中被评定为 A 类。

六、着眼共享发展，推动农民工基本服务

安徽省人社厅农民工工作处全面消除农民工随迁子女的就学障碍，农民工随迁子女在安徽省流入地参加中考，并报考高中阶段学校，平等享受高中招生政策和享有优质的高中教育资源。依法保障农民工进城落户后的农村土地承包经营权、宅基地使用权和集体收益分配权。将稳定就业的进城务工人员纳入住房公积金缴存范围，通过单位和个人自主缴存等方式，农民工均可享有住房公积金使用权利，2019 年全省实现新增缴存开户 71.37 万人。除合肥市实行就业满两年、缴纳社保满一年的落户政策外，其他 15 个市实现自愿落户城市"零门槛"。2019 年，全省新增农业转移人口落户城镇 159 万人，制发居住证 30.1 万张；实施"春蕾计划"助学项目，为 1 057 名贫困女童发放助学款 138 余万元；6 名女性农民工荣获省三八红旗手、省"巾帼建功"标兵荣誉。农民工个人融入企业，子女融入学校，家庭融入社区，群体融入城镇，取得实效。

安徽省扶贫办产业指导处先进事迹

近年来，安徽省扶贫办产业指导处（以下简称为"产业指导处"）认真学习贯彻习近平总书记关于扶贫工作的重要论述和考察安徽省的重要讲话精神，坚决贯彻、落实党中央、国务院及省委、省政府脱贫攻坚的决策部署，按照国务院扶贫办、人力资源和社会保障部及省扶贫办、省人力资源和社会保障厅工作部署的要求，坚持战"疫"与战"贫"两手抓、两手都要硬，协调、会同省人力资源社会保障厅深入推进"抗疫情、补短板、促攻坚"的专项行动，大力推广"三业一岗"就业扶贫、"三有一网"点位扶贫、"四带一自"产业扶贫等模式，认真落实抓排查摸底、抓政策兑现、抓就业帮扶、抓复工复产、抓岗位开发、抓监测调度、抓稳岗拓岗"七抓"的工作举措，扎实推进农民工特别是贫困劳动力的务工就业，取得显著成效，为打赢疫情防控阻击战、决战决胜脱贫攻坚、巩固脱贫攻坚成果发挥了重要的支撑作用。

一、切实高度重视，着力强化"责任心"

产业指导处始终坚持就业是最大的民生，将全面完成贫困劳动力务工就业"一个超过、两个不少于"的目标任务作为重中之重，将稳定就业作为促进贫困劳动力增收脱贫、防范返贫的重要举措抓实抓细。积极协调、会同省人力资源社会保障厅相关处室认真按照国务院扶贫办、人力资源社会保障部及省扶贫办、省人力资源社会保障厅的工作部署，建立完善协调联动、密切配合的工作机制，主动担当作为，通过学深悟透政策精髓、精准把握政策动向、及时兑现支付政策等具体举措，确保各项工作举措落地落实，全省按要求于2020年3月底前实现了贫困劳动力务工就业、就业扶贫车间复工复产、滞销农产品销售、贫困户子女网上教学问题"四个清零"目标，得到了国家有关部门和省委、省政府的充分肯定。

二、全面排查摸底，动态调整"对账单"

产业指导处积极应对疫情汛情灾情，下发专门通知，精心组织全省各地逐村、逐户、逐人、逐项开展贫困劳动力外出务工意愿、就业状况等情况排查，切实摸清实情，建立并动态调整"对账单"，及时将有关数据信息录入全国扶贫开发信息系统，并通过电话抽查、实地暗访等形式，了解掌握工作推进过程中存在的问题与不足，督促各地举一反三，不断提高系统录入数据质量，全面核准、弄清贫困劳动力务工就业地点、联系方式、身份证号码等基础信息，为国家和省研究制定有关政策提供决策参考，为东部发达省份对安徽省贫困劳动力开展有针对性就业帮扶提供有力支撑。

三、强化政策支持，拓展铺宽"就业路"

产业指导处根据国务院扶贫办、人力资源和社会保障部的安排部署，会同省人力资源和社会保障厅成立贫困劳动力稳岗就业工作专班，明确职责分工，明确目标任务，扎实推进贫困劳动力稳岗就业工作。不断完善促进贫困劳动力务工就业、就业扶贫车间复工复产等政策体系，先后研究制定10多个政策文件，拿出了一系列切实可行、"含金量"高的政策举措。同时，积极协调、会同省人力资源和社会保障厅相关处室筹备、召开全省决战决胜人社扶贫攻坚暨中央专项巡视"回头看"和脱贫攻坚成效考核反馈问题整改工作推进视频会议，分南北两片召开全省人社扶贫工作推进和经验交流会议，在王家坝举办蓄洪区贫困劳动力定向招工首场招聘活动，在滁州市启动"春风行动"，千方百计为贫困劳动力拓展、铺宽"就业路"。截至2020年9月25日，全省已返岗务工就业168.3万人（其中，省外务工就业72.52万人，省内县外务工就业19.465万人，县内务工就业76.315万人），占2019年年底务工就业的106.57%，完成了"一个超过、两个不少于"的目标任务。

四、强化复工复产，稳定提高"带贫率"

产业指导处协调、会同省人力资源和社会保障厅相关处室研究、起草《关于进一步加强就业扶贫车间规范化管理工作的通知》等政策文件，全面抓好中央脱贫攻坚专项巡视、中央媒体调研反馈问题整改，配合省纪委监委、省人社厅等开展扶贫车间问题整改"四不两直"调研暗访，陪同国务院扶贫办开发指导司等有关人员赴阜南县开展就业扶贫车间实地调研。督促指导各地扶贫部门配合做好"一扶四帮"措施落实，积极帮扶就业扶贫车间等载体复工复产。加强对受疫情、汛情、灾情影响就业的扶贫车间的帮扶，督促、指导各地落实订单调剂、帮销代销、介绍就业、提供岗位信息等有针对性的措施，帮助就业扶贫车间渡过难关，确保车间订单不断、生产不断、岗位不断、贫困户就业不断，稳定发挥带贫减贫作用。截至2020年9月29日，全省通过人社、扶贫部门认定的972家就业扶贫车间，已全部实现复工复产，吸纳就业32 076人，其中贫困劳动力11 750人，带贫率36.63%，比规定要求高6.63个百分点。

五、加强岗位开发，真正体现"救急难"

产业指导处会同省人力资源和社会保障厅等部门研究、起草《关于规范扶贫公益性岗位开发管理工作的指导意见》，建立健全"因事设岗、一人一岗、岗实相符、人岗相适、权责明晰、动态调整、公开公示"的管理机制，指导各地因地制宜地精准开发保洁、保安、护林、护路、护水、护理等固定性公益岗位；结合疫情防控、灾情应对等实际需要，有针对性地开发一批疫情监测、卡点值守、宣传引导、消杀防疫和巡堤查险、物料运输、工程抢险等临时性公益岗位。结合扶贫办职能，研究制定《关于积极应对新冠肺炎疫情影响 切实做好光伏扶贫促进增收工作的通知》，明确 2020 年村级光伏扶贫电站发电收益的 80% 用于贫困人口承担公益岗位任务的工资和参加村级公益事业建设的劳务费用支出，支持、鼓励贫困劳动力就地就近就业，切实兜牢贫困劳动力务工就业底线，稳定实现增收脱贫，不因疫、因灾、因家庭变故等突发情况减收返贫。截至 2020 年 9 月 25 日，全省累计开发扶贫公益性岗位 26.84 万个，安置 26.32 万贫困劳动力务工就业。其中，累计开发光伏扶贫公益岗位 11.4 万个，全部吸纳贫困劳动力务工就业，村级公益事业安排贫困人口临时务工人员 6.54 万人，发放光伏扶贫公益岗位工资 3.06 亿元、村级小型公益事业临时性务工工资 0.58 亿元。

六、实施"雨露计划"，不断开启"'智'富门"

产业指导处坚持就业导向，认真做好"雨露计划"职业教育补助发放工作，将就读于中职、高职院校的建档立卡贫困户家庭学生纳入补贴范围，培训贫困家庭学生熟练掌握职业技能，助推贫困家庭子女实现稳定就业，确保"应补尽补"。2019 年春季学期"雨露计划"职业教育补助 8.1 万人、共计 1.24 亿元；秋季学期"雨露计划"职业教育补助 9 万人、共计 1.41 亿元。

七、强化调度督导，持续用力"求实效"

根据国务院扶贫办部署安排，切实强化疫情、汛情、灾情等对脱贫攻坚影响的督导，以狠抓务工就业、复工复产、项目开工、产业扶贫等扶贫重点工作为切入点，对上形成专门月度汇报材料、对下通报各地工作实施进展情况，积极推进市、县两级疫情、汛情、灾情应对与脱贫攻坚有序衔接、均衡发展。每周形成《关于积极应对新冠肺炎疫情影响 全力抓好产业就业扶贫等进展情况的报告》，呈省委、省政府主要负责同志审示，为省委、省政府决策部署提供了依据。建立贫困劳动力务工就业和扶贫小额信贷有关情况周调度、周通报制度，对各地贫困劳动力特别是在乡未就业、"返乡回流"贫困劳动力、扶贫小额信贷发放等有关情况及存在问题进行调度、督导，确保有关工作扎实有效推进。目前，全省有意愿务工就业贫困人口实现"清零"，有效化解了疫情、汛情、灾情等给贫困劳动力务工就业带来的不利影响。

安徽省阜阳市人力资源和社会保障局先进事迹

安徽市阜阳市的人口有1 077万人，是全国5个人口超千万的地级市之一，全市农村转移就业农民工350万人（其中市外280万人、市内约70万人），是全国重要的人力资源大市，也是农民工的发源地之一。近年来，阜阳市高度重视农民工工作，齐抓共管、千方百计、多点发力，积极推动农民工各项政策措施落地见效。

一、高度重视，齐抓共管聚合力

阜阳市、县两级全部建立了农民工工作协调机构，结合本地实际，将农民工工作列入市政府目标管理绩效考核，对协调机构建设、综合服务平台建设、农民工子女教育、农民工住房改善和落户等情况进行绩效评价。按照统一领导、分级运作、厉行节约、注重实效的原则，进一步完善市统筹、县承办、镇组织、村配合的四级联动机制，制定任务清单、责任清单，形成了有人抓、有人管、有人干的浓厚氛围和全市上下齐抓共管、分工协作的工作合力。

二、政策支持，因应形势建体系

安徽省阜阳市人力资源和社会保障局（以下简称为"阜阳市人社局"）始终坚持以人民为中心的思想理念，服务社会发展大局，及时出台就业政策，稳住农民工就业形势。在完善扶持政策、放宽市场准入、加强就业服务、优化创业环境、维护合法权益等就业创业扶持激励政策体系的基础上，出台了《关于进一步鼓励支持农民工等人员返乡（就地）创业的意见》《阜阳市人民政府关于切实做好当前和今后一段时期就业创业工作的通知》。在疫情期间，围绕农民工稳岗就业，出台了《关于做好新冠肺炎疫情防控期间外出务工服务工作的实施意见》《关于切实做好疫情防控期间企业用工和外出务工工作的意见》。聚焦脱贫攻坚收官之战，出台了《贫困劳动力就业帮扶行动方案》《阜阳市就业帮扶增收实施方案》《阜阳市务工返乡人员稳就业工作实施方案》，坚决防止贫困劳动力因疫情失业致贫、返贫。淮河王家坝开闸蓄洪后，阜阳市人社局第一时间制定《阜阳市沿淮行蓄洪区受灾贫困劳动力就业安置工作方案》《推动就业扶贫车间（基地）复产带贫行动方案》，创新就业政策，提高补贴标准，切实保障贫困劳动力实现稳定就业。

三、品牌打造，创新方式树特色

（一）深化"接您回家"活动。从2008年起，阜阳市人社局连续13年组织开展"接您回家"系列活动，并将"接您回家"注册商标，加强知识产权保护，逐步把系列活动推上了品牌化发展的新高度。自活动开展以来，共免费接送农民工达38.6万人次，全市返乡就业创业人员达51.2万人，返乡人员已成为推动乡村振兴的生力军。2020年"接您回家"共开展了5类20项专项活动，围绕"三接三业"目标，累计引导1 621名投资者回家创业、1 060名技术工人回家兴业、9 182名农民工回家就业。

（二）开展"送您上岗"活动。在疫情期间加强与驻外商会、工作服务站和当地人社部门的联系，组建"送您上岗"小分队，分赴长三角地区阜阳籍务工人员的集中地，实地了解当地企业复工、人员返岗、疫情防控等情况，点对点组织开展"送您上岗"活动，探索出了"一对接、双负责、三单三门、四级联动"的模式，得到了省委书记李锦斌的点赞。在活动期间，阜阳市人社局开通免费高铁专列16列、大巴包车1 156辆，"点对点"输送农民工返岗就业3.5万人，其中贫困劳动力1 227人，稳就业工作被央视新闻联播报道。

（三）落实四大增收行动。按照"四帮四促""四个一批"的工作要求，阜阳市人社局制定《贫困劳动力四大增收行动方案》，汇总9.2万个阜阳市和省外优质企业岗位，编印12万册《阜阳市贫困劳动力就业指南》，走村入户精准推送就业岗位信息。加大行蓄洪区贫困劳动力的就业安置力度，安排3 645名贫困户、边缘户在防汛救灾临时公益性岗位上岗，发放岗位补贴411.83万元。制定了《市人社局贫困劳动力就业帮扶和扶贫车间复产带贫行动的实施方案》，组建了8个督导组，跟进了解工作进度，传导工作压力，督促任务落实。截至目前，全市有就业意愿的贫困劳动力38.12万人，已全部实现就业，动态清零。

（四）强化典型人物宣传。阜阳市人社局举办"最美创客暨最美农民工"评选活动，13年来，全市选拔返乡创业的优秀企业家300多人，优秀农民工800多人进行通报表扬，并通过报纸、广播、电视、网站、微信、微博等多种渠道，广泛宣传，营造了良好的社会舆论氛围。

四、资源统筹，多措并举建平台

（一）建立外出务工人员服务站。阜阳市人社局加强与长三角地区重点城市的阜阳商会、协会沟通联络，宣传推介阜阳市就业创业扶持政策，在上海、杭州设立了2个阜阳籍务工人员就业保障服务站。

（二）认定"接您回家"创业园。阜阳市人社局出台了《关于推进"接您回家"创业园建设的通知》，按照"1+8+N"的整体布局，打造了11个"接您回家"创业园，为返乡创业人员提供低成本孵化场地，目前已入驻企业327家，吸纳就业人员8 890人。

（三）推进"互联网+"就业平台应用。阜阳市人社局充分发挥"安徽公共招聘网""阜创汇"App 的作用，将节后"接您回家"暨"春风行动"系列活动转为线上招聘。深化与三大运营商、行业协会的合作，通过多种渠道精准"送岗到人"。

（四）建立基层社保服务站。阜阳市人社局在 169 个乡镇（街道办事处）、227 个社区建立了就业和社会保障工作服务站，在 1 764 个行政村建立了联络员制度，配备了电脑、打印机、复印机和数码照相机等办公设备，逐步搭建起能基本满足服务需求的信息化应用平台。

（五）开发劳动力就业数据库。阜阳市人社局精准掌握全市劳动力资源状况，每年结合"接您回家"活动有针对性地开展外出务工人员就业和返乡创业就业情况调查，以乡镇为单位，全面掌握辖区内人员的数量、结构、分布，以及从事行业、参保情况、收入状况和返乡创业意愿。累计统计 519 万人信息，建立劳动力资源数据库，实行动态管理，并通过整理数据，分析劳动力转移就业创业情况。

五、维护权益，压实责任促和谐

（一）维护农民工劳动报酬权益。阜阳市人社局将农民工工资专用账户运行全流程信息化、透明化，精简纸质材料和线下环节，优化工作流程，让数据多跑路。工资支付出现问题时，可实时追溯工资发放流程，认定工资支付责任主体，保障用人单位和劳动者的合法权益。

（二）维护农民工的民主政治权益。阜阳市人社局逐步提高一线农民工在各级工会会员代表和职工代表中的比例，目前全市农民工职工代表人数达到 1.57 万人，发展农民工会员 40.2 万人。

（三）维护农民工劳动合同权益。阜阳市人社局深入宣传《劳动合同法》等法律法规，推动用人单位与农民工依法签订和履行劳动合同。开展用人单位遵守劳动用工情况的专项执法检查，有效地防范和及时查处用人单位的违法用工行为，督促用人单位自觉遵守《劳动合同法》，维护农民工的合法权益。

（四）保障农民工社会保险权益。阜阳市人社局实施工伤保险"同舟计划"，将阜阳市行政区域内的建筑业从业人员全部纳入工伤保险制度覆盖范围，56.31 万名建筑业农民工按项目参加工伤保险。

六、优化服务，改善环境惠民生

（一）努力改善农民工居住条件。阜阳市人社局将在城镇稳定就业且符合条件的农民工纳入公租房保障范围，对劳务用工集中的各类开发园区，鼓励和引导农民工结合自身需要，实施公租房实物保障。全市约有 2.1 万套公租房配租给农民工等外来务工及新就业住房困难人员，占所有公租房比例的 24.2%。

（二）全面推进流动人口基本公共卫生计生服务。阜阳市人社局在全市范围内建设 30 个"城市生活 e 站"、54 个家庭发展服务中心，在阜阳籍农民工流入地打造"四位一体"流动人口卫生计生区域协作服务站点 40 个，在 12 个市级及以上站点共开展集中宣传服务活动 180 多场次、参与的农民工有20多万人次，提供就医帮助、维权调解等服务4 000多人次。

（三）深入推进户籍制度改革。阜阳市人社局引导农民工有序向城镇转移，逐步实现农民工市民化，按照"五个零门槛"全面放开迁入限制。阜阳市人社局全面推行居住证制度，强化流动人口服务管理，登记流动人口7.78万余人，制发居住证2.5万余张；全面推进农村土地承包经营权确权登记颁证试点工作，全市共颁发农村土地承包经营权证书188.99万本，完成测绘面积906.46万亩。

（四）稳步推进农村集体资产股份合作制及"三变"改革试点工作。5个试点村量化集体资产2 936万元，2.14万名社员成为股东；将农民工的文化建设纳入常住地的公共文化服务体系，扩大公共文化设施的免费开放范围，实施好"送戏进万村"、农村电影放映等文化惠民工程，为人民群众特别是返乡农民工提供了更多更好的文化服务。

安徽省宣城市皖嫂家政服务中心先进事迹

安徽省宣城市皖嫂家政服务中心（以下简称为"宣城皖嫂"）成立于2012年。经多年发展，"宣城皖嫂"已成为一家集母婴护理、家政服务、政企保洁、职业培训为一体的家政服务中心。帮助近3万余名城市下岗失业妇女、农村进城务工妇女实现再就业。2014年被全国妇联认定为"全国巾帼家政培训示范基地"，2015年被国家人力资源和社会保障部评定为"全国千户家庭服务企业"，2016年被安徽省人力资源和社会保障厅认定为"安徽省家庭服务职业培训示范基地"。

一、建设品牌，联动发展

近年来，"宣城皖嫂"整合巾帼家政资源，注重打造品牌，不断探索联盟发展模式，为妇女创业就业搭建平台，提供服务。2017年6月成立"宣城皖嫂"家政联盟，实施"五统一"（即统一品牌标识、统一技能培训、统一服务标准、统一合同文本、统一信息平台），大力推进"宣城皖嫂"家政联盟向规模化、品牌化、产业化发展。先后制定"宣城皖嫂"《培训管理制度》《教学管理制度》《实训室操作流程》《就业推荐制度》《跟踪服务制度》等，健全学员管理体系。要求"宣城皖嫂"家政联盟各成员单位严格执行家政服务员工作流程、工作要求，完善用户、月嫂、育儿嫂、普通家政服务员、养老护理员等人员的各项档案资料，建立回访和晋级评定等工作制度，对家政服务员的服务质量、服务水平做到心中有数。

二、规范管理，强化培训

"宣城皖嫂"坚持把为社会和家庭提供优质、规范、高效的服务作为重要目标。所培训的人员经考试合格并获得育婴员职业技能鉴定证书后，方可推荐上岗。确保每一位家政服务员持证上岗，服务技能过硬，专业素养过关，让客户满意，让用户放心。重点开展中、高级家政培训，注重提升家政服务人员专业素质，定期对家政服务人员进行再培训，确保服务品质。为推动贫困女性再就业，帮助贫困家庭人员提高收入，联合乡镇人社所、村服务点举办各类培训班，培训内容包括育婴员、营养师、催乳师、月嫂等。同时，还针对用户需求，增加了小区物业管理和特色家政服务项目，2020年已培训2 000余人。

三、以赛代训，提升技能

近年来，由宣城市人力资源和社会保障局、宣城市妇联等单位联合主办，宣城皖嫂家政服务中心成功举办了四届家政技能服务大赛，着力提升家政服务质量。大赛通过理论知识竞答、家庭餐制作、专业技能和家政绝活展示等环节，评选出获胜人员，其中冠军得主还荣获"宣城市巾帼建功标兵"的荣誉称号。2018年"宣城皖嫂"代表队参加安徽省家庭服务业职业风采大赛获团体一等奖，全方位展示了宣城市家政服务业的整体水平。"宣城皖嫂"已成为宣城家政服务业的代名词，2019年参与举办G60九城市家政服务技能大赛，并获得育婴员一等奖。2020年9月25—26日成功举办宣城市第二届家政服务职业技能大赛。通过举办大赛，以赛代训，提升技能。

四、搭建平台，推荐就业

2020年3月，为带动女性创业就业，"宣城皖嫂"的"百店千名妇女创业圆梦计划"暨家政进社区活动正式启动。第一批启动10个社区服务网点。"宣城皖嫂"将全面整合全市家政服务资源，扩大服务规模，优化服务结构，共同推进"宣城皖嫂"家政服务的规模化、品牌化、产业化发展，建立"宣城皖嫂"百店进社区服务，带领千名妇女创业就业。为帮助妇女创业、就业，"宣城皖嫂"积极参与各地人社局举办的创业就业培训，把培训班办到乡（镇）、村（组），对培训合格的人员留存档案，通过发放宣传单页、运用微信公众号发布信息、网站信息平台推广等多渠道推荐就业，2020年帮扶妇女就业1 000余人。

五、诚信家政，服务万家

为贯彻落实党的十九大关于推进诚信建设的精神，贯彻落实《关于促进家政服务业提质扩容的意见》《关于建立家政服务业信用体系的指导意见》等文件精神，加快推进家政服务业信用体系建设，"宣城皖嫂"规范了家政服务业的发展。2020年1月19日，宣城市皖嫂家政信用体系建设正式启动，通过实行守信激励与失信惩戒，引导消费者优先选择已建立信用记录且信用状况良好的家政企业和家政服务员，营造诚实守信的家政服务业的发展环境，促进家政服务业提质扩容，目前企业已经录入国家商务部诚信体系平台的家政服务员达5 000余人。

福建省劳动就业服务局先进事迹

近年来，福建省劳动就业服务局（以下简称为"福建省劳务局"）以习近平新时代中国特色社会主义思想为指导，全力做好为农民工就业服务工作。

一、精准就业扶贫，挑起脱贫大梁

近年来，福建省劳务局通过就业扶贫"挂图作战"，精准分析、精准施策、精准帮扶，实现有就业、培训意愿的省定建档立卡贫困劳动力动态保持100%就业和接受一次以上的培训。截至2020年9月，在福建省的省定建档立卡贫困劳动力中，有就业意愿150 045人，实现就业149 933人，就业率99.93%；有培训意愿51 871人，成功培训51 784人，培训率99.83%。通过精准的就业扶贫，实现"一人就业、脱贫一户"的目标，助力福建省打赢脱贫攻坚战，为福建省现行标准下农村建档立卡贫困人口全部脱贫做出了重要贡献。

福建省就业扶贫的"挂图作战"项目先后被推荐为人力资源和社会保障部就业政策落实服务落地优秀项目、人力资源和社会保障部人社扶贫优秀成果，人力资源和社会保障部劳动最光荣就业扶贫的典型经验案例。

（一）建立完善全省就业扶贫实名制数据库。2018年初，福建省组织基层就业干部进村入户采集相关信息、动态更新录入，数据实现到村、到户、到人。截至目前已涵盖省定建档立卡贫困户15.5万户、43.92万贫困人口的姓名、年龄、学历、家庭成员等个人基础信息，以及贫困劳动力的就业现状、就业经历、培训意向、技能培训、就业扶持等情况。

（二）实现就业扶贫"挂图作战"。2019年初福建省劳务局研发全省就业扶贫信息监测平台，以热力图表形式动态地展现各地就业扶贫、技能培训、公益性岗位安置等工作进展及政策落实情况，生成各市、县（区）各项工作进展的对比排位图，建立就业扶贫信息数据的监测通报调度机制，按月下发就业扶贫信息数据监测通报，推动各地就业扶贫工作开展。

（三）建立就业扶贫精准服务工作标准。结合福建省实际，福建省劳务局制定出台"三摸底、三建立、三推进"工作标准，就业扶贫数据做到基础信息、就业意愿、就业情况"三摸底"，实现就业扶贫有底数；就业扶贫台账做到就业帮扶、工作结果、督查通报"三建立"，实现就业扶贫全程有记录；就业帮扶工作做到就业扶贫政策宣传、职业技能培训、转移就业服务"三推进"，实现就业扶举措有落实。

二、疫情期间支持农民工返岗复工精准到位

疫情期间，福建省"点对点"运输服务保障农民工返岗复工的工作，得到了国务院联防联控机制、国务院扶贫办和人力资源和社会保障部的充分肯定。

（一）精准摸底对接。2020年2月以来，福建省劳务局通过社保参保数据库整理出前9个在闽务工人员较多的省份（云南、贵州、安徽、江西、陕西、湖南、河南、山东、四川）共计130余万人，并按务工人员户籍地进行划分，整理出在闽务工人员花名册，先后向9个省份的人社部门致函，提供务工人员花名册，商请帮助引导外省务工人员返闽就业。

（二）建立重点企业用工调度保障机制。2020年初，面对突如其来的新冠疫情，福建省劳务局主动加强企业用工服务的保障，建立24小时重点企业的用工调度保障机制，通过组织省级诚信人力资源示范机构，采取挂钩包片、跨省点对点接送员工返岗、互联网招聘、用工调剂等多种方式，为重点监测的72家疫情防护用品的生产企业累计解决用工6 988人，为将福建省口罩产能从日产20万片推进到日产3 000万片（居全国前列）提供充足人力资源保障。

（三）率先启动"点对点"行动。福建省在全国率先编印《农民工防疫服务线上手册》；率先启动农民工返岗复工"点对点"包飞机运输服务，包机、包列费用，财政全担，补助包车费用、包机数量名列全国第一；率先开通全国行程最长、跨越2 500公里的福州—定西"点对点"扶贫专列，接回建档立卡的贫困劳动力2 745人，提前超额完成全年的对口输转扶贫任务。

（四）精准组织实施。福建省劳务局组织全省公共就业服务机构按照"三确认"（确认农民工身份、工作岗位和健康状况）、"七对接"（输出输入地工作人员对接、企业岗位征集对接、务工人员收集对接、健康管理对接、车辆对接、落地对接、移交对接）工作法，做到输出有组织、健康有检测、承运有防护、到达有交接、问题有协调、全程有留痕，实现农民工"家到企"的精准、快速输出。在疫情期间，全省共包机（专线）87架次、专列（专厢）18趟次、专车3 246辆次，接回返闽返岗农民工7.84万人，其中湖北籍务工人员2 022人。全省通过"点对点"方式接回的省内外农民工均无新冠肺炎病例报告。

（五）创新企业用工精准匹配模式。福建省劳务局在腾讯新闻移动端打造"就业抗疫 福建行动"重点企业岗位招聘信息的专题页，截至2020年8月6日，已为全省588家重点企业制作并发布了5.73万个岗位招聘信息。依托大数据分析宁德时代新能源科技股份有限公司的招聘用工特点及部分在岗员工的求职就业习惯，从省内有在互联网上浏览过求职信息的劳动者中，有针对性地筛选了1.5万名有潜在的就业意愿的劳动者，通过腾讯微信主动推送宁德时代新能源科技股份有限公司的岗位招聘信息，以提高招聘求职供求匹配的有效性、成功率，2019年9月，宁德时代新能源科技股份有限公司解决用工人员1 200人。

三、闽宁扶贫劳务协作连续三年超额完成任务

2018年、2019年、2020年1—9月福建省劳务局分别输入宁夏籍贫困劳动力来闽就业1 125人、1 281人、1 334人，分别完成全年任务109.1%、256.2%、133.4%。

福建省闽宁劳务协作工作获得第二届全国创业就业服务展示交流活动"优秀项目奖"。

（一）强化政策扶持力度。福建省劳务局先后出台了一系列有针对性、可操作、持续性的惠及宁夏籍贫困劳动力来闽就业的利好政策。对宁夏来闽就业的贫困劳动力按规定给予每人1 500元的交通生活补助和最高12 000元的跨省就业奖补，对组织来闽稳定就业的中介机构按人数给予每人4 000元的补助，对吸纳就业企业按人数给予每人1 000元、最高不超过10万元的补助。鼓励企业吸纳宁夏籍的贫困劳动力稳定就业，对于吸纳宁夏籍贫困劳动力的企业，适当给予吸纳贫困人口跨省务工奖补倾斜，促进了宁夏籍的贫困劳动力来闽就业的稳岗工作。针对各地闽宁劳务协作就业补助资金短缺的问题，福建省劳务局了解各地资金短缺的具体金额，积极协调省扶贫部门，向省扶贫办提供了《福建省人力资源和社会保障厅关于申请闽宁劳务扶贫协作补助经费的函》（闽人社函〔2020〕234号），努力解决了资金短缺问题。

（二）强化信息匹配力度。福建省劳务局开发运行"闽宁劳务协作对接服务平台"，赴宁夏组织宁夏各级公共就业服务机构经办人员进行平台系统的操作培训；建立"宁夏籍建档立卡贫困劳动力在闽就业实名制数据库"，为入闽就业的宁夏籍的建档立卡贫困劳动力建立实名制就业管理制度。加强岗位推送，定向筛选符合宁夏籍的建档立卡贫困劳动力的优质岗位，形成"岗位供给清单"，常态化向相关的对口地区推送发布。福建省劳务局不断加强与宁夏各级人社部门对接，强化线上、线下沟通合作。线上依托"闽宁劳务协作对接服务平台"加强务工人员、招聘岗位等信息的互联互通；线下因人荐岗，协助经营性人力资源服务机构、企业共同做好宁夏籍的劳动力入闽就业的工作。

四、稳就业、保就业的工作成效显著

在中美贸易摩擦和疫情防控期间，福建省劳务局通过建立精准预警防控机制，积极提升全省的公共就业服务质量，促进城镇新增就业、用工调剂就业、失业人员和困难人员再就业，鼓励新业态就业创业，进一步做大增量、盘活存量、引导流量，全省的就业指标总体保持良好态势，农民工等重点群体就业稳定。

福建省劳务局研发的"规模性失业风险预警与防控系统"，在中美贸易企业监测和疫情防控稳就业企业监测中起到重要作用，被人力资源和社会保障部评为"2019年地方就业创业创新事件"。

（一）就业指标总体保持良好。2018年、2019年、2020年1—9月，全省分别实现城镇新增就业59.8万人、64.3万人、44.32万人，完成年任务108.72%、128.6%、88.64%，失业再就业17万人、25.27万人、16.76万人，完成年任务170%、252.7%、167.6%；就业困难人员实现就业4.3万人、3.74万人、1.92万人，完成年任务143.3%、124.7%、80%；城镇登记失业率3.71%、3.5%、3.92 %，

较全国水平低 0.09 个、0.12 个、0.24 个百分点。

（二）建立失业风险预警与防控机制。福建省劳务局系统构建"420"风险预警模型（即设立月、季、半年、全年四个时间段，每个时间段对应 5 个等级，共计 20 个风险等级），将全省 57 万家失业保险参保企业、580 万名参保职工全部纳入监测范围，实时掌握动态变化情况，为全省准确研判就业形势，采取综合措施，防范失业风险及突发情况提供了有力的数据支撑。

（三）着力守住三条保障线。面对中美经贸摩擦、国内外疫情影响，福建省劳务局着力守住三条保障线，千方百计稳就业、保就业。

1. 守住门内（在企业内）保障线。实施援企稳岗行动，2018 年、2019 年、2020 年 1—9 月，失业保险基金支持一般性稳岗返还分别惠及企业 4.76 万家、5.89 万家、24.29 万家，惠及职工 159.46 万人、188.357 万人、437.21 万人，发放返还金额 32 731.39 万元、32 857.92 万元、83 682.02 万元；2019 年、2020 年 1—9 月，对处于暂时性经营困难但恢复有望的企业稳岗返还分别惠及企业 0.28 万家、2.64 万家，惠及职工 4.59 万人、39.43 万人，发放返还金额 23 475.94 万元、238 795.28 万元。实施职业技能提升行动，开展岗前、在岗、转岗、脱产技能培训，拓宽以工代训的范围，支持以训待岗，2018 年、2019 年、2020 年 1—9 月，全省累计开展各类补贴性职业技能培训 30.56 万人次、30.95 万人次、35.46 万人次，其中在岗农民工培训 9.09 万人次、2.38 万人次、15.39 万人次，农村转移劳动力培训 12.61 万人次、4.58 万人次、1.22 万人次。

2. 守住门外（已离岗失业）保障线。福建省劳务局及时足额发放失业保险金，延长大龄失业人员领取失业保险金的期限，阶段性发放失业补助金，落实价格临时补贴，确保失业人员应发尽发。2018 年、2019 年、2020 年 1—9 月，分别为失业人员 10.03 万人、11.45 万人、10.45 万人发放失业保险金 72 673.76 万元、81 853.15 万元、70 505.21 万元；分别为 3.23 万人、41.13 万人、56.53 万人发放价格临时补贴 200.88 万元、3 410.23 万元、7 429.6 万元；分别为农民合同制工人 5.6 万人、5.4 万人、4.8 万人支出一次性生活补助 7 219.4 万元、6 761.18 万元、4 995.93 万元。

3. 守住兜底（社会化就业不能保障时）保障线。福建省劳务局鼓励围绕补齐民生短板而拓展公益性岗位，开发一批临时性公益岗位，对政策期满但仍未实现稳定就业的人员，延长公益性岗位政策享受期限。2018 年、2019 年、2020 年 1—9 月，全省公益性岗位分别安置在岗人员 8 903 人、10 660 人、12 273 人。

福建省福州市人力资源和社会保障局先进事迹

近年来，福州市人力资源和社会保障局（以下简称为"福州市人社局"）以习近平新时代中国特色社会主义思想为指导，深入贯彻党的十九大和十九届二中、三中、四中全会精神，坚决执行党和国家关于解决农民工急难愁盼问题、做好农民工服务工作、维护农民工合法权益的部署要求，认真落实省委省政府、市委市政府的工作部署，大力抓好农民工就业创业的服务，创新出台农民工就业帮扶的政策，全力维护农民工的合法权益，相关工作走在全省乃至全国前列。

一、聚焦精准、注重实效，为全国东西部扶贫劳务协作贡献福州智慧

自2017年以来，福州市人社局遵循习近平总书记提出的"扶贫开发贵在精准，重在精准，成败之举在于精准"的要求，全力以赴、精准施策，经过3年多的摸索实践，成功开创了可复制、可推广的福州、定西扶贫劳务协作模式。国务院扶贫办《扶贫信息》连续4年4次专刊介绍福州、定西扶贫劳务协作的创新模式及取得的成效；福州、定西扶贫劳务协作先后入选《人民日报》及人力资源和社会保障部优秀减贫案例，中组部"不忘初心、牢记使命"的主题教育系列丛书和中央党校、国家行政学院的教学案例，联合国的"全球减贫案例"，并作为全国唯一的教学案例在国务院扶贫办公室举办的培训班上进行讲授和经验交流。福州、定西东西部扶贫模式已成为全国东西部扶贫的一张金灿灿的名片。《人民日报》、新华社、中央电视台、学习强国网、光明网、中新网等中央主流媒体高度关注、纷纷点赞福州、定西劳务协作开展的成效。

从转移贫困劳动力到福州市就业，到"定向、定岗、定制"招聘定西市建档立卡的贫困户高校毕业生到福州市国企、事业单位工作，再到技能帮扶定西市建档立卡户"两后生"，福州市人社局聚焦精准、注重实效，用劳务协作托起定西市贫困群众增收致富的希望。截至2020年9月底，福州市已累计帮扶定西市贫困劳动力6.5万人次就业，直接带动10多万定西市的贫困人口脱贫。其中，在福州市设立186家定西市贫困劳动力就业基地，组织输转来福州市就业人员15 417人次（建档立卡户10 581人次），来福州市务工人员人均月收入超过4 500元。累计资助264名定西市建档贫困户家庭"两后生"到福州市技师学院学习，支持、推动福建飞毛腿技师学院在宁夏回族自治区固原市原州区设立分校，建立市、区两级"闽宁劳务技能人才输送基地"，形成从人才培养到推荐就业的闭环，填补了当地无技工院校的空白，累计招收、培养固原市450名贫困家庭的学生。累计组织福州

市事业单位、国有企业"定向、定岗、定制"招聘定西市的建档立卡的高校毕业生381名,人均年收入超过7万元,被国务院扶贫办公室誉为"开了全国先河,是挪穷窝、拔穷根、治穷病,阻断贫困代际传递的重大创新举措"。

二、创新思路、多措施并举,农民工就业创业帮扶成效显著

2020年以来,面对疫情对农民工就业带来的强大冲击,福州市人社局迎难而上、主动担当,加大农民工就业创业帮扶力度,率先在全省乃至全国推出一系列的创新举措,出台一揽子优惠政策,农民工就业创业工作取得了显著成效。

(一)在全国率先开通"点对点"扶贫定制返岗复工专列。为破解疫情期间农民工返岗难、返岗怕的问题,福州市人社局在全省率先通过包机、包车、包专列方式"点对点、一站式"接送4.3万名务工人员返岗。其中,在全国率先定制4趟扶贫高铁专列(被誉为"全国最长、最早的扶贫专列"),免费接回对口帮扶的甘肃定西市、宁夏回族自治区固原市的建档立卡贫困人员3 870名(其中建档立卡贫困户3 870人),提前超额完成2020年输转1 800名建档立卡贫困户的扶贫任务。此举得到国务院联防联控机制、国务院扶贫办公室、人力资源和社会保障部的充分肯定,引起中央电视台、《人民日报》、新华社、中国新闻网、《福建日报》等主流媒体的强烈关注,累计刊播、转发信息超过2 000条,取得良好的社会反响。

(二)创新出台农民工稳就业政策。疫情期间,福州市人社局在全国率先出台湖北省等重点疫情地区务工人员"留岗留薪"的企业补助办法,支持企业为返乡的湖北籍员工保留岗位,并给予企业按照福州市月最低工资标准的50%(即人均860元)进行补助,840家企业获得补助499.3万元,受惠职工5 802人。为把农民工稳定在就业岗位上,福州市人社局及时出台并积极兑现了一系列稳岗、稳工、稳就业的政策,在全省率先发放稳就业奖补22亿元,受惠职工71.1万人次,为全省最多。在全省率先实施以工代训、以训稳岗的政策,支持全市外境困难的中小微企业及外贸、住宿餐饮、文化旅游等受疫情影响较大的企业开展"以工代训"的举措,给予企业每人每月500元,最高100万元的补助,预计受益务工人员22.6万人,发放补贴6.78亿元。在全省率先部署、开发公益性岗位兜底安置,安排1亿元资金,组织各县(市)、区、高新区开发、储备1万个以上的临时性公益性岗位,解决农民工等群体就业难的问题。

(三)全面优化农民工就业创业公共服务。福州市人社局积极宣传、鼓励支持农民工就业创业的政策措施,线上线下多渠道发布企业用工信息,组织劳务对接,开展新型职业农民的培育,鼓励农民工在福州市就业创业。全面推广、使用全国首创的公共就业服务手机"摇工作"手机App,打造农民工等求职者寻找岗位、用人单位招聘人员"永不落幕"的对接平台,该平台先后被评为全国公共就业服务十大创新项目和首届全国创业就业服务优秀项目奖,并在首届"数字中国"建设峰会上展示推广。截至2020年9月底,全市所有县(市)、区公共就业人才服务机构、街道(乡镇)和社区劳动保障平台和80%的行政村都启用了"摇工作"手机App,累计发布岗位信息45万条,累计帮

扶超过 18 万名农民工成功就业。

三、创新机制、化解纠纷，切实维护、保障农民工的合法权益

福州市人社局将构建和谐劳动关系，根治拖欠农民工工资、妥善化解劳资纠纷问题作为重点工作来抓。

（一）推进构建和谐劳动关系综合配套改革。近年来，福州市人社局通过不断健全劳动关系协调机制，逐步规范企业的用工行为，有效地化解了劳动关系矛盾纠纷，全市劳动关系的总体和谐稳定，构建和谐劳动关系考核指标连续4年位居全省第一。2019年8月，福州市被人力资源和社会保障部确定为8个深化构建和谐劳动关系综合配套改革试点的地区，成为全国唯一的试点省会城市、福建省唯一试点地区。福州市人社局积极探索、打造"区域示范、机制联动、点面结合、统筹推进"的构建和谐劳动关系的"福州模式"，为全省乃至全国其他地区提供了鲜活的经验。

（二）多点联动加强欠薪治理。福州市人社局加强与人社、公安、法院等部门的有效联动，依法打击欠薪违法行为。与福州市中级人民法院联合建立"根治欠薪"联动执行工作室，为劳动者追回工资近7 000万元，此举措在国务院根治拖欠农民工工资工作领导小组的《简报》上专期刊载推广。

（三）创新机制化解劳资纠纷。福州市人社局在全市全面推行"法院执行+劳动维权"联动执行工作机制，创新建立"五联动""三优先"制度，在全国率先发布《福州市用人单位订立电子劳动合同工作指引》，指导用人单位规范劳动合同的签订行为，全面依法保障农民工的合法权益；制定多部门协调合作防范和应对大规模裁员和失业风险的预案，对农民工群体的失业风险做好，积极的防范和应对。

厦门科司特电子工业有限公司先进事迹

厦门科司特电子工业有限公司成立于2018年9月，位于福建省厦门市同安区环东海域思明工业园46号，建筑及厂区面积4.2万平方米，注册资本人民币1.6亿元，是一家专业提供开关电源管理方案及电子产品制造的企业，先后通过ISO9001、ISO14001及知识产权、两化融合贯标体系认证，2020年通过国家工信部两化融合贯标体系认证。公司以高度的政治敏锐和社会责任吸纳、关爱、帮扶农民工，这得到了政府的高度肯定、社会的充分认同、农民工的广泛认可，2018年、2019年、2020年连续3年被评为"厦门市东西部对口帮扶劳务协作示范企业"，被厦门市评为"劳动关系和谐企业""工人先锋队""厦门市科技小巨人"、福建省"科技小巨人领军企业"等荣誉称号，是一家对农民工的吸纳度非常高的企业。

一、开发就业岗位，吸纳农民工

公司成立以来快速发展，开发的岗位快速增加，公司始终把农民工当作自家人，坚持对农民的帮扶脱贫的思想和行动，坚持把就业扶贫作为企业发展的社会责任来担当，坚持把就业岗位开发作为重要的民生工程来落实。2018年销售收入2 880万元，2019年销售收入2.74亿元，2020年至9月的销售收入3.2亿元。公司发展前景趋好，现有员工超过2 000人，其中农民工1 800多人，占比近93%，分布于13个省、市，涵盖23个民族，在新冠肺炎疫情期间，公司坚持做到不裁员，稳定农民工就业，向厦门市慈善总会捐款10万元，向贵州省丹寨县政府捐助医用口罩1万只，是吸纳农民工的主力企业、骨干企业和典范企业。

二、注重人文关怀，关爱农民工

公司自成立以来，即把农民工当作生产的主力军、企业的主人翁、服务的主群体，努力做好农民工的稳定就业、安心生活及权益维护工作，全方位解决农民工的实际困难，主动与少数民族务工人员打成一片，建设清真食堂，关注他们的理健康，注重人文关怀。公司贯彻执行《工会法》《劳动法》《劳动合同法》，充分发挥工会和职工代表大会维护职工合法权益的基本职能，发挥工会在协调劳动关系中的"桥梁纽带"作用。公司强化劳资用工管理，创建和谐的劳动关系，营造拴心留人的浓厚氛围，职工稳岗率在97%以上，没有发生一起拖欠工资问题及群体性事件。

三、履行扶贫责任，帮扶农民工

公司把扶贫责任当作企业责任，发挥企业优势，勇于担当责任。一方面帮扶贫困人口到企业就业。公司把东西劳务协作作为实实在在的扶贫举措，在甘肃省临夏回族自治州（简称为"临夏州"）开展具体帮扶，创新具体载体，提升服务保障的"暖心率"，将政策和信息推送进村入户，每月定期推送招聘信息，持续到临夏州开展现场招聘，3年12次赴临夏州乡镇、村居招聘，3年帮扶380多名建档立卡的贫困人口来厦门就业，实现380多户贫困家庭脱贫。针对少数民族人士家庭观念较重、路途气候和习俗、信仰等顾虑因素多的问题，公司主动推进产业协作，帮扶到临夏州人民的"家门口"，在临夏州康乐县投入1 500万元，2020年6月24日设立临夏科司特电子科技有限公司，在"家门口"吸纳帮扶建档立卡贫困人口300多人就业，让留守的家庭妇女和老人农时耕作、闲时上工，实现了务农、顾家、挣钱"三不误"，极大地提高了农民工的家庭收入，让农民工成了脱贫路上的生力军。

福建省泉州市教育局先进事迹

福建省泉州市委、市政府深入学习贯彻习近平总书记关于教育的重要论述和重要指示批示精神，大力秉承习近平总书记在福建工作时创造的宝贵财富和实践成果，高度重视农民工随迁子女教育工作，把它作为"安心工程"的重要项目，认真落实国家"两为主""两纳入"的要求，落实政府行为予以稳定推进。2006年起泉州市教育局提出了"平等、融入、成才"的理念，出台政策措施，依法保障、切实维护农民工随迁子女的入学权益，泉州市的几项做法在全省乃至全国开创先河：泉州市早在2006年对农民工随迁子女就读公办义务教育学校实行教育费用全免的政策，分别比全国、全省提前了2.5年、2年；2013年外省籍226名考生在泉州市高考，比全省实现异地高考提前了1年。在泉州市各级各类学校就读的农民工随迁子女达54.46万人、总量占比全省最高；义务教育阶段农民工随迁子女93.02%以上就读于公办学校，占比全省最高。中央电视台、新华社、《中国教育报》《人民教育》《澳门日报》《福建日报》等新闻媒体先后给予专访报道。

一、出台政策，让随迁人员子女入学"有保障"

出台《泉州市人民政府关于进一步做好外来员工子女接受义务教育工作的若干意见》等政策性文件，健全以居住证为主要依据的农民工随迁子女义务教育入学政策，明确规定了农民工随迁子女在入学、收费、中考等方面享有与当地户籍学生同等的待遇。2019—2020学年度，泉州市农民工随迁子女在各级各类学校就读共有54.46万人（其中：学前教育11.55万人、占比28.67%，小学27.64万人、占比34.48%，初中10.67万人、占比34.59%，普通高中4.55万人、占比33.28%）。

二、科学规划，让农民工随迁子女"有学上"

各县（市、区）将农民工随迁子女入学统一纳入教育发展总体规划和当地社会发展规划，科学规划建设新学校或扩大办学规模，所需的建设用地和资金主要由当地政府协调落实；农民工随迁子女义务教育的经费纳入财政教育经费预算，足额拨付教育经费。2018—2020年泉州市教育局争取省级以上学校扩容资金2.334 5亿元，规划建设校舍面积32.183 2万平方米，增加学位3.112万个，有效地解决了城镇容量不足的问题。

三、加强管理，让农民工随迁子女"上好学"

农民工随迁子女就读泉州市公办义务教育学校实行教育费用全免政策，泉州市 2006 年在全国取消学杂费，晋江市在 2012 年率先在全国实施公办高中免学费的政策。农民工随迁子女小学毕业升初中的，由当地教育局统筹安排（或电脑派位）到所属片区内的中学就读；农民工随迁子女在泉州市就读初中，毕业后均可报名参加泉州市高中阶段学校的招生入学考试。2013 年，226 名外省籍考生在泉州市参加高考，提前一年在全省率先实现异地高考，有关农民工子女的高考报考政策由省教育厅肯定。通过举办农民工随迁子女夏令营等活动，泉州市教育局让农民工随迁子女融入泉州、成长为新泉州人。

四、增强服务能力，营造良好的营商环境

教育作为服务泉州市经济社会发展的重要支撑，它的积极营造良好的用工环境、社会发展环境，助力经济社会发展的作用日益凸显。如晋江市作为泉州市农民工随迁子女最多的县级市（农民工随迁子女占全市近 2/5），较好地解决了农民工随迁子女入学的问题，2009 年获评福建省农民工工作先进集体，2012 年获评农民工幸福感最高的城市，人民网以"从'用工荒'到农民工幸福感位列首位"为题介绍晋江市善待农民工的做法。

江西省宁都县人力资源和社会保障局先进事迹

宁都县位于江西省东南部、赣州市北部，总面积4 053平方千米，辖24个乡镇、331个村（居）委会，总人口85万人，是原中央苏区核心县、国家扶贫开发工作重点县、西部大开发政策延伸县和罗霄山特困片区县。全县农业人口67万人，其中常年在外务工的农民工21万人，是典型的人力资源大县和农民工劳务输出大县。

近年来，宁都县人力资源和社会保障局（以下简称为"宁都县人社局"）认真贯彻落实党中央、国务院关于做好农民工工作的一系列重要决策部署，把农民工服务保障工作当作头等大事来抓，摆在工作的首要位置，不断改革创新，强化举措，加大力度，全力做好农民工就业创业、技能培训等服务，编紧织密农民工权益保障网，真心当好农民工的"娘家人"，架起了农民工增收致富奔小康的"幸福桥"。

4年来，宁都县共转移输出就业86万人次；扶持自主创业人员6 000余人，带动就业2.8万余人。2018年，宁都县田头镇农民工创业园荣获省级示范创业园区称号。2019年，宁都县"电商创业就业扶贫""扶贫车间建设同移民搬迁相结合"两个项目荣获全国第二届就业创业服务优秀项目奖，"乡镇出名单、培训机构出菜单、企业下订单、政府来买单"的技能培训模式，在全国技能扶贫工作会上做经验交流，并在全国复制推广。2020年宁都县人社局《链接"两业"扶贫 驱动"三产"发展》的做法被人力资源和社会保障部入选为全国人社扶贫成果展示项目。

一、铺好一条"路"，当好农民工就业创业服务的"保姆"

宁都县人社局坚持"两条腿走路"和"走出去、请回来"的总思路，积极做好农民工外出务工和返乡就业创业两篇文章，为农民工增收致富"搭楼梯""谋出路"。

（一）结合劳务输出大县这一实际，积极做好农民工外出务工服务。宁都县城乡劳动力总量达45.2万人，由于工业基础薄弱，就业岗位少，近10年常年在外务工人数保持在20万人以上，是典型的劳务输出大县。针对这一实际，宁都县因势利导，把劳务输出作为农民工就业的一项重要工作来抓，依托各乡镇劳动就业社会保障服务所，通过上门走访、电话联系、数据对比等多种方式进行调查摸底，精准掌握就业需求，为农民工就业提供精准化服务。仅2020年，全县通过"宁都就业名片"短信平台，有针对性地发送各类就业岗位信息80多万条，点对点推送就业岗位5万多个，转移农民工县外就业 20.8 万人。

（二）结合脱贫攻坚这一战役，积极引导农民工就近就地就业。宁都县人社局将就业扶贫列入打赢脱贫攻坚战十大行业扶贫重点工程，近 3 年先后安排就业扶贫资金累计 9 800 万元，为就业扶贫工程实施提供了有力保障。针对部分需要照顾家庭、外出转移就业存在困难的贫困劳动力，宁都县以贫困户就近就地就业为导向，依托服装、电子及产品加工等各类产业创建扶贫车间，并按照吸纳贫困劳动力稳定就业人数给予一次性的建设补助、场地租金、水电费等费用补助，给予贫困劳动力岗位补贴和社保补贴。全县已创建扶贫车间 164 个，安置 1.1 万余名劳动力就业，其中吸纳贫困劳动力 1 560 人就业；依托当地具有一定规模的特色农业和乡村旅游业建设就业扶贫产业基地，并按照吸纳贫困劳动力人数给予基地和贫困劳动力每人每年 1 000 元的岗位补贴，为贫困劳动力缴纳了社会保险费的企业，还按规定享受社保补贴。全县已建设就业扶贫产业基地 64 个，安置 8 000 余名劳动力就业，其中吸纳 1 000 余名贫困劳动力就业；整合人社、农工、林业、交通、残联、商务等相关部门的政策资源，在各乡镇开发乡村保洁员、生态护林员、乡村公路养护员、农家书屋管理员、城乡电商管理员等公益性岗位 1.35 万个，安置 1.35 万名劳动力就业，其中解决 4 840 名贫困人口在家门口就业。

（三）结合"全国首批结合新型城镇化支持农民工等返乡人员创业试点县"这个平台，积极实施创业带动就业。2017 年，宁都县被列为全国首批结合新型城镇化支持农民工等返乡人员创业试点县，为充分利用这一平台，宁都县大力实施创业扶持工程，以本县传统特色产业引领农民工返乡创业就业。创建了田头镇返乡农民工创业园、竹笮乡赖沙电商村、长胜镇返乡农民创业园，吸纳创业主体 563 个，从业人员 2 万余人。如田头镇返乡农民工创业园入园企业涵盖了草席、竹席、服装、手工艺品加工和农业养殖，形成了以圩镇为中心、辐射全镇 15 个村的创业布局，聚集了小微企业、农民合作社、个体工商户等企业 221 家，从业人员 8 300 多人，探索形成了"激发创业、聚集产业、带动就业、共促脱贫"的"田头路径"。

二、办好一个"班"，当好农民工技能提升的"培训师"

授人以"鱼"，不如授人以"渔"。宁都县实施免费技能培训班工程，把农民工培养成技能人才，提高农民工就业创业能力，激发他们树立脱贫致富的信心，实现了农民工长久稳定的增收致富。

（一）创办宁都高级技工学校。依托国家人力资源和社会保障部对口支援，宁都县人社局投资 7 亿元创办宁都高级技工学校，整合该校职教资源与全县各部门的培训资源，在该校设立"就业扶贫培训中心"，承办短期职业技能和农村实用技能培训，打造农民工技能培训的重要平台，开设了电子商务、厨师、家政服务、果茶培训以及新型农民工培训等短期技能培训班。与京东集团、三星集团、中德栋梁教育科技集团、江西易富科技集团等 8 家企业签订校企合作协议，创办了"京东班""易富班""三星班"等订单式 8 个班级，确保毕业生就业无忧。大沽乡南林村贫困户林宗安，是学校 2017 级学生，在校研修汽修专业。他刻苦钻研，反复磨炼汽修技术，功夫不负有心人，在第 46 届世界技能大赛江西省选拔赛中荣获重型车辆技术项目一等奖，实现了普通农民工向"钻石蓝领"的华丽转变。

（二）设立培训实训基地。宁都县人社局按照"乡镇出名单、培训机构出菜单、企业下订单、政府来买单"的模式，加强与园区重点企业及各乡镇的脐橙、黄鸡等产业经营主体的合作，设立培训实训基地，遴选具有资质和丰富实践经验的创新创业带头人，走到田间地头、工厂车间进行现场培训与实训。近年来，全县共开展各类就业技能培训210期，培训1.2万人，同时全县24个乡镇每年不定期地组织举办1至2期农民技能培训专项活动。如为发展宁都富硒蔬菜产业，国家人力资源和社会保障部组织有关农业专家先后来到青塘镇河背蔬菜示范基地、小布镇横照村蔬菜基地进行专题讲座培训与现场指导，宁都县人社局使广大农户和农技人员提高了种植技术，增强了发展富硒蔬菜产业的信心。

（三）开展下乡送技能活动。通过开展就业调查，精准识别，为有劳动能力和就业愿望的农民工建立"一对一"帮扶台账，根据不同培训需求实行分类管理，把技能培训资源、办学内容和项目进行梳理、整合，通过定期开展下乡送技能活动，把培训班服务延伸到乡镇、村，让农民工在技能培训中受益，实现就地就近就业，增收致富，从根本上实现了变"输血"式扶贫为"造血"式扶贫。

三、编密一张"网"，当好农民工合法权益的"保护伞"

近年来，宁都县以服务保障为核心，积极探索建立覆盖县、乡、村三级的农民工服务管理工作体系，做到农民工合法权益保障无死角的服务。

（一）整合资源，保障服务。为统筹全县农民工服务工作，宁都县整合劳动监察、劳务办公室、就业援助中心等机构，聚集农业农村、民政、工会等部门资源，建立层次清晰、立体多样的农民工服务保障机构，改变了以前农民工工作分散、职能分属不同部门的局面，大大畅通了农民工服务保障机制，真正实现了让农民工在外安心工作、回乡放手创业的目标，为全方位服务农民工提供了良好保障。

（二）全域推动，提升服务。宁都县人社局建立联席会议制度，严格按照"属地管理、部门负责、业主负全责"的原则，成立由人社、住建、公安、法院等部门组成的根治拖欠农民工工资工作领导小组，对加工制造、建筑施工、餐饮服务等劳动密集型企业农民工工资发放的情况进行全面排查，对可能发生工资拖欠的项目、企业进行重点监控。同时，积极建立农民工工资保证金制度，对纳入农民工工资监控范围的所有招投标项目，要求它们必须无条件按规定缴存农民工工资保证金，严格要求在建工程项目实行农民工实名制管理，加强事前、事中、事后的监管力度，对拖欠、克扣农民工工资的企业，将其记入不良信用档案，并依法进行严厉处罚。近3年来，全县共受理举报农民工投诉案件396起，立案处理8起，追讨农民工被欠工资2 356.87万元，案件结案率100%。

江西省丰城市人力资源和社会保障局劳动监察局先进事迹

"为民工讨薪维权，持正义秉公执法""廉洁执法、公道正派""依法办实事、为民解困扰"……在江西省丰城市劳动监察局的调解室里，由农民工送来的各种锦旗令人目不暇接。自2017年该市成立人力资源和社会保障劳动监察局以来，充分发挥劳动监察职能作用，牢固树立以创新求实效、以民生为根本的理念，着力在落实"两金六制"、念好"三字口诀"、练就"四大内功"上下苦功夫，全方位保障农民工不再忧"薪"，为丰城市经济社会高质量跨越式发展保驾护航。到目前为止，该局共立案处理劳动保障监察案件346件，涉及人数2600余人，涉及金额2200余万元，以涉嫌拒不支付劳动报酬罪移交公安机关5件，移交法院强制执行4件，处理集体欠薪突发案件11件，结案率100%……2020年8月19日，国务院保障农民工工资支付实地督查组到该市督查时，对该市保障农民工工资支付的工作予以充分肯定并给予高度的评价。

一、贯彻"两金六制"，以政策落实为原则，保障农民工工资支付

为保障农民工合法权益，该局一手抓农民工工资保证金和应急周转金的存缴，一手抓工程建设项目实名制管理制度、工资支付担保制度、人工费用与工程款分账管理制度、工资专用账户制度、总包代发制度、按月足额支付制度的落实，做到了两手抓、两手都要硬，构筑了保障农民工工资支付的第一道防线。

（一）建立制度，应急周转，严格"两金"管理。该局一方面全面实行工资保证金制度，在全市行政区域内的市政、建筑、水利等工程建设领域全面实行工资保证金制度，建筑施工企业按照属地管理的原则，在项目所在地的人力资源和社会保障行政部门指定的银行账户缴存工资保证金。截至目前，已收取保证金1.2亿元，做到在建工程项目农民工工资保证金的全覆盖。该局另一方面建立欠薪应急周转金制度，2018年按要求储备300万元，专项用于支付农民工工资的应急周转金。对一些用人单位暂时无力支付农民工工资且造成农民工生活困难的，政府先行垫付，解决农民工的燃眉之急。

（二）实名管理，多措并举，抓好"六制"落实。该局将农民工实名制管理工作作为重中之重，采取一系列治理拖欠农民工工资的有效措施，在全市范围内对农民工的劳动合同进行规范化管理，督促各类企业依法与招用的农民工签订劳动合同，建立职工名册并办理劳动用工备案，实行农民工

人工费用与工程款分账管理，规范农民工工资核算和支付。项目建设单位均在工程项目所在地的银行单独开设农民工工资专用账户，施工企业或者劳务分包企业应以实名制为所有持证上岗的农民工办理银行工资卡（折），并开通手机短信提醒功能，依托银行进行工资代发，目前该市在建工程项目的农民工工资实名制实现了全覆盖。

二、念好"三字口诀"，以公平正义为根本，维护农民工合法权益

劳动监察是农民工合法权益的"守护神"，是企业及用人单位的"指导员"，是政府维护社会稳定的"好帮手"。该局不断强化服务意识，改进服务方式，提升服务水平，发挥快捷、灵活、高效的服务职能，念好"快、严、防"三字口诀。

（一）在处置欠薪案件上突出"快"字。每次在接到农民工的投诉举报时，该局总是在第一时间与用人单位取得联系，力促案件快立、快调、快结。2018年有个别房地产企业经营不善，融资渠道受阻，资金紧张，导致建设单位拖欠总承包单位工程款，造成拖欠民工工资的现象。落户该市的同创国际大商汇，在端午节前夕突发农民工爬塔吊讨薪事件，该局工作人员连续两天两夜加班，在与建设单位、施工单位多次协商后，于端午节当天为新余籍农民工追讨工资300万元。

（二）在处置欠薪案件中突出"严"字。尽管"拒不支付劳动报酬罪"已纳入刑法并出台了司法解释，但仍有用人单位踩红线。对涉嫌拒不支付劳动报酬的用人单位，该局坚决打击、严厉查处、决不手软。2018年，一群湖北籍农民工在某水利工程公司找到一份航道疏通工作，他们不辞辛苦干了半年，却没有拿到工资，找到了该局。该局详细了解情况后，多次联系欠薪企业，上门收集相关证据，对该公司下达执法文书，责令其立即支付所欠工资，但该公司负责人对法律文书置之不理，且不接听电话。2018年8月24日，该局以拒不支付劳动报酬罪将该案件移交公安机关，该公司负责人已被刑事拘留，并将所欠工资46万元转入人力资源和社会保障局账户中。当刘德根、张国俊、崔正松等30余名农民工拿着辛辛苦苦的血汗钱时热泪盈眶，向该局送来锦旗以表谢意。

（三）在处置欠薪案件时突出"防"字。该局秉承预防为主、防患于未然的观念，变被动受理为主动介入。2020年6月，在新冠疫情过后，该局工作人员积极作为，摸排全市所有的在建的工程项目，发现高新园区一在建工程项目施工单位复工复产后存在欠薪情况时，当即召集项目建设单位、施工单位进行协调，达成工资支付协议，于6月27日支付农民工资200万元，于7月10日之前支付1300万元。农民工十分感动，将一面绣有"情为民系、利为民谋"字样的锦旗送到该局。

三、练就"四大内功"，以创新驱动为引领，营造农民工就业环境

农民工欠薪案件复杂多变的新形势，对劳动监察建设提出了更新、更高的要求。该局以"做示范、勇争先、优环境、促发展"大讨论活动为契机，以组织建设为保障，不断创优营商环境，坚持内外兼修，始终把忠诚铸进灵魂，把清廉溶入血液，把敬畏放在心间，把担当扛在肩头，打造了一支监察铁军，全力构建和谐的劳动关系，真正做到"内化于心，外化于行，固化于制"。

（一）组织大保障。2017年该市成立了由政府常务副市长为总召集人的解决企业拖欠工资问题联席会议工作协调机制，2019年成立了由人社、住建、财政、发改委、公安等23个成员单位组成的根治拖欠农民工工资工作领导小组，坚持各负其责的"属地化管理"原则，统筹协调，全市一盘棋。

（二）业务大提升。该局改变惯性思维，不断强化业务学习培训，提升监察队伍的整体素质，每月组织1次监察队伍学习《劳动法》《保障农民工工资支付条例》《劳动保障监察条例》等相关法律法规，对新形势下的欠薪劳资纠纷开展案例研讨交流会，建设了一支政治素质高、业务能力强、工作作风硬的监察队伍。

（三）制度大创新。2017年该局在全省首创将农民工工资保证金纳入行政审批局工程建设项目行政并联审批"一单清"，极大地降低了人社部门收取工程项目保证金的难度。2019年，为降低企业成本负担，进一步优化营商环境，促进企业健康发展，该局与时俱进，再次在全省率先引入商业保险机制，在保障农民工工资支付的同时，极大地减轻了企业负担。如企业欠薪，保险公司在收到劳动监察部门的相关法律文书后先行垫付不超过保证金金额的所欠工资，再由保险公司向施工单位追偿，既简化了支付的程序，又减轻了人社部门的工作量。近2年来，通过商业保险履约保函该局共为企业纾困减负并盘活资金7 000余万元，目前该模式得到了省劳动监察局的认可并在全省推广。

（四）用工大普查。在2017年至2020年期间，该局多次联合住建、交通、水利等行业主管部门对全市所有在建工程项目用工情况进行大普查，依法重点打击雇佣童工、强迫劳动、恶意伤害、克扣工资等违法行为。为进一步加强用工管理，规范用工行为，该局对发现的问题及时做出整改措施，凡涉及的违法行为均做到严格处理，查处各类侵犯农民工合法权益的案件一共56起。

江西省婺源县太白镇人民政府先进事迹

江西省婺源县太白镇位于德婺交界处，与江铜集团德兴铜矿厂厂区仅一河之隔。近年来，太白镇政府充分发挥毗邻大型工业企业的地理优势，通过"党建＋劳务公司"模式，将全镇农民工有效地组织起来，积极向农民工提供招工信息、技能培训、调解纠纷以及保障权益等各项服务，做好有组织的劳务输出工作，引领了农民工就业的新模式。截至2019年末，太白镇劳务公司派遣务工1 156人，其中赴德兴铜矿厂的劳务工达1 071人，占比92.6%；农民工群体占比92%。2008年12月，太白镇政府被评为"江西省农民工工作先进集体"。

一、建强党的组织，让务工人员有了"主心骨"

太白镇是劳务输出大镇。长期以来，太白籍在外务工人员常面临技能培训不足、组织能力不强以及权益维护较难等难题。太白镇党委坚持以党建为引领，于2003年成立太白众望劳务公司，2006年设立公司党支部和德兴办事处，将在农民工聚沙成塔、紧密团结在一起，并将对外出农民工的管理和服务延伸到工作一线，促进农民工团队的自我管理和自我提高，实现了用工企业与农民工劳动关系的和谐发展。2012年，太白众望劳务公司代表太白籍在德兴的农民工，与铜矿矿区企业就劳务工资每年增幅6%~9%达成一致，成功建立农民工工资定期增长的长效机制，有效地维护了农民工合法权益。

二、抓好转移就业，让强镇富民有了"金钥匙"

太白镇政府始终将加强农村富余劳动力转移就业作为"强镇富民"的重要抓手。一是把基地建好。依托劳务公司平台，与矿区内经济效益好、用工规范的相关企业签订合作协议，有效地发挥了交流沟通机制，及时地了解用工需求，实现了全镇富余劳动力"点对点"输送。二是把培训做实。严格按照用工单位的需求，以岗前培训为重点，有针对性地开展农民工就业培训和新型农民培训，努力提高农村劳动力的劳动技能，增加农民工对国家法律法规、劳动政策、社会保障等方面的知识。三是把服务做优。积极落实各项农民工就业创业的鼓励政策，坚持主动上门宣传，对返乡创业农民工提供全程创业指导、协助办理创业担保贷款。同时，针对农民工经常面临的困难与问题，免费编印《员工手册》，为农民工提供政策解答。2019年，太白镇共培训农村劳动力227人，转移就业193人，有效带动村民致富，促进太白镇的经济发展。

三、维护合法权利，让权益保障有了"压舱石"

坚持做好农民工的"娘家人"，全心全意服务农民工，切实维护农民工合法权益，农民工社保、医保参保率高达99%。为了进一步保障农民工的合法权益，太白镇政府还成立了农民工权益保障工作组，由镇司法所和人社所牵头，对发生在镇内外的农民工权益损害事件进行妥善处理。比如，2020年7月20日，太白村的农民工程有兴在德兴铜矿工段务工时，不慎踏空导致左脚遭模具挤压，造成左脚骨头断裂、肌肉挤压坏死。太白众望劳务公司的德兴办事处在第一时间接到消息，将程有兴送往德兴市人民医院，并迅速向太白镇政府通报，公司还在当天进行了探望，送去了600元慰问金。因程有兴家庭困难，且工伤认定短时间无法出具，经镇领导召开会议研究决定，由太白众望劳务公司先行垫付医疗费用6万元，并派人为其办理工伤保险理赔、伤残等级鉴定及伤残补助等后续事宜，切实维护了劳动者的合法权益。

四、坚持服务大局，让复工复产有了"加速器"

2020年2月7日，易炼红省长视察江铜集团，提出全力做好企业疫情防控和复工复产的号召。作为江铜集团德兴矿区重要的劳务输入地，太白镇政府积极响应省委、省政府号召，把保障重点企业正常运转作为地方党委讲政治、顾大局的重要表现，第一时间由镇领导分组带队深入各村组协调农民工返工复产的工作。考虑到复工农民工对疫情防控的顾虑，镇党委顶着压力，一方面要求并监督矿区公司严格落实疫情防控政策，实行日常消毒以及生产车间、员工食堂等人员密集场所相对隔离等防控措施，另一方面租用附近宾馆，将首批复工的62名太白籍农民工统一安排入住，由镇村干部在员工上下班途中进行专班带队和日常值守，有力地保障了江铜集团德兴铸造公司于2月10日全面复工复产。

山东省人力资源和社会保障厅劳动监察处先进事迹

山东省人力资源和社会保障厅劳动监察处（以下简称为"劳动监察处"）始终把保障农民工工资支付作为重大的政治责任，认真贯彻习近平总书记重要指示批示精神，坚决落实各级决策部署，精准施策，协同发力，使根治欠薪工作取得了扎实的成效。

一、坚持系统治理，强化齐抓共管。

（一）注重高位推动。在省委、省政府和厅党组的坚决领导下，推动根治欠薪工作列入全省"20项民生实事"，省农民工工资支付监管平台工作纳入优化营商环境配套措施。同时，劳动监察处定期牵头召开全省根治农民工欠薪会议，保持了大抓大干态势。

（二）注重部门协同。成立省根治拖欠农民工工资支付工作专项小组，建立人社部门牵头，行业主管部门共同参与的根治农民工欠薪工作体系。从部分成员单位抽调骨干组成工作专班，实行集中办公，形成快速响应、快速决策的机制。

（三）注重上下联动。每年带领各成员单位实地核查全省保障农民工工资支付的工作情况，压实地方主体责任。开展考核"回头看"，确保问题整改不见底不放过、责任落实不到位不放过，推动了重点任务的有效落实。

二、坚持源头治理，强化制度创新。

（一）加强技术创新。按照国务院根治欠薪领导小组的重点工作安排，以技术创新促进制度集成和制度落实，劳动监察处按照"政府+服务商+银行"的合作模式，建成省级农民工工资支付监管平台，把实名制管理、工资专用账户管理、银行代发管理、预警监测等各项制度集成到系统，并实时向住建部信息平台传输数据，实现了农民工工资支付的一体化、智慧化监管。截至目前，劳动监察处累计采集在建项目信息13 746个、实名制信息292余万条，为农民工代发工资240.18亿元。

（二）完善政策体系。加强制度创新，推动流程再造，先后制定《农民工工资专用账户管理办法》《农民工工资支付工作问责办法》《房屋建筑和市政工程施工发包与承包违法行为认定工作指南》《监管平台管理办法》《协议银行管理办法》等制度，进一步夯实制度保障，为源头治欠打下了坚实基础。

三、坚持依法治理，强化执法检查。

（一）畅通投诉举报渠道。劳动监察处建设省级劳动保障监察举报投诉案件联动平台，并与外网、微信等端口连接，实现"一点举报投诉，全省联动处理"。指导全省设立网上维权窗口，规范施工现场维权信息告示牌内容，制作农民工欠薪维权电话导图，全面畅通维权渠道。

（二）开展专项整治行动。组织开展根治农民工欠薪夏季专项行动、冬季攻坚行动，从省信访局调取农民工欠薪信访案件线索，转交各市核实办理。仅在2019年，查处拖欠农民工工资案件4 152件，为4.02万名农民工追回工资6.22亿元。

（三）加大联合惩戒力度。综合运用黑名单列入、重大违法行为社会公布、拖欠农民工工资失信联合惩戒对象名单等手段，不断完善工资支付诚信体系，树立了守信激励和失信惩戒的导向。

四、坚持综合治理，强化风险防范。

（一）狠抓隐患排查。劳动监察处结合开展企业守法诚信等级评价，推广"双随机、一公开"监管，重点检查农民工工资支付情况。配强农民工欠薪工作力量，指导全省劳动保障监察机构补充工作人员128人，同比增长8.6%。

（二）加强督查暗访。劳动监察处加大对拖欠农民工工资问题的暗访力度，采取"四不两直"方式，直插项目现场和企业一线，并与省纪委建立沟通对接机制，共同研究解决问题。自2020年初以来，先后2批次对全省800多个工程项目开展明察暗访，逐市逐项通报问题，并责令限期整改。

（三）强化舆论引导。劳动监察处在国务院领导小组《简报》《中国劳动保障报》《大众日报》、山东电视台等媒体刊发根治农民工欠薪新闻报道20多篇，创作发布10余篇根治农民工欠薪短视频、动漫、H5等新媒体产品。在欠薪舆情易发频发时期，安排专人每日采集舆情信息并交各市核实办理，与山东电视台等媒体建立农民工欠薪舆情即时反馈沟通机制，牢牢地把握住了风险防控的主动权。

山东省财政厅社会保障处先进事迹

山东省财政厅社会保障处（以下简称为"社会保障处"）在山东省财政厅厅党组坚强领导下，严格落实省委、省政府的决策部署，始终把农民工工作作为一项重要的政治任务来抓，按照责任分工，扎实做好清理政府工程拖欠农民工工资工作，切实保障农民工的合法权益。

一、认真履行政府投资工程资金监管职责

在推进基础设施、民生工程等建设项目时，社会保障处坚持尽力而为、量力而行，依据财力可能，实事求是，科学论证，加强管理，从严把关，避免政府工程出现较大的资金缺口。督促各市健全政府投资工程项目建设资金使用全过程的监督机制，防止截留、挤占和挪用建设资金。各市按规定及时拨付财政资金，督促政府工程建设单位严格按照合同进行工程价款结算，及时支付工作进度款和工程尾款，从源头上预防了政府拖欠工程款导致的欠薪问题。

二、健全农民工工资支付保障制度

认真落实《保障农民工工资支付条例》，社会保障处配合有关部门出台了《山东省保障农民工工资支付工作问责办法》《山东省工程建设领域农民工工资专用账户管理办法》《山东省农民工工资支付监管平台管理办法》等文件，进一步完善山东省农民工工资保障制度体系，为实施监督问效，提升了监管能力，为保障农民工的合法权益奠定了基础。

三、完善欠薪突发事件应急处置机制。

切实加强资金保障力度，足额储备应急周转金，对企业一时难以解决拖欠农民工工资或企业主欠薪逃匿的，社会保障处及时动用应急周转金，先行垫付部分工资或基本生活费，帮助解决被拖欠工资的农民工的临时性生活困难，有效地防范了群体性事件，维护了社会的和谐稳定。

四、严格落实清理政府投资项目拖欠农民工工资责任

按照省政府要求，社会保障处会同有关部门建立了政府拖欠民营企业账款信息月报制度，把政

府投资项目拖欠农民工工资作为治理重点，要求各市、各有关单位定期报送清欠工作进展情况，联合有关部门加大督导力度，确保各市第一时间清偿政府投资项目拖欠的农民工工资。督导各级财政积极调整支出结构，对一般性公共预算和政府性基预算安排的各类建设类资金，除必保的重大民生、安全等项目外，优先用于偿还政府工程欠款，特别是优先兑付拖欠的农民工工资，实现了政府投资项目拖欠农民工工资的情况清零。

山东省住房和城乡建设厅建筑市场监管处先进事迹

山东省住房和城乡建设厅建筑市场监管处(以下简称为"建筑市场监管处")承担了全省建筑农民工的综合管理工作,近年来在贯彻落实《保障农民工工资支付条例》、稳定建筑农民工就业、维护农民工薪酬权益等方面,做了大量工作,特别是2020年以来在统筹推进疫情防控和开工复工方面取得了积极成效,为"六稳六保"工作做出了积极的贡献。

一、抓学习和宣传贯彻,营造良好的法治环境

建筑市场监管处组织全省住建领域负责建筑农民工工作的机关干部、执法人员和所有用工单位开展《保障农民工工资支付条例》轮训,组织普法宣传进企业、进工地,现场为用人单位和农民工解读《条例》和有关工资支付的政策,提高用工单位依法支付农民工工资的责任感,引导农民工依法维护薪资权益。

二、抓平台建设,全面推行实名制管理。

建筑市场监管处推动山东省农民工工资支付监管平台与全国建筑工人管理服务信息平台的对接共享,督促符合条件的房建市政项目纳入平台监管,实现农民工工资支付的监管信息化。截至2020年9月底,全省共计11 878个房建市政项目,209万农民工纳入平台监管。

三、抓开工复工,保障农民工充分就业

建筑市场监管处坚决贯彻落实中央和省委关于统筹推进疫情防控和经济社会发展的决策部署,及时出台税费缓免、增列防控费、合同延期、项目审批容缺受理、优化招投标流程、加大信用激励等措施,积极组织施工企业包车、包列"点对点"接送农民工返程返岗,推动全省上万个房建市政工程应开尽开,累计为300余万建筑农民工提供了就业机会。

四、抓源头治理,有效消除欠薪隐患

建筑市场监管处制定《山东省房屋建筑和市政工程施工发包与承包违法行为认定工作指南》,指

导各级住建部门严厉打击转包、违法发包等违法违规行为。2020年以来，全省共查处违法违规项目132个、企业145家、人员9人，计入建筑市场"黑名单"信息6条。

五、抓投诉处理，全力维护农民工合法权益

建筑市场监管处建立完善省、市、县三级欠薪投诉受理机制，2020年上半年全省住建系统共受理拖欠建筑农民工工资案件3 962起，涉及欠薪8亿元，涉及农民工3.97万人，已解决3 814起、涉及金额7.7亿元。其中，省级住建部门直接受理75起，涉及金额7 291.68万元，涉及约3 700名农民工，已全部处理完毕。

山东省菏泽市返乡创业服务中心先进事迹

山东省菏泽市返乡创业服务中心成立于2017年9月28日，为菏泽市政府直属正县级公益一类事业单位，主要负责贯彻、执行国家、省、市关于促进在外人员返乡创业的方针政策，统筹推进全市农民工返乡创业工作，直接为在外农民工返乡创业提供服务。

菏泽市户籍人口1 025万，常住人口878万，全市常年在外创业就业的农民工约有150万人。为吸引农民工返乡创业，助力乡村振兴，实现农村社会和谐稳定，菏泽市开始大力实施"归雁兴菏"行动，专门设立工作机构——菏泽市返乡创业服务中心。机构成立以来，坚持以习近平新时代中国特色社会主义思想为指导，深入贯彻、落实党的十九大和十九届二中、三中、四中全会精神及《国务院关于解决农民工问题的若干意见》等政策文件，按照《菏泽市推进返乡创业工作三年行动计划（2018—2020年）》，以服务农民工返乡创业为目标，以解决城乡发展不平衡、不充分问题为重点，解放思想、开拓创新、真抓实干、迎难而上，有力地促进了菏泽市在外农民工的返乡创业工作。菏泽市返乡创业服务中心也在2018年、2019年全市绩效考核中，连续两年被评为"优秀单位"。

开展返乡创业工作以来，全市共有29.17万人返乡创业就业，领办、创办经济实体10.58万家，带动就业50余万人，引进过亿元返乡创业项目211个，总投资575.59亿元。菏泽市返乡创业工作被中国就业促进会2018年、2019年连续两年评为"地方就业创新事件"；中央电视台以"返乡"为题，对菏泽返乡创业工作进行了专题报道；山东省政府在《关于加快鲁南经济圈一体化发展的指导意见》中明确提出，要"推广菏泽'归雁经济'经验"。省人社厅2018年在菏泽召开全省返乡下乡创业工作现场推进会，向全省推广返乡创业"菏泽模式"。

为鼓励吸引农民工返乡创业，菏泽市返乡创业服务中心积极协调有关部门，牵头起草了《关于进一步促进在外人员返乡创业的实施意见》，从创业环境、创业补贴、子女入学等多方面为返乡农民工解决创业难题。同时，菏泽市返乡创业服务中心大胆创新，设立了"菏泽市返乡创业承办银行"，有效地解决了农民工返乡创业融资难、融资贵、融资慢的问题。

为加强与在外创业就业农民工的沟通交流，菏泽市返乡创业服务中心在菏泽农民工较为集中的内陆省会城市及发达地区分别建立了"返乡创业服务站"。聘任有热情、有威望、有担当、愿付出的菏泽籍企业家担任服务站站长，为在外农民工搭建联系家乡的桥梁，并以此为窗口对外宣传菏泽经济发展情况、创业优惠政策，吸引广大的在外农民工返乡就业创业。经过不断努力，目前已设立了

246家返乡创业服务站，其中市级站38家、县级站208家，形成了覆盖全国的返乡创业服务网络。各服务站现已举办宣传动员活动1 200余场，参会人员达25万人次，辐射影响近百万人。全市落地的211个过亿元返乡创业项目中，70%为服务站所推荐。

为更好地向在外农民工提供精准、高效的服务，菏泽市在全市范围内打造了73家创业示范平台，其中省级6家，市级24家。2020年，由市政府出资，菏泽市返乡创业服务中心建成了"菏泽市返乡创业孵化基地"，为返乡创业人员打造"3免、4提供"的创业服务平台，即免费提供创业场所、免费提供物业管理、免收水电物业管理费用，提供创业咨询、创业指导、创业培训及创业期间的相关配套服务。目前，基地已入驻53家返乡创业项目，并被列为2020年度"全国大众创业万众创新活动周"20个主题展示项目之一。

为充分发挥典型示范引领作用，菏泽市返乡创业服务中心以市政府的名义，连续多年开展评选"市长创业奖""归雁之星"等活动，机构成立以来，共有50余位优秀返乡创业农民工获评"市长创业奖""归雁之星"荣誉称号。积极推荐典型代表参加全省"十大返乡创业农民工"评选活动，在2018年、2019年两届评选活动中，菏泽市返乡创业服务中心已推荐3人获省级"十大返乡创业农民工"的荣誉称号。

为帮助贫困群众在家门口实现就业，菏泽市返乡创业服务中心积极与扶贫工作机构联系对接，及时向各返乡创业服务站推送全市扶贫车间信息，鼓励返乡创业农民工利用扶贫车间创办项目，通过保底分红、股份合作等多种形式，带动贫困群众脱贫致富。目前，在全市3 063个扶贫车间中，60%以上由返乡创业人员经营。

在2020年新冠疫情发生后，菏泽市返乡创业服务中心积极参与疫情防控工作，第一时间向各地返乡创业服务站下发《全力抗击新型冠状病毒感染的肺炎的通知》，引导在外农民工正确看待疫情，加强疫情防控意识，确保自身安全；要求菏泽市返乡创业（武汉）服务站，安抚、动员在湖北省的山东籍农民工，服从当地政府安排，做好自身防护。在了解到全市出现防控物资短缺的情况后，菏泽市返乡创业服务中心及时向全国各地返乡创业服务站发出倡议，动员广大在外的菏泽籍企业家和返乡创业企业发扬"一方有难、八方支援"的精神，积极支持家乡的疫情防控。在疫情期间，动员各返乡创业服务站、返乡创业企业捐资捐物共计价值630万元。

山东九州通医药有限公司先进事迹

山东九州通医药有限公司（以下简称为"山东九州通"）是由中国公司500强之一的九州通医药集团股份有限公司在山东设立的全资子公司，成立于2004年8月，注册资金6亿元，总资产30.55亿元，是经山东省食品药品监督管理局批准成立的集医药批发、医疗器械经营、医药技术咨询、零售连锁、电子商务为一体的大型现代医药物流公司。2019年山东九州通实现销售收入65亿元。历经多年发展，公司先后荣获"国家5A级物流公司""山东省医药行业突出贡献单位""山东省消费者满意单位""济南市供应链管理标杆公司""济南市公司技术中心""济南市文明单位""山东省医药公司文化建设示范单位""优秀物流公司""战略性新兴产业明星公司""先进基层党组织""爱心捐助企业""市级工友创业园"等荣誉称号。未来，山东九州通将顺应医药市场变革，继续坚持以医药分销为核心业务，以医院纯销、零售连锁为战略业务，不断发展物流技术、电子商务，逐渐完成山东省各市、镇、乡医药物流布点，为百姓的生命健康，为中国医疗健康事业的稳健发展，为社会的和谐文明而竭尽全力。

目前山东九州通公司吸纳安置农民工500余人。公司积极吸纳农民工，为让农民工快速融入公司，秉承着"家文化"，与员工同吃、同住、同劳动。这么多年来，尤其是近年来，随着公司规模的迅速扩大，经济效益的不断提高，山东九州通在建立和谐的劳动关系和用工制度上，提出了一系列的政策措施，有效地维护了员工特别是农民工的合法权益。

一、吸纳贫困人口，解决就业问题

山东九州通积极响应高新区政府的号召，做好扶贫务工人员的安置工作，先后与高新区就业部门联合安置湖南湘西人员22人，解决贫困务工人员安置问题。同月山东省对口支持湖北省黄冈市务工人员的安置，为响应政府的号召，山东九州通也积极参与对黄冈市务工人员的安置，亲自到黄冈市进行对接，前后共安置了28人。

二、提供免费食宿，保障基本生活

公司为农民工提供免费的住房，房间设有衣柜、电视、暖气、空调、独立卫浴等设施；提供免费的一日三餐，全年365天食堂天天对员工供应伙食。对于在公司长期工作的夫妻，公司还会分配夫妻房，保障了员工的生活，让员工没有了生活上的后顾之忧。

三、每月10日发薪，从不拖欠工资

农民工的每月的工资收入有保障。农民工除了按月正常发薪外，如果有加班或者在法定节假日工作，公司都按国家规定对农民工给付加班报酬。而且不管是工资，还是各类津贴，以及节假日加班报酬，公司都按月发给农民工，从无拖欠。

四、福利留人，情感暖人

在改善员工福利方面，山东九州通每年为一线人员进行免费体检；逢年过节，公司给每位员工免费发放一定数量的福利，如月饼、大米、食用油等，以此对大家表示慰问。针对困难职工，公司进行家庭走访，并为困难职工发放补助津贴。2020年公司共为20位困难职工发放补助津贴，并去困难职工家中进行慰问。

五、加强技能培训，提升员工素质

在2020年5月份公司安置了黄冈市务工人员28人。为让新员工尽快融入公司，公司为28人独立成班，进行了为期7天的培训，不仅在工作上安排了一对一的辅导老师，还在生活上安排了生活辅导老师。在为期7天的培训中，设置了理论与实践相结合的课程。在理论方面进行了10门课程的培训，并进行了课堂测试以巩固学习的成果。公司努力让每位员工真正学习到技能，让使每位员工特别是农民工能够拥有一技之长。

六、加大文化投入，营造和谐氛围

开展丰富多彩的文娱活动，是活跃员工生活、陶冶员工情操、改善干群关系、增强公司凝聚力的重要手段。为了营造公司团结和谐的氛围，最近几年来，公司不断加大对文化的投入，每年举办员工业余篮球赛、唱歌大赛、运动会、春节联欢晚会等。健康向上、形式多样的文化娱乐活动，使山东九州通这个年轻员工占到95%以上的大公司，显得特别有朝气、有活力。

新型冠状病毒肺炎疫情牵动着每位国人的心，关系着国家和人民的安危，在全国各地疫情防控工作形势日趋严峻的情况下，疫情所需要的耗材、药品等出现了短缺，山东九州通为做好疫情防范和各类药品及耗材的供应工作，于2020年1月23日（大年二十九）成立了新型冠状病毒肺炎应急工作小组，集中优势资源，整合库存，加班加点先后3次向疫情较为严重的武汉市连夜输送隔离服和口罩等救灾物资，在此次疫情中做出了很多贡献，同时在复工及吸纳农民工工作安置中也取得了很大的成绩。

河南省叶县人力资源和社会保障局先进事迹

叶县位于河南省中部，隶属于平顶山市，是省级贫困县，辖18个乡镇、街道，554个行政村，面积1 387平方公里，总人口近90万。其中，农村16岁以上有劳动能力的人员有38万人，累计转移就业27万人，是典型的人口大县、农业大县、劳动力资源大县、劳务输出大县。近年来，叶县人力资源和社会保障局（以下简称为"叶县人社局"）坚持以习近平新时代中国特色社会主义思想为指导，围绕"就业"优先战略和"创业"带动战略，大力实施"大众创业、万众创新"工程，不断完善就业创业扶持体系，激发农民工就业创业新活力。特别是2020年以来，面对新冠肺炎疫情的影响，叶县人社局坚持转移就业、返乡创业齐头并进，采取一切措施，用尽一切方法，千方百计扩就业，全力以赴促创业，深入扶贫主战场，打好攻坚战，扎实做好农民工工作。据统计，疫情发生以来帮助农民工返岗就业11.3万人，帮助贫困劳动力转移就业1.9万人；累计返乡下乡创业2.9万人，创办经营主体2.8万个，其中农民工返乡创办企业5 435家、专业合作社等经济组织1 089个、个体工商户2.2万户，带动就业10.3万人，全县农民工工作取得显著成效。2016年，叶县人社局被省政府授予全省农民工工作先进单位的称号，2019年被河南省人力资源和社会保障厅评为脱贫攻坚工作先进单位，多次被评为平顶山市级农村劳动力转移就业工作、就业扶贫工作先进单位。

一、领导高度重视，夯实组织基础

稳就业是民生之本，是"六稳六保"之首，是最大的民生工程、民心工程、根基工程。叶县近90万人中77万人为农村人口，农民工就业问题显得尤为重要。叶县县委、县政府高度重视，成立了叶县农民工工作领导小组，统筹协调全县农民工服务工作，将农民工工作纳入经济社会发展总体规划和政府目标考核内容。结合全县经济发展现状和就业创业形势，印发农民工工作要点，从职业技能培训、维护劳动权益、加强基本公共服务、统计监测与宣传等方面入手，进一步扎实做好为农民工服务的各项工作，推动农民工工作有序高效地开展。

二、强化技能培训，提升就业质量

以市场为导向，以提高劳动者素质为核心，叶县人社局创新实施创业、就业"双业"提升行动，不断完善培训体系、拓展培训内容、创新培训模式、提高培训层次、扩大培训规模，不断提升农民工职业技能水平、择业能力和就业待遇，破解创业障碍，提高创业能力。目前，全县累计开展就业技能培训895班次、38 751人，职业技能提升培训4 641人，其中贫困劳动力接受就业技能培训19 261人，有培训意愿的贫困劳动力培训率达100%。

三、立足于送出去，送出温暖和服务，帮助农民工转移就业

叶县人社局发挥劳务输出大县优势，摸清底子拓展就业渠道，统一组织护送农民工返岗，深化合作搞好服务，做实劳动力输出文章。

（一）摸清底子，解决"送谁去"问题。叶县人社局以乡镇（街道）为单位，对农村劳动力资源开展"网格化"地毯式排查，摸清在全县77万农村人口中16岁以上农村劳动力的技能水平、文化结构、产业分布、务工区域等基本情况，建立农村劳动力资源数据库。

（二）统一组织，解决"怎么去"问题。疫情期间，县财政拿出100万元，专款补贴外出务工乘车费用，对就业人数相对集中的企业或地区，实行"点对点"护送，累计组织包车412车次，先后向郑州三全、富士康、浙江台州、福建石狮以及长三角、珠三角等方向，输送务工人员1.5万人，其中贫困户2 260人。

（三）深化合作，解决"留得住"问题。作为农民工的主要输入地，叶县与昆山市精准对接，共同启动"20+20"人力资源合作计划，叶县人社局深化劳务输出常态合作机制，成立农民工"务工之家"，为叶县籍在昆山市务工的农民工，尤其是贫困劳动力群体，提供全天候"保姆式服务"。

四、聚焦于稳岗位，稳住民心和民生，帮助农民工就近就业

叶县人社局做实线上招聘、开发岗位、复工复产举措，畅通就业渠道，扩大县内就业岗位，实现劳动力就近就地就业。

（一）线上招聘促就业。叶县人社局利用网上招聘、打工在线栏目、打工直通车平台，多渠道发布招聘信息，通过线上招聘达成就业意向1 867人，其中贫困群众560余人。

（二）开发岗位保就业。叶县人社局开发转移就业服务、保洁员等扶贫公益性岗位6 811个，优先安置贫困劳动力中无法离乡、无业可扶、无力脱贫群众；开发扶贫车间贫困户专岗，安置869名贫困户就业。

（三）复工复产稳就业。叶县人社局积极开展"进企业、送政策、解难题"走访服务活动，向企业派驻首席服务官，帮助企业开发新岗位。全县92家成规模的工业企业、798家中小企业、91处扶贫车间已全面复工复产，带动4万人就地就近就业，其中贫困户5 000余人。

（四）精准帮扶再就业。叶县人社局加大回流返叶农民工监测力度，提供精准帮扶，1 152名回流返叶人员中已有1 088人重新实现就业；剩余64人中，56人因病、因农忙返乡暂时无法就业；目前未就业人员8人，下一步将持续提供就业服务，帮助他们应就业、尽就业。

五、着力于请回来，请回能人和榜样，帮助农民工返乡创业

通过宣传发动、政策推动、产业拉动、示范带动、服务驱动，叶县人社局构建全方位返乡下乡创业扶持体系，做好"加减乘除法"，引导农民工返乡创业。

（一）做好"加法"，为创业添动能。叶县人社局研究出台进一步支持农民工返乡创业的24条硬核举措，县财政每年拿出2 000万元扶持资金，为返乡创业人员发放创业补贴、金融支持、税费减免、示范带动等政策红利，累计筹集担保基金2 716万元，发放小额担保贷款7 749人次、7.04亿元，带动2.3万人就业。

（二）做好"减法"，为创业减负担。叶县人社局全面实施"减、免、降、补"等政策，减轻创业企业负担。累计免征中小微企业职工养老、失业、工伤保险单位缴费418家共计5 967万元，发放一般性稳岗补贴115.5万元、应急性稳岗补贴377.6万元，发放村级集体经济标准化厂房补贴55.4万元。

（三）做好"乘法"，为创业增效益。叶县人社局鼓励引导返乡人员开办劳动密集型企业，实现一人创业、数人就业。2020年以来，农民工返乡创业2 786人，其中贫困群众53人，带动就业10 191人。

（四）做好"除法"，为创业简流程。叶县人社局搭建以县人社服务大厅为中心，覆盖18个乡镇（街道）和554个行政村的"县、乡、村"三级就业创业服务平台，设立返乡创业一站式服务窗口，整合办事流程，实现"一窗受理"，提高办事效率，让农民工"只进一扇门、只跑一次腿"，坚定创业道路。

六、创新工作模式，搭建就业扶贫"新平台"

在就业创业扶贫工作中，叶县人社局把工作重心下沉到乡村一线，触角延伸到千家万户，服务温暖到百姓心窝。将人社扶贫政策制成宣传卡，依托"金保工程"，建立叶县人社局扶贫网，创新实施"互联网+脱贫攻坚"新模式。对人社扶贫政策和贫困户已享受政策进行有机整合，以家庭为单位，由系统软件自动生成政策落实明白卡，打印成粉卡送到贫困户手中。做实做细培训、就业、养老、公益性岗位四种台账，并用"收获金、成长绿、社保蓝、关爱粉"四种颜色分类管理（四色管理），逐步探索出了就业扶贫"双卡入户、四色管理"的工作新模式。叶县就业扶贫的工作模式被省扶贫办公室确定为扶贫"金点子"，在全省进行经验交流。

河南利欣制药股份有限公司先进事迹

河南利欣制药股份有限公司成立于2002年，注册资本1.08亿元，是一家"新三板"制药企业，预计2023年转板上市。公司主营片剂、硬胶囊剂、注射剂、中药饮片以及中药材等产品的生产、销售，年产值2.8亿元。公司下设11个部门和基础输液、针剂车间等8个生产车间，现有员工310人，其中农村劳动力240人。2016年以来，公司积极投身于全县脱贫攻坚大业，开展定点帮扶、社会扶贫，为全县脱贫"摘帽"做出贡献。面对2020年突发的新型冠状病毒肺炎疫情，公司闻令而动，不遗余力，为疫情防控发挥了积极有效的保障作用。

一、积极带动就业，促进农民工增收致富

公司发挥劳动密集型企业带动就业的作用，积极扩大就业，吸纳、带动当地农村劳动力实现转移就业。通过网上招聘、人才市场招聘、下乡宣传招聘、职工宣传招聘等方式，公司多方招聘农村富余劳动力、贫困劳动力，目前共录用周边农村劳动力240人，其中贫困劳动力2人，已就业农村劳动力就业稳定，有力地促进了当地农村群众的增收致富。公司在镇平县老庄、杨营镇等地建立中药材种植等扶贫项目，为贫困户就近提供工作岗位，积极捐款捐物，帮助贫困群众改善生活条件，提高贫困户家庭收入，努力使贫困户早日实现脱贫致富。

二、加强农民的技能培训，促进农民工转型为产业工人

公司积极承担企业培养产业工人的主体责任，制订年度培训计划，不断加大投入，加大农民工的职业培训力度，不断提升农民工的技能水平，提高企业的生产效率。一是开展岗前培训，使新进农民工迅速提高生产技能，免费为贫困家庭劳动力提供技能培训，实现农民向产业工人的转型。二是开展技能提升培训，提高农民工的专业技术水平。通过线上、线下培训相结合，聘请专业人员对员工进行制药行业GMP专业知识培训。三是聘请专业培训机构，专职开展员工培训。公司与英盛网络教育科技有限公司签订培训合同，针对各部门、各车间进行不定期专业技能培训，促进农民工实现长期的职业规划。四是加强农民工安全生产和职业健康知识培训，提高农民工的安全生产和劳动保护意识，提升企业安全生产和职业健康水准，使公司成为行业内的"标杆"。

三、维护农民工的劳动保障权益,构建和谐的劳动关系

一是严格规范劳动用工。公司成立农民工工作领导小组、农民工维权工作领导小组,严格依据《劳动法》《劳动合同法》《就业促进法》等规范公司录用农民工的举措,切实保障农民工的各项劳动保障权益。按时与录用的农民工签订及续签劳动合同,建立农民工实名制台账,按时足额支付工资,农民工的工资全部由银行代发。公司不断优化企业薪酬制度,提高农民工的工资,在疫情期间合理调休、发放加班费。二是推进农民工参加社会保险。为在公司长期务工的113名农民工办理了社会保险,解除了农民工的后顾之忧,鼓励更多富余农村劳动力转型成为产业工人。2020年疫情期间,公司共为101名员工申请了稳岗补贴,减免了员工的养老保险金,极大地减轻了企业负担,稳定了农民工的就业岗位。三是强化农民工安全生产和职业健康保护。公司成立安全生产工作领导小组,建立安全生产责任制,对农民工开展一年一次的体检,生产车间按照GMP要求执行消毒清洁规定,确保生产安全和农民工的健康。

四、积极复工达产,为疫情防控不遗余力

疫情发生后,作为制药企业,公司于2020年1月30日,农历的正月初六,正式复工复产,并全线开工生产,确保疫情急需的中西药剂的生产供给,全力支持疫情防控。一是开足马力生产疫情防控急需药品,以扩大生产、支持抗"疫"。公司连续几个月的不间断生产,加班加点生产抗病毒汤剂和备用药品。自复产以来,共生产各类针剂1 246.99万支、玻瓶121.151万瓶、基础大输液制剂3 131.209万瓶,以及口服固体制剂61.56万粒,实现产值共计28 568.84万元。二是开展农村劳动力有组织输送,保证员工及时返岗复工。发挥镇平县"三有一可"的工作机制,开展全员健康检测和"点对点"农村劳动力输送,顺利实现了公司272名员工全员复工。此外,公司在原有员工不减少的基础上,扩大招工,新招聘员工50多人,保证了公司的顺利开工和满负荷生产,防疫药品及时应用到疫情防控第一线。三是开发研制新产品,支持疫情防控物资储备。按照南阳市疫情防控指挥部要求,第一时间启用公司高质量、高规格的软袋生产线,加班加点生产了100万袋抗病毒1号(适于偏热性体质)和抗病毒2号(适于偏寒性体质)汤剂,以满足南阳市13个县、市、区的交警、疫情管控人员和疑似感染人群的疫情预防需求,为疫情防控和守护南阳市人民的生命健康贡献了力量。

河南省新密市财政局先进事迹

近年来，河南省新密市财政局认真贯彻、落实党中央、国务院关于农民工工作的决策部署，进一步发挥财政职能，创新扶持政策，保障落实资金，联合强化监管，做好新形势下为农民工服务的工作，维护农民工的劳动保障权益，助力新密市成功地创建为河南省农民工返乡创业示范县。

一、抓好资金向"三农"倾斜工作

认真贯彻、落实《中共中央国务院关于抓好三农领域重点工作确保如期全面实现小康的意见》精神，不断优化支出结构，积极克服疫情影响，加大对"三农"领域的投入，推动农村一二三产业的融合发展，促进农民就业增收。大力发展普惠金融，引导加大涉农资金投放，运用金融服务"三农"发展的政策措施，支持农民工返乡创业。

二、抓好农民工创业就业的扶持工作

（一）加大扶贫产业投入，带动贫困劳动力就业。近年来，新密市财政局投入专项扶贫资金42 461万元，开通扶贫项目"绿色通道"，惠及393个项目，带动6 555名贫困劳动力创业就业，增加村集体经济5万元，改善了新密市农村的基础条件，拓宽了项目区贫困群众的就业渠道，促进了困难群众稳定、可持续地增收。

（二）全力以赴防疫抗疫，推动农民工创业就业。新密市财政局投入6 000万元，强力保障各级防疫工作有序开展。联合交运局、就业局对外地农民工全程服务，点对点接送农民工，推动企业复工复产。大力开展"三送一强"活动，实行线上免费培训"百日行动"。投入202万元，培训14 000人次，提升了农村劳动力的职业技能。投入228万元，开展返乡农民工专场招聘、送岗位下乡、春风行动等活动，引导农村劳动力转移就业、就地就近就业和返乡创业，新增农村劳动力转移就业7 894人。发放创业贷款964万元，鼓励返乡农民工创业。发放贷款10 275.6万元，为2 283户贫困户提供了创业的资金支持。

三、抓好维护农民工劳动权益的工作

（一）强化事前保障。新密市财政局以《保障农民工工资支付条例》颁布实施为契机，联合人社局、住建局，组织开展进企业、进工地、送政策、送法规活动，动员社会各方面落实维护农民工工资权益的责任。深入18个乡镇和全市60多个项目工地现场解读《保障农民工工资支付条例》内容，发放宣传资料1万余份，答疑解惑1 000余人次，强化用人单位自觉履行工资支付的法律责任，提升农民工理性维权意识，引导农民工合法理性地维权，从源头上推动了根治拖欠农民工工资的问题。

（二）强化财政监管。新密市财政局将农民工工资清欠及权益维护纳入企业考查范围，开展专项检查，排查各类用人单位3 123家，涉及劳动者5.8万人次，劳动合同备案7 000余人，签订集体合同1 166家，覆盖职工1.6万人，消除欠薪隐患189起，协调处理欠薪案件302起，追回拖欠工资4 213万元，有效地维护了社会大局的和谐稳定。

四、抓好农民工的基本社会保障工作

新密市财政局逐步推动农民工平等享受城镇公共服务和保障制度。完善农民工参加基本养老保险政策，投入9 063万元，不断扩大城乡居民社会养老保险参保覆盖面，消除参保死角，全市城乡居民基本养老保险参保42.16万人，基本实现全覆盖。落实高龄农民工的政策关爱举措，对全市80岁以上老人实行高龄津贴制度，年满80~89周岁的老人每人每月发放高龄津贴100元，年满90~99周岁的老人每人每月发放高龄津贴200元，年满100周岁以上的老人每人每月发放高龄津贴300元。目前，新密市18 600余人享受80岁以上高龄老人补贴。

五、抓好农民工的精神文化生活工作

新密市财政局把农民工纳入城市公共文化服务体系，年均投入80余万元，利用社区文化活动室、公园、城市广场等场地，举办各类文艺演出进乡村、送戏下乡等群众文体活动230余场次，丰富了农民工的精神文化生活，让文化惠民政策真正深入人心，促进了农民工与市民之间的交往、交流，实现了农民工与城镇社会的真正融合。

河南省信阳市平桥区农民工就业创业服务中心先进事迹

河南省信阳市平桥区农民工就业创业服务中心在区委、区政府的高度重视下,在市人社局的正确领导下,坚持以科学发展观和党的十九大会议精神,统筹规划、积极作为,紧紧抓住涉及农民工切身权益的突出问题,在保障农民工返岗复工和扩大参保、转移就业、服务创业、技能培训、权益保障等方面下足功夫,有重点、有计划、有措施、有目标地开展工作。在多方努力下农民工工作取得卓有成效的效果,得到了市、区领导和老百姓的一致认可。

一、基本情况

我区是劳务输出大区,农民工 26.3 万人,其中男性 75 428 人,女性 43 988 人。2020 年共转移就业 119 416 人,包含省内就业 39 051 万人,省外就业 80 364 人,就业途径分为第一产业 19 672、第二产业 59 674、第三产业 40 070 人。今年以来我中心组织开展农民工技能提升培训 41 期 2 973 人,举办招聘活动 18 场,累计发放宣传彩页 19 000 余份,帮助 5 400 余人就业。特别在新冠肺炎疫情防控期间,疫情防控和返岗复工两手抓,千方百计保障农民工返程返岗和就近就业。服务全区外出务工 80 595 人,点对点组织专车、专列、专机 492 次,服务农民工 10 503 人顺利外出务工。与浙江宁波镇海、北仑等地达成跨区域劳务协作协议。促进全区 18 000 余人就业,其中贫困劳动力实现百分百就业,为区重点企业针对性送工 2 694 人。

二、工作成效及做法

(一)健全农民工工作体系。我中心高度重视农民工问题,认真贯彻落实省、市政府文件和会议精神,年初就制定了农民工工作目标和实施方案,把做好农民工工作摆在突出位置。根据维护农民工权益相关文件要求,切实做到思想认识到位、组织领导到位、政策措施到位。年中区政府组织召开了全区农民工联席会议,在切实解决农民工切身利益问题等方面取得了新进展,尤其在解决农民工工资偏低和拖欠问题、搞好农民工就业服务和培训、推进农民工参加工伤和医疗保险等方面取得了明显进展。有力地保障了广大农民工的合法权益,促进了农村富余劳动力合理有序转移。

(二)服务农民工转移就业。一是拓宽农民工就业平台。收集企业用工需求信息针对性开展职业介绍，服务和带动8 600余名农民工就业。线上招聘不打烊，在微信公众号、云人才市场、58同城等网络平台发布企业用工信息57期。开展"残疾人就业专场招聘会"等多场线下招聘会，提供就业岗位28 690个，进场求职农民工3.2万余人。在夜市、大型商超、休闲广场和乡镇集市等人流量聚集地举办招聘活动18场，累计发放宣传彩页19 000余份，帮助5 400余人就业。二是为实现城乡就业一体化。我区建立起城乡统一、规范、灵活的人力资源市场，推进公共就业服务信息化建设，健全区、镇（街道）公共就业服务体系，推进城乡公共就业服务均等化。全区23个乡镇和241个社区（行政村）已建立公共服务平台，有力地保障了农民工在家门口或就近就能办理求职登记、就业培训、创业咨询等各项业务。三是促进农民工就近就业。积极引导区内企业吸纳农民工和贫困劳动力就业。主动挖掘重点企业、行业部门项目的就业岗位，深入各乡镇（办），入村、到户、进班（培训班）相结合的方式送就业信息到家。按需开发乡村保洁员、水管员、护路员、保绿员等公益性岗位吸纳农民工，制定《关于进一步加强公益性岗位管理的通知》和《平桥区公益性岗位督查工作方案》，解决部分困难群体的就业安置问题。针对因照顾家庭、孩子上学等留守人员，开发灵活用工岗位，强化促进就近就业效能。

（三）鼓励农民工返乡创业。一是以政策促创业。制定七项服务农民工返乡创业内容：顾问式服务、职业介绍服务、技能培训服务、普惠金融服务、政策支持服务、项目推广服务和延伸服务。编制《平桥区返乡创业指导目录》，引导创业者选择合适行业。落实小额担保贷款、免费技能培训、以工代训补贴政策等，扶持引导农民工在家乡创业。2020年新增返乡创业农民工2 159人。发放创业担保贷款64笔、2 140万元，2020年到期贷款均已回收，贷款形成良性循环。二是为创业典型鼓与呼。积极营造"创业还是家乡好"的舆论氛围，激发农民工的创业积极性，选树培育创业致富带头人，提升企业带动农民工务工增收能力。经过共同努力，大埠口豫见江南项目获河南省农民工返乡创业网络大赛三等奖、范尔园林获优秀奖。明港益农实业获中国创翼暨豫创天下创业创新大赛扶贫组二等奖。

（四）针对性开展技能培训。多渠道宣传，营造浓厚氛围，把培训向乡、镇、社区、街道、田间地头延伸，降低参训成本。截至目前，共开展补贴性培训6 982人，技能提升培训41期2 973人、企业新型学徒制75人、以工代训3 442人、培训残疾人转移就业劳动者104人、雨露计划培训371人、电子商务培训17人。

湖北省恩施土家族苗族自治州劳动保障监察局先进事迹

湖北省恩施土家族苗族自治州劳动保障监察局（以下简称为"恩施州劳动保障监察局"）坚持以习近平新时代中国特色社会主义思想为指导，贯彻、落实党中央、国务院关于保障农民工工资支付工作的决策部署，始终践行以人民为中心的发展思想，履职尽责，开拓创新，探索实施保障农民工工资支付"4+3"的模式，有效地破解了农民工工资清欠的难题，为恩施州经济发展和社会稳定做出了积极贡献。

一、工作成效

（一）得到了中央、省等各级领导的批示和肯定。自2017年以来，省委、省政府领导先后7次就恩施州保障农民工工资工作做出批示。2019年，新华社介绍包括恩施州在内的部分地区治理拖欠农民工工资经验的《经济分析报告》上，李克强总理、胡春华副总理做出重要批示并给予肯定。

（二）《保障农民工工资支付条例》体现了恩施州的做法。"4+3"模式中的工程建设领域农民工工资专用账户、信息化实名制用工、按月拨付人工费用、分包单位委托总包单位代发农民工工资等做法，在《保障农民工工资支付条例》中均得以体现。

（三）充分展示了典型的示范。在2019年全国农民工工资支付保障制度推进会上，恩施州作为唯一的地市代表，就保障农民工工资工作做典型发言，恩施州的做法得到了与会领导的高度认可。

（四）荣获了国家、省级表彰。恩施州保障农民工工资工作连续3年在省对地市考核中位居第一方阵。国家人力资源和社会保障部表彰恩施州劳动保障监察局为"全国人力资源和社会保障系统2017—2019年度服务窗口"；2019年，湖北省委、省政府表彰恩施州劳动保障监察局为"人民满意的公务员集体"。

二、主要做法

（一）探索并实施了从源头上根治欠薪的"4+3"模式。

1.实施农民工工资专户制度。恩施州新开工的建设工程项目，在建设工程开工之前，建设业主按照规定比例将部分工程款拨入施工企业的专用账户，专项用于支付农民工工资。

2. 实施农民工工资银行代发制度。恩施州要求建设领域的所有工程项目，农民工工资支付必须按照实名制要求实行银行代发，由银行按月将工资划入农民工社会保障卡或工资卡，实现按月"发工资"。

3. 实施农民工实名制信息化管理制度。恩施州在建设领域全面推行《恩施州建设领域保障农民工工资支付管理系统》（以下简称管理系统），通过信息化手段锁定人头，固定考勤，实现用工"实名制"。

4. 实施农民工欠薪金融授信代偿制度。恩施州在建设领域引入金融机构，实施银行保函和商业保单，对在紧急情况下，且符合一定条件的施工企业拖欠农民工工资的情况进行垫付。

5. 实施"三项机制"，确保"四项制度"落实。恩施州建立了议事协调、追责问责、失信惩戒"三项机制"，聚焦农民工欠薪治理工作形成强大合力。

（二）健全保障农民工工资支付制度的体系。

为有效治理拖欠农民工工资问题，自2015年11月，恩施州劳动保障监察局起草并提请州政府印发《恩施州建设领域劳动者工资支付保障实施办法》开始，先后出台了建立农民工工资准备金制度、实施建设领域农民工信息化实名制、代发农民工工资银行操作规程等12个文件，构建起了保障农民工工资支付工作的制度网络，即"4+3"模式。

（三）开发并升级《恩施州建设领域保障农民工工资支付管理系统》。

2016年，恩施州劳动保障监察局开发了《恩施州建设领域保障农民工工资支付管理系统》，用信息化手段锁定人头，固定考勤，实现用工实名制，对施工企业务工人员、员工考勤、工资支付、社会保险等信息进行实时监管。

（四）积极构建以信用为基础的保障农民工工资支付新机制。

恩施州劳动保障监察局出台了《恩施州建设领域保障农民工工资支付动态信用管理实施细则》，在管理系统中建立起动态信用模型，根据各建设施工项目落实《保障农民工工资支付条例》的情况，自动实时计算建设单位、施工单位、分包单位的信用分数，划分信用等级，并将等级结果推送至相关职能部门进行分级管理，联合奖惩。

（五）助推精准脱贫工作。

恩施州劳动保障监察局为助推精准扶贫工作，拓展管理系统功能，将建档立卡贫困户的基本信息与实名制信息进行比对，在管理系统中做出标记，为贫困农民工的劳动权益提供精准服务。

湖北省工业建筑集团有限公司先进事迹

湖北省工业建筑集团有限公司（以下简称为"湖北工建"）创立于1950年，是一支有着70年光荣传统的铁军队伍，前身是解放战争时期的起义部队（傅作义部队），抗美援朝的参战部队（中国人民解放军第23兵团37军109师），国家"三线"建设（国家建委102工程指挥部、建设第二汽车制造厂）的主力军，1972年划归湖北省，现为湖北省委管理领导、湖北省政府国资委履行出资人职责的国有全资大型建筑企业集团。

近年以来，湖北工建先后获得湖北五一劳动奖状、新中国70年企业文化建设优秀单位、湖北省百强企业、武汉市百强企业、2019年度全国建筑业AAA级信用企业、2019年度工程建设行业社会信用AAA级企业（复评）、湖北省建筑施工AAA信用企业、武汉市建筑行业AAA级信用企业等多项荣誉，襄阳四中项目、宜科大厦项目等多个项目获得省、市级荣誉。集团扶贫工作连续两年位居优秀等次，被评为全省劳动保障诚信示范单位、省职业技能等级认定试点企业。2020年，湖北工建抗疫一线临时党支部荣获"湖北省抗击新冠肺炎疫情先进集体""全省先进基层党组织"，湖北工建安装公司党委书记、董事长陈实同志荣获"全国抗击新冠肺炎疫情先进个人"和"全国优秀共产党员"。

长期以来，湖北工建始终高度重视农民工工作，将其作为加强企业管理，促进企业发展，构建和谐企业的重要内容，切实保障了农民工的政治权利、安全卫生权益和经济权益。具体做法主要有：

一、坚决贯彻、落实习近平总书记关于疫情防控工作的重要指示精神和党中央的决策部署，统筹推进疫情防控和经济社会发展，积极参与和支持疫情防控工作。接到上级调度指令后，湖北工建迅速动员技术工人队伍，火速支援火神山、雷神山建设，转战武汉三镇，投入到省委党校方舱医院、汉阳方舱医院、洪山监狱隔离点等应急设施的建设中。在两个多月的时间里，集团共调集6 000人次建设大军，不讲条件、不论生死、不计名利、不眠不休，建方舱、改病房，主建和参建应急医疗设施15个，保障治疗床位11 372个，为湖北保卫战、武汉保卫战取得决定性成果做出重大贡献。2020年3月份以来，在建设单位和当地政府的支持下，集团各项目通过"点对点、门对门""出家门、上车门、进工地"的闭环运输方式，为省内外多个重点项目组织数千名农民工返岗。

二、聚焦精准脱贫，努力做好贫困劳动力就业服务工作。集团公司在建项目近300个，带动就业的农民工达到数万人。集团公司在扶贫点湖北省十堰市竹山县迎丰村专门成立了劳务公司，为当地农民工累计培训和解决就业 2 000 余人次。

三、抓好安全卫生、劳动保护、教育培训等工作，保障农民工身心健康，不断提升农民工的职业素质。公司始终重视安全生产和劳动保护工作，对新进入项目的农民工，均按要求进行项目、班组安全知识教育培训，培训合格后方可上岗。在日常工作中，公司狠抓安全生产责任制的落实，采取各种有效措施，努力避免安全事故的发生。在劳保用品的配发、工作时间、休息休假、女职工保护和福利待遇方面，严格执行国家法律法规和各级主管部门的规章制度。公司不断提高职工劳动保护意识和自我保护能力，加大防暑降温和职工劳动保护宣传教育力度，充分利用集团一报、一刊、一网、一微、一端等宣传媒体，特别是集团"职工之家"微信公众号、"安全质量管理"钉钉群等新媒体，及时动态地开展防暑降温和安全卫生知识宣传普及教育，从根本上提高了企业安全生产和职工的劳动保护水平。

四、推进法治文化建设，加强项目法律风险防范。湖北工建促进项目用工的良性发展，切实关爱一线农民工，维护农民工的合法权益，营造关爱农民工的良好氛围。自 2018 年以来，先后举办"遵法守法 携手筑梦"法律讲堂，开展"送法律、送文化""模拟法庭"进项目、"人社惠民政策"进工地、"全民阅读"进工地、"项目合法用工、民工依法维权"专题讲座等活动，聘请专职律师为农民工讲解法律条文，采取以案说法，提问诱导，现场咨询，详细讲解农民工需要掌握运用的《劳动法》《劳动合同法》《工会法》《社会保险法》《工伤保险条例》《劳动争议调解仲裁法》等法律法规，帮助广大农民工学习法律知识、提升法律素质，引导他们通过法律途径积极维护自身的合法权益。

五、开展"送健康、送文化，冬送温暖、夏送清凉"工作。湖北工建每年组织各单位工会负责本单位的"冬送温暖、夏送清凉"慰问和职工劳动保护检查工作，切实做到哪里有项目，慰问工作就要做到哪里，劳动保护督查就覆盖到哪里，实现项目的全覆盖。集团除了安排经费购买必要的防暑降温用品和设备外，还根据实际有针对性地开展对一线职工、农民工的劳动保护检查。

六、大力推行联合党支部、标准化党支部的建设，将农民工党员纳入党组织管理，支部主题党日活动覆盖到广大农民工党员。

七、在湖北省劳动竞赛委员会的指导下，每年结合企业实际开展主题劳动和技能竞赛活动，以文明施工为基础，以综合效益为目标，通过竞赛活动，促进和带动各项目又好又快地建设，努力把各项目建设成精品工程、优质工程。

八、严格落实劳务实名制，维护农民工切身利益。湖北工建专门安排科技公司开发信息系统推行劳务人员实名制管理，通过实名制录入系统、现场门禁系统、门禁监控系统、人员考勤自动报警系统、政府劳动监察实名制系统及现场入场安全教育系统组成的六大核心系统，实现劳务基本信息管理、劳务用工评价、工人安全教育管控、劳动力数量监控、劳务工资发放监督五大职能。

九、实施农民工大病救助计划，对因患重大疾病导致生活困难的农民工实施帮扶，减轻农民工的医疗负担。

中国一冶集团有限公司钢结构分公司先进事迹

湖北

一战雷神山，15 小时抢制 4 800 件钢构件；二战雷神山，10 小时抢制 2 000 件钢构件；三战火神山，21 小时完成 ICU 病房钢屋架的制作安装；四战雷神山，12 小时完成配套设施的 90 吨钢构件加工；五战火神山，3 小时完成 ICU 洁净手术室钢结构的安装……面对 2020 年年初肆虐在武汉的新冠肺炎疫情，中国一冶集团有限公司钢结构分公司缔造了雷霆万钧般的"铁军速度"！身为"中国冶建第一军"中的一支勇猛之师，公司率领数百位农民工兄弟先后六进火神山、雷神山医院，热血冲锋在鄂州雷山医院、武汉市各方舱医院和定点医院改造等抗疫第一线，为全面打赢疫情防控阻击战贡献了难能可贵的血汗和力量！

31 天，600 余名参建者，援建 4 座医院，增加床位 1 272 张。这些赫赫战绩的背后，是数百位农民工的昼夜奋战和忘我拼搏！

为确保防疫医院建设稳步推进，公司克服万难、紧急调配人力物力，为广大农民工提供了坚强的防疫物资保障，并安排专人专班通力协作，做好检测与消杀等各项服务工作，确保工程建设稳步推进且无一人感染新冠肺炎。2020 年 8 月 24 日，公司一举荣获"湖北省抗击新冠肺炎疫情先进集体"。

面对劳动生产大军中的农民工群体，公司始终秉持"关心""关爱"的初衷，在技能培训、权益保护、劳动管理、医疗卫生、精神文化建设等方面重点发力，有序推动企业复工复产，着力稳经济、稳定农民工就业，实现了企业高质量发展的新局面。

自 2020 年 4 月 8 日陆续复工复产以来，公司党委、工会大力推进"疫情防控"和"复工复产"齐头并进。第一时间，公司党委召开紧急会议进行研究部署，为确保复工农民工核酸检测和血清抗体检测安全无虞，公司专门安排大巴接送定点医院的医务人员上下班；复工复产在即，公司采取"点对点"直通车模式，分批次接送农民工抵达各大工地，无论是厂区生产车间、机关办公楼还是各项目部，均实行了严格的封闭管理，在住宿、用餐等方面贴心把关，硬核推进疫情防控工作，助推各工程项目全面掀起"大干快上"的劳动竞赛高潮。

2020 年 4 月 23 日，在第 25 个"世界读书日"来临之际，公司在阳逻生产基地车间开展"阅读经典好书，争当时代工匠"为主题的读书活动，让农民工坚持书海畅游、坚持书香战"疫"。与此同时，公司结合产业结构调整和技术革新项目开展各类职业技能培训，抓实、抓细农民工培训，各项目部先后开办"农民工素质提升大讲堂"、农民工课堂、农民工学校等，针对施工现场可能发生的事故制定预防措施，对农民工进行安全技术措施交底，并落实到班组和个人，增强了农民工的施工技能和自我保护意识。

公司采取劳务实名制，保障农民工工资足额、及时发放，给予施工作业一线的农民工以温馨关怀。项目部对每位入场的农民工都进行权利和义务讲解，并签订《农民工入场告知书》，保障农民工的权益不受损害，同时项目部办公室兼任"职工工会"，对有困难或权益受损的农民工，给予最大可能的帮助。

为确保农民工的生命安全，各项目部每周一早上召开早会进行安全教育，提高他们的安全意识。为丰富农民工的业余生活，项目部在工地建设了运动设施，让大家在工作之余运动运动，在你来我往的挥洒中释放劳累。从农民工的旁边走过，总能听到大家的欢声笑语。

夏季高温来临，项目部还启动了防暑降温措施，细心关爱农民工的生活和工作需要，保障他们的生产和生活所需。

在 2020 年 9 月的特殊开学季，公司还精心组织农民工子女走入工地，感受父母的工作环境，营造出了充满爱意和温馨的氛围。在"奉献、拼搏、进取、协作、诚信、创新"的 12 字企业核心价值观的引领下，广大农民工纷纷表示，他们在公司找到了归属感和幸福感，愿意把自己的青春和热血奉献给这家值得托付的企业！

中交第二航务工程局有限公司先进事迹

为深入贯彻党中央、国务院"六稳""六保"的决策部署,严格落实湖北省委、省政府和中交集团关于农民工管理的各项要求,切实保障农民工合法权益,中交第二航务工程局有限公司(以下简称为"中交二航局")扎实推进农民工管理工作,取得了积极的成效,现将有关情况汇报如下:

一、提高站位,深化认识,坚决落实农民工工作的各项要求

(一)强化思想认识,深入领会工作要求。中交二航局党委高度重视农民工工作,在党委中心组学习中,多次对习近平总书记、党中央、国务院有关农民工工作会议精神进行集体学习、专项研讨,将做好农民工工作上升到关系到国家打赢脱贫攻坚战、全面建成小康社会、推进高质量发展的战略高度,统筹考虑、系统谋划、坚决将各项要求落实到位。

(二)强化工作部署,专题研究落实举措。中交二航局党委始终以讲政治的高度开展农民工管理的相关工作,在党委常委会上多次专题研究各级政府农民工工作政策规定,着力围绕农民工就业、技能素质提升、合法权益保障、工资收入增加等方面,研究细化落实举措,出台多项管理制度,切实将农民工工作落实到位。

(三)强化责任落实,建立完善管理制度。中交二航局第一时间成立了以党委书记、董事长为组长的农民工管理领导小组,压实各部门职责,统筹推进落实农民工各项工作;出台了劳务工人、外部用工、项目现场总监、项目人力资源管理等管理办法,将农民工纳入公司人力资源管理体系中,细化工作责任,狠抓执行落实,切实保障各项制度的有效施行。

(四)强化过程管控,确保工作取得实效。农民工管理制度体系建立后,工作的关键就是抓落实。中交二航局建立常态化监督检查机制,通过开展农民工工作专项检查、随机抽查、隐患排查,建立问题反馈和跟踪整改机制,实现管理闭合,确保工作责任落实到位;积极邀请政府部门检查指导,其中,福州市道庆洲项目、厦门市第二通道项目、长沙市中房瑞致小区项目分别作为福建省和湖南省的优秀项目代表,接受国务院农民工工作督察组实地督察,获得了督察组的一致认可。

二、创新机制，多措并举，科学建立农民工的管理制度体系

（一）打通招录渠道，主动吸纳人员。中交二航局认真落实农民工就业相关要求，通过项目推荐、专业面试、综合评价，将技能水平高、管理能力强的农民工纳入公司员工管理，有效地充实了项目的一线力量，通过3年培养选拔，截至目前，已累计有350余农民工进入公司项目现场总监队伍。

（二）强化专业培训，提升专业技能。中交二航局高度重视农民工技能水平的提升，为农民工提供形式多样的培训机会。一是组织技能鉴定培训，通过技能鉴定考试的农民工已达700余人；二是组织特种作业人员资格考试，使农民工持证率持续提升；三是编写专业教材，实行项目现场总监、专业技能人员培训上岗，有效地提升了农民工的岗位技能水平。

（三）优化人员配置，发挥专长优势。中交二航局立足各类岗位人员需求，根据农民工专业特长和综合优势进行科学配置，如将项目管理经验丰富、统筹协调能力强的农民工配置在项目现场总监岗位，将农民工队伍中专业能力较强、有一定认可度的人员配置到班组长岗位，同时与项目管理人员建立包保联系机制；将专业技能突出的农民工配置到电工、起重工、维修工等专业班组中，充分发挥了农民工的专业优势和特长，展现了其岗位价值。

（四）推进实名制管理，强化人员管控。中交二航局强化政策宣传贯彻，有效地抓实农民工实名制管理，严格落实"三个必须"（凡进场人员必须进行实名制登记，凡新进人员必须签订劳动合同，凡人员进场必须接受安全教育），设立农民工管理专岗，保障农民工实名制登记管理全覆盖。目前，实名制台账、管理专岗设置率均达到100%。

（五）落实工资支付，维护合法权益。中交二航局始终将保障农民工收入工作放在重要位置来抓，近年来，通过积极向农民工宣讲《保障农民工工资支付条例》、开设工资专用账户、建立工资支付台账、落实银行代发和保障金制度、制定工资支付应急预案等举措，切实保障了农民工工资按时足额支付到位。因工作成效比较明显，2019年底，中交二航二局荣获"湖北省劳动保障诚信示范单位"。

（六）提升专业能力，打造产业工人。中交二航局聚焦产业工人队伍建设，一是推进农民工班组建设，将班组中优秀的农民工稳定下来并建立传帮带机制，开展技术经验传授；二是通过开展技术练兵、技能比武、技能培训，提升农民工技能水平，推动农民工向产业工人转型。

三、践行责任，统筹谋划，切实保障农民工的合法权益

（一）保障就业权益，助力脱贫攻坚。中交二航局党委以履行央企政治责任的高度，认真落实中央全面打赢脱贫攻坚战和积极稳岗扩就业的决策部署，积极与相关政府部门密切联系，对接就业需求，2020年主动到云南怒江扶贫联系点"送岗上门"，定点招聘农民工，截至目前，累计招录近200名农民工走上工作岗位。

（二）开展班前喊话，构筑安全保障。中交二航局坚决落实安全生产责任，通过做好班前喊话、任前安全谈话、安全带班，将安全职责落实到岗位，开展工作检查反馈等措施，确保农民工安全意识到位、安全防护到位、安全操作到位，切实保障了包括农民工在内的全体员工的生命安全。

（三）组织多样的活动，丰富农民工的业余生活。中交二航局高度关注农民工的日常工作、学习、生活需求，利用农民工夜校、举办"每周两小时学习"等活动，为农民工学习提供平台；同时有计划地从思想上关怀、关爱服务方面着手，积极开展"冬送温暖、夏送清凉"、法律法规讲堂、赠送慰问物资、关爱农民工子女等活动；通过观看露天电影、建立项目图书馆、组织劳动竞赛、举办趣味运动会等形式，丰富农民工的业余文化生活。

（四）强化疫情防控，践行央企责任。中交二航局在疫情期间，坚决落实习近平总书记"把人民群众的生命安全和身体健康放在第一位"的要求，第一时间主动请缨，先后参建"火神山"医院、"火眼"实验室、方舱医院等18个防疫配套的公共卫生工程项目，创造了4天4夜抢建完成"火眼"实验室，38小时18分钟改建400余张床位的方舱医院等的"中国速度"。严格落实人员全面军事化管理，严格做好"三个到位"（参建人员防护到位、体温检测到位、现场消杀到位），确保了包括农民工在内的所有参建人员的生命安全和身体健康，实现了所有参建人员零感染的目标。各项工作得到了中央和地方政府的认可，中交二航局的刘宜全同志荣获"全国抗击新冠肺炎疫情先进个人"和"全国优秀共产党员"，付延峰同志荣获"湖北省抗击新冠肺炎疫情先进个人"，中交二航局六分公司党委荣获"湖北省抗击新冠肺炎疫情先进集体"，"火眼"实验室临时党支部和青年突击队分别获湖北省委组织部的通报表扬和"湖北青年五四奖章集体"的称号，中交二航局荣获了武汉建筑业协会抗击疫情"标杆企业"的荣誉。

（五）科学系统施策，助力复工复产。中交二航局在推进复工复产达产达效工作中，高度关注农民工返岗复工问题，采取多种措施强化防护，确保人员有序复工。一是组织湖北籍农民工点对点返岗，通过集中购买机票、专车接送等方式，仅2020年3月协助农民工1 500余人次顺利返岗；二是组织集体核酸检测，确保农民工身体健康；三是严格落实体温检测日报、工作现场及宿舍消杀，执行分餐制、项目实行封闭式管理等日常防疫措施，严控疫情传播风险；四是免费提供防疫物资，确保农民工个人防护到位；五是加强疫情防护及个人卫生等知识的宣传，有效地提升了农民工的个人防护意识。工作效果比较明显。

下一步，中交二航局将继续践行社会责任、保障农民工合法权益，持续落实党中央、湖北省委、省政府和中交集团关于农民工管理的各项要求，为打赢脱贫攻坚战、全面建成小康社会、推进高质量发展，实现"六稳""六保"贡献力量。

湖南省住房和城乡建设厅建筑管理处先进事迹

湖南省住房和城乡建设厅建筑管理处（以下简称为"建管处"）坚决落实党中央、国务院和省委、省政府关于农民工工作的决策部署，执行党和国家关于解决农民工问题、做好为农民工服务工作、维护农民工合法权益的政策法规，坚持以人民为中心的发展理念，把农民工工作摆在突出位置上来抓，用力、用情、用心做好农民工工作。突出事迹表现是：

一、用全力应对新冠疫情助复工

在新冠肺炎疫情防控期间，全处同志在厅党组的带领下，牢记使命职责，积极践行"人民至上、生命至上"的理念，严守抗疫阵地，扎实有效抓好疫情防控和复工复产，维护农民工的合法权益。

（一）主动服务企业促返岗。疫情暴发后，建管处立即组织省建筑施工纳税和产值靠前的37家企业召开座谈会，梳理、汇总企业在复工、开工方面遇到的困难和建议，并及时研究出台《关于切实做好全省房屋市政工程复（开）工疫情防控和安全生产工作的通知》《关于新冠肺炎疫情防控期间建设工程计价有关事项的通知》等文件，督促指导各地做好房屋市政工程复开工和施工现场疫情防控，有效地促进农民工的返岗复工。

（二）深入调研指导促复工。建管处多次深入企业和工地调研指导疫情防控和复工复产工作，捐赠防疫物资，并看望、慰问坚守一线的农民工，及时帮助农民工解决复工复产遇到的问题和困难。

（三）优化政务服务提效能。在全国率先印发《关于全面实行工程建设项目"一网通办""不见面审批"的通知》，充分运用省工程建设项目审批管理系统进行网上收件、并联审批和网上出件等业务办理，实现"线下无审批"。加快房屋和市政工程建设项目施工许可等环节审批速度，建立绿色审批通道。所有直接涉及复工复产的服务事项实行当日受理，当日优先办结。

（四）加强风险防控保健康。建管处及时出台《关于进一步加强全省房屋市政工程建筑工人实名制和"互联网＋智慧工地"管理工作的通知》等文件，督促全省建筑工地强化现场封闭式管理，利用信息化手段，减少人员线下接触，有力地保障了农民工的健康。同时，积极对接省卫健委，推动省实名制平台与复工企业员工健康状况查询平台对接，在疫情防控期间共发现高风险人员5人，中风险人员316人，均处置得当，全省建筑工地未发生一例感染。

二、用真情保障工资支付惠民生

建管处作为省住房城乡建设厅农民工工作领导小组办公室，在领导小组的指导下，不断提高农民工工作治理能力，扎实开展全省保障农民工工资支付工作。

（一）完善保障政策体系。建管处制定住房城乡建设领域农民工工作方案，明确工作任务；制定无欠薪工地"两无四落实"建设标准，对"无欠薪工地建设"未达标企业，实施行政处罚和信用惩戒。积极对接人社部门，督促建设单位、施工单位和在建项目落实保障农民工工资支付要求。

（二）加大欠薪查处力度。2020年以来，建管处深入建设工地开展督查，省本级检查在建项目102个，并对督导检查发现的欠薪隐患及时进行挂账销号，跟踪督办解决。同时，大力开展"打非治违"，2020年7月，对全省14个市、州进行了"打非治违"专项执法检查。共下发41份执法建议书，查处项目共128个，依法依规查处"未报先建"项目共88个，并记录、上报建筑市场不良行为。通过一系列督查执法行动，有效地遏制了全省的欠薪行为。

（三）加强信息化管理。督促各地应用"省实名制管理平台"和"互联网+智慧工地"行业公益服务平台，推动在建项目线上管理协同化和精细化。截至2020年9月底，建管处将全省住建领域4 800个在建项目纳入"省实名制管理平台"，其中，报送考勤信息的建筑工人有857 379人，为保障农民工工资支付工作夯实了基础。

（四）积极推进源头治理。建管处联合省财政厅出台《关于在房屋建筑和市政基础设施工程中推行施工过程结算的实施意见》，完善施工过程结算，推进源头化解"两个拖欠"。

（五）建立联动协调机制。建管处推动"省实名制管理平台"与"省劳动保障监督两网化预警系统"互联互通，督促、指导全省各级住建部门与人社部门配合联动，相互移交欠薪线索，提高欠薪案件办理效率。

（六）加强投诉举报处置。在省住建厅官网上公布建管处保障农民工工资投诉举报电话，对接到的举报欠薪线索及时协调解决。截至2020年9月底，建管处解决欠薪问题项目36个，涉及农民工人数2 391人，清理欠薪金额5 511.22万元。

三、用真心主动靠前服务稳就业

建管处根据厅党组的决策部署，始终坚持实效为先，主动靠前服务，把农民工稳就业工作作为处室的重要工作，扎实为农民工就业做好全方位服务，维护农民工的合法权益。

（一）推进工伤保险参保。建管处及时转发《关于进一步做好建筑业工伤保险工作的意见》，督促各市、州按项目参加工伤保险，有效保障房建市政工程领域农民工的工伤保险权益。

（二）加大教育培训力度。建管处积极对接人社部门，对于达成聘用意向需要进行岗前培训的建档立卡的贫困农民工，从建筑施工企业缴纳的工伤保险基金中提取一定比例的工伤预防费，进行专项培训。督促指导安全责任保险承保单位有针对性地开展安全生产知识培训、事故应急救援演练等一系列事故预防工作,提升农民工安全意识和技能水平,进一步稳定农民工就业。

（三）引导行业吸纳就业。在疫情防控期间,建管处引导全省住房城乡建设领域企业积极履行社会责任,协调湖南省建筑施工纳税和产值靠前的37家建筑业企业拿出约5万个岗位在同等条件下优先聘用建档立卡贫困户,增加贫困农民工的就业机会。

下一步,建管处将以深入学习、贯彻习近平总书记考察湖南的重要讲话精神为重点,坚决落实党中央、国务院和省委、省政府要求,集中力量抓重点、攻难点、补短板,凝心聚力推动农民工工作再上新台阶。

湖南省湘潭市人力资源和社会保障局先进事迹

农民工为城市建设做出了重要贡献,保障农民工合法权益是各级党委政府关注的焦点。湖南省湘潭市人力资源和社会保障局(以下简称为"湘潭市人社局")认真贯彻中央、省、市关于"保障农民工合法权益"等系列指示精神,坚持"服务下沉、重心下移、责任下压",促进农民工高质量就业,维护农民工合法权益,全力解决农民工的"操心事、烦心事、揪心事",不断提升农民工的获得感、幸福感、安全感。

一、服务下沉,努力化解农民工的"操心事"

缺信息、缺政策、缺保障是农民工最"操心的事"。为解决这一问题,我们坚持"一线工作法",把服务送到农民工的心坎上。

(一)政策服务不落一村。疫情发生后,为解决农民工就业"不敢出""不愿出""不能出"等现实问题,湘潭市人社局及时梳理、编印《复工复产人社政策大礼包》,组织全市人社系统送岗位、送培训、送政策"三送"小分队、村(社区)社保员1 200余人走村入户,上门为农民工答疑解惑,主动为农民工送去招聘信息、开展职业介绍、指导择业就业。

(二)义务教育不少一户。湘潭市人社局积极协调教育部门出台政策,实行农民工子女就近入学,在收费、教学、管理等方面与市民子女实行同等待遇,并开辟农民工随迁子女入学绿色通道,解决他们的后顾之忧。2020年秋季全市中心城区招收农民工随迁子女就读小学一年级1 201人,初中一年级1 965人,实现义务教育阶段进城务工人员子女入学率100%。

(三)民生保障不漏一人。湘潭市人社局在社保制度上向农民工延伸,实现城乡劳动者政策统一、待遇一致,全力推进农民工参加各项社会保险。在工伤保险方面,我们联合住建、安监等部门加强对建筑领域农民工参加工伤保险督查,逐步实现建筑领域农民工工伤保险全覆盖。在推进农民工参加医疗保险方面,允许农民工自愿选择城镇职工医保或城乡居民医保。同时,湘潭市人社局还不断加大对违规企业的惩处力度,严肃查处不给农民工参加社会保险的行为。

二、重心下移，全力缓解农民工的"烦心事"

疫情期间怕出不去、回流返乡怕没事做、找到工作怕没技术，是农民工最"烦心的事"。为解决这一问题，湘潭市人社局抓住主要矛盾，把农民工作为"稳就业""保就业"的重要群体。

（一）优化服务促进就业。湘潭市人社局积极开展具有湘潭特色的"三送"农民工就业的援助专项活动，采取包车直达、返岗专列等形式，为农民工返岗复工提供"家门到车门、车门到厂门"的服务。对有意愿就近就业的农民工通过有组织劳务输出、扶贫车间、扶贫基地、公益性岗位安置等渠道引导就业。2020年以来，全市已举办线上专场招聘会37场次，举办线下农民工专场招聘会27场次，提供就业岗位23万余个。全市春节前返乡的38万农民工于2020年3月底全部复工，其中6.2万人就地就近就业。

（二）狠抓培训提升就业。湘潭市先后出台了《湘潭市职业技能提升行动实施方案（2019—2021年）》《湘潭市金蓝领培训工作实施方案》，湘潭市人社局组织各类培训机构对照市场需求，结合农民工就业特点开展技能培训，实现农民工技能培训与创业就业"无缝对接"。根据疫情防控等级变化情况，积极开展送培训下乡活动，重点开展市场需求量大又适合农民工的专业培训，通过订单式、定向式培训，实现农民工"未进企业门，先做企业人"。截至2020年9月底，全市共完成农民工职业技能培训15 857人，提前完成年度任务，拨付培训补贴资金1 525万元。

（三）鼓励创业带动就业。湘潭市人社局积极开展"引老乡、回故乡、建家乡"创业专项活动，采取财政贴息、投资补助、专项引导等措施，建载体、搭平台、树典型，为农民工回乡创业提供全方位服务，年均新增市场主体2.3万余户，带动就业3万余人。在2020年举办的第四届"中国创翼"创新创业大赛湘潭市选拔赛中，返乡创业农民工代表荣获了扶贫专项组一等奖，获得了创业专家指导以及项目展示、项目融资的机会，促进了企业的快速成长。

三、责任下压，着力破解农民工的"揪心事"

农民工最"揪心的事"就是怕干了活而拿不到工资。确保农民工按时足额拿到工资，是党和政府划下的红线，是硬指标，更是一种责任。

（一）畅通维权渠道。全市各级均设立劳动保障投诉中心，畅通人社"12333"服务热线，形成了市、县、镇三级投诉举报网络。湘潭市人社局开辟了专门的农民工投诉维权窗口，通过市长热线"12345"、人社110辅助热线、司法"12348"、公安"110"报警等随时接受农民工的投诉举报。全面打通维权"绿色通道"，实行农民工欠薪投诉举报24小时值班制度，建立全市投诉举报联动受理平台，让数据多跑路，让群众少跑腿。2020年以来，全市共处理各类欠薪隐患和案件270多起，为3 600名农民工追发工资6 000余万元，有力维护了农民工合法权益。

（二）强化执法力度。湘潭市人社局联合住建、司法、公安、法院、检察院等部门，开展保障农民工工资支付专项检查督查，特别是在春节、"两会"、国庆等重要节庆会议节点前夕，集中组织力量对全市各类雇用农民工的单位和在建项目进行全覆盖式的检查，坚决打击拖欠农民工工资的违法行为，2020年，已开展专项检查3次，专项督查6次。同时，加大惩治力度，对恶意欠薪涉刑案件做到"快立案、快处理、快移送"，近3年来，共办理恶意欠薪犯罪案件21起，刑拘13人，训诫15人，法院宣判获刑1人，列入拖欠农民工工资"黑名单"2起。

（三）健全长效机制。湘潭市人社局先后出台了系列保障农民工工资支付的政策纲领性文件，形成完备的治欠保支工作制度体系。率先在全省设立农民工工资保证金专用账户，目前全市共累积农民工工资保证金5.7亿元，覆盖全市所有报建项目，做到应缴尽缴。采用"政府＋银行＋企业"的合作建设模式，率先在全省开发建设领域农民工工资实名制发放监管平台，全力推进农民工工资发放实名制管理、农民工工资专用账户和银行代发农民工工资，实现对在建项目农民工工资发放的实时监控。目前，湘潭市在建项目已全面实行实名制和分账制管理，农民工劳动合同签订率达到99%，累计开设农民工工资专用账户360余个，并通过专用账户由银行代发工资2.98亿元。

2020年8月，湘潭市作为全省两个迎检市州之一，接受了国务院农民工工作第4督察组的实地核查，获得国检组的充分肯定，认为湘潭市"综合治欠、依法治欠、源头治欠"，打出了治欠保支的"组合拳"，治欠成效明显。

湖南省宁远县人力资源和社会保障局先进事迹

湖南省宁远县地处湘南，毗邻两广，总人口89.5万人，农民工41.6万人，是人口大县、劳务输出大县。近年来，宁远县坚持以人民为中心的发展思想，贯彻"六稳""六保"工作部署，以"稳就业、强基础、富家乡"主题活动为抓手，探索农民工工作"123"融合模式，有效地促进了富民强县。被评为湖南省就业工作真抓实干成效明显县区、技能培训工作先进县，就业扶贫、职业技能培训等工作经验多次被全省推介。

一、线上与线下融合，构建一个服务闭环

宁远县人力资源和社会保障局（以下简称为"宁远人社局"）适应新形势、新特征、新要求，线上、线下结合，打通堵点、链接断点、消除盲点，提供全方位、全覆盖、全天候多维立体的农民工服务闭环。

（一）构建"一库三平台"线上闭环。宁远人社局自主开发"宁远智慧就业"系统、微信公众号、手机App，打破农民工服务信息孤岛，实现信息整合、对称、共享和"不见面、一网通"。建立"劳动力资源信息库"。将全县63.1万名劳动力信息和116家规模企业招工信息全部采集入库。建立个人业务平台，提供在线技能培训、求职应聘、就业政策、补贴申请、诉求自助等服务。建立企业业务平台，提供在线发布招聘信息、匹配求职信息、申领补贴政策、员工管理等服务。建立政务服务平台，提供证照办理、户籍管理、子女入学、看病医疗等服务。

（二）构建"五位一体"线下闭环。宁远人社局整合县内县外资源、县乡村资源和政府、企业、商会资源，在县内建立"就业扶贫服务中心＋劳务派遣总公司＋乡镇劳务派遣分公司＋村（社区）劳务服务站"，在广东、浙江、上海、北京、长沙等劳务输出集中的目的地建立12个农民工服务站，促进劳务协作、无缝对接。2020年新冠疫情暴发后，宁远人社局依托闭环开设"就业直通车"，点对点向县内外企业输送农民工返岗复工5 237名，实现从"家门口"到"厂门口"直达。

（三）实行线上线下互联互通。"五位一体"与"一库三平台"双循环。比如职业技能培训，线上可进行查询、报名、理论学习，线下实践操作。自2020年以来，全县开展家政服务、孕婴保育、养老护理等网上理论培训6期287人，线下开展电子电工、营养配餐、汽车修理、旅游管理等培训7 276人。1—9月，全县新增农村劳动力转移就业5 182人。

二、城镇与农村融合，健全"两化"保障体系

宁远人社局打破城乡二元结构，消除农民工公共服务和社会保障壁垒，增强农民工认同感、归属感和获得感。

（一）推进公共服务均等化。宁远人社局着力保障农民工随迁子女平等接受教育的权益，筹资31亿元，新建和改建城区学校15所，新增学位4.3万个，2.77万农民工的1781名随迁子女实现100%就近就读。着力保障农民工平等享受健康教育、预防接种、孕产妇保健等医疗卫生服务，新建人民医院新城分院、妇女儿童中心，完成16家乡镇卫生院的标准化建设，实现就近就医、一站式报销。着力解决农民工"上有老、下有小"的后顾之忧，建立"五联体"养老服务体系和幼儿学前教育、残障儿童帮扶、留守儿童关爱"三覆盖"育幼服务体系，15个乡镇敬老院完成提质改造，410个村全部建立幸福院或老年人日间照料中心；新建和改建公办幼儿园94所，1074名残障儿童实现"四免一补"和"一对一"帮扶全覆盖；83所公办学校、25所公办幼儿园全部建立留守儿童之家，以解放劳动力。

（二）社会保障市民化。宁远人社局引导和督促园区企业为农民工缴纳养老、工伤、失业等社会保险，适当减轻农民工和企业的缴费负担，实行低门槛进入、低标准降费、市民化享受，目前园区企业2.32万农民工全部参加社会保险，自2020年以来减免企业社保费2160.85万元，向企业发放就业补贴和稳岗返还525.17万元。充分发挥驻外农民工服务站和智慧就业信息平台，建立了农民工跨省维权机制和劳动监察仲裁体系；自2020年以来，宁远人社局为县外务工农民工依法维权132起，为县内农民工追回被拖欠工资1495万元。

三、就业与创业融合，探索"三共"振兴路径

宁远人社局坚持帮就业、促创业、兴家业，迎老乡、回故乡、建家乡，促进产业、人才、组织振兴，撬动乡村振兴。

（一）共谋。宁远人社局依托"血缘、业缘、地缘"和各类在外办事机构、协会、商会等社团组织，走出去与请进来结合，开展"五个一"活动（一次走访摸清底子、一个返乡人员台账、一封《致外出游子的信》、对外出务工人员打一次电话、开展一次返乡考察），共商发展大计、共谋发财路子。在2020年中秋、国庆双节期间，全县召开座谈会97个、实地走访3371人次，点对点联系1.77万人次，征求有价值的意见建议1100余条。

（二）共创。各乡镇（街道）和村（社区）每年回引不少于2%的在外优秀人才返乡创业，带回大量项目、资金、技术、人才，成为推动家乡发展的强大引擎。自2020年以来，全县返乡农民工创办经济实体1125个，带动就业6516人，被评为国家级众创空间。比如，欧阳瑶力返乡创办康德佳林业公司，带回资本1.2亿元，引进博士4名，2020年旗下品牌"女皇驾到"菊花深加工项目获全国农村创新创业项目创意大赛一等奖，公司被评为省级林业产业龙头企业、国家星创天地。

湖南佳惠百货有限责任公司先进事迹

湖南佳惠百货有限责任公司是一家以零售连锁和农产品（冷链）物流为核心，以农产品生产基地、配送、生鲜（冷链）加工、小商品批发零售等为支撑的大型劳动密集型企业，业务辐射全国239个县、市、区，年销售及交易额160亿元。公司始终把解决农民工就业和增收问题作为重大社会责任，不断拓展农民就业、致富的平台，建立农产品基地30余万亩，带动农民工就业近200万人，覆盖湘、黔、渝、桂4省44个县、市、区，70万平方千米，入职农民户年均增收4万元以上。公司获批"农业产业化国家重点龙头企业""全国农产品公益性示范市场（零售）""全国农产品公益性示范市场（批发）""全国农产品冷链物流骨干基地"，得到了国务院副总理胡春华和湖南省委、省政府及国家商务部的充分肯定。

一、做大做强冷链物流产业，夯实引领农民脱贫致富的产业基础

公司坚持输血与造血相结合，以农产品零售连锁链条为基础，以冷链物流产业为平台，建立"共生、共享、共赢"扶贫机制，为农民和农民工开拓了更多的致富新路。筹资20亿元资金，建成面向武陵山片区规模最大、智能化程度最高、辐射范围最广的国家骨干冷链物流基地，物流容量达6万平方米的水果集散交易中心、5万吨的智能冷库和5万吨的肉类冷链物流中心，降低农产品腐损率20%、增加农产品附加值达30%，解决和带动农民工就业达10万余人。在农产品生产的"最先一公里"发力，筹集资金1 200万元，在交通闭塞、经济落后的9个贫困村建立了45个近万吨的产地预冷库，有效地解决了农产品采摘、储存、分拣、包装、配送等生产后商品化处理的难题，带动5 000余名农村贫困人口就业、1.2万余农村贫困人口增收脱贫，为破解武陵山片区生鲜农产品流通不畅、农民增产不增收、农户脱贫难度大等难题做出了较大贡献。

二、做精做实连锁超市，发展订单农业，帮助农民解决"种什么、怎么销"的难题

公司发挥超市门店对消费需求高度敏感的优势，引导和倒逼农户优化种养结构，提升标准化水平，让"山货"以更高的身价出山。截至目前，以"公司+农户+基地"模式，先后在云南、山东、海南、贵州、湖南等地建立蔬菜、水果、粮油等20多个品种的订单农业基地，引导、建设标准

化果蔬基地 100 余万亩，年销售农产品 64 亿元，惠及农户 20 余万人。比如，公司指导湖南怀化洪江市岩垅乡力丰村建立 200 亩黄桃标准化种植示范基地，带动该村村民改种高品质黄桃 2 500 亩，采用规范种植标准后，黄桃价格由 2018 年的 3.5 元 / 斤提高到 2020 年的 6 元 / 斤，该村黄桃运用全程冷链方式最远销售到哈尔滨。

三、抓深、抓细就业岗位拓展与培训，尽最大努力让农民工在家门口就业

公司克服资金、市场双重压力，努力扩大连锁店面，将店面开设在农村人口集聚、交通相对偏远的贫困山区，尽最大可能帮助农民工在家门口就业致富。累计在贫困山区开设门店 162 家，直接吸纳农民就地就近就业 1 万余人，户年均增收 4 万余元。公司成立培训学院，针对农民工的文化和技能差异，根据招聘考核和求职诉求，每年投入 1 000 万元，采取集中培训、进修培训、跟师培训等多种形式，每年免费带薪培训 2 000 人次以上，让农民工尽快适应、投入公司就业岗位。在 2020 年疫情期间，公司认真落实怀化市委、市政府关于《农民工返岗需求、企业用工需求"两需求一贯通"的十条措施》，对疫情期间在家等候上岗的农民工，公司不但没有辞退一名，还兑现连续 3 年每年增加 300 元 / 月的基本工资的承诺，其他工资和福利按月足额发放，给每个员工发放了 300 元的抗疫慰问金。

四、用心用情解决农民工"急、难、愁、盼"问题，为大家建设温馨的家园

公司及时为农民工办理并足额缴纳养老、医疗、失业、生育、工伤等保险，与城镇户籍员工享受同等待遇，让农民工老有所养、病有所医、失有所得。在此基础上设立互助基金，每年慰问困难员工，对考取重点大学的农民工子女给予 2 000~5 000 元的升学奖励，鼓励农民工在爱岗敬业的同时教育和爱护好子女。公司每年投入 1 000 余万元，在每个连锁店开设图书室、娱乐室、健身房等多种活动场所。在每年的重要节日举办文艺晚会、歌咏比赛、运动会等大型赛事活动，为员工提供丰富多彩的精神文化生活。公司筹资 4 亿余元、征地 89 亩，新建了高品质的员工住房 1 300 套，以成本价优先满足农民工的购买需求，有效地解决了农民工子女就学难、老人照料难、分居生活难问题，让他们能够安居乐业。

五、创新务实抓好企业党建工作，让农民工在党组织引领下不断激发创业热情

公司成立集团党委、3 个党支部和工、青、妇联组织，每年从优秀农民工中发展 2~3 名新党员，现有党员 145 名，从中选举政治上可靠、综合素质高的党员担任党委委员、支部委员和工、青、妇联负责人。每年 7 月 1 日组织全体党员开展重温入党誓词活动。公司开展了不同类型的走访慰问、上街义务服务、红色教育、党建知识抢答赛等丰富多彩的党建活动。公司党支部被怀化市鹤城区委评为"先进党组织"。

广东省就业服务管理局先进事迹

广东省是全国农民工的第一大省，农民工数量超过 3 100 万，占全国农民工总量的 1/10 强。近年来，广东省就业服务管理局深入学习、贯彻习近平总书记关于农民工工作的重要讲话、重要指示精神，全面落实党的十九大和十九大二中、三中、四中全会精神，按照党中央、国务院和省委、省政府以及厅党组的决策部署，聚焦农民工特别是贫困农民工劳动力的稳岗就业，主动担当、积极作为，开拓创新、精准发力，在常态化开展就业服务的基础上，全力推进省内外就业扶贫，创新实施重点工程，拓宽就业渠道，持续优化农民工的服务管理，多措并举促进和稳定农民工就业，攻坚克难发挥战斗堡垒作用，不断增强农民工的获得感、幸福感、安全感，为全国推进实现"六稳""六保"，决战决胜脱贫攻坚贡献了广东的力量。

一、加强监测摸查，做到精准就业服务心中有数

（一）加强农民工就业形势监测分析。针对中美贸易摩擦和新冠疫情对就业的影响，广东省就业服务管理局每月对全省约 20 000 个监测点开展信息采集和分析研判，多次组织开展全省农民工返乡返岗、企业用工等专项调查，动态掌握农民工的就业失业状况，为政策制订和服务开展提供决策支持。

（二）精准摸查贫困劳动力底数。广东省就业服务管理局加强与公安、政务数据管理等部门的沟通对接，将外省在粤贫困劳动力的信息与健康码、流动人口等大数据进行比对，并逐级分解各地开展摸排，目前各地已核实在粤贫困劳动力 158.05 万人。积极对接扶贫部门，利用就业、社保、贫困人口管理等数据，建立完善省内已就业和未就业贫困劳动力，以及存在返贫风险、边缘人口实名制名单。

（三）探索推进农民工实名制服务管理。广东省就业服务管理局完善就业失业登记制度，建立企业岗位需求和劳动力资源库，做实"就业需求""岗位供给"两个清单，不断夯实工作基础，强化精准识别和精准服务。

二、突出重点群体，推进就业脱贫攻坚措施有力

一方面，深入实施省内就业扶贫。广东省就业服务管理局制定、落实省内就业精准扶贫、精准

脱贫3年攻坚方案,推进就地就近就业、珠三角对口帮扶、企业对接帮扶、创业带动就业、公益性岗位安置等8项就业创业精准扶贫行动计划,狠抓帮扶措施落实和稳就业服务落地,强化督促指导,截至2020年9月底,全省共建成扶贫车间、扶贫工作坊1103个,开发保洁环卫、防疫消毒等公益性岗位1.65万个,全省50.8万农村贫困劳动力全部实现就业,年初2965名未就业贫困劳动力实现动态清零。另一方面,全面推进省际劳务协作。广东省就业服务管理局对广西、云南、四川、贵州、西藏、新疆6省区实施"一省一策"帮扶。常态化组织举办现场招聘、网络招聘等线下线上、形式多样的专场招聘活动,自2017年以来跨省举办各类对接招聘活动超过2000场次,新增有组织接收协作地区来粤就业贫困劳动力37.7万人。组织各地加强企业用工指导,全省落实重点企业服务专员1100余名;加大政策扶持力度,发放吸纳贫困劳动力的就业补贴超过4500万元。据国务院扶贫办公室数据显示,目前全国贫困劳动力在粤务工人数达387万人,占全国跨省务工贫困劳动力总数的1/3强,数量远居于全国首位。

三、积极主动作为,实施重点工程拓展就业渠道

一方面,广东省就业服务管理局积极应对中美经贸斗争和新冠疫情对就业的不利影响,大力实施"南粤家政"工程,组织珠三角与粤东、粤西、粤北地区以及外省区开展家政服务劳务结对帮扶、建立家政扶贫输出基地,实施形式多样的家政服务技能培训,对需转岗就业的农民工实行无缝对接服务,帮助其尽快实现就业,为稳就业注入新的增长点。自2020年以来"南粤家政"工程培训17.8万人次,带动就业创业和稳定就业34万人。另一方面,根据疫情防控形势发展,广东省就业服务管理局积极响应"不见面"服务,深入实施"农村电商"工程,面向省内农村劳动力,开展农村电商普惠制技能培训和"一村一品"经营管理人才培训,持续加大农村电商"百园万站"平台载体建设力度,充分释放农村电商在扶持创业、吸纳就业、脱贫增收等方面的重要作用,打造稳就业促增长的特色品牌。目前全省农村电商从业人员超过100万人,自2020年以来"农村电商"工程培训2.54万人次,培养带头人超过1万人,带动就业创业超过6万人。

四、组织农民工安全返岗,多措并举支持企业复工复产

面对新冠疫情影响大量农民工不能如期返岗,但企业又急需用工的实际情况,广东省就业服务管理局迅速行动,周密组织务工人员有序流动,以省政府名义出台企业延迟复工通知,制订务工人员分批返粤返岗的工作方案和指引。与四川、广西等7个劳务输出大省签署合作备忘录,推进健康互认。组织务工人员"点对点、一站式"专车专列活动,坚持组织输出、实施监测、运输保障、接驳输送、交接服务"五个精准",实行全流程闭环服务,累计开行省际返岗专列73趟,专车服务6795班次,在全国率先开通首趟湖北务工人员返岗专列,共输送27.6万人有序返粤返岗,无一例感染,示范带动超过1000万外省务工人员安全有序入粤返粤。广东省就业服务管理局全力支持企业复工复产,帮助珠三角用工调剂超过10万人次;新增、引导9万多名粤东西北劳动力的转移就业;向

劳务输出大省精准发布岗位信息329.6万条。建立24小时重点企业用工调度保障和大规模网络招聘机制，帮助达成就业意向超过26.1万人，其中为华为等核心产业链企业招聘员工超过14万人。主动上门对接企业开展"送政策、送资金、送技工"活动，示范带动全省人社部门精准对接、靠前服务，节后广东省企业复工率超过97%。

五、践行初心使命，团结奋进发挥先锋模范作用

广东省就业服务管理局充分发扬团结奋进、开拓创新、连续作战、不怕辛苦的顽强作风，在疫情防控期间，全局广大干部职工取消假期，实行24小时值班制度，通宵达旦连续奋战两个多月，围绕农民工分期分批返粤返岗、加大企业复产用工保障等方面出台了40余份文件，有效地指导了推动全省做好疫情防疫时期稳定就业的工作。在车站码头设立共产党员服务岗，在最前沿为入粤劳动者提供精细化就业服务。在脱贫攻坚期间，局领导班子和业务骨干充分发挥不怕困难、敢打硬仗的顽强作风，长时间深入基层督导检查，持续加班出台外省在粤贫困劳动力稳岗就业文件20余份，高质量完成国家和省的各类专题会议活动10余次，及时动态监测掌握贫困劳动力底数摸排和各地工作进展情况，全力以赴把外省在粤贫困劳动力稳在岗位、稳在企业、稳在当地，以实际行动坚决扛起稳就业、保就业的政治责任，以突出的工作成效和扎实的工作作风，践行初心使命、彰显人社担当。

广东省公安厅治安管理局户政处流动人口科先进事迹

广东省地处改革开放前沿阵地，历来是农民工流入大省。截至2020年6月30日，全省登记流动人口4 848万人，服务管理工作任务繁重艰巨。近年来，按照省异地务工人员服务管理工作领导小组的统一部署，广东省公安厅治安管理局户政处流动人口科（以下简称为"流动人口科"）组织协调推动全省公安机关按照职责分工，积极开展农民工的服务管理工作。流动人口科秉承敢为人先、锐意创新的精神，在思路理念、体制机制、政策措施、方式方法等方面推陈出新，多项工作走在全国前列，得到了广大农民工的广泛认可和普遍赞誉。

一、改革创新，力促农民工的和谐融入

随着广东省经济社会的不断发展，大量农民工不断涌入，逐年上升，同时渐渐产生了新生代农民工，农民工的服务管理工作面临着新情况、新问题。为促进农民工和谐融入，更好地服务于广东省的经济社会发展，流动人口科先行先试，改革流动人口管理制度，打造多项全国亮点，推动全省农民工"引进来""留下来""融进来"。

（一）率先推行农民工持居住证享受公共服务便利制度。流动人口科大胆创新，主动尝试，在2008年首先提出居住证概念，便于农民工凭居住证享受当地的公共服务和便利。2010年在全国率先实施居住证制度，告别"暂住证"，并推动广东省各有关部门为居住证持证人提供子女教育、就业、住房、医疗等各项公共服务，深受农民工的认可。截至2020年9月30日，全省累计办理居住证7 439万张，累计签注居住证4 526万张。

（二）大力推动农民工落户城镇。针对新生代农民工想要留下来的迫切需求，流动人口科积极协调有关部门，认真贯彻、落实党中央、国务院有关户籍制度改革工作部署的要求，提请省政府出台政策，推动指导各地全面放开、放宽落户限制，完善户口迁移政策，拓宽了农民工的落户通道。

（三）探索农民工参与共建、共治、共享社区治理的新格局。为破解农民工聚居的社区治理难题，流动人口科积极会同相关部门，充分凝聚并紧紧依靠农民工等多元力量参与共建、共治、共享，实现以融促建、以融促稳、以融促安、以融促新的目标。自2018年以来，流动人口科会同广州市来穗人员服务管理部门，以融合社区"六个一工程"为切入点，在广州市三元里街系统试点推动外来人口社会融合、探索破解农民工进城后的城市融入和市民化难题，取得了明显成效，并申报为营造

共建、共治、共享社会治理格局上走在全国前列的首批实践创新项目。

二、信息支撑，落实农民工的工作政策要求

流动人口科按照"数字政府"的建设部署，大力推进信息化建设，以坚实的流动人口基础数据，为各级党委、政府和相关职能部门落实服务管理政策提供了有力支撑。

（一）实时动态监测信息数据。为使农民工信息数据完整、准确、鲜活，流动人口科切实围绕"人来登记、人走注销、及时变更"的目标，完成信息采集更新工作，为政府各部门向农民工提供服务提供依据和支撑。仅2020年以来，流动人口科就已组织全省采集、更新1 500万条流动人口数据。

（二）全面开放人口信息查询比对服务。流动人口科在做强各类管理信息系统的基础上，将全省人口的基础信息、证件信息提供给省政务服务数据平台，为1 000多个政府部门提供核查共享服务。自2020年以来，为全省汽车下乡和家电普惠政策提供了可靠的人口信息核查服务，对群众咨询和反映的个人城乡属性问题，及时予以解释处理。截至2020年9月30日，为群众提供核查服务276.2万多次。

（三）深入开展在粤贫困劳动力的精准摸查。为配合做好在粤贫困劳动力的稳岗就业工作，流动人口科主动作为，将省扶贫办公室提供给省公安厅的380万在粤贫困劳动力数据，与全省流动人口数据进行核查比对，核查143.5万人，核查率为38%。加强比对在粤贫困劳动力流出广东省的情况，开展动态监测，将有关变更情况第一时间通报给管理部门。

三、数据赋能，为农民工提供优质的服务

随着大数据智能化手段的不断发展和智能手机的广泛应用，流动人口科顺势而为，充分运用互联网数据、行业数据、政府数据碰撞比对，先后就广大群众特别是农民工办事、办证推出多项便民利民举措，切实减少提供材料、审核环节和到场次数，有效地降低了办事、办证的时间成本、经济成本。

（一）掌上办。考虑到大部分农民工工作时间请假不方便，流动人口科推出了申报居住登记、申领居住证、签注居住证、补领居住证、换领居住证、注销居住登记、注销居住证等九项业务掌上办理，即随时随地，只要打开手机，就可以通过"粤省事"小程序办理相关业务，申报居住登记、签注居住证等业务实现了零跑腿，不需要到窗口实地办理。

（二）异地办。广东省的农民工数量大，来自全国各地，其中来自省外的有1 900多万人，针对农民工为了办理一张身份证需要回到户籍所在地的家乡，既花路费，又浪费时间的问题，流动人口科通过改造系统，争取公安部的支持，推出了省内跨地市流动的农民工、省外持居住证的农民工可以异地办理身份证的服务，全面开通了全国（大陆地区）所有省份居民身份证的异地受理工作，全省所有户籍办证窗口均能异地受理居民身份证的办理，是全国受理窗口数量最多的省份之一，共异地受理居民身份证160多万张。

（三）上门办。对于农民工人数较多的企业，流动人口科推出上门办理农民工居住登记和居住证服务，指导各地主动与大型用工企业对接，提供业务办理空间，帮助不方便使用手机、不方便请假办事的农民工办理相关服务。2020年疫情防控初期，共为农民工上门办理了1万余人次的居住登记和居住证业务。

（四）延期办。在新冠肺炎疫情响应期间，很多农民工因疫情原因被隔离在家乡或者异地，流动人口科敢于承担责任，大胆推出居住证延期签注服务，即对居住证因为疫情响应到期，而农民工不能在居住地办理的，推出居住证到期自动顺延到本人回到居住地办理的时间，开创了全国居住证延期办理的先河。

四、打防结合，切实保障农民工的权益

流动人口科充分发挥组织协调作用，确保农民工权益保障各项任务措施在公安机关相关警种部门落实到位，针对侵害农民工权益的违法犯罪，在加强日常执法的同时，组织开展专项打击整治行动，切实保障了农民工的合法权益，有效地促进了社会的和谐稳定。

（一）积极参与保障农民工的工资支付。为保障农民工得到应有的劳动报酬，省厅专门制定出台了《广东省公安机关办理拒不支付劳动报酬刑事案件工作指引》《广东省公安机关办理拒不支付劳动报酬刑事案件分级督办指引》，并将打击拒不支付劳动报酬违法犯罪活动纳入全省公安机关"飓风2020"专项行动，作为年度重点工作进行部署推进，始终保持高压态势，严厉打击恶意欠薪等犯罪行为。自2020年以来，全省公安机关共立涉及拒不支付劳动报酬刑事案件234起，破获案件173起；农民工工资欠款23 975万元，追回欠款19 514万元，追款率达81%。

（二）营造安全良好的租住环境。针对农民工主要居住在出租屋，为改善农民工的租住环境，防止农民工居住区域成为违法犯罪高发区，流动人口科积极推动出租屋治安管理工作，提请省人大立法于2012年通过实施《广东省租赁房屋治安管理规定》，规范市场住房租赁行为。同时，通过探索实施楼长制、信息员制等各项创新举措，组织开展整治租赁市场、严厉打击通过租用诈骗农民工等违法犯罪行为，有效净化出租屋、城中村等区域治安环境，切实改善了农民工的居住条件。

（三）全面组织推进群防群治。各级公安机关有效地利用流动人口聚集及方言、风俗融通等特点，积极发动农民工参与社区治安巡逻防控、矛盾纠纷排查调解工作。目前，在全省治安联防队、治保会等群防群治队伍中，农民工有90 460名、占比18.95%，每年开展治安巡逻约3 000万人次。

广州王老吉大健康产业有限公司先进事迹

广州王老吉大健康产业有限公司（以下简称为"广州王老吉"）是广州市国资委旗下广州白云山医药集团股份有限公司的全资子公司。公司旗下拥有8家全资子公司、1家合资公司、1家分公司，年销售额超过百亿元人民币，是中国凉茶行业中市场份额第一、销售规模最大、品牌影响力最大的行业领导者，连续多年荣膺中国品牌力指数第一和消费者满意度冠军等荣誉。2016年王老吉参与的"中草药DNA条形码物种鉴定体系"项目荣获2016年度国家科学技术进步二等奖，成为本行业首家获此殊荣的品牌。

一、积极主动承担社会责任，切实解决农民工工作就业

广州王老吉目前接纳、吸收农民工就业人数近7 000人，占比员工总数超60%，其中各级管理人员共800人，占公司管理岗员工总数的50%，来自湖南、湖北、江西、广西等数十个省、直辖市、自治区。与农民工建立了和谐的劳动关系，切实做到了同工同酬，签订合同并缴纳社会保险、公积金和购买商业保险，维护保障了职工的劳动权益。

2020年新冠肺炎疫情对广州王老吉经营业绩带来较大的冲击，但广州王老吉克服各种困难，坚持做到不裁员、不降低员工正常的工资收入和福利，积极落实"六稳""六保"的工作要求。复工复产后，广州王老吉积极主动招募吸收因疫情影响而就业困难的农民工，与全社会共克时艰，为国家2020年决战决胜脱贫攻坚战和全面建成小康社会做出了显著的贡献。

二、精心组织疫情防控，数万员工无一人感染

疫情发生后，广州王老吉迅速行动，第一时间召开公司党委会，成立以党委书记为组长，董事长、总经理为副组长的公司疫情防控领导小组，制定《新型冠状病毒肺炎感染疫情预防工作应急预案》，对公司全员12 000余名员工建立了健康情况档案。

广州王老吉在湖北有着500多名员工，在春节前后有117名员工来自疫区或去过疫区。公司安排专人关怀疫区员工，劝导员工在疫情防控期间，服从当地社区、村镇的安排，落实好隔离措施；并组织为疫情重点区域的员工寄去抗疫药品爱心包，组织党员对湖北省员工进行"一对多"的关怀

慰问，每个党员对接8~10名湖北省员工，进行电话、微信慰问，开展物资援助和人文关怀。

广州王老吉做好公司内部的防控工作，定时对办公场所进行灭菌消毒工作，确保员工安全复工。设定上班的弹性工作制，由员工灵活安排上班时间，进行错峰上班，降低办公场所的人员密度，同时充分利用互联网、企业微信等现代办公软件，实行在家办公等措施，降低感染风险。各项妥善的复工措施确保了公司自2020年2月10日正式复工以来，无一例疑似、确诊感染新冠病毒肺炎患者。

三、实践"造血式"扶贫，帮助农民工真脱贫

广州王老吉在四川雅安、贵州惠水、广东梅州、甘肃兰州等地建立了自己的工厂车间（公司），在全国开设了50多家OEM代工厂，这些工厂积极吸收当地的农民工就业，"步行就能上班"的幸福感使得农民工同事们干劲十足。

广州王老吉"造血式"的产业扶贫，除了解决当地贫困农民工的就业问题，还带动了当地相关产业的发展，形成了示范效应。2020年公司新产品——刺柠吉预计销售超过5亿元，带动贵州的刺梨产业增长预计在30%以上，提高农户人均收入6 000余元。刺柠吉产业帮扶贵州省"造血式"扶贫模式，先后入选国务院扶贫办公室"2019年企业精准扶贫专项50佳"案例、国家发展改革委"2020年全国消费扶贫"典型案例。

四、真情关爱农民工，提高农民工归属感幸福感

广州王老吉连续8年坚持"让爱吉时回家"春运关爱行动，协调铁路、公路交通等相关部门为农民工解决春节返乡难题，帮扶近2万有需要的农民工春节顺利返乡过年，获得了农民工的一致好评和欢迎。广州王老吉积极打造农民工就业工作的"快乐之家""爱心之家"和"权益之家"。节庆假日、员工生日公司会及时组织慰问，公司还为一些农民工提供与亲人团聚的便利，提升农民工的归属感。公司完善的群团组织，为员工提供了健康丰富的文体娱乐活动，丰富了职工的业余生活，引导员工积极向上。

广州王老吉践行工匠精神，积极进行科技创新，成立了王老吉大健康研究院，培养高技能人才，对做出突出贡献的人才提供物质和精神奖励，充分调动了员工的积极性。并以王老吉管理学院为平台，为农民工的职业再教育提供了系统的培训服务。建立了任职资格体系，为农民工的多渠道发展铺轨搭桥。公司信息化的管理和考核体系，让农民工能够及时掌握自己的工作业绩和报酬，提升了农民工的职业安全感。

习近平总书记提出"人才是第一资源"。在广州王老吉，农民工是公司的人才资源的基础和宝库。在即将开启的"十四五"的伟大征程中，广州王老吉将与广大农民工一道，共同努力，改革创新，再攀高峰，为把王老吉打造成全球知名的民族品牌而不懈奋斗。

广东

深圳市欣旺达电子股份有限公司先进事迹

一、坚持并专注于精准扶贫招聘

欣旺达电子股份有限公司（以下简称为"欣旺达"）自2016年4月"精准扶贫"试点工作以来，参加了深圳市宝安区、光明区对接外地的每一场扶贫招聘会，累计参加20多场次，累计招聘扶贫地区建档立卡的贫困户超过1 600人，带动扶贫地区来深圳就业人员超过12 000人。

二、爱心专列，护送农民工回家过年

为号召社会各界关爱来深圳市的建设者，切实缓解他们春节"回家难"的困难，让其感受到深圳市的"爱"，由深圳福彩赞助的"2018年·爱心福彩——资助来深圳的建设者春节返乡"活动，以"鹏城有爱·温暖回家"为主题而展开。欣旺达第二扶贫组联合《深圳晚报》、深圳市人社局、百色市人社局、河池市人社局举办的过年农民工回乡专列活动也相继展开。欣旺达为每一位乘坐专列的农民工赠送了礼品，并作为唯一的企业派出了两名工作人员全程护送农民工回家。

三、开发疫情管理系统,确保企业安全复工复产

在2020年2月的开工前期,欣旺达的IT部门连续奋战72小时,紧急开发了员工疫情管理系统,并成功上线,让公司的所有员工每天填报行程信息。系统根据行程信息,对信息自动分类并进行风险识别,确保所有复工复产的员工零风险。此系统成功推广后欣旺达免费共享给同行企业使用,获得中央电视台的专题报道与好评。

四、共抗疫情,积极捐款

在疫情暴发初期,欣旺达积极响应政府的抗疫号召,为了尽企业的社会责任,欣旺达在第一时间捐款1 000万元支持抗疫工作。

五、千里接亲,安全返岗

在开工期间,为解决一些无疫情病例地区的健康员工返工难、路途安全风险大等问题,欣旺达疫情防控总指挥部在2020年2月初成立了专项团队,开始了千里"接亲",共奔赴广西、贵州、河南、云南等地,包车共计53趟,接回新老员工897人,解决了返岗员工的交通难题。

六、专心致"质",只争"罩"夕

在疫情期间,欣旺达专门成立了口罩的生产团队,并攻坚破难,努力生产,保障了公司的口罩供应,满足了员工的日常所需,并供应同行企业、客户及供应商使用。

广东省东莞市社会保险基金管理中心先进事迹

近年来,广东省东莞市社会保险基金管理中心(以下简称为"社保基金管理中心")始终坚持"以人民为中心"的发展思想,以服务全市的社会经济发展、维护改革发展稳定大局为宗旨,紧扣"民生为本"的工作理念,突出重点,狠抓落实,持续推进社会保障服务的均等化,切实维护农民工的社保权益。聚焦民生福祉、群众诉求,促进社保经办服务的提速增效,为农民工提供更优质高效的社保经办服务。积极抗击新冠肺炎疫情,坚决落实"六稳""六保"的工作任务,全力畅通、服务农民工"最后一公里",以实际行动不断提升农民工的安全感、幸福感与获得感。

一、助力复工复产,为农民工解决疫情带来的现实困难

面对疫情的冲击,社保基金管理中心紧紧围绕"六稳""六保"决策部署,进一步落实、落细已出台的支持企业特别是小微企业和个体工商户纾困、发展的各项政策,让企业得到更多实惠;稳定就业岗位,减轻疫情对农民工在内的劳动者就业和收入的影响,保障基本民生。

(一)开启农民工返莞的"绿色通道"。疫情袭来,东莞市不仅面临着疫情防控的压力,还要直面受疫情影响所带来的节后复工复产的难题。为帮助农民工快速返莞复工,保障企业复工复产安全有序地推进,社保基金管理中心按照市人力资源和社会保障局的统一部署,一方面将社保信息系统内的参保数据与市疫情防控指挥部的信息进行对碰,筛选出精确返乡的务工人员信息;另一方面集中精干的技术力量,仅用两天时间就开发出了"欢迎返莞"的应用,并于2020年2月20日在"东莞社保"微信公众号上火速上线。农民工可提前2天通过"东莞社保"微信公众号"欢迎返莞"功能栏填报手机号码、意向集合地、返莞所在地、预计返莞日期等信息,申报成功后再以包车形式免费接回东莞企业,为农民工提供"点对点、一站式"的专班服务,打通农民工返岗复工的"最后一公里"。在做好本职工作的前提下,市社会保险基金管理中心选派干部职工160余人次,累计前往11个地市各区县、安排专车40辆、接驳专线43辆、成功接返农民工1千多人,收获了农民工朋友们满满的感谢。

(二)落实、落细免减延缓及稳岗援企政策。在落实社保免、减、延、缓、补等优惠政策上,社保基金管理中心迅速成立由主要领导挂帅的政策落实工作专班,在没有上级文件指引、没有其他地市经验借鉴的情况下,主动作为,攻坚克难,改平日的"流水作业"为"并列作战",开启7×24小

时的工作模式，夜以继日地抢赶工期，确保所有优惠政策极速落地。做到应退尽退，在国务院阶段性减免政策发布当晚，社保基金管理中心连夜协调部门、调整系统，暂停待缴状态的6.90万家企业的8.77亿元的社保费划扣；在省减免政策文件刚出台的第二天，社保基金管理中心完成全市26.09万家2020年2月已缴养老、失业、工伤三项社保费的退费27.49亿元，使东莞市成为全省最早完成退费工作的地市，《人民日报》对该项工作做了专文报道，企业代表在新媒体推文下纷纷留言点赞。做到应减尽减，社保基金管理中心会同市税务局快速完成全市企业类型的划分工作，落实2—12月中小微企业养老、失业、工伤三个险种的单位缴费免收、2—6月大型企业三险的单位缴费减半征收，2020年2—7月，养老、失业、工伤保险共为企业减负109.61亿元，有效地助力企业应对疫情的冲击。做到应延尽延，社保基金管理中心从用人单位需延缴才提出申报调整为用人单位不需要延缴才提出申报，对没有申报缴费的单位默认为延缴，2020年2—8月，社保基金管理中心共为企业延缴养老、失业、工伤社保费47.76亿元，全市超过7成企业享受延缴政策，有效地助力企业盘活流动资金。做到应补尽补，社保基金管理中心加快完成已受理受影响企业的失业保险费的返还工作，2020年1—9月，全市发放受影响企业的失业保险费返还支出3.43亿元，惠及企业1 814家。加快推进2020年度稳岗返还工作，并将所有受疫情影响企业的稳岗返还政策裁员率放宽至2019年度全国城镇调查失业率控制目标（5.5%），对参保职工30人（含）以下的企业，裁员率放宽至不超过企业职工总数的20%，2020年1—9月，全市发放稳岗返还支出2.38亿元，惠及企业16.14万家。

（三）多举措推进失业补助金发放，确保失业农民工各项待遇应保尽保。为应对新冠肺炎疫情影响，切实保障符合条件的农民工的基本生活，社保基金管理中心多举措、全方位持续推进失业补助金的发放工作。通过新闻媒体、门户网站、微信公众号加大政策、业务宣传；通过走进产业园区、走进企业、走进社区，直接面对广大外来员工，开展现场政策问答咨询，现场为农民工办理失业补助金申领业务等送政策、送服务活动。通过社保大数据信息比对，整理符合申领条件人员清单，并通过点对点发送手机短信提醒，实现从"人找政策"到"政策找人"的转变。为持续保证失业补助金应审尽审、快审快发，社保基金管理中心成立了失业补助金审核工作小组，全市整体共同推进，在全市社保经办日常工作繁重、人手紧张的情况下，社保基金管理中心组织全市社保经办队伍按业务量情况加班加点审核。为提高审核通过业务的发放率，社保基金管理中心急事急办、特事特办，组织经办人员对因银行账号有误拨付失败的申请人进行排查并逐一联系，全力确保失业农民工在特殊时期及早得到生活保障，让他们都能享受到政策红利。

二、持续提升服务水平，为农民工提供便捷高效的社保经办服务

为推进社保经办服务"放管服"改革，社保基金管理中心依据"数字化经办、零距离服务"的思路，强化信息建设，优化服务流程，创新服务方式，持续开展"零跑动、零见面"服务提升行动，积极畅通服务农民工的"最后一公里"。

（一）推进关联事项"打包办"。社保基金管理中心严格遵照"人社服务快办行动"的工作要求，

结合东莞市的特点和优势，对人社服务10个"打包一件事"中所涉及的社保服务事项进行全面梳理和整合，建立工作台账，跟踪各"打包办"的项目落实进度。着力整合与农民工切身利益相关的"一件事"社保业务打包办理，如实现养老保险一次性死亡待遇（或养老保险个人账户余额）打包办；办理失业金时无须收取解除劳动关系证明，而是直接读取系统中单位提交的减员原因；通过人社部门内部信息共享，一次性办理包括工伤医疗费、一次性工伤死亡待遇以及供养亲属抚恤金的长期待遇在内的工伤死亡相关的所有待遇项目申领。

（二）推进高频事项"提速办"。社保基金管理中心实现高频事项网上办、指尖办，如通过"东莞人社"微信小程序实现个人参保增减员、个人资料修改、个人缴费工资申报、转出参保凭证打印、社保关系转入申请等高频事项网上的全程办理。

（三）推进业务事项"简便办"。社保基金管理中心通过简化流程、数据共享等方式进一步精简办事材料，严格落实已取消证明事项材料的要求，缩短办理时限。将社保卡的制卡周期从原来的1个月缩短至10分钟，真正实现了社保卡新制卡与补换卡业务的立等可取；针对劳动能力鉴定的法定办结时限较长的情况缩减办理时限30天。目前，在119项社保窗口服务中，包括所有养老、失业待遇核发个人业务等88项已实现即时办结，剩余31项主要为需核算复核后汇总出账的医疗、工伤待遇业务，以及部分需其他部门协助审核的关系转移和补缴业务。

三、致力于保障职业安全，为农民工提供完善的工伤保险体系

社保基金管理中心坚持把人身安全、经济保障、回归社会的有机结合作为维护广大在岗农民工切身利益的安全屏障，自2009年起，在全市范围推开预防、补偿、康复的"三位一体"的工伤保险体系建设，为农民工提供全面的工伤保障。

（一）充分发挥工伤预防对安全生产管理的促进作用。社保基金管理中心着力强化全国工伤预防试点的成效，连续9年开展工伤预防职业健康体检活动，每年为全市约1万名职业病高风险的在岗农民工提供免费的职业健康体检；连续9年开展重点企业的工伤的预防教育培训，联合市住建局开展"同舟计划"，组织建筑工程参保农民工举办多场建设工程应急演练暨工伤预防宣传活动。选定模具行业为工伤预防重点行业，2017年撰写形成《模具行业工伤预防指导规范》，为全国工伤预防工作提供了可复制、可推广的经验、借鉴。

（二）充分发挥工伤赔付对工伤农民工生活的保障作用。社保基金管理中心优化工伤认定业务环节，简化工伤认定程序，规范工伤认定业务操作及文书送达，在全省率先启动医疗工伤基金先行支付的业务，并按照国家、省的有关规定及时提高工伤待遇，提高对工伤农民工及其家人的生活补偿。

（三）充分发挥工伤康复对农民工重返社会的扶助作用。社保基金管理中心加强对工伤康复协议机构的考评管理和业务操作管理，为康复职工建立了康复文化平台，增强对康复职工的"人文关怀"，并主动做好早期的康复介入，引导、推选符合条件的农民工进行工伤康复。在收治的工伤康复农民工中，目前已有近80%重返工作岗位。

潮州市三环（集团）股份有限公司先进事迹

广东

潮州市三环（集团）股份有限公司（以下简称为"三环集团"）成立于1970年，于2014年在深圳证券交易所上市（证券简称：三环集团；证券代码：300408），是全国领先的电子元件、先进材料产业基地。集团公司下属有5个事业部，在德国、泰国、广东深圳、四川南充等地设立子公司。公司被认定为国家高新技术企业、国家技术创新示范企业、国家企业技术中心、中国制造业单项冠军示范企业，已连续31年入选中国电子元件百强企业。企业拥有员工4 800人，其中农民工1 800人。

三环集团始终坚持科技创新，形成以先进材料为依托的多门类产业，产品已覆盖到手机、电子、通讯、机械、电气、新能源等应用领域，智能手机后盖、光纤陶瓷插芯、陶瓷封装基座（PKG）、氧化铝陶瓷基板、多层陶瓷电容器（MLCC）等是其主力产品。三环集团一直秉承"诚信勤勉、科技创新、协作友爱、尊重人才"的企业文化，致力于建立和完善员工的职业发展平台和福利保障，提高员工的收入，促进员工创新，体现个人的价值，促进员工与公司相互依存、共同发展，形成团结、和谐、凝聚力强的人文氛围。

一、遵纪守法，维护职工权益

三环集团在招用人员时坚持贯彻、执行《劳动法》《劳动合同法》等相关法律法规，依法与劳动者签订劳动合同，签订率达到了100%，合同内容全面、合法，程序规范。同时，公司对合同的执行情况给予监督，确保公司按照合同的约定行使权利，履行义务。

三环集团认真执行社会保险的法律法规，为全体员工办理养老、工伤、失业、医疗、生育等社会保险，缴纳住房公积金，维护了职工的合法权益，使员工具有较强的归属感。公司承诺绝不拖欠员工工资，每月均按时、足额为员工发放工资。公司创办近50年，从未拖欠过员工一天的工资。

三环集团贯彻、落实劳动安全和职业卫生的法律法规。遵照国家规定标准，设立劳动保护措施；定期开展安全生产教育培训，提高员工的安全意识；定期开展公司环境与安全检查，有效预防安全事故的发生；定期组织员工进行健康体检，切实保护好职工的安全和健康。

二、以人为本，提供优厚福利

三环集团制定待遇优厚的福利制度，实行人性化的管理，为员工提供优厚的福利待遇。制定实施了50多项员工的福利项目，实施《技术、管理创新奖励规定》，对在工作中做出业绩的人员给予奖励，实施《技术职务评聘规定》，每年按人员的不同技术创新水平评聘不同的技术职务，并给予职务工资、技术津贴、休假等技术职务待遇。此外，还实行新员工进厂补贴、困难职工补贴、员工生日贺礼、班组活动基金、就餐补贴等福利，让员工共享公司发展的成果。

三环集团为员工提供优良的生活环境。公司投入大量资金购置了30多辆员工大巴，解决了员工上下班的交通问题；购买了200多套公寓式商品房，为员工提供高水平的住宿条件；建设了员工食堂，员工每餐只需1元；修建了篮球场、恒温游泳馆、健身房、图书室等，丰富了员工的业余文化生活。

三环集团组织各类活动，塑造企业文化。每年中秋节为员工举办大型的集体婚礼，特别是农民工，让他们感受到家的温暖；公司组织新婚员工拍摄婚纱照、环游潮州景区，并举办大型集体婚礼晚会。在举办集体婚礼期间，公司为员工送上新婚礼物，包括黄金项链、手机、洗衣机等，并邀请员工亲属参加，为其报销路费与住宿费。截至2020年，公司已经举办了18届集体婚礼。

在每年春节来临之际，为营造欢庆、祥和的节日氛围，让更多的农民工家属感受企业文化，三环集团在春节放假前举办春节游园活动，包括拔河、猜谜、抽奖等系列活动。在活动期间，公司的公众区域对员工家属开放，并邀请其参与各项游园活动。此外，还不定期地举办单身联谊活动，给农民工搭建起一个互动交流、结识新同事的平台；多次开展素质拓展活动，定期组织农民工入职旅游等各类活动，提高新入职的农民工的凝聚力，促进新员工融入大集体，适应公司的氛围。

三环集团建立了完善的员工技能培训体系。重视企业文化的建设，为员工提供了多种多样的培训机会，包括入职培训、安全培训、技能培训、知识培训等，让员工能利用公司的平台不断提高自身的技能。

三、集思广益，健全民主制度

三环集团重视民主建设，在公司内建立了党支部、工会和共青团及妇女联合会等组织，并积极发挥党、团、妇联、工会等组织的监督作用，共同参与制定和修改企业的规章制度，为公司的政策提供群众基础和理论依据。三环集团在出台重要的制度或文件前，都会形成"征求意见稿"，广泛征求各单位、各组织的意见，集思广益，形成更优化、更完善、更具可操作性的制度后，才会正式颁布实施，使公司的各项制度切合实际，切实服务于企业的运行，维护广大职工的权益。

三环集团实行员工监督制度，每年进行一次合理化建议活动，广泛收集员工的意见。而且公司内还设立董事长信箱、投诉建议电话、投诉建议QQ等，时刻接收员工的投诉和建议，对符合实际的投诉和员工的合理化建议及时向相关单位反馈和处理，让广大员工发挥监督作用，参与公司的建设。

三环集团建立企业劳动争议调解组织和工作制度，对影响劳动关系和谐性的问题及时发现、及时调解，创造一个和谐稳定的劳动关系氛围。公司始终把员工的利益放在第一位，切实保障员工的合法权益，努力改善员工的生活环境，解决员工的实际困难，丰富员工的业余文化生活，逐步走出了一条关心员工，依靠员工共谋发展，让员工共享成果的可持续健康发展之路。

2020年初，受新冠肺炎疫情的影响，不少小微企业乃至成规模的企业在疫情期间被迫关闭或缩减产量、裁员降薪，造成很多人员的失业。

但受益于国内5G行业的推动和各级政府的帮助，三环集团积极稳定地发展经济，不断开拓市场和扩大产能，在疫情期间增加了上千个就业岗位，积极招收本地和周边的农民工，提供上岗技能培训，引导他们快速适应工作岗位，用自己的双手改变现状，助力脱贫攻坚。在疫情期间，三环集团坚决贯彻、落实习近平总书记关于疫情防控工作的重要指示精神和党中央的决策部署，积极参与和支持疫情防控。三环集团心系每一位农民工的安全，特别是在湖北地区的农民工，给每人寄去了一封慰问信。三环集团在第一时间在国内外寻找口罩采购渠道，购买口罩配发给每一位员工及其家属，解决大家的燃眉之急，全力保障大家的安全。为了保障员工的健康和安全，在湖北疫情防控封锁期内，身处湖北的三环集团的农民工均为带薪休假，在休假期间工资照常发放，待封锁解除后农民工再回公司上班。湖北的农民工对此非常感动，并有多人表示希望将自己的工资捐助给其他受疫情影响的地区。三环集团全力保障公司复工人员的安全返岗，助力复工复产的顺利进行，三环集团安排包车接送农民工返岗，顺利从1 000多千米外的南充抵达潮州。车辆采取"点对点""一站达"模式。所有乘车人员都需要经过身份登记、体温测量，以保证全程的行车安全。

同时，三环集团于2017年倡议发起潮州市三环慈善会，积极履行社会责任，帮扶周边和公司内部的困难职工，每年定期发放贫困生活补贴和贫困家庭子女助学金，为扶贫提供力所能及的支持。未来，三环集团将持续发展经济和增加就业岗位，继续为脱贫攻坚战役和"六稳""六保"战略贡献力量。

广西壮族自治区人力资源和社会保障厅农民工工作处先进事迹

广西壮族自治区人力资源和社会保障厅农民工工作处（以下简称为"农民工工作处"）承担着广西壮族自治区农民工工作领导小组办公室的日常工作。近年来，在领导小组和厅党组的领导下，围绕脱贫攻坚、农民工就业创业和技能人才队伍建设等方面，农民工工作处取得了突出的成效。特别是在2020年抗击新冠肺炎疫情、稳就业和助力返岗复工期间，农民工工作处牵头农民工返岗复工"点对点"工作，成绩显著，得到各级领导和群众的高度认可。国务院农民工工作领导小组《简报》两次报道了广西农民工就业创业的工作经验，其中一期做了专题报道；鹿心社书记、陈武主席、秦如培副主席、黄伟京秘书长、李彬副主席均对广西全力推动企业复工复产，全力服务保障好农民工返岗复工"点对点"工作做了批示，给予了肯定；2020年3月12日和19日，广西农民工返岗复工有关工作先后两次得到人力资源和社会保障部办公厅的通报表扬；2020年3月7日中央电视台新闻联播节目播出的《各地高效推进企业复工复产》新闻报道了广西的做法；2020年9月29日，在全国农民工工作培训班上，广西做了《竞技成才 就业圆梦广西 以赛促训推进农民工技能人才队伍建设》的经验发言。

一、战疫情稳就业，全力保障农民工返岗复工

农民工工作处具体牵头广西农民工返岗复工的"点对点"服务保障工作，承担全区人社系统农民工返岗复工"点对点"工作专班办公室和全区强化就业用工工作专班综合组的相关工作。

（一）不畏艰险，敢于担当。农民工工作处在编在职的干部只有4人，自疫情发生以来，全体同志坚决服从领导小组和厅党组的决策，毫不犹豫地承担起领导广西农民工抗击疫情和返岗复工的重任。在疫情一级响应期间，农民工工作处严格履行到岗值班任务，持续24小时在岗，积极协调各地各级各部门的工作，共同抗击疫情，引导农民工安全有序地返乡返程。全处同志先后分赴14个市，60多个县（区），深入企业和乡镇、村屯，积极推动复工复产，全力促进农民工稳就业保就业的工作。

（二）主动作为，勇于创新。一是主动做好疫情防控的应对，提前谋划，主动作为。农民工工作处在全国率先组织召开全区农民工返岗复工"点对点"服务保障工作视频工作会议，对全区开展农民工返岗复工"点对点"服务保障工作进行了动员和部署。指导各级部门认真做好用工监测，撰写

整理一系列的广西就业、社保、劳动关系的最新人社政策，有效引导、推动春节后农民工的返岗复工。二是勇于创建政策保障体系。创新出台了《关于支持打赢疫情防控阻击战 促进农民工就业创业的通知》等政策，通过发放防疫补贴、就业补贴、亏损补贴等多种渠道帮扶农民工的重点困难群体暂渡难关，支持打赢新冠肺炎疫情的防疫战。制定《广西农民工赴粤等地务工疫情防控工作方案》等一系列文件，指导各地重点抓好用工需求监测、农民工外出务工信息监测、大数据比对等工作的落实。开发《广西外出务工人员电子证明二维码》网上功能，借助线上优势，为各市开展活动提供统计、预约和组织等信息化支撑。三是围绕中心工作创新区市合作。牵头推动人社厅与南宁市人民政府签署《强首府助用工稳就业合作备忘录》，出台了支持强首府战略的十条措施，有力地助推了南宁市疫情期间农民工返岗复工和稳就业工作。

（三）强化合作，务求实效。一是统筹协调，做好专班综合工作。农民工工作处牵头撰写制定《自治区强化就业用工工作专班方案》和《农民工返岗复工"点对点"服务保障工作专班方案》，并统筹协调各成员单位和市县做好全区企业复产复工和农民工返岗复工的服务工作。二是牵头推动省际劳动力的转移合作。推动了广东、广西两省（区）政府签署《合作备忘录》；与浙江省人社厅签订工作协议等，统筹做好省际疫情防控和经济社会秩序的恢复工作。

目前，全区累计返岗复工农民工1 258.54万人，总返岗率98%；未发生大规模失业和返乡回流的情况，农民工就业形势整体稳定。

二、助脱贫促就业，积极推动农民工就业创业

（一）不断创新政策，优化农民工就业创业环境。农民工工作处积极出台政策，对企业吸纳的农民工就业予以带动就业奖补，对农民工创办经营实体予以创业奖补。相关政策对建档立卡的贫困劳动力提高标准，重点扶持，促进脱贫攻坚。累计发放农民工创业补贴等各项奖补9 982.86万元，惠及农民工33.15万人。

（二）打造平台推进全区农民工就业创业。一是积极推进全区38个自治区级农民工创业园建设，积极引导农民工返乡创业就业。截至2020年第3季度，全区38个自治区级农民工创业园有入驻企业1 086家，提供岗位55 145个，带动就业11.26万人。二是完善劳务品牌体系建设，打造广西"金桂花"劳务品牌，规范行业标准，积极开发、推广家政劳务品牌的线上培训服务系统。三是借力数字平台经济促进就地就近就业。推动人社厅与顺丰速运公司签订"稳就业促脱贫"合作框架协议，在全区开展农民工就近就地就业安置计划、挂牌督战贫困县就业脱贫结对共建计划和创业助推计划。

（三）以赛促训促进全区农民工技能人才队伍建设。农民工工作处连续举办6届全区农民工大赛，推行农民工技能大赛技能水平证书，并发放技术技能提升补贴。全区累计有12万名农民工参加技能大赛，带动岗位练兵近60万人次，颁发技能水平证书共6.51万本，发放技术技能提升补贴167.73万元。有200多名选手获得"广西技术能手"称号，有35名选手获得"广西五一劳动奖章"。

目前，广西农民工总量达1 287.2万人，比2019年度增加13.6万人，增长1.1%，就业规模进一

步扩大；广西外出农民工人均月收入 3 909 元，比 2018 年增长 8.2%，农民工就业质量进一步提升。拖欠农民工工资案件数量、涉及金额及人数同比分别下降了 76.9%、79.43% 和 81.87%，降幅分别排全国第二、第六和第二位，全区未发生因拖欠农民工工资引发的 50 人以上的群体性事件和极端事件。

三、扎实推进农民工服务保障工作。

农民工工作处积极发挥领导小组办公室职能作用，加强与成员单位的沟通联络，协调成员单位不断提升农民工公共就业服务质量、享受基本公共服务水平、促进农民工的社会融合。积极组织各成员单位开展服务农民工的系列活动，促进农民工的社会融合。如组织优秀农民工外出考察学习，举办广西在粤务工人员恳谈会，举办在粤务工农民工骨干培训班，开展广西在粤农民工子女金秋助学活动，举办农民工春节"贴心服务、温暖回家"系列活动，开展农民工维权的法律援助活动，实施面向农民工的高职扩招，推进"求学圆梦行动"等。

广西壮族自治区横县人民法院先进事迹

一直以来，广西壮族自治区横县人民法院坚决贯彻、落实党中央、国务院关于保障农民工合法权益的有关精神，充分发挥审判职能，依法公正、高效地审判、执行涉农民工的案件，切实维护农民工的合法权益，并取得良好的成效。自2020年以来，横县法院共受理涉及农民工的案件275件，涉及农民工人数683人，涉案金额2 110.7万元。上述案件都已得到妥善处理。

一、强化组织领导，完善制度保障

横县法院高度重视涉及农民工案件的审理，通过党组会、审委会等多种途径研究分析，进行风险排查、防控，研究案件审理和维稳的相关事宜，通过制定涉及农民工案件的工作实施方案、完善服务细节、争取党政支持等举措服务于农民工。针对所受理的涉及农民工案件的种类和特性，横县法院成立以分管副院长为组长，各业务部门负责人为组员的"涉及农民工案件的工作领导小组"，定期召开会议，研究问题、解决问题，协调各方共同做好农民工的服务工作。

二、畅通涉及农民工案件的"绿色通道"，保障农民工及时实现权益

对于涉及农民工维权的案件，横县法院畅通立案绿色通道，及时对案件材料进行审查，对符合立案条件的涉及农民工权益的案件，优先立案、优先移送审理、优先财产保全。对进入强制执行阶段的案件，穷尽执行措施以确保执行到位，保障农民工的合法权益。自2020年以来，横县法院共立案执行涉及农民工的案件193件，结案121件，涉及人数580人，涉及金额1 816.5万元，执行到位576.75万元，集中发放农民工工资2次，发放金额284.45万元。

2020年8月，横县法院通过多方联动快速执结一批涉及农民工劳动报酬的案件。2018年4月至2019年7月，卢某来等35名农民工先后在广西某建筑安装工程有限公司南宁某公司的项目部提供木工、杂工等不同种类的劳务。由于建筑公司未按时支付劳务款，农民工向横县劳动监察大队投诉并请求帮助。横县劳动监察大队积极引导工人通过诉讼追索劳务款，并寻求横县法律援助中心的支持。受理案件后，对该案件进行快立、快调，并促使双方达成协议。由广西某建筑安装工程有限公司等3名被告支付卢某来等35名农民工劳务工资534 558.35元。立案执行后，根据财产查控结果和当事人

提供的线索，横县法院迅速采取执行措施，提取被执行人在横县劳动监察大队的农民工工资保障金，并处置被执行人在其他地方的财产。最终，全部劳务工资534 558.35元执行到位，并在第一时间向35名农民工集中发放。

三、创新多方联动，构建完善的保护体系

为了及时解决涉及农民工的案件，横县法院创新维护农民工合法权益的举措，积极与劳动、人社、住建等部门联动沟通，建立重大信息通报、联动预防机制，定期召开联席会议，推动涉及农民工纠纷的化解前置。

2020年1月，横县某建筑工程项目的农民工因未按时领到劳动报酬，多次到该项目部聚集、拉横幅，给疫情防控带来风险。经横县人社局核查，发现该项目总承包单位——浙江某建设集团拖欠173名农民工劳动报酬共390万余元。而因横县某房地产公司与浙江某建设集团建设施工合同纠纷一案，横县法院依法裁定冻结了浙江某建设集团公司的账户资金，导致这173名农民工的工资无法发放。于是，横县人社局向横县法院发来《关于申请留置保全款的函》，请求预留用以支付浙江某建设集团拖欠的农民工工资的70%。收到函件后，横县法院立即与横县人社局、住建局召开协调会。随后又召开由人社局、住建局、横县某房地产公司、浙江某建设集团代表参加的解决农民工工资及在建项目复工复产等问题的协商会。经协调，涉案公司同意从冻结的账户中扣划231万元用于解决拖欠农民工工资的问题。于是横县法院立即安排干警赴浙江省杭州市某银行，将冻结于账户内的231万元解冻后扣划至横县法院专用账户。该款项于2020年4月2日向173名农民工集中发放。

四、加强社会面法制宣传，为农民工维权保驾护航

横县法院充分发挥审判职能的作用，积极开展涉及农民工案件相关法律知识的宣传。举办涉及农民工案件的社会法制的专题宣传，做好农民工维权的助手和参谋。针对农民工最关心关注的难题和困惑进行专业的讲解和宣传，为农民工及时依法维护自己的合法权益第一时间提供了法律服务。自2020年以来，横县法院举办涉及农民工权益保障的专题宣传3次，受教育的农民工约200余人。

广西壮族自治区贵港市人力资源和社会保障局先进事迹

近年来，广西壮族自治区贵港市人力资源和社会保障局认真学习、贯彻习近平总书记关于农民工工作的重要指示批示精神，落实党中央、国务院和自治区党委及政府关于农民工工作的决策部署，不断提高政治站位，增强做好农民工工作的责任感和紧迫感，紧扣"民生为本"的工作主题，结合各个时期的农民工工作重点，不断调整思路和工作方式，充分发挥农民工工作领导小组的综合协调作用和各成员单位的职能作用，在稳定和扩大农民工就业创业、提高农民工职业技能、维护农民工劳动保障权益和完善社保体系等方面强抓落实，促进全市农民工工作取得实效。2019年被广西人社厅授予"2016—2018年度广西就业促进工作先进集体"；2017—2019年落实就业政策措施成效明显，荣获自治区人民政府办公厅督察的激励通报；2016—2018年度保障农民工工资支付工作在全区绩效考核中排名前三位，2018年和2020年分别获得"广西第五届农民工技能大赛优秀组织奖""广西第六届农民工技能大赛优秀组织奖"，2015—2019年连续5年荣获人力资源和社会保障部、国家工商行政管理总局关于清理整顿人力资源市场专项行动的通报表扬，其下属单位中的社会保险事业中心被人力资源和社会保障部授予"2017—2019年度全国优质服务窗口"等荣誉称号。此外，贵港市人力资源和社会保障局多次在全区农民工就业创业工作会议、全区公共就业服务暨就业扶贫会议、全区根治欠薪专项整治行动现场会上作典型经验发言。其主要做法是：

一、搭好平台，打实农民工服务工作的基础

自2015年8月以来，贵港市高度重视创建自治区级示范性农民工创业园工作，按照"六条"标准，以可操作、可复制为准则，举全市之力，超常规加快推进农民工创业园的建设工作。目前，全市5个县（市、区）已有3个县（市、区）建设有自治区级的农民工创业园，为外出务工返乡人员返乡创业就业提供便利。截至2020年9月底，入驻农民工创业园的企业有66家，其中农民工创办企业51家；提供就业岗位3 742个，吸纳就业人数3 205人，其中吸纳农民工就业人数3 053人。

贵港市人力资源和社会保障局在2016年就完成了全市74个乡镇（街道）社保服务中心的规范化建设，实现"机构、人员、场地、设备、网络"五到位标准。2017年大力推进全市1 173个行政村（社区）综合服务中心的建设，按照"有人员、有场地、有设备、有流程、有网络、有经费"的六有标准建设社保就业服务窗口，有效地构筑自治区—市—县（市、区）—乡—村五级社保就业服

务平台，打实农民工服务工作的基础。

二、优化服务，稳定和扩大农民工就业

（一）开展就业专项活动及招聘会，促进农民工就业。为促进高校毕业生、农民工、退役军人等各类城乡劳动者就业，贵港市人力资源和社会保障局积极组织开展春风行动暨就业援助月、百日千万网络招聘、民营企业招聘周、农村贫困残疾人就业帮扶、易地扶贫搬迁就业帮扶及2020年"两后生"就业帮扶等专项活动，为企业和城乡青年求职者牵线搭桥，截至目前2020年度已举办现场招聘会及线上招聘会45场次，提供就业岗位10万多个，用人单位与求职者达成就业意向2万多人次。

（二）多措并举助力农民工返岗复工。2020年以来，面对新冠肺炎疫情防控和经济社会秩序恢复的双重压力，贵港市人力资源和社会保障局始终保持发展定力，因势而谋、应势而动、顺势而为，组织农民工安全有序地务工返岗、积极服务于疫情防控和企业复工复产，在农民工转移就业、返岗复工、迅速兑现政策等方面采取了系列的有效举措，有力地推动了农民工的返岗复工。在疫情期间，贵港市人力资源和社会保障局出台《关于做好点对点专车接送务工人员服务工业园区企业复工复产的通知》，对村委、经营性人力资源服务机构、企业包车拼车接送农村劳动力返岗或进行面试的，按每人100元给予交通补助，累计帮助农民工在市内返岗就业6万余人。

（三）村（社区）送工和"项目制"送工双管齐下促进农村劳动力转移就业。2020年以来，贵港市人力资源和社会保障局创新推行村（社区）两委送工和"项目制"市场化社会化送工相结合的方式，调动村（社区）两委和中介机构为园区企业和重点企业输送工人，促进农村劳动力转移就业。截至目前，村（社区）两委和人力资源服务机构已向企业推荐、输送19 514名农村劳动力，成功入职录用9 084人。

（四）积极筹措资金，迅速落实农民工就业创业扶持政策。贵港市人力资源和社会保障局积极主动筹集农民工就业创业补助资金和就业补助资金，落实鼓励和支持就业创业政策的工作力度大，较好地促进了农民工的就业创业。2018—2020年共筹集4 832万元农民工就业创业补助资金，已支出3 758.56万元，其中创业奖补支出2 116.7万元，累计支持农民工创业4 205人。2018—2020年共筹集3.92亿元就业补助资金，其中2018年共计6 570万元，较2017年增长85.57%；2019年共计1.32亿元，较2018年增长100.91%；2020年共计1.94亿元，较2019年增长46.97%。截至2020年9月底，累计支出职业培训补贴、带动就业补贴、社保补贴、创业补贴、城镇公益性岗位补贴和乡村公益性岗位补贴等各项就业创业补贴3.22亿元，有效地推动了农民工的就业创业。

三、提标扩面，有效提升农民工就业技能

近年来，贵港市人力资源和社会保障局以开展"千村万企"大培训为抓手，扎实推进职业提升三年行动，积极构建市、县（市、区）、乡镇（街道）、行政村四级纵向联动机制，提高培训的组织化程度，层层分解落实任务，充分发挥乡镇就业社保服务中心工作人员和行政村就业社保协管员的

作用，广泛发动农村劳动力参加培训，"培训下乡进村"成效明显。围绕贵港市技术技能型人才短缺和企业发展的需要，贵港市在全区率先开展"项目制"技能培训，以农村劳动力特别是贫困劳动力为重点，由人社部门根据企业用工和就业市场需求明确培训项目，委托有资质的培训机构具体实施，突破当前制约大规模开展职业培训的瓶颈问题，充分释放培训活力。结合贵港市农村劳动力的实际，贵港市人力资源和社会保障局出台了《农村转移劳动者项目制技能培训实施方案》，鼓励培训机构开展"订单式"用工输送技能培训、就业扶贫车间从业人员技能培训和油纸伞、藤编、竹编等地方特色产业从业人员技能培训，提高农村劳动力特别是贫困劳动力的技能水平。近三年来，贵港市职业技能培训量和培训资金支出一年比一年大幅度增长，由2017年的4 949人次增长到2020年的82 416人次，翻了四番（16倍）；培训资金支出由2017年的533.14万元扩大到2020年的11 750万元。3年累计完成15万人次技能培训，其中农民工技能培训人数达到6.5万人。

四、保障权益，多措并举为农民工维权

（一）抓好农民工参保工作。近年来，贵港市人力资源和社会保障局紧紧牵住社会保险扩面征缴工作的"牛鼻子"，创新工作的方式方法，进一步扩大社会保险覆盖面，督促各类用人单位为农民工依法缴纳社会保险费，目前全市农民工参保人数为2.85万人。

（二）抓好农民工劳动争议仲裁案件处理工作。仅2019年，全市各级劳动人事争议仲裁机构共立案受理劳动争议案件869件，结案率达98.3%，比自治区下达的90%指标高8.3个百分点，案外调解935件，涉及案件的农民工人数共1 963人。

（三）抓好劳动保障监察执法工作。贵港市人力资源和社会保障局充分发挥根治拖欠农民工工资牵头单位的作用，压实行业主管部门责任，形成全市治欠"一盘棋"的工作格局。强化事前监管，实行新开工项目用工备案制度；强化源头综合治理，在工程项目施工许可证审批、招投标等环节，严格落实农民工工资专用账户管理制度、总包代发制度等，全市在建工程项目"一金七制度"覆盖率达100%；强化项目监管，建立欠薪隐患清单管理制度，明确整改时限，对可能影响社会稳定的项目进行挂牌督办；加大执法力度，对重大劳动保障违法案件及时向社会公布，加大对恶意欠薪单位列入拖欠农民工工资"黑名单"并向社会公布，加大对违法行为的威慑力。近年来，全市拖欠农民工工资案件数量、涉及人数和金额持续保持下降态势，拖欠农民工工资举报投诉案件结案率达100%，而且全市未发生一起因欠薪而引发的突发性群体事件，较好地维护了农民工依法取得劳动报酬的权益和社会的和谐稳定。

海南省三亚市人力资源和社会保障局先进事迹

近年来，三亚市人力资源和社会保障局（以下简称为"三亚人社局"）以习近平新时代中国特色社会主义思想为指导，认真贯彻、落实党的十九大和十九届二中、三中、四中全会精神，坚决贯彻执行党中央、国务院，省委、省政府和市委、市政府关于农民工工作的决策部署，推动落实"六稳""六保"工作要求，坚持疫情防控和复工复产工作两手抓，科学建立服务保障机制，全链条精准服务于农民工就业，全方位保障农民工的劳动合法权益，促进经济社会发展，保持就业局势稳定，推进了海南省自贸港的建设。2016年至2019年全市累计城镇新增就业岗位137 264个次，完成十三五规划（以下简称为"规划"）任务的169.68%；农村富余劳动力转移就业43 385人次，完成规划任务的173.54%；下岗失业人员实现再就业13 304人次，完成规划任务的133.04%；城镇登记失业率始终控制在3%以内。2019年三亚市就业状况改善，农民工工资支付、社会保险等各项指标均排名全省第一；我局劳动保障监察支队在2012年至2019年全国清理整顿人力资源秩序专项行动中连续8年获得国家人力资源和社会保障部的通报表扬，在2012年至2018年海南省打击"非法用工"等违法犯罪活动综治考评中三亚市连续7年获得全省第一名，在2017、2018、2019年度海南省农民工工资支付考核工作中三亚市连续三年获得全省第一名、被评为A级的好成绩；劳动保障监察支队、劳动人事争议仲裁院被人力资源和社会保障部表彰为"全国人力资源社会保障系统2017—2019年度优质服务窗口"。

一、建立统一调度指挥机制，保障农民工返岗复工

（一）是健全服务保障机制。为做好疫情防控和复工复产工作，三亚人社局成立重点企业用工调度中心，下设综合组、信息收集发布组、点对点服务保障组、就业扶贫专项组四个专项组18人，统一调度协调，分工协作，推动复工复产和农民工返岗复工。

（二）实施"一站式"服务。三亚人社局建立"返岗、防控、复工"三位一体的点对点精细化服务体系，提供包机、包车"点对点"专项接送服务，实施排查、留观、检测三条防控措施，执行分类管理和封闭施工。累计全市返岗工人达5.2万人，包机6架次，指派专车出车179次，运送复工人员往返4 050人次。点对点服务的保障用工工作受到省人社厅的表扬。

（三）健全复工激励服务机制。三亚人社局率先出台在建项目返岗工人用工补贴（省外农民工2

月和3月返岗的分别给予施工单位1 000元/人，700元/人的用工补贴）和招录本省户籍农村劳动力用工补贴（200元/人的补贴）等政策措施，落实好重点企业（项目）交通补助、隔离期间生活补贴、一次性吸纳奖补等措施。全力支持和鼓励企业、在建项目复工复产和提供岗位吸纳农民工就业。累计发放各类奖补712.66万元，惠及企业（项目）77家次，6 552人次。

二、建立内联外输协作机制，促进农民工务工就业

（一）加强岗位供需对接。为支持返乡农民工返岗复工，三亚人社局积极开展"春风行动暨就业援助月"、海南自贸港全球三万人才招聘、农民工就业专场招聘会等线上线下岗位对接活动，2020年累计组织线上线下招聘会33场次，发布22 014个次岗位信息。

（二）强化内联输入协作。2010年，由三亚市作为主要务工输入地，牵头联合五指山、乐东、保亭、陵水、东方、昌江、白沙、琼中建立琼南九市、县就业联动机制，在岗位对接、技能培训、劳务输出等方面开展合作共享。2020年以来，累计向琼南各市、县发布就业信息30期，用工岗位信息约1万个，其中亚特兰蒂斯、公交集团、玫瑰谷等企业吸纳周边市、县贫困劳动力185人。

（三）实施精准外输服务。为解决因疫情影响导致无法复工就业的贫困劳动力返岗就业，稳固脱贫成果，三亚人社局紧密对接深圳比亚迪、珠海格力电器等外省大型用工企业，深入各村各户宣传发动，提供免费体检、接送服务、食宿安排、专人跟踪上岗等全链条外输服务，支持和保障农村劳动力外出务工，累计发动近100名农村劳动力外出务工。

三、建立技能提升培训机制，提高农民工就业能力

（一）健全农民工培训保障体系。出台《三亚市职业技能培训行动计划（2018—2021年）》和《三亚市职业技能培训补贴实施办法》，将三亚市市民纳入培训补贴范围，全民培训体系构建完成。同时通过财政支持，在全省率先并唯一给予农村劳动力每人每天生活补助50元，保障解决农村劳动力培训期间的生活问题，提高培训的积极性。

（二）构建多元化技能培训体系。三亚人社局结合实际，将安全生产、劳动权益维护等纳入培训课程，丰富教学内容。同时利用各级财政预算资金支持，创新开展游艇驾驶员、新能源汽车维修、求职技巧、公益性岗位提升等中、短期各类就业技能培训，拓宽培训范围，全方位提高农村劳动力综合素质。2020年以来累计开展农民工各类就业技能培训8 990人。

（三）打造培训就业直通车。三亚人社局联合市各大型企业、项目施工岗位需求，创新开展"订单式"和"建筑项目学徒制"培训，采取"培训+直聘"和"师带徒"的培养模式，打造培训就业直通车。2019年，帮扶乐东县60名贫困劳动力开展游泳救生员"订单式"培训，培训合格后其中的31名直聘上岗就业。2020年，在全省创新开展"学徒制"培训，崖州区中建六局学徒制培训班吸纳24名农村劳动力（贫困劳动力8名），在培训期间给予学员每人每天补助100元，有效地解决了复工期间企业用人和农民工就业的问题。

四、建立就业创业激励机制，激发农民工内生动力

（一）健全就业扶贫帮扶机制。三亚人社局在按省定要求开展"创业脱贫致富之星"评选的同时，2018年在全省将"转移就业脱贫之星"一并纳入评选活动，累计评选76名"双星"典型（2020年度评选双星29人）。同时，2018年率先出台就业扶贫基地认定办法，吸纳10人或20人以上的分别给予扶贫基地一次性奖励补贴3万元和6万元，累计认定扶贫基地18家，吸纳贫困劳动力414人。

（二）优化完善奖补流程。三亚人社局结合工作实际，精简优化各项就业扶贫奖补政策，累计减少身份证、扶贫手册等5项申报材料，解决贫困劳动力申报材料多的问题，提升就业扶持奖补核拨效率，增加贫困劳动力务工收入。2020年以来累计发放各类就业扶贫奖补901.41万元，惠及贫困劳动力5 771人。

五、建立欠薪治理长效机制，维护农民工合法权益

（一）加强监督检查。三亚人社局大力开展劳动保障监察日常巡查和根治农民工欠薪夏季行动、冬季行动等专项检查，严厉打击拖欠农民工工资的违法行为，督促用人单位严格执行劳动法律法规，依法签订劳动合同，缴纳社会保险，主动预防和纠正在劳动保障中的违法行为，维护农民工的合法权益。

（二）畅通维权通道。三亚人社局建立健全农民工劳动争议案件处理绿色通道制度，做好争议调解仲裁工作，对符合规定的争议案件适用简易处理和终局裁决进行快速处理。2017—2019年，全市劳动保障监察部门共协调解决农民工工资案件1 167件，为8 956名农民工协调发放工资合计2.37亿元。

（三）构建治理长效机制。三亚人社局严格落实"一随机两公平"的监管制度，全面落实建设领域农民工实名制管理、工资专用账户、按月足额支付工资、工资保证金和维权告示牌"五项制度"，建立劳动市场信用制度，开展企业劳动关系评级，对信用好的企业颁发信用评级牌匾，对违法违规的企业依法列入黑名单，加强信用惩戒，有力地维护了农民工的合法权益和社会的和谐稳定。

海南槟榔谷黎苗文化旅游发展有限公司先进事迹

海南槟榔谷黎苗文化旅游发展有限公司经营的海南槟榔谷黎苗文化旅游区位于海南省保亭县与三亚市交界的甘什岭自然保护区内，成立于1998年1月，是全国首家民族文化5A级旅游景区，国家非物质文化遗产生产性保护基地。现有景区员工1 200多人，其中黎、苗族原住民员工占80%以上。近年来，公司坚决贯彻落实习近平总书记"扶贫开发是全党、全社会的共同责任"与"小康路上一个都不能掉队"的讲话精神，不断创新旅游扶贫新举措，积极吸纳周边的农民工和贫困劳动力就业增收，带动周边村庄的贫困群众走上了脱贫致富之路子。

一、创新扶贫经验，构建旅游精准扶贫新路

在旅游扶贫过程中，海南槟榔谷黎苗文化旅游发展有限公司坚持输血和造血相结合，重在培育贫困群众的旅游扶贫内生动力和自我发展能力，促进景区与贫困群众共同发展。从刚开始的出钱、出力帮助周边村民改善生产生活条件等方式，逐渐转换为解决村民就业，帮助农户增加收入，引导黎族同胞挖掘民族优秀传统文化价值并进行商业开发，带领他们打造具有民族特色的文化旅游品牌。早年旅游景区未开发前，当地村民主要以农田为生，几乎无任何经济收入渠道，加上大部分人文化教育水平偏低，只能用体力活换取微薄的经济收入。公司成立以来始终坚持"依靠于民、让利于民"的理念，结合周边村庄的实际情况，提出了"公司+农户"的合作模式，2013年至2016年间，公司累计投入600多万元，打造一条拥有123个商铺的"惠农街"，并把它无偿地提供给村民自主经营农副产品，帮扶农户提高家庭收入，每户商铺年均创收达6万元，有效地带动了农户脱贫增收。此外，通过公司开发旅游资源的效应，还带动了村民在公司周边开设农家乐饭店、水果店、超市等，共计38家。

二、提供就业岗位，帮扶农民工获得稳定收入

勤劳能致富，为激发村民内生动力，公司根据村民的生产生活作息习惯，主动量身定制就业岗位，并推行"半天务农+半天务工"的弹性工作模式，事实证明，这种灵活的用工模式不仅让农户实现了"就业不离家、失地不失业、收入有保障"的愿望，还让村民实现了在家门口就业。据统计，

2019年公司及其周边各商铺"吃上旅游饭"的从业人员达1 500人。除了为村民提供就业机会，景区还为一些年长且有传统技艺的老人提供就业岗位，组织他们在景区内展示黎锦技艺，既宣扬了传统文化，又弘扬了经典技艺。

三、捐资助学，为农民工群体解决后顾之忧

为解决农民工子女上学难问题，2009年公司开始设立助学金，2009—2019年期间共资助贫困学生95名，资助金额1 189 273元；其中在公司周边的三道镇地区资助贫困学生31名，资助金额204 730元。近几年来，受到资助的学生也都怀着感恩之心回馈景区，毕业后都纷纷回到公司工作，就业涉及景区各类岗位，包括设计规划部、财务部、政务办公室、行政办公室等部门，公司也注重培养他们的能力，提升个人的综合实力。

四、村企并进，讲好"黎村故事"，助农脱贫

槟榔谷旅游景区2019年接待游客共计132万人次，营业收入1.49亿元；上缴税收2 230.5万元，员工的工资及福利支出保持2.84%的增长。2020年，公司与保亭县三道镇、新政镇、什岭镇分别签订了《旅游扶贫产业项目合作协议》，采取"村集体+公司"的模式带动三道镇甘什村、田滚村，新政镇新政村、石让村、新建村，什岭镇抄寨村、椰村、水尾村、坚固村9个贫困村共同发展旅游扶贫产业项目。公司为更好地落实保亭县的扶贫任务，结合公司实际的帮扶能力及贫困户的实际情况拟定了系列帮扶措施，包括建立贫困人员信息库，优先为贫困户提供就业岗位，鼓励无法到公司上班但又有编织手艺的人员在家里发展编织工艺品，提供贫困户助学、疾病救助等应急救助。

五、共同抗击新冠肺炎疫情，支持农民工返岗复工

受疫情影响，旅游行业面临前所未有的困境，周边村民的生产经营也受到了很大的影响。为减轻疫情影响，恢复生产，公司全力配合各防疫部门要求开展的各项防疫工作，积极采取了各种办法进行自救。公司的管理平台每天向全体员工通报公司的防疫工作情况，为员工购买疫情团体意外伤害保险，全体员工及员工家属均免费享受此待遇。同时，为了解决疫情期间农民工的收入来源问题，公司组织低风险区域的村民返岗复工，安排公司留守人员及周边民众组建临时工程队。组织发动"抗疫捐款活动"，公司和全体员工向保亭县防疫工作捐款共计74万多元，为抗击新冠病毒肺炎疫情工作献出了一份应有的力量。

公司在近20年的创业发展历程中，始终坚持把农业、农民、农村"三农"社会阶层有机融入旅游业的发展中，走出了一条有包容性的、可持续发展的道路，使旅游景区规模由创业之初的10多亩发展到5 000多亩，就业人数由70余人发展1 200多人，年营业额破亿元，年缴纳税额千万元，对带动村民脱贫致富，带动经济社会发展起到较大的促进作用。槟榔谷公司创建至今，先后荣获各类荣誉奖项共计212项，其中国家级36项，省级78项。

重庆市铜梁区人力资源和社会保障局先进事迹

近年来，重庆市铜梁区人力资源和社会保障局（以下简称为"铜梁区人社局"）认真贯彻、落实习近平总书记关于农民工工作的重要指示批示精神和党中央、国务院关于农民工工作的决策部署，坚持问题导向、精准施策发力，始终带着感情与责任做好农民工服务的保障工作。其相关的经验、做法被央视新闻频道、《经济日报》《半月谈》、重庆电视台、《重庆日报》等多家媒体宣传报道。

一、把老乡留在老家，实现"就业""用人"两促进

针对外出农民工返乡"就业难"、民营企业"人难留"的实际问题，铜梁区人社局持续开展"把老乡留在老家"专项行动，为返乡农民工和用工企业搭建起创业就业"无缝对接"的平台。

（一）大力宣传造氛围。铜梁区人社局依托区、镇（街）、村（社区）三级人力资源平台，开展进村入户走访、车站归途服务、政策宣讲等活动，广泛宣传就业创业扶持政策。在中秋、春节等流动人员返乡的重要节点，组织召开返乡人员座谈会，组织4 000余名返乡农民工到重点企业参观体验，发放"把老乡留在老家"宣传年画11.5万张，企业用工手册6.5万册，引导农民工就地就近就业。

（二）牵线搭桥建平台。铜梁区人社局建立全区招工用工需求"动态清单"，组建"龙乡人才"招聘平台，以城区商圈广场为"主战场"，常态化开展"就业援助月""春风行动""农民工日"等专场招聘会30余场，帮助用工企业"直招"工人，减少中间环节，降低招工成本。累计回引3.8万余名在外农民工返乡就业创业，帮助区内企业新招工1.2万余人。

（三）订单培训扶创业。区级领导带领调研组深入工厂、社区、村社调研，了解企业用工需求和工人就业意愿，与9所院校结成职业教育联盟，为72家签约企业开展"订单式"培训。落实返乡创业重点企业贴息、一次性创业补助、创业担保贷款等创业优惠政策，建立、启动快速审批通道，发放创业担保贷款1.01亿元。开展农民工返乡创业园建设，带动就业3000余人。

二、"点对点"服务保障，实现"战疫情""稳就业"两不误

疫情期间，针对农民工返岗复工渠道不畅、缺乏安全保障等问题，铜梁区人社局坚持提早谋划、

精心组织，确保农民工生命健康安全。

（一）精准建立动态台账。铜梁区人社局每天统计、汇总各镇、街外出农民工出行情况，将各镇、街人员摸排台账和全区大数据平台进行比对，全面、及时、准确地摸清本地就业创业人员人数、外出农民工（特别是建档立卡贫困人员）人数和出行动态信息，及时收集、提供区内外企业开工复工情况，减少农民工盲目外出。

（二）精准保障返岗就业。铜梁区人社局围绕"家门、车门、厂门"的一体化防护安全目标要求，通过分组编队、行前提醒、准备物资、出发签到、途中衔接、抵达对接"6步工作法"，确保广大农民工出行的平稳健康。在疫情期间，为浙江绍兴、广东东莞、重庆重点电子企业等20余批次、500余人开展"点对点"送工服务。提供免费健康服务，为近7万名农民工提供健康证明。

（三）精准有序复工复产。铜梁区人社局实行闭合管理，落实区领导联系企业、高新区干部"包片"和"一人一企"驻厂专员制度，强化厂区网格化管理，坚持"日检查""日报告""零报告"，督促企业落实防疫责任和通风消毒、体温检测、定线交通、分区作业、分散就餐等防疫措施，确保农民工安全、健康、有序的工作。

三、综合治理欠薪顽症，实现"治标""治本"两手硬

针对企业欠薪隐患频发、拨付农民工工资不及时等问题，坚持扭住关键，抓根治本，全力打好打赢治欠保支攻坚战。

（一）强化宣传引导。铜梁区人社局通过"送法下乡""送法进企业""线上宣传"等方式，宣讲劳动保障法律法规。开展以案说法的警示教育，集中曝光法院判决的拒不支付劳动报酬典型案件，对拖欠农民工工资行为起到震慑作用。

（二）源头预防治理。铜梁区人社局严把项目招投标准入审查，从入口上限制有拖欠行为的单位参与项目招投标。严格落实农民工工资保证金、实名制用工管理等制度。区治理欠薪办公室定期召集相关部门对清欠形势进行研判，对发现的欠薪问题实行台账式管理，一案一策、综合施策，落实责任、限期解决，实现隐患"早发现、早预防、早处置"。

（三）联合执法惩戒。铜梁区人社局扎实开展农民工工资支付情况专项检查，对拖欠农民工工资的违法行为发现一起、坚决查处一起，对涉嫌恶意欠薪、欠薪逃匿的，及时移送公安机关依法惩处。5年来，全区劳动监察部门立案处理139件，帮助245名农民工讨回工资265.92万元，结案率100%。

重庆市万州区人力资源和社会保障局先进事迹

重庆市万州区是传统的劳务大区,现有农民工 50 余万人,做好农民工工作,事关社会和谐稳定、经济繁荣发展。近年来,万州区人力资源和社会保障局(以下简称为"万州区人社局")将农民工工作作为重要的民生工作来抓,扮好、做实"三种角色",为农民工保就业、保权益、保工资,解烦恼、解难题、解顾虑,被农民工誉为最值得信赖的"娘家人"。

一、精准施策,做农民工稳岗就业的"护航者"

(一)向外转。新冠肺炎疫情暴发后,万州区人社局主动与交通、卫健等部门密切配合,通过"点对点"包车和自驾车出行等方式,第一时间有序引导 15.8 万春节返乡农民工外出返岗复工,其中"点对点"帮助 4.8 万名建卡贫困人员安全返岗复工。2020 年,全区农民工转移市外就业 24.6 万人,转移区外市内就业 11.2 万人,转移区内就业 14.2 万人。

(二)往回引。万州区人社局用好农民工创业扶持政策,打造"一条龙"的创业服务体系,营造良好的就业创业环境,引导有技术、有资金、有思路的农民工返乡创业。近年来,累计回引 1.9 万名农民工返乡创业,开办小微企业 0.4 万户,从事个体经营 1.5 万户,创建市级农民工返乡创业园 2 个、扶贫车间 13 家、创业就业示范村 2 个,不断为全区经济社会发展注入新活力。

(三)提技能。万州区人社局以大规模职业技能提升行动为契机,围绕经济社会发展需求,狠抓农民工技能提档升级。近两年,培训 2.37 万名农民工,2 300 余人取得国家职业资格证书,9 800 余人取得专项职业能力证书,发放职业技能培训补贴 1 300 余万元。持续做优"巴渝大嫂""三峡护工"等万州特色的劳务品牌,其中"巴渝大嫂"品牌连续四年蝉联重庆市"十佳百优"榜首。保障长安跨越、苏美达集团等 860 余家企业的用工需求,实现了农民工就近就业和企业用工保障的双赢。

二、治欠保支,做农民工权益保障的"维护者"

(一)源头预防。万州区人社局以《保障农民工工资支付条例》实施为抓手,采取"请进来培训、走出去宣传"相结合的方式,组织用人单位和在建项目负责人集中培训 9 次,进企业、园区、工地宣传 239 次,引导企业按时结薪、农民工依法维权,从源头上预防工资拖欠。

（二）执法治欠。万州区人社局将根治欠薪日常检查与专项检查有机结合，对拖欠农民工工资等行为持续保持高压态势。2020年，开展日常巡视检查、专项检查287次，检查用人单位375家、在建工程项目117个，涉及劳动者6 733余人，化解欠薪隐患25起，累计为3 347余名农民工追回劳动报酬2 659.5万元。

（三）协同保薪。万州区人社局强化与公安、法院、住建委等相关职能部门的配合衔接力度，与住建委、交通、水利、国土资源等主管部门开展联合执法4次，立案查处欠薪案件26件，结案14件，处理突发事件12件，处理公安扫黑除恶欠薪线索1件，形成强大的工作合力，切实保障了农民工的工资支付。

三、担当作为，做和谐劳动关系的"建设者"

（一）宣传引导促和谐。自新冠肺炎疫情暴发以来，面对劳动关系领域出现的新问题、新情况，万州区人社局编印《复工复产期间劳动关系处理指南》3 000份，发布《致全区农民工朋友的一封信》，开展进企业、进社区等专题宣传47场，回应企业和农民工关注的疫情期间工资支付、福利待遇等事项，让企业安心、让农民工放心。

（二）调处化解保和谐。万州区人社局坚持事前预防、事中化解和应急处置相结合的原则，用好源头化解、案件分类处理、法律服务援助三项机制，防范和化解劳动关系风险，引导企业和农民工共渡难关。2020年，累计化解工资支付、休假休息等矛盾隐患627起，调解劳动争议案件769起，全区未出现30人以上的裁员事件。

（三）落实政策助和谐。万州区人社局用好社保费免、减、缓，援企稳岗返还，减免农民工工资保证金等人社领域优惠政策，为企业添信心、为农民工保岗位。2020年，全区6 000余家企业社保免缴、缓缴9.76亿元，让10.8万名职工受益；华歌生物等217家企业享受援企稳岗返还补贴0.3亿元，稳定岗位0.87万个；减免区内124家企业农民工工资保证金1.96亿元，助力1.89万名农民工稳定务工。

四川省剑阁县人力资源和社会保障局先进事迹

四川省剑阁县人力资源和社会保障局（以下简称为"剑阁县人社局"）该单位深入贯彻、落实习近平总书记关于全社会都要关心、关爱农民工的重要指示精神，坚持把农民工工作作为"一把手"工程，大力实施更加积极、精准的农民工保障政策，全方位支持农民工就业创业，全县农民工工作呈现就业态势稳健、服务保障到位、根治欠薪有力的良好局面。2016年被国家发改委、人力资源和社会保障部等十部委评为"全国第二批返乡创业试点县"，农民工服务保障工作连续2年受到四川省委、省政府的通报表扬。

剑阁县人社局坚持把返乡创业作为助推农民工增收奔小康和经济社会发展的重大举措，大力发展"归雁经济"，成功回引8 641名农民工返乡创业，带动就业8万余人，2019年实现产值45亿元。

（一）精准回引对接。剑阁县人社局建立在外优秀农民工信息库，以乡镇为单位筛选优质创业项目102个，组织农民工工作站等驻外服务机构，每年分片区、定人群、组团式开展联系对接，定向推荐优质的创业项目。成立返乡创业协会，帮助农民工共享信息、抱团返乡创业。

（二）强化载体建设。剑阁县人社局以园区为平台、以产业为载体，集聚政策、服务、培训等资源，按照市级返乡创业示范园区标准，高标准打造市级示范园5个，乡镇返乡创业园29个。累计建成返乡创业园区34个，依托剑门关5A级景区建成文化旅游、农业旅游、健康旅游产业示范园60余个，入驻三分田农业公司、华侨城等优秀项目72个。

（三）创新融资供给。剑阁县人社局创新"政府+银行+担保"融资模式，创新推出个人最高不超过15万元的免反担保贷款支持。建立乡镇人社所、担保机构和经办银行三方联合服务机制，实现受理、担保、放款"三同步"，2019年以来为821名农民工发放创业贴息贷款7 708万元。

（四）全程跟踪服务。剑阁县人社局建立"1个党政领导+1个责任部门+1个导师团队+1个督导机构"返乡创业推进机制和问题建议"回音壁"制度，落实专职机构和人员收集反馈返乡创业问题，每季度组织召开部门协调会，自2019年以来先后解决基础设施配套、电气工程要素保障等各类问题81个。

剑阁县人社局坚持把农民工返岗复工作为统筹推进疫情防控和经济社会发展的重要抓手，成立"工作专班"，出台《稳就业六条措施》，扎实推动农民工安全有序返岗。截至2020年9月底，全县累计外出农民工27.5万人。

（一）强力组织推动。剑阁县人社局成立由县委书记为总召集人的县农民工服务工作专班，以乡镇为单位建立返乡农民工信息台账，持续开展疫情防控和返岗服务保障。在剑阁籍农民工务工集中的广州、北京、成都等6个城市，依托"流动党委（农民工工作站）"与用工方共同做好动员引导、定向输送、组织接收等工作。

（二）畅通就业信息。剑阁县人社局采取多地衔接、归集信息、人岗对接方式，切实加强对外劳务协作；大力开展线上、线下招聘服务，充分利用新媒体推送用工信息，常态化组织召开现场招聘会，为农民工和用工企业搭建无缝对接平台。在疫情期间，推送用工企业655家，岗位8万余个。

（三）分区分类施策。剑阁县人社局抢抓、运用四川省与广东、浙江等省、市劳务协作和健康互认条件，实现农民工在2020年3月5日前90%以上返岗就业；针对湖北等重点疫区的返乡农民工，积极指导调整就业区域，及时对接岗位输送就业；对返岗又返乡的65名农民工，按就业意愿落实相应的支持政策和保障措施，帮助农民工寻求就业岗位，并组织定向输送，让农民工全部实现就业。

（四）优化出行服务。剑阁县人社局建立与用工地上岗要件预约、出行信息互通和健康证明互认等机制，设立农民工外出体检"绿色服务站"57个，为17.54万名外出农民工免费办理健康证明，为1 124名赴浙江省务工的农民工免费办理人均100元的乘车人身团体险；采取包机、专车、专列等形式"点对点一站式"输送433批次1.32万名农民工。

剑阁县人社局坚持把促进贫困农民工就业作为重大的政治责任，大力实施就业扶贫，突出"五个精准"，有劳动能力和就业意愿的贫困劳动者100%实现就业。2016年10月，四川省就业扶贫现场推进会在剑阁县召开。

（一）精准帮扶对象。剑阁县人社局按照"个人登记、村（社区）成册、乡镇建账、县区汇总"的原则，全面摸清5.02万名贫困劳动者的就业创业现状和需求，在全省率先建立就业扶贫"一库五名单"，实行动态管理。

（二）精准帮扶措施。剑阁县人社局以户为单位建立就业帮扶台账，根据贫困劳动者就业需求和实际，确立技能帮扶、转移帮扶等"五大帮扶"措施，按季回访、评估帮扶效果，确保帮扶取得实效。

（三）精准能力提升。剑阁县人社局按照"五统一"要求，整合全县涉农培训项目。按照"个人意愿＋产业主导＋专班"模式，大力开展农村种植、养殖等普惠式培训、"四包"专班式培训、引路式创业培训等技能培训，不断提升贫困人口的就业创业能力，累计培训贫困人口1.2万人，确保有培训意愿的贫困劳动力100%接受培训。

（四）精准转移就业。剑阁县人社局坚持"有组织输出和本地吸纳"并举，大力实施劳务协作输出、本地企业吸纳和"5+3+X"公益性岗位安置模式、"三个一批"行动，建立就业扶贫基地（车间）52个，3.92万名贫困劳动者实现有组织转移就业，整合公益类岗位5 145个，优先托底安置贫困农民工就业。

（五）精准创业扶持。剑阁县人社局大力实施"三个一"工程，积极引导创业优势资源集聚贫困村，落地剑门土鸡、山羊养殖、柑橘、猕猴桃种植等 52 个优质创业项目，扶持 210 名贫困劳动者留乡创业，带动 1 000 余名贫困劳动者就业。

剑阁县人社局坚持以构建更加和谐的劳动关系为目标，常态化开展农民工的权益维护，推动农民工实现更加体面的就业、高质量的就业。

（一）坚持源头预防。剑阁县人社局紧盯农民工欠薪"零容忍"目标，推行实名制管理、工资专用账户、政府项目零欠薪等核心制度，全面规范施工企业用工行为；创新成立"劳动争议法律援助工作站"，建立基层劳动人事争议调解委员会 29 个，开设"流动仲裁庭"，为有需求的农民工免费提供法律援助。

（二）强化常态监管。剑阁县人社局开展夏季治理、冬季攻坚专项行动 7 次，督促用工企业按时足额支付农民工工资 8 000 余万元，涉及农民工 9 000 余人次。实行月排查、季调度、年汇总的工作制度，采取乡镇属地管理、劳动监察专项管理、行业部门联动管理模式全方位地抓好根治农民工欠薪工作。截至 2020 年 9 月底，全县已纳入系统监管项目 24 个，企业 86 家。

（三）实施分类化解。剑阁县人社局推行农民工欠薪案件法律援助解决一批、源头案件行业主管部门处置一批、劳动仲裁裁决一批、行政执法查处一批"四个一批"的分类化解机制，全面开展农民工欠薪"清零行动"。为 2 198 名进城务工农民工提供保障性住房 879 套，发放租赁补贴 4.86 万元。

四川省南充市嘉陵区农民工服务中心先进事迹

四川省南充市嘉陵区,一座以江命名的城区,常年转移就业22.3万余人。近年来,南充市嘉陵区农民工服务中心坚持以习近平总书记的新时代中国特色社会主义思想为指导,全面贯彻落实中央、省、市、区关于农民工工作的决策部署,在嘉陵区人力资源和社会保障局的指导下,积极作为、靠前服务,有力有效地做好了农民工的服务保障工作。在新冠肺炎疫情发生后,嘉陵区农民工服务中心协同相关部门成立了工作专班,先后出台了《农民工疫情防控及返岗就业服务十条措施》《告嘉陵区节后外出返岗农民工书》,提请区应急指挥部印发《嘉陵区做好外出务工人员健康申报证明服务工作方案》,全区实行"免费健康体检+专车专列"服务保障农民工外出就业的经验、做法被中央电视台、新华社、四川电视台等主流媒体专题报道。因嘉陵区农民工服务中心工作出色,2020年6月,嘉陵区被省委、省政府评为"农民工服务保障工作先进县(区)"。

一、保稳岗,出"实招",全力实施就业优先战略

嘉陵区农民工服务中心坚持"稳定"为首,大力实施就业优先战略和更加积极的就业政策,千方百计保障农民工能就业、就好业、稳就业。

(一)技能培训促就业。嘉陵区农民工服务中心依托培训机构大力开展"送培训进村,送技术入户"活动,积极开发新业态、新岗位技能培训;重点开展订单式、定向式、定岗式培训;根据农民工的文化水平,采取"因人施教",力促农民工由靠体力就业向靠技能就业转变,增强农民工的就业择业能力。2020年以来,开展劳务品牌培训1 741人,就业技能培训2 895人。

(二)"春风行动"助就业。嘉陵区农民工服务中心在2020年全面启动"春风行动"暨就业援助月活动,组织线下专场招聘活动7场,发放"援助春风卡"等宣传资料4 000余份,提供岗位2 746个,达成就业意向385人。在新冠肺炎疫情发生后,全面实施线上"春风行动",通过南充市公共招聘网发布岗位信息1 600个。开通"春风行动"返岗专车,实施出家门、上车门,下车门、进厂门,"点对点、一站式"直达运输服务。"春风行动"共开行返岗专车245车次,护送6 700余名农民工前往广东、浙江等地返岗(务工)。

(三)返乡创业兴就业。嘉陵区农民工服务中心坚持把返乡农民工作为经济社会发展的生力军,结合脱贫攻坚和乡村振兴工作,大力实施"归雁工程",先后出台《嘉陵区促进返乡下乡创业二十二

条措施》《嘉陵区加强农民工服务保障工作二十九条措施及实施方案》《嘉陵区促进大众创业、万众创新助推实体经济发展的若干支持政策》等文件，助力返乡创业，带动区内就业。自2019年以来，返乡创业农民工由4 136人增至7 188人，创业投资由8.6亿元增至15亿元，产值从3.4亿元增长到近5亿元，带动新增就业近1.5万人；2020年选送市级返乡创业明星22人，返乡创业明星企业3家，返乡创业工作取得了可喜的成绩。

二、强保障，践"初心"，全力提升为民服务水平

嘉陵区农民工服务中心坚持"服务"必优，切实抓好农民工全覆盖的走访慰问、开展农民工维权保障行动，全力提升农民工服务的保障水平。

（一）持续推进养老保障。嘉陵区农民工服务中心深入推进"全民参保登记计划"，以"村"为基本单位全面清查农民工参保情况，对未参保人员由乡镇做好"点对点、人对人"的参保引导；深入开展"最多跑一次"改革，创新开发"互联网+"社保服务，农民工参保由以往自己跑变为在家参保、云上参保；将属于低保、特困、建档立卡贫困对象的农民工全部纳入医疗救助范围，全面落实门诊及住院医疗救助待遇，救助比例不低于70%；对建档立卡的贫困农民工实行居民代缴参保，2019年以来共代缴42 223人次，有效地解决了农民工的养老之忧。

（二）持续推进维权救助。嘉陵区农民工服务中心牵头推动建立各级根治欠薪联席会议工作机制，协同住建委、公安等部门持续开展"夏季扫雷""冬季攻坚"等专项行动，形成多部门联动联合、齐抓共管的良好局面；创新建立欠薪隐患项目"红、黄、绿"三级标注工作模式，重点盯紧"红、黄"标注的项目；全方位、多角度宣传《保障农民工工资支付条例》。自2019年以来，配合区劳动监察机构共检查用人单位168户，涉及劳动者0.8万人，为56人补签了劳动合同，共为3 800余名劳动者追讨拖欠工资4 100余万元。

（三）持续推进宣传慰问。嘉陵区农民工服务中心通过报纸、电视、电台等传统媒体及政务微博、嘉陵播报、瞭望者Y等新媒体，全方位对农民工服务保障工作的方针、政策进行深入宣传，大张旗鼓地对优秀农民工、返乡创业先进典型等进行专题宣传报道。2019年底，发放《致农民工的一封信》10万余份，通过电信、联通、移动通信平台发送慰问短信20余万条，为农民工工作营造了良好的舆论氛围。建立党员干部责任机制，动员区、乡、村"三级干部"参与慰问行动，第一时间掌握返乡农民工动态，第一时间走访慰问，第一时间了解需求信息，第一时间统计汇总，实现192个行政村（社区）农民工慰问的全覆盖。

三、抓基础，练"内功"，全力构建工作长效机制

嘉陵区农民工服务中心坚持"理顺"为要，不断强化领导，加强队伍锤炼，抓好部门配合，全力构建工作运行长效机制。

（一）强化组织领导。嘉陵区农民工服务中心成立以区委主要负责人为组长、区级相关单位负

责人为成员的区农民工工作领导小组，区农民工服务中心设为日常办事机构，不断加强对农民工服务保障工作的组织领导、工作指导和保障服务；建立健全农民工服务保障体系，在乡镇（街道）设立24个农民工服务中心、村（社区）设立192个服务保障站，实现区、乡、村服务农民工工作的无缝覆盖。在新疆、成都、广东成立3个域外农民工工作站，落实了工作经费、工作人员、工作阵地，为在外农民工提供劳动维权、就业推荐等10余项服务。在2020年，还将新建重庆、贵州、浙江、上海4个工作站，届时将实现嘉陵农民工服务范围辐射北京、广东等16个省（直辖市）。嘉陵区农民工服务中心将推进农民工工作纳入年度目标考核，倒逼相关单位主动作为、积极作为、高效作为。

（二）强化平台建设。嘉陵区农民工服务中心按照省委要求，建好服务平台，指导区级相关单位针对农民工服务平台开发的"证照办理、权益维护、子女就学、婚姻生育、就业服务、交通服务、社保服务、健康服务"八大功能板块需求，录入信息9 956条，其中发布4 704条。会同电信"益农社"信息员，比对省就业服务管理系统《农村劳动力实名制登记库》，开展农民工基本信息采集工作，建立完善"农民工档案"，实行台账管理，做实农民工数据，为农民工手机客户端、微信小程序的安装、认证和使用打下了坚实基础。

（三）强化自身建设。嘉陵区农民工服务中心积极开展岗位大练兵、大比武活动，引导业务技能专项练兵向常态化学习转变，加强乡镇农民工服务中心建设与业务指导；持续树立宣传先进典型，提升干部、职工工作的成就感和荣誉感，着力打造一支在思想上、工作上、作风上要求严格、技能娴熟、敢打硬仗，为民、开拓、务实、清廉的农民工工作队伍，为助力农民工的增收，为助推嘉陵区经济社会的发展贡献力量。

四川省泸县法律援助中心先进事迹

四川省泸县位于四川盆地南部，全县人口百余万，是中国西部经济百强县，是国家级建筑劳务基地，是劳务输出大县，常年在外务工人员近30万人。为保障农民工的合法权益，维护社会稳定，泸县法律援助中心通过畅通渠道、优化服务，实现对农民工的"精准法律援助"服务，切实提升了农民工的维权实效，为经济社会发展做出了积极的贡献。近3年来，办理农民工法律援助案件585件，涉及金额上千万元，得到了各级领导和群众的肯定。获得了全国法律援助便民服务示范窗口、四川省敬老爱老文明示范窗口、泸州市三八红旗集体、"建设泸县贡献奖"等多项国家级、省级、市级和县级荣誉。

一、农民工法律援助服务"零距离"。

为让农民工得到高效便捷的法律服务，近年来，泸县法律援助中心不断优化服务形式，整合社会资源，将窗口向基层延伸，在全县20个乡镇（街道）设立法律援助工作站、在302个村（社区）设立法律援助联系点，形成横向到边、纵向到底的"一小时法律援助服务圈"。

（一）应援尽援，拓宽农民工维权"异地通道"。泸县法律援助中心为维护泸县外农民工的员合法权益，2015年，在省司法厅的大力支持下，在广东省中山市成立了四川省泸州市泸县法律援助工作站，安排专人负责。工作站的成立，为泸州籍乃至四川籍的农民工提供了方便快捷的法律服务。工作站成立以来，办理法律援助案件42件，挽回经济损失1 607万元，得到了当地政府部门和群众的肯定和好评。签订《渝西川东八区（县）法律援助工作协作协议》，参与共建川渝地区法律援助协作机制，统一法律援助受理标准，做好跨域法律援助案件的受理、指派，共同为农民工维权提供了优质高效的法律援助服务。

（二）便援快援，汇聚农民工的维权帮扶合力。泸县法律援助中心加强部门联动，充分发挥仲裁委法律援助工作站、总工会法律援助工作站、法院法律援助律师值班室的作用，加强与劳动监察大队、仲裁委、工会、法院等部门的沟通与协调，做到信息互通、工作互动，形成合力。加大人民调解的力度，开辟"农民工人民调解绿色通道"，对拖欠农民工工资的矛盾纠纷优先调解，对于农民工讨薪特别是群体性讨薪事件，先通过非诉讼方式进行处置，充分贯彻了"调解优先，能调则调"的原则，缩短了农民工维权纠纷处理的时间，降低了农民工维权的成本，使受援的农民工尽快走出困境。

二、农民工法律援助服务"零等待"

对农民工的法律援助申请，泸县法律援助中心实行优先受理、优先指派、优先办理的"三优先"服务，打造了"一站式""最多跑一次"的法律援助服务，专业值班律师负责，实现农民工申请法律援助"零等待"。对农民工因讨薪、工伤申请法律援助的，免予经济困难状况审查，对重大的、群体性的农民工法律援助案件，可先予受理然后补办相关手续。每年通过开展岁末年初农民工讨薪维权法律援助的专项活动，集中处理农民工讨薪维权工作，帮助农民工讨薪。依托"12348"法律服务热线、四川省法网"丝法通"App、"四川法网"微信公众号、"法润泸州"等微信公众号，免费解答农民工的法律咨询问题，并引导他们依法表达利益诉求。

2020年，成都人陶某在泸县嘉明镇承包土地，为泸州刘氏食品有限公司种植泡菜所需的蔬菜。雇佣周边乡镇90余名农民工为其种植蔬菜，因陶某与刘氏食品有限公司产生合同纠纷，导致农民工50余万元的劳务费无法兑现。

泸县法律援助中心接收到该信息后，立即开通农民工维权绿色通道，安排喻寺镇法律工作站的法律工作者李开发先行受理，后到援助中心补办相关的手续。李开发接到该案后，先后召集了双方当事人进行了调解，多次到喻寺法庭与法官沟通，寻求能够落实农民工劳务费的途径。经过法律援助，陶某最终承诺于2020年6月30日之前付清该笔款项，该案圆满结案。

三、农民工法援宣传"零死角"

农民工是社会弱势群体，是普法教育的重点和难点。针对泸县农民工人员较多，文化水平普遍偏低，法律意识比较淡薄的现状，泸县法律援助中心印制了《农民工法律援助手册》《法律援助服务指南》《法娃说法》等资料发放到农民工手中；组建了一支专门的法律服务队伍，定期深入在建工地、民营企业、村（社区）开展《合同法》《农民工工资支付条例》等法律法规的宣传讲座；开展农民工劳动合同普查与"体检"；制作了专门的法律援助公益广告、农民工维权专题讲座，在县电视台、广场LED大屏幕上滚动播放；同时在"法治泸县"微信公众号上刊发农民工维权的典型案例。使法律援助宣传真正做到遍及泸县的各个角落，深入人心，提高了农民工的法律素质，使自身更加了解和熟悉了身边的法律援助工作，提高了法律援助的社会知晓率，遇事找"法律援助"的风气越来越浓厚。

四川省人力资源和社会保障厅农民工工作处先进事迹

一、围绕党中央决策部署，持续发力高位推动

一是坚持把做好农民工工作作为重大政治责任来落实，把农民工作为重要战略资源来对待，把服务保障农民工作为重大战略工程来推进，推动省委省政府出台《加强农民工服务保障十六条措施》《促进返乡下乡创业二十二条措施》。全省各级党委政府调整完善了农民工工作领导小组，农民工工作已成为全省各级各有关部门"一把手"工程。二是推动在省政府、13个劳务输出大市和138个劳务输出大县成立农民工服务中心，在省政府驻外办事处设立农民工工作处，全省农民工服务机构专职人员达3 000余名。依托驻外联络机构、商会和大型企业，建成634个农民工党组织、368个农民工工作站和68个农民工维权救助站。全省基本形成了各级党政统筹、领导小组牵头协调、成员单位各司其职的上下联动机制。

二、聚焦农民工的现实需求，提供精准的服务保障。

一是持续开展农民工服务保障"走访慰问、专车专列、证照办理、就业创业、维权救助、亲情团聚、运动会、技能大赛"等系列专项活动，推动农民工的服务保障工作常态化长效化。二是建设农民工服务网、"蜀乡亲"手机App和"四川农民工服务"微信小程序三位一体的农民工网络服务平台，开设"看家望乡""村里的事"等栏目，优化"居住证办理""欠薪追讨"等服务应用。四川省人力资源和社会保障厅农民工工作处（以下简称为"农民工工作处"）建立全省农村劳动力的实名制数据库，对农民工外出务工信息实行动态更新。建立农民工数据月调度制度，每月统计涉及农民工的11大项、60小项指标。三是实施优秀农民工的回引培养工程和农民工党员的发展计划，每年从农村发展党员名单中单列一定比例，优先发展农民工党员。农民工工作处大力实施村党组织书记整体提升计划，村"两委"班子补缺侧重从优秀农民工、农民工后备力量中选配。面向农民工定向考核、录用为乡镇公务员、事业单位工作人员。截至目前，全省累计新发展农民工党员4 202名、储备优秀农民工8.9万名。

三、精准实施疫情防控，助力全面复工复产

一是在全国率先出台农民工疫情防控措施。提出科学应对、防治结合、正确引导等具体措施，做到农民工疫情防控早谋划、早启动、早部署。二是在全国率先实行返乡农民工的组织化管理。农民工工作处综合运用农民工信息服务平台、大数据、网格化管理手段，对省外 1 310 余万返乡农民工和 79 例农民工确诊病例进行全覆盖的走访排查、登记建册，准确掌握农民工节前返乡、疫情感染、节后务工意愿的"三个底数"，为全省疫情防控提供了数据保障。三是在全国率先开展跨区域劳务合作。先后与广东省、浙江省等 10 省（市）签署《推动务工人员安全有序返岗合作备忘录》，在建立机制、供需对接、健康互认、专车直达、驻地复检和达标上岗等方面达成共识，打通了农民工务工返岗的出行障碍，省外返乡农民工复工率达 99%。四是在全国率先开展农民工外出务工返岗服务。创新提出农民工外出务工服务的"六步工作法"（摸排底数、对接供需、人员组织、免费体检、直达运输、入职返岗）、外出务工免费健康服务"七步工作法"（扫码登录、网上申报、基层卫生部门收集归类、卫健部门梳理汇总、部门联合排班登记、社区精准通知、实施健康检查）和"点对点、一站式"交通直达服务，确保四川籍农民工"出了家门上车门，下了车门进厂门"。

四、强化稳就业举措，确保就业大局稳定

一是推动出台应对新冠肺炎疫情、缓解中小企业生产经营困难的 13 条政策措施，积极为企业纾困解难。二是大力实施"稳就业 15 条""四个一批"等就业政策，建立省内重点企业 24 小时用工保障制度，开展线上、线下求职招聘"春风行动"和百日网络招聘行动。三是坚持"战疫""战贫"两手抓，对凉山州等重点地区进行实地挂牌督战和就业帮扶。持续深化东西部扶贫劳务协作，引导和支持贫困劳动力外出务工致富。四是出台《四川省职业技能提升行动实施方案（2019—2021 年）》，大力实施劳务品牌培训和返乡创业培训，推行"互联网+"、新型企业学徒制培训模式，依托农民工服务网和手机 App 的培训功能，着力拓展培训渠道。

五、全力根治欠薪顽疾，着力维护公平正义

一是持续推进源头治理、依法治理和系统治理，对市（州）政府和省领导小组成员单位实行专项考核和目标绩效管理"双考核"，约谈被考核为 C 级的政府负责人。二是开展农民工讨薪维权法律服务"暖冬行动"，在农民工返乡专列上随车开展法律咨询服务。三是开展根治欠薪的春季行动，坚持"戴口罩"、抓执法，实行疫情期间工资保证金缓缴政策，欠薪高发、多发态势得到了有效的遏制。

贵州省毕节市人力资源和社会保障局先进事迹

贵州省毕节市人力资源和社会保障局（以下简称为"毕节市人社局"）紧扣"六稳""六保"工作主题，着力提升农民工的发展空间，围绕农民工就业技能培训、公共就业服务、创新创业引导、劳动维权服务和社保体系建设抓落实，让农民工工作实现新的跨越和提升。

一、落实培训政策，提升农民工的能力

毕节市人社局把农民工促就业、扩就业和稳就业摆在更加突出的位置，高度重视农民工的职业技能培训工作。广泛动员广大农民工参加各类技能培训。开展定向、定岗、订单式培训，提升农民工培训工作的质量。积极鼓励企业吸纳农民工就业，面向新吸纳的农民工开展以工代训。对中小微企业吸纳农民工就业，并开展以工代训的，根据吸纳人数给予企业职业培训补贴。2020年1月至9月共开展农民全员培训25.02万人，完成全年目标任务的126.38%，贫困劳动力全员培训13.36万人，完成全年目标任务的146.79%，搬迁劳动力培训3.12万人，完成全年的目标任务的103.85%，均超额完成全年的目标任务。

二、拓宽就业渠道，提高农民工的就业率

毕节市人社局积极对接市内外人力资源服务企业、劳务派遣公司以及劳务中介机构，组织优先招用待岗农民工、失业农民工和返乡农民工等群体。

（一）坚持内外并重，全力稳住农民工就业存量。2020年，毕节市人社局争取中央和省级就业补助资金55 784.97万元，用于支持就业扶贫；与省外城市签订稳就业劳务合作协议47份；全市春节期间返乡农民工86.05万人，已累计促进返岗和就业83.56万人，返岗率97.11%，加上新增外出务工3.66万人，累计返岗和就业率已达101.35%，同比超越2020年度外出务工人数。

（二）整合部门资源，着力扩大就业增量。全市共有建档立卡劳动力家庭34.02万户，劳动力87.99万人，已实现就业82.41万人，就业率93.66%。实现贫困劳动力家庭"一户一人"以上的就业目标。累计开发"十大员"就业扶贫公益性专岗11.36万个，兜底安置10.79万名"三无两有"的劳动力就近就业。通过劳动力大数据信息平台推送市内外招聘岗位60 785个，促进18 279名劳动力精

准就业。在支持多渠道灵活就业方面，毕节市人社局支持农民工同等享受灵活就业支持政策，为他们在城镇地区灵活就业创造了良好的环境。

三、构建农民工返乡创新创业的体系

毕节市人社局深入推进"大众创业、万众创新"的理念

（一）加强创新创业业务指导体系建设。毕节市人社局围绕与创新创业紧密相关的产业、信息、技术、政策、财务、法务等方面的内容，综合运用大数据等现代技术，建立专家数据库，为农民工创新创业提供有效的支持。

（二）加强创新创业学习体系建设。毕节市人社局建立创新创业示范样本库，加大农民工返乡创业的先进典型、先进经验的宣传力度，培养农民工创新创业的兴趣和热情。

（三）加强创新创业培训教育体系建设。毕节市人社局定期开展创业等专业培训，提升农民工的创新创业的能力，推进农民工转型变化，使农民工真正成为乡村创新创业的主体。2020年来，已发放创业担保贷款1.33亿元、发放创业场所租赁补贴416.25万元、发放创业平台创建补贴176.79万元、发放自主创业补贴32.5万元、发放公共就业服务机构招募活动和创业服务补助520.14万元、发放就业技能培训补贴721.71万元；截至目前，全市已认定市级创业孵化示范基地27家、获评省级创业孵化示范基地6家，培育农民工创业示范园、示范点共51个。累计建成3个省级众创空间、1个省级科技企业孵化器和6个市级众创空间、省级"双创"示范基地1个。毕节市人社局通过创业示范园重点为返乡创业农民工提供低成本经营场所和专业化创业服务，进一步扩大了就业渠道，促进了城乡协调发展，助力决战决胜脱贫攻坚。

四、加大受理投诉，维护农民工的权益

毕节市人社局扎实构建和谐的劳动关系。加强《保障农民工工资支付条例》及相关政策法规的宣传力度，不断提升劳动保障相关法律法规的社会知晓率，进一步规范企业的用工行为，提高劳动者的维权意识；全力推进农民工实名制管理及信息平台建设，强化网络舆情和信访案件的化解工作，常态化开展暗访暗查、调度通报、约谈问责，深入推进毕节市建筑领域农民工工资支付履约保证保险和乡村工程建设项目农民工实名制管理两项工作试点，切实减轻企业负担，促进了毕节市建筑业的健康发展，推动了保障农民工工资支付工作再上新台阶。

贵州省司法厅公共法律服务管理处先进事迹

近年来，贵州省司法厅公共法律服务管理处（以下简称为"法律服务管理处"）深入贯彻落实《法律援助条例》《保障农民工工资支付条例》《贵州省法律援助条例》的精神，以维护农民工合法权益为出发点和落脚点，充分发挥法律援助的职能优势，健全、完善维护农民工合法权益的长效机制，不断加大农民工的法律援助力度，为维护农民工合法权益提供了坚实有力的法治保障。

一、拓宽农民工的法律援助范围

省司法厅公共法律服务管理始终把加强农民工法律援助工作放在全省法律援助工作的大局中同部署、同推进、同考核。要求各级法律援助机构把农民工作为法律援助的重点服务对象，将涉及农民工群体的劳动保障、婚姻家庭、食品药品、教育医疗、事故赔偿、征地拆迁、土地流转纳入法律援助事项，对于请求支付劳动报酬和工伤赔偿的农民工申请法律援助的，免于经济困难审查。尤其是在2020年初新冠肺炎疫情发生后，法律服务管理处及时印发通知，对因疫情导致的农民工劳动报酬支付、劳动关系解除、工伤赔偿、房屋租赁等纠纷纳入法律援助范围，免除农民工维权的后顾之忧。

近3年来，全省共办理农民工法律援助案件57 337件；2020年上半年，各级法律援助机构共计受理指派农民工法律援助案件4 589件，其中民事法律援助案件4 302件，刑事法律援助案件287件。办理司法部农民工欠薪求助绿色通道"问题反映"转贵州省案件30件，实际涉案233人，涉及金额6 551 889元。接待农民工来访咨询14 188余人次。各级人民调解委员会和人民调解员共调解涉及拖欠农民工工资的纠纷1 966件。

二、畅通农民工维权通道

为进一步降低农民工的维权成本，提高维护农民工合法权益的工作效率，法律服务管理处结合全省实际，在全省各级公共法律服务实体平台建立了农民工法律援助"绿色通道"，对农民工法律援助案件实行优先受理、优先审查、优先指派。截至目前，全省各级公共法律服务实体平台已全部建立了农民工"绿色通道"。为最大限度地方便农民工获取法律服务，法律服务管理处还在12348公共法律服务热线平台开通了"农民工专席"，安排专业律师做好农民工欠薪线索收集、留言咨询解答、法律援助案件办理等工作，省法律援助中心与热线平台建立了"农民工便捷机制"，对农民工来电申请法律援助的，直接转省法律援助中心办理。

三、加强农民工工资支付法律援助工作。

农民工工资的支付工作是做好农民工工作的根本所在，法律服务管理处高度重视，积极配合相关部门做好农民工工资的支付工作。2018年2月，制定印发了《贵州省法律援助农民工治欠保支维权工作制度》（黔司发〔2018〕5号），组织律师、公证员、基层法律服务工作者、法律援助志愿者及法律援助机构工作人员在春节期间全面展开"治欠保支"的农民工专项维权工作。2019年、2020年连续两年在全省部署开展为农民工工资支付工作提供法律帮助的专项行动，切实维护了农民工的合法权益和社会的和谐稳定。据不完全统计，在近年来办理的57 337件农民工法律援助案件中，属于工资支付工作的案件达13 000余件，追讨欠薪达12 000余万元。

四、深入开展农民工劳动合同普查与体检

在全省范围内组织开展农民工劳动合同普查与体检工作，法律服务管理处主动对接市场、劳动监察等部门寻求支持，对全省所有企业的劳动合同与劳务用工情况进行全面排查。组织律师等专业法律服务工作者对普查的农民工合同是否合法、公平等进行法治体检，全面分析劳动合同签订与劳务用工中存在的问题，对排查发现的农民工劳动合同签订率低、劳动合同签订不规范、劳动合同备案率低等方面的突出问题出具法律意见，从源头上预防侵害农民工合法权益的情形出现。

五、强化宣传营造氛围

法律服务管理处多措并举、扎实推进农民工法律援助工作宣传，营造全社会关心关爱农民工的良好氛围。一是利用赶集日摆摊设点，发放宣传资料，现场解答群众咨询、免费赠送春联、以案说法等形式，面向返乡农民工重点宣传《劳动法》《劳动合同法》《刑法》《就业促进法》《工伤保险条例》《法律援助条例》，以及禁毒、安全生产、反邪教、计划生育等与农民工密切相关的政策及法律法规。组织法律服务人员深入车站售票厅、候车区、长途客运站、人群聚集地向广大农民工发放法律法规宣传读本、宣传画册和法治宣传资料。二是通过组织开展"法援惠民生 助力农民工""法援惠民生 扶贫奔小康""'尊法守法 携手筑梦'服务农民工公益法律服务"等品牌活动，集中全省力量为农民工提供法治宣传、法律咨询解答、法律援助现场申请等服务，共计解答农民工法律咨询4 500余人次。三是充分运用新媒体平台提升农民工法治宣传的针对性和实效性。在省司法厅的门户网站、黔微普法和贵州司法公众号开辟了农民工专栏，通过案例解读、律师说法等形式，就农民工热点问题和容易产生矛盾纠纷的领域开展法治宣传教育，进一步增强了农民工的法治意识。

贵州省贵阳市人力资源和社会保障局先进事迹

贵州省贵阳市人力资源和社会保障局（以下简称为"贵阳市人社局"）在市委、市政府的统一领导和省人力资源和社会保障厅及省农民工工作领导小组办公室的有力指导下，坚持以党的十九次代表大会精神和习近平总书记新时代中国特色社会主义思想为指导，认真贯彻、落实中央、省、市对农民工工作的总体安排部署，立足部门职能，努力提升服务水平，着力稳定和扩大农民工的就业创业，着力保障农民工合法的劳动权益，着力推动农民工逐步实现平等享受基本公共服务，着力改善农民工的就业生活环境，农民工工作的各项目标、任务圆满完成，农民工工作取得了显著成效。

一、建立公平均等的政策体系，强力推进农民工同城化、均等化待遇落实

（一）抓同城化待遇落实，为农民工就业创业提供良好的政策环境。贵阳市人社局积极贯彻中央和省、市制定出台的积极就业政策，全面推进农民工同城化及均等化的待遇落实，并以此为契机，立足贵阳市实际，不断健全完善政策配套体系，逐步将适用于不同就业群体的优惠政策尽可能地向农民工群体倾斜。结合国家级创业型城市创建活动的开展，贵阳市人社局将农民工创业纳入创业政策享受范围，对农民工自主创业符合政策的，提供创业奖励资金和创业场租补贴扶持。同时，不断扩大和提升农民工返乡创业奖励资金政策扶持范围，扩大创业奖励人数规模。贵阳市自全面实施农民工返乡创业奖励政策以来，每年返乡创业奖励人数从最初的100人扩大至2020年的1 500人，累计落实并发放农民工返乡创业奖励资金3.5亿元。

（二）着力完善就业服务体系。贵阳市人社局充分发挥人社局和区（市、县）劳动保障部门在促进就业方面的作用，着力加强公共就业服务机构建设，高标准打造和完善市、县、乡三级就业信息服务平台，逐步构建起城乡一体、功能完善、服务高效、管理规范的公共就业服务体系。通过健全就业服务内容，规范就业服务程序，为包括农民工群体在内的广大劳动者提供了涉及政策咨询、就业援助、职业介绍、就业登记、技能培训等各方面内容的便捷服务。

二、提升就业"能力值"，着力搞好农民工技能培训

为进一步拓宽农民工就业渠道、增加农民工的收入、提高农民工的生活水平，贵阳市人社局着

力从促进农民工就业、引导农民工创业和加强农民工培训入手,为农村劳动力实现就地就近转移就业及创业提供了有效载体和途径,使人力资源红利得到了有效释放。

(一)完善职业技能培训政策,加强职业培训体系建设。近年来,贵阳市先后出台《关于进一步加强职业技能培训工作的实施意见》及《关于进一步加强创业培训工作的实施意见》,通过完善政策,继续扩大农民工职业技能培训政策的覆盖面,实行城乡职业技能培训"一盘棋",初步形成政府统一领导、各部门协调配合、企业和社会各方面共同参与的农民工职业技能培训的工作格局,建立起系统完整的符合贵阳市城乡统筹的技能培训体系。目前,不仅贵阳市户籍的农村劳动力,包括在贵阳市工作的省内其他地区及外省户籍的农民工,只要符合条件,均可享受贵阳市的政策性补贴培训。

(二)努力促进农民工创业。在促进农民工创业方面,重点加强通过创业带动就业政策的落实,并建立小额担保贷款工作机制,进一步降低门槛,简化放贷审核程序,切实提高放贷率。截至2020年9月,贵阳市人社局所属的小额担保贷款中心累计发放针对农民工群体的贷款7.26亿元,扶持农民工贷款项目5 226个,扶持农民工创业就业6 983人,带动就业34 870人。

另外,在2020年,贵阳市人社局已发放农民工返乡创业贷款1.35亿元,扶持2 985人;发放自主创业一次性奖励和自主创业经营场所租金补贴1 028.16万元,扶持2 645人次;结合全市相关部门实施的助农扶农优惠政策,积极整合资源,审批返乡创业资金扶持达1 000户,核拨资金400万元。这些政策措施的推行,有效助推了农民工返乡创业工作的开展。

(三)积极鼓励农民工就地就近转移就业。贵阳市人社局牵头起草并以市政府名义出台了《关于进一步做好农村劳动力就地就近转移就业工作的意见》,通过文件的贯彻实施,促进和谐企业与和谐工业园区的建设,为农民工就地就近转移就业和创业提供了便捷途径,满足了农民工"离土不离家,农工两不误"的愿望,有效解决了农民工在家既能挣钱,又能照顾老人、小孩的现实需求。同时,积极组织开展"就业援助月""春风行动""民营企业招聘周"等公共就业人才服务专项活动,集中为农民工和用人单位提供有针对性的公共就业和人才服务。通过努力,2019年贵阳市实现农村劳动力就地就近转移就业30 000人,与全年转移就业计划目标数28 000人相比,超额完成目标计划数107.14%。

三、筑起权益"保护墙",着力维护农民工切身利益

贵阳市作为贵州省的省会中心城市,不仅在经济建设方面始终走前列、做表率,在促进就业方面也承担着重要的社会职责,一方面要吸纳和安置本市农村富余劳动力进城就业,另一方面要服务省内其他(市、州)到本市求职就业的进城农民工。日益复杂的农民工用工关系和劳动保障问题,对新常态下加强农民工工作提出了新要求和新挑战。近年来,贵阳市人社局着力从用工管理、矛盾调解、监督检查三个方面着手,用心、用情、用力筑起了维护农民工切身利益的"保护墙"。

(一)规范劳动用工管理。为进一步规范农民工的劳动用工管理,贵阳市在成立由市政府分管市

长任总召集人、多家单位参与组成的农民工工作联席会议的基础上，制定并实施了《关于推进企业解决工资拖欠问题的实施意见》《关于推进我市农民工工作的实施意见》《关于进一步做好预防和解决企业工资拖欠工作的预案》等文件，对各用人单位的劳动用工管理、民工工资发放等进行明确要求，为农民工维护自身合法利益提供了有力保障。

（二）强化劳动争议处理。贵阳市人社局坚持"农民工矛盾化解优先、农民工案件处理优先"的原则，始终与市中级人民法院、市群众工作中心等部门保持紧密的协调联系，采取对涉及农民工的劳动争议案件实行"优先立案、优先组庭、优先调解、优先审理、优先结案"的措施，及时解决农民工的劳动争议问题，办结农民工的劳务纠纷案件。同时，针对事实清楚易于达成调解协议的劳动人事争议案件，优先开启"绿色通道"和"简易程序"，在开庭前尽量促成当事人庭前调解，努力减少当事人"缠诉累诉"，提高了矛盾化解效率。自2019年至今，贵阳市人社局办结涉及农民工群体举报投诉案件321件，涉及农民工1.18万人，处理群体性突发事件34起，涉及农民工0.21万人，实现了案件结案率100%。

四、编织社保"保暖衣"，着力完善农民工的社会保障机制

社会保障是"安全网"和"稳定器"，是维护民生、构建和谐的重要保证。农民工是当今中国社会中一个特殊的劳动群体，依然处在城乡之间"两栖"游走，处于缺乏有效的社会保障的艰难生存状态。为切实解决这一问题，贵阳市人社部门始终坚持"分类指导、稳步推进"的原则，努力扩大农民工的社会保障覆盖面。

（一）强化思想引导转变传统观念。针对大部分农民工自身缺乏保障意识，还存在"怕缴费、嫌麻烦""缴了费也用不着"的认识误区，贵阳市通过大力宣传国家、省、市关于农民工养老保险保障的方针政策，着力扩大宣传覆盖面，强化舆论监督，努力营造主动参保利人利己的社会氛围，切实提高广大农民工权益保障的意识。截至2020年9月，全市农民工参加基本养老保险累计已达到77 303人。

（二）依法将农民工纳入工伤保险范围。贵阳市人社局严格贯彻、落实《工伤保险条例》的相关规定，将与用人单位建立劳动关系的农民工尽力纳入工伤保险制度覆盖范围，重点推进农民工较为集中、工伤风险较高的建筑、采掘等企业依法参的加工伤保险，积极稳妥地解决农民工的社会保障问题。截至2020年9月，全市农民工参加工伤保险累计已达到67 335人。

（三）切实解决农民工的大病医疗保障问题。借助贵阳市加快市级公立医院综合改革的有利契机，贵阳市人社局大力推进困难救助机制、支付方式改革、单病种报销比例提高、医疗服务价格调整、药价平进平出等利好政策的实施，开通了患者看病就诊时的诚信借款业务"绿色通道"，启动了"康复通"个人医疗消费贷款程序，为解决部分农民工群体发生大病恶疾时看病难、就医难的问题提供了重要保障。截至2020年9月，通过积极动员，全市农民工参加医疗保险累计已达73 756人。

云南省曲靖市人力资源和社会保障局先进事迹

近年来,云南省曲靖市人力资源和社会保障局(以下简称为"曲靖市人社局")认真贯彻习近平总书记关于脱贫攻坚的重要论述和做好农民工工作的系列重要指示精神,全面贯彻"六稳""六保"工作要求,抓实农民工的就业创业工作,千方百计增加务工收入,为决战决胜脱贫攻坚、全面建成小康社会做出了积极贡献。先后在全省脱贫攻坚"三个组织化"视频推进会和农村劳动力转移就业推进会上做了经验交流发言,得到中共中央办公厅、国务院办公厅复工复产调研组和省委、省政府的肯定,国务院扶贫办公室、人力资源和社会保障部就业稳岗调研组对曲靖市农村劳动力转移就业工作给予了充分肯定,赢得了人民群众的广泛赞誉。

一、转移就业促增收,200多万农民工年收入500亿元

疫情就是命令,就业是最大的民生。2020年大年初二(1月26日),全市人社干部取消休假,第一时间投入工作,连夜发出《致全市农民工朋友》的一封信,到村、到户、到企业、到工地,逐户、逐企业、逐人精准摸排和收集岗位信息,全力打好农民工转移就业第一战。2020年2月16日,中央电视台《东方时空》栏目对曲靖市率先集中组织286名农民工返岗就业情况进行了报道,拉开了农民工返岗就业工作的序幕。2020年2月21日,"曲靖号"专列将480名农民工送至广州市就业,迅速掀起了务工促增收、助脱贫的工作热潮。

近年来,曲靖市委、市政府始终把稳定和扩大就业放在经济社会发展的突出位置,成立了由市政府分管领导任组长的就业工作领导小组、农民工工作领导小组、推进农村劳动力转移就业工作领导小组,进一步加强对全市就业工作的组织领导和统筹调度,把农民工转移就业作为打赢扶贫攻坚战的重要举措抓紧抓实,每年新增转移就业农民工15万人以上。2020年新冠病毒疫情发生后,市委、市政府第一时间成立了农村劳动力返岗就业工作领导小组和稳就业工作指挥部,高规格、高频率地研究部署、统筹推进稳就业、保居民就业工作,及时出台疫情防控期间《稳就业工作的18条措施》《人社行业支持实体经济发展工作方案》等系列政策,全力化疫情之"危"为促进就业发展之"机"。实行处级领导干部分片包县,及时派出11个特派员小组和稳岗就业工作组,按照"转得出、稳得住、能脱贫、可致富"的原则,能转尽转、应转尽转,累计转移农民工204万人,转移就业率达65.8%,预计全年劳务收入可达500亿元以上。

二、技能培训强本领，10万农民工转型升级

曲靖市现有人口666万余人，其中农村劳动力310万人。为把广大农民工变成有一技之长的技能人才，拓展就业空间，提升就业质量，曲靖市人社局先后制定出台了《曲靖市职业技能提升行动实施方案（2019—2021年）》《曲靖市农村劳动力职业技能培训三年行动方案（2020—2022年）》，通过3年时间，开展农村劳动力技能培训10万人次以上，其中通过培训取得职业资格（技能等级）证书6.7万人次以上，取得专项职业能力证书3.3万人次以上，通过培训取得证书后未就业人员的就业率达90%以上，已就业人员的劳动报酬明显提高，推动全市农村劳动力由"体能型"向"技能型"转变，全市技能劳动者总量占就业人员总量的比例达25%以上。曲靖市人社局高度重视易地搬迁点的农民工就业工作，对搬迁户零就业家庭中的青壮年劳动力开展砌筑工、钢筋工、电工、焊工、架子工等培训，对妇女劳动力开展育婴员、养老护理员、家政服务员、餐厅服务员、酒店服务员、保洁员等培训，确保有劳动能力、有培训意愿的搬迁户劳动力都能接受1次免费培训。

三、精准施策破难题，2000万元资金保障农民工安全返岗

面对突如其来的新冠肺炎疫情，曲靖市人社局快速反应，精准施策，积极与卫健、交通、公安等部门协调，率先实施"三免一补"的补助政策（对在疫情期间返岗就业的农民工，免交通费、疫情防护用品购置费和体检费，返岗期间每人每天发放60元的生活补助），组织包机7架次、开行专列14列次、开行专车597车次，"点对点、一站式"输出农民工2.43万人到长三角、珠三角等地企业返岗就业，实现"出门进车门，下车进厂门"，有效破解了在疫情影响下农民工的出行难题。2020年以来，累计争取专项资金2 000万元，全方位鼓励和引导农民工转移就业，省外转移按300元/人、县外转移按200元/人的标准补贴到人；对符合条件的外出务工、稳定就业三个月以上的建档立卡贫困人员，凭车票按最高500元/人给予一次性交通费补助；支持企业有条件的乡镇（街道）、村（社区）在易地扶贫搬迁点创建就业扶贫车间、加工点，与建档立卡贫困劳动力签订劳务协议或用工合同，在1年内累计工作不少于6个月且工资待遇不低于当地最低工资标准，按1 000元/人的标准给予生产经营主体一次性带动就业奖补，并给予最高5万元的奖补资金。

四、强化保障助脱贫，2万多个乡村公益岗位来托底

曲靖市人社局严格规范乡村公共服务岗位和就业扶贫车间的开发认定、对象条件、补助申报、服务期限等工作，安置对象严格控制为"无法离乡、无业可扶、无力脱贫"的农村大龄贫困劳动力、残疾家庭劳动力和有重病患者的家庭劳动力，主要安排农村保洁员、河道清理员、公路维护、就业信息员、治安员等岗位。在全市易地扶贫搬迁集中安置点设立就业创业服务站78个，转移就业贫困劳动力8.43万人。在贫困乡镇、脱贫任务重的行政村和易地扶贫搬迁集中安置点建立"工厂式、居家式、种养式、商贸流通式及乡村旅游式"等多种类型的就业扶贫车间，帮助留守妇女、老年人等

实现"楼上居住，楼下就业"。共认定扶贫车间238个（其中，易地扶贫搬迁点认定扶贫车间52个，吸纳贫困劳动力2 077人就业）。开发乡村公益性岗位24 330个、公益性特岗1 216个，帮助贫困劳动力就近就地就业，确保每户贫困家庭至少1人就业，零就业家庭实现动态清零。抓实人社扶贫工作，全市符合养老保险参保条件的建档立卡贫困人口588 759人和符合养老保险待遇领取条件的建档立卡贫困老年人口117 286人已100%全覆盖。

五、完善机制保权益，农民工工资基本无拖欠

曲靖市人社局与江苏苏州、无锡，浙江金华、绍兴，福建福州、石狮，广东深圳、汕尾等46个地区建立了劳务协作长效机制，建立驻外劳务工作站8家，抽调40余人组建"长三角、珠三角"就业岗位收集"先遣队""小分队"，发挥驻外劳务工作站和68家人力资源服务机构的协调作用，与农民工务工地人社部门密切协作，积极构建和谐的劳动关系，为农民工保驾护航。在曲靖市、县仲裁院开辟农民工案件"绿色通道"，一般性案件在40日内办完，劳动人事争议案件结案率保持在90%以上。将克扣、无故拖欠农民工工资报酬且数额巨大或因拖欠农民工工资的违法行为引发群体性事件、极端事件造成严重不良社会影响的用人单位，列入"黑名单"实施联合惩戒。健全劳动保障监察行政执法与刑事司法衔接机制，严厉打击拒不支付劳动报酬的犯罪行为。在全省率先开发、建设了农民工工资支付信息管理系统，全市213个在建工程项目纳入系统监管，对农民工实行实名制管理，实时监测农民工出勤记录、工资发放信息，一旦出现工资发放异常情况，迅速对用人单位实施干预处置，从源头上杜绝违法欠薪行为的发生。曲靖市人社局实行线上受理与线下接访相结合，通过网上举报、电话投诉、来信来访等方式，广泛接受社会公众对欠薪违法行为的举报投诉，对反映的欠薪举报投诉信息做到件件有登记、件件有调查、件件有回复，实现了农民工工资基本无拖欠的目标。

云南省司法厅公共法律服务管理处先进事迹

近年来，云南省司法厅公共法律服务管理处（原省司法厅法律援助管理局、司法鉴定管理局、公证工作处，以下简称为"法律服务管理处"）立足于加强云南省公共法律服务工作，全力推进根治拖欠农民工工资工作，不断畅通农民工的维权渠道，全力做好农民工的法律服务。

一、做好权益保障，确保制度先行

随着社会的不断发展，农民工的权益保障工作也面临了新的问题，唯有坚持制度先行，才能筑牢权益保护工作的根基。法律服务管理处作为省司法厅保障农民工工资支付的牵头单位和主管部门、保障农民工工资支付领导小组成员单位，从全局出发，不断完善全省农民工法律援助、公共法律服务的各项制度。从2017年起，先后起草了《云南省司法厅关于进一步做好农民工相关工作的通知》《云南省司法厅关于开展"法援惠民生 农民工工资清欠专项活动"的通知》《"法援惠民生·助力农民工"法律援助品牌建设实施方案》《云南省司法厅关于做好云南省第五届农民工文化节相关工作的通知》《贯彻落实〈司法部关于充分发挥职能作用 认真做好根治拖欠农民工资有关工作的通知〉》《贯彻落实〈司法部关于充分发挥职能作用 认真做好根治拖欠农民工资有关工作的意见〉责任分工的通知》《云南省司法厅关于深入学习贯彻〈保障农民工工资支付条例〉做好2020年度根治拖欠农民工工资工作的通知》《关于开展"法援惠民生 扶贫奔小康"品牌活动实施方案》等文件并印发，为保障农民工合法权益织密制度之网，统筹规划全省公共法律服务资源，为农民工兄弟提供覆盖城乡、便捷高效、均等普惠的公共法律服务，尤其是法律援助服务。

二、提供法律援助，做到用心用情

建筑行业是农民工的主要就业方向，因其行业的特殊性，发生工伤及欠薪事件时如何解决，成为农民工最为关心的问题。法律服务管理处依托实体、热线、网络三大平台开通了"农民工法律援助绿色通道"，为农民工提供法律援助，并优先受理、优先审查、优先指派，情况紧急的，先行受理，事后补办手续。在办理法律援助的过程中，不断加强和改进指派方式，指派擅长办理涉及农民工案件的律师办理重大疑难案件，采取积极推行点援制、积极推广组建专业化的农民工法律援助服务团队的做法，提高农民工案件办理的专业化服务水平。同时，在劳动人事争议仲裁部门设立法律援助窗口，方便农民工就近、就便获得法律援助。2019年至2020年9月，全省共办理农民工法律援助案件与咨询16 446件，受援人达到2.1万人，为农民工挽回或避免经济损失3亿余元，让农民工不再"流汗、流血又流泪"。

三、开展法律体检，提供免费咨询

近年来，各级政府高度重视农民工权益的保护工作，纷纷出台各类法律法规。如何让法律法规落到实处，为农民工排除可能存在的"侵权隐患之雷"，成为摆在法律服务管理处面前的一个难题。法律服务管理处从两方面工作入手：

（一）深入开展农民工劳动合同普查与体检。法律服务管理处组织律师、基层法律服务工作者、公证员，联合人社部门开展不定期的农民工劳动合同普查和体检专项工作，通过前期调研摸底、后期综合分析，针对各类劳动合同和劳务用工违法违规情况提供个性化、多元化的法律解决方案。以建设工程、餐饮服务为主，深入建筑工地、项目现场、产业园区和农民工居住地，走访查看、了解实情，检查农民工劳动合同，检查用工单位对相关规定的落实情况。2019年全省共检查劳动合同180万份。

（二）提供免费法律咨询律服务。法律服务管理处以"互联网+公共法律服务"为工作切入点，着力推进建设并积极使用12348公共法律服务咨询热线、12348公共法律服务网站、云南掌上12348微信公众号、云岭法务通（公共法律服务机器人）这"四张网"，将公共法律服务前移到一线、前移到群众身边，实现线上平台"键对键"对接，形成线上线下、网上网下"7×24小时"全天候服务模式，方便农民工通过网络就能够申请并获得公证、法律援助和人民调解以及免费的法律咨询服务。无论农民工处于什么年龄，身处何方，受教育程度如何，都能在第一时间获得服务。2019年全省为农民工提供免费法律咨询37 516人次。

四、坚持疫情防控，服务复工复产

云南省司法厅在"12348法网"和掌上12348公众号上开通了"战疫法治保障绿色通道"，提供云南省疫情实时信息和涉及防控新型冠状病毒肺炎疫情工作的各项法律法规查询，对疫情期间常见的法律问题进行解答，公布疫情信息反映电话，提供12348热线咨询、智能法律咨询等各项服务。2020年上半年，全省12348热线共接听农民工法律咨询1 032次。通道还提供常见法律问题的查询和定制防疫地图的服务，不断提高农民工疫情防范意识，帮助农民工在复工复产的同时做好防护。在疫情期间，法律服务管理处不断探索"容缺受理"法律援助的工作制度，对因疫情不能提供相关材料的农民工，采用书面承诺的方式办理，对紧急情况或特殊案件，为农民工先行提供法律援助。2020年2月，在普洱市某农民工因工伤死亡的法律援助案件中，从家属提出法律援助申请，仅用5天的时间，用法律援助非诉讼调解的方式使双方达成赔偿协议，有效地维护了农民工及家属的合法权益，体现了疫情期间的"法律援助速度"，让群众感受到"法律援助温度"。

五、聚焦脱贫攻坚，助力重点工程

云南省地处祖国西南边疆，山区多、少数民族聚集地多、水电站工程建设多，脱贫攻坚任务较重，因此做好农民工家乡建设，维护好农民工家庭的权益，具有重要的意义。法律服务管理处不断完善贫困地区公共法律服务建设，帮扶"少、边、贫"地区法律援助工作的发展，加强了对边境地区、少数民族聚居区特别是怒江州深度贫困地区的法律援助资源供给，推进法律援助人才的发展、培训工作，持续开展"1+1"中国法律援助志愿者行动、援藏律师团、西部基层法律援助志愿服务行动。自2018年起在全省开展"万人进千村帮万户"活动，完善法律服务助推脱贫攻坚的长效机制，配合扶贫办公室等部门摸排脱贫不稳定户、贫困边缘户的基本信息，及时掌握他们的法律援助诉求，推出有针对性、有实效的法律援助服务。2019年实现全省贫困乡镇、村居实体平台全覆盖；作为省政府10件惠民实事之一的公共法律服务惠民工程，实现全部贫困村法律顾问全覆盖，贫困群众法律服务需求回应率100%，建档立卡贫困户受援率100%；在国家重点工程金沙江白鹤滩水电站的建设过程中，法律服务管理处协调昆明、昭通两地的公证机构、公证员和业务专家，组织建立"金沙江白鹤滩水电站巧家县移民搬迁安置协议公证专项帮扶团"，在10天时间内共出具公证书7万余份，圆满完成了移民搬迁安置协议的公证工作。

六、关注留守人群，解决农民工的后顾之忧

农民工打工在外，农村中出现了大量的留守老人、妇女与儿童。法律服务管理处积极做好留守老人、妇女和儿童的权益保护工作，解决农民工的后顾之忧。将留守老人、妇女和儿童作为法律援助重点对象，放宽审查标准，明确降低援助门槛，规定70岁以上以及患有重大疾病的农村留守老人申请法律援助，以及留守老人因家庭暴力、虐待、遗弃而主张权利申请法律援助的，视为符合经济困难标准，无须出具经济困难证明；将遗弃、虐待、抚养费等家庭类案件，各类留守儿童事故伤害，涉法以及其他侵害留守儿童合法权益的案件类型逐步纳入法律援助范围，使法律援助惠及更多留守老人及儿童；不断简化法律援助申请程序，开通老年人和未成年人申请法律援助绿色通道，开展"一站式"服务，为有特殊困难的农村留守老人、儿童提供电话、邮寄、上门受理等申请服务。2020年，司法厅与民政厅联合印发《关于加强农村留守妇女关爱服务工作的实施意见》，全面加强对农村留守妇女的法律服务保障和权益维护工作。法律服务管理处深入开展《农村土地承包法》《婚姻法》《妇女权益保障法》《反家庭暴力法》的宣传教育，提升农村留守妇女的法律水平和权益维护意识，为有需要的农村留守妇女开展纠纷化解、法律援助等工作，简化援助的审查程序，让法律援助"触手可及"。

农民工是美丽城市的建设者，是经济建设的中坚力量。法律服务管理处将一如既往地做好农民工的公共法律服务和法律援助工作，做一盏明灯，做一团火焰，照亮农民工的权益保护之路。

云南省昭通市人力资源和社会保障局先进事迹

随着精准扶贫、精准脱贫方略的纵深推进，云南省昭通市人力资源和社会保障局（以下简称为"昭通市人社局"）在抓好新冠肺炎疫情防控的同时，创造了农民工工作"全省五个第一"，全市305.2万农村劳动力转移就业农民工248.29万人，就业率81.35%，居全省第一；省外转移就业农民工109.28万人，占全省的32.10%，居全省第一；104.55万贫困劳动力中90.63万农民工实现转移就业，就业率86.69%，居全省第一；13.74万易地扶贫搬迁劳动力中12.4万农民工实现就业，就业率90.24%，居全省第一；疫情期间"点对点、一站式"输出20.09万人，占全省62.16万人的32.32%，居全省第一。

一、革故鼎新，推进就业服务网格化，当好农民工就业的"主心骨"

昭通市人社局严格按照以脱贫攻坚统领经济社会发展全局、以党的建设统领推动各项工作落实的"双统领"，强化铁的纪律和硬的作风的"双保障"，实现党的建设和脱贫攻坚"双推进"的工作要求，组织动员市、县、乡、村四级党员干部，以基层党组织为战斗单元，村两委干部、村民小组长、农村党员、1 948名就业扶贫信息员为抓手，将全市划分为27 014个网格，构建自下而上的精准与自上而下的统筹、无缝衔接的全覆盖式就业服务网格，做到每个农民工都有一名干部包保联系。以昭通市人社局党组为业务指导部门，以各县（市、区）为农民工工作的主战场，成立以党委、政府主要领导为双组长的农民工工作领导小组，亲自谋划、亲自部署，切实有效地将就业扶贫工作作为全市农民工的工作载体来抓。通过市、县、乡、村各级党员领导干部带头，点对点信息发送、微信推送、入户宣传动员的措施，实现政策宣传、岗位推送、意愿锁定、组织输出、动态管理"五个100%全覆盖"。

二、一力担当，推进农民工转移输出的组织化，打造农民工输出的"安全舱"

昭通市人社局在精准输出上下功夫，变农民工自发、无序输出为有序的、有层次的、有组织、有体面的输出，在整个有组织的转移过程中，实现了"零感染""零伤亡""零投诉""零退工"，取得了辉煌的战果。

（一）建立高度组织化的长效协作机制，促进农民工到东部稳定就业。

1. 强势推进点对点输出。以"企业一复工，员工送到岗"为目标，昭通市人社局开启全省第一辆返岗班车、第一列返岗专列，发出全省第一张"务工动员令"，全面启动专车、专列、包机陆空联动的"点对点"输出模式，做到"输出有组织、精准到个人、匹配到岗位、到达有交接、全程可追溯"，打造"用工链条闭环"，实现出家门、上车门、进厂门。全市通过3 905辆专车、43列专列、4架次包机点对点输出20.09万人，占全省输出62.16万人的32.32%。

2. 全面落实东西部扶贫协作战略部署。昭通市人社局聚焦精准对接，实现机制创新与优势互补；聚焦精准组织，实现宣传动员与培训转移；聚焦精准就业，实现政府主导与市场需求。在市、县、镇、村四级建立了对口劳务协作机制，东莞、中山57个镇、街道全部参与结对帮扶。逐户逐人开展地毯式宣传发动，做到就业服务和政策落实"不掉一户、不漏一人"。整合资金制定交通补贴、鼓励劳务输出补贴、稳岗补贴等激励政策，促进农民工的外出就业。

（二）建立本地挖潜拓岗机制，全力开辟岗位扩容增量。昭通市人社局着力推进全市六大高原特色产业，建基地、上规模、出品牌，提升产业发展水平，促进就业；加大项目引进力度，以新项目、新企业扩大本地就业岗位供给；利用251个扶贫车间，吸引长三角、珠三角等地的企业产业转移，在扶贫车间创办电子元器件生产、箱包制作、服装加工等劳动密集型企业，为农民工提供就业岗位13 213个，实现"厂门"连"家门"；全面摸排家政、养老托幼等第三产业企业用工需求13 662个，加大用工余缺调节6 738人，促进市内农民工灵活就业11 650人；对就业非常困难的特殊农民工，利用护路护河、生态护林、保安保洁、消防协管等公益岗位解决一批"无法外出、无业可扶、无力脱贫"的劳动力就业87 630人。全市就近就地就业（县内）99.96万人，其中贫困农民工36.83万人。

（三）建立市场化运作长效机制，多极发力、广泛动员齐抓就业。昭通市人社局启动248个乡村劳务专业合作社建设试点工作，利用合作社有效与1 280家用工企业16 310个岗位对接，让农民工外出有组织、家人有关爱、务工有保障、就业有收入。

三、抓实要素推进技能培训定制化，培植农民工赋能提升的"造血池"

按照"贫困劳动力需要什么培训就提供什么培训，市场需要什么培训就组织什么培训"的原则，昭通市人社局实施技能培训193.92万人次。其中，贫困家庭农民工92.08万人次。2020年全市完成培训农民工15.75万人次。其中，贫困劳动力7.27万人次。

（一）灵活授技，突出实用。昭通市人社局整合农业、林牧、工会、妇联、共青团等部门的培训资源，结合人力资源市场用工需求，将培训送到农民工身边，打造"车间课堂""田间课堂"，培训一批职业素质高、市场需求旺的技能劳动力。

（二）靶向传技，突出速成。昭通市人社局结合农村劳动力意愿和市场需求，综合年龄、文化、性别及市场需求等因素，列出"工种菜单"，让农民工"点菜式"选择培训，促进培训项目与市场需求精准对接，推广"企业招工＋免费培训＋定向输出＋劳动力就业"的培训模式，实现用工岗位与劳动力精准匹配。自 2020 年以来，昭通市人社局已培训农民工 297 549 人次，其中建档立卡农民工 151 145 人次。

（三）职教强技，突出增效。昭通市人社局积极协调深圳、东莞、中山三市的职业技能院校给予昭通籍学生学杂费、生活补贴上的减免和补助，共组织 7 489 名农民工子女到东莞、中山接受职业教育。

四、倾心呵护推进稳岗服务优质化，淬锻农民工维权的"防弹衣"

（一）跟踪服务稳就业。昭通市人社局建立用工企业联络员制度，定期组织力量对农民工进行走访、回访，通过提供家乡饮食服务、建立老乡会等方式，引导外出农民工互帮互助、抱团发展。昭通市人社局与 1 280 家企业建立动态调岗机制，免费为外出农民工提供政策信息法律咨询、法律援助服务，切实帮助农民工维护各类合法权益。自 2020 年以来，召开务工座谈会 457 场次，走访慰问务工人员 5.1 万人次。

（二）关心关爱稳就业。昭通市人社局抓实村级动态监测，实行分包联系，定期通过电话、短信、微信等方式了解外出农民工务工情况及存在的困难与问题，及时协调解决。建立村（社区）老年人关爱之家，搭建妇女交流、互助平台，成立"爱心父母"留守儿童关爱队伍，加强留守群体的关爱工作，切实解决外出农民的后顾之忧，做到"打工的事情交给你、家中的事情交给我"。

五、应兜尽兜推进社保扶贫全员化，筑牢农民工养老的"保障线"

按照"三个 100%"全覆盖的要求，昭通市人社局本着"应保尽保、方便快捷"的原则，为贫困农民工构筑坚实的养老保障线。符合参加城乡居民养老保险的贫困人口实现了 100% 参保，符合财政代缴养老保险费条件的贫困人员实现了 100% 代缴。截至目前，在全市建档立卡农民工中，符合参加城乡居民养老保险条件的共计 126.93 万人，已 100% 参保；应代缴 119.08 万人，已完成 100% 代缴，共代缴金额 11 908 万元；应享受待遇 22.89 万人，已 100% 领取待遇，共发放待遇款共计 16 137.45 万元。

疾风知劲草，板荡识诚臣。在惊心动魄的抗疫大战、艰苦卓绝的脱贫大考中，昭通市人社局迎难而上、恪尽职守，将乌蒙人社铁军不畏艰险誓做"最美逆行者"的昭通特质禀赋和文化基因一脉相承，捧出殷殷关切，凝聚了同心抗疫的磅礴力量。

西藏自治区日喀则市人力资源和社会保障局先进事迹

2020年以来，西藏自治区日喀则市人力资源和社会保障局（以下简称为"日喀则市人社局"）按照自治区党委、政府的部署要求，紧紧围绕改善民生、凝聚人心这个出发点和落脚点，把大力促进农牧民增收作为重中之重，坚持就业优先战略和积极就业政策，正确处理好城镇就业和就近就便、不离乡不离土、能干会干的关系，着力提升农牧民转移就业的组织化程度，建立、完善各级政府、施工单位、劳务派遣公司、劳务合作社、村劳务经纪人、劳动力之间"六位一体"的劳务输出模式，促进转移就业，实现富民增收。

一、加强组织领导，完善服务体系

市、县（区）成立农牧民转移就业工作领导小组，将转移就业和参与当地工程建设作为各县（区）委书记的一项硬指标，各乡镇、村分别指定1名科级干部和村委委员专门负责，加强组织领导和督查考核。出台《日喀则市关于大力推进转移就业工作的实施意见》，明确转移就业的指导思想、基本原则、目标任务、重点措施。把组建劳务派遣公司、劳务合作社、培育村劳务经纪人作为完善服务体系的首要任务和关键环节，制定《日喀则市全面推行村劳务经纪人队伍建设工作方案》，要求每个县（区）至少组建1家劳务派遣公司，每个村、易地扶贫搬迁点至少培育1名村劳务经纪人。组织召开全区农牧民转移就业工作现场推进会，总结工作经验、相互学习借鉴。截至目前，全市已成立劳务派遣公司31家，组建1 662家劳务合作社，培育1 547个村居劳务经纪人以及125家县级、38家市级、9家自治区级农牧民转移就业基地等平台。日喀则市人社局通过公益性岗位或政府购买服务的方式发展劳动就业信息员，共搜集劳动用工信息6 800余条。对接市工商联、住建局、发改委、国资委、交通局、水利局等建设项目主管单位的用人需求和开工时间，先后走访企业600余家，共搜集岗位44 830个。通过微信公众号等平台发布转移就业或招聘信息1 600余条，依托公共就业服务管理系统等平台发布就业信息360期。

二、积极探索创新，改进方式方法

在市委、市政府的坚强领导下，在各级各部门的通力协作下，"六位一体"的劳务输出模式不断完善，搭建起连接劳动力和企业供需双方的桥梁，有效地解决了企业用工供需错位的问题，降低了农牧民的就业风险，实现了转移就业从"单打独斗"向"联合作战"转变。截至目前，组织化转移人数已占总就业人数的60%左右，人均劳务收入比2019年的9 606元，提高2 870元，增长率达到29.91%。日喀则市人社局逐村逐户摸底核实劳动力资源的基本信息，建立35.81万人的劳动力资源数据库动态更新、梳理研判，做到劳动力资源底数清、掌握技能情况底数清、培训需求底数清、就业意愿底数清。各级人社部门实行转移就业精准服务，协调施工企业提供就业岗位，劳务派遣公司、劳务合作社和村劳务经纪人组织劳务人员，实现了劳动力资源的有效配置和精准对接。充分发挥各驻村工作队、村级党组织的带头引领作用，大力开展形式多样、内容丰富的劳动力转移就业宣传，教育引导农牧民，特别是鼓励建档立卡贫困群众解放思想、更新观念，理性对待宗教，依靠勤劳的双手增收致富，过好今生的幸福生活。

三、落实精准要求，强化就业服务

劳务派遣公司定期上报就业培训需求计划，人社部门根据计划开展钢筋工、电工、泥瓦工等就业前景好、收益效益高的技能培训，增强派遣员工的技能针对性。2020年全市开展技能培训472期，培训20 608人，培训后就业率达到80.1%。日喀则市人社局紧紧依托各类企业或者专业合作社，组织群众就近就便开展有机农作物种植、民族手工艺品编制、民族乐器制作等培训，培训后通过村劳务经纪人转移就业或者在公司、合作社甚至在农户家里直接就业。2020年，全市开展"以工代训""订单定岗"培训160期，培训8 508人。劳务派遣公司等加强与政府部门协作，采取"政府+企业"模式，积极开展贴心暖心的组织输送，形成农牧民工出行清单、企业用工需求清单、农村劳动力供给清单等"三个清单"。自疫情发生以来，日喀则市人社局组织专车90余辆，"一站式"输送农牧民2 500余人。

四、健全管理机制，保障劳动权益

（一）规范劳务用工管理。日喀则市人社局出台《日喀则市劳动监察执法办案规则》《日喀则市建设领域劳动用工书面审查制度》《日喀则市劳动维权应急处理突发事件预案》等，督促用工单位和劳务派遣公司建立健全劳动用工考勤、持证上岗、劳资专管员等管理制度，规范劳动力市场和企业的用工行为。

（二）加强劳动监察执法。2020年以来，全市劳动监察部门深入各类项目施工点开展劳动监察执法工作，先后检查112个在建项目，依法下达《劳动保障监察责令限期改正通知书》13份，责令补签劳动合同2 765余份，依法公布7起重大劳动保障违法行为，劳动争议仲裁案件结案率达到99%以上，有效地保障了农牧民工的合法报酬权益。日喀则市人社局开展《保障农民工工资支例》全方位的宣传工作，编制藏汉双语手册，发放宣传资料118 778份，漫画书2 355个，悬挂宣传横幅300余条。

隆基绿能科技股份有限公司先进事迹

成立于 2000 年的隆基绿能科技股份有限公司（以下简称为"隆基股份"），是全球最具价值的太阳能科技公司，隆基股份积极贯彻国家关于农民工工作的决策部署，严格落实相关的法律法规、政策措施，在农民工权益维护、解决农民工问题方面做出了积极的贡献。

一、高瞻远瞩，思想引领

（一）领导重视，全面布局。公司领导高度重视工会工作，积极维护农民工的合法权益。2011 年 5 月，西安隆基硅材料股份有限公司工会委员会在西安航天基地成立；2019 年 3 月，隆基绿能科技股份有限公司工会委员会（以下简称为"隆基工会"）正式成立，隆基股份的国内员工 100% 入会，会员人数达 40 681 人，农村户口 30 687 人。集团工会管理 26 个单元工会，共有专兼职工会干部 56 人，工会组织有极强的生机和活力，隆基工会的使命是：服务员工，支持业务。隆基股份长期奉行"以人为本"的理念，坚持把员工权益放在第一位，重点做好为农民工保障、服务的工作，隆基工会积极作为、发挥职能，通过各类活动全方位保障员工权益。隆基工会将各项工会的工作制度化，做到制度管人、制度管事，制定了《员工关爱管理规定》《工会经费管理规定》《劳动争议调解管理制度》等文件。工会工作规范有序、按章办事，基层、员工的需求通过流程申报，工会逐级审核审批，保证工会的各项工作高效、合规。隆基工会定期向分管领导汇报工作，依靠行政优势与资源，解决工作中存在的问题和出现的难点，扩大工会的影响力，增强员工的凝聚力，更好地履职尽责、服务员工。

（二）抗击疫情，勇做先锋。自 2020 年 1 月以来，新冠肺炎疫情影响全国各地，在党和政府的坚强领导下，隆基股份也积极行动起来，在陕西首批支援湖北的医疗队出发的次日，公司即宣布向中国红十字会隆基百分之一基金捐赠 1 000 万元，专项资助陕西援鄂抗击疫情的医护人员，彰显了公司推动社会创造更好的人文关怀的精神。专项资助项目通过陕西省红十字会具体实施，资助了 1 472 名陕西援鄂抗击疫情的医护人员。随后根据疫情的变化情况，又宣布追加捐款 550 万元，向公司在云南、宁夏、安徽、江苏和浙江以及国外马来西亚古晋市隆基股份的生产基地所在地的政府、公益组织和医疗机构，提供力所能及的防疫物资支持和资金捐助，有力地支持了各地的疫情防控工作，为恢复经济社会发展做出了积极贡献。

在疫情期间，隆基股份全力做好企业的疫情防控工作，第一时间按照防疫规定复工复产，支持农民工返岗复工，勇于承担社会责任。利用公司的海外布局，加大海外工厂的产量，保障全球客户的交付，抵消国内疫情带来的影响。尽管隆基股份面临生产原材料供给、产品订单履约等各项挑战，但隆基股份始终稳定生产，持续招聘、保障就业，从 2020 年 1 月至 6 月 15 日，隆基股份在全球范围内累计入职 18 000 余名员工，并且随着公司投资产能的逐渐释放，预计至 2020 年底，云南地区还将招聘 6 000 余人，宁夏地区还将招聘 3 000 余人，陕西地区还将招聘 2 000 余人，积极践行了光伏行业龙头企业的社会责任，《人民日报》和 China Daily 报道了隆基股份的事迹。

（三）工会履责，多措并举。隆基工会作为维护员工、农民工权益的桥梁，一直以来得到公司领导的高度重视。隆基工会领导班子健全，成员政治站位高、文化素质好，讲政治、讲学习、讲团结，能认真履职、干事创业。在上级工会和公司的领导下，隆基工会积极发挥好维护、建设、教育、参与职能，为更好地服务员工、农民工，隆基工会设立常务委员会，每月召开常委会会议，沟通解决全集团工会工作中的重点问题；每季度召开各单元工会主席和干事参加的全集团工会季度视频会议，共同总结、讨论、分享。

二、稳定经济，保障就业

（一）科技强企，品牌兴企。隆基股份拥有国内一流的光伏企业技术中心，也是国家企业技术中心，涵盖单晶拉制、机加切片、清洗包装、电池和组件技术产业化应用研究和系统集成的一体化全工艺流程研发试验线。目前，公司建立了较为完善的产、学、研一体化的技术研发与合作交流平台，与杜邦公司、3M 公司、北京大学、澳大利亚新南威尔士大学等全球知名校企合作，共同探索行业前沿技术。隆基股份依托强大的科技创新能力，专注光伏产品制造和光伏科技解决方案两大模块，业务涵盖单晶硅片、单晶电池组件、分布式电站及地面电站系统的解决方案，为全球光伏产业的进步提供强大的助力，驱动人类能源使用方式的快速转型。

（二）注重研发，持续领先。隆基股份持续为社会提供优秀的能源与服务，依托长期积累形成的规模化生产优势、全产业链优势、创新优势、品牌优势，不断吸纳人才，充实力量，逐渐成为求职者理想的企业，吸引了一大批青年员工、农民工踊跃入职。

隆基股份以"可持续的太阳能科技"为品牌定位，秉承科技驱动生产力的原则，连续数年坚持高额研发投入，2019 年研发投入 16.77 亿元，研发营收占比 5.1%。目前，公司拥有核心研发团队 630 人，累计获得各类已授权专利 702 项。2019 年 1 月，经国家光伏质检中心（CPVT）测试，公司单晶双面 PERC 电池正面转换效率达到 24.06%，打破此前行业公认的 24% 的效率瓶颈。

（三）民主管理，有力保障。隆基工会通过开展职工代表大会、厂务公开等民主管理活动，加强与行政部门的联系，促进工会组织的规范化、科学化、制度化建设。2020 年 5 月，隆基股份一届二次集团职工代表大会在总部主会场、各基地 22 个分会场同步召开，公司领导高度重视，集团总裁李振国，集团党总支书记、副总裁李文学受邀参会，集团工会委员会全体成员、职工代表、列席人员共550人通过视频连线参会。会上由集团总裁向全集团职工代表公布了《公司经营情况报告》；审议签订《集团集体合同》；审议公司制度；从各单元收集的277份提案中确定了集团级提案22份，并确定了提案报告。

三、和谐发展，崇尚劳动

（一）遵法守法，依法维护。隆基股份坚持以习近平新时代中国特色社会主义思想为指导，深入贯彻党的十九大和十九届二中、三中、四中全会精神，坚决执行党和国家关于解决农民工问题、做好为农民工服务工作、维护农民工合法权益的政策法规，严格按照《劳动法》《劳动合同法》《工会法》制定管理制度，隆基股份行政方积极与职工代表工会方签订《集团集体合同》，合同适用于隆基股份全集团的员工，是隆基股份在民主管理方面迈出的重要一步，从源头上依法维护员工及农民工的权益。

（二）注重培养，鱼渔兼顾。隆基股份作为全球光伏行业的领导品牌，深知人才是企业长期发展的驱动力及赢得未来的核心竞争力，一直秉承"尊重""机会"和"激励"的人才理念，珍视每一名员工、农民工，关注他们的成长与发展。公司建立能够充分激发员工活力的培训机制，制定《培训管理制度》，引导、鼓励员工积极参加培训，提升个人综合技能，把公司建立成为一个学习型、发展型的组织，建立双赢的培训体系，确保公司和员工共同长远发展。同时，隆基工会开展劳动竞赛活动，提升职工队伍的整体素质，加强行业规范，积极培育典型，充分发挥广大职工主力军的作用。隆基股份努力创新，做好贫困劳动力就业、培训、维权及各方面的服务工作，取得显著的脱贫成效。隆基股份还通过"校企合作"等多种形式，积极解决当地的就业问题，承担社会责任，提高员工、农民工各项技能，引领员工成长、成才。

在光伏扶贫方面，隆基股份通过光伏与农业、林业相结合，拓宽贫困户的收入开源，实现"输血式扶贫"向"造血式扶贫"的模式转变。自2017年以来，隆基股份在海南省白沙县和山西省大同县、广灵县建设100 MW的光伏电站，支持3 467户建档立卡的贫困户家庭，累计已有2 320万元。2019年，隆基股份组建事业部向云南省的光伏扶贫电站项目供应了196 MW的高效光伏组件，占项目总量的85%，让40 218户贫困户在光伏扶贫中受益。隆基股份的新能源事业部也凭借丰富的光伏电站建设经验和出色的工程品质管控能力，承建了宁蒗、永胜、丘北、红河等地的光伏电站建设项目，其中宁蒗彝族自治县村级光伏扶贫电站成功并网发电，为2020年当地实现脱贫奠定了坚实的基础。隆基股份还通过直接援建光伏电站的方式，改善贫困社区的面貌。公司投入4 000万元建设宁夏固原市全市544所村级卫生室光伏取暖项目，捐建云南省丽江市民族中学、思木村小学和陕西省汉中市西乡县隆基中学的光伏电站，以及其他光伏组件捐赠的公益项目，共计490万元，累计扶贫支出金额为6 000余万元。

陕西省洛南县人力资源和社会保障局先进事迹

近年来，陕西省洛南县人力资源和社会保障局（以下简称为"洛南县人社局"）紧贴脱贫攻坚工作大局，紧盯"就业是最大的民生"的目标，紧扣"稳就业""保就业"的主线，紧抓农民工各项管理工作的落实，认真贯彻、落实习近平总书记来陕考察重要讲话的重要指示精神，统筹推进农民工工作暨就业扶贫工作的深入开展，取得了明显成效。自2018年以来，洛南县人社局先后被商洛市市委评为全市追赶、超越暨脱贫攻坚"先进基层党组织"，被市委、市政府评为年度维护稳定工作先进单位，连续3年被商洛市人力资源和社会保障局评为全市人社系统综合工作先进集体，连续3年被县委、县政府评为全县脱贫攻坚工作先进集体、全县年度目标责任考核优秀单位。

一、抓宣传培训，强本固体"富脑子"

（一）强化宣传，着力政策扶持。近年来，洛南县人社局始终把就业创业政策宣传作为稳定就业的有效举措，采取印发政策汇编、印制彩页，通过设点宣传、微信公众号、电视网络、院落会议、进门入户、巡回招聘等途径，为群众推送就业信息、宣传就业创业政策，通过评选先进、表彰典型引领农村劳动力，特别是贫困劳动力树立正确的就业观、致富观，不断从"要我就业"到"我要就业"，从"就业脱贫"到"创业致富"转变，进一步激发农民工脱贫致富奔小康的信心和决心。2020年以来，累计发放就业宣传资料6万余份，开展就业创业政策咨询20余场，通过微信就业群累计登记农民工务工者18.9万人。同时，加大政策落实力度，以政策扶持为"拉手"，推动农民工积极就业，大胆创业，发放创业担保贷款6 050万元，各类扶持资金3 000余万元。

（二）强化培训，着力赋能提升。洛南县人社局及时调整培训方式，应对中美贸易摩擦和新冠肺炎疫情对企业发展的影响，以岗位技能提升和以工代训为主线，在狠抓职工技能提升的同时，按照"企业出订单、职校出菜单、政府来买单"的思路，创新培训方式，加强政企合作，采用"培训机构＋中介公司＋订单培训＋就业安置"的新模式，与培训机构签订就业安置协议，培训结束后由人力资源公司统一安置就业。结合就业扶贫，根据贫困劳动力的职业技能特点和培训需求实施培训，将培训场所前移，送培训到村、到田间地头。2020年9月底前，洛南县人社局共组织开展线上线下培训85期、共计3 027人，其中贫困劳动力培训1 738人，实现就业共计1 600余人。

（三）创建品牌，着力稳定就业。洛南县人社局围绕农民工特别是贫困农民工的就业能力提升和稳定就业主线，努力打造"洛南嫂子"劳务品牌，注册了"洛南嫂子"品牌商标，成立了国有独资企业"洛南嫂子家政服务有限公司"，实行政企协作，着力打造"洛南嫂子"劳务品牌的专业化服务模式和职业技能培训的新标杆。加快推进培训、就业"二合一"，组织开展企业职工岗位技能提升培训和未就业农民工、贫困劳动力线上线下就业创业培训，有力地促进了培训与就业的有效衔接。

二、抓数据建设，精准信息"清底子"

（一）抢抓机遇，建立大数据库。在疫情防控关键时期，洛南县人社局抓住大批农民工返乡过节、居家防疫的机遇，在"洛南人社"微信公众号上设置网上登记窗口，组织全县农民工扫码登记，录入个人务工就业信息，精准摸清全县劳动力和务工区域情况，一举在全省率先建起了农民工就业大数据库。2020年3月底，全县外出农民工上网登记人数达到8.9万人，"洛南人社"微信公众号的网络关注度达到8万余人。同时，由洛南县人社局主导、镇办社保站主抓、村劳务站主管，以村为单位建立外出务工人员微信群，并与已建起的县、镇微信工作群对接，全县243个村全部建起村级外出务工人员微信群，进群人数达到8.81万人，占全县劳务输出大数据库登记人数的81.6%，形成了信息发布、就业服务的信息交流直通车。

（二）资源共享，精准对接服务。洛南县人社局针对大数据库中的农村未就业人员，实行全县就业大数据库和镇、村劳动力微信群的信息资源共享，协调组织劳务中介机构深入镇、村，上门入户，按照"线上招聘、线下对接、专车输送、全程跟踪"的模式，多渠道招聘对接，"点对点"精准输送，广泛宣传、动员农村未就业劳动力外出务工就业。在疫情防控期间，劳务中介机构累计向南京、青岛、无锡、盐城等地分批专车输送农民工1 810人。洛南县人社局充分挖掘内部潜力，组织、引导县内复工复产企业和社区工厂吸纳农民工就近就地就业，共计2 900余人。

（三）创新完善，实现上下互通。为做好人力资源市场供求状况的分析预测和劳务输出返乡人员的动态监测统计，洛南县人社局及时成立了洛南县就业创业大数据信息监测中心，出台了《洛南县劳动力就业大数据信息动态管理办法》，明确了数据采集录入、统计分析、开放共享和管理使用的责任主体。截至2020年9月20日，全县劳动力信息管理平台累计登记劳动力189 666人，其中农村非贫困劳动力1 171 330人、建档立卡贫困劳动力53 261人、高校毕业生2 905人、复转退役军人6 891人、城镇就业困难人员9 476人。从而形成了数据征集、信息发布、就业服务的直通车，为精准对接、高效有序地开展工作提供了科学依据。

三、抓转移就业，拓宽渠道"铺路子"

（一）开通绿色通道，聚力返岗早就业。面对新冠肺炎疫情影响，2020年年初，洛南县人社局坚持一手抓疫情防控，一手抓劳务输出，以农民工返岗复工为先导，以全县就业大数据库信息为引领，上与省交通、防控部门以及西安火车站协调，下与镇、村衔接，由镇、村包车把农民工运送到县城，县局包车把农民工送到火车站，及时与西安火车站沟通对接，疏堵和破难淤堵，打通农民工"第一公里"和"最后一公里"的制约瓶颈,在全省率先开通"洛南—西安火车站"农民工绿色务工专线,定制务工火车专列,实施"点对点"输送、"一站式"服务,全程做好交通保障、健康评估、跟车护送等工作,实现了农民工外出有组织、健康有监测、乘车有保障、到站有交接、就业有门路、全程可追溯。全县农民工转移就业7.76万人,其中开展"点对点"送行服务共组织车辆272辆,定制火车专列2列,累计向"长三角""珠三角"及西藏、天津、西安等地输送务工人员6 026人,办理外出手续、协助自驾自主外出务工人员4.8万余人。这些做法先后被国务院官方网站、中央电视台、人民网、新华网、《陕西日报》、陕西电视台、《商洛日报》等多家主流媒体专题报道。专题片《复工》在中央电视17台,纪录片《复苏》在陕西卫视、人民网、学习强国网播放。在疫情期间,省委常委、常务副省长梁桂专程到洛南考察复工复产工作,并为农民工送行。

(二)借势多措并举,破解难题强就业。

1. 加强政策支持,狠抓本地就业。洛南县人社局制定印发了《洛南县全面加强和促进城乡劳动力就业创业工作实施意见》,提出了加强和促进2020年城乡劳动力就业创业的四个基本原则、五大目标任务、七条就业路径、十二项工作机制。指导全县建筑企业、工业园区内企业、经贸企业、重大项目按照原则上不低于80%的用工比例,为本地劳动力提供就业岗位,形成了人社牵头、部门联动、镇办齐抓、合力推进的"大就业"格局。目前,工业园区的43家企业吸纳农民安置工就业1 378人,其中吸纳、安置洛南本地农民工1 124人,占比81.6%;经贸局规模以上工业企业44家吸纳农民工安置就业3 858人,其中吸纳安置洛南本地农民工3 410人,占比88.4%;住建局建筑企业17家吸纳安置农民工2 532人,其中吸纳、安置洛南本地农民工2 081人,占比82.2%。

2. 深化区域协作,拓宽县外就业。洛南县人社局连续10余年每年利用农民工春节返乡过节之际,逐镇召开外出务工人员座谈交流会,表彰、奖励劳务能人、劳务大户,鼓励劳务能人、劳务大户带领农民工进行劳务输出。同时,紧抓苏、陕扶贫协作机遇,加强与东南沿海地区同行和企业的沟通对接,在长三角、珠三角、京津冀及西安市等地区建立了劳务招商服务中心,积极拓展县外就业路径,向江苏、天津、广东、福建等地区市县人社部门和用工单位发出就业岗位信息征集函50余份,收集企业复工信息、健康状况认定、通行变化等信息。累计回电20余份,发回就业岗位需求信息5万余个。2020年共新增赴江苏农民工101人,通过扶贫车间及产业协作吸纳农民工156人。

3. 着力示范引领,强化带贫益贫。洛南县人社局建立了社区工厂带贫、益贫长效机制,结合易地搬迁"双示范"社区建设,利用闲置资产和空房,建设、培育社区工厂和就业扶贫基地,吸纳安置农民工就近就地就业。截至2020年9月底,全县累计认定国家级就业扶贫试点基地1个,省级就业扶贫基地1个,省级就业扶贫创业孵化示范基地1个;认定市级创业示范镇3个、创业示范基地2个、创业示范企业10个、创业就业示范村(社区)8个,就业扶贫示范镇2个,就业扶贫示范村(社区)5个;认定市级社区工厂6个、就业扶贫基地6个;认定县级社区工厂20个、就业扶贫基地30个。累计吸纳安置农村劳动力就业1 772人,其中贫困劳动力720余人。

(三)开发公益岗位,托底安置保就业。2016年8月,洛南县人社局经过摸底排查、分析研判,并争取县委、县政府支持，从县域脱贫攻坚实际出发，突破传统扶贫模式，因人设岗，在全省率先开发了就业扶贫特设公益性岗位，制定了《洛南县特设公岗管理办法》，全方位开发城镇公岗、特设就业扶贫公岗、公益专岗，安置无法离乡、无业可扶、无力脱贫的"三无"劳动力从事环境保洁、生态护林、水管员、村级信息员等工作，目前通过开发公益性岗位安置农民工就业 4 253 人。

四、抓权益维护，根治欠薪"动刀子"

（一）注重源头治理，夯实监管责任。洛南县人社局按照"属地管理、行业负责"和"谁主管、谁负责、谁审批、谁负责"的原则，明确了乡镇办公室和各级部门在农民工工资支付过程中的监管责任，逐单位签订《农民工工资支付承诺书》，逐项目落实监管主体责任和工资支付的主体责任，开设了农民工欠薪应急周转金账户，储备了 1 000 万元应急周转金，用于解决政府投资项目紧急突发情况下的欠薪问题。

（二）推进诚信建设，从严失信惩戒。洛南县人社局制定了《洛南县建筑施工企业拖欠农民工工资"黑名单"管理办法》《洛南县重大劳动保障违法行为社会公布实施办法》，加大劳动保障监察的日常巡视检查，开展用人单位劳动保障守法诚信等级评价工作，通过陕西省劳动保障监察两网化管理系统，对全县 519 家用人单位在 2019 年度劳动保障守法诚信情况进行了等级评价，评定 A 级 26 户，B 级 478 户，C 级 15 户。

（三）强化案件处置，开展联合检查。洛南县人社局全年累计接收群众来信 1 400 余封，办结劳动保障监察举报投诉案件 33 起，下发责令改正决定书 33 份，协调处理案件 8 起，为 349 名农民工追回拖欠工资 346.195 万元，移送涉嫌拒不支付劳动报酬犯罪案件 2 起，经公安部门主持调解追回拖欠农民工工资共计 12.68 万元。洛南市人社局会同住建、公安、交通、水利等部门，深入开展根治欠薪专项检查，检查各类用人单位 173 家，涉及农民工 4 932 人，通过协调处理、现场监督及责令支付，累计为 499 名农民工追回拖欠工资 407.5 万元，切实规范了人力资源的市场秩序，维护了广大农民工的合法权益。

陕西省渭南市劳动就业服务中心先进事迹

近年来，陕西省渭南市劳动就业服务中心（以下简称为"渭南市劳动就业中心"）深入贯彻习近平总书记新时代中国特色社会主义思想，积极实践党中央、国务院及陕西省委、省政府关于做好农民工工作的重要论述，在陕西省人社厅的大力支持下，在渭南市委、市政府的坚强领导下，始终坚持将农民工服务保障工作作为重中之重，以全方位促进农民工等重点群体就业创业为重点，以积极打造基层标准化服务平台为依托，以组织实施公共就业服务专项活动为抓手，以建立健全就业援助保障机制为支撑，创新工作方法，强化工作举措，提升服务水平，积极帮助广大农民工解决实际困难和问题，不断开拓了全市农民工工作的新局面。具体体现在以下四个方面：

一、建章立制，积极打造农民工就业服务工作新局面

（一）优化服务保障。围绕农民工的服务保障工作，渭南市劳动就业中心建立了农民工问题专题研究、汇报和督查制度，及时协调解决日常工作中出现的问题；结合疫情防控企业复工复产和农民工等重点群体就业，第一时间成立了农民工转移就业工作专班，建立了应对疫情防控农民工返岗复工的工作联席会议制度、重点企业24小时用工调度保障制度和防风险预案机制，及时为疫情防控、公共事业运行、群众生活必需的重点企业解决用工困难，为外出就业农民工推送用工岗位信息。

（二）着力加强考核。渭南市劳动就业中心将农民工工作纳入对全市各级工作的考核目标范围内，层层签订目标责任书，夯实工作责任，推动工作扎实开展。

（三）加强重点工作督查。将农民工服务和权益保障工作作为重点督查内容，经常以调研观摩等形式，深入到基层一线工业园、农民创业示范园和乡村基层进行检查指导，鼓励农民工走出家门的同时，支持在外学到经验和技术的农民工回乡创业，通过创业带动更多的人实现就近就地就业，缓解农村留守儿童、老人照顾及农业生产缺乏劳动力等社会焦点问题。

二、用心用情，全力做好疫情防控复工复产和返岗就业

（一）突出做好劳动力转移就业的组织服务。渭南市劳动就业中心围绕受疫情影响企业复工复产和农民工返岗就业不畅的问题，积极开展"就业服务不打烊、网上招聘不停歇"的线上招聘活动，

有组织开展"点对点"农民工外出就业和返岗保障行动,全方位抓好了企业复工复产用工保障和农民工返岗就业工作。自新冠肺炎疫情暴发以来,全市组织开展线上招聘活动151场次,发布就业岗位信息近6.5万条,达成就业意向3.1万余人。组织技能提升培训319期,免费培训2.5万人次,其中,组织企业职工培训120期,参训农民工达1.07万人;组织100余家企业开展以工代训培训,参训农民工6 254人;组织10家企业和3家技工院校开展新型学徒制培训,参训农民工768人。动员农民工返岗复工28.9万人,开展"点对点"组织农民工返岗就业和出行697车次,专车输送1.35万人。协调帮助33家重点保障防疫和生活物资生产企业复工复产,帮扶解决复工就业2 054人。保障市辖区内规模以上企业和重大项目复工复产409家,帮助解决返岗复工5.6万人。

(二)全面开展农民工就业实名制登记调查的专项活动。渭南市劳动就业中心围绕中央、省政府要求,将农民工实名制登记作为做好农民工整体工作的基础和重点,通过建立市、县、镇、村四级QQ和微信工作群,及时部署、安排农民工实名制登记调查工作,确保了信息数据的高效采集,上下联通,及时汇总,保质保量完成了省上交办的工作任务。截至目前,全市共登记农民工信息177余万人,其中,已实现外出务工的农民工116.7万人;未实现外出务工的农民工60.3万人。未实现外出务工的农民工中,有就业意向的20.5万人;无就业意向的39.8万人。

三、主动作为,全面提升农民工就业创业服务水平

(一)促进农民工就业服务平台不断健全。按照中央、省政府农民工综合服务平台建设相关要求,渭南市劳动就业中心第一时间对全市创建农民工综合服务平台工作进行了部署安排,组织各县(市、区)派专人对所辖乡镇、社区综合服务设施及服务现状进行了全面摸底排查,及时摸清了依托各镇、街道、社区综合服务设施的现有资源,创建农民工综合服务中心的行动目标,制定了详细的农民工综合服务中心标准化办事流程和各项规章制度,并限期完成。截至目前,全市已建成农民工综合服务中心157个,基本实现了农民工服务平台的全覆盖,为辖区内农民工提供了更加便捷、高效、优质的"一站式"综合服务。

(二)公共就业专项活动组织得有声有色。围绕农民工就业帮扶,渭南市劳动就业中心每年定期组织开展"春风行动""就业援助月""民营企业招聘周"等各类促进农民工就业的专项服务活动,积极为用工企业和农民工搭建供需对接平台,促进实现转移就业增收。近3年来,全市年均组织各类公共就业服务专项活动200余场次。

(三)支持农民工创业环境持续优化。渭南市劳动就业中心在全省范围内创新实施返乡入乡创业就业"十百千万"工程,积极推进百县千镇标准化创业中心的创建行动,落实创业担保贷款和创业补贴政策,进一步为农民工就近就地创业就业提供便利条件。截至目前,全市已建成县级标准化创业中心12个,镇级创业中心70个,建成创业孵化基地120家。发放小额担保贷款68.08亿元,直接扶持创业10.87万人,带动就业30余万人。引导、支持3 800余个创业项目落户全市各级创业孵化载体,累计实现带动返乡农民工、高校毕业生、退役军人等群体就业8万余人。

四、协同推进,积极稳妥地推动农民工市民化的社会融合

(一)着力保障农民工工资支付。渭南市劳动就业中心联合相关部门,成立保障农民工工资支付工作领导小组,开通维权服务热线,开展治欠专项行动,积极创建和谐的劳动关系。自2020年以来,联合劳动监察执法大队受理各类举报投诉案件100余起,帮助解决拖欠农民工工资716.4万元,涉及农民工868人,在时效内结案率达到100%;动员各法律援助中心办理涉及农民工案件787件,其中欠薪案件79件,追回劳动报酬约120万元。

(二)积极协调、帮助农民工在城镇享受社保待遇。渭南市劳动就业中心围绕推进农民工进城落户,及时出台社会保险衔接政策,依法将农民工纳入工伤保险范围,保障农民工的合法权益的同时,充分调动了农民工进城落户就业的积极性和主动性。

(三)推动农民工享受城镇基本公共服务。渭南市劳动就业中心在全市范围内组织开展"和谐社区·幸福家园"创建活动,将有稳定职业的外来务工人员、农村地区移民搬迁、扶贫搬迁、危旧房改造等类型的农民工全部纳入帮扶范围,为农民工营造更加干净、文明、安全、舒适的居住环境。同时,积极对接教育部门,协调解决农民工子女入学的难题,扎实做好农民工子女就近入学的工作,在教育收费、评优奖励等方面一视同仁,确保了农民工子女平等接受教育的权力。通过实施一系列行之有效的服务举措,渭南市劳动就业中心使广大农民工在秦东大地安居乐业,扎根落户,进一步增强其对乐居渭南的归属感和幸福感。

甘肃省临夏回族自治州和政县人力资源和社会保障局先进事迹

和政县，是甘肃省临夏回族自治州的管辖县，位于甘肃省临夏回族自治州南部，地处青藏高原与黄土高原的交汇地带，年平均气温 5.5 ℃，高寒阴湿，农业生产条件差。全县总面积 960 平方千米，辖 9 个镇、4 个乡。全县总人口 24.1 万人，劳动力人口 11.98 万人，人均耕地不足 1 亩，是甘肃省 58 个贫困县之一。在这片贫瘠的土地上，有一支全心全意为农民工服务的队伍，他们牢记宗旨，全力推进人社扶贫工作，精心打造"和政劳务"，确保了和政县 2019 年如期脱贫，谱写了一曲曲真情为民的华美乐章，他们就是和政县人社人。

一、发展劳务产业，积极扩大农民工就业渠道

和政县人力资源和社会保障局（以下简称为"和政县人社局"）把劳务产业作为脱贫攻坚行动的主要推手来抓，主要完成了以下工作：

（一）以培训促劳务，以务工创收入。

2014 年以来，和政县人社局累计开展技能培训 17 940 人（其中建档立卡人员 8 806 人），有效地促进了劳动力从苦力型向技能型转变，有效地促进了培训输转一体化的进程。累计输转劳务 39.044 6 万人次（其中建档立卡人员 7.18 万人次）、实现劳务收入 51.914 亿元。其中累计向厦门市输转劳务 3 146 人次（其中建档立卡人员 1 659 人）。经过 5 年多的发展，劳务产业已成为和政县的主导产业，成为和政县农民增收的"铁杆庄稼"。

（二）强化劳务基地和人力资源市场建设，全面扩宽就业渠道。

疫情期间，和政县人社局积极指导人力资源服务载体及时改变传统的招聘方式，利用快手、抖音等媒体开展网上招聘，积极开展人性化的输转服务，为农民工家属排忧解难、提供生活保障；通过包专车、包专列、包专机"点对点"直达企业的方式，将 30 批次、2 259 名（建档立卡人员 744 人）农民工及时、安全地输送到务工企业。人社干部协同乡村干部和帮扶干部对建档立卡户劳动力采取"一对一，人盯人"的方式做工作，确保应转尽转。同时，坚持"稳东扩西"思路，多渠道拓展输转渠道，形成了长三角、珠三角、京津冀、成渝、江西、青藏、新疆、内蒙古等劳务输转重点区域，建立了雄邦压铸、新凯复材、正新轮胎、南昌欧菲光、成都捷普、蓝思科技等 33 个稳定的劳务输转基地，积极引导人力资源公司成立了行业协会，并在"名人国际建材城"形成了初具规模的

人力资源市场,为做大做强和政县劳务产业品牌开好局、起好步。

(三)扶持发展扶贫车间,促进就近就地就业。

目前,全县共建成扶贫车间21家,共吸纳劳动力就业1 268人,其中建档立卡劳动力720人,年人均收入达到1.8万元以上。同时,和政县人社局积极落实各项扶持政策,累计落实初始创业补助250万元、落实技能培训补助210万元、落实务工补助104.76万元(其中建档立卡人员71.44万元),为6家扶贫车间改造了厂房,拓宽了和政县城乡富余劳动力的就业渠道,实现了家门口就业,加快了和政县建档立卡家庭脱贫致富的步伐。

(四)合理开发乡村公益性岗位,促进贫困劳动力稳定增收。

和政县人社局累计开发乡村公益性岗位1 495人,其中2018年、2019年累计开发乡村公益性岗位902个,2020年开发新冠肺炎疫情防控期间临时性公益性岗位451人、乡村公益性岗位142个。同时,加强对公益性岗位人员的规范管理,确保乡村公岗性岗位人岗相适、管理到位,切实发挥乡村公益性岗位促进贫困户就近就业稳定增收的作用。

二、创新执法方式,依法维护农民工合法权益

为确保农民工按时足额拿到工资,切实维护好农民工合法权益,和政县人社局树立"农民工合法权益是否得到有效维护"的执法理念,创新执法方式,全面贯彻、落实国家、省、州、县有关根治拖欠农民工工资工作的重大决策部署,严格执行《保障农民工工资支付条例》,依法维护农民工的合法权益。

(一)强化学习,不断提升劳动保障执法队伍的执法水平。

为提高劳动保障执法的工作效率和水平,适应新时期劳动保障执法的工作需要,和政县人社局把业务学习作为劳动保障执法队伍建设的一项重要手段来抓。

1. 及时搜集各类劳动保障法律法规及政策规定,整理编纂《劳动保障法律法规汇编》,并进行定期补充完善。

2. 建立了定期的业务学习,每周至少开展一次业务学习活动,通过定期的测试、队长(院长)授课的方式,强化学习效果。

3. 积极开展案件评议和以案释法活动,组织劳动保障执法人员开展案件评议活动。同时,积极搜集整理网上案例,进行分析评议,议案释法。

4. 积极鼓励、支持劳动保障执法人员外出培训。通过上述措施,全面提升了监察仲裁人员的执法水平和办案质量。

(二)强化服务,不断提升劳动保障执法工作的满意度。

按照习近平总书记"不忘初心、牢记使命"的要求,和政县人社局把"群众方便不方便,劳资双方满意不满意"作为检验劳动保障执法工作成效的标尺。

1. 畅通投诉渠道。在各用人单位、建筑工地、单位公示栏以及《劳动者维权》等宣传材料上公

布了投诉电话，畅通投诉渠道。

2. 简便投诉程序。针对劳动者自身文化水平参差不齐等情况，和政县人社局在办公室公示栏设置了投诉书、授权委托书、劳动仲裁申请书、工伤认定申请书等法律文书样本以及劳动保障监察、劳动人事争议仲裁和工伤认定流程图，方便群众开展维权活动。

（三）多措并举，积极防范和化解劳动人事争议纠纷。

按照"防范为主、执法为辅"的工作思路，和政县人社局积极开展劳动保障执法工作，有效防范和化解了各类劳动人事争议纠纷，积极推进了"无欠薪"城市建设活动。

1. 通过开展专题讲座、"送法律"进工地宣传、以案释法等活动，大力宣传《保障农民工工资支付条例》等劳动保障法律法规宣传活动，有效提升了用人单位自觉守法和农民工依法维权的意识。

2. 充分发挥劳动保障监察、劳动争议调解仲裁以及根治工作联动机制，及时化解各类劳动人事争议纠纷。近5年来，共接待群众来信来访692件（次），涉及4 659人（次）；办理工伤认定案件42件；受理劳动关系争议案件15件；受理拖欠农民工工资案件68件，处理68件，共计为1 493名农民工追回工资1 478.92万元，结案率为100%；调处工伤案件20件，为20名受害者支付赔偿金116.42万元。

三、健全社保体系，有效解除农民工的后顾之忧

（一）强化宣传，提高广大农民工和用人单位参保的积极性和主动性。

受经济文化落后的影响，和政县用人单位和广大群众参加社会保险积极性普遍不高，对社会保险的重要性认识不够。针对上述情况，和政县人社局把社会保险政策宣传作为建立健全社会保险体系的一项重要抓手，经常组织人员进村入户、进工地、进企业进行宣传，有效提升了用人单位自觉参保、农民工要求参保的意识，为实现社会保险全覆盖营造了良好的氛围。

（二）多措并举，着力提高社会保险的参保率。

1. 社保经办、劳动保障执法、劳动力培训、就业服务经办4个机构通力配合，将社保工作贯穿于社保费征收、劳动保障执法、就业服务等人社工作的全过程，形成了人社各机构齐抓共管的格局。

2. 积极寻求县政府支持，政府为51 315名"五类人员"代缴了城乡居民基本养老保险，代缴参保率100%，并全部录入了信息系统。

3. 通过全面摸排、数据比对，摸排出不在参保范围人员22 302名，做到了县、乡、村户籍人口与大数据平台、社保数据保持一致，并建立了四级工作台账，为精准收缴奠定了基础。

和政县人社局人始终牢记"人社工作为人民"的宗旨，积极拓宽就业渠道，创新劳动保障执法方式，全心全意为广大农民工服务，让国家人社政策的阳光雨露惠及了广大的农民工。

甘肃省渭源县劳务服务中心先进事迹

甘肃省渭源县是国家扶植的贫困县、甘肃省23个深度贫困县，国务院扶贫办公室定点联系帮扶渭源县。自农民工工作开展以来，渭源县劳务服务中心作为农民工工作的重要职能部门，能够全面落实国务院和省、市农民工工作领导小组的部署安排，稳定和扩大农民工就业创业、维护农民工的劳动保障权益、加大农民工平等享受城镇基本公共服务、促进农民工的社会融合，为促进农民工法律权益保护发挥了积极的作用，为打赢脱贫攻坚战、全面建成小康社会做出了积极的贡献。

一、强化组织领导

作为农民工工作职能部门，渭源县劳务服务中心能够按照农民工工作要求，建议县政府成立农民工工作协调机制，对全县的农民工工作进行统筹协调和指导，形成了县政府主要领导负总责、亲自抓，分管领导靠前指挥、具体抓，成员单位主动配合、具体承担的工作格局。渭源县劳务服务中心起草形成了《渭源县人民政府农民工工作领导小组2020年工作要点》，通过农民工联席会议制度，定期组织各成员单位及时研究、解决农民工工作中的重大问题，特别是在新冠肺炎疫情期间，渭源县劳务服务中心加强就业失业形势研判，进行专题调研，形成了《渭源县各乡镇建档立卡劳动力调研分析报告》，并对照农民工工作目标责任指标，执行"月推进、季调度"制度，有力保障了农民工工作的有序推进。

二、强化劳务输转

作为人社职能部门，渭源县劳务服务中心按照"东抓福州，西进新疆，盘活本地，就近吸纳"的工作思路，建立了县、乡、村纵向三级就业服务网络，乡镇专门设立乡镇劳务招工网点，千方百计扩大农民工省内外劳务输转容量。加大基地建设，设立了渭源县驻晋安、新疆的工作站，对接全国劳务基地92家，其中省内劳务基地32家，省外劳务基地60家（东西协作地区16家），引导全县贫困劳动力及时、有序地返岗。渭源县劳务服务中心加大东西部劳务扶贫协作，举办"腊月行动""渭源春风行动"系列招聘会，向福州市组织输转农民工711人（其中建档立卡人员674人）。实行"点对点"劳务输转，在疫情期间组织专列6列，专车35辆，输转返乡农民工1 743人。渭源县劳务服务中心引导深度贫困地区群众到新疆落户就业，向新疆招录新职工整户转移就业安置959户2 556人（其中建档立卡户239户760人）。拓宽"一主四线"就业渠道，向外主要紧盯劳务基地招录，向内依托劳务市场、开发公岗、扶贫车间、本地企业四条就业主线，全县通过"六个一批"共输转6.910 7万人，实现劳务收入11.52亿元，其中建档立卡贫困劳动力实现劳务收入5.15亿元。

三、强化创业带动

作为人社职能部门，渭源县劳务服务中心全面落实就业优先战略，全力推进大众创业万众创新、突出做好高校毕业生等重点群体的就业工作，提升就业创业服务水平。加快建设知识型、技能型、创新型农民工技能大军，开展"互联网+""嵌入式"和"订单式"培训，全县完成培训6 324人，其中贫困劳动力1 124人。渭源县劳务服务中心加大资金支持，抓好创业担保贷款、就业见习等扶持创业、促进就业的工作。全县发放创业担保贷款8 000万元，建立就业见习基地15家。支持创业，围绕特色农业、商品贸易、建筑业、中医药、劳动力资源开发、网络科技等行业，全县累计创办各类企业、合作社及个体工商户537家，累计注册资金2 459.88万元，吸纳就业人数1 754人。同时，建立健全农民工维权绿色通道和农村留守儿童、留守妇女和留守老人的关爱服务体系。

四、强化协同发力

渭源县劳务服务中心全面布控农民工工作，作为人社职能部门，加大"稳"协调县财政、扶贫办公室、东西部协作单位筹措各类就业奖补资金2 925.6万元，用于兑现劳务奖补、进疆安置奖补、一次性创业补贴、援企稳岗等就业政策。全县受益群众涉及16个乡镇3 794人。对全县126家企业、民办非企业、社会团体减免养老、工伤、失业3项社会保险费390.8万元，为50家单位884人发放失业保险稳岗返还资金37万元。同时，强化农民工职业健康保护，推动城乡义务教育学校积极开展融合教育，推进住房公积金制度改革，改进缴存、使用机制，支持农民工等新居民解决住房问题。

五、强化治欠保支

渭源县劳务服务中心以创建无欠薪城市为目标，联合劳动监察部门持续落实治欠保支工作，"点对点"对在建项目、生产企业传导压力、常态监管，"实打实"地执行入场督办。全县共检查用工单位95家，其中建筑施工类企业82家、住宿餐饮13家，涉及各类用工3 289人。渭源县劳务服务中心协调县住建、交通运输、市场监管等部门在县内农民工集中的建筑工地、摊点市场聚集点等地，建立主管部门、村（社区）、企业党组织三级联动管理机制，动态建立农民工党员名册，把功能型党组织建在工地上、建在项目里，分类推进组织覆盖。分别在中铁五局路面一标项目部等3个在建工地，成立了流动党支部。把保障农民工权益落到实处。

青海省海因州格尔木市人力资源和社会保障局先进事迹

近年来，青海省格尔木市人力资源和社会保障局（以下简称为"格尔木市人社局"）在市委、市政府的正确领导和上级业务主管部门的精心指导下，以党的十九大和十九届历次全会精神，习近平总书记系列重要讲话精神为指导，紧紧围绕农民工工作重点，坚持以保增长、保民生、保稳定为出发点，采取积极措施，全力以赴，扎实做好农民工工作。

一、强化技能培训，有效促进农民工的就业和增收

格尔木市人社局充分发挥劳动技能培训在促进农民工就业方面的巨大作用。

（一）健全农民工工作服务体系。格尔木市人社局成立格尔木市促进就业和根治欠薪工作领导小组，落实就业联络员工作制度，基本形成横向党政主要领导同志统筹协调、领导小组牵头总抓、成员单位各司其职的工作机制，纵向市、区（行委）、乡镇（街道）、村（社区）四级联动的良好工作格局。

（二）针对性地整合培训资源，开展技能培训。格尔木市人社局充分掌握和了解供需双方需求，结合格尔木市市场需求及农民工实际，积极整合职业学校、宾馆、酒店、餐饮及有培训资质的培训机构，开设司炉工、维修电工、装载工、挖掘工、拉面工等受市场和广大农民工欢迎的工种。

（三）开展多层次的技能培训。对一般的农民工开展基本能力培训，对具备职业技能、创业能力的农民工开展管理、经营、创业能力提升培训，注重分层次提高农民工的就业创业能力。

二、加大维权力度，全面保障农民工的合法权益

格尔木市人社局突出源头治理，认真落实各项保障制度，积极加强整治力度，使广大农民工权益得以有效维护。

（一）抓实《保障农民工工资支付条例》贯彻落实工作。

制定印发了《格尔木市关于贯彻落实〈保障农民工工资支付条例〉工作方案》，明确了《保障农民工工资支付条例》落实的责任体系和具体要求，进一步压实各部门的工作责任。

（二）突出源头治理。

格尔木市人社局按照"双随机一公开"的程序，会同市相关行业主管部门，经常性集中开展清理整顿人力资源市场秩序的专项检查和日常巡查。围绕《保障农民工工资支付条例》《劳动法》等劳动保障法律法规的贯彻、落实，对相关企事业单位开展劳动用工年检工作，预防用人单位劳动保障违法行为。同时，以诚信评级倒逼责任落实，激发企业劳动保障守法诚信的责任意识和规矩意识。

（三）加大整治力度。

格尔木市人社局主动加大舆情处理力度，依法依规处理劳资纠纷舆情，做到对劳动者的投诉案件快查、快办、快结。开展根治欠薪工作督导，结合信访投诉、现场举报等方式，对反复出现的欠薪问题和不配合解决欠薪案件的用人单位及项目负责人进行约谈。畅通信访举报渠道，在疫情期间开通农民工投诉"网上办理"绿色通道，及时受理、查处拖欠农民工工资的案件。截至目前，共检查385家用人单位，涉及人数34 856余人，督促用人单位补签劳动合同500余份。向相关成员单位发放42份《提醒函》，约谈用人单位14次。共收缴162个项目农民工工资保证金共6 853万余元，办理退还204个项目9 284万余元。同时，积极探索银行保函、商业保险等方式担保农民工工资，切实为企业减负。共受理保证保险代缴农民工工资保证金业务85笔，为企业减负9 024万余元。

三、助力疫情防控，持续加力促农民工返岗复工

针对新冠肺炎疫情影响，格尔木市人社局主动落实中央、省、州、市各级政府制定的政策内容，多措施、多渠道做好农民工返岗复工工作。

（一）积极拓展求职招聘渠道，开展线上招聘活动，帮助企业复工复产。

积极加强"一对一"指导和跟踪帮扶，帮助各类群体达成就业意向，并妥善安置就业困难群体到公益性岗位实现就业。

（二）主动作为，助力扶贫车间。

为保障疫情防控与脱贫攻坚齐头并进，格尔木市人社局积极帮助郭勒木德镇盐桥村扶贫项目——吨包加工车间顺利开工复产，将扶贫车间周边村镇有就业意愿但受疫情影响不能外出的建档立卡的劳动力、残疾人等重点群体优先吸纳到车间就业，实现了就地就近就业。

（三）减费降租，减轻创业企业负担。

根据有关文件要求，格尔木市人社局为一街、一园、一基地59家在孵企业减免6个月房租。同时持续实施失业保险单位费率0.5%、个人费率0.5%的政策，按照"简化手续、缩短流程、高效便企"的原则，推进实施失业保险援企稳岗的"护航行动"。自2019年以来，格尔木市人社局共开展春风行动等28场"线上线下"招聘会，帮助各类群体达成就业意向2 513人，安置就业困难公益性岗位157个，为一街、一园、一基地减免房租16.46万元。为201家创业商户发放创业奖励58.4万元。在抗击疫情期间共为全市参保企业减负2 600多万元。为336家企业按2019年度实际缴纳失业保险费的60%发放稳岗返还补贴359.13万元。

青海民泽龙羊峡生态水殖有限公司先进事迹

青海民泽龙羊峡生态水殖有限公司成立于2008年9月，是坐落在青海省共和县龙羊峡库区之上的一家以高档冷水鱼的育种、养殖、加工、销售为一体的现代化农业高新技术企业。经历十多年的发展，截至2019年底产能已达到15 000吨，拥有亚洲智能化规模领先、品质卓越的鲑鱼、鳟鱼养殖基地，是农业产业化国家重点龙头企业；是龙羊峡三文鱼中国特色农产品优势区；是国内唯一常年稳定供货的三文鱼供应商；是中国唯一获准出口的三文鱼企业，出口俄罗斯、欧盟等。现已建成现代三文鱼科技园，占地面积19 676平方米，建筑面积10 400平方米，包括智能化管理及数据中心、自动化加工及研发、展示、培训、体验、鱼文化博物馆等功能。

一、积极响应政府号召，吸纳当地农民工就业

公司成就的取得离不开当地政府的大力支持，更离不开公司周边参与公司建设和发展而付出辛勤汗水的广大农民工群众。公司自成立以来，积极响应政府号召，吸纳海南藏族自治州及周边地区剩余劳动力成为企业员工，截至目前，公司共有员工230人，在公司正式的一线员工中农民工有200多人，约占95%以上，为企业的长期稳定发展提供了有力的保障。与此同时，企业的不断发展壮大，给当地农民工群众带来了稳定可观的经济收入，让大批农民工在企业中不断学习和成长，先后以罗占元、冯庭贵等同志为代表的农民工迅速成长为公司的得力骨干，带领广大基层员工投身公司发展。公司积极出台鼓励员工推荐公司周边的农民工到企业就业的奖励政策，极大地解决了公司用工难、招工难的实际问题。

随着公司的不断发展，公司在生产加工、渔业养殖、鱼苗孵化等环节吸引、培养了大批农民工，使他们从贫瘠的农业生产中走向现代化的渔业养殖产业，为当地的减贫、稳定就业等做出了积极贡献。

二、广泛宣传，增强法律意识。

维护好农民工的合法权益，不仅关系到农民工的切身利益，也关系到公司的长期稳定发展。公司高度重视此项工作，要求相关部门通过各类宣传方式，深入农民工当中普及《劳动法》《劳动合同

法》《劳动保障监察条例》等法律法规知识，以提高农民工运用法律武器维护自身合法权益的意识和能力。为了进一步做好农民工的维权工作，公司专门成立了劳动争议调解委员会，为农民工维权提供了便利通道。公司自2008年成立以来，信守承诺，12年间每月按时发放工资，从未出现过拖欠和延时发放的现象，极大地维护了公司的良好形象。

目前，公司有人力资源部专门负责员工的劳动合同、员工关爱、劳资纠纷等工作。近年来，公司严格遵守《劳动法》《劳动合同法》的规定，积极提高农民工待遇、定期发放春节、端午节、中秋节、季度福利、电话费补助、免费食宿等各种待遇，通过对员工的关爱，不断提高了农民工的幸福指数。在公司经营期间，农民工的工资待遇每年几乎都在不断上涨。

在过去的经营时间里，公司积极与海南藏族自治州就业局、共和县劳动监察大队、共和县工会等积极加强交流，在劳动权益保障、妇女权益保障、不雇佣童工等方面严格按照相关规定和法律法规执行。

目前公司共有女工近80名，其中一线女员工60名，95%以上为来自海南藏族自治州附近村镇的贫困农民工妇女。她们在公司收获了劳动技能，得到了一份可观和稳定的收入。同时，公司为许许多多家庭的脱贫和致富做出了积极贡献。

在做好上述各县农民工权益保障的同时，公司积极为员工培训《劳动法》《劳动合同法》《社会保险法》等法律法规，让员工增强法律意识，同时确保在公司内部，做到透明、公开、公正，切实维护广大农民工的权益。

三、提供有效的培训服务，提高农民工的职业技能。

公司自成立以来，一直非常重视员工的培养和技能提升。为此公司从2012年起与青海湟源牧校建立了校企合作关系，普及和提升了广大农民工的渔业养殖技术、鱼病防控知识。为了公司的长足发展，公司与部分符合条件和有意愿的农民工达成协议，由公司承担部分费用，让农民工报名参加湟源牧校的在职职工水产专业大专班进修。让广大农民工学以致用，更好地为公司服务。

在农民工技能的提升方面，公司企管部每年会制订全公司的培训计划，并分解到部门、场组，每月均有严格的培训计划。培训内容包括生产技术、养殖技术、育苗技术、安全生产、食品生产技术、法律法规、设备操作、设备维修等各类培训。通过全面的公司内部培训，广大农民工走上了技术岗位、管理岗位，真正实现了自己的人生价值。

经过10多年的对农民工队伍的培训、培养，在公司的各条战线上涌现了一大批优秀的农民工。其中，以生产部的部长罗占元的表现尤为突出。罗占元同志是海南藏族自治州共和县铁盖乡托勒台村村民，在加入公司前是以种地务农为生，在2009年加入公司后，通过自己的努力和公司的培养，走向了公司的管理岗位，成为公司的中层领导，在赢得了一份可观的收入的同时，也实现了自己的人生价值。公司以罗占元同志为代表的广大农民工，积极投身于企业的发展建设，为公司的发展做出了巨大的贡献，实现了自己的价值，改变了自己的命运，也为当地的经济社会发展做出了积极贡献。

宁夏天下金盾保安服务有限公司先进事迹

宁夏天下金盾保安服务有限公司，是一家从事专职保安人防、社会公共安全技术防控、物防工程、特种犬防控、活动安保服务和专业人力资源产业发展、综合物业服务、安保器材与社会应急救援物资供应的特殊型现代化企业。

自创办以来，公司认真贯彻、落实党中央、国务院关于农民工工作的决策部署，在农民工就业创业、脱贫攻坚、提高职业技能和精神文化生活及新冠肺炎疫情防控和经济社会发展等方面，做出了突出的贡献。

一、聚焦脱贫，收获满满

近年来，公司不断拓宽经营领域、创设就业岗位，优先招聘农民工就业。承接政府购买的服务项目，以人力资源服务外包方式，先后为固原市四县一区党政机关、学校、医院、银行网点、企事业单位公开招聘、培训、外派幼儿教师、公安辅警、人民调解员、消防文员及专职队员、禁毒专干、城管协管、乡镇综治协管、学校宿管等辅助性岗位吸收工作人员1 350余人，其中农民工520多人，实现"一人就业、全家脱贫"的目标，为解决农民工再就业、助力全市脱贫攻坚做出了突出贡献。

二、政策倾斜，优先招聘

在乡镇综合治理协管员、保安员、保洁员、宿管的招聘过程中，公司优先招聘返乡农民工，重点解决文化程度低、专业技能低的"两低"人员到各乡镇、各村组、各学校、各医院服务实现再就业。

在优先招聘农民工的同时，公司及时发放并保障农民工的劳动报酬，同时为部分农民工租用房屋、发放交通补贴，每年都要给农民工免费发放春秋、夏季和冬季三套工作服和配套的劳保用品，对生病住院的员工、家庭子女考入大学的员工和突发事件的员工进行探望，发放慰问或鼓励金，鼓励并解决员工的生活重点、难点问题，给予他们家庭般的关怀与温暖。仅发放工作服一项，每年补贴近60万元。

三、引导帮扶，增强信心

（一）深入宣传。

公司以开展"帮扶结对共创和谐"及"七一"慰问贫困党员、"八一"慰问贫困复员退伍军人活动为契机，以召开座谈会、个别访谈、发放宣传资料等方式，向广大农民工宣讲国家的惠农政策、"稳就业、再就业"的相关精神，以及县委、县政府出台鼓励农民工创业的优惠政策，增强农民工再就业的信心。

（二）发挥党员的先锋模范作用。

采取"一对一"帮扶方式，帮助农民工解决创业中遇到的困难和问题，让他们在创业过程中少走弯路。党支部书记、总经理陈海堂带头"一对一"帮扶田坪乡村民，走访农民工，送去资助金，探寻致富路，解决实际问题，提出合理化的脱贫致富建议。

四、技能培训，提升能力

公司建立健全创业指导服务。公司常年专设农民工求职登记窗口，掌握农民工的求职信息，替他们操心分忧。专设农民工创业培训服务部，提供消防、安保、宿管、协管及会计、法律、劳动保障等方面的代理服务和岗前培训，指导农民工创业就业。结合就业市场需求，组织培训服务部开展定向培训和订单培训，通过上门服务、集中服务、电话服务等多种形式，及时帮助农民工创业者和创业企业提供就业和劳动保障服务，解决相关问题。

为使新招聘的农民工尽快适应岗位需求，公司在做好岗前集中培训的基础上，还利用周末、放假时间"一对一""点对点"和"边上岗边培训""学徒制传帮带"等多种培训方式，持续提升农民工的服务技能和业务水平。

五、四查四补、保障利益

公司积极响应县委、县政府的号召，协助全县四查四补。根据县委政府统一部署，公司2020年抽调40多人，协助乡镇干部对全县19个乡镇、295个行政村，特别对1 500多户建档立卡户进行为期3个多月的走村入户，与返乡农民工、建档立卡户交心谈心，摸底查巡，帮助他们解决发展生产、房屋维修、孩子入学、生活保障、水电改造及"两不愁三保障"中的漏项等"四查四补"的实际困难，有力有效地助力我县脱贫攻坚。

六、六稳六保，再创新高

公司全力响应国家"六稳""六保"政策，大力发挥市人力资源行业协会的作用。2020年以来在各级人社部门的指导下，先后在永清湖、新营乡、将台堡等举办6场招聘会，与上海商飞集团等40多家大型国企达成了劳务输出协议，全力以赴支持农民工返岗复工，实现"点对点"服务保障。共提供120多个岗位，招聘输出农民工270余人。

七、全力以赴，勇往直前

新冠肺炎疫情发生以来，公司坚决贯彻落实习近平总书记关于疫情防控工作的重要指示精神和党中央的决策部署，全力以赴配合公安机关，派驻110多人，勇往直前，奔赴抗疫一线设卡值勤，联防联控；至今仍有7名员工轮值坚守在隆德隔离点和固原火车站勤务点，进行疫情防控、综合执勤的工作。党支部书记、总经理陈海堂带头，广大党员积极响应，向疫情重灾区捐款13 000多元，协助西吉县工商联购买300吨"金豆豆"运到湖北省襄阳市支援灾区。清明节组织员工为抗击疫情牺牲烈士和逝世同胞默哀，也向那些逆行而上的勇士致敬，向那种在生死瞬间的人间大爱致敬，激发大家的奉献热情和向善向美的情怀。

八、荣誉不易、使命在肩

公司团队服务意识浓厚，工作作风扎实过硬，党风廉政有效有力。公司先后被宁夏回族自治区党委组织部、人社厅、发改委、财政厅评定为"宁夏人力资源服务业龙头企业"；被宁夏回族自治区就业创业领导小组评定为"宁夏就业扶贫示范基地"；被宁夏回族自治区企业家协会评选为"改革开放40年宁夏优秀民营企业"；被固原市就业创业服务局评选为"先进单位"；被社会各界誉为"宁夏安保服务行业知名品牌企业"。

公司法人代表、党支部书记、总经理陈海堂被中共宁夏区委组织部评为"全区非公企业优秀党务工作者"；被宁夏回族自治区就业与创业服务局聘为"宁夏回族自治区创业指导志愿服务团专家"；被中共固原市委政法委评为"全市政法综治工作先进个人"；被中共西吉县委评为"优秀共产党员"；被西吉县第十七届人大常委会第20次会议任命为"西吉县人民法院陪审员"等荣誉。

九、继往开来，任重道远

公司以党的十九大精神和习近平总书记新时代中国特色社会主义思想为指导，始终牢记服务经济社会发展、维护社会治安秩序的光荣使命，以"紧跟党走、热爱祖国、服务社会、敬重行业"为理想信念，以"德行天下、品质金盾、守法经营、诚信服务"为经营宗旨，以"心无旁骛办好企业、锲而不舍艰苦奋斗、敢为人先开拓创新"的开拓精神，积极拓宽就业领域，创设就业岗位，特别是强化助力农民工再就业再创业，积极引进优质人才、健全内设机构、夯实基础设施、完善服务功能、推动转型升级，为实现"做强安保服务事业、做大人力资源产业"的宏伟目标而努力奋斗。

宁夏回族自治区同心县人力资源和社会保障局先进事迹

同心县地处宁夏回族自治区中南部干旱带的核心区，是国家六盘山集中连片的特困地区之一。总面积4 662平方公里，辖7镇、4乡、1个开发区、142个行政村，总人口38.1万人，其中农村劳动力18.4万人。革命老区、民族地区、贫困地区"三区叠加"特征十分明显，辖区内有旱作塬区、干旱山区和扬黄灌区。人多地贫、干旱缺水、生态脆弱的特殊环境，是制约巩固、提升脱贫攻坚成果最大的"瓶颈"。多年来，同心县委、县政府始终坚持把稳就业保就业作为最大的民生工程、民心工程、根基工程，敢担当、善作为，细谋划、真落实，下好"先手棋"，打好"主动仗"，让百姓的"饭碗"端得稳。2016年同心县被国家发改委确定为结合新型城镇化开展农民工等人员返乡创业试点县；2018年、2019年连续两年荣获全区劳动力转移就业示范县称号。

一、高位推动稳就业

对标中央、自治区、市精神，结合本县实际，同心县人力资源和社会保障局（以下简称为"同心县人社局"）及时出台了《同心县应对新冠肺炎疫情影响促进转移就业奖励办法》《关于做好农民工返岗复工"点对点"服务保障工作实施方案》等7个政策性文件，为稳就业提供政策保障，为区、市提供了"同心蓝本"。同心县人社局全面掌握全县18.4万农村劳动力的就业意愿和动向，采取"4个1 000万"实打实举措稳就业，即"1 000万元用于奖励劳务中介组织和劳务经纪人""1 000万元用于扩充创业担保贷款基金""1 000万元用于新增农村公益性岗位""1 000万元用于以工代训技能培训"，用真金白银稳就业、保民生。全面落实"降、返、补"惠企稳岗政策和社保"缓、减、免"政策，让企业既享"普惠"又吃"特惠"。为全县233家企业减免社会保险费1 625.99万元；为85家企业兑付稳岗补贴97.65万元，为225人缴纳职工医疗保险29.85万元，为477人发放价格临时性补贴4.38万元，为227人发放失业保险金139.46万元；减免中小微企业房租542.76万元；解决返同员工交通补贴649人、共计32.45万元。"铁杆庄稼保"参保35 607人，超额完成自治区下达目标任务的106.29%。

同心县人社局主动打通公共就业服务延伸到基层的阻点，接通服务群众最后"一公里"的断点。派出专门工作组到福建、浙江、广东、山东、青海、内蒙古等地考察对接，与15家企业达成稳定输送劳务协议，输送转移就业农民工4批3 348人，人均月收入3 500元以上，最高者收入达8 000多元。建成劳务移民房495套24 750平方米，建成公租房和廉租房650套32 500平方米，解决企业职工（农民工）住房困难。

同心县人社局盘活人、地、钱三种资源，做好"共谋大业、外出就业、返乡创业、合作兴业"四篇文章，积极营造"大众创业、万众创新"的氛围，调动全县在家和在外两个方面的力量，集聚人才、资金、项目等资源服务家乡建设。个人创业担保贷款额度从15万元提高至20万元；毕业5年内在同心县创业的大学生贷款由20万元提高至30万元；对创业担保贷款合伙创业者给予最高300万元贷款支持；在韦州镇庆华村开展创业担保贷款免担保、免抵押试点，发放贷款280万元。截至目前，同心县人社局发放创业担保贷款10 124.5万元。培育创业实体408个，创造新的就业岗位1 174个，全民创业带动就业人数达2 356人。采取"学校列单、学员点单、企业订单、政府买单"四单方式，开设种养业、烹饪、电焊、装载机、刺绣等培训课程。截至目前，共举办各类技能培训116期、共计5 964人，培训后就业人数4 473人，就业率75%。

二、部门联动保就业。

同心县人社局按照县委、县政府提出的"全市领跑、全区领先、全国争先"和就业工作真抓实干明显的县、区目标，各单位深耕细作稳就业，做到部门联动、相互配合、各尽其责，着力在就业扶贫、创新创业、技能培训、平台建设等方面创造"同心经验"。截至目前，全县外出务工人员达到10.21万人（其中建档立卡贫困户2.29万人），同比增长27.6%；劳务经济收入15.96亿元，增长86%。

（一）多措并举抓宣传。同心县人社局采取编排快板书，组织人员进企业、进社区、进工厂等方式，多渠道、多形式宣传《保障农民工工资支付条例》，营造尊重劳动、依法维权、依法治欠的社会氛围。出动工作人员150人次，深入56个项目工地、105家企业、16个小区开展宣传活动，覆盖12个乡镇重点村、企业和项目工地。政府投资项目和社会投资项目农民工工资支付达到"双清零"。

（二）严格执法抓监察。县司法、市监、工会、工商联等单位联合开展了职工队伍稳定风险专项排查工作，将《保障农民工工资支付条例》宣传与企业劳动用工、安全生产检查相结合，查找漏洞，补齐短板。认真开展了清理整顿人力资源市场秩序的专项执法行动，被国家人力资源和社会保障部、市场监管总局评为"2020年全国清理整顿人力资源市场秩序专项执法行动取得突出成绩单位"称号。

（三）奖惩分明抓信用。同心县人社局制定并严格落实《同心县劳动领域守信激励和失信惩戒实施办法》和《同心县农民工工资保障诚信单位评审制度》，加强信用管理体系建设，健全劳动保障守法诚信档案。公布了13家农民工工资支付诚信企业，对12家企业开展了诚信等级评价工作。2020年征缴农民工工资保证金6 054.59万元；签订农民工劳动合同16 424份，职工合同3 052份。

（四）强化仲裁抓调解。同心县人社局及时了解和掌握企业的动向、诉求、困难，抓好政策落地执行，细化量化帮扶措施，妥善处理企业和农民的劳动争议，受理并结案仲裁案件55起，挽回经济损失272.26万元。受理工伤认定案件60件，认定工伤59件，不予认定工伤1件。案件数量较2019

年增长 20%。

三、政策驱动巩就业。

县委、县政府高度重视"六稳""六保"工作，以就业"一稳"促"六稳"，以就业"一保"促"六保"，把巩固提升就业质量作为工作的重中之重，以"五应五尽"的超常规举措，持续用力，稳岗就业，千方百计扩大农民工社会保险覆盖面的"同心模式"。

（一）全民参保实现应登尽登。为巩固全民参保成果，同心县人社局将 10.21 万农民工全部纳入参保范围，全民参保率达到 90.54%。参加失业保险共计 10 046 人，参加工伤保险共计 28 071 人，分别完成目标任务的 100.05% 和 125.9%。

（二）家庭签约实现应签尽签。同心县人社局组建 68 个家庭医生签约服务团队，建档立卡贫困人口签约率 100%。实现与北京、重庆、广东等 17 个省、市就医的异地直接结算。

（三）社保扶贫实现应代尽代。全县建档立卡贫困人口核实人数共计 82 889 人，符合参保代缴条件的共计 43 881 人，由政府每人代缴 100 元，共代缴 438.81 万元。

（四）工伤待遇实现应付尽付。工伤保险享受待遇 17 人，支付待遇共计 185 246 元；工亡 3 人，支付待遇共计 2 596 956 元；享受伤残津贴 36 人次，支付待遇共计 133 728.23 元；享受生活护理费 27 人次，支付待遇共计 71 521.8 元；享受供养亲属抚恤金 7 人，支付待遇共计 80 233.55 元；享受一次性伤残补助金 8 人，支付待遇共计 390 050 元。

（五）社会保障卡实现应办尽办。同心县人社局累计制卡 19 497 张，新制卡 10 967 张，换发卡 8 520 张。实现了养老、失业、医疗、生育、工伤等各项保险通过社会保障卡实时支付。

四、政企互动增就业。

同心县人社局紧紧扭住就业这个托底民生的"牛鼻子"，坚决做到"疫情防控不懈怠，就业服务不停歇"，以开展"四查四补"为抓手，坚决克服新冠疫情的不利因素，以情留人、以情招商，用足、用好一揽子政策红利，持续优化就业、创业、稳业环境的"同心特色"。聚焦企业需求，建立健全县级领导干部联系包抓企业机制、问题协调解决机制、帮扶和支持机制，及时了解和掌握企业的动向、诉求、困难，抓好政策落地执行，细化量化帮扶措施，帮助企业稳岗复工复产。

同心县人社局积极开展"引老乡、回故乡、建家乡"的活动，鼓励和引导有意愿、有能力、有资本的打工能人返乡创业，发展特色养殖、乡村旅游、传统手工、扶贫车间等。同心县人社局千方百计解决扶贫车间运行难、用工难、留人难问题，采取政策补助、利益撬动、社会帮扶、政府补助等多项惠企帮企举措，使全县 23 个扶贫车间全部复工复产，最大限度恢复产能，让 1 300 多名家庭妇女在家门口务工就业、增加收入、巩固脱贫。

新疆维吾尔自治区和田地区人力资源和社会保障局先进事迹

新疆维吾尔自治区和田地区人力资源和社会保障局（以下简称为"和田地区人社局"）坚决贯彻落实习近平总书记提出的"一个人有了就业，就容易安定；一个家庭有一人就业，就增加一份稳定的力量"的重要论述，始终把就业促稳定、就业促脱贫摆在重要位置，聚焦农村富余劳动力、贫困家庭劳动力、新成长劳动力"三大群体"，2018—2020年立足就地就近就业和扩大疆内外转移渠道，持续实施、有组织地转移就业"3510"计划，已累计转移农村富余劳动力就业89.55万人次（贫困劳动力46.57万人次），其中向内地省、市转移就业4.06万人次，疆内跨区域转移就业12.87万人次，就地就近就业34.02万人次，采摘棉花等季节性劳务输出38.6万人次，年均劳务创收超过50亿元。

一、聚焦就业扶贫，深入实施"2+3"工程

（一）实施扶智、扶志"2"大工程。

1. 实施"扶智"工程。和田地区人社局整合各类教育培训资源，根据各县、市产业布局，2019年2月在七县一市按照人口规模100∶1的比例，各新建了1所农牧民技工学校，按照农牧民的就业意愿设置工种，保证每名参加培训的劳动力至少熟练掌握1项技能，目前已累计开展就业培训19.8万人（贫困劳动力8.56万人），培训后就业率达到90%以上。

2. 实施"扶志"工程。和田地区人社局实施"321"就业帮带计划，即提供3次就业机会、2次职业指导、1次就业培训，通过帮带措施，激发农牧民的内生动力，最大限度调动农牧民的就业积极性，变"要我就业"为"我要就业"，2018—2020年仅发放创业担保贷款这一项就达10.25亿元，帮助有创业意愿的1.43万名就业困难人员、农民工和贫困劳动力实现自主创业。

（二）拓宽内地、疆内、就近"3"个渠道。

1. 拓宽内地就业渠道。和田地区人社局抢抓对口援疆、东西部协作和内地省、市劳动力短缺的机遇，每年开发上万个就业岗位，实施有组织的转移就业。如2020年在做好疫情防控工作的同时，和田地区"点对点"通过14架包机、乘坐火车等形式，实现向内地企业转移就业1.37万人（其中贫困劳动力0.79万人）。

2. 扩宽疆内就业渠道。和田地区人社局积极对接乌鲁木齐市、昌吉回族自治州等地的各大企业，开发疆内跨地区就业岗位。如2020年3月13日至27日仅用14天时间通过19趟专列和5趟图定列

午向乌鲁木齐市、昌吉回族自治州等 10 个地、州累计输送农民工 3.08 万人（其中贫困劳动力 2.3 万人）；8 月 28 日—9 月 30 日向巴州和兵团输送采摘棉花等季节性务工人员 10.2 万人。

3. 拓宽就近就业渠道。和田地区人社局通过构建"县有龙头企业、乡有规模企业、户有小作坊"纵向就业布局和"总部（县）+ 片、区（乡）+ 卫星工厂（村）+ 贫困户"产业链条，3 年累计实现就近有组织就业 34.02 万人次（其中贫困劳动力 17.42 万人次）。

二、科学精准施策，持续落实"1+3"服务保障

（一）强化"1 个"机构。和田地区始终把农民工转移就业工作作为"一把手"工程，由地区主要领导担任组长，领导小组办公室设在和田地区人社局，实行"周调度、月小结、季总结"举措，有序推动转移就业和农民工工作的深入开展。

（二）落实"3 项"举措。

1. 强化宣传引导。全地区各级干部牢固树立"没有与就业无关的单位、无关的人"的思想，动员全社会力量积极促进农民工外出就业，通过典型讲、正面引，帮助农牧民算好经济账，实现动员全覆盖。

2. 强化"四托"保障。和田地区人社局大力推行托老、托幼、托地、托畜"四托"机制，突破制约农民工外出就业的"瓶颈"，解除后顾之忧，最大限度地促进农民工外出就业增收。

3. 强化服务能力。和田地区人社局发挥疆内外 14 个工作专班和选派 458 名带队干部的作用，采取"带队干部 + 班组长 + 务工人员"服务模式，确保外出务工人员"留得住、有钱挣、能增收"。

三、就业效益显现，务工实现"4 个"较大提升

（一）就业观念呈现较大提升。和田地区人社局通过持续开展"3510"就业计划，农民工外出就业的积极性充分调动起来了，特别是 2020 年和田地区克服疫情影响，自 3 月份以来不但转移就业恢复正常，而且就业人数与 2019 年同期相比不降反增，实现就近就业同期增长 20.5%，疆内外转移就业同期增长 82.2%，"阳光和田人"的劳务品牌逐步得到认可和提升。

（二）主动学习呈现较大提升。外出农民工利用业余时间学外语、学法律、学技能，与企业其他员工开展"结对子""结亲戚"和"传帮带"活动，已培养出班组长 3 892 名，有 4 552 名员工被评为先进工作者，呈现出"比、学、赶、帮、超"的浓厚氛围。

（三）未来规划呈现较大提升。农民工通过务工创收积累，改善了住房条件、置办家具家电和开办小商店，带动了更多的人务工创业，实现"家家有门路、人人有事干、月月有收入"的目标。2018—2019 年全地区实现劳务增收 102.46 亿元，2020 年受惠于自治区党委安排疆内 10 个地州接收和田籍劳动力 3 万人等举措，预计全年可实现劳务创收 60 亿元以上。

新疆维吾尔自治区喀什地区麦盖提县人力资源和社会保障局先进事迹

近年来,新疆维吾尔自治区麦盖提县人力资源和社会保障局(以下简称为"麦盖提县人社局")以习近平总书记新时代中国特色社会主义思想为指导,深入贯彻落实习近平总书记在决战决胜脱贫攻坚座谈会上的重要讲话精神,坚持把转移就业作为脱贫攻坚、改善民生、维护稳定、增进团结的有力抓手,围绕有劳动能力的人"人人能就业、月月有收入"的目标,全面摸清劳动力的就业情况,广开就业门路,加强岗前培训,狠抓岗位对接,自2014年至今,有组织地转移内地省、市企业就业共计11 881人次;有组织地转移疆内其他地州就业共计10 668人次。农民工有组织的转移就业总体呈上升趋势,农民工的转移就业工作制度化、规范化、规模化机制不断得到完善。

一、完善"四项机制",打牢输出基础

(一)完善责任落实机制。麦盖提县人社局针对特殊的县贫、民贫,及时调研论证,将富余劳动力转移就业工作作为重中之重的工作来抓,成立疆内外有组织转移就业工作领导小组,制定《2020年麦盖提县疆内外有组织转移就业工作实施方案》,健全"党委统筹、政府主抓、部门联动、社会参与、企业为主"的就业服务工作体制,实现了宣传引导、组织培训、人才储备、岗位对接、转移输出、服务管理等方面运行机制。

(二)完善因人施策机制。麦盖提县人社局围绕有劳动能力的人员全就业的目标,以村为单位,逐户过筛子、逐人进行梳理,切实摸清、掌握有劳动能力、已就业、未就业、有就业意愿等情况,分类建立台账,因人施策,制定就业方案,确保人岗精准匹配,实现"输得出、稳得住、有就业、能致富"的目标。通过摸排,目前全县共有农民工72 988人,已全部实现就业。

(三)完善宣传引导机制。麦盖提县人社局依托广播、电视、乡村大喇叭、麦盖提零距离微信公众号等媒介,利用周一"三结合"、农民夜校、干部入户走访等时机,大力宣传党的惠民政策,尤其是农民工转移就业政策,做到人人皆知、家喻户晓,营造"一人务工、全家致富""一人输出、全家光荣"的浓厚氛围。选树就业典型巡回宣讲,现身说教,以身边事教育身边人,激发广大富余劳动力主动外出就业的热情。四是完善岗前培训机制。严格落实政府与企业联合招聘、联合培养、联合使用、联合管理的"四联"工作机制,坚持"先培训、后输出"的原则,依托县技工学校对拟输出人员集中开展以国家通用语言、政策法规、职业道德、安全知识等为重点的岗前培训,着力培养一

支"听指挥、能吃苦、素质优、纪律好"的务工队伍，做到输出一批、稳定就业一批。

二、发挥"四个优势"，多方开发岗位

（一）发挥疆外派驻工作队的优势，积极对接疆外就业岗位。麦盖提县人社局派工作队常驻内地与企业对接就业岗位，联系信誉好、有实力的用工企业，按规定有序组织输出。在疫情防控期间严格落实各项规定，实施"点对点"精准输出。充分利用用工企业的平台造势，在企业与企业合作交流的过程中，帮助宣传推广刀郎人民兢兢业业、任劳任怨的奋斗精神，打响麦盖提的劳务品牌，促进有组织转移就业人数的逐年增长。主动作为，与内地企业建立长期沟通联系机制，积极邀请企业家到麦盖提县开展人力资源市场考察，打消企业的用工顾虑，确保劳务输出长期保持稳定。2020年以来，累计向疆外有组织转移就业2 357人。

（二）发挥"访惠聚"驻村工作队优势，积极对接疆内就业岗位。麦盖提县人社局依托自治区"访惠聚"驻村工作队，积极与兄弟地州和疆内各类企业沟通联系，多方对接岗位，广开就业门路。自2020年以来，已向疆内企业有组织转移就业4 505人，通过不断与五家渠、库尔勒、石河子等地对接，扩大了疆内跨地州转移就业的渠道。

（三）发挥本地资源优势，多方开发本地就业岗位。麦盖提县人社局在抓好疫情防控的前提下，千方百计促进本地企业复工复产，积极开发就业岗位，已梳理中央预算内投资项目、扶贫项目、以工代赈项目的岗位，以及园区企业和服务行业就业岗位8 326余个，最大限度吸纳贫困户和特殊困难群体就地就近就业。

（四）发挥政策优势，积极开发公益性岗位。麦盖提县人社局对部分因照顾家中老弱病残亲属等原因无法外出的务工人员，结合实际、对症下药，充分发挥托幼、托老、托畜等保障机制作用，精准安排一批保洁、保育、护理、保安等公益性岗位和政府购买服务岗位，解决他们就业难的问题。通过就业资金帮扶公益性岗位和政府购买服务实现就业3 190人，月工资均在1 600元以上。

三、落实"四个到位"，提高服务质量

（一）干部选派到位。麦盖提县人社局精心挑选责任心强、管理能力强、懂维语和汉语的优秀干部，随行做好输出人员的服务管理、沟通协调、权益保障等工作。

（二）宣传教育到位。麦盖提县人社局常态化抓好输出人员的国家通用语言培训，常态化开展政策宣讲、升国旗仪式等活动，积极组织农民工参加企业的各类党团组织活动、企业文化活动以及民族团结联谊活动，参观红色旅游基地、景点，不断提升农民工的爱国感恩意识。2019年，麦盖提县定点输出企业——重庆市璧山得润电子有限公司被国家民族宗教委员会评为"民族团结模范企业"。

（三）权益保障到位。麦盖提县人社局落实每名务工人员与企业双方或中介机构、企业三方签订劳务合同，为务工人员办理异地就医结算，确保外出农民工在外务工期间就医有保障、维权有途径。

新疆生产建设兵团第十师北屯市劳动保障监察支队先进事迹

在祖国的西北之北，有这样一支队伍，他们扎根边疆、奉献边疆，始终秉承"以人为本、民生至上"的理念，把社会稳定和长治久安当作第一要务，聚焦服务和维权，积极发挥稳定器、大熔炉、示范区的作用，时刻维护广大劳动者和用工单位的合法权益。他们就是第十师北屯市劳动保障监察支队（以下简称为"北屯市劳动保障监察支队"）。

近年来，北屯市劳动保障监察支队以习近平总书记新时代中国特色社会主义思想为指导，深入贯彻党的十九大和十九届二中、三中、四中全会精神，坚决执行党和国家关于维护农民工合法权益的政策法规，持续强化劳动保障监察的执法工作，2018年被国家人力资源和社会保障部评为开展清理整顿人力资源市场秩序专项行动先进单位。2019年在农民工工作考核中被兵团农民工工资领导小组评定为A级。为切实保障农民工合法权益，北屯市劳动保障监察支队不断创新工作思路和方法，重点抓日常监管、难点突破、机制创新，加大农民工工资清欠的工作力度，逐步完善预防和解决拖欠农民工工资工作的长效机制，取得了显著效果。

一、提高政治站位，强化组织领导

（一）强化制度保障。北屯市劳动保障监察支队认真贯彻、落实国家、兵团对保障农民工工资支付工作的各项部署，梳理并建立了各项机制、制度17项，进一步健全和完善了治理农民工工资拖欠问题的长效机制，压实了属地和部门监管责任。

（二）强化问题导向。北屯市劳动保障监察支队以问题为导向，对存在欠薪隐患的，联合有关部门及时应对，快速处置，有效防范了各类讨薪群体性事件的发生。

（三）强化部门协作。北屯市劳动保障监察支队建立了根治欠薪领导小组成员部门联络员和月调度机制，通过联合检查、碰头会和微信群、QQ群，及时沟通项目开工、用工、参加工伤保险等信息，共同研究重点欠薪问题的化解方案，实现了根治欠薪工作的互联互通、定期调度，形成了工作合力，促进了根治欠薪重要工作部署在北屯市落地生效。

二、狠抓工作落实，注重工作成效

（一）"三个加强"抓源头治理。

1. 强化农民工实名制管理。北屯市劳动保障监察支队按照《工程建设领域农民工实名制管理若干规定》（兵人社发〔2018〕139号）即"一栏一牌+14项资料"，在工程建设领域扎实推进农民工实名制管理工作，将制度落实到每个环节，统一规范了农民工基本信息名册、每日用工考勤记录、每月应付工资表等农民工实名制管理实操标准。师市辖区的在建工程项目，农民工实名制管理逐步规范并已全覆盖。

2. 严格落实工资保证金制度。根据用人单位工资支付情况和诚信等级评价情况，北屯市劳动保障监察支队实行保证金差异化缴存。严格规范农民工工资保证金动用和返还程序，充分发挥了工资保证金的应急保障作用。

3. 加强失信企业惩戒。北屯市劳动保障监察支队积极开展企业劳动保障守法诚信等级评价，在师市政府门户网站公布重大劳动保障违法案件1起，向兵团报送列入"黑名单"的企业1家，营造了褒扬诚信、惩戒失信的舆论氛围。

（二）"四项措施"推齐抓共管。

1. 提前谋划。师市于每年9月对辖区内的建设工程项目的农民工工资支付情况进行全面摸排，联合各部门排查欠薪问题，分析研判可能发生的群体性上访案件，筹集可用于支付工程款的资金，优先用于农民工工资的支付。

2. 压实责任。北京市师市主要领导高度重视农民工工作，召集根治欠薪领导小组会议，对欠薪项目进行责任分解，明确责任人，制定解决方案，由建设单位牵头包案化解稳控，由行业主管部门协助，及时处理项目欠薪问题，做到底数清、进度知、情况明。

3. 部门联动。北屯市劳动保障监察支队联合住建、交通、水利等部门，开展了工程建设领域欠薪源头治理专项行动、根治欠薪夏季行动、对在建工程项目农民工工资支付情况进行全面检查、根治欠薪冬季攻坚行动等专项执法检查活动，共检查企业270家，涉及7 819人次。对2019年兵团督查指出的问题，按照考核细则分工对各工程项目实名制和工资专用账户的落实情况进行了整改。积极办理上级交办的欠薪案件，对兵团信访局转办的5条欠薪线索，兵团人社局转办的1条欠薪线索在查清事实的基础上进行了妥善处理，按时提交了书面报告，并建立了工作台账。

4. 强化督办。北屯市劳动保障监察支队对发现的欠薪问题分好类、排好队、摆好位，建立欠薪工作台账并动态更新，采取领导包案督办、"十日一报""一案一策"等措施。在2019年根治欠薪冬季攻坚行动期间，为农民工追回欠薪1 436.33万元，涉及1 161人次，提前完成"两清零"。

三、强化普法宣传，做好劳动维权

（一）做好政策宣传。政策宣传、舆论引导是维护农民工合法权益的重要突破口，北屯市劳动保障监察支队将劳动保障法律法规宣传贯穿于劳动保障监察执法工作的始终。在疫情防控期间,北屯市劳动保障监察支队全体党员干部"不忘初心、牢记使命",第一时间投入到街道社区防控一线,建机构、定预案,与下沉干部、社区群众排查重点人员、检测进出人员体温、24小时值班值守,切实把"内防扩散、外防输入"的各项措施落实落细,通过QQ群、微信群、专题培训、政府门户网站、日常巡查和专项检查,进企业、进工地进行集中宣传等活动,将办理事项、办理流程及相关法律法规政策进行多领域、宽范围的宣传。共下企业走访200家,发放各类宣传资料5 160余份,面对面咨询解答3 200余人次。

(二)做好日常接访。北屯市劳动保障监察支队实行AB角工作制度和首问负责制,安排专人负责举报投诉接待、记录,做到可查询、能追踪。向社会公布举报电话,及时处理劳动者投诉举报,安排专人关注网络舆情投诉,确保群众诉求渠道通、有人管、有结果。自2019年以来,共接待来信、来访197批次,为1 456人追回工资共计1 942.32万元。

(三)做好关口衔接。北屯市劳动保障监察支队建立根治欠薪分类处理机制,劳动监察能及时处理的及时处理;需要协调行业主管部门的,就及时沟通、协调处理;需要提起仲裁或诉讼的,就做好与仲裁、司法机构的工作衔接。

2020年是全面建成小康社会和"十三五"规划收官之年。站在历史交汇点回眸来路,北屯市劳动保障监察支队有发展,也有曲折;有成功,也有失误;有经验,也有教训。眺望未来,第三次中央新疆工作座谈会为北屯市劳动保障监察支队今后的工作提供了重要依据,北屯市劳动保障监察支队将以第三次中央新疆工作座谈会精神为指针,不断实践与探索,在第十师改革发展的新征程上,不断开创工作的新局面。

司法部公共法律服务管理局法律援助工作处先进事迹

司法部公共法律服务管理局法律援助工作处现有在编人员3人，主要负责监督管理全国法律援助工作。该处作为司法部农民工工作牵头单位的内设处室，具体承担农民工工作部内协调工作，组织相关厅（局）在研究工作、制定政策中对农民工群体予以优先考虑、特殊关注，指导各地为农民工等重点群体提供优质高效的法律援助服务，在服务农民工工作中做出了积极贡献。

一是提高政治站位抓好落实。法律援助工作处以习近平新时代中国特色社会主义思想为指导，深入贯彻落实党的十九大和十九届二中、三中、四中全会精神，坚持以人民为中心的发展思想，认真履职尽责，践行群众路线，将农民工法律援助工作作为一项重要政治任务落实落细落地。2019年4月，起草并印发《司法部关于充分发挥职能作用认真做好根治拖欠农民工工资有关工作的意见》，要求各级司法行政机关认真做好根治欠薪相关工作。2019年5月，在全国部署开展农民工劳动合同普查与体检，组织司法行政机关配合人社部门深入工地提供法律服务，走访北京、四川等11个省市20余万家企业，调查劳动合同近300万份，并形成专报信息报送中央领导。2020年2月，以司法部办公厅名义印发《司法部办公厅关于学习宣传贯彻〈保障农民工工资支付条例〉进一步做好根治拖欠农民工工资工作的通知》，要求各级司法行政机关深入学习宣传贯彻《保障农民工工资支付条例》，充分发挥司法行政系统在根治拖欠农民工工资工作中的职能作用。2020年8月，组织赴湖南进行农民工工作督察，并完成督察报告报国务院农民工办。2019年，全国办理农民工法律援助案件49万余件，有51万余人次农民工获得了法律援助服务。

二是保障农民工合法权益。指导各地把因劳动合同请求经济补偿、赔偿、请求支付劳动报酬及工伤赔偿等与农民工紧密相关的民生事项纳入补充事项范围，逐步放宽经济困难标准至低收入群体，使法律援助惠及更多农民工。2020年6月，参与起草并联合人社部、财政部印发《关于进一步加强劳动争议调解仲裁法律援助工作的意见》，重点保障农民工等经济困难劳动者及时获得法律援助。指导各地认真贯彻落实《全国刑事法律援助服务规范》《全国民事行政法律援助服务规范》《关于完善法律援助补贴标准的指导意见》等文件，进一步完善法律援助质量管理制度，提升农民工等重点群体法律援助规范化、标准化水平。

三是助力农民工返岗复工。新冠肺炎疫情防控期间，在落实防疫要求的基础上，法律援助工作处根据司法部党组部署，持续抓好农民工法律援助工作任务落实。2020年5月，在全国部署开展"法

援惠民生 扶贫奔小康"品牌活动,指导各地助力疫情防控和复工复产,要求对因疫情导致的劳动报酬支付、劳动关系解除、工伤赔偿、房屋租赁等与农民工紧密相关的纠纷纳入法律援助事项范围;对因疫致贫的农民工等劳动者及因疫返贫群众,与相关部门研究明确免予经济困难审查人员范围;探索法律援助经济困难证明告知承诺制;引导农民工通过线上方式获取法律咨询和申请法律援助,全面推广法律援助"预约办""在线办""网上办""掌上办",积极服务保障农民工返岗复工。

四是助推农民工脱贫攻坚。2018年6月,起草并以司法部名义与国务院农民工工作领导小组办公室联合印发通知,在全国部署开展"法援惠民生 助力农民工"活动。2019年5月,在中国法律服务网开通"农民工欠薪求助绿色通道",至今已解答"讨薪咨询"8 520件,答复"问题反映"2 254件,转交地方办理法律援助案件近2 000件,涉及人数10.72万余人。在"法援惠民生 扶贫奔小康"品牌活动中,将"用心用情服务农民工"列入"助推脱贫攻坚"内容,要求各地在做好农民工法律援助工作的同时,加强对农村留守儿童、空巢老人、留守妇女的法律援助,为农民工就业创业解决后顾之忧。指导各地深化便民服务,推进便民服务窗口建设,建立健全异地协作机制,加强"智慧法援"建设,方便农民工就近就简申请法律援助,打通法律援助服务"最后一公里"。

住房和城乡建设部人事司人才工作处先进事迹

农民工是我国产业工人的重要组成部分，是社会主义现代化建设的重要力量。农民工群体数量多、范围广，农民工工作形势复杂、影响面大，党中央、国务院历来高度重视，习近平总书记也多次做出重要指示批示。做好农民工工作，对解决"三农"问题、做好"六稳""六保"、促进社会和谐发展有着重要意义。住房和城乡建设部人事司人才工作处具体承担部内农民工工作领导小组办公室职能，长期牵头住房和城乡建设部农民工工作和就业工作，在技能培训、促进就业、安全生产、职教扶贫等多方面，充分发挥职能、创新工作思路、积极协调沟通，为农民工群体做了大量工作，较好地完成了国务院农民工工作领导小组办公室和住房城乡建设部有关农民工工作的各项任务。

一、做好住房和城乡建设部农民工、就业相关牵头工作

住房和城乡建设部农民工、就业相关工作由人事司牵头，人才工作处（原劳动与职业教育处）具体落实。一直以来，人才工作处认真做好农民工相关工作，积极落实国务院农民工工作领导小组办公室部署的各项任务。历次全国农民工工作督察均派人参加，多次牵头带队督察小组，对相关省市进行农民工工作督察，高质量完成了督察工作，并撰写督察报告和有关材料。推动部相关司局围绕改善农民工住房条件、促进农民工就业、保障农民工工资支付等方面研究出台政策，有力推进各地将符合条件农民工纳入公租房保障范围，扩大住房公积金缴存范围、建筑工地实名制等政策顺利实施，较好地完成了国务院农民工领导小组部署的各项任务。

二、加强行业农民工职业技能培训，增强稳定就业能力

住房城乡建设行业是吸纳劳动力就业的重点行业，建筑、环卫、物业管理等行业一线从业人员大多为农民工。部人事司人才工作处负责行业一线从业人员职业技能培训工作，2015年印发《关于加强建筑工人职业培训工作的指导意见》，建立行业职业技能培训体系，充分发挥企业培训主体责任，加大培训力度，扩大培训规模。为指导各地规范开展相关人员职业技能培训，2017年底印发了《住房城乡建设部办公厅关于印发住房城乡建设行业职业工种目录的通知》，涉及行业184个职业工种。按计划组织编修行业职业技能标准，截至2019年10月，陆续颁布了建筑工程施工、装饰、园

林、城镇供水等49个工种职业技能标准，为各地开展工人职业技能培训提供了依据。目前，环卫、市政、排水、装配式建筑等40余个工种的行业职业技能标准正在编修当中。建立了住房城乡建设行业从业人员培训管理信息系统，提高了培训管理、服务水平，推动培训工作跨省域互认，减少重复培训，减轻企业负担，为从业人员流动就业提供便利服务。2015—2019年，住房和城乡建设行业共培训一线从业人员1 033.3万人次，在提升农民工整体素质、增强农民工稳定就业能力方面做出重要贡献。

三、开展职业技能竞赛选拔高技能人才，为优秀农民工打开职业晋升通道

近年来，人才工作处加大行业各类职业技能竞赛指导力度，推动有关行业组织和地方举办职业技能竞赛。2016—2020年，共举办行业（国家二类）职业技能竞赛18个场次，涉及钢筋工、手工木工、装配式建筑等29个职业工种，培养选拔了一大批优秀农民工从业人员。为522名各类竞赛成绩突出选手授予"住房城乡建设行业技术能手"称号，组织推荐14人获得"全国技术能手"称号，1人获得"中华技能大奖"，营造出技能成才、人人争先的良好氛围。积极参与世界技能大赛的组织选拔工作，促进行业职业院校及企业广泛参与世界技能大赛相关活动。从41届世界技能大赛（2010年）开始的历届竞赛，住房和城乡建设部均组织了参赛选手的选拔推荐，并为我国参赛队推荐相关赛项专家、裁判。其中，焊接项目在41届首次参赛即获金牌；在44届世界技能大赛中砌筑、瓷砖镶贴项目夺得金牌，其他赛项取得了优异成绩；第45届世界技能大赛，我国在建设行业类赛项中取得了5枚金牌（建筑石雕、砌筑、花艺、混凝土建筑、水处理技术）、3枚银牌、6个优胜奖的优异成绩，助力中国代表团再次荣登金牌榜、奖牌榜和团体总分第一。

四、加强安全生产和工伤预防培训，保障行业农民工劳动权益

联合人力资源社会保障部在住房城乡建设行业特别是建筑业开展工伤预防培训。2020年5月，印发《人力资源社会保障部办公厅 住房城乡建设部办公厅关于开展2020年全国工伤保险集中宣传培训活动的通知》；6月，印发《住房城乡建设部人事司关于做好2020年全国工伤保险集中宣传培训活动的通知》。活动依托"住房城乡建设行业从业人员教育培训资源库"平台，以"工伤保险走进建设工地"为主题进行集中宣传培训。两部司局组建专家组，审定宣传培训资源，充实了工伤预防法律法规、工伤相关权利义务、工伤预防管理基本内容和施工中常见生产事故及预防、职业健康与事故后急救等内容，指导各地工作落实，切实保护农民工合法权益。

五、有力应对疫情关爱行业农民工，促进复工复产

与部内相关司局一道，指导各地保障疫情防控期间市政、环卫、物业等领域平稳运行，关爱一线从业农民工，加强作业场所管理，保障作业人员防护物资供应。强化公共场所和公共设施清洁和消杀工作，规范流动商贩管理，为农民工返城返岗创造良好环境。加强部门协调联动，积极稳妥推

动企业开复工，强化企业用工保障。依托"住房城乡建设行业从业人员教育培训资源库"平台，在疫情期间免费提供线上职业培训课程，提升行业从业农民工技能水平和安全生产意识。线上免费职业培训课程2月15日正式上线运行，截至2020年9月27日，已上线课程7大类，时长总计60 000余分钟，平台访问量394万余次，课程点播96万余次。网上免费职业培训课程，为企业和从业农民工应对疫情复工复产提供了有力的帮助。

六、积极发挥行业优势，通过职业教育精准扶贫

革命老区湖北麻城市，是住房和城乡建设部对口扶贫地区。按照部党组要求，人才工作处结合工作职责，主动作为，派出工作组多次赴湖北麻城市沟通协调，拟定了职业教育扶贫，发挥行业职业培训工作优势，共同建立大别山（麻城）建筑产业工人培育示范基地的扶贫方案。工作组与湖北城市建设职业技术学院一同赴麻城现场调研培育示范基地，赴武汉与中建三局就有关扶贫工作会议研讨，优先选用经培训合格的技能工人，提供装配式建筑等实训和工作岗位，解决培训后农民工就业。2019年5月，在麻城市举行"大别山（麻城）建筑产业工人培育示范基地"和"湖北城市建设职业技术学院实训基地"揭牌仪式。2019年6月，人才工作处代表人事司，会同中国建筑工业出版社向麻城市捐赠83个品类2.4万册，价值68万余元的培训急需图书。同年，大别山（麻城）建筑产业工人培育示范基地举办了三期培训班，涉及钢结构装配式技术、架子工、设备管理等工种，初步形成了一条长期、有效、可持续发展的扶贫路子，示范引领作用明显。

七、持续推广农民工业余学校，打造农民工服务一体化平台

针对建筑业农民工平时工作强度大，文化娱乐生活单调，工余时间组织管理难等问题，原建设部、住房和城乡建设部会同中央文明办、教育部等五部门分别于2007年、2012年印发《关于在建筑工地创建农民工业余学校的通知》和《关于深入推进建筑工地农民工业余学校工作的指导意见》，在全国规模以上工程建设项目工地大力推广农民工业余学校，并将这一工作标准化、规范化。开展安全教育、技术培训、权益保护、思想和文化教育活动，推动了农民工的职业技能水平、道德法律意识等综合素质不断提升，丰富了农民工业余文化生活，营造和谐劳动关系，促进了工程质量和安全生产。据不完全统计，2007—2019年，累计建立农民工业余学校34.5万余所，培训农民工5 611万人次。

农民工群体肩负着推进社会主义新农村建设、实现自身脱贫的重要使命，在加快工业化和新型城镇化进程中发挥着不可替代的作用。住房和城乡建设部人事司人才工作处在部领导和人事司领导的指导下，着眼全局、立足本职、真抓实干、主动作为，聚焦农民工群体做了大量工作，取得了显著成效。在接下来的工作中，人才工作处将持续推动落实党中央、国务院决策部署，履职尽责、再接再厉，为做好农民工工作继续贡献力量。

交通运输部运输服务司道路客运管理处先进事迹

交通运输部运输服务司道路客运管理处认真贯彻落实党中央、国务院关于农民工工作的决策部署，特别是在新冠肺炎疫情期间，坚决贯彻落实习近平总书记关于统筹推进疫情防控和经济社会发展的系列重要指示精神，认真落实中央应对疫情工作领导小组和国务院联防联控机制部署要求，将农民工返岗运输作为突出重要任务，精心组织"点对点"直达包车，全面加强闭环式防疫管理，为恢复正常生产生活秩序、稳定经济社会发展大局提供了强有力的运输服务保障。具体工作情况如下：

一是第一时间响应，系统做出工作部署。起草《交通运输部关于全力做好农民工返岗运输服务保障工作的通知》，部署各地交通运输部门加强与人力资源社会保障、公安等部门对接，从统筹多种运输方式、加强运输组织、控制客座率、保障通行顺畅、落实防疫措施、强化运输安全和服务等方面，全面系统部署农民工返岗运输服务保障工作，为目的地集中、具备一定规模的农民工做好"点对点、一站式"运输服务。疫情期间，累计开行农民工"点对点"返岗包车19万余趟次，服务433万余农民工安全返岗，其中在湖北省解除离鄂通道管控前后，保障60余万人次湖北籍农民工顺利返岗。

二是强化部门协同，形成服务农民工返岗合力。复工复产初期，向各地交通运输部门深入了解农民工返岗运输情况，系统分析农民工返岗"不愿返岗、无岗可返""出不去、进不来"的实际困难，提出建议会同人力资源社会保障、公安、卫生健康等部门协调联动，解决农民工就业对接、健康服务、通行保障等问题的政策建议。此后，参与农民工返岗复工"点对点"协调小组联络工作，持续加强部门协同推动农民工返岗复工进程，努力实现农民工返岗输出有组织、健康有检测、承运有防护、到达有交接、全程可追溯。

三是强化农民工包车防疫工作。2020年2月初，认真落实中央应对新冠肺炎疫情工作领导小组关于适当控制各类交通工具客座率的要求，部署对省际、市际农民工返岗包车按照50%控制客座率，督促客运经营者落实客车消毒、通风、卫生清洁，加强司乘人员防护和防疫物资配备，开展农民工信息登记、途中体温检测和防疫知识宣传。3月起，指导农民工包车落实《客运场站和交通运输工具新冠肺炎疫情分区分级防控指南》，科学精准开展防疫。

四是加强农民工包车安全监管。指导各地优选农民工包车承运企业，督促企业严格执行凌晨2至5时停车休息或接驳运输制度，强化车辆技术管理和从业人员培训，足额配备驾驶员，加强运输过程动态监控，及时消除安全隐患。组织各地交通运输部门通过开展重点营运车辆联网联控系统抽查和加强现场执法等方式，督促承运企业认真落实安全生产主体责任。疫情期间，农民工返岗包车未发生一起聚集性疫情、未发生一次较大以上事故。

今后，运输服务司道路客运管理处将按照党中央国务院关于农民工工作的部署要求，开拓进取，积极作为，认真履行自身职责，高质量、高标准做好农民工服务各项工作，为高质量打赢脱贫攻坚战、服务乡村振兴战略做出更大贡献。

国家卫生健康委人口家庭司监测评估处先进事迹

人口家庭司监测评估处是一个平均年龄不足35岁的青年党员集体，是国家卫生健康委负责农民工卫生健康工作的牵头处室。监测评估处始终坚持以习近平新时代中国特色社会主义思想为指导，坚定执行党和国家关于解决农民工问题、做好为农民工服务工作、维护农民工合法权益的政策法规，坚决贯彻落实国务院农民工工作领导小组和委党组各项工作部署，协调做好农民工卫生健康服务，全力维护农民工生命安全和身体健康。

一是认真履行职责，牵头协调积极作为。2018年以来，监测评估处克服任务重、人手少等重重困难，积极履职尽责，将农民工健康关爱作为处室重点工作。全处同志认真钻研农民工相关政策法规，秉持"关注农民工权益，服务农民工健康"的宗旨，牵头协调相关各方，强化农民工健康教育、妇幼健康、精神卫生和重大疾病防治、职业健康保护等工作，提供均等化基本公共卫生服务，不断提高农民工群体健康水平。牵头完成《国务院关于进一步做好为农民工服务工作的意见》贯彻落实情况绩效评估，参加全国农民工工作督察和"你在他乡还好吗"大型宣传服务活动。关心关爱农民工家庭，组织开展贫困地区农村留守儿童健康教育项目，提供咨询、现场指导、培训等服务。

二是加强疫情防控，保障农民工返岗复工。2020年上半年，监测评估处承担了五部门农民工返岗复工"点对点"服务协调小组医疗防疫专项组办公室职责，在处长异地扶贫挂职、副处长抽调去疫情应对综合组的情况下，处室两位"85"后勇挑重担，迎难而上。多次连夜奔波协调，联合印发做好农民工返岗复工"点对点"服务保障、出行健康服务等通知，指导地方做好健康教育、行前体温检测和在线信息核查等属地防控措施。及时纠正要求行前检查额外收费、"码上加码"等问题，推广浙江、广东等省份与劳务输出大省签订协议互认信息的做法，积极推动各地充分发挥大数据作用，阻断"四类"风险人员外流，保证了农民工"点对点"返岗复工的顺利进行。

三是始终心系农民工，出实招稳就业促民生。2019年4月以来，处长柳清海同志赴陕西清涧县扶贫挂职，将帮助农民工就业创业与脱贫攻坚有机结合。他积极引入"AI豆计划"人工智能数字产业等项目，将返乡农民工作为重点人群，优先招聘录用。截至2020年6月底，清涧爱豆公司已成为全县用工最多的企业，其中外出务工回乡人员占43%，实现了农民工稳就业促增收。引入"养育未来"项目，为留守婴幼儿家庭免费提供优质照护服务和科学养育指导，提高农民工家庭发展能力。

国家统计局住户调查办公室专项调查处先进事迹

国家统计局住户调查办公室专项调查处（以下简称专项调查处）主要负责组织实施全国农民工监测和农民工市民化进程动态监测两项调查。多年来，专项调查处坚持以习近平新时代中国特色社会主义思想为指导，坚决贯彻党中央、国务院关于农民工工作的决策部署，始终坚守统计数据质量生命线，扎实做好农民工统计监测工作，持续提供优质信息服务，在"六稳""六保"大局中贡献统计力量。

一、求真务实，建立健全农民工监测调查体系

为满足国家宏观决策和部门管理以及社会各界对农民工统计信息的需求，2008年正式建立农民工监测调查制度，科学界定农民工统计标准，从输出地农村的角度反映农民工的规模、流向、分布、就业等动态信息；2015年建立农民工市民化动态进程监测调查制度，从输入地城镇的角度反映新型城镇化进程中农民工现状和基本公共服务均等化享有情况。输出地和输入地农民工调查构建起农民工监测体系，为制定农民工政策、加强和改善农民工工作提供了翔实可靠的统计基础信息。专项调查处主动适应新发展需要，充分利用现代信息技术，创新变革农民工统计数据的生产方式，实现了农民工调查电子化数据采集，大大提高数据生产效率，为及时准确获取农民工信息奠定坚实的数据基础。

二、开拓创新，持续提供优质统计服务

近年来，专项调查处以服务农民工政策为主线，及时向党中央、国务院及农民工工作领导小组成员单位和有关部门机构提供农民工信息服务，按季度向社会发布农民工统计数据，每年以全国农民工监测调查报告为载体，向社会发布农民工规模结构、流向分布、就业生活、权益保障、社会融合以及新型城镇化进程中农民工基本公共服务享有情况等，调查结果得到社会各界认可。专项调查处不断丰富数据发布形式，图解农民工和深度解读被主流媒体转载，受到公众好评。同时，根据年度农民工工作要点，聚焦农民工重点关注领域和热点难点问题，专项调查处组织开展了一系列快速调查，农民工子女教育、住房、医疗、工资拖欠、返乡创业、城镇落户、职业技能培训、就业扶贫

等多篇报告被中央领导批示。

三、多措并举，助力新冠肺炎疫情防控

新冠肺炎疫情发生以来，专项调查处坚决贯彻落实习近平总书记关于疫情防控工作的重要指示精神和党中央决策部署，主动作为、积极谋划，在做好疫情防控工作的同时，确保农民工数据生产不乱、数据不断、质量不降，及时指导各地聚焦疫情影响，加强农民工统计调查和监测分析，组织开展农民工返岗复工专题调研和快速调查。今年上半年，向党中央国务院报送多篇农民工信息并获中央领导批示，为科学分析疫情影响和稳农民工就业目标的实现情况等提供坚实数据支撑，用实际行动在"六稳""六保"大局中贡献统计力量。

国务院扶贫办开发指导司人力资源处先进事迹

近年来,人力资源处认真贯彻落实习近平总书记关于扶贫工作重要论述,把贫困劳动力外出务工作为重中之重,会同人力资源社会保障等部门,出台政策、创新举措、压实责任、统筹推进,积极做好贫困劳动力务工增收的组织、发动、服务工作,推动就业扶贫取得了积极成效,呈现"三个显著变化",4年贫困劳动力外出务工人数增加1 202万,户均务工收入上升了5.5个百分点,外出务工时间6个月以上的占比提高了17个百分点。在全球就业失业率大幅增加的前提下,全国贫困劳动力就业超过去年、逆势增长。2020年3月6日决战决胜脱贫攻坚座谈会上,习近平总书记指出,外出务工涉及三分之二左右的建档立卡贫困人口,这些家庭三分之二左右的收入来自外出务工。务工已成为贫困家庭收入的重要来源,稳定了就业,就稳定了贫困家庭收入的大头,稳定脱贫、巩固脱贫成果就有了坚实的支撑。

一、推进劳务协作,强化东西合作。发挥制度优势,2016年启动粤湘鄂劳务协作试点,实现输出地与输入地的精准对接、贫困劳动力与岗位信息的精准对接,扩大了贫困劳动力务工规模、提高了贫困人口就业质量,试点工作得到习近平总书记、汪洋主席高度肯定。之后,及时总结创新,充分发挥制度优势,大力提升东西部劳务协作水平,每年下发文件、召开全国会议,将贫困劳动力外出务工情况纳入扶贫开发成效考核和东西部扶贫协作成效评价,压实地方主体责任,提高组织化程度。支持省内经济发达地区和贫困县结对帮扶,帮助贫困劳动力省内务工,推进有序流动。逐步形成了中西部22省份与东部9省市建立稳定的劳务协作机制,外出务工人数逐年增加,务工收入大幅提升。

二、应对疫情影响,稳岗位稳就业。一是完善政策供给。针对贫困人口"出不去"问题,国务院扶贫办会同人力资源社会保障部、财政部、发展改革委等相关部门,加强顶层设计,完善政策供给,出台《关于进一步做好就业扶贫工作的通知》等9个文件,制定务工奖补、社保降费、企业吸纳贫困劳动力补贴和劳动力市场中介组织激励政策,调动贫困劳动力、用工企业和市场中介组织的积极性,要求各地围绕"送政策、送信息、送服务",做到"五个优先",优先摸清务工需求,优先安排培训,优先开展"点对点"集中运送到岗,优先落实现有的就业激励政策,优先招用贫困劳动力,千方百计把贫困劳动力稳在岗位、稳在企业、稳在当地。二是扎实开展摸排。结合国务院扶贫办建立疫情分析应对调度机制,动员第一书记、驻村工作队、帮扶责任人等基层力量走村入户,对有劳动能力的建档立卡贫困劳动力进行了摸排，共摸排录入 2 900 多万外出务工贫困人口的基础信息，实施动态监测、动态管理，为做好稳岗就业工作奠定了基础。三是督战一体推动。明确"一个超过、两个不少于"目标任务，将就业扶贫目标任务纳入脱贫成效考核，组织开展万名贫困劳动力就业情况电话调查，联合人力资源社会保障部对 15 个省开展稳岗就业调研，推动就业扶贫任务全面落实。截至 2020 年 9 月底，贫困劳动力外出务工人数达到 2 934.4 万人，超过 2019 年 205 万人，稳住了贫困人口脱贫增收的基本盘。

三、创新工作举措，拓展就业渠道。及时发现总结山东菏泽"扶贫车间"典型案例上报国务院，持续强化示范引领和政策引导，以案例指导的方式推动各地开展扶贫车间建设，想方设法解决因各种原因无法外出的留守妇女、老年人、贫困家庭半劳力、弱劳力等在家门口就业增收的问题。支持各地特别是国家级贫困县以传统工艺为重点，设立一批特色鲜明、带动作用明显的非遗扶贫就业工坊。截至 2020 年 9 月 30 日，中西部 22 个省份有扶贫车间 32 280 个，吸纳贫困人口就业 43.11 万人。以贫困人口中特定群体为安置对象，立足贫困村公共事业需要，积极开发了一批扶贫公益岗位，截至 2020 年 9 月 30 日，安置 494.86 万贫困人口，解决了"无业可就、无力增收、无法脱贫"的贫困人口就业增收难题。

四、发挥带头人作用，推进创业就业。一是有序推进遴选工作。推动各地放宽视野、加大遴选，打造一支"留得住、能战斗、带不走"的工作队。截至 2020 年 6 月，全国共培育贫困村创业致富带头人 41.4 万人，现有 12.8 万个贫困村，村均培育 3.2 人。二是加大培育力度。先后培育并认定了福建蓉中村、江苏善港、粤桂两省区等 7 个全国贫困村创业致富带头人实训基地，指导中西部省份建立实训基地 145 个，发挥示范引领作用。三是建立减贫带贫机制。持续健全贫困群众与创业致富带头人的利益联结机制，让贫困群众享受到更多的扶贫政策红利。各地创办领办各类经营主体 21.4 万，带动约 406 万贫困人口增收，平均每个经营主体约带动 19 人。

五、加大职教扶贫，推进技能就业。会同人力资源社会保障部实施技能脱贫千校行动，积极开展贫困劳动力技能培训，举办全国扶贫职业技能大赛，推进"人人持证"，引导贫困劳动力掌握技能、摆脱贫困。组织阿里、滴滴、京东、美团等数字平台企业，定向提供外卖骑手、物流仓管、家政服务等岗位 15 万个，提供居家就业机会 5 万个，扶持创业、助农项目 100 个，助力贫困劳动力稳岗就业。扩大"雨露计划"政策受益面，持续优化发放流程，对接受职业教育的贫困家庭子女年每人每年发放 3 000 元补助，积极扶持贫困家庭新成长劳动力接受现代职业教育，实现"一人就业、全家脱贫"。